La psicoterapia filosófica de Epicuro

Ignacio Marcio Cid

La psicoterapia filosófica de Epicuro

PETER LANG

Bibliografische Information der Deutschen Nationalbibliothek
Die Deutsche Nationalbibliothek verzeichnet diese Publikation in der Deutschen Nationalbibliografie; detaillierte bibliografische Daten sind im Internet über http://dnb.d-nb.de abrufbar.

Gedruckt auf alterungsbeständigem, säurefreiem Papier.
Druck und Bindung: CPI books GmbH, Leck

ISBN 978-3-631-79086-1 (Print)
E-ISBN 978-3-631-79522-4 (E-PDF)
E-ISBN 978-3-631-79523-1 (EPUB)
E-ISBN 978-3-631-79524-8 (MOBI)
DOI 10.3726/b15860

Peter Lang – Berlin · Bern · Bruxelles · New York · Oxford · Warszawa

Diese Publikation wurde begutachtet.

www.peterlang.com

A mi hermana, Helena, que me regaló, con un pedazo de carne palpitante, una nueva vida.

La presente obra se basa, con las debidas revisiones y correcciones, en la tesis doctoral homónima, que fue realizada bajo la supervisión y dirección de la Dra. Mª Isabel Méndez Lloret, dentro del programa *HDC03 Filosofia Contemporània i Estudis Clàssics*, auspiciado por el departamento de Historia de la Filosofía, Estética y Filosofía de la Cultura, en la Facultad de Filosofía de la Universidad de Barcelona. Fue defendida el día 27 de enero de 2017, ante el tribunal compuesto por los profesores catedráticos doctores García Gual (Universidad Complutense), Granada Martínez (Universidad de Barcelona) y Solana Dueso (Universidad de Zaragoza), quienes la calificaron con "Sobresaliente *cum Laude*". Así mismo, el consejo de gobierno de la Universidad de Barcelona le otorgó, en la sesión del 12 de julio de 2018, el Premio Extraordinario de Doctorado.

Por otra parte, dejamos aquí constancia escrita de nuestro profundo agradecimiento a la Dra. Méndez por su dirección, rigor y humanidad, así como a los miembros del tribunal que enjuició la disertación, en especial al Dr. Granada, por sus generosas observaciones.

Igualmente, damos gracias a nuestra familia y amigos – ya sean éstos compatriotas españoles o extranjeros – por brindarnos todos, cada uno a su modo, el sostén y afecto para culminar este trabajo.

Resumen

Este libro versa sobre el sentido psicoterapéutico, de gran actualidad, que impregna todo el programa filosófico epicúreo. Estudia y recupera su función aplicada curativa o sanadora, si bien analiza, primeramente, los principios constitutivos y regulatorios que penetran la totalidad existente, la φύσις.

Asumidos el antinihilismo axiomático, el pluralismo, el materialismo atómico, el movimiento y el clinamen como fundamento de libertad en un universo mecánico, presenta el proceso generativo de los compuestos, que atañen a toda entidad pluriatómica, se interesa por el ser humano, agregadado singular, así como por el estatuto ontológico de su cuerpo psicofísico, carne y mente.

La ψυχή recibe una atención especial por cuanto, primero, en ella se manifiesta la racionalidad humana y, segundo, posee formantes que la acomunan con las divinidades epicúreas. Estos dioses devienen objeto de estudio porque, insertos en la continuidad natural, ofrecen una *regula uitae* ejemplar para la felicidad plena, placentera y libre. Al propio tiempo, permiten atisbar la curación o sanación que necesita el ser humano, la cual no se halla en la eternización de un alma extracorpórea, sino en la supresión del dolor y del miedo.

La ética, que aquí es considerada más bien práctica calmante, recibe una lectura eminentemente médica, para cuya recta comprensión se abordan, preliminarmente, los lazos históricos entre filosofía y medicina racional helena.

Presentado el vínculo antedicho, el análisis pormenorizado del λόγος y sus derivados en Epicuro contribuye, como requisito, a evidenciar la importancia de la razón, que todo relaciona, la correlación y la analogía tanto en la naturaleza como en el ser humano; permite, además, calibrar la importancia de la palabra plena y significativa en la filosofía del Jardín.

Por último, la psicoterapia ocupa el último tramo de la investigación: se expone el doloroso diagnóstico epicúreo pero también se aborda el despliegue medicinal que Epicuro y sus seguidores disponen felizmente. Entre las herramientas psicoterapéuticas, pueden mencionarse la integración racional y vital en la φύσις, la meditación, la confesión, el examen de conciencia, la detención de pensamientos obsesivos e invasivos, la risoterapia, la autogestión emocional de corte cognitivo, así como la socialización amorosa en forma de comunidad, compañía y amistad.

Todas estas intervenciones persiguen, como objetivo nuclear, el restablecimiento de quienes sufren en la carne o en la mente, doloridos y angustiados. Esa recuperación del bienestar pasa por la ἀναλγησία, que comprende una tanatología frente al malentendido humano de la finitud; incluye igualmente un arte del deseo natural y necesario, o sea, un manejo estratégico-instrumental y prudencial de las capacidades sensoperceptivas y reflexivas humanas, de forma que las aspiraciones no generen frustración o vanas esperanzas. El empeño estudioso finaliza con el estudio del último ingrediente de la terapia epicúrea: el amor al placer, la φιληδονία, acompañada de una discusión que procura esclarecer, contra los tópicos y las lecturas *in malam partem*, su enraizamiento en el todo natural, su fondo virtuoso, además de la importancia final de la activa paz de espíritu, el gozo catastemático.

PALABRAS CLAVE: Epicuro; Psicoterapia; Ética; Filosofía griega antigua; época helenística;

Abstract

This book deals with the psychotherapeutic factor that permeates the whole Epicurean philosophical program. It is the aim of this study to research and to rehabilitate its healing function. Since the Garden's philosophy is a very systematic one, the question about the natural reality, φύσις, had to be addressed firstly. Anti-nihilism, materialism, eternal atoms, infinite void, perpetual movement, clinamen and the plurality worlds are key notions of the axiomatic and scientific Epicurus' physics.

Once we had gained clarity about those core concepts, the central role of human beings in the system was to be discussed. As natural, yet exceptional, atomic compounds, men and women do have flesh and soul and are, therefore, completely mortal. Nevertheless, they possess numerous qualities, originating in their ψυχή, which render them unique: freedom, rationality and even a material community with the gods. According to Epicurus, there is a fourth element constituting the souls of both people and deities, so that a physical continuity and material formation are preserved through the entire nature.

Gods are studied from a naturalistic physiologic perspective and at the very same time they act exemplary and, freed from any providential, governing tasks, they provide a *regula uitae* in order to achieve a pleasant, authentic happiness.

In fact, this research tries to demonstrate that complete curation is not to be linked to an eternal extra-corporeal soul, but arises from the removal of pain and fear, *aponia* and *ataraxia*. These two are the paramount pleasures, far distant from a gross hedonism.

Ethics are, then, presented as a soothing practice, having a nuclear medical purpose. Taking this into account, it was necessary to explore the historical connections between philosophy and rational Hellenic medicine before Epicurus.

After that, multiple therapeutic forms conceived or applied by the Samian philosopher were analyzed. The λόγος proved to be the unifying element among them and involved not only human reason but also analogy.

Epicurus' diagnose is very sad: we are in pain. To reverse that, he presented exercises such as meditation, confession, self-examination, laugh therapy, emotional intelligence, intrusive thoughts control, companionship, solidarity and friendship. There are still two additional therapies completing the above mentioned: an Epicurean thanatology, because we miss the point when considering (im)mortality and forget about sensation as the ground of any life; and an *ars desidrandi*, because we should accept only natural and necessary desires, instead of chasing whimsy dreams with vain hopes.

All this will help us regain our primal bodily and mental health and happiness, our essential, frugal and glad wellbeing.

By means of prudence and reflection, governing our body and cultivating our mind we will liberate ourselves and taste a durable, profound, stable joy, comparable to that of the gods.

KEYWORDS: Epicurus; Psycotherapy; Ethics; Ancient Greek Philosophy; Hellenistic Period;

Índice de la obra

0. Introducción

Esta investigación filosófica tiene por objeto estudiar minuciosamente una dimensión de la filosofía transmitida por Epicuro, a saber, la psicoterapéutica. Se trata, pues, de fundamentar y atestiguar su función (auto)curativa nuclear, que, para la tradición, quedó sintetizada en una breve y elegante cita de Porfirio: "Vana es la palabra del filósofo que no remedia ningún sufrimiento del hombre. Porque así como no es útil la medicina si no suprime las enfermedades del cuerpo, así tampoco la filosofía si no suprime las enfermedades del alma"[1]. Ahí se propone, en efecto, un saludable placer (ligado a la analgesia, a la estabilidad y la gestión de frustración, entre otras cosas), con ciertas terapias – que debemos sistematizar y que divisan el horizonte de la ataraxia.

En nuestra opinión, el pensar epicúreo, griego, antiguo, tiene una concepción dialógica y sapiencial, en calidad de herramienta insustituible para la orientación humana, capaz de desbordar, en su afán de autenticidad, lo lógico racional y erudito, hasta alcanzar la acción, la vivencia y al otro como prójimo. A este respecto, nos importa, al analizar la obra epicúrea, destacar su carácter práctico o aplicado, de forma que no quede degradada a palabrería de divorcio. Este modo de hacer con el pensar salvaguarda todavía un punto nodal: el amor; ello sucede en dos sentidos: en la querencia como deseo y empuje hacia la εὐδαιμονία, al tiempo que a guisa de ternura amical, que permite y propicia la colaboración y compartición. Sin amor no hay, consiguientemente, sapiencia.

La filosofía del Jardín se muestra, además, discrepante de la ortodoxia filosófica griega decretada por Platón y Aristóteles, motivo por el que hubo de arrostrar la *damnatio memoriae*, la censura y represión ideológica, lo que le supuso una accidentada fortuna.

Nuestra elección y nuestra perspectiva se adscriben, pues, a un concepto de amor al saber (vivir) en que sobrepujan la libertad, la autonomía, la independencia,

---

1 GARCÍA GUAL, Carlos y ACOSTA MÉNDEZ, Eduardo, *Ética de Epicuro, la génesis de una moral utilitaria*, Barcelona, Barral Editores, 1974, pp. 142–143; *cf.* USENER, Hermann (ed.), *Epicurea*, Leipzig, Tuebner, 1887, p. 169, sección "*Incertae sedis fragmenta opinionumque testimonia, Prolegomena philosophiae: de sapientia et sapiente*", frag. 221 [PORPHYRIVS Neoplatonicus, *ad Marcellam*, 31, en NAUCK, Augustus (ed.), *Porphyrii philosophi Platonici Opuscula selecta*, Leipzig, Teubner, 1886, 2ª ed., p. 209, 23: "κενὸς ἐκείνου φιλοσόφου λόγος, ὑφ' οὗ μηδὲν ἀνθρώπου πάθος θεραπεύεται. Ὥσπερ γὰρ ἰατρικῆς οὐκ ὄφελος μὴ τὰς νόσους ἐκβαλλούσης ἀπὸ τῶν σωμάτων·οὕτως οὐδὲ φιλοσοφίας, εἰ μὴ τὸ τῆς ψυχῆς κακὸν ἐκβάλλοι"]. A propósito de los *Epicurea* de USENER merece reseñarse, por ser de utilísima y provechosisíma consulta, la versión italiana USENER, Hermann (ed.), REALE, Giovanni (pres.), RAMELLI, Ilaria (trad.), *Epicurea*, Milano, Bompiani, 2002, bilingüe y que incluye remisiones a Arrighetti, la *editio magna* de Epicuro de referencia hoy.

la capacidad crítica y la sana heterodoxia, que transita desde la Antigüedad hasta el presente.

Con el fin de calibrar el alcance de la cita porfiriana y ahondar en su significado médico, no metafórico, que la trasciende, el presente estudio se despliega en tres grandes bloques y aduce pasajes textuales epicúreos, observaciones de especialistas y reflexiones personales en diálogo con ambas.

En la primera parte se abordan los fundamentos físicos de la propuesta global que ofrece el sabio de Samos, sus axiomas o tesis fundamentales por lo que hace a la constitución de lo real-existente. El tratamiento de principios de lo natural no resulta, a nuestro juicio, ocioso ni es una cuestión subalterna, sino que, bien al contrario, ofrece el basamento necesario para alcanzar, en último término, la felicidad activa pero pacífica de quien se mantiene imperturbable sin ser insensible.

Así, se examina el materialismo atomista epicúreo, heredero de la tradición presocrática y discrepante de la eleática.

Desde el empirismo y una gran capacidad abstractiva, la escuela del Jardín innova, no obstante, al introducir el clinamen, un elemento de libertad intrínseca y constitutiva, que guarda analogía con el albedrío y la voluntad humanos. Del mismo modo, observamos cómo todo emerge a partir de la díada originaria e igualitaria (átomos y vacío), de conformidad con los axiomas generalistas y sin el concurso de dioses regentes. Tal sucede con los mundos, con los fenómenos astronómicos y atmosféricos, con las plantas, los animales y los seres humanos, lo que da lugar a la cosmología, la zoología, la antropología y la psicología, sin que se postule una dicotomía jerárquica entre cuerpo cárnico y cuerpo psíquico, que se presentan como una entidad integral y mutuamente necesitada, sin persistencia independiente.

El segundo bloque está dedicado a las divinidades epicúreas, tan distintas de las deidades platónico-aristotélicas y judeo-cristianas. Aquellas resultan dignas de estudio por su felicidad, su activa e inmortal apacibilidad, así como por su independencia y por sus muchas virtudes. Las ubicamos en este lugar central porque los dioses de Epicuro actúan conceptualmente como punto de engarce o gozne entre física y ética o, por mejor decir, práctica.

Obedientes a los postulados naturales, en los que se hallan insertos sin excepción, los dioses muestran, de manera en absoluto vinculante, las reglas de vida buena que es también buena vida, la que ellos mismos llevan en común alegría sin dependencia.

Importa sobremanera comprender el significado de los dioses epicúreos porque ellos se erigen, para el hombre, en dechado y espejo de alegre plenitud, en la que combinan ociosidad, comunicación, estabilidad, salud y seguridad.

Por último, el tercer bloque, que se desglosa en varios apartados mayores, se dedica a mostrar cómo puede el hombre alcanzar, en lo que le es dado, un estado análogo al divino, de dicha, salud y salvación, liberándose de las enfermedades corporales y la turbación psíquica que inexorablemente lo acompañan y que lo consumen hasta la muerte, de no aplicarse un remedio que sane los primeros y coadyuve a aceptar, naturalmente, lo último.

Justamente es la filosofía la que, según el samio, se eleva como la medicina para saber sobrellevar las males del cuerpo y erradicar las perturbaciones del alma. De esta forma, la filosofía epicúrea toda se endereza a esto y ha de considerarse, por consiguiente, una ética práctica, una terapia o *philosophia medicans* que redunda en un *ars uiuendi* (lo que presupone de suyo un *ars moriendi*), y cuyos esfuerzos teóricos o abstractivos, que no son ni un mero trámite ni gratuitos, se fundan en el interés por la sanación mental.

Este empeño no nace, con todo, *ex nihilo*, sino que se inserta en la tradición filosófica helena al menos desde Parménides y adquiere incluso mayor visibilidad con Sócrates y la ἐπιμέλεια ἑαυτοῦ o *cura sui*. Dado que esos antecedentes señeros existen, entendemos una obligación recorrer los grandes hitos de la relación entre filosofía y medicina (integral, psicofísica) hasta Epicuro, con el fin de arrojar más luz sobre éste último.

Aclarada esta cuestión contextual, nos afanamos por subrayar, como preámbulo teórico amplio, la relevancia que mantiene, en la filosofía helenística, el λόγος, con todas sus acepciones, como requisito para el alivio de la angustia mental, o, dicho de otro modo, para la recuperación y el mantenimiento del bienestar psíquico. En el λόγος convergen, notoriamente, el todo natural y la razón humana, inteligibilidades pasiva y activa; en relación con esto, cabe recordar que también para el estoicismo cobra protagonismo la palabra razonadora, el diálogo o vaivén de decires y la lógica.

Por su parte, este rico y profundo concepto griego sí se muestra fehacientemente epicúreo en ἐπιλογισμός y en λογισμός, pero nos obliga, huidizo, a escudriñar más, si deseamos captar el calado de ἀναλογία, que implica una correlación proporcional, ontológica e intelectiva, entre todas las instancias de lo real, visibles o invisibles.

Todo ello nos parece motivo necesario y suficiente para dedicar un extenso capítulo al término clave subyacente, para desentrañarlo, de tal suerte que resulten evidentes las nociones de relación, juicio y proporcionalidad, junto a sus repercusiones canónicas implícitas. Estudiamos, así, la relación que inunda todo lo real, la que se repliega en la conciencia o la reflexividad y se despliega en la reciprocidad, el juicio que une contenidos mentales y palabras, y en la proporcionalidad o correspondencia armónica y resonante entre instancias distintas del universo todo.

Estas ideas conforman también la gnoseología epicúrea y el modo en que el hombre está en común con lo otro y los otros, desde la percepción sensorial y el sentimiento. Es preciso, por eso, demorarse en la consideración de los fundamentos logoterapéuticos, dado que forman un entramado clave para evitar males psíquicos letales para el hombre, que lo reducen a la miseria, a saber, la superstición o creencias relativas a la religión astral, la vacuidad infundada en lo tocante a las acciones, los pensamientos y su consecuencia natural, cuanto se afirma.

En efecto, todo debe guardar correlación en el planteamiento realista de Epicuro, las cosas, las ideas y las palabras, puesto que entre ellas hay una continuidad natural que el de Samos se esfuerza en mostrarnos. Una vez comprendido el peso del λόγος en Epicuro, retomamos el diagnóstico epicúreo: el hombre es un ser doliente, sufre, y su dolor debe ser erradicado desde la aceptación del límite.

Acto seguido, procedemos a averiguar mediante qué modos curativos procura la filosofía devolver definitivamente la salud a los seres humanos. En este sentido, individuamos y clasificamos diversas modalidades psicoterapéuticas, las cuales constituyen no más que una explicitación del τετραφάρμακον. Dotadas de un sesgo de psicología cognitiva, son las siguientes: la compresión de la φύσις; la interiorización meditativa; la confesión; el examen de conciencia; el ejercicio imaginativo; el ejercicio corporal; la risoterapia; la autogestión emocional; la presencia en el tiempo y el espacio; la comunión filosófica: familiaridad, comunidad, y comunicación; y, por último, la terapia de la amistad.

Hemos señalado ya en varias ocasiones que el fin de la filosofía epicúrea radica en la sanación del hombre, en que viva divinamente mientras esté en vida. Temáticamente, corresponde al último tramo de esta memoria abundar en las finalidades y el pronóstico que Epicuro reserva al hombre que se arriesgue filosofar. Si los precisamos, la investigación de esos objetivos últimos puede esbozarse en pocas notas.

En primer lugar, se presenta la felicidad como fin primero y último del hombre, por lo cual el samio debe ser adscrito al eudemonismo; en segundo lugar, se muestra el contento físico y psíquico por vía de la supresión o carencia del dolor, o sea, ἀναλγησία, que reformula la noción de padecimiento, en qué condiciones se da y cómo puede, o debe, atajarse. Con esto puede suceder una desautomatización de la dolencia y un descondicionamiento que haga al hombre más libre, más dueño de sí, autónomo y autosuficiente.

Dentro de este mismo apartado, exploramos la epicúrea naturalización o desmitificación racional de la muerte, que brinda una tanatología filosófica de primer orden, destacanado su *conditio possibilitatis humanae uitae*, por así decirlo, de modo que extirpa de la psique o mente humanas el temor y la esperanza sin fundamento con respecto a futuros ultraterrenos seráficos o terribles.

En tercer lugar, se expone lo que hemos dado en llamar ἐπιθυμητικά o *ars bene recteque desiderandi*, una técnica o arte muy humanos en los que se concilian el placer y dolor con la razón estratégico-instrumental, puesta al servicio del primero y contra el segundo. Así, se da una modulación desiderativa armoniosa y prudente, virtuosa y gozosa, que conduce a una vida llena e invulnerable que mezcla saber y sabor, capaz de cumplir lo posible e ignorar lo imposible, ni natural ni necesario.

En cuarto lugar, es obligado indagar sobre el tan señalado amor al placer de Epicuro, que nos permitimos bautizar como φιληδονία. En este punto, se procura demoler la visión prejuiciosa de un hedonismo burdo en Epicuro, que se le atribuye en denuesto. Seguidamente, distinguimos netamente entre placer y dolor, para caracterizar al primero como lo connatural, instintivo, calculado. Después, nos ocupamos del placer calmante o estabilizante, el catastemático, y de su mayor calidad y precedencia temporal, con respecto a los placeres excitantes o dinámicos.

En último término, nos dedicamos a presentar el estado de beatitud humana que, semejante a un mar en leche o en dinámica calma, adorna al sabio. Este médico del alma propia y de las ajenas permanece imperturbable pero cercano, riente pero realista, persigue sólo lo natural y necesario, gozándose en un contento tranquilo, mentalmente despierto y activo, pleno, dulce y redondo como un átomo esférico.

Metodológicamente, optamos por un diálogo constante con la tradición grecolatina, así como con los estudiosos de la materia, hasta donde nos ha sido posible. Por mor de la claridad y del rigor, hemos acuñado, en ocasiones neologismos que, en nuestra opinión, evocaban mejor las resonancias del pensamiento epicúreo. Del mismo modo, en pro de la trazabilidad argumental, hemos incluido citas textuales extensas en el cuerpo del texto, debido a su relevancia, al igual que al pie, por cuanto entendemos que pese a su prolijidad contribuyen a fundamentar más precisamente el *iter* racional que transitamos.

Pensamos, por otra parte, que nuestro objeto de estudio impone por sí mismo un acercamiento a la historia y a las cuestiones lingüísticas: etimológicas y filológicas[2]. Pese al uso de la filología y la historia como herramientas auxiliares, estamos lejos de suponer que podemos recobrar el pensamiento epicúreo en su prístina pureza. Hemos procurado, en lo posible, leer a Epicuro desde Grecia, desde sí mismo, y basar nuestras afirmaciones en su obra conservada o en la de epicúreos y contrincantes que parecen citarlo fidedignamente.

Sin dogmatismo, somos conscientes de que estamos leyendo otra vez, releyendo, realizando una relectura, una *noua lectio* a gran distancia cronológica y conceptual. Aunque se quiera auténtica, la aproximación resulta mediada, mediatizada, centrada en una *interpretatio*, cuya etimología tiene aquí gran valor: la posición de intermediario judicativo arbitral entre dos partes, aquel que ofrece precio o compensación equivalentemente apreciados por las dos partes en litigio, acomunando lo común entre lo(s) diverso(s). Consecuentemente, adoptamos la propuesta hermenéutica de Gadamer. De acuerdo con ella, la verdad interpretativa constituye la encrucijada en que múltiples senderos u horizontes se encuentran, a medio camino entre la subjetividad presente y la distancia del objeto, donde texto y lector se fusionan, el punto en que éste se siente interpelado por aquél y lo interpela, respondiendo a la pregunta radical que le lanza[3]. Justamente en ese activo poder interpelador se muestra el rasgo principal de los clásicos, filosóficos o no; son clásicos los que todavía suscitan una pregunta incluso en su respuesta; del mismo modo, la pasión de ser interpelado distingue al filósofo que, oyendo la interrogación y tratando de desentrañar una respuesta, se responde, con lo que se obra un desciframiento o recodificación de dos mensajes, en virtud de la mediación misma. Si bien esta traslación, traslado o traducción desde un espacio remoto conlleva, de seguro, una merma, subsiste un grueso de autenticidad inolvidable. En nuestro esfuerzo por traer a la presencia, por volver a presentar, devolver al juego del *hic et nunc*, las propuestas médicas de Epicuro y sus discípulos, hemos procurado obtener, si no lo verdadero, lo probable y, en su defecto, lo posible o plausible. En todo caso, estamos felices de sentir, y tratar de mantener viva, la llamada helena.

---

2 *cf.* GERCKE, Alfred, NORDEN, Eduard *et al.*, *Einleitung in die Altertumswissenschaft: Methodik. Sprache. Metrik. Griechische und römische Literatur*, 1910, sec. "*Die Einheit der philologisch-historischen Methode*", pp. 33–37.

3 *cf.* GADAMER, Hans Georg, AGUD, Ana, AGAPITO, Rafael de (trads.), *Verdad y método I*, Salamanca, Sígueme, 1977 [ed. orig. *Wahrheit und Methode. Grundzüge einer philosophischen Hermeneutik*, Tübingen, Mohr, 1960], pp. 195–197, 365, 369, 378.

Así, el despliegue dialógico y la mostración de la voluntad curativa-psicoterapéutica epicúrea se produce en el plano primario, en la literalidad textual epicúrea, que dice lo que quiere decir y no otra cosa, y en un segundo plano, no exhaustivo, el de los estudios eruditos desde el siglo XIX en adelante. De la conjunción crítica y reflexiva de ambos planos, nace, auxiliado en ocasiones por obras sobre disciplinas ajenas (física, geometría, matemáticas), un esfuerzo de reparación o reintegración de la filosofía *medicans* epicúrea.

I. Fisiología

1.0. Marco conceptual

Por cuanto se nos ha transmitido, la propuesta física de Epicuro se halla expuesta de modo sistemático en la *Epístola a Heródoto*, – en la que se abordan sus aspectos fundamentales –, en la *Epístola a Pitocles* – donde se tratan cuestiones astronómicas y meteorológicas – y en otros pasajes y fragmentos dispersos. Especialmente sobre la *Epístola a Heródoto* puede afirmarse, con García Calvo, que "es casi el solo texto de física o metafísica, en una palabra, de ciencia epicúrea que nos queda, junto con el poema de Lucrecio, (...) el principal documento de la ciencia, por así decir, materialista antigua, o sea, para ser más exactos, de aquel tipo de física que pretendía ser ella misma su metafísica, mantener en unidad el estudio de los particulares y la inteligencia de la totalidad, por oposición a la actitud aristotélica, que establecía la separación entre las ciencias y la Ciencia de las ciencias, y de cuyo predominio y rápida identificación con el sentido común de nuestro mundo es ya una indicación simbólica el hecho de que de toda la ciencia prealejandrina tengamos tan sólo, para contrapeso del vasto corpus aristotélico, las escasas páginas de esta carta"[4].

Dicho esto, es preciso tener muy presente que el fin último del pensar epicúreo radica en la vida tranquila, con bonanza [ἐγγαληνίζον][5]; importa señalar que, desde el punto de vista metodológico, asume un enfoque científico[6] en cuanto aspira a explicar racionalmente los fenómenos sometiéndolos a hipótesis generales[7]. En ese sentido, no hace más que seguir la línea iniciada por los presocráticos de aquello que Nestle, en un exceso dicotómico, bautizó como el salto 'del mito al logos'[8], que Burnet llama '*science*', considerándolo, discutiblemente, una aportación propia y exclusiva de la Grecia Antigua[9] y que Von Fritz[10], con mejor criterio, llama *Wissenschaft*, en lugar del *science* inglés, que en su uso corriente incluye restrictiva y

---

4 GARCÍA CALVO, Agustín, "Para la interpretación de la carta a Herodoto de Epicuro", en *Emerita: Revista de lingüística y filología clásica*, nº 40, vol. 1, 1972, pp. 69–140, concretamente, p. 69.

5 sobre el término ἐγγαληνίζον puede verse el epígrafe "Galene: mar en calma como objetivo final", más adelante.

6 Conviene recordar, empero, que *scientia* no es más que saber, no meramente una parte de la cultura que recoge y explica datos empíricos y matematizados sobre el mundo físico.

7 *cf.* SAMBURSKY, Samuel, SOLÍS SANTOS, Carlos (trad.), *El mundo físico de los griegos*, Madrid, Alianza, 1990 [ed. org. *The Physical World of the Greeks*, London, Routledge & Kegan Paul Ltd., 1956], p. 24.

8 *cf.* NESTLE, Wilhelm, *Vom Mythos zum Logos: die Selbstentfaltung des griechischen Denkens von Homer bis auf die Sophistik und Sokrates*, Stuttgart, Alfred Kröner, 1942, 2ª ed., pp. 1–2.

9 *cf.* BURNET, John, *Early Greek philosophy*, London, A. & C. Black, 1930, p. V.

10 *cf.* VON FRITZ, Kurt, GUANI, Marco (trad.), *Le origini della scienza in Grecia*, Bologna, Il Mulino, 1988 [ed. org. "Der Ursprung der Wissenschaft bei den Griechen", texto

privilegiadamente a las matemáticas y las ciencias naturales. En cambio, *Wissenschaft* ("conocimiento, saber, ciencia") es el substantivo abstracto del verbo *wissen*, saber, como lo es en latín *scientia*.

Por otra parte, incluso tomando la noción de ciencia en su especialización hodierna, es justo sostener que Epicuro formula, a su modo, un conjunto mínimo de aseveraciones generales referidas a regularidades necesarias y fácticas que, como ocurrencias particulares, tienen lugar en la naturaleza o mundo físico. Así entendidas, esas proposiciones universales actúan como leyes científicas y fundamentan su teoría o conjunto de afirmaciones sobre la realidad toda. En paralelismo con la lógica, puede sostenerse, pues, que tales aseveraciones equivalen a axiomas (ἀξιώματα), esto es, aquello que se considera digno, honorable y, por ende, correcto, y que, en términos filosóficos, actúa como presuposición o principio virtualmente demostrado en virtud de la evidencia de su verdad y que es aceptado sin necesidad de una demostración precedente, es decir, una premisa mayor considerada verdadera *per se*. Así, esas proposiciones conforman un mínimum completo, implícito, ontológicamente primero y principal, que funda, resume y agrupa coherentemente todas las informaciones de la teoría y que, al propio tiempo, permite la derivación o justificación lógica, por inferencia deductiva, de las proposiciones restantes. Precisamente sobre la vía investigadora deductiva y la tensión dialéctica entre lo universal y lo particular señala Epicuro:

> "Hay que ponerse, pues, en marcha, y con vistas a llegar a ello es menester forjar continuamente en la memoria ese importante carácter básico, operación a partir de la cual se hará realidad el principal enfoque cognoscitivo sobre las cosas concretas, y, por supuesto, también el conocimiento sutil de las cosas particulares pondrá al descubierto toda propiedad de las generales, siempre que los caracteres del estudio efectuado queden bien comprendidos y sean recordados. Puesto que también una propiedad fundamental de todo conocimiento preciso de una persona dotada de perfección es la siguiente, el hecho de estar capacitado para poner en práctica con agudeza los enfoques de sus conocimientos parciales, siendo reducidos así a elementos y fórmulas simples"[11].

Por otra parte, Epicuro adopta, de modo pragmático, una actitud por lo que hace a la relación entre realidad y lenguaje que puede calificarse de parmenídea y que

---

principal de *Grundprobleme der Geschichte der antiken Wissenschaft*, de Gruyter, Berlin/New York, 1971], p. 6.

11 EPICURO, *Epistola a Heródoto*, 36, en VARA, José (ed., trad.), *Obras completas*, Madrid, Cátedra, 1995, pp. 49–50; más simplificado, *cf.* JUFRESA, Montserrat *et al.* (ed., trad.), *Obras*, Madrid, Tecnos, 2008, p. 8: "Así pues, debemos acudir continuamente a la doctrina entera, recordando lo que nos es necesario para alcanzar a comprender la realidad en lo fundamental. Podremos, de este modo, obtener un conocimiento exacto de los detalles, después de recordar y tener bien comprendido las estructuras más generales. Porque el fundamento de un conocimiento preciso, para quien ha alcanzado la madurez, reside en saber utilizar con rapidez las aprehensiones, reducidas a fórmulas sencillas y a máximas elementales".

Wittgenstein llama agustiniana, en cuya virtud las palabras señalan, evocan[12] o están, directamente, por las cosas[13], esto es, como apunta Peirce, tienen un vínculo, aun arbitrario, con objetos[14].

En esta línea, prescribe el de Samos la claridad y plenitud de significado de las voces (φθόγγον), evidente por sí, para evitar demostraciones innecesarias o numantinos *regressus ad infinitum*. Como tal, el acuerdo en la carga semántica, el alcance y la referencia de los vocablos deviene punto de anclaje e inicio posible de toda ulterior elucidación. La seguridad comunicativa que permita un diálogo real se basa, pues, en la certeza e indubitabilidad de las palabras, en su verdad. Esto mismo puede ser relacionado, a su vez, con la noción de *intellectus adaequatio ad rem*, es decir, con la definición tradicional de verdad en cuanto correspondencia entre lo pensado-sabido – propio del plano epistemológico – y la cosa (lo existente, que pertenece a lo ontológico), con la mediación del lenguaje exteriorizado; tal definición ya fue acuñada por Aristóteles cuando señaló que "es mentira decir que el ser no es o que el no ser es y es verdad decir que el ser es y que el no ser no es"[15] y que, como escribe Tugendhat[16],

---

12 GARCÍA MÁRQUEZ, Gabriel, *Cien años de soledad*, Buenos Aires, Sudamericana, 1967, p. 9: "El mundo era tan reciente, que muchas cosas carecían de nombre, y para mencionarlas había que señalarlas con el dedo".

13 *cf.* WITTGENSTEIN, Ludwig, GARCÍA, Alfonso, MOULINES, Ulises (trads.), *Investigaciones filosóficas*, Barcelona / México, Crítica / Instituto de Investigaciones Filosóficas UNAM, 1988 [ed. orig. *Philosophische Untersuchungen-Philosophical investigations*, Oxford, B. Blackwell, 1953], párrafo 1, p. 17, en referencia a *Confesiones*, I, 8: "En estas palabras obtenemos, a mi parecer, una determinada figura de la esencia del lenguaje humano. Concretamente ésta: Las palabras del lenguaje nombran objetos — las oraciones son combinaciones de esas denominaciones. — En esta figura del lenguaje encontramos las raíces de la idea: Cada palabra tiene un significado. Este significado está coordinado con la palabra. Es el objeto por el que está la palabra".

14 *cf.* PEIRCE, Charles Sanders, HARTSHORNE, Charles *et al.* (eds.), *Collected papers*, vols. 1–8, 6, Cambridge (Massachusetts), Harvard University Press, 1931–1958, vol. 2, p. 274: "A *Sign*, or *Representamen*, is a First which stands in such a genuine triadic relation to a Second, called its *Object*, as to be capable of determining a Third, called its *Interpretant*, to assume the same triadic relation to its Object in which it stands itself to the same Object"; *op. cit.*, vol. 8, p. 335: "In respect to their relations to their dynamic objects, I divide signs into Icons, Indices, and Symbols (...) I define a Symbol as a sign which is determined by its dynamic object only in the sense that it will be so interpreted. It thus depends either upon a convention, a habit, or a natural disposition of its interpretant or of the field of its interpretant (...)".

15 ARISTÓTELES, *Metaphysica*, 1011b26, en ROSS, W.D. (ed.), *Aristotle's metaphysics: a revised text with introduction and commentary* vol. II, Oxford, Clarendon Press, 1953: "τὸ μὲν γὰρ λέγειν τὸ ὂν μὴ εἶναι ἢ τὸ μὴ ὂν εἶναι ψεῦδος, τὸ δὲ τὸ ὂν εἶναι καὶ τὸ μὴ ὂν μὴ εἶναι ἀληθές".

16 TUGENDHAT, Ernst, *Der Wahrheitsbegriff bei Husserl und Heidegger*, Berlin, de Gruyter, 1970, p. 2.

fue actualizada por Tarski ['p' es verdadero ≡ p[17]]. En un sencillo apunte liminar, Epicuro desea evitar la palabrería, el término sin referencia (κενοὺς φθόγγους), o sea, la no remisión a entidades reales, lo que se da a entender con la vacuidad sonorosa de un vocablo, en vista de que las cosas tienen un nombre natural[18]. Las palabras se fundan, pues, en la realidad por definición existente, de forma que no caben sofísticas, escepticismos o relativismos solipsistas.

Con estas consideraciones a propósito de *mens*, *uox* y *res*, se pretende poner de relieve que la propuesta epicúrea se adscribe, sin género de dudas, al realismo, esto es, a la creencia, propia del sentido común, de que todos habitamos una realidad común, de existencia objetiva e independiente de la mente y del lenguaje de quienes lo representan, con la salvedad de que también incluye pensamientos, teorías y otros símbolos y de que la realidad depende de nuestros pensamientos, teorías y símbolos de modos que son o pueden ser explicados y desvelados por la ciencia[19]. En este contexto, puede decirse que, siempre con las restricciones propias de su momento histórico, Epicuro pretende ser objetivo en el sentido de que describe sucesos, procesos y estados de carácter intersubjetivo, sustantivo, físico y normativo[20]. Precisamente por ese motivo sostiene:

> "Si eres contrario a todo tipo de sensaciones no tendrás ni sabrás tampoco a qué criterio acudir para saber y explicar aquéllas que de entre ellas afirmes que son falsas"[21].

Existente el mundo y habida cuenta de que las palabras hablan de él con verdad, la vía de acceso a aquél, la fuente de conocimiento, radica en la sensación (αἰσθήσεις), esto es, impresiones recibidas mediante los sentidos. La percepción sensible, al quedar su verdad garantizada por la existencia de percepciones efectivas (ἐπαισθήματα, que podrían llamarse *percepta* o *sensa*), constituye el primer criterio veritativo[22], irrefutable, del conocimiento; de la sensación surgen, además, todos los pensamientos o nociones (ἐπίνοιαι). Junto a la sensación, otros dos criterios aparecen, a saber: las prolepsis (προλήψεις, prenoción, anticipación) y las afecciones (πάθη)[23]. La prolepsis se define como "una aprehensión real o una opinión correcta o intuición o idea (...) como recuerdo de lo que muchas veces se le ha mostrado en el exterior, universal

---

17 *cf.* TARSKI, Alfred, *Logic, semantics, mathematics: Papers from 1923 to 1938,* Oxford, Clarendon Press, 1956, "The concept of truth in formalized languages, VIII", pp. 152–278, concretamente p. 162.

18 EPICVRVS, *Vita Epicuri cum testamento,* 31, en ARRIGHETTI, Graziano (ed., trad.), *Opere,* Torino, Einaudi, 1973, 2ª, p. 23.

19 *cf.* GODFREY-SMITH, Peter, *Theory and reality: an introduction to the philosophy of science,* Chicago and London, The University of Chicago Press, 2003, p. 176.

20 *cf.* GARCÍA CARPINTERO, Manuel, *Las palabras, las ideas y las cosas: una presentación de la filosofía del lenguaje,* Barcelona, Ariel, 2008, p. 125.

21 EPICURO, *Máxima capital* XXIII, en VARA, *op. cit.*, p. 95.

22 EPICVRVS, *Vita Epicuri cum testamento,* 31, en ARRIGHETTI, *op. cit.*, p. 23.

23 DIÓGENES LAERCIO, *Vidas de los filósofos ilustres,* X, 32, en GARCÍA GUAL, Carlos (ed., trad.), Madrid, Alianza, 2007, p. 524.

residente en nosotros"[24]. Por su parte, en cuanto a las pasiones, afecciones – o sentimientos – sólo se distinguen dos: el placer (ἡδονὴν) y el dolor (ἀλγηδόνα)[25], opuestos y mutuamente irreductibles.

Si bien lo reseñado a propósito de la epistemología epicúrea debe ser tratado en otro lugar, es oportuno recoger aquí las consecuencias de lo inmediatamente antedicho. Epicuro confía en las capacidades sensoriales del ser humano en cuanto fuente fiable de conocimiento verdadero y, por ello puede vincularse con la perspectiva epistemológica centrada en la ἐμπειρία, la experiencia, o aprehensión de la realidad externa y eventualmente, interna, a través de los sentidos y por lo común antes de toda reflexión, a base de datos (*datum*, lo dado) de cosas singulares. De concebirse así, la propuesta epicúrea entronca con la tradición moderna del empirismo, "que realza la soberanía de la observación, de la percepción sensible, y la primacía de los hechos"[26].

Por otra parte, la enunciación de sus leyes o principios físicos cumple la función de proporcionar una explicación y fundamentación filosófico-científicas sobre la constitución y estructura de lo real, o, como señala García Calvo, sirve para proporcionar las "ideas fundamentales para la formación de un modelo (τύπος) de ideación del modo de ser de los seres"[27]

En este contexto, el empeño epicúreo conecta con la búsqueda de la filosofía griega desde el primer presocrático, la preocupación acerca del origen (ἀρχή), el comienzo y el principio ontológico-cronológico. El de Samos tiene una evidente vocación fundamentadora y explicativa de lo real; esto es, se interesa por el *principium*, o mejor, por los *principia*, los elementos *rectores*, los *regentia*. Cabe decir, a este propósito y como sugerencia etimológica, que el primer término latino proviene de *prīnceps*[28] < **prīmo-caps (primus + capio)*; significa literalmente "el primero que toma la parte del botín, la palabra, aquel que toma el primer lugar o rango y, en consecuencia, líder, guía, caudillo, adalid"; el segundo vocablo es un adjetivo deverbal o participio neutro plural de *rego*, el cual significa "orientar en línea recta, dirigir derechamente, y (en sentido físico y moral) tener la dirección de algo, gobernar".

Con todo, el planteamiento de Epicuro, al contrario que el de algunos de sus predecesores, no adolece de pesimismo óntico en cuanto a lo circundante, ni epistemológico ni antropológico[29]. Igualmente, tampoco parece incurrir, al hacer φυσιολογία,

---

24 DIÓGENES LAERCIO, X, 33: 1–3, en. *op. cit.*, p. 525.

25 *op. cit.* X, 34: 6, p. 525.

26 ALBERT, Hans, *Traktat über kritische Vernunft, Tübingen*, Mohr-Siebeck, 1969, p. 21, trad. propia.

27 GARCÍA CALVO, Agustín, *op. cit.*, p. 80.

28 ERNOUT, A., y MEILLET, A, *Dictionnaire étymologique de la langue latine. Histoire des mots*, Paris, Klincksieck, 1967, *s. u.* "*princeps*".

29 *cf.* POPPER, Karl, *Conjeturas y refutaciones. El desarrollo del conocimiento científico*; ed. Paidós; Barcelona; 1994, "Introducción. Sobre las fuentes del conocimiento y la ignorancia", especialmente p. 30: "el pesimismo epistemológico se vincula, históricamente, con una doctrina que proclama la depravación humana y tiende a exigir el establecimiento de tradiciones poderosas y a la consolidación de una autoridad

en lo que Agustín de Hipona llama *theologia naturalis*[30] de corte idealista o especulativo, tal como antes hizo, según Jaeger, Platón[31]. Así, Epicuro postula, sí, no un *aliquid* cuanto unos *aliqua* ingénitos, imperecederos, necesarios, inmutables y eternos, si bien éstos no son identificados con la(s) divinidad(es), ni con el atributo de la inteligencia. Tampoco significa su programa un dualismo entendido como doctrina que sostiene que la realidad consta de dos partes inconmensurables separadas por una fractura insalvable, en una suerte de dicotomía, tal como sucede cuando se separan irreconciliablemente lo supremo y lo ínfimo, lo ente y lo aparente, lo infinito y lo finito, lo perfecto y lo imperfecto, lo inteligible y lo sensible, lo bueno y lo malo. Estas matizaciones pretenden subrayar que el de Samos, con su voluntad de conciliar física rigurosa, canónica cognitiva y ética práctica curativa, no busca una filosofía volátil o metafísica en el sentido de que se halle más allá de lo físico, con lo que podrían constituir, *avant-la-lettre*, una filosofía pragmatista, práctica, no clásica en el sentido de Dewey[32], capaz de unir e identificar el *uiuere* y el

---

fuerte que salve al hombre de su locura y su perversidad"; (...) "En la famosa alegoría de los prisioneros en la caverna (514 y sigs.) indica que el mundo de nuestra experiencia es sólo una sombra, un reflejo, del mundo real. Y muestra que, aun cuando uno de los prisioneros escapara de la caverna y enfrentara el mundo real, tendría dificultades casi insuperables para verlo y comprenderlo, para no hablar de las dificultades que hallaría al tratar de hacer que lo comprendan los que quedaran en ella. Las dificultades que se alzan en el camino de la comprensión del mundo real son casi sobrehumanas, y sólo muy pocos —si es que hay alguno— pueden llegar al estado divino de la comprensión del mundo real, al estado divino del verdadero conocimiento, de la *epistéme*".

30 *cf.* AGUSTÍN, obispo de Hipona, *La ciudad de Dios*, VII, cap. 29, en MORÁN, José, (ed., trad.), *Obras completas de San Agustín XVI-XVII: La ciudad de Dios*, vol. XVI, ed. bilingüe, Madrid, Biblioteca de Autores Cristianos, 1958, p. 498: "Todo lo que los fisiólogos refirieron al mundo y a sus partes, debieron referirlo al dios uno y verdadero: Caigamos así en la cuenta de que todo cuanto ellos, basados en la teología de los dioses, refieren, mediante razones físicas, al mundo, puede atribuirse, sin temor de opinión sacrílega, al Dios verdadero".

31 JAEGER, Werner, GAOS, José (trad.), *La teología de los primeros filósofos griegos*, México, Fondo de Cultura Económica, 2003 [ed. orig. *Die Theologie der frühen griechischen Denker*, Stuttgart, Kohlhammer, 1953], pp. 10–11: "Así, pues, al proponer Platón en la República ciertos τύποι περί θεολογίας, ciertos 'esbozos de teología', brotó la creación de la nueva palabra del conflicto entre la tradición mítica y la aproximación natural (racional) al problema de Dios. (...) De un lado, entiende 'teología' la rama fundamental de la ciencia filosófica que también llama 'filosofía primera' o 'ciencia de los primeros principios', la rama que más tarde recibe el nombre de 'metafísica' entre sus seguidores. En este sentido, la teología es la última y la más alta meta de todo estudio filosófico del Ser".

32 DEWEY, John, LÁZARO, Amado (trad.), *La reconstrucción de la filosofía*, Buenos Aires, Aguilar, 1959 [ed. orig. *Reconstruction and Philosophy*, London, University of London Press, 1921], pp. 91–92: "Todas las filosofías del tipo clásico han establecido una distinción terminante y fundamental entre dos reinos del existir. Uno de ellos corresponde

philosophari, que aporta aclaración operativa fuerte, ofrece sentido no antiintuitivo y busca la felicidad.

A modo de recapitulación y para iniciar el estudio de sus axiomas físicos propiamente dichos, es justo postular que Epicuro es un filósofo no relativista, realista, empirista, no pesimista antropológico o epistemológico, así como pragmático o práctico, orientado a la vida feliz.

1.1. Nada nace de la nada

Entre las obras conservadas, es ésta la primera proposición axiomática del sistema físico epicúreo. Ninguna cosa[33] surge o se genera a partir del no ser o la nada [οὐδὲν γίνεται ἐκ τοῦ μὴ ὄντος][34] o, tal como lo formula Lucrecio, '*nil posse creari / de nilo divinitus*'[35]. Según Epicuro, pues, "nada nace de lo que no existe" ni las cosas se consumen "pasando a lo que no existe"[36]. Complementariamente, también afirma Epicuro que tampoco nace todo de todo, sino que cada existente tiene su semilla o germen.

Así, tesis del *nihil ex nihilo* conecta con la problemática de la φύςις, es decir, la naturaleza, el mundo físico, el universo material, donde transcurre la vida y tienen lugar los fenómenos; aquello mismo que los romanos llamaron *natura*. El primer término proviene del verbo φύω, que significa criar, hacer nacer, engendrar, procrear, producir naturalmente, crecer, sacar a la luz; por su parte, naturaleza puede asociarse con el participio futuro pasivo (*naturus*[37]) del verbo *nascor* (nacer) en su forma futura neutra plural, siendo así que, propiamente, significaría "el conjunto de las cosas que van a nacer, o brotar desde sí mismas". Quizás la admiración, el pasmo maravillado, la extrañeza boquiabierta que mencionan Platón[38] y Aristóteles[39], propia del hombre

---

al mundo religioso y sobrenatural de la tradición popular, y este mundo se convirtió, al ser trasladado a la metafísica, en el mundo de la realidad más elevada y última".

33 *οὐδὲ ἕν*, *nec unum*, no one [thing].

34 EPICVRVS, *Epistula ad Herodotum*, 38, en ARRIGHETTI, *op. cit.*, p. 37.

35 LVCRETIVS, *De rerum natura libri sex*, I, v. 155–156, en BAILEY, Cyril (ed.), Oxford, Clarendon Press, 1898; también I, v. 150: *nullam rem e nilo gigni divinitus umquam*.

36 EPICURO, *Carta a Heródoto*, 38, en VARA, *op. cit.*, p. 54.

37 CLEDONIVS, *Ars grammatica*, 'De verbo', 382: 4, en KEIL, Heinrich, *Grammatici Latini, vol V: Artium scriptores minores*, Leipzig, Teubner, 1923, pp. 57 (*Addenda*, 34), respectivamente: "*deponens dicitur, quod deponat participium futuri temporis in dus, ut nascens natus naturus [non nasciturus]*".

38 PLATÓN, *Teeteto*, 155d, en SANTA CRUZ, Mª Isabel *et al.* (VALLEJO CAMPOS, Álvaro {trad.}), *Diálogos V: Parménides, Teeteto, Sofista, Político*, Madrid, Gredos, 1988, p. 202: "Eso que llamamos la admiración es muy característico del filósofo. Éste y no otro, efectivamente, es el origen de la filosofía".

39 ARISTÓTELES, *Metafísica*, I, cap. 1, 980 a 20–28 y 2, 982 b 11–26, en CALVO MARTÍNEZ, Tomás (ed., trad.), Madrid, Gredos, 2000: "Todos los hombres por naturaleza desean saber. Señal de ello es el amor a las sensaciones. Éstas, en efecto, son amadas por sí mismas, incluso al margen de su utilidad y, más que todas las demás, las sensaciones visuales (...); los hombres —ahora y desde el principio— comenzaron a

que mira, propiciaron la pregunta por el ἀρχή, por el inicio y fundamento de lo real; esa pregunta aparece estrechamente vinculada, además, con la necesidad humana de apropiación o apresamiento racional, en una suerte de compresión, que Adorno caracterizó como una objetivación por parte del espíritu dirigida hacia cuanto no se le parece, para poseerlo[40].

En este orden de cosas resulta apropiado observar que la postulación de un constituyente único o plural, origen y cimiento de la multiplicidad natural, guarda relación con una necesidad humana de luchar contra el *horror uacui* y es, *sensu stricto*, lógica. Así, es metafísica y lógicamente necesario que exista un *aliquid* o varios *aliqua* que, como se ha indicado más arriba, sean sustantivos, inmortales, ingénitos, eternos, permanentes y subyacentes a todo cambio en la pluralidad mayor. Dar una respuesta a esa tensión inherente a la naturaleza supone, igualmente, articular racionalmente una teoría cosmológica o, según Sambursky, ofrecer "una aplicación del principio científico por el que un máximo número de fenómenos debe ser explicado mediante un mínimo de hipótesis, (...) [justificando] el mayor número posible de hechos, mediante el menor número posible de supuestos"[41]. Pese a la verdad de lo antedicho, es de justicia matizar que los griegos dieron, en general, muestras de comportamiento 'acientífico *à la moderne*', como ocurre, por ejemplo, con la imprecisión notable de sus observaciones o la desatención de la investigación, en favor de grandes teorías dotadas de gran precisión y consistencia internas[42].

Todavía en consonancia con el afán de investigación científica, el término ἀρχή tiene, en sentido cronológico y genérico, los significados de principio, comienzo, origen, primicia; en su especialización como término técnico filosófico y científico equivale a primer principio (filosófico), por antonomasia entre los presocráticos; denota también, en diferentes ámbitos, los principios morales (en plural), el órgano principal; en sus sentidos locales y concretos alude a cabo, extremo, inicio; por último, con sentido abstracto y jerárquico, designa autoridad, poder, mando, reinado,

---

filosofar al quedarse maravillados ante algo, maravillándose en un primer momento ante lo que comúnmente causa extrañeza y después, al progresar poco a poco, sintiéndose perplejos también ante cosas de mayor importancia, por ejemplo, ante las peculiaridades de la Luna, y las del Sol y los astros, y ante el origen del Todo. Ahora bien, el que se siente perplejo y maravillado reconoce que no sabe".

40 ADORNO, Theodor, MAMES, Leon (trad.), *Sobre la metacrítica de la teoria del conocimiento. Estudios sobre Husserl y las antinomias fenomenológicas*, Caracas, Monte Ávila, 1970 [ed. orig. *Zur Metakritik der Erkenntnistheorie: Studien über Husserl und die phänomenologischen Antinomien*, Stuttgart, Kohlhammer, 1956], p. 19: "La identidad del espíritu consigo mismo, la posterior unidad sintética de la apercepción, resulta proyectada sobre la cosa mediante el mero procedimiento, y ello ocurre tanto más desconsideradamente cuanto más limpio y conciso querría suceder. Es éste el pecado original de la *prima philosophia*. Para imponer a toda costa la continuidad y la integralidad, ésta debe recortar de lo que juzga todo cuanto no se adapta a su juicio".

41 SAMBURSKY, *op. cit.*, p. 27.

42 *cf.* VON FRITZ, *Scienza.*, p. 5; *cf.* también SAMBURSKY, *op. cit.*, p. 16.

control, cargo, gobernante, principado (jerarquía celestial), así como reino o imperio territoriales. De etimología incierta, está emparentado con ἄρχω, que significa, con idea de movimiento, conducir, guiar, dirigir, ir a la cabeza, abrir la marcha, encabezar, dar comienzo, iniciar, iniciar el ataque, ser el principio, empezar a; denota en otros casos, ligados al poder, mandar, acaudillar, capitanear, dominar, imperar, gobernar, regir, tener el poder, ser el amo, controlar, ejercer el cargo de arconte (en ciertas polis), desempeñar un cargo o magistratura, presidir, inaugurar; en términos absolutos designa tener principio, empezar, comenzar[43]. Estas precisiones lexicográficas han de servir, se entiende, para comprender la carga significativa del término, esto es, el valor de ἀρχή como lo constituyente dominante[44] en lo ontológico y físico.

Hechas todas estas reservas, es legítimo afimar que la filosofía presocrática supone, ante el descubrimiento de la pluralidad de lo natural, una búsqueda no tradicional-mítica de un (o varios) principio(s) unitario(s) y armónico(s); en otras palabras, con ella despierta el interés por el mundo circundante, captado empíricamente por los sentidos y sometido a modos de acción inmutables, los cuales la racionalidad humana puede escrutar, aunque éstos se hallen fuera del control de los hombres[45]. El estudioso Cornford critica, no obstante, esa vocación, que considera una suposición tácita poética, de hallar una unidad primordial que se va desdoblando o dividiendo en los opuestos operativos de lo natural y, en última instancia, de la que todo deriva y hacia la cual todo tiende[46].

Una primera conexión de Epicuro con la filosofía presocrática radica, para empezar, en que abandona las explicaciones mitológicas, argumenta aportando justificaciones en favor de sus *aliqua* y evita el inmovilista y escéptico miedo al error, así como la indefinición conservadora ante la diversidad de opiniones, aunque con ello incurra en lo que los escépticos llaman *hipótesis*, esto es, la afirmación, como verdad, de una mera suposición; de este modo, prefiere, de acuerdo con el sentido común, con la propia vida, con todos los presocráticos y con Aristóteles[47], detener el proceso abismado hacia la infinitud, ante la evidencia de lo simple.

---

43 *cf.* RODRÍGUEZ ADRADOS, Fransciso (dir.), *Diccionario Griego-Español (DGE)*, III ἀποκοιτέω – βασιλεύς, Madrid, CSIC, 1991, *s. uu.* ἀρχή, ἄρχω.

44 *cf.* STOKES, Michael, *One and Many in Presocratic Philosophy*, Washington, Center for Hellenic Studies, distributed by Harvard University Press, Cambridge, 1971, pp. 25–68.

45 *cf.* CORNFORD, F. M., PÉREZ-RAMOS, Antonio (trad.), *Antes y después de Sócrates*, Barcelona, Ariel, 1981 [ed. orig. *Before and After Socrates*, Cambridge, Cambridge University Press, 1932], pp. 11 y 17.

46 CORNFORD, F. M., *op. cit.*, pp. 224 y 227.

47 ARISTÓTELES, *Analíticos segundos*, I, cap. 3, 72b 18–26, en CANDEL, Miguel (ed., trad.), *Tratados de lógica = Órganon. II, Sobre la interpretación, Analíticos primeros, Analíticos segundos*, Madrid, Gredos, 1988, p. 320: "Pero nosotros decimos que no toda ciencia es demostrativa, sino que la de las cosas inmediatas es indemostrable (y es evidente que esto es necesario: pues, si necesariamente hay que conocer las cosas anteriores y aquellas de las que <parte> la demostración, en algún momento se ha

Precisamente para subrayar el meridiano axioma físico epicúreo es fuerza recordar a los primeros físicos, ocupados por la cuestión cosmológica, así como a otros fundadores de la filosofía natural con los que difiere en algún punto.

Entre los presocráticos[48], Tales propuso, el primero, una substancia o *quid* subyacente a los múltiples fenómenos, a saber, el agua; Anaximandro, el ἄπειρον, esto es, lo privado de πέρας (πεῖραρ), límite, término, extremo, punta, conclusión o final; como tal, suele llamarse indeterminado, ilimitado o indefinido, caracterizado como principio material eterno, inmortal, móvil y distinto de todos los demás elementos; Anaxímenes se refirió al aire; aquí se detienen los filósofos de la escuela milesia. Pitágoras propone como *principium* el número, elemento único de todas las cosas existentes; éste, con su armonía de propiedades, partes y relaciones, constituye y compone como principio material o formal[49], por imitación o por participación[50], el ordenamiento cósmico íntegro. Junto a esto, los pitagóricos postulan un alma individual inmortal (articulada con un cuerpo mortal[51] y capaz de transmigrar), así como la existencia del vacío a modo de cierta separación y división entre las cosas que siguen unas a otras[52] o que lo que ha sucedido se repite y nada es absolutamente nuevo[53]. Por su parte, y pese a sus particularidades, Jenófanes, poeta y filósofo, pasa por ser el padre del eleatismo[54] e incluso se dice que Parménides fue su discípulo. En cuanto a su doctrina, se refiere a que el principio, como el ente o ser, es la Unidad, lo uno y único, que es al propio tiempo, el todo. Inengendrado, esférico, eterno, completo, homogéneo, semejante en todas partes, incorpóreo, supremo, no antropomórfico, se identifica, también, con lo divino, vivo, inteligente y omnisciente; por último, respecto a su inmovilidad o movilidad, la crítica se muestra dudosa, si bien parece

---

de saber las cosas inmediatas, y éstas necesariamente serán indemostrables). De este modo, pues, decimos < que son> estas cosas, y que no sólo hay ciencia, sino también algún principio de la ciencia, por el que conocemos los términos. Y está claro que es imposible demostrar sin más en círculo, ya que es preciso que la demostración se base en cosas anteriores y más conocidas".

48 En los textos antiguos de los presocráticos y otros filósofos griegos notables se remite, cuando es preciso y existe, a la fuente Diels – Kranz mediante la abreviatura "DK".

49 PITÁGORAS, frag. 349 (D[iels] K[ranz] 58 B 4–5), Aristóteles *Metafísica*, I, 5, 985–986a), en EGGERS LAN, Conrado y JULIÀ, Victoria E., (eds., trads.), *Los filósofos presocráticos I*, Madrid, Gredos, 1978, pp. 226–228, *vid.* n. 45.

50 *cf.* PITÁGORAS, frag. 360 (DK 58 B 12) Aristóteles, *Metafísica*, I, 6, 987, en EGGERS LAN, JULIÀ, *op. cit.*, p. 230.

51 *cf.* EGGERS LAN, JULIÀ, p. 205 (n. 33).

52 PITÁGORAS, frag. 370, (DK 58 B 30) Aristóteles, *Física*, IV, 6, 213b, en EGGERS LAN, JULIÀ, p. 237.

53 PITÁGORAS, frag. 310 (DK 14.8a), en EGGERS LAN, JULIÀ, pp. 203–204.

54 *cf.* JENÓFANES, frag. 457 (DK 21 A 8) Clemente de Alejandría, *Stromata*, 1, 64), en EGGERS LAN, JULIÀ, p. 278.

que este fragmento suyo es auténtico: "permanece siempre en el mismo <lugar> sin moverse, ni le conviene emigrar de un lado a otro"[55].

Tras haber visto este conjunto de presocráticos, es pertinente consignar aquí la brillante síntesis que de la cuestión ofrece el estudioso alemán Kurt von Fritz, que describe los primeros pasos de la filosofía como un enfrentamiento racional y teórico contra la nada:

> "Abbiamo visto che, in contrasto con le precedenti speculazioni mitiche che facevano derivare il mondo dal nulla o da uno stadio intermedio a metà tra l'essere e il nulla, è stata caratteristica di Talete quella di porre come inizio un principio materiale che è eterno e che continua a esistere di eternità in eternità, dal quale si separano i singoli enti e nel quale, entro certi limiti, essi fanno ritorno. In Anassimandro questo principio primordiale eterno e immutabile viene sostituito dall'apeiron indeterminato, mentre Anassimene introduce al posto del principio originario eterno un principio materiale dal quale gli enti non si separano più in modo non meglio precisato ma che anzi si trasforma esso stesso nei vari enti, pur mantenendo in un certo qual modo la propria identità attraverso tutte le trasformazioni. A fondamento di tutte queste teorie affiora, dapprima in modo ancora molto confuso e poi sempre più distintamente, il principio che dal nulla non può nascere nulla e che deve sempre preesistere qualcosa da cui procedono gli enti e in cui tornano a dissolversi. Con Senofane, come già in Anassimene, non solo si afferma che tutti gli enti derivano dal principio originario e vi fanno ritorno, ma per la prima volta si pone a fondamento di una dimostrazione il fatto, considerato evidente, che niente può nascere da niente"[56].

Por todo ello, la existencia de ciertos elementos, que se postula para evitar que el todo sea destruido o cese de existir hacia el no ser (más bien que la nada), resulta clave. Precisamente sobre el ser o "lo que es" han de pronunciarse dos filósofos de gran importancia conceptual, directa o indirecta, para Epicuro, a saber, Parménides de Elea y Meliso de Samos.

1.1.1. Parménides: un viejo y nuevo preático

El poema de Parménides ha sido objeto, a lo largo de la historia, de múltiples lecturas: la espacial, la religiosa, la metafísica *more Platonico*, la lógica y la física. Aquí interesa centrarse en la última. Obrar de tal modo significa, sin embargo, desmarcarse y desembarazarse de una larga sombra / tradición escolástica y académica que se centra en el idealismo, el dualismo metafísico y, modernamente, en las lecturas

---

55 *cf.* JENÓFANES, 539 (DK 21 B 26), Simplicio, *Física*, 23, 11–12, en EGGERS LAN, JULIÀ, p. 305.

56 VON FRITZ, *Scienza*, p. 46.

germanas, que comienzan con Hegel[57] y acaban, por así decirlo, con un Heidegger anonadado y veritativo[58].

Según Burnet, Parménides puede considerarse, de hecho, el padre del materialismo[59], lo que le vale a aquél las críticas de su compatriota Guthrie[60], que sigue la distinción entre lo insensible y lo sensible, poniéndola en equivalencia con lo inteligible y lo sensible platónicos.

Una presentación materialista de Parménides, aunque se considere peregrina, implica, de suyo, la centralidad de la preocupación por el constituyente último de lo real, de lo existente, con la que se halla aparejado, además, el empeño lógico. Definido ya lo que es, en otras palabras, tras un pronunciamiento ontológico radical y sólo entonces, cabe presentar a Parménides como un epistemólogo.

Parménides hace gala de un monismo realista que entronca, en cierta medida al menos, con los milesios Tales y Anaxímenes. Él no postula una tensión dual o una antítesis irreductible entre la unidad natural y la pluralidad de cosas; de haberla, tal dualidad sería meramente lógica y metodológica, no ontológica o constitutiva. El

---

57 HEGEL, G.W.F., *Lecciones Sobre La Historia De La Filosofía I*, México, FCE, 1995 [ed. orig. *Vorlesungen über die Geschichte der Philosophie*], pp. 233 y 235: "La nada se convierte realmente en algo, desde el momento en que se piensa o se dice; decimos algo o pensamos algo cuando queremos pensar y decir la nada"; [...] "Aquí es donde ha de buscarse la exaltación al reino de lo ideal; por eso, la verdadera filosofía comienza, en rigor, con Parménides. Aparece *un* hombre que se libera de todas las opiniones y representaciones, que les niega todo valor de verdad y afirma que sólo la necesidad, el ser, es lo verdadero".

58 HEIDEGGER, Martin, MÁSMELA Carlos (trad.), *Parménides*, Madrid, Akal, 2005 [ed. orig. *Parmenides (Wintersemester 1942/43)*, Frankfurt, Vittorio Klostermann, 1982, 2ª ed. 1992], p. 5: "Parménides y Heráclito son los nombres de los pensadores, contemporáneos en las décadas entre 540 y 460 a. C, que piensan lo verdadero en una única copertenencia al comienzo del pensar occidental. Pensar lo verdadero significa: experimentar lo verdadero en su esencia y saber la verdad de lo verdadero en dicha experiencia esencial".

59 BURNET, *op. cit.*, cap. IV, p. 187: "What appears later as the elements of Empedokles, the so-called 'homoeomeries' of Anaxagoras and the atoms of Leukippos and Demokritos, is just the Parmenidean 'being'. Parmenides is not, as some have said, the 'father of idealism'; on the contrary, all materialism depends on his view of reality".

60 GUTHRIE W. K. C., *The Greek Philosophers: From Thales to Aristotle*, New York, Routledge, 2013, p. 46: "Some have classed Parmenides as a materialist, arguing that as he makes no distinction between the material and the non-material, his single unchanged reality must have been conceived as material. That particular question is unimportant and indeed unanswerable, seeing that we are still dealing with a period before the material and the non-material had been distinguished. What is important is that his reality was *non-sensible*, only to be reached by thought. To Plato the distinction between material and spiritual was plain. Yet he expresses it far more often by the words 'sensible' and 'intelligible'. Parmenides was the first to exalt the intelligible at the expense of the sensible, and consequently to call him -as he has been called- the father of materialism is about as misleading as it could be".

único ἀρχή, lo único real, lo regente y constituyente se cifra en τὸ ἐὸν[61], "lo que es", "lo *siendo*", que aparece sustantivado por el artículo neutro, cosa que lo diferencia de lo que es en masculino o en femenino, así como del mero 'ser' infinitivo, que no aparece nunca precedido por artículo.

Parménides de Elea ha sido tenido como la cumbre del monismo metafísico mental e idealista; por lo demás, se le considera cercano o continuador de Jenófanes. En su poema *Sobre la naturaleza* presenta una tesis físico-ontológica y lógico-metodológica que se basa en la señalación de una disyuntiva radical: "ἡ μὲν ὅπως ἔστιν τε καὶ ὡς οὐκ ἔστι μὴ εἶναι [el que es y no es posible que no sea]"[62], en otras palabras, "es y es y no es posible que no sea"[63], totalmente opuesto a "ἡ δ' ὡς οὐκ ἔστιν τε καὶ ὡς χρεών ἐστι μὴ εἶναι [el de que no es y de que es preciso que no sea][64]"[65].

De este modo, las vías, en principio abiertas, de investigación y demostración se reducen a una, la de 'lo que 'es, la de que 'hay ser pero nada, no la hay'[66], puesto que, de conformidad con el axioma del *nihil ex nihilo*, "nunca se violará tal cosa, de forma que algo, sin ser, sea" o "nunca la fuerza de la convicción admitirá que, de lo que no es nazca algo fuera de sí mismo"[67]. En ese sentido, bien apuntan Gomperz[68], y Stokes[69] el vigor patente de este argumento, implícito, según Von Fritz[70], en los pensadores precedentes.

Es preciso ahora enumerar tentativamente las características de ese τὸ ἐὸν. Identificada con τὸ πᾶν, la totalidad de lo real, es caracterizado como eterno (ἀίδιον), inmóvil (ἀκίνητον), único (μοῦνον), solo en su género (μουνογενές), no generado (ἀγένητον), esférico (σφαιροειδές), uno (ἕνα), indestructible (ἄφθαρτον), imperecedero (ἀνώλεθρόν), fuera del pasado y fuera del futuro, en un presente atemporal (οὐδέ ποτ' ἦν οὐδ' ἔσται,), todo a la vez (ὁμοῦ πᾶν), continuo (συνεχές), οὐλομελές (completo [en sus miembros]), inestremecible (ἀτρεμὲς), plenamente realizado

61 PARMÉNIDES, *Fragmenta*, 4, 9, en DIELS, Hermann, KRANZ, Walther, *Die Fragmente der Vorsokratiker. Erster Band*, Berlin, Wiedmann, 1952, p. 232.

62 PARMENIDES, *Fragmenta*, 2, 10, en DIELS, KRANZ, *op. cit.*, p. 231.

63 BERNABÉ PAJARES, Alberto (ed., trad.), *Fragmentos presocráticos de Tales a Demócrito*, Madrid, Alianza, 2010, 'Parménides', p. 156.

64 Las dos traducciones encorchetadas precedentes proceden de BERNABÉ, *op. cit.*, p. 256, vv. 3 y 5 respectivamente.

65 PARMENIDES, *Fragmenta*, 2, 11, en DIELS, KRANZ p. 231.

66 BERNABÉ, *op. cit.*, p. 157.

67 BERNABÉ, *op. cit.*, 6:2, 7:1; 8:13–14, pp. 157–158.

68 GOMPERZ, Theodor, KRÖNER, Carlos Guillermo *et al.* (trads.), *Pensadores griegos: una historia de la filosofía de la antigüedad. Tomo I: De los comienzos a la época de las luces*, Barcelona, Herder, 2000 [ed. orig. *Griechische Denker. Eine Geschichte der antiken Philosophie*, Leipzig, Veit, 1893], pp. 214–215: "no puede presentarse dudoso ni un momento el origen de la doctrina de Parménides sobre el existir. Ésta es el producto de una descomposición, a saber: el residuo o el precipitado de la teoría de la protosubstancia que queda después que ella se ha descompuesto en sí misma".

69 *cf.* STOKES, *op. cit.*, pp. 131–133.

70 *cf.* VON FRITZ, *Scienza*, p. 46.

(τέλεστον), homogéno (ὅμοιον), entero y salvo o sin falta (ὅλον, οὖλον), llegado a su límite (τέλειον), limitado (πεπερασμένον), inseparable (οὐδὲ διαιρετόν) o indivisible (οὐ γὰρ ἀποτμήξει, relacionado con ἀποτέμνω), límite último (πεῖρας πύματον), absolutamente perfecto (τετελεσμένον πάντοθεν), semejante a la masa de una esfera bien redonda (εὐκύκλου σφαίρης ἐναλίγκιον ὄγκωι), equidistante y equilibrado por todas partes desde el centro y en todas direcciones (μεσσόθεν ἰσοπαλὲς), inviolable (ἄσυλον) e igual a sí mismo por todas partes (πάντοθεν ἶσον)[71].

Dotado de estos rasgos, se impone señalar que "lo que es" configura y domina lo natural. Para comprender esta función material es oportuno traer a colación a Baeumker que, en 1886[72], indicó que Platón y Aristóteles habían hecho un uso interesado de la doctrina parmenídea, al igual que sucede con las deformaciones idealistas de filósofos neoplatónicos que creen ver en ella una descripción del κόσμος νοητός, mundo inteligible, en diversos testimonios[73].

Para declarar inaceptable la fundamentación idealista del τὸ ἐὸν parmenídeo recurre el mismo autor a la antementada esfericidad extensa. Sin embargo, enriquece sus consideraciones, por cuanto reflexiona, en defensa de la materialidad, sobre las relaciones entre "lo que es", identificable en este momento con el todo único existente, el pensamiento o las ideas y las palabras. Dice Parménides: "(...) lo que cabe concebir y lo que cabe que sea son una misma cosa" o bien que "[e]s necesario que sea lo que cabe que se diga y se conciba"[74] e, incluso mejor, "es necesario decir y pensar lo que es"[75] o "pues no podrías conocer lo no ente (es imposible) ni expresarlo" y "[l]o que puede decirse y pensarse debe ser, pues es ser, pero la nada no es"[76]. Lo mismo es el pensamiento y aquello por lo cual hay pensamiento remite al dominio de "lo que es", destaca la primacía de "lo que es", de tal modo que posibilita o es *conditio sine qua non* incluso de la actividad mental, que pertenece, en última instancia a "τὸ ἐὸν".

---

71 Los términos en griego están tomados esencialmente de PARMENIDES, *Fragmenta*, 8, en DIELS, KRANZ, *op. cit.*, pp. 235–240.

72 BÄUMKER, Clemens, "Die Einheit des Parmenideischen Seienden", en FLECKEISEN Alfred y MASIUS Hermann (eds.), *Neue Jahrbücher für Philologie und Paedagogik*, 1886, vol. 133, Leipzig, Teubner, 1890, pp. 541–561.

73 *cf.* PARMÉNIDES, frag. 949 (DK 28 A 34) Plutarco, *Contra Colotes*, 111 d-e, en EGGERS LAN, JULIÀ, *op. cit.*, p. 445: "(...) dice que Parménides suprime lisa y llanamente todas las cosas, al considerar al ente como uno. Pero no suprime ni las cosas ni el ente-uno, sino que adjudica a cada una lo que le corresponde: asigna lo inteligilble a la especie de lo uno y ente (lo llama 'ente' porque es eterno e indestructible, y 'uno' porque es homogéneo consigo mismo y no admite variación) y lo sensible a lo desordenado y en movimiento".

74 PARMÉNIDES, en BERNABÉ, *op. cit.*, 3:1 y 6:1 pp. 156–157.

75 PARMÉNIDES, frag. 901, (DK 28 B 6), en EGGERS LAN, JULIÀ, *op. cit.*, p. 427.

76 PARMÉNDIES, frags. 291 y 299, en KIRK, Geoffrey Stephen, RAVEN, John Earle y SCHOFIELD, Malcolm, *Los filósofos presocráticos: historia crítica con selección de textos*, Madrid, Gredos, 1984, segunda ed. [ed. orig. *The Presocratic Philosophers: A Critical History with a Selection of Texts*, Cambridge, Cambridge University Press, 1983], pp. 354 y 363.

Por su parte, Baeumker propone su propia interpretación y postula que también el pensamiento es ser, por cuanto se ocupa inseparablemente de "lo que es", dado que el no ser es inconcebible e inefable. Empírico y corpóreo, τὸ ἐὸν equivale también al todo, esto es, a la totalidad del universo, uno y único. Sin embargo, el ser de Parménides no es un reino ideal ni una región supralunar, es el mundo mismo, en el que no cabe el vacío, pues el vacío es no-ser. "Τὸ ἐὸν" es lo único; ni antes o delante ni tras o detrás ni junto hay otro algo. Parménides, así apunta de nuevo Baeumker, todavía no distingue entre el ser corporal o material y el ser inmaterial-espiritual; su ser, que sólo se capta con el pensamiento, no es otro que aquel ser sobre el que los sentidos ofrecen una visión falaz, al desatender las características de inmovilidad, invariabilidad. Precisamente "lo que es", expuesto en la primera parte de su poema, constituye lo que para los filósofos posteriores Empédocles, Anaxágoras y los atomistas Demócrito y Leucipo será la materia en cuanto sustrato permanente en los cambios[77]. Así, por ejemplo, Zeller, partidario del método histórico-crítico, reconstruye el discurso parmenídeo y concluye que ese "lo que es" cuenta con determinaciones espaciales, con una masa extensa y contenida en y por sí misma, en la que no cabe el no-ser o el vacío, invariable, por lo cual "τὸ ἐὸν", lo real y pleno, no es ningún concepto puramente metafísico, sin mixtura sensible alguna, sino un concepto que se ha desarrollado a partir de la observación y que lleva consigo claramente todavía los restos de su origen; el mismo estudioso, tomando en cuenta el rasgo de la esfericidad física de lo ente (εὐκύκλου σφαίρης), lo identifica con lo que llena espacio, desde su corporeidad o fisicidad, pues la inmaterialidad resultaría inconciliable con su doctrina, ya que, si se postula la unidad absoluta y radical de "lo que es", no cabe distinguir entre lo corpóreo y lo no corpóreo como dos sustancias distintas[78]. Lo que se subraya consiste, entonces, en la homogeneidad, la indivisibilidad, la limitación en cuanto recta conformación, la invariabilidad y la simplicidad de τὸ ἐὸν, que se erige como principio constituyente último. En un sentido similar se pronuncia Burnet cuando sostiene la corporeidad del τὸ ἐὸν parmenídeo, dotado de extensión espacial y de realidad sensible, aduciendo para ello un pasaje de Aristóteles[79]. En cierto modo es concebible que Parménides, con ánimo de superar rectificando a sus predecesores, estableciera una *materia prima* prearistotélica

---

77 BÄUMKER, *op. cit.*, pp. 50–54.

78 ZELLER, Eduard, *Die Philosophie der Griechen in ihrer geschichtlichen Entwicklung. Theil 1, 1*, Leipzig, Fues's Verlag, 1876, p. 517.

79 BURNET, *op. cit.*, IV, p. 178, especialmente n. 3: "There can be no real doubt that this is what we call body. It is certainly regarded as spatially extended; for it is quite seriously spoken of as a sphere (fr. 8, 43). Moreover, Aristotle tells us that Parmenides believed in none but a sensible reality"; la nota alude a Aristóteles, *De caelo*, III, 1, 298 b 21 y ss. = ARISTÓTELES, *Acerca del cielo*, III, cap. 1, 298 b 22 y ss., en CANDEL, Miguel, (trad., ed.), *Acerca del cielo, Meteorológicos*, Madrid, Gredos, 1996, p. 164–165: "Ahora bien, aquéllos [Meliso y Parménides], al suponer que no existe nada más que la entidad de las cosas sensibles y al ser los primeros en concebir unas naturalezas de aquella clase como condición para que haya conocimiento o pensamiento, trasladaron a aquéllas los razonamientos derivados de éstas".

existente en sí y por sí, absoluta, o, como dice Gomperz, "una protosubstancia que no sufre, como la de Tales y Anaximandro, de Anaxímenes y Heráclito, múltiples modificaciones ni se exterioriza en formaciones varias que después reabsorbe nuevamente; es hoy no sólo en su contenido, sino por la forma, lo que ha sido desde la eternidad y seguirá siendo en toda eternidad"[80]. De esta manera, Parménides, insatisfecho con la concreción elemental de quienes le preceden, elimina la veste determinativa como si quisiese eliminar del aristotélico τόδε τι su τόδε, de forma que se limite a un *aliquid* identificado con τὸ ἐὸν, no por ello inmaterial o incorpóreo. Incluso si quedan en suspenso las consideraciones más materialistas con respecto a Parménides, es posible, empero, sostener que en modo alguno él es, en contra de muchas interpretaciones, un mentalista o idealista subjetivo sino, al contrario, un realista antisubjetivo. De hecho, Gigon sostiene, en una línea que puede interpretarse como de continuidad con la preocupación por el todo de lo real y su constitución, que "la filosofía de Parménides es —al menos en cierto sentido— la más pura expresión de cuanto había sido el ideal de la filosofía jonia del cosmos objetivo"[81].

"Lo que es", importa repetirlo, denota y se identifica nominal y existencialmente como uno, ingénito, imperecedero, indestructible, continuo, eterno, imperturbable e inmóvil, real, total, pleno, único en su género, esférico, homogéneo, carente de espacio en sí mismo, compacto, perfecto, íntegro, que no fue ni será porque siempre es ahora, limitado. Precisamente este último rasgo, la limitación, queda salvado en cierta medida por la esfericidad dado que la esfera se caracteriza por tener infinitos planos de simetría[82], igual que el círculo tiene infinitos radios y todos ellos iguales[83].

Es clave insistir en que no hay cambio ni hay movimiento, motivo por el cual Platón adscribe a Parménides al grupo de los οἱ τοῦ ὅλου στασιωται, partidario del todo. Se impone, al menos en la primera parte del discurso de la Diosa, que "es y no es posible que no sea"[84] en contra, como es preciso de acuerdo con la primera racionalidad griega, del nihilismo: "μηδὲν δ' οὐκ ἔστιν"[85], de modo que, a "lo que

80 GOMPERZ, Theodor, *op. cit.*, p. 215.

81 GIGON, Olof, *Los orígenes de la filosofía griega: de Hesíodo a Parménides*, Madrid, Gredos, 1980 [ed. orig. *Der Ursprung Der Griechischen Philosophie. Von Hesiod Bis Parmenides*, Basel, Schwabe, 1945], p. 274.

82 ORIOL Y BERNADET, José, *Tratado elemental completo de dibujo lineal con aplicación á las artes*, Barcelona, Tomás Gorch, 1850, p. 193, párrafo 5: "toda esfera y en general todo cuerpo de revolución engendrado por una figura plana tiene un número de planos de simetría infinito, pues lo son todos los planos que cortan al cuerpo pasando por el eje de revolución del mismo. Y como en la esfera puede tomarse por eje de revolución uno cualquiera de sus diámetros, tendremos que en este cuerpo será un plano de simetría, cualquier plano que lo corte pasando por su centro".

83 *cf.* MOYÁ, Ambrosio, *Principios de aritmética y geometría: geometría*, Madrid, Gómez Fuentenebro, 1862, p. 14.

84 BERNABÉ, *op. cit.*, p. 156.

85 PARMENIDES, *Fragmenta* 26, en DIELS, KRANZ, *op. cit.*, p. 222 = PLATO, *Theaetetus*, 181a 7.

no es, ¿qué génesis le buscarías? ¿Cómo, de dónde habría crecido? De lo que no es, no [te permito que lo digas ni pienses], pues no se puede decir ni pensar lo que no es. ¿Y qué necesidad lo habría impulsado a nacer antes o después, partiendo de la nada? (...) Así es forzoso que exista absolutamente o no (exista). ¿Cómo podría ser después lo que es? ¿Cómo se generaría? Pues si se generó, no es, ni (es) si ha de ser en algún momento futuro"[86].

De esta forma, a caballo entre la física y la lógica, formula con reiteración fundamental Parménides el principio del *nihil ex nihilo* sobre la base de que "nada existe ni existirá ajeno aparte de lo que es"[87], tal como apunta Kurt von Fritz[88] y Mourelatos[89], que lo considera propiamente acuñador intelectual del concepto.

Al formular que "lo que es" es y que "lo que no es" no es, se funden tanto el sentido existencial cuanto el sentido copulativo/predicativo en relación con lo carente de atributos y de existencia, cosa que luego se identifica con la nada[90]. La indistinción entre lo existencial y lo atributivo resulta aquí de relieve en cuanto a τὸ ἐὸν y el ἐστι. Por otra parte, la ecuación del participio neutro y del verbo en presente, en una sentencia de aspecto gnómico es, por lo mismo, atemporal y conecta con la depuración de lo ente de toda determinación, en una suerte de realismo reductivo que supera al realismo materialista unielemental / monista (Tales Anaxímenes) o inelemental (Anaximandro). En esa tesitura, en cuanto a necesidad ontológica y necesidad lógico-metodológica, importa recordar que se le considera una figura clave en el inicio de la lógica, por haber formulado de manera formalizada los principios de identidad [que es y que no es posible no ser, más o menos equivalente en términos lógicos a (*ser* = ¬¬ *ser*)], de contradicción [jamás se impondrá esto: que haya cosas que no sean, expresable mediante (*ser* ∧ ¬ *ser*)] y de tercio excluso es o no es [(*ser*v ¬*ser*)][91]. Algo similar sucede en Aristóteles cuando propugna la ley lógica de la no contradicción en términos ontológicos[92]. Desde un punto de vista meramente

---

86 PARMÉNDIES, frags. 888 y 889 (DK 28 B 8, 6–11) Simplicio, *Física*, 145, 6–11 y (DK 28 B 8 19–20) Simplicio, *Física*, 145, 20–12, en EGGERS LAN, JULIÀ, *op. cit.*, pp. 424–425.

87 PARMÉNIDES, frag. 961 (DK 28 B 8, 36–37) Simplicio, *Física*, 86, 31–32, en EGGERS LAN, JULIÀ, *op. cit.*, p. 449.

88 *cf.* VON FRITZ, *Scienza*, pp. 47–48: "Parmenide inculca nei suoi ascoltatori o lettori, con espressioni sempre nuove, il concetto che da un non-ente non può derivare alcun ente ma anche che nessun ente può annullarsi o scomparire, in quanto il non essere (o il nulla) - proprio perché non è - non esiste affatto".

89 *cf.* MOURELATOS, Alexander P. D., "Pre-Socratic Origins of the Principle that There are No Origins from Nothing", *Journal of Philosophy*, n° 78, nov., vol. 11, 1981, pp. 649–665.

90 KIRK, RAVEN, *op. cit.*, pp. 354–356.

91 también merece ser consignado el hecho de que se le relaciona con el principio de razón suficiente, *cf.* PRUSS, Alexander R., *The Principle of Sufficient Reason: A Reassessment*, Cambridge, Cambridge University Press, 2006, pp. 20–28.

92 *cf.* ARISTÓTELES, *Metafísica*, IV, 3, 1005 b 11–34, en CALVO, Tomás, *op. cit.*, pp. 172–173: "El principio más firme de todos es, a su vez, aquel acerca del cual es imposible el error. [...] Es, pues, evidente que un principio tal es el más firme de todos. Digamos

lingüístico, es viable concebir la disyunción entre el ser y la nada, pues la elección de la nada implica el silencio. En cambio, desde un punto de vista fisiológico y ontológicamente constitutivo, afirmar el no ser sin disyunción, que está precedido por un operador monádico, conduce al silencio de lo real o a la aniquilación. En estos términos que andan a caballo entre la lógica y la física corresponde entender la equiparación de ser, pensar y decir, dado que si no se cumple el primero, todos los demás son callejones sin salida, aporías no meramente conceptuales. Por ello sólo cabe no ya la conjunción de "lo que es", pues nada se agrega a lo que es al conjugarlo consigo mismo, idéntico a sí mismo, sino la afirmación absoluta, libre de cualquier otro operador lógico, como un predicado monádico sin mediación alguna. Del mismo modo, "lo que es" no cabe en disyunciones que salven la respuesta física y lógica con otros elementos. Aquí se dibuja la prioridad lógica y ontológica de "lo que es", que constituye la única alternativa viable. En Parménides, τὸ ἐὸν no es un concepto teológico o metafísico cuanto lo único real frente al mero pensamiento del ser; es, por mejor decir, una necesidad material y lógica que desborda y posibilita toda otra consideración, al no tratarse, en este caso, de una *perfectio*, atributo o predicación sino algo lógicamente y ontológicamente prioritario, como lo son el universo y el universo del discurso. Parménides se refiere, sí, a "lo que es" absolutamente necesario pero no, o no primeramente, como "concepto puro de razón". Lo que aquí se juega se halla entre la existencia y la inexistencia, donde ha de vencer, por motivos obvios, la lógica de lo real, de la que se deriva, en virtud de la aplicación del pensamiento, la lógica del concepto. Aquí la inexistencia no es un mero juego lingüístico del que se derive la supresión de todo predicado.

Así, puede afirmarse que Parménides, con su realismo reductivo, alcanza, en el uso de la razón y tras liberar toda determinación, "lo que es" y a ello lo presenta como real y necesario en el sentido de que "se halla en interdependencia con las condiciones materiales de la experiencia (de la sensación)" y "cuya interdependencia con lo real se halla determinado según condiciones universales de la experiencia"[93]; esto es más que la mera posibilidad lógica de acuerdo con el principio de la no contradicción, trasciende incluso la posibilidad real. No se trata de una necesidad absoluta de los juicios ni de deducir la posibilidad de las cosas a partir de la antedicha posibilidad lógica de los conceptos. Estas observaciones, que toman a Kant

a continuación cuál es este principio: es imposible que lo mismo se dé y no se dé en lo mismo a la vez y en el mismo sentido (y cuantas precisiones habríamos de añadir, dense por añadidas frente a las dificultades dialécticas). Éste es el más firme de todos los principios, ya que posee la característica señalada. Es, en efecto, imposible que un individuo, quienquiera que sea, crea que lo mismo es y no es, como algunos piensa que Heráclito dice".

93 KANT, Immanuel, *Crítica de la razón pura [KrV]*, A219/ B266, en RIBAS, Pedro, (ed., trad.), Madrid, Alfaguara, 1978 [eds. origs. *Critik der reinen Vernunft*, Riga, Hartknoch, 1781, primera ed; segunda 1787], p. 241.

intencionadamente del revés[94], pretenden poner de relieve que, de acuerdo con Parménides, de τὸ ἐὸν no cabe decir que "no es un predicado real, es decir, el concepto de algo que pueda añadirse al concepto de una cosa"[95]. Poner lo real después de lo lógico supone, en este contexto, un gravísimo ὕστερον πρότερον. "Lo que es" permite la lógica, después, aunque la lógica sea intelectualmente a priori. En ese sentido, concebir lógicamente la nada y derivar sus repercusiones antiontológicas supone vulnerar el principio físico fundamental en toda la filosofía presocrática, a saber, "οὐδὲν γίνεται ἐκ τοῦ μὴ ὄντος"[96] o, incluso más radicalmente, que siempre es o hay *aliquid*. Ese *aliquid* se define tautológicamente como "lo que es". El pensar y existir de "lo que no es" (como genitivo objetivo y subjetivo respectivamente) constituye negar el τι y conduce hacia el οὔτι, esto es, la nada o el no algo, lo que recuerda bastante al juego meramente lingüístico y humorístico de Eurípides en el drama satírico *El cíclope*, donde Odiseo se presenta como "Nadie" (Οὖτιν), lo que da lugar a gran cantidad de equívocos[97].

Hasta este punto se ha subrayado el valor de τὸ ἐὸν desde el punto de vista físico y lógico; importa atender ahora al contexto de enunciación, a aquello que circunda a "lo que es"; el papel de la diosa y el de la verdad destacan sobremanera entonces. Lo divino se erige en enunciador de verdad estructural, consistente en sí y por sí, necesaria y real, con repercusiones en la estructura del mundo. Lo enunciado hasta aquí corresponde al primer ὁδὸς, que es un μέθοδος, camino o vía de investigación. Tiene que ver con ἀλήθεια, que puede caracterizarse como aquello que no pasa desapercibido, que no se escapa al conocimiento, que no queda inadvertido, (λανθάνω), lo inolvidado o inolvidable (λήθη), e incluso, como *desolvidar* basado en el desvelamiento, tal como apunta la *Unverborgenheit* de Heidegger[98]. Una aportación que quizás casa más con Parménides, que al fin y al cabo es filósofo pero también poeta, pues en esa forma expresa sus tesis filosóficas, es la de Marcel Detienne, quien la contrapone al olvido como *damnatio memoriae*, la desaprobación, el silencio y la oscuridad y presenta al poeta como aquel que es capaz de ver la verdad[99].

---

94 El propio Kant reconoce, en la *Crítica de la razón pura [KrV]*, A593/B621, en RIBAS, p. 501, que "la necesidad absoluta de los juicios no es una necesidad absoluta de las cosas. En efecto, la necesidad absoluta del juicio constituye tan sólo una necesidad condicionada de la cosa o del predicado del juicio".

95 KANT, *Crítica de la razón pura [KrV]*, A598/B626, en RIBAS, p. 504.

96 EPICVRVS, *Epistula ad Herodotum*, 38, en ARRIGHETTI, *op. cit.*, p. 37.

97 EURÍPIDES, *El cíclope*, vv. 549 y ss., en MEDINA, Alberto [trad. del *Cíclope*] y LÓPEZ FÉREZ, Juan Antonio (eds., trads.), *Tragedias I: El cíclope, Alcestis, Medea, Los Heraclidas, Hipólito, Andrómaca, Hécuba*, Madrid, Gredos, 1999, p. 133 y ss.

98 *cf.* HEIDEGGER, *Parménides*, *op. cit.*, p. 18: "Los griegos llaman ἀληθεία lo que solemos traducir con la palabra 'verdad'. Sin embargo, si traducimos la palabra griega -literalmente-, entonces ésta dice – desocultamiento -".

99 DETIENNE, Marcel, HERRERA, Juan José (trad.), *Los maestros de verdad en la Grecia arcaica*, Madrid, Taurus, 1983 [ed. orig. *Les maîtres de vérité dans la Grèce archaique*, Paris, Fran Maspero, 1967], p. 35.

Por otra parte, es de justicia indicar que la física teórica u ontología se enuncia en la vía de "lo que es" (o de la evidencia), como propone traducir Heitsch[100], ya que se puede aplicar al fundamento último de las palabras y de las cosas, tiene que ver con la radicalidad inicial y fundante de que, como dicen los científicos actuales, "[e]n los procesos químicos y físicos corrientes, se considera que, tanto la energía como la materia se conservan: ni se crean ni se destruyen, sólo se transforman, esto es, se cumplen tanto la ley de la conservación de la energía como la ley de la conservación de la materia (...) en lugar de afirmarse que hay una ley de la conservación de la materia y otra ley de la conservación de la energía, ahora se afirma que hay una ley de la conservación de la materia – energía"[101].

1.1.2. Meliso

Tras la formulación explícita del *nihil ex nihilo* físico, ontológico y lógico en Parménides, se impone ahora mencionar, de camino hacia Epicuro, a Meliso de Samos, otro hito de la escuela eleática, que ahonda en esa tesis. Sin fortuna filosófica, históricamente desatendido por los estudiosos y último de su escuela, Meliso goza hoy de mayor prestigio. Aquí cabe otorgarle un lugar importante debido a dos motivos: en primer lugar, sistematiza y resuelve algunas inconsistencias lógicas que halla en la obra de su maestro; en segundo lugar, ejerce de engarce entre el realismo materialista reductivo y el pluralismo atomista antiguo, lo que es de gran relevancia en este estudio. Antes de tratar estas cuestiones, es preciso señalar que el samio identifica τὸ ἐὸν o lo ente, "lo que es", con la naturaleza o φύσις, tal como se desprende de la disyunción identificativa que titulaba su obra, a saber, *Sobre la naturaleza o Sobre el ser*[102], debido a que "consideraba que la naturaleza era el ser, y, las cosas naturales -las que son-, las sensibles"[103].

Conviene subrayar que Meliso parte de la radicalidad, todavía compartida por Epicuro, sobre el *nihil ex nihilo*; así, afirma "si algo es, ha de ser eterno, puesto que no es posible que nada se genere de nada"[104]. Ese principio, que podría llamarse generativo universal antinihilista[105], cuenta con otros que completan su significado. Merece ser citado, primero, un principio generativo antinihilista particular, que

100 HEITSCH, Ernst (ed., trad.), PARMENIDES, *Die Anfänge der Ontologie, Logik und Naturwissenschaft: Die Fragmente*, München, Heimeran, 1974, p. 90 y ss.

101 ALVARADO BLANCO, Jesusita, *Fundamentos de química*, San José, Costa Rica, Euned, 1994, p. 38.

102 MELISO DE SAMOS, fragmento 123 (DK 30 A 4), en CORDERO, Néstor Luis *et alii* (eds., trads.), *Los filósofos presocráticos II*, Madrid, Gredos, 1979, p. 81.

103 MELISO DE SAMOS, fragmento 125 (DK 30 A 4), en CORDERO, *op. cit.*, p. 82.

104 MELISO DE SAMOS, fragmento 137 (DK 30 A 5), en CORDERO, *op. cit.*, p. 85.

105 El sentido que se da al vocablo aquí acuñado no guarda relación alguna con la filosofía de Nietzsche sino que vierte la literalidad de "contra la nada".

Calogero llama la negación de *ex nihilo omne* o *ex nihilo aliquid*[106], subrayando la importancia de esta ley en términos racionales y lógicos, en oposición a la tradición mítica precedente; por ello insiste el italiano en que es preciso no dejarse obnubilar por la aparente obviedad de tal axioma al haber transcurrido más de dos milenios; este axioma constituye una conquista que evita la generación espontánea y niega, por lo mismo, los procesos de generación (o de composición, según los casos) *ex nihilo* o, por mejor decir, los dota de una necesidad de germen, semilla o causa, esto es, de una fundamentación. De hecho, todavía en Epicuro pervive la refutación del *ex nihilo aliquid* cuando señala, a renglón seguido del *nihil ex nihilo*: "cualquier cosa habría nacido de cualquier cosa sin necesidad de ningún germen"[107]. En segundo lugar es posible concebir un principio destructivo antinihilista universal y destructivo antinihilista particular, que salven, igualmente, los procesos de corrupción (o descomposición – aparentes y doxásticas – según los autores). El primero de éstos cuenta con amplia tradición latina y reza *nihil in nihilum*, mientras el segundo, la negación de *aliquid in nihilum* u *omne in nihilum*, no la tiene. Con todo, Epicuro propugna, complementariamente, el "nada a la nada" cuando afirma: "si las cosas que van desapareciendo se consumieran pasando a lo que no existe, entonces también todas las cosas habrían perecido, al no existir las cosas en que disolverse"[108]. En la misma línea se pronuncia en diversos lugares del *De rerum natura* su epígono latino Lucrecio[109], así como Persio, con su famoso "*gigni /de nihilo nihilum, in nihilum nil posse reuerti*"[110]. Precisamente esta última cita permite recordar, nuevamente, el principio de conservación de la materia / energía. Así, importa resaltar que a Persio lo cita Kant cuando se ocupa de la primera analogía de la experiencia, el principio de la permanencia de la sustancia, que queda ligado con el tiempo, una de las formas puras de la intuición sensible, propio del conocimiento *a priori*[111].

La ciencia moderna, como se ha indicado más arriba relativamente a Parménides, da razón física y ontológica de este principio, que va más allá de lo meramente epistemológico. Así, puesto que la masa, de conformidad con la ecuación de Einstein, es un estado particular de la energía, también se le aplica el primer principio de la termodinámica o ley de conservación de la energía, en cuya virtud, en un sistema

---

106 CALOGERO, Guido, *Storia della logica antica: volume primo, l'età arcaica*, Bari, Laterza, 1967, 'IV. Melisso e Zenone', p. 186.

107 EPICURO, *Carta a Heródoto*, 39, en VARA, *op. cit.*, p. 50.

108 EPICURO, *Carta a Heródoto*, 39, en VARA, *op. cit.*, p. 50.

109 LVCRETIVS, BAILEY, *op. cit.*, I, vv. 215–216: "*huc accedit uti quicque in sua corpora rursum / dissoluat natura neque ad nihilum interemat res*"; I, v. 248: "*haud igitur redit ad nihilum res ulla* (…)"; I, vv. 858–859: "*at neque reccidere ad nihilum res posse neque autem / crescere de nihilo* (…)".

110 PERSIVS, *Saturae*, III, v. 84, en OWEN, S. G. (ed.), *A. Persi Flacci et D. Iuni Iuvenalis Saturae*, Oxford, Clarendon Press, 1903.

111 KANT, *Crítica de la razón pura [KrV]*, A182/ B224; A186 / B 229, en RIBAS, *op. cit.*, pp. 215: "En todo cambio de los fenómenos permanece la sustancia, y el *quantum* de la misma no aumenta ni disminuye en la naturaleza".

cerrado, la cantidad total de energía permanece inalterada en el tiempo. Reformulándolo, es posible sostener que "uno de los conceptos fundamentales de la ciencia es que la masa es indestructible; es decir, no se crea ni se destruye. Este principio se llama Ley universal de la conservación de masa, y para un sistema cerrado o aislado se escribe: masa = constante"[112].

Dicho todo esto, resulta apropiado aludir a la sistematización de postulados parmenídeos y la subsanación de sus defectos. Meliso percibe que la "esfericidad limitada" de aquél constituye una posición insostenible lógicamente y por ello atribuye al ser la infinitud, al decir de Zafiropulo[113], tanto en el tiempo cuanto en el espacio, como sostuvo también Burnet[114].

La eternidad o infinitud en el tiempo o fuera de él ya fue postulada por Parménides, expresada mediante ἀΐδιος y no con el adjetivo más infrecuente αἰώνιος. Ambos vocablos derivan de ἀεί "siempre". Entre los filósofos griegos ἀΐδιος denota inequívocamente lo eterno, tal como señalan Ramelli y Konstan[115]. De hecho, al referirse al tiempo, Meliso propugna que el ser es infinito, dado que carece de principio y de terminación o fin, esto es, no empieza ni acaba, sino que siempre es.

Con la eternidad va aparejada, en el empeño de este eleático, la infinitud espacial, pues de otro modo cabe pensar que aconteciese algún tipo de agotamiento o repetición en "lo que es". Por ello, es necesario presentar la prueba del infinito espacial recogida, con alusión implícita a Meliso, por Aristóteles, cuando al tratar sobre el ente, uno, inmóvil, subraya la imposibilidad del vacío y menciona que algunos "yendo más allá de las sensaciones y desatendiéndolas, en la convicción de que hay que seguir [exclusivamente] el razonamiento, dicen que el todo es uno e inmóvil e infinito: el limite limitaría con el vacío"[116]. Por otra parte, es posible también pensar que si existe limitación y, además, no hay unidad, el ser, "[s]i no fuese uno, limitaría con otro"[117].

La inconsistencia soluble a favor de la infinitud la debió de hallar Meliso, además, en la esfera parmenídea, entendida como de delimitación absoluta, completitud, solidez y autocoerción. La unidad, carece, *per se*, de límite o frontera, pues lo

---

112 ROLLE, Kurt C., *Termodinámica*, México, Pearson Educación, 2006, p. 104.

113 ZAFIROPULO, Jean, *L'école éléate: Parménide, Zénon, Mélissos*, Paris, Belles Lettres, 1950, p. 232.

114 *cf.* BURNET, *op. cit.*, párrafo 167, pp. 326–327: "Melissos did indeed differ from Parmenides in holding that reality was spatially as well as temporally infinite".

115 *cf.* RAMELLI, Ilaria y KONSTAN, David, *Terms for Eternity: Aiônios and Aïdios in Classical and Christian Texts*, Piscataway, New Jersey, Gorgias Press, 2007, especialmente pp. 9–10.

116 MELISO DE SAMOS, fragmento 191 (DK 30 A 8), en CORDERO, *op. cit.*, 109; remite a ARISTÓTELES, *Acerca de la generación y la corrupción*, I, c. 8, 325a, en LA CROCE, Ernesto (trad. de *Acerca de la generación...*) y BERNABÉ PAJARES, Alberto, (eds., trads.), *Acerca de la generación y la corrupción. Tratados breves de historia natural.* Madrid, Gredos, 1987, p. 66.

117 MELISO DE SAMOS, fragmento 229 (DK 30 B 5), en CORDERO, *op. cit.*, p. 122.

limitante-limitado, como bien indica Meliso, implica alteridad heterogénea singular o plural, esto es, lo(s) limitado(s)-limitante(s), colindante(s). Lo *unum* no toca o contacta con nada, puesto que es idéntico a sí mismo; la unidad, pues, impide el juego de la alteridad diádica (*alter / alter*) o hiperdiádica (*alius / alius*). τὸ ἐὸν es, por definición, entero, *integer*[118], en otras palabras, no tocado, intacto.

Concebido para evitar contradicciones internas, "lo que es" *melíseo*[119] debe caracterizarse como la conjugación lógicamente necesaria y mutuamente completiva entre la eternidad apuntada por Parménides y la infinitud espacial. Por ello sostiene el filósofo: "ὥσπερ ἔστιν ἀεί, οὕτω καὶ τὸ μέγεθος ἄπειρον ἀεὶ χρὴ εἶναι [Pero como es siempre, así también es necesario que su magnitud sea infinita][120]"[121]. Para Meliso, ambas categorías son inseparables, total y absolutamente equivalentes. La infinitud en cuanto a μέγεθος es harto interesante. El término μέγεθος, por su parte, significa magnitud o tamaño. Dice Simplicio, en su comentario a la *Física* de Aristóteles, que "Meliso habla de magnitud, no de extensión"[122], pero es obligado reponer que bien pudo tener μέγεθος también el significado de extensión, puesto que, una comprobación de los usos preservados en los autores más importantes muestra que entre los presocráticos no existe, en general, un término específico para la extensión. Parece, entonces, que todos aquellos que significan propiamente "extensión" (διάστατόν, ἀνάτασις, ἐκπέτασις, ἀπέκτασις ἀπότασις, ἔκταμα, ἔκτασις, ἐπίτασις, τάσις) serían posteriores, exceptuando algunos usos como uno de Empédocles, que, si bien tiene prefijo, también significa elevación[123], y otro de Ocelo Lucano, por más que este último tenga un significado muy otro[124]. Demorarse en esto permite poner de relieve la viabilidad de que el juego se halle entre πλῆθος como cantidad, esto es, una cualidad dependiente de la presencia o ausencia de la alteridad, y μέγεθος como dimensión, magnitud, tamaño y, más importantemente, extensión, intrínseca o independiente de la presencia o ausencia de la alteridad. La posibilidad de pensar el antedicho vocablo griego en cuanto extensión abre una nueva perspectiva en la resolución del espinoso problema del infinito espacial y su incorporeidad, o inmaterialidad, según algunos.

De esta forma, conceder una identidad operativa entre magnitud / tamaño y extensión invita a formular "lo que es" en Meliso, *a la cartesiana*, como una *res*

---

118 *cf.* ERNOUT, A. y MEILLET, A., *op. cit.*, *s. u.* "*tactum*".

119 Es justo emplear ya tal adjetivación para un ser diverso del parmenídeo y que, implícitamente, fue objeto de polémica, al menos, con los atomistas.

120 BERNABÉ, *op. cit.*, p. 177, fragmento 3.

121 MELISO DE SAMOS, *Fragmenta*, 3, en DIELS, KRANZ, *op. cit.*, p. 269.

122 MELISO DE SAMOS, fragmento 193 (DK 30 8B 9), en CORDERO, *op. cit.*, p. 110.

123 EMPÉDOCLES, fragmento 351 (DK 31 A 50:2) ἀφ' ἡμῶν ἀνάτασις, en CORDERO, *op. cit.*, p. 200.

124 OCELLVS, filósofo, *De universi natura*, 4, 8; l. 5, en MULLACH, F.W.A. (ed., trad.): *Fragmenta philosophorum graecorum*. vol. 1, Paris, Didot, 1875, p. 409; τάσις φωνῆς καὶ λῆψις; traducción latina adjunta: *contentio uocis et remissio*; la moderación de la voz y su cesar.

extensa infinita aeternaque (atributo éste último que no está discutido y es heredado de Parménides), e incluso, como *extensum infinitum aeternumque*. Sentada esta concepción, bien se echa de ver que τὸ ἐὸν meliseo consiste en una unidad única, un *plenum continuum*. Por ello, es fuerza anotar que el monismo radical significa la postulación de la unidad total y absoluta en lo temporal, espacial y material, por lo cual conlleva plenitud. En análogo sentido, conviene también apuntar que Meliso perfila lo que es como uno, inmutable, inmóvil, homogéneo, libre de rarefacción o densificación, y, lo que afecta a los atomistas, sin vacío, que no existe. Así pues, según dice, "no hay ningún vacío porque el vacío no es nada [τὸ γὰρ κενεὸν οὐδέν ἐστιν]: ¡y la nada no podría ser! Tampoco [lo que es] se mueve: no tendría lugar alguno donde desplazarse, pues es un pleno [πλέων]. Si hubiese el vacío, podría desplazarse en el vacío; pero, puesto que el vacío no es, no tiene donde desplazarse"[125]. Exactamente éste será el argumento que emplearán los atomistas para justificar el movimiento, tal como se señalará en el apartado sucesivo.

Recuperando, en Meliso, la repugnancia por el vacío y la noción de plenitud total en sentido no sólo espacial sino también material, es importante precisar que entra en juego la cuestión de la impenetrabilidad, esto es, la propiedad de los cuerpos que impide que uno esté en el lugar que ocupa otro. La impenetrabilidad de la materia, en griego ἀντιτυπία[126], está ligada a la solidez, tridimensionalidad, fisicidad y resistencia pasiva, de tal modo que concuerda, después, con las teorías de los atomistas, que se consideran los *auctores* del concepto. Con todo, ya en Meliso es necesario estudiar la impenetrabilidad intrínseca absoluta, o sea, la propiedad de la materia en cuya virtud "dos objetos no pueden ocupar el mismo espacio al mismo tiempo", todavía hoy tratada en algunos manuales de física[127], se halla implícita al partirse de la unidad absoluta y radical. Tal impenetrabilidad, en una formulación paralela y análoga a lo anterior, permanece todavía hoy vigente en la física cuántica puesto que, existiendo dos tipos de partículas básicas en la naturaleza, fermiones y bosones, aquellos sí se someten al principio de exclusión de Pauli, según el cual no pueden existir dos fermiones, que presenten sus cuatro números cuánticos idénticos, en el mismo sistema cuántico ligado[128].

Vista esta actualización, resulta apropiado señalar el recorrido que media entre el *plenum impenetrabile* meliseo y la impenetrabilidad atómica posterior, que se refiere a un universo discreto, esto es, partido y colmado, por dos *infinita* diversos, los átomos

---

125 MELISO DE SAMOS, (DK 30 B 7), fragmento 181, en CORDERO, *op. cit.*, p. 104.

126 El primer uso es atribuido a Demócrito; *cf.* [LEUCIPO] Y DEMÓCRITO, frag. 435 (DK 68 A 66), en PORATTI, Armando *et alii* (eds., trads.), *Los filósofos presocráticos III*, Madrid, Gredos, 1986, p. 327.

127 GONZÁLEZ CABRERA, Manuel, *Física fundamental*, México, ed. Progreso, 1996, p. 14.

128 *cf.* LÓPEZ RUPÉREZ, Francisco, *Más allá de las partículas y las ondas: una propuesta de inspiración epistemológica para la educación científica*, Madrid, Ministerio de Educación y Ciencia, Centro de Investigación y Documentación Educativa, 1994, pp. 82–83.

plurales y el vacío. Respecto a Meliso es lícito repetir aquí la concepción de un *extensum infinitum aeternumque*, dotado, además de consistencia, esto es, como *plenum*. La mención de la extensión y, especialmente, de la impenetrabilidad ha conducido en la investigación a Descartes, que opta ya por un universo plural y discreto. Así, Cartesio aborda las características de lo material, debatiendo sobre las notas de tangibilidad e impenetrabilidad, que, según su criterio, son propias de un *extensum* cuantitativo, sumativo o fraccionado, que no casa, en lo que aquí interesa, con el de Meliso. A la vista de estos argumentos, se ha hecho pertinente consignar las reflexiones del filósofo francófono: "la tangibilidad y la impenetrabilidad guardan relación con las partes y presuponen el concepto de división o terminación [o de un cuerpo dividido o terminado] cuando bien podemos concebir un cuerpo continuo de magnitud indeterminada o indefinido en el cual no sea considerada más que la extensión"[129].

Anotado esto, resulta obligado indicar que el afán investigador por ahondar en la noción de infinito extenso, sin que en esa extensión participen otros rasgos ni alteridad alguna concurrente, ha desembocado en su discurrir, en atención a la nota de "negación" contenida en la "privación de infinitud" y, más concretamente, en el trato que le da Spinoza. Ha quedado ya sentado que el *extensum* meliseo carece de figura, forma o determinación o definición, por cuanto ello implicaría coexistencia o contigüidad, esto es, pluralidad. Sobre la trabazón entre finitud y negación se expresa el filósofo de Ámsterdam en su *Carta 50*, a Jarig Jelles, donde aparece la afirmación, sobre la forma o figura, de que *omnis determinatio est negatio* [toda determinación es una negación][130], lo cual coincide con otros asertos en su *Ética*[131].

En vista de ello, es oportuno recordar que, según Meliso, τὸ ἐὸν no limita con ninguna alteridad absoluta o relativa o genérica, ni con la nada ni con *aliquid alterum* o *aliquid alium*. Su unidad y unicidad no son meramente conceptuales ni fruto de una reducción abstractiva a partir de la pluralidad sensible, sino que están antes del número, antes del *uno*, si se quiere. De hecho, el propio Meliso se pronuncia contra lo plural cuando señala: "[s]i existiese una multiplicidad, tendría ésta necesariamente que ser tal como yo digo que lo uno"[132]. Por su parte, los atomistas, captando el sentido del argumento, lo revierten y lo emplean justamente para la

---

129 DESCARTES, ADAM, Charles y TANNERY Paul, (eds.), *Œuvres*, Paris, Vrin-CNRS, 1964–1974, vol. v, p. 239, respuesta a una objección de More en diciembre de 1648: "*tangibilitas et impenetrabilitas habeant relationem ad partes, et præsupponant conceptum divisionis vel terminationis; possumus autem concipere corpus continuum indeterminatæ magnitudinis, sive indefinitum, in quo nihil præter extensionem consideretur*", traducción modificada de WEIL, Simone, *Sobre la ciencia*, Buenos Aires, El cuenco de Plata, 2006, 'Ciencia y percepción en Descartes', p. 22.

130 SPINOZA, Baruj, *Carta 50, a Jarig Jelles*, en DOMÍNGUEZ Atilano (trad., ed.), *Correspondencia*, Madrid, Alianza, 1988, p. 309.

131 *cf.* SPINOZA, Baruj, *Ética, parte 1: De Dios*, definición 2, y Proposición 8, Escolio 1, en DOMÍNGUEZ, Atilano, (ed., trad.), *Ética demostrada según el orden geométrico*, Madrid, Trotta, 2009, pp. 39 y 42.

132 MELISO DE SAMOS, fragmento 209 (2) (DK 30 B 8), en CORDERO, *op. cit.*, p. 117.

pluralidad, por lo cual es pertinente relacionar este autor con Leucipo y Demócrito de camino hacia Epicuro.

Con estas consideraciones presentes sobre Meliso, es hora de estudiar, primero, la relación entre pasión o pasividad y acción o actividad en "lo que es"; de hecho, y aquí es necesario incluir una larga cita:

> "no puede perder algo, ni hacerse más grande, ni cambiar su forma, ni tener dolor, ni sufrir pena. En efecto, si padeciese alguna de estas cosas, entonces no sería uno. Si se alterase, necesariamente no sería homogéneo lo que es, sino que tendría que perecer lo que era antes y tendría que generarse lo que no es. (...) No tiene dolor; no podría ser un todo si tuviese dolor. En efecto, una cosa que tiene dolor no puede ser siempre, ni podría tener una fuerza igual a la sana; y no sería tampoco homogénea, si tuviese dolor: sufriría, ciertamente, si se le quitase o agregase, y no sería, por tanto, ya homogénea. Tampoco lo que es sano podría tener dolor: perecería, en efecto, lo que es sano – lo que es – si se generase lo que no es. Y también para el sufrir [vale] el mismo argumento que para el tener dolor (...) Lo que es homogéneo no puede perecer, ni hacerse más grande, ni cambiar su forma, ni tener dolor, ni sufrir pena. En efecto, si padeciese alguna de estas cosas, no sería entonces uno. Ciertamente, lo que se mueve por un movimiento cualquiera cambia a partir de algo en algo distinto. Pero [dijimos que] no había otra cosa que lo que es; y eso, por tanto, no se mueve"[133].

En estos fragmentos Meliso se dedica, desde el monismo que no concibe lo autocinético, a negar la posibilidad del movimiento, del cambio o de la mutación. Ni el acrecimiento ni la merma, ni el dolor o la pena son propios de algo homogéneo ni de algo uno no consecutivo, es decir, fuera de toda secuencia. "Lo que es" no cambia ni *ad intra* ni *ad extra*. Ni adolece ni tiene pena ni padece [οὔτε ἀλγεῖ οὔτε ἀνιᾶται, (...) πάσχοι]. La lógica que aplica Meliso en este caso se basa, de nuevo, en la cuestión de la unidad y la dualidad. Si sólo existe "lo que es" y τὸ ἐὸν es un *plenum infinitum*, no hay espacio ni para la acción ni para la pasión y no hay, por lo tanto, cambio. Aristóteles señala las categorías de "hacer y padecer", ejemplificándolas con "cortar y quemar" frente a "ser cortado y ser quemado"[134] y agregando que "[t]ambién el hacer y el padecer admiten contrariedad y el más y el menos: en efecto, calentar es contrario de enfriar, y calentarse, de enfriarse, y gozar, de afligirse; de modo que admiten contrariedad[135]. Y también el más y el menos"[136]. La cuestión de la pasividad y actividad se juega, pues, en el terreno del número, ontológicamente,

---

133 MELISO DE SAMOS, frags. 177 (DK 30 B 7) y 178, Simplicio, *Física*, 103, 31–104, en CORDERO, *op. cit.*, pp. 101–104.

134 ARISTÓTELES, *Categorías*, 1b 25 – 2a 5, en CANDEL, *op. cit.*, pp. 33–34.

135 Cabe recordar aquí que la existencia de contrarios en la Tierra o mundo sublunar también por lo que hace al movimiento, que es rectilíneo, diverso del circular, propio de lo supralunar, continuo e infinito, *cf.* ARISTÓTELES, *Física*, VIII, caps. 8 y 9, 261b 28 y ss., 265a 12 y ss, respectivamente, en CALVO, José Luis (ed., trad.), Alma Mater, Madrid, CSIC, 1996, pp. 260 y 269, respectivamente.

136 ARISTÓTELES, *Categorías*, 11b 1–9, en CANDEL, *op. cit.*, p. 63.

y del cambio[137], como atestiguan diversos testimonios[138], en que se evidencia esa relación entre ποιεῖν/πάσχειν – *agere-facere/pati.* Con ello, puede apreciarse que no hay *illud* ni *aliquis* donde sólo hay, constitutiva, física y ontológicamente un uno previo al número; ni hay *praeter naturam* donde existe una única naturaleza. No cabe, entonces, pasión ni, incluso, acción.

Seguidamente y en relación con lo anterior importa referirse a un término capital en toda la tradición atomista y epicúrea, o, por mejor decir, a su negación: el ser de Meliso es incorpóreo, ἀσώματον[139], pues, "siendo uno -dice-, necesario es que no tenga cuerpo; si tuviera espesor tendría partes y no sería más uno"[140].

La importancia de ἀσώματον (σῶμα μὴ ἔχειν, no tener cuerpo) está emparentada, como se ha indicado más arriba, con la noción de incorporeidad y, eventualmente, con la de inmaterialidad. Meliso hace intervenir en este ámbito, respectivamente, los términos πάχος (espesor) y de μόρια (partes).

Es preciso, así mismo, poner de manifiesto que Meliso es, según casi todos los estudiosos, antes que nada, un discípulo de Parménides, cuyas tesis aplica hasta sus últimas consecuencias; en segundo lugar, resulta apropiado citar un pasaje de Aristóteles donde, parece, se establece una diferencia entre ambos: "Parménides parece haber captado lo uno según la forma; Meliso, en cambio, según la materia"[141]. Al hilo de la interpretación netamente realista y materialista propuesta para Parménides más arriba, se impone aquí conceder también a Meliso la misma interpretación de la materialidad, no sólo en atención a la cita aristotélica, sino en consonancia con la predicación de la infinitud espacial o extensión infinita. Precisamente a propósito de materialidad y extensión se pronuncian, alusivamente, Kirk y Raven[142], y de manera

137 RITTER, Joachim *et al.* (eds.), *Historisches Wörterbuch der Philosophie*, Basel, Schwabe, 1971–2007, vol. 10, p. 1572, *s. u.* " Tun / Leiden" de SPEER, A.

138 *cf.* LLULL, Ramón, en BONNER, Athony y RIPOLL PERELLÓ, Isabel, *Diccionari de definicions lul·lianes / Dictionary of lullian definitions*, Palma de Mallorca, Servei publicacions i intercanvi científic, 2002, pp. 101 y 237: "*actio est illius qui agit in illud quod patitur, sicut ignis habet actionem in aerem quando illum calefacit (...); passio est de illo qui patitur sub aliquo quod agit, sicut aer qui habet passionem sub igne qui illum calefacit, et servus sub suo domino qui illi dominatur*"; *cf.* SUÁREZ, Francisco, *Disputatio XLIX: De passione*, en RÁBADE, Sergio (ed., trad.), *Disputaciones metafísicas: Disp. 48–54*, Madrid, Gredos, 1966, p. 67: "*aliquis pati dicitur, quando aliquid praeter naturam suam patitur, aut quando aliquid amittit*"; LEIBNIZ, Gottfried Wilhelm, *Philosophische Schriften. Band 4: 1677–1690 Teil A [AA VI 4]*, Berlin, Akademie Verlag, 2006, 'Definitiones notionum ex Wilkinsio: genera et species, causae effectus', p. 28: *actio est status rei ex qua sequitur mutatio alterius rei; passio est mutatio quae ex alterius rei statu sequitur*".

139 MELISO DE SAMOS, frag. 192 (DK 30 B 9), en CORDERO, *op. cit.*, p. 110.

140 MELISO DE SAMOS, frag. 193 (DK 30 8B 9), *op. cit.*, p. 110.

141 MELISO DE SAMOS, fragmento 197 (DK 30 A 11), en CORDERO, *op. cit.*, p. 111. Es cita de ARISTÓTELES, *Metafísica*, I, 5, 986b.

142 *cf.* KIRK, Geoffrey Stephen, RAVEN, John Earle, *The Presocratic Philosophers: A Critical History with a Selection of Texts*, Cambridge, Cambridge University Press,

más explícita y antes, Raven[143], quien señala que cualquiera de los eleáticos todavía era capaz de concebir la realidad como dotada de extensión espacial y que, incluso en época de Meliso, lo *incorpóreo* era desconocido, si bien aquí interesa decir, en su lugar, lo inmaterial; el estudioso británico sostiene que tanto Aristóteles cuanto Simplicio aplicaron distinciones metafísicas impropias de sus predecesores a éstos, con inconsciencia. Por último sobre este asunto y según Charles Kahn, la noción de existencia y la de ubicación [o extensión] manifiestan una estrecha conexión[144], hasta el punto de ser operativamente equivalentes al menos hasta Platón.

En otro orden de cosas, en relación con la indivisibilidad, es pertinente recordar que los atomistas la vinculan con la inexistencia del vacío en el seno de los átomos[145], cosa que en ocasiones no es suficentemente destacada[146].

Esa misma inexistencia del vacío se predica en Meliso de "lo que es" en términos absolutos. Precisamente la pregunta por la indivisibilidad preocupa también a Zeller, pues considera que es un óbice al mencionar una extensión ilimitada y justifica por ello la predicación de la incorporeidad[147]. Gomperz señala, por su parte, la legitimidad de la extensión infinita de τὸ ἐὸν, como uno y único antes del número, en razón de que, como dice Meliso, si hubiera dos, lindarían uno con otro; de este modo, "lo que es" no puede ser restringido por ninguna cosa; así mismo, apunta reseñablemente que la carencia de cuerpo resulta indivisible no de modo potencial sino de modo actual, de tal forma que se rechaza ya no la separabilidad cuanto, más aún, la existencia de partes[148]. "Lo que es" carece fácticamente de partes, es real, material y llena el espacio entero pero, todavía, carece de cuerpo, y no limita con nada o vacío algunos, como bien justifica Aristóteles, debido a que es inmóvil o inmutable y uno: "[algunos filósofos antiguos] afirmaron que el Universo es una unidad, que es inmóvil y que es infinito. Ya que, de lo contrario, el límite debería

1957, p. 249: "It must once again be remembered, however, that Greek thinkers were very slow to apprehend that anything could exist without spatial extension".

143 RAVEN, John Earle, *Pythagoreans and Eleatics: An account of the interaction between the two opposed schools during the fifth and early fourth centuries B.C.*, Cambridge, Cambridge University Press, 1948, p. 90, respectivamente: "Even in the time of Melissus the incorporeal was still unknown. The only way that any of the Eleatics could yet conceive of reality was as spatially extended. To Parmenides it was finite, to Melissus infinite; to both alike (...) it was indivisible".

144 *cf.* KAHN, Charles, "The Greek Verb 'To Be' and the Concept of Being", en *Essays on Being*, Oxford, Oxford University Press, 2009, p. 32 y ss.

145 *cf.* ZELLER, *op. cit.*, *Theil 1*, 1876, p. 773, n.1.

146 *cf.*, por ejemplo, la pobreza del tratamiento en MELSEN, Andrew van, *From atomos to atom: the history of the concept atom*, Pittsburgh, Duquesne University Press, 1952, p. 46.

147 *cf.* ZELLER, *op. cit.*, *Theil 1*, 1876, p. 556: " War aber schon die begrenzte Ausdehnung, welche Parmenides dem Seienden beilegt, mit seiner Untheilbarkeit schwer zu vereinigen, so muss diess von der unbegrenzten Ausdehnung noch weit mehr gelten".

148 GOMPERZ, Theodor, *op. cit.*, pp. 230–233.

terminar junto al vacío [ἓν καὶ ἀκίνητον τὸ πᾶν εἶναί φασι καὶ ἄπειρον ἔνιοι τὸ γὰρ πέρας περαίνειν ἂν πρὸς τὸ κενόν]"[149].

Persiste, empero, la ardua dificultad de conciliar la extensión infinita y la materialidad con la incorporeidad en Meliso, frente a lo cual la tradición estudiosa, según anota John Palmer, ha optado, por otra parte, por negar la autenticidad del pasaje, desvincularlo de τὸ ἐὸν melíseo o, por otra parte y como se pretende aquí, por ajustar su sentido para que se condiga con el resto de fragmentos y su sentido[150].

El propio estudioso aporta una enjundiosa y perspicaz consideración en relación con el problema: la falta de cuerpo puede ser coherentemente interpretada como el rechazo de cualquier rasgo zoomórfico o antropomórfico de "lo que es"[151]. Con todo, Palmer desconoce, en la abundante bibliografía de su *status quaestonis*, la aportación de Heinrich Gomperz, hijo del antecitado, que arroja mucha luz sobre el asunto. En su artículo ΑΣΩΜΑΤΟΣ[152], estudia la presencia del término y del concepto, recogiendo diversos testimonios; en su investigación indica una interesante solución: lo incorpóreo no carece de materia sino que no se le asigna una forma determinada; por ello recuerda H. Gomperz que σῶμα significó primariamente "cadáver" y luego "cuerpo de organismo vivo" [*Leib*; de este modo, ἀσώματον significaría "aquello no ligado a un organismo vivo", lo "unverkörpert", "lo no encarnado [o personificado]"; el término griego fue después aplicado de manera metafórica sólo a aquellos objetos inanimados, que: "compartían con el cuerpo dos cualidades esenciales y estrechamente relacionadas pero no siempre copresentes: por una parte, la perceptibilidad sensible, en especial la tangibilidad y visibilidad; por otra, el hecho de estar confinado o encerrado por unos límites determinados, más o menos firmes o fijos [*fest, starr*]; σῶμα significa entonces tanto cuanto "cuerpo consistente o rígido"; ἀσώματος ahora denota todo aquello que por un lado escapa a la tangibilidad y a la visibilidad y, por eso mismo, sin densidad o espesor (...) y que, por otro lado, carece de límites firmes o fijos. En esta fase del desarrollo conceptual queda fundada, me parece, la vinculación de "incorpóreo con "infinito / ilimitado": lo que no es firme ni tangible tampoco puede retenerse, por norma general, en los límites de una conformación determinada"[153]. Precisamente una refacción de esta tesis, apoyada con

149 ARISTÓTELES, *Acerca de la generación y la corrupción*, I, c. 8, 325a, en LA CROCE, *op. cit.*, pp. 66–67: "(...) Así, sobre la base de estos razonamientos, sobrepasando y despreciando los datos de la sensación, ya que están constreñidos a seguir sólo la razón, afirman que el todo es uno e inmóvil, y algunos también que es infinito, pues, de lo contrario, el límite terminaría en el vacío"; información tomada de BURNET, *op. cit.*, capítulo VIII., sección 167. Reality Spatially Infinite, p. 325, nota 2.

150 PALMER, John, "On the Alleged Incorporeality of What Is in Melissus", *Ancient Philosophy*, n ° 23, 2003, pp. 1–10.

151 *cf. ibidem*, p. 7.

152 GOMPERZ, Heinrich, "ΑΣΩΜΑΤΟΣ", *Hermes: Zeitschrift für klassische Philologie*, Vol. 67 (1932), p. 155–167; especialmente a partir de la p. 163.

153 GOMPERZ, Heinirch, "ΑΣΩΜΑΤΟΣ, en *op. cit.*, pp. 155–167, p. 164. La traducción es propia.

testimonios y argumentos, la sostiene también Mario Untersteiner, quien escribe que Meliso quiso defender con incorpóreo "esistente di per sé e privo di ogni differenziazione, (...) perfettamente eleático"[154].

Es oportuno aquí, igualmente, acudir a las eruditas anotaciones de José Francisco Oliveri[155] para subrayar un paralelismo entre lo indeterminado, ilimitado de Anaximandro y la incorporeidad melísea en el sentido de ausencia de determinación, diferenciación.

Todo esto parece ser compatible con la afirmación de Renehan sobre el hecho de que el sentido restringido de σῶμα en el siglo V a. C. y las dificultades para comprender la noción de materia contribuyeran a concebir ambas realidades como distintas, cosa que en nuestro caso complica la comprensión de Meliso[156].

En "lo que es", la inmutabilidad cualitativa (eterno y espacialmente infinito) y cuantitativa (uno), se conjugan con la incorporeidad en cuanto ésta significa privación de privaciones, de atributos o ulteriores determinaciones. Estas características posibilitan la permanencia a través de la duración infinita, y fueron requeridas y reformadas por las hipótesis pluralistas, como advierte Mondolfo[157].

Aquí es necesario y cobra sentido recuperar las menciones previas de Descartes y Spinoza: es pensable una magnitud indefinida y continua, carente de tangibilidad y impenetrabilidad; si "lo que es" es materia total, no está condicionada por ninguna *determinatio* negativa o por finitudes colindantes. El problema radica en que, al concebir y percibir desde la finitud humana, resulta harto complicado entender que la infinitud se explica como privación de fin, cuando cabría pensar lo humano en tanto que "privación [*privación de finitud*]", desde un lenguaje capaz de expresar ese sema positivamente. De hecho, es justo sostener, con Meliso y Spinoza, que la indeterminación temporal y espacial del ser melíseo, su informidad, son constitutivas, por cuanto la forma comporta definición en lo ontológico y en lo lingüístico, esto es, algún tipo de corte y de vecindad, algún tipo de orden y de composición, de yuxtaposición, coordinación o subordinación. El ser melíseo es, en consecuencia, anterior a la forma o informe, a la figura y, también a las palabras.

Para concluir lo dicho sobre la incorporeidad melísea procede apuntar que en τὸ ἐὸν no hay individuación en el sentido de hacerse uno, ni un emerger completo y uno, distinguible de otros, ni un no poder ser cortado en partes como ocurre con el individuo

---

154 UNTERSTEINER, Mario, "Un aspetto dell'esser melissiano (Melisso 30B 9 DK)", en *Scritti minori: studi di letteratura e filosofia greca*, Brescia, Paideia, 1971, pp. 184–197, concretamente p. 196.

155 OLIVERI, José Francisco, en CORDERO, *op. cit.*, pp. 114–116, n. 78.

156 RENEHAN, R., "On the Greek Origins of the Concepts Incorporeality and Immateriality", en *Greek, Roman and Byzantine Studies*, nº 21, vol. 2, 1980, verano, pp. 105–138; especialmente 117–119.

157 MONDOLFO, Rodolfo, *El infinito en el pensamiento de la antigüedad clásica*, Buenos Aires, Imán, 1952, pp. 102–103.

concebido al modo escolástico[158]. "Lo que es" está antes (en sentido cronológico, ontológico y sin continuidad) de la *indiuiduatio* cuantitativa, separativa y privativa.

Hechas todas estas precisiones, parece legítimo parece legítimo considerar "lo que es" meliseo como infinito (ἄπειρον) en acción y efecto de extenderse en el tiempo (ἀεί, eternidad) y, como material, en el espacio (μέγεθος magnitud, tamaño[159]), si bien, aun teniendo magnitud, no es, en contra de Aristóteles, reductible a un *quantum*[160], ni está *de facto* dividido, pues carece de partes, siendo un todo, uno y continuo; en cierto modo, se le da la razón a Aristóteles en que el infinito no es un cuerpo, si se entiende por cuerpo "aquello que está limitado por una superficie"[161]; como no es cuerpo, tampoco presenta diferencia entre continente y contenido; siendo homogéneo y plena su naturaleza, se mantiene inmóvil y no es posible hablar de un lugar más propio o menos propio en relación con *aliquid alterum*, algo otro[162], sino que, como "lo que es" ocupa o se extiende infinitamente.

Así mismo, se puede defender que el infinito meliseo no es numerable, está antes del número que es concepto, está antes del número y de la magnitud, que también es número; podría decirse, pues, que la ilimitación o infinitud de τὸ ἐὸν en Meliso está más allá de distinciones, esto es, determinaciones o predicaciones cualitativas o cuantitativas.

Resulta, en este contexto, menos arduo hacer conciliar la realidad material de "lo que es", con su volumen infinito, su plenitud y su incorporeidad, así como con su falta de πάχος, y μόρια (partes), pese algunos reparos de Guthrie[163]. Πάχος vale por espesor, grosor o, mejor, densidad, y el estudioso inglés lo traduce como "densidad palpable"; la carencia de densidad, y llegado el caso, de solidez, se puede vincular, como bien hace Guthrie, con el pasaje de Simplicio donde se consigna:

> "Tampoco podría ser denso o raro. No es factible que lo raro sea pleno de manera semejante a lo denso, sino que lo raro precisamente resulta más vacío que lo denso. Entre lo pleno y lo no pleno hay que hacer esta distinción: si algo hace lugar a algo o lo acoge, no es pleno; si, en cambio, ni hace lugar ni lo acoge, es pleno. En consecuencia, es necesario que sea un pleno, si el vacío no es"[164].

---

158 RITTER, *op. cit.*, vol. 4, p. 306, *s. u.* "*Individuum, Individualität*", de SPEER, A.

159 ARISTÓTELES, *Física*, 216b 4 y ss.:"el cubo tiene una magnitud equivalente [ὁ κύβος γε ἔχει τοσοῦτον μέγεθος]", en CALVO, José Luis, *op. cit.*, p. 115.

160 ARISTÓTELES, *Física*, 185a 33-185b 9 y ss., en CALVO, José Luis, *op. cit.*, p. 8.

161 ARISTÓTELES, *Física*, 204b 5 y ss., en CALVO, José Luis, *op. cit.*, p. 76.

162 ARISTÓTELES, *Física*, 205a10, en CALVO, José Luis, *op. cit.*, p. 78: "por naturaleza todo lo perceptible está en algun sitio y hay un lugar para cada cosa, y éste es el mismo para la parte y el todo".

163 *cf.* GUTHRIE, W. K. C., MEDINA GONZÁLEZ, Alberto (trad.), *Historia de la filosofía griega. I: La tradición presocráticas de Parménides a Demócrito*, Madrid, Gredos, 1984 [ed. orig. *A History Of Greek Philosophy. Volume II. The Presocratic Tradition From Parmenides To Democritus*, Cambridge, Cambridge University Press, 1965], pp. 122–125.

164 MELISO DE SAMOS, frag. 177 (DK 30 B 7), en CORDERO, *op. cit.*, pp. 101–102.

Estas consideraciones melíseas sobre lo raro y lo denso, que recuerdan a las ya formuladas por Anaxímenes, casan, asimismo, con el hecho de que "lo que es" se caracterice como homogéneo. Pues, πάχος, entendido como densidad, remite, hoy, a la cantidad de masa contenida en un determinado volumen de una sustancia, lo que escapa, por la cantidad (sólo hay uno, que es anúmerico) y la determinación a la propuesta de Meliso; por último, si, con Furley[165], se pone en juego la idea de solidez (*solidity, bulk*), ello puede conllevar un serio obstáculo, por cuanto la solidez es un estado de agregación de la materia, caracterizado por su resistencia al cambio de forma o volumen; lo espinoso radica en la noción de agregación y en la de resistencia; la resistencia, como la impenetrabilidad, es a otro, no a uno mismo, al igual que la agregación es, de hecho, a aglomeración, acumulación, ayuntamiento o juntura, todo lo cual remite, de nuevo, a la pluralidad, excluida de entrada por Meliso, del mismo modo que sucede con μόρια (partes); una vez negado todo ello, niega el vacío y toda existencia de alteridad física, material o somática.

Otro aspecto que parece causar animadversión en la noción de infinito como privación de límite, determinación o confín, lo pone de manifiesto Román Alcalá[166] y tiene que ver con el sentido de la perfección griega. La τελειότης denota acabamiento, completitud, realización plena, aquello que es plenamente lo que debe o puede llegar a ser. Está ligada a τελευτή (final) y a τέλος[167]. Éste último remite a "fin, acabamiento, término, cumplimiento, objeto propuesto, finalidad, extremo y muerte". De todos estos matices semánticos se privilegian en la filosofía los de conclusión e intención. En este orden de cosas, la perfección entendida como realización o limitación positiva, necesaria y ontológicamente imposible supone un duro rechazo al concepto de infinitud.

A este respecto, resulta necesario apostillar, leyendo a Meliso, que la ausencia de principio y final está ligada, en el mismo fragmento recogido por Diels-Kranz[168], con el concepto de πᾶν, ya que "no es factible, en efecto, que siempre sea lo que no es un todo"[169].

---

165 FURLEY, David, *Two Studies in the Greek Atomists: Study I, Indivisible Magnitudes; Study II, Aristotle and Epicurus on Voluntary Action*, Princeton, New Jersey, Princeton University Press, 1967, "Study 1. Indivisible magnitudes", part 2, 'Chapter IV: The Eleatic Concept of an Indivisible Being', p. 61.

166 ROMÁN ALCALÁ, Ramón, "Meliso de Samos: la corrección de la ontología parmenídea y sus inevitables consecuencias escépticas", *Endoxa: Series Filosóficas*, n° 3, 1994, pp. 179–193.

167 CHANTRAINE, Pierre, *Dictionnaire etymologique de la langue greque. Historie des mots*, París, Klincksieck, 1967, *s. u.* τέλος.

168 MELISO (DK 30 B 2) Simplicio, *Física*, 109, 24–25, en DIELS, KRANZ, *op. cit.*, pp. 268–269: "No es factible, en efecto, que siempre sea lo que no es un todo [<καὶ> οὐκ ἔχει ἀρχὴν οὐδὲ τελευτήν· οὐ γὰρ ἀεὶ εἶναι ἀνυστόν, ὅ τι μὴ πᾶν ἔστι]".

169 MELISO DE SAMOS, fragmento 122, (DK 28 A 13; DK 59 A 37), en CORDERO, *op. cit.*, p. 226.

Ya en último lugar es clave insistir en el hecho de que según la tradición, el eleatismo por vía de Meliso y el primer atomismo están emparentados cercanamente, como muestra alguna cita preservada: "Leucipo... discípulo de Meliso"[170], por más que las concomitancias, afinidades y la deuda del atomismo con el eleatismo son tratadas en el siguiente capítulo, dedicado a otro axioma epicúreo relativo a la existencia del todo, τὸ πᾶν.

1.2. El todo, τὸ πᾶν

Tras el extenso tratamiento del principio *nihil ex nihilo* en Epicuro, compartido por toda la tradición filosófica precedente, conviene ocuparse de su segundo axioma, a saber: la existencia de la totalidad, el todo de lo existente o, por mejor decir, el universo (τὸ πᾶν). Esta postura se enclava, en puridad, en una actitud ontológica y epistemológicamente realista. De acuerdo con ello propugna el filósofo que "existe el universo" y que "hay que dar por garantizado también que el universo siempre fue tal como ahora es, y que siempre será así, puesto que no hay nada en que transformarse, pues fuera del universo no hay nada que, luego de introducirse en él, pudiera causar la mutación"[171]. Las consideraciones previas ponen de manifiesto el hecho de que Epicuro se interesa por 'lo que hay', por lo de aquí, por el mundo de las cosas, de tal modo que su "discurso físico se presenta, así, como una parte de ese discurso total exigido, donde la coherencia generalizada y su posibilidad se manifieste como garantía de veracidad y de corrección de actitud para la vida práctica"[172]. Ese interés se mantiene fiel, señala García Calvo, "a la confusión [positivamente entendida][173] socrática esencial entre el problema del saber y el de la vida"[174].

Por otra parte importa subrayar que la noción de globalidad inclusiva, ese universo, es diversa, como bien indica Furley[175], del κόσμος / *mundus*, (que remiten a sistemas ordenados, cerrados en sí mismos y plurales por ser parte de un *aliquid* mayor); así, se erige como valladar[176] de la existencia, la física y el conocimiento. En ese sentido está emparentado, según Bollack, con "lo que es" de Parménides[177]. Esta

170 MELISO DE SAMOS, fragmento 120, no incluido en DK, en CORDERO, *op. cit.*, p. 81.

171 EPICURO, *Epistola a Heródoto*, 39, en VARA, *op. cit.*, p. 51. Se aplica también a la cita precedente.

172 GARCÍA RÚA, José Luis, *El sentido de la naturaleza en Epicuro: algunos aspectos del discurso físico epicúreo*, Granada, Comares, 1996, p. 18.

173 Anotación entre corchetes propia.

174 GARCÍA CALVO, *op. cit.*, pp. 69–70.

175 FURLEY, David, "The Greek theory of the infinite universe", en *Journal of the History of Ideas*, nº 42, vol. 4, 1981, octubre-diciembre, pp. 571–585, concretamente p. 572; también en *Cosmic Problems: Essays on Greek and Roman Philosophy of Nature*, Cambridge, New York, Cambridge University Press, 1989, pp. 1–13.

176 *cf.* las numerosas menciones de los *moenia mundi* en LVCRETIVS, BAILEY, *op. cit.*, I, vv. 73, 1102, *passim.*

177 *cf.* BOLLACK, Jean *et al.*, *La lettre d'Épicure*, Paris, Les editions de Minuit, 1971, p. 175.

observación en la línea de Parménides casa, como puede deducirse, con la resolución superadora de la polémica frente al eleatismo, en una línea materialista ya trazada[178], que, por mediación del atomismo de Leucipo y Demócrito, en Epicuro conlleva la preservación de la pluralidad constitutiva, la transformación y el movimiento.

Por lo que hace al todo, cabe decir que deviene, entonces, límite ilimitado o limitado infinito[179], que recoge al (espacio) vacío y los átomos o es dinamizado por ellos, que le dan existencia, de tal manera que, según Bollack, se revierte la propuesta parmenídea, donde el ser funda la existencia de las cosas[180].

Tò πᾶν tiene, igualmente, dos facetas, a saber: la de caracterización intuitiva de conjunto último, constante, permanente, regular, absoluto; por otra parte, la de elaborada abstracción que explica aquello que absorbe disolutivamente cualquier otra alteridad plural existente, u exterioridad, de modo fundante, y que incluye los antedichos átomos y el vacío. El universo así concebido supera al referencial o del discurso, está en un orden diverso del de las paradojas russellianas, como una suerte de libro que contenía todos los libros, en un proceso *ad infinitum*[181], está en el orden de la existencia.

El universo, lo que hay, es y está autojustificado y sustentado en sí mismo, y, como una suerte de garante y ley última, puede ser descrito en este punto con las atinadas palabras del filósofo García Rúa, que lo califica, en referencia a Epicuro, como sigue:

> "fondo de realidad inmutable que subyace a todo. Éste es el Todo esquemático, omnicomprensivo y posibilidad pura, del que hay que partir hacia el *progressus*, una vez que se ha llegado a *la aprehensión capital*. Es un Todo abstracto, poblado de materia abstracta, que ha de servir de trasfondo obligado a toda explicación fenoménica"[182].

Sus atributos son, a partir de lo enunciado por el samio, la autoidentidad, la singularidad o unicidad, contrariamente a lo que sucede con los κόσμοι (múltiples), así como, especialmente, la infinitud[183] y la inmutabilidad. La unicidad va de suyo, por cuanto carece de alteridad colindante o de exterioridad otra, de conformidad con la postura de Meliso, tal como señala Ivars Avotins[184]. Igualmente, el universo es inmutable, puesto que el hecho de verse sometido al cambio cualitativo o cuantitativo implicaría algún tipo de imperfección o privación e inconsistencia lógico-metafísica.

---

178 Aquí cabe disentir de CANDEL, Miguel, *El nacimiento de la eternidad. Apuntes de filosofía antigua*, Barcelona, Idea books, 2002, p. 20, cuando se refiere a la materia como "ese fecundo hallazgo conceptual-terminológico de Aristóteles".

179 *cf.* GARCÍA RÚA, *op. cit.*, p. 33.

180 *cf.* BOLLACK, Jean, *op. cit.*, p. 266.

181 *cf.* BORGES, Jorge Luis, "Ficciones: La biblioteca de Babel", en *Obras completas I*, Buenos Aires, Emecé, 1974, p. 469.

182 GARCÍA RÚA, *op. cit.*, p. 58.

183 *cf.* BALAUDÉ, Jean François, *Le vocabulaire d'Épicure*, Paris, Ellipses, 2002, *s. u.* "tout", pp. 61–62.

184 AVOTINS, Ivars, "On Some Epicurean and Lucretian Arguments for the Infinity of the Universe", en *The Classical Quarterly*, n° 33, vol. 2, 1983, pp. 421–427.

Tò πᾶν se califica, por lo mismo y en la línea melísea, como infinito, pues de otro modo no podría recoger ni la infinitud atómica ni la infinitud extensiva ni la infinitud temporal o eternidad[185]. En cuanto a ello Koyré reconoce el mérito de los griegos al concebir la infinitización del universo, si bien no deja en buen lugar al atomismo ni a Epicuro, que considera acientíficos[186].

El universo es, valga la redundancia, el conjunto física y ontológicamente universal, único, sin alternativa y, por ello, aunque en su seno se produzca el cambio, él es, *ex definitione*, inmutable, tal como le sucede a "lo que es" de Meliso.

Por lo que hace a su inalterabilidad, es decir, con el fin de comprender la noción de inmutabilidad del todo, resultan iluminadoras tanto las citas de Lucrecio, *per se*, cuanto la explicación de Jacques Brunschwig. Es preciso incluir, primero, dos pasajes del poeta filósofo augusteo, que son por sí mismos explícitos y aclaran la parquedad expresiva de Epicuro:

I

> "Y no hay fuerza que pueda alterar el conjunto de los seres, pues ni hay *(ya en parte alguna)* nada adonde alguna clase de materia pueda escapar a partir del todo, ni en el todo hay de donde pueda nacer una nueva fuerza que invada y cambie toda la naturaleza de los seres y trastorne los movimientos"[187]

II

> "la totalidad de las totalidades que es eterna y fuera de ella no hay lugar a donde escapar ni cuerpos que puedan caerle encima y con recio choque deshacerla"[188].

---

185 *cf.* GOEDECKEMEYER, Albert, *Epikurs Verhältnis zu Demokrit in der Naturphilosophie*, Strassburg, J. L. Trübner, 1897, pp. 26 y 150.

186 *cf.* KOYRÉ, Alexandre, *Del mundo cerrado al universo abierto*, Madrid, Siglo XXI de España, 1999, p. 9 y nota 4: "La concepción de la infinitud del universo se origina con los griegos, y no cabe duda de que las especulaciones de los pensadores griegos sobre la infinitud del espacio y la multiplicidad de los mundos han desempeñado un papel importante en la historia de la que nos vamos a ocupar".

187 LUCRECIO, *La naturaleza*, II, vv. 304–308, en SOCAS, Francisco (ed., trad.), Madrid, Gredos, 2003, p. 189 [*nec rerum summam commutare ulla potest vis / nam neque, quo possit genus ullum materiai / effugere ex omni, quicquam est (extra), neque in omne / unde coorta queat nova vis irrumpere et omnem / naturam rerum mutare et vertere motus*].

188 LUCRECIO, *La naturaleza*, III, vv. 818–816, en SOCAS, *op. cit.*, p. 262 [*sicut summarum summast aeterna, neque extra / quis locus est quo diffugiant neque corpora sunt quae / possint incidere et valida dissolvere plaga*]; prácticamente idéntica a LUCRECIO, *La naturaleza*, V, vv. 361–363, en SOCAS, *op. cit.*, p. 352: "el conjunto de los conjuntos resulta eterno, sin que fuera de él haya ningún espacio adonde salten ni haya ningún cuerpo que pueda caerle encima y deshacerlas con recio golpe [*sicut summarum summa est aeterna, neque extra / qui locus est quo dissiliant neque corpora sunt quae / possint incidere et valida dissolvere plaga*]".

Por su parte, el filósofo francés Jacques Brunschwig[189] apunta a propósito de la invariabilidad que no sólo se refiere a la totalidad de los estados reales del universo, o sea, a la totalidad de los seres físicos, considerada en la totalidad de estados en los que se encontró, se encuentra y se encontrará, sino que también designa la totalidad de los seres físicos considerada en la totalidad de estados en que se puede encontrar, de tal forma que quedan incluidos *de facto* los estados posibles del universo, en su crecimiento continuo e infinito, salvando así la verificación de combinaciones inéditas. Justamente la inclusión no tanto de cuanto sucede, sucedió y sucederá, sino, más bien, de cuanto puede, ha podido y podrá suceder, hallándose sometido a la *foedera naturai*, a las leyes y pactos de la Naturaleza, la legaliformidad natural, incrementa la riqueza conceptual de τὸ πᾶν.

A su vez, la trabazón inextricable entre el principio del *nihil ex nihilo* y el *todo* la señala magistralmente la filósofa serbia Ksenija Atanasijević[190] al destacar de modo explícito las consecuencias del desarrollo de este axioma antinihilista, como punto de partida de toda la física epicúrea. La consistencia lógica y existencial conduce (si se tiene en cuenta que no hay *creatio*, que nada procede de la nada ni a ella regresa, aunque se perciba vaivén continuo de aparición y desaparición, de transformación y cambio en la discontinuidad de lo material) al hecho de que πᾶν / φύσις no es reductible a la desaparición o a la disolución, manteniéndose idéntico y único, pues no existe en él ente o fuerza intrínsecos o extrínsecos que lo hagan mutar o hacia los cuales mute.

Por todo ello, es posible decir que en el mantenimiento de esa globalidad colaboran, de modo constitutivo y, por así decirlo, vivificante, necesaria y suficientemente, los átomos y el vacío, puesto que, como señala, con Epicuro, Atanasijević: "s'il n'y avait pas de vide, l'univers serait un solide absolu; par contre, s'il n'existait pas de corps qui remplissent le lieu qu'ils occupent, tout serait espace vide. Comme le monde n'est ni absolument plein, ni absolument vide, il est évident que la matière et le vide sont entremêlés"[191]. El universo es, pues, la suma o conjunción de todo lo ente, de todo lo que es en sí y por sí, a saber, los átomos [σώματα] y el (espacio)

---

189 *cf.* BRUNSCHWIG, Jacques, "L'argument d'Épicure sur l'immutabilité du tout", en *Permanence de la philosophie. Mélanges offerts à Joseph Moreau*, Neuchâtel, La Baconnière, 1977, pp. 146–148.

190 *cf.* ATANASIJEVIĆ Ksenija [ATANASSIÉVITCH, Xénia], *L'Atomisme d'Épicure*, Paris, Presses universitaires de France, [1927], pp. 18–19; yerra, sin embargo, la filósofa al atribuir la forja de ese concepto a Demócrito, pues existió ya anteriormente, tal como se ha intentado demostrar; en concreto la cita del atomista procede de DIÓGENES LAERCIO, *Vidas de los filósofos ilustres*, IX, 44, en GARCÍA GUAL, *op. cit.*, p. 477: "Sus opiniones son éstas: que los principios del conjunto de cosas son los átomos y el vacío, y todo lo demás es convencional. Los mundos son infinitos, engendrados y perecederos. Nada nace de lo no ente ni se destruye en el no ser".

191 ATANASIJEVIĆ Ksenija [ATANASSIÉVITCH, Xénia], *op. cit.*, p. 29.

vacío [τόπος, κένον], ambos invariables o inmutables[192], eternos y con carácter mutuamente limitante, debido a su naturaleza diversa y sin mezcla.

Epicuro recoge tanto la cuestión de la inmutabilidad como la de la infinitud en relación con el (espacio) vacío y los átomos en las siguientes observaciones:

> "[H]ay que dar por garantizado también que el universo es infinito (ἄπειρόν), puesto que lo finito tiene extremo (πέρας, πεῖραρ), y, a su vez, el extremo se percibe que está contrapuesto a algún otro extremo. La consecuencia de ello es que el universo, al no tener extremo, no tiene fin, y, al no tener fin, será infinito y no finito. Y hay que dar por garantizado también que el universo es infinito tanto en el número de cuerpos como en la magnitud del vacío. Pues si el vacío fuera infinito y, en cambio, los cuerpos limitados, no permanecerían quietos en ningún sitio los cuerpos sino que andarían errantes por el vacío infinito al no disponer de los medios que les sirvan de soporte y acogida (τὰ ὑπερείδοντα) en los rebotes. Y si el vacío fuera limitado, entonces los cuerpos infinitos no tendrían lugar alguno donde instalarse"[193].

Resulta obligado insistir aquí en la infinitud o infinidad del todo (*Unendlichkeit, Grenzlosigkeit, Unbestimmtheit*)[194], que ha de no tener inicio ni final respecto a su ser, no debe lindar ontológicamente con nada. Ese atributo del universo interesa aquí porque atañe tanto al número, cantidad o pluralidad de los cuerpos (τῷ πλήθει τῶν σωμάτων), también sin límite, cuanto al vacío. En la cita epicúrea precedente al respecto, puede observarse la coherencia lógica de los postulados, los cuales, debido a su actualidad conceptual, es lícito poner en relación con algunas importantes tesis de la física hodierna, que la evocan en algún sentido. Sin embargo, como subraya Sambursky[195], tal argumentación es previa al descubrimiento de las geometrías no euclidianas y ha de presuponer, por lo tanto, un espacio de curvatura cero.

Hecha esta salvedad, cabe señalar que, por ejemplo, el hecho de concebir el universo como un sistema aislado e infinito, siendo en cambio limitado el número de átomos invita sugestivamente a considerar la segunda ley de la termodinámica, la cual matiza la primera (que prescribe la conservación de la energía). La segunda ley, que puede formularse de diversos modos, afirma que "el calor puede fluir espontáneamente de un objeto caliente a uno frío; el calor no fluirá espontáneamente de un objeto frío a uno caliente"[196] o, más interesantemente para este trabajo, que "los

---

192 *cf.* BRIEGER, Adolf, "Epikurs Lehre vom Raum, vom Leeren und vom All und die Lucrezischen Beweise für die Unendlichkeit des Alles, des Raumes und des Stoffes", en *Philologus*, nº 60, 1901, pp. 510–540; especialmente pp. 519–520 y 529–530.

193 EPICURO, *Carta a Heródoto*, 41 y 42, en VARA, *op. cit.*, pp. 51y 52.

194 *cf.* RITTER, *op. cit.*, vol. XI, pp. 140–146, *s. u.* "Unendlichkeit", a cargo de W. PANNENBERG.

195 *cf.* SAMBURSKY, *op. cit.*, p. 135: "Hemos de hacer notar dos cosas en ese pasaje. La infinitud del universo se prueba mediante un argumento geométrico del mismo tipo del que es rechazado por los atomistas cuando es aplicado a la división de la materia".

196 GIANCOLI, Douglas C., *Física para ciencias e ingeniería*, México. D.F., Pearson Educación, 2008, p. 529.

procesos naturales tienden a moverse hacia un estado de mayor desorden"[197], o lo que es lo mismo, de entropía, esto es, medida de desorden sistémico. La degradación de la energía en un vacío infinito con átomos finitos conduciría a "la predicción de que, conforme transcurre el tiempo, el universo debería aproximarse a un estado de máximo desorden. La materia se volvería una mezcla uniforme y el calor fluiría de las regiones de alta temperatura a las de baja temperatura hasta que todo el universo esté a una misma temperatura"[198], cosa que se conoce como muerte térmica.

En el caso de propuesta inversa, ante un vacío limitado y una cantidad ilimitada de átomos, conviene tener presente que se produciría un estado de compacidad o plenitud máxima, una acumulación de materia y energía o "densidad de energía", una explosiva singularidad matérico-energética, ligada también a la alta temperatura, todo lo cual puede ser vinculado o bien con "lo que es" parmenídeo o bien con algún estado semejante al "Big Bang" como teoría cosmogónica.

Por último, a propósito del universo epicúreo, en el que los dioses no son más que una parte, conviene aclarar que toma nota de la reflexión de Leucipo y Demócrito frente al desafío eleático, negador de la confianza natural en la fiabilidad de los datos sensoriales, que detectan la pluralidad y el movimiento. En τὸ πᾶν quedan reunidos, pues, la consistencia unitaria, si bien no única, del ser parmenídeo-meliseo, sin mezcla, inengendrado e indestructible, así como, la constatación de la dualidad de un *unum uacuum* y un *alterum*, suma de *infinita alia plena* materiales.

1.3. Átomos y vacío: átomos

Hasta el momento ya hemos desarrollado dos axiomas del pensamiento epicúreo, el antinihilista y el que postula la existencia de un universo infinito. Por su parte, el tercero alude a la existencia, por necesidad lógica, de cuerpos (σώματα) y de vacío (κενόν), cuya conjunción completiva permite el movimiento. Epicuro señala literalmente:

> "En efecto, que existen, por un lado, los cuerpos lo atestigua en todos los aspectos la propia sensación, (...) [p]or otro lado, si no existiera lo que denominamos vacío, espacio y realidades intangibles, los cuerpos no tendrían lugar alguno donde estar ni tampoco por donde moverse, precisamente como es claro que se mueven"[199].

Al margen de los cuerpos y el vacío, más allá de ellos, no existe ningún *tertium quid*, nada pensable ni al modo de lo perceptible o captable por los sentidos ni en analogía con ellos, que pueda ser tomado por propio de toda la naturaleza, siendo así que πᾶν / φύσις consiste única y exclusivamente, desde el punto de vista físico y conceptual, en el juego dúplice entre cuerpos y (espacio) vacío. A partir de los átomos y del (espacio) vacío pueden establecerse, como señala Boyancé, "[l]es rapports entre

197 *ibidem*, p. 544.
198 *ibidem*, p. 546.
199 EPICURO, *Carta a Heródoto*, 40 y 41, en VARA, *op. cit.*, p. 51.

l'invisible et le visible, entre les principes des choses et les choses elles-mêmes, [que] sont le point essentiel où la physique touche à la canonique, c'est-à-dire la théorie épicurienne de la connaissance, avec ses critères de la vérité"[200].

Por lo que respecta a la díada de átomos y (espacio) vacío puede leerse en Epicuro lo siguiente:

> "Pero fuera de estas realidades no hay nada, y no hay medio de que sean imaginadas otras ni por vía de comprensión ni por un procedimiento equivalente a los datos susceptibles de comprensión, a condición de que sean tomadas como seres completos y no interpretadas como se interpretan los *accidentes*[201] (συμπτώματα) o las propiedades[202] (συμβεβηκότα) de esas realidades realmente existentes"[203].

Aunque está al margen del propósito de estas investigaciones, es digno de notar el hecho de que la traducción de συμπτώματα y συμβεβηκότα ha suscitado arduos problemas interpretativos que Jufresa escamotea[204], no así Piqué Angordans[205], que Vara resuelve a su modo y que, no obstante, Bailey[206], al que sigue también el estudioso español García Rúa[207], estudió concluyentemente para sostener que συμβεβηκότα equivalía a cualidades esenciales (atributos, propiedades), inseparablemente constitutivas de "*a corporeal existence*"[208]; esto lo vierte Lucrecio como *coniuncta* y *euenta*, respectivamente[209], con lo que se produce una inversión de la terminología aristotélica; en cambio, συμπτώματα remite a los accidentes, esto es, unas cualidades secundarias, accesorias y circunstanciales, cuya presencia o ausencia es opcional y no afecta a la naturaleza del cuerpo.

Epicuro establece, así mismo, la diferencia básica entre dos tipos de cuerpos, a saber, unos son los "compuestos (συγκρίσεις)[210], y otros aquéllos a partir de los que se forman los compuestos"[211], o sea, los átomos.

---

200 BOYANCÉ, Pierre, *Lucrèce et l'épicurisme*, Paris, P.U.F., 1963, p. 112.

201 Aquí nos apartamos de Vara, que traduce "las propiedades".

202 Aquí nos apartamos nuevamente de Vara, que traduce "los accidentes".

203 EPICURO, *Carta a Heródoto*, 40, en VARA, *op. cit.*, p. 51.

204 La traducción de la Prof. Dra. Jufresa es, tanto en catalán "símptomes o contingències" [EPICURO, JUFRESA, Montserrat (ed., trad.), *Lletres*, Barcelona, Fundació Bernat Metge, 1975, p. 92.], como en castellano "síntomas o contingencias" [EPICURO, JUFRESA, Montserrat *et al.* (ed., trad.), *Obras*, Madrid, Tecnos, 2008, p. 10], desafortunada, y antes que un desliz, un error impropio de un helenista solvente.

205 DIÓGENES LAERCIO, PIQUÉ ANGORDANS, Antoni (ed., trad.), *Libro X de las Vidas de los Filósofos Ilustres: Vida de Epicuro*, Barcelona, Edicions de la Universitat de Barcelona, 1981, 42, p. 41: "propiedades o accidentes en ella".

206 *cf.* BAILEY, *Epicurus*, *op. cit.*, pp. 235–239.

207 *cf.* GARCÍA RÚA, *op. cit.*, p. 229.

208 BAILEY, *Epicurus*, *op. cit.*, p. 235, I.

209 *cf.* LVCRETIVS, BAILEY, I, vv. 449–450.

210 de συγ-κρίνω, literalmente com-partir, "condividire", separar como conjunto, separar conjuntamente, por lo tanto componer, combinar, agregar.

211 EPICURO, *Carta a Heródoto*, 40, en VARA, *op. cit.*, p. 51.

Como es bien sabido, el término de origen griego 'átomo' procede de ἄτομος, ἄτομον, un derivado adjetival pasivo y privativo del verbo τέμνω, el cual significa "cortar, partir, hender, rajar"[212]; de este modo, ambos adjetivos significan inicialmente "no cortado"; después, "indivisible", cosa que sucede especialmente con la forma neutra y sustantivada, fuente del vocablo filosófico y físico-científico. El propio lexicógrafo helenista Adrados señala sobre su datación que tanto el adjetivo como la sustantivación aparecen entre los presocráticos, en lo que se considera la forja del lenguaje científico griego[213].

Es obligado, consignado esto último, abordar primeramente la deuda conceptual y teórica que contrae Epicuro con Leucipo y Demócrito[214]. Los primeros atomistas, que conectan con Parménides y Meliso respondiendo a éste último[215], consideran que existe lo pleno (*plenum*) y lo vacío (*inane*), esto es, átomos y vacío, únicas dos realidades subyacentes a toda otra realidad fenoménica o aparente[216], considerada escépticamente y relacionada, despectivamente, con la convención[217]. La respuesta a Meliso consiste, en definitiva, en la aceptación del argumento de que "si existiese una multiplicidad, tendría ésta necesariamente que ser como lo uno"[218]. Como bien indica Guthrie, las propiedades del Uno eleata (la indestructibilidad, la homogeneidad, la indivisibilidad y ausencia de cambio interno) son atribuidas por los atomistas a cada *minimum*, unidad plural e innumerable, que se halla en movimiento a través del espacio vacío y colisiona con otros, entrelazándose[219].

A juicio de todos los estudiosos, los atomistas pretenden dar una respuesta al eleatismo que salve los fenómenos y su pluralidad; además, gozan de pervivencia en gran medida gracias a Epicuro y a su continuador, Lucrecio. Sobre su papel conciliador y clave en la filosofía griega apunta Sambursky:

> "[d]e todas las respuestas, la dada por los atomistas griegos, al ser una síntesis de elementos monistas y pluralistas, es la más convincente tanto por su simplicidad como por su comprensividad, mostrando que la pluralidad y el flujo del macrocosmos pueden

---

212 *cf.* CHANTRAINE, *op. cit.*, *s. u.* τέμνω.

213 *cf.* RODRÍGUEZ ADRADOS, Francisco, *Historia de la lengua griega de los orígenes a nuestros días*, Madrid, Gredos, 1999, párrafo 232, epígrafe c, p. 152.

214 *cf.* MANSFELD, Jaap, "Sources", en LONG, Anthony A, *The Cambridge companion to early Greek philosophy*, Cambridge - New York, Cambridge University Press, 1999, p. 33: "Epicurus pretended to be an autodidact and to have learned nothing from the early Atomists, but the authors of the *Diadochai* included him and his followers nevertheless".

215 De opinión contraria es, por ejemplo, BENN, A. W., "The Origin of the Atomic Theory", en *Mind, New Series*, n° 20, vol. 79, 1911, julio, pp. 394–398.

216 KIRK, RAVEN, *op. cit.*, frag. 554, pp. 573–574.

217 KIRK, RAVEN, *op. cit.*, frag. 549, pp. 570–571, no incluido en DK.

218 MELISO DE SAMOS, frag. 209 (DK 30B 8), en CORDERO, *op. cit.*, p. 118.

219 *cf.* GUTHRIE, *Hª, II, op. cit.*, pp. 128–129.

ser explicados a partir de una cierta uniformidad y de leyes causales que gobiernan el mundo inaccesible a nuestros sentidos"[220].

Por su parte, la doctrina física de Leucipo y Demócrito, que cuenta con rigor metódico, está de acuerdo con la sensación y con lo empírico en el sentido de aceptar el movimiento y la multiplicidad de los entes, así como los procesos de agregación y disgregación o, en otros términos, de generación y corrupción. Los elementos o principios, complementarios, del sistema son dos, a saber: átomos y vacío, siendo ambos infinitos en su clase. Todo ello constituye una novedad con respecto a las propuestas anteriores[221]. En el universo se hallan presentes, pues, sólo dos elementos que, mezclados, conforman todos y cada uno de los entes no simples, como también el conjunto. Conviene aclarar, además, que los atomistas distinguen entre 'lo vacío' y 'lo pleno'; lo primero, raro o sutil, aunque identificado con 'lo que no es', la nada o el no ser[222], se tiene también por elemento constitutivo de lo real, igualmente existente, dado que no se trata de un no ser absoluto falto de toda entidad, sino relativo al ser que es el cuerpo[223] o el átomo, segundo elemento, infinito en cuanto a su cantidad, invisible debido a su pequeño tamaño y sólido, el cual resulta equiparado con el ser o el 'algo'.

Una caracterización más precisa del átomo *leucípeo-democríteo* incluye el hecho de que son los *corpora prima*[224], esto es, los primeros cuerpos, los cuales son diminutos o mínimos, indivisibles, cualitativamente idénticos u homogéneos, infinitos en número o cantidad y en cuanto a sus figuras o disposiciones; ellos se encuentran en eterno movimiento y cambio externo[225] a través de un vacío infinito en extensión. Debido a su solidez o impenetrabilidad total, los átomos, tal como reza su nombre heleno, son igualmente descritos como incorruptibles, inalterables, inmodificables, inmutables, o indisolubles, insecables, sin partes, sin fisuras, incapaces de ser cortados o fragmentados, y de recibir afecciones o transformarse, al no contener vacío alguno. Imperceptibles e impasibles, los átomos carecen, pues, de cualidades sensibles y, prescindentes de cualquier sustrato, constituyen todas las cosas[226]. De hecho,

---

220 SAMBURSKY, *op. cit.*, p. 131.

221 *cf.* LEUCIPO [Y DEMÓCRITO], frag. 293 (DK 67 A 1) Diógenes Laercio, IX 30–31), en PORATTI, *op. cit.*, pp. 183–184.

222 *cf.* LEUCIPO [Y DEMÓCRITO], frags. 296 (DK 67 A 7) Aristóteles, *Acerca de la generación y la corrupción*, I 8, 325a, y 297 (DK 67 A 8), en PORATTI, *op. cit.*, pp. 185–186.

223 PORATTI, *op. cit.*, p. 188, n. 63.

224 *cf.* LVCRETIVS, BAILEY, *op. cit.*, I, vv. 171, 510, 538; II, vv. 91, 486, 589, 843, 1011, *passim.*

225 *cf.* [LEUCIPO Y] DEMÓCRITO, frag. 320 (DK 67 A 10) en PORATTI, *op. cit.*, p. 19: "Leucipo ... dice que los átomos son infinitos, siempre se mueven y están en generación y cambio continuos. Dice que los elementos son lo pleno y lo vacío".

226 *cf.* [LEUCIPO Y] DEMÓCRITO, frag. 329 (DK 68 A 59) Sexto Empírico, *Adv. Math.*, VIII, 6, en PORATTI, *op. cit.*, p. 195: "Los seguidores de Platón y de Demócrito suponían que sólo las cosas inteligibles son verdaderas: Demócrito, porque creía que la naturaleza no posee ningún sustrato sensible, pues los átomos que por agregación constituyen todas las cosas carecen de toda cualidad sensible".

la única cualidad del átomo consiste en su capacidad de ocupar espacio, esto es, la extensión geométrica.

En esta escueta presentación del átomo se hace manifiesto que los primeros atomistas asumen el legado melíseo al sostener que el límite de cada átomo es el vacío y que, al ser los primerísimos entes plurales, se limitan mutuamente[227]. En parecida línea, los atomistas toman la infinitud temporal, esto es, la eternidad, como atributo tanto del vacío cuanto de los átomos, si bien otorgan la infinitud extensiva o espacial al primero y la cuantitativa o numérica a los segundos. Interesa subrayar, además, el paralelismo evidente entre la concepción de "lo que es" melíseo y la del átomo. Así, el ἄτομον puede definirse como una *res minima extensa aeternaque quantitatiue infinita*, un *plenum continuum*, que es uno pero no único sino plural, si bien se halla libre de rarefacción o densificación, sin vacío interno, es decir, pétreo, sin cambio *ad intra*, homogéneo, sólido, macizo, incapaz de tener dolor, sufrir pena, perecer, desintegrarse o mutar, cuantitativa o cualitativamente en sí mismo[228]. Por todo ello, como bien recuerda el propio Meliso, y ya hemos apuntado: "[s]i existiese una multiplicidad, tendría ésta necesariamente que ser tal como yo digo que lo uno"[229]. Una diferencia radica, empero, en que el átomo es automóvil, de tal modo que el (espacio) vacío permite su desplazamiento, como bien indica Meliso[230], con el cual polemizan los atomistas[231]; una segunda diversidad estriba, a su vez, en que los átomos son considerados (casi) siempre unidades minúsculas o mínimas, salvo cuando se hacen consideraciones respecto a su notable magnitud, cosa que, como también señala García Rúa[232], se atribuye a Demócrito[233].

227 *cf.* MELISO DE SAMOS, frags. 191 (DK 30 A 8) Aristóteles, *Acerca de la generación y la corrupción*, I 8, 325a, 229 (DK 30 A 4), en CORDERO, *op. cit.*, p. 109.

228 *cf.* MONDOLFO, *Infinito*, *op. cit.*, p. 102.

229 MELISO DE SAMOS, frag. 209 (DK 30 B 8), en CORDERO, *op. cit.*, p. 115.

230 *cf* MELISO DE SAMOS, frag. 181 (DK 30 B 7), en CORDERO, *op. cit.*, p. 104: "si hubiese el vacío, podría desplazarse en el vacío; pero, puesto que el vacío no es, no tiene donde desplazarse".

231 *cf.* ALFIERI, Vittorio Enzo, *Atomos Idea: l'origine del concetto dell'atomo nel pensiero greco*, Firenze, Felice Le Monnier, 1953, p. 71: "gli atomi venivano considerati sì come individualità isolate ma entro una relazione spaziale e un continuo processo di azioni e reazioni (...) ciò che logicamente e fisicamente li condiziona nella loro esistenza stessa di atomi e ciò che permette altresì il movimento e quindi l'associarsi e dissociarsi delle particelle indivisibili: lo spazio appunto, cioè il vuoto. (...) Leucippo e Democrito hanno dato del vuoto una dimostrazione logica, affermando in polemica con l'eleatismo l'esigenza di ammettere il nonessere, se si deve, come di fatto si deve, giustificare la molteplicità".

232 *cf.* GARCÍA RÚA, *op. cit.*, p. 85.

233 *cf.* [LEUCIPO Y] DEMÓCRITO, frag. 359 (DK 68 A 47) Aecio, 1 3, 18, en PORATTI, *op. cit.*, p. 206:"Decía Demócrito que son dos las características distintivas de los átomos: magnitud y figura ... Y asegura que es posible que exista un átomo tan grande como el mundo".

Por lo que respecta al vacío cabe indicar que se considera, propiamente, un *extensum infinitum aeternumque* o, dicho de otro modo, una extensión infinita y eterna, falta de límites, incorpórea y, por ende, intangible y penetrable, al contrario que un *plenum*. El vacío de los abderitas, herederos contradictores de Meliso, constituye, pues, primeramente, espacio o capacidad continente, en este caso ilimitada, y, por ello, es *conditio possibilitatis* del movimiento eterno y de la pluralidad infinita de las antedichas partículas individuales[234], últimas y constitutivas, que son cuerpos plenos extensos, determinados y discontinuos entre sí, esto es, aislados, separados por intervalos.

Por otra parte, a más de la unidad e impenetrabilidad, Leucipo y Demócrito establecen tres diferencias entre los átomos en virtud de su figura, orden y posición[235], que guardan estrecha relación con la noción de espacio[236].

La primera distinción está ligada a la forma (ῥυθμός), la estructura o su carácter constante en el seno del movimiento, esto es, la configuración propia y distintiva de cada átomo, la línea de contorno separativa y limitativa con el vacío circundante y con los otros átomos, la cual impide toda modificación pese al movimiento[237]; en este punto es posible traer a colación las palabras de Alfieri cuando apunta, al proponer como traducción "medida", que esto evoca la forma geométrica y, por tanto, la dimensión[238] Según los atomistas, existen figuras infinitas[239], cosa que constituye punto de divergencia con Epicuro, como se explica más abajo.

La segunda diferencia atañe al orden (διαθιγή; τάξις en Aristóteles), neologismo científico que se refiere a la organización, al contacto mutuo entre los átomos, a su organización o disposición, a su atingencia, tocamiento y juntura, que tiene carácter expansivo o difusivo y alude a su lugar en el seno de una serie ordenada pero dinámica, no estática, móvil. El orden o contacto es una propiedad espacial que se define no absolutamente sino en relación con los átomos restantes que forman un compuesto. Con todo, la διαθιγή representa, más bien, un momento, la consideración estática o en detención de un proceso dinámico y eterno, como una suerte de instantánea.

El tercer y último rasgo distintivo incumbe a la dirección (τροπή), la posición u orientación de los átomos en tanto forman parte de un compuesto, con el sentido de "dirigirse u orientarse hacia alguna parte". Esa dirección no es, al contrario que en el equivalente aristotélico θέσις, un estar colocado en un lugar concreto del espacio absoluto, apuntando en un sentido u otro; antes bien, la dirección muestra la tendencia, el encaminamiento, como propiedad relativa a los restantes y ligada

---

234 *cf.* MONDOLFO, *Infinito*, *op. cit.*, p. 95, nota 10.

235 LEUCIPO Y DEMÓCRITO, frag. 333 (DK67 A 6), Aristóteles, *Metafísica*, I, 4, 985b, en PORATTI, *op. cit.*, pp. 196–197.

236 *cf.* VON FRITZ, Kurt, *Philosophie und sprachlicher Ausdruck bei Demokrit, Plato und Aristoteles*, Darmstadt, Wissenschaftliche Buchgesellschaft, 1966, p. 24.

237 *cf.* PORATTI, *op. cit.*, pp. 198–199, nota 73. *cf.* VON FRITZ, *Origini*, *op. cit.*, p. 94.

238 *cf.* ALFIERI, *op. cit.*, p. 68.

239 *cf.* LEUCIPO Y DEMÓCRITO, frags. 346 (DK 67 A 9) Aristóteles, *Acerca de la generación y la corrupción*, I, 2, 315b, y 347 (DK 68 A 38), en PORATTI, *op. cit.*, pp. 203–204.

a su eterna movilidad, en cuya virtud cada átomo se mueve por la fuerza motriz interna que tiene *ex initio* y *de facto*, mientras la presión y los choques condicionan, sin determinarla plenamente, su orientación y velocidad.

Así mismo, Leucipo y Demócrito sostienen, en relación con la indivisibilidad atómica, que ésta es debida a que cada uno de ellos no puede ser alterado, al tratarse de un *plenum*, esto es, no vacío, mínimo y, especialmente, carente de partes. La defensa de la indivisibilidad de los átomos por parte de los atomistas se debe a la voluntad de evitar, de acuerdo con Parménides y Meliso, saltos entre el ser y el no ser absolutos, es decir, procesos de generación y corrupción que impliquen el inicio y el cese en la existencia *stricto sensu* en lo que concierne a la constitución última de lo real. En este sentido, Aristóteles recoge un argumento para no incurrir en un *regressus ad infinitum*[240], en aplicación de su lógica demostrativa según la cual debe existir una detención justificada y cognoscible en los principios necesarios y suficientes. Este argumento lo atribuye el conjunto de los estudiosos a los atomistas[241] y sirve para poner coto a la divisibilidad infinita que conduciría virtualmente a la mezcla del ser con la nada. Ese límite son las magnitudes atómicas invisibles, puesto que hay generación y corrupción, una por agregación y la otra por disgregación.

Tras haber tratado con cierta amplitud la teoría de Leucipo y Demócrito sobre el átomo, se impone ahora retomar las concepciones de Epicuro[242]. La existencia de lo corpóreo viene testimoniada, como ya se ha indicado, por la sensación, la cual el razonamiento toma como condición necesaria para explorar lo no conocido. Entre los cuerpos, los hay compuestos y, por tanto, divisibles, y los hay no compuestos o simples, a partir de los cuales se conforman aquellos.

Los átomos epicúreos son, como los *leucipeo-democríteos* y de acuerdo con su nombre, indivisibles e inmutables (ἀμετάβλητα), es decir, incapaces de padecer alteración o transición. La existencia de estos elementos se postula para evitar que el todo sea destruido o cese de existir hacia el no ser (más bien que la nada). Estas naturalezas corporales insecables e invariables son también plenas, compactas, macizas (πλήρη, μεστά), sólidas o duras (στερεὸν), permanentes tras la disolución (διάλυσις) de los compuestos, en otras palabras, son indisolubles (ἀδιάλυτον); por todo ello, se presentan también como incorruptibles (ἄφθαρτα).

---

240 ARISTÓTELES, *Analíticos segundos*, 82a 20 y 83b 20–84a 30, en CANDEL, *op. cit.*, p. 370: "está claro ya también que necesariamente habrá unos principios de las demostraciones y que no de todas las cosas hay demostración, que es precisamente lo que decíamos que dicen algunos en relación con los principios. En efecto, sí hay principios, ni todas las cosas son demostrables, ni es posible proceder hasta el infinito".

241 LEUCIPO Y DEMÓCRITO, frag. 368 (DK 68 A 48b) Aristóteles, *Acerca de la generación y la corrupción*, I, 2, 315, en PORATTI, *op. cit.*, 210–213; *cf. ibidem*, n. 88, p. 213 y 214.

242 VAN MELSEN, *op. cit.*, pp. 44–45 no trata a Epicuro ampliamente considerándolo una mera continuación del atomismo antiguo.

Otra característica propia de los átomos, apuntada claramente por Aristóteles y esbozada por Epicuro, estriba en su carácter de entes o realidades ἄδηλον[243], es decir, insensibles (que no caen bajo el dominio de los sentidos), imperceptibles o invisibles, en consonancia con lo señalado por los primeros atomistas cuando indican: "e invisible a causa de la pequeñez de su tamaño"[244] y tal como luego Lucrecio poetiza: "los primordios de los seres no se dejan ver con los ojos, entérate además de qué corpúsculos es menester que tú admitas que están en los seres sin que se puedan ver"[245], junto a "corpúsculos invisibles"[246]. Estas entidades son, en efecto sólo accesibles y deducibles gracias al razonamiento (τῷ λογισμῷ) y por analogía, como bien señala Alfieri[247].

En abierta discrepancia con los atomistas[248], Epicuro defiende que la cantidad de las formas o figuras (σχημάτων) de los átomos no es infinita, sino simplemente innumerable (ἀπερίληπτά), siendo las cualidades de los cuerpos también finitas, así como el número de tamaños, que iría aparejado con ellos. Sobre este punto espinoso, es decir, sobre la pluralidad infinita en lo tocante a la forma y al tamaño o magnitud como propiedades inherentes al átomo, postulada por Leucipo y Demócrito, Epicuro resuelve que sí existe, al contario que algún testimonio democríteo, un límite superior para los átomos, esto es, la imposibilidad de "que exista un átomo tan grande como el mundo"[249], o de un átomo de magnitud infinita o ilimitada[250].

---

243 EPICVRVS, *Epistula ad Herodotum*, 39, en ARRIGHETTI, *op. cit.*, p. 39.

244 LEUCIPO [Y DEMÓCRITO], frag. 296 (DK 68 A 47) Aecio, 1 3, 18, en PORATTI, *op. cit.*, p. 206.

245 LUCRECIO, *La naturaleza*, I, vv. 268–270, en SOCAS, *op. cit.*, p. 135 [*quod nequeunt oculis rerum primordia cerni, / accipe praeterea quae corpora tute necessest / confiteare esse in rebus nec posse videri*].

246 LUCRECIO, *La naturaleza*, I, v. 328, en SOCAS, *op. cit.*, p. 137 [*corporibus caecis*].

247 ALFIERI, *op. cit.*, 1953, p. 53: "l'atomo, per la sua piccolezza, che viene asserita come conseguenza della sua indivisibilità perché è difficile dichiarare indivisibile ciò che è percepibile ai sensi e quindi può essere ritenuto suscettibile di frantumazione in parti, è invisibile. E allora in che senso ιδέα, in che senso visibile? Visibile, evidentemente, solo alla vista dell'intelletto: l'intelletto astratto, che parte dal visibile corporeo spingendosi sempre più oltre fin dove i sensi non possono arrivare più, trova il suo termine d'arresto in un mondo quintessenziato e depotenziato, che è l'analogia del visibile corporeo".

248 *cf.* GARCÍA RÚA, *op. cit.*, p 85.

249 [LEUCIPO Y] DEMÓCRITO, frag. 359 (DK 67 A 7) Aristóteles, *Acerca de la generación y a corrupción* I 8, 325a) en PORATTI, *op. cit.*, p. 186.

250 *cf.* EPICURO, *Carta a Heródoto*, 57, en VARA, *op. cit.*, pp. 59–60: "¿cómo sería limitado por lo que toca a su tamaño? Pues es evidente que las masas de átomos, infinitas, son de un determinado tamaño, y esos cuerpos concretos a partir de los cuales surjan esas masas infinitas de átomos, sean del tamaño que sean, resultarían ser algo infinito en tamaño".

Del mismo modo, el filósofo de Samos considera que debe existir un límite inferior para los átomos, de modo que no se desemboque en la disolución total de "lo que es":

> "Con objeto de que las cosas visibles no aporten testimonio en contra, realmente no se debe suponer que en los átomos existe todo tipo de tamaños, sino que debe suponerse que existen determinadas variaciones de tamaño, (...) [l]a idea de la existencia de cualquier tamaño de los átomos ni es buena para explicar las diferencias de cualidad (aunque pasemos por alto que, en ese caso, los átomos hubieran llegado hasta nosotros dejándose ver, lo que no se observa que ocurra) ni cabe imaginar de qué manera se haría visible un átomo. (...) en el cuerpo concreto no hay partículas infinitas en número ni de cualquier tamaño. (...) se debe rechazar la teoría de la división de los átomos hasta el infinito progresando hacia él por átomos cada vez más pequeños, para no hacer de ese modo inconsistentes todas las cosas ni, mediante ese desmenuzamiento de los átomos, vernos forzados, en nuestros intentos de comprensión de las cosas completas, a reducir lo que tiene existencia a lo que no la tiene"[251].

Así mismo, las cualidades atribuidas a los átomos según Epicuro divergen de las leucipeo-democríteas por cuanto él, junto a la forma (σχήματος), postula diferencialmente más propiedades no relacionales, inmodificables pese a variación espacial o temporal, como son el tamaño, magnitud o extensión (μεγέθους), ya tratado, y el peso (βάρους)[252]. La inclusión del peso como propiedad, esto es, característica definitoria e intrínseca, supone una discrepancia importante con la concepción azarosa precedente. Excluyendo de suyo toda diferencia de densidad entre los átomos, habida cuenta de que todos son *plena* inalterables y carentes de vacío[253], Epicuro define gracias al *peso* una fuerza que, como señala Alfieri, "non si concepisce, nemmeno in uno stadio di pensiero quale quello della scuola di Abdera, che non è poi una mentalità primitiva, una forza di tal genere senza una direzione"[254]. El peso designa, entonces, una fuerza dirigida, concretamente, la fuerza de caída (libre) del átomo[255], su cadencia dotada de regularidad, linealidad y continuidad[256], subrayando además su movilidad primigenia[257] *grauitate sua*[258]. El peso es, como atributo esencial del átomo, causa del movimiento, *conditio possibilitatis* de la automotricidad, de la propia energía o impulso autónomo y fundamental. Por ello, existente *ab aeterno*, en él arraigan físicamente la libertad y la autarquía o autogobierno, dado que sin peso no habría movimiento alguno, ni aun isomórfico o isotrópico.

251 EPICURO, *Carta a Heródoto*, 56, en VARA, *op. cit.*, p. 59.
252 EPICVRVS, *Epistula ad Herodotum*, 44, en ARRIGHETTI, *op. cit.*, p. 41.
253 *cf.* CASSINI, Alejandro, "El concepto clásico de átomo", en *Theoria: Revista de teoría, historia y fundamentos de la ciencia*, nº 7 (1/2/3), 1992, pp. 663–686, esp. 668.
254 ALFIERI, *op. cit.*, p. 90.
255 *cf. ibidem*, p. 94: "forza vettoriale determinante del movimento".
256 *cf.* GARCÍA RÚA, *op. cit.*, pp. 21–22; 92–96.
257 *cf.* GOEDECKEMEYER, *op. cit.*, p. 123.
258 LVCRETIVS, BAILEY, *op. cit.*, II, v. 84.

Sin embargo, el peso se alza como un punto problemático en la teoría física epicúrea[259] por cuanto introduce la noción de caída y, por lo tanto, la de movimiento, en este caso natural o no violento, la de dirección, juntamente con la existencia de un centro, postulado por Aristóteles, hacia el cual caen los graves, en este caso, los átomos, todo lo cual se condice con el concepto de "gravedad", que podría reformularse, en lo que a esta investigación concierne, como "fuerza de atracción de todos los cuerpos hacia un centro". La pesantez converge, así mismo, con el *clinamen* o παρέγκλισις o desviación atómica espontánea. Es preciso remarcar, empero, que el peso, como característica inherente e indestructible del átomo, es, desde el infinito y hasta el infinito cronológico y de toda clase, causa natural de movimiento, mas no la moción misma[260], cosa que se inscribe en la línea de Zeller[261] y en contraste con Brieger[262]. Esto al margen, los restantes puntos antedichos se han de discutir, bien en referencia a la siguiente cuestión, o sea, el vacío, bien en apartados distintos y subsiguientes, dedicados, respectivamente, al movimiento, al *clinamen*, al compuesto y a los primeros principios.

Ya en último lugar es todavía necesario recordar que, tras la estela de Parménides y Meliso, el átomo constituye una realidad física, material, invisible pero accesible mediante la razón, que, a partir de la percepción sensible, por la abstracción analógica y por la pluralización lógica, alcanza el ser eleático pluralizado y afirma, consecuentemente, la existencia de la alternativa en forma de (espacio) vacío. El átomo epicúreo es, por lo tanto, un *ens naturale insensible per analogiam ad sensibilia abstractum*; de este modo, no cabría tomar en cuenta en este caso las palabras de Alfieri a propósito de una polémica anacrónica de los primeros atomistas entre materialismo e idealismo[263]. Es cierto que Epicuro pretende conciliar o armonizar capacidades sensitivas y raciocinio, y ofrecer una alternativa a las propuestas de Platón y Aristóteles. Ello casa con su voluntad de describir el átomo *per analogiam*, esto es, por similitud o correspondencia con lo visible o sensible, pero sin establecer dilema alguno entre deducción e inducción, dado que su empeño radica en una axiomatización plena, por correcta y correspondiente con lo natural visible, una búsqueda

---

259 *cf.* CHALMERS, Alan, *The scientist's atom and the philosopher's stone: how science succeeded and philosophy failed to gain knowledge of atoms*, Heidelberg, Springer, 2009, pp. 50–51.

260 *cf.* ARISTÓTELES, *Acerca del cielo, libro* III, 2, 300b 8 y ss., en CANDEL, *op. cit.*, p. 171: "Por ello a Leucipo y Demócrito, que dicen que los cuerpos primordiales se mueven siempre en el vacío y en el infinito, les correspondería decir qué movimiento (es ése) y cuál es el movimiento natural de aquellos (cuerpos)".

261 *cf.* ZELLER, *op. cit.*, *Theil I*, 1876, pp. 712–715.

262 *cf.* BRIEGER, Adolf, *Die Urbewegung der Atome und die Weltentstehung bei Leucipp und Demokrit*, Halle a. S., Heynemann, 1884, opta por tomar más en cuenta la necesidad como inicio o principio de la cadena de movimiento y rebotes en todo mundo; *cf.* p. 13.

263 *cf.* ALFIERI, *op. cit.*, p. 7.

y definición de los fundamentos, de los principios, de todo lo natural, es decir, una teorización realizada, en último término, desde el pensamiento o la razón[264].

1.4. Átomos y vacío: vacío

De acuerdo con los atomistas y con Epicuro, existe además otro principio o elemento[265] de lo real[266], el (espacio) vacío (κενόν, *inane*[267]), el cual no lo es no menos que los átomos, dado "que tanto existe el ser como el no ser [o vacío]"[268]. Si se tiene en cuenta que de otro modo, según Meliso, existiría una única extensión material plena y sin alternativa, y se concede, segundamente, que la pluralidad queda sensorialmente constatada, es lícito sostener que el (espacio) vacío se alza como condición de posibilidad del infinito de *plena* numéricos y plurales, o átomos; precisamente por ese motivo lo designa Bollack como "[p]remière substance universelle, constitutive du tout illimité", mientras los cuerpos o átomos son "[d]euxième substance universelle, constitutive du tout illimité. Toujours au pluriel"[269]. En este sentido, García Rúa también da preeminencia a lo *uacuum*, medio en el que se desplazan los átomos, al referirse a "lo concreto del Todo, que es el vacío, como lo concreto del vacío es el espacio, y lo concreto de éste el lugar"[270].

El vacío puede caracterizarse, por definición, como ἀσώματον, incorpóreo, es decir, privado de cuerpo o, lo que es lo mismo, libre de toda forma, conformación, determinación, configuración, hechuras o facciones propias y diferenciadas que permitan su percepción sensible, que lo hagan distinguible o reconocible *per se* y no en mera concurrencia con otros entes, tal como sucede entre él y los átomos, que son determinación máxima; por todo ello y habida cuenta de que se le define como "ausencia de cuerpo" puede ser calificado también como informe o amorfo (ἄμορφος). En todo caso, es preciso considerar que el vacío no cuenta con perfiles fijos o circunscripción material alguna ni es molde o soporte alguno[271], dado que, como bien señala Spinoza a Jarig Jelles: "la figura es una negación y no algo

---

264 *cf.* MAU, Jürgen, "Studien zur erkenntnistheoretischen Grundlage der Atomlehre im Altertum", en *Wissenschaftliche Zeitschrift der Humboldt-Universität zu Berlin*, Gesellschafts- und sprachwissenschaftliche Reihe, 2, n° 3, 1952/53, pp. 1–20.

265 Importa aquí señalar el término "ultimidades", empleado por GARCÍA RÚA, *op. cit.*, p. 18: "se arranca de la aprehensión capital de las ultimidades, átomos y vacío, hacia un *progressus* investigativo, cuyo término será la comprensión y el dominio de los fenómenos concretos".

266 LEUCIPO Y DEMÓCRITO, frags. 293 (DK 67 A 1) y 294 (DK 67 A 12), en PORATTI, *op. cit.*, pp. 184–185.

267 *cf.* LVCRETIVS, BAILEY, *op. cit.*, I, vv. 330 y ss.

268 LEUCIPO [Y DEMÓCRITO], frag. 297 (DK 67 A 8), en PORATTI, *op. cit.*, p. 186.

269 BOLLACK, Jean, *op. cit.*, pp. 262 y 267, respectivamente.

270 GARCÍA RÚA *op. cit.*, p. 101.

271 *cf.* las observaciones sobre forma / εἶδος de SANDOZ, Claude, *Les noms grecs de la forme: étude linguistique*, tesis doctoral, Neuchâtel, Université, 1971, pp. 30–31.

positivo"[272]. Informe, indefinido e infinito, al vacío pueden atribuirse también las propiedades de intangibilidad y penetrabilidad, mencionadas por Descartes[273] y que otrora han sido negadas a "lo que es" meliseo, por cuanto el (espacio) vacío está total, isomórfica y homogéneamente falto de confines, límites o contornos y posibilita lo sumativo y fraccionado, esto es, los átomos[274].

Como bien subraya Balaudé el vacío es, pese a su incorporeidad, existente por completo[275]; se impone repetirlo: el vacío es o existe, en sentido propio; además, hace posible el movimiento, local o de traslación, ya que, en caso contrario, lo pleno no podría recibir algo o ni podrían estar totalmente juntos dos cuerpos, cosas ambas imposibles, pues no habría diferencia entre ellos; además, puesto que existen ciertos cuerpos (compuestos) que se ven sometidos a procesos de dilatación y condensación, es necesario que existan en ellos intervalos de vacío[276], el cual existe dentro y fuera del mundo como espacio o lugar, independiente de los cuerpos, en que el movimiento se produce. Importa consignar, por otra parte, que, al margen de la tesis del vacío infinito como condición de posibilidad de los movimientos atómicos, Lucrecio presentó tres tesis completivas (sobre la infiltración o penetración, sobre la variedad de densidades o pesos volumétricos y sobre el carácter necesariamente progresivo de la entrada del aire en un nuevo espacio)[277] para subsanar ciertas insuficiencias conceptuales en la defensa del vacío[278], que aquí no son abordadas.

El filósofo de Samos ahonda en esta tesis y designa lo vacío como "espacio" (χώραν) o "realidades intangibles"[279] o naturaleza (φύσις) intangible, impalpable o intocable (ἀναφῆ, de ἀνᾰφής, αν + ἅπτω)[280]; se confirma así la designación múltiple del mismo coelemento, al hilo de lo cual Bollack observa certeramente que "[l]es désignations différentes aident à cerner, dans leur variété même, la nature inconnue du vide, tandis que la sensation révèle immédiatement les corps"[281].

---

272 SPINOZA, Baruj, *Carta 50, op. cit.*, p. 309.

273 DESCARTES, ADAM, *op. cit.*, vol. v, p. 239, respuesta a una objección de More en diciembre de 1648: "*tangibilitas et impenetrabilitas habeant relationem ad partes, et præsupponant conceptum divisionis vel terminationis; possumus autem concipere corpus continuum indeterminatæ magnitudinis, sive indefinitum, in quo nihil præter extensionem consideretur*".

274 *cf.* SIMPLICIVS, DIELS Hermann (ed.), *In Aristotelis physicorum libros commentaria*, V, 213a 10, Berlin, Reimer, 1882, vol. 9, p. 601, ll. 21–22, sobre el lugar (τόπος).

275 *cf.* BALAUDÉ, *Vocabulaire, op. cit.*, p. 64, *s. u.* "vide".

276 *cf.* LEUCIPO Y DEMÓCRITO, frag. 377 (DK 67 A 19), Aristóteles, *Física*, IV 6, 213a, en PORATTI, *op. cit.*, pp. 217–218.

277 *cf.* SALEM, Jean, *Commentaire de la lettre d'Épicure à Hérodote*, Bruxelles, ed. OUSIA, 1993, pp. 29–30.

278 *cf.* PYLE, Andrew, *Atomism and its critics: from Democritus to Newton*, Bristol, Thoemmes Press, 1997, pp. 44–50.

279 EPICURO, *Carta a Heródoto*, 40, en VARA, *op. cit.*, p. 51.

280 EPICVRVS, *Epistula ad Herodotum*, 40, en ARRIGHETTI, *op. cit.*, p. 39.

281 BOLLACK, Jean, *op. cit.*, p. 176.

La posibilitación del movimiento guarda relación con el hecho de que juega el papel de un *locus ubi* (ὅπου) y *qua* (δι' οὗ), esto es, se considera un *medium* a través del cual los cuerpos son existiendo o existen siendo y en cuya virtud se produce el movimiento (κίνησις); a más de esto, el vacío da "igual paso libre al más ligero que al más pesado"[282], es decir, es pasivo, muestra irresistencia[283], cesión o no fricción (εἶξιν), por lo que permite movimientos equiveloces independientemente de la pesantez o ligereza intrínsecas de cada átomo y eventualmente diversas. En este punto es forzoso demorarse para aclarar que, si bien el vacío, con su infinitud extensional, muestra isomorfismo e isotropía, carace de centro gravitatorio, tal como se explicará más tarde.

Por otra parte, es posible concebir sugerentemente la igualdad de velocidades atómicas en relación evocadora, primero, con las afirmaciones de Galileo Galilei sobre el hecho de que en ausencia de resistencia todos los materiales descenderían con igual velocidad[284] y, segundo, con la ley de la inercia[285] o primera ley del movimiento de Newton, según la cual: "en ausencia de una fuerza neta aplicada, un cuerpo en reposo permanece en reposo, y un cuerpo en movimiento permanece en movimiento con velocidad constante"[286]. En este contexto, cabe considerar la descripción epicúrea como una especie de caída libre ideal exenta de resistencia aerodinámica y debida únicamente al peso como causa, en un universo acéntrico.

Por otra parte, resulta oportuno hacer aquí referencia a lo que consigna Lucrecio: "hay un lugar impalpable, libre y vacío"[287]; lo κενὸν es, tal como se ha señalado previamente[288], infinito en cuanto a su extensión (ἄπειρόν [...] τῷ μεγέθει τοῦ κενοῦ[289]), del mismo modo que lo son los átomos en cantidad. Si no existiese lo *uacuum / uacans* infinitamente extenso, como dice Epicuro, "los cuerpos no tendrían lugar alguno donde estar ni tampoco por donde moverse, precisamente como es claro que se mueven"[290], cosa que también poetiza Lucrecio: "las cosas no podrán moverse de ninguna manera, pues la función sobresaliente de un cuerpo, que es

282 EPICURO, *Carta a Heródoto*, 43, 5–6, en VARA, *op. cit.*, p. 53.

283 *cf.* LUCRECIO, *La naturaleza*, II, v. 235 y ss., en SOCAS, *op. cit.*, p. 186: "en ninguna parte ni tiempo puede una oquedad vacía mantenerse bajo un objeto sin ceder, como su propia naturaleza exige, continuamente; todas las cosas, por tanto, deben moverse a través del vacío en calma, a pesar de sus pesos desiguales, con igual impulso".

284 GALILEO GALILEI, *Discorsi e dimostrazioni matematiche intorno a due nuove scienze attinenti alla meccanica e ai moti locali*, prima giornata, en FAVARO, Antonio (ed.), *Le opere di Galileo Galilei*, vol. 8, Firenze, Barbèra, 1968, pp. 115–116.

285 tendencia natural de los objetos a perseverar en su estado de movimiento.

286 WILSON, Jerry, BUFFA, Anthony, *Física*, México, Pearson Educación, 2003, p. 132.

287 LUCRECIO, *La naturaleza*, I, vv. 330 y ss., en SOCAS, *op. cit.*, p. 138.

288 *cf.* el apartado dedicado al todo.

289 EPICVRVS, *Epistula ad Herodotum*, 42, en ARRIGHETTI, *op. cit.*, p. 41.

290 EPICURO, *Carta a Heródoto*, 40, en VARA, *op. cit.*, p. 51.

oponer resistencia, obrará para todos ellos en todo tiempo y, por tanto, nada podrá avanzar, ya que ninguna cosa iniciará un movimiento de retroceso"[291].

El espacio vacío es, *ex definitione, intactabile* o impalpable[292], y, por lo mismo, intacto, así como transitable, no desplazable, dado que no afecta ni es afectado por los golpes, choques o conmociones y violencias cualesquiera; es absolutamente no pleno y, en consecuencia, no cuerpo, por más que el poeta latino lo vierta como "*raro corpore*", esto es, "cuerpo poroso o sutil"[293]. En el universo existe, entre sus únicos dos constituyentes, una relación, ontológica y no meramente lógica, de disyunción excluyente. De esta forma, dice Lucrecio[294] y señala Atanasijević[295], se mantiene un vínculo de limitación mutua que, si se atiende a la salvedad de que el vacío consiste en *extensum infinitum unicum unitariumque*, podría calificarse como de función biyectiva, dado que, donde hay átomos no hay vacío, y donde hay vacío, no hay átomos, esto es, que lo vacío, al menos entre los atomistas antiguos y según la lectura de Lucrecio, equivale o significa "ausencia de átomos"[296], que son, por su parte, cuerpos constitutivos. De hecho, el propio Simplicio menciona esta característica del vacío en relación con el filósofo de Samos cuando anota que es "ἄνευ σώματος μένον [lo que permanece sin cuerpo]"[297] Por otra parte, es fuerza indicar, con Epicuro, que el vacío es, además, lo único que puede ser concebido, imaginado pensado por sí solo como incorpóreo[298], pues, como escribe Bollack, "pensée radicalement, l'absence de corps ne laisse subsister que la solitude absolue du vide"[299].

Debe señalarse, igualmente, que a causa de su naturaleza asomática el (espacio) vacío se muestra, como se ha indicado, incapaz de ofrecer resistencia y más concretamente, como propugna Epicuro, sostén, apoyo o asiento (ὑπέρεισιν) a los átomos. Tiene en su infinitud extensiva o dimensional, asímismo, una función separativa, discreta, aislante, definitoria o delimitativa de la individualidad de cada uno de los átomos[300], mientras, por contraste, también evidencia su naturaleza oculta, su existencia en las cosas, por cuanto el vacío interviene, de igual manera, en la existencia de los cuerpos compuestos, junto a los átomos; de hecho esa vacuidad,

---

291 LUCRECIO, *La naturaleza*, I, vv. 335–339, en SOCAS, *op. cit.*, p. 138.

292 *cf.* BRIEGER, Adolf, "Epikurs Lehre", *op. cit.*, pp. 510–540, especialmente, pp. 516–517.

293 LUCRECIO, *La naturaleza*, I, v. 347, en SOCAS, *op. cit.*, p 138.

294 *cf.* LVCRETIVS, BAILEY, I, vv. 506–510: "*nam quacumque uacat spatium, quod inane uocamus, / corpus ea non est; qua porro cumque tenet se / corpus, ea uacuum nequaquam constat inane.* ["Porque dondequiera que se abre el espacio que llamamos 'vacío', allí no hay cuerpo; y a su vez dondequiera que el cuerpo se encuentra, allí en modo alguno reside la oquedad del vacío", en SOCAS, *op. cit.*, p. 144]".

295 *cf.* ATANASIJEVIĆ Ksenija [ATANASSIÉVITCH, Xénia], *op. cit.*, pp. 18–19;

296 *cf.* CHALMERS, *op. cit.*, pp. 24 y 44.

297 SIMPLICIVS, DIELS, Hermann (ed.), *In Aristotelis physicorum libros commentaria*, V, 213a 10, *op. cit.*, vol. 9, p. 601, ll. 21–22.

298 *cf.* EPICVRVS, *Epistula ad Herodotum*, 67, en ARRIGHETTI, *op. cit.*, p. 61.

299 BOLLACK, Jean, *op. cit.*, p. 26.

300 EPICURO, *Carta a Heródoto*, 44, en VARA, *op. cit.*, p. 53.

que afecta primeramente a los agregados materiales, permite su vibración; a este respecto conviene tener presente que los átomos, dotados de movilidad intrínseca continua, están integrados, en su seno, por *minimae partes*[301] o ἐλάχιστα[302], las cuales son conceptualmente distinguibles pero materialmente indivisibles, mientras que en los compuestos hallamos, efectivamente, intervalos interatómicos[303].

El vacío epicúreo, pese a sus insuficiencias conceptuales y a la escasez de base material transmitida para su defensa, debe concebirse como espacio en tanto que está desocupado. El espacio sería, pues, el *extensum informe infinitumque*, homogéneo, caracterizado por la infinitud y por hacer posible el movimiento atómico continuo.

El filósofo de Samos se encuentra en franca discordancia con Aristóteles respecto al vacío, tal como señala Solmsen[304], y por ello en su modelo no se aplicarían algunas nociones físicas de éste. Entre ellas, es preciso citar la de lugar como "el límite del cuerpo continente en virtud del cual está en contacto"[305]; la de vacío como lugar privado de cuerpo[306] ni, finalmente, la de movimiento y centralidad[307]. En la sinonimia que Epicuro usa, el espacio pleno *per se* no existe por cuanto los átomos, en su simplicidad, o los compuestos, como suma de átomo y vacuidad, no alcanzan límite alguno que permita incluso concebir la noción de colmo o culminación, que implica frontera, valladar, cierre y linde; el espacio es, por sí, no pleno e infinitamente extenso; con él, a través de él, penetrable e intangible, se mueven los *plena* atómicos y los compuestos. Aplicando la argumentación epicúrea, la noción de "cabida" queda superada por la de espacio vacío, desocupado y que puede, en un tiempo futuro o potencialmente, ser ocupado sin ser colmado; la superación se vincula al hecho de que el espacio vacío carece de límites, centro o, si se prefiere, dimensiones; igualmente, el movimiento está causado, según Epicuro, por el peso o gravedad y consiste, propiamente, o bien en un rebote impetuoso externo o bien en una desviación autógena, de manera que se rehúye el problema de la uniformidad del vacío, así como de su ausencia de centro. El vacío epicúreo, importa subrayarlo, no es desplazado por cuerpos, pues ni actúa ni padece, ni perece o desaparece en la nada, pues, con los átomos, sustrato plural

---

301 LUCRECIO, *La naturaleza*, I, v. 599 y ss., II, v. 481 y ss., en SOCAS, *op. cit.*, pp. 147–148 y 196.

302 *cf.* EPICURO, *Carta a Heródoto*, 59, en VARA, *op. cit.*, pp. 60–61.

303 *cf.* BALAUDÉ, *Vocabulaire*, *op. cit.*, p. 64, *s. u.* "vide".

304 *cf.* SOLMSEN, Friedrich, "Epicurus on void, matter and genesis: some historical observations", en *Phronesis*, nº 22, vol. 1, enero, 1977, pp. 263–281.

305 ARISTÓTELES, *Física*, IV, 212a 6-6a, en CALVO, José Luis, *op. cit.*, p. 101.

306 ARISTÓTELES, *Física*, IV, 214a 17–21, CALVO, José Luis, *op. cit.*, p. 108: "el vacío, si existe, tiene que ser necesariamente un lugar privado de cuerpo – y ya ha quedado dicho en qué sentido existe el lugar y en qué sentido no – resulta evidente que el vacío no existe ni inseparable ni separado, pues lo que se pretende decir no es que el vacío sea cuerpo, sino un intervalo entre cuerpos".

307 ARISTÓTELES, *Física*, IV, 215a 1–11, CALVO, José Luis, *op. cit.*, p. 111: "Y es que, en tanto que vacío, carece de diferencias".

pleno, constituye, con sus múltiples agregaciones o desagregaciones, el todo, éste sí, carente de alternativa, primero y último[308].

Respecto al concepto de vacío y a su sinonimia es fuerza, por último, aventurar, con cita de Sexto Empírico y gracias a la reflexión de David Sedley[309], que existe en Epicuro una especialización terminológica en función del aspecto del concepto "vacío" que desee resaltarse, ya sea tenga éste el sentido de espacio o el de lugar[310].

Es preciso subrayar, empero, con García Rúa, esa progresión de totalidad genérica, vacío absoluto, espacio y lugar, que ilustra, a su vez, una imbricación cada vez mayor con el principio de lo pleno. La totalidad universal está configurada por κενόν y átomos que son principios correlativos en sentido estricto. Así, lo vacuo como naturaleza intangible vale tanto por vacío absoluto, como por espacio alternativamente ocupado o desocupado cuanto por lugar, aunque esta última distinción no afecta al vacío en sí mismo sino a la correlación con su coprincipio, los átomos.

1.5. Movimiento y tiempo[311]

En apartados anteriores hemos aludido tangencialmente a la importante cuestión física del movimiento atómico (κίνησιν, de κινέομαι) y ahora debemos estudiarlo en Epicuro. Para su recta estimación, es apropiado, empero, considerar los antecedentes atomistas.

Conviene señalar, sobre esta cuestión, que es considerado un hecho básico, de constatable evidencia, axiomático. En este sentido, la tradición atomista parte de él y soslaya una fundamentación causal que incurra en un *regressus ad infinitum*[312], puesto que viene confirmado por la sensopercepción.

Los atomistas sostienen que en el vacío ocurre el movimiento de los átomos, los cuales colisionan, repercuten o chocan mutuamente, también rebotan, se entrelazan y forman figuras diversas, esto es, compuestos, que son debidos, como se

---

308 *cf.* INWOOD, Brad, "The origin of epicurus' concept of void", en *Classical Philology*, nº 76, 1981, pp. 273–85.

309 *cf.* SEDLEY, David, "Two conceptions of vacuum", en *Phronesis*, nº 27, vol. 1, 1982, pp. 175–93.

310 SEXTO EMPÍRICO, *Contra los físicos II = Contra los dogmáticos IV = Adversus mathematicos* X, 1–3, en MARTOS MONTIEL, Juan Francisco, (trad., ed.), *Contra los dogmáticos*, Madrid, Gredos, 2012, p. 532.

311 No contribuye a fundamentar mejor nuestras tesis la doctrina del mínimo intratómico, más lógico que físico y por eso omitimos aquí su tratamiento especifico y sólo lo mencionamos *en passant*; *cf.* VERDE, Francesco, *Elachista: la dottrina dei minimi nell'epicureismo: with English summary*, Leuven, Leuven University Press, 2013; *cf.* también MAU, Jürgen, *Zum Problem des Infinitesimalen bei den antiken Atomisten*. Berlin: Akademie-Verlag, 1954.

312 *cf.* SAMBURSKY, *op. cit.*, p. 138: "un profundo instinto científico el que libró a los fundadores de la escuela atomista de ese laberinto del pensamiento en que Aristóteles se vio atrapado. No empezaron planteando el problema de la causa del movimiento, sino que aceptaron como un hecho dado al igual que hicieron con los átomos".

ha indicado, al entrelazamiento, entretejimiento (συμπλοκή[313]). Esta combinación atómica también se llama ἐπαλλαγή[314], la cual Aristóteles y su comentador Simplicio llaman ἐπάλλαξις[315] (considerado éste último un *terminus technicus* atomista). Este fenómeno puede tomarse, entonces, como una concatenación, imbricación o adosamiento debidos a la congruencia complementaria formal de unos átomos con otros. Esta capacidad de mutuo encaje en razón de las respectivas formas propias no provoca, sin embargo, una fusión, sino agregación.

Otro rasgo esencial del movimiento atomista radica en su eternidad, si bien Aristóteles reprocha a Leucipo y Demócrito que "no dicen cómo esto se produce, ni explican la causa de que sea así y no de otra manera"[316] y "tendrían que haber dicho de qué movimiento se trata y cuál es en ellos el movimiento natural"[317].

Por otra parte, destacamos, sobre el mismo asunto, que se trata de una moción azarosa, impetuosa, espontánea y desordenada, la cual conlleva procesos de agregación hasta lo invisible o imperceptible, así como procesos de disgregación análogos e iterativos. De esta manera, los átomos primero se yuxtaponen, apiñan o arremolinan para luego dispersarse a causa de una fuerza mayor, dado que los conglomerados, con excepción de los dioses, son inestables.

Al desplazarse los átomos numéricamente infinitos en un vacío extensivamente infinito, carece igualmente de sentido la pregunta por la dirección de su movimiento local en unos ejes de coordenadas cerrados y fijos, ya que, en verdad, "no hay ni alto ni bajo ni centro ni extremos"[318], esto es, constricción física o espacial alguna, si bien describen una trayectoria cadente en virtud de su peso. Por ende, es justo afirmar que los átomos yerran o vagan libremente en medio del vacío gracias a su movilidad intrínseca, y mecánica, la cual, ligada a la vibración [παλμός][319], conservan incluso hallándose integrados en un conglomerado, tal como señala Sambursky:

> "los átomos entrelazados para formar los compuestos (...) conservan su movimiento perpetuo; cada uno continúa moviéndose en el estrecho espacio limitado por sus vecinos y está sujeto a colisiones muy frecuentes que son semejantes a vibraciones rápidas dentro de sus cercados [;] (...) el entrelazado atómico no los transforma en una unidad física puesto que tras combinarse entre sí cada cual conserva su carácter

313 LEUCIPO, DK 67 A 15, 5, en DIELS, Hermann, KRANZ, Walther, *Die Fragmente der Vorsokratiker. Zweiter Band*, Berlin, Wiedmann, 1959, p. 75.
314 DEMÓCRITO, DK 68 A 37, 15, en DIELS, KRANZ, *Zweiter*, *op. cit.*, p. 93.
315 SIMPLICIO, *De caelo comm.* 609, 25, en PORATTI, *op. cit.*, p. 220, frag. 384.
316 LEUCIPO Y DEMÓCRITO, frag. 385 (DK 67 A 18), Aristóteles, *Metafísica*, XII, 6, 1071b, en PORATTI, *op. cit.*, p. 221.
317 LEUCIPO Y DEMÓCRITO, frag. 386 (DK 67 A 16), Aristóteles, *Del cielo*, III, 2, 300b, en PORATTI, *op. cit.*, p. 221.
318 LEUCIPO Y DEMÓCRITO, frag. 394 (DK 68 A 56), en PORATTI, *op. cit.*, p. 224.
319 DEMÓCRITO, DK 68 A 47 (Aecio, I, 23, 3), en DIELS, KRANZ, *Zweiter*, *op. cit.*, p. 96.

individual, como sus movimientos – que bajo esas circunstancias adoptan la forma de vibraciones – lo muestran"[320].

Creemos necesario repetir que ni Leucipo ni Demócrito atribuyeron peso a los átomos, de modo que tal rasgo impeliese a éstos a desplazarse por el espacio vacío, el cual, en razón de su naturaleza, no les imponía resistencia alguna. Es Epicuro, asimilado *a posteriori* con los atomistas precedentes, quien agrega la pesantez, proporcional al tamaño atómico, contrariamente a lo que sucede con los conglomerados, que pueden comportarse a la invesa. Según Epicuro, el peso es la característica que causa el desplazamiento de cada átomo y de los demás, en una relación de mayor o menor livianidad, en vista de que los pesados muestran una tendencia cadente[321]. Con todo, tanto los antiguos como los estudiosos actuales propugnan que el peso no constituye el factor clave en el desplazamiento atómico, siendo causa pero no el movimiento mismo que Demócrito identificó con la fuerza impulsiva, desordenada e irregular, intrínseca y consubstancial a cada átomo[322] (el cual como elemento material goza de dicha fuerza eternamente). Demócrito entiende que gracias a esa fuerza se hallan los átomos en estado de disputa o disensión semejante a la στασις o discordia civil de la antigua Grecia[323], mientras Epicuro implica en el movimiento tanto al peso, descrito más arriba, como a la desviación atómica o clinamen.

Así mismo, Demócrito sostiene que todo sucede "por necesidad"[324], siendo ἀνάγκη[325] una especie de coerción o coacción, o sea, fuerza opresiva que obliga, en este caso, a que todo aquello que pertenece a la φύσις se comporte, *ab aeterno et usque in aeternum*, tal como lo hace. Otro elemento fundamental afecta, en la teoría atomista, al azar, τύχη, derivado del verbo τυγχάνω, lo que lo toca, resulta o alcanza a uno casualmente. Así, pues, la noción de azar puede invitar a pensar en desorden, falta de fundamento o de sistematicidad, libérrimos en sentido peyorativo. Sin embargo, la contradicción aparente entre necesidad y azar se resuelve en una identificación, tal como observa Cicerón: "[t]odas las cosas derivan del azar, si bien el azar les asigna una plena necesidad"[326]; de este modo, si el azar se considera aquello

320 SAMBURSKY, *op. cit.*, pp. 138–139.

321 *cf.* LEUCIPO Y DEMÓCRITO, frag. 418 (DK 68 A 61) Simplicio, *Del cielo*, 569, 5, en PORATTI, *op. cit.*, p. 232: "Los partidarios de Demócrito y posteriormente Epicuro afirman que los átomos, que son, todos ellos, de idéntica naturaleza, poseen peso; en virtud de que algunos de ellos son más pesados que otros, los más livianos, al ser empujados hacia afuera por los más pesados, que se depositan, se desplazan hacia arriba. Y es ésta la razón, dicen ellos, por la cual unos átomos parecen (absolutamente) livianos y otros (absolutamente) pesados".

322 *cf.* LEUCIPO Y DEMÓCRITO, frag. 422 (DK 68 A 47), en PORATTI, *op. cit.*, p. 234.

323 *cf.* GUTHRIE, *Hª, II, op. cit.*, p. 409.

324 *cf.* LEUCIPO Y DEMÓCRITO, frag. 427 (DK 67 B 2), en PORATTI, *op. cit.*, p. 236.

325 *cf.* FRISK Hjalmar, *Griechisches Etymologisches Wörterbuch*, Carl Winter, Heidelberg, 1954–1972, *s. u.* ἀνάγκη.

326 LEUCIPO Y DEMÓCRITO, frag. 433 (DK 68 A 66), Cicerón, *Sobre el destino*, 17, 39, en *op. cit.*, p. 237.

más sabio y se identifica con la necesidad, siendo aceptable incluso la fórmula "azar necesario" [ἀναγκαῖα τύχη][327] entre los griegos, entonces no resulta ocioso pensar ambos como piedra angular de su sistema[328] en forma de ley natural o concatenación eterna de las causas ante los infinitos átomos y el infinito vacío eternos, relacionados con precisión y de manera mecánica[329]. Matizándolas restringiendo la carga significativa de "principio", es posible aceptar las palabras de Mondolfo sobre el particular, que cifra en "principio unificador de esa inmensa y siempre cambiante variedad de combinaciones y dispersiones de los infinitos átomos en el espacio infinito, solo lo da la ley universal, eterna, de la necesidad causal"[330]. El óbice, que luego tendrá presente Epicuro, a toda esta teoría radica en la tensión existente entre la libertad o el libre albedrío y el determinismo.

Tras estudiar la moción en Leucipo y Demócrito, es ya oportuno abordar el movimiento epicúreo.

Los átomos se mueven constantemente y siempre, siendo siempre, desde y hasta la eternidad[331], cosa en la que concuerda el filósofo de Samos con los atomistas; de hecho, el movimiento "lo inunda todo, todo lo atraviesa"[332]; al ser el movimiento su condición natural no necesitan un móvil externo[333]; por sí mismos bien se alejan de los otros en el vacío infinito irresistente, bien retienen su propio impulso oscilatorio (παλμὸν, también vibración, agitación) y ora declinan[334] en entramados de átomos (περιπλοκὴ)[335], ora recubiertos por entrelazamientos de átomos (πλεκτικῶν). Existe, pues, un movimiento regular y creciente, ligado a la penetrabilidad de lo vacuo, y otro derivado y desviado, fruto de los choques.

No cabe aquí buscar fundamentaciones alternativas ni distinciones aristotélicas entre movimiento natural y movimiento violento, sino que entran en juego exclusivamente el espacio como *medium* y la dureza o solidez (στερεότης), característica de los átomos, que provoca rebotes (ἀποπαλμὸν) contra los conglomerados atómicos (συγκρίσεις), lo cuales conservan la vibración o movilidad propia de sus formantes. Como señala Epicuro: "no hay principio de esta serie de procesos, siendo sus

327 *cf.* GUTHRIE, *Hª, II, op. cit.*, p. 422, n 87.
328 *cf.* BAILEY, Cyril, *The Greek atomists and Epicurus*, Oxford, Clarendon Press, 1928, p. 122: "But for Democritus himself these inherent difficulties never defined themselves 'necessity', conceived as 'natural law', was to be the foundation-stone of his system, consistently recognized throughout his exposition of the physical world".
329 *cf.* PORATTI, *op. cit.*, pp. 239–240, n. 118.
330 MONDOLFO, *Infinito*, p. 94.
331 *cf.* EPICURO, *Carta a Heródoto*, 43, en VARA, *op. cit.*, p. 53.
332 GARCÍA RÚA, *op. cit.*, p. 120.
333 *cf.* SOLMSEN, "Epicurus on void", *op. cit.*, pp. 263–281, especialmente 272.
334 Aquí se sigue a BOLLACK, Jean, *op. cit.*, p. 182 (7) [κεκλίμεναι], en detrimento de Arrighetti [κεκλέιμειναι].
335 GARCÍA RÚA, *op. cit.*, p. 15. García Rúa define la como "conjunto de átomos enlazados periféricamente o parte externa de un conglomerado".

causantes los átomos y el vacío"[336]. Ellos son el principio, lo primero, y ahí debe detenerse toda investigación.

Por otra parte, los átomos caen a la misma velocidad, son equiveloces o de rapidez idéntica (ἰσοταχῶς, ἰσοταχεῖς) cuando se mueven en el vacío sin colisión u oposición alguna (contragolpe, obstáculo, μηθενὸς ἀντικόπτοντος)[337], con independencia de su tamaño o su peso. Aquí resulta harto pertinente considerar, aunque el universo epicúreo sea acéntrico, la noción física de "caída libre ideal", que ya ha sido mencionada en el capítulo dedicado al vacío. Esta vez la noción tiene el fin de justificar la uniformidad e identidad de velocidades, en un universo isomórfico, si bien en la teoría física moderna, más aristotélica al respecto, sí se halla el concepto de gravedad como tendencia a un centro.

Precisamente, lo que interesa a Epicuro, en contra de Aristóteles, estriba en afirmar esa identidad de velocidad entre átomos de diverso peso en un medio vacuo, sin resistencia, lo que además tiene por corolario que el movimiento debe ser de una rapidez infinita, una velocidad máxima y uniforme[338], que Epicuro estima como "la misma velocidad que el pensamiento"[339] o, en otro lugar, aquella que "cubre en un tiempo inconcebible toda distancia susceptible de ser abarcada por la mente"[340], en referencia a las imágenes; de esta manera, el filósofo de Samos pone de manifiesto la ausencia total de resistencia por parte del vacío con respecto a los átomos, cosa que les otorga, indirectamente, una velocidad casi infinita, de tal manera que concuerda, sólo en parte, con la tesis aristotélica implícitamente refutada de que "si un objeto se mueve a través del cuerpo más sutil a lo largo de una longitud dada en un tiempo dado, a través del vacío excederá toda proporción"[341].

En su sistema y sólo respecto a los átomos, tal velocidad significa desplazamiento de una posición mínima hasta la siguiente en una fracción mínima de tiempo (τὸν ἐλάχιστον συνεχῆ χρόνον)[342], y liga además con la teoría de que las magnitudes perceptibles están integradas por un número entero de mínimos perceptibles y de que ocurre análogamente con las magnitudes no perceptibles pero sí pensables, formadas

336 EPICURO, *Carta a Heródoto*, 44, en VARA, *op. cit.*, p. 53.

337 *cf.* EPICURO, *Carta a Heródoto*, 43 y 61, en VARA, *op. cit.*, pp. 53 y 61.

338 *cf.* O'BRIEN, Denis, *Theories of weight in the ancient world: four essays on Democritus, Plato, and Aristotle: a study in the development of ideas*, Paris / Leiden, Les Belles Lettres / Brill, 1984, p. 191.

339 EPICURO, *Carta a Heródoto*, 61, en VARA, *op. cit.*, 62.

340 EPICURO, *Carta a Heródoto*, 46, en VARA, *op. cit.*, p. 54.

341 ARISTÓTELES, *Física*, IV, c. 8, 215b, 19–22, en CALVO, José Luis, *op. cit.*, p. 113. Obviamente, no comparte Epicuro la tesis de que "[d]e la misma manera, el vacío no puede guardar ninguna proporción con lo pleno, luego tampoco puede el movimiento (...)", contexto en el que se insertan las palabras de Aristóteles presentes en el cuerpo del texto.

342 *cf.* SORABJI, Richard, *Matter, motion and space. Theories in Antiquity and their Sequel*, Ithaca, N.Y., Cornell University Press, 1988, "Motion in a vacuum", p. 146.

por mínimos concebibles o pensables, en analogía con lo visible. Ello conduce hasta los *minima* matemáticos, cuya problematicidad estriba en que, como indica Pyle:

> "there will be spatial minima of size *q*, the smallest possible size, that of a single minimal part of an atom. But then, by Aristotle's arguments, there must also be minima of time and motion. Given a time-minimum *t* and a space-minimum *q*, it will follow that no body can move at a velocity other than $v = q/t$ (or zero). A velocity less than q/t involves splitting the space-minimum; a speed in excess of q/t either divides the time-minima or involves the possibility of a body 'leaping' from one place to another without passing through the intermediate places, a possibility not seriously considered before the rise of quantum physics"[343].

La velocidad atómica, o mejor, el movimiento a esa velocidad, acontece en un conjunto de instantes indivisibles concebidos por la racionalidad, y es, perceptivamente, un *continuum*, análogo al material[344]. Justamente este movimiento que García Rúa llama "cinematográfico"[345] (discontinuo o a salto) conecta con las aporías de Zenón[346] y con la exposición de Sexto Empírico sobre el particular[347].

En este contexto puede ser de utilidad considerar la analogía con la visión epicúrea entre magnitud indivisible (tiempo / espacio) y *continuum* que manifiesta el efecto que produce la luz estroboscópica de Simon von Stampfer sobre el agua cadente, la cual, aun pareciendo un continuo, está constituida por elementos discontinuos:

---

343 PYLE, *op. cit.*, p. 73.

344 *cf.* PYLE, *op. cit.*, p. 31: "The existence of a least perceivable magnitude is uncontroversial. Let this 'minimum perceivable' have the value of q*. Every perceptible magnitude, Epicurus continues, must consist of an integral number of such *minima* - a magnitude 3q* /2 would be *perceived as* q*. It could only be perceived as greater than q* if, *per impossibile,* q*/2 were itself perceptible. All perceived magnitudes consist therefore of integral multiples of q*. Now these minima do combine to form a continuum, the perceptual continuum. But what is actual is possible. Therefore (*pace* Aristotle) *minima* can associate to form an extended magnitude".

345 GARCÍA RÚA, *op. cit.*, p. 117.

346 *cf.* KIRK, RAVEN, *op. cit.*, Zenón, pp. 385–395.

347 SEXTO EMPÍRICO, *Contra los físicos II = Contra los dogmáticos IV = Adversus mathematicos* X, 119–120, en MARTOS MONTIEL, *op. cit.*, pp. 567–568.

348

Tal velocidad de los átomos es idéntica o igual para todos, uniforme y máxima, pues en el nivel microscópico existe sólo esa, concretamente en caída, siempre en la misma dirección, y a condición de que no exista concurrencia o choque con otros átomos; en cambio, en los conglomerados, el movimiento es más lento en comparación con los átomos, y además varía en función de cada conglomerado, habiéndolos más rápidos o menos, según indica el filósofo samio:

> "en los compuestos unos átomos son más rápidos que otros, aun cuando posean la misma velocidad. Por esta causa, los átomos que constituyen los cuerpos compuestos se mueven en un solo sentido en el más breve tiempo seguido, aun cuando en el tiempo concebible sólo por la razón no se muevan en un sólo sentido, sino que entrechocan frecuentemente, hasta que la continuidad de su movimiento se hace perceptible por la sensibilidad"[349].

A mayor abundamiento en relación con la velocidad atómica epicúrea procede indicar que Epicuro propone su igualdad y máximo para refutar el argumento aristotélico sobre la potencialmente infinita divisibilidad de las magnitudes espacio y tiempo[350]:

---

348 Flujo de agua, disponible en la página en https://pxhere.com/en/photo/1125964, consultada el día 07 de mayo de 2019.

349 EPICURO, *Carta a Heródoto*, 62. Nos apartamos aquí de VARA para seguir PIQUÉ ANGORDANS, *op. cit.*, pp. 90–91.

350 *cf.* FURLEY, David, "Aristotle and the atomist on motion in a void", en *Cosmic Problems: Essays on Greek and Roman Philosophy of Nature*, Cambridge (NY), Cambridge University Press, 1989, pp. 77–102, concretamente pp. 83–84.

> "Puesto que toda magnitud es divisible en magnitudes (pues ha quedado demostrada la imposibilidad de que algo continuo conste de indivisibles y toda magnitud es continua), necesariamente un objeto más rápido se moverá (a) un mayor espacio en el mismo tiempo; (b) un espacio igual en menor tiempo, y (c) un mayor espacio en menor tiempo -tal como definen algunos "más rápido"[351].

Así mismo, una cuestión que debe ser ahora apenas mencionada nuevamente se refiere al vínculo entre peso y movimiento, con el objeto de precisar que, para Epicuro, no hay movimiento básico, sea rectilíneo o circular, sino que se da por la caída pero también por errares e impulsos autónomos[352]. El problema radica, entonces, en que no existe un movimiento único ni normal, ya que, además de la caída pesante, existe el rebote debido a la desviación inherente al átomo. No obstante, puede afirmarse que el universo está dotado de una dirección privilegiada objetivamente, la vertical, ya que ésta y no la horizontal es la dirección en la que corren los átomos, en líneas paralelas[353], de tal forma que el espacio (vacío), aunque esté isomórficamente privado de confines, no es isotrópico, sino anisotrópico, lo que repercute en las propiedades de los cuerpos simples o conglomerados.

En relación con lo inmediatamente señalado cabe traer a colación la noción de arriba (ἄνω) y abajo (κάτω) en Epicuro, unida a la imagen de la Tierra, plana. En lo que concierne al primer punto puede subrayarse aquí por primera vez[354] que el universo carece de un *arriba* y un *abajo* en términos absolutos (lo más alto / lo más bajo) sino como relativos, pues de otro modo se contravendría el axioma de que el infinito está falto de límite o linde[355].

El arriba y el abajo no existen, evidentemente, en el universo a causa de la infinitud de éste, aunque sí pueden establecerse en sentido intramundial. En todo caso, ambos son relativos a un punto o al observador ("desde nuestra cabeza", como señala Epicuro), por cuanto la prolongación o proyección de una línea hacia lo inferior o superior resultará necesariamente infinita y, por ende, inimaginable. *Arriba* y *abajo* significarán mejor "hacia arriba" y "hacia abajo" o, si se prefiere, "encima (de)" y "debajo (de)", que podrían asimilarse a vectores o, en este caso, cantidades de fuerza, puntos indicativos de una orientación, de un sentido, justificados por la observación independientemente de la situación del observador; *arriba* y *abajo* son, en un

---

351 ARISTÓTELES, *Física*, VI, c. 2, 232a 23–27, en CALVO, José Luis, *op. cit.*, p. 169.

352 *cf.* FURLEY, David, "The Greek theory", *op. cit.*, p. 9: "they could hold that there is *no* basic form of motion at all, and try to show how both circular motion and rectilinear motion due to weight might develop from the random wanderings or jostlings of atoms".

353 JAMMER, Max, *Concepts of Space: The History of Theories of Space in Physics*, Cambridge, Harvard University Press, 1954, p. 11.

354 Se ha preferido tratar esta cuestión al abordar el movimiento y no antes.

355 *cf.* EPICURO, *Carta a Heródoto*, 60, en VARA, *op. cit.*, p. 61.

universo sin centro ni periferia, direcciones ostensivas de movimiento[356], opuestas hasta el infinito, pero no la altura ni la bajura totales, extrasistémicas.

Con esta propuesta, Epicuro refuta implícitamente la tesis aristotélica, según la cual el movimiento local, desplazamiento o traslación es un cambio de lugar desde o hacia un contrario, esto es, entre dos contrarios o extremidades opuestas, en sentido absoluto o relativo[357]. Su refutación consiste, primero, en prescindir de la noción de lugar; segundo, en ofrecer, una alternativa a esa carencia que sea consistente y no azarosa[358].

Como se acaba de apuntar, las nociones de *arriba* y *abajo* están ligadas a la tendencia cadente y, según algunos estudiosos[359], a la de una Tierra plana[360]. Esa planicie, a la que alude indirectamente Lucrecio[361], constituye la horizontal observacional implícita hacia la que, en perpendicularidad perfecta, ocurre la caída paralela de los

---

356 *cf.* PYLE, *op. cit.*, pp. 70–72. El filósofo pone de manifiesto los problemas inherentes a esta interpretación.

357 *cf.* ARISTÓTELES, *Física*, V, c.2, 226a– 226b, en CALVO, José Luis, (ed., trad.), *op. cit.*, p. 148: "El movimiento con respecto al lugar carece de nombre, tanto en común como en particular, pero llamémoslo traslación en común -aunque en sentido propio, desde luego, se dice que 'se trasladan' solamente estas cosas: cuando la posibilidad de detenerse no reside en las mismas cosas que cambian de lugar, y también cuantos objetos no se mueven de lugar a sí mismos".

358 *cf.* FURLEY, David, "Aristotle and the atomist on motion in a void", en *op. cit.*, pp. 77–102, concretamente p. 89.

359 FURLEY, David, "Cosmology", 'II: the Epicureans', en ALGRA, Keimpe, *et al.*, (ed.), *The Cambridge History of Hellenistic Philosophy*, Cambridge, Cambridge University Press, 2008, pp. 418–451, especialmente p. 421; TAUB, Lisa, "Cosmology and meteorology", en WARREN, James, (ed.), *The Cambridge Companion to Epicureanism*, Cambridge, Cambridge University Press, 2009, pp. 104–125, concretamente, pp. 113–115.

360 *cf.* SORABJI, *Matter*, *op. cit.*, p. 143.

361 LUCRECIO, *La naturaleza*, I, 1085 y ss.; II, v. 185 y ss., respectivamente, en SOCAS, *op. cit.*, pp. 167 y 184: "procura en gran manera no dar crédito a eso que dicen que todas las cosas descansan sobre el centro del conjunto, y que por tanto el ser del mundo se sostiene sin ningún empuje externo y hacia ningún lado pueden separarse ni las partes altas ni las bajas, ya que todas ellas se apoyan en el centro (si crees que algo puede estribar sin más sobre sí mismo), y que las masas que hay de la tierra abajo empujan todas hacia arriba y al revés descansan puestas sobre tierra, como las imágenes que ahora vemos reflejadas en las aguas; y por razonamiento semejante defienden que allí los animales vagabundean panza arriba sin que acaso desde tierra caigan atrás hacia las bajuras del cielo, ni más ni menos que si pudieran nuestros cuerpos a capricho volar hasta la bóveda celeste; que cuando ellos están viendo el sol, nosotros divisamos los astros de la noche, y comparten con nosotros en alternancia los tiempos celestes y se las entienden con noches emparejadas con días"; "ninguna cosa corpórea puede por sus propias fuerzas moverse hacia arriba, pasar hacia arriba".

átomos, pues de otro modo se derivarían consecuencias nefastas para la teoría[362]. Para atestiguar la defensa epicúrea de la llanura terráquea, cabe citar sus siguientes afirmaciones: "[u]n mundo es un globo rodeado por el cielo, que engloba en sí a las estrellas, a la tierra y a todos los cuerpos visibles"[363], "también podría cumplirse el proceso antedicho por la aparición de estos cuerpos sobre la tierra y posterior ocultación, pues tampoco ningún hecho de nuestra experiencia lo contradice"[364]. Según Furley, la noción de "Tierra plana" era un tópico del siglo V a. C. pero, más difícil de aceptar tras Aristóteles, había de servir al propósito de Epicuro, a saber, justificar su teoría del movimiento[365].

La tesis epicúrea sobre una tierra discoidal y plana parece compatible con la aparición y ocultación de los planetas, si bien en la tradición presocrática ya los pitagóricos postularon un universo esférico[366].

El estudio de κίνησις lleva, de suyo, a mencionar someramente el tratamiento epicúreo del tiempo. Según el filósofo de Samos: "el tiempo no se debe examinar como se examinan las demás realidades que existen en los objetos"[367], "es una contingencia que engloba a esas otras contingencias"[368], cosa que luego anotará Lucrecio:

> "Igualmente el tiempo no se da por sí mismo sino que justamente de las cosas se desprende la noción de qué es lo que ya en las edades pasó y qué cosa de otra parte es inminente, qué es lo que sigue luego"[369].

La concepción epicúrea postula, por lo tanto, una noción de tiempo relacional o relativa, no substancial, sino dependiente de otros procesos, concretamente del movimiento. Puede entonces sostenerse, con García Rúa[370], que el tiempo es un epifenómeno[371], esto es, fenómeno secundario o accidental, asociado a la conciencia perceptiva y derivado del movimiento; ello significa que su valor ontológico es secundario, con respecto al (espacio) vacío, menos relevante y por ello elucidable por

362 *cf.* FURLEY, David, "Aristotle and the atomist on motion in a void", *op. cit.*, pp. 77–102, concretamente p. 90.
363 EPICURO, *Carta a Pitocles*, 88, en VARA, p. 74.
364 *ibidem.*
365 *cf.* FURLEY, David, "Cosmology", 'II: the Epicureans', en ALGRA, *op. cit.*, pp. 418–451, especialmente; *cf.*, más ampliamente, FURLEY, David, "The Earth in Epicureanism and Contemporary Astronomy", en GIANNANTONI, Gabriele y GIGANTE, Marcello, *Epicureismo greco e romano: atti del congresso internazionale, Napoli, 19–26 maggio 1993*, vol. I, *Elenchos*, XXV (1), Napoli, Bibliopolis, 1996, pp. 119–25.
366 *cf.* PITÁGORAS, frag. 426 (DK 28 B 8) Simplicio, *Física*, 146, 15–17, en EGGERS LAN, JULIÀ, *op. cit.*, p. 280: "Pero puesto que hay un límite último, es completo en toda dirección, semejante a la masa de una esfera bien redonda, equidistante del centro en todas direcciones".
367 EPICURO, *Carta a Heródoto*, 72, en VARA, *op. cit.*, p. 66.
368 EPICURO, *Carta a Heródoto*, 73, en VARA, *op. cit.*, p. 67.
369 LUCRECIO, *La naturaleza*, I, vv. 459–461, en SOCAS, *op. cit.*, p. 142.
370 *cf.* GARCÍA RÚA, *op. cit.*, pp. 124–126.
371 *cf.* RITTER, *op. cit.*, vol. XI, pp. 140–146, *s. u.* "Epiphänomen", a cargo de W. NIEKE.

reflexión y no por demostración. Pese a su escasa relevancia en términos naturales, el tiempo tiene gran importancia desde el punto humano, como forma de ordenar la secuencia de acontecimientos.

Precisamente por su importancia como medida de un punto inicial y final que incumben biológicamente a todo ser vivo y, vivencial y capitalmente, a los seres humanos, el tratamiento del χρόνος interesa más a la búsqueda terapéutica y ética de la felicidad, desde la conciencia de que, en los versos de Lucrecio:

> "el tiempo (*aetas*) cambia la naturaleza del mundo entero y un estado a partir de otro debe acoger a las cosas todas, sin que ninguna siga siendo semejante a sí misma: todas se van, todas las intercambia naturaleza y las fuerza a mudar; porque es que una se pudre y desfallece debilitada por el tiempo, y otra más allá crece al instante y de los desperdicios se levanta. De esta manera, pues, el tiempo cambia la naturaleza del mundo entero y a partir de un estado otro acoge a la tierra"[372].

Ahora, para concluir este capítulo consagrado al movimiento atómico en general, y antes de analizar la παρέγκλισις o *clinamen*, resulta apropiado ilustrar, con una cita de García Rúa, qué aporías trata de superar Epicuro con sus planteamientos:

> "La misión de Epicuro [en relación con el movimiento] sería así la de escapar tanto de Demócrito como de Platón y Aristóteles, al mismo tiempo que aprende de sus excesos y errores: se trataría para él de evitar un doble sometimiento, el sometimiento a necesidad ciega de la materia, y el sometimiento a la voluntad incontrolable de los dioses"[373].

1.6. Clinamen

A más del movimiento en general, es inexcusable estudiar ahora el movimiento atómico *sensu stricto*, esto es, aquel más característico y notable, que supera al peso y al rebote como concausas. Se trata, así, del apartamiento declinante[374] o dinámica

372 LUCRECIO, *La naturaleza de las cosas*, V, vv. 828–836, en SOCAS, *op. cit.*, p. 369.

373 *cf.* GARCÍA RÚA, *op. cit.*, pp. 113–114. Como dice García Rúa en el mismo lugar, la propuesta democrítea cifra todo en factores materiales y autosuficientes pero demasiado mecanicistas y azarosos para servir como fundamento indirecto de la antropología y la ética epicúreas; también le resultan insatisfactorias, continúa Rúa, las propuestas psico-intelectual-espiritualistas, de cariz teleológico y externalista, en cuya virtud había, en el caso de Platón, un constructor providente, un Demiurgo, gestor de una naturaleza modélica, inteligente y animada, o, en el caso de Aristóteles, un primer motor inmóvil, que era fuente de todo movimiento y causa final de todo proceso, lo que conlleva un exceso de sometimiento o dependencia.

374 Declinar debe tomarse en el sentido de inclinarse, de apartarse algo o alguien de su posición perpendicular a otra cosa o al horizonte, más concretamente hacia abajo o hacia un lado u otro; *cf.* REAL ACADEMIA ESPAÑOLA, *op. cit.*, 22ª edición, *s. uu.* "declinar", "inclinar".

oblicuidad espontánea del átomo[375], es decir, la desviación en un momento aleatorio y espacialmente infinitesimal de la trayectoria cadente en línea (recta).

Como tal, la declinación o clinamen[376] resulta una aportación fundamental, aunque aparentemente paradójica y contradictoria, de Epicuro para la física y la ética[377]. Como hemos apuntado, ésta se conoce en griego como παρέγκλισις y con el nombre latino más usual de *clinamen*, además de *declinatio, inclinatio*. Nos vemos obligados a señalar, desde ahora, que se trata de una cuestión harto complicada y debatida, sobre la que aquí recogemos cuanto más afortunado y exacto nos parece. En todo caso, no creemos que el clinamen sea una inconsistencia, un defecto o un elemento accesorio en la doctrina física y psicológica epicúrea, sino un punto de importancia central, que supone una reelaboración del legado atomista precedente[378], con afán de superación.

Cuestión epicúrea nuclear, el clinamen ha sido objeto de cierta rehabilitación por parte de algunos estudiosos vinculados o interesados por la física moderna, como Michel Serres, quien en 1977 ya comenzó a revalorizar científicamente la desviación epicúrea contra las críticas inveteradas precedentes:

> "Nadie ha visto jamás que un cuerpo grave caiga desplazándose repentinamente de su trayectoria. Así pues, no se trataría de ciencia. Por ello, el *clinamen* busca refugio en la subjetividad, pasa del mundo al alma, de la física a la metafísica, de la teoría de

---

375 *cf.* GARCÍA RÚA, *op. cit.*, p. 15; BALAUDÉ, *Vocabulaire, op. cit.*, pp. 24–27, *s. u.* "déclinasion".

376 Una visión de conjunto actualizadora en SCHMIDT, Ernst A., *Clinamen. Eine Studie zum dynamischen Atomismus der Antike, mit einem Beitrag von Hans Günter Dosch: Spontaneität in der Atomphysik des 20. Jahrhunderts*, Schriften der Philosophisch-historischen Klasse der Heidelberger Akademie der Wissenschaften, nº 42, Heidelberg, Winter Verlag, 2007.

377 *cf.* CHILTON, C. W., *Diogenes of Oenoanda: The Fragments*, London, Published for the University of Hull by Oxford University Press, 1971, p. 84: "There is no reference to the 'swerve' of the atoms in any extant writing of Epicurus, but it is clear from later references that it was a fundamental part of his physical theory. He introduced it partly to explain how this or any world ever arose (for otherwise his atoms, having weight, would have fallen for ever in the void without touching one another) but mainly to escape from Democritean 'necessity', and to permit free will in man".

378 SCHMIDT, *Clinamen, op. cit.*, p. 98: "Die παρέγκλισις-Lehre gehört von Anfang an in die epikureische Kinetik, sobald diese sich nämlich von Demokrit infolge der Lehre von Gewicht, senkrechter Bewegung nach unten und Isotachie der Atome fortentwickelt hatte. Als Schwundform der demokritischen vitalistischen Atombewegung im Systemzusammenhang nun einer Bewegung infolge Gewichts und im Zusammenhang der epikureischen minima-Lehre bewahrt sie einen Rest vorsokratischen Stoffverständnisses: Die Antriebs- und Stoßkraft demokritischer Atome und die Anziehungskraft gleichgestaltiger Ursprungskörper wird in ein Spontaneitätsprinzip transformiert".

los cuerpos inertes en caída libre a la teoría de los movimientos vitales libres. Sería el secreto último de la decisión de un sujeto, su inclinación"[379].

Sin embargo, el estuidoso francés propugna que el clinamen es un diferencial, es decir, la variación infinitesimal (infinitamente pequeña, en decrecimiento infinito hacia cero) de la posición del átomo tomando una posición inicial, que se produce, también, en un espacio temporal infinitamente pequeño, cosa que también llama, en términos newtonianos, fluxión y que, para cuanto nos afecta, conlleva la cuantificación del cambio en la trayectoria cadente del átomo y de su velocidad[380]. Por otra parte, podemos referirnos a la reflexión de Ilya Prigogine, el físico y químico, laureado con el premio Nobel, que se expresa en términos igualmente elogiosos al subrayar el valor de la desviación para explicar el problema de la inestabilidad en el flujo cadente y la generación de turbulencias originadoras de las cosas[381].

Por otra parte, queremos indicar que un término clave en la definición dada más arriba se nos ofrece en "espontánea", elegido intencionalmente para recordar que procede del latín *spons, spontis.* Este vocablo aparece casi exclusivamente en genitivo y ablativo singulares, con la significación de "impulso, estímulo, instinto, libre voluntad, albedrío"[382]; por su parte, Varrón lo considera étimo de *spondeo* (prometer, asumir un compromiso por propia voluntad, poniendo la propia palabra como garantía)[383].

---

379 SERRES, Michel, *El nacimiento de la física en el texto de Lucrecio: caudales y turbulencias,* Valencia, Pre-Textos, 1994, pp. 19–20.

380 *cf.* SERRES, *op. cit.*, pp. 25–44.

381 PRIGOGINE, Ilya, STENGERS, Isabelle, *Order Out of Chaos: Man's New Dialogue with Nature.* Toronto, Bantam Books, 1984, p. 141: "Sometimes, wrote Lucretius, at uncertain times and places, the eternal, universal fall of the atoms is disturbed by a very slight deviation- the 'clinamen'. The resulting vortex gives rise to the world, to all natural things. The clinamen, this spontaneous, unpredictable deviation, has often been criticized as one of the main weaknesses of Lucretian physics, as being something introduced ad hoc. In fact, the contrary is true – clinamen attempts to explain events such as laminar flow ceasing to be stable and spontaneously turning into turbulent flow. Today hydrodynamic experts test the stability of fluid flow by introducing a perturbation that expresses the effect of molecular disorder added to the average flow. We are not so far from the clinamen of Lucretius!"; *cf.* también pp. 302–303.

382 *cf.* WALDE, A. y HOFMANN, J. B., *Lateinisches Etymologisches Wörterbuch,* Heilderberg, Carl Winter, 1982, *s. u.* "*spons*".

383 VARRÓN, Marco Terencio, *De lingua. Latina,* VI, 69–72, en MARCOS CASQUERO, Manuel-Antonio (ed., trad.), ed. bilingüe, Barcelona / Madrid, Anthropos, Ministerio de Educación y Ciencia, 1990, pp. 188–191: "*Spondere* (prometer) es decir *spondeo* (yo prometo), y deriva de *sponte* (voluntariamente); en efecto, equivale a 'por propia voluntad' *(a voluntate).* Por eso Lucilio, refiriéndose a la cretense, escribe que cuando ella fue a acostarse con él por su libre albedrío *(sua voluntate),* se despojó por su propia voluntad (*sponte suapte)* de la túnica que portaba y del resto de la ropa. Idéntica voluntariedad pone de manifiesto Terencio cuando afirma que es mejor: 'Obrar con rectitud por convicción propia *[sua sponte]* más que por

Desde el punto de vista filosófico[384], lo espontáneo guarda relación con lo que nace de una voluntad libre, o de sí, lo no coercido u obligado, lo que depende de la iniciativa propia o de la *autoactividad* (*Eigentätigkeit*) o de la automotricidad (*Selbstbewegung*); se designa en griego con αὐτόματος desde Demócrito[385]; de ahí surge, después, la noción de *automata*, que recoge Du Change, como "*instrumenta mechanica, sponte moventia*"[386].

En síntesis, pues, el *clinamen*, como automotricidad intrínseca, liga muy significativamente con la libertad, la autodeterminación o autonomía, lo que es absoluto en el sentido de *absolutus*, suelto y absuelto, es decir, como independiente, libre de toda sujeción o limitación, cosa que conecta con lo autolegislado o autogobernado.

No resulta ocioso demorarse en estas observaciones liminares por cuanto ofrecen una clave interpretativa que, en Epicuro, va más allá de lo meramente físico y atinge a su proyecto filosófico todo, en especial a su ética, práctica y terapéutica, como se hará notar después.

Como se ha indicado más arriba, existe un movimiento de caída lineal, paralela y equiveloz, que semeja, dice Lucrecio, una lluvia de átomos, harto problemática para cualquier proceso agregativo o generativo *more Epicureo*[387]. El *clinamen* constituye, entonces, la piedra angular del sistema físico epicúreo al permitir, en virtud de una desviación angular, la agregación y, en consecuencia, la generación o creación cosmológica[388]. En efecto, lo visible se alza como un σημεῖον de esa cualidad atómica, un indicio de esa propiedad invisible, siempre que no exista para esa creencia

miedo a los demás'. De ese mismo *sponte* del que deriva *spondere* proceden *despondet* (promete), *respondet* (responde), *desponsor* (casamentero), *sponsa* (prometida); y así otras palabras de la misma familia. En efecto, promete (*spondet*) aquel que por propia voluntad *(a sua sponte)* dice 'prometo' (*spondeo*); el que ofrece garantías (*spopondit*) es el garante (*sponsor*)".

384 *cf.* RITTER, *op. cit.*, vol. IX, pp. 1424–1434, *s. u.* "Spontaneität", a cargo de T. S. HOFFMANN.

385 *cf.* [LEUCIPO Y] DEMÓCRITO, frag. 1019 (DK 68 B 182), en PORATTI, *op. cit.*, p. 407: "(...) brota automáticamente, sin esfuerzo alguno (...)".

386 DU CANGE, Charles du Fresne *et al.*, *Glossarium mediae et infimae latinitatis*, éd. augm., Niort, L. Favre, 1883–1887, t. 1, col. 494c., *s. u.* "automata".

387 LUCRECIO, *Sobre la naturaleza de las cosas*, II, vv. 221–224, en SOCAS, *op. cit.*, p. 185: "Y es que si no tuvieran por costumbre desviarse, todas las cosas hacia abajo como gotas de lluvia irían cayendo a través del hondo vacío, y no surgirían encuentros ni se producirían golpes entre los principios: de esta manera la naturaleza no produciría nada nunca".

388 *cf.* FOWLER, Don, *Lucretius on Atomic Motion: A Commentary on De Rerum Natura Book Two, Lines 1–332*, Oxford, Oxford University Press, 2002, p. 302: "If we imagine a situation in which no blows have yet taken place, then clearly Epicurus' theory would fail without the *clinamen* (...). It is possible that Epicurus did not raise the problem of a hypothetical state prior to any atoms having met, but it seems more likely that the doctrine of the *clinamen* was held from the beginning (...) I see no reason, therefore, to make the *clinamen* an invention of later Epicureans (...)

contraevidencia (οὐκ ἀντιμαρτύρησις) y sí, confirmación (ἐπιμαρτύρησις)[389], cuya definición epicúrea se halla en Sexto Empírico[390], según muestra Marcello Gigante[391].

Por desgracia, disponemos de pocos y poco explícitos testimonios de Epicuro al respecto y, en su defecto, se acude a Lucrecio y a Cicerón. En concreto, los pasajes de importancia que aquí se aducen son: el de Epicuro en traducción castellana de José Vara e italiana de Arrighetti, así como algunos de Lucrecio en la traducción de Francisco Socas, cuyos originales se incluyen o en nota al pie o entre corchetes, para añadir por último un pasaje de Cicerón:

> "otros retienen su propio impulso si coinciden estar inclinados (κεκλειμέναι) sobre el entramado de átomos (τῇ περιπλοκῇ) o recubiertos por los lazos de éstos"[392] [alcuni invece trattengono lí il loro rimbalzo quando siano compresi in un aggregato o impediti da altri atomi intrecciati]"[393];

...

> "cuando los cuerpos se arrastran por el vacío en derechura hacia abajo a causa de sus propios pesos, en un momento indeterminado por lo general y en un lugar indeterminado empujan un poco fuera de su sitio, lo suficiente para poder afirmar que su movimiento ha cambiado"[394];

...

---

[n]or do I think it likely that Epicurus had a different conception of the role of the *clinamen* from Lucretius".

389 DIÓGENES LAERCIO, *Vidas de los filósofos ilustres*, X, 34, en GARCÍA GUAL, *op. cit.*, p. 525: "La opinión la califican de suposición, y la consideran verdadera y falsa. Si es confirmada por otros testimonios y no resulta contradicha por ninguno, es verdadera.".

390 SEXTO EMPÍRICO, *Contra los lógicos I = Contra los dogmáticos I = Adversus mathematicos VII*, 212–213, en MARTOS MONTIEL, *op. cit.*, pp. 140–141. "la confirmación es una aprehensión, por medio de la evidencia, de que el objeto de la opinión es tal cual se opinaba; (...) Por su parte, la no contradicción es la coherencia entre lo aparente y lo que se supone o se opina del objeto no evidente".

391 *cf.* GIGANTE, Marcello, *Scetticismo e epicureismo: per l'avviamento di un discorso storiografico*, Napoli, Bibliopolis, 1981, pp. 137–148.

392 EPICURO, *Carta a Heródoto*, 43, en VARA, *op. cit.*, p. 53.

393 EPICVRVS, *Epistula ad Herodotum*, 43, en ARRIGHETTI, *op. cit.*, p. 40 (italiano) y p. 41: "αἱ δὲ αὐτοῦ τὸν παλμὸν ἴσχυσαι, ὅταν τύχωσι τῇ περιπλοκῇ κεκλειμέναι ἢ στεγαζόμεναι παρὰ τῶν πλεκτικῶν".

394 LUCRECIO, *La naturaleza*, II, vv. 216–221, en SOCAS, *op. cit.*, p. 185 [*corpora cum deorsum rectum per inane feruntur, / ponderibus propriis incerto tempore ferme / incertisque locis spatio depellere paulum, / tantum quod momen mutatum dicere possis*].

"es necesario que los cuerpos se vayan desviando cada vez un poco más, aunque no más que lo menos posible, no vaya a ser que parezca que imaginamos movimientos sesgados y la realidad indudable tal cosa refute"[395]];

...

"los primordios al desviarse ocasion[a]n algún inicio de movimiento que quebrant[a] las leyes del destino a fin de que una causa no siga a otra indefinidamente"[396];

...

"hay otra causa de movimiento, de la que deriva esa facultad innata en nosotros, ya que vemos que nada puede a partir de nada llegar a ser. Y es que el peso impide que todo llegue a ser mediante choque, mediante una fuerza exterior en cierto modo. No, sino que el que la mente, para hacer toda cosa, no contenga en sí una necesidad interna ni se vea por una suerte de atadura obligada a sobrellevar y padecer, eso lo consigue la pequeña desviación de los principios en dirección indeterminada y en momento indeterminado"[397];

...

"Epicuro, quien, al ver que si los átomos se desplazaban por su propio peso hacia el lugar que se halla situado más abajo no quedaría nada a nuestro albedrío – ya que su movimiento sería de carácter fijo y necesario –, halló el modo de escapar de tal necesidad (una solución que está claro se le había escapado a Demócrito): afirmó que el átomo, cuando se desplaza de arriba abajo, en línea recta, a causa de su peso y de su carácter grávido, se desvía un poquito"[398].

---

395 LUCRECIO, *La naturaleza,* II, vv. 243–245, en SOCAS, *op. cit.*, p. 186 [*(...) paulum inclinare necessest / corpora; nec plus quam minimum, ne fingere motus / obliquos videamur et id res vera refutet*].

396 LUCRECIO, *La naturaleza,* II, vv. 253–255, en SOCAS, *op. cit.*, p. 186–187 [*declinando faciunt primordia motus / principium quoddam quod fati foedera rumpat / ex infinito ne causam causa sequatur*].

397 LUCRECIO, *La naturaleza,* II, vv. 285–293, en SOCAS, *op. cit.*, p. 188 [*esse aliam praeter plagas et pondera causam / motibus, unde haec est nobis innata potestas, / de nihilo quoniam fieri nihil posse videmus. (...) Sed ne mens ipsa necessum / intestinum habeat cunctis in rebus agendis / et devicta quasi cogatur ferre patique, / id facit exiguum clinamen principiorum / nec regione loci certa nec tempore certo*].

398 CICERÓN, *Sobre la naturaleza de los dioses,* I, 25, 69, en ESCOBAR, Ángel, (ed., trad.), Gredos, Madrid, 1999, p. 122 [*Epicurus cum videret, si atomi ferrentur in locum inferiorem suopte pondere, nihil fore in nostra potestate, quod esset earum motus certus et necessarius, invenit quo modo necessitatem effugeret, quod videlicet Democritum fugerat: ait atomum, cum pondere et gravitate directo deorsus feratur, declinare paululum*].

Aducidas las fuentes, podemos indicar que el clinamen es, por una parte, una propiedad o tendencia interna del átomo[399], la cual se expresa en el tiempo y que propicia la creación de masas pluriamóticas; por implicar a los átomos, supera el determinismo intrínseco de lo que Kant llamará "reino de la naturaleza"[400] y lo convierte, por así decir, en la fundamentación física, no providente, del reino del libre albedrío, de forma que naturaleza, libertad[401] y moralidad o ética (práctica) están concatenadas[402].

En pro de esta tesis epicúrea, según la cual no hay solución de continuidad entre lo físico y lo volitivo-autónomo, deseamos aportar todavía, con Isnardi Parente, otro texto de importancia en el que parecen afirmarse, partiendo del libre albedrío humano, la *libera voluntas*[403], su continuidad analógica o anafórica con respecto al clinamen, que citamos en italiano con inserción parcial del texto griego, en versión Arrighetti:

> "Cosi, dopo che si fu prodotto un moto psichico differente in alcunché dalla natura degli atomi, in base a qualche criterio di chiara distinzione, non sul fondamento di una differenza di altro genere, tenne fermo il principio della causalità volontaria (ἰσχάνε[το τ]ὴν ἐξ [ἑ]αυ[τοῦ] αἰτίαν), riconducendolo fino alle prime nature (ἀ[να]διδ[οὺς] εὐθὺς

399 *cf.* sobre el átomo desde el punto de vista cuántico, con paralelismos con el clinamen, HEISENBERG, Werner, *Física y filosofía*, Buenos Aires, La Isla, 1959, p. 158: "[e]n los experimentos sobre los acontecimientos atómicos, tenemos que vérnoslas con cosas y con hechos, con fenómenos que son tan perfectamente reales como los de la vida cotidiana. Pero los átomos o las mismas partículas elementales no son tan reales; constituyen un mundo de potencialidades o posibilidades (*Tendenzen und Möglichkeiten*) más bien que uno de cosas o de hechos".

400 KANT, Immanuel, *Fundamentación para una metafísica de las costumbres*, Prólogo, A4, en ARAMAYO, R. R. (ed., trad.), Madrid, Alianza Editorial, 2012 [ed. orig. *Grundlegung zur Metaphysik der Sitten*, Riga, Harknoch, 1785], p. 53. "la [filosofía] material, la cual trata con determinados objetos y las leyes a que se hallan sometidos éstos, se divide a su vez en dos. Pues esas leyes lo son de la naturaleza o de la libertad. La ciencia que versa sobre las primeras recibe el nombre de física y la que versa sobre las segundas el de ética; aquélla se denomina también 'teoría de la naturaleza' y ésta 'teoría de las costumbres'".

401 *cf.* MARTÍNEZ LORCA, Andrés, "La teoría de la libertad y el problema del 'clinamen' en Epicuro", en *Átomos, hombres y dioses: estudios de filosofía griega*, Madrid, Tecnos, 1988, p. 153–172.

402 KANT, Immanuel, *Crítica de la razón práctica [KpV]*, A5/A6, nota, en ARAMAYO, Madrid, Alianza, 2000 [ed. orig. *Kritik der praktischen Vernunft*, Riga, Hartknoch, 1788], p. 67: "si bien es cierto que la libertad constituye la *ratio essendi* de la ley moral, no es menos cierto que la ley moral supone la *ratio cognoscendi* de la libertad".

403 LUCRECIO, *La naturaleza*, II, vv. 256–257, en SOCAS, *op. cit.*, p. 187; *cf.* BOBZIEN, Susanne, "Did Epicurus discover the Free-Will Problem?", en SEDLEY, David N. (ed.), *Oxford Studies in Ancient Philosophy, XIX*, 2000, Winter, Oxford, Oxford University Press, 2000, pp. 287–337; sobre la "*libera voluntas*", pp. 310–311 y 307, sobre una demostración de la existencia del clinamen por vía de un tosco *modus tollens* en Lucrecio: "(A) If the swerve does not exist, neither does volition. (2. 251–260) / (B) But volition exists. (2. 261–83) / (c) Therefore the swerve exists. (2. 284–93)".

μ[ὲ]ν [μέ-]χρι τῶν [πρ]ώτω[ν] φύσε[ω]ν), e ogni riferimento lo trasse donde era opportuno ([γ'] ἀν[αφορὰν π]ᾶσαν αὐτ[ῆς ἐπ]οιεῖ[θ'] ὅθε[ν περ ἔδει)"[404].

Cedemos, pues, la palabra a la estudiosa italiana que explica la correlación o analogía entre los dos ámbitos:

"La nostra volontà non dipende dalla σύστασις ἐξ ἀρχῆς, da quella che è la composizione atomica primitiva del nostro corpo: si cadrebbe in tal modo in un determinato meccanicismo [;] (...) la sua causa risiede esclusivamente in sé stessa. Come possiamo avere di ciò una spiegazione? Epicuro afferma che, per spiegarci in qualche modo il carattere di questo moto volontario, che sta in noi (...) e che si autoproduce, dobbiamo compiere un riferimento (ἀναφορά) alle πρῶται φύσεις, cioè agli atomi. Non abbiamo in alcun altro momento della dottrina di Epicuro a noi nota un altro accenno che possa, come questo, essere inteso in riferimento alla dottrina della declinazione atomica. Qui il modo più ovvio di interpretare le parole di Epicuro sembra essere quello del rifarsi a un modello di ἐξ ἑαυτοῦ αἰτία esistente nel movimento atomico: a una possibilità di autodeterminazione già propria e caratteristica dei primi elementi, che si ripeta poi nei successivi agglomerati, nelle συγκρίσεις"[405].

En esa misma línea que aúna clinamen y voluntad libre humana, pero subrayando el valor analógico o de correlación más que la causación del primero por el segundo, se expresa también Mayotte Bollack[406].

Por su parte, Plutarco ya anota cómo el clinamen ocupa un lugar central en el sistema epicúreo porque conecta, desde su aparente nimiedad, los átomos y lo natural con la voluntad humana que, aun condicionada, resulta indeterminable. Así, escribe Plutarco: [es necesario que] "un solo átomo se desvíe lo más mínimo, para

404 EPICVRVS, *Deperditorum librorum reliquiae*, 34, sect. 22, l. 7–16, en ARRIGHETTI, *op. cit.*, pp. 338–339.

405 ISNARDI PARENTE, Margherita, "Stoici, Epicurei e il 'motus sine causa'', en *Filosofia e scienza nel pensiero ellenistico*, Napoli, Morano, 1991, pp. 109–122, concretamente, pp. 114–115.

406 *cf.* BOLLACK, Mayotte, "*Momen mutatum* (La deviation et le plaisir, Lucrèce II, 184 — 293)", en BOLLACK, Jean y LAKS André (eds.), *Études sur l'epicurisme antique*, Lille, Université de Lille 3, 1976, pp. 163–189, concretamente p. 175: "La volonté libre n'est pas ramenée à ses causes atomistiques - c'est l'interprétation scientiste régnante, qui rapporte les mouvements à une complexion propre aux corps premiers. Il ne serait pas juste non plus de se dire, quand on a compris qu'il s'agissait d'une analogie, que la 'déclinaison', dans le domaine psychologique, reproduit la déclinaison des atomes dans le vide. Elle lui correspond seulement, comme l'inflexion décisive que nous faisons subir à notre conduite (*declinamus*, 259, *cf.* 250) correspond, avec le même mot, à la déviation minimale (*declinando*, 253), dans la mesure où elles sont 'libres' toutes deux. L'analogie porte seulement sur la non-détermination par le poids et le choc. Ainsi *declinamus item*, nous déclinons aussi, est une métaphore de la troisième cause".

que los astros, los seres vivos y el azar puedan hacer acto de presencia y nuestro albedrío no quede anulado"[407].

Desde el punto de vista generativo, debemos poner de relieve que el clinamen evita el determinismo mecanicista democríteo (y la necesidad)[408], así como la providencia destinante estoica[409]; posibilita, además, las aglomeraciones, aglutinaciones o compuestos de átomos (συγκρίσεις, μεῖξις, σύμμιξις), en virtud de su asincronicidad y direccionalidad indeterminada, que permite el entrecruzamiento y la coincidencia no repulsiva, de forma que se generan cuerpos.

El antideterminismo[410], que salva la libertad interior y exterior (de pensamiento y acción), resulta manifiesto en un pasaje conservado de Diógenes de Enoanda:

> "Pues si alguno utilizara el argumento de Demócrito, diciendo que los átomos no tienen ningún movimiento libre en el continuo chocar mutuo de unos con otros, y que de ahí se deduce que todos se mueven fatalmente, le replicaremos a éste que: '¿No sabes tú, quienquiera que seas, que hay en los átomos un movimiento libre, que Demócrito no descubrió pero que Epicuro sacó a la luz, que consiste en su desviación, según él demuestra considerando los fenómenos?'. Y lo más importante es esto: si uno cree en la fatalidad, eliminará con ello cualquier acusación o premio y ni siquiera sería posible castigar con justicia a los malvados, puesto que no serían responsables de sus delitos"[411].

El clinamen, una aportación de Epicuro, consiste, sencilla pero no banalmente, en ἐλευθέραν τινὰ ἐν ταῖς ἀτόμοις κείνησιν ο παρενκλιτικὴν, es decir, un movimiento

---

407 PLUTARCO, *Sobre la inteligencia de los animales*, 964 C, en MORALES OTAL, Concepción, y GARCÍA LÓPEZ, José (eds., trads.), *Obras morales y de costumbres (Moralia) IX*, Madrid, Gredos, 1985, p. 277.

408 *cf.* GARCÍA RÚA, *op. cit.*, p. 149: "La doctrina de la parénklisis es un expediente definitivo y diferenciador del sistema conjunto del Jardín con relación a la propuesta democritea, en el sentido de que sería el eje en el que aquel sistema se apoyaría para hurtarse a los efectos de la mecánica necesidad, una vez que, en términos generales, se había procedido a acogerse al sistema leucipeo-democríteo para escapar al sometimiento del destino y del capricho de los dioses".

409 EPICURO, *Carta a Meneceo*, 134, en VARA, *op. cit.*, p. 91: "era mejor atenerse a la explicación mítica de los dioses que ser esclavo del Destino propugnado por los naturalistas [ἐπεὶ κρεῖττον ἦν τῷ περὶ θεῶν μύθῳ κατακολουθεῖν ἢ τῇ τῶν φυσικῶν εἱμαρμένῃ δουλεύειν· ὁ μὲν γὰρ ἐλπίδα παραιτήσεως ὑπογράφει θεῶν διὰ τι]".

410 SEDLEY, David, "Epicurus' Refutation of Determinism", en GIGANTE, Marcello, *Syzētēsis, studi sull'epicureismo greco e romano offerti a Marcello Gigante I*, Napoli, G. Macchiaroli, 1983, pp. 11–51, concretamente p. 35: "If human judgments, impulses and emotions just *are* the mechanical bouncing around of atomic billiard balls in the mind, there seems no room for individual self-determination or responsibility".

411 DIÓGENES DE ENOANDA, *Inscripción epicúrea*, fr. 54, columna 3, GARCÍA GUAL, Carlos (ed., trad.), *El sabio camino hacia la felicidad: Diógenes de Enoanda y el gran mural epicúreo*, Barcelona, Ariel, 2016, fr. 54, p. 61; *cf.* SMITH, Martin Ferguson, (ed., trad.), *Diogenes of Oinoanda, the Epicurean Inscription*, Napoli, Bibliopolis, 1993, pp. 394 y 502–503.

libre, una posibilidad de variación[412] que reside o es propia de los átomos, lo cual impide la adivinación y hace posible – como se ha dicho – la formación tanto de los cuerpos compuestos menores cuanto de los mundos.

En desacuerdo con el determinismo físico propio del atomismo democríteo del que parte, el filósofo de Samos rechaza la necesidad (ἀνάγκη) y el destino (εἱμαρμένη) cuando escribe: "[l]a necesidad es un mal, pero no hay ninguna necesidad de vivir sometido a la necesidad" o "[q]uien asegura que todas las cosas ocurren por necesidad no tiene nada que objetar a quien asegura que no todas las cosas ocurren por necesidad, pues afirma que eso mismo ocurre por necesidad"[413].

En consonancia con esto podemos aducir un fragmento perteneciente al Περὶ φύσεως en el que se alude de forma crítica e implícita a los atomistas previos:

> "Coloro che per primi iniziarono l'indagine in maniera egregia (...) non si accorsero cosi come in molti altri casi, di aver fatto una gran cosa inutile nel porre come causa di tutto la necessità e il caso (τ[ὴ]ν ἀνάκγην καὶ ταὐτόματον πάντα [αἰτιᾶς]θαι.). Ma un modo di ragionare che insegna di tali cose si confuta da se stesso, e coglie l'uomo, nelle sue azioni, in contraddizione con le sue opinioni, e se al momento di agire non sopravvenisse una specie di oblio della sua falsa opinione, si troverebbe tutt'a un tratto nella piú grave confusione, nel caso che l'opinione avesse il sopravvento; e cadrebbe anche nei mali piú gravi se non lo avesse, pieno di turbamento per la contraddizione fra l'opinione e le azioni"[414].

Arrighetti[415] presenta incluso un texto de Cicerón, preteneciente a las *Cuestiones académicas*, en el que se rechaza hasta la necesidad lógica, en la misma línea de lo dicho hasta el momento:

> "Epicuro no concedía la verdad de este enunciado: "O vivirá mañana Hermarco o no vivirá", a pesar de que los dialécticos establecen que todo enunciado como ése es no sólo verdadero, sino también necesario. Por tanto, los dialécticos, o sea Antíoco y los estoicos, deben combatir con Epicuro, pues éste echó por tierra toda la dialéctica, ya que si una disyuntiva puede ser falsa, ninguna es verdadera"[416].

Tristemente, el traductor omite la traducción del interesantísimo texto latino parentético tras "necesario": "(*vide quam sit cautus is quem isti tardum putant: 'si enim'*

412 *cf.* ISNARDI, "Stoici, Epicurei e il '*motus sine causa*'", en *op. cit.*, pp. 109–122, concretamente, p. 116.

413 EPICURO, *Sentencias Vaticanas* 9 y 40, respectivamente, en VARA, *op. cit.*, pp. 99 y 102.

414 EPICVRVS, *Deperditorum librorum reliquiae*, 34, sect. 30, ll. 7–33, en ARRIGHETTI, *op. cit.*, pp. 352–353.

415 ARRIGHETTI, *op. cit.*, nota a *Carta a Meneceo*, 133, p. 543.

416 CICERÓN, *Cuestiones académicas* = *Academica*, I, XXX, 97, en PIMENTEL ÁLVAREZ, Julio (ed., trad.), México, UNAM, 1990, 'Introducción' p. LXXI y pp. 68–67.

inquit 'alterutrum concessero necessarium esse, necesse erit cras Hermarchum aut vivere aut non vivere; nulla autem est in natura rerum talis necessitas')"[417].

Por otra parte, debemos consignar aquí la vecindad de τύχη y αὐτόματον, en su acepción de azar o suerte ciega, y en la función de inicio indeterminable de una cadena causal que dista, en un sentido, de la espontaneidad de las acciones humanas, que tienen al propio tiempo intencionalidad, y, en otro sentido, del clinamen como movimiento mínimo[418] e imputable al átomo, connatural, originado en él[419].

Respecto a su carácter ínfimo en lo concerniente a la cantidad de desplazamiento, apunta José Barrio que:

> "dicha desviación es inasequible a la percepción. Los sentidos son incapaces de conocer la existencia del clinamen. Sólo como principio de inteligibilidad para poder explicar la formación del Universo es como podemos llegar a establecer [su] realidad"[420].

Del mismo modo, tanto el tiempo como el lugar (*nec tempore certo / nec regione loci certa*, como dice Lucrecio) son indeterminables en el sentido que recogen Oyarzún y Cantó: "su ocurrencia [no es] determinable a priori, en virtud de una serie causal previa (...) El 'tiempo incierto' y el 'lugar incierto', en razón de su misma indeterminación, y en el contexto de un universo eterno, valen entonces virtualmente para todo tiempo y para todo lugar, pero seguramente no en el sentido de (...) que en todo tiempo y en todo lugar 'puede' ocurrir tal desviación"[421]; insistiendo en este hecho, Barrio observa cómo la determinación física – que quizás sea aquí predeterminación – no implica la determinabilidad epistémica:

> "El clinamen se produce en un momento y en un lugar determinados si lo contemplamos desde el punto de vista de la φύςις, y en un lugar y momento indeterminados si lo consideramos *sub mentis humanae specie*"[422].

La ruptura *sui generis* de la cadena de causación mecánica permite, como hemos repetido, evitar la predeterminación extrínseca, es decir, el hecho de estar fijadas o establecidas con antelación las acciones, movimientos o acontecimientos, cosa que redundaría en su previsibilidad. El clinamen, pese a que soslaya la predeterminación

417 CICERO, PLASBERG, Otto (ed.), *Academicorum reliquiae cum Lucullo*, Sttutgart, Teubner, 1996 (1921), 97, p. 76.

418 Conviene recordarlo: "*paulum inclinare necessest / corpora; nec plus quam minimum, ne fingere motus / obliquos videamur et id res vera refutet*", LVCRETIVS, BAILEY, *op. cit.*, II, vv. 243–245.

419 *cf.* ALFIERI, *op. cit.*, pp. 102–104.

420 BARRIO GUTIÉRREZ José, "El 'clinamen' epicúreo", en *Revista de Filosofía*, XX, n° 78–79, 1961, pp. 319–336, concretamente, p. 325.

421 OYARZÚN ROBLES, Pablo y MOLINA CANTÓ Eduardo, "Sobre el 'clinamen'", en *Méthexis. Revista Internacional de Filosofía Antigua = International journal for ancient philosophy*, n° 18, 2005, pp. 67–87.

422 BARRIO GUTIÉRREZ, *op. cit.*, pp. 319–336, concretamente, p. 334.

y la previsibilidad, no es *motus sine causa*, como transmite Cicerón[423], sino *motus sine causa extrinseca*[424].

1.6.1. Desviación atómica, voluntad emergente y libertad

Con el clinamen se resuelve, por vía física, el problema de la voluntad, es decir, el hecho de que el surgimiento o la omisión de un curso de acción o de acontecimientos se halla en manos sólo – o primordialmente – del ser humano que lo inicia; voluntad y libertad están aquí aparejadas. La equivalencia psicológica-volitiva del clinamen la expresa Lucrecio como sigue:

> "¿de dónde en la tierra les viene a los vivientes esa decisión? ¿De dónde sale, insisto, esa decisión [o placer[425]] desligada del destino (*fatis avulsa voluntas*) gracias a la cual nos dirigimos adonde a cada uno lo arrastra su gusto, torcemos además los movimientos, y no en tiempo determinado ni en dirección determinada sino adonde por propia cuenta nos lleva nuestra mente (*declinamus item motus nec tempore certo / nec regione loci certa, sed ubi ipsa tulit mens*)? Porque está fuera de toda duda que a estas acciones da inicio la decisión de cada uno en particular y que a partir de ahí el movimiento se difunde por los miembros. (...) [P]uedes ver que el inicio del movimiento nace del corazón, deriva primero de una decisión del alma y luego se reparte por los miembros del cuerpo. Y ello no es igual que cuando avanzamos empujados por un golpe y del todo obligados por la fuerza grande de otro: pues entonces es claro que la materia toda de nuestro cuerpo se desplaza y sin querer nosotros se ve arrastrada hasta que a través de los miembros la decisión la refrena"[426].

Así, libre albedrío y clinamen atómico se hallan en correlación[427], cosa que se opone a la teoría a Demócrito, y conlleva una reformulación epicúrea del problema del movimiento en un plano cosmogónico, antidemiúrgico y anímico. Así, el principio

---

423 CICERÓN, *Sobre el destino*, 10, 21, en ESCOBAR, Ángel (trad., ed.), *Sobre la adivinación, Sobre el destino, Timeo*, Madrid, Gredos, 1999, pp. 311–312: "Epicuro piensa que elude el carácter necesario del destino mediante la desviación del átomo. Así es como se origina un tercer tipo de movimiento — aparte del que produce el peso o el choque—, cuando el átomo se desvía por una mínima distancia a la que llama *elákhiston*. Se ve obligado a reconocer de hecho esta desviación como desprovista de causa, aunque no lo haga expresamente".

424 ISNARDI, "Stoici, Epicurei e il '*motus sine causa*'", en *op. cit.*, pp. 109–122, concretamente, p. 113.

425 LVCRETIVS, BAILEY, *op. cit.*, II, 257: *uoluntas / uoluptas* son las dos lecturas que ocupan a los estudiosos y cuya interpretación conduce, también, a lugares diversos.

426 LUCRECIO, *La naturaleza*, II vv. 255–276, en SOCAS, *op. cit.*, p. 187.

427 *cf.* BIGNONE, Ettore, "La dottrina epicurea del clinamen", inicialmente incluido en la revista *Atene e Roma*, XLII, 1940, pp. 159—198, tomado de la reimpresión en *L'Aristotele perduto e la formazione filosofica di Epicuro*, Firenze, "La Nuova Italia", 1973, vol. II, pp. 409–456, cita de p. 410: "È questa la famosa dottrina del *clinamen* (strettamente connessa per Epicuro con quella della libertà del volere)".

rector del movimiento anímico se halla en conexión con el clinamen[428]. Eso se lleva a cabo, empero, desde la asunción divergente de las tesis aristotélicas, de acuerdo con Bignone[429], especialmente sobre la acción voluntaria (τὸ ἑκούσιον) y el movimiento animal, según la tesis revisionista de Furley[430], quien acepta, con todo, esa dualidad de funciones en el clinamen[431].

Por su parte, Marx expresa bien, creemos, esa trabazón conceptual entre desviación y libre albedrío cuando señala que "en la desviación está representada la verdadera alma del átomo, el concepto de individualidad abstracta"[432], según consigna Markovits[433]; sin embargo, el filósofo de Tréveris hace aún otras afirmarciones cabales sobre el particular:

> "Los átomos son cuerpos puros autónomos, o más bien, el cuerpo pensado en su autonomía absoluta, como los cuerpos celestes. (...) Buscar la causa de esta determinación [del clinamen] equivale entonces a inquirir la causa que convierte al átomo en principio, cuestión evidentemente despojada de sentido para quien el átomo es la causa de todo, pero él mismo carece de causa. (...) La desviación del átomo de la línea recta no es, en efecto, una determinación particular que acaece por azar en la física epicúrea. La ley que ella expresa penetra, profundamente a través de toda la filosofía de Epicuro, de tal modo que, como se comprende de suyo, la determinación de su aparición depende de la esfera en que ella es aplicada. (...) Así como el átomo se libera de su existencia relativa – la línea recta – a medida que prescinde de ella y se separa de ella, así también toda la filosofía epicúrea se aleja del ser limitativo, en todo aquello en que el concepto de individualidad abstracta, la autonomía y la negación de todo vínculo con otra cosa, debe ser representada en su existencia. De igual modo, el fin de la acción es la prescindencia, la fuga ante el dolor y la angustia, la ataraxia. Por tanto, el bien consiste en el alejamiento del mal, y el placer en la exclusión de las penas. Finalmente, allá donde la individualidad abstracta aparece en su suprema libertad y autonomía, en su totalidad, el ser de que se separa es lógicamente todo ser (...)"[434].

---

428 *cf.* FOWLER, Don, "Lucretius on the Clinamen and 'free Will' (II 251–93)", en GIGANTE, Marcello, ΣΥΖΉΤΗΣΙΣ [*Syzētēsis*], *studi sull'epicureismo greco e romano offerti a Marcello Gigante I*, Napoli, G. Macchiaroli, 1983., pp. 329–352.

429 *cf.* BIGNONE, Ettore, "La dottrina epicurea del clinamen", *op. cit.*, pp. 409–456.

430 *cf.* FURLEY, David, *Two Studies in the Greek Atomists: Study II, Aristotle and Epicurus on Voluntary Action*, *op. cit.*, p. 215 y ss.

431 FURLEY, David, "Cosmology", en ALGRA, *op. cit.*, p. 423: "The swerve served two purposes in the Epicurean system: to explain the possibility of collisions between atoms, and to account, in some way, for the voluntary motions of animals, including humans".

432 MARX, Karl, *Diferencia de la filosofía de la naturaleza en Demócrito y en Epicuro*, Madrid, Ayuso, 1971 [ed. orig. *Differenz der demokritischen und epikureischen Naturphilosophie: nebst einem Anhange*, Jena, *s.n.*, 1841], p. 39.

433 *cf.* MARKOVITS, Francine, *Marx en el jardín de epicuro*, Barcelona, Madrágora, 1975 [ed. orig. *Marx dans le jardin d'Épicure*, Paris, Minuit, 1974], p. 69.

434 MARX, *op. cit.*, pp. 37–40.

Debemos aclarar que al decir libre albedrío o libertad humana hacemos referencia a lo que en el griego de Epicuro se expresa como ἃ δὲ παρ᾽ ἡμᾶς, τὸ δὲ παρ᾽ ἡμᾶς[435], τὸ παρ᾽ ἡμᾶς[436] o bien τὴν ἐξ ἑαυτοῦ αἰτίαν[437], todo lo cual puede caracterizarse como autodeterminación[438].

El filósofo de Samos, por su parte, ya distingue entre lo determinado y ontológicamente necesario, lo azaroso o, podríamos decir, aquello no retrotraíble a causa, y aquello cuya causación o inicio depende de un ser humano:

> "unas cosas suceden por necesidad, que otras son fruto del azar y que otras dependen de nosotros, porque ve que la necesidad no da cuenta de los hechos que se le atribuyen, y que el azar es inestable, mientras que lo que depende de nosotros está libre de imposiciones de amo, por lo cual es natural que a lo que depende de nosotros le acompañe como un doble el reproche y la alabanza"[439].

Lo que depende de nosotros atañe, pues, a la racionalidad, capaz de responder, de dar cuenta y asumir consecuencias, tal como señala O'Keefe[440], que considera a Epicuro un antifatalista a partir de la transformación de su constitución congénita,

---

435 EPICVRVS, *Epistula ad Menoeceum*, 133, *Deperditorum librorum reliquiae*, 34, sect. 26, ll. 7 y 12, en ARRIGHETTI, *op. cit.*, pp. 115–116; 436.

436 FILODEMO DE GÁDARA, *De signis [On methods of inference]*, XXXVI, 11–13, en, DE LACY, Phillip y DE LACY, Estelle Allen, *Philodemus: On methods of inference; a study in ancient empiricism*, Philadelphia, Pa, American philological Association, 1941, pp. 106–107.

437 EPICVRVS, *Deperditorum librorum reliquiae*, 34, sect. 22, l. 12, en ARRIGHETTI, *op. cit.*, p. 338.

438 *cf.* BALAUDÉ, *Vocabulaire*, pp. 15–16, *s. u.* "auto-détermination". Discrepamos del autor en cuanto a su tesis que de que el clinamen no es aportación de Epicuro ni resuelve el problema de la libertad.

439 EPICURO, *Carta a Meneceo*, 133, en VARA, *op. cit.*, p. 91.

440 *cf.* O'KEEFE, Tim, "Action and Responsibility", en WARREN, *Companion, op. cit.*, sección "Reason and responsability", pp. 155–157; merece citarse: "what 'depends on us' and of 'necessity' here involve the distinction between actions that are under our rational control and those that are not. According to Epicurus, our preconceptions of necessity and of our own responsibility arise by observing ourselves in action. We see that sometimes we can do things we do not want to (e.g., submit to a root canal now to avoid greater pain later), and that we can dissuade others from doing something they are considering only because they are being threatened (e.g. convince someone not to betray his friend despite the prospect of the rack). It is from these observations that we arrive at the standards by which we delineate which actions are of necessity and which ones depend on us. We show our awareness of the distinction in our interactions: we try to dissuade others from actions that 'depend on us', which would be pointless for those that are of necessity. (...) The central point of Epicurus' theory, then, is that we are responsible agents because we are rational. Any concerns about bivalence, determinism or the ontology of the mind are ancillary to preserving our ability, as rational agents, to act effectively, to improve our character by thinking about

la cual puede desarrollarse psicológicamente, a diferencia de los animales, dando lugar a la responsabiliad moral[441].

Al margen de lo absolutamente determinado o necesario, existe la correlación humana del clinamen físico[442], que compete, por un lado, a la voluntad o libre albedrío, la decisión-elección en un plano psíquico y, por otro, a la libertad activa plenamente

---

what we really need, to improve the characters of others through our practices of praise and blame and to attain tranquillity".

441 *cf.* O'KEEFE, Tim, *Epicurus on Freedom*, Cambridge, Cambridge University Press, 2005, pp. 81–93, concretamente: "In humans, it makes sense to distinguish between our 'original constitution' (the temperament with which we are born), the way in which that constitution later grows, and the 'product', which seems to mean certain types of psychological developments and which is key to moral responsibility. It is because humans are able to reason and change their characters ('the cause out of themselves') that we blame somebody who fails to develop properly and develops in the direction of the bad original constitution; e.g., somebody who remains an impulsive hot-head. Conversely, we exonerate wild animals because we do not distinguish between their original temperament and what it develops into later, since they do not have the capacity to change their original constitution by reflecting on their own character. Asserting that people are responsible for how they develop because they possess reason has neither anti-determinist nor anti-reductionist implications. Once we have the ability to use our reason to reflect on our congenital dispositions and modify them, this is sufficient on its own to save our current character from being 'internally necessitated' by our original constitution". El estudioso estadounidense ofrece una actualizada y precisa introducción a la problemática.

442 *cf.* ANNAS, Julia, *Hellenistic Philosophy of Mind*, Berkeley, University of California Press, 1991, pp. 124–125: "the swerve is connected in our chief sources with our having freedom of action, and it is often concluded that free human actions are, for Epicurus, due to events which breach regular Epicurean physical laws"; pp. 181–182: "Epicurus never doubts that we are free agents, and argues that reductive determinism is untenable. We also know that the thesis that some things are in our power and that not everything is 'by necessity' was at some point defended by reference to the theory of the 'swerve' (*parenklisis, clinamen*) of the atoms. We have nothing extant from Epicurus himself on the swerve, but that it is his theory is clear from later references. The idea is simple: atoms fall perpendicularly through the void at uniform speed, but now and then one may swerve, 'at no fixed time or place', but only minimally. Thus the motions of the atoms are not totally explicable, even in principle, by deterministic laws. This indeterminacy at the atomic level accounts for two things: the fact that in a 'rain' of atoms moving at even speed in parallel perpendicular lines, we even get collisions leading to the forming of compounds, and of entire worlds in particular; and, more importantly here, that some things at least are 'up to us'. We do not know if the swerve always had these two functions, or if either of them was more prominent for Epicurus, but the ancient evidence (much of it hostile) makes it clear that the swerve was in some way meant to explain how we are free agents".

manfiestada, las cuales delimita Saunders[443], así como, consecuentemente, a la moralidad o evaluación ética positiva o negativa y, por último, a la responsabilidad. Como es bien sabido, sólo donde hay libertad puede haber juicio moral y capacidad activa o pasiva de rendir cuentas, de razonar sobre las acciones.

Aceptado, en primer lugar, que el clinamen existe y que es un movimiento atómico autónomo de desviación y aceptada, en segundo lugar, la existencia de la libertad, esto es, el hecho de que algunas acciones y acontecimientos dependen (condicionada o determinadamente) del ser humano, la clave de la discordia radica en: 1) la posibilidad de que la παρέγκλισις y la *uoluntas* conecten de hecho; concedido esto, 2) en el modo[444] en que lo hacen, por vía de la psique (y sus partes, *anima* como parte irracional y dispersa por todo el cuerpo y *animus* como mente racional, en términos de Lucrecio), siendo ésta como es un compuesto atómico; 3) en cuál es el orden de causación o prelación entre los dos órdenes que distinguimos.

Como marco introductorio a la problemática señalaremos que el vínculo entre clinamen (mecánico) y libertad humana presenta una suerte de analogía con la paradoja entre la respiración de los seres humanos como proceso espontáneo o automático y la posibilidad verificable de dejar de respirar o de regular inspiración o espiración.

Carlo Giussani[445], con su artículo "'Clinamen' e 'voluntas'", marca un hito en la historiografía sobre el problema y ofrece, además, claves explicativas que, en nuestra

---

443 SAUNDERS, Trevor, "Lucretius on free will", en *Symbolae Osloenses: Norwegian Journal of Greek and Latin Studies*, vol. LIX, 1984, pp. 37–59, concretamente p. 39: "formation of free will", "execution of the will".

444 *cf.* ANNAS, *Mind, op. cit.*, p. 183: "why does atomic theory have to be shown to accommodate free agency, unless free agency is already thought to pose a philosophical problem? But the refutation argument proceeded on the assumption that it is the philosophical arguments against free agency that pose a problem, not free agency itself. By showing that atomic theory can be modified to accommodate free agency, the swerve theory can only encourage the thought that the refutation argument rejects, that atomic theory threatens free agency. Apart from this, the swerve theory has internal problems. How can indeterminacy at the micro-level explain free agency at the macro-level? How can random swerves among the atoms explain the behavior of atomic compounds? The problem is worsened here by the point that what is to be explained is merely the behavior of some atomic compounds, namely, human agents".

445 *cf.* GIUSSANI, Carlo, "'CLINAMEN' e 'VOLUNTAS' (A Lucrezio II 216 sgg., 251 sgg.; IV 877 sgg.)", pp. 1–2, separata del artículo homónimo publicado en COMPARETTI, Domenico (dir.), *Rivista di Filologia e d'Istruzione Classica*, año XXIII, serie, vol. I, fasc. I, Ermano / Loescher, Torino / Roma, 1895, pp. 93–133, incluido también en GIUSSANI, Carlo (ed., trad.), LUCRECIO, *De rerum natura libri sex. Volume primo, Studi Lucreziani*, Torino, G. Chiantore, 1923, pp. 126–169: "Per spiegare adunque l'esistenza delle cose e dei mondi, Epicuro dice che talvolta, a momenti e posti indeterminati, gli atomi deviano nella loro caduta dalla diritta linea verticale. Questa deviazione è la minima possibile: appena quel tanto che basti perchè la linea di caduta non sia più la assoluta linea verticale. E la deviazione avviene

opinión, son todavía vigentes y valiosas; según él, la declinación de los átomos no tiene causa en sentido pleno, dado que éstos carecen de conciencia, voluntad y sentido, al ser pura materia[446]; junto al apartamiento oblicuo, se eleva la doctrina del libre albedrío, esto es, de la voluntad libre como *conditio sine qua non* para la sabiduría que conduzca a la felicidad del hombre, que actúa por motivos que, sin embargo, no lo obligan literalmente a obrar (tal cosa sería determinismo); el estudioso italiano relaciona motivación y física como sigue:

> "considerando il fatto nella sua essenza fisica: i motivi, vale a dire idea (immagine sentita) dell'oggetto e conseguente desiderio (di conseguirlo o fuggirlo, un πάθος), si riducono in sostanza a dei moti atomici interni, e l'atto volitivo consta esso pure di interni moti atomici; ma il passaggio dai primi ai secondi non è una comunicazione o trasformazione meccanica dei primi nei secondi (in che regnerebbe necessità), ma questi secondi si determinano (o non si determinano) spontaneamente, come è spontanea la declinazione atomica"[447].

Él mismo formula la pregunta implícita y espinosa en este proceso – y vale la pena incluir esta larga cita:

---

affatto spontaneamente, senza causa alcuna (e, ben s'intende, non per alcun atto di volontà degli atomi stessi, che son materia bruta, affatto priva di coscienza e di senso). Questa lievissima declinazione basta, dato l'infinito spazio e tempo, a produrre gli incontri e urti di atomi contro atomi, e quindi i rimbalzi obliqui, e nuovi incontri e urti (...) Ma un'altra notevolissima infrazione della rigida, inesorabile successione di cause meccaniche abbiamo nel sistema di Epicuro. È la dottrina del libero arbitrio. Si sa quanta importanza desse Epicuro alla difesa della libertà del nostro volere. Credeva Epicuro che questa libertà, e la sicura convinzione di essa, fossero condizione *sine qua non* perchè l'uomo diriga la sua condotta come vuole la sapienza, e ottenga lo scopo della vita, la felicità. (...) Secondo Epicuro, adunque, l'uomo agisce bensì dietro motivi (questi sono anzi condizione indispensabile), ma la presenza di questi non ha per necessario effetto la deliberazione di agire".

446 *cf.* BAILEY, *Greek atomists*, *op. cit.*, p. 328: "Though in the aggregate of the soul-atoms the 'swerve' is productive of conscious volition, it must not be supposed that Epicurus represented the swerving of any individual atom as in any sense conscious or volitional. Such an idea would be contrary to the very root-principles of his materialism, for it would be introducing a supra-natural element into the action of the lowest and most rudimentary forms of matter, or, as he would have put it in his own terms —assigning to the individual atoms a power that could only belong to the subtlest aggregate of the very finest and minutest among them under very special conditions. The atom, so far from having conscious volition, has not even sensation; the 'swerve' of the individual atoms is in no sense conscious, it could at most be described as a mechanical freedom corresponding to the psychical freedom of the will".

447 GIUSSANI, Carlo, "'CLINAMEN' E e 'VOLUNTAS' (A Lucrezio II 216 sgg., 251 sgg.; IV 877 sgg.)", p. 2, *op. cit.*

"L'atto volitivo è un atto psichico, come un atto sensitivo, affettivo, ragionativo. Ora, si sa che un atto psichico qualunque – per esempio l'atto con cui la mente afferra il nesso logico tra una premessa e una conseguenza – secondo Epicuro, come già secondo Democrito, è costituito da una certa forma di reciproci moti degli atomi psichici; l'atto volitivo esso pure non è il moto di un atomo o una somma di moti indipendenti di singoli atomi, ma è un moto atomico complesso di tal forma che implica coscienza. Nè si dica che questa è un'affermazione arbitraria, non fondata su alcuna testimonianza. È una conseguenza immediata e necessaria dell'essere l'atto volitivo – come nessun vorrà negare che per Epicuro fosse – un atto psichico. Il concetto completo della volontà epicurea abbraccia due elementi: un complesso movimento atomico che ha il carattere della spontaneità, ossia è sottratto alla necessità delle cause meccaniche (e per questo rispetto la volontà è un fatto analogo al semplice clinamen, e si distingue invece dagli altri fatti psichici); più il *sensus*, ossia la coscienza di sè, in forza di che, essa (volontà), illuminata dai precursori momenti sensitivi, intellettivi, affettivi, profitta della propria libertà, o spontaneità dei moti atomici, per dirigere o non dirigere questi in una direzione vista e scelta (e per questo rispetto essa è della famiglia degli atti psichici, e si distingue dal cieco *clinamen* primitivo). Si dirà: ma come mai dei moti atomici, spontanei o no, e comunque combinati, possono trasformarsi in cosciente volontà? Ma questa è tutt'altra faccenda. Questo è l'identico mistero: come mai dei moti atomici possono diventar *sensiferi*, possono produrre il fatto di coscienza d'una sensazione, d'un affetto, d'una apprensione di un rapporto logico. Epicuro non ci dà nè ci può dare la soluzione di questa difficoltà pel moto volitivo, più di quel che ce la possa dare pel moto sensitivo, affettivo o logico; più di quello che ce la possa dare qualunque altro sistema materialista antico o moderno. Si tratta in fondo del grande e insolubile problema fondamentale della doppia faccia, fisica e subiettiva, della medesima *x*"[448].

De acuerdo con Giussani, el acto volitivo, en el que se forma y ejecuta una resolución anímica fruto de observación externa o introspección, tiene antecedentes necesarios como lo es el contacto o entrada de *simulacra*, los cuales, sin embargo no causan la acción, que, en cambio, está fundada en un acto psíquico, es decir, movimiento no mecánico de un *concilium* de átomos de cuarta naturaleza[449], los cuales son, pese a ello, también transitorios como compuesto, abocados a la disgregación.

---

448 GIUSSANI, Carlo, "'CLINAMEN' E e 'VOLUNTAS' (A Lucrezio II 216 sgg., 251 sgg.; IV 877 sgg.)", p. 16, *op. cit.*

449 *cf.* GIUSSANI, Carlo, "'CLINAMEN' E e 'VOLUNTAS' (A Lucrezio II 216 sgg., 251 sgg.; IV 877 sgg.)", pp. 18–19, *op. cit.*,: "Infatti esaminando dentro di noi l'atto volitivo nel momento preciso ed esclusivo in cui l'animo si decide e dà la prima mossa all'azione, esso ci appare irreducibile e primario; noi sentiamo – ossia ci appare come fatto di intuizione immediata, quando ci limitiamo alla osservazione introspettiva – che i motivi che ci conducono all'atto volitivo sono antecedenti necessari [como los *simulacra*], ma non sono la causa diretta di quell'atto, il quale (ci pare) anche con quegli antecedenti potrebbe non avvenire, e ci si presenta quindi coi caratteri di una decisione spontanea, di un moto *ex nouo, sine causa*. Così sentiva Epicuro, e l'interno senso doveva avere per lui una tanto più acuta

En esa misma línea se expresa, siguiendo a Giussani, Bailey, que explica esa articulación entre la física atómica y la libertad de la voluntad en términos de psicología material epicúrea.

De acuerdo con ello, la mente (νοῦς) reside en el pecho, siendo un agregado de átomos sutilísimos, de la misma clase que el agregado anímico (ψυχή) que se halla disperso por los miembros y el resto del cuerpo e interactúa con átomos somáticos menos sutiles. Esta división trasluce, a su vez, la distinción *animus / anima*, que recoge Lucrecio. El agregado mental es (con)movido por imágenes (εἴδωλα o *tenua simulacra*), emitidos por los cuerpos compuestos y provenientes del exterior o albergados memorísticamente como "anticipaciones" (πρόληψις) en la propia mente, que a su vez ponen en marcha átomos del principio vital (*anima*) para ejecutar la acción. Esos átomos tan sutiles recién nombrados tienen especial importancia en la constitución del alma o mente, en compañía de los otros tres y, aunque carecen de nombre (τετάρτου τινὸς ἀκατονομάστου[450]; "*quarta quoque his igitur quaedam natura necessest / attribuatur. east omnino nominis expers*"[451]), parecen capaces de vibrar todavía más que los átomos de otra clase que conforman el alma. Por otra parte, debemos señalar que, juntamente con el acto volitivo, postulamos un acto comprensivo-intuitivo-intencional, la ἐπιβολὴ τῆς διανοίας, llamado en latín *animus inectus* o *iniciens*. Consiste éste en un acto de aplicación de la mente, una proyección o lanzamiento del alma hacia el objeto de interés, una intención o atención hacia las imágenes, de manera que se produce una captación intuitiva, inmediata, clara e indudable, gracias a sutiles átomos, sin concurso de las facultades sensoriales.

Lo antedicho produce la representación plástica o, bien entendida, en la fantasía o imaginación, en un proceso de aprehensión o captación intelectual que significa

---

certezza, in quanto egli attaccava inestimabile valore alla libertà del volere; chè in questa spontaneità, non necessità, trovava il carattere essenziale dell'atto volitivo. Questa è l'origine della *voluntas* epicurea; quegli altri elementi che ha comuni con Aristotele non sono che accessorii e concomitanti. E poiché per Epicuro ogni atto psichico era movimento di atomi, egli doveva dirsi: qui c'è un moto atomico che non è necessariamente e meccanicamente prodotto da *plagae* di altri atomi (nè, s'intende, dalla gravità); è moto atomico spontaneo; (...) Necessariamente il moto spontaneo volitivo deve metter radice e trovar la sua causa, la sua materia prima, nella possibilità del moto spontaneo atomico, cioè degli atomi in sè stessi isolati. Per brevità abbiam chiamato moto atomico il moto volitivo; ma anzitutto esso è moto spontaneo di un *concilium*, di un *concilium* di atomi della quarta natura (ed è spontaneo perchè indipendente, anzitutto, non da *plagae* atomiche, ma da precedenti moti parimenti conciliari). Se non che qualunque moto di un *concilium* è il risultato de' moti degli atomi suoi componenti, e in essi si risolve, come il concilium stesso risulta dagli atomi che li compongono". Más adelante aclaramos en qué consiste esa "cuarta naturaleza" atómica.

450 AËTIVS Doxogr., *De placitis reliquiae (Stobaei excerpta)*, IV, 3, l. 11–21; l. 1, en DIELS, Hermann, (ed.), *Doxographi graeci*, Berolini, Reimer, 1879, pp. 388–389.

451 LVCRETIVS, BAILEY, *op. cit.*, III, vv. 241–242.

una apropiación anímica[452], cuya característica primordial es la verdad y veracidad, tal como sucede con la intuición por lo que hace a la existencia de los dioses. Advertimos aquí de que no nos ocupamos extensamente de la ἐπιβολὴ τῆς διανοίας ni de la constitución del alma o la psique según Epicuro porque, especialmente ésta última, es objeto de estudio en otro lugar.

De vuelta a Bailey, es necesario ahora citar extensamente al estudioso inglés por cuanto explica con gran claridad su postura, que en esencia compartimos; antes de la acción materializada o resuelta (el caminar), afirma que:

> "another process must take place, the process of volitional choice. When the image is presented to the mind it does not of itself immediately and inevitably start the chain of motions which results in the physical movement, I can at will either accept or reject the idea which it suggests, I can decide either to walk or not to walk. (...) It is due, said Epicurus, to the spontaneous swerving of the atoms, the act of volition is neither more nor less than the 'swerve' of the fine atoms which compose the mind. The fortuitous indeterminate movement of the individual atoms in the void is in the conscious complex (*concilium*) of the mind transformed into an act of deliberate will. The vital connexion, indeed the identity of the two processes is clearly brought out by Lucretius at the close of his exposition of the theory: [(*s)ed ne mens ipsa necessum / intestinum habeat cunctis in rebus agendis / et devicta quasi cogatur ferre patique, / id facit exiguum clinamen principiorum / nec regione loci certa nec tempore certo* (*Lucretius, De rerum natura*, l. II, vv. 289–293)[453]] It is not merely, as has been suggested, that Epicurus decided to get over two difficult problems in his system economically by adopting a single solution, but that he perceived an essential connexion between them if freedom is to be preserved, it must be asserted at the very basis of the physical world" [...] "not only did Epicurus believe that this atomic 'swerve' was the cause of free-will in man, but that it was largely his strong desire to save the freedom of the will in a world governed by the inevitable sequence of cause and effect, which led him to

452 *cf.* DIANO, Carlo, "Le problème du libre arbitre dans le Περὶ φύσεως", en DIANO, Carlo, *Scritti Epicurei*, Firenze, Leo S. Olschki, 1974, pp. 61–62 y 64, respectivamente: "ἐπιβολὴ τῆς διανοίας, come quella che non solo ci fornisce la conoscenza di una parte di realtà che altrimenti sarebbe per noi non esistente, ma è ancora la funzione specifica di tutta la nostra attività intellettuale. La parte che essa ha nella formazione dei concetti [...] Esiste un atto di attenzione dei sensi, l' ἐπιβολή των αἰσθητηρίων, e un atto di attenzione della mente, l'ἐπιβολή τής διανοίας; l'uno ha per effetto di render più chiara la sensazione, che è quanto dire più esteso e continuo il moto in cui essa consiste e più vario il suo contenuto qualitativo; l'altro è la funzione specifica onde la mente coglie ed associa le immagini, interpreta i dati confusi del senso e in generale dà ordine e disciplina all'intiera vita psichica".

453 LUCRECIO, *La naturaleza*, II, vv. 289–293, en SOCAS, *op. cit.*, p. 188: "el que la mente, para hacer toda cosa, no contenga en sí una necesidad interna ni se vea por una suerte de atadura obligada a sobrellevar y padecer, eso lo consigue la pequeña desviación de los principios en dirección indeterminada y en momento indeterminado". Ya hemos aducido, en el cuerpo del texto, este pasaje.

place this element of spontaneity at the basis of his physical system. (...) The act of will, no less than the acts of sense-interpretation or of thought or of emotion, is an atomic motion, initiated, as always, in the particles of the 'fourth nature' and communicated to the other elements of the mind. Now, setting aside the 'swerve', there are only two causes which can start movement, weight, and an external blow due to the contact with another body. This is as true of the mind as of any other body, except that from the circumstances of its nature and position in the body, weight is not an effective cause of motion. It is the blow from the atomic movements communicating the senseperception which starts in the mind the movements of sense-interpretation, it is the blow of the image or 'general concept' which initiates the movements of thought, and the blow of the movement communicating the passive sensation of the body which sets going the movements of emotion; in every case the mental movement is the inevitable reaction to the stimulus of an external blow. But what is it in the case of an act of will? Is the act of will a purely mechanical reaction to the blow of the image of an action? No, for in that case there would be no question of chance, the mind would always react and we could never refuse to accept the prompting of the image. Lucretius' account makes this clear. The image is presented to the mind and 'beats upon the mind' but then follows a break in the mechanical chain 'then comes the act of will', the mind chooses whether it will act or no, and 'moves itself'. Its movement which results in action (or the refusal of action) is not the result of the external blow, but of this internal power of movement, which is due to the 'swerve' (...) The movement of will is wholly initiated within the mind and the mind in starting it is wholly self-determined. Of what nature then is this self-initiated movement? (...) the solution of this difficulty lies once again to the Epicurean conception of a compound body (*concilium, conciliatus*). The compound is more than a mere aggregate of independent atoms it is their union in a complex, which has a new individuality of its own in which it may acquire qualities and even powers which are not possessed by the individual component atoms. The soul or mind is a compound body of such peculiar constitution in the nature of its component atoms and their motions among themselves, that it acquires the power of sensation or consciousness. The automatic swerve of the individual atoms then is translated in the complex of the mind into a consciously spontaneous movement, in other words into a movement of volition"[454].

El *concilium* puede constituir una muestra de la progresión en diversidad y profundidad crecientes que muestran sucesivos agregados de carácter más o menos sutil. El aumento en complejidad incumbe no sólo a lo mecánico, sino a aquello que modernamente llamaríamos lo químico; de hecho, siguiendo una pista ofrecida por Viktor Vizguin[455], podemos sostener, con Masson, que el *concilium* equivale al

454 BAILEY, *Greek atomists, op. cit.*, pp. 319–320 y pp. 433–435.
455 VIZGUIN, Viktor, "Evolución de la idea de sustancia química en la antigüedad (II): el caso de Epicuro", *Llull: Revista de la Sociedad Española de Historia de las Ciencias y de las Técnicas*, nº 15, vol. 29, 1992, pp. 415–428.

ἄθροισμα de Epicuro, en tanto que (cuerpo) compuesto, posee una naturaleza no sólo mecánica sino también química, como una combinación molecular especial[456].

Al margen de vincular física y química, esto es, un fenómeno más sutil si cabe, hemos de justificar nuestro subrayado en la cita de Bailey. Dice el estudioso que el compuesto es más que un simple agregado de átomos individuales, tiene una nueva entidad y puede adquirir cualidades y capacidades que no se hallan en sus formantes aislados. Esta explicación es de tipo emergentista y, sin vulnerar las severas leyes de la física epicúrea, hace admisible la postulación de fenómenos o propiedades cualitativamente más complejos. Iniciado con Mill y las leyes heteropáticas[457], su discípulo George Henry Lewes las explicó y definió más acabadamente[458].

En esa misma línea, que postula cualidades emergentes del conjunto pero no remisibles a los individuos integrantes, se inscriben a inicios del siglo XX Morgan[459]

---

456 *cf.* MASSON, John, *Lucretius, Epicurean and Poet*, London, Murray, 1907, pp. 128–129: "He [Lucretius] insists pointedly that the atoms must unite *in concilio*—that is to say, the atoms must combine and group themselves in a certain way before any kind of substance can be produced. Thus he does certainly insist on something more than mere mechanical combination among the atoms. According to Lucretius, *concilium* occurs only when like atoms come together. Modern chemistry, too, teaches us that all the atoms of each element are alike, while the atom of each elementary substance differs essentially from that of every other. Chemistry, moreover, asserts that both simple and compound bodies are composed of molecules, or groups of atoms, which are formed by the action of chemical affinity. Can it be said that by his notion of *concilium* Lucretius meant to assert that no kind of substance can be produced unless the atoms have first united in some special order or combination differing from mere mechanical contact? and that *concilium* thus foreshadows the doctrines of chemical combination among the atoms, and, though only vaguely and by implication, of the molecular composition of matter? The existence of molecules is now viewed not as contradictory to the theory of atoms, but only as its complement, and it would be interesting to find in Lucretius a foreshadowing, though faint, of the doctrine of molecules developing out of the atomic theory as held by Epicurus".

457 *cf.* CHÁVEZ, Ezequiel, *Resumen sintético del sistema de Lógica de John Stuart Mill, con notas complementarias*, Paris, Ch. Bouret, 1897, "Libro III: La indución", 'Capítulo VI: Composición de causas', p. 111: "La composición de causas no se produce en lo que se refiere á la química: los compuestos tienen propiedades que no son la suma de las propiedades de los componentes, y lo mismo pasa en lo que toca á los cuerpos organizados: son un resultado de la yuxtaposición de elementos inorgánicos; pero el efecto producido (por ejemplo la lengua no es la suma de los efectos conocidos de las causas (fibrina, gelatina, etc.) combinadas".

458 *cf.* LEWES, George Henry, *Problems of Life and Mind: First Series: The Foundation of a Creed.* Boston, Houghton, Mifflin, 1891, pp. 368–369.

459 MORGAN, C. Lloyd. *Emergent Evolution; The Gifford Lectures, Delivered in the University of St. Andrews in the Year 1922*, London, Williams and Norgate, 1923, p. 1: "But the orderly sequence, historically viewed, appears to present, from time to time, something genuinely new. Under what I here call emergent evolution stress

y Broad[460], quienes subrayan, cada uno por su parte, las implicaciones físicoquímicas de la vida a partir de la materia inerte, así como el surgimiento, a partir de la vida, del pensamiento y la conciencia o pensamiento reflexivo. En términos actuales, las correlaciones entre materia inerte, vida, pensamiento y racionalidad pueden considerarse lo que algunos biólogos llaman "propiedades emergentes", esto es, las que se fundan en el hecho de que a partir de materia inanimada o inerte surge la vida, que procede de la primera[461], debido a un incremento gradual y espontáneo de la complejidad molecular, hasta alcanzar una autoorganización en equilibrio termodinámico y en virtud de reglas internas, así como la capaciad de autorreproducción. Aquí desempeña un papel importante la noción de emergencia, esto es, el surgimiento de propiedades novedosas de la estructura organizada[462]. Como indica Luisi, "la noción de emergencia conecta la química y la biología con la filosofía de la ciencia" y ésta "se aplica a la aparición de propiedades novedosas cuando surge un nivel superior de complejidad a partir de combinantes menos complejos, donde 'novedosa' significa que dichas propiedades no están presentes en el nivel inferior. (...) [L]a emergencia interviene en una variedad de disciplinas derivadas, como la cibernética, la teoría de la complejidad, la inteligencia artificial entre ambos enfoques"[463].

Desde el punto de vista bioquímico, podemos aducir las siguientes palabras de Lehninger:

> "Los seres vivos están integrados por moléculas inanimadas. Cuando se examinan individualmente, estas moléculas aisladas se ajustan a todas las leyes físicas y químicas que rigen el comportamiento de la materia inerte. Sin embargo, los organismos vivos poseen, además, unos atributos extraordinarios que no exhiben cúmulos de materia inanimada. Si examinamos algunas de estas propiedades especiales, podremos acercarnos al estudio de la bioquímica con una mejor comprensión de los problemas fundamentales que trata de explicar"[464].

Todo eso recuerda, en términos científicos, a la tesis científica de la síntesis abiótica, en la que trabajó, con el descubrimiento de los colpoides, el biólogo mexicano

---

is laid on this incoming of the new. Salient examples are afforded in the advent of life, in the advent of mind, and in the advent of reflective thought".

460 BROAD, Charles Dunbar, *The Mind and Its Place in Nature*, London, Paul, Trench, Trubner, 1925, p. 23: "An emergent quality is roughly a quality which belongs to a complex as a whole and not to its parts. Some people hold that life and consciousness are emergent qualities of material aggregates of a certain kind and degree of complexity".

461 LUISI, Pier Luigi, *La vida emergente: de los orígenes químicos a la biología sintética*, Barcelona, Tusquets, 2010, p. 18: "el postulado de que la vida en la Tierra procede de la materia inanimada".

462 LUISI, *op. cit.*, p. 130.

463 LUISI, *op. cit.*, pp. 165–166; *cf.* también pp. 178–181.

464 LEHNINGER, Albert Lester, *Curso breve de bioquímica*, Barcelona, Omega, 1976, p. 3.

Alfonso Luis Herrera, donde se produce una autoorganización y activación en un ser de mayor complejidad, dotado de autonomia existencial[465].

De acuerdo con lo antedicho, consideramos admisible tratar la vida, la conciencia sensoriomotora o la sensiblidad instintiva (animal), así como la autoconciencia, la reflexividad, que conducen de suyo a la libertad, al libre albedrío y a la moralidad, como propiedades emergentes. De hecho, algunos teóricos partidarios de la llamada emergencia fuerte sostienen que la autoconciencia es una propiedad emergente de la vida[466], que alcanza a los humanos[467] e incluso a primates[468].

En el transcurso de la investigación hemos descubierto que, de hecho, Sedley ya propone este valor para la desviación atómica en cuanto propiciadora de la volición:

> "swerves are not involved in volition itself but are the element of indeterminacy in atomic motion which enables volition, an emergent property of the mind, to exercise control over the mind's physical processes, and thereby over the body, in such a way as to exempt animal behaviour from the lawlike regularity of natural phenomena"[469].

La teoría emergente de Sedley no consideramos que esté distante de lo que sostiene Purinton[470], al insistir en la *bottom-up causation* o causación ascendente, en cuya virtud se producen las decisiones anímicas, es decir, que los niveles inferiores atómicos sutilísimos del ánimo generan desviaciones anímicas o nuevos movimientos en los átomos de la mente. En nuestra opinión, puede aceptarse, en todo caso, la noción de que cada desvío de la detención (la inacción) o de una trayectoria (un curso de acción) suponga un clinamen en términos mentales, un *motus animi* que sea, llegado

---

465 *cf.* HERRERA, Alfonso, *La Plasmogenia: nueva ciencia del origen de la vida*, Valencia, Estudios, 1932, p. 26 y ss.

466 *cf.* POLKINGHORNE, John, C., *Exploring Reality: The Intertwining of Science and Religion*, New Haven, Yale University Press, 2005, p. 10: "Strong emergence would correspond to the case in which a new causal principle becomes active in a complex system, of a distinct kind not encountered at lower levels of complexity. More would then be different in a radical way. An example of strong emergence would be if it is indeed the case that human persons possess the power of free agency and are able to act in the world to bring about their choices in a fashion that is not simply an immensely complicated addition of the causal properties of the elementary particles that make up their bodies".

467 *cf.* BAYNE, Tim *et al.* (eds.) *Oxford Companion to Consciousness*, Oxford, Oxford University Press, 2009, *s. u.* "emergence", pp. 254–255.

468 *cf.* KING, James E., RUMBAUGH, Duane M., SAVAGE-RUMBAUGH, E. Sue, "Evolution of Intelligence, Language, and Other Emergent Processes for Consciousness: A Comparative Perspective", en HAMEROFF, Stuart R. *et al.*, *Toward a Science of Consciousness II: The Second Tucson Discussions and Debates*, Cambridge, Mass, MIT Press, 1998, pp. 381–396.

469 SEDLEY, David, "Epicurus' Refutation of Determinism", en GIGANTE, *op. cit.*, pp. 11–51, concretamente p. 48.

470 *cf.* PURINTON, Jeffrey, "Epicurus on 'Free Volition' and the Atomic Swerve", en *Phronesis*, nº 44, vol. 4, 1999, pp. 253–299.

el caso, *motus corporis*; no obstante, ese clinamen mental no será propiamente atómico por ser pluriatómico y sólo será clinamen en términos analógicos o correlativos.

Con respecto a las propiedades emergentes, creemos que la postulación de la vida, la inteligencia o la volición y ejecución (esto último es lo que más compete a Epicuro) como 'emergentes' ponen de manifiesto la irreductibilidad tanto del clinamen cuanto de la capacidad racio-decisonaria-ejecutiva humana.

Ello evidencia la imposibilidad de la teorización absoluta de la vida, en virtud de cualquier reductivismo o determinismo, cosa que, pensamos, concuerda a la perfección con la noción de libertad, de los espacios de la pura posibilidad e impredeterminación[471], que, para Epicuro, guardan una correlación proporcional que parte de la desviación vibrante, vitalista y autocausada de cada átomo. Esa continuidad alcanza también a procesos de apercepción sensorial, juicio, aceptación placentera o indolora de información sensorial y actuación motora consecuente con vistas a una finalidad que sólo establece o bien el animal irracional desde el instinto o bien el ser humano desde el λογιςμός. Toca ese vínculo armónico incluso a la acción de los dioses, en Epicuro. Esa irreductibilidad es vida plena; si desde el instinto, libertad animal; si desde la racionalidad, libre albedrío, que es espacio de experiencia sin más límite que el que fija la naturaleza.

Tratando ahora de recapitular cuanto hasta aquí hemos expuesto, sostenemos que la existencia del clinamen atómico es, con relación a la fisiología, axioma o fundamento teórico autoevidente para Epicuro y, por lo mismo, no está necesitado de causa primera. Ese clinamen puede relacionarse, en nuestra opinión, con una fuerza o actividad connatural o, si se prefiere y no se toma aristotélicamente, con una potencia dinámica, una energía independiente y autónoma, inagotable, una primera motricidad propia, que (se) mueve sin ser movida; puede ligarse, así mismo y más problemáticamente, con el vitalismo o la vida sin autoconciencia, en una metáfora vitalista que impregna el poema de Lucrecio[472]; todo lo cual, pese al carácter móvil, se acerca a ciertas propiedades del ser esférico parmenídeo en una pluralización

---

471 Epicuro sí emplea – creemos – el reductivismo al definir los constituyentes fundantes de lo real pero éste no alcanza lo psicológico humano.

472 *cf.* SCHMIDT, *Clinamen*, *op. cit.*, 104: "Schließlich besteht eine keineswegs leicht beiseitezuschiebende Bekräftigung des Vitalismus auch des epikureischen Atomismus in der durchgehenden biologischen Metaphorik des lukrezischen Lehrgedichts, das eben mit dem Gipfel solcher Metaphorik einsetzt, dem Venushymnus. Die Einheit von Weltschöpfung und Willensimpuls, von kosmogonischer Bewegungskraft, Zeugungslust und Willensdrang konnte nicht überzeugender als in der Gestalt und Wirkung der traditionellen Gottheit Bild werden, die Lust und Zeugung vereinte. Daher wird hier für die biologische Metaphorik auf die Deutung des Venusproömiums in Kapitel 10 verwiesen. Aber schon selbst die lukrezischen Metaphern für die Atome weisen in diese Richtung. Sie gelten nicht der Grundqualität der Unteilbarkeit, sondern heben den Ursprungs- und Zeugungscharakter hervor: 'Erstursprungskörper der Dinge (*primordia rerum*)', 'Mutterstoff (*materies*)', 'Zeugungskörper (*genitalia corpora*)', 'Samen der Dinge (*semina rerum*)'".

infinita, sin tener por ello un matiz divinizante, teleológico providente, habida cuenta de que, como bien escribe Deleuze:

> "Los epicúreos operan otra separación de la causalidad, que también funda la libertad: conservan la homogeneidad de la causa y el efecto, pero dividen la causalidad en series atómicas cuya independencia respectiva queda garantizada por el clinamen, que no es destino sin necesidad, sino causalidad sin destino"[473].

El clinamen es un fin en sí mismo y no depende de otros, de forma que puede caracterizarse como la automotricidad atómica, que es individual y pertenece al reino de la pura posibilidad – libre de toda predeterminación ontológica y de toda previsibilidad epistemológica, dentro de los límites establecidos por los axiomas epicúreos y que no son contravenibles; esa virtualidad ha de verificarse, motivo por el cual es imposible pronunciarse sobre él desde el punto de vista del tercio excluso, siguiendo las normas de la lógica clásica, incluso en términos de lógica modal-temporal; donde reina la libertad constituiva física no existe la predeterminación, sino que se impone, sin violencia, la incertidumbre, cosa que modernamente ha puesto de manifiesto Heisenberg con su principio, ligado a la medición simultánea de dos valores cuánticos del mismo objeto[474].

Todo átomo está, pues, caracterizado por el clinamen, que produciría una infinitud de movimientos aleatorios y mínimos que lo desvían de una trayectoria cadente en línea recta. Esa desviación es cierta o determinada sólo a posteriori y su verificación es imposible en la práctica, dado que el campo en el que los átomos se mueven es infinito, al igual que lo son los propios átomos. La certidumbre relativa al tiempo y a la región ciertos conecta, en latín, con el participio pasado (que indica pasividad y anterioridad) de *cerno, certus,* y que significa corte, la determinación, la resolución o la decisión: lo incierto es, pues, lo no determinado, no separado por medio de la acción, la voluntad, la inteligencia o los acontecimientos.

El átomo, como hemos indicado más arriba, ha de desviarse, pues ello le es inherente, pero no es cosa sabida o decidida dónde caiga, por imposibilidad de retrotracción en el orden de las causas, dado que él mismo inicia, autoteleológicamente, un orden de causas. Juzgamos oportuno ahora observar que el número de desviaciones o apartamientos atómicos intervinientes en la motivación de la voluntad ha de ser, en consistencia con la doctrina epicúrea, numerosísimo antes que limitado, como erróneamente afirma Furley[475],

---

473 DELEUZE, Gilles, *Lógica del sentido,* Barcelona, Paidós, 2005, p. 32.

474 *cf.* ALONSO, Marcelo *et al., Mecánica cuántica: fundamentos y aplicaciones,* Salamanca, Ediciones Universidad de Salamanca, 2009, p. 45.

475 FURLEY, David, *Two Studies in the Greek Atomists: Study II, Aristotle and Epicurus on Voluntary Action, op. cit.,* p. 232: "Lucretius says that *voluntas* must be saved from a succession of causes which can be traced back to infinity. All he needs to satisfy the Aristotelian criterion is a break in the succession of causes, so that the source of an action cannot be traced back to something occurring before the birth of the agent. A single swerve of a single atom in the individual's psyche would be enough for this purpose, if all actions are to be referred to the whole of

corregido por Knut Kleve[476], en una cuestión aclarada por Bailey[477]; numerosísimo al menos en la cantidad de las vibraciones e imágenes intramentales o extramentales que el hombre o mujer en cuestión percibe y considera en el plano volitivo pero no se le imponen – cosa que sería determinismo reductivo. Hay, como se ha indicado, analogía o correlación entre clinamen y libertad humana porque los εἴδωλα o *simulacra* no fuerzan cursos de acción, aunque los motiven no determinativamente o los posibiliten. El problema de tal determinismo lo observa muy bien Kleve cuando sostiene lo siguiente:

> "if we turn to Epicurean theology, this difficulty becomes pressing. The cause of the eternity of the gods lies in their free will: every single moment they are able to choose that which conserves and avoid everything that destroys their souls and bodies. How this eternal alertness, which must include every atom in the structure of the god and meet every atomic blow coming from without, should be conditioned by some single or a few and scattered swerves, is not easy to see"[478].

---

the psyche. But there is no evidence about the number of swerves. One would be enough, and there must not be so many that the psyche exhibits no order at all; between these limits any number would satisfy the requirements of the theory. The swerve, then, plays a purely negative part in Epicurean psychology".

476 KLEVE, Knut, "*Id facit* exiguum *clinamen*", en *Symbolae Osloenses*, 01/1980, 55, pp. 27–31, concretamente p. 28: "Furley's stress on a single swerve or sporadic swerves of atoms in the soul seems to be in conflict with the role that the concepts of infinity and innumerability play in Epicureanism. Actually they permeate the whole doctrine: the creation and maintenance of every single thing in the universe are dependent upon an infinite supply of atoms and atomic movements of a certain sort, innumerable idols are needed to produce sight and thought, our elementary needs are secured because the world abounds in elements suited for the feeding of our bodies, our sexual desires can be met by a countless number of persons of the opposite sex. The innumerable swerves have the function of preventing the atoms from re-entering their natural, downward motion".

477 BAILEY, *Greek atomists, op. cit.*, pp. 323–324: "It has been maintained by one modern critic [Brieger] that Epicurus individual atom could only swerve once and no more. Such an idea would be so arbitrary as to be very unlike Epicurus' usual modes of thought, there is no evidence for it in the authorities and it would immensely complicate the psychological explanation of free-will. Moreover the main argument on which this contention rests, that the atom having once swerved from the line of the perpendicular fall could not return to it again and so be in a position to swerve once more, is valueless, for on the one hand, there is nothing to show that Epicurus did not conceive of a 'swerve' from some other line or motion, on the other it will be seen later that it is highly probable that he did conceive of the return of the swerving atom to its perpendicular line".

478 KLEVE, Knut, "*Id facit* exiguum *clinamen*", *op. cit.*, pp. 27–31, concretamente p. 29.

En este sentido queremos insistir en el hecho de que hay infinitas desviaciones y numerosísimos ídolos o imágenes pero tanto hombres como dioses deciden cuál retener y cultivar.

Los dioses se mantienen y satisfacen a su modo, alimentándose de manjares especiales, (néctar y ambrosía[479]) con la risa y las conversaciones de sus iguales, que los nutren, los reparan y conservan su integridad de manera estable. Los hombres, obviamente, interactúan con complejos atómicos más groseros y se alimentan también de algunos de ellos, hallándose expuestos, sin embargo, a las causas de disgregación propias de su entidad compuesta. Como bien indica Kleve (cosa que tiene implicaciones dietéticas, teológicas, éticas y políticas para la propuesta epicúrea): "the *concilium* of the soul is met by a number of random movements, which can either be of a conserving or detrimental effect to it according to how the soul reacts to them. In fact, our soul has to cope with an innumerability of swerves, the deviations taking place in every possible direction. For an indecisive and undisciplined soul the swerves must have a disastrous effect. But for a stable soul, which knows its course, the swerves represent forces that can be utilized"[480], cosa que afecta no sólo a hombres y dioses, sino también a los animales.

Por otra parte, es digna de mención esta interacción entre beneficio, perjuicio y clinamen en los compuestos, en el sentido de que parece concebible que, al darse el agregado atómico, los movimientos de declinación propios de los átomos que se hallan en entrelazamiento (περιπλοκή), se matengan pero que, al propio tiempo y mientras no triunfen movimientos internos o externos de disgregación total, exista una movilidad o desviación grupal, habida cuenta de que, como indica acertadamente Furley:

> "All compounds, in Epicurean theory, are composed of aggregations of atoms which jostle continually with one another in never-ceasing motion. A compound will move, if all its component atoms move in the same direction over a period of time"[481].

La mente y su desviación, que es la libertad de la voluntad, enlanzan, a su vez, con una identificación entre clinamen y *uoluptas*[482] para lo humano, propuesta por Mayotte Bollack, quien, en su estudio de algunos pasajes lucrecianos, afirma:

> "[O]n voit bien que le plaisir est libre: En effet, la volonté du soi est à l'origine de ces actions qui ont pour but le plaisir, quand elle *commence* à répandre le mouvement dans les membres (...) le plaisir, pour Épicure, est tout entier dans la préservation d'un

479 ONIANS, Richard Broxton, *The Origins of European Thought About the Body, the Mind, the Soul, the World, Time, and Fate*, Cambridge, University Press, 1951, p. 292 y ss.

480 KLEVE, Knut, "*Id facit* exiguum *clinamen*", *op. cit.*, pp. 27–31, concretamente p. 29.

481 FURLEY, David, *Two Studies in the Greek Atomists: Study II, Aristotle and Epicurus on Voluntary Action, op. cit.*, p. 123.

482 La estudiosa francesa propone '*uoluptas*' como *lectio correctior* en LVCRETIVS, BAILEY, *op. cit.*, II, 257, frente a *uoluntas.*

domaine qui n'est pas seulement défendu du côté de l'extérieur, mais conquis par une prise de possession du soi"[483].

Schmidt, por su parte, exagera – creemos – al sostener que Epicuro o Lucrecio atribuyen voluntad y placer a los átomos anímicos implicados en los actos volitivos o en afanes placenteros con el clinamen, a partir de lo cual saca, a nuestro juicio, conclusiones no deseables e incosistentes con el sistema epicúreo, puesto que ningún átomo por sí tiene conciencia, alma o voluntad en sentido estricto, sino sólo en el tentativo o analógico[484].

Conviene indicar, en otro orden de cosas, que incumbe únicamente a la mente del dios, del animal, o del hombre, la decisión (instintiva o racional, según el caso), la formación y ejecución de un criterio, esto es, la libertad, en cuya virtud la mente "reacts only to some of the innumerable idols which are moving along, by its own choice"[485].

Sin embargo, el papel de las desviaciones atómicas es doble por lo que respecta a las voliciones. Por una parte, las preceden, como defiende Fowler[486] o, desde

---

483 BOLLACK, Mayotte, "*Momen mutatum*", *op. cit.*, pp. 163–189, concretamente pp. 175–176.

484 SCHMIDT, *Clinamen*, *op. cit.*, p. 135–137: "Epikur/Lukrez teilen den Seelenatomen bzw. einem Seelenatom der Lebewesen in deren Willensakten oder Lustbestrebungen mit dem *clinamen* selbst Wille und Lust zu. Das vitale Spontaneitätsprinzip, welches die Abweichung darstellt, ist von dem Willen oder der Lust nicht verschieden, eben weil es sich um ein Seelenatom handelt und die atomare Seele diesem gegenüber keine unabhängige und ihm gegenüberstehende kategorial verschiedene Instanz ist. Daß daher das deklinierende Seelenatom auf eine Wahrnehmung, sowohl sinnliche als auch geistige Wahrnehmung, reagiert, spricht deswegen nicht gegen die Spontaneität der Abweichung, weil die Reaktion auf die Wahrnehmung frei bleibt. (...) Der Gewinn dieser Hypothese läßt sich demnach so artikulieren: (i) Seele, Geist, Subjekt, Ich stehen der Materie nicht als kategorial verschiedene Instanz gegenüber. Die Materie selbst, die Atome, sind mit Leben und Verlangen versehen. (ii) Der epikureische Materialismus und Atomismus ist nicht rein mechanisch; vielmehr sind im Baustoff der Welt und der Lebewesen Materie und Geist verbunden. (iii) Die Hypothese läßt erkennen, daß die Leugnung möglicher Verbindung von Atomismus und Willensfreiheit einer Materievorstellung verpflichtet ist, die nicht die des antiken Atomismus und Materialismus ist. (iv) Die Alternative von bottom-up und bottom-down Verursachung wird überwunden; zwischen den Seelenatomen und den Willensakten des Subjekts besteht nach beiden Richtungen kein Verursachungszusammenhang, sondern Identität. (v) Das Erkenntnisprinzip der Analogie zwischen makroskopischen Phänomenen und den Atomen ist im Zusammenhang des Willens (...) einzuschränken. (vi) Moralisch verschiedene Willenssubjekte besitzen wohl nicht verschiedene Seelenatome, aber offenbar verschiedene geistige Wahrnehmungen und Gedanken".

485 KLEVE, Knut, "*Id facit* exiguum *clinamen*", *op. cit.*, pp. 27–31, concretamente p. 29.

486 FOWLER, Don, *Lucretius on Atomic Motion*, *op. cit.*, pp. 327–328 y p. 337: "Lucretius is arguing from the existence of *voluntas* to the existence of the *clinamen*; nothing

otra postura, Englert[487], quien las considera fuente interna de movimiento y de voluntad, si bien dista entre la formación libre de una resolución y su ejecución o materialización, una cierta tardanza, aunque se produzcan a la velocidad del pensamiento (τοσοῦτον ἅμα νοήματι τὴν φορὰν σχήσει), en el mínimo tiempo pensable

---

comes to be out of nothing, therefore *voluntas* must have a cause at the atomic level, viz. the *clinamen*. The most natural interpretation of this is that every act of *voluntas* is caused by a swerve in the atoms of the animals' *animus*. [...] "[f] or Lucretius, *voluntas* takes place in the mind, the *animus*, but it is also a purely physical occurrence. There is no disembodied faculty of the will separate from the physical constitution of the animal (...). *Voluntas* is not, moreover, in Lucretius' view merely the object of introspection; we can see it occurring in others. It takes place when the mind decides to focus on certain *simulacra* in an ἐπιβολὴ τῆς διανοίας, and is thus situated between sense perception and the formation of a specific φαντασία which leads to action. It is caused by a random swerve in the downward motion of an atom or atoms in the 'fourth substance' of the *animus*, which causes an alteration in the atomic motions which eventually leads to a specific action. What action, if any, a swerve issues in is determined by which atoms swerve and by the constitution of the *animus*. On any particular occasion, what action the animal will take is unpredictable, but over a series of actions his reactions to the external world will be broadly consistent with the sort of being he is".

487 ENGLERT, Walter G., *Epicurus on the Swerve and Voluntary Action*, Atlanta, Georgia, Scholars Press, 1987, pp. 5 y 69, respectivamente, con referencias a los ejemplos de Lucrecio sobre los caballos: "the swerve is involved [not] only in effortful situations, but that even in effortful situations, when living creatures are most anxious to move, there is a slight delay in the action which shows that living creatures have an internal source of motion. [...] He chooses these particular examples because they clearly illustrate, in different ways, that voluntary action involves an internal source of motion, the swerve. Lucretius thinks the example of the horses is significant, not because it illustrates an action that is so effortful the horses require some kind of extra, internal push to carry it off, but rather because it shows that even though the horses are extremely eager to start, we still can detect a point, after the starting gate drops, when the motion starts within the horses and spreads throughout their limbs. What Lucretius establishes is that the action does not occur instantaneously, but must begin and spread throughout the body. The second example is also chosen to show that even against external force, the *voluntas* has the power to initiate motion and counteract the force. In short, Lucretius chooses the examples not because they are particularly effortful, but because they are clear illustrations that the *voluntas* initiates voluntary action, and does so by means of the swerve. The examples are thus more naturally taken, in line with the opening of the passage, as illustrations of the swerve as the source of motion in living creatures. (...) The living creatures in the two examples initiate actions by the power they possess, called *voluntas*, which in turn is a faculty of the soul, which is only able to initiate motion because of the swerve, which is defined as a beginning of motion".

(κατὰ τὸν ἐλάχιστον συνεχῆ χρόνον)[488]. Por otra parte, esas desviaciones también suceden o siguen a la volición, ya que ella establece apartamientos sucesivos tanto al nivel microscópico como al macroscópico.

Así, fundadas en los apartamientos oblicuos de los átomos, la voluntad y la libertad como propiedades emergentes que no pueden retrotraerse a aquéllos, sí, empero, obedecen a las leyes físicas de movimiento, por cuanto dependen de la fisicidad de su constitución y de la fisicidad de sus objetos de volición, puesto que, como apunta Sedley, "operate not by overriding the laws of physics but by choosing between the possibilities which the laws of physics leave open"[489].

Saunders, que acepta la dimensión emergente de la voluntad en el alma, como propiedad adquirida y no heredada, entiende que la desviación es en la acción la contrapartida o contraparte de la *voluntas* en la decisión. Nosotros creemos que el apartamiento oblicuo es inherente y conditio *sine qua non* de la voluntad, tanto en la resolución como en la acción voluntaria. El estudioso antedicho, pregunta, de acuerdo con su postura:

> "But if that is the role of the swerve, is it essential after all? The question arises why Epicurus did not adopt the somewhat more economical hypothesis that *voluntas* itself embraced an 'emergent power' to change the soul-patterns as and when necessary for new action"[490].

Podemos aducir la siguiente respuesta a esa cuestión. Epicuro formula su antireductivismo y antideterminismo psicológicos de tal modo que, anudando todo lo real, la libertad impregna lo más fundante (el átomo que interactúa con el vacío) pero también alcanza lo más complejo, los seres humanos y los dioses, dotados de voluntad. Cedemos, empero, la palabra, a Sedley e Isnardi, respectivamente, cuyos textos son, por sí, muy elocuentes. Afirma el estudioso anglófono:

> "Epicurus dismissed the reductionist psychology of earlier atomism as self-refuting, and thus justified a non-reductionist psychology which permitted the attribution of responsibility to an autonomous self with volitions, beliefs, impulses, etc., none of these being straightforwardly reducible to patterns of atomic motion. That was, in my view, his most significant contribution to the crusade against determinism. But his atomic and logical theories still had to be so constructed as not to preempt the self's decisions by determining the animal's behaviour independently of them. Hence the indeterministic swerve, and, parallel to it in logic, the denial of bivalence - both theories being designed not to explain what volition is but to guarantee its efficacy by keeping alternative possibilities genuinely open"[491].

---

488 EPICVRVS, *Epistula ad Herodotum*, 61, en ARRIGHETTI, *op. cit.*, pp. 56–57.

489 SEDLEY, David, "Epicurus' Refutation of Determinism", en GIGANTE, *op. cit.*, pp. 11–51, concretamente p. 44.

490 SAUNDERS, Trevor, "Lucretius on free will", *op. cit.*, pp. 37–59, concretamente p. 53.

491 SEDLEY, David, "Epicurus' Refutation of Determinism", en GIGANTE, *op. cit.*, pp. 11–51, concretamente pp. 45–46.

A su vez, la profesora italiana escribe:

> "L' analogia costituisce anche il fondamento dello schema logico-gnoseologico che Epicuro giudica più proprio a garantire la possibilità del conoscere, quello dell'inferenza, che va dall'oggetto dei sensi al reale non attingibile direttamente da questi. Come sussiste un rapporto analogico di tipo fisico fra le forme atomiche e i loro successivi agglomerati, così sussiste, ed è individuabile mediante ἀναφορά, un rapporto dello stesso tipo fra il comportamento delle πρῶται φύσεις; e i comportamenti di quelli che sono, fra i composti, le entità più complesse e perfezionate, gli esseri umani, per non dire degli esseri divini che sono, come è ben noto, ἀνθρωποειδεῖς, dotati delle stesse proprietà di quelli"[492].

Aunando *clinamen* y *potestas*, desviación y libertad, partimos de la naturaleza y alcanzamos al conocimiento, la autoconciencia y las finalidades, susceptibles de juicio moral, y, como objetivo último, una vida sabia, placentera y en paz. De acuerdo con esto, cerramos este apartado con unas palabras del estudioso calabrés Carlo Diano:

> "On comprend, d'autre part, que le problème du libre arbitre ne se laisse pas résoudre simplement en disant que les mouvements des animaux et de l'homme sont autonomes et libres de toute nécessité. Ni non plus en ajoutant que *trahit sua quemque voluptas.* On court après le plaisir, et on risque de rencontrer la douleur. Et voilà la nécessité non seulement de la connaissance du τέλος qui est propre à l'homme, mais de la science même de la nature, de la φυσιολογία tout entière, et, au sommet de tout, la nécessité de la sagesse qui en est le couronnentent, et sans laquelle la connaissance n'est rien. (...) Je ne peux toutefois achever ce résumé sans dire un mot sur la colonne in du fragment 5[493] ⟦[ἑ]αυτῶι κατὰ τὸ ὅμοιον ḳαὶ ἀδιάφορον ἑαυτὸν [ῥ]ηθήσεται διανοεῖσθαι, οἷον ἑνός τινος ταύτηι τοῦ νο[ο]υμένο[ν]υ ὄντος ἀλλὰ καὶ ἐφ' ἑαυτ[ο]ῦ̣ ἐ[ν ἑ]αυτῶι [ὡ̣ς] ἄλλων καθότι δ' ἐν [πάθ]ει τινι ἑαυτὸν λέ[γεται] {(l'anima) si dirà che si pensa da sé, secondo il criterio dell'uguale e dell'indifferenziato, dato che in quanto pensante costituisce un tutto unico, ma (si dirà) anche che da sé (pensa) a proposito di sé come (se si trattasse) di altre cose.}⟧. C'est un morceau unique, je crois, dans l'histoire de la pensée grecque. Épicure y pose le problème de la conscience de soi-mème. Tandis que pour Aristote l'intellect se pense en pensant l'universel, pour Épicure, au contraire, on a conscience de soi-méme au moyen de soi-mème: ἑαυτω ἑαυτόν διανοεῖσθαι. Comme si le tout – ajoute-t- il – 'formait une unité indivisible. Et de méme (qu'on a conscience de sa propre identité) on se pense aussi comme autre que soi-méme.' Par ces lignes

492 ISNARDI, "Stoici, Epicurei e il 'motus sine causa", en *op. cit.*, pp. 109–122, concretamente, pp. 116–117.

493 Cita según GOMPERZ, Theodor, "Neue Bruchstücke Epicur's insbesondere über die Willensfrage", en *Sitzungsberichte der philosophisch-historischen Klasse der Kaiserlichen Akademie der Wissenschaften*, 1876, nº 93, 1–2, p. 87 y ss., que remite, para el fragmento citado, a EPICVRVS, *Deperditorum librorum reliquiae*, 34, sect. 15, ll. 1 y ss., en ARRIGHETTI, *op. cit.*, pp. 330–331, cuyo texto griego y traducción italiana insertamos.

Épicure avait touché le fond ultime du problème de l'individu, et par là du libre arbitre. Car, enfin, celui-ci n'est que le problème du 'soi-même'"[494].

1.7. Compuesto

Tras haber ahondado en diversos aspectos del átomo epicúreo, se impone ya tratar los conglomerados atómicos (συγκρίσεις, συστάσεις, ἀθροίσματα, ἀθρόα συστήματα,[495]) o compuestos. Son aquellos cuerpos (σώματα) formados por átomos inicialmente libres, que son sus componentes; σύγκρισις, opuesta a un διάκρισις – que Epicuro usa con otro sentido – procede, como se ha indicado previamente, de συγ-κρίνω, que significa literalmente com-partir, '*condiuidere*', separar como conjunto, separar conjuntamente, por lo tanto componer, combinar, agregar, aunar.

Según indica Giussani, es el término técnico, usado por Epicuro, Demócrito y escuelas afines como Empédocles y Anaxágoras, para hacer referencia a las uniones de átomos con el fin de formar cosas a partir de los primerísimos cuerpos simples, que son los átomos[496]. A su vez, Lucrecio los vierte en latín con *concilia, conciliata, coetum*[497], más transparentes, que remiten a la junta, unión o enlace y cuyo contrario es *discidium*.

Junto a estos términos y conceptos aparece también otro, más plurívoco, ὄγκος[498], que consta ocho veces en la obra conservada de Epicuro. Conche[499] es quien, en sus anotaciones, con más atención ha observado las discrepancias de significado y traducción para el término. Así, Bailey[500] traduce, según la acepción "particles, small atomic compounds, parts", en tanto que Bollack[501] lo vierte como "écart, masse, corpuscle". En castellano, "partícula" suele ser el término elegido como equivalente. Para tratar de aclarar este punto, podemos acudir a un pasaje de Epicuro, que dice así: "cuando se constituye un conglomerado mayor bien a base de entidades (ἐξ αὐτῶν τῶν ὄγκων) de tamaño elemental (ἤτοι τῶν πρώτων) o bien de entidades

494 DIANO, Carlo, "Le problème du libre arbitre", en DIANO, *op. cit.*, pp. 339–340, inicialmente publicado en ASSOCIATION GUILLAUME BUDÉ, *Actes, op. cit.*, pp. 337–42.

495 EPICVRVS, *Epistula ad Herodotum*, 40, 48, 56; 62 y 66, en ARRIGHETTI, *op. cit.*, pp. 39, 45, 57 y 59, respectivamente.

496 *cf.* LVCRETIVS, GIUSSANI, Carlo (ed., trad.), *De rerum natura libri sex. Volume secondo: libro I e II*, Torino, G. Chiantore, 1896, p. 33.

497 LVCRETIVS, BAILEY, *op. cit.*, I, vv. 183, 484, 517, 575, 611, 772, 1043, 1082; II, vv. 100, 110, 120, 134, 551, 563–564, 901, 919, 935, 936; III, vv. 805, 864; V, vv. 465, 963, 889; con parecido significado "*coitum*", I, v. 185.

498 *cf.* BALAUDÉ, *Vocabulaire, op. cit., s. uu.* "corps (sôma, σῶμα)", "masse (onkos, ὄγκος)", "agregat (athroisma, ἄθροισμα)", pp. 22–24.

499 EPICURO, CONCHE, Marcel (ed., trad.), *Lettres et maximes*, Paris, Presses universitaires de France, 2002, pp. 145, 147–151, 167, en notas.

500 BAILEY, *Epicurus, op. cit.*, pp. 199, 203 y 237.

501 BOLLACK, Jean, *op. cit.*, pp. 103, 105; p. 107; p. 111, respectivamente.

de tamaño inferior al tamaño del total absoluto del conglomerado (ἢ τῶν τοῦ ὅλου μεγεθῶν τοῦδε τινὸς ἐλαττόνων)"[502].

En todo caso, el problema que aflora radica en su plurivocidad; por ello, ha sido traducida como masa o partícula, si bien a nuestro juicio lo propio sería traducir 'molécula' en sentido etimológico, como diminutivo de *moles*, masa diminuta, "masilla" o, todavía mejor, corpúsculo, como Bollack y, acertadamente, Jufresa[503]. La traducción "corpúsculo" salva el sentido de pequeño cuerpo (σῶμα), en composición, que integra un conglomerado mayor, de forma que ejerce, según Bailey, como "first parts (...) *minima* of sensation"[504]. La segunda acepción consiste, como bien observa Conche, en corpúsculos mínimos en el sentido análogo a *minima* intraatómicos, con la diferencia de que "son telles qu'en s'assemblant elles puissent composer un corps, donc de parties qui non seulement ont une grandeur, mais sont elles-mêmes des corps"[505]. Esto ocurre en virtud de la correlación o ἀναλογία[506] y habida cuenta de "la necesidad absoluta de que los elementos que no experimentan transposiciones sean incorruptibles y no posean la naturaleza propia del ser que cambia sino masas (ὄγκους) y configuraciones propias (σχηματισμοὺς ἰδίους)"[507].

Después de haber aportado estas precisiones terminológicas y conceptuales, consideramos adecuado insertar, como introducción a la temática tratada, la siguiente observación de Fowler sobre la existencia plena, los átomos y sus compuestos:

> "Compounds are ἀθροίσματα, continually moving swarms of atoms: the real *per se* existents are the atoms that make them up, but it is easy to switch to talking of the whole swarm, the compound, the rock, as the existent of which colour or whatever is predicated. Though the Epicureans are happy to talk of material objects as *per se* existents when contrasting them with properties and accidents, they never lose sight of the fact that a compound *is* a compound. To put it another way: although the properties of a material object are properties of that object, as soon as we begin to analyse those properties at the atomic level we naturally switch to talking of the atoms out of which the compound is composed"[508].

Teniendo ahora en cuenta lo sostenido por Fowler y lo escrito en el apartado correspondiente al átomo, podemos anotar, siguiendo en parte la síntesis de Rist[509], que se

502 EPICURO, *Carta a Heródoto*, 69, en VARA, *op. cit.*, p. 65.
503 EPICURO, *Carta a Heródoto*, 69, en JUFRESA, *Obras*, *op. cit.*, p. 26.
504 BAILEY, *Epicurus*, *op. cit.*, p. 237.
505 EPICURO, CONCHE, *op. cit.*, p. 167.
506 EPICVRVS, *Epistula ad Herodotum*, 58, en ARRIGHETTI, *op. cit.*, p. 53.
507 EPICURO, *Carta a Heródoto*, 54, en VARA, *op. cit.*, p. 58.
508 FOWLER, Don, *Lucretius on Atomic Motion*, *op. cit.*, p. 437.
509 RIST, John, *Epicurus: An Introduction*, Cambridge, Cambridge University Press, 1972, pp. 58–66; versión catalana en RIST, John (autor), BATALLA, Josep, y ROIG, Harold (trads.), *Epicur*, Santa Coloma de Queralt, Obrador Edèndum, 2008, p. 71 y ss.

producen entrelazamientos o entramados de átomos libres (περιπλοκὴ[510])[511] a causa de choques y rebotes[512] y no al gran distanciamiento o movimiento separativo de otros átomos libres[513]. Los choques antedichos están vinculados a los movimientos de declive o declinación y a la velocidad intrínseca y uniforme del movimiento eterno propio de los átomos en el vacío. Esos átomos forman una envoltura o capa externa (τὸ στεγάζον), mientras otros átomos se ven comprimidos o apresados (πλεκτικῶν[514]) por esa envoltura, de tal modo que ese conjunto constituye un cuerpo pluriatómico, en cuyos intersticios (διαστήματα, *interualla*) también hay *corpora prima*. Sin embargo, los átomos conservan, aun en el compuesto, su propio impulso oscilatorio de choque (παλμός, *percutio*; también, de *impello, impulsus*) y contrachoque (ἀποπαλμός, *concutio*; de *compello, compulsus*; de *dispello, dispulsus*; de *repello, repulsus*)[515], esto es, ese movimiento individual de rapidez máxima y uniforme[516], que Epicuro cifra en "la misma velocidad que el pensamiento"[517] y que mantiene la integridad de los compuestos y la apariencia de movimiento visible continuo gracias al golpe (πάλσις) y contragolpe (ἀπόπαλσις) de unos átomos con otros, a su entrechocar frecuente (πυκνὸν ἀντικόπτουσιν[518])[519].

Igualmente, las συγκρίσεις tienen grados diversos de densidad o raridad, en función de la sutilidad, cantidad y compresión de sus formantes, pues, como afirma Lucrecio: "lo que es igual de grande pero parece más liviano manifiesta a las claras que encierra en sí más vacío; en cambio lo más pesado proclama que tiene dentro más cuerpo y hay en él mucho menos vacío"[520], cosa que denota la mayor o menor concentración de masas atómicas en el mismo volumen.

Sobre las variaciones entre los compuestos atómicos, ya Epicuro pone en relación la forma más lisa, redondeada, cóncava o bien ganchuda de ciertos átomos con la disposición general del conglomerado y con sus repercusiones en el entorno, tal

510 EPICVRVS, *Epistula ad Herodotum*, 43, en ARRIGHETTI, *op. cit.*, p. 41.

511 Como ya indicamos en otra parte, García Rúa define περιπλοκὴ como "conjunto de átomos enlazados periféricamente o parte externa de un conglomerado"; *cf.* GARCÍA RÚA, *op. cit.*, p. 15.

512 *cf.* ENGLERT, *Epicurus on the Swerve*, *op. cit.*, p. 46: "Epicurus, although he granted Aristotle's point that all atoms must move naturally in the same direction, was able to overcome the difficulty caused by apparent examples of movements in the opposite direction by explaining them in terms of collisions".

513 *cf.* EPICURO, *Carta a Heródoto*, 43, en VARA, *op. cit.*, p. 53.

514 EPICVRVS, *Epistula ad Herodotum*, 43, en ARRIGHETTI, *op. cit.*, p. 41.

515 Los diccionarios grecolatinos dan, con todo, los términos "*uibratio*" y "*euibratio*" como equivalentes de los griegos respectivos.

516 *cf.* O'BRIEN, *Theories of weight*, *op. cit.*, p. 191.

517 EPICURO, *Carta a Heródoto*, 61, en VARA, *op. cit.*, p. 62.

518 EPICVRVS, *Epistula ad Herodotum*, 62, en ARRIGHETTI, *op. cit.*, p. 57.

519 *cf.* GARCÍA RÚA, *op. cit.*, p. 98.

520 LUCRECIO, *La naturaleza*, I, vv. 364–366, en SOCAS, *op. cit.*, p. 139 [*ergo quod magnumst aeque leviusque videtur, / ni mirum plus esse sibi declarat inanis; / at contra gravius plus in se corporis esse*].

como sucede con las emisiones orales, que tienen una correlación o analogía con las cuerpos más sólidos y visibles de los que proceden, ya sea por su forma redondeada, cuadrada o triangular, que los dispondrá a una mayor o menor tendencia a la colisión y a la fricción con otros átomos[521]. De hecho, el alma dispone de unos átomos redondísimos y lisísimos, que ya manifiestan su poca tendencia al choque: "el alma está compuesta por átomos suavísimos y sumamente redondos (λειοτάτων καὶ στρογγυλωτάτων)"[522]. Por ello, algunos estudiosos han situado el alma entre los compuestos fluidos[523], los cuales tendrían un tipo de movimiento característico. El propio Lucrecio alude a la diversidad de formas atómicas y los compuestos que constituyen en diversos lugares, tanto en relación con el alma como por lo que concierne a la distinción entre sólidos y líquidos[524]. Así mismo, a la doctrina de las

---

521 *cf.* EPICURO, CONCHE, *op. cit.*, p. 143, notas a la sección 42 de la *Carta a Heródoto*, con un importante cita de Aecio e ilustraciones esclarecedoras [Aétius (IV, 19, 2 = 321 Us.)]: "Selon Épicure, la voix est un flux envoyé par ceux qui parlent, ou par les corps qui résonnent, ou émettent des bruits. Ce flux se divise en éclats (θραύσματα) de forme semblable. Sont dits 'de forme semblable' les ronds si les corps sont ronds, les scalènes ou les triangulaires si telles sont les figures de ces corps. Ces éclats, venant à tomber dans l'oreille, y font entendre la voix'. Les particules sonores ont la même figure (ὁμοιοσχήμονα) que les corps qui les envoient, c'est-à-dire que les atomes de ces corps (le σχῆμα est la figure de l'atome), et elles sont formées de parties semblables qui ne peuvent être que ces atomes eux-mêmes. Pour des atomes ronds ou triangulaires, les grosseurs (onkoi) sonores peuvent être représentées ainsi:

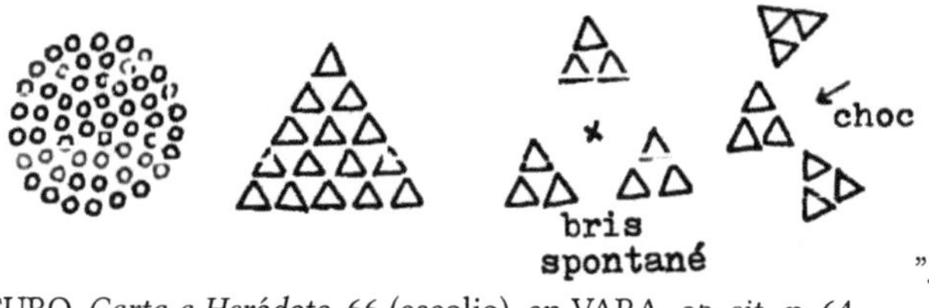

".

522 EPICURO, *Carta a Heródoto*, 66 (escolio), en VARA, *op. cit.*, p. 64.

523 *cf.* FOWLER, Don, *Lucretius on Atomic Motion*, *op. cit.*, 166, con citas y referencias.

524 LUCRECIO, *La naturaleza*, II, vv. 389–425, 444–477, III, vv. 182–202, en SOCAS, *op. cit.*, pp. 190–196, 237–238, respectivamente: "el cuerno deja pasar la luz en tanto que escupe el agua. ¿eso por qué, sino por ser tales cuerpos de la luz más pequeños que aquellos que forman el humor vivificante de las aguas? Y si bien es verdad que de prisa vemos correr los vinos por el colador, el aceite en cambio se demora lento, y ello es así porque consta de partículas ya sea mayores o acaso entre sí mejor trabadas y enredadas (*magis hamatis inter se perque plicatis*), y de este modo sucede que cada uno de los primordios, al no separarse unos de otros, no puede pasar por su correspondiente orificio. A esto se añade que líquidos como la miel y la leche se paladean en la boca con una sensación gustosa de la lengua, mientras que por el contrario la siniestra esencia del ajenjo y la de la centaura silvestre torturan los paladares con su asqueroso sabor, de manera que sin dificultad comprenderás que están hechas de ele-

mentos lisos y redondos (*levibus atque rutundis*) las sustancias capaces de dar gusto a los sentidos, mientras que por el contrario las que en particular parecen amargas y rasposas (*amara atque aspera*) se sujetan y traban con elementos mejor enganchados (*hamatis*), y por ello justamente suelen rasgar los conductos de los sentidos y con su entrada romper nuestro cuerpo. Todas las cosas, por último, las buenas para los sentidos y las malas de palparse oponen entre sí por estar hechas de figuras dispares, no vayas acaso a creer que el desapacible estrépito de la chirriante sierra consta de los mismos elementos lisos que las musicales melodías que, despertadas por ágiles dedos, los instrumentistas van configurando a través de las cuerdas, ni vayas a creer que atraviesan hasta las narices humanas primordios con la misma forma cuando queman horrendos cadáveres y cuando la escena está recién regada con azafrán de Cilicia o un altar cercano despide perfumes de Pancaya, ni tampoco vayas a dar por sentado que consten de semilla parecida los vivos colores de cada cosa, los que son capaces de entretener la mirada y los que punzan los ojos, provocan lágrimas o por su feo aspecto parecen fuertes y repulsivos. Porque es que toda <cosa> que en particular halague a <tus> sentidos no se ha formado sin cierta lisura (*levore*) de los principios; y, a la inversa, cualquier cosa que resulte molesta y rasposa (*aspera*) no se halla sin cierta rugosidad (*squalore*) de su materia. [...] En fin, las cosas que nos parecen duras y espesas (*durata ac spissa*), esas es forzoso que consten más bien de elementos entre sí enganchados y que se mantengan muy compactos gracias a elementos por así decirlo ramosos (*haec magis hamatis inter sese esse necessest et quasi ramosis alte compacta teneri*). Dentro de esta clase a primera vista se sabe que más que nada las rocas diamantinas suelen rechazar golpes e igualmente los recios pedernales, el hierro de dura robustez y los bronces que rechinan cuando resisten a los cerrojos. Evidentemente deben consistir en elementos lisos y redondos aquellas cosas que al ser líquidas poseen un cuerpo fluido (*fluvido quae corpore liquida*); porque el tragar adormidera es tan fácil como el tragar agua: no se refrenan sus granos unos a otros desde luego y su empuje igual de tornadizo <hacia> abajo resulta. Todas las cosas, en fin, que en un momento ves desaparecer, como el humo, la niebla o la llama, si no es que consisten todas ellas en elementos lisos y redondos, es forzoso que al menos no estén trabadas por elementos entrelazados, a fin de que sean capaces de punzar el cuerpo o penetrar en las rocas sin pegarse unas a otras por el contrario; lo uno y lo otro vemos que en ellas a la sensación se ofrece, de modo que puedes comprender fácilmente que no consisten en elementos entrelazados sino puntiagudos. Pero el que uno vea que amargan cosas que a su vez son líquidas, como las salpicaduras del mar, eso tiene muy poco de extraño, ya que, por ser líquidas, consisten en elementos lisos y redondos, <pero> entre los lisos <andan> mezclados los cuerpos <rasposos> del dolor; y sin embargo no es forzoso que éstos retengan por ser ganchudos, puesto que sabemos, pese a todo, que los rugosos son esféricos, de modo que pueden a la vez avanzar girando y herir los sentidos. Y para que mejor aprecies que principios rasposos van mezclados con lisos – que por eso es la del mar sustancia amarga– hay un modo de separarlos y verlos aparte cuando el mismo líquido dulcificado una y otra vez a través de los terrenos se filtra hasta que desagua en una poza y se remansa; pues arriba deja los primordios de su desagradable ponzoña, ya que por rasposos pueden mejor a la tierra pegarse"; "[n]ada parece producirse de una manera tan rápida como lo que la mente por su cuenta decide e inicia; luego el espíritu se partes mínimas del átomo corresponde, en el plano de lo visible y por lo tanto del compuesto, el *cacumen extremum*[525], que es el mínimo, cúspide última o extremo final de cada cosa, el cual todavía resulta perceptible sensorialmente.

Por su parte, los compuestos denotan el fruto generativo del declive atómico o clinamen[526], por cuanto, al menos para formarse, sus átomos han debido iniciar trayectorias contrarias o, como mínimo, disímiles durante un mínimo de tiempo, pues de otro modo habrían seguido cayendo en línea recta[527].

Los conjuntos de átomos constituyen, pues, las "cosas" (*res*) o, usando una terminología neutra, los objetos. Éstos pueden ser visibles (ὁρατά) o no visibles (ἄδηλα, ἀόρατα), según su tamaño, hasta tal punto de que forman, al decir de Epicuro[528], incluso

---

agita mucho más rápidamente que cualquiera de las otras cosas que ante nuestros ojos y alcance presenta su ser; ahora bien, lo que es móvil en grado tan superlativo debe estar hecho de semillas más que redondeadas (*rutundis*) y más que menudas (*minutis*), para que al recibir un pequeño impulso puedan moverse. Se mueve, en efecto, el agua y con un impulso pequeño corre porque, claro es, está compuesta de formas rodantes (*volubilibus*) y ligeras (*parvisque*); en cambio la naturaleza de la miel es más consistente (*constantior*) y su líquido más perezoso y más lento su manejo (pues entre sí se traba más todo el conjunto de su materia [*cunctantior*]), debido sin duda a que no consta de cuerpos ni tan lisos ni tan tenues y redondos (*non tam levibus extat corporibus neque tam suptilibus atque rutundis*); tienes, en efecto, que una brisa somera y leve puede forzar que entero se desparrame un buen montón de adormidera; en cambio el cierzo sopla contra una pila de piedras y en ella nada puede. Y es que los cuerpos cuanto más pequeños y lisos son, de mayor movilidad disfrutan; y, al contrario cualesquiera que resulten ser de mucho mayor peso y más rugosos, son por ahí ellos más estables (*cum pondere magno asperaque inveniuntur, eo stabilita magis sunt*)".

525 LVCRETIVS, BAILEY, *op. cit.*, I, vv. 599, 749 y ss.

526 BARRIO GUTIÉRREZ, "El 'clinamen'", *op. cit.*, pp. 319–336, concretamente, p. 335: "La desviación es introducida como un requisito imprescindible para la inteligibilidad de la formación del Universo".

527 *cf.* FOWLER, Don, *Lucretius on Atomic Motion, op. cit.*, p. 215: "In fact, Epicurus (...) predicate[s] differences of speed (...) of compound bodies. These consist of a mass of continually moving atoms whose motions and collisions are harmonized so as to constitute a σύγκρισις. From their nature it is inevitable that all the atoms in a compound cannot move in the same direction in one minimum of time; if they did, we should have merely a swarm of atoms all rushing in the same direction, not a macroscopic compound with properties dependent on its particular atomic movements".

528 EPICURO, *Carta a Heródoto*, 45, en VARA *op. cit.*, pp. 53–54: "hay también mundos infinitos, unos iguales a éste y otros distintos, pues los átomos, al ser infinitos como anteriormente se demostró, se desplazan a los lugares más apartados incluso, puesto que los átomos de esta naturaleza, con los que podría formarse o por medio de los que podría ser constituido un mundo, no quedan agotados ni con un solo mundo ni con mundos limitados, ni con cuantos son como éstos ni con cuantos

un mundo y la pluralidad infinita de mundos[529], los cuales, al igual que se generan, han de disgregarse, en correlación con lo que sucede con los compuestos menores.

Así, por contener vacío interatómico[530], se disuelven los cuerpos complejos en virtud de su propia naturaleza divisible, no propiamente unitaria en comparación con los átomos, que sí permanecen en sentido pleno, debido a su solidez y plenitud totales. La única excepción a la disolución de los cuerpos complejos la ofrecen los dioses, también compuestos atómicos[531], cuya naturaleza y peculiaridades aclaramos en el siguente bloque mayor, que trata la teología epicúrea.

Para el resto de compuestos las causas de la descomposición las expone Lucrecio como sigue:

> "hasta que se presente una fuerza que a golpes destroce los seres o penetrando en el interior por sus huecos los desbarate, la naturaleza no permite que se vea la desaparición de ninguno" [...] "recibir golpes desde fuera, (...) rasgarse si en lo hondo se les penetra, (...) puestos a prueba de otra manera se dobleguen"[532].

Tanto la agregación como la disgregación son incrementos o decrecimientos en los átomos globales de un compuesto, fruto de las adhesiones o desprendimientos atómicos, que o bien se dirigen al entorno circundante atómico (τὸ περιέχον), esto es, al vacío con átomos libres, o bien proceden de él. Sobre el particular escribe Fowler lo siguiente:

> "The compound remains in existence so long as the pattern of motions ensures that the number of atoms entering the compound is at least as large as the number lost to the environment; but eventually, under the influence of blows from outside, the harmonious pattern of motion will be destroyed, more atoms will be lost to the outside world, and the compound will disintegrate"[533].

Previamente Lucrecio ya indica que existe una alternancia de destrucción y generación cuando anota que:

> "los movimientos destructivos (*motus exitiales*) no pueden continuamente imponerse ni para la eternidad sepultar la salvación, ni a su vez los movimientos generativos y

---

son diferentes a éstos. La consecuencia de ello es que no hay nada que impida la infinitud de los mundos".

529 *cf.* BALAUDÉ, *Vocabulaire*, *op. cit.*, pp. 22–24, *s. u.* "corps (sôma, σῶμα)", "masse (onkos, ὄγκος)", "agregat (athroisma, ἄθροισμα)".

530 *cf.* LVCRETIVS, BAILEY, *op. cit.*, I, 569: "*admixtum quoniam semel est in rebus inane*" [toda vez que en los seres hay una mezcla de vacío' en SOCAS, *op. cit.*, p. 146].

531 *cf.* MÉNDEZ LLORET, Isabel, "La teología epicúrea: la concepción de la divinidad y su incidencia en la vida humana", en *Pensamiento*, nº 53, vol. 205, 1997, pp. 33–52, concretamente p. 36: "compuestos (...) entidades particulares físicas generadas en el movimiento azaroso de una *physis* no divina".

532 LUCRECIO, *La naturaleza*, I, vv. 221–224 y vv. 528–530, en SOCAS, *op. cit.*, pp. 133 y 145.

533 FOWLER, Don, *Lucretius on Atomic Motion*, *op. cit.*, p. 316.

acrecentadores de los seres (*motus genitales auctificique*) pueden continuamente preservar lo producido: así en lucha igual desde un tiempo ilimitado se lleva a cabo la guerra emprendida por los principios"[534].

Mientras el compuesto sólido conserva su integridad relativa, es capaz de producir emanaciones (ἀπόρροιαι) sutiles que se desprenden de la parte más externa del cuerpo en cuestión, como aflujos que, constituidos en reproducción bidimensional, surgen de su original, en forma de εἴδωλα[535] o *simulacra*[536], una especie de imágenes arquetípicas (τύπους) o películas[537] (pellejos) en sentido literal, por haberse desprendido de un cuerpo tridimiensional. Con todo, Epicuro ya advierte de que:

> "no sólo se produce una corriente dimanante de cualquier parte de los cuerpos, a un ritmo de notable continuidad, corriente que no aparece a la vista por medio de alguna señal en razón de que el vacío producido (μειώσει) en los cuerpos por esa corriente se rellena con una materia equivalente (ἀνταναπλήρωσιν), corriente que conserva la posición y el orden que los átomos tenían en el cuerpo sólido durante mucho tiempo, aunque empieza a diluirse en algún momento, sino que también se producen en la envoltura de las imágenes que se van formando sustancias, a gran velocidad, por no requerirse que el completamiento de las imágenes se haga en profundidad"[538].

Queremos precisar, por último, que tanto los cuerpos sólidos (firmes, στερέμνια) cuanto las imágenes son compuestos pluriatómicos.

Atendiendo a las palabras de Fowler que introducen el apartado, creemos oportuno señalar que los átomos tienen atributos esenciales[539], (συμβεβηκότα)[540], que van con ellos inseparablemente, al modo de unas cualidades estables, primarias en sentido propio; en cambio, los cuerpos formados por átomos tienen unas cualidades secundarias, accesorias (συμπτώματα), como son el color, el olor, el sabor, el sonido o la temperatura, como atributos emergentes – de las que ya hemos hablado precedentemente –. A éstas Lucrecio las llama *euenta* y se contraponen a las *coniuncta*[541]; si bien objetivas o existentes, en contra de lo que sostiene Demócrito, no competen a los átomos, sino que surgen de la agregación interrelacionada y su presencia es accesoria, al no afectar a la naturaleza de los últimos y primeros, los átomos. De suyo, forma, tamaño y peso, (lo intrínseco) dan cuenta de las cualidades del

534 LUCRECIO, *La naturaleza*, II, vv. 569–572, en SOCAS, *op. cit.*, p. 200.
535 EPICURO, *Carta a Heródoto*, 46, en VARA, *op. cit.*, p. 54.
536 LVCRETIVS, BAILEY, *op. cit.*, I, v. 123, por ejemplo.
537 *cf.* LUCRECIO, *La naturaleza*, IV, vv. 425 y ss. en SOCAS, *op. cit.*, p. 284: "como pellejos desprendidos de la superficie corpórea de los seres revolotean acá y allá entre las brisas".
538 EPICURO, *Carta a Heródoto*, 48, en VARA, *op. cit.*, p. 55.
539 *cf.* GARCÍA RÚA, *op. cit.*, p. 229.
540 *cf.* BAILEY, *Epicurus*, *op. cit.*, pp. 235–239.
541 *cf.* LVCRETIVS, BAILEY, *op. cit.*, I, vv. 449–450.

compuesto, que son derivadas y más bien ligadas al orden y a la posición[542]. El de Samos las reconoce como tales y podemos llamarlas, conservando la nota de la afortunada traducción latina *euenta*, cualidades sobrevenidas, que existen en cuanto existe la totalidad del compuesto en su integridad[543].

Sin ahondar aquí en la faceta de la sensación, la psicología y la epistemología epicúreas, podemos demorarnos un tanto en las cualidades macroscópicas o de lo visible y considerar la explicación de Furley:

> "The simplest case is taste: one taste differs from another because of the different shapes and arrangements of the atoms of food taken into the mouth. (...) Different atomic shapes cause different sensations. Thus a sharp taste is said to be produced by atoms that are small and angular, a sweet taste by atoms that are round and not so small. A light color is associated with atoms of a smooth shape, a dark color with rough sharp-angled atoms. Position and arrangement of the atoms forming a compound are significant in an obvious way. Compounds are made of heterogeneous atoms; but most sense-impressions are of surfaces, and they depend on the nature of the atoms at the surface, which may differ from time to time. The difference between a light and a dark color depends in part on the relative position of the atoms at the surface, light colors being associated with a level surface and dark with unevenness. The quantity of void within the volume of the compound affects tactile qualities such as hardness and softness. In some cases it makes the difference between perceptibility or not; air, for instance, is a rare compound, normally imperceptible, but it may become perceptible if the atoms are packed more tightly together (mist or fog)"[544].

---

542 *cf.* ATANASIJEVIĆ Ksenija [ATANASSIÉVITCH, Xénia], *op. cit.*, pp. 54–55: "[à] l'exception de la forme, de la grandeur et de la pesanteur, Epicure a refusé toutes les autres propriétés à ses atomes. Ainsi il considérait que la couleur est la qualité des corps composés seuls, et qu'elle varie suivant la position des atomes. (...) La couleur n'est pas la seule qualité dont les atomes sont dépourvus; ils ne possèdent aucune qualité sensible, ni température, ni son, ni goût, ni odeur. Bref, rien de ce qui est périssable ne peut être attribué aux atomes, si on veut donner la nature des fondements éternels".

543 EPICURO, *Carta a Heródoto*, 69, en VARA, *op. cit.*, p. 65: "hay que pensar que el total absoluto del cuerpo es un ser que conserva absolutamente su propia entidad gracias a todas las cualidades referidas, y esto no en forma tal que dé la impresión de que es un cuerpo compuesto (situación esta última que se da cuando se constituye un conglomerado mayor bien a base de entidades de tamaño elemental o bien de entidades de tamaño inferior al tamaño del total absoluto del conglomerado) sino que hay que pensar solamente, y esto lo aseguro, que el total absoluto del cuerpo es un ser que conserva gracias a la suma total de esas cualidades su propia permanente entidad".

544 FURLEY, David, *The Greek Cosmologists*, Cambridge, Cambridge University Press, 1987, pp. 131–132.

Precisamente ese carácter circunstancial y pasajero (de la práctica totalidad) de los compuestos lo subraya repetidamente Epicuro[545] y también su portavoz latino, Lucrecio[546].

Deseamos incluir aquí, a este respecto, un pasaje de Epicuro que trata sobre el color y que, pese a sus defectos, creemos que manifiesta gran consistencia con la postura sobre las cualidades sobrevenidas, así como gran acumen. Dice así el de Samos:

> "El arco iris se forma por la iluminación que sale del sol y se proyecta sobre una atmósfera acuosa; por una aglomeración particular entre luz y atmósfera, aglomeración que será la causante de las especiales cualidades de esos colores, ya de todas juntas ya de cada una por separado; a partir de ese lugar, responsable de la refracción de la iluminación, las zonas vecinas de la atmósfera se impregnarán, en razón de recibir iluminación por las diversas partes, del tipo de colorido que vemos"[547].

Otro punto digno de mención se halla en los átomos que devienen agregaciones y en los que existe una cierta aptitud mutua o, por mejor decir, afinidad[548], armonización o semejanza no teleológica que afecta, por una parte, al movimiento, tal como señalan

---

545 EPICURO, *Carta a Heródoto*, 68–69, en VARA, *op. cit.*, p. 65: "tanto las formas como los colores y los tamaños, y también el peso y todas las demás cualidades con las que nos referimos al cuerpo como si estuvieran metidas en él bien por todas y cada una de sus partes o bien por uno de estos dos lugares, por la zona visible o por la reconocida por el criterio de la sensación, hay que hacerse a la idea de que ni son seres que existen independientemente por sí solos (pues no es posible confirmar esta presunción) ni de que no existen en absoluto, y a la idea de que ni son entidades incorpóreas distintas al cuerpo y preexistentes ni que son partes de éste".

546 LUCRECIO, *La naturaleza*, II, vv. 818 y ss., 826 y ss., 834 y ss., 1004 y ss., en SOCAS, *op. cit.*, p. 210: "la naturaleza del color no está determinada por determinadas figuras y cualquier conformación de los principios puede darse en cualquier tinte (...) cuanto más menudas sean las partes en que cada cosa se rompe, mayores posibilidades hay de ver que el color poco a poco se desvanece y apaga[.] (...) Y en último lugar, puesto que admites que no todos los cuerpos producen sonido u olor y por eso ocurre que no a todos atribuyas sonidos u olores, así, ya que tampoco podemos con nuestros ojos verlos a todos, cabe suponer que algunos se constituyen tan faltos de color como alejados quedan otros de todo olor o sonido, y que una inteligencia sagaz puede conocerlos a ellos no menos que a los que de otras cosas y señales se muestran privados" [...] "traba con otros cada uno y logra que todas las cosas alteren sus formas y muden sus colores, adquieran sensibilidad y en un instante regresen, de modo que comprendas que de tales primordios lo que importa es con cuáles y en qué posición se enlazan, y qué movimientos entre sí producen y reciben".

547 EPICURO, *Carta a Pitocles*, 109–110, en VARA, *op. cit.*, p. 89.

548 *cf.* ENGLERT, *Epicurus on the Swerve*, *op. cit.*, p. 35: "Compound bodies are formed by the conglomerations of atoms of similar shapes and sizes. Atoms, depending on their size and shape, move in such a way that objects composed of them appear to possess weight and lightness, which are really just names given to motions of atoms in the vortex, small atoms tending to get squeezed out, large atoms to sink to the middle of the vortex".

Rist[549] y Furley[550], y, por otra, a sus características (forma, tamaño o extensión, y peso), según expresa alusivamente Masson, cuya cita, que incluimos pese a ser algo extensa, aúna similitud, movimiento y composición química:

> "On the other hand, if unlike atoms come together, they are unable to assimilate their motions, and thus, by continuing united, to form a nucleus. In such cases *concilium* does not occur. Atoms unlike those forming a given body may for a time be associated with them in that body, but presently they are 'cast off' from it, and must travel along the great void again. Lucretius supposes every kind of matter to be formed by the growth of such nuclei. Atoms must not only enter into *concilium*, but they must remain in it (*remorari in concilio*): unless they are able thus to move in concert and to continue so moving, no body can continue to exist. As to the conception of atoms united in *concilium* acting as a kind of nucleus, we may quote Professor Clifford, who says: 'It is known that the first step is often a difficulty in the formation of chemical compounds, and that when the process has once begun, the new compound has the property of assisting the formation of its like [CLIFFORD, William Kingdon (autor), STEPHEN Leslie y POLLOCK Frederick (eds.), *Lectures and Essays by the Late William Kingdon Clifford, F.R.S.*, vol. II, London, Macmillan, 1901, p. 331]'. (…) According to Lucretius, *concilium* occurs only when like atoms come together. Modern chemistry, too, teaches us that all the atoms of each element are alike, while the atom of each elementary substance differs essentially from that of every other. Chemistry, moreover, asserts that both simple and compound bodies are composed of molecules, or groups of atoms, which are formed by the action of chemical affinity. (…) By his notion of *concilium* Lucretius meant to assert that no kind of substance can be produced unless the atoms have first united in some special order or combination

---

549 RIST, *Epicurus, op. cit.*, p. 60: "For atoms to fit together at all, we read, it is necessary that their movements have some kind of similarity. Lucretius speaks of an atom joining its movement to that of a compound. To some extent this must be a 'harmonizing' of its movement, at least if he compound is in motion".

550 FURLEY, *Two Studies, Study I, Indivisible Magnitudes, op. cit.*, p. 123–124: "All compounds, in Epicurean theory, are composed of aggregations of atoms which jostle continually with one another in never-ceasing motion. A compound will move, if all its component atoms move in the same direction over a period of time. If they never move all in the same direction, the compound will be stationary. If they all have the same general direction only when a long period of time is considered, the compound will move slowly. It will move fast only if all the atoms move in the same direction in the smallest period of continuous time. Of course, the atoms in a compound do not all move in the same direction in the indivisible units of time: that would mean that the compound moved at atomic speed, 'as quick as thought', and we see that compounds do not do that. When you consider those periods of time that are too short to be perceived, namely the indivisible units of time, which are distinguishable only in thought, the atoms in a compound must be supposed to be moving all over the place, because of collisions with each other. The motion of a compound is the overall tendency of its component atoms taken over a continuous period of time—that is, a multiple, large enough to be perceived, of indivisible units of time".

> differing from mere mechanical contact (...) and that *concilium* thus foreshadows the doctrines of chemical combination among the atoms, and, though only vaguely and by implication, of the molecular composition of matter"[551].

Naturalmente, debemos señalar que estas observaciones de Masson están científicamente desfasadas pero se insertan en la tradición estudiosa[552] que pretende medir y objetivar la tendencia a la interacción, reacción o enlace entre dos átomos para formar sucesivas moléculas y sustancias, cosa que también hizo el propio Newton[553]. Actualmente se conserva la noción de afinidad química en la termodinámica y también la de afinidad electroquímica y de hecho el concepto antecitado se integra en el recorrido investigador hacia la teorías modernas de la valencia[554] (del alemán *Valenz* > lat. *ualentia*, fuerza, capacidad)[555] y del enlace químico[556]. Pese a sus insuficiencias, creemos que da buena cuenta de la visión epicúrea en relación con los átomos y los complejos atómicos.

En todo caso, en Epicuro se constata esa necesidad de sintonía o correlación entre los átomos, una capacidad y tendencia al encaje, el hecho mismo del enlazamiento o enlace, de manera que, como indica Furley, los cuerpos compuestos visibles puedan moverse en una dirección.

De hecho, es asumible para Epicuro que, cuando todos los átomos de un compuesto tengan la misma dirección, esto es, cuando éstos contrachoquen concordemente en el mismo momento mínimo y declinen en la misma dirección sin "vibración opositiva", todo el cuerpo compuesto se mueva a la velocidad del pensamiento[557].

---

551 MASSON, *Lucretius, op. cit.*, pp. 127–129; prácticamente idéntico a MASSON, John, *The Atomic Theory of Lucretius Contrasted with Modern Doctrines of Atoms and Evolution*, London, G. Bell, 1884, especialmente pp. 27, 44–45 y 63.

552 *cf.* KIM, Mi Gyung, *Affinity, That Elusive Dream: A Genealogy of the Chemical Revolution*, Cambridge, Massachusetts, MIT Press, 2003.

553 NEWTON, Isaac, *Óptica o tratado de las reflexiones, refracciones, inflexiones y colores de la luz*, SOLÍS, Carlos (ed., trad.), Madrid, Alfaguara, 1977, 'Cuestión 31', p. 325: "¿No poseen las pequeñas partículas de los cuerpos ciertos poderes, virtudes o fuerzas con los que actúan a distancia no sólo sobre la luz, reflejándola, refractándola o inflexionándola, sino también unos sobre otros, para producir una gran parte de los fenómenos de la naturaleza? En efecto, es bien sabido que los cuerpos actúan unos sobre otros por la acción de la gravedad, magnetismo y electricidad. Estos ejemplos muestran el talante y curso de la naturaleza, haciendo que no sea improbable la existencia de otras potencias atractivas además de éstas, pues la naturaleza es muy consonante y conforme consigo misma".

554 Esto es, el número, cuya unidad es el hidrógeno, que expresa la capacidad de combinación de un átomo o radical con otros para formar un compuesto.

555 *cf.* BRUNOLD, Charles, *Le problème de l'affinité chimique et l'atomistique: étude du rapprochement actuel de la physique et de la chimie*, Paris, Masson, 1930, p. 57 y ss.

556 IZQUIERDO SAÑUDO María Cruz *et al.*, *Evolución histórica de los principios de la química*, Madrid, Uned, 2003, pp. 293–331.

557 EPICURO, *Carta a Heródoto*, 62, en VARA, *op. cit.*, p. 62: "Pasando a otro punto, al relativo a la rapidez del movimiento de los cuerpos compuestos, aunque los átomos

Existe para los compuestos atómicos – debemos subrayarlo – la variación o variabilidad de velocidad de desplazamiento justamente en función de la dirección y el contrachoque o colisión mutua (ἀντικοπή), que antes hemos puesto en relación con la cohesión de los átomos y con su vibración, pues, como indica Epicuro: "entrechoque y ausencia de entrechoque de cuerpos guarda correspondencia recíproca con la lentitud y la rapidez respectivamente" o "la potencia del contrachoque de cada cuerpo sólido será proporcional a la distancia que recorrerá"[558]. Huelga señalar, empero, que la velocidad mayor o menor de los cuerpos compuestos siempre será más pequeña que la de los átomos libres.

Por otra parte, si se da una disparidad de direcciones y contusiones, el compuesto permanecerá en reposo visible aparente – pese a esa gran movilidad interna – o bien los átomos se habrán de apartar por su imposibilidad combinatoria, tal como dice Lucrecio: "muchos además vagan a través del gran vacío por estar expulsados de los agrupamientos de los seres o también por no haber podido coordinar movimientos después de admitidos"[559]. La armonización de lo símil, de lo parecido, y de su movimiento conjunto la vuelve a poner de manifiesto Lucrecio en el siguiente pasaje del poema epicúreo:

> "Enseguida las partes empezaron a escapar, a juntarse las cosas iguales con las iguales y a repartir el mundo, a separar sus miembros y a ordenar sus partes mayores a partir de lo principios de toda clase (cuya disparidad se enredaba en guerras y alteraba los intervalos, trayectorias, enlaces, masas, golpes, encuentros, movimientos, en razón de sus formas desiguales y sus configuraciones variables, porque no todas las cosas podían así permanecer juntas, ni unas a otras imprimirse los movimientos adecuados"[560].

Más arriba hemos mencionado que incluso la pluralidad de mundos se condice con la física epicúrea y que todos ellos, también éste terráqueo, son fruto de átomos, o, por mejor decir y en razón de su visibilidad, están formados, como compuestos, por esos *corpora prima*. El proceso, de notable complejidad, tiene lugar en el todo y consiste en una causación ascendente o de abajo a arriba, no teleológica sino azarosa y que habrá de alumbrar las siguientes entidades: primeros principios o elementos, mundo, que, como totalidad relativa, incluye a los vivientes, entre los cuales el hombre y, especialmente, su alma, junto, por último, a los dioses. Esta ordenación, si bien pone de manifiesto la creciente complejidad estructural, no

---

son de idéntica rapidez por moverse hacia un solo sitio los átomos que hay en los cuerpos formados por aditamentos diversos y por moverse en el más breve tiempo continuo, sin embargo se dirá de este movimiento en los cuerpos compuestos que cada uno es más veloz que otro en el caso de que estos cuerpos compuestos no contrachoquen en un solo instante, común para todos, instante concebido como se conciben los instantes por la razón, sino con cierta y a distinta frecuencia, hasta que la continuidad del movimiento caiga bajo el dominio concreto de los sentidos".

558 EPICURO, *Carta a Heródoto*, 46 y 47, respectivamente, en VARA, *op. cit.*, p. 54.

559 LUCRECIO, *La naturaleza*, II, vv. 109–111, en SOCAS, *op. cit.*, p. 179.

560 LUCRECIO, *La naturaleza*, V, vv. 437–445, en SOCAS, *op. cit.*, p. 354.

aspira a formar una construcción piramidal providente, sino que se ha establecido según el criterio de acrecentamiento de la vida y conciencia, aunque éste se deba a motivos azarosos.

Antes de ocuparnos, en subsecciones particulares, de aspectos recién mencionados, deseamos recalcar el hecho de que sólo tras la unificación o agregación atómica, esto es, a partir de lo inerte, emergen cualidades como la sensibilidad y la vida *sensu stricto*, como bien indica Lucrecio[561]. Igualmente, el poeta latino da una definición física de dolor y placer que atañe a los *concilia* o compuestos cuando escribe que:

> "el dolor se da donde los cuerpos de materia, soliviantados por una suerte de fuerza a través de vísceras y miembros, vibran dentro de sus propios asientos, y cuando regresan a su sitio, se produce el suave deleite"[562].

Creemos obligado notar que, en el plano ético o terapéutico, Epicuro propone un aquietamiento o tranquilidad integral (ἀταραξία[563], *tranquilla pax*[564]) que afecta al alma y al resto de estructura corpórea humana. Esto entronca con la cuestión del ser humano como compuesto, con la particularidad de que es libre y no meramente mecánico, cosa que destaca Annas[565].

Como punto de conciliación entre lo mental y lo autónomo racional-ético, por un lado, y la física de los compuestos epicúrea, por otro, podemos aducir todavía el uso que Diógenes de Enoanda hace del término εὐσυνκρίτος[566]. En nuestra opinión, este uso, que resulta un tanto anecdótico, patentiza la trabazón existente entre la física, la canónica y la ética, en la que ya hemos insistido. La analogía, esa razón común, alude también a una συμπαθεία o afinidad que también atañe a la percepción. Esa analogía se da entre lo visible y lo invisible, lo inerte y lo vivo, lo vivo y lo humano, lo humano y lo divino. Así, el adjetivo sustantivado εὐσυνκρίτος remite a los hombres que han de ayudar a otros y tiene el significado de "bien constituido, bien compuesto, de buen juicio"[567], esto es, no descompuesto o alterado, sino con compostura y moderación, lo propio del sabio y de los dioses.

---

561 LUCRECIO, *La naturaleza*, II, vv. 865 y ss., en SOCAS, *op. cit.*, p. 211: "Ahora, cualquier cosa que vemos que siente, te es forzoso admitir que a pesar de todo están hechas de principios insensibles".

562 LUCRECIO, *La naturaleza*, II, vv. 963 y ss., en SOCAS, *op. cit.*, p. 215.

563 EPICVRVS, *Epistula ad Herodotum*, 82, en ARRIGHETTI, *op. cit.*, p. 73.

564 *cf.* LVCRETIVS, BAILEY, *op. cit.*, I, 31.

565 ANNAS, *Mind*, *op. cit.*, p. 130: "Although humans are atomic compounds like any other, they differ from other kinds of atomic compounds in that their growth and functioning is not to be explained solely in terms of automatic response to stimuli from outside. How they develop depends to some extent, though not totally, on themselves, on what they do with the information they take in, how they decide to react selectively to it, and what kinds of character and dispositions they build up".

566 DIÓGENES DE ENOANDA, *Inscripción epicúrea*, fr. 2, columna 2, l. 14, en GARCÍA GUAL, *Enoanda*, *op. cit.*, física, p. 29, *cf.* SMITH, *op. cit.*, pp. 148, 367.

567 CHILTON, *Diogenes of Oenoanda*, *op. cit.*, p. 29, n. 14.

1.7.1. Primeros coacervados

Después de tratar la noción de compuesto, consideramos oportuno estudiar la relación entre el atomismo epicúreo y los cuatro elementos[568], o, por mejor decir, los primeros principios. Como es bien sabido, Empédocles de Agrigento es el primer filósofo presocrático en hacer referencia a las "cuatro raíces" o "cuatro elementos"[569] en cuanto constituyentes primeros y últimos de lo existente[570]. Es cierto que la teoría epicúrea, heredera de la atomista, rechaza la doctrina de los cuatro elementos tanto en esta formulación como en la divinizante platónica[571], tal como ha observado la tradición estudiosa[572]. El propio filósofo de Samos anota:

> "quelli che determinano la forma propria del fuoco o della terra o dell'acqua o dell'aria, in quanto sono ben piú ridicoli di quelli che non la determinano, e che tuttavia ammettono, piú o meno di buon grado, che nei miscugli ci sono alcune specie particolari di

---

568 *cf.* WIGODSKY, Michael, "Homoiotetes, stoicheia and homoiomereiai in Epicurus", en *Classical Quarterly*, n° 57, vol. 2, 2007, pp. 521–542, sobre el papel de los elementos en Epicuro.

569 EMPÉDOCLES DE AGRIGENTO, fragmento 313 (DK 31 B 6), Aecio I, 3, 20, en CORDERO, *op. cit.*, pp. 175–177: "El agrigentino Empédocles, hijo de Metón, dice que hay cuatro elementos -fuego, aire, agua, tierra- y dos fuerzas originarias, Amistad y Odio, una de las cuales es unificadora y la otra divisiva. Y habla del este modo: 'Escucha, primero, las cuatro raíces de todas las cosas: Zeus brillante, Hera dadora de vida, Aidoneo y Nestis, que con sus lágrimas hace brotar la fuente mortal'. Llama Zeus a la ebullición y al éter, Hera dadora de vida al aire, Aidoneo a la tierra, y Nestis y 'fuente mortal' indican el semen y el agua".

570 DIÓGENES LAERCIO, *Vidas de los filósofos ilustres*, VII, 136, en GARCÍA GUAL, *op. cit.*, p. 383: "Elemento es aquello de lo que primero surgen las cosas que nacen y lo último en que éstas se resuelven".

571 PLATÓN, *Timeo*, 31b 4–8 y 32a 7–32c1, en DURÁN LÓPEZ, María de los Ángeles (ed., trad.) y LISI, Francisco L. (trad. del *Timeo*), *Diálogos VI: Filebo, Timeo, Critias*, Madrid, Gredos, 1992, pp. 174–175: "Ciertamente, lo generado debe ser corpóreo, visible y tangible, pero nunca podría haber nada visible sin fuego, ni tangible, sin algo sólido, ni sólido, sin tierra. Por lo cual; el dios, cuando comenzó a construir el cuerpo de este mundo lo hizo a partir del fuego y de la tierra. [...] Si el cuerpo del universo hubiera tenido que ser una superficie sin profundidad, habría bastado con una magnitud media que se uniera a sí misma con los extremos; pero en realidad, convenía que fuera sólido y los sólidos nunca son conectados por un término medio, sino siempre por dos. Así, el dios colocó agua y aire en el medio del fuego y la tierra y los puso, en la medida de lo posible, en la misma relación proporcional mutua – la relación que tenía el fuego con el aire, la tenía el aire con el agua y la que tenía el aire con el agua, la tenía el agua con la tierra – después, ató y compuso el universo visible y tangible. Por esta causa y a partir de tales elementos, en número de cuatro, se generó el cuerpo del mundo.".

572 *cf.* SCHMID, Wolfgang, *Epikurs Kritik der platonischen Elementenlehre*, "Klassisch-philologische Studien", Hft. 9, Leipzig, Harrassowitz, 1936, especialmente pp. 14–15 y 24–25.

forme per ciascuno dei cosiddetti aggregati essenziali. Questi errano, sí, riguardo alla dottrina degli elementi, ma cosí dicendo, e in generale (sostenendo) la diversità delle mescolanze, sosterrebbero qualcosa di coerente con questa dottrina"[573].

También el lector de Epicuro, Lucrecio, formula sus críticas a

> "aquellos que reduplican los primordios de los seres (*primordia rerum*) juntando el aire con el fuego y la tierra con el agua (*aëra iungentes igni terramque liquori*), y los que creen que de cuatro realidades (*quattuor ex rebus*), — el fuego, la tierra, el viento y la lluvia (*ex igni terra atque anima procrescere et imbri*) — pueden todas las cosas ir en aumento. Entre ellos destaca como ninguno aquel Empédocles de Agrigento"[574].

Se pregunta, de este modo,

> "si todas las cosas se producen a partir de cuatro sustancias (*quattuor ex rebus si cuncta creantur*) y todas luego se resuelven en ellas (*atque in eas rursum res omnia dissoluuntur*), ¿por qué no podrían llamarse aquellas cosas primordios de los seres (*rerum primordia*) y no al contrario los seres principios de aquellas (*contra res illorum*), considerándolo al revés? Pues se engendran unos a otros y entre sí se vienen prestando por entero su color y naturaleza en todo tiempo"[575].

Pese al rechazo epicúreo y lucreciano de la doctrina de los cuatro elementos, podemos observar cómo Lucrecio se refiere a conceptos que pueden, en nuestra opinión, serles próximos, en un sentido generativo. Dice el poeta:

> "cualquiera de ellos [de los árboles] podría dar cualquier cosa, como es evidente si no tuviera cada uno sus cuerpos genésicos (*genitalia corpora*)[576] de modo que pueda haber para los seres una madre segura. Pero puesto que ahora cada cosa se origina mediante una determinada semilla (*seminibus quia certis*), nace y sale a las orillas de la luz de allí donde cada una tiene encerrada su materia y sus cuerpos primarios; y por tal razón no puede engendrarse de cualquier cosa cualquier otra, porque en determinados seres hay encerrada una peculiar capacidad (*secreta facultas*)"[577].

---

573 EPICVRVS, *Deperditorum librorum reliquiae*, 29, 22 14 I 1–14, en ARRIGHETTI, *op. cit.*, p. 40 (italiano), pp. 263–264: "ὁρίζοντας σχῆμα πυρὸς ἴδιον ἢ γῆς ἢ ὕδατος ἢ ἀέρος, ὅτι γελοιότεροί εἰσι τῶν οὐχ ὁριζόντων μέν, κατὰ δὲ τὰς παραθέσεις ὁμολογησάν- των ἂν ἢ ἑκουσίως ἢ ἀκουσίως γίνεσθαί τινα σχημάτων ἴδια εἴδη καθ' ἑκάστην οὐσιώδη ῥηθεῖσαν ἂν σύγκρισιν. ọἱ μὲγ γὰρ τοῖς μὲν στοιχείοις ἁμαρτάνουσιν, ἀκόλουθọν δέ τι τούτοις, μᾶλλοẏ οὕτω λέγοντες, λέγοιεν ἄν, καὶ ὅλως δὲ τὴν ταῖς μείξεσιν παραλλαγήν".

574 LUCRECIO, *La naturaleza*, I, vv. 712–716, en SOCAS, *op. cit.*, p. 153.

575 LUCRECIO, *La naturaleza*, I, vv. 712–716, en SOCAS, *op. cit.*, p. 153.

576 LUCRECIO, *La naturaleza*, I, vv. 188–191, en SOCAS, *op. cit.*, p. 131: "los cuerpos genésicos de la materia engendran seres diversos (*genitalia materiai corpora res varias gignant*) y desbaratan los engendrados".

577 LUCRECIO, *La naturaleza*, I, vv. 165–173, en SOCAS, *op. cit.*, p. 131.

Del mismo modo, hace referencia a "determinadas semillas de seres (*certa suo quia tempore semina rerum*)" que se congregan a su debido momento para hacer surgir a los seres[578]. De hecho, el vate latino sostiene que "es necesario que establezcas que ciertos cuerpos dotados de tal naturaleza[579], si han producido el fuego, puedan ellos mismos, mediante pequeñas sustracciones y añadidos (*demptis paucis paucisque tributis*), alterando su ordenación y movimiento (*ordine mutato et motu*), fabricar las brisas del aire, y así todos los demás seres transformarse unos en otros"[580]. Existe, para los procesos autocósmicos y heterocósmicos, la misma regla, que reza: "todo va creciendo poco a poco, como es lógico, mediante semillas determinadas (*semine certo*); y al ir creciendo, conserva su linaje, de modo que uno puede reconocer que se va agrandando y sustentando cada cosa a partir de materia propia (*quicque sua de materia grandescere alique*)"[581].

En cualquier caso, lo que Lucrecio subraya radica en el hecho de que cada cuerpo visible consta de más de un principio, en mezcla, y se halla en ordenaciones diversas[582], de tal manera que "formas diversas se reúnen en una única aglomeración (*dissimiles igitur formae glomeramen in unum*) y los seres están hechos de semillas entremezcladas (*res permixto semine constant*)"[583].

Sin embargo, todos los cuerpos, los elementos y sus formantes se encuentran en pie de igualdad, "puesto que el cuerpo de la tierra y la humedad y los soplos ligeros de las brisas y los calientes hervores, de que parece estar hecho el conjunto

---

578 LUCRECIO, *La naturaleza*, I, vv. 176–179, en SOCAS, *op. cit.*, p. 131: "cuando a su tiempo determinadas semillas de seres se congregan aparece cada cosa que se va originando, mientras es la temporada, y la tierra vivificante saca sin peligro seres tiernos a las orillas de la luz".

579 LUCRECIO, *La naturaleza*, I, vv. 790–797, en SOCAS, *op. cit.*, p. 156: "es forzoso, en efecto, que quede un algo inmutable (*immutabile enim quiddam*) para que de raíz todos los seres no se reduzcan a nada (*ne res ad nihilum redigantur*); y es que cualquier cosa que al cambiar se sale de sus lindes, ello supone la muerte inmediata de lo que ella antes fue. Por tanto, puesto que aquellas cosas que antes mencionamos [los cuatro elementos] sufren cambios mutuos, es forzoso que estén hechas de otras, de modo que por ningún lado puedan transformarse, no vaya a ser te encuentres con que de raíz todos los seres se reducen a nada".

580 LUCRECIO, *La naturaleza*, I, vv. 798–1802, en SOCAS, *op. cit.*, p. 156.

581 LUCRECIO, *La naturaleza*, II, vv. 62–63, en SOCAS, *op. cit.*, p. 178.

582 LUCRECIO, *La naturaleza*, II, vv. 585–588, en SOCAS, *op. cit.*, p. 200: "no hay nada, entre aquellas cosas cuya esencia aparece de inmediato, que consista en una sola clase de principios (*genere ex uno consistat principiorum*), ni nada que no conste de semillas entremezcladas (*nec quicquam quod non permixto semine constet*); y, en la medida en que cada cosa posee en sí muchas virtudes y posibilidades, muestra igualmente contener en sí muchas clases de principios (*plurima principiorum in sese genera*) y diferentes configuraciones (*varias figuras*)".

583 LUCRECIO, *La naturaleza*, II, vv. 686–687, en SOCAS, *op. cit.*, pp. 204–205.

de los seres, todos vienen a ser de cuerpo sometido a nacimiento y muerte, debe considerarse igual la naturaleza toda del mundo"[584].

Lo antedicho concierne no sólo a la aparición o los comienzos de los seres grandes, la tierra, el mar o el fuego intramundiales (*magnarum rerum fierent exordia semper, terrai maris et caeli generisque animantum*), sino también a la generación azarosa de otros mundos, que no es inverosímil, en razón de la infinitud numérica de los átomos y de la infinitud extensiva del vacío, así como del número incontable (pero no estrictamente infinito) de las semillas[585].

En cuanto a los cuatro elementos, según Lucrecio, sucede que se da una aportación seminal que sigue al primer momento de generación del mundo; esa aportación material provoca un acrecentamiento y pone en correlación el agua con el agua, la tierra con la tierra, el fuego con el fuego y el aire con el aire[586], cuyos nombres latinos son variables[587].

---

584 LUCRECIO, *La naturaleza*, V, vv. 235–239, en SOCAS, *op. cit.*, p. 347.

585 LUCRECIO, *La naturaleza*, II, vv. 1052–1063, en SOCAS, *op. cit.*, p. 218: "de ninguna manera ahora hay que considerar verosímil que, ya que por doquier el espacio ilimitado se muestra vacío y las semillas en número incontable (*seminaque innumero numero*) y su reunión en la hondura de mil maneras revolotean impulsadas por movimiento eterno, esta única rueda de tierras y este cielo se haya creado, que nada hacen allá fuera tantos cuerpos de materia, sobre todo cuando este esté hecho según naturaleza y entrechocando por propia cuenta las semillas de las cosas (*semina rerum*) justamente, agrupadas de mil modos sin tino, al azar y en vano vinieron a cuajar aquellas que al juntarse de repente llegaron a ser muchas veces el comienzo de seres grandes, de la tierra, el mar y el cielo, de la raza de los vivientes".

586 LUCRECIO, *La naturaleza*, II, vv. 1105–1111, en SOCAS, *op. cit.*, p. 220: "Y muchos cuerpos, después de surgir el tiempo genital del mundo y el día primigenio del mar, la tierra y el sol, se fueron añadiendo desde fuera, se fueron añadiendo muchas semillas en torno (*addita circum semina*), que el gran todo aportó disparando para que de ellas mares y tierras pudieran agrandarse y de ellas la casa del cielo ganara espacio, levantara lejos del suelo sus altas techumbres y el aire se alzara; porque con los golpes todos los cuerpos desde todos sitios se distribuyen, cada cual con el suyo, y se retiran junto a su progenie: *(va)* el líquido a lo líquido, de cuerpos térreos crece la tierra y los fuegos forjan ni fuegos y éter *(el éter)* (*umor ad umorem, terreno corpore terra crescit et ignem ignes procudunt aetheraque <aether>*), hasta que la naturaleza productora, en su hacer, lleva todas las cosas hasta el límite último de crecimiento, como sucede cuando ya lo que hay dentro de las venas vivificantes no es más abundoso que lo que de ellas se escurre y retira".

587 *cf.* ROCA MELIÁ, Ismael, "Términos lucrecianos para los conceptos de átomo y de los cuatro elementos", en *Helmantica: Revista de filología clásica y hebrea*, nº 31, vol. 96, 1980, pp. 363–382. Para tierra: *terra* (mayoritario) y *tellus*; para agua: *aqua* (mayoritario), *mare, umor, imber, liquor, flumina, unda* y *ros*; para aire: *aer aeris* (mayoritario) *aeria aura, aura, ventus, anima* (como aire y principio vital), *caelum* y, como concepto puente entre aire y fuego, *aether*; para fuego: *ignis, vapor, calor, ardor, sol, flamma, fulmen.*

Lo primero que debemos notar es la gran cantidad de términos alusivos al engendramiento y siembra, en analogía con procesos vitales, que aparece en Lucrecio. El poeta latino remite a *gigno, genitalia corpora, semina, exordia* o *glomeramina.* Por ello Masson observa que:

> "It is remarkable how often Lucretius applies to the union of the atoms such words as *gignere, genitali concilio* (continually repeated by him in this sense), which are a vivid metaphor from living creatures. Similarly, he often calls the atoms themselves *genitalia corpora rerum,* 'the particles which beget things'. Again, he constantly applies to the atoms a term used rarely by Epicurus– *semina, semina rerum,* 'seeds', 'seeds of things', a name which seems to imply a productive power residing in them. (Empedocles and Anaxagoras also apply the name to their first principles of matter.) The term, though inconsistent with his dogma that matter is 'utterly dead', is subtly adapted by Lucretius, for beyond question his system implies in the atoms decided tendency and faculties for mutual combination, cooperation, and productiveness"[588].

Así, por ejemplo, en algunos pasajes del poema el significado de *semina* y *genitalia corpora,* según Bailey "is general in sense, 'creative bodies', not technically 'atoms'"[589], habida cuenta de que ambas vierten la noción de "germen", aquello que es causa u origen material del que proceden otras cosas o entes afines. Su equivalente en griego, que aparece en Epicuro, lo ofrece σπέρματα. De hecho, el filósofo samio anota, empleando el término, lo siguiente:

> "[para la producción (originación) de un mundo] se necesita que fluyan semillas adecuadas de átomos (ἐπιτηδείων τινῶν σπερμάτων ῥυέντων) de un solo mundo o de un intermundo o también de varios, semillas que vayan produciendo paulatinamente agolpamientos, interrelaciones y transmutaciones del conjunto de estos átomos (προσθέσεις τε καὶ διαρθρώσεις καὶ μεταστάσεις ποιούντων) a otro lugar distinto, si los tiros van por ahí, y que lleven a cabo también irrigaciones, procedentes de los átomos adecuados para este cometido, hasta que el nuevo mundo, fruto de esas semillas, alcance su pleno desarrollo y fortaleza, características estas últimas que vienen condicionadas por la capacidad que los cimientos colocados debajo tengan de soportarlas"[590].

Sin la aparición de "semillas" sino con la locución "átomos adecuados" y "acumulaciones atómicas adecuadas", escribe Epicuro:

> "Las nubes pueden originarse y formarse por condensación del aire en virtud de una presión simultánea de los vientos, y por trabazón de átomos pegados unos a otros y adecuados para producir ese resultado (περιπλοκὰς ἀλληλούχων ἀτόμων καὶ ἐπιτηδείων)"[591];

588 *cf.* MASSON, *Lucretius, op. cit.*, p. 149; *cf.* también p. 145.
589 LVCRETIVS, BAILEY, Cyril (ed.), *De Rerum Natura Libri Sex, Edited with Prolegomena, Critical Apparatus, Translation and Commentary by,* Oxford, Clarendon Press, 1963, vol. 2, p. 628.
590 EPICURO, *Carta a Pitocles,* 89, en VARA, *op. cit.*, p. 75.
591 EPICURO, *Carta a Pitocles,* 99, en VARA, *op. cit.*, p. 79.

"los aguaceros demasiado violentos se originan a partir de determinadas acumulaciones de átomos adecuados para producir tales descargas (βιαιοτέρας ἐπαρδεύσεως γινομένης ἀπό τινων ἀθροισμάτων ἐπιτηδείων εἰς τὰς τοιαύτας ἐπιπέμψεις)"[592].

Junto a lo recién citado, debemos ocuparnos del término συστροφή en sentido físico, que aparece en dos ocasiones en la obra conservada del filósofo samio[593]. El vocablo remite a una masa física, una acumulación o agregación de elementos; es decir, un conjunto de átomos que se han condensado o aglomerado conjuntamente, que se aúnan.

Si atendemos a la primera aparición de συστροφή vemos cómo Epicuro escribe que:

"los mundos y todo ser compuesto y limitado provistos de una estrecha semejanza formal con las cosas observadas a simple vista se han originado a partir del infinito, tras haberse desprendido todos esos seres citados, tanto los mayores como los más pequeños, de sus propias concentraciones (ἐκ συστροφῶν ἰδίων ἀποκεκριμένων)"[594].

Por su parte, Arrighetti traduce de modo distinto y escribe, a partir del mismo texto griego: "bisogna ritenere che i mondi e ogni aggregato limitato congenere alle cose che vediamo continuamente si è originato dall'infinito, formandosi tutti essi separatamente da particolari agglomerati maggiori o minori"[595] Igualmente, Bailey lo vierte así: "And in addition to what we have already said we must believe that worlds, and indeed every limited compound body which continuously exhibits a similar appearance to the things we see, were created from the infinite, and that all such things, greater and less alike, were separated off from individual agglomerations of matter"[596].

Antes de proseguir, es fuerza completar las anotaciones previas con la segunda cita epicúrea sobre el particular. Señala el de Samos:

"es menester considerar el carácter, intrincado ya desde su origen, propio de los fenómenos antes mencionados como debido a una participación, común a todos estos cuerpos (τῶν συστροφῶν τούτων), en movimientos de rotación que tuvieron lugar en el momento del nacimiento del mundo"[597].

---

592 EPICURO, *Carta a Pitocles*, 100, en VARA, *op. cit.*, p. 79.

593 EPICVRVS, *Epistula ad Herodotum*, 73 y 77., respectivamente, en ARRIGHETTI, *op. cit.*, p. 40 (italiano), p. 65 y p. 77, respectivamente: "νομίζειν γεγονέναι ἀπὸ τοῦ ἀπείρου, πάντων τούτων ἐκ συστροφῶν ἰδίων ἀποκεκριμένων"; "ὅθεν δὴ κατὰ τὰς ἐξ ἀρχῆς ἐναπολήψεις τῶν συστροφῶν τούτων ἐν τῇ τοῦ κόσμου γενέσει δεῖ δοξάζειν καὶ τὴν ἀνάγκην ταύτην καὶ περίοδον συντελεῖσθαι". El editor hace valiosas anotaciones al texto en la p. 605.

594 EPICURO, *Carta a Heródoto*, 73, en VARA, *op. cit.*, p. 67.

595 EPICVRVS, *Epistula ad Herodotum*, 73, en ARRIGHETTI, *op. cit.*, p. 40 (italiano), p. 66.

596 EPICURO, *To Herodotus*, 73, en BAILEY, *Epicurus*, *op. cit.*, p. 47.

597 EPICURO, *Carta a Heródoto*, 77, en VARA, *op. cit.*, p. 69.

Ante lo transcrito, podemos señalar que las συστροφαί son unos coacervados (en sentido literal y no moderno), es decir, unos conglomerados que intervienen en un primer estadio generativo de la materia y de los mundos y que cuentan una idiosincrasia propia, o sea, con peculiaridad o especificidad (ἰδιότης). Sin embargo, como se indica por su propia traducción, no son *corpora prima*, por cuanto para serlo deberían ser unos y pétreos, como sí son los átomos.

Creemos, así pues, que estos coacervados desempeñan en Epicuro la misma función ordenadora-delimitativa que los cuatro elementos en Empédocles, de manera que actúan, quizá en virtud de su disposición, como agentes aglutinantes por afinidad, lo cual atinge incluso a los dioses mismos. Gracias a esas afinidades limitadas, se preserva la máxima de que no todo pueda surgir de todo o de cualquier cosa. Al igual que antes hemos postulado la lucha contra diversos modos de nihilismo generativo, aquí entendemos que se trata de evitar procesos generativos y agregativos de universalismo indiscriminado, por lo que se refiere al hecho de que, sin distingo, ocurra que "*omne ex omni*", "*omne ex aliquo*", "*omne ad omne*", "*omne ad aliquid*" o bien "*aliquid ex omni*", "*aliquid ex aliquo*", "*aliquid ad omne*", y "*aliquid ad aliquid*", entendiendo por tales un todo y un algo no precisos, en el que no importa cuál sea ese todo y ese algo, como si no estuvieran sujetos al imperio de la ley y el orden naturales. De esta manera, los primeros coacervados actúan como principio *antiuniversalista*[598] generativo y agregativo, podríamos decir[599].

Juzgamos, entonces, que tanto συστροφαί, ἐπιτηδεία σπέρματα, la noción de lo ἐπιτήδειον, como *semina* y *genitalia corpora*, poseen en los casos aducidos un significado especializado como formantes de los cuatro elementos, que respetan, empero, la coherencia de la doctrina epicúrea por cuanto éstos son también un compuesto y no *prima elementa*. No en vano, como indica Bailey al comentar al poeta romano, la semilla constituye en Lucrecio:

> "the antecedent material which is required for the birth and growth of anything. Not only must there be some seed antecedent to the creation of a thing, but it must be seed of the special kind required for the birth of that particular thing. The same is true of growth, for growth in Lucr.'s view was not different from birth; it is the addition to the thing of further appropriate seeds, like in kind to those which produced its birth. Moreover, there is a limitation to the amount of appropriate matter which things can assimilate, and therefore a limitation to the possibility of their growth"[600].

598 Partiendo del término ya usado de antinihilismo, no hemos sabido dar una expresión suficientemente expresiva y exacta para esta faceta restringida de 'antiomnismo, antiholismo'.

599 *cf.* ARISTÓTELES, *Física*, I, cap. 4; 187b, en CALVO, José Luis, *op. cit.*, p. 16: "afirman que todo se encuentra mezclado en todo, dado que veían que todo se originaba a partir de todo [φασι πᾶν ἐν παντὶ μεμῖχθαι, διότι πᾶν ἐκ παντὸς ἑώρων γιγνόμενον]".

600 LVCRETIVS, BAILEY, *Commentary*, *op. cit.*, vol. 2, p. 627.

La pista para decantarnos por entender συστροφή como el singular de "primeros coacervados" la ofrece Long en su artículo "Chance and natural law in Epicureanism"[601]. Allí señala, con relación a las semillas, que:

> "world formation is contingent upon – or requires – appropriate atomic nuclei which behave in the way Epicurus enumerates"[602].

La clave, a nuestro juicio, se presenta algo más tarde:

> "In a fragment of the 14th book of Περὶ φύσεως he opposed to the Platonic doctrine of four elements the preferable idea of those who 'do not define a specific form of fire or earth or water or air, but admit, whether freely or not, that there arise in (mechanical) mixtures certain specific kinds of forms corresponding to each so-called essential aggregate (σύγκρισις)'. The term σύγκρισις has a technical usage in Epicurus' own work to denote 'atomic compound', and here he is referring to a restricted class of compounds, which we may call elemental. I believe they are approximately, if not entirely, identical to the cosmic 'seeds' of which I have already spoken, or what are called συστροφαί a brief reference to world formation in the Letter to Herodotus (73)"[603].

De esta forma, los compuestos elementales o primeros coacervados actúan a guisa de primeros elementos que evitan una visión teísta de los cuerpos celestes y también del hombre mismo, que es un ser natural sometido a las leyes atomistas, lejos de un cosmos antropocéntrico.

Ningún cuerpo multiatómico escapa al proceso de acrecentamiento y mengua, al margen del (lugar en el) mundo que ocupe. En una línea parecida, pero arriesgada, Giussani pone en relación los primeros coacervados con la noción de *cacumina* como moléculas de un cuerpo, en el sentido de "*partes minimae* che abbiano i caratteri di quel corpo o sostanza; una divisione ulterior le risolve in atomi, ossie conduce fuori o sotto (*infra*) il regno delle cose sensibili, e delle qualità proprie delle cose sensibili"[604].

Sostenemos, en fin, que los primeros compuestos son esas συστροφαί; los tales coacervados o compuestos elementales encuentran su equivalente latino perfecto en el lucreciano *glomeramina*, cuando éste escribe sobre los líquidos:

> "Empero aquellos líquidos (*liquida*) formados de cuerpo fluido (*fluvido quae corpore*) deben componerse de partes alisadas y redondas (*levibus atque rutundis esse magis*),

601 LONG, Anthony A., "Chance and natural law in Epicureanism", en *Phronesis*, nº 22, vol. 1, 1977, pp. 63–88.

602 *ibidem*, p. 72.

603 *ibidem*, p. 78.

604 GIUSSANI, *Studi Lucreziani*, *op. cit.*, "Atomia, Capo II, *partes minimae* (ai versi I, 599–634)", pp. 56–58.

> puesto que no pudiendo entrelazarse glóbulos de esta clase (*glomeramina quaeque*), también ruedan en un plano inclinado fácilmente"[605].

Esos conglomerados reunidos por afinidad de base, esa adecuación interatómica en un nivel semipreformativo, es un requisito para la formación de los mundos, habida cuenta de que, según Epicuro:

> "para la creación de un nuevo mundo no basta sólo, como asegura alguno de los llamados físicos, con que se produzca una acumulación de átomos (ἀθροισμὸν δεῖ μόνον) ni tampoco un remolino de ellos (δῖνον) en el vacío"[606].

Así lo atestigua la formación la formación del "sol, la luna y los demás astros [que[607]] no se formaron por sí mismos y luego fueron absorbidos por el cosmos y todo lo que él contiene, sino que pronto se plasmaron (εὐθὺς διεπλάττετο – formaron, moldearon –) y crecieron —lo mismo el mar y la tierra (ὁμοίως δὲ καὶ γῆ καὶ θάλαττα)— por agregaciones y vórtices (προσκρίσεις καὶ δινήσεις) de (...) sustancias finísimas (λεπτομερῶν τινων φύσεων), bien semejantes al viento (πνευματικῶν) o al fuego (πυροειδῶν), o a ambos a la vez (συναμφότερον)"[608]. Cada coacervado tiene, entonces, su papel generativo, limitado, asignado u ordenado y ejerce ese poder al que alude Lucrecio, esa *secreta facultas*[609] o potencia generadora distintiva, que le es inherente (*inest*). No en vano, como señala Derrida: "Pour Epicure, la condensation ou l'épaisseur, le relief systrophique, c'est d'abord cet enchevêtrement torsadé, cette tournure concentrée d'atomes (masse, essaim, tourbillon, averse, troupe) qui produit la semence des choses, les *spermata*"[610].

605 LUCRECIO, *De la naturaleza de las cosas*, II, vv. 451–455, en ABATE MARCHENA [MARCHENA y RUIZ DE CUETO, José] (trad.), GARCÍA CALVO, Agustín (ed.), *De la naturaleza de las cosas*, Madrid, Orbis, 1985, p. 156. Aunque en cierto modo más libre, en este punto preferimos la traducción del Abate Marchena, que da lectura más fiel del punto que nos interesa.

606 EPICURO, *Carta a Pitocles*, 90, en VARA, *op. cit.*, p. 75.

607 Aunque por razones tipográficas no podemos insertar la puntuación con propiedad, aquí se trata, para cuanto afecta a nuestro texto, de una oración subordinada relativa explicativa, es decir, entre comas.

608 EPICURO, *Carta a Pitocles*, 90, 91. Nos apartamos aquí de VARA para seguir a PIQUÉ ANGORDANS, *op. cit.*, p. 107. En términos generales, su traducción es mejor e incluye, adoptando con acierto el criterio de Arrighetti, ὁμοίως δὲ καὶ γῆ καὶ θάλαττα, que Vara omite siguiendo una *seclusio* de Usener.

609 LUCRECIO, *La naturaleza*, I, v. 173, en SOCAS, *op. cit.*, p. 131.

610 DERRIDA, Jacques, "*Mes chances: au rendezvous de quelques stereophonies epicuriennes*", en *Tijdschrift voor Filosofie*, 45e Jaargang, vol. 1, 1983, pp. 3–40, concretamente p. 25.

1.8. Mundo(s)

Desde el punto de vista generativo, en el sentido de los compuestos, nos importa señalar que Epicuro postula la existencia de una pluralidad infinita de mundos. Esta doctrina física ya aparece en Anaximandro[611] y entre los primeros atomistas[612] y Aristóteles alude negativamente a la cuestión en algún pasaje de sus *Física*[613] y

611 ANAXIMANDRO, frag. 148 (12 DK A 10) Pseudo Plutarco, 2 [*Placita Philosophorum*, 875 F 6 y ss.] en EGGERS LAN, JULIÀ, *op. cit.*, p. 114: "Anaximandro... dice que lo infinito es la causa de la generación y destrucción de todo (τῶν ὄντων τὴν ἀρχὴν εἶναι τὸ ἄπειρον• ἐκ γὰρ τούτου πάντα γίνεσθαι καὶ εἰς τοῦτο πάντα φθείρεσθαι), a partir de lo cual – dice – se segregan los cielos y en general todos los mundos, que son infinitos (ἀπείρους κόσμους). Declara que su destrucción y, mucho antes, su nacimiento se producen por el movimiento cíclico de su eternidad infinita ... Dice también que, en la generación de este cosmos, lo que de lo eterno es capaz de generar lo caliente y lo frío fue segregado, y que, a raíz de ello, una esfera de llamas surgió en tomo al aire que circunda a la tierra, tal como una corteza [rodea] al árbol; al romperse la [esfera] y quedar encerradas [sus llamas] en algunos círculos, se originaron el sol, la luna y los astros".

612 LEUCIPO Y DEMÓCRITO, frags. 455–457 (DK 68 A 1, 67 A 21, 68 A 43) correspondientes a Diógenes Laercio, IX, 44; Simplicio, *Del cielo*, 202. 16; Dionisio de Alejandría en Eusebio de Cesarea, *Preparación evangélica*, XIV 23, 2, respectivamente, en PORATTI, *op. cit.*, p. 249: "Hay infinitos mundos, y corruptibles (ἀπείρους τε εἶναι κόσμους καὶ γενητοὺς καὶ φθαρτούς)"; (...) "Leucipo y Demócrito dicen que hay mundos infinitos en número en el vacío infinito y que están compuestos por átomos infinitos en número (ἀπείρους τῷ πλήθει τοὺς κόσμους ἐν ἀπείρῳ τῷ κενῷ καὶ ἐξ ἀπείρων τῷ πλήθει τῶν ἀτόμων συνίστασθαί)"; (...) "Los átomos se desplazan azarosamente en el vacío y se encuentran espontáneamente, debido a su impetuoso movimiento desordenado, y se combinan porque, en razón de la variedad de aspectos que presentan, se agregan entre sí; de este modo constituyen el mundo y lo que él contiene o, más bien, infinitos mundos (κόσμους ἀπείρους)".

613 ARISTÓTELES, *Física*, III, cap. 4, 203b24 – 30, en CALVO, José Luis, *op. cit.*, p. 74: "el hecho de no cesar en el pensamiento parecen ser infinitos tanto el número de las magnitudes matemáticas como lo de más allá del cielo. Y si es infinito lo de más allá, parece que también son infinitos tanto lo corpóreo como los mundos, pues ¿por qué iba a haber más cuerpo en esta parte del vacío que en aquélla? De modo que ellos piensan que la masa está en todas partes si está en una. Y además, si hay un vacío y un lugar infinitos, es necesario que también lo sea el cuerpo".

Acerca del cielo[614], partidario como es de la finitud del universo[615] y unicidad del mundo.

Nuestro filósofo samio enuncia el mismo principio de los κόσμοι en el siguiente pasaje:

> "hay que tener por garantizado que hay también mundos infinitos, unos iguales a éste y otros distintos, pues los átomos, al ser infinitos como anteriormente se demostró, se desplazan a los lugares más apartados incluso, puesto que los átomos de esta naturaleza, con los que podría formarse (ἐξ ὧν ἂν γένοιτο κόσμος) o por medio de los cuales podría ser constituido un mundo (ἢ ὑφ' ὧν ἄν), no quedan agotados ni con un solo mundo ni con mundos limitados, ni con cuantos son como éstos ni con cuantos son diferentes a éstos. La consecuencia de ello es que no hay nada que impida la infinitud de los mundos"[616].

Lucrecio expresa, en varios lugares[617] lo mismo:

> "de ninguna manera ahora hay que considerar verosímil que, ya que por doquier el espacio ilimitado se muestra vacío y las semillas en número incontable y su reunión en la hondura de mil maneras revolotean impulsadas por movimiento eterno, esta única rueda de tierras y este cielo se haya creado, que nada hacen allá fuera tantos cuerpos de materia, sobre todo cuando este esté hecho según naturaleza y entrechocando por

---

614 *cf.* ARISTÓTELES, *Acerca del cielo*, I, 8, 276a 30 -276b 21, en CANDEL, *op. cit.*, pp. 76–77: "Además, es forzoso que todos los mundos estén formados por los mismos cuerpos, al ser semejantes por naturaleza. Ahora bien, es forzoso también que cada uno de los cuerpos, v.g.: el fuego y la tierra y sus intermedios, tenga la misma potencia; (...) Es evidente, pues, que una de aquellas cosas tendrá por naturaleza que alejarse del centro y la otra acercarse al centro, si todo fuego es semejante al fuego y lo mismo cada uno de los demás elementos, como (ocurre con) las partículas de fuego en este (mundo) (...) es natural que las partículas de tierra del otro mundo se desplacen hacia este centro, y también que se desplace hacia esta extremidad el fuego de allá. Pero eso es imposible: pues si así ocurriera, necesariamente se desplazaría hacia arriba la tierra en su propio mundo, y el fuego, hacia el centro (...) hay que hacer únicos el centro y la periferia; pero si esto es así, es imposible que exista más de un mundo".

615 *cf.* ARISTÓTELES, *Acerca del cielo*, I, 7, 274a y ss., en CANDEL, *op. cit.*, pp. 68–75.

616 EPICURO, *Carta a Heródoto*, 45, en VARA, *op. cit.*, pp. 53–54.

617 LUCRECIO, *La naturaleza*, II, vv. 1067–1076, en SOCAS, *op. cit.*, p. 218: "De otra parte, puesto que hay mucha materia dispuesta, puesto que el espacio está ahí al alcance sin que ninguna causa ocasione demora, es evidente que deben hacerse y formarse seres (*geri debent ni mirum et confieri res*); pero si ahora hay semillas en tal abundancia que no acertaría a contarlas la duración entera de los vivientes, y en ellas se mantiene esa misma naturaleza que podría juntar las semillas de los seres en tales lugares de la misma manera que ellas aquí se han juntado, es necesario admitir que hay otros orbes terrestres en otras partes (*necesse est confiteare esse alios aliis terrarum in partibus orbis*) y diversos pueblos de hombres y razas de fieras".

propia cuenta las semillas de las cosas justamente, agrupadas de mil modos sin tino, al azar y en vano vinieron a cuajar aquellas que al juntarse de repente llegaron a ser muchas veces el comienzo de seres grandes, de la tierra, el mar y el cielo, de la raza de los vivientes"[618].

De la conjunción entre la infinitud cuantitativa atómica, la infinitud extensiva del (espacio) vacío, el carácter eterno de ambos, y, por último, el clinamen, deriva Epicuro la posibilidad (que ve verificada en virtud de lo eterno) de múltiples mundos coexistentes, cosa que también propugna Mondolfo cuando escribe: "[l]a infinitud de los mundos se postula no sólo en un sentido de sucesión cronológica tras el acabamiento o disolución de uno de ellos, de manera que se produzca un mero reemplazo, sino también en el sentido de la coexistencia o existencia simultánea de plurales mundos"[619].

La misma opinión la expresa (lo que consignamos a título de curiosidad y vigencia) el físico e ingeniero químico Hugh Everett III en el siglo XX, haciendo una interpretación de la mecánica cuántica para el nivel no subatómico o macroscópico, de tal modo que todo subsistema o mundo inserto en la totalidad está correlacionado con el resto y se encuentra en una superposición de estados[620].

Como Anaximandro, considera el samio la infinitud cuando señala:

"es preciso pensar que los mundos y todo ser compuesto y limitado provistos de una estrecha semejanza formal con las cosas observadas a simple vista se han originado a partir del infinito, tras haberse desprendido todos esos seres citados, tanto los mayores como los más pequeños, de sus propias concentraciones, y pensar asimismo que se disuelven de nuevo, unos con más rapidez y otros con más lentitud, experimentando este proceso unos por unas causas y otros por otras"[621].

El punto de interés radica aquí en el proceso de agregación o surgimiento (generación, γεγονέναι) a partir de las "propias concentraciones" (ἐκ συστροφῶν ἰδίων ἀποκεκριμένων), es decir, de los primeros coacervados que ya hemos tratado; el proceso de desagregación o disolución (πάλιν διαλύεσθαι πάντα) es, sin embargo, la consecuencia natural del primero, pues, según nos transmite Cicerón, Epicuro sostiene que "los innumerables mundos (...) nacen y mueren cada día (*innumerabiles mundi, qui et oriantur et intereant cotidie*)"[622], dado que, al decir de Lucrecio[623],

618 LUCRECIO, *La naturaleza*, II, vv. 1052–1063, en SOCAS, *op. cit.*, p. 218.

619 *cf.* MONDOLFO, Rodolfo y TRI, Segundo (trad.), *El pensamiento antiguo: historia de la filosofía greco-romana*, Buenos Aires, Editorial Losada, 1969, p. 21.

620 *cf.* EVERETT III, Hugh, *The Many-Worlds Interpretation of Quantum Mechanics: the theory of universal wave function*, tésis, Princeton University, (1956, 1973), p. 43.

621 EPICURO, *Carta a Heródoto*, 73, en VARA, *op. cit.*, p. 67.

622 CICERÓN, *Del supremo bien y del supremo mal*, I, 7, 22, 6, en HERRERO LLORENTE, Víctor José (ed., trad.), Madrid, Gredos, 1987, p. 63.

623 *cf.* LUCRECIO, *La naturaleza*, II, vv. 1105–1143, en SOCAS, *op. cit.*, pp. 220–221: "Y muchos cuerpos, después de surgir el tiempo genital del mundo y el día primigenio

"el mundo está hecho de cuerpo mortal y es capaz a la vez de nacimiento (*mortali consistere corpore mundum nativom...*)"[624].

El mundo y sus partes se ven abocados, como construcciones atómicas harto complejas, a la dispersión[625] o destrucción (*exitium*)[626], como vuelve a subrayar Lucrecio: "la mole que durante tantos años se sostuvo, la máquina del mundo, caerá (... *multos per annos ruet moles et machina mundi*)"[627].

Además del proceso "vital" de los mundos, Epicuro indica que no tienen una sola forma o configuración (ἕνα σχηματισμὸν), sino diversas, ya sean esferoides (σφαιροειδεῖς), ovoides (ᾠοειδεῖς) u otras, y es también concebible que carezcan de algunos de los *semina* presentes en nuestro mundo[628].

(*tempus genitale diemque primigenum*) del mar, la tierra y el sol, se fueron añadiendo desde fuera (*addita... extrinsecus*), se fueron añadiendo muchas semillas en torno, que el gran todo aportó disparando (*iaculando contulit*). (...) Con razón, pues, perecen todas las cosas cuando con el flujo se vuelven esponjosas y cuando caen bajo los golpes exteriores, toda vez que a la edad avanzada acaba por faltarle el alimento (*grandi cibus aevo denique defit*) y los cuerpos desde fuera no cesan de estropear ninguna cosa, machacándola, ni de domeñarla con golpes hostiles".

624 LUCRECIO, *La naturaleza*, V, vv. 65–66, en SOCAS, *op. cit.*, p. 341.

625 LUCRECIO, *La naturaleza*, II, v. 16, en SOCAS, *op. cit.*, p. 230.

626 LUCRECIO, *La naturaleza*, V, vv. 236–246, en SOCAS *op. cit.*, p. 347: "Para empezar, puesto que el cuerpo de la tierra y la humedad y los soplos ligeros de las brisas y los calientes hervores, de que parece estar hecho el conjunto de los seres, todos vienen a ser de cuerpo sometido a nacimiento y muerte, debe considerarse igual la naturaleza toda del mundo: evidentemente, pues, aquellas cosas cuyas partes y miembros vemos que siendo de masa que nace son a la vez de figuras mortales, esas mismas en general advertimos que son mortales y a la vez sometidas a nacimiento; en consecuencia, como veo que los miembros y partes mayores del mundo después de gastarse se reproducen, cabe suponer que tanto cielo como tierra tuvieron igualmente un tiempo de inicio (*principale tempus*)y tendrán su derrumbe (*cladem*)".

627 LUCRECIO, *La naturaleza*, V, vv. 95–96, en SOCAS *op. cit.*, pp. 341–342.

628 EPICURO, *Carta a Heródoto*, 74, en VARA *op. cit.*, pp. 67–68: "hay que pensar que los mundos no tienen necesariamente una sola configuración sino diferentes. Pues hay que pensar que unos son esferoides y otros ovoides y otros de distintas formas, pero no que tienen cualquier forma ni tampoco que se han constituido a partir del infinito seres vivos distintos a los que conocemos. Pues que en un mundo cabría incluso que no se hubiera concentrado este tipo de semillas de las que se componen los seres animados y las plantas y todo lo demás que aquí se ve a simple vista sino otras distintas, y que, en cambio, en tal otro no hubiera podido realizarse ese mismo fenómeno, eso tampoco podría demostrarlo nadie. Por el contrario, hay que admitir que en todos los mundos se han creado de la misma manera las mismas semillas, y de la misma forma también en la tierra".

Otro aspecto importante radica en que, a diferencia de lo postulado por Platón o, a su modo, por Aristóteles, por ejemplo, el mundo no es para el hombre[629] ni (se) lo creó ninguna divinidad[630] y tiene, con todo, plena realidad, aun compuesta[631].

---

629 LUCRECIO, *La naturaleza,* V, vv. 156–159 y vv. 165, en SOCAS, *op. cit.*, p. 344: "Decir además que por causa de los hombres los dioses decidieron disponer la naturaleza preclara del mundo (*hominum causa voluisse parare praeclaram mundi naturam*) y que por eso conviene alabar (*laudare*) su obra como merece, pensar que será eterna e inmortal (*aeternumque putare atque inmortale futurum*) (...) es un disparate (*desiperest*)".

630 LUCRECIO, *La naturaleza,* V, vv. 146–147 y 153–154, en SOCAS *op. cit.*, p. 344: "No debes creer asimismo eso de que los dioses tengan su santa casa en alguna parte del mundo (*[i]llud item non est ut possis credere, sedes / esse deum sanctas in mundi partibus ullis*) [...] las moradas de ellos deben ser diferentes de las nuestras y de materia sutil (*dissimiles...tenues de corpore*)".

631 *cf.* PESCE, Domenico, *Introduzione a Epicuro,* Bari, Editori Laterza, 1981, pp. 28–29 (*cf.* ss.): "Benché nell'intera sua opera Platone non faccia mai parola dell'atomismo, gli interpreti moderni concordano nel ritenere non soltanto che egli ne fosse a perfetta conoscenza, ma che anzi proprio contro di esso sia rivolta la sua costruzione fisica, della quale daremo in questo libro una breve esposizione sommaria, necessaria per intendere la ripresa che in funzione antiplatonica farà poi Epicuro dell'atomismo. Per Platone, anzitutto, il concetto di 'natura' (physis), oggetto della 'fisica' (termine quest'ultimo per altro non platonico, ma aristotelico, Platone parla di 'ricerca attorno alla natura'), non coincide affatto con la totalità dell'esistente, ma ne indica soltanto una parte, caratterizzata per di più da una condizione di semirealtà. La natura infatti abbraccia tutto quanto è sensibile, visibile e tangibile, e pertanto soggetto al continuo divenire. Giacché l'intera filosofia platonica è condizionata dalla duplice equazione: intelligibile essere, sensibile divenire e dall'interpretazione del divenire come commistione di essere e di non-essere. Alla condizione di semirealtà della natura corrisponde, per quel perfetto parallelismo che Platone pone tra metafisica e gnoseologia, la condizione di semiscienza della fisica che non potrà mai pervenire al discorso rigoroso, ma dovrà necesariamente fermarsi al livello del semplice verosimile. Da questi presupposti segue quel ch'è l'assioma fondamentale della fisica platonica: la non autonomia ontologica e gnoseologica della natura che, come desume la sua realtà da altro (il divenire presuppone l'essere), così non può trovare la propria spiegazione in se stessa. Di qui il porsi della fisica come ricerca della 'causa', del perché le cose sensibili nascono e periscono, del perché sono. Che questa causa non possa essere quella materiale-meccanica addotta dall'atomismo (ma secondo Platone da tutti i filosofi presocratici ivi compreso, nonostante le apparenze contrarie, Anassagora) è quel che Platone si propone di dimostrare in quella sezione del *Fedone* (95e-l02a) che costituisce il programma della sua fisica di cui darà poi compiuta esposizione nel *Timeo.* La materia, in sé considerata, è caratterizzata dal suo prestarsi indifferentemente a esiti formali molteplici, che anzi diventano infatti (come precisa il *Timeo*) nel caso della materia pura, priva cioè assolutamente di ogni determinazione, di modo che non può trovarsi in essa la spiegazione del perché si sia realizzata una certa forma anzichè un'altra che era pure egualmente possibile; la materia cioè

De esta manera se evita el antroprocentrismo fisicista, así como la función providente o teleológica, tutelar, de los dioses, que conduciría al temor o a la idolatría, derivada también de divinizar los astros[632].

Tanto los hombres como los dioses pertenecen, en calidad de compuestos, a la totalidad, por más que los primeros se encuentren dentro del mundo y los segundos habiten entre los mundos. Epicuro describe, por su parte, el proceso de generación de los mundos plurales insertos en el universo o cosmos en sentido moderno.

De hecho, la infinidad de mundos permite virtualmente la existencia anterior, posterior y simultánea, de acuerdo con los principios físicos, del mismo mundo, así como de sus mismos pobladores, los humanos o sus réplicas idénticas, es decir, la existencia de duplicados exactos azarosos[633]. Sin embargo, esas copias o, por mejor decir, gemelos azarosos no deben preocupar al hombre ni tienen peso ontológico o

---

è condizione necessaria perché sussistano cose materiali ma non sufficiente, è 'concausa', per adoperare la terminologia del *Timeo*, ma non vera 'causa'. Ove si voglia scoprire quest'ultima, bisognerà guardare nel processo del divenire non all'elemento semplicemente fattuale, alle condizioni che lo rendono soltanto possibile, ma all'intelligibile e cioè alla forma che si realizza, la quale è non soltanto fornita di significato, ma in quanto costituisce un fine scelto tra altri possibili, anche di valore. Di qui la formulazione, come criterio ultimo di spiegazione, del principio del meglio: poiché il valore (il bene) dovrà realizzarsi sul fondamento di una scelta, esso si configurerà come un bene maggiore rispetto a un bene minore".

632 *cf.* PESCE, Domenico, *Saggio su Epicuro*, Roma, Laterza, 1974, pp. 54–55: "Naturalmente anche il mondo non è per Epicuro che una semplice situazione di fatto, che né incarna un modello ideale né costituisce qualcosa di venerando, un fatto cioè che, come ogni altro, è destituito di ogni intrinseco valore. A ciò tendono le tesi fondamentali della sua cosmologia, che si oppongono punto per punto alle tesi platoniche ed aristoteliche. (...) Platone ed Aristotele convenivano nel concepire la natura sul modello dell'arte, anche se questa relazione era concepita dal primo come effettiva identificazione, mentre per il secondo, che aveva distinto la causa interna al processo dall'agente esterno, si trattava soltanto di un'analogia. Ma per tutti e due il processo andava interpretato finalisticamente, nel senso che le sue fasi successive erano tra di loro legate da un disegno idealmente preesistente che si veniva progressivamente realizzando. Il disegno preesistente, l'interpretazione finalistica sono, come abbiamo visto, completamente eliminati da Epicuro, per il quale tuttavia la natura, semplice situazione fattuale, seguita ad indicare la struttura permanente di una cosa e la legge constante di un evento, quei *foedera naturae* di cui parla Lucrezio".

633 LUCRECIO, *La naturaleza*, III, vv. 847–861, en SOCAS, *op. cit.*, p. 264: "en todo el espacio pasado del tiempo inmenso y en lo variados además que son los movimientos de la materia, podrías sin dificultad creer que estas mismas semillas de las que estamos hechos estuvieron antes muchas veces colocadas en el mismo orden que están ahora; y sin embargo no podemos recobrar tal cosa con pensamiento y memoria: pues hay en medio una suspensión de la vida y todos los movimientos acá y allá se alejaron sin rumbo de los sentidos".

epistemológico o significado en el sistema epicúreo[634], habida cuenta de que se da la "*mors aeterna*"[635]. La coherencia misma del sistema posibilita, entonces, la existencia de múltiples mundos e incluso múltiples mundos habitados, con seres correlativos o análogos a los de nuestro mundo, según expone Paul Brien:

> "nous dirions aujourd'hui que parmi les millions d'étoiles de notre galaxie et des innombrables autres galaxies de l'Univers, chaque étoile ayant son système planétaire, il faut admettre que, dans l'infinité des systèmes planétaires, les conditions astrophysiques et géophysiques réalisées sur notre terre ont du se réaliser sur d'autres planètes. Ni trop rapprochées ni trop éloignées de leur propre soleil, la vapeur d'eau put s'y condenser en des mers et des rivières, l'énergie lumineuse permît les photosynthèses nécessaires à l'éclosion et au maintien des vies qui, ayant la même origine, sont toutes pareilles aux nôtres, dans la diversité de leurs structures, de leurs formes. La pluralité des mondes et des mondes habités ne peut être mise en doute. La science d'aujourd'hui rejoint et confirme les intuitions d'Épicure, les évocations de Lucrèce"[636].

Por otra parte, la libertad del átomo, azarosa por antiteleológica aunque sujeta a reglas, hace comprensible, según el filósofo de Samos, el hecho de que:

> "existen otros mundos como éste infinitos en número (κόσμοι εἰσὶν ἄπειροι τὸ πλῆθος) (...) y que ese mundo igual a éste puede originarse tanto dentro de otro mundo como en el intermundo (ὁ τοιοῦτος δύναται κόσμος γίνεσθαι καὶ ἐν κόσμῳ καὶ μετακοσμίῳ) que llamamos espacio entre mundos (μεταξὺ κόσμων διάστημα), y eso en un lugar muy vacío y no en uno grande, totalmente puro y vacío como algunos afirman, para lo cual sólo se necesita que fluyan semillas adecuadas de átomos (ἐπιτηδείων τινῶν σπερμάτων ῥυέντων) de un solo mundo o de un intermundo o también de varios, semillas (ἑνὸς κόσμου ἢ μετακοσμίου ἢ ἀπὸ πλειόνων) que vayan produciendo paulatinamente agolpamientos, interrelaciones y transmutaciones (προσθέσεις τε καὶ διαρθρώσεις καὶ μεταστάσεις ποιούντων) del conjunto de estos átomos a otro lugar distinto (ἐπ' ἄλλον τόπον), si los tiros van por ahí, y que lleven a cabo también irrigaciones (ἐπαρδεύσεις), procedentes de los átomos adecuados para este cometido, hasta que el nuevo mundo, fruto de esas semillas, alcance su pleno desarrollo y fortaleza, características estas últimas que vienen condicionadas por la capacidad que los cimientos colocados debajo tengan de soportarlas"[637].

---

634 Sobre algunas cuestiones epistemológicas (realismo modal), viabilidad de una ética que busque el bien, entre otras; *cf.* WARREN, James, "Ancient atomists on the plurality of worlds", en *Classical Quarterly*, nº 54, vol. 02, 2004, pp. 354–365.

635 LVCRETIVS, BAILEY, *op. cit.*, III, v. 1091.

636 BRIEN, Paul, "La génération des êtres vivants dans la philosophie épicurienne", en *Revue de Synthèse, XIIe Congrès d'histoire des sciences. Colloques: textes des rapports*, Paris, Albin Michel, serie 3ª, tomo LXXXIX, 49–52, série générale, 1968, pp. 307–321, reimpreso en *Actes du XIIe Congrès d'histoire des sciences*, Paris, Blanchard, 1970, tomo I. A, pp. 307–321. Se cita por la primera, concretamente p. 320.

637 EPICURO, *Carta a Pitocles*, 89, en VARA, *op. cit.*, p. 75.

Si bien los mundos constituyen subsistemas autónomos, cerrados por sus *moenia*[638], murallas perimetrales, pueden asumir, igualmente, más átomos.

En este punto, podemos ofrecer la definición que Epicuro brinda de cosmos, quien lo describe como sigue:

> "Un mundo (κόσμος) es un globo rodeado por el cielo, que engloba en sí a las estrellas, a la tierra y a todos los cuerpos visibles, y, si se disuelve éste, todos los cuerpos que hay dentro de él serán presa de confusión, globo que marca una separación (ἀποτομήν) del infinito y que termina en un final vaporoso y denso y en un elemento que gira (περιαγομένῳ) o que tiene inmovilidad (στάσιν ἔχοντι), y que tiene un borde (περιγραφήν) redondo (στρογγύλην) o triangular (τρίγωνον) o como quiera que sea. Cabe, en efecto, que sea de cualquier manera"[639].

Respecto al texto antedicho, se impone indicar que el término ἀποτομή, en vecindad de περιγραφή evocan el carácter unitario que, en el seno de la totalidad absoluta, tienen los mundos, ya que hay un corte separativo, una división estricta y un contorno, perímetro o circunscripción – en sentido literal – para cada uno, cosa que parece idéntica a la noción lucreciana de *moenia mundi*. También aquí se aprecian los disensos, integraciones y enfrentamientos implícitos con las cosmologías de Platón y Aristóteles[640].

---

638 LUCRECIO, *La naturaleza*, V, vv. 364–372, en SOCAS, *op. cit.*, p. 352: "ni la naturaleza del mundo viene a ser de cuerpo macizo, ya que hay mezclado en las cosas vacío, ni es sin embargo como el vacío, ni de otra parte faltan cuerpos que, surgiendo del infinito, tal vez puedan derribar en violento torbellino el conjunto de las cosas o acarrear cualquier otro crítico desastre, ni tampoco faltan las condiciones y el espacio de lugares profundos donde puedan estallar las murallas del mundo (*moenia mundi*) o puedan, empujadas por cualquier otra fuerza, destruirse".

639 EPICURO, *Carta a Pitocles*, 88, en VARA *op. cit.*, pp. 74–75.

640 *cf.* PESCE, *Saggio su Epicuro*, *op. cit.*, pp. 52–53: "La cosmologia platonica è caratterizzata dalla netta contrapposizione di materia e forma: la materia è di per sé assolutamente informe e perciò capace di assumere qualunque forma, il movimento e di per sé assolutamente disordinato e perciò capace di assumere qualunque direzione. Platone assimila la genesi del mondo alla produzione umana e perciò la concepisce come un processo di fabbricazione dovuto ad un artefice. Viene di qui probabilmente che la materia sia intesa in termini quantitativi e rappresentata come spazio appunto perché nello spazio, per la sua assoluta omogeneità, è possibile disegnare dovunque qualunque forma, senza che vi sia alcuna prefigurazione di sorta. Aristotele, che al modello dell'umana produzione sostituisce quello della naturale nascita e crescita di piante ed animali, salda la forma alla materia, concependo la 'privazione' non più come assoluta ed indeterminata, ma come relativa e determinata, cioè come 'potenza'. A questo modo la materia è intesa non più quantitativamente, ma qualitativamente. Per certi aspetti la posizione di Epicuro, su questo problema, è intermedia: anche per lui la forma è intrinseca alla materia, ma tutti e due i principi sono ricondotti allo spazio e concepiti perciò in maniera quantitativa. Senonché lo spazio, pur di per sé omogeneo, ha tuttavia una sua

Nos conviene recordar ahora que existen κόσμοι (*munda, mundi*) pero también μετακόσμια o, tal como los vierte Cicerón en *De finibus bonorum et malorum*[641], mencionándolos en *De divinatione*[642], los *intermundia*, es decir, los espacios intermundiales, pues propiamente eso significan los adjetivos sustantivados que aducimos, tanto en griego como en latín, según confirma la definición que ofrece el pensador samio: "la extensión entre los mundos". En los intermundos se produce, empero, un flujo o irrigación atómicos que propicia el surgimiento de compuestos. Los intermundos tienen, así mismo, función señera, al ser residencia de los dioses que, tal como indican Acosta y García Gual:

> "Habitan no los mundos, naturalmente perecederos como todo agregado atómico, sino los intermundos *(metacosmia, intermundia)*, donde se encuentra una inagotable reserva de átomos que, con flujo incesante, renuevan perpetuamente su materia[643].

Todo ocurre, pues, gracias a los átomos y al vacío, cosa que se entrevé en el verso lucreciano: "veo a través del vacío todo hacerse las cosas (*totum video per inane geri res*)"[644].

De regreso a la dinámica de los mundos, hemos de remarcar un punto álgido en su proceso de acrecimiento, *extremum crescendi finem*, (el límite último de crecimiento)[645], que conduce, inmediatamente, al decrecimiento y disolución totales. En ese marco, y antes de recorrer *in extenso* la secuencia en cuya virtud se desarrollan los mundos, deseamos poner de relieve nuevamente la importancia de las semillas o primeros coacervados, que son en nuestra opinión esos grupos de átomos apropiados[646], ésta vez formulados por Lucrecio, que alude al universo, su renovación, los límites de las cosas y la generación de planetas o satélites:

---

intrinseca struttura discreta che, costituendo una sorta di originaria figurazione, condiziona il distribuirsi dei pieni e dei vuoti e per ciò stesso delimita l'ambito delle forme. Di qui la tesi che, mentre il numero degli atomi e l'estensione del vuoto sono infiniti, le forme degli atomi sono sì inconcepibilmente varie, ma non infinite. Il fatto si è che, essendo fissato un limite di grandezza, dato dall'impossibilità che l'atomo riesca visibile all'occhio umano, lo stesso numero delle figurazioni, rese possibili dal vario disporsi dei 'minimi', riesce limitato.

641 CICERÓN, *Del supremo bien y del supremo mal*, II, 23, 75, 5, en HERRERO, *op. cit.*, p. 146: "Cuando habláis de elementos indivisibles y de intermundos (*individua cum dicitis et intermundia*) (...)".

642 CICERÓN, *Sobre la adivinación*, II, 17, 40, 3 y ss. en ESCOBAR, *op. cit.*, p. 186: "presentó Epicuro a los propios dioses como unos seres translucidos, transidos de aire (*perlucidos et perflabilis*) y habitantes del espacio situado entre dos mundos (*habitantis tamquam inter duos lucos sic inter duos mundos*), como si fuera 'entre dos bosques', por miedo a los derrumbes (*propter metum ruinarum*)".

643 GARCÍA GUAL, ACOSTA MÉNDEZ, *op. cit.*, p. 186.

644 LUCRECIO, *La naturaleza*, III, v. 16, en SOCAS, *op. cit.*, p. 230.

645 LUCRECIO, *La naturaleza*, II, v. 1116, en SOCAS, *op. cit.*, p. 220.

646 *cf.*, para otro punto de vista, MOREL, Jean-Pierre, "Corps et cosmologie dans la physique d'Épicure. Lettre à Hérodote, § 45", en *Revue de Métaphysique et de*

"en el conjunto no hay cosa que sea singular que como única se engendre y como única y sola crezca sin que pertenezca a linaje ninguno y haya muchas de su misma clase[647]; (...) hay que admitir por una razón semejante que el cielo, la tierra y el sol, la luna, el mar y los demás seres que hay no son únicos, sino más bien en número incontable (*caelum [...] terramque et solem, lunam mare cetera quae sunt, /non esse unica, sed numero magis innumerali*), toda vez que tanto tienen ellos un límite bien asentado y tanto están hechos de cuerpo nacido como la clase toda que mediante generación va rebosando de tales seres[648].

Por su parte, Epicuro precisa cómo surgen los mundos y que existen requisitos materiales para ello:

"para la creación de un nuevo mundo no basta sólo, como asegura alguno de los llamados físicos, con que se produzca una acumulación de átomos (ἀθροισμὸν δεῖ μόνον) ni tampoco un remolino de ellos en el vacío en el que, según todas las presunciones, puede originarse un mundo a la fuerza, y con que crezca hasta chocar con otro"[649].

Así lo atestigua la formación del "sol, la luna y los demás astros [que] no se formaron por sí mismos y luego fueron absorbidos por el cosmos y todo lo que él contiene, sino que pronto se plasmaron (εὐθὺς διεπλάττετο – formaron, moldearon –) y crecieron —lo mismo el mar y la tierra (ὁμοίως δὲ καὶ γῆ καὶ θάλαττα)— por agregaciones y vórtices (προσκρίσεις καὶ δινήσεις) de (...) sustancias finísimas (λεπτομερῶν τινων φύσεων), bien semejantes al viento (πνευματικῶν) o al fuego(πυροειδῶν), o a ambos a la vez (συναμφότερον)"[650].

Si ahondamos en el proceso de generación de los mundos debemos recordar que intervienen torbellinos o remolinos de átomos (δῖνον, *turbine*) unidos azarosamente, sin providencia o intencionalidad (inteligente, se entiende) intrínseca o extrínseca[651] pero con alguna afinidad, de forma que hay un proceso que conduce desde el desorden al orden intramundial, al decir de Lucrecio:

Morale, nº 1, 2003, p. 33–49; así como, con interesantes sugerencias sobre la física epicúrea en general, MOREL, Jean-Pierre, "Epicurean atomism", en WARREN, *Companion*, *op. cit.*, sección: "from atoms to worlds", pp. 65–83, especialmente, pp. 81–83.

647 *cf.* ARISTÓTELES, *Metafísica*, X, caps. 8 y 9, 1057 b 35 y ss., en CALVO, Tomás, *op. cit.*, p. 418 y ss.

648 LUCRECIO, *La naturaleza*, II, vv. 1077–1080 y 1084–1086, en SOCAS, *op. cit.*, p. 219.

649 EPICURO, *Carta a Pitocles*, 90, en VARA, *op. cit.*, p. 75.

650 EPICURO, *Carta a Pitocles*, 90, 91. Nos apartamos aquí de VARA para seguir a PIQUÉ ANGORDANS, *op. cit.*, p. 107. En términos generales, su traducción es mejor e incluye, adoptando con acierto el criterio de Arrighetti, ὁμοίως δὲ καὶ γῆ καὶ θάλαττα, que Vara omite siguiendo una *seclusio* de Usener. Nos atenemos al mismo criterio adoptado al respecto en el capítulo precedente.

651 LUCRECIO, *La naturaleza*, V, vv. 419–431, en SOCAS, *op. cit.*, p. 35–354: "ni a propósito (*neque consilio*) los primordios de los seres se colocaron cada uno en su sitio previsoramente, ni sin duda pactaron los movimientos que cada cual provoca;

"No se dejaba ver ninguna cosa parecida (*similis*) a nuestras cosas, sino una suerte de tempestad en sus inicios y una masa que surge. Enseguida las partes empezaron a escapar, a juntarse las cosas iguales con las iguales (*partes... pares... cum paribus iungi*) y a repartir el mundo (*discludere mundum*), a separar sus miembros y a ordenar (*disponere*) sus partes mayores a partir de principios de toda clase cuya disparidad se enredaba en guerras (*proelia miscens*) y alteraba los intervalos, trayectorias, enlaces, masas, golpes, encuentros, movimientos (*discordia quorum intervalla vias conexus pondera plagas concursus motus turbabat*), en razón de sus formas desiguales (*dissimilis formas*) y sus configuraciones variables (*variasque figuras*), porque no todas las cosas podían así permanecer juntas (*coniuncta manere*), ni unas a otras imprimirse los movimientos adecuados (*motus inter sese dare convenientis*), esto es, a separar del suelo el alto cielo y el mar de otro lado, para que se abriese con sus aguas lejos, y más allá también los fuegos del éter limpio y lejano"[652].

El proceso que aquí se menciona conlleva también la sucesiva separación de tierra, agua, aire y fuego y demás eventos asociados, como el surgimiento de otros astros y planetas u otros fenómenos astronómicos o meteorológicos.

Según el poeta, la tierra tiene un carácter pesado y enredoso, por lo que resulta centrípeta, mientras otros cuerpos más lisos y redondos dan lugar al mar, las estrellas y la luna, al tiempo que, más tarde, surge lo ignífero. Junto a estas cuestiones el vate latino trata también los globos solar y lunar, con su movimiento de rotación estable, la diversa translucidez, ligereza y limpidez del fango, el agua, el aire y el fuego; igualmente analiza las magnitudes planetarias, la sustentación terráquea, las órbitas planetarias, la luz, la alternancia de día y noche, las fases lunares, los eclipses[653]. Pese a sus aciertos o errores de conformidad con la ciencia actual – que no nos corresponde valorar aquí –, deseamos destacar el afán empírico, materialistamente reductivo y racional de Epicuro, aspecto que ya mencionamos en el capítulo incial.

De regreso al nacimiento de un mundo, es de justicia recordar que se debe a un δῖνος, *turbo* o *tempestas*, que guarda semejanza con la δινή de Demócrito[654] y que

---

pero, puesto que muchos primordios de seres, de tantos modos empujados ya desde tiempo infinito por golpes y arrastrados por sus propias masas, constantemente se movían, se juntaban de muchos modos (*consuerunt*) y así ensayaban todo aquello, fuera lo que fuera, que al agruparse (*coire*) entre sí pudieran crear, ocurre por eso que, repartidos a lo largo de un tiempo enorme, probando encuentros y movimientos de toda clase, al fin se reúnen aquellos que, juntados de repente, llegaron a ser muchas veces el comienzo de seres grandes, de la tierra, el mar y el cielo, de la raza de los vivientes".

652 LUCRECIO, *La naturaleza*, V, vv. 435–448, en SOCAS, *op. cit.*, p. 354.

653 *cf.* LUCRECIO, *La naturaleza*, V, vv. 449–770, en SOCAS, *op. cit.*, pp. 354–367. Sólo trataremos los fenómenos antedichos de modo tangencial y somero en cuanto interesan a la canónica y a la terapéutica ético-filosófica epicúreas.

654 *cf.* [LEUCIPO Y] DEMÓCRITO, frag. 443 (DK 68 A 69) Aristóteles, *Física*, II, 11 4, 196a, en PORATTI, *op. cit.*, p. 240: "Algunos también sostienen que la causa de este cielo y de todos los mundos es la espontaneidad: espontáneamente, en efecto,

también aparece (jónico, δῖνα), como δίνησις, en los escritos del samio[655]; si atendemos al término epicúreo ἔκθλιψιν[656], observamos que Lucrecio[657] lo vierte con verbos ligado a *excussio, eversio* o *expulsio* y que en castellano vale por "sacudimiento" como acción y efecto de arrojar, tirar o despedir algo o apartarlo violentamente de sí[658], y que Konstan llama "extrusion"[659].

Tomando lo señalado en consideración, podemos sostener, en discrepancia con Furley[660], que el proceso de surgimiento de los mundos implica, como ya se ha indicado, colisiones y rebotes, así como a los primeros coacervados. Sin embargo, el inicio se encuentra en una gran masa atómica bullente de energía y choques, con un comportamiento vortical caótico, semejante a una nebulosa cosmológica[661], que concentra los átomos más pesados e irregulares, tendentes hacia el centro de la masa y expulsa dispersivamente los más pequeños y lisos.

Ese primer remolino, en el que lo más pesado, grande e irregular permanece, expulsa átomos más pequeños y lisos que generan, a su vez otras concentraciones (προσθέσεις) de átomos (las partes de cada mundo) que se configuran, a más de recibir aún irrigaciones y flujos atómicos (ἐπαρδεύσεις, ρεῦσις), hasta componer la articulación (διαρθρώσεις) de un mundo autónomo[662].

La importancia del vórtice en la generación de los mundos la puso de manifiesto Konstan en un artículo que estudia aspectos espinosos de la física epicúrea y en que destaca la importancia del torbellino en la doctrina física del filósofo samio, cosa que merece ser anotada con esta extensa cita:

---

se produce el torbellino y el movimiento que ha separado [los elementos] y ha instalado al universo en su orden presente". Otros fragmentos al respecto en *op. cit.*, pp. 228–241.

655 EPICURO, *Epistula ad Pythoclem*, 90 (δίνησις); 92;93, 112, 114 (δίνη); 113 (δῖνα, jónico) en, ARRIGHETTI, *op. cit.*, pp. 81; 83, 85, 101, respectivamente. Hay otras dos ocurrencias en las secciones 26 y 27 del fragmento 26 de *Περὶ φύσεως* que no juzgamos relevantes aquí.

656 EPICURO, *Epistula ad Herodotum*, 53, *Epistula ad Pythoclem*, 109, en ARRIGHETTI, *op. cit.*, pp. 49 y 97, respectivamente.

657 LVCRETIVS, BAILEY, *op. cit.*, III, v. 358, V, v. 50 (*expello*); VI, v. 161, VI, v. 688 (*excutio*); II, 951, *passim* (*eicio*).

658 *cf.* REAL ACADEMIA ESPAÑOLA, *op. cit.*, 22ª edición, *s. uu.* "sacudimiento" y "sacudir", en su acepción tercera.

659 KONSTAN, David, "Problems in Epicurean Physics", en *Isis*, vol. 70, nº 3, septiembre, 1979, pp. 394–418; reimpreso en ANTON, John y PREUS, Anthony (eds.), *Essays in Ancient Greek Philosophy*, vol. 2, Albany (New York), State University of New York Press, 1983, pp. 431–464, concretamente p. 450, entre otras.

660 FURLEY, David, "Aristotle and the atomist on motion in a void", en *op. cit.*, pp. 77–102, concretamente pp. 81–82, donde el estudioso subraya el problema entre el peso inexistente en un mundo vacuo y la fuerza cadente de los átomos mayores al colisionar en el vórtice.

661 *cf.* MASSON, *Lucretius*, *op. cit.*, p. 153 y ss.

662 *cf.* BAILEY, *Greek atomists*, *op. cit.*, pp. 363–365.

"Vortices do indeed have an axis; this they have in common with the mere centrifugal rotation of a column of fluid. But vortices also have a vertical vector, which is much in evidence in the action of a tornado. In fact, the centripetal force in the vortex is inseparable from the vertical motion at the axis, for the mechanics of the vortex are based on a drag effect, in which the speed of rotation and therefore the centrifugal force at one end of the column is less than that at the other. The result of this differential is a rotary flow along the axis of the funnel, with dispersion of the fluid at one end and a pressure toward the axis at the other. Figure 1 illustrates both the horizontal and the vertical flow patterns of the vortex: Moreover, since a vortex necessarily occurs in a medium, the effects of floating and sinking, that is, of differential densities, will also play a part in the distribution of any particles within the swirl. Light particles may, for example, be scattered at the top of the column, while heavy ones are concentrated at the bottom; objects of the appropriate density and shape (flat and wide, say) may even float suspended for a while at some point along the axial center. Thus the vortex is a fairly complex system and can provide a model for several different physical phenomena, including dispersal and congregation of particles, suspension at different levels along the axis, and vertical motion in the axial vacuum. In a cosmological theory it could serve quite nicely as an explanation both for the differential distribution of substances varying in size, shape, and density, and also for a downward tendency in particles at or near the axis of the whirlpool.

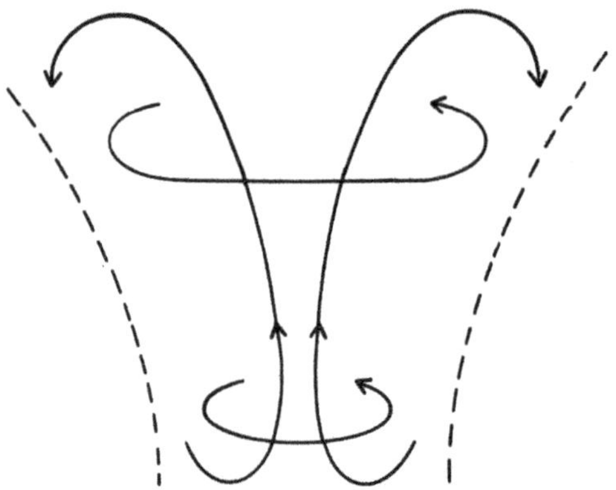

[...] In the physical theory of Epicurus, the role of ekthlipsis is every bit as important as it was for Democritus, if not more so"[663].

De hecho, cabe agregar que la noción antedicha de torbellino aparece un total de ocho ocasiones en su formulación con δίνη en la obra conservada de Epicuro, en la *Carta*

663 KONSTAN, David, "Problems in Epicurean Physics", ANTON, PREUS, *op. cit.*, pp. 431–464, concretamente p. 449.

a Pitocles y en fragmentos del *Περὶ φύσεως*, uno de los cuales correlaciona incluso la rotación, o bien del cielo o bien de los planetas, con ese movimiento tempestuoso premundial; también se postula como elemento clave en la suposición explicativa de los cursos anómalos de ciertos astros[664]. Todo ello, creemos, da buena cuenta de la importancia del torbellino o remolino en la generación mundial epicúrea.

Con todo, una vez plenamente configurado y llegado a su máximo el mundo, que depende de sus primeros coacervados y de la concurrencia de otros mundos más recientes, decae y se disgrega al padecer impactos internos o externos, siguiendo un ciclo análogo al de un ser vivo, de un animal que, con sus conductos vivificantes (*venas*), recibe alimento (*cibus*) de la infinitud cuantitativa atómica[665].

Si recapitulamos todo lo antedicho sobre los κόσμοι, podemos afirmar que, según Epicuro, existe – conviene repetirlo – una pluralidad infinita de mundos sucesivos y simultáneos, formados a partir de concentraciones, nacederos a partir de coacervados y perecederos en virtud de su carácter conglomerado. La afirmación de ambas cualidades implica, de suyo, que existe un tramo de acrecentamiento mundial y otro de decrecimiento, entre los cuales media un culmen o punto de inflexión. Así mismo, los mundos pueden tener diferentes formas y no se constituyen por un patrón idéntico. Los mundos están separados por espacios intermundiales y constituyen, pese a su correlación, subsistemas autónomos y perimetralmente protegidos, cuentan con su cielo y satélites, estrellas y demás, junto a sus partes y habitantes; ni κόσμοι ni μετακόσμια, pues éstos últimos acogen a los dioses, son permanentes o increados, no están guiados per ningún ente superior, más que por la ley de permanencia que afecta a átomos y vacío.

---

664 EPICURO, *Carta a Pitocles*, 92, 93, 112–113, en VARA *op. cit.*, Madrid, Cátedra, 1995, pp. 76 y 84, respectivamente: "sus movimientos de rotación no es imposible que se deban al movimiento vertiginoso (δίνην) de todo el cielo o bien a que el cielo esté parado y en cambio los cuerpos citados experimenten un movimiento vertiginoso (δίνην) fruto de la ley inexorable originada ya al principio absoluto, en el origen del mundo"; [...] "[l]os movimientos de rotación del sol y de la luna cabe que se deban a oblicuidad del cielo forzado a ese proceso de vez en cuando, y quizás también a un impulso de viento que sopla en sentido contrario a la dirección de los cuerpos celestes citados, o también a que materia siempre adecuada se va incendiando continuamente en nuevas zonas, mientras la zona quemada queda atrás, o también cabe que ya desde un principio les fuera aplicado a esos astros un movimiento vertiginoso de tal naturaleza que se muevan como una especie de huso"; "que determinados astros anden errantes, si resulta que funcionan con ese tipo de movimientos, y que otros no se muevan, cabe que se deba a una necesidad tal que unos de ellos se mueven a impulso del mismo torbellino (δῖναν) que funciona pegado a determinadas anomalías".

665 *cf.* SOLMSEN, Friedrich, "Epicurus on the growth and decline of the cosmos", en *American Journal of Philology*, n° 74, 1953, pp. 35–51.

1.9. Μετέωρα: fenómenos y cuerpos celestes

A modo de introducción queremos indicar que el término μετέωρα, el cual Epicuro emplea[666], equivale, como bien escribe Pape bajo la voz homónima de su léxico, a fenómenos y cuerpos del cielo[667].

Este uso doble, que implica a *caelestes res* incumbe, por un lado, a los fenómenos atmosféricos (acuosos, ígneos-luminosos, ventosos, etc.), así como a los fenómenos astronómicos (salida y puesta del sol, eclipses, etc.); por otro lado, afecta, a diferencia del uso moderno, igualmente, a *caelestia corpora*, es decir, cuerpos celestes o astros (planetas, asteroides, cometas). Por ello recibió las traducciones latinas de *supera atque caelestia, quae in auris fiunt aut apparent, quae supra nos sunt, in aëre aut in caelo*[668]. Esta duplicidad del vocablo griego, que no muestra Aristóteles[669], la trata en el siglo XIX, en un estudio dedicado a Posidonio, Edgar Martini, quien señala: "*voce meteoron sublimia et caelestia comprehenduntur vel quod idem valet omnia quae supra terram fiunt atque in caelo conspiciuntur. (...) Rarius meteoron voce denotantur corpora caelestia*"[670]. Con estas anotaciones pretendemos dejar sentado que, una vez

666 EPICURO, *Carta a Heródoto*, 76, *passim*; *Carta a Pitocles*, 84, *passim*, en VARA, *op. cit.*, pp. 68 y 73.

667 *cf.* PAPE, Wilhelm, (ed.), *Handwörterbuch der griechischen Sprache*, Braunschweig, F. Vieweg, 1842, vol II, p. 160, *s. u.*: "Himmelserscheinungen u. Himmelskörpern, Lufterscheinungen und Witterungswechsel".

668 *cf.* SCAPULA, Johann, *Lexicon Graeco-Latinum*, Oxford, Typographeo Clarendoniano, 1820, *s. u.* μετέωρος; HEDERICH, Benjamin (comp.), *Novum lexicon manuale graeco-latinum et latino-graecum* (...), Lipsiae, impensis J. F. Gleditsch, 1825, tomus prior, sectio altera, *s. u.* μετέωρος.

669 *cf.* ARISTÓTELES, *Meteorológicos*, I, 1, 338a 20 – 339a 5, en CANDEL, *op. cit.*, pp. 245–246: "aquello que tiene lugar con arreglo a la naturaleza (ὅσα συμβαίνει κατὰ φύσιν), pero <de manera> más desordenada que la del primero de los elementos corpóreos, y que se halla en la más inmediata vecindad de la traslación de los astros, v. g.: la (Vía) Láctea (γάλακτος), los cometas (κομητῶν), las apariciones de <cuerpos> inflamados y móviles (τῶν ἐκπυρουμένων καὶ κινουμένων φασμάτων) y todos aquellos fenómenos que podríamos considerar comunes al aire y al agua, así como todo cuanto son partes y especies de la tierra y las propiedades de <dichas> partes; a partir de lo cual estudiaremos las causas de los vientos (πνευμάτων) y de los terremotos (σεισμῶν), así como todo lo que tiene lugar con arreglo a sus movimientos. Para algunas de estas cuestiones carecemos de explicación, otras, en cambio, llegamos a comprenderlas en cierto modo. Trataremos también de la caída de rayos (κεραυνῶν πτώσεως), de los torbellinos (τυφώνων), de los huracanes de fuego (πρηστήρων) y de los demás <fenómenos> que tienen lugar periódicamemte en los mismos cuerpos debido a la condensación".

670 *cf.* MARTINI, Edgar, *Quaestiones Posidonianae*, tesis doctoral publicada en *Leipziger Studien zur classischen Philologie*, v. 16, 2en Heft, Lipsiae, I.B. Hirschfeld, 1895, pp. 341–401, concretamente la primera sección titulada "*De vario usu vocabulorum ΜΕΤΕΩΡΑ et ΜΕΤΑΡΣΙΑ observationes*", pp. 341–360, cita p. 343,

tratada la cuestión de los mundos en nuestro trabajo, lo *caelestium* ocupa a Epicuro en los sentidos modernos tanto astronómico cuanto meteorológico.

Dicho esto, nos interesa, más que la explicación científica, empirista-reductiva ofrecida por Epicuro a estas cuestiones o los eventos mismos, el objetivo de sus explicaciones.

La finalidad (τέλος) del conocimiento de cuanto hay o sucede en la atmósfera o entre los astros, ya sea relativamente a algo (κατὰ συναφὴν) o *per se* (αὐτοτελῶς), es la tranquilidad del ánimo, la imperturbabilidad (ἀταραξίαν), seguridad fundada, que se sostenga (πίστιν βέβαιον), cosa que no diverge de los objetivos generales del programa epicúreo[671]. Por otra parte, según el samio no hay que forzar las explicaciones de esos fenómenos (ἀδύνατον [καὶ] παραβιάζεσθαι) acomodándolos a una u otra teoría o interpretación precedente de otros ámbitos, ya sean la vida misma o las que sirven para la solución (κάθαρσιν) de otros problemas físicos, que alude a lo visible, con lo que existe consonancia (φαινομένοις συμφωνίαν).

Los *caelestia* tienen, según el de Samos, no una sola explicación (μοναχὴν) sino múltiples (πλεοναχὴν) tanto respecto a las causas de su origen como por lo que hace a la declaración de su esencia, todo ello en correlación o consonancia con la sensación (ταῖς αἰσθήσεσι σύμφωνον). De este modo, el filósofo suspende por un momento el reductivismo fisicalista exclusivamente monista de los principios, los cuales rigen también a este ámbito. Este plano requiere, en efecto, no sólo reductivismo sino también apartar axiomas vacíos (ἀξιώματα κενὰ) así como el legislar sobre los hechos naturales (νομοθεσίας φυσιολογητέον), para confiar en lo que aparece (τὰ φαινόμενα), cosa que no es ni irracionalidad ni huero parecer (ἀλογίας καὶ κενῆς δόξης)[672]. El fin de todo ello es la vida tranquila, el ἀθορύβως ζῆν, un vivir sin θόρυβος, sin alboroto, sin disturbio, vocablos castellanos que recogen, cada una por su parte, la carga semántica del sustantivo griego citado, θόρυβος[673]. Para ello Epicuro propone el método de las múltiples explicaciones, aspecto sobre el que Bailey señala:

> "In the method of inquiry we shall find a difference from the procedure employed in ethics and in the explanation of earthly phenomena. In both those spheres it is possible to trace any given effect to us one single cause, but in dealing with τα μετέωρα we shall often have to suggest several causes for the same phenomenon—and this for two reasons: firstly, that in these greater phenomena of nature there often is more than one cause which can produce the same effect, secondly, that, as we are not able to observe them as closely as earthly phenomena, we cannot be sure of the exact cause in any given case. We must then be ready to accept any probable explanation, provided

671 EPICURO, *Carta a Pitocles*, 85, en VARA, *op. cit.*, p. 73.

672 EPICURO, *Carta a Pitocles*, 86, en VARA, *op. cit.*, 74.

673 *cf.* REAL ACADEMIA ESPAÑOLA, *op. cit.*, 22ª ed, *s. uu.* alboroto: "1. m. Vocerío o estrépito causado por una o varias personas. (...) 2. m. Desorden, tumulto. (...) 4. m. Sobresalto, inquietud, zozobra" y disturbio: "Alteración, turbación de la paz y concordia".

> it does not conflict with the data of sense-perception. But this plurality of causes need not cause us any disturbance—and here the two ideas draw together—for it is not due to any arbitrariness or uncertainty in the sequence of occurrences, or to any breach in the laws of nature, but merely to the natural difference of the phenomena themselves and our relation to them"[674].

De acuerdo con el filósofo samio, todo sucede sin agitación (ἀσείστως) en cuanto se aclara y resuelve de múltiples maneras (κατὰ πλεοναχὸν τρόπον), consonantemente con los fenómenos (συμφώνως τοῖς φαινομένοις), si uno se deja persuadir por explicaciones admisibles sobre ellos.

El punto nodal de la propuesta epicúrea al respecto radica en la aceptación, en pie de igualdad, de otras explicaciones que también se hallen con consonancia (σύμφωνον) con los fenómenos, evitando que una se asuma y otras se rechacen. Pues, de no evitarse, se incurre en la mitología o superstición (μῦθον) y se abandona la investigación racional de la naturaleza (φυσιολογήματος). Así mismo, Epicuro ofrece una instrucción metodológica preciosa cuando indica que hay que buscar los signos, señales o indicios (σημεῖα) de lo que sucede entre las cosas del aire y del cielo en lo que se manifiesta y está a mano, a nuestro alcance (τῶν παρ' ἡμῖν τινα φαινομένων), ya que esto puede contemplarse (θεωρεῖται) sin dificultad. En cambio, según el samio, no hay que partir de los fenómenos astronómicos para explicarlos (οὐ τὰ ἐν τοῖς μετώροις φαινόμενα), dado que los fenómenos y cuerpos celestes pueden originarse πλεοναχῶς, es decir, de más maneras (que una), es decir, πολλαχῶς, no μοναχῶς[675].

En nuestra opinión, Epicuro desea solventar, con el nuevo método de investigación plural de lo invisible por remoto, o de lo no claramente visible por remoto, diversos problemas.

En primer lugar, trata de ofrecer una solución reductiva abstractiva a partir de sus axiomas del todo, capaz de asumir explicativamente la percepción, la sensación y lo "real" inmediato y que no se convierta en pura teorización abstrusa e infundio, en sentido literal. Al propio tiempo, ofrece un reconocimiento a la sensación, a las facultades cognitivas humanas, aun cuando tengan deficiencias; igualmente, la posibilidad de diversas explicaciones de un mismo fenómeno que sean igualmente válidas pone en juego no sólo la aceptación de las capacidades humanas para ofrecer una interpretación consistente de lo no completa y claramente percibido (los *caelestia*), sino también la noción de diversidad de modelizaciones explicativas de lo real, en el sentido de paradigmas científicos en convivencia, haciéndose cargo de que la modelización imita e intenta aclarar la φύσις pero no es propiamente la φύςις ni la agota.

A este respecto, el empeño epicúreo es, por realista, rigurosamente científico, si bien no adopta, en su afán, un modelo explicativo monocausal de corte aristotélico teleologista y divinizante a la hora de descubrir, intelectualmente, la "*una et uera*

674 BAILEY, *Epicurus, op. cit.*, pp. 277–278.
675 EPICURO, *Carta a Pitocles*, 87, en VARA, *op. cit.*, p. 74.

causa", como indica Jürss[676], sino que la φύσις surge, se despliega, y se entiende, desde la capacidades y limitaciones, πολλαχῶς. Así, Epicuro mismo señala que:

> "aportar una explicación única (μίαν αἰτίαν) de estos hechos cuando los fenómenos visibles están reclamando varias (πλεοναχῶς) es cosa de locos (μανικὸν) y no tratada adecuadamente por quienes practican esa estúpida astrología (τὴν ματαίαν ἀστρολογίαν) y atribuyen las explicaciones de determinados fenómenos a varias nociones, que es lo que ocurre cuando se obstinan en no dejar nunca a la naturaleza divina libre de la esclavitud de unas tareas"[677].

Por último, la indicación sobre el proceder investigativo plural alude a la proximidad del objeto considerado, así como a un planteamiento que podríamos considerar más inductivo que deductivo, al menos en este nivel de tratamiento de la naturaleza. La cercanía del objeto ha de redundar en mayor (posibilidad de) exactitud y rigor, en un proceder que, según Bailey, es analógico. Apunta el estudioso británico: "earthly phenomena cannot give us certain explanations of heavenly phenomena, but they can afford hints and analogies, which we can follow up"[678].

Epicuro, así pues, brinda en el grueso de *la Carta a Pitocles*, al igual que Lucrecio en diversos pasajes del poema *De rerum natura*[679], elucidaciones racionales inductivo-analógicas, generalmente de inspiración previa[680], relativas al tamaño

676 *cf.* JÜRSS, Fritz, "Wissenschaft und Erklärungspluralismus im Epikureismus", en *Philologus. Zeitschrift für antike Literatur und ihre Rezeption*, n° 138, vol. 2, 1994, pp. 235–251, concretamente p. 235; pp. 236–237: "Eine andere Einteilung des Aristoteles richtet sich nach den Kriterien der Allgemeinheit und Abstraktheit. Eine Disziplin ist um so ranghöher und exakter, je abstrakter und allgemeiner und also geringer ihre Prinzipien sind. Folglich ist die Ontologie (...) die höchste Wissenschaft mit der größten Akribie. Akribisches Wissen aber bedeutet, die una et vera causa zu erkennen. Aristoteles erklärt, etwas eindeutig wissen bedeutet, daß man die Ursache für die Existenz dieses Etwas erkannt habe und daß es sich nicht anders verhalten könne. (...) Exaktes Wissen ist also wissen, daß etwas notwendig so ist, wie es ist. Wissenschaft dieser Art aber hat ihren Zweck in sich selbst (...) und keinen praktischen Nutzen".

677 EPICURO, *Carta a Pitocles*, 113, en VARA, *op. cit.*, pp. 84–85; mejor, en PIQUÉ ANGORDANS, *op. cit.*, p. 118: "Exponer una sola causa de tales hechos, cuando los fenómenos reclaman muchas, es una insensatez que practican incongruentemente quienes se dedican a la vana astrología y aducen vacuas razones de algunos fenómenos (εἰς τὸ κενὸν αἰτίας τινῶν ἀποδιδόντων), al no liberar en absoluto la naturaleza divina de tales tareas".

678 BAILEY, Cyril, *Epicurus, op. cit.*, p. 280.

679 Dado que estas cuestiones no son objeto propio de nuestro interés, remitimos a LUCRECIO, *La naturaleza*, V, 509–770, vv., VI, vv. 96–1089, en SOCAS, *op. cit.*, pp. 356–367 y pp. 403–440, respectivamente.

680 *cf.* BAILEY, *Greek atomists, op. cit.*, p. 368: "The great majority of the explanations advanced are derived from the hypotheses of previous philosophers, not only from the Atomists, but from the Ionians, Pythagoras, Empedocles, and Anaxagoras, and

del sol, de la luna y las estrellas, cuya estimación dimensional apropiada confía a la sensación.

Sus expliaciones atañen también a los movimientos de salida y puesta[681] (mejor, de orto y ocaso[682]), para los que describe un proceso de aparición (ἐκφάνειάν) y ocultación (ἐπιπροσθέτησιν), a más de tratar de esclarecer la rotación; ello acontece, sin embargo, con el rechazo de los instrumentos astronómicos, que se consideran propios de esclavos (ἀνδραποδώδεις ἀστρολόγων τεχνιτείας)[683]. Sedley ya anotó ese rechazo epicúreo de la mecánica[684] causalista en la astronomía, apoyada en planetarios[685], siempre en conexión con la repulsa de la astronomía divinizante platónico-aristotélica, según remarcan Tepedino Guerra y Luigi Torraca[686].

---

there is little which is characteristically Epicurean, except the occasional working out of an idea (...)".

681 José VARA traduce erradamente δύσις con "postura", en EPICURO, *Carta a Pitocles*, 92, *op. cit.*, p. 76.

682 Así EPICURO, *Carta a Pitocles*, 92, en PIQUÉ ANGORDANS (ed., trad.), *op. cit.*, p. 108.

683 EPICURO, *Epistula ad Pythoclem*, 93, en, ARRIGHETTI, *op. cit.*, p. 85.

684 *cf.* BERRYMAN, Sylvia, *The Mechanical Hypothesis in Ancient Greek Natural Philosophy*, Cambridge, Cambridge University Press, 2009, p. 38: "The work of later atomists supports the idea that they would be wary of machine analogies"; *cf.* también pp. 148–151.

685 *cf.* SEDLEY, David, "Epicurus and the Mathematicians of Cyzicus", en *Cronache Ercolanesi*, nº 6, 1976, pp. 23–54, concretamente pp. 35, 37, 39: "an attack on some unnamed opponents for using mechanical instruments to illustrate their mathematical laws of planetary motion. (...) The degree of technological sophistication subsequently achieved in ancient astronomical mechanisms is now known to be vastly in excess of anything hinted at by our literary sources (...); stressing the falsity of any analogy between distant celestial phenomena and the properties of a planetarium, a small object examined at close quarters".

686 *cf.* TEPEDINO, A. y TORRACA, L., "Etica e Astronomia nella polemica epicurea contro i Ciziceni", en GIANNANTONI, GIGANTE, *op. cit.*, vol. I, pp. 127–154, concretamente pp. 143 y 145: "Ad un diverso e più basso livello epistemologico si colloca la fisica speciale, che studia i fenomeni celesti. In questo campo Epicuro si preoccupa innanzitutto di sganciare da ogni implicazione teologica di stampo platonico-aristotelico lo studio degli astri e dei fenomeni celesti. Questo studio, considerato in ordine al fine ultimo della filosofia, che è l'atarassia, non è affatto necessario, poiché non libera dai timori coloro che abbiano sì competenza specifica in tale materia, ma ignorino le verità generali e fondamentali della physiologia. Tuttavia, poiché gli astri sono tradizionalmente considerati esseri animati e divini e i fenomeni celesti vengono spesso ricondotti all'azione degli dèi, un approccio scientifico all'astronomia appare utile al fine di dimostrare che i μετέωρα sono prodotti da cause meccanicistiche che escludono del tutto l'azione divina e, ancor più, l'identificazione degli astri con gli dèi. Gli dèi, in quanto beati e incorruttibili, non possono avere alcun rapporto di causalità con i fenomeni celesti. [...] Nel libro XI del Περί φύσεως Epicuro sferra ancora una

Desde esta perspectiva renovadora, Epicuro también esboza una justificación para las fases lunares y acoge, junto a su contraria, la suposición de que la luna reciba la luz del sol, cosa que ya postularon algunos presocráticos, como Anaxímenes y Anaxágoras, quien parece haber sido considerado por Epicuro[687]. Los eclipses solares reciben, del mismo modo, tratamiento, como sucede con la variación en la duración de los días y las noches.

En el orden propiamente meteorológico, menciona Epicuro las señales para el pronóstico del tiempo, que pueden ser debidas a circunstancias fortuitas o a alteraciones y cambios de la atmósfera, siendo plausibles ambas vías. A partir de aquí comienzan las aclaraciones sobre la generación de las nubes (νέφη), formadas quizás por condensación del aire (πιλήσεις παρὰ ἀέρος πνευμάτων), así como sobre lluvias (ὕδατα) y aguaceros (ἐπαρδεύσεως), truenos (βροντὰς), las causas de los relámpagos (ἀστραπαὶ), que preceden al trueno, de los rayos (κεραυνὸς), los huracanes o ciclones (πρηστῆρας), los terremotos (σεισμοὺς), los vientos (πνεύματα), la piedra o granizo (χάλαζα), la nieve (χιόνα), el rocío (δρόσος), la escharcha (πάχνη), el hielo (κρύσταλλος), el arco iris (ἶρις), el halo lunar (ἅλως περὶ τὴν σελήνην), los cometas (κομῆται ἀστέρες), la estabilidad o la variación en las trayectorias de ciertos astros o cuerpos celestes, las estrellas fugaces o meteoros (ἀστέρες). De esta manera, los cambios en el tiempo o fenómenos astronómicos o atmosféricos descritos, como su pronóstico, no están ligados a la aparición u ocultación de ciertos animales, ni a los dioses, sino que estos procesos están vinculados a lo que se halla sobre el cielo y más arriba, anclados en un κόςμος y la interacción de átomos y vacío.

Tales explicaciones racionales sobre la naturaleza (meteorológica y astronómica) aúnan intuición (como aceptación de lo dado)[688], analogía, inductivismo, realismo

---

volta un attacco contro gli astronomi, osservando che i loro congegni meccanici e strumenti ottici (τα όργανα) non danno nessun risultato preciso nello studio dei fenomeni celesti. Con ogni probabilità egli allude: ad un globo metallico, rotante intorno ad un asse e raffigurante la sfera celeste; alla cosiddetta ragnatela (ἀράχνη), costituita da una sfera fatta di sottili fili metallici, disposti a mo' di ragnatela e raffiguranti i dodici segni zodiacali, dodici meridiani e i più importanti paralleli; alla diottra, strumento ottico graduato, regolabile su un supporto, usato per osservare gli astri e per determinare l'altezza delle montagne e le differenze di latitudine. La tradizione antica attribuisce ad Eudosso l'invenzione o la costruzione di questi apparecchi".

687 *cf.* REESOR, Margaret E., "Anaxagoras and Epicurus,", en ANTON, John P. y PREUS, Anthony (eds.), *Essays in Ancient Greek Philosophy, II*, Albany, State University of New York, 1983, pp. 93–106.

688 ANNAS, Julia, "La natura nell'etica epicurea", en GIANNANTONI, GIGANTE, *op. cit.*, vol. 1, pp. 299–311, concretamente p. 302: "Comunque Epicuro usa abitualmente la parola 'natura', e con quella non sembra voler significare più di ciò che è implicito nel suo uso intuitivo e perfino quotidiano: cioè si distingue tra ciò che una cosa è di per sé, e ciò che le capita di essere soltanto per caso o in rapporto ad altre cose. C'è da aspettarsi che un filosofo empirista, com'è Epicuro, preferisca fidarsi del concetto quotidiano della natura di una cosa, piuttosto che elaborare,

y empirismo por la confianza en los sentidos y en la validez de la sensación como criterio de conocimiento auténtico. En postura enraíza la aniquilación de toda teología astral fundante, demiúrgica, cocreativa o providente *Platonico siue Aristotelico more.*

Ello sucede así por cuanto lo próximo y lo alejado se explican igual, con la salvedad de que lo cercano y bien percibido es susceptible de más y mejor explicación a partir de la cual puede elaborarse la de lo celeste; lo que se persigue, en todo caso, resulta consonante con el método todo, ya que siempre es necesario partir de lo más evidente y visible hasta alcanzar lo invisible, que estará en analogía o correlación con lo anterior, si bien en el proceso de teorización o formulación axiomática parece lo contrario. De hecho, este proceder inductivo o, mejor, analógico, que tras observar lo más evidente a la sensibilidad alcanza, gracias a la reflexión, lo más intrincado y profundo (que luego presenta como primero elemental) recuerda, pese a las divergencias entre ambos autores, las siguientes palabras de Aristóteles: "lo último en el análisis es lo primero en la génesis"[689].

A este respecto creemos acertado sostener que la función de la explicación científica de los μετέωρα, aun con sus claras deficiencias, persigue, en nuestra opinión, la superación de la mitología irracional pero también del esperancismo religioso, así como de la oración entendida en cuanto mecanismo de obtención de bienes o evitación de males.

Tal cosa sí sucede de antiguo con, por ejemplo, las ceremonias religiosas o preces votivas y se patentiza especialmente en repertorios de las misas y oraciones católicas *ad petendam pluviam* (para pedir lluvia), *ad coercendam aquarum inundantiam* (para hacer cesar las inundaciones), *ad obtinendam nimiae pluviae remissionem* (cesar la lluvia demasiada), *ad postulandam aeris serenetitatem* (para serenar los aires), *pro tempestate repellenda* (para rechazar las tormentas), *ad expellendas nubium tempestates, pro terremotibus sedantis* (para calmar terremotos), *pro serendis agris* (para la siega), *pro fructibus terrae* (para la fecundidad de la tierra), *post collectos terrae fructus* (para después de la cosecha)[690]. Todo esto surge del *do ut des* y del afán de obtener el cumplimiento de ciertos deseos o peticiones o, sencillamente, de congraciarse con la(s) divinidad(es), cosa que choca con la vocación religiosa epicúrea, que no se vincula ni con la utilidad personal, ni con la gestión política ni con el control social

---

come principio fondamentale, un concetto di natura filosoficamente analizzato come fa, per esempio, Aristotele".

689 ARISTÓTELES, *Ética nicomáquea*, III, 3, 1112 b 23–24, en LLEDÓ ÍÑIGO, Emilio (pres.), PALLÍ BONET, Julio (trad.), *Ética nicomáquea, Ética eudemia*, Madrid, Gredos, 1985, p. 187 [καὶ τὸ ἔσχατον ἐν τῇ ἀναλύσει πρῶτον εἶναι ἐν τῇ γενέσει].

690 *cf.* MARTÍNEZ SAN MARTÍN, Petrus [Pedro] (ed.), *Rituale ecclesiae et dioecesis Barcinonensis ad normam ritualis romani auctum, correctum et emendatum*, Barcinone [Barcelona], ex Typographia Haeredum Viduae Pla, 1840, 2ª ed., p. 544 y ss.; MALVIN DE MONTAZET, Antoine y DE BONALD, Louis-Jacques-Maurice (eds.) *Missale sanctae Lugdunensis ecclesiae, primae Galliarum sedis*, Lugduni (Lyon), ex typis Matthaei Placidi Rusand, 1849, pp. XCIII-XCVIII, CLIII-CLIV.

o de la conciencia. Incluso el propio Platón rechaza esta concepción interesada y propia de las religiones votivas, según se lee en sus *Leyes*[691].

En todo caso, la propuesta explicativa científica de Epicuro en relación con los fenómenos y cuerpos celestes – que implica también su teoría epistemológica – tiene un propósito práctico y, como en la escuela helenística coetánea, es, para Epicuro, un curativo arte de vivir felizmente. Jürss formula este *factum*, con respecto a la ciencia epicúrea y la pluralidad de explicaciones, con gran brillantez:

> "In Epikurs Physiologie hingegen hat der Erklärungspluralismus eine andere Funktion. Er gilt nur für einen spezifischen Objektbereich und ist dort keine zeitweilige Phase der Unentscheidbarkeit auf dem Wege zu der betreffenden Problemlösung, sondern die bleibende, für das Wohlbefinden der Seele zwingend erforderliche Erkenntnishaltung. (...) die oft kritisierte ätiologische Nonchalance und Beliebigkeit für bestimmte Objektbereiche nicht in einem dummen Desinteresse gründet, sondern das folgerichtige Resultat eines veränderten Verhältnisses zur Wissenschaft darstellt, das seinerseits seinen Grund in der schon erwähnten neuen Zielsetzung der philosophischen Botschaft Epikurs hatte"[692].

Por todo ello, con esa brújula atmosférica y astronómica, puede anunciar Epicuro a su destinatario, Pitocles, que:

> "escaparás en gran medida de explicaciones fantasmagóricas (τοῦ μύθου ἐκβήσῃ) y podrás comprender las cuestiones afines a éstas (τὰ ὁμογενῆ τούτοις συνορᾶν δυνήσῃ). Pero sobre todo dedícate al estudio de los principios, de la inmensidad y de las cuestiones afines a éstas (σεαυτὸν ἀπόδος εἰς τὴν τῶν ἀρχῶν καὶ ἀπειρίας καὶ τῶν συγγενῶν τούτοις θεωρίαν), y también de los criterios de interpretación y de los sentimientos y de aquella finalidad con vistas a la cual obtenemos estas deducciones (ἔτι τε κριτηρίων καὶ παθῶν, καὶ οὗ ἕνεκεν ταῦτα ἐκλογιζόμεθα). Pues estos elementos básicos, si se analizan con toda precisión (συνθεωρούμενα), harán que analicemos fácilmente (ῥᾳδίως) las causas relativas a las cuestiones parciales (τὰς περὶ τῶν κατὰ μέρος αἰτίας συνορᾶν)"[693].

---

691 *cf.* PLATÓN, *Leyes*, X, 905d, 906 cd, 907b, en LISI, Francisco L. (ed., trad.), *Diálogos IX. Leyes (Libros VII-XII)*, Madrid, Gredos, 1999, pp. 228–229, 230–231, 232: "Ateniense: (...) nadie debe estar de acuerdo en que los que cometen injusticias puedan apaciguar a los dioses, si les dan regalos, y hay que refutarlo de todas las formas posibles"; [...] "At.: (...) el que dice que los dioses son siempre indulgentes con los hombres injustos y los que cometen injusticia, siempre que se les dé una parte del producto de los delitos, debe hacer ese discurso, como si los lobos le asignaran pequeñas porciones de sus despojos a los perros y éstos, tranquilizados con los regalos, les dieran permiso para saquear los rebaños. ¿No es ése acaso el discurso de los que dicen que los dioses se pueden apaciguar?" [...] "en absoluto [a los dioses] se los puede sobornar para infringir lo que es justo".

692 JÜRSS, Fritz, "Wissenschaft und Erklärungspluralismus im Epikureismus", en *op. cit.*, pp. 235–251, concretamente pp. 240–241.

693 EPICURO, *Carta a Pitocles*, 87, en VARA, *op. cit.*, p. 74.

De acuerdo con lo antedicho, Epicuro ofrece ya en la *Carta a Heródoto* y en relación con lo astronómico, una tesis contraria a la presencia de entes divinos rectores, provisores y preexistentes, cuyas tareas administrativas del universo implicarían impropia ocupación y preocupación:

> "en cuerpos situados en el espacio entre el cielo y la tierra ni es menester pensar que sus desplazamientos (φορὰν), revoluciones (τροπὴν), eclipses (ἔκλειψιν), ascensión (ἀνατολὴν) y declive (δύσιν) y los fenómenos parejos a éstos empezaron porque interviniera en esta tarea ningún ser que se los asignara o asignará y que a la vez tenga toda felicidad a más de la inmortalidad (ἅμα τὴν πᾶσαν μακαριότητα ἔχοντος μετὰ ἀφθαρσίας), pues no se compadecen [o consuenan (συμφωνοῦσι)] cuitas, preocupaciones, excitaciones y alegrías con la felicidad, sino que estos estados anímicos se dan en situaciones de debilidad, miedo y necesidad de ayuda al prójimo, ni tampoco pensar que esos cuerpos del espacio, a la vez que son fuego concentrado (πῦρ ἅμα ὄντα συνεστραμμένον) que poseen la máxima felicidad, se encargan por gusto de las evoluciones citadas"[694].

De regreso al antiteologismo y la trascendencia divinizante, podemos señalar que el samio insiste casi *ad nauseam* en la exclusión de lo divino en el funcionamiento mecánico del κόσμος, cosa que deviene verdad unívoca y fundamental:

> "en tales cuestiones no hay diversidad de causas ni pluralidad de explicaciones; sino, sencillamente, nada de cuanto puede provocar conflicto o turbación radica en una naturaleza inmortal y feliz. También esto es sencillo de asumir por la inteligencia"[695].

Así, pues, los cuerpos celestes, junto con sus movimientos, pueden deberse entonces a concentraciones ígneas pero no participa de ellos ni obligada ni amablemente divinidad alguna, lo cual subraya otra vez el filósofo samio al prescribir que:

> "La asignación a cada cuerpo celeste de la órbita correspondiente (τάξις περιόδου) debe ser interpretada exactamente igual que ocurre en la tierra con cualquier otra cosa. Y los seres divinos (θεία) no deben ser relacionados en modo alguno (μηδᾶμῇ) con estas funciones, sino que deben ser mantenidos (διατηρείσθω) libres de estos menesteres [ἀλειτούργητος, libre de λειτουργία[696]] y en toda felicidad [ἐν τῇ πάσῃ μακαριότητι]. Porque si no se practica este método, absolutamente toda interpretación causal de los cuerpos celestes será estúpida [ματαία, vana o huera, del adjetivo μάταιος, en ocasiones sinónimo de κενός]"[697].

694 EPICURO, *Carta a Heródoto*, 76, 77, en VARA, *op. cit.*, p. 68. Pese algunas discrepancias, tomamos esta traducción.
695 EPICURO, *Carta a Heródoto*, 78, en PIQUÉ ANGORDANS, *op. cit.*, pp. 99–100.
696 Es decir, libres de servicios, deberes y tareas auxiliares públicos.
697 EPICURO, *Carta a Pitocles*, 97, *op. cit.*, p. 78.

Del mismo modo, los dioses no actúan como reguladores, predictores o enunciadores, a través de los animales, del tiempo atmosférico y de los acontecimientos astronómicos[698]. Con su vocación científica y tranquilizadora, Epicuro propugna que:

> "es preciso sostener que la misma necesidad y la periodicidad de tales fenómenos se llevan a término de acuerdo a como ya en un principio se comprimieron estas masas compactas a raíz del origen del mundo (ἐναπολήψεις τῶν συστροφῶν τούτων ἐν τῇ τοῦ κόσμου γενέσει)"[699].

Así, la postulación y la adhesión a estos principios, que no son ateas, supone, para Epicuro, el enfrentamiento superador e innovador con respecto a dos modalidades de un mismo fenómeno religioso mencionado poco más arriba: por un lado, la teología astral platónica, expuesta en el *Timeo*[700]

---

698 *cf.* EPICURO, *Carta a Pitocles*, 115, 116, en VARA, *op. cit.*, pp. 85–86: "ni tampoco se halla ninguna naturaleza divina al acecho de las salidas de esos animales (τις θεία φύσις παρατηροῦσα) para luego conformar a eso las señales del tiempo. Pues tampoco podría caerle a ningún animal por poca cosa que sea, aunque una cosa pequeña podría ser más grata que otra grande, una estupidez de ese tenor (ἡ τοιαύτη μωρία), y no digamos nada de la naturaleza que posee la felicidad perfecta (μὴ ὅτι εἰς παντελῆ εὐδαιμονίαν κεκτημένον)".

699 EPICURO, *Carta a Heródoto*, 77: 9–11, en PIQUÉ ANGORDANS, *op. cit.*, p. 98.

700 PLATÓN, *Timeo*, 28b - 31a, 33c -34b, en DURÁN LÓPEZ, LISI, *op. cit.*, pp. 171–174, pp. 176–177, respectivamente: "[El mundo es] generado, pues es visible y tangible y tiene un cuerpo y tales cosas son todas sensibles y lo sensible, captado por la opinión unida a la sensación, se mostró generado y engendrado. (...) Bien, si este mundo es bello y su creador bueno, es evidente que miró el modelo eterno. [El mundo] fue fabricado según lo que se capta por el razonamiento y la inteligencia y es inmutable. (...) Como el dios quería que todas las cosas fueran buenas y no hubiera en lo posible nada malo, tomó todo cuanto es visible, que se movía sin reposo de manera caótica y desordenada, y lo condujo del desorden al orden, porque pensó que éste es en todo sentido mejor que aquél. Pues al óptimo sólo le estaba y le está permitido hacer lo más bello. Por medio del razonamiento llegó a la conclusión de que entre los seres visibles nunca ningún conjunto carente de razón será más hermoso que el que la posee y que, a su vez, es imposible que ésta se genere en algo sin alma. A causa de este razonamiento, al ensamblar el mundo, colocó la razón en el alma y el alma en el cuerpo, para que su obra fuera la más bella y mejor por naturaleza. Es así que (...) este universo llegó a ser verdaderamente un viviente provisto de alma y razón por la providencia divina. (...) Como el dios quería asemejarlo lo más posible al más bello y absolutamente perfecto de los seres inteligibles, lo hizo un ser viviente visible y único con todas las criaturas vivientes que por naturaleza le son afines dentro de sí" [...] "La composición del mundo incluyó la totalidad de cada uno de estos cuatro elementos. En efecto, el creador lo hizo de todo el fuego, agua, aire y tierra, sin dejar fuera ninguna parte o propiedad, porque se propuso lo siguiente: primero, que el conjunto fuera lo más posible un ser vivo completo de partes completas y, segundo, único, al no quedar nada de lo que pudiera generarse otro semejante; tercero, que no enveje-

y en *Leyes*[701], y que presenta un mundo tras el cual se halla el reino de las ideas; moldeado como copia por un dios artesano (δημιουργὸς), el κόσμος, generado y tangible, se caracteriza como único, visible, viviente, con alma, razón inteligente, circular, bello, inmutable y feliz; Epicuro rechaza, por otro lado, la reformulación aristotélica de la doctrina platónica, en cuya virtud, "vino a ser Aristóteles el verdadero fundador de la religión cósmica de los filósofos helenísticos, quienes, emancipados de las creencias populares, buscaban los objetos de su culto exclusivamente en los cuerpos celestes"[702]; el Estagirita postula así la existencia de lo divino fundante y regente

---

ciera ni enfermara, ya que pensó que si objetos calientes o fríos o, en general, de fuertes propiedades rodean a un cuerpo compuesto y lo atacan inoportunamente, lo disuelven y lo corrompen porque introducen enfermedades y vejez. Por esta causa y con este razonamiento, lo conformó como un todo perfecto constituido de la totalidad de todos los componentes, que no envejece ni enferma. Le dio una figura conveniente y adecuada. La figura apropiada para el ser vivo que ha de tener en sí a todos los seres vivos, debería ser la que incluye todas las figuras. Por tanto, lo construyó esférico, con la misma distancia del centro a los extremos en todas partes, circular, la más perfecta y semejante a sí misma de todas las figuras, porque consideró muchísimo más bello lo semejante que lo disímil. Por múltiples razones culminó su obra alisando toda la superficie externa del universo. (...) En efecto, el hacedor pensó que si era independiente sería mejor que si necesitaba de otro. (...) Primero colocó el alma en su centro y luego la extendió a través de toda la superficie y cubrió el cuerpo con ella. Creó así un mundo circular que gira en círculo, único, solo y aislado, que por su virtud puede convivir consigo mismo y no necesita de ningún otro, que se conoce y ama suficientemente a sí mismo. Por todo esto lo engendró como un dios feliz".

701 PLATÓN, *Leyes*, *X* (código penal II), 897b - 898 a-b, 899b, en LISI, *op. cit.*, pp. 212, 214 y 216, respectivamente: "¿qué tipo de alma pensamos que domina el cielo, la tierra y todo el período? ¿El inteligente y lleno de virtud o el que no posee ninguna de esas dos cualidades? (...) si queremos decir: todo el decurso de la marcha del cielo y de todos los seres que se encuentran en él tiene una naturaleza semejante al movimiento, la revolución y los razonamientos de la inteligencia y avanza de forma afín, es evidente que debemos sostener que el alma óptima se ocupa de todo el universo y que aquélla lo conduce por un decurso de esas características" [...] "Si dijéramos, quizás, que, semejantes a los movimientos de las esferas torneadas, el intelecto y el movimiento que se realiza en un lugar se mueven ambos según lo mismo, de la misma manera, en lo mismo, alrededor de lo mismo, en la misma dirección, en una proporción y un plan uniformes, nunca nos revelaríamos como malos artesanos de bellas imágenes con la palabra." [...] "Acerca de todos los astros y de la luna, sobre los años y meses y también todas las estaciones, ¿qué otro motivo daremos que ese mismo: que, puesto que el alma o almas aparecen como causas de todo eso, buenas de toda virtud, diremos que ellas son dioses, sea que, encontrándose en el interior de los cuerpos, si son los astros seres vivientes, ordenen todo el cielo o sea de la manera que fuere?".

702 JAEGER, Werner, GAOS, José (trad.), *Aristóteles: bases para la historia de su desarrollo intelectual*, México, D.F., Fondo de Cultura Económica, 1946 [ed. orig. *Aristoteles.*

ya en un primer motor inmóvil[703] extracósmico, perfecto, necesario y principio[704] del que "penden el Universo y la Naturaleza"[705], "el entendimiento [que] se capta a sí mismo captando lo inteligible"[706], esto es, dios[707], que es una entidad inmóvil pero moviente, eterna, indivisible, impasible e inalterable, que se ocupa de mover el todo; sin embargo, según Aristóteles, existen cincuentaicinco o cuarentaisiete motores inmóviles[708].

La exclusión de agentes divinos identificados con los astros o gobernantes de éstos se erige como motivo por el cual no ha lugar la actividad de impetración para con los dioses tal como se practica, si bien ello no incurre en ateísmo[709] ni excluye la veneración o digna majestuosidad (σέμνωμα) con respecto a los dioses, como Epicuro se apresta a señalar, pues de otro modo tal contrariedad (la negación irreverente de lo divino) causaría en el alma la mayor turbación (τὸν μέγιστον τάραχον)[710].

Grundlegung einer Geschichte seiner Entwicklung, Berlin, Weidmann, 1923], p. 162.

703 ARISTÓTELES, *Metafísica*, XII, cap. 7, 1072a 20 y ss., en CALVO, Tomás, *op. cit.*, p. 486: "existe algo que se mueve eternamente con movimiento incesante, y éste es circular. (...) Conque el primer cielo será eterno. Hay también, por tanto, algo que mueve (...) sin estar en movimiento y que es eterno, entidad y acto".

704 *cf.* ARISTÓTELES, *Metafísica*, XII, cap. 7, 1072b 10–11, en CALVO, Tomás, *op. cit.*, p. 487: "Se trata, por tanto, de algo que existe necesariamente. Y en tanto que existe necesariamente, es perfecto, y de este modo es principio".

705 ARISTÓTELES, *Metafísica*, XII, cap. 7, 1072b 13–14, en CALVO, Tomás, *op. cit.*, p. 487.

706 ARISTÓTELES, *Metafísica*, XII, cap. 7, 1072b 20 y ss., en CALVO, Tomás, *op. cit.*, p. 488.

707 *cf.* ARISTÓTELES, *Metafísica*, XII, cap. 7, 1072b 26–31, en CALVO, Tomás, *op. cit.*, p. 488: "Y en él hay vida, pues la actividad del entendimiento es vida y él se identifica con tal actividad. Y su actividad es, en sí misma, vida perfecta y eterna. Afirmamos, pues, que Dios es un viviente eterno y perfecto. Así pues, a Dios corresponde vivir una vida continua y eterna. Esto es, pues. Dios".

708 ARISTÓTELES, *Metafísica*, XII, cap. 8, 1073a 29–34, 1074a 9–10, 14–16, en CALVO, Tomás, *op. cit.*, pp. 488 y 492–493: "además de la traslación simple del Todo que consideramos producida por la entidad primera e inmóvil, observamos otras traslaciones que son eternas, las de los planetas (el cuerpo que se mueve en círculo es, en efecto, eterno y sin interrupción (...) es necesario también que cada una de estas traslaciones sea movida por una entidad inmóvil por sí y eterna" [...] "Y el número de todas, de las que los transportan más de las que tiran hacia atrás de ellas, cincuenta y cinco. (...) las esferas harán un total de cuarenta y siete. Sea pues, éste el número de las esferas, con lo cual resulta razonable suponer que las entidades y los principios inmóviles son otros tantos".

709 GIANNANTONI, Gabriele, "Epicuro e l'ateismo antico", en GIANNANTONI, GIGANTE, *op. cit.*, vol. I, pp. 21–63, p. 41: "nell'antichità Epicuro godette fama di 'ateo', anche se il suo nome ricorre solo saltuariamente nelle liste di quei personaggi che sono abitualmente qualificati come 'atei' (ἄθεοι)".

710 *cf.* EPICURO, *Carta a Heródoto*, 77, en VARA, *op. cit.*, p. 68: "es menester guardar hacia esos cuerpos todo tipo de veneración ateniéndose a todas las denominaciones que tocan a tales conceptos, a menos que nos asistan razones emanadas de los

Para concluir este subapartado sobre los fenómenos y cuerpos celestes, que se enmarca en la fisiología atomista epicúrea, creemos que son muy dignas de citar, pese a su amplia extensión, algunas observaciones de Jean-Pierre Morel sobre la física epicúrea y su imbricación en el resto de facetas de la propuesta epicúrea, cosa que nos será de utilidad para transitar hacia el cuerpo sutil (ψυχή) como especial compuesto y, en otras secciones, hacia la importancia de la razón, la analogía, así como la teología epicúrea, todo ello desde un punto de vista eminentemente físico. Dice, pues, Morel:

> "L'atomisme épicurien entend donc être autre chose qu'une simple théorie de la composition matérielle. Il veut être une philosophie de la nature au sens plein, c'est-à-dire une cosmologie, une explication du mouvement et une théorie de la génération et de la cohésion des êtres naturels. Il ne se contente pas de maintenir la thèse du discontinu et de la réduction de toutes choses aux atomes et au vide. Il entend également rendre compte de la façon dont les mondes se constituent - et se détruisent - dans l'univers, et de la manière dont les corps, vivants ou non, naissent et périssent, acquièrent et perdent leur cohésion. Aucun des paradigmes disponibles ne convient cependant aux épicuriens: ni l'action bénéfique du démiurge organisateur dans le *Timée* de Platon, fabrication accomplie en vue du meilleur et réglée sur le modèle transcendant des formes intelligibles; ni, chez Aristote, la corrélation entre cause formelle et cause finale, censée rendre compte de l'essence et du développement des êtres naturels; ni même l'univers démocritéen, tout entier régi par une intangible nécessité, et qui paraît exclure par principe la possibilité de l'acte libre. L'épicurisme ne peut donc accomplir une telle tâche sans remettre en cause les différentes représentations héritées des traditions antérieures et sans promouvoir une nouvelle image de la nature. L'originalité de la conception épicurienne de la nature est de trois ordres: cosmologique, épistémologique et pratique. (...) [L]a représentation épicurienne de la nature se veut totale et cohérente: elle entend rendre compte à la fois de la raison élémentaire des choses et de la nature immédiatement perceptible, celle que nous voyons mais aussi celle que nous éprouvons en nous-mêmes dans l'immédiateté de nos affects de plaisir et de peine. Notons-le dès maintenant, la théorie épicurienne du bonheur et de l'action ne se réduit pas à une éthique purement empirique et comportementale, fondée sur la validité interne de nos opinions et de nos calculs relativement au bien, au mal, aux désirs ou aux dieux: elle appelle une représentation globale et savante de la nature sans laquelle nous ne saurions nous conformer à ses règles objectives. Les implications épistémologiques de cette nouvelle cosmologie sont cruciales. La conception épicurienne de la rationalité confirme en effet la vision totalisante de la *phusis*, et cela de deux manières: d'une part en établissant qu'il n'y a, pour le physicien, qu'une seule nature, qui rassemble à la fois les phénomènes et leurs principes invisibles; d'autre part en suggérant que la raison philosophique est homogène à la raison objective, à la structure même du réel, et que le discours qui explique la nature ne fait qu'en manifester ou révéler la logique

---

propios cuerpos que contradigan la veneración. Pues si no actuamos así, la propia contradicción ocasionará en el alma la más grande turbación".

immanente. (...) La nature physique n'est autre, fondamentalement, que des atomes et du vide. L'organisation du monde et sa beauté ne sont que les effets d'un mouvement initialement désordonné de corpuscules. Le monde lui-même est voué à la destruction et il n'est qu'un exemplaire singulier parmi l'infinité des mondes qui sont dispersés dans l'univers illimité. Il n'y a ni providence ni finalité qui puissent justifier l'ordre régional et précaire de ce monde-ci. La nature physique n'est donc pas en elle-même porteuse de sens: elle est neutre et ne devrait en principe fixer aucune norme susceptible de fonder une relation de conformité, au sens où se conformer à la nature consisterait à suivre ses prescriptions positives, à trouver en elle des paradigmes normatifs de conduite et de décision. La nature épicurienne est sans valeurs. La solution que suggère le discours épicurien sur la nature physique est la suivante: découvrir la nature révèle sa neutralité foncière et c'est cette neutralité même qui en traduit les enseignements. Le juste rapport à la nature réside précisément dans la conscience qu'il n'y a pas de sens préexistant, parce que les forces qui oeuvrent souterrainement à l'organisation dans laquelle nous vivons sont des forces aveugles. (...). Dans ces conditions, le sage épicurien peut se *conformer à la nature*, dans la mesure même où elle ne lui impose aucune valeur transcendante, aucune autre fin que la recherche raisonnée du plaisir. La juste représentation de la nature physique est donc l'horizon dans lequel se définira l'idéal éthique d'une vie conforme à la nature"[711].

1.10. Los vivientes, el hombre

En el recorrido a través de los compuestos más destacables, consideramos oportuno, para arribar a la ψυχή humana en cuanto que cuerpo compuesto sutil, observar brevemente el modo en que aparecen los vivientes, es decir, las plantas y los animales; entre ellos, mas diferenciadamente, el hombre, si bien Epicuro ofrece escasísima información[712] al respecto, lo que debe suplirse con los testimonios de Lucrecio.

---

711 MOREL, Pierre-Marie, *Épicure, la nature et la raison*, Paris, J. Vrin, 2009, pp. 64–70, reproducido muy resumidamente y en inglés en MOREL, Jean-Pierre, "Epicurean atomism", en WARREN, *Companion, op. cit.*, p. 83: "Successful or not, Epicurean atomism is more than a simple theory of material composition. It wants to be a full-blooded natural philosophy, that is: a cosmology, an account of motion and a theory of the generation and maintenance of natural beings. It is not merely content to offer a theory of discontinuity and reduction; it wants also to explain how worlds are put together – and come apart – within the universe, and of how bodies, animate and inanimate, come to be and perish, take on or lose their cohesion. If we accept that atoms are not only the constituents but also the generative principles of composites, then the Atomist Thesis is indeed the central thesis of Epicurean physics".

712 EPICURO, *Carta a Heródoto*, 74, en VARA, *op. cit.*, p. 68: "este tipo de semillas de las que se componen los seres animados y las plantas y todo lo demás que aquí se ve a simple vista [τὰ τοιαῦτα σπέρματα ἐξ ὧν ζῷά τε καὶ φυτὰ καὶ τὰ λοιπὰ πάντα <τὰ> θεωρούμενα συνίσταται]".

El filósofo samio señala como conglomerados, entre los serse vivos, a los animales (ζῷά) y a las plantas (φυτὰ). Ζωή remite, por su parte, a la pura vida y caracteriza más concretamente a todo ser vivo que respira, es decir, a los hombres y el resto de animales en sentido biológico, por el hecho de "*animam ducere*", tomar aire o respirar. Esto no debe confundirse con la noción griega de βίος, que remite más propiamente a la vida en su modo, en su desarrollo y dirección, noción más cercana al hombre. Por su parte, φυτὰ significa aquello que brota o germina, los árboles y otras plantas, la vegetación o lo vegetal.

Debemos recuperar aquí, aun a riesgo de ser reiterativos, lo señalado en el epígrafe dedicado al clinamen a propósito de la correlación entre materia atómica inerte y materia atómica viva, habida cuenta de la noción biológica de propiedad emergente, esto es, el hecho de que a partir de materia inanimada o inerte surge la vida, que procede de la primera, como indica Luisi[713]. Ello se debe a un incremento gradual y espontáneo de la complejidad molecular, hasta alcanzar una autoorganización en equilibrio termodinámico y en virtud de reglas internas, así como la capacidad de autorreproducción. Así, la emergencia consiste no más que en el surgimiento de propiedades novedosas de la estructura organizada, a partir de moléculas inanimadas[714], cosa ya presagiada por el biólogo mexicano Alfonso Luis Herrera y sus colpoides[715]. En esta línea argumentativa se inscribe también el biólogo valón Paul Brien cuando, en el contexto de un artículo sobre la generación de los seres vivos en la filosofía epicúrea, sostiene:

> "L' être vivant, comme tout autre corps, a une origine atomique. (...) La Biologie épicurienne est atomique, nous dirions aujourd'hui moléculaire et cela suffit pour en souligner la puissance intuitive. La vie est matière. C'est un état physique particulier de la matière"[716].

Ya en el ámbito de la literatura latina, Lucrecio trata primeramente de las plantas al describir a los moradores de la tierra. No obstante, en alguna ocasión alude a ellas:

> "por más sólidas que consideremos cosas, uno puede a partir de ahí sin embargo comprender que están acompañadas de un cuerpo poroso. En las rocas de las cavernas rezuma el claro licor de las aguas y por doquier se derrama un llanto de gruesas gotas; la comida se va difundiendo a través del cuerpo todo de los animales, crecen las plantas y derraman a su tiempo el fruto porque el alimento desde las más hondas raíces sin parar se va repartiendo en todas por entero a través del tronco todo y de las ramas"[717].

---

713 LUISI, *op. cit.*, p. 18; p. 130, pp. 165–166; se han citado *supra*; *cf.* también pp. 178–181.
714 LEHNINGER, *op. cit.*, p. 3; se ha citado *supra.*
715 *cf.* HERRERA, *op. cit.*, p. 26 y ss.
716 BRIEN, "La génération", en *op. cit.*, pp. 307–321 o en *Actes du XIIe*, *op. cit.*, pp. 307–321. Se cita por la primera, concretamente p. 312.
717 LUCRECIO, *La naturaleza,* I, vv. 346–353, en SOCAS, *op. cit*, p. 138.

Según Lucrecio, la progresión en complejidad y generación de vida se produce, en el nivel intramundial, partiendo de las plantas: “[e]n el principio la tierra produjo la raza de las plantas y su verde esplendor sobre los cerros, y a través de los llanos todos brillaron los prados floridos con su tinte de verdura, y luego se les encomendó a los árboles variopintos la gran carrera de crecer a rienda suelta por los aires”[718]. Al parecer la vegetación aparece como una segunda capa de la tierra nuda, al igual que lo hacen plumas y cerdas en las carnes de los animales; por ello sostiene el poeta latino que

> “entonces la tierra primitiva empezó por levantar hierbas y matorrales; inmediatamente formó las generaciones mortales surgidas muchas de muchas maneras con cambiante fundamento; porque ni pueden los animales haber caído del cielo ni viviendo en tierra haber salido de las charcas salobres[719]”[720].

Es de reseñar la refutación de la panspermia o de cualquier teoría que implique la participación de un *deus ex machina* o instancia semejante. Así mismo, Waszink[721] estudió el surgimiento de los animales en la obra de Lucrecio y ofrece una interesante referencia de Aecio (Pseudo Plutarco), recogida por Usener, según la cual, las plantas son, para los epicúreos – como para los estoicos –: οὐκ ἔμψυχα[722], es decir, carentes de cuerpo sutil, o, por así decirlo, desalmadas o inanimadas, esto es, no animales.

El problema que ocupa a Waszink radica en que usualmente *mortalia saecla* designa, en el poema de Lucrecio, a los seres humanos. A su vez, Schrijvers[723] vuelve a analizar *mortalia saecla*, cercano a los griegos γενέα o φῦλον, y evidencia ciertos problemas en la tradición estudiosa; el núcleo de la cuestión radica en la inclusión o no, bajo esa denominación, de todos los animales, también de los hombres, así como de los voladores, junto a los restantes terrestres.

Así mismo, puede sostenerse que Lucrecio describe un proceso de selección natural y supervivencia del más apto, ya que la adecuada pervivencia de las especies

---

718 LUCRECIO, *La naturaleza*, V, vv. 783–787, en SOCAS, *op. cit*, p. 368.

719 Quizás contra las tesis genésicas de Anaximandro. Agradecido, debo esta observación a la profesora Méndez Lloret.

720 LUCRECIO, *La naturaleza*, V, vv. 790–792, en SOCAS, *op. cit*, p. 368.

721 WASZINK, J. H., “La création des animaux dans Lucrèce”, en *Revue Belge de Philologie et d’Histoire*, nº 42, vol. 1, 1964, pp. 48–56.

722 USENER, *Epicurea*, *op. cit*, 1887, p. 216, frag. 309.

723 SCHRIJVERS, P. H., “La pensée de Lucrèce sur l’origine de la vie (‘De rerum natura’ V 780–820)”, en *Mnemosyne*, 4ª serie, vol. 27, fasc. 3, 1974, pp. 245–261.

va excluyendo a los inadaptados[724], si bien llega un momento en que el repertorio de éstas queda cerrado y se mantiene sin ulterior cambio, con lo que nos hallamos ante un caso de fijismo[725], tal como indica Brien:

> "Les espèces ne se sont pas formées isolément, en un seul endroit et en nombre limité, (...) La vie est apparue multiple, innombrable, sur de vastes étendues, comme les gouttes de rosée sur l'herbe des prairies, (...) Dans cet enfantement, la terre eut des essais manqués, des erreurs de création qui furent éliminés. Seuls se sont maintenus ses assemblages heureux et viables. La viabilité implique un ajustement suffisant et nécessaire pour être fonctionnel. Les monstres sans sexe, à deux sexes, dépourvus de mains, sans bouche, monstres dont les membres sont soudés, ne peuvent subsister. (...) Lucrèce définit ainsi très exactement la sélection naturelle et la sélection artificielle humaine, que Charles Darwin introduisit dans la Biologie et dont il révéla l'importance dans la formation, la répartition, la localisation, l'expansion des espèces. Rappelons une fois encore que Lucrèce n'a cependant aucune idée de l'évolution. C'est une notion qui lui échappe totalement. Les espèces sont apparues d'emblée avec leurs caractères spécifiques distinctifs"[726].

También debemos reseñar que Lucrecio hace intervenir la noción de combinación de principios masculino y femenino, junto con las de fertilidad o infertilidad[727] y transmisión

724 LUCRECIO, *La naturaleza*, V, vv. 836–846 y 870–876, en SOCAS, *op. cit.*, pp. 370–371: "Muchos portentos también, nacidos con caras y cuerpos espantosos, probó entonces a formar la tierra: marimachos (*androgynem*) que lo uno y lo otro eran y no eran, grupos carentes de pies, otros desprovistos de manos, incluso mudos y sin bocas se hallaron, ciegos y sin caras, inmóviles y con los miembros todos pegados al cuerpo de un modo que no podían emprender nada ni caminar a ningún sitio, ni evitar el daño ni alcanzar lo que su provecho pedía, y de esta clase otros monstruos y portentos formaba; en vano, porque la naturaleza cortó espantada su desarrollo sin que pudieran alcanzar el ansiado florecer de sus vidas ni hallar alimento ni juntarse para engendrar. [...] [A]quellos a los que la naturaleza no les dio nada de esto ni para que pudieran vivir por cuenta propia o proporcionamos algún provecho para que admitiéramos que su raza se alimente con muestra ayuda y esté segura, es claro que éstos quedaban abandonados como presa y ganancia de otros, todos trabados en los lazos de su propio destino, hasta que la naturaleza completó la extinción de tal raza".

725 SCHRIJVERS, "La pensée de Lucrèce", en *op. cit.*, pp. 245–261.

726 BRIEN, "La génération", en *op. cit.*, pp. 307–321 o en *Actes du XIIe*, *op. cit.*, pp. 307–321. Se cita por la primera, concretamente p. p. 316–317.

727 LUCRECIO, *La naturaleza*, IV, v. 1257–1258, en SOCAS, *op. cit.*, p. 330: "importa por demás que pueda entremezclarse simiente con simiente y se adapten para la procreación".

de caracteres[728] o herencia genética, cosa que Paul Brien, zoólogo, avalora[729]; todo ello acaece a través de la coyunda[730], e, igualmente gracias a la adecuación o viabilidad de lo nacido. Esa viabilidad biológica excluye al *portentum* del andrógino, caso teratológico, contrariamente al discurso apreciativo de Aristófanes en el *Banquete* platónico[731]. Al margen de plantas, pájaros, cuadrúpedos y demás animales terrestres, que aparecen

---

728 LUCRECIO, *La naturaleza*, IV, v. 1208–1225, en SOCAS, *op. cit.*, p. 329: "Y, cuando al mezclar las simientes la hembra acaso supera la fuerza del varón y con repentino empuje la arrebata, nacen entonces de la simiente materna quienes a la madre se parecen, tal como de la paterna quienes al padre; en cambio los que ves que tienen rasgos de uno y otro, que a la par funden en sí las caras de los progenitores, se forman a partir del cuerpo paterno y del cuerpo materno, cuando las semillas, espoleadas por los aguijones de Venus a través de los miembros, al paso las hace chocar el compartido ardor que a la par resuella, y las del uno a las del otro no sobrepasan, ni de las otras se dejan sobrepasar. Ocurre además que en ocasiones salen quienes a sus abuelos se parecen acaso y recuerdan a veces los rasgos de bisabuelos, precisamente porque con frecuencia los progenitores guardan en sus cuerpos muchos primordios entremezclados de muchos modos, que, arrancando desde la cepa, los padres van traspasando a otros padres: de ahí Venus va sacando figuras en diversa suerte, reproduce caras de antepasados, sus voces y cabelleras, toda vez que estas últimas cosas nacen de una determinada simiente ni más ni menos que nuestro rostro, talle o extremidades".

729 BRIEN, Paul, "La génération", en *op. cit.*, pp. 307–321 o en *Actes du XIIe*, *op. cit.*, pp. 307–321. Se cita por la primera, concretamente p. 318: "Il convient de souligner la cohésion, la logique de la cosmogonie épicurienne, jusque dans la propagation des êtres vivants et dans l'hérédité. Sous une forme simpliste et fruste, ainsi qu'en témoignent les extraits qui viennent d'être cités, l'hérédité n'en est pas moins conçue comme ayant un support matériel, discontinu, corpusculaire. La Biologie devra attendre la seconde moitié du XIXe siècle pour s'en convaincre après les expériences d'hybridation de Mendel. Lucrèce eut la prescience des gènes. C'est de l'association des éléments contenus dans les semences au moment de la copulation, que se constitue le patrimoine héréditaire. Ils sont apportés par le père et la mère et peuvent être dominants ou récessifs. Ils se transmettent cachés mais inchangés de père en fils, de génération en génération, pour ressurgir actifs dans les descendants lointains, par atavisme, c'est-à-dire par les phénomènes de disjonction chromosomiale à partir de la seconde génération, ainsi que la génétique contemporaine nous l'apprend".

730 LUCRECIO, *La naturaleza*, V, v. 848 y vv. 851–854, en SOCAS, *op. cit.*, p. 370: "juntarse para engendrar (*iungi per Veneris res*)" "que haya luego por donde las simientes engendradoras en el cuerpo puedan manar de miembros relajados; que, a fin de que la hembra (*femina*) pueda ayuntarse con el macho (*maribus*), tengan uno y otro con qué granjearse deleites (*gaudia*) compartidos".

731 *cf.* PLATÓN, *Banquete*, 189e – 190b, en GARCÍA GUAL, Carlos (coord.), MARTÍNEZ HERNÁNDEZ, M. (ed., trad. del *Banquete*), *Diálogos III: Banquete, Fedón, Fedro*, Madrid, Gredos, 1988, pp. 222–223: "había, además, un tercero [sexo] que participaba de estos dos [masculino y femenino], cuyo nombre sobrevive todavía, aunque él mismo ha desaparecido. El andrógino, en efecto, (...)".

en una secuencia a veces confusa, Lucrecio alude específicamente a la raza humana; ésta tiene incluso una función de domesticación sobre el ganado ovino, los asnos, los caballos, frente a otros animales que se protegen por su ferocidad o astucia.

Justamente los hombres, seres de osamenta fuerte y resistente, llevaban al inicio, según Lucrecio, una vida salvaje e indómita, hasta que descubrieron cómo mantener, aprovechar y recrear el fuego procedente del rayo, establecieron ropajes y formaron comunidades. Junto con todo ello, surge el lenguaje como medio de comunicación, de referencia a la realidad circundante y de transmisión de la propia razón o pensamiento. La generación de la cultura humana, así como de la vida humana o humanoide, surge, empero, sin concurso divino ni *deus grammaticus*. Los hombres son, en lo tocante a su cuerpo burdo, σῶμα, una animal más, con sus tendones, músculos, vísceras, venas y huesos[732].

Debemos ya concluir este subapartado sobre vivientes, animales y hombres, de modo que prosigamos con el tratamiento de la ψυχή, y a tal efecto deseamos citar las siguientes palabras de Brien sobre lo humano:

> "L'homme apparut donc, comme tout être vivant, et parmi les animaux dont il partageait l'existence élémentaire dans la jungle primitive. Nous sommes loin de 'l'âge d'or' à la façon d'Hésiode où l'homme vivait parmi les dieux, ou du 'Paradis terrestre' où l'homme était l'objet de la sollicitude divine. C'est par la seule force de son intelligence qu'il domine la nature, se dégage de l'animalité, découvre le feu, devient artiste et industrieux, qu'il abandonne la vie nomade pour atteindre à une vie sociale et sédentaire. Il ne doit rien qu'à lui-même: ses civilisations, son industrie, les arts sont son oeuvre; les dieux eux-mêmes, il les a inventés. Lucrèce, qui décrit ce phénomène grandiose et émouvant, est le créateur de l'anthropologie et de la sociologie. Je ne puis m'autoriser, dans les limites de cet article, à en résumer les passages essentiels. Dans le chant V, le poème épique atteint à son sommet, évoquant alors l'histoire prodigieuse qui va des origines de la matière à celle des mondes; de la naissance de la terre à celle de l'homme; de l'énergie physique de la vie à la pensée; du 'clinamen' des atomes à la libre volonté de cet 'animal humain' qui, dominant la nature et devenu social, s'asservit en même temps à ses propres chimères"[733].

1.11. La ψυχή: el cuerpo sutil

El cuerpo (compuesto) sutil se inscribe por derecho propio en la teoría física[734] atomista y materialista epicúrea, al igual que su contrapartida, el cuerpo burdo, la

---

732 *cf.* sobre la historia del hombre, LUCRECIO, *La naturaleza*, V, vv. 925–1160, en SOCAS, *op. cit.*, pp. 373–382.

733 BRIEN, Paul, "La génération", en *op. cit.*, pp. 307–321 o en *Actes du XIIe*, *op. cit.*, pp. 307–321. Se cita por la primera, concretamente p. 319.

734 *cf.* EVERSON, Stephen, "Epicurean psychology", en ALGRA, Keimpe, *et al.*, *Hellenistic Philosophy*, *op. cit.*, pp. 542–559, concretamente p. 542: "Epicurus' psychology needs to be seen as part of an attempt to provide a complete natural philosophy.

carne[735], de cuya mutua interacción[736] se derivan consecuencias de tipo sapiencial y ético. Debemos anotar, nuevamente, que, pese a sus diferencias, tanto σάρξ como ψυχή[737] son σώματα, cuerpos y, concretamente, cuerpos complejos, por lo tanto, perecederos[738]. Epicuro afirma rotundamente, pues, la corporeidad psíquica, vinculada con la acción y la pasión, cuando sostiene:

> "De ahí que los que pretenden convencer de que el alma es incorpórea[739] (ἀσώματον) se comportan estúpidamente, puesto que no podría hacer (ποιεῖν) ni padecer (πάσχειν) nada si fuera tal como aseguran ésos. Pero la realidad es que ésas son las dos funciones que distinguen con toda evidencia a los atributos relativos al alma (περὶ τὴν ψυχὴν τὰ συμπτώματα)"[740].

Esta tesis inicial concuerda con la voluntad epicúrea de confrontación y superación de las posturas platónica y aristotélica, en referencia a un cuerpo inmaterial o, si se nos permite por más palmario, incorpóreo, cosa que no es más que una *contradictio in adiecto*[741]. Precisamente en este punto subyacen varias polémicas que Epicuro mantiene con Platón y, subsidiariamente o no, con Aristóteles: en primer lugar,

---

At least part of what he has to say about the *psuche* is directly intended to show that his atomic theory is capable of explaining such complex natural phenomena as perception, thought and action. All of what he has to say is intended to be consistent with that physical theory".

735 *cf.*, para una buena recolección de textos desde puntos de vista no coincidentes, BURTON, Ernest, *Spirit, Soul, and Flesh. The Usage of Pneuma, Psuchē and Sarx in Greek Writings and Translated Words from the Earliest Period to 180 A.D., and Their Equivalents*, Historical and Lingustic Second Series, volume III, Chicago, The University of Chicago Press, 1918, pp. 85–93.

736 *cf.* MOREL, Jean Pierre, "L'âme et ses facultés", en *Épicure, op. cit.*, pp. 101–115, concretamente p. 101: "D'une part l'âme est une réalité complexe, parce qu'elle est faite d'un mélange particulier d'éléments. D'autre part, elle n'est proprement une âme que dans la relation qu'elle entretient avec le corps dont elle est l'âme. L'âme ne subsiste pas par elle-même indépendamment du corps et elle se disperse quand le vivant meurt".

737 La relación epicúrea entre ambos no es objeto de análisis específico en FREDE, Dorothea y REIS, Burkhard (eds.), *Body and soul in ancient philosophy*, Berlin, de Gruyter, 2009; igualmente sucede con respecto al cuerpo en LAÍN ENTRALGO, Pedro, *El cuerpo humano: Oriente y Grecia Antigua*, Madrid, Espasa Calpe, 1987, donde sí se mencionan teorías al respecto de otros filósofos.

738 Los únicos cuerpos complejos imperecederos pero no ingénitos son los de los dioses.

739 José Vara, en lo que parece un desliz, traduce "corpórea", en EPICURO, *op. cit.*, p. 64.

740 EPICURO, *Carta a Heródoto*, 67, en VARA, *op. cit.*, p. 64.

741 *cf.* BAILEY, *Greek atomists, op. cit.*, p. 386; también ahí se menciona la cuestión del contacto, que tratamos a renglón seguido. Dice Bailey: "The soul then cannot be void. It must be corporeal or material and popular belief is mistaken. Here we are on familiar atomic ground, touch is the pre-requisite of interaction and nothing can touch except body. If Epicurus' theory of the soul is to be attacked, it must be here, at the ultimate basis of materialism".

la noción de dualismo psicosomático – o bien aparente o bien radical –, la antedicha inmaterialidad, la pervivencia eterna del alma, su vida trascendente junto a la divinidad provisora y celestial, así como, obviamente, su mayor valor ontológico en relación con el cuerpo, entendido *Platonico more*. Estos disensos se ponen de manifiesto patentemente, por parte platónica, en esta prolija nota[742].

---

742 *cf.* PLATÓN, *Fedón*, 78d 10 - 81a 9 y 105c 9 - 105e 7, en GARCÍA GUAL, *op. cit.*, pp. 68–73 y 119–120: "—¿Qué pasa con la multitud de cosas bellas (...)? ¿Acaso se mantienen idénticas, o, todo lo contrario a aquellas, ni son iguales a sí mismas, ni unas a otras nunca ni, en una palabra, de ningún modo son idénticas? / —Así son, a su vez –dijo Cebes–, estas cosas: jamás se presentan de igual modo. / —¿No es cierto que estas puedes tocarlas y verlas y captarlas con los demás sentidos, mientras que a las que se mantienen idénticas no es posible captarlas jamás con ningún otro medio, sino con el razonamiento de la inteligencia (ἢ τῷ τῆς διανοίας λογισμῷ), ya que tales entidades son invisibles y no son objetos de la mirada? (...) —Admitiremos entonces, ¿quieres? –dijo–, dos clases de seres, la una visible, la otra invisible (τὸ μὲν ὁρατόν, τὸ δὲ αἰδές). (...) —¿Y la invisible se mantiene siempre idéntica, en tanto que la visible jamás se mantiene en la misma forma? (...) ¿Hay una parte de nosotros —dijo él– que es el cuerpo, y otra el alma (τὸ μὲν σῶμά ἐστι, τὸ δὲ ψυχή)? (...) ¿A cuál, entonces, de las dos clases afirmamos que es más afín y familiar el cuerpo (ὁμοιότερον τῷ εἴδει φαμὲν ἂν εἶναι καὶ συγγενέστερον τὸ σῶμα)? / —Para cualquiera resulta evidente esto: a la de lo visible (τῷ ὁρατῷ). / —¿Y qué el alma? ¿Es perceptible por la vista o invisible? / —No es visible al menos para los hombres (τῇ τῶν ἀνθρώπων), Sócrates –contestó. / —Ahora bien, estamos hablando de lo visible y lo no visible para la naturaleza humana. ¿O crees que en referencia a alguna otra? / —A la naturaleza humana. / —¿Qué afirmamos, pues, acerca del alma? ¿Que es visible o invisible? / —No es visible. / —¿Invisible, entonces? (Οὐχ ὁρατόν. / Ἀιδὲς ἄρα;) / —Sí. / —Por tanto, el alma es más afín que el cuerpo a lo invisible, y este lo es a lo visible (Ὁμοιότερον ἄρα ψυχὴ σώματός ἐστιν τῷ ἀιδεῖ, τὸ δὲ τῷ ὁρατῷ). / (...) [el alma]se orienta hacia lo puro, lo siempre existente e inmortal, que se mantiene idéntico (τὸ καθαρόν τε καὶ ἀεὶ ὂν καὶ ἀθάνατον καὶ ὡσαύτως), y, como si fuera de su misma especie se reúne con ello, en tanto que se halla consigo misma y que le es posible, y se ve libre del extravío en relación con las cosas que se mantienen idénticas y con el mismo aspecto, mientras que está en contacto con estas. ¿A esta experiencia es a lo que se llama meditación? (...) ¿a cuál de los dos se parece el alma? (...) el alma a lo divino, y el cuerpo a lo mortal. (ψυχὴ τῷ θείῳ, τὸ δὲ σῶμα τῷ θνητῷ) / (...) de todo lo dicho se nos deduce esto: que el alma es lo más semejante a lo divino, inmortal, inteligible, uniforme, indisoluble y que está siempre idéntico consigo mismo, mientras que, a su vez, el cuerpo es lo más semejante a lo humano, mortal, multiforme, irracional, soluble y que nunca está idéntico a sí mismo (...) le conviene al cuerpo disolverse pronto, y al alma, en cambio, ser por completo indisoluble o muy próxima a ello (σώματι μένταχὺ διαλύεσθαι προσήκει, ψυχῇ δὲ αὖ τὸ παράπαν ἀδιαλύτῳ εἶναι ἢ ἐγγύς τι τούτου) (...) cuando muere una persona, su parte visible, el cuerpo, que queda expuesto en un lugar visible, eso que llamamos el cadáver, a lo que le conviene disolverse, descomponerse y disiparse, no sufre nada de esto enseguida, sino que permanece con aspecto propio durante un cierto tiempo, si es que uno

De la nota platónica sí es importante destacar una cierta proximidad entre Platón y Epicuro – común por lo demás a muchos filósofos de la Antigua Grecia – por lo que respecta a la afinidad entre lo sutil y lo psíquico y, por la misma línea, entre esto y lo establemente autoidéntico (αὐτοόμοιον), meditativo-reflexivo.

Importa anotar, por otra parte, que la naturaleza corpórea del cuerpo sutil concuerda con la noción de contacto, total o parcial, momentáneo o continuo, a la que hemos aludido al tratar sobre los compuestos y la acción o pasión. La corporeidad remite, así mismo, a la *tangibilitas*, o cualidad de tocable, propia de lo que puede ser tocado, que compete no sólo al sujeto y a lo visible, sino también a los objetos mismos cuando contactan. Esa tangencia incumbe a los átomos, a los compuestos, a las imágenes, a los sonidos, e incluso al alma por sí sola y en relación con la carne. Por todo ello, Lucrecio escribe, a más de su encomiosa alusión al tacto como sentido[743]: "tocar y ser tocada, si no es un cuerpo, ninguna cosa lo puede (*tangere*

---

muere en buena condición y en una estación favorable, y aun mucho tiempo. (...) el alma, lo invisible (υχὴ ἄρα, τὸ ἀιδές), lo que se marcha hacia un lugar distinto y de tal clase, noble, puro, e invisible (γενναῖον καὶ καθαρὸν καὶ ἀιδῆ), (...) a la compañía de la divinidad buena y sabia (παρὰ τὸν ἀγαθὸν καὶ φρόνιμον θεόν), (...) al separarse del cuerpo, ¿al punto se disolverá y quedará destruida (...)? / De ningún modo (...) se separa pura, sin arrastrar nada del cuerpo (καθαρὰ ἀπαλλάττηται, μηδὲν τοῦ σώματος συνεφέλκουσα), cuando ha pasado la vida sin comunicarse con él por su propia voluntad (ἅτε οὐδὲν κοινωνοῦσα αὐτῷ ἐν τῷ βίῳ ἑκοῦσα εἶναι), sino rehuyéndolo y concentrándose en sí misma, ya que se había ejercitado continuamente en ello, lo que no significa otra cosa, sino que estuvo filosofando rectamente y que de verdad se ejercitaba en estar muerta con soltura. ¿O es que no viene a ser eso la preocupación de la muerte? (ἢ οὐ τοῦτ' ἂν εἴη μελέτη θανάτου;)-Completamente. -Por lo tanto, ¿estando en tal condición se va hacia lo que es semejante a ella, lo invisible, lo divino, inmortal y sabio (εἰς τὸ ὅμοιον αὐτῇ τὸ ἀιδὲς ἀπέρχεται, τὸ θεῖόν τε καὶ ἀθάνατον καὶ φρόνιμον) y al llegar allí está a su alcance ser feliz (ἀφικομένῃ ὑπάρχει αὐτῇ εὐδαίμονι εἶναι), apartada (ἀπηλλαγμένῃ) de errores, insensateces, terrores, pasiones salvajes (πλάνης καὶ ἀνοίας καὶ φόβων καὶ ἀγρίων ἐρώτων), y de todos los demás males humanos (τῶν ἄλλων κακῶν τῶν ἀνθρωπείων), (...) para pasar de verdad el resto del tiempo en compañía de los dioses? (ἀληθῶς τὸν λοιπὸν χρόνον μετὰ θεῶν διάγουσα). [...] -Contéstame entonces -preguntó él-. / ¿Qué es lo que ha de haber en un cuerpo que esté vivo? (τί ἐγγένηται σώματι ζῶν ἔσται;) / Alma (ψυχή,) -contestó. / -¿Y acaso eso es siempre así? / -¿Cómo no? -dijo él. -Por lo tanto, a aquello a lo que el alma domine, ¿llega siempre trayéndole la vida? / (...) el alma jamás admitirá lo contrario a lo que ella siempre conlleva (...)?/ -Está muy claro -contestó Cebes. (...) Y lo que no acepta la muerte cómo lo llamaremos? / -Inmortal -dijo el otro. / -¿Es que el alma no acepta la muerte? (Οὐκοῦν ψυχὴ οὐ δέχεται θάνατον;) / -No. / -Por tanto el alma es inmortal (Ἀθάνατον ἄρα ψυχή). / -Inmortal"

743 *cf.* LUCRECIO, *La naturaleza*, II, vv. 434 y ss., en SOCAS, *op. cit.*, p. 194: "El tacto, sí, el tacto, válgame el santo poder de los dioses, es un sentido corporal tanto cuando un objeto externo se nos va metiendo dentro, como cuando uno que surge en el cuerpo nos hace daño, o al salir nos da gusto en las amorosas faenas del engendramiento, o

enim et tangi, nisi corpus, nulla potest res)"[744]; el poeta latino indica, al referirse a la psique y sus dos modos o clases:

> "Pues cuando los vemos empujar los miembros, arrancar del sueño el cuerpo, alterar el rostro, gobernar y manejar al individuo entero, nada de lo cual sabemos que podría hacerse sin tocarlo, y que no hay tocar sin cuerpo, ¿no hay que admitir que espíritu y alma están hechos de naturaleza corporal?"[745].

En nuestra opinión, Morel expresa esta concepción con exactitud y acierto cuando escribe:

> "Nous découvrons là un principe fondamental de la physique hellenistique: rien de ce qui est incorporel ne peut avoir une relation de causalité avec ce qui est corporel. C'est un principe auquel vont souscrire les stoïciens et qu'ils vont appliquer eux aussi à la relation âme-corps: la relation de causalité s'exerce entre un agent et un patient; or toute relation entre un agent et un patient -le couteau et ce qu'il coupe, le feu et ce qu'il échauffe – suppose le contact; or il ne saurait y avoir de contact proprement dit entre un corps et un incorporel. Plus généralement, un incorporel ne peut être 'cause' à proprement parler, puisqu'un incorporel ne peut ni agir ni pâtir. Dès lors, si l'âme était incorporelle, elle ne pourrait aucunement mouvoir le corps, comme on voit qu'elle le fait"[746].

Se propone, pues, una combinación complementaria y en contacto, de forma que, tal como señala Gill:

> "Epicurus replaces the traditional (at least, Platonic and Aristotelian) contrast between psyche and body with that between the psyche (one part of the body) and the rest of the aggregate (the total bodily complex). Psychological functions such as sensation and thought, and indeed life itself, depend on the conjunction and co-operation of the psychic part and the rest of the body, which is disrupted by illness and ended by death"[747].

Asentado esto, podemos presentar la definición que Epicuro nos ofrece:

> "el alma es un cuerpo formado a base de partículas finísimas extendidas por el cuerpo entero, y sumamente parecido a un soplo de aire que lleva en sí cierta mezcla de calor y, en un sentido, parecido a uno de estos dos elementos y, en otro, al otro"[748].

---

cuando por un golpe las semillas en el propio cuerpo se alborotan y chocando entre sí alteran la sensibilidad, como si con la mano acaso te golpeas tú mismo cualquier parte del cuerpo y lo compruebas".

744 LUCRECIO, *La naturaleza*, I, v. 304, en SOCAS, *op. cit.*, p. 136.

745 LUCRECIO, *La naturaleza*, III, vv. 159–167, respectivamente, en SOCAS, *op. cit.*, p. 237.

746 MOREL, "L'âme", en *Épicure*, *op. cit.*, pp. 101–115, concretamente p. 103.

747 GILL, Christopher, "7. Psychology", en WARREN, *Companion*, *op. cit.*, pp. 125–141, concretamente p. 127.

748 EPICURO, *Carta a Heródoto*, 63, en VARA, *op. cit.*, p. 62.

En este pasaje de la obra conservada que compuso el filósofo samio se alude también, seguidamente, a un tercer elemento, que, de modo general y conforme a otros textos transmitidos, resulta ser el cuarto. Este punto tiene cierta importancia en términos ecdóticos e implica, de suyo, variaciones en la traducción, que han sido abordadas por eruditos editores como Arrighetti[749], Von Der Muehll[750] o Kochalski[751], en una

---

749 EPICVRVS, *Epistula ad Herodotum*, 63, en ARRIGHETTI, *op. cit.*, p. 57: "ἔστι δέ τι μέρος πολλὴν παραλλαγὴν εἰληφὸς τῇ λεπτομερείᾳ...". Encontramos una primera alusión al asunto en KERFERD, G. B., "Epicurus' doctrine of the soul", en *Phronesis*, nº 16, vol. 1, 1971, pp. 80–96, concretamente, p. 81; el problema estriba en que la sustancia sin nombre, ἀκατονόμαστον, que constituye importantemente la ψυχή, ocupa en la carta, sintética, trasmitida por Epicuro el tercer lugar, cosa que luego queda matizada por testimonios posteriores al samio, según recoge Diels, por quien es leído como si realizase una *suppletio* implícita <γ̄>, con el sentido de numeral ordinal ante μέρος, con lo que el texto queda "ἔστι δέ το <γ̄> μέρος", la tercera parte, según reporta Von Der Mühll, *uid. infra.*

750 EPICVRVS, VON DER MUEHLL, Peter (ed.), *Epicuri Epistulae Tres Et Ratae Sententiae a Laertio Diogene Servatae*, Leipzig, Teubner, 1922, p. 17, nota al texto, *Epistula ad Herodotum*, 63: 5–6. El editor dice: "*Diels, nisi excidit mentio tertiae ex quattuor partibus animae*".

751 KOCHALSKI, A. (ed., trad.), *Das Leben und die Lehre Epikurs*, Leipzig – Berlin, Teubner, 1914, p. 69, nota al mismo texto, nº 54, dice, tras anotar las *lectiones* que ofrece el manuscrito: "Ich lese mit Diels 'Doxographi' p. 388"; precisamente esta nota orienta y remite a los textos posteriores sobre los constituyentes del alma, transmitidos por Plutarco y Aecio, en los que aparece ese tercer elemento implícito. En todo caso, la mejor edición actual también comparte el sentido de "cuarta sustancia", aunque ocupe, en este resumen epistolar, el tercer lugar. Así el editor italiano dice, en ARRIGHETTI, *op. cit.*, notas a la *Carta a Heródoto*, 63: 2 y ss., p. 515: "la quarta natura priva di nome è la terza della nostra epistola". La solución de Diels y la de Arrighetti coinciden en plantear la existencia de una tercera parte (hay una parte, existe la parte tercera), en vez de considerar que cuanto sigue en el texto se aplica al conjunto del cuerpo sutil, como hace VARA, *op. cit.*, p. 63, para el mismo pasaje: "Es el alma la parte que, en razón de sus partículas finísimas, ha experimentado enorme diferenciación incluso de esos mismos elementos a los que se parece, y, por razón de esta su especial finura, comparte también más los mismos sentimientos con el resto del cuerpo agregado a ella". Una postura idéntica a la de Vara, con excelentes argumentos editoriales y gramaticales en VON STADEN, Heinrich, "Body, Soul, and Nerves: Epicurus, Herophilus, Erasistratus, the Stoics, and Galen", en WRIGHT, John P. y POTTER, Paul (eds.), *Psyche and Soma: Physicians and Metaphysicians on the Mind-Body Problem From Antiquity to Enlightenment*, Oxford, Clarendon Press, 2002, pp. 80–87, sobre Epicuro y, más concretamente, p. 81, n. 2: "Some interpreters have assumed that an existential (rather than a predicative or copulative) reading of 'is' (esti) is the only possibility here: 'there exists', '(the part) exists'. They overlook, first, that psyche has been the subject throughout, and therefore can naturally continue as subject without stylistic or syntactic offence (linked by 'and/but it is': esti de): second, that Epicurus has not been talking about parts, and that the definite article to ('there exists the

tendencia que inició Diels[752]. Nosotros trataremos el pasaje, con la interpretación correspondiente, al hablar del cuarto formante de la ψυχή.

De regreso al terreno conceptual, resulta digno de mención el hecho de que este cuerpo sutil del que hablamos es, a su vez, λεπτομερές[753], esto es, formado por partes que son λεπτά, es decir, finas, sutiles (*tenuis*, *subtilis*, lo que se opone a παχύς, *crassus* en latín, equivalente a grueso, burdo o tosco, es decir, lo propio de la carne). La ψυχή es – debemos repetir – un cuerpo pluriatómico y no burdo; por eso, Lucrecio señala sobre el particular, al referirse a una de las partes del cuerpo sutil[754]: "es una parte del hombre en no menor grado que manos y pies y ojos están ahí como partes del ser vivo completo"[755], sin que sea una mera armonía abstracta y no ubicable[756].

---

part') would therefore be jarring if one read the passage as a theory of the parts of the soul (Woltjer, followed by Von der Mühll and Arrighetti. is aware of this, and therefore emends 'the' (to) to 'a' (ti): 'there is a [part]'—an emendation rendered unnecessary by the interpretation reflected in my translation); and third, that esti ('it is'), while transmitted with an accent (suggesting an existential use of the verb 'to be'), regularly loses the status of an enclitic not only when it expresses existence but also when, as here, it is the first word in a sentence, regardless of the sense (existential. predicative, copulative) in which it is being used. See Herodian, in I. Bekker. *Anecdota Graeca* (Berlin, 1821), III. 1148–9; Rafael Kühner and Friedrich Blass, *Ausführliche Grammatik der griechischen Sprache*, 3rd edn. (Hannover and Leipzig, 1890), I. L344".

752 DIELS, *Doxographi*, *op. cit.*, p. 388 y ss.

753 *cf.* LUCRECIO, *La naturaleza*, III, vv. 179–184, en SOCAS, *op. cit.*, p. 237: "es bien tenue (*persuptilem*) y que está hecho y formado de cuerpos más que menudos (*minutis perquam corporibus*). Basta que luego prestes atención para que puedas muy bien comprender que ello es así. Nada parece producirse de una manera tan rápida como lo que la mente por su cuenta decide e inicia; luego el espíritu se agita mucho más rápidamente que cualquiera de las otras cosas que ante nuestros ojos y alcance presenta su ser".

754 Lucrecio, de acuerdo con Epicuro pero con una formulación muy latina, distingue entre *animus* (*mens*, νοῦς, τὸ δὲ λογικὸν) y *anima* (τὸ μέν τι ἄλογον; ψυχή para otros).

755 LUCRECIO, *La naturaleza*, III, vv. 96–97, en SOCAS, *op. cit.*, p. 235.

756 *cf.* LUCRECIO, *La naturaleza*, III, vv. 117–120; 162–175, respectivamente, en SOCAS, *op. cit.*, p. 235 y 237: "Ahora, para que puedas reconocer que también el alma está en los miembros y que no mantiene amarrado al cuerpo mediante la armonía, ocurre de entrada que, si se arranca una parte grande del cuerpo, la vida sin embargo perdura en nuestros miembros, y ella también al revés, si unos pocos cuerpos de calor escapan y se ha emitido fuera por la boca el aire, deja al punto las venas y abandona los huesos"; "(...) "es corporal. Pues cuando los vemos empujar los miembros, arrancar del sueño el cuerpo, alterar el rostro, gobernar y manejar al individuo entero, nada de lo cual sabemos que podría hacerse sin tocarlo, y que no hay tocar sin cuerpo, ¿no hay que admitir que espíritu y alma (*animum* [...] *animamque*) están hechos de naturaleza corporal? De otra parte, adviertes que en nosotros el espíritu se desenvuelve a la par que el cuerpo y junto con él siente: si

Este cuerpo sutil está diseminado (παρεσπαρμένον) por todo el compuesto burdo y no está formado por un solo constituyente, sino por varios[757]; resulta "semejantísimo a un soplo o viento (πνεύματι) que tiene mezcla de calor (θερμοῦ τινα κρᾶσιν), en parte semejante al uno, en parte a al otro"[758]. La suma de calor y viento[759] aproxima esta noción al sentido mismo de aliento, esto es, el resuello de lo vivo como aire entrante que deviene exhalación caliente, cuyo antecedente filosófico se halla en Heráclito[760]. Ya se observa, entonces, que la mera composición del alma conlleva, en el orden de los primeros coacervados o de los cuatro elementos, una mayor raridad que la tierra y el agua.

Así, en razón de su naturaleza, la ψυχή es capaz de inundar todo el cuerpo burdo o toda la carne pero no se opone a ella, sino que ambos son modos de la misma materia, es decir, la suma de átomos y vacío. De esta forma, la carne no es una tumba para el cuerpo sutil, antes al contrario, es su complemento natural y necesario[761], en contra de la doctrina pitagórica[762] y platónica[763] del σῶμα / σημα, en cuya virtud la *carne* (σῶμα) es una señal funeraria o una lápida para la ψυχή.

---

no choca con la vida la erizada fuerza del dardo, metiéndose dentro entre huesos y tendones desgarrados, se sigue con todo una languidez y un dulce caer a tierra y en tierra un ardor que al desmayado le nace y a ratos algo así como un deseo indeciso de levantarse. Luego la naturaleza del espíritu es forzoso que sea corporal, ya que padece con dardos y heridas corporales".

757 LUCRECIO, *La naturaleza*, III, vv. 231, en SOCAS, *op. cit.*, p. 239: "Y pese a todo no debemos pensar que tal naturaleza sea simple [*(n)ec tamen haec simplex nobis natura putanda est*]".

758 EPICURO, *Carta a Heródoto*, 63, en VARA, *op. cit.*, p. 62–63.

759 LUCRECIO, *La naturaleza*, III, vv. 124–129, respectivamente, en SOCAS, *op. cit.*, p. 235: "puedes comprender que no todos los cuerpos desempeñan igual función ni por igual sustentan nuestra integridad, sino que más bien son las semillas de viento y caliente vapor las que se ocupan de que la vida perdure en los miembros. Hay por tanto un vapor y un viento vital en el propio cuerpo que abandonan nuestros miembros al morir".

760 HERÁCLITO DE ÉFESO, frag. 706, (Juan Filópono, *Del alma*, 87, 11), no recogido por DK, en EGGERS LAN, JULIÀ, *op. cit.*, p. 378: "Por fuego (Heráclito) no quiere decir 'llama'; 'fuego' es el nombre que da a la exhalación seca, de la cual también consiste el alma".

761 ARRIGHETTI, *op. cit.*, notas a la *Carta a Heródoto*, 63: 2 y ss., p. 515: "Il corpo può avere sensazione solo grazie all'anima, e l'anima può essere sensibile solo grazie al corpo; quest'ultimo però non partecipa di tutte le facoltà dell'anima".

762 *cf.* FILOLAO, frag. 168 (DK 44 B 14) Clemente de Alejandría, *Stromata*, III, 17, en PORATTI, *op. cit.*, p. 128: "Es digno de recordar también aquel dicho de Filolao; esto es lo que el pitagórico dice: 'También los antiguos teólogos y adivinos atestiguan que, a causa de algún castigo, el alma está ligada al cuerpo y está enterrada en éste como en una tumba'".

763 *cf.* PLATÓN, *Crátilo*, 400c 1–4, *Gorgias*, 493a 1–4, en CALONGE RUIZ, Julio *et al.* (eds., trads.), [CALVO, J. L., traductor del *Crátilo*; CALONGE, J., trad. del *Gorgias*], *Diálogos II: Gorgias, Menéxeno, Eutidemo, Menón, Crátilo*, Madrid, Gredos, 1988, p. 94

Así, no existe solución de continuidad entre ambas naturalezas, que son expresión de la misma φύσις; en cambio, sí es cierto que el cuerpo burdo señaliza o da seña del cuerpo sutil, tal como apunta Platón en el citado pasaje del *Crátilo*. No existe, empero, dualismo opositivo con tintes jerárquicos y connotación moral. Epicuro constata tan sólo la mayor destructibilidad de lo burdo[764] y cárnico frente a aquello que es susceptible de evitar mayores impactos disgregativos, esto es, la ψυχή.

El cuerpo sutil epicúreo combina las dimensiones prefilosófica (homérica) y filosófica, por cuanto, por una parte, recoge la noción homérica de aliento vital, elemento vivificante[765] y, por otra, se inscribe en la tradición de considerarlo elemento y facultad sintiente y pensante, habida cuenta de que, según Snell: "los griegos (...) fueron los primeros en crear lo que llamamos *pensamiento*: descubrieron el alma humana como espíritu activo, inquisidor e investigador, y la base de este descubrimiento fue una nueva concepción del hombre"[766]. Con todo, el epicureísmo plantea una diferencia radical frente a toda teología y filosofía salvacionista, ultramundana, de vida *post-mortem* y, como indica Rohde en esta extensa pero valiosa cita,

> "exhorta a sus adeptos, de la manera más explícita, a que renuncien a la inmortalidad de la vida personal. (...) La vida es, para esta filosofía, un complejo corpóreo, formado por los más móviles átomos de que están hechos los elementos elásticos, el aire y el hálito del fuego, que se extiende a lo largo de todo el cuerpo y es mantenido en cohesión por él, aunque separado de él por una diferencia sustancial. También Epicuro habla del "alma" como de una sustancia propia que permanece dentro del cuerpo que la gobierna, como una "parte" de la corporeidad y no sólo como la "armonía" de las

y p. 394: "En efecto, hay quienes dicen que [el cuerpo] es la 'tumba' del alma, como si ésta estuviera enterrada en la actualidad (τεθαμμένης). Y, dado que, a su vez, el alma manifiesta lo que manifiesta a través de éste (σημαίνει ἃ ἂν σημαίνῃ), también se la llama justamente 'signo' ("σῆμα" ὀρθῶς καλεῖσθαι)" [...] "En efecto, he oído decir a un sabio que nosotros a hora estamos muertos, que nuestro cuerpo es un sepulcro".

764 Como indicamos anteriormente, Filodemo reporta en Περὶ εὐσεβείας, 113, 17 (USENER, *Epicurea*, *op. cit.*, p. 104, frag. 32): "anche di queste cose tratta esaurientemente Epicuro nell'opera *Sugli dèi*; per cui anche in quei luoghi nei quali dice che ciò che è fatto di carne è soggetto alla distruzione (οἷς τὸ σάρκινον φθορᾶς εἶναι δεκτικὸν λέγει)", en EPICVRVS, *Deperditorum librorum reliquiae* 17, 1, 7–8, en ARRIGHETTI, *op. cit.*, pp. 170–171.

765 SNELL, Bruno, FONTCUBERTA Joan (trad.), *El descubrimiento del espíritu: estudios sobre la génesis del pensamiento europeo en los griegos*, Barcelona, El Acantilado, 2008 [ed. orig. *Die Entdeckung des Geistes: Studien zur Entstehung des europäischen Denkens bei den Griechen*, Göttingen, Vandenhoeck und Ruprecht, 1975], pp. 17–55, concretamente p. 30: "Homero tampoco tiene una palabra propia para 'espíritu' o 'alma'; ψυχή [psyché], la palabra utilizada para alma en el griego posterior, no tiene originariamente nada que ver con el alma en tanto que facultad de pensar y sentir. En Homero psyché equivale a alma sólo en la medida que 'anima' al hombre, es decir, lo mantiene en vida".

766 SNELL, Bruno, "El concepto de hombre en Homero", en *op. cit.*, pp. 7–8.

> partes integrantes del cuerpo. (...) [Al disgregarse sus átomos y los del cuerpo burdo,] [e]l alma, esta alma del hombre individual y concreto, ya no existe. Las partes que componen su materia son imperecederas, y no está descartada la posibilidad de que, algún día, enlazándose en perfecta unión con otras materias corpóreas, pasen a formar, como en otro tiempo, un hombre vivo y engendren así nueva vida y nueva conciencia. Pero, de ocurrir esto, lo que nacería sería ya un nuevo ser; el hombre anterior ha sido definitivamente destruido por la muerte, sin que entre él y el nuevo hombre que se crea tienda ningún nexo de unión una conciencia viva y coherente. Las fuerzas vitales del mundo mantiénense íntegras, indemnes e indestructibles, pero sólo por una vez y por breve tiempo se prestan a formar un ser vivo individual, para sustraerse a él, con su muerte, para siempre. *Vitaque mancipio nulli datur, omnibus usu.* Al individuo, después de su muerte, le preocupa tan poco como la suerte de su cuerpo ahora exánime, el pensamiento de lo que con los átomos de su alma pueda acaecer. La muerte no le afecta, pues él, el individuo, solo existe mientras no existe la muerte"[767].

Si bien este apartado se centra en la φύσις de la ψυχή, merece anotarse que el vínculo entre muerte e insensibilidad, así como inconsciencia, tiene, de suyo, consecuencias éticas o para la orientación vital, como bien indica Taylor:

> "Since the soul is formed of the smallest and most mobile atoms, it would naturally be more quickly dissipated into its constituents than anything else in Nature, if it were not that it is shielded during life by the integument of grosser atoms which surrounds it. Thus it is not the soul which holds the body together, but the body which holds the soul together. Hence, at death, when the soul is eliminated from its covering, the body, it is instantly disintegrated, and consciousness and personality are finally annihilated. (...) The ethical inference is then drawn that it is folly to fear death, since there is no consciousness after death"[768].

De regreso a la conformación material, importa consignar que además de πνεῦμα (*aura*) y θερμόν (*calor*), existen otros constituyentes del cuerpo sutil epicúreo que deben ser mencionados y que aparecen en fragmentos recogidos por Diels[769], Usener[770] y Arrighetti[771], los cuales han sido trasmitidos por Plutarco y Aecio (en el compendio de Juan Estobeo), respectivamente:

> "[los filósofos epicúreos] hacen consistir la esencia del alma en una unión de determinados elementos calientes (θερμοῦ), ventosos (πνευματικοῦ) y aéreos (ἀερώδους) y renuncian a alcanzar lo más importante (τὸ κυριώτατον). Afirman, en efecto, que

767 ROHDE, Erwin, ROCES, Wenceslao (trad.), *Psique: la idea del alma y la inmortalidad entre los griegos*, México, Fondo de Cultura Económica, 1948 [ed. orig. *Psyche. Seelencult und Unsterblichkeitsglaube der Griechen*, Freiburg, Mohr, 1894], pp. 272–273.

768 TAYLOR, A., *Epicurus*, London, Constable, 1911, p. 74.

769 DIELS, *Doxographi, op. cit.*, p. 388 y ss., ya citado.

770 USENER, *Epicurea, op. cit.*, p. 218, frags. 314 y 315.

771 ARRIGHETTI, *op. cit.*, notas a la *Carta a Heródoto*, 63: 2 y ss., p. 514, frags. 158 y 159.

aquello por lo que el alma juzga y recuerda y ama y odia, en pocas palabras, la razón y la inteligencia (τὸ φρόνιμον καὶ λογιστικὸν), proviene de una cierta 'cualidad innominada' ('ἀκατονομάστου' ποιότητος). Nosotros sabemos que eso de "innominada" (τό 'ἀκατονόμαστον') no es más que una confesión de vergonzosa ignorancia de quienes van diciendo que no tienen cómo llamar a aquello que no pueden comprender"[772].

[...]

"Epicuro afirma que el alma es una mixtura de cuatro elementos (τεττάρων): un cierto elemento ígneo (πυρώδους), otro ventoso (πνευματικοῦ), otro aéreo (ἀερώδους) y un cuarto innominado (ἀκατονομάστου); éste era, en su opinión, el destinado a la percepción sensible (τὸ αἰσθητικόν); de ellos, el viento causa el movimiento (πνεῦμα κίνησιν); el aire, el reposo (ἀέρα ἠρεμίαν); el calor, la calidez manifiesta del cuerpo (τὸ δὲ θερμὸν τὴν φαινομένην θερμότητα τοῦ σώματος); el innominado, nuestra percepción sensorial (τὸ δ' ἀκατονόμαστον τὴν ἐν ἡμῖν ... αἴσθησιν), pues en ninguno de los elementos que tienen nombre se halla la percepción sensorial"[773].

Ya hemos mencionado lo ventoso y lo cálido; ἀερώδους (*āēr*) aporta, creemos, la nota de aire estático, más pesado, denso y terreno, frente al término αἰθήρ, que remite a un aire más ligero, sutil y celestial. De hecho, la relativamente problemática distinción entre πνεῦμα y ἀήρ aparece, con o sin funciones de sinonimia perfecta, ya en Anaxímenes[774]. En este orden de cosas, el *DGE* señala también ἀὴρ como "término fil[osófico] o fís[ico] para explicación del Cosmos: como ἀρχή o elemento primario, dif[erente] de πνεῦμα"[775], aduciendo la misma cita del filósofo milesio. En nuestra opinión, la lectura de Aecio resuelve la aparente sinonimia de los vocablos ligados a lo *gaseoso*, ya que se produce una adscripción de funciones en donde no cabe ningún solapamiento pese a la similitud material de los compuestos. La movilidad se atribuye al viento, aliento dinámico; en cambio, la estabilidad o aquietamiento caracteriza al aire, pesado, lo que despierta en Jürss una interesante propuesta al respecto, habida cuenta de la intranquila e inherente movilidad de todos los

772 PLUTARCO, *Contra Colotes*, 118 D 10 – 118 E 8, en MARTOS MONTIEL, Juan Francisco (ed., trad.), *Obras morales y de costumbres (Moralia) XII: Tratados antiepicúreos: Contra Colotes, Sobre la imposibilidad de vivir placenteramente según Epicuro, De si está bien dicho lo de 'vive ocultamente'*, Madrid, Gredos, 2004, p. 90.

773 AËTIVS Doxogr., *op. cit.*, IV, 3, 11, en DIELS, *Doxographi*, *op. cit.*, pp. 388 l.- 21 389, l. 1.

774 *cf.* ANAXÍMENES, frag. 208 (DK 13 B 2), Aecio, *Opiniones de los filósofos* [*Placita philosophorum*], I 3, 4, en EGGERS LAN, JULIÀ, *op. cit.*, p. 136: "Así como nuestra alma, dice, al ser aire nos mantiene cohesionados, el soplo y aire abarca a todo el cosmos (toma por sinónimos 'soplo' y 'aire' [οἷον ἡ ψυχή, φησίν, ἡ ἡμετέρα ἀὴρ οὖσα συγκρατεῖ ἡμᾶς, καὶ ὅλον τὸν κόσμον πνεῦμα καὶ ἀὴρ περιέχει'> (λέγεται δὲ συνωνύμως ἀὴρ καὶ πνεῦμα)]".

775 RODRÍGUEZ ADRADOS, *DGE*, *op. cit.*, vol. 2, *s. u.* ἀήρ.

átomos[776]; en tercer lugar, la calidez se reserva a lo ígneo; éste último constituyente guarda una cierta semejanza, aunque polémica, con las primeras definiciones sobre lo psíquico que dieron los atomistas presocráticos, es decir, con la esfericidad ígnea de la que habla Demócrito de Abdera[777]. Epicuro, por su parte, enriquece y amplía

776 JÜRSS, Fritz, *Die epikureische Erkenntnistheorie*, Berlin, Akademie Verlag, 1991, pp. 13–14 y 15–16: "Nach den Doxographen und Lukrez kennt Epikur vier funktionell unterschiedene Seelenteile mit entsprechenden Atomsorten. Da sind die wärme- oder feuerartigen Atome, die die Bedingung der an Wärme gebundenen Lebendigkeit der Organismen bilden. Die Bewegung der Lebewesen wird durch einen pneumaartigen, die Ruhe durch einen luftartigen Stoff verursacht" [...] "Da im atomistischen System die unablässige Bewegung aller körperlichen Partikel als naturgegeben gilt und zu ihren Grundbestimmungen zählt, scheint eher noch die Ruhe der Erklärung zu bedürfen. Mag sein, daß Epikur sich zur Einführung seines dritten luftartigen Seelenteiles durch solche Überlegung veranlaßt fühlte, die freilich gleichfalls auf einer Kritik des Aristoteles an Demokrit fußt. Denn: 'Demokrit sagt, die unteilbaren Kugelatome (der Seele) würden, weil sie ihrer Natur nach niemals ruhen, den ganzen Körper mit sich ziehen und bewegen. Wir aber werden fragen, ob eben dies auch die Ruhe verursacht? Wie es das tut, ist schwierig oder unmöglich zu sagen'. Aristoteles hat offenbar Bewegung und Ruhe als zwei psychische Vermögen betrachtet. Da sie Gegensätze sind, müßten auch die sie provozierenden Kräfte bzw. Stoffe gegensätzlicher Natur sein; und da die Wärme des Pneumas die Bewegung alles Lebendigen bedingt, müßte die Kälte die Ruhe und Starre des Leichnams verursachen. Diese Überlegung findet sich bei Aristoteles nicht aber die von Epikur eingeführte Luft als das körperliche Prinzip dieser Kälte, denn die Luft ist nach Aristoteles die Formaktualisierung des Warmen und Feuchten. Was Epikur also bewogen hat, gerade die Luft als stoffliches Prinzip der Ruhe zu etablieren, wird nicht so ganz klar".

777 [LEUCIPO Y] DEMÓCRITO, frags. 576 (DK 68 A 102), Aecio, *Opiniones de los filósofos*, IV, 3, 5, 577 (DK 68 A 101), Aristóteles, *Acerca del alma*, I, 2, 405a, 578 (DK 67 A 28), Aristóteles, *Acerca del alma*, I, 2, 404a, en PORATTI, *op. cit.*, p. 295: "Demócrito dice que [el alma], que es ígnea, es un compuesto de integrantes cognoscibles mediante la razón, que tienen forma esférica y carácter ardiente, y que es un cuerpo"; "Algunos piensan que es fuego, porque éste es el más sutil e incorpóreo de los elementos y originariamente se mueve y es capaz de mover las otras cosas. Demócrito se expresó sutilmente cuando explicó el porqué de cada una de estas acciones"; "Demócrito dice que el alma es una especie de fuego y de calor. Las figuras de los átomos, en efecto, son infinitas (y él llama fuego y alma a las esféricas, que son como el polvillo que se ve en el aire a través de los rayos solares que penetran por las ventanas)".

esta última propuesta, evidenciando diferencias, según recuerda también Agustín de Hipona[778], en un pasaje traído a colación por Georg Rechenauer[779].

A su vez, la integridad de la ψυχή, subrayada por Lucrecio, se fundamenta en el hecho de que:

> "[l]os primordios de los principios (*primordia principiorum*), en efecto, se entrecruzan en sus movimientos de modo que no se puede separar ninguno, ni mediante espacio hacer división de su poder, sino que se dan ellos como la capacidad multiplicada de un único cuerpo (*quasi multae vis unius corporis extant*); tal como en cualquier carne de animal hay por lo general olor y una suerte de calor y sabor, y sin embargo de todo ello resulta para el cuerpo un único volumen acabado (*ex his omnibus est unum perfectum corporis augmen*)[780], así el calor y el aire (*aër*) y la escondida fuerza del viento

---

778 *cf.* AGUSTÍN, obispo de Hipona, *Carta 118, Dióscoro*, 4, 28, en CILLERUELO, Lope (ed., trad.), *Obras completas de San Agustín. 8, Cartas* (1°) 1–123, Madrid, Catolica, 1986, pp. 874–875: "Se dice que Demócrito se diferenciaba de Epicuro en las cuestiones cosmológicas, porque Demócrito opina que el concurso de átomos tiene una cierta fuerza animal y vital (*inesse concursioni atomorum uim quandam animalem et spirabilem*). Dice, según creo, que por esa fuerza las mismas imágenes están dotadas de divinidad. Tales imágenes, a las que atribuye la divinidad, no son las de todas las cosas, sino las de los dioses, y son el principio mental en todos aquellos seres a quienes atribuye la divinidad. Las llama imágenes animadas, que suelen beneficiarnos o dañarnos. En cambio, Epicuro nada pone en los principios de los seres, sino los átomos, esto es, ciertos corpúsculos tan menudos, que ya no pueden dividirse ni sentirse por la vista o el tacto. Afirma Epicuro que por el concurso casual de estos átomos se forman los mundos innumerables, los animales, las almas y los dioses (*quorum corpusculorum concursu fortuito et mundos innumerabiles et animantia et ipsas animas fieri dicit et deos*). A éstos les da forma humana y los coloca, no en el mundo, sino fuera del mundo y entre los mundos. No quiere admitir nada en absoluto fuera de los cuerpos. Y para que puedan imaginarse éstos, dice que de los mismos seres, que a su juicio están formados por átomos, fluyen unas imágenes más sutiles que las que hieren nuestra retina y entran en el alma. En cuanto a la causa de la visión, dice que se explica por otras imágenes enormes, que pueden abarcar todo el universo. Creo que ya entiendes qué imágenes se figuran éstos".

779 REICHENAUER, Georg, "Demokrits Seelenmodell und die Prinzipien der atomistischen Physik", en FREDE, REIS, *op. cit.*, pp. 131–142, concretamente p. 125.

780 En este punto recuerda Lucrecio la noción, que creemos epicúrea, de que se produce una emergencia de propiedades en el sentido de que de la suma de partes surge, con el todo, algo más, que trasciende o supera cualitativamente esa suma misma, cosa que, en cierto sentido, menciona también ARISTÓTELES, *Metafísica*, VIII, cap. 6, 1045a 9:12, en, CALVO, Tomás (ed., trad.), *op. cit.*, p. 358: "En efecto, todas las cosas que tienen una pluralidad de partes cuyo conjunto no es como un montón, sino que el todo es distinto de las partes (γὰρ ὅσα πλείω μέρη ἔχει καὶ μὴ ἔστιν οἷον σωρὸς τὸ πᾶν ἀλλ᾽ ἔστι τι τὸ ὅλον παρὰ τὰ μόρια), tienen una causa (de su unidad): en algunos cuerpos, la causa de su unidad es el contacto, en otros la pringosidad o cualquier otra afección de este tipo".

(*venti caeca potestas*) al mezclarse producen una única naturaleza (*mixta creant unam naturam*), y otro tanto hace la consabida capacidad moviente que entre aquellos de sí distribuye inicio de movimiento (*mobilis illa vis, initum motus ab se quae dividit ollis*), de donde por vez primera surge el movimiento sensitivo (*sensifer unde oritur primum per viscera motus*)"[781].

Ya hemos insistido en que existe una diversidad, aunque también necesidad ontológica de complementariedad, entre la carne y la psique, el cuerpo burdo y el cuerpo sutil, así como por lo que hace a sus respectivos formantes. En atención a esto y teniendo en cuenta la movilidad intrínseca de los átomos, escribe DeWitt: "[t]hese atoms of the soul are at the same time homogeneous, because surpassing in mobility, and heterogeneous, because differing in mobility"[782].

Por su parte, abunda Epicuro en la definición anímica cuando señala:

"el alma está compuesta por átomos suavísimos [lisísimos] (λειοτάτων) y sumamente redondos (στρογγυλωτάτων), bastante diferentes de los del fuego (πολλῷ τινι διαφερουσῶν τῶν τοῦ πυρός), y que, a su vez, la parte irracional del alma es la que se disemina por el resto del cuerpo (τὸ μέν τι ἄλογον αὐτῆς, ὃ τῷ λοιπῷ παρεσπάρθαι σώματι), y que la racional está en el tórax (τὸ δὲ λογικὸν ἐν τῷ θώρακι), como es claro a juzgar por el miedo y la alegría (ἔκ τε τῶν φόβων καὶ τῆς χαρᾶς), y que el sueño es cosa de las partes del alma que, diseminadas por el organismo entero, se concentran en un sitio o corren de un sitio a otro y que luego chocan"[783].

Justamente esa división epicúrea de la ψυχή entre τὸ μέν τι ἄλογον αὐτῆς y τὸ δὲ λογικὸν, que Kenney equipara a νοῦς[784], la reproduce Lucrecio con los conceptos *anima* y *animus*, respectivamente, en los siguientes versos: "la naturaleza del espíritu y del alma es por así decirlo una parte del individuo"[785]. Así, el *animus*, "al que a menudo llamamos 'mente' (*mentem*), en donde reside la guía y el gobierno del vivir, es una parte del cuerpo en no menor grado que manos y pies y ojos están ahí como partes del ser vivo completo (*animantis totius*)"[786]; igualmente "también el alma (*anima*) está en los miembros"[787]. De hecho la trabazón entre ambas partes, en términos epicúreos, o *animus* y *anima*, en términos lucrecianos, es total; el vate latino dice:

781 LUCRECIO, *La naturaleza*, III, vv. 262–272, en SOCAS, *op. cit.*, p. 240.
782 DEWITT, Norman, *Epicurus and His Philosophy*, Minneapolis, University of Minnesota Press, 1964, p. 202.
783 EPICURO, *Carta a Heródoto*, 66, en VARA, *op. cit.*, p. 64.
784 KENNEY, E. J. (ed., com.), LVCRETIVS, *De Rerum natura, Book III*, Cambridge, England, Cambridge University Press, 1971, p. 88, notas a v. 94 y ss.
785 LUCRECIO, *La naturaleza*, III, vv. 129–130, en SOCAS, *op. cit.*, p. 235.
786 LUCRECIO, *La naturaleza*, III, vv. 94–97, en SOCAS, *op. cit.*, p. 233.
787 LUCRECIO, *La naturaleza*, III, vv. 117–118, en SOCAS, *op. cit.*, p. 235; el texto latino dice: "*animam quoque ut in membris cognoscere possis esse*".

"Afirmo ahora que espíritu (*animus*) y alma (*anima*) se mantienen trabados uno y otra, y entre ellos dos hacen una sola naturaleza (*coniuncta teneri inter se atque unam naturam conficere ex se*), pero que es como lo principal (*caput*) y señorea sobre el cuerpo entero esa guía (*dominari in corpore toto consilium*) que llamamos 'espíritu' y 'mente'; ella además está puesta y enclavada en mitad del pecho (*idque situm media regione in pectoris haeret*); pues ahí brincan el terror y el miedo, cerca de ese lugar nos halagan los gozos: ahí por tanto la mente y el espíritu se hallan. La otra parte del alma, repartida por el cuerpo entero, obedece y se mueve a una señal o ademán de la mente (*cetera pars animae per totum dissita corpus paret et ad numen mentis momenque movetur*). Ella sola [la mente] por su cuenta sabe, ella por su cuenta goza, aun cuando ninguna cosa impresione ni al alma ni al cuerpo. Y así como, cuando la cabeza o el ojo entre ataques de dolor tenemos dañados, no sufrimos en todo el cuerpo, igualmente el espíritu a veces sufre daño en sí mismo o se llena de alegría, aun cuando la otra parte del alma a través de miembros y carnes no se ve alterada por ninguna conmoción. Pero cuando la mente sufre la impresión de un miedo muy fuerte, vemos que el alma entera siente a través de los miembros, que sudores entonces <y> palidez se producen en todo el cuerpo, que la lengua se traba y la voz se pierde, los ojos se nublan, retumban los oídos, se desploman los miembros, que vemos en fin muchas veces desmayarse los hombres por terrores del espíritu, de manera que cualquiera de ahí sin dificultad podría comprender que el alma está trabada con el espíritu (*esse animam cum animo coniunctam*), pues cuando la golpea <la violencia> del espíritu, al punto atropella y hiere al cuerpo (*cum animi <vi> percussa est, exim corpus propellit et icit*)"[788].

En efecto, Lucrecio, al referirse al carácter generado, perecedero y no preexistente de la psique, que se disipa al perder su continente[789], afirma: "Haz tú que los dos

788 LUCRECIO, *La naturaleza*, III, vv. 136–160, en SOCAS, *op. cit.*, pp. 235–236.

789 LUCRECIO, *La naturaleza*, III, vv. 437–446 y 449–462, en SOCAS, *op. cit.*, pp. 247–248, 251:"el alma se desparrama (*diffundi*) y mucho más rápida y velozmente perece y se descompone <en> cuerpos primeros en cuanto se arranca y aparta de los miembros del hombre; porque es que el cuerpo, que viene a ser como su recipiente (*vas*), cuando no puede retenerla (*cohibere*) al quebrarse (*conquassatum*) por alguna causa y esponjarse (*rarefactum*) una vez que de las venas se retira la sangre (*detracto sanguine venis*), ¿cómo pensarías que la puede retener un aire que, siendo más ralo que nuestro cuerpo, apenas a sí mismo se retiene?" (...) "nos damos cuenta de que la mente se engendra a la par que el cuerpo y junto con él va creciendo y a la par envejece (*corpore et una crescere sentimus pariterque senescere mentem*)" (...) "cuando ya el cuerpo con el tiempo sufre quebranto en sus fuerzas poderosas y al embotarse las fuerzas decaen los miembros, trastabilla el ingenio, se descarría la lengua, <se deshace> la mente, todo falla y a un mismo tiempo se ausenta; por consiguiente, estamos de acuerdo en que también toda la sustancia del alma como humo se disipa en las hondas brisas del aire: puesto que vemos que se engendran a la par y a la par crecen y, <como> he mostrado, se cansan con el tiempo a la vez y se debilitan. A esto se añade el que veamos que tal como el propio cuerpo padece graves enfermedades y fiero dolor, así el espíritu padece

nombres en uno solo se junten y que, cuando por ejemplo digo 'alma' para mostrar que es mortal, entiendas que también digo 'espíritu', en cuanto que una sola cosa y bien trabada son los dos"[790]. Igualmente, la ψυχή, con su composición o sustancia (*natura*) dúplice, mientras dura el compuesto humano, permanece inextricablemente unida con lo cárnico, tal como propugna Epicuro[791] y según reza esta larga cita de Lucrecio, la psique está:

> "sostenida por el cuerpo todo, y ella es justamente la protectora del cuerpo y causa de su integridad (*ipsaque corporis est custos et causa salutis*); pues están bien sujetos la una y el otro por raíces comunes y no parece que sin su destrucción puedan desgajarse: (...)

---

duras penas, aflicción y miedo: debe por tanto tomar parte en la muerte (*participem leti quoque convenit esse*)" (...) "es forzoso, sin embargo, que admitas que el alma es mortal (*mortalem tamen esse animam fateare necesse*)".

790 LUCRECIO, *La naturaleza*, III, vv. 421–424, en SOCAS, *op. cit.*, p. 246.

791 EPICURO, *Carta a Heródoto*, 64, 65, 66, en VARA, *op. cit.*, p. 63: "el alma no habría conseguido esta función de agente de las sensaciones si no estuviera recubierta de alguna manera por el resto del cuerpo a ella agregado. Y ese resto del cuerpo a ella agregado, que es quien le facilita esa función de agente de la sensación, queda también él mismo provisto de la participación de la cosa esa representada por ese atributo que le llega del alma, pero no provisto de todas las propiedades que ella posee. Por eso, una vez que el alma se ha separado del cuerpo, éste no tiene la facultad de la sensación (ἀπαλλαγείσης τῆς ψυχῆς οὐκ ἔχει τὴν αἴσθησιν), pues tampoco antes había poseído dentro de sí mismo por derecho propio esa facultad de la sensación, sino que únicamente la facilitaba a ese otro ser, que había convivido junto con él, el alma, la que, a causa de su facultad de sensación, completada al máximo en torno a sí gracias al movimiento que le asiste, tras hacer efectiva inmediatamente a favor de sí misma la propiedad sensitiva la transmitía, justamente como dije, también al cuerpo, en razón del mutuo contacto y de la comunidad de sentimientos (τὴν ὁμούρησιν καὶ συμπάθειαν) que hay entre cuerpo y alma. Justamente por esta razón el alma, mientras se encuentre dentro del cuerpo (ἐνυπάρχουσα ἡ ψυχὴ), no se hace jamás un ser insensible (ἀναισθητεῖ) aunque algún miembro del cuerpo se haya separado, sino que, aunque algún miembro del cuerpo se le eche a perder completamente al alma porque la correspondiente parte protectora del cuerpo se le haya disuelto bien por entero o bien un miembro determinado, siempre que el alma continúa presente allí ésta reacciona con veloz sensibilidad (σῴζει τὴν αἴσθησιν). En cambio, el resto de elementos que componen el cuerpo, aunque continúen presentes incluso todos sus miembros, no tienen sensibilidad (οὐκ ἔχει τὴν αἴσθησιν) si se ha alejado del cuerpo el ser que es el alma (ἐκείνου ἀπηλλαγμένου), sea la que sea la cantidad de átomos que colabora en la constitución del alma. Y hay que dar por garantizado también que, si se disuelve el resto del cuerpo, el alma se difumina, y ya no tiene las mismas facultades ni tampoco se mueve, con lo que resulta que no posee tampoco sensibilidad. Pues no es posible imaginar que el alma conserva la facultad de la sensación si no está inmersa en el contexto citado, ni funciona con los movimientos citados cuando la capa del cuerpo que la protege y envuelve ya no es tal. En cambio ahora, al estar el alma dentro de esa capa constituida por el cuerpo, tiene los referidos movimientos".

[no] "es fácil sacar del cuerpo entero la sustancia de espíritu y alma sin que todo se deshaga (*animi atque animae naturam corpore toto extrahere haut facile est, quin omnia dissoluantur*); gracias así a la trabazón de los principios entre sí, desde su origen primero, llegan a estar dotados de una vida en comandita (*inplexis ita principiis ab origine prima inter se fiunt consorti praedita vita*), y no parece que la capacidad del cuerpo o la del espíritu, cada una por su cuenta (*corporis atque animi seorsum potestas*), pueda sin el concurso del otro (*sine alterius vi*) sentir por separado, sino que de un lado y otro en movimientos comunes se van fraguando de consuno las sensaciones que prenden en nuestras entrañas. Además, el cuerpo por sí solo ni se engendra ni crece ni tras la muerte parece durar; (...) no pueden (...) los miembros aislados sufrir la separación del alma, sino que perecen descompuestos por completo y a la vez se pudren. Al comenzar la existencia, los contactos mutuos de cuerpo y alma, escondidos dentro de los miembros y vientre maternos, de tal manera aprenden los movimientos vitales, <que> no puede hacerse tal separación sin desastre y daño; (...) la causa de su integridad es común, común se constituye también la naturaleza de ambos (*coniunctast causa salutis, coniunctam quoque naturam consistere eorum*). (...) Si alguien da en rechazar que el cuerpo siente (*corpus sentire*), y cree que el alma mezclada con el cuerpo entero recibe ese movimiento que venimos llamando 'sensibilidad' (*animam credit permixtam corpore toto suscipere hunc motum quem sensum*), está refutando cosas bien claras y reales. (...) Pero cuando el alma sale el cuerpo se queda sin sensibilidad por todos lados (a*t dimissa anima corpus caret undique sensu*). Sí, porque pierde lo que no era suyo propio para la eternidad y muchas más cosas pierde cuando del tiempo se le expulsa"[792].

Ya hemos introducido la trabazón intensa y mutua necesidad[793] entre cuerpo burdo y sutil; por otra parte, la psique está constituida por un cuarto formante, al que se

792 LUCRECIO, *La naturaleza*, III, vv. 323–358, en SOCAS, *op. cit.*, pp. 243–244.

793 LUCRECIO, *La naturaleza*, III, vv. 548–562, 845–646, en SOCAS, *op. cit.*, pp. 251–252, 263: "Puesto que la mente es una sola parte del hombre y permanece fija en un lugar determinado (*mens est hominis pars una locoque fixa manet certo*), tal como son los oídos y los ojos y cada uno de los otros sentidos que gobiernan la vida, y tal como manos y ojos o narices no pueden, cortados aparte de nosotros, ni sentir ni ser, sino que desempeñan un tiempo tal servidumbre, así el espíritu no puede por sí solo darse sin el cuerpo y el propio hombre (*animus per se non quit sine corpore et ipso esse homine*), pues este parece ser una suerte de recipiente de aquel o alguna otra cosa que tú quieras imaginar más unida a él, toda vez que el cuerpo en una trabazón se le junta"; (...) "[L]a capacidad vital del cuerpo y la del espíritu, por estar entre sí unidas, pujan y disfrutan de vida (*corporis atque animi vivata potestas inter se coniuncta valent vitaque fruuntur*): sin el cuerpo, ya se sabe, no puede ella sola por su cuenta la sustancia del espíritu producir los movimientos vitales, ni de otra parte el cuerpo, despojado del alma, perdurar y valerse de los sentidos (*sine corpore enim vitalis edere motus sola potest animi per se natura nec autem cassum anima corpus durare et sensibus uti*)"; "gracias a la armonía y unión de cuerpo y alma estamos hechos y constituidos en unidad (*comptu coniugioque corporis atque animae consistimus uniter apti*)".

refiere Epicuro: "Hay otra parte del alma (τι μέρος) que por la sutileza de sus partículas (λεπτομερείᾳ) es muy distinta de las anteriores (παραλλαλή) y, por tanto, mucho más apropiada para experimentar sensaciones de acuerdo con (συμπαθές) el resto del cuerpo. Estos elementos constituyen de modo manifiesto las facultades del alma, su capacidad de sentir y de moverse, así como de pensar y de todas aquellas actividades 'con cuya privación morimos'[794]"[795].

A mayor abundamiento cabe recordar que, según Lucrecio, no es posible que las tres primeras naturalezas que forman el cuerpo sutil "ellas juntas se basten para producir sensibilidad, toda vez que no encaja en cabeza humana que ninguna de ellas pueda producirle mociones sensitivas (*sensiferos motus*) a uno (o) esas cosas a las que en la mente damos vueltas"[796].

Como coformante psíquico que es, debemos insistir, con Annas, en su corporeidad y en el hecho de que su introducción "marks an insistence that there is a *physical* difference between souls and other kinds of body. (...) Thus the nameless atom type, far from signaling a retreat from physicalism, reveals confidence in the adequacy of physicalism as a theory of the soul. There is a physical difference between souls and other kinds of thing; so we do not need anything like Aristotelian forms to explain the way the soul functions"[797].

Ahondando en la noción de συμπαθές, queremos señalar que la capacidad de consentir (*consentio, consensio*), esto es, para que sean del mismo sentir uno y, al menos, otro, compete tanto al alma cuanto al cuerpo, que están dispuestos en mortal pie de igualdad, también en confrontación con la tradición órfico-pitagórico-platónico-aristotélica[798].

A este respecto el comentador italiano Francesco Verde hace unas interesantes apreciaciones justamente en los pasajes que remiten a la psique:

> "L' anima realizza la facoltà della sensazione nel complesso atomico in base al movimento (kinesis); per via dello stretto contatto (homouresis) e della conformità/affinità (sympatheia) (...) l'anima è in grado di trasmettere e propagare la sensazione nel complesso atomico. Uno dei punti importanti da tenere a mente è la 'contemporaneità' di azione fra il complesso atomico e l'anima; secondo Epicuro è del tutto errato pensare a una qualche priorità dell'anima sul corpo: l'anima si genera per aggregazione atomica

---

794 Traducción propia del texto griego entre comillas simples.

795 EPICURO, *Carta a Heródoto*, 63, 5 y ss., en JUFRESA, *Obras*, *op. cit.*, pp. 24–25. Aquí tomamos la traducción de Jufresa, que sigue a Arrighetti.

796 LUCRECIO, *La naturaleza*, III, vv. 238–240, respectivamente, en SOCAS, *op. cit.*, p. 239.

797 ANNAS, *Mind*, *op. cit.*, pp. 141–142.

798 *cf.* TAYLOR, *Epicurus*, *op. cit.*, p. 73: "The soul is no longer, as with Plato, different in kind from and incommensurable with the body, nor, as with Aristotle, the true reality of which the body is the mere indispensable condition. As with Democritus, the soul is itself a body composed of smaller and more mobile atoms than the gross visible body".

esattamente quando si forma il complesso atomico e la sensazione non è che l'azione reciproca fra l'anima e il complesso atomico [cuerpo burdo]"[799].

Del mismo modo, DeWitt ofrece una fundada interpretación de esta coligación que insiste en la συμπάθεια o correlación sintiente: "If pressed to its full extension the idea involves three elements: first, participation in sensation by body and soul, second, simultaneousness of participation, and third, mutual causation in the experience"[800].

Este formante, especialmente sutil, de la ψυχή, y el cuerpo sutil todo, capaz de fluir entre los entresijos vacuos de otros átomos más toscos y grandes del cuerpo burdo, posibilitan, al decir de Epicuro, el hecho de que "el alma guard[e] en sí el más importante agente de las sensaciones (ἡ ψυχὴ τῆς αἰσθήσεως τὴν πλείστην αἰτίαν)"[801]. De hecho, esa causa fundamental de la sensibilidad constituye, en opinión de Morel, otro elemento que funda, por la correlación material entre visible e invisible, la existencia del cuerpo sutil[802].

Nos importa ahora elucidar, qué sea ese último constituyente del cuerpo sutil, que lo integra a más de viento, calor y aire, rozando el inmaterialismo, según señala García Gual[803] y corrige Bailey[804]. Creemos que el tal cuarto elemento psíquico es el innominado, ἀκατονόμαστον, esto es, el "innombrable, que no puede ser nombrado o llamado por su nombre"[805].

Si tenemos presentes algunas observaciones precedentes de Epicuro, debemos destacar, en primer lugar, la suavidad o lisura (λειότης) cuanto la redondez (στρογγυλότης), como notas del alma y, especialmente, del constituyente en cuestión. Estos rasgos pueden deberse al hecho de que la resistencia a la rodadura propia de los cuerpos esféricos es menor que la resistencia a la fricción por desplazamiento o rozamiento. De hecho, hallamos en Demócrito al sostener, con respecto al alma, lo siguiente: "Demócrito dice que [el alma] es ígnea, es un compuesto de integrantes

---

799 VERDE, Francesco (ed., trad., com.), *Epistola a Erodoto*, Roma, Carocci, 2010, p. 192, comentario al párrafo 63.

800 DEWITT, *Epicurus*, *op. cit.*, p. 201.

801 EPICURO, *Carta a Heródoto*, 63, en VARA, *op. cit.*, p. 63.

802 MOREL, "L'âme", en *Épicure*, *op. cit.*, pp. 101–115, concretamente p. 102: "La deuxième raison qui justifie la thèse de la corporéité de l'âme est sa double fonction causale: une fonction d'animation ou de mise en mouvement et une fonction cognitive. Sa fonction d'animation exige qu'elle soit disséminée dans tout l' agrégat corporel et qu'elle soit 'en sympathie' avec lui".

803 GARCÍA GUAL, Carlos, *Epicuro*, Madrid, Alianza, 1988 (primera ed. 1981), p. 117: "el 'cuarto elemento' resulta un tanto misterioso en la terminología y en la concepción materialista. No tiene nombre ni semejanza con otros átomos".

804 *cf.* BAILEY, *Greek atomists*, *op. cit.*, p. 390: Epicuro, pese a su materialismo, "is not satisfied with an analysis of the soul into elements 'like that of' recognizable concrete things, even things as fine in nature as fire, wind, and air. To account for sensation and thought and will there must be something else in its composition more subtle still, and indeed as near as possible to the borders of the immaterial".

805 RODRÍGUEZ ADRADOS, *DGE*, *op. cit.*, vol. 2, *s. u.* ἀκατωνόμαστος.

cognoscibles mediante la razón, que tienen forma esférica y carácter ardiente, y que es un cuerpo"[806].

De acuerdo con la relación entre esfericidad, fricción por rodadura frente a rozamiento, la trabazón y colisión entre entrantes y salientes de dos objetos, la fricción es mayor cuando es cinética que cuando es estática; en éste último caso existe adherencia y reposo. Del mismo modo, también es menor cuando los objetos ruedan que cuando se deslizan, por cuanto en este caso existe un contacto total y constante entre los dos objetos, desplazándose uno en relación con el otro. Así mismo, cuando no existen partes salientes y entrantes en dos cuerpos sólidos indeformables, no existe fricción, colisión ni deceleración y un movimiento inicial mínimo imprime velocidad constante al objeto[807]. Las observaciones físicas que, con auxilio de manuales, formulamos refuerzan el valor de la circularidad y de su trasunto tridimensional, la esfericidad, como sinónimo de perfección y autonomía, tal como se constata en la sección consagrada a Parménides, anteriormente, y en la siguiente, dedicada a los dioses epicúreos, así como en una mención sucesiva a los astros divinizados platónicamente.

No obstante, todavía es posible profundizar en la relación existentre entre la menor afección del cuerpo sutil por lo que respecta a los golpes disgregativos, por un lado, y a la redondez o esfericidad, por otro, pues – sostenemos – ambas se hallan en correlación. Así, la redondez no sólo puede vincularse al carácter más o menos punzante de las emisiones de voz o flujos de sonido[808], sino también al carácter menos trabado y más dulce de la ψυχή en relación con la carne o cuerpo burdo. Aquí se oponen la dulzura y la acritud desde un punto de vista, si se nos permite, geométrico o tridimensional, habida cuenta de que lo dulce, ἡδύ, se entiende no sólo en el sentido gustativo, humano y vivencial, sino que también es aquello que es liso o no punzante, en sentido literal o metafórico, tal como se aprecia todavía en el latín *suavis* y, según William Ramsay en el *Dictionary of Greek and Roman Antiquities*, también en griego donde indica: "the expressions οἶνος γλυκύς and οἶνος ἡδύς are by no means necessarily synonymous. The former signifies wine *positively sweet*, the latter wine agreeable to the taste from the *absence of acidity*, in most cases indicating nothing more than *sound wine*"[809].

---

806 [LEUCIPO Y] DEMÓCRITO, frag. 576 (DK 68 A 102) Aecio, *Opiniones de los filósofos* [*Placita philosophorum*], IV, 3, 5, en PORATTI, *op. cit.*, p. 295.

807 *cf.* JAISWAL, J. N., *Comprehensive Science & Technology Physics, for the IX [ninth] class*, Delhi, Laxmi Publications, 2006, pp. 108–110; *cf.* POPOV, Valentin N. *Contact Mechanics and Friction Physical Principles and Applications*, Berlin, Springer, 2010, p. 4: "rolling friction is much smaller in magnitude than sliding friction"; *cf.* TIPLER, Paul A., y MOSCA, Gene, *Física para la ciencia y la tecnología, vol. I*, Barcelona, Reverté, 2005, pp. 109–111.

808 Recuperamos el tratamiento dado a las formas de los compuestos, perteneciente a un apartado anterior.

809 SMITH, William (ed.), *A Dictionary of Greek and Roman Antiquities*, London, Printed for Taylor and Walton, 1842, pp. 1044–1052, concretamente 1050, columna izquierda, *s. u.* "*Vinum*", de William RAMSAY.

Todo ello se opone, entonces, a lo πικρόν o *acerbum / acre*, es decir, aquello que es punzante, amargo, agrio, o sea, puntiagudo o con salientes no romos. Aquí sostenemos, pues, que la redondez de los compuestos visibles o invisibles, de emisiones o emanaciones, así como de los cuerpos emanantes, están todas ellas en correlación y que esa correlación redunda en una mayor o menor permanencia y tendencia a la disgregación, cosa que tiene consecuencias en la elección de alimentos, actitudes, palabras, por cuanto ello contribuye a nuestra felicidad.

De esta manera, pues, el alma, cuyos átomos más sutiles no son cóncavos, triangulares ni ganchudos, sino esféricos, posee necesariamente una parte especialmente movible y suave. En este sentido y con fines ilustrativos, deseamos incluir aquí, aun a riesgo de redundancia, una figura del excelente libro de Marcel Conche[810]:

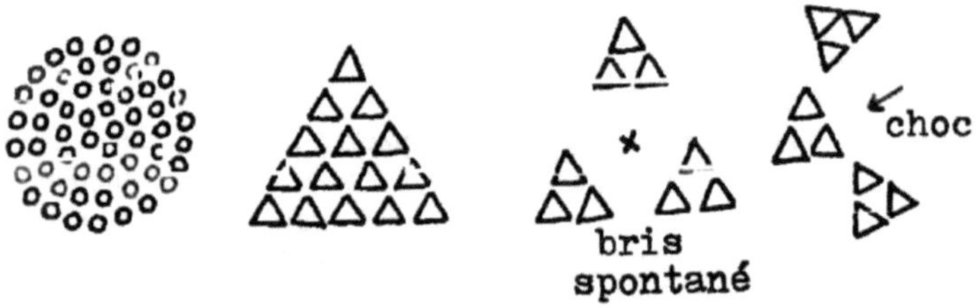

Lucrecio, por su parte, insiste en la pequeñez, lisura y redondez para todos los átomos psíquicos o, por mejor decir, del *animus* y el *anima*[811], pero recalca estas

810 CONCHE, *Épicure*, *op. cit.*, p. 143.

811 LUCRECIO, *La naturaleza*, III, vv. 186–204, 208–220, 228–230, respectivamente, en SOCAS, *op. cit.*, pp. 238–239: "lo que es móvil en grado tan superlativo (*mobile tanto*) debe estar hecho de semillas más que redondeadas (*rutundis perquam seminibus*) y más que menudas (*perquamque minutis*), para que al recibir un pequeño impulso puedan moverse (*parvo possint inpulsa moveri*). Se mueve, en efecto, el agua y con un impulso pequeño corre porque, claro es, está compuesta de formas rodantes y ligeras; en cambio la naturaleza de la miel es más consistente y su líquido más perezoso y más lento su manejo (pues entre sí se traba más todo el conjunto de su materia), debido sin duda a que no consta de cuerpos ni tan lisos ni tan tenues y redondos (*non tam levibus extat corporibus neque tam suptilibus atque rutundis*); tienes, en efecto, que una brisa somera y leve puede forzar que entero se desparrame un buen montón de adormidera; en cambio el cierzo sopla contra una pila de piedras y en ella nada puede. Y es que los cuerpos cuanto más pequeños y lisos son, de mayor movilidad disfrutan (*igitur parvissima corpora pro quam et levissima sunt, ita mobilitate fruuntur*); y, al contrario cualesquiera que resulten ser de mucho mayor peso y más rugosos, son por ahí ellos más estables. Ahora, pues, ya que hemos hallado que la naturaleza del espíritu es extremadamente móvil, es forzoso que esté formada de cuerpos sin duda pequeños, lisos y redondos"; "Otra cosa también llega a explicar la naturaleza del espíritu, de qué trama tan fina está

cualidades al referirse a lo innominado, al cuarto constituyente: "*quarta quoque his igitur quaedam natura necessest / attribuatur. east omnino nominis expers*"[812]). Escribe el poeta latino:

> "Una cuarta naturaleza además es menester que de algún modo a éstas [tres] se añada (carece ella de todo nombre), más movediza y tenue (*mobilius quicquam neque tenvius extat*) que la cual no se da ninguna otra, ni que esté hecha de elementos más pequeños y lisos (*e parvis et levibus ex elementis*), ella que es la primera en repartir las mociones sensitivas a través de los miembros; porque ella, hecha de formas pequeñas, se agita la primera; a partir de ahí el calor y la oculta fuerza del viento, a partir de ahí el aire recibe movimiento; a partir de ahí todo se remueve: la sangre sufre sacudidas, las entrañas entonces se sensibilizan todas, por último a los huesos y tuétanos se les va metiendo bien sea el placer (*voluptas*) o el arrebato contrario (*contrarius ardor*)"[813].

Esa cuarta naturaleza corresponde, en Lucrecio, a la ya citada *mobilis illa vis*[814], una fuerza movediza, que "está del todo en lo hondo encubierta y agazapada (*subestque*), y más abajo de ella nada hay en nuestro cuerpo (*nec magis hac infra quicquam est in corpore nostro*), y además es ella justamente el alma del alma entera (*atque anima est animae proporro totius ipsa*): tal como en nuestros miembros y cuerpo entero se mezcla encubiertamente la capacidad del espíritu y el poder del alma (*mixta latens animi vis est animaeque potestas*) gracias a que está hecha de cuerpos pequeños y escasos, así tienes tú que esta capacidad desprovista de nombre (*nominis haec expers vis*), al estar formada por cuerpos menudos (*facta minutis corporibus*), queda encubierta y es ella algo así como el alma del alma entera además y ejerce dominio sobre el cuerpo entero (*dominatur corpore toto*)"[815].

---

hecho y en qué sitio tan pequeño se encierra si acaso se apelotona, y es que en cuanto se apodera del hombre el sueño tranquilo de la muerte y se retira la sustancia del espíritu y el alma, nada allí puedes descubrir que ni en la apariencia ni en la masa del entero cuerpo haya sufrido menoscabo: la muerte preserva todo salvo la sensibilidad de la vida y el vaho caliente. Luego es forzoso que el alma entera conste de semillas bien pequeñas en su trabazón a través de venas, entrañas, tendones, en la medida en que, cuando toda se retira ya del cuerpo entero, el contorno exterior de los miembros no obstante se preserva intacto sin que falte ni pizca de peso"; "la naturaleza del espíritu y el alma hay que comprender que está formada de semillas más que menudas, ya que al retirarse no se lleva nada del peso".

812 LVCRETIVS, BAILEY, III, vv. 241–242.

813 LUCRECIO, *La naturaleza*, III, vv. 186–204, 208–220, 228–230, respectivamente, en SOCAS, *op. cit.*, pp. 239–240.

814 LVCRETIVS, BAILEY, III, vv. 270–271.

815 LUCRECIO, *La naturaleza*, III, vv. 273–281, en SOCAS, *op. cit.*, p. 241.

Además de esta especialísima naturaleza "es forzoso que el viento (*ventus*) y el aire (*aër*) y el calor al mezclarse entre sí adquieran vigor a través de los miembros (*inter se vigeant commixta per artus*), y que uno a otro se someta o sobre él destaque, de manera que de todos parezca hacerse algo único, mientras el calor y el viento por un lado y por otro el poder (*potestas*) del aire no destruyan la sensibilidad (*sensum*) y al separarse la deshagan (*diductaque solvant*)"[816].

De hecho, a cada uno de esos elementos corresponde un estado anímico predominante, desde la ira, fogosa, al miedo, de ventoso espeluzno, pasando por el aire estable de la ecuanimidad. Así se establece, pues, una correlación psicosomática o, si se nos permite la licencia por mor de la precisión, psicosárquica[817] emocional[818].

Además de lo dicho, debemos consignar aquí la filiación entre la naturaleza sin nombre de Epicuro y la quintaesencia aristotélica, cosa que apunta Bailey[819], apoyado en la propuesta previa de Giussani: "Questo è il punto di contatto più evidente e più interessante tra la psicologia di Epicuro e la psicologia di Aristotele. La quarta natura di Epicuro nasce direttamente (però, com' era inevitabile, di spirituale diventando materiale) dalla quinta natura di Aristotele, di cui ci è conservata la notizia per avventura migliore e più preziosa"[820]. Ese testimonio nos lo regala Cicerón y lo recoge el italiano, que se refiere a él en un esclarecedor artículo que traeremos luego a colación. Dice el Arpinate:

> "Aristóteles, muy superior a todos, exceptuando siempre a Platón, por sus dotes naturales y su rigor, después de haber admitido los famosos cuatro elementos (*quattuor nota illa genera principiorum*), que constituyen el origen de todas las cosas, postula la existencia de un quinto elemento especial (*quintam quandam naturam censet esse*), del que se compone la mente (*e qua sit mens*); él cree en realidad que pensar y prever, aprender y enseñar, descubrir algo nuevo y recordar tantas cosas, amar y odiar, desear y temer, sufrir y alegrarse, así como las actividades semejantes, no se hallan insitas en ninguno de estos cuatro elementos (*in horum quattuor generum inesse nullo*); él

816 LUCRECIO, *La naturaleza*, III, vv. 282–287, en SOCAS, *op. cit.*, p. 241.

817 Nos tomamos esta licencia lexicogenésica con este neologismo de propio cuño, formado a partir de ψυχή y σαρκικός (alternativa de σάρκινος, adjetivo de σάρξ, carne, con el significado aproximado del más común "psicosomático" pero con evitación de "somático" por cuanto éste remite a cuerpo, cosa que, en opinión de Epicuro, también es el cuerpo sutil o ψυχή.

818 *cf.* LUCRECIO, *La naturaleza*, III, vv. 289 y ss., en SOCAS, *op. cit.*, p. 241.

819 *cf.* BAILEY, *Greek atomists*, *op. cit.*, pp. 391–392: "Indeed there can be little doubt that, as Giussani has pointed out, the idea of the 'fourth nature' is derived from Aristotle's 'fifth element' in the soul (πέμπτη οὐσία, ἐνδέλεχεια), which was of course wholly spiritual and non-material".

820 GIUSSANI, Carlo, "Psicologia epicurea. Al libro III di Lucrezio, vv. 136–416", en GIUSSANI, *Studi lucreziani*, *op. cit.*, pp. 183–217, especialmente p. 187, texto y nota.

introduce un quinto elemento, carente de nombre, y denomina al alma misma con el término nuevo de *endelecheia*, como si quisiera expresar la idea de una especie de movimiento continuo y perenne (*quintum genus adhibet vacans nomine et sic ipsum animum ἐνδελέχειαν appellat novo nomine quasi quandam continuatam motionem et perennem*)"[821].

Resulta interesante recuperar algunas observaciones sobre el éter de Rudolf Hirzel en su artículo sobre la confusión entre el *terminus technichus* aristotélico ἐντελέχειά y ἐνδελέχεια, porque justamente éste último alude a la movilidad connatural y continua de la psique; el estudioso alemán reconoce además la semejanza entre la quintaesencia, si bien Aristóteles nunca le asignó una numeración, y la naturaleza sin nombre de Epicuro, en un contexto de gran proximidad cronológica[822], por más que Epicuro no sostiene que esa naturaleza sea el éter.

Como es bien sabido, ese quinto elemento, llamado quintaesencia o éter, que también menciona Aristóteles en *Acerca del cielo*, está relacionado con el movimiento circular, divino, eterno, según este largo testimonio:

> "Dado, pues, que existe el movimiento simple (ἁπλῆ κίνησις), que el movimiento circular es simple (ἁπλῆ δ' ἡ κύκλῳ κίνησις) y que el movimiento del cuerpo simple es simple y el movimiento simple lo es de un cuerpo simple (en efecto, aun cuando lo fuera de uno compuesto, sería con arreglo al <elemento> predominante), es necesario que haya un cuerpo simple al que corresponda, de acuerdo con su propia naturaleza, desplazarse con movimiento circular. (...) [E]xiste por naturaleza alguna otra entidad corporal aparte de las formaciones de acá [los cuatro elementos], más divina y anterior a todas ellas (τις οὐσία σώματος ἄλλη παρὰ τὰς ἐνταῦθα συστάσεις, θειοτέρα καὶ προτέρα τούτων ἁπάντων); (...) Es necesario, por consiguiente, que el movimiento en círculo, ya que, para estos (elementos) es ajeno a su naturaleza, sea conforme a la naturaleza de algún otro. (...) [R]azonando a partir de todas estas (consideraciones), uno puede llegar a la convicción de que existe otro cuerpo distinto, aparte de los que aquí nos rodean, y que posee una naturaleza tanto más digna (τοσούτῳ τιμιωτέραν ἔχον τὴν φύσιν) cuanto más distante se halla de los de acá. (...) [A]quel <elemento> no tendrá levedad ni gravedad alguna (μήτε κουφότητ' ἔχειν αὐτὸ μηδεμίαν μήτε βάρος) (pues podría, si no, acercarse al centro o alejarse de él conforme a su propia naturaleza); en segundo lugar, que no se lo puede forzar a moverse con movimiento ascendente

821 CICERÓN, *Disputaciones tusculanas*, I, 22, 10, en MEDINA GONZÁLEZ, Alberto (ed., trad.), Madrid, Gredos, 2006, pp. 124–125.

822 HIRZEL Rudolf, "Über Entelechie und Endelechie", en *Rheinisches Museum für Philologie*, Nueva Serie, XXXIX, 39, 1884, pp. 169–208, concretamente, p. 177:" in der Zeit unmittelbar nach Aristoteles finden wir dieses selbe namenlose Element und mit der gleichen Aufgabe, die Natur des Geistes zu erklären, bei Epikur und dürfen hierin um so eher einen Nachhall gerade der aristotelischen Bezeichnung vermuthen (...)".

o descendente: pues ni de manera natural ni de manera antinatural le es posible moverse siguiendo otro movimiento, ni a él mismo ni a ninguna de sus partes; en efecto, el mismo razonamiento <vale> para el todo y para la parte. (...) [E]s ingenerable e incorruptible, no susceptible de aumento ni de alteración (ἀγένητον καὶ ἄφθαρτον καὶ ἀναυξὲς καὶ ἀναλλοίωτον), debido a que todo lo que se produce lo hace a partir de un contrario y un sujeto, y asimismo el destruirse <tiene lugar> previo un sujeto y bajo la influencia de un contrario para pasar al (otro) contrario, tal como se ha dicho en los tratados anteriores; ahora bien, las traslaciones de los <cuerpos> contrarios son también contrarias. Entonces, si no es posible que haya nada contrario a éste por no haber tampoco movimiento alguno contrario a la traslación en círculo, parece justo que la naturaleza libere de los contrarios a lo que ha de ser ingenerable e indestructible (...) el primero de los cuerpos es eterno y no sufre aumento ni disminución, sino que es incaducable, inalterable e impasible (ἀΐδιον καὶ οὔτ' αὔξησιν ἔχον οὔτε φθίσιν, ἀλλ' ἀγήρατον καὶ ἀναλλοίωτον καὶ ἀπαθές ἐστι τὸ πρῶτον τῶν σωμάτων) (...) Luego si existe algo divino (τι θεῖον), como es el caso, también es correcto lo que se acaba de exponer acerca de la primera de las entidades corporales. (...) <considerando> que el primer cuerpo es uno distinto de la tierra, el fuego, el aire y el agua, llamaron éter al lugar más excelso, dándole esa denominación a partir del <hecho de> desplazarse siempre por tiempo interminable"[823].

A más de lo enunciado, entendemos que varios testimonios refuerzan confirmativamente este vínculo aristotélico, que establece una conexión o relación entre lo humano y lo divino, tras la divinización de ciertos cuerpos celestes y la postulación de un primer motor inmóvil, en la línea de la teología astral contra la que lucha Epicuro. Los pasajes en cuestión remiten, por un lado, elucidado ya el papel del éter en lo astronómico, a lo inmortal del alma en Aristóteles, y a un paso ciceroniano de *las Cuestiones académicas*, respectivamente.

Así, Aristóteles alude a un algo en el alma humana distinto, que puede darse por separado y posee alguna clase de eternidad, cosa que lo vincularía con lo divino-celestial tal como lo concibe el Estagirita, quien señala:

"por lo que hace al intelecto (νοῦ) y a la potencia especulativa (τῆς θεωρητικῆς δυνάμεως) no está nada claro el asunto si bien parece tratarse de un género distinto (ψυχῆς γένος ἕτερον) de alma y que solamente él (τοῦτο μόνον) puede darse separado (χωρίζεσθαι) como lo eterno de lo corruptible (τὸ ἀΐδιον τοῦ φθαρτοῦ)[824].

Cicerón, por su parte, incluye en sus *Cuestiones académicas* una interesante mención a la doctrina de los elementos, que abarca el αἰθήρ. Dice Varrón en el diálogo:

823 ARISTÓTELES, *Acerca del cielo*, I, 2, 269a 2–7, 30–35, 269b 1–2, 13–17, 270a 5–11, 13–14, 270b 1–3, 20–24, en CANDEL, *op. cit.*, pp. 46, 48–51.

824 ARISTÓTELES, *Acerca del alma*, II, cap. II, 413b, 24–27, en CALVO, Tomás (ed., trad.), Madrid, Gredos, 2010, p. 173.

"Así pues, de esas cualidades [*qualitatum* (*qualitas*, ποιητής)], unas son primarias [*principes*]; otras, derivadas de éstas. Las primarias son uniformes y simples [*unius modi et simplices*]; mas las derivadas son variadas y, por así decir, multiformes. Y así, el aire [*aer*] (también esta palabra la usamos ya como latina) y el fuego [*ignis*] y el agua [*aqua*] y la tierra [*terra*] son cualidades primarias; mas de éstas se derivaron las especies de los seres animados y de las cosas que se engendran de la tierra. Así pues, aquellas cualidades son llamadas principios [*initia*] y (para traducir del griego) elementos [*elementa*]; de los cuales el aire y el fuego tienen la capacidad de mover y efectuar; las restantes partes, me refiero al agua y la tierra, la de recibir y, por decirlo así, de padecer. Aristóteles consideraba que existe un quinto elemento [*quintum genus*], singular y desemejante de aquellos cuatro que arriba dije, del cual provienen los astros y las mentes [*e quo essent astra mentesque*]"[825].

Antes de abundar en lo que propone Hirzel en el artículo antes mencionado, queremos precisar, con Lisardo Rubio, que los dos nombres antedichos (*astra, mentes*) se hallan íntimamente relacionados en virtud de su idéntico principio constitutivo; tal imbricación se transmite, en latín, gracias a la conjunción coordinante enclítica -*que*, cuyos rasgos distintivos fueron estudiados por el latinista español[826].

El estudioso alemán Hirzel[827] apunta que incluso Platón alude a un quinto elemento en la constitución del todo: "todavía habla una quinta composición (οὔσης συστάσεως μιᾶς πέμπτης), el dios la utilizó para el universo cuando lo pintó (ὁ θεὸς αὐτῇ κατεχρήσατο ἐκεῖνο διαζωγραφῶν)"[828], el cual a su vez constituye el alma del mundo[829].

---

825 CICERÓN, *Cuestiones académicas = Academica*, I, VIII, 26, en PIMENTEL, *op. cit.*, p. 11.

826 *cf.* RUBIO FERNÁNDEZ, Lisardo, *Introducción a la sintaxis estructural del latín*, Barcelona, Ariel, 1996, pp. 375–376.

827 HIRZEL Rudolf, "Über Entelechie und Endelechie", en *op. cit.*, pp. 169–208, concretamente, p. 180, n. 1.

828 PLATÓN, *Timeo*, 55c 4–6, en DURÁN LÓPEZ, LISI, *op. cit.*, p. 209.

829 PLATÓN, *Timeo*, 34a 8–34b 9, en DURÁN LÓPEZ, LISI, *op. cit.*, p. 177: "El dios eterno razonó de esta manera acerca del dios que iba a ser cuando hizo su cuerpo no sólo suave y liso sino también en todas partes equidistante del centro, completo, entero de cuerpos enteros. Primero colocó el alma en su centro y luego la extendió a través de toda la superficie y cubrió el cuerpo con ella. Creó así un mundo, circular que gira en círculo, único, solo y aislado, que por su virtud convivir consigo mismo, y no necesita de ningún otro, que se conoce y ama suficientemente a sí mismo. Por todo esto, lo engendró como un dios feliz".

Nos importa advertir nuevamente en este punto de que, muy al contrario que Platón[830] y que Aristóteles[831], Epicuro no aspira a una divinización de lo astronómico y a establecer una correlación entre lo psíquico individual y la atribución de un papel volitivo-racional-regente al mundo o a los planetas, en la línea de la teología astral, que Boyancé define como una:

"double croyance, l'une relative aux dieux, l'autre à l'homme et aux âmes. Pour les dieux, elle proclame que les astres sont des êtres divins, qu'ils soient proprement des

830 PLATÓN, *Timeo*, 30a 2 – 30 c 1, 30c 8- 30d 3, 36d 8 – 36e 5, en DURÁN LÓPEZ, LISI, *op. cit.*, pp. 173, 174 y 180–181, respectivamente: "[c]omo el dios quería que todas las cosas fueran buenas (ἀγαθὰ μὲν πάντα) y no hubiera en lo posible nada malo (φλαῦρον), tomó todo cuanto es visible (ὁρατὸν), que se movía sin reposo (οὐχ ἡσυχίαν ἄγον) de manera caótica y desordenada (πλημμελῶς καὶ ἀτάκτως,), y lo condujo del desorden al orden (εἰς τάξιν αὐτὸ ἤγαγεν ἐκ τῆς ἀταξίας), porque pensó que éste es en todo sentido mejor que aquél. Pues al óptimo sólo le estaba y le está permitido hacer lo más bello (οὔτ' ἔστιν τῷ ἀρίστῳ δρᾶν ἄλλο πλὴν τὸ κάλλιστον). Por medio del razonamiento llegó a la conclusión de que entre los seres visibles nunca ningún conjunto carente de razón será más hermoso que el que la posee (οὐδὲν ἀνόητον τοῦ νοῦν ἔχοντος ὅλον ὅλου κάλλιον) y que, a su vez, es imposible que ésta se genere en algo sin alma (χωρὶς ψυχῆς ἀδύνατον παραγενέσθαι τῳ). A causa de este razonamiento, al ensamblar el mundo, colocó la razón en el alma y el alma en el cuerpo (τόνδε νοῦν μὲν ἐν ψυχῇ, ψυχὴν δ' ἐν σώματι συνιστὰς τὸ πᾶν συνετεκταίνετο), para que su obra fuera la más bella y mejor por naturaleza. Es así que según el discurso probable debemos afirmar que este universo llegó a ser verdaderamente un viviente provisto de alma y razón por la providencia divina (δεῖ λέγειν τόνδε τὸν κόσμον ζῷον ἔμψυχον ἔννουν τε τῇ ἀληθείᾳ διὰ τὴν τοῦ θεοῦ γενέσθαι πρόνοιαν). [...] Como el dios quería asemejarlo lo más posible al más bello y absolutamente perfecto de los seres inteligibles (τῷ γὰρ τῶν νοουμένων καλλίστῳ καὶ κατὰ πάντα τελέῳ), lo hizo un ser viviente visible y único (ζῷον ἓν ὁρατόν,) con todas las criaturas vivientes que por naturaleza le son afines dentro de sí (αὑτοῦ κατὰ φύσιν συγγενῆ ζῷα ἐντὸς ἔχον ἑαυτοῦ). [...] Una vez que, en opinión de su hacedor, toda la composición del alma hubo adquirido una forma racional (κατὰ νοῦν τῷ συνιστάντι), éste entramó todo lo corpóreo dentro de ella, para lo cual los ajustó reuniendo el centro del cuerpo con el del alma (μέσον μέσῃ συναγαγὼν προσήρμοττεν). Ésta, después de ser entrelazada por doquier desde el centro hacia los extremos del universo y cubrirlo exteriormente en círculo, se puso a girar sobre sí misma y comenzó el gobierno divino de una vida inextinguible e inteligente que durará eternamente (θείαν ἀρχὴν ἤρξατο ἀπαύστου καὶ ἔμφρονος βίου πρὸς τὸν σύμπαντα χρόνον)".

831 BIGNONE, Ettore, "L'Aristotele perduto e la 'Gerusalemme liberata'", La Rinascita, II, 1939, n° 6, pp. 182–204, tomado de la reimpresión en *L'Aristotele perduto e la formazione filosofica di Epicuro*, Firenze, "La Nuova Italia", 1973, vol. II, Apéndice, pp. 357–377, cita de p. 376: "la dottrina degli astri quali esseri viventi e nutrentisi dell'etere, osservando, non solo come nelle fornaci vi sarebbero animaluzzi alati che vivono nel fuoco ma anche che uomini poterono viver alcun tempo in catalessi, nutrendosi solo di un *aria solare*".

dieux, ou qu'ils soient comme des corps régis par une âme elle-même divine, ou qu'ils soient placés chacun sous le patronage spécial d'une divinité. Elle tend à proclamer aussi, par une sorte de réciproque, que les dieux véritables sont les astres et eux seuls, qu'il faut donc identifier à ceux-ci les 'figures que nous font connaître les cultes et les mythes'. Je distingue, parce qu'historiquement il faut nettement distinguer, cette religion des dieux astraux de l'astrologie proprement dite, qui est une forme de divination, se fondant sur un système particulier de l'univers, où tout le cours des événements est déterminé de façon inflexible par la conjoncture céleste. (...) Il est manifeste par exemple qu' Épicure le connaissait et qu'il l'a combattu"[832].

Así, el estudioso francés considera que "Epicure, mal satisfait par l'opposition entre la zone céleste et la zone infralunaire, persuadé que dans l'une et dans l'autre régnent le même trouble et la même agitation, a imaginé de les transporter ailleurs, dans ces intermondes singuliers qui ont ce que le ciel même n'a plus aux yeux d'Épicure"[833]. Por ello remite el galo a los párrafos de 76 y 77 de la *Carta a Heródoto*, donde Epicuro ejecuta una desdivinización de los cuerpos celestes[834] y rechaza plenamente todo providencialismo[835].

Antes de proseguir precisando la cuestión del cuarto formante, queremos demorarnos en la importancia de la religión astral e incluso del vínculo entre los dioses y los hombres desde el punto de vista de la alimentación, donde podemos citar la

---

832 BOYANCÉ, Pierre, "La religion astrale de Platon à Cicéron", en *Revue des Études Grecques*, tomo 65, fasciculo 306–308, juillet / décembre, 1952, pp. 312–350, concretamente pp. 312–313.

833 BOYANCÉ, Pierre, *Le culte des muses chez les philosophes grecs: études d'histoire et de psychologie religieuses*, Paris, E. de Boccard, 1936, p. 323.

834 EPICURO, *Carta a Heródoto*, 76 (citado más arriba), 77, en VARA José, (ed., trad.), *Obras completas*, Madrid, Cátedra, 1995, pp. 68–69: "(...) es menester guardar hacia esos cuerpos todo tipo de veneración ateniéndose a todas las denominaciones que tocan a tales conceptos, a menos que nos asistan razones emanadas de los propios cuerpos que contradigan la veneración. Pues si no actuamos así, la propia contradicción ocasionará en el alma la más grande turbación. Precisamente de aquí es menester considerar el carácter, intrincado ya desde su origen, propio de los fenómenos antes mencionados como debido a una participación, común a todos estos cuerpos, en movimientos de rotación que tuvieron lugar en el momento del nacimiento del mundo, y también que en aquel entonces esa inexorable ley natural y revoluciones adquirieron su desarrollo completo".

835 LONG, A. A. "Lucretius and the Epicurean self", publicado inicialmente en ALGRA, K. A., KOENEN, M. H. y SCHRIJVERS P. H. (eds.), *Lucretius and his Intellectual Background*, Koninklijke Nederlandse Akademie van Wetenschappen Verhandelingen, Afd. Letterkunde, Nieuwe Reeks, deel 172, 1997, pp. 125–139, y citado por la reimpresión en LONG, A. A., *From Epicurus to Epictetus Studies in Hellenistic and Roman Philosophy*, Oxford, Oxford University Press, 2006, pp. 202–220, concretamente p. 210: "What Lucretius showed—and it is his greatest scientific achievement— was that nature can be an intelligible causal system, as the Stoics proposed, without involving any mind or purpose".

siguiente observación de Bignone: "Riferisce Olimpiodoro, in due passi distinti, che Aristotele attribuiva all'effetto dei 'raggi solari', o di una particolare 'aria solare' – cioè più asciutta, sottile e quasi affine alla luce del sole (ἡλιοειδές ἀήρ)[836], – l'essersi potuto mantenere un uomo in vita, 'senz'altro nutrimento' e 'senza riposo di sonno' (ἄυπνον), come Aristotele stesso, quale testimone, aveva potuto constatare"[837]. Este elemento de vela continua o, mejor, de innecesidad del sueño y de alimentación directa sin digestión ni ingestión resulta más propio de los dioses, concretamente de los epicúreos, donde se trata bajo el nombre de autotrofismo.

Para concluir las precisiones que sobre el particular hemos hecho, podemos plantear, asumiendo la tesis epicúrea de que la psique es un cuerpo compuesto que está integrado por diversos formantes, la hipótesis de que el ἀκατονόμαστον actúe, si se nos permite el paralelismo imperfecto correlativo, como una suerte de flujo de electrones, esto es, como elementos materiales sutilísimos, que constituyen la electricidad misma, cuyo papel en el organismo humano se muestra a la hora de las sinapsis o, especialmente, en el latido del corazón, hasta el punto de que ambos (sinapsis y latidos) pueden representar la vitalidad máxima. Abundando en la noción de electricidad, vitalidad, movilidad y sensibilidad como propias de la psique y especialmente de la cuarta naturaleza, queremos anotar aún una interesante cita sobre Tales en la que se señala lo siguiente: " [t]ambién dice que, en cierto modo, las cosas inanimadas (ἄψυχα) tienen alma (αἰ ψυχὴν ἔχειν), a partir de la observación del imán (τῆς μαγνήτιδος) y del ámbar (ἠλέκτρου)"[838], en la misma línea de otra mención aristotélica: "Tales – a juzgar por lo que de él se recuerda – supuso que el alma es un principio motor (κινητικόν τι) si es que afirmó que el imán (λίθον) posee alma puesto que mueve al hierro (σίδηρον)"[839].

Debemos recordar aquí que justamente el ámbar es el objeto que usó Tales para probar el efecto triboeléctrico o de electricidad por contacto o frotamiento directo y que los electrones, cuyo flujo mencionamos, son por naturaleza pequeños imanes.

Con todo esto, lo que aventuramos consiste, pues, en que ese cuarto elemento innominado y altamente dinámico, podría tener el papel de la electricidad como pulsación vital, o el de un *nescio quid* extremadamente sutil y, por lo mismo, como

836 FINCKH, Christoph Eberhard (ed.), OLIMPIODORO el Joven (s. V-VI d. C.), *Scholia in Platonis Phaedonem.* Heilbronnae, J.U. Landherr, 1847, Scholium in p. 111, p. 165: "ὅτι δὲ δεῖ τι καὶ ὅλον γένος ἀνθρώπων εἶναι οὕτω τρεφόμενον, δηλοῖ καὶ ὁ τῇδε ταῖς ἡλιακαῖς ἀκτῖσι μόναις τρεφόμενος, ὃν ἱστόρησεν <Ἀριστοτέλης> ἰδὼν αὐτός"; *Schol. al. ad eundem locum*, p. 203: "εἰ ἐνταῦθα ἱστόρησεν <Ἀριστοτέλης> ἄνθρωπον ἄυπνον καὶ μόνῳ τῷ ἡλιοειδεῖ τρεφόμενον ἀέρι, τί χρὴ περὶ τῶν ἐκεῖ οἴεσθαι;".

837 BIGNONE, Ettore, "Epicuro e il 'De philosophia,' I', La Rinascita, II, 1939, n° 6, pp. 182–204, tomado de la reimpresión en *L'Aristotele perduto*, *op. cit.*, vol. II, pp. 1–53, pp. 17–18.

838 TALES DE MILETO, frag. 25 (DK 11 A 3), Escolio a *República* 600a (de Hesiquio), en EGGERS LAN, JULIÀ, *op. cit.*, 1978, p. 70.

839 ARISTÓTELES, *Acerca del alma*, I, cap. II, 405a 19–21, en CALVO, Tomás, *op. cit.*, p. 141.

la luz, cosa que permitiría entender la hipótesis epicúrea sobre la gran velocidad del pensamiento, por ejemplo.

Como bien señala Bailey no se trata aquí de una falta epicúrea, o de un salto desde el género de lo material hasta el género de lo inmaterial, sino de la extensión coherente de su doctrina:

> "One is tempted to suppose that these extravagant phrases, the 'nameless' element, the 'soul of the soul', are but a thin disguise for the abandonment of the materialist position and conceal the confession that it is impossible to account for sensation and thought except by the admission of some force which is not material. It is indeed abundantly clear that Epicurus is pushing his materialism to the utmost limit, as he did at the other crucial point in his system, the 'swerve' of the atoms. But here, as there, a closer examination reveals that the limit is not passed and that each of these extravagant expressions has a very clear and definite material sense. The 'fourth nature' is to be the subtlest existence in creation; it must therefore be composed of very small and very smooth particles: for largeness of size means coarseness of structure and roughness means a possibility of cohesion, which again makes for a coarser structure than one in which all the atoms are perfectly free. It is for this reason that the 'fourth nature' is 'nameless' or rather 'unpredicable' (ἀκατονόμαστον), so absolutely unique, that is, that it is impossible to predicate of it any quality, for to do so would be to imply its likeness to something else, as in the case of the other elements of the soul, which are coarse enough to be said to be 'like' familiar concrete existences"[840].

Dicho esto, los datos y tesis expuestas hasta hora, especialmente en lo tocante a la cuarta naturaleza, nos permiten propugnar ya una cierta distribución de los constituyentes del cuerpo sutil, así como su carácter de *animus* o *anima.* En primer lugar, nos parece sensato entender que el *anima,* con su dispersión corporal, actúa en calidad de receptor de información sensorial procedente del mundo exterior y de los órganos internos, esto es, recoge estímulos; quizás también en ese nivel, en el que no hay concurso de la racionalidad ni intencionalidad, o que se halla bajo el umbral de la conciencia, por así decir, podemos situar reflejos como la respiración, el ritmo cardíaco, la tos, el estornudo, el vómito, el hipo, el bostezo, la deglución, la succión, la salivación, el parpadeo, el movimiento pupilar y la defecación, entre otros.

En cambio, el *animus* correspondería, propiamente, a la composición, ordenamiento y procesamiento de información sensorial convertida en sensaciones propiamente dichas, de forma que constituyan, superado el umbral de la conciencia, material interviniente en las decisiones y en los procesos reflexivos, en los que se da un intercambio informativo muy rápido, gracias a ese flujo elemental sutilísimo. Asumiendo la diferencia entre ambas instancias podemos entender, parece, la distinción entre procesos corporales conscientes y voluntarios frente a inconscientes, reflejos e involuntarios. Ambas participan, pues, de la sensación, o αἴσθησις, la primera en el sentido de recoger la cruda información sensorial y la segunda en el

840 BAILEY, *Greek atomists, op. cit.*, p. 392.

sentido de procesarla; igualmente, además del proceso ascendente desde la tosquedad de lo cárnico hasta la sutileza de lo psíquico torácico, se produce un movimiento de descenso opuesto a la hora de ejecutar una resolución. Sin embargo, el *anima* no participa del proceso judicativo-racional; igualmente, si lo racional actúa como *anima animae* y aceptamos una mayor sutilidad del elemento que complementa el genitivo, creemos correcto aceptar la tesis de que la sustancia *nominis expers* colme la psique toda en compañía de sus demás formantes, en comportamiento analógico de la parte irracional con respecto a lo cárnico.

El *anima*, en virtud de su mayor comunicación con el cuerpo burdo, necesita no sólo éste para transferir sus mociones o impulsos al *animus*, sino también los restantes, que lo conectan o correlacionan con átomos menos sutiles, en la línea del aire, del viento y del fuego. Por ello, la parte ἄλογον actúa, consideramos, como carne del alma. Además, hay un alma del alma, lo λογικόν, que, mantiene su consistencia con la sutilidad progresiva que se observa en lo humano hasta alcanzar lo insensible o imperceptible sin que por ello haya pérdida de la analogía o correlación, con continuidad. Ello significa que, en nuestra opinión, la cuarta naturaleza compone también el *animus* pero en solitario.

Así, postulamos la exclusividad del ἀκατονόμαστον para el *animus*, que no sólo es mecanismo de la pura sensibilidad, sino que la organiza y trasciende; por su parte, sostenemos su combinación con los restantes en el caso del *anima*. Con ello creemos mantener la continuidad entre lo burdo y lo sutil, entre lo burdo de lo sutil y lo sutil de lo sutil, de forma que se mantiene el requisito atomista y epicúreo del contacto o tangencia; en esa secuencia, existe siempre un elemento que actúa como contenedor, cubierta, receptor y conductor final de los flujos o naturalezas más o menos sutiles que en su interior fluyen o circulan, en forma de material sensorial todavía no convertido en sensación mental analizada.

Si estamos en lo cierto, esta postura no queda recogida por Kerferd[841] y conserva, como hemos señalado, el carácter de relación sensorial en el sentido de συμπάθεια, que nosotros estimamos íntimamente vinculado con el de συμφωνία o consonancia y con el de ἀναλογία, correlación o relación proporcional.

Con respecto a lo συμπαθές interesa subrayar, de nuevo, que remite a la noción pasiva de consentimiento o consentir en el sentido etimológico de "sentir conjuntamente o en compañía", de ahí, la *compassio*, que Grill traduce con acierto como "co-affection" en inglés[842], mientras, también con tino, DeWitt recoge el lucreciano *consensus* y, por συμπαθές, dice "cosensitive"[843] y que, con respecto a la ética, nos pone en relación con el otro como próximo y prójimo.

Deseamos recalcar que, con el fin de garantizar la viabilidad de la sensación en todo el cuerpo, propugnamos la presencia del elemento innominado en toda la

841 KERFERD, G. B., *op. cit.*, pp. 80–96, concretamente, pp. 84–85.
842 GILL, "7. Psychology", en WARREN, *Companion, op. cit.*, pp. 125–141, concretamente p. 126.
843 DEWITT, *Epicurus, op. cit.*, p. 203.

psique pero no de los restantes integrantes, en función del nivel de complejidad, creciente, de las dos partes. Así, nuestra opinión, aunque rechazada por la mayoría de la crítica[844], coincide sólo en parte con la expuesta por Reisacker[845], Brieger[846], y Hicks[847] por cuanto nosotros concedemos la exclusividad del cuarto formante en el alma con respecto a los demás en el *animus* pero no en el resto de la psique, donde también se halla presente con comunidad con los restantes. Dicho esto, consideramos que Epicuro aspira a ofrecer no tanto un credo filosófico, como una concepción fisiológica rigurosa enderezada a brindar orientación para una vida de beatitud y plenitud tranquila. No se trata, como indica Brieger, de que "[d]er Epikureismus ist mehr ein Glaube als eine Philosophie"[848], sino al contrario.

Existen todavía dos aspectos que queremos poner en juego a la hora de explicar la noción de innominado: en primer lugar, la disposición de los diferentes constituyentes psíquicos, en cuya virtud, como ocurre con lo cárnico, hay un entrelazamiento pero también, un progresivo recubrimiento que parte desde una exterioridad más grosera hasta una interioridad suavísima y necesitada de protección y contención. Sobre este punto sólo podemos mencionar lo señalado más arriba a propósito de la naturaleza oculta, latente, de la ψυχή en comparación con la σάρξ y el paralelismo existente entre *anima*, como lo más corpóreo, y *animus* como lo sutil y predominante[849].

Así, no compartimos la distribución de constituyentes que propone Marcel Conche, y consideramos poco clara pese a su esquematizción, la cual incluimos acto seguido:

---

844 Giussani y Bailey, con sus estudios, hitos de la investigación epicúrea, asentaron la tesis de que todos los elementos psíquicos forman ambas partes.

845 REISACKER, Anton Joseph, *Epicuri de animorum natura doctrinam, a Lucretio discipulo tractatam*, Colonia Agripinnae (Köln), Bachem (Bach), 1855, p. 21 y s.: "*revertitur ad mentis naturam definiendam. Illius corpus vult nomine omnino vacare; nec esse illa natura mobilius quicquam nec tenuius; illam primo conciri, tum reliqua moveri sensumque creari in ipsis corporis artubus; illa si labefacta sit, non posse non omnia perturbari adeo ut vel vitae periculum minitetur. Denique cum animae et mentis corpuscula mixta inter se unum corpus efficere velit, tamen mentem distinguit ut vim penitus in membris latentem et totius animae quasi animam et toto corpore dominantem*".

846 BRIEGER, Adolf, *Epikurs Lehre von der Seele*, Halle a. S., Druck v. E. Karras, 1893, p. 13 y ss.: "Der Geist ist wesentlicher für das Leben als die Seele. Wie ist es möglich, dass Lucrez nicht die Folgerung zieht: Der Geist und die vierte Natur sind eins und dasselbe? (...) Ist nun, wie wir gesehen haben, die vierte Natur der Geist, so hat sie, wie dies vom Geiste gelehrt wird, in der Brust ihren tief verborgenen Sitz. Hier bewegt sie sich für sich, während sich doch auch die Atome der Seele hier', zwischen denen des Geistes bewegen".

847 TAYLOR, *Epicurus*, *op. cit.*, p. 73: "But *consciousness* is more definitely located in a special region, that of the heart, since the atoms of the 'nameless part' are held to be congregated there".

848 BRIEGER, Adolf, *Epikurs Lehre von der Seele*, *op. cit.*, p. 14.

849 *cf.* LUCRECIO, *La naturaleza*, III, vv. 273–281, en SOCAS, *op. cit.*, p. 241.

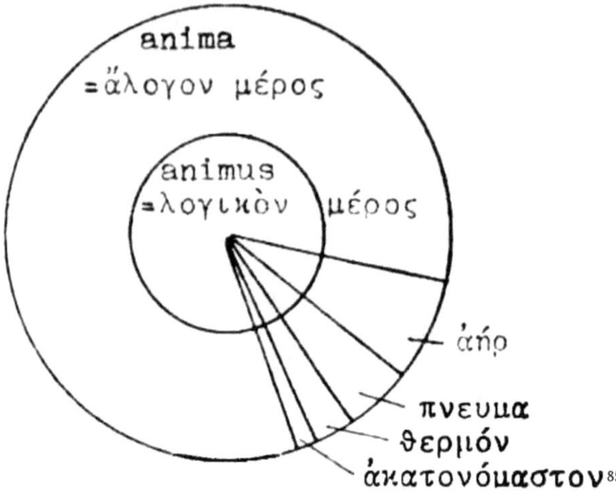

[850]

Nosotros preferimos una estructura física que incluimos a continuación, en la que se preserva la continuidad del cuarto elemento como cohesionador pero al mismo tiempo se produce una progresión desde lo más burdo hasta lo más sutil que también respesta la noción de interioridad y exterioridad.

850 CONCHE, *Épicure*, *op. cit.*, pp. 58–59.

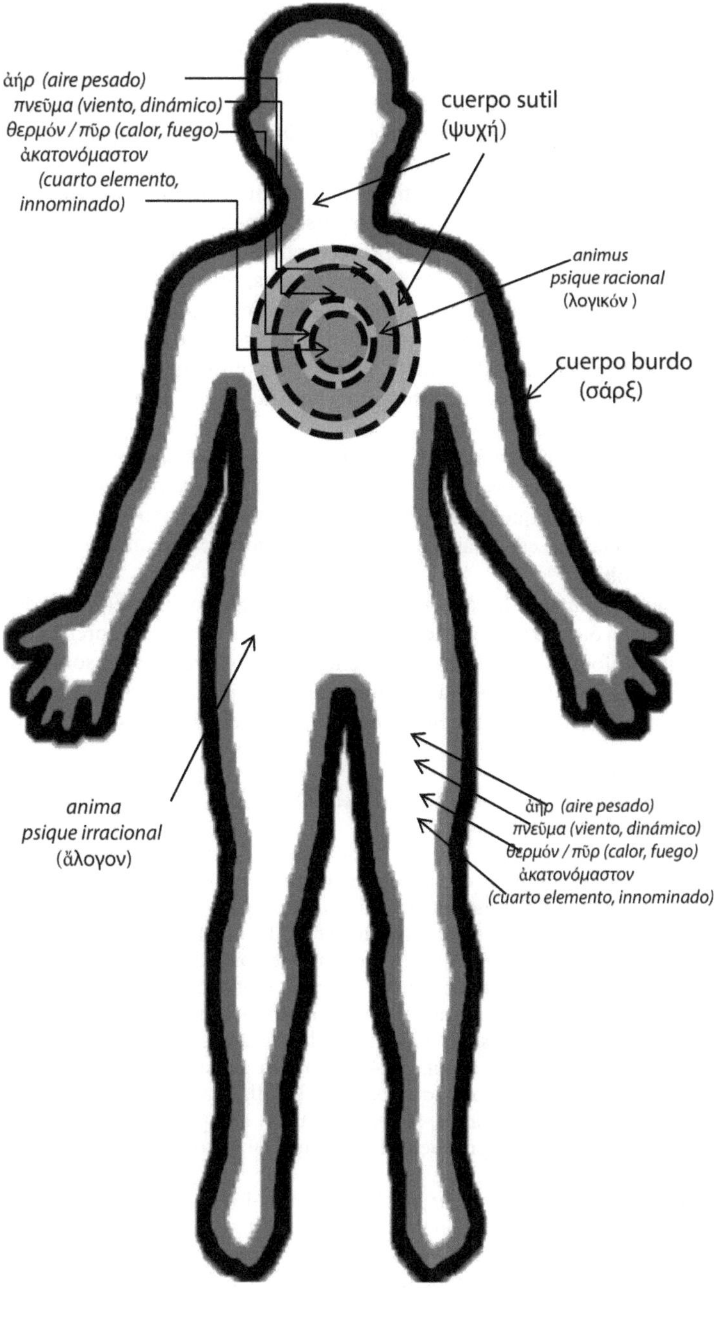
ἀήρ (aire pesado)
πνεῦμα (viento, dinámico)
θερμόν / πῦρ (calor, fuego)
ἀκατονόμαστον
(cuarto elemento,
innominado)
cuerpo sutil
(ψυχή)
animus
psique racional
(λογικόν)
cuerpo burdo
(σάρξ)
anima
psique irracional
(ἄλογον)
ἀήρ (aire pesado)
πνεῦμα (viento, dinámico)
θερμόν / πῦρ (calor, fuego)
ἀκατονόμαστον
(cuarto elemento, innominado)

Por eso, también sostenemos una configuración estable del *animus* ya que debe de estar protegido por sus constituyentes más toscos, de acuerdo con su función de *anima animae* y, también, con la necesidad de sutileza máxima. Esto permite que el alma no escape más que cuando la vida falta y las partes del alma se cuelan por las "rejillas todas del cuerpo (*caulas corporis*)"[851]. Según Kenney, *caulae* vierte πόροι, abertura, poros u orificios diminutos[852].

Entendemos, pues, que la función de contenedor corporal cesa con la muerte y que sólo entonces el alma sale para disgregarse. Repetimos que es necesario que el cuerpo o el cuerpo del alma recubran protectoramente al cuerpo sutil y, en su caso, al cuerpo sutil del cuerpo sutil. De ahí surge, pues, nuestra ordenación de menor a mayor sutilidad, que también ha de postularse, creemos, en el caso de las divinidades. Entre los seres humanos, el primer nivel es la carne o cuerpo burdo; luego, el cuerpo sutil se divide en dos partes, cuyos formantes son los mismos, si bien el *animus* tiene una estructura de protección psíquica, ya que no está tan entreverado con lo cárnico, sino que se halla en el pecho.

Abordando ahora cuestiones psíquico-epistemológcias, importa anotar que, de acuerdo con la teoría de los ídolos (εἴδωλα), *tenua simulacra,* la carne, como todo sólido, emite películas que (a diferencia de lo olfativo o fónico[853], cuya percepción atómica es directa) son captadas por la vista y producen, por acumulación, la imagen mental de un objeto[854].

La captación mental de lo corpóreo visible se produce por la ἐπιβολή αἰσθητηρίων (ἐπιβλητικῶς τῇ διανοίᾳ ἤ τοῖς αἰσθητηρίοις[855]) que es un acto de aprehensión, concentración o enfoque, propiamente de atención, de los órganos sensorios. El papel de esas réplicas visuales sensoriales radica en constituir la memoria y en poder ser invocadas nuevamente a la atención mental[856], hasta el punto de que constituyen la

---

851 LUCRECIO, *La naturaleza*, III, v. 255, en SOCAS, *op. cit.*, p. 240.

852 KENNEY, LVCRETIVS, *op. cit.*, p. 109.

853 BAILEY, *Greek atomists, op. cit.*, p. 242: "Smell is caused by the impact on the nostrils of an effluence of particles coming from 'deep within' the object and again causing a difference of sensational quality by difference of atomic formation. Sound similarly is due to the impact on the ear ot material particles varying in shape and size emitted by the speaking person or the sounding object. Most complex of all-and most important, because it is at once the source of the majority of our knowledge of the external world and therefore the assumed ground of the greater part of Epicurus' discussion – is the sensation of sight".

854 BAILEY, *Greek atomists, op. cit.*, p. 242: "What we actually perceive is not the single 'idols', but the image (φαντασία) produced by their agglomeration in the eye".

855 EPICURO, *Carta a Heródoto,* 50, en VARA, *op. cit.*, p. 56: "la impresión que recojamos, en nuestras apreciaciones mediante un acto discursivo o mediante los órganos sensoriales".

856 BAILEY, *Greek atomists, op. cit.*, p. 245: "the 'mind-image' aroused by the movements of the soul-particles started in their turn by the sensational motions of the sense-organs, does not immediately perish, but remains stored up in the mind, and may be, as it were, 'called up' for subsequent contemplation. Thus an act of memory is the

noción de "concepto general" o anticipación, que Epicuro llama πρόληψις. Esas anticipaciones sirven para completar o agrupar, correlacionar y distinguir sensaciones más allá de su caudal continuo y luego interpretarlas en términos ético-sentimentales de bueno y malo o placer y displacer[857].

Como hemos indicado ya, la atención o enfoque puede ser de tipo mental, es decir, επιβολή τῆς διανοίας, cuando se produce una superación del umbral sensorial humano. Esto ocurre, concretamente, en el caso de la percepción de la existencia de los dioses, que, como los sólidos, emiten continuamente imágenes, pero de gran sutileza y fina contextura, las cuales "can penetrate through the pores of the body to the mind and there cause a disturbance of the mind-atoms which produces an immediate mental apprehension of the image. Yet even then, so fine is the texture of the 'idols' that the mind itself cannot apprehend them without an active 'attention' or 'act of apprehension'"[858]. A causa de su gran sutileza, las imágenes divinas "are so fine that they cannot be perceived by the sense-organs at all, but only by the finer and purer soul-compound of the mind. Here 'mental perception' is not merely 'true' because it corresponds to 'idols', but true in the fullest sense because it is evidence-the only direct evidence-of the existence of a corresponding reality"[859]. Ciertamente, la emisión de esas réplicas, sea de los dioses o de cualesquiera otras entidades, afecta únicamente a la superficie de los objetos[860].

Hemos introducido todas estas observaciones, para consignar que, igual que otros sólidos visibles, la carne emite imágenes superficiales cárnicas, mientras el alma, pese a estar aprisionada por su continente, está en disposición de emitir unas

momentary attention of the mind to an 'image' so preserved in itself, and a mental comparision is the apprehension by the mind of two or more such images side by side. But this is not all, for when as the result of many individual perceptions of objects of the same class, a series of similar images, is, as it were, heaped one upon another in the mind, the result is a kind of 'composite photograph' of the genus or species, the dissimilarities of the individual images have disappeared, and that which is common to all is retained in what is in fact a 'general concept'.

857 *cf.* BAILEY, *Greek atomists, op. cit.*, p. 247–248.

858 BAILEY, *Greek atomists, op. cit.*, p. 251.

859 BAILEY, *Greek atomists, op. cit.*, p. 416.

860 BAILEY, *Greek atomists, op. cit.*, p. 409: "From the surface of every object the 'idols' are flying off in every direction in everlasting quick succession, and when the eye is turned towards an object, a succession of 'idols' beats upon it. The process is then exactly similar to that of the passive sensation the soul-atoms are touched, the 'fourth nature' is set in 'sense-bearing' motion, it communicates with the three other soul-elements, and they in their turn with the body-atoms and then the eyes see; the sole difference here is that by a special peculiarity of their structure sensation in the sense-organs is not, as it is in the rest of the body, a mere passive feeling of contact, but a 'perception', the eyes do not merely feel, but see".

sutilísimas imágenes de sí misma, capaces de penetrar lo corpóreo menos sutil sin contrachocar, como indica Epicuro[861].

Esta tesis deriva de la aplicación reversa de la lógica de las imágenes que entran directamente en el cuerpo sutil y proceden de los dioses, así como de la entrada de información por debajo del umbral de lo humanamente perceptible, tal como ocurre en los sueños. En cualquier caso, parece que para Epicuro es aceptable en el seno de su sistema la existencia de levísimos y lisísimos átomos que conforman incluso las imágenes de lo más sutil, de manera que no pueden entrar en choque problemático con ello.

La asunción de estos postulados permite que, de esta manera, a través de las imágenes (que también son compuestos atómicos y peliculares) se produzca la ascensión de un subproducto humano a lo divino, especialmente si el ser humano en cuestión es sabio, por cuanto su configuración atómica cárnica y psíquica será especialmente redonda, no angulosa, equilibrada y tranquila. A causa de la sutilidad de las imágenes de la psique, éstas pueden alcanzar los *intermundia*, que son morada de los dioses.

Por otra parte, a la llegada de la separación del cuerpo burdo y del cuerpo sutil, que conlleva la disolución de ambos, la psique, que abandona el cuerpo burdo, emite con más libertad incluso, en un mantenimiento extracorpóreo y disolutivo, ya sin repleción atómica, películas atómicas que son la fotografía de su estado interno, su imagen perdurable. Se descomponen, igualmente, en sus átomos más sutiles que, en un proceso análogo al de las imágenes, alcanzan también los espacios intermundiales, donde residen los dioses, de tal modo que tanto los átomos peliculares como los átomos constituyentes pueden ser escogidos por las divinidades como parte de su dieta propia, con lo que se mantiene la correlación entre los dioses y los hombres en sentido bidireccional y bajo el yugo mutuamente afectado de los axiomas naturales. Estas afirmaciones no vulneran el *dictum* de que la muerte es la ausencia de sensibilidad ni propugnan pervivencia *postmortem* de ningún sujeto o conciencia, de conformidad con la distinción, para el cuerpo burdo, entre persona y cadáver, cosa que, entendemos, también ha de producirse en el caso del cuerpo sutil.

Nuestra tesis fundamental sobre las emanaciones anímicas[862] consiste, pues, en que el ser humano emite películas no sólo desde lo cárnico sino también desde lo psíquico, sin que haya colisión intracompositiva entre unas imágenes y otras, ya que, en razón de su indestructibilidad virtual pueden cruzar mundos y llegar a los *intermundia*, e incluso afectar a los hombres. Entre los hombres sabios, filósofos, ello sucede tanto a través de las imágenes psicosomáticas completas y perfectas

861 EPICURO, *Carta a Heródoto*, 46: 7–10, en VARA, *op. cit.*, p. 54: "el desplazamiento de las imágenes a través del vacío, al realizarse sin que salga a su encuentro ningún cuerpo que choque con ellas (μηδεμίαν ἀπάντησιν τῶν ἀντικοψάντων), cubre en un tiempo inconcebible toda distancia susceptible de ser abarcada por la mente".

862 En este punto deseamos agradecer a Isabel Méndez Lloret el habernos beneficiado con sugerencias y conversaciones enriquecedoras, así como con el acceso a algunos escritos todavía no publicados.

como por la descomposición anímica, cuyos átomos pueden igualmente alcanzar a los dioses. De ahí surge, creemos, la consideración del día de la propia muerte como también feliz[863], o la insistencia epicúrea en la divinidad del sabio, rival de Zeus en felicidad[864], semejante a lo divino.

La felicidad del sabio guarda relación con la fotografía última o últimas emanaciones no sólo cárnicas, sino también psíquicas, que dan cuenta de una vida bien cumplida, perfecta, como quien deja una sutil efigie inmune a los golpes y que, si no es eterna, es harto duradera y constituye una vía de eternalización o divinización tanto en los sueños de los hombres como por integración en lo divino, de forma que se dé un cierto equilibrio correlativo entre dioses psíquicos y los cuerpos psíquicos de hombres en razón de la sutilidad de sus formantes, primero, y de las quizás todavía más sutiles imágenes de esas realidades. En todo caso, conviene destacar que la dulce redondez contribuye a evitar choques y a la perseverancia inmortal de esas realidades que serán la dieta divina.

Creemos que incluso la narración de la muerte de Epicuro constituye un *exemplum* como última película psíquica o manifestación consciente de quien, al filo de la insensibilidad o muerte, lega una fotografía inolvidable, según narra Diógenes Laercio:

> "entonces se metió en una bañera de bronce llena de agua caliente y pidió vino puro para echar un trago, y, después de recomendar a sus amigos que se acordaran de sus enseñanzas, allí murió. Y tenemos unos versos acerca de él que dicen así: Vivid alegres y recordad mis doctrinas. Ésta fue / la última frase que dijo a sus amigos, al morirse, Epicuro"[865].

Sin ánimo de abundar en consideraciones que pertenecen a lo terapéutico, merece apuntarse el final vital sin temor ni expectación vanos, con pleno conocimiento feliz de los límites inexpugnables que fija la naturaleza. Así, la conciencia que el sabio alberga sobre todo ello le permite decir(se) que "ni en la vida real ni en los sueños, estarás preocupado, sino que vivirás como un dios entre los hombres. Pues no se parece nada a un ser que tiene una vida mortal el hombre que vive en medio de bienes inmortales"[866], cosa que equivale a decirse, sobre su vida, su cuerpo y su alma, lo que en verso puso el egregio Horacio, quien decía pertenecer a la piara de Epicuro:

---

863 DIÓGENES LAERCIO, *Vidas de los filósofos ilustres*, X, 22, en GARCÍA GUAL, *op. cit.*, pp. 519–520: "Cuando ya se estaba muriendo, escribe a Idomeneo esta carta: '[a]l tiempo que pasa este feliz y a la vez último día de mi vida te escribo estas líneas. Me siguen acompañando los dolores de la vejiga y del vientre, que no disminuyen el rigor extremo de sus embates. Pero contra todos ellos se despliega el gozo del alma, fundado en el recuerdo de las conversaciones que hemos tenido"'.

864 EPICURO, *Sentencia vaticana* 33, en VARA, *op. cit.*, p. 101: "El grito del cuerpo es éste: no tener hambre, no tener sed, no tener frío. Pues quien consiga eso y confíe que lo obtendrá competiría incluso con Zeus en cuestión de felicidad".

865 DIÓGENES LAERCIO, *Vidas de los filósofos ilustres*, X, 16–17, en GARCÍA GUAL, *op. cit.*, pp. 517.

866 EPICURO, *Carta a Meneceo*, 135: 6–9, en VARA, *op. cit.*, 1995, p. 92.

"Exegi monumentum aere perennius /regalique situ pyramidum altius, / quod non imber edax, non Aquilo inpotens / possit diruere aut innumerabilis /annorum series et fuga temporum. / Non omnis moriar (...)"[867].

El segundo aspecto, que sólo deseamos apuntar, por cuanto hemos de tratarlo en sección aparte, vincula lo anterior con la naturaleza, o bien material o bien inmaterial, de los dioses epicúreos. Creemos que, al aplicar en este ámbito la lógica interna de la propuesta filosófica que realizó el samio, contribuiremos a reforzar nuestro posicionamiento.

Debemos presentar ahora, a modo de contrapunto, una aportación de Von Staden, con la que también coincidimos. El estudioso ofrece, con una perspectiva que aúna una atenta lectura de Epicuro y la originalidad, un juicio interesante sobre el cuerpo sutil y su trabazón con el cuerpo burdo, así como a propósito de las propiedades emergentes, la complejidad autoorganizada creciente y, por último, en relación con la proporcionalidad correlativa. Escribe el alemán con respecto al párrafo 64 de la *Carta a Heródoto*:

"In addition to the chain of reciprocally enabling characteristics, capacities, and activities of soul and body, two features of this passage are noteworthy. First, the soul's capacity (*dynamis*)—here aisthêsis—is described as an accidental property of the soul. In a subsequent part of the Letter to Herodotus Epicurus, arguing against the incorporeality of the soul, says that the *psyché* 'could not act or be acted upon in any respect, if it were of such a kind [sc. incorporeal]; but now both these accidental properties [*symptomata*, sc. acting and being acted upon] are self-evidently discernible in the soul'. Such passages suggest that not only sensation, but all capacities and susceptibilities of the psyche are its accidental properties, produced in part by the contiguity and mutual co-affectability of soul-atoms and body-aggregate-atoms. Indeed, soul is itself an accidental property of certain combinations of certain kinds of atoms, and the body too is a relatively stable complex of properties of certain combinations of certain atoms—properties over and above the primary attributes of their constituent atoms. Although the soul, its distinctive capacities, and its distinctive susceptibilities are all accidental properties of atomic compounds in the body, neither the soul itself nor any of its capacities is a merely passive epiphenomenon causally determined by atomic motions. Rather, the soul itself also acquires a causal efficacy distinct both from that of its constituent atoms and from that of the rest of the body-aggregate: the soul can operate causally and intentionally upon the component atoms of our body-aggregate and can overcome, modify, or restrain some of the natural inclinations 'accidentally' produced by the combinations of atoms that constitute the rest of our body-aggregate. Soul and body are, then, two mutually dependent 'bodies' defining a living thing"[868].

---

867 HORATIVS, *Odae*, III, XXX, vv. 1–6, en WICKHAM, E. C. (ed.), *Opera*, Oxford, Clarendon Press, 1912.

868 VON STADEN, "Body, Soul, and Nerves: Epicurus", en WRIGHT, POTTER, *op. cit.*, pp. 80–87, concretamente pp. 85–86.

De acuerdo con lo antedicho, aducimos el siguiente pasaje, que interpretamos según los datos presentados:

> "The spirit [*anima*] is, as has been shown, distributed throughout the whole body and intermingled at all points with the body-atoms; it is the cause of the passive sensations of contact, and it is also, as will be seen immediately, the cause in the sense-organs of the act of sense-perception. The mind [*animus*] on the other hand is an aggregation of pure soul-atoms, unmixed with those of body, in a far larger cluster than can gather at any other point in the body. In consequence its movements are far less impeded and it is therefore able to develop more subtle motions and so a fuller power of sensation and a greater degree of consciousness. Its functions are thus higher and more complex it takes its part in sense-perception, not in the act of sensation, but in the subsequent process of cognition, it is the seat of emotion as distinct from feeling and it alone has the powers of recollection, of generalization, of thought, and of will"[869].

A la vista de los testimonios exhibidos, entendemos que al *animus* corresponde el ἀκατονόμαστον en solitario y más teniendo en cuenta su preponderancia explícita con respecto al *anima*, tal como señala el poeta latino:

> "el espíritu estrecha más los cerrojos de la vida y domina en la vida más que la fuerza del alma (*magis est animus vitai claustra coërcens / et dominantior ad vitam quam vis animai*). Y es que sin mente y espíritu no puede asentarse a lo largo de los miembros ni una pequeña parte del tiempo ninguna parte del alma (*nam sine mente animoque nequit residere per artus / temporis exiguam partem pars ulla animai*) sino que como su acompañante les sigue fácilmente y se retira a los aires y abandona los miembros helados en el frío de la muerte; en cambio se mantiene en la vida aquel a quien mente y espíritu se le retienen (*at manet in vita cui mens animusque remansit*), aunque quede mutilado y todos los miembros en torno le corten"[870].

Con todo, debemos insistir, pese a la distinción epicúrea y lucreciana, en el hecho de que *animus* y *anima*, como dice Diano, "non sono due anime distinte, ma la stessa ed unica anima"[871] o, sea, que la ψυχή no se pluraliza nunca para el ser humano en cuestión.

A propósito de la sensación, la cognición y la emoción, anotamos, primero, que no abordamos aquí su calado específico, ni el de διάνοια, νοῦς (muy infrecuente en el autor), πρόληψις, ἐπιβολή (ya apuntado), o el de λόγος, λογισμός ἀναλογία, entre otros, porque consideramos que merecen tratamiento conjunto y separado en

869 BAILEY, *Greek atomists*, *op. cit.*, p. 403.

870 LUCRECIO, *La naturaleza*, III, vv. 396 y ss., en SOCAS, *op. cit.*, pp. 245–246.

871 DIANO, Carlo, "La psicologia d' Epicuro e la teoria delle passioni", en *op. cit.*, pp. 129–180, concretamente p. 152, inicialmente publicado en *Giornale Critico della Filosofia Italiana*, XX-XXIV, II serie, vol VIII; fasc. II, 1939–1942, pp. 105–145, primera parte de un artículo publicado en cinco partes.

la sección, posterior, dedicada a la terapia del λόγος, dentro del tercer bloque, que trata la ética práctica epicúrea como terapia.

Nos conformamos, empero, con incluir aquí unas observacions de DeWitt que, aun siendo brevísimas, nos parecen totalmente certeras: "Impulses [datos sensoriales] originating on the periphery of the organism and transmitted to the center are called Sensations. These are accompanied by pleasure and pain, which are the Feelings. The data furnished by the Sensations and Feelings are processed by the mind or intelligence, *dianoia, animus, mens*"[872]. Aquí surge, igualmente, la noción de yoidad, ipseidad, identidad o personalidad, que consideramos una propiedad emergente y propia de una autoorganización cada vez más compleja, hasta el punto de configurar una identidad personal gracias a la reflexividad, con el valor ideal de

> "a consistently trouble-free consciousness. It does not suffer from anxiety about the gods or the causes of natural phenomena, and it is free from the pain of frustrated or immoderate desires. Because absence of pain *is* pleasure, these states of mind are pleasurable. The Epicurean self is not immune to all bodily pain, because some such pains are unavoidable experiences of being human. But the ideal Epicurean consciousness is so trouble-free that bodily pains, when they do occur, are more than counterbalanced by the uninterruptable continuity of a mind at peace with itself and with its tranquil recollections and anticipations, including even the anticipation of its own death"[873].

La noción de propiedad emergente subsana, junto con la de clinamen, la necesidad de indeterminación humana, la libertad o el establecimiento autónomo e iniciado por el hombre de un nuevo orden de causas, así como la de identidad, a todo lo cual alude Morel[874]. De todas maneras, el carácter mismo del cuerpo sutil y de la identidad, destinados ambos a quebrarse, obliga a que la autoinvestigación y reflexión que descubre el yo se haga cargo, al propio tiempo, de su impermanencia y no lo inmortalice ni eternice, con lo que se alcanzará la verdadera salud y salvación enclavada en el presente. A este presecto apunta Morel:

> "Le moi est donc caractérisé par un double mouvement de succession et de rupture, de continuité relative et d'actualisation répétée. Il se saisit dans la conscience de ses états actuels, dans l' anticipation – si possible sereine – l' avenir et dans la contemplation présente de ses états passés. C'est pourquoi le sage n'utilise la représentation du passé et du futur que pour privilégier le présent actuel. De ce point de vue, la crainte de la mort repose sur un contresens radical concernant le rapport entre l'identité personnelle et la temporalité: redouter ce qui se passera lorsque nous ne serons plus, comme regretter par anticipation ce que nous perdrons, c'est croire en la permanence substantielle d'une réalité psychique qui ne tient en fait que dans sa propre actualité. Prendre conscience

---

872 DEWITT, *Epicurus, op. cit.*, p. 203.

873 LONG, A. A. "Lucretius and the Epicurean self", publicado inicialmente en ALGRA, KOENEN, *op. cit.*, pp. 125–139, y citado por la reimpresión en LONG, A. A., *Epicurus, op. cit.*, pp. 202–220, concretamente p. 202.

874 MOREL, "L'âme", en *Épicure, op. cit.*, 2009, p. 101–115, concretamente pp. 108 y ss.

de l'impermanence du moi, c'est à l' inverse prendre conscience des conditions et des limites physiques de l' existence personnelle, point crucial de l' éthique épicurienne. La peur de la mort relève, à propos du moi, d'une illusion substantialiste comparable à la 'cristallisation' que l' amour passionnel opère sur son objet. Lucrèce fait d'ailleurs implicitement cette comparaison, en parlant de 'l' amour de la vie' (*vitai ... cupido*), dont les hommes se rendent esclaves, comme l'amoureux passionné se fait l'esclave des désirs de l'être aimé. Celui qui s'apitoie sur sa propre mort, ne voyant pas 'qu'en la vraie mort aucun autre lui-même (*nullum ... alium se*) ne pourra déplorer, vivant, sa propre perte', pratique le même type de chosification que celle qui aliène l' amoureux transi. Ainsi, la recherche réflexive d'un moi personnel et permanent a toutes chances de mettre en péril l'équilibre de l'âme. Une chose est de tenir un propos général et nécessaire sur la nature de l' âme et de l' esprit, comme le fait Lucrèce; une autre est de se complaire dans la considération de notre moi. Le sage épicurien, bien qu'il doive 'converser' avec lui-même, selon Diogène d'Oenoanda, afin de délimiter parmi ses affections quelles sont celles qui sont naturelles et celles qui ne le sont pas, ne s'abîmera pas dans la contemplation de sa propre subjectivité"[875].

En todo caso, en ese desarrollo subyace una concepción integral del ser humano desde la corporeidad, cuya combinación entre sutileza y tosquedad, lo funda y constituye, de forma que, según Gill, "Epicurean thinking about emotions and desires in ethical contexts seems to reflect the same pattern, and to express a view about psychological unity or holism that parallels their thinking about the fundamental unity of the human being as a psychophysical entity"[876].

Sobre esa concepción holística de la unidad psicosomática, con un tono monista-fisicista, ha abundado el mismo profesor. De este modo, propugna documentadamente que, para los epicúreos, los seres humanos, especialmente, constituimos estructuras psicofísicas complejas dotadas de personalidad, la cual a su vez pivota, por así decir, en torno a un holismo psicológico que no sólo recoge las nociones físicas o atómicas pertinentes, sino también unos valores nucleares de tipo socrático[877].

---

875 MOREL, "L'âme", en *Épicure*, *op. cit.*, p. 101–115, concretamente pp. 112–113.

876 GILL, "7. Psychology", en WARREN, *Companion*, *op. cit.*, pp. 125–141, concretamente pp. 140–141.

877 GILL, Christopher, *The Structured Self in Hellenistic and Roman Thought*, Oxford, Oxford University Press, 2006, pp. 55 y 74: "living creatures, especially human beings, constitute more or less complex psychophysical systems or structures"; [...] "these types of holism (and naturalism) are also combined in these theories with a series of radical 'Socratic' ethical claims (These are, in brief, that it is 'up to us' to achieve happiness through rational reflection and virtue, that happiness involves time-independent perfection of character, and that only those who achieve this state are psychologically and ethically coherent). It is the synthesis of holism and naturalism with these Socratic claims that makes up the distinctive Stoic–Epicurean conception of human personality that I am characterizing as 'the structured self'. This synthesis is the more striking, and seemingly paradoxical, because these ethical claims are ones that might seem to be more easily

Una vez aclarada la cuestión del holismo psíquico, huelga recalcar, empero, que en esta descripción del alma los procesos de captación sensorial y elaboración intelectual están mediados, para cualquier contenido perceptivo (visual, auditivo, etc.), por la emisión continua de películas atómicas no tridimensionales, es decir, capas externas peliculares de los objetos o realidades naturales cualesquiera, que se desprenden y renuevan y permiten el acto perceptivo en sentido pasivo. Al propio tiempo el alma se mantiene como agente de la sensación, esto es, como una parte, aunque receptiva, activa. Estas películas, pielecillas, son los εἴδωλα, *tenua simulacra* o *imagines*, que se abordarán en la sección correspondiente a la συμπάθεια o la correspondencia, más abajo.

Igualmente, en este capítulo que, en puridad, se ocupa de la psicofisiología, es decir, de la φυσιολογία τῆς ψυχῆς, de su naturaleza, debemos renovar ampliadamente las referencias a la noción de emergencia de propiedades.

Estamos convencidos de que la complejidad psíquica humana, tal como la presenta Epicuro, se debe a la coaligación de átomos, que adquieren, como conjunto, nuevas propiedades. En el debate que preocupa y ocupa a Gill[878], entendemos, sin ser pacatos, que se da, obviamente, una primera situación posibilitante que consiste en la existencia misma de atributos psíquicos de tipo material, esto es, ἀπογεγεννημένα (*generata, producta, progenita*). Se trata, pues, de producto o desarrollo que comienza desde el nacimiento. Se presenta, entonces, un punto de partida desde lo generado, producido, surgido, congénito o determinado a partir del engendramiento en virtud de las leyes naturales y de las limitaciones que la φύσις impone, tal como sucede, por ejemplo, con el surgimiento del ser humano a partir de ciertos coacervados y de ciertas semillas, dado que no todo puede surgir de todo.

El término que usa Epicuro constituye un delicado tecnicismo que mereció la atención de gran número de estudiosos, todo lo cual queda recogido un documentado artículo de Francesca Masi[879]. En cualquier caso, nosotros adoptamos aquí la tesis de que el término alude a lo constitutivo natal en el plano mental, sin predeterminación atómica plena, bien entendido que, junto a esta dimensión más restrictiva de lo constitutivo, surge, de suyo, otra dimensión ampliativa, por cuanto también ocasiona la emergencia de propiedades mancomunadas.

Esa ampliación psíquica está ligada a la conformación o disposición gracias a hábitos, costumbres, interacciones, educación y libres decisiones o autodeterminación. Igualmente, y más teniendo en cuenta la vocación de resaltar lo médico-terapéutico

---

integrated with dualistic (part-based or core-centred) theories such as those found in some Platonic dialogues, notably the Phaedo, or in aspects of Middle Platonism or Neoplatonism". Sobre la presencia de ideales socráticos en Epicuro, *cf.* pp. 103 y ss; Gill destaca, igualmente, las vencindades que, a estos respectos, evidencian epicureísmo y estoicismo.

878 GILL, "7. Psychology", en WARREN, *Companion, op. cit.*, pp. 125–141, concretamente p. 136 y ss.

879 MASI, Francesca, "La nozione epicurea di apogegennemena [ἀπογεγεννημένα]", en *Cronache Ercolanesi*, vol. 35, 2005, pp. 27–51.

en la propuesta epicúrea, entendemos que, de acuerdo con la noción misma de clinamen y libre albedrío, el ἄνθρωπος no sólo nace condicionado por su naturaleza, sino que se hace, es decir, que existe una porción de autodesarrollo relevante, que, aunque esté sujeto a procesos de causación atómica, los trasciende, habida cuenta de que Epicuro creyó rotundamente en "the process by which we (as atomic entities and agents) shape our preexisting characters by thought and conscious effort"[880].

En nuestra opinión, el reductivismo físico epicúreo, según el cual establece con claridad meridiana los axiomas e integrantes últimos del todo, resulta compatible con el indeterminismo de la libertad humana y con la complejidad creciente a la que aludimos, de manera que se supera todo tipo de fisicismo (*physicalism*) estrecho[881], en el sentido de identificar, por ejemplo, vivencias y emociones interpretadas subjetivamente, con impulsos eléctricos y reacciones químicas, lo que equivaldría a equiparar *hardware* y *software* o, mejor, sistemas operativos y archivos temporales, si se nos permite la metáfora.

La postulación de la libertad y de la conciencia, aun como propiedades emergidas, conlleva de suyo algún tipo de irreductibildidad inversa, en el sentido de que, como hemos apuntado, el todo ya es más que la suma de las partes tomadas por separado. A este respecto resulta totalmente iluminadora la reflexión de Everson, quien escribe:

> "although Epicurus certainly rejects the teleological explanation of the nature of a substance's parts by reference to the nature and activities of the substance, this does not mean that he thinks that the behaviour of a substance can be described simply by making reference to the behaviour of its parts. It remains open to him to accept that certain systems of atoms cannot be understood other than as *systems* of atoms and that their behaviour is not describable merely as the conglomeration of the behaviour of their constitutive atoms (although, again, this is consistent with his thinking that the behaviour of the system can be explained by reference to the interaction of its parts)"[882].

En nuestra opinión, la relación entre información sensorial y sensación, - la cual viene impuesta o dada, ya que afecta, esto es, hace algo al percipiente, pasivo -, tiene un fondo de fisicismo ontológico que se compadece, no obstante, con el salto cualitativo que supone el tomar conciencia, es decir, el tomarse como objeto de estudio, lo cual implica correlacionarse o establecer una relación autoreflexiva, según exponemos en una sección ulterior consagrada a la racionalidad invidual como autoconciencia.

Es por esta razón, porque acontece una superación de lo constitutivo, primigenio e inicial, por la que Epicuro elabora no sólo una teoría física sino que la imbrica

880 GILL, "7. Psychology", en WARREN, *Companion, op. cit.*, pp. 125–141, concretamente p. 136 y ss.

881 *cf.* EVERSON, "Epicurean psychology", en ALGRA, *Hellenistic Philosophy, op. cit.*, 2008, pp. 542–559, concretamente p. 547 y ss.

882 EVERSON, "Epicurean psychology", en ALGRA, *Hellenistic Philosophy, op. cit.*, pp. 542–559, concretamente p. 549.

con un conjunto de propuestas para la orientación vital cuyo fin último es la vida dulce y beatamente placentera.

En este ámbito, la filosofía misma, así como otras herramientas de intervención autocurativa en la carne o en la psique, tienen una dimensión netamente enraizada en el esfuerzo y la autotransformación hasta el punto de que el máximo cambio psicosomático humano se halla en la asimilación con la divinidad o θέωσις, la divinización del hombre.

Es más, esta disciplina y su fin evolutivo se presentan para todos los seres humanos como amor a la sabiduría, para la cual nadie es demasiado joven, ni demasiado viejo, según dicta el filósofo samio[883]. A este respecto, es decir, sobre la importancia de la reforma y modificación superadora de lo constitutivo en lo humano, desde la perspectiva del racionalismo optimista epicúreo, merece citarse la siguiente observación de Long:

> "From Heraclitus onward (...) ancient philosophers attempted to improve people's consciousness and capacity to live well by asking them to cultivate their objective selves, that is, to allow the study of nature to become a perspective for understanding their place in the world and for ameliorating their values and passions and personal concerns. Epicurus gave his own slant to this because he focused so strongly on fear of divine control and fear of death, but his therapeutic strategy—the study and appropriation of nature's truths—had already been Plato's message in the *Phaedo, Republic,* and *Timaeus*"[884].

Así, desde el condicionamiento que supone la constitución inicial, el ser humano puede, con ayuda y herramientas adecuadas, tornearse hasta alcanzar la *salus*, salud y salvación, incardinadas en el presente, gracias a su libre albedrío, aparejado con la responsabilidad. Esa responsabilidad entronca, obivamente, con la ética, así como con las nociones de placer y displacer, o ansiedad frente a la muerte, que se cura con la radical conciencia de la mortalidad.

Por ello, si se presentase al ser humano no tanto como condicionado cuanto como determinado, sin que dispusiese de una parte eminentemente racional-judicativa, no

---

883 EPICURO, *Carta a Meneceo*, 122, en VARA, *op. cit.*, p. 87: "Ni por ser joven demore uno interesarse por la verdad ni por empezar a envejecer deje de interesarse por la verdad. Pues no hay nadie que no haya alcanzado ni a quien se le haya pasado el momento para la salud del alma (τὸ κατὰ ψυχὴν ὑγιαῖνον). Y quien asegura o que todavía no le ha llegado o que ya se le ha pasado el momento de interesarse por la verdad es igual que quien asegura o que todavía no le ha llegado o que ya se le ha pasado el momento de la felicidad (εὐδαιμονίαν). De modo que debe interesarse por la verdad tanto el joven como el viejo, aquél para al mismo tiempo que se hace viejo rejuvenecerse en dicha por la satisfacción de su comportamiento pasado, y éste para al mismo tiempo que es viejo ser joven por su impavidez ante el futuro".

884 LONG, A. A. "Lucretius and the Epicurean self", publicado inicialmente en ALGRA, KOENEN, *op. cit.*, pp. 125–139, y citado por la reimpresión en LONG, *Epicurus, op. cit.*, pp. 202–220, concretamente p. 218.

podrían los hombres proponerse sin providencia externa alguna – como sí hacen – la finalidad de ser felices.

Está claro, pues, que, de acuerdo con lo sostenido a lo largo de esta exposición, el ser humano constituye, gracias al bien trabado y terso conjunto de cuerpo burdo y cuerpo sutil, una unidad psicosárquica o, como dice Gill, "psychophysical units (fundamentally embodied psychological agents with a temporary life-span)"[885].

De nuevo en relación con la noción de φύσις τῆς ψυχῆς, conviene decir que se inscribe en la investigación racional acerca de la naturaleza en su conjunto, cosa que está inextricablemente ligada con la felicidad del ser humano desde el punto de vista psicosomático, tal como indica Long: "[i]n acquiring an objective understanding of natural processes, an Epicurean satisfies his or her subjective desire for a rational explanation of the world, thus removing the pains of uncertainty and troubling beliefs"[886].

De alguna manera, su interés por la psique, la cual tiene multiples correlaciones y vínculos en todos los niveles de lo real, es deudor, reformulado, de aquellos primeros φυσιολόγοι y, al propio tiempo, reconcilia felizmente[887] ese estudio de los límites que la φύςις impone y asumimos, con la preocupación iniciada, según Cicerón[888], por Sócrates, sobre la reflexión introspectiva, la ética[889] y la vida buena, que en Epicuro es además buena vida.

885 GILL, "7. Psychology", en WARREN, *Companion, op. cit.*, pp. 125–141, concretamente p. 139.

886 LONG, A. A. "Lucretius and the Epicurean self", publicado inicialmente en ALGRA, KOENEN, *op., cit.*, pp. 125–139, y citado por la reimpresión en LONG, *Epicurus, op. cit.*, pp. 202–220, concretamente p. 205.

887 *cf.*, para el abandono de la naturaleza, DIÓGENES LAERCIO, *Vidas de los filósofos ilustres*, II, 20 y 22, en GARCÍA GUAL, *op. cit.*, p. 100: "[Sócrates fue] también el primero en dialogar sobre la manera de vivir (πρῶτος περὶ βίου διελέχθη), y el primero de los filósofos en morir condenado en un juicio. (:..) [A]dvirtiendo que la especulación sobre la naturaleza no era asunto nuestro (τὴν φυσικὴν θεωρίαν μηδὲν εἶναι πρὸς ἡμᾶς), filosofaba sobre temas morales (τὰ ἠθικὰ) en los talleres y en la plaza pública".

888 CICERÓN, *Disputaciones tusculanas*, V, 10, 12 – 11, 1, en MEDINA, *op. cit.*, p. 393: "Sócrates fue el primero que hizo descender la filosofía del cielo, la colocó en las ciudades, la introdujo también en las casas y la obligó a ocuparse de la vida y de las costumbres, del bien y del mal".

889 PLATÓN, *Apología de Sócrates*, 38a 2–7, en LLEDÓ ÍÑIGO, Emilio *et al.* (eds., trad.), CALONGE RUIZ, Julio, (trad. de la *Apología*), *Diálogos, vol. I: Critón; Eutifrón; Ion; Lisis; Cármides; Hipias Mayor; Hipias Menor; Laques; Protágoras*, Madrid, Gredos, 1982, p. 180: " el mayor bien para un hombre (τυγχάνει μέγιστον ἀγαθὸν ὂν ἀνθρώπῳ) es precisamente éste: tener conversaciones cada día acerca de la virtud (περὶ ἀρετῆς τοὺς λόγους) y de los otros temas de los que vosotros me habéis oído dialogar cuando me examinaba a mí mismo y a otros, (ἐμαυτὸν καὶ ἄλλους ἐξετάζοντος) y si digo que una vida sin examen no tiene objeto vivirla para el

Deseamos incluir todavía, en las postrimerías del capítulo, una cita de Lucrecio donde traba la relación entre las tendencias naturales inherentes a la ψυχή humana y la vida de beatitud, objetivo último de la filosofía, especialmente de la epicúrea:

> "Así es la raza de los hombres: aunque la enseñanza haga refinados por igual a unos pocos, ella sin embargo mantiene en cada espíritu las huellas primeras de su naturaleza"[890] [sin embargo,] "de tales temperamentos quedan en nosotros tan poquitos rastros (*naturarum vestigia*) que no los pueda eliminar la doctrina (*ratio depellere*), que nada nos impide llevar una vida propia de dioses (*dignam dis degere vitam*)"[891].

En efecto, el objeto de interés del siguiente apartado se centra exactamente en esa vida, digna de dioses y, más propiamente, en la constitución física de estos seres divinos de Epicuro, teniendo en cuenta, insistimos nuevamente, la correlación que ha de existir entre todos los elementos que conforman la globalidad de lo existente.

En ese sentido, postulamos una continuidad correlativa entre el ἀκατονόμαστον de la psique humana y aquello que constituye a los dioses epicúreos en una línea semejante, aunque radicalmente antiteleológica y antitrascendente, a la planteada por Aristóteles con respecto al éter como formante de astros y mentes. En este orden de cosas, consignamos, finalmente, un valiosísimo pasaje que recopila Hirzel[892] y que, aun transmitido como propio de Aristóteles, podría, con las salvedades antiidealistas precisas y mudando "quinta" por "quarta", asumirlo Epicuro, creemos:

"Si existe una especie de quinta esencia, que Aristóteles fue el primero en introducir, esta es la de las divinidades y la de las almas (*sin autem est quinta quaedam natura, ab Aristotele inducta primum, haec et deorum est et animorum*)"[893].

---

hombre (ὁ δὲ ἀνεξέταστος βίος οὐ βιωτὸς ἀνθρώπῳ), me creeréis aún menos. Sin embargo, la verdad es así".

890 LUCRECIO, *La naturaleza*, III, vv. 306–309, en SOCAS, *op. cit.*, p. 242.

891 LUCRECIO, *La naturaleza*, III, vv. 319–322, en SOCAS, *op. cit.*, p. 242.

892 HIRZEL Rudolf, "Über Entelechie und Endelechie", en *op. cit.*, pp. 169–208, concretamente pp. 175–176, nota.

893 CICERÓN, *Disputaciones tusculanas*, I, 65, 16–18, en MEDINA, *op. cit.*, pp. 159–160.

II. Teología

2.0. Marco conceptual

El presente apartado marca un punto central en nuestra investigación, por cuanto actúa como gozne que articula las exposiciones previas sobre φυσιολογία e introduce *divinamente* los στοιχεῖα τοῦ καλῶς ζῆν. La sección tiene, como tal, diversos objetivos, el esencial de los cuales consiste en iluminar la función de la divinidad (y su relación con los hombres) como punto de engarce entre lo físico y lo ético-terapéutico. De esta manera, deseamos adentrarnos ya propiamente en el núcleo de nuestro esfuerzo investigador, a saber, el hecho de que la filosofía epicúrea tiene una dimensión fundamental, y no suficientemente subrayada, de medicina o remedio para la vida de los hombres, especialmente en su dimensión psíquica.

En primer lugar, aspiramos a poner de manifiesto la existencia material de los dioses epicúreos, en armonía con todo lo existente. En el ámbito de la materialidad incluimos también aclaraciones sobre la ubicación de los dioses, su corporeidad y antropomorfismo.

En segundo lugar, pretendemos mostrar igualmente el vínculo necesario entre las mentes humanas y la materialidad divina, debido a la correlación de sus formantes, a la que hemos aludido en el capítulo precedente sobre la ψυχή. Creemos, de hecho, que ello permite la adquisición humana de la idea de existencia divina.

En tercer lugar, exploramos la naturaleza ejemplar que tienen los dioses para los hombres en cuanto modelos de vida por su profunda racionalidad, libertad, sabiduría y dicha.

Con su combinación de realismo, empirismo y uso correcto de la racionalidad, Epicuro, que es contrario a toda teleología metafísica, se ocupa de los dioses de un modo que evita la pregunta *ad infinitum* por el primer principio divino y eterno. Lo único eterno que existe es, de hecho, el universo, los átomos y el vacío. En ese marco, habrá de tener lugar la descripción materialista de lo divino, sin apelaciones a vidas *post-mortem* o a seres extrauniversales inmateriales[894], por cuanto se caracterizan por su pertenencia a la comprensibilidad de lo natural.

---

894 En opinión de Epicuro, ocurre con los dioses que, de la misma manera que el alma, no es posible concebirlos como un soma asomático, o como cuerpos incorpóreos, por cuanto entonces estaríamos incurriendo en una inconsistencia del sistema epicúreo y en un error lógico que ya hemos indicado, la *contradictio in adiecto*. El problema de calibrar la naturaleza de la divinidad en Epicuro radica, creemos, en el reconocimiento consciente y la suspensión circunstancial de las adherencias o el adoctrinamiento metafísico y religioso judeocristiano abonado por el orfismo, el pitagorismo, el platonismo y el aristotelismo. Los dioses epicúreos no son metafísicos ni peliculares ni emanaciones mentales, ni falsos o ficticios.

Los dioses son, pues, un asunto de la φυσιολογία atomista y, subsidiariamente, de una de sus divisiones, la teología[895], en cuanto fisiología divina. Como tal, esta disciplina se muestra, en Epicuro, materialista[896], respetuosa del *nihil ex nihilo*, no irreligiosa[897] ni impía[898], ni supersticiosa ni mitológica ni temerosa, extramundana. De estos afanes por comprender, surge una religiosidad hermanada con la materia pero libre de preocupaciones dualistas y provisoras, ora malevolentes, ora benevolentes, que apaciguar o con las que congraciarse; surge, pues, una divinidad no tremenda, que, pluralizada, funda una nueva relación entre dioses y hombres, que, por decirlo con las sagaces palabras de Walter Otto:

> "No gira alrededor de las ansias, exigencias y secretas bienaventuranzas del alma humana; su templo es el mundo cuya plétora vital y agitación le suministra el conocimiento de lo divino. Sólo esta religión no necesita refutar el testimonio de las experiencias: en toda la riqueza de sus tonos oscuros y claros se unen las grandiosas imágenes de las deidades"[899].

Desde luego, esta propuesta tiene consecuencias que juzgamos revolucionarias y que contradicen abiertamente las teorías concurrentes de otros filósofos; sobre esto queremos incluir aquí una cita de Méndez que nos parece brillante porque sintetiza cuanto al respecto sostenemos:

> "La teología epicúrea provocó una reacción común a platónicos, aristotélicos y estoicos para quienes se trataba de un ateísmo más o menos larvado que contradecía los principios fundamentales de todos ellos al tiempo que se presentaba polémicamente frente a

---

895 *cf.* LEMKE, Dietrich, *Die Theologie Epikurs. Versuch einer Rekonstruktion*, München, Beck, 1973, pp. 102–103, sobre el papel subsidiario, aunque necesario, de la física y la teología con respecto a la ética.

896 MOREL, *Épicure, op. cit.*, pp. 88–89: "On peut être fondamentalement matérialiste, refuser les explications surnaturelles, dénoncer les méfaits de la superstition, et pourtant admettre qu'il y a des dieux".

897 El epicúreo Filodemo de Gádara, discípulo de Zenón de Sidón (s. II-I a C.), lo defiende de la acusación de impiedad en su Περὶ εὐσεβείας (*Sobre la piedad*), conservado fragmentariamente en papiros de Herculano; *cf.* FILODEMO DE GÁDARA, OBBINK, D. (ed., trad.), *On piety, part 1: critical text with commentary*, Oxford, Clarendon Press, 1996, pp. 2–7.

898 SHAKHNOVICH, Marianna, "Theological paradox in Epicurus", en GORDON, Dane R. y SUITS, David, *Epicurus: his continuing influence and contemporary relevance*, Rochester, New York, RIT Cary Graphic Arts Press, 2003, pp. 157–165, concretamente p. 159: "The paradox of Epicurus's philosophy of religion is that although he was known as an atheist, he claimed the existence of gods, and theology played an important role in his philosophical system".

899 OTTO, Walter, PÒRTULAS, Jaume (prol.), BERGE Rodolfo y MURGUÍA ZURIARRAIN Adolfo (trads.), *Los dioses de Grecia*, Madrid, Siruela, 2003, p. 5.

ellos como una medicina liberadora de una enfermedad que afectaba a todos los ámbitos de la vida humana y de la que también formaba parte la política"[900].

2.1. Los dioses de Epicuro: fundamento físico del μακαρίως ζῆν y pórtico de su θεραπεία τῆς σαρκὸς καὶ τῆς ψυχῆς

A la hora de examinar este asunto fisio-teológico material debemos considerar, primeramente, la escasez general de la obra epicúrea conservada – mayor sobre la materia –, por lo que es preciso acudir a Lucrecio y al tratado ciceroniano *Sobre la naturaleza de los dioses.*

No obstante, una definición característica de los θεοὶ, plurales hasta la innumerabilidad virtual[901] remite a seres materiales, tridimensionales, extramentales, no fluyentes o deslavazados, compuestos, renovados *ad infinitum*, inteligentes, autotélicos, extramundanos, inmortales, antropomorfos o humanoides, felices, dichosos o bienaventurados en un sentido estable[902] [ζῷον ἄφθαρτον καὶ μακάριον], no débiles, libres de toda preocupación extrínseca o intrínseca, así como de agradecimiento o enfado, pacíficos, exentos de dolor, apartados de los hombres y de sus cuitas, llevando una vida sosegada[903],

---

900 MÉNDEZ LLORET, Isabel, "La teología epicúrea", en *op. cit.*, pp. 33–52, concretamente p. 37.

901 Por el equilibro o isonomía entre lo mortal y lo inmortal; *cf.* CICERÓN, *Sobre la naturaleza de los dioses*, I, 19, 49–50, en ESCOBAR, *op. cit.*, p. 111–112.

902 CICERÓN, *Sobre la naturaleza de los dioses*, I, 19, 51 y I, 20, 53, en ESCOBAR, *op. cit.*, p. 112–113: "Está claro que no puede imaginarse nada más apacible, ni más abundante en todo tipo de bienes, que una vida como ésa. Y es que la divinidad no hace nada, no se halla inmersa en ocupación alguna, no se esfuerza en trabajo alguno, se complace en su propia sabiduría y virtud, y tiene la seguridad de que siempre disfrutará de placeres sumamente intensos y, además, eternos. (...) Nosotros, por nuestra parte, basamos una vida apacible en el sosiego del espíritu y en la ausencia de todo quehacer".

903 *cf.* EPICURO, *Carta a Meneceo*, 123, *Máxima Capital* I, en VARA, *op. cit.*, pp. 87–88, 93, respectivamente: "dios es un ser inmortal y feliz, como así fue grabada en el alma de todo el mundo la idea de dios, y no le apliques ningún concepto extraño a su inmortalidad ni ninguno impropio de su felicidad. Al contrario, da por buena para con él toda idea que sea capaz de conservar su felicidad unida a su inmortalidad. Los dioses, en efecto, existen, pues su identificación es clara, pero no son como el común de las gentes se los imagina, puesto que no los mantienen a salvo de objeciones al considerarlos como los consideran. E impío es no el que desbarata los dioses del común de las gentes, sino el que aplica a los dioses las creencias que de ellos tiene el común de las gentes"; [...] "el ser dichoso e inmortal ni tiene preocupaciones él mismo ni las causa a otro, de modo que no está sujeto ni a enfado ni a agradecimiento. Pues tales sentimientos residen todos ellos en un ser débil"; *cf.* también LUCRECIO, *La naturaleza*, II, vv. 646–651, en SOCAS, *op. cit.*, p. 203: "es forzoso

gozando, agrega Cicerón, su propia virtud y sabiduría[904] en soledad o disfrutando de ella en compañía[905].

El ser de la divinidad aúna, entonces, la ἀφθαρσία, naturaleza inmortal o incorruptible, junto con la μακαριότης, la beatitud, la dicha plena. Precisamente la consecución de la felicidad humana por asimilación divina jalona, como motivo teológico-ético, la historia de la filosofía desde Platón y alcanza la filosofía helenística. El maestro de Aristóteles ya sostiene en el *Teeteto* lo siguiente:

> "Los males no habitan entre los dioses (...) es menester (...) hacerse uno tan semejante a la divinidad como sea posible, semejanza que se alcanza por medio de la inteligencia con la justicia y la piedad"[906].

El propio Epicuro cierra redondamente su *Epístola a Heródoto* anunciando, al seguidor constante de su filosofía: "vivirás como un dios entre los hombres. Pues no se parece nada a un ser que tiene una vida mortal el hombre que vive en medio de bienes inmortales"[907].

2.2. Antecedente explicativo: los dioses cascada

Al aproximarnos a la constitución material de los dioses, consideramos apropiado emplear un método de investigación de gran importancia en Epicuro, a saber, la analogía. Este recurso tiene aquí, empero, una dimensión sólo plástica y a modo de mera sugerencia con valor heurístico-aproximativo. Se trata de un recurso racional que subraya la semejanza o correspondencia entre dos elementos en cuanto a una cualidad, característica o rasgos. De hecho, ese proceder analógico afecta señaladamente al vínculo entre lo visible y lo invisible[908] y alcanza lo divino, ante la

---

que por sí solo el ser de los dioses, en la mayor paz, disfrute de una existencia sin muerte, apartado de nuestras cosas y separado lejos; porque libre de todo dolor, libre de pruebas, capaz por sí solo gracias a sus recursos, en nada necesitado de nosotros, ni se deja ganar por meritorios favores ni afectar por enfados".

904 CICERÓN, *Sobre la naturaleza de los dioses*, I, 19, 51, en ESCOBAR, *op. cit.*, p. 112: "la divinidad no hace nada, no se halla inmersa en ocupación alguna, no se esfuerza en trabajo alguno, se complace en su propia sabiduría y virtud, y tiene la seguridad de que siempre disfrutará de placeres sumamente intensos y, además, eternos".

905 FILODEMO DE GÁDARA, DIELS, Hermann (ed.), *Philodemos. Über die Götter. III Buch, Griechischer Text*, Berlin, Verlag der Königl. Akademie der Wissenschaften, in Kommission bei Georg Reimer, 1916, p. 31, col. 1, ll. 4–7: "οὐ μὴν ἅπαντας ἁπάντων οἰητέον εἶναι φίλους (...) τοὺς γὰρ ἀπείρους οὐ δυνατὸν ἀλλήλοις εἰς γνῶσιν ἀφικνεισθαι".

906 PLATÓN, *Teeteto* 176b, en SANTA CRUZ, Mª Isabel *et al.*, *op. cit.*, p. 244. Referencia obtenida gracias a la provechosa lectura del artículo de MÉNDEZ LLORET, Isabel, "La teología epicúrea", en *op. cit.*, pp. 33–52.

907 EPICURO, *Carta a Heródoto*, 134, en VARA, *op. cit.*, p. 92.

908 ESSLER, Holger, *Glückselig und unsterblich. Epikureische Theologie bei Cicero und Philodem, mit einer Edition von Pherc. 152/157, Kol. 8–10*, Basel, Schwabe, 2011,

constatación de que los umbrales perceptivos se ven superados por esa materialidad, según mostramos en el tercer bloque temático sección 4.4 y siguientes.

Así, la tesis ya obsoleta de los dioses cascada trata de resolver los problemas de concebir dioses plurales en número y plurales en los formantes de su individualidad, compuestos (abocados a la disolución) y sometidos a una *perpetua renouatio materialis.*

De acuerdo con esto, y en razón del juego entre unidad y pluralidad existente en los dioses, como el que se da entre lo continuo y lo discreto, propuso Giussani[909] por primera vez, asimilarlos con un 'fiume' o 'cascata', con un río, por su caída torrencial e irresistente; así, sostiene que los átomos que componen a los dioses no permanecen, como conjunto, estable e idénticamente los mismos a través de un tiempo determinado, sino que perpetuamente dan paso a otros nuevos, que sustituyen a los anteriores, en un reemplazo y desplazamiento continuo[910]. La misma es la tesis de Walter Scott[911] y la de Bailey[912], quien atribuye esta particular explicación al afán epicúreo de salvar el problema que se presenta al combinar estructura atómica e inmortalidad, ya que, en términos usuales, la primera excluye la segunda, por descomposición o disgregación[913].

---

pp. 212–213: "Ausgangspunkt der Untersuchung ist nun nicht mehr die Prolapse, sondern die ratio; die Methode ist der Analogieschluss".

909 GIUSSANI, "Gli Dei di Epicuro e la isonomia", en *Studi lucreziani, op. cit*, pp. 228–266, especialmente p. 231.

910 La posición de Scott, aun siendo leída y considerada aquí, pasa por ser de tipo antiobjetiva, según KONSTAN, David, "Epicurus on the gods", capítulo IV, en FISH, Jeffrey, SANDERS, Kirk, R. (eds.), *Epicurus and the Epicurean tradition*, Cambridge, Cambridge University Press, 2011, pp. 53–71; p. 53; *cf.* SCOTT, Walter, "The physical constitution of the Epicurean gods", en *op. cit.*, pp. 212–47, concretamente p. 214: "They are formed by perpetual successions of 'images', or material films, of precisely similar form, which, having arisen (in some unexplained way) out of the infinite atoms dispersed throughout the universe, stream to a sort of focus, and there, by their meeting, constitute for a moment the being of the gods: then, streaming away again in all directions, they pass into the (material) mind of man, bringing with them the notion of the blessed and eternal being whose body they had for a moment helped to compose, and whose form they still bear".

911 *cf.* SCOTT, Walter, "The physical constitution of the Epicurean gods", en *Journal of Philology*, nº 12, 1883, pp. 212–47.

912 *cf.* BAILEY, *Greek atomists, op. cit.*, p. 451 y ss.

913 LUCRECIO, *La naturaleza,* I, vv. 221–224 y vv. 528–530, lib II, vv. en SOCAS, *op. cit.*, p. 133 y p. 145: "puesto que cada cosa está hecha de semilla eterna, hasta que se presente una fuerza que a golpes destroce los seres o penetrando en el interior por sus huecos los desbarate, la naturaleza no permite que se vea la desaparición de ninguno" [...] "no pueden desbaratarse al recibir golpes desde fuera, ni tampoco rasgarse si en lo hondo se les penetra, ni cabe que puestos a prueba de otra manera se dobleguen" [...] "la muerte no extermina las cosas de manera que destruya los cuerpos de materia sino que desbarata su agrupamiento".

Igualmente, Hicks alude a los dioses fluyentes que, según él, se concentran para luego dispersarse mientras sus componentes, al modo de gotas de agua, perseveran en el flujo, manteniendo la disposición externa sin que dichas gotas sean en ningún momento exacta y cualitativamente las mismas, ni el mismo número[914]. Todo ello parece reflejarse también en algún paso ciceroniano[915].

Así mismo, la noción de *Wasserfallgötter* parecía preservar las de notas de afluencia, esto es, el desplazamiento abundante de un elemento, formalmente estable, de unidad plástica pese su dinamismo interno, como el río heraclíteo de Platón[916]; o la velocísima cadencia anisotrópica, que caracteriza a todos los átomos en el universo, en razón de su peso, según anota Lucrecio[917]. Todo ello pudo conectarse, también, con la noción de vórtice como flujo turbulento rotatorio en torno a un eje imaginario y con trayectorias cerradas. De hecho, este concepto fue usado por Thompson, barón de Kelvin, inspirado por el descubrimiento de Helmholtz sobre la ley del movimiento *vortical* [*Wirbelbewgung*] en un líquido perfecto, para referirse a los átomos como masas anular-circulares en movimiento rotatorio en un fluido incompresible e irresistente, cuyas propiedades son matemáticamente deducibles[918].

Uno de los mejores estudiosos de la física de los dioses, Lemke, critica severa y definitivamente esta noción, ya superada[919]. Pese a su plasticidad y a su capacidad sugeridora, la propuesta de los dioses río o cascada adolece de numerosos problemas, entre los cuales cabe destacar el hecho de que no salva el mantenimiento o estabilidad de la estructura corpórea divina, al entender que no existe una persistencia material inalterable más allá de la pérdida de átomos superficiales o peliculares que constituyen las *imagines*. No lo salva o resuelve porque, como bien señala Long, subsiste el hecho

---

914 *cf.* HICKS, Robert Drew, *Stoic and Epicurean*, New York, C. Scribner's Sons, 1910, p. 293.

915 CICERÓN, *Sobre la naturaleza de los dioses*, I, 41, 114, en ESCOBAR, *op. cit.*, p. 154: "ese dios (...) se ve sacudido y agitado sin interrupción alguna, a causa de la incursión imperecedera de los átomos, y que están fluyendo imágenes de él constantemente".

916 *cf.* PLATÓN, *Crátilo*, 402a, en EGGERS LAN, *op. cit.*, p. 397: "En algún sitio dice Heráclito 'todo se mueve y nada permanece' y, comparando los seres con la corriente de un río, añade: 'no podrías sumergirte dos veces en el mismo río'"; también preservada en HERÁCLITO DE ÉFESO, EGGERS LAN, JULIÀ, *op. cit.*, p. 326, frag. 578 (DK 22 A 6).

917 LUCRECIO, *La naturaleza*, II, vv. 221–224, en SOCAS, *op. cit.*, p. 185: "hacia abajo como gotas de lluvia irían cayendo a través del hondo vacío".

918 *cf.* THOMSON, William [Barón de Kelvin], "On vortex atoms", en *Proceedings of the Royal Society of Edinburgh*, Vol. VI, (1869), pp. 94—105.

919 *cf.* LEMKE, *Theologie*, *op. cit.*, p. 26; también pp. 27–28: "Der Vergleich mit dem Wasserfall, der auch von konstanter Form, aber ständig wechselnder Materie ist, trägt nicht weit, denn die Form des Wasserfalls hängt ab von der Beschaffenheit des umgebenden Geländes und der Menge des zur Verfügung stehenden Wassers. Außerdem besteht der Wasserfall eben nur aus einem einzigen, homogenen Material, nicht aber die Götter Epikurs".

de que los dioses están formados por diferentes elementos[920], o bien su estructura depende harto de lo circundante y es, de nuevo, impermanente e inconsistente.

2.3. La naturaleza divina: material y metacósmica

He aquí el punto nuclear de la discusión sobre el estatuto existencial de los dioses, que se halla al margen de la conformación o figura, y se resume en la pregunta siguiente: ¿cuál es la hechura de los dioses, material o inmaterial, pelicular o de mayor y no subsidiaria consistencia?[921]

A la hora de comprender, siquiera tentativamente, esta cuestión, podemos razonar del siguiente modo: los dioses, o son vacío o son átomos individuales o son compuestos. No son vacío y no son átomos, luego han de ser compuestos o agregados, esto es, no crean los mundos ni el universo sino que surgen de la combinación de átomos y vacío[922].

Nosotros entendemos que los dioses son materiales, tridimensionales, extramentales y atómicos, y, por ello, sostenemos que su naturaleza no es pelicular, intramental y subjetiva como derivación humana en forma de "constructos materiales humanos" o constructos de pensamientos[923], cosa que sí hace la línea interpretativa de Long[924], Sedley[925] u Obbink[926] o, por citar más estudios antiguos, Freymuth[927] y Pfligersdorffer[928]. Estamos, pues, de acuerdo con Morel en que la interpretación figurativo-mentalista menoscaba erróneamente la trabazón física del todo y propone una teología poco racional[929].

---

920 *cf.* LONG, *Filosofía helenística, op. cit.*, pp. 54–56.

921 ESSLER, *Glückselig und unsterblich, op. cit.*, pp. 214–215 y 228, sobre la querella entre idealistas y realistas.

922 *cf.* LUCRECIO, *La naturaleza*, II, vv. 174–181, en SOCAS, *op. cit.*, pp. 183–184.

923 *cf.* WIFSTRAND SCHIEBE, Marianne, "Sind die epikureischen Götter 'thought-constructs'?", en *Mnemosyne*, nº 56, 2003, pp. 703–727.

924 *cf.* LONG, *Filosofía helenística, op. cit.*, pp. 54–56.

925 *cf.* LONG, A. A., y SEDLEY D. N., *The Hellenistic Philosophers. Vol. 2: Greek and Latin Texts with Notes and Bibliography*, Cambridge, Cambridge University Press, 1987, p. 145.

926 *cf.* OBBINK, Dirk, "'All Gods are true' in Epicurus", en FREDE, Dorothea y LAKS, André (eds.), *Traditions of theology: studies in Hellenistic theology, its background and aftermath* (*Philosophia antiqua*, vol. 89), Leiden, Brill, 2002, pp. 183–222.

927 FREYMUTH, Günther. *Zur Lehre von den Götterbildern in der epikureischen Philosophie*, Berlin, Deutsche Akademie der Wissenschaften zu Berlin, Institut für hellenistisch-römische Philosophie, 1953.

928 PFLIGERSDORFFER, Georg, "Cicero über Epikurs Lehre vom Wesen der Götter (*nat. deor.* 1, 49)", en *Wiener Studien*, vol. 70, 1957, pp. 235–253.

929 MOREL, *Épicure, op. cit.*, p. 97: "L' interprétation conceptualiste, qui opte pour un rapport minimal à la physique, puisqu'elle refuse au dieu un statut de corps par soi, présente en outre l'avantage de justifier les tendances anthropomorphiques de la conception épicurienne des dieux (...) Toutefois, l'interprétation mentaliste, outre

Los dioses tienen la característica excepcional y paradójica de la inextinguibilidad en virtud de sus características somáticas, pese a su carácter compuesto, que los haría perecederos por definición[930]; esa indestructibilidad la comparten con los átomos y el vacío, si bien no coinciden en el carácter ingenerado o ingénito.

Los dioses epicúreos, aun agregados y con principio, carecen de muerte porque están al margen de los mundos y no concurren en ellos las causas de la destructiva disgregación. Las divinidades de Epicuro siguen, podemos decir, el rastro homérico y hesiódico, por cuanto se trata de divinidades generadas, nacidas, es decir, que son un producto o una combinación surgida de lo eterno, como una propiedad emergente del todo, cuya suma son los átomos y el vacío. No en vano, ya señala Hesíodo a: "la augusta estirpe de los dioses a los que engendró [ἐγένοντο] Gea y el vasto Urano y los que de aquéllos nacieron, los dioses dadores de bienes"[931]. Unos versos antes menciona, igualmente: "la restante estirpe [γένος] sagrada de sempiternos Inmortales"[932].

El estatuto existencial de los dioses griegos se basa, entonces, en γίγνομαι[933], ser producido / producirse, ser hecho / hacerse, surgir, o mejor, devenir, o sea, llegar a ser; esto se inserta en el campo semántico del latín *fio* y del alemán *werden*, y se emparenta con el latín *gigno*[934], producir o hacer brotar o causar algo, con un valor compositivo, combinatorio y factitivo.

A diferencia del resto de entes pluriatómicos, los dioses no padecen procesos de acrecimiento y renovación hasta que perecen con desorden, como indica Lucrecio[935] ni se ven destructivamente afectados por golpes exteriores[936]. De continuo se

---

le fait qu'elle ne trouve dans aucun texte authentiquement épicurien de corroboration explicite, pose d'autres problèmes" [...] "si les dieux sont des images, des constructions mentales ou des simulacres, ils devraient être théoriquement sans vie, puisque les simulacres n'ont par eux-mêmes ni sensation ni raisonnement".

930 FREYMUTH, *Götterbildern*, *op. cit.*, p. 5: "Existenz unsterblicher Wesen innerhalb seines atomistischen Systems[,] eines der schwierigsten. Wenn die Götter wie alles Entstandene Atomkomplexe, alle Atomkomplexe aber vergänglich sind, wie können dann die Götter unvergänglich sein?".

931 HESÍODO, *Teogonía*, v. 22 y ss., en PÉREZ JIMÉNEZ, Aurelio y MARTÍNEZ DÍEZ, Alfonso (eds., trads.), *Obras y fragmentos*, Madrid, Gredos, 2000, p. 72.

932 HESÍODO, *Teogonía*, vv. 45 y ss., en PÉREZ JIMÉNEZ, *op. cit.*, p. 69; *cf.* también, *ibidem*, vv. 33 (p. 71).

933 *cf.* FRISK, *Griechisches*, *op. cit.*, *s. u.* γίγνομαι.

934 WALDE, HOFMANN, *Lateinisches*, *op. cit.*, *s. u.*"*gigno*".

935 LUCRECIO, *La naturaleza*, II, vv. 1002–1003, en SOCAS, *op. cit.*, p. 216: "la muerte no extermina las cosas de manera que destruya los cuerpos de materia sino que desbarata su agrupamiento".

936 *cf.* LUCRECIO, *La naturaleza*, II, vv. 1139–1041, en SOCAS, *op. cit.*, p. 221: "Con razón, pues, perecen todas las cosas cuando con el flujo se vuelven esponjosas y cuando caen bajo los golpes exteriores, toda vez que a la edad avanzada acaba por faltarle el alimento y los cuerpos desde fuera no cesan de estropear ninguna cosa, machacándola, ni de domeñarla con golpes hostiles".

mantienen vivos[937] y estables en su forma, que los hace inextinguibles *per se*, pero sus átomos se hallan en renovación[938] o repleción (*suppeditatio* o ἀνταναπλήρωσις) equilibrante perpetua, infinita y sin falla[939]. Tal renovación material compensa, por una parte, la mengua debida al flujo de la superficie de los cuerpos (ῥεῦσις ἀπὸ τῶν σωμάτων τοῦ ἐπιπολῆς συνεχής)[940]; por otra, deriva, según Kleve[941], de la infinitud atómica que comprende átomos afines en los *intermundia*; es consecuencia, al propio tiempo, del equilibrio existente entre mortales e inmortales. Todo ello garantiza continuidad de modo que se preserve, al margen del vaivén entre creación y destrucción, la totalidad prevalente, el universo[942].

---

937 FILODEMO DE GÁDARA, DIELS, *Götter*, *op. cit.*, col. 10, ll. 37–38, p. 31: "(τό ζῶν ἀεί ταύτόν, ἀλλ' οὐχ ὅμοια πολλά".

938 MOREAU, Joseph, "Épicure et la physique des dieux", en *Revue des Études anciennes*, LXX, 1968, pp. 286–294; posteriormente [se cita por] MOREAU, Joseph, *Stoïcisme. Épicurisme. Tradition hellénique*, Paris, J. Vrin, 1979, pp. 113, sobre la analogía entre el aflujo atómico que preserva a los dioses y el aflujo de simulacros que preservan su imagen en la mente de los hombres.

939 *cf.* LUCRECIO, *La naturaleza*, II, vv. 1139–1041, en SOCAS, *op. cit.*, p. 221: se evita el problema de que un cuerpo perezca debido a que "a la edad avanzada acaba por faltarle el alimento".

940 EPICURO, *Carta a Heródoto*, 48, en PIQUÉ ANGORDANS, *op. cit.*, p. 83: "Pues el flujo desde la superficie de los cuerpos es continuo, aunque no se manifiesta por la disminución del cuerpo gracias a que otros elementos lo reemplazan. Tal flujo conserva la disposición y el orden de los átomos sobre el cuerpo sólido durante mucho tiempo, por más que algunas veces sufra desorden (εἰ καὶ ἐνίοτε συγχεομένη). Y se originan rápidas concreciones en el aire que nos circunda por el hecho de que su plena realización no precisa de profundidad".

941 *cf.* KLEVE, Knut, "Epicurean Theology and Herculaneum Papyri", en *Cronache Ercolanesi*, nº. 33, vol. 1, 2003, pp. 249–266, concretamente p. 26: "The gods' surroundings in the intermundia consist of the same fine atoms, and fresh supplies are squeezed out from the neighbouring worlds as a result of their rotation. Consequently, there is an endless supply of atomic material suitable to sustain the gods' existence".

942 CICERÓN, *Sobre la naturaleza de los dioses*, I, 19, 49–50, en ESCOBAR, *op. cit.*, pp. 111–112: "Muy grande es, por cierto, la importancia de la infinitud, y muy digna de contemplarse de manera prolongada y concienzuda. Ha de entenderse, necesariamente, que la naturaleza se comporta en ella de tal manera que cada cosa tiene su exacto correlato; es lo que Epicuro llama *isonomía*, esto es, equilibrio retributivo. De esta isonomía surge, por tanto, aquello de que, a tal cantidad de mortales, no menor cantidad de inmortales, y lo de que, si los factores de destrucción son innumerables, también los de conservación deben ser infinitos".

En cuanto a la materia de los dioses, los cuales serían esas similitudes (ὁμοιότητας)[943] inmortales de Aecio, destacamos su ligereza, finura y sutilidad[944], tal como reporta Cicerón en su obra *De natura deorum*[945].

Dispuesta en una configuración estable, respecto a la materia divina señala Filodemo, que "su naturaleza corpórea [permanece debido a] su disposición excelente"[946], y constituye individuos[947] numéricamente distintos, pese al parecido o identidad constitutiva de sus componentes, al igual que existen diversos seres humanos con diversas carnes y psiques a partir de los mismos formantes cualitativos. En el caso de las divinidades, el cuerpo o materia no es, en definitiva, carne alguna, más burda, y son capaces de evitar los influjos negativos, disímiles, y de asumir únicamente materia afín[948].

Sus elementos constitutivos materiales[949] tienen, según comentamos, una naturaleza no sensorialmente perceptible, propia de los componentes corpóreos divinos, aunque sí sean captables por vía racional. Con ello se significa la ausencia de la grosería, solidez o aspereza materiales, propias de lo visible, así como su carácter incomparablemente menos burdo que cualquier otro cuerpo compuesto, sin negárseles

---

943 AËTIVS, *De placitis*, I, 7, 34, en DIELS, *Doxographi*, *op. cit.*, p. 306 l. 15 – p. 307 l. 3: "ὁ δ' αὐτὸς ἄλλας τέτταρας φύσεις κατὰ γένος ἀφθάρτους τάσδε, τὰ ἄτομα τὸ κενὸν τὸ ἄπειρον τὰς ὁμοιότητας"; según él, como indica en el texto, existen cuatro (clases de) entes dotados de inmortalidad, a saber: el universo todo (ἄπειρον), los átomos (ἄτομα), el vacío (κενὸν) y, por último, las "similitudes".

944 CICERÓN, *Sobre la naturaleza de los dioses*, I, 27, 75, en ESCOBAR, *op. cit.*, p. 126: "una apariencia que es pura, ligera y diáfana".

945 *cf.* CICERÓN, *Sobre la naturaleza de los dioses*, I, 12, 29, I, 43, 120, en ESCOBAR, *op. cit.*, pp. 95 y 157–158, respectivamente: "al contar entre los dioses unas veces a las imágenes itinerantes de éstos, otras veces a la naturaleza que produce y envía tales imágenes, y otras a nuestra capacidad intelectiva" [...] "que unas veces estima que en el universo de los seres residen imágenes provistas de divinidad, otras veces dice que son dioses los elementos primordiales que componen la mente y habitan ese mismo universo, otras que los dioses son imágenes provistas de espíritu (...)"; incluidas también en [LEUCIPO Y] DEMÓCRITO, frags. 684–685 (DK 68 A 74) Cicerón, *De natura deorum*, lib. 1, 12, 29 y lib. 1, 43, 120, en PORATTI, *op. cit.*, p. 349.

946 FILODEMO DE GÁDARA, OBBINK, *On piety*, *op. cit.*, frag. 5, l. 140, p. 115.

947 *contra* FILODEMO DE GÁDARA, OBBINK, D. (ed., trad.), *On piety*, *op. cit.*, col. 4, ll. 89–95, pp. 290–291.

948 *cf.* ESSLER, *Glückselig und unsterblich*, *op. cit.*, p. 233.

949 *cf.* KONSTAN, David, "Epicurus on the gods", capítulo IV, en FISH, SANDERS, *op. cit.*, pp. 53–71; excelente artículo de Konstan al respecto que expone además el *status quaestionis* y aporta su visión.

la materialidad ni tenerlos por conjuntos de imágenes sin vida, según argumentaba el estudioso germano Schoemann[950], al que sigue Masson[951].

Concretar cuáles son esos formantes, más allá de las notas dadas, es una cuestión abierta y ardua. Nosotros coincidimos con Kleve, quien en un artículo[952] advierte certeramente que:

> "This eternal matter is thought of as consisting of fine particles [λεπτομερές] (...) Even if the divine has a body analogous to us, his body is not fleshly (το θεΐ[ο]ν μήτε [σάρκι]νον είνα[ι κα]τ' αναλογίαν [έχ]ον τι [σώμ' δπερ] ήγείται [ά]νάλογ[ον] ... πρ(ός) τό σάρκιν[ον]), because flesh is subject to destruction (τό σάρκινον φθοράς είναι δεκτικόν)[953].

Según el noruego, los dioses consisten únicamente en "soul material (τό δ' όλόψυχον)"[954]. Así, a causa de la finura igual o mayor que la de las imágenes en general, su cuerpo no recibe golpes y es traspasable, de tal forma que los dioses no perecen, especialmente por golpes exteriores que estropean o machacan al cuerpo[955], como bien advierten el profesor estadounidense Konstan[956] y la estudiosa italiana Santoro[957], cuyas afirmaciones suscribimos.

Poco más arriba ha aparecido λεπτομερές como definición de los formantes corpóreos divinos y debemos recodar aquí que no trivialmente reciben esa misma designación los componentes de la psique humana. Si nos atenemos al no suficientemente

---

950 SCHOEMANN, Georg Friedrich, *De Epicuri theologia*, Gryphiswaldiae [Greifswald], Kunike, 1864, pp. 6, nota 15 y pp. 10–11, incluido en SCHOEMANN, Georg Friedrich, *Opuscula academica, volumen IV: miscelanea*, Berolini, apud Weidmannos, 1872, pp. 336–359. Se cita por la primera; ofrece el estudioso sus tesis sobre la levedad, redondez y sutileza de los constituyentes divinos, incluyendo el cuarto elemento, así como sobre la corporeidad, hasta el punto de que semejanza de formantes contribuye a una trabazón interatómica mayor y a más resistencia a la disolución.

951 *cf.* MASSON, *Lucretius*, *op. cit.*, pp. 273–274.

952 KLEVE, "Epicurean Theology", en *op. cit.*, pp. 249–266, concretamente p. 252.

953 FILODEMO DE GÁDARA, DIELS, *Götter*, *op. cit.*, col. 13, 11–12; fr. 20, 9; fr. 6, 6–8; fr. 8, 7–8; fr. 19, 2, *cf.* fr. 68b, 1, 6; p. 35 y ss., citados por KLEVE en el artículo "Epicurean Theology", en *op. cit.*

954 FILODEMO DE GÁDARA, DIELS, *Götter*, *op. cit.*, frag. 19, l. 2, p. 47, tomado de KLEVE, "Epicurean Theology", en *op. cit.*, pp. 249–266, concretamente p. 252.

955 *cf.* LUCRECIO, *La naturaleza*, II, vv. 1139–1041, en SOCAS, *op. cit.*, p. 221.

956 *cf.* KONSTAN, David, "Epicurus on the gods", capítulo IV, en FISH, SANDERS, *op. cit.*, pp. 57–58.

957 SANTORO, Mariacarolina, (ed., trad.), *Demetrio Lacone, La forma del dio: (PHerc. 1055); edizione, traduzione e commento*, Napoli, Bibliopolis, 2000, p. 170–171, nota a col. XXI: "[è] proprio grazie alla somiglianza strutturale esistente tra la sostanza che compone l'anima umana e quella dell'essere divino, entrambe caratterizzate da λεπτομέρεια, che l'uomo è capace di ricevere le immagini degli dèi e di vederle direttamente attraverso la mente. La divinità, infatti, come apprendiamo da Filodemo, possiede (...) una natura tutta psichica".

ponderado principio epicúreo de la correlación entre lo visible y lo invisible, a la proporcionalidad entre todos los principios constituyentes no ya de los mundos sino del universo (τὸ πᾶν), si asumimos, pues, el valor de la ἀναλογία, como concepto de lo que se produce de acuerdo o conformidad con la misma razón, entonces, comprendemos, a nuestro juicio – y ésta es nuestra apuesta –, con cuánta fortuna Lemke hace, casi al final del apartado sobre la naturaleza de los dioses, lo que él considera sólo "eine nicht unwahrscheinliche Vermutung" y que nosotros juzgamos una preclara tesis, certera y coherente con todo el sistema epicúreo.

Su explicación respeta la materialidad correlativa que todo lo inunda, como suma atemporal, ingénita e imperecedera de átomos y vacío, esto es, la fisiología, pero, gracias al hecho mismo de incumbir a la figura modélica y de transición que son los dioses, alcanza, al fin, sin perder un ápice de su consistencia y continuidad, la *bene beateque uiuendi ratio.*

En su propuesta, el estudioso alemán combina la mención de la *tenuitas* en lugares señeros de Epicuro y Lucrecio[958], con unas palabras de Filodemo ya antes citadas: "τό δ' ὁλόψυχον"[959], el significado del "plenitud psíquica", "psique plena", es decir, cuerpos sutiles por completo, según la terminología que venimos usando.

Esto enlaza perfectamente con el cuerpo sutil humano, con la salvedad de que la progresión para el *animus* como *animae animae* ha de producirse, en algún grado, también entre esos agregados atómicos sutilísimos tridimensionales. Lemke[960] dispone el cuerpo de los dioses, que es todo psique, situando en la parte más externa los elementos aéreos, luego los ventosos, después los ígneos y por último, en el seno de la psique del cuerpo divino, el cuarto innominado (ἀκατονομάστον).

En consonancia con esto hemos propuesto, en el caso del *animus* psíquico humano, exactamente la misma estructura sostenida por Lemke, que poseen los cuerpos de los dioses, con el fin, a nuestro entender, de preservar la coherencia y consistencia sistémica y analógica de la tesis epicúrea.

---

958 LUCRECIO, *La naturaleza*, IV, vv. 196–198, en SOCAS, *op. cit.*, p. 290: "una urdimbre tan suelta, que sin dificultad pueden traspasar cualquier cosa y como filtrarse por los entresijos del aire".

959 FILODEMO DE GÁDARA, DIELS, *Götter*, *op. cit.*, frag. 19, l. 2, p. 47.

960 LEMKE, *Theologie*, *op. cit.*, pp. 41–42: "Es bleibt also nur übrig, die Feinheit des Götterkörpers dadurch zu erklären, daß er aus besonders feinen Atomen besteht. (...) Da sie aber verschiedene Körperteile, Organe, Blut usw. besitzen, können sie auch nicht aus einer einzigen, homogenen Substanz bestehen, und wenn wir nun bedenken, daß Philodem die Götter als 'Seelenganzes' (ὁλόψυχον) zu bezeichnen scheint, die Seele aber, wie wir wissen, aus vier verschieden feinen Substanzen besteht, können wir sagen: Vielleicht bestehen die Glieder der Götter aus den gröbsten der Seelenatome, den luftartigen (αερώδεις), die inneren Organe und das Blut aus den feineren hauchartigen (πνευματικαί) und feurigen (πυρώδεις), und die Seele der Götter besteht aus der vierten, namenlosen (ἀκατονόμαστον) Seelensubstanz".

A su vez, la emisión continua de imágenes a partir de su cuerpo, el sutil, pues no tienen otro, comunica, sin jerarquía ni teleología, lo divino con lo humano, igual que lo humano se comunica con lo divino, se asimila con ello, al emitir las imágenes psíquicas.

En otro orden de cosas, podemos anotar que, con respecto a su ubicación, los dioses son intermundanos, por lo que permanecen – creemos – libres de choques con átomos o compuestos menos sutiles. Su lugar son los *intermundia* o μετακόσμια[961], es decir, los "espacios interplanetarios [intermundiales]"[962], los cuales pueden ponerse en relación con la antedicha isonomía, principio de equilibrio en sistemas cerrados, autorregulación u homeostasis, entre elementos contrarios o concurrentes, ninguno de los cuales puede predominar, de manera que se conserve dinámicamente el sistema todo, tal como indica Lucrecio al referirse a la compensación mutua entre *motus exitiales* (movimientos destructivos) y *genitales auctificique motus* (movimientos generativos y acrecentadores)[963], que después mencionará Cicerón, a la que también alude Lachelier, al aunar presencia compensatoria y disparidad de ámbitos (*mundi / intermundia*)[964]. La liberación en términos atómicos que supone su situación tiene también una dimensión psíquica, por cuanto los aleja conceptualmente de la intranquilidad y de la angustia[965].

2.4. La materialidad o corporeidad divina: *quasi corpus, quasi sanguinem* y el trasfondo tradicional

Las nociones de *quasi corpus* y *quasi sanguinem*, mencionadas por Cicerón, dan la clave, en nuestra opinión, sobre la figura divina:

961 EPICURO, *Carta a Pitocles*, 89, en VARA, *op. cit.*, p. 75: "el intermundo que llamamos espacio entre mundos, y eso en un lugar muy vacío y no en uno grande, totalmente puro y vacío como algunos afirman, para lo cual sólo se necesita que fluyan semillas adecuadas de átomos de un solo mundo o de un intermundo o también de varios".

962 CICERÓN, *Sobre la naturaleza de los dioses*, I, 18, en ESCOBAR, *op. cit.*, p. 85.

963 LVCRETIVS, BAILEY, *op. cit.*, II, vv. 569–572.

964 LACHELIER, J., "*Les dieux d'Épicure d'après* le De Natura Deorum de Cicéron", en *Revue de philologie, de littérature et d'histoire anciennes*, vol. 1, No. 3, 1877, pp. 264–266, cita de p. 266: "Or, en ce monde, ou plutôt dans l'intérieur des mondes, tous les êtres naissent et périssent tour à tour: il doit donc y avoir dans les intervalles des mondes, des êtres, en nombre égal, que le mouvement des atomes renouvelle toujours sans jamais les détruire. Cette raison de l'éternité des dieux, tirée d'une sorte de balance entre deux possibilités égales, serait assez dans le goût de la physique épicurienne".

965 *cf.* FILODEMO DE GÁDARA, DIELS, *Götter*, *op. cit.*, col. 9, l. 36 – col. 10, l. 2, p. 29, donde se habla del alejamiento de lo generativo y de lo corruptivo; sobre esto, *cf.* KONSTAN, David, "Epicurus on the gods", capítulo IV, en FISH, SANDERS, *op. cit.*, pp. 53–71, concretamente p. 60.

"la existencia de una apariencia divina en la que no hay condensación o solidez alguna, ni relieve, ni silueta (*quae nihil concreti habeat nihil solidi nihil expressi nihil eminentis*), una apariencia que es pura, ligera y diáfana (...) aquel cuerpo no es sino similar a un cuerpo (*corpus illud non est sed simile corporis*), y aquel rubor difuso y teñido de blancura no es sangre, sino algo similar a la sangre (*nec ille fusus et candore mixtus rubor sanguis est sed quaedam sanguinis similitudo*); del mismo modo, en la divinidad epicúrea no hay materia, sino similitud con las cosas materiales[966]".

La *similitudo* conecta con el parecido o la proximidad formal y estructural, de manera que nos instalamos en el campo de la conclusión o razonamiento por analogía o correlación. Si recordamos que los dioses son "immortal but of atomic construction"[967], podemos comprender que su cuerpo y sus eventuales fluidos tienen también una naturaleza especialísima, no equiparable a la de ningún otro conglomerado perceptible o sensible.

Esa "especie de cuerpo" y "especie de sangre"[968], que preservan la individualidad de los dioses, no revelan, comunicados mediante el *quasi*, mengua o defecto implícitos ni inferioridad comparativa. Se da, pensamos, una aproximación analógica entre los cuerpos sensiblemente bien percibidos, entre ellos los hombres, y lo sobrehumano, pues ambas clases, al cabo, están formadas por átomos y vacío. Con todo, esa especie de cuerpo y sangre distan enormemente de lo humano y superan el umbral perceptivo humano, hasta el punto de que sólo la mente puede recibir como afecciones los impactos de las imágenes divinas.

El *quasi corpus* no es, como señala Filodemo, cárnico, sino que los dioses poseen cuerpo por analogía[969], como un correlato del cuerpo humano[970], el cual sí tiene carne, σάρξ[971]. Ese particular cuerpo divino nos lleva a pensar, por indestructible, en la inmortalidad (ἀφθαρσία, derivado de φθαρτός: corrupto, perecedero), es decir, a lo no perecedero. Si atendemos a los sustantivos ἄβροτος, ἄμβροτος y a los adjetivos ἀμβρόσιος, ἄμβροτος, constatamos su parentesco con ἀμβροσία y con βροτός, es decir, al hombre concebido como ser mortal, así como con βρότος, que remite a la sangre que fluye o mana de una herida de un hombre vivo, a la sangre derramada, como en latín *cruor* frente a *sanguis* (fluyente y del vivo incólume)[972].

---

966 CICERÓN, *Sobre la naturaleza de los dioses*, I, 27, 75, en ESCOBAR, *op. cit.*, p. 126.

967 *cf.* BAILEY, *Greek atomists*, *op. cit.*, p. 459.

968 CICERÓN, *Sobre la naturaleza de los dioses*, I, 19, 49, en ESCOBAR, *op. cit.*, p. 110: "Y, sin embargo, esta apariencia no es la de un cuerpo, sino la de 'una especie de cuerpo', ni tiene sangre, sino 'una especie de sangre'".

969 FILODEMO DE GÁDARA, DIELS, *Götter*, *op. cit.*, frag. 6, ll. 5–6, p. 45: "τὸ θεῖον μήτε σάρκινον εἶναι κατ' ἀναλογίαν ἔχον τι σῶμ'"; *cf.* EPICVRVS, *Deperditorum librorum reliquiae*, frag. 19, sec. 5, ll. 5–6, en ARRIGHETTI, *op. cit.*, p. 172: "l'essere divino né ha una costituzione carnale, fornito, per analogia, di un corpo".

970 *cf.* ZELLER, *op. cit. 3. 1*, 1880, p. 433: "(...) ein Analogon unseres Leibes, eine ätherische, aus den feinsten Atomen bestehende Gestalt beilegen".

971 LEMKE, *Theologie*, *op. cit.*, pp. 36–37.

972 *cf.* FRISK, *Griechisches*, *op. cit.*, *s.uu.*

Sobre este punto, resulta harto interesante destacar que los dioses helenos antiguos, como tales, no poseen sangre (αἷμα), fluido vital propio de humanos, sino ícor, ἰχώρ, un término que aparece en los textos homéricos, así como en Platón, Aristóteles, Plutarco y, muy especialmente, en la colección hipocrática[973]. El ícor, por su parte, podemos definirlo como una serosidad o líquido específico de los dioses, ligado, nos parece, a su condición de inmortales, motivo por el cual se le llama en la *Ilíada* "ἄμβροτον αἷμα θεοῖο"[974], inmortal sangre, cuando Afrodita es herida por Diomedes. El helenista Bolling[975] propone, al hilo del contexto homérico en que aparece el verso, entender el ícor como un producto acuoso, el más sutil y vaporoso de la sangre, fruto de la abstinencia de líquidos y sólidos, que suponen una eliminación de la sangre convencional, restando únicamente el ícor, como si fuera *spiritus* ficiniano, es decir, vapor sanguíneo, puro, sutil, cálido y claro[976], que debe ser tanto más sutil cuanto que los dioses no se atienen a la dieta humana, es decir, no consumen ni pan ni vino.

Al hilo de esto Nicole Loraux recuerda la designación homérica de "ἀναίμονές εἰσι καὶ ἀθάνατοι καλέονται"[977]. El ícor de los dioses homéricos es, pues, como una sangre pero no propiamente sangre, es sangre sin muerte, igual que a los hombres les corresponde, en díada opositiva, la sangre mortal, como también señala Alexander Kleinlogel[978].

Si reparamos ahora en los elementos dietéticos que contribuyen a la conformación de ese particular cuerpo y sangre, se aprecia además una analogía con la comida y bebida que ingieren los dioses olímpicos y la de los dioses epicúreos. A este respecto podemos constatar que la ya mencionada ambrosía se considera, en casi todos sus testimonios literarios, el manjar de los dioses y aparece como un alimento

---

973 JOUANNA, J. y DEMONT P. "Le sens d ἰχώρ chez Homère *Iliade* V v 340 et 416 et Eschyle *Agamemnon* v 1480 en relation avec les emplois du mot dans la Collection Hippocratique", en *Revue des Études Anciennes*, n° 83, 1981, pp. 197–209.

974 HOMERO, *Ilíada*, V, 339–340, en SEGALÁ y ESTALELLA, Luis (ed., trad.), *Obras completas de Homero*, [Barcelona], Montaner y Simón, 1927, p. 52: "Brotó la sangre divina, o por mejor decir, el icor; que tal es lo que tienen los bienaventurados dioses, pues no comen pan ni beben vino negro, y por esto carecen de sangre y son llamados inmortales".

975 BOLLING, George Melville, "The Etymology of ΙΧΩΡ", en *Language*, n° 21, vol. 2, abril-junio de 1945, pp. 49–54.

976 FICINO, Marsilio, *Tres libros sobre la vida*, en FICINO, Marsilio *Tres libros sobre la vida* y CORNARO, Luigi, *De la vida sobria*, VILLANUEVA SALAS, Mariano (trad.), Madrid, Asociación Española de Neuropsiquiatría, 2006, p. 25.

977 *cf.* LORAUX, Nicole, "Le corps vulnérable d'Arès", en MALAMOUD, Charles y VERNANT Jean Pierre (dirs.), *Corps des dieux*, Paris, Gallimard, 2003, pp. 335–354; HOMERO, *Ilíada*, libro V, v. 343.

978 *cf.* KLEINLOGEL, Alexander, "Götterblut und Unsterblichkeit. Homerische Sprachreflexion und die Probleme epischer Forschungsparadigmata", en *Poetica*, XIII, fasc. 3–4, 1981, pp. 252–279, especialmente pp. 268–273.

sólido[979]; en cambio, el néctar (νέκταρ) sería un licor quintaesencial suavísimo, la bebida, el perfume o el bálsamo de las divinidades, de tono rojizo[980]. Este paralelismo entre lo olímpico y lo epicúreo que postulamos abarca, entonces, no sólo lo corporal sino también lo alimentario – el néctar (quizás hidromiel) y la ambrosía – como ingredientes que preservan de la muerte[981], que dotarían a los dioses de un esplendor inalterable[982]. Debemos insistir, no obstante, en que esa recuperación de los dioses tradicionales se produce tras su inserción racionalizada no utilitarista en los esquemas de la física[983], de manera que la crueldad o arbitrariedad olímpica desaparece y sólo queda la gran felicidad riente. El interés por la racionalización de la tradición mítica y olímpica, aparejada con el restablecimiento de lo divino natural material en Epicuro, lo anota el estudioso Trazza[984] muy sugeridoramente, y también lo señala García Gual[985] con gran agudeza.

---

979 SUIDAS, ADLER, Ada (ed.), *Suidae Lexicon, A-G,* München, K.G. Saur, 2001, *s. u.* ἀμβροσία "ξηρὰ τροφή", 1537, p. 137.

980 *cf.* SMITH, William George, *A Dictionary of Greek and Roman Biography and Mythology,* New York, AMS Press, 1967, *s. u.* νέκταρ.

981 *cf.* ROSCHER, Wilhelm Heinrich. *Nektar und Ambrosia. Mit einem. Anhang ueber die Grundbedeutung der Aphrodite und Athene / von Wilhelm H. Roscher.* Leipzig, Teubner, 1883, pp. 13–73; *cf.* RUCK, Carl y STAPLES, Danny, *The World of Classical Myth, Gods and Goddesses, Heroines and Heroes.* Durham, NC: Carolina Academic Press, 1994, pp. 25 y ss.; RUCK, Carl, Apéndice: Enteógenos, en WASSON, R G, HOFMANN, Albert, RUCK, Carl A. P., *El Camino a Eleusis: una solución al enigma de los Misterios,* GARRIDO, Felipe (trad.), Madrid, Fondo de Cultura Económica, 1994, pp. 234–235; Onians vincula la ambrosía con ἄλειφαρ, que está relacionado con el aceite de la unción, ungüento, grasa, y tiene una función sacrificial, siendo su complementario divino. De hecho, este estudioso une la unción y el aceite, viscoso, de alguna consistencia, con la fuerza, el fluido fecundante que da testimonio de vida. En cambio, el néctar sería el elemento acuoso de la vida, *cf.* ONIANS, Richard Broxton. *The Origins of European Thought About the Body, the Mind, the Soul, the World, Time, and Fate,* Cambridge, University Press, 1951, p. 292 y ss.; FERNÁNDEZ URIEL, Pilar, *Dones del cielo: abeja y miel en el Mediterráneo antiguo,* Madrid, Universidad Nacional de Educación a distancia, 2011, p. 99–109.

982 *cf.* BALLABRIGA, Alain, "La nourriture des dieux et le parfum des déesses [A propos d'Iliade, XIV, 170–172]", en *Mètis. Anthropologie des mondes grecs anciens,* vol. 12, 1997, pp. 119–127.

983 SHAKHNOVICH, Marianna, "Theological paradox in Epicurus", en GORDON, SUITS, *Epicurus, op. cit.,* pp. 157–165, concretamente pp. 162–163: "Epicurus thought that the gods of traditional religion were fictitious, and he proclaimed the falsity of Olympic mythology, but it was impossible for him not to admire the images of the gods, in which beauty, wisdom and kindness were embodied. (...) their gods differ from the gods of the other ancient philosophers. They play the role of ethico-aesthetical ideal".

984 *cf.* TREZZA, G., *Epicuro e l'epicureismo,* Milano, U. Hoepli, 1883, pp. 62–63.

985 *cf.* GARCÍA GUAL, *Epicuro, op. cit.,* p. 169: "El politeísmo estaba, acaso, apoyado en la 'opinión común', esa koiné nóesis consensuada universalmente, mientras que

En todo caso, debemos volver a recordar todavía el hecho de que las divinidades de Epicuro no son absolutas ni eternas, sino meramente inmortales, cosa no menor; respecto a esta faceta cabe vincularlos nocionalmente con la tradición olímpica de la Estigia y los juramentos, habida cuenta de que el ὅρκος, en tanto que fe jurada que tiene una fuerza vinculante, obliga y afecta a los mismísimos dioses, según indica Bollack[986]. Con esto queremos significar el carácter en alguna medida subyugado y no absoluto de los dioses olímpicos, en una sugerente correlación con los de Epicuro, con las reservas pertinentes.

Es necesario insistir todavía en el fundamento común[987] entre lo material corpóreo (burdo o sutil) humano y lo material corpóreo (sutil) divino. Otto subraya con gran acierto esa evidencia de corte tradicional respecto a que los dioses tienen materia y cuerpo, al igual que lo hace Vernant[988], quien pone de manifiesto sobre

---

esa misma opinión sustentaba también la apariencia humana de los dioses. Epicuro enlaza aquí con la religión tradicional; sus dioses son las figuras idealizadas de los olímpicos, aunque admitía muchos más dioses, indeterminados, en otros pueblos, y en otros mundos".

986 *cf.* BOLLACK, Jean, REYES, Patricia (trad.), *La Grecia de nadie: las palabras dentro del mito*, México, D. F., Siglo Veintiuno Editores, 1999, p. 335 [ed. orig. *La Grèce de personne: les mots sous le mythe*, Paris, Éditions du Seuil, 1997].

987 *cf.* OTTO, Walter, F., LASSMANN, Erich (trad.), *Epicuro*, Madrid, Sexto Piso editorial, 2006, [ed. orig. *Die Wirklichkeit der Götter: von der Unzerstörbarkeit griechischer Weltsicht*, Reinbeck bei Hamburg, Rowohlt, 1963, capítulo "Lust und Einsicht: Epikur"], pp. 84–85: "Los griegos consideraban que las formas de los dioses no eran esquemas inmateriales, sino formas plenas de corporeidad. (...) Epicuro piensa que la diferencia entre la corporeidad de los dioses y la de los humanos reside en el tipo de materia que las constituye, pues la divina está compuesta por los átomos más finos y puros del universo. Esto hace que los dioses estén capacitados para evadir lo efímero, ya que su constitución atómica o su favorable posición en el universo los protege".

988 VERNANT, Jean Pierre, "Corps obscur, corps éclatant", en MALAMOUD, VERNANT, *op. cit.*, pp. 19–58 y, para la cita, pp. 20–21, 23, 24, respectivamente: "Le corps des dieux. En quoi cette expression, pour nous, fait-elle problème? Des dieux qui ont un corps, des dieux anthropomorphes, comme ceux des Grecs anciens, peut-on les tenir vraiment pour des dieux? [...] Pour se représenter les dieux, les Grecs leur auraient-ils vraiment attribué la forme d'existence corporelle qui est propre à toutes les créatures périssables, vivant ici-bas, sur cette terre? Poser la question en ces termes ce serait admettre, au départ, que 'le corps' constitue pour les humains une donnée de fait, d'évidence immédiate, une 'réalité' inscrite dans la nature et sur laquelle il n'y a pas lieu de s'interroger. La difficulté, dans le cas des Grecs, viendrait seulement de ce qu'ils semblent avoir projeté la notion de corps sur des êtres qui, en tant que divins, se situent en dehors de sa sphère d'application légitime puisqu'ils sont, par définition, surnaturels, qu'ils appartiennent à l'autre monde, à l'au-delà. [...] [À] l'âge archaïque la 'corporéité' grecque ignore encore la distinction âme-corps; elle n'établit pas non plus entre nature et surnature une coupure radicale. Le corporel chez l'homme recouvre aussi bien des réalités organiques, des forces vitales, des activités psychiques, des inspirations

la Grecia arcaica el hecho de que no se percibía una escisión entre lo material y lo inmaterial y por ello era posible hablar de dioses corpóreos; nosotros pensamos que Epicuro siente la necesidad acuciante de recuperar, racionalizada, esa intuición arcaica, sana, viva y natural, de forma que nada queda fuera – especialmente por encima – de la φύσις o, al menos, del todo.

2.5. Tacto, conocimiento y evidencia

En otro orden de cosas, debemos ahora tratar la evidencia de la existencia divina, que se funda en el tacto como sensación y contacto material. Dice Epicuro que "los dioses, en efecto, existen, pues su identificación es clara". Los dioses, como se dice en griego, son y están, existen. Su γνῶσις, conocimiento o percepción consciente, la conciencia o saber sobre ellos que los seres humanos tenemos, resulta ἐναργής, lo cual, según Frisk[989] y Mülder (para el uso homérico)[990], remite a lo que se halla en vivo, en presencia esplendente y, por generalización, lo manifiesto, evidente y de claridad meridiana (por conservar la nota lumínica) para la razón. En ningún caso tal noción puede ser de claridad meridiana si no deriva de la materialidad, es decir, debida a afección o contacto, esto es, por sensación.

Según el samio, de hecho, todas las sensaciones son verdaderas y ellas solas se alzan como única fuente de conocimiento, tal como transmite Diógenes Laercio[991]. El conocimiento deriva de la experiencia o, por mejor decir y casi[992] exclusivamente, de los sentidos cuyos datos perceptivos sistematizados constituyen sensación (αἰσθήσεις), que, deviene objeto de consideración racional en términos

---

ou influx divins. Le même mot peut se référer à ces différents plans; par contre il n'y a pas un terme désignant le corps comme unité organique servant de support à l'individu dans la multiplicité de ses fonctions vitales et mentales. [...] Tant que l'homme est vivant, c'est-à-dire habité de force et d'énergie, traversé de pulsions qui le meuvent et l'émeuvent, son corps est pluriel".

989 *cf.* FRISK, *Griechisches*, *op. cit.*, *s.u.*

990 MÜLDER, Dietrich, "Götteranrufungen in Iliad und Odyssee", en *Rheinisches Museum für Philologie*, vol. 79, 1930, [segunda parte, continuación de vol. 78, 1929, pp. 35–53], pp. 7–34, especialmente pp. 29 y 30.

991 DIÓGENES LAERCIO, *Vidas de los filósofos ilustres*, X, 32 y 33, en GARCÍA GUAL, *op. cit.*, p. 524: "Toda sensación -afirma- es irracional e incapaz de memoria. Pues ni se mueve por sí misma ni, movida por otro, es capaz de añadir o quitar nada. Tampoco hay nada que pueda refutarlas. (...) Y la existencia de percepciones efectivas garantiza la verdad de las sensaciones; pues tan efectivamente existe el hecho de que nosotros vemos y oímos como el hecho de que sentimos dolores. Por lo tanto también es preciso que nuestras inferencias sobre las cosas trascendentes procedan del ámbito de los fenómenos. Y desde luego todas las nociones tienen su origen en las sensaciones y se forman por coincidencia y analogía y semejanza y composición, colaborando en algo también el razonamiento. (...) ".

992 El conocimiento de lo divino deriva de lo empírico-experiencial pero no de los sentidos, según se explica más abajo.

judicativos-emotivos-morales (πάθη, como pasiones o sentimientos de placer / dolor) a la hora de dictaminar cursos de pensamiento u acción.

Si entendemos cabalmente la tesis epicúrea, la cognición se origina de las imágenes que son emanadas por cuerpos compuestos, si bien los átomos en solitario no las provocan; entre los compuestos los hay inertes y otros vivos plenamente; se hallan, entre los vivos, los animales, y, muy especialmente, los hombres y los dioses; por lo que hace a los dioses, éstos también emitirán imágenes, si bien éstas, aunque sean emitidas por complejos atómicos vivos no son vivas a ningún respecto[993], como no lo es la piel que se desprende de la serpiente, por así decir. Igualmente, y según anota Lemke[994], esas imágenes o εἴδωλα padecen un proceso de mengua (συνίζησις) que también también las afecta conforme se distancian de su cuerpo dimanante[995]. Importa recalcar que las imágenes no pueden emitir imágenes[996], que son reproducciones perfectas bidimensionales de ser u objeto tridimensional[997], por lo que no es posible que la acumulación de imágenes de dioses les acabe dando corporeidad material plena[998], visible y tridimensional, como quiere Philippson, a partir de un pasaje de Epicuro[999].

993 BAILEY, *Greek atomists, op. cit.*, p. 458: "the 'idol', not now living but inanimate, flies off to become in the mind of men an 'image' of the divine form".

994 LEMKE, *Theologie, op. cit.*, p. 26; también pp. 7–8 y n. 29.

995 *cf.* BAILEY, *Greek atomists, op. cit.*, p. 408: "Neither Epicurus nor any of his followers deals with the problem how a film could come off a body of three dimensions without a break at some point. Possibly their answer would have been that we never see all the sides of a body at once, and the image is only that of the surfaces exposed to our view". Como bien nota Bailey, resulta espinoso.

996 Las réplicas finísimas se forman por emanaciones (ἀποστάσεις) o aflujos / efluvios (ἀπόρροιαι) semejantes a esos sólidos en la envoltura (τῷ περιέχοντι) de éstos, que constituyan una reproducción con superficies cóncavas y delgadas que preserve la misma disposición y sucesión atómica que el compuesto sólido y carezca, empero, de profundidad (διὰ τὸ μὴ δεῖν κατὰ βάθος τὸ συμπλήρωμα γίνεσθαι); *cf.* EPICVRVS *Epistula ad Herodotum*, 48:6–7, en ARRIGHETTI, *op. cit.*, p. 45.

997 KLEVE, Knut, *Gnosis theon: die Lehre von der natürlichen Gotteserkenntnis in der epikureischen Theologie: Ausgangspunkt der Studie, Cicero, De natura deorum I*, Osloae, in aedibus universitetsforlaget, 1963, p. 15: "Aber im Gegensatz zum dreidimensionalen Objekt, fehlt es den Bildern an Tiefe; ein Bild gibt nur, die *eine* Seite des Objekts wieder, nämlich die Seite, von der es ausströmt".

998 *cf.* PHILIPPSON, Robert, "Zur epikureischen Götterlehre", en *Hermes. Zeitschrift für klassiche Philologie*, n° 51, 1916, pp. 568–608, reimpreso en PHILIPPSON, Robert, SCHMID, Wolfgang, CLASSEN, Carl Joachim, (eds.), *Studien zu Epikur und den Epikureern*, Hildesheim, Olms, 1983, pp. 90–131, concretamente p. 91.

999 *cf.* EPICURO, *Carta a Heródoto*, en VARA, *op. cit.*, p. 56: "A los sueños no les corresponde una naturaleza divina ni capacidad profética, sino que son producidos por una afluencia de imágenes. Y la impresión que recojamos, en nuestras apreciaciones mediante un acto discursivo o mediante los órganos sensoriales, bien de la forma de los cuerpos o bien de sus accidentes, esa forma pertenece al cuerpo sólido si se produce en plena adecuación al grosor que viene del cuerpo, pero en

Con racionalismo, Epicuro sostiene – creemos – que la captación de los dioses no se da por vía sensorial directa, por abstracción de lo sensorial (λογισμός), sino mediante la διάνοια y su atención, dada su naturaleza especialmente sutil. Así, pues, existe una noción común (κοινὴ νόεσις) de lo divino, inscrita, apostilla Cicerón, de modo natural y universal en la mente[1000] de todos – hay *consensus omnium* –, grabada por intuición repetida, sin el concurso de la tradición o el adoctrinamiento[1001].

Se trata de una πρόληψις, una noción primaria y clara, una anticipación[1002], que no ha de ser mezclada con prejuicios, falsas suposiciones (ὑπολήψεις ψευδεῖς[1003]) u otras opiniones populares (τὰς τῶν πολλῶν δόξας[1004]), ajenas o contrarias a esa noción, que alterarían destructivamente esa importantísima información[1005].

Las imágenes divinas son objeto de la φανταστικὴ ἐπιβολή[1006], o sea, de la aplicación psíquica o enfoque o tendencia hacia (atención) imaginativa en tanto es generadora de imágenes, esto es, representativa, en el sentido de imaginativa, es decir, con la capacidad de hacerse presente o algo ausente o también presente, en la que puede participar la información sensorial o, en ausencia de ésta por superación de

---

otro caso, esto es, si se produce mengua de la forma en comparación con el grosor del cuerpo sólido, entonces esa forma pertenece a la imagen del cuerpo sólido".

1000 KONSTAN, David, "Epicurus on the gods", capítulo IV, en FISH, SANDERS, *op. cit.*, pp. 53–71, concretamente pp. 69–71: "the images of the gods that early people perceived, whether awake or asleep, were clear enough, but were already overlaid by interpretation and hence were vulnerable to error. The prolêpsis of the gods' indestructibility is formed, rather, in tandem with that of their perfect tranquillity or blessedness, directly on the evidence of (mental) perception. (...) the material existence of indestructible gods is consistent with Epicurean atomism, and that it is possible to explain how a prolêpsis of their immortality can arise, based on repeated images impinging on our senses, or rather, in this case, directly on the mind".

1001 *cf.* CICERÓN, *Sobre la naturaleza de los dioses*, I, 16, 43, en ESCOBAR, *op. cit.*, p. 106: "sólo él ha visto que los dioses tienen que existir, en primer lugar, por el hecho de que la propia naturaleza ha grabado su idea en el espíritu de cada uno".

1002 CICERÓN, *Sobre la naturaleza de los dioses*, I, 17, 44, en ESCOBAR, *op. cit.*, pp. 107–108: "ya que nuestra creencia no ha llegado a establecerse gracias a ningún tipo de tradición, costumbre o ley, y ya que se mantiene en esto un firme acuerdo por parte de todos, necesariamente habrá que entender que los dioses existen, puesto que tenemos de ellos un conocimiento interior o, mejor aún, innato. Por lo demás, ha de ser verdadero, por necesidad, aquello en lo que la naturaleza de todos está de acuerdo; debe reconocerse, por tanto, que los dioses existen. Ya que esto lo aseguran prácticamente todos – no sólo los filósofos, sino también los indoctos –, demos, asimismo, por seguro lo de que tenemos esa 'intuición' (*anticipationem*) -como antes dije- o preconcepción de los dioses (*praenotionem deorum*)".

1003 EPICVRVS, *Epistula ad Menoeceum*, 124, en ARRIGHETTI, *op. cit.*, p. 109.

1004 EPICVRVS *Epistula ad Menoeceum*, 123, en ARRIGHETTI, *op. cit.*, p. 109.

1005 *cf.* MÉNDEZ LLORET, Isabel, "La teología epicúrea", en *op. cit.*, pp. 33–52, especialmente, pp. 40–41.

1006 EPICURO, *Carta a Heródoto*, 51, en VARA, *op. cit.*, p. 57: "aprehensión imaginativa".

sus umbrales sensitivos, la derivación analógica a partir de los primeros principios, que tanta importancia tiene para Epicuro.

Nosotros creemos que el proceso epistemológico que acontece respecto a lo divino no es de tipo inferencial, como apuntan Moreau[1007] y Wifstrand Schiebe[1008], sino intelecto-perceptivo, cosa a la que parece apuntar Sexto Empírico en un pasaje: "Éstos [los epicúreos], al contrario, replican (...) afirmando que el origen de la noción de la existencia de dios se encuentra efectivamente en las apariciones que se presentan en sueños o en la contemplación de los fenómenos del universo, mientras que la idea de que el dios es eterno, incorruptible y perfecto en su felicidad vino por inferencia a partir de los hombres"[1009].

Los dioses, al tratarse de seres corpóreos tridimensionales muy sutiles[1010], están en continua emisión de imágenes [*imagines* / *simulacra* / εἴδωλα] a partir de sus componentes sutilísimos y pequeños[1011] (según reporta Cicerón[1012]), debido al desprendimiento superficial a partir de sus propios cuerpos, si bien tiene lugar una reposición atómica. Las imágenes divinas son livianas efigies o películas de los seres, las cuales no son sensibles (visibles, audibles, tangibles, degustables o olfactibles). Sin embargo, los propios dioses instilan naturalmente esas imágenes en las mentes

---

1007 *cf.* MOREAU, Joseph, "Épicure et la physique des dieux", en *Revue des Études anciennes*, LXX, 1968, pp. 286–294; posteriormente [se cita por] MOREAU, Joseph, *Stoïcisme. Épicurisme. Tradition hellénique*, Paris, J. Vrin, 1979, pp. 129–138, concretamente pp. 130–131.

1008 *cf.* WIFSTRAND SCHIEBE, Marianne, "Sind die epikureischen Götter 'thought-constructs'?", en *Mnemosyne*, n° 56, 2003, pp. 703–727, concretamente pp. 718, 722–723.

1009 SEXTO EMPÍRICO, *Contra los físicos I = Contra los dogmáticos III = Adversus mathematicos*, IX, 45, en MARCOS MONTIEL, *op. cit.*, p. 412.

1010 MANSFELD, Jaap, "Aspects of Epicurean theology", en *Mnemosyne*, n° 46, fasc. 2, 1993, pp. 172–210, concretamente pp. 208–210: "[aludiendo a AËTIVS, *De placitis*, I, 7, 34, en DIELS, *Doxographi*, *op. cit.*, p. 306 l. 15 – p. 307 l. 3] the nature of the images consists of very fine particles [διὰ τὴν λεπτομέρειαν τῆς τῶν εἰδώλων φύσεως] (...) all the gods without exception are seen by reason, which in this case means immediately apprehended by the mind not the senses. They are not grasped the way they are grasped by means of inference but on materialistic grounds only, viz because of the smallness of the particles of which their images are composed (...) Reflection on this special kind of perception [la intelectual] and this particular kind of image-stream allows us to infer that the gods themselves, whom we vividly know to be indestructible and blessed beings, must forever be sustained by streams of most similar aggregates of very fine corpuscles (called 'images' because of this particular structure), which arise from the infinitely many atoms". Nosotros creemos que, en el caso de los dioses, y siendo la psique un cuerpo, no es necesario distinguir entre el cuerpo sutil y cuerpo burdo en los dioses o de 'body and soul'. Coincidimos parcialmente con el autor.

1011 *cf.* MANSFELD, Jaap, "Aspects of Epicurean theology", en *op. cit.*, pp. 172–196.

1012 *cf.* CICERÓN, *Sobre la naturaleza de los dioses*, I, 19, 49, en ESCOBAR, *op. cit.*, pp. 110–111.

humanas[1013], en virtud del antedicho enfoque racional representativo o atención intelectual imaginativa, ya que las réplicas, de "de tan delgadas que son, si no es a las que atiende con agudeza, no es capaz el ánimo de verlas"[1014], como magistralmente poetiza Lucrecio[1015], y observa, todavía en latín, el estudioso decimonónico Schoemann[1016], en una refacción a partir del poeta romano[1017].

Esos simulacros tienen aspecto antropomorfo y se presentan a la conciencia del que duerme y a la del que vela[1018]. Así las cosas, la posibilidad representativa de los dioses en los humanos depende, en efecto, de su existencia fáctica, y no al contrario. Esto es, los seres humanos tenemos idea de los dioses porque existen, y no existen porque tengamos idea de ellos[1019]. De acuerdo con esto y habida cuenta de que los sueños carecen de naturaleza profética y no son más que producto de afluencia de imágenes[1020], sostiene el estudioso Giannantoni la materialidad de los dioses "come composti atomici (sia pure di natura un po' speciale)"[1021].

1013 *cf.* DIÓGENES LAERCIO, *Vidas de los filósofos ilustres*, X, 139, Máxima I, escolio, en GARCÍA GUAL, *op. cit.*, p. 566: "En otros lugares dice (Epicuro) que los dioses son cognoscibles por la razón, presentándose los unos individualmente, otros en su semejanza formal, a partir de la continua afluencia de imágenes similares que constituyen el mismo objeto, en forma humana"; *cf.* CICERÓN, *Sobre la naturaleza de los dioses*, I, 19, 49, en ESCOBAR, *op. cit.*, p. 110: "la condición natural de los dioses es tal que, para empezar, no puede discernirse mediante la sensación, sino mediante la mente".

1014 LUCRECIO, *La naturaleza*, IV, vv. 802–803, en SOCAS, *op. cit.*, p. 304: "*et quia tenvia sunt, nisi quae contendit, acute / cernere non potis est animus*".

1015 LUCRECIO, *La naturaleza*, VI, vv. 76–79, en SOCAS, *op. cit.*, p. 402: "las representaciones que desde su cuerpo santo cayeron sobre las mentes de los hombres como mensajeras de la forma divina podrás acogerlas en la tranquila paz de tu corazón".

1016 SCHOEMANN, *De Epicuri theologia*, *op. cit.*, pp. 4–5, incluido en SCHOEMANN, *op. cit.*, pp. 336–359. Se cita por la primera: "*Epicurus autem deorum notionem non aliunde quam ab imaginibus quibusdam divinis in animos hominum illapsis derivari posse statueret.* (...) *Constare autem has imagines censebant atomis sive individuis corpusculis longe subtilissimis et quolibet vel tenuissimo corpore ex eorum genere, quae manibus tangi possunt, longe tenuioribus, et esse earum alias, quae oculos lacesserent et hinc ad animum deferrentur, alias autem, quae oculis quidem non percipierentur, sed propter summam tenuitatem ad ipsum statim animum perlaberentur*".

1017 LVCRETIVS BAILEY, *op. cit.*: "*quippe etenim multo magis haec sunt tenvia textu / quam quae percipiunt oculos visumque lacessunt, / corporis haec quoniam penetrant per rara cientque /tenvem animi naturam intus sensumque lacessunt*".

1018 CICERÓN, *Sobre la naturaleza de los dioses*, I, 18, 46, en ESCOBAR, *op. cit.*, p. 109.

1019 No obstante, esta argumentación recuerda al círculo vicioso, como ocurre en las críticas al antropomorfismo divino de Jenófanes, *uid. infra.*

1020 *cf.* EPICURO, *Sentencia vaticana* 24, en VARA, *op. cit.*, p. 100: "A los sueños no les corresponde una naturaleza divina ni capacidad profética, sino que son producidos por una afluencia de imágenes".

1021 GIANNANTONI, Gabriele, "Epicuro e l'ateismo", en GIANNANTONI, GIGANTE, *op. cit.*, vol. I, pp. 21–63, p. 27.

2.6. El placer y la felicidad divinos

Una vez exploradas la corporeidad material y la evidencia cognoscitiva respecto a los dioses, resulta clave, para tratar su faceta terapéutica, entender el placer y la felicidad divinas, en los cuales están implicados también la sensación y sensibilidad, tal como indica Essler, aduciendo a Filodemo[1022].

El contacto se basa en la materialidad y de él depende la sensación, que a su vez deriva en placer o dolor, siendo la ἡδονή el criterio y finalidad última, según señala el filósofo samio[1023]. Con su cuerpo[1024], las divinidades son activamente felices[1025] en grado sumo, como indica Epicuro y también Lucrecio, que anota nuevamente el gozo y la ausencia de dolor[1026]. Ellos sólo asimilan, viven y piensan lo placentero o provechoso, dada la correlación entre lo erróneo y oscuro con lo infeliz e, inversamente, entre lo exacto y lo benéfico[1027]. Los θεοι están "familiarizados en todo momento con sus propias virtudes, aceptan a los que son iguales a ellos, considerando cosa extraña todo lo que no es así"[1028]. El que conoce la naturaleza de los dioses y vive de acuerdo con ella es un sabio y virtuoso, conviertiéndose, por ende, amigo de los dioses, como se indica más abajo.

El placer de los dioses es, primeramente, al igual que para los hombres, la ἀπονία, esto es, la *indolentia*, puesto que "todo lo que hacemos lo hacemos por esto, para no

---

1022 ESSLER, *Glückselig und unsterblich*, *op. cit.*, p. 231: "Ein wichtiges Argument für die Körperlichkeit der Götter ergibt sich daraus, dass ihnen die Epikureer auch gegen Einwände anderer sowohl Wahrnehmung auch Lust zuschreiben".

1023 EPICURO, *Carta a Meneceo*, 129, 131, en VARA, *op. cit.*, p. 90: "todo bien y todo mal radica en la sensación" [...] "todo gozo es cosa buena, por ser de una naturaleza afín a la nuestra (πᾶσα οὖν ἡδονὴ διὰ τὸ φύσιν ἔχειν οἰκείαν ἀγαθόν)" [...] "el gozo es el fin primordial (ἡδονὴν τέλος ὑπάρχειν)".

1024 FILODEMO DE GÁDARA, col. 5, l. 130–144, en OBBINK, *On piety*, *op. cit.*, p. 115: "they say this to be the greatest proof that the person who conceives the divine as bodily in nature eliminates the divine from existing things". *Vid.* las notas a la columna y líneas correspondientes, a partir de la p. 292 y ss., donde el editor dice explícitamente: "Corporeal sensation was regularly included as an attribute of the gods in Epicurean accounts as part of their thoroughgoing anthropocentrism".

1025 EPICURO, *Carta a Meneceo*, 123, en VARA, *op. cit.*, 1995, p. 87: "no le apliques [a la idea de dios] ningún concepto extraño a su inmortalidad ni ninguno impropio de su felicidad".

1026 LUCRECIO, *La naturaleza*, I, vv. 44–49, II, vv. 1093–1094, en SOCAS, *op. cit.*, p. 123 y pp. 219–220, respectivamente: "es forzoso que por sí solo el ser de los dioses, en la mayor paz disfrute (*fruatur*) de una existencia sin muerte, apartado de nuestras cosas y separado lejos; porque libre de todo dolor (*privata dolore omni*), libre de pruebas, capaz por sí solo gracias a sus recursos, en nada necesitado de nosotros"; "llevan una existencia apacible (*placidum aevom*) y una vida sosegada (*vitamque serenam*)".

1027 *cf.* SCHMID, Wolfgang, "Götter und Menschen in der Theologie Epikurs", en *Rheinisches Museum für Philologie*, nº 94, 1951, pp. 97–156, concretamente pp. 108–115.

1028 EPICURO, *Carta a Meneceo*, 124, en VARA, *op. cit.*, p. 88.

sentir dolor ni temor"[1029] y buscamos "la salud del cuerpo (τὴν τοῦ σώματος ὑγίειαν) y (...) la imperturbabilidad del alma (τὴν τῆς ψυχῆς ἀταραξίαν), ya que éste es el fin de una vida dichosa (τοῦ μακαρίως ζῆν ἐστι τέλος)[1030]. Entre los placeres, el psíquico es más estable, suave y dulce que el cárnico, por lo que los καταστηματικαί ἡδοναί se consideran más nobles que los otros y por ello son propios del sabio[1031] y del dios, que se complace en sus propios disfrutes[1032], psíquicos[1033].

Repletos de bienes[1034], cuyo culmen[1035] poseen, los dioses están máximamente activos para el placer y desocupados de obligaciones. Felices[1036], no son contemplativos, aunque Mondolfo[1037] pusiera de manifiesto algunas importantes convergencias entre la concepción epicúrea y la aristotélica sobre la divinidad, las cuales fueron

---

1029 EPICURO, *Carta a Meneceo*, 128, en VARA, *op. cit.*, p. 89.

1030 EPICURO, *Carta a Meneceo*, 128, en VARA *op. cit.*, p. 89.

1031 *cf.* PLUTARCO, *Sobre la la imposibilidad de vivir placenteramente según Epicuro*, 1089 A9 - B2, en MARTOS MONTIEL, *op. cit*, p. 166: "el sabio se diferencia especialmente por eso, por recordar con claridad y conservar en sí las imágenes, sensaciones y movimientos relacionados con los placeres (περὶ τὰς ἡδονὰς φάσματα καὶ πάθη καὶ κινήσεις), [de modo que] están recomendando algo digno de la sabiduría cuando dejan que permanezcan en el alma del sabio".

1032 *cf.* CICERÓN, *Sobre la naturaleza de los dioses*, I, 19, 51 y I, 20, 53, en ESCOBAR, *op. cit.*, pp. 112–113: "Está claro que no puede imaginarse nada más apacible, ni más abundante en todo tipo de bienes, que una vida como ésa. Y es que la divinidad no hace nada, no se halla inmersa en ocupación alguna, no se esfuerza en trabajo alguno, se complace en su propia sabiduría y virtud, y tiene la seguridad de que siempre disfrutará de placeres sumamente intensos y, además, eternos. (...) Nosotros, por nuestra parte, basamos una vida apacible en el sosiego del espíritu y en la ausencia de todo quehacer".

1033 *cf.* FILODEMO DE GÁDARA, DIELS, *Götter*, *op. cit.*, p. 45. frag. 7, l. 12: "συμπεπλερωμένον πᾶσι τοῖς ἀγαθοῖς".

1034 *cf.* KLEVE, Knut, "Epicurean Theology", en *op. cit.*, pp. 249–266, concretamente p. 250; *cf.* también FILODEMO DE GÁDARA, DIELS, *Götter*, *op. cit.*, p. 45, frag. 7, l. 12: "συμπεπλερωμένον πᾶσι τοῖς ἀγαθοῖς".

1035 *cf.* FILODEMO DE GÁDARA, DIELS, *Götter*, *op. cit.*, p. 22, col. 2, ll. 26–28: "ἀλλὰ πάντες τε καὶ πᾶσαι τὴν ἀυπέρεκτον ἀκροτητ' ἔχουσιν"; también p. 51, frag. 39 d, ll. 6–8: "παντας ἀπαντ'ἔχειν τἄγαγά".

1036 LEMKE, *Theologie*, *op. cit.*, p. 103: "Die Götter Epikurs sind die ideale Verwirklichung des Eudämoniegedankens, der seine ganze Philosophie beherrscht. Sie leben auf ewig in stetem Glück, haben keine Sorgen und bereiten auch anderen keine. Sie sind das Vorbild für den Menschen, der die Eudämonie sucht".

1037 *cf.* MONDOLFO, *Infinito*, *op. cit.*, parte IV, 'La infinitud de las magnitudes extensas (universo y espacio) y la infinitud de la potencia universal divina', cap. XV "Los motivos ideológicos de la limitación en Aristóteles. La unidad y la pluralidad cósmica y divina. Tránsito a la teología epicúrea", pp. 457–467.

recogidas por Merlan[1038] o Acosta[1039] y que aparecen en los aristotélicos *Metafísica*[1040], *Acerca del cielo*[1041] y en la *Ética a Nicómaco*[1042], respectivamente.

Los dioses de Epicuro se muestran activamente placientes y complacidos; tal como indica Festugière, son divinidades que:

> "no causan mal. Dioses que no son malévolos. Dioses que no están vigilando continuamente nuestros menores gestos para ver si no sobrepasamos la medida, la estrecha medida impuesta al hombre, ni espiando nuestros menores deslices para abatirnos, seguros, por lo demás, de que un día caeremos en sus manos y podrán satisfacer su venganza. Dioses, en fin, sin celos y sin odio. Tal la buena nueva que traía Epicuro al mundo, con una insistencia en que acaso haya de verse el recuerdo de una angustia personal de la cual se habría liberado paulatinamente, y del que anhelaba ahora liberar al resto de los hombres"[1043].

1038 *cf.* MERLAN, Philip, "Aristoteles und Epikurs Müssige Götter", en *Zeitschrift für Philosophische Forschung*, nº 21, vol. 4, 1967, pp. 485–498, concretamente, pp. 487 y 493.

1039 ACOSTA MÉNDEZ, Eduardo, "Sobre algunos planteamientos ético-teológicos en Aristóteles y Epicuro", *Anuario de Filología*, Universidad de Barcelona, nº 7, 1981, pp. 9–48 y, más concretamente, pp. 21–48.

1040 ARISTÓTELES, *Metafísica*, lib. XII, cap. 7, 1072b 14–31, en CALVO, Tomás (ed., trad.), *op. cit.*, p. 487–488: "De un principio tal penden el Universo y la Naturaleza. Y su actividad es como la más perfecta que nosotros somos capaces de realizar por un breve intervalo de tiempo (él está siempre en tal estado, algo que para nosotros es imposible), pues su actividad es placer (por eso el estar despierto, la sensación y el pensamiento son sumamente placenteros, y en virtud de éstos lo son las esperanzas y los recuerdos)".

1041 *cf.* ARISTÓTELES, *Acerca del cielo*, lib. I, sec. 9, 279a 18 y ss., en CANDEL, *op. cit.*, p. 88: "Por eso las cosas de allá (arriba) no están por su naturaleza en un lugar, ni el tiempo las hace envejecer, ni hay cambio alguno en ninguna de las cosas situadas sobre la traslación más externa, sino que, llevando, inalterables e impasibles, la más noble y autosuficiente de las vidas, existen toda la duración (del mundo)".

1042 *cf.* ARISTÓTELES, *Ética nicomáquea*, VII, sec. 14, 1154b 26–28, X, cap. 8, 1178 b 9 y ss., X, cap. 8, 1179 a 22 y ss., en LLEDÓ, PALLÍ, *op. cit.*, pp. 321, 399–400, 402: "Dios se goza siempre en un solo placer y simple, pues no sólo existe una actividad del movimiento sino también de la inmovilidad, y el placer reside más en la quietud que en el movimiento"; [...] "Consideramos que los dioses son en grado sumo bienaventurados y felices, pero ¿qué género de acciones hemos de atribuirles? (...) la actividad divina que sobrepasa a todas las actividades en beatitud, será contemplativa"; [...] "el que procede en sus actividades de acuerdo con su intelecto y lo cultiva, parece ser el mejor dispuesto y el más querido de los dioses. En efecto, si los dioses tienen algún cuidado de las cosas humanas, como se cree, será también razonable que se complazcan en lo mejor y más afín a ellos (y esto sería el intelecto), y que recompensen a los que más lo aman y honran, como si ellos se preocuparan de sus amigos y actuaran recta y noblemente".

1043 FESTUGIÈRE, A. J., SIGAL, León (trad.), *Epicuro y sus dioses*, Buenos Aires, EUDEBA, 1963 [ed. orig. *Épicure et ses dieux*, Paris, PUF, 1946], "Epicuro y la religión astral", p. 40.

2.7. Antropomorfismo divino: introducción

De acuerdo con el filósofo samio, los dioses son antropomorfos, tienen forma humana, cosa que provoca ciertas críticas (Cota) y refutaciones (Veleyo), las cuales se nos han transmitido en el diálogo ciceroniano sobre la naturaleza divina.

Por su parte, las críticas tienen que ver con la posesión divina de pies, lengua, dientes, paladar, corazón, pulmones e hígado, cabeza o muslos, entre otros[1044], todo lo cual se considera mitológico[1045] e inconsistente[1046]. Según reporta Filodemo de Gádara – que conviene leer con prudencia, empero – los dioses cuentan con sentidos humanos, es decir, tacto, oído y vista[1047]. Pese a su σύστασις o composición, sempiterna, y su autosuficiencia, los dioses contribuyen a la satisfacción mutua de sus respectivas necesidades[1048] y para ello dependen, en cierta forma, de sus sentidos, sus iguales y lo externo, como apunta Diels[1049].

En todo caso, además de la forma humana, supone un problema la conservación infinita del propio cuerpo. En este punto, el antropomorfismo divino presenta una

1044 *cf.* CICERÓN, *Sobre la naturaleza de los dioses*, I, 33, 92, I, 35, 99, en ESCOBAR, *op. cit.*, pp. 133, 144; *cf.* también CICERÓN, *Sobre la naturaleza de los dioses*, I, 30, 83, en ESCOBAR, *op. cit.*, p. 132.

1045 *cf.* JENÓFANES DE COLOFÓN, frags. 500 (DK 21 B 14) y 502 (DK, 21 B 15), ambos procedentes de Clemente de Alejandría, *Stromata*, lib. V, 109 y 110, en EGGERS LAN, JULIÀ, *op. cit.*, p. 294: "Pero los mortales creen que los dioses han nacido y que tienen vestido, voz y figura como ellos"; "[p]ero si los bueyes, (caballos) y leones tuvieran manos o pudieran dibujar con ellas y realizar obras como los hombres, dibujarían los aspectos de los dioses y harían sus cuerpos, los caballos semejantes a los caballos, los bueyes a bueyes, tal como si tuvieran la figura correspondiente a cada uno". *cf.* CICERÓN, *Sobre la naturaleza de los dioses*, I, 28, 78, en ESCOBAR, *op. cit.*, p. 128: "Y bien, si las bestias albergasen razón, ¿crees que no asignaría cada una de ellas la primacía a su propia especie?".

1046 CICERÓN, *Sobre la naturaleza de los dioses*, I, 27, 76, en ESCOBAR, *op. cit.*, p. 127. De aquí y de los apartados precedentes y sucesivos se extraen, sintetizadas, las críticas; *cf.* también CICERÓN, *Sobre la naturaleza de los dioses*, I, 32, 90, en ESCOBAR, *op. cit.*, p. 137: "Y no entiendo, en realidad, por qué ha preferido Epicuro decir que los dioses son similares a los hombres, en vez de decir que los hombres son similares a los dioses (...) [ya que] la configuración formal de los dioses no procede de la de los hombres, porque los dioses siempre han existido, nunca tuvieron nacimiento (al menos si es que van a ser eternos), mas los hombres sí que han nacido; por tanto, es anterior la forma humana que los hombres, y esta forma es la que tenían los dioses inmortales".

1047 FILODEMO DE GÁDARA, DIELS, *Götter*, *op. cit.*, p. 14, col. b, frag. 83, l. 6 y ss.

1048 *cf.* FILODEMO DE GÁDARA, DIELS, *Götter*, *op. cit.*, p. 14, col. a y b, frag. 87 y 83, l. 6 y ss.

1049 FILODEMO DE GÁDARA, DIELS, *Götter*, *op. cit.*, p. 5: "da das Lustgefühl nicht allein auf dem eignen Innern beruhen kann, sondern der Anregung von außen durch die Sinnesorgane bedarf, so ist schon hierdurch bei Menschen wie bei Göttern die Abhängigkeit von der Außenwelt gegeben".

dificultad espinosa, como bien señala Konstan[1050], que aporta una interesante solución propuesta por Wigodsky sobre Filodemo, según el cual existe una conexión entre existencia física real, beatitud (en cuanto ausencia de perturbación emocional) e inmortalidad[1051], a partir de una lectura de Giussani[1052] y Lucrecio[1053].

La autopreservación antropomórfica del cuerpo sutil divino se debe a causas tanto extrínsecas como intrínsecas. Entre los hombres, los elementos en que la psique funda su vitalidad se descomponen, le llegan impactos, aun sutilísimos, que la desordenan e igualmente no los puede rechazar, al igual que no puede evitar asumir las consecuencias que le alcanzan desde lo cárnico, su envoltorio burdo, en virtud de la mutua correlación; por último, le aquejan males y dolencias internas como el miedo por el futuro y el remordimiento por lo pasado y perdido, así como la demencia y el olvido. Todo esto – y he aquí lo fundamental de la tesis que propone Wigodsky – no se da en los dioses ya que ellos son capaces de impedir el acceso de lo nocivo a su cuerpo, que es sutil y, del mismo modo, son capaces de detener, por estabilización equilibrante, su proceso de crecimiento, de modo indefinido[1054], así

1050 KONSTAN, David, "Epicurus on the gods", capítulo IV, en FISH, SANDERS, *op. cit.*, pp. 53–71, concretamente, p. 55.

1051 WIGODSKY, Michael, "Emotions and immortality in Philodemus *On the gods 3* and the *Aeneid*", en ARMSTRONG, David *et al.*, (eds.), *Vergil, Philodemus, and the Augustans*, University of Texas Press, Austin, 2004, pp. 211–228, concretamente, p. 212: "as I interpret it [el tratado *Sobre los dioses*, de Filodemo], the treatise when complete did not just presuppose their real existence, but presented an argument for it based on a necessary connection between their blessedness, that is, freedom from emotional disturbance, and their immortality".

1052 *cf.* GIUSSANI, "Postilla lucreziana a Lucrezio III, 798–827", en GIUSSANI, *Studi lucreziani, op. cit.*, pp. 219–225, concretamente pp. 222–225.

1053 LUCRECIO, *La naturaleza*, III, vv. 819–829, en SOCAS, *op. cit.*, p. 262: "Y si acaso es preferible considerarla inmortal justamente porque está sujeta y protegida de lo viviente, o porque no sobrevienen cosas del todo hostiles a su integridad, o porque las que sobrevienen, por alguna razón, se ven rechazadas y se alejan antes de que podamos sentir el daño que han hecho, (procede que pierda tal esperanza al ser rechazada por sus propios choques): y es que, aparte de lo que de malo con las dolencias del cuerpo le llega, se añade el que con los sucesos venideros a menudo se desgarra, entre los temores lo pasa mal y por las preocupaciones se agota, o la reconcomen pasadas culpas y pecados; añade la demencia, exclusiva del espíritu, y el olvido de conocimientos, añade que se hunde en las negras aguas del letargo".

1054 *cf.* WIGODSKY, Michael, "Emotions and immortality in Philodemus *On the gods 3* and the *Aeneid*", en ARMSTRONG, *op. cit.*, pp. 211–228, concretamente, pp. 217–218: "(...) the same notion of equilibrium which he used to explain the survival of living organisms is fundamental to his conception of pleasure, and though literal immortality is not a human possibility, the gods' availability as a model of the good, that is, pleasant life for human beings was closely connected with his account of their survival. The most important, if not the sole, component of that life, on his view, is catastematic pleasure, the awareness of one's own undisturbed functioning in a state of mental and bodily equilibrium (...)".

como de mantener un estado de placer material estable, de forma que pueden tomar de lo circundante o de sus semejantes lo necesario para abastecer a la repleción atómica, que compensa las pérdidas peliculares[1055].

Por sus implicaciones terapéuticas, un aspecto clave de su antropomorfismo radica en el habla, la cual tiene una dimensión nutritiva, esto es, como alimentación de lo afín con lo afín. Ello significa que las palabras de los dioses nutren a sus iguales, gracias a las emisiones sonoras, como sucede con las imágenes de los hombres sabios, o directamente por la elección dietética de los aflujos atómicos semejantes y nutritivos, así como el rechazo de lo desparejo, todo lo cual ocurre en los espacios intermundiales, donde también han de llegar las imágenes de los filósofos[1056].

El mantenimiento estable del cuerpo divino, basado en una especie de proceso alimenticio, se regula en virtud de su capacidad racional de asumir lo semejante y rechazar lo disímil de entre las naturalezas y mociones que se le aproximan, según reportan Méndez[1057] o Kleve[1058]. La digestión y alimentación es un gozo, no implica dolor o cansancio alguno y además se produce, siempre según Filodemo, en *minima* temporales, en instantes impensables. Del mismo modo, los dioses no cesan en su puro placer ni desempeñan tarea fatigosa alguna, por lo que tampoco necesitarán de cesación alguna en su actividad, sueño o digestión[1059].

Por último, creemos que la belleza constituye, en los dioses al menos, el trasunto estético no de su estado psicosomático sino ya puramente psíquico, que además se caracteriza por su levedad y gracilidad, dado que se reduce toda fricción, aspereza o elemento no dulce en razón de la redondez atómica. Por eso apunta Zeller que "das Nachdenken überzeugt uns, dass die menschliche Gestalt die schönste ist, dass ihr allein die Vernunft inwohnt, und dass sie sich für selige Wesen am meisten eignet"[1060].

1055 *cf.* KONSTAN, David, "Epicurus on the gods", capítulo IV, en FISH, SANDERS, *op. cit.*, pp. 53–71, concretamente p. 57: "The gods are thus endowed with a psychophysical composition capable of appropriating external matter in such a way as permanently to replace that which is lost, if for no other reason than at least by the emission of simulacra".

1056 *cf.* ZELLER, *op. cit.*, *3.1*, 1880, pp. 435–436: "Wollten wir ihnen ferner die Sprache nehmen, so würden wir sie des höchsten Genusses, der Unterhaltung mit Ihresgleichen, berauben. (...) Er [Filodemo] denkt sich seine Götter mit Einem Wort wie eine Gesellschaft epikureischer Philosophen, die alles hat, was sie sich wünschen mag: ewiges Leben, keine Sorge, und fortwährende Gelegenheit zu angenehmer Unterhaltung. Nur solche Götter sind auch, wie die Epikureer meinen, nicht zu fürchten, nur sie werden frei und rein, blos um ihrer Vortrefflichkeit willen verehrt".

1057 MÉNDEZ LLORET, Isabel, "La teología epicúrea", en *op. cit.*, pp. 33–52, concretamente p. 45.

1058 KLEVE, Knut, "Epicurean Theology", en *op. cit.*, pp. 249–266, concretamente p. 251.

1059 ZELLER, *op. cit.*, *3.1*, 1880, p. 434: "Die Götter sind frei vom Schlafe, der ja doch immer ein theilweiser Tod ist, und dessen Wesen, die ohne jede Anstrengung leben, entbehren können".

1060 ZELLER, *op. cit.*, *3. 1*, 1880, p. 433.

2.7.1. Racionalidad, libertad, sabiduría y dicha plenas

En el apartado precedente hemos mencionado algunas críticas, así como explicado la constancia del cuerpo sutil de los dioses, insistiendo en cómo se mantienen siempre vivos; hemos obviado, sin embargo, la tesis positiva fundamental que habíamos reservado para el capítulo final: la expone Veleyo en el diálogo *Sobre la Naturaleza de los dioses*:

> "Pero, si la figura humana es superior, en cuanto a su forma, a la de todos los seres dotados de espíritu, y si la divinidad, por su parte, es un ser dotado de espíritu, ésta ha de tener, ciertamente, la figura que resulta más hermosa de todas. Y, ya que se afirma que los dioses son sumamente apacibles, pero que, por otra parte, no puede haber nadie apacible sin virtud, ni la virtud puede afincarse sin la razón, ni la razón puede albergarse en parte alguna que no sea la figura humana, ha de reconocerse que los dioses son de apariencia humana"[1061].

La racionalidad, poseída entre lo mortal únicamente por los hombres, debe atribuirse por inferencia analógica también a lo no mortal compuesto, a los dioses, puesto que está ligada al importantísimo concepto de libre albedrío, a la sabiduría y la beatitud. En la posesión del λόγος se halla un elemento nuclear que aúna a dioses y hombres[1062].

1061 *cf.* CICERÓN, *Sobre la naturaleza de los dioses*, I, 18, 46 y ss., en ESCOBAR, *op. cit.*, p. 109 y ss., concretamente para la cita, p. 110, 48.

1062 *cf.* OTTO, *Dioses de Grecia*, *op. cit.*, pp. 231–232: "La unidad de dios y del hombre en la esencia primitiva, ése es el pensamiento griego. Y sólo aquí se hace pleno el sentido general de la forma humana, mediante la cual lo divino se revela a los griegos. También para otros pueblos lo esencial en el hombre es la idea y lo igual con el conocimiento de la deidad. Mientras que lo divino busca posibilitar la perfección del hombre como poder absoluto, sabiduría, justicia o amor, esto se ha ofrecido a los griegos en la figura natural de los hombres. Sabemos que les estaba reservado ver y concebir a los hombres como hombres, y que sólo ellos podían tener como tarea el no dedicarse a ninguna otra meta. Lo cual no es, ante todo, la idea de la filosofía: pertenece al espíritu que ha construido la imagen de los dioses olímpicos y con ello ha dado su dirección dominante al pensamiento de los griegos. Este espíritu fue la imagen del hombre, como una forma de eterno carácter cuyos rasgos puros son los de la deidad. En lugar de aumentar sus poderes y virtudes con fantasías piadosas, se mostró en las líneas cerradas de su naturaleza el contorno de lo divino. Así aparece todo lo que se ha dicho contra el 'antropomorfismo' de la religión griega, una hueca charlatanería. Ella no ha hecho humana a la deidad, sino que ha visto divinamente la esencia del hombre. 'El sentido y el esfuerzo de los griegos —escribe Goethe— es divinizar al hombre, y no antropomorfizar la deidad. ¡Aquí se da un teomorfismo, ningún antropomorfismo!' (*Myrons Kuh*, 1812). La obra más importante de este teomorfismo es el descubrimiento de la protoimagen del hombre que, como la más sublime revelación de la naturaleza, también debía ser la más propia expresión de lo divino".

El interés por la racionalidad como lo eminentemente humanizador y humano y, por extensión, también divino, representa, en buena medida, un rasgo característico de Grecia[1063] y, especialmente, de la filosofía helenística, a saber, la confianza en la razón, la importancia de lo racional no sólo como legaliforme sino también como específicamente humano e incluso consolatorio y terapéutico, una preeminencia de lo racional que pone de manifiesto Dodds[1064]; no en vano, podemos entender que toda la filosofía helenística es, en un sentido o en otro, el conjunto de filosofías del λόγος, aunque sea precisamente la estoica la que más se ha vinculado a este concepto.

La figura humana destaca, así, como fuente o seno de la racionalidad (*ratio*). Por otra parte, creemos en términos epicúreos que el significado de la racionalidad divina tiene que ver con el hecho de llevar una vida plena de dicha y libre de dolor o intranquilidad, así como perfecta, sabia y virtuosa.

Por otra parte, la libertad de los dioses está también conectada con su capacidad para regirse y para superar la determinación atómica que los abocaría a la disgregación o muerte. Al decir de Santoro, la conservación del antropomorfismo sería una concesión, junto con el reconocimiento del politeísmo, a la religiosidad popular[1065]; nosotros creemos, en la línea de la matización que ofrece la estudiosa italiana, que ese reconocimiento guarda relación, primero, con el proceso humano y también racional analógico de descubrimiento y conocimiento de lo natural.

Si nos permitimos tener en cuenta otras aportaciones de epicúreos tardíos como Demetrio Lacón y Filodemo de Gádara, vemos cómo el primero insiste con convicción en que "dal momento che, infatti, non troviamo la facoltà razionale in un'altra forma se non in quella umana, è evidente che bisogna ammettere anche il dio come antropomorfo, affinché egli abbia insieme alla facoltà razionale anche l'esistenza reale. Perciò diciamo, invero, che il dio è antropomorfo"[1066]. Del mismo modo, Filodemo de Gádara anota en el *De signis* una reflexión analógica clave:

1063 *uid. infra*, Heráclito y Sócrates.

1064 DODDS, Eric Robertson, ARAUJO, María (trad.), *Los griegos y lo irracional*, Madrid, Alianza, 1997 [ed. orig. *The Greeks and the irrational*, Berkeley, University of California Press, 1951], p. 223: "Ciertamente, es en esta época cuando el orgullo griego de la razón humana alcanza su expresión más segura. Debemos rechazar, dice Aristóteles, la vieja regla de vida que aconsejaba la humildad, mandando al hombre pensar en términos mortales (θνητὰ φρονεῖν τον θνητόν); porque el hombre tiene dentro de él una cosa divina, el intelecto, y en la medida en que puede vivir en ese nivel de experiencia, puede vivir como si no fuera mortal".

1065 *cf.* DEMETRIO LACÓN, SANTORO, *op. cit.*, pp. 50–51; la investigadora ofrece una panorámica de este arduo e irresoluto problema en las pp. 50–60, con el título "L' antropomorfismo divino da Epicuro a Demetrio Lacone e Filodemo".

1066 DEMETRIO LACÓN, SANTORO, *op. cit.*, trad. col. XV, p. 106; también en p. 106: "... (re. il dio) ha in comune (con l'uomo) l'essere animato. Perciò non è necessario che, se alcune creature viventi hanno una forma siffatta, anche il dio sia siffatto; ma avrà la facoltà di ragionare e in sommo grado invero insieme a queste proprietà comuni avrà anche molte altre proprietà".

"some attributes are peculiar to men alone, and some are common also to the gods. Thus we shall use successfully the inference from living beings, when we consider that nothing prevents god from being similar in body to man since man alone of living beings in our experience is capable of thought. For god cannot be conceived apart from thought"[1067].

Tras las consideraciones previas, es obligado ahora ahondar en el vínculo necesario entre divinidad, racionalidad y felicidad, para lo cual necesitamos una definición heurística de felicidad, hecha desde el presente, la cual, podría decirse, designa el estado psicofísico fruto de la satisfacción de las necesidades básicas corporales, por un lado, y, por otro, la de las anímicas, de tal modo que se produce una completitud o perfección global, ligada, como se ha dicho, a la posesión o disfrute de ciertos bienes, internos o externos.

Creemos que la racionalidad establece la primera como objetivo, en virtud de la capacidad de correlacionar o de tender puentes, de hilvanar intereses o finalidades, por lo que actúa como condición necesaria y suficiente para la vida feliz, para la εὐδαιμονία, en el caso de los dioses, aunque respecto a los hombres se vea aminorada o condicionada por el dolor, la enfermedad u otras dificultades.

Habida cuenta de su naturaleza, los dioses tienen también esa faceta de acción y efecto de razonar, de calcular, estimar, sopesar y correlacionar, de entablar diálogos y, especialmente, de establecer o plantearse objetivos, propósitos o intenciones, entre ellas y por excelencia, la felicidad.

No en vano señala Epicuro al respecto que la felicidad es "el principio y el fin de una vida dichosa [τὴν ἡδονὴν ἀρχὴν καὶ τέλος λέγομεν εἶναι τοῦ μακαρίως ζῆν]"[1068]. Poco más allá en la misma carta escribe: "[p]ues hemos comprendido que ése es el bien primero y congénito a nosotros, y condicionados por él emprendemos toda elección y repulsa y en él terminamos, al tiempo que calculamos todo bien por medio del sentimiento como si fuera una regla"[1069]. Conviene repetirlo a tenor de lo indicado en la *Epístola a Meneceo*: el criterio supremo que guía la acción es, entonces, el no sentir dolor y el no temblar (μήτε ἀλγῶμεν μήτε ταρβῶμεν), o, expresado en otros términos, la satisfacción de las necesidades psicofísicas, la consecución del bien para el alma y para el cuerpo (τὸ τῆς ψυχῆς καὶ τοῦ σώματος ἀγαθὸν). El placer rige como guía y como finalidad de toda acción humana, según Epicuro; es ἀρχὴν y τέλος, al mismo tiempo; el placer es, pues, origen (*locus unde*) y destino (*locus quo)* del obrar. Además, el goce no se interpreta aquí como lujuria, exceso, afinidad electiva o inclinación, sino como χρεία, una necesidad, que determina el escoger o rechazar (αἱρέσεως καὶ φυγῆς) una acción o un objeto, juzgando a partir del sentimiento o sensación (τῷ πάθει κρίνοντες).

1067 FILODEMO DE GÁDARA, *De signis [On methods of inference]*, XXII, 14–25, en DE LACY, *op. cit.*, pp. 74 (griego) y 75 (inglés).

1068 EPICURO, *Carta a Meneceo*, 128, en VARA, *op. cit.*, p. 89.

1069 EPICURO, *Carta a Meneceo*, 129, en VARA, *op. cit.*, p. 89.

Con todo, el placer epicúreo humano no debe ser malentendido, dado que no apela sólo a lo corpóreo-sensitivo como ha querido la tradición, sino también a los actos de reflexión o pensamiento[1070] y a la prudencia o sensatez[1071], de forma que no existe tanta distancia con la tradición aristotélica[1072].

Con el fin de insistir en la intimísima trabazón que se halla entre racionalidad y dicha, podemos anotar, con Jiyuan Ju y Jorge J. E. Garcia[1073], la importancia de la excelencia o virtud en la ética griega, de forma que racionalidad es compañera necesaria de εὐδαιμονία, por cuanto el cultivo de la racionalidad humana o de la prudencia reporta aquella y, al menos en opinión de Epicuro, no hay felicidad que sea digna de tal nombre si no está acompañada, emparentada o fundada en el placer, uno que, aun teniendo una fuente sensorial, también puede ser mental sin dejar de ser por ello atómico y basado en el contacto. No se separan, en Epicuro, la ética, el placer y la virtud, tal como puede observarse en al menos dos pasajes (*Epístola a Meneceo*[1074]

1070 *cf.* EPICURO, *Máximas Capitales* XVIII-XX, en VARA, *op. cit.*, p. 95.

1071 *cf.* EPICURO, *Carta a Meneceo*, 132, en VARA, *op. cit.*, p. 91: "El principio para lograr todo esto y el bien más grande es la sensatez. Por lo cual, bien más preciado que el mismo amor a la verdad resulta la sensatez, de la que se derivan todas las demás virtudes, porque enseña que no es posible vivir gozosamente sin hacerlo sensata y hermosamente y de forma justa ni tampoco sensata y hermosamente y de forma justa sin hacerlo gozosamente. Pues las virtudes están unidas por principio al hecho de vivir gozosamente, y el hecho de vivir gozosamente es inseparable de ellas".

1072 ARISTÓTELES, *Ética nicomáquea*, lib. I, cap. VII, 1098a 10 y ss. en LLEDÓ, PALLÍ, *op. cit.*, p. 144: "es una actividad del alma y unas acciones razonables, y la del hombre bueno estas mismas cosas bien y hermosamente, y cada uno se realiza bien según su propia virtud".

1073 YU, Jiyuan, y GRACIA Jorge J. E. (eds.), *Rationality and Happiness: From the Ancients to the Early Medievals*, Rochester, N.Y., Woodbridge, University of Rochester Press, 2003, p. 1: "yet in Greek ethics, the concept of virtue functions within a framework in which rationality and happiness are more fundamental. Virtue is pursued for happiness *(eudaimonia)*, and it is generally thought to be the human rational good and thus intrinsically related to rationality. Beginning with Socrates, the mainstream of ancient ethics tends to focus on the cultivation of rationality in seeking human happiness, but different views of rationality determine different theories of virtue and of the relation between virtue and other goods".

1074 EPICURO, *Carta a Meneceo*, 132, en VARA, *op. cit.*, p. 91: "Pues ni las bebidas ni las juergas continuas ni tampoco los placeres de adolescentes y mujeres ni los del pescado y demás manjares que presenta una mesa suntuosa es lo que origina una vida gozosa sino un sobrio razonamiento (νήφων λογισμὸς) que, por un lado, investiga los motivos de toda elección y rechazo y, por otro, descarta las suposiciones (τὰς αἰτίας ἐξερευνῶν πάσης αἱρέσεως καὶ φυγῆς καὶ τὰς δόξας ἐξελαύνων), por culpa de las cuales se apodera de las almas una confusión de muy vastas proporciones. El principio para lograr todo esto y el bien más grande es la sensatez (πλεῖστος τὰς ψυχὰς καταλαμβάνει θόρυβος). Por lo cual, bien más preciado que el mismo amor a la verdad resulta la sensatez (τούτων δὲ πάντων ἀρχὴ καὶ τὸ μέγιστον ἀγαθὸν φρόνησις·διὸ καὶ φιλοσοφίας τιμιώτερον ὑπάρχει φρόνησις), de la que y *Máximas Capitales*, respectivamente) que, creemos, pueden aplicarse tanto a los hombres como a los dioses[1075].

Los dioses, a los que luego imitarán los hombres, se complacen en su autosuficencia o autarquía, se bastan, pero se reúnen también e incrementan su felicidad, que es el objetivo tanto de dioses cuanto de hombres. Ese hedonismo del agente moral, convenientemente fundado en lo sensato y racional, por la tranquilidad y apacibilidad, sin ninguna renuncia a su fuente sensorial y sensitiva no innata, constituye la piedra angular tanto de la teología física eudemonista cuanto de las propuestas terapéuticas que para los hombres dispone Epicuro. Placer y virtud van, para el filósofo samio, de la mano, hasta el punto de que elegimos la segunda a partir del primero, según transmite Diógenes Laercio[1076], en una cita que consigna Annas dentro de una breve pero enjundiosa contribución[1077].

Unos dioses apacibles, ociosos, inteligentes y racionales en la consecución de sus placeres estables, plenos, no se parecen en nada a los astros divinizados y laboriosos, leguleyos y enjuiciadores o bien disolutos y olímpicos *in malam partem*. Los dioses, indica Diógenes de Enoanda, tienen que ser presentados en estatuas como geniales y rientes, en vez de aterradores o tremebundos; esos dioses epicúreos tienen que figurarse sonriendo para que les podamos devolver la sonrisa[1078], como también

---

se derivan todas las demás virtudes (ἐξ ἧς αἱ λοιπαὶ πᾶσαι πεφύκασιν ἀρεταί), porque enseña que no es posible vivir gozosamente sin hacerlo sensata y hermosamente y de forma justa ni tampoco sensata y hermosamente y de forma justa sin hacerlo gozosamente. Pues las virtudes están unidas por principio al hecho de vivir gozosamente, y el hecho de vivir gozosamente es inseparable de ellas".

1075 EPICURO, *Máxima Capital* V, en VARA, *op. cit.*, p. 93: "No hay una vida gozosa sin una sensata, bella y justa, ni tampoco una sensata, bella y justa, sin una gozosa. Todo aquel a quien no le asiste este último estado no vive sensata, bella y justamente, y todo aquél a quien no le asiste lo anterior, ése no puede vivir gozosamente".

1076 DIÓGENES LAERCIO, *Vidas de los filósofos ilustres*, X, 138, en GARCÍA GUAL, *op. cit.*, p. 566: "Por el placer también elegimos las virtudes, no por sí mismas, como (buscamos) la medicina por la salud, según dice Diógenes en el libro veinte de sus *Selecciones*. Y llama diversión a la educación. Epicuro afirma que la virtud, y sólo ella, es inseparable del placer, y las demás cosas, como los alimentos, están de paso".

1077 ANNAS, Julia, "Epicurus on pleasure and happiness", en YU, GRACIA, *op. cit.*, pp. 75–90, en *Philosophical Topics*, vol. 15 nº 2, pp. 5–21.

1078 *cf.* DIÓGENES DE ENOANDA, *Inscripción Epicúrea*, Física, fr. 56, GARCÍA GUAL, *Enoanda*, *op. cit.*, física, 18, pp. 39–40: "No pensemos que los dioses son jueces de los injustos y perversos y de los buenos y justos. De lo contrario surgirán en nuestras almas las mayores perturbaciones. [Vamos pues a contradecir a Homero], quien sobre ellos (los dioses) cuenta chismorreos de todo tipo, presentando a algunos como adúlteros, a otros cojos, a otros ladrones, o incluso a algunos heridos con lanza por los mortales, además de que invita a los artistas a representarlos de modo indecente. Hay estatuas de dioses que disparan flechas y que los muestran manejando un arco, y es así como aparece Heracles según Homero; otros llevan una escolta de fieras, otros se encolerizan con los que son afortunados, como recuerda Diskin Clay[1079]. Esos dioses no serán, pues, venerados a fin de obtener una gracia o don, sino con sano desinterés y alegremente, de tal modo que la veneración misma de lo divino, así como la asimilación con ello, tenga consecuencias benéficas por tranquilizadoras y, por tranquilizadoras, placenteramente estables, virtuosas y felices, con lo que el sistema epicúreo manifiesta, ya desde la física hasta el portón de la medicina psicosomática, un materialismo realista, racional-empirista y, al propio tiempo, optimista, que alcanza a hombres y dioses[1080].

Para concluir deseamos señalar que la teología fisicista o, mejor, la fisiología divina materialista y antropomórfica constituye un corolario de su sistema físico que ha de conciliarse con las percepciones y prenociones intramentales, las cuales, por su gran difusión, han de ser verdaderas. De hecho, los dioses, al ser entes físicos y tridimensionales, tienen una posición privilegiada en cuanto correlacionan el ámbito de la pura física teológica y el ámbito del libre albedrío, la felicidad y la tranquilidad hasta transitar hacia lo humano.

En términos exclusivamente físicos podemos afirmar, así mismo, que los dioses nutren, mentalmente, a los hombres y muestran un ideal físico y dietético. Inversamente, los hombres sabios o, por mejor decir, restos de ellos, pueden llegar también a contactar con lo divino a través de las imágenes de su alma, de manera que se divinizan o deifican, por la vía de sus acciones, de su moralidad, de su *modus vivendi*, que huella pelicularmente el vacío. Lo más notable de los dioses epicúreos consiste, creemos, en que, aun siendo dioses *sine cura*, *otiosi* y felices, no rompen ni alteran la continuidad de lo natural, motivo por el que, con propiedad, se evita un salto totalmente insalvable, abismal, entre el orden humano y el divino, siendo esto último, en un distante pie de igualdad, la expresión atómica de lo mejor que tiene el hombre y lo mejor a que puede aspirar, sin que le esperen incoherentes glorias o castigos *post-mortem*. De esta forma, se dispensa ya aquí un antifóbico divinal, como se prescribe un antiálgico vital, al propio tiempo que se regala un ideal de vida.

Sostenemos, así mismo, que la fisicidad divina preserva la libertad de los hombres – y la de los hechos mediante las múltiples explicaciones –, por lo que no

---

hace Némesis las más veces. Por el contrario, conviene hacer estatuas de dioses alegres y sonrientes, para que en su compañía sonriamos en vez de sentirnos amedrentados. ¿Qué pues, amigos? Rindamos culto dignamente a los dioses, tanto en las fiestas como en los ritos particulares, tanto en público como en privado, y conservemos respecto a ellos las costumbres tradicionales. Y que los Inmortales no sean calumniados en nada por nosotros, temerosos de tener la culpa de todas nuestras desgracias, como si nos enviaran padecimientos y se cansaran a sí mismos pesadas obligaciones a cuenta nuestra"; *cf.* SMITH, *op. cit.*, p. 395 (trad).

1079 *cf.* CLAY, Diskin, "The Philosophical Inscription of Diogenes of Oenoanda: New Discoveries 1969–1983", en HAASE, Wolfgang (coord.), *Aufstieg und Niedergang der Römischen Welt*, parte II: Principat, volumen 36: "Philosophie, Wissenchaften, Technik", tomo 4: "Philosophie: Epikureismus, Skeptizismus, Cynismus; Orphica: Doxographica", Berlin y New York 1990, pp. 2446–2559, concretamente, p. 2496.

1080 *cf.*, parcialmente en contra, GARCÍA GUAL, ACOSTA MÉNDEZ, *op. cit.*, p. 62.

se muestran en ningún caso impíos o irreligiosos, si lo entendemos con exactitud, con Walter Otto, cuyas palabras merecen ser citadas:

> "el materialismo de Epicuro no fue ningún obstáculo para la veneración de los dioses, sino al contrario, fue la liberación de la mirada hacia una observación más pura de lo divino. Al desconocer cualquier tipo de poder divino, alejó todo temor, esperanza y pretensión de la veneración a los dioses y la devolvió totalmente a su tarea original: venerar y contemplar la divinidad como lo divino. Los dioses premian a los devotos de una forma que no esperaban. Los dioses, en vez de hacer milagros, toman al hombre superior en su contemplación bienaventurada y lo elevan hacia ellos para convertirlo en su igual"[1081].

Los dioses son lo que son y, tangencialmente, actúan como ese ideal de vida, un modelo ético, estético, de suma felicidad[1082], como señala Zeller[1083], y que tiene un punto involuntariamente benéfico, según Essler[1084].

El hombre sabio, el filósofo, por su parte, aspira legítimamente a esa deificación, a esa θεωσις, incluso desde el punto de vista físico en cuanto éste, gracias a su διάνοια y λογισμός, puede considerar la identidad del gozo/goce pleno en un tiempo limitado e ilimitado[1085], asumiendo igualmente los límites de la carne, sin rehuir el placer en vida y sin lamento ante la muerte[1086], semejante a un dios entre los hombres[1087], ya que, como sostiene Diógenes de Enoanda bajo la égida de Epicuro, este logro se

1081 OTTO, *Epicuro, op. cit.*, p. 103.

1082 DIÓGENES LAERCIO, *Vidas de los filósofos ilustres*, X, 121, en GARCÍA GUAL, *op. cit.*, p. 559: "Piensan que hay dos tipos de felicidad: la más alta, que es la que rodea a la divinidad, no conoce alternancias, y la otra, que varía con la adquisición y pérdida de placeres", incluido también en USENER, *Epicurea, op. cit.*, p. 277, frag. 407, cita tomada de ZELLER, *op. cit., 3. 1*, p. 432, nota 1.

1083 *cf.* ZELLER, *op. cit., 3. 1*, 1880, pp. 431–432: (...) "Neben diesem theoretischen Grunde (la fundamentación sensualista, atomista e intersubjetiva de lo divino) wirkte aber bei Epikur unverkennbar auch das ästhetisch-religiöse Interesse, sein Ideal der Glückseligkeit in den Göttern verwirklicht anzuschauen; und dasselbe Ideal ist es, durch welches der ganze Inhalt seiner Vorstellung über die Götter bestimmt wird. Seine Götter sind daher durchaus menschenähnlich".

1084 *cf.* ESSLER, *Glückselig und unsterblich, op. cit.*, pp. 357–358.

1085 LEMKE, *Theologie, op. cit.*, p. 102: "Dadurch wird die Zeitdauer, das einzige, was die Götter dem Weisen voraushaben, für die Eudämonie irrelevant".

1086 EPICURO, *Máximas Capitales* XIX y XX, en VARA, *op. cit.*, p. 95: "XIX. Si uno considera por un acto de reflexión el punto más alto que puede alcanzar el gozo, resulta que el tiempo infinito conlleva igual gozo que el limitado. XX. La carne requiere límites ilimitados para su gozo, y sólo un tiempo ilimitado se los procura. (...)".

1087 EPICURO, *Carta a Meneceo*, 134, en VARA, *op. cit.*, p. 92: "vivirás como un dios entre los hombres. Pues, no se parece nada a un ser que tiene una vida mortal el hombre que vive en medio de bienes inmortales".

alza como hacedero, factible[1088]; no en vano, escribe Filodemo de Gádara, "los sabios son amigos de los dioses y los dioses, amigos de los sabios"[1089].

Del mismo modo, Diógenes de Enoanda preserva una carta de Epicuro a su madre en la que le aconseja no rememorar lo malo sino pensar que cada día adquirimos alguna bondad de camino a la felicidad, pues esto tiene una importancia no desdeñable en el hacernos no ya semejantes a los dioses, sino con una disposición igual a ellos (διαθεσιν ἰσόθεον), de forma que quede patente que ni tan siquiera "la mortalidad nos hace ir a la zaga de la naturaleza inmortal y dichosa (οὐδε διὰ τὴν θνητότητα τῆς ἀφθάρτου καὶ μακαρίας φυσεως λειπομένους ημας δείκνυσιν), pues mientras vivimos, nos recogijamos a la par de los dioses (ὅτε μὲν γάρ ζωμεν, ὁμοίως τοῖς θεοῖς χαίρομεν)"[1090].

Con esta imagen de la divinidad, con la que se mantiene un vínculo de amistad, mutuo regocijo y familiaridad, se entiende bien que los hombres no teman a los dioses y que no sólo quieran sino que también puedan curarse de todo mal para gozar de la plena felicidad.

Los dioses, que comparten con los hombres algún formante de su cuerpo sutil, quedan acomunados con los mortales también por la vitalidad y el antropomorfismo, el cual se muestra como condición de racionalidad. De hecho, esa racionalidad viva, contemplativa y práctica queda encarnada por antonomasia en los dioses y, por ello, Drozdek[1091] propone enlazarlos también con la inteligibilidad y vitalidad

---

1088 *cf.* DIÓGENES DE ENOANDA, *Inscripción Epicúrea*, Ética, fr. 125, GARCÍA GUAL, *Enoanda, op. cit.*, ética, 56, pp. 61–62: "[De modo que no en cualquier lugar hallaríamos la sabiduría], porque no todos son capaces de ella. Pero si la suponemos posible, entonces cuán de verdad la vida de los dioses se encontraría entre los seres humanos. Pues todo rebosaría de justicia y amor recíproco. Y no habría necesidad de muros ni de leyes ni de todo cuanto montamos para protección de unos contra otros. En lo que respecta a los sustentos necesarios de la agricultura, como entonces no tendremos esclavos, nosotros mismos empuñaremos el arado y abriremos los surcos y velaremos [las cosechas]. Y habrá pausas en la tarea de filosofar de modo constante y en compañía al modo actual. Pues las tareas del campo nos proporcionarán todo lo que la naturaleza exige..." *cf.* SMITH, *op. cit.*, p. 414 (trad.).

1089 FILODEMO DE GÁDARA, DIELS, *Götter*, *op. cit.*, p. 16, col. 1, ll. 17–18: "καλείτω καὶ τοὺς σοφοὺς τῶν θεῶν φίλους καὶ τοὺς θεοὺς τῶν σοφῶν".

1090 *cf.* DIÓGENES DE ENOANDA, *Inscripción Epicúrea*, Ética, fr. 125, GARCÍA GUAL, *Enoanda, op. cit.*, "Carta a la madre", 125, pp. 75–76: "Así que, por lo tanto, madre, no tengas temor y no consideres nefastas esas visiones. Medita, al verlas, que cada día logramos nosotros algún bien en nuestro progreso hacia la mayor felicidad. Ya que no son pequeñas ni nada insignificantes estas cosas que hacen nuestra disposición de ánimo igual a la divina y nos señalan que no somos inferiores por nuestra condición mortal a la naturaleza indestructible y feliz (de los dioses) [y conocemos que la muerte no es nada para nosotros y cuando estemos muertos nada sentiremos]", *cf.* SMITH, *op. cit.*, pp. 314 (texto griego) y 414 (trad.).

1091 DROZDEK, Adam, "Epicurean gods", en *Classica et mediaevalia: revue danoise de philologie et d'histoire*, vol. 56, 2005, pp. 155–166, concretamente, pp. 164–166: "(...)

de la φύσις, elevada hasta el grado sumo, con lo que tendrían también un propósito ontológico y fundamentador.

Nosotros discrepamos de Drozdek en parte por cuanto consideramos a los dioses como compuestos y, por ello, seres emergentes, aunque excepcionales por su inmortalidad. Su papel ontológico y epistemológico resulta también digno de atención en lo tocante a la explicación de la felicidad plena y de la comprensibilidad natural, aun analógica, de lo real, en una suerte de culmen ácrata, por no regente, y fruto de un orden bipolar formado por átomos y vacío. En ese campo, los dioses se alimentan a sí mismos, se placen, ya que no han de sanarse, entre sí pero también toman átomos afines de los hombres, concretamente de sus restos psíquicos o de sus imágenes, que si han vivido existencias plenas y gozosas, podrán aspirar a una eternización o divinización material impersonal como formantes atómicos; al propio tiempo, esos hombres habrán podido sanarse y sanar a otros, hasta el punto de vivir, en lo finito, el placer eterno, legando imágenes de felicidad y racionalidad completas, sin cuerpo, sin sensibilidad y sin vida, pero perfundidas de un sentimiento feliz y amical, que habrán alimentado a los dioses y podrán ser ejemplo de vida, al igual que lo son esas deidades.

El equivalente humano de ese estado beatífico divino, que tendrá que combinar a la perfección aliento, carne, virtud, racionalidad y placer en equilibrio psicosomático, es lo que podemos considerar la salud y, más que salud, γαλήνη[1092], donde, curados ya por el antídoto contra la aterradora ponzoña propia de la religiosidad platónico-aristotélica, los seres humanos deberán instalarse, en esa especie de *imitatio sapientum Deorumque.*

Por ello, recobrada una noción naturalista y feliz de lo divino, conviene saber qué sea esa suerte de ὑγίεια psicosomática, esa salud que al mismo tiempo es una *salus*, esto es, una σωτηρία, una salvación en el presente, sin vida *post-mortem*.

The gods are, in this way, as much the models of blessedness as the fulcra of life in general and reasonableness of humans in particular. There is a constant mutual feedback between the world of the gods and the remaining world through the exchange of eidola. Eidola, in this way, have not only epistemological meaning in general, not only religious meaning in the case of the gods, but also an ontological meaning as the way of exchanging organized matter between different parts of the universe. (...) In this way, the gods would not be at best postulates of practical reason – unimportant in their own right, but important to assure the validity of Epicurean ethics - but they would play a vital part in the universe. (...) The attitude toward the gods thus fits the tenor of the Epicurean philosophy and ethics: it is a purely self-serving and self-centered enterprise".

1092 Tratamos la noción de γαλήνη y γαληνισμός en la tercera parte de la investigación, dedicada a la 'Terapia: ética práctica' y más concretamente en la sección sobre la φιληδονία.

III. Terapia: ética práctica

3.0. Marco conceptual

Hemos dejado escrito anteriormente que los dioses constituyen modelos de vida ejemplar por la ausencia de dolor y por la presencia de placer sensato. El papel de la filosofía epicúrea será, entonces, el de conseguir la asimilación o, al menos, la vecindad con lo divino, que implica estable felicidad o beatitud.

Tal logro se erige – creemos – como el fundamento, el sentido y fin del empeño epicúreo. Su consecución se produce mediante la filosofía, entendida no sólo desde una racionalidad rigurosa y exigente, sino, muy especialmente, desde la vivencia, la experiencia y la inserción radical en lo humano. La filosofía es, en este marco, un saber de sanación, una *sapientia medicans* o *iatrosophia*. Se trata de una sabiduría que integra lo conceptual y lo aplicado y cuya misión es la que vierte el participio latino *medicans* en el sentido de remediar o sanar, pero podríamos decir, desde el español, que es *curadora*. Ante la tentación de escribir el latinajo *curans* estaríamos cometiendo un error; sin embargo, el adjetivo castellano "curador" remite a aquello o aquél que tiene cuidado de algo, o sea, al que aplica su entendimiento y su actividad diligente a beneficio de un persona, animal o cosa; en segundo lugar, a aquello o aquél que cura, esto es, que aplica remedios conducentes a la remisión o sanación de dolencias o lesiones de la mente o del cuerpo, devolviendo o manteniendo, así, la salud psicosomática.

Debemos ahora, antes de adentrarnos en la concepción iatrosófica de Epicuro, hacer explícita una trabazón entre filosofía y medicina, que no es en absoluto nueva. El interés filosófico por la medicina puede constatarse temprano en nuestro ámbito, ya que ambas – creemos – no dejan de ser un saber ligado a lo natural, a lo humano, con una dimensión conceptual y otra, también necesaria, aplicada, concreta. Así, por su belleza y, estimamos, su verdad, queremos recoger, en traducción, una cita del médico decimonónico Kurt Sprengel, quien señala:

> "la filosofía es la madre de la medicina en el respecto científico y el crecimiento de una ciencia se halla inextricablemente aparejado con el aumento de la otra. Este vínculo de la historia de la filosofía con la historia de la medicina debe enseñarnos, verdaderamente, cuáles han sido en cada época el grueso de conocimientos, la opinión predominante y el espíritu del arte. A menudo tomaron los médicos sus teorías de los filósofos. Si la pasión por demostrar tenía preminencia en las escuelas de los filósofos, del mismo modo los médicos procuraban emularles y, mediante el boato de palabras muy prometedoras, dar a sus pruebas una certeza que no tenían ni podían tener nunca. Tan pronto como los filósofos empezaron a alegar el afán crítico de duda en todo conocimiento humano, igualmente fueron al punto los primeros que se preocuparon en no aceptar ningún principio que no emanara de experiencias válidas. Cuanto más cuidadosamente

estudia uno la historia de la medicina, tanto más aprende uno a juzgar las opiniones de cada época por el espíritu de la escuela filosófica coetánea"[1093].

Aún a título de curiosidad podemos citar, como manifestación de ese interés por las dos disciplinas antedichas, la obra de Étienne Tourtelle, que incluye a Epicuro en su *Histoire philosophique de la médicine*, si bien no explicita los rasgos médicos de su pensamiento[1094].

A su vez, el estudioso Philip van der Eijk afirma que se ha dado en época reciente un acrecentado interés por las relaciones o el solapamiento entre la ciencia médica-curativa, por una parte, y, por otra, su contexto y disciplinas concurrentes. Ello sucede muy señaladamente por sus vínculos con la filosofía entendida *Graeco more*, más amplia y plural, que tiene además una noción de saber menos especializada que la *science*, hasta el punto de que, en cuanto nos concierne:

> "a number of 'philosophers' too had their own particular reasons for being interested in areas and themes that we commonly associate with medicine and for pursuing these interests in a variety of forms, theoretical as well as practical – and, in so doing, were interacting with medical writers in the setting of their agendas, the formation of their ideas, concepts and methodologies and in their practical activities. (...) [I]t would be quite misleading to present the relationship between 'doctors' and 'philosophers' in terms of interaction between 'science' and 'philosophy', the 'empirical' and the 'theoretical', the 'practical' and the 'systematical', the 'particular' and the 'general', or 'observation' and 'speculation'. To do this would be to ignore the 'philosophical', 'speculative', 'theoretical' and 'systematic' aspects of Greek science as well as the extent to which empirical research and observation were part of the activities of people who have gone down in the textbooks as 'philosophers'. (...) This perception of the early development of medicine and its overlap with philosophy was more widely shared in antiquity, both by medical writers and by 'philosophers'"[1095].

Por su parte, Longrigg sostiene que la invención de la medicina racional, que Fränkel llama científica[1096], fue uno de los grandes logros griegos, que

---

1093 SPRENGEL, Kurt, *Versuch einer pragmatischen Geschichte der Arzneikunde*, erster Theil, Halle, Johann Jacob Gebauer, 1800, 2a edición ampliada, pp. 8–9; encontramos una parte de la cita en LONGRIGG, James, *Greek Rational Medicine: Philosophy and Medicine from Alcmaeon to the Alexandrians*, London / New York, Routledge, 2013, p. 1, si bien incompleta y con una fecha de publicación posterior.

1094 *cf.* TOURTELLE, Étienne, *Histoire philosophique de la médecine, depuis son origine jusqu'au commencement du 18e. siècle*, Paris, Chez Levrault, Schoell et compagnie, 1804, pp. 360–379.

1095 EIJK, Ph. J. van der, *Medicine and Philosophy in Classical Antiquity, Doctors and Philosophers on Nature, Soul, Health and Disease*, Cambridge, UK, Cambridge University Press, 2005, pp. 8–9–10; *cf.* también 6–7.

1096 *cf.* FRAENKEL, Hermann, SÁNCHEZ, Ricardo (trad.), *Poesía y filosofía de la Grecia arcaica: una historia de la épica, la lírica y la prosa griegas hasta la mitad del siglo quinto*, col. Balsa de la Medusa, n° 63, Madrid, A. Machado Libros, 2004 [ed. orig.

supuso el abandono de la superstición y de lo mitológico, en consonancia con las tesis de Nestle[1097]. Longrigg omite cualquier mención a Epicuro y yerra, creemos, al adoptar una visión demasiado dicotómica[1098],

---

Dichtung und Philosophie des frühen Griechentums; eine Geschichte der griechischen Epik, Lyrik und Prosa bis zur Mitte des fünften Jahrhunderts, München, Beck'sche Verlagsbuchhandlung, 1962], p. 321: "Sus especulaciones [de Jenófanes] se apoyan sobre ejemplos imaginarios, pero tomados del campo de la experiencia, y nos da claramente a entender que nuestro saber teórico es sólo, en el mejor de los casos, una aérea superestructura montada sobre la base de una experiencia bien fundada. Con este empirismo, se conecta sin duda el florecimiento de las ciencias empíricas que se inicia a comienzos del siglo quinto. Es cierto que el impulso griego en pro de teorías generales se mantiene, pero se le añade la voluntad de descubrir y valorar metódicamente multitud de hechos concretos. Ambas direcciones se unen en la medicina científica".

1097 LONGRIGG, *op. cit.*, p. 1: "One of the most impressive contributions of the ancient Greeks to Western culture was their invention of rational medicine. It was the Greeks who first evolved rational systems of medicine for the most part free from magical and religious elements and based upon natural causes. The importance of this revolutionary innovation for the subsequent history of medicine can hardly be overstressed. Here for the first time in the history of medicine was displayed a strikingly rational attitude which resulted in a radically new conception of disease whose causes and symptoms were now accounted for in purely natural terms. This emancipation of medicine from superstition was the outcome of precisely the same attitude of mind which the Milesian natural philosophers had been the first to apply to the world about them. The natural philosophers' attempts to explain the world without recourse to supernatural intervention brought about a transition from mythological conjecture to rational explanation".

1098 KINGSLEY, Peter, FRANCÍ, Carmen (trad.), *En los oscuros lugares del saber*, Gerona, Atlanta, 2010 [ed. orig. *In the dark places of wisdom*, Inverness, California, Golden Sufi Center, 1999], pp. 134–135: "Hace ya tiempo que los orígenes de la filosofía occidental se presentan como una cuestión de mera especulación intelectual, de ideas abstractas. Pero eso es sólo un mito. Especialmente en Italia y Sicilia, la realidad era muy diferente. Allí la filosofía se había desarrollado como una actividad generalista, intensamente práctica. Y eso incluía todo el campo de la sanación, si bien entonces por esta palabra se entendía otra cosa. En realidad, no sería un error decir que la medicina racional occidental con la que estamos tan familiarizados surgió como reacción directa contra los primeros de estos filósofos, contra gente como Parménides que adoptaba el papel de *physikos*. La imagen moderna de los médicos y la curación se moldeó a partir de Hipócrates; y la famosa escuela que fundó pronto sintió la necesidad de definir sus objetivos excluyendo de la medicina todo lo que no tuviera que ver específicamente con ella. De manera que arremetió contra todos estos filósofos y los atacó por su empeño en que, antes de curar a nadie, hay que conocer la más profunda naturaleza de los hombres y las mujeres, lo que son los seres humanos desde el principio, no sólo cómo reaccionan en una u otra situación. Y, sin embargo, cuando los escritores hipocráticos adoptaron esta como le ocurre a la historiadora de la medicina Antje Krug[1099] y contra la que advierte van der Eijk.

Sin embargo, sí tiene razón Longrigg al subrayar el vínculo entre creencias mitológico-religiosas infundadas y la preservación de la salud, como apunta Peter Kingsley, que expone el modo en que la sanación de los enfermos tenía lugar en recintos sagrados bajo el control de sacerdotes[1100].

El florecimiento de la filosofía griega supone, entonces, un acrecentamiento de la racionalidad y un gran interés por lo circundante, con propósito de comprensión pero también, en lo que toca al hombre, de sanar o corregir aquello que se halla en contradicción con la salud natural. Con todo, pensamos que el juicio de Burnet[1101] sobre el particular resulta un tanto radical, aunque sí creemos que existen concomitancias, paralelismos, influjos e intereses u objetivos compartidos en tanto en cuanto las separaciones de ámbitos formativos no son en ese entonces tan netas. La idea de salud y, como señala Rodríguez Alfageme, "la concepción de la enfermedad va[n] evolucionando a medida que los conocimientos filosóficos y científicos lo hacen. Este paralelismo se puede ver en las distintas concepciones propias de la medicina técnica

---

posición, no sólo estaban atacando a los filósofos teóricos. Estaban atacando a sus rivales, también sanadores por derecho propio".

1099 *cf.* KRUG, Antje, *Heilkunst und Heilkult: Medizin in der Antike*, München, C.H. Beck, 1985, pp. 25–27.

1100 *cf.* KINGSLEY, *op. cit.*, pp. 77–78: "la curación, en el mundo clásico, tenía mucho que ver con los estados de muerte aparente. Todo estaba ligado con una palabra de toscas resonancias: incubación. Incubar es, simplemente, yacer en un lugar. Pero la palabra tenía un significado muy especial. Antes de que se creara lo que ahora se conoce como medicina 'racional' en Occidente, la curación estaba siempre relacionada con lo divino. Si la gente estaba enferma, era normal ir a los santuarios de los dioses o de los grandes seres que antes habían sido humanos pero ahora eran algo más: los héroes. Y acostarse allí. La gente se acostaba en un recinto cerrado, que muchas veces era una caverna. Y se quedaba dormida y soñaba o bien entraba en un estado que, según las descripciones, no era sueño ni vigilia, hasta que terminaba por tener una visión: algunas veces la visión o el sueño los enfrentaba con el dios, la diosa o el héroe, y así se producía la curación. En aquellos tiempos la gente se curaba así. Lo importante era no hacer nada. El momento culminante se producía cuando el enfermo no se debatía ni hacía ningún esfuerzo, sólo tenía que rendirse a su condición. Se acostaba como si estuviera muerto: aguardaba sin comer ni moverse, algunas veces durante varios días seguidos. Y se aguardaba a que la curación llegara de otro lugar, de otro nivel de conciencia y de existencia. Pero esto no quiere decir que se dejara solo al enfermo, ya que había personas encargadas del lugar, sacerdotes que comprendían el funcionamiento del proceso y sabían supervisarlo, que sabían cómo ayudar al yaciente a comprender lo que necesitaba saber sin que ello interfiriera en el proceso mismo".

1101 *cf.* BURNET, *op. cit.*, p. 201, nota 4: "It is impossible to understand the history of philosophy from this point onwards [desde Empédocles] without keeping the history of medicine constantly in view".

de un modo evidente, pero no sólo en ellas. Tal como deja claramente establecido el autor, los distintos modos de concebir la enfermedad dependen del ambiente cultural en donde se atestiguan"[1102].

En similar sentido se pronuncia el pionero Schumacher[1103], quien al hacer historia de la medicina occidental toma en cuenta muy minuciosamente las aportaciones del pensamiento griego antiguo, si bien sus investigaciones se detienen al alcanzar a Platón[1104].

Ahondando aún en el nexo entre medicina sin ensalmo y filosofía cabe aludir al criterio de Edelstein que resulta a este respecto más fino, coherente y sensato. El alemán subraya la integración griega de lo corpóreo humano en el seno de la naturaleza, a cuyas leyes se halla férreamente sometido; así mismo, sostiene que el influjo mayor no se produjo desde la medicina hacia la filosofía, sino al contrario. Escribe:

> "In antiquity, philosophy influenced medicine rather than being influenced by it. Philosophical insight guided the physicians in their biological, physiological, and anthropological studies. And while in this respect philosophers were the teachers of physicians, they even were their antagonists in the struggle for leadership in the conduct of life, sternly rebuking the physicians' ambition to prescribe to man what he ought to do. The

---

1102 RODRÍGUEZ ALFAGEME, Ignacio, "Prólogo a la segunda edición (2004)", en GIL FERNÁNDEZ, Luis, *Therapeia: la medicina popular en el mundo clásico*, Madrid, Triacastela, 2004, pp. 6–8.

1103 SCHUMACHER, Joseph, *Die Anfänge abendländischer Medizin in der griechischen Antike*, Stuttgart, Kohlhammer, 1965, p. 8 y pp. 14–15: "Das Studium gerade dieser immer noch rätselhaften und im einzelnen schwer deutbaren Epoche und die Sinnerfassung der das damalige medizinische Denken beherrschenden Theorien und Konzeptionen der alten Philosophen und Arzte vermögen uns in den Stand zu setzen, das Wesen der Medizin zu erhellen und die Heilkunde in ihrer geschichtlichen Existenz und in ihrer Einheit zu begreifen. [...] man kann von der Medizin der Antike alles sagen, was sie an philosophischen, nosologischen und therapeutischen Ansichten aufzuweisen hatte, und dennoch ein unzureichendes Bild von ihr geben – weil gerade das ungesagt bleibt, was das Wesentliche an ihr ist. Die Beifügung gewisser naturphilosophischer Theorien über die vier Elemente, über die Zahlenlehre, mag zwar das Bild in gewisser Beziehung erweitern, doch zum letzten Verständnis der antiken Medizin reicht dies allein nicht aus. Auch das betonte Herausstellen des „Geistes" der Heilkunde jener Zeit führt nicht weiter. Denn sowohl die physiologischen, nosologischen und therapeutischen Ansichten als auch der sogenannte Geist der Heilkunde waren nur äußere Auswirkungen einer ganz anderen, viel wesentlicheren Fragestellung, nämlich der Frage nach dem Sein. Das Fragen nach dem Sein der Dinge war die große Tat der griechischen Frühantike, die das abendländische Denken gezeugt hat und damit zugleich auch die wissenschaftliche Medizin. Diese Fragestellung war begründet in der Eigenart jener Denkweise, die eine eigentümlich griechische genannt werden muß".

1104 *cf.* SCHUMACHER, Joseph, *Antike Medizin; die naturphilosophischen Grundlagen der Medizin in der griechischen Antike*, Berlin, De Gruyter, 1963, 2ª edición mejorada (primera de 1940), pp. 212–242, sobre Platón.

true contribution of medicine to philosophy, I venture to suggest, lies in the fact that philosophers found in medical treatment and in the physician's task a simile of their own endeavor. The healing of diseases, as well as the preservation of health, provided an analogy which served to emphasize the validity of certain significant ethical concepts and thus helped to establish the truth of philosophy; therein consisted the most fruitful relationship between ancient medicine and ancient philosophy"[1105].

Si bien Edelstein fundamenta inicialmente su postura de preponderancia filosófica en analogía con la división entre alma y cuerpo, siendo aquella de mayor excelencia, matiza después al indicar que en la ética griega, especialmente la epicúrea y estoica, el cuerpo guarda una gran semejanza con el alma y ambos pueden ser entendidos del mismo modo y los dos necesitan igualmente mantenerse saludables o ser curados con recursos diversos[1106]. Así se consigue la salud del cuerpo y de la ψυχή, esto es, la aspiración filosófica de la εὐδαιμονία o felicidad. Como bien apunta el estudioso alemán Michael Frede, los desvelos médicos de los filósofos conectan con su visión

---

1105 EDELSTEIN, Ludwig, "The relation of Ancient Philosophy to Medicine", en EDELSTEIN, Ludwig, TEMKIN, Owsei (ed.), *Ancient Medicine: Selected Papers of Ludwig Edelstein*, Baltimore, Johns Hopkins Press, 1967, pp. 349–366, concretamente p. 350; *cf.* p. 354: "To call the Presocratics physicians and scientists rather than philosophers, as has become fashionable, or to say that from Empedocles on 'it is impossible ... to understand the development of philosophy without keeping the development of medicine constantly in view', is, I am afraid, a misrepresentation of the actual situation. It was as philosophers that the Presocratics embarked on the quest for the nature of things, and trying to detect the causes of all physical phenomena they also dealt with the human body".

1106 EDELSTEIN, Ludwig, "The relation of Ancient Philosophy to Medicine", en EDELSTEIN, *op. cit.*, pp. 349–366, *cf.* p. 362: "At this point, however, you may ask: how can medical knowledge, knowledge of the body, be helpful toward an adequate understanding of the soul? Are not body and soul essentially different? Is it not just the difference between the two which the philosopher tries to point out? My answer is that it is characteristic of Greek ethics that it conceives of the soul in the likeness of the body, that it visualizes the soul in very much the same way in which the body was understood, not on a highly technical level, to be sure, but rather in terms of that medical doctrine which was basic and almost universally accepted. The body has its desires, it strives to be filled, to be satiated. These bodily appetites in themselves tend to be extreme; they have no self-restricting limits. In order to prevent disease, to attain health, it is necessary to check the natural tendencies, to introduce measure, a standard by which to curtail the unlimited appetites. The desires of the soul, in the view of the Pythagoreans, of Plato, and of Aristotle, likewise tend to extremes; they strive unceasingly to be satisfied. Pythagorean ethics, Platonic justice, the Aristotelian doctrine of the mean, teach the measure, the standard by which the extremes of our passions are to be reduced to their right proportion. Nor did the body fail to provide an example when Cynics, Stoics, and Epicureans considered all natural activities of the soul, all natural emotions as bad, or even diseased. Does not language itself indicate the similarity of body and soul?".

generalista, omniabarcante en su propósito explicativo de la naturaleza, identificada con la realidad toda, así como con la necesidad, acuciante a lo largo del siglo V a. C, de explicar la conducta humana, ya que la ética, la libertad y la beatitud cobrarán gran importancia entonces[1107].

3.1. Hitos en la relación entre filosofía y medicina antes de Epicuro

Ya hemos ofrecido algunas anotaciones sobre la importante relación que, al menos en la Antigüedad griega, mantienen filosofía y medicina, o viceversa. En este respecto, resultará provechoso explorar antecedentes significativos que evidencian este vínculo, que, como bien indica Schumacher, se aprecian ya desde los inicios.

Dejando aparte algunas consideraciones embriológicas o antropogónicas de Anaximandro[1108], son Pitágoras y los pitagóricos el primer objeto de nuestro interés por la iatrosofía. Cabe recordar, a este propósito, la importancia fundamental del número, que tiene una dimensión existencial plena, un trasunto geométrico; junto a éste, resultan claves la proporción, el equilibrio, así como la harmonía musical, que vale tanto como el sonido sometido a orden y número, ritmo. A ello se agrega, según recuerda Schumacher, la neta división entre lo material y lo inmaterial, formal[1109].

1107 FREDE, Michael, "Philosophy and medicine in antiquity", en FREDE, Michael, *Essays in Ancient Philosophy*, Minneapolis, University of Minnesota Press, 1987, pp. 225–242, concretamente pp. 226–227: "the philosopher's interest in medical questions was not the more or less passive interest he, as an uncommonly educated man, was supposed to take in medicine anyway. Philosophers from very early on showed an active concern for medicine, in particular medical theory, which we may find surprising. But we have to keep in mind that the first philosophers were trying to give a general, unified account of nature in terms of which one could explain the most conspicuous, interesting, important, curious natural phenomena. The persuasiveness of such general accounts was in good part measured by their ability to explain particular phenomena. Thus it was natural that philosophers should try to show the strength of their account by trying to explain the most complicated phenomenon of nature: the constitution of humans, the way they function and behave, or fail to function. And their interest in a physiological explanation of human beings got stronger in the course of the fifth century when humans and human behavior became more and more the center of attention of philosophers".

1108 ANAXIMANDRO, fragmentos diversos sobre el origen del hombre y los animales en EGGERS LAN, JULIÀ, *op. cit.*, frags. 178–182, pp. 127–128.

1109 SCHUMACHER, *Anfänge*, *op. cit.*, p. 38: " (...) ist das wesentliche Merkmal des Pythagoreismus die scharfe Trennung des Stofflichen und Geistigen, aber auch die Frage nach ihrem Verhältnis zueinander und ihrem Einwirken aufeinander. Es ist eine ganz eigentümliche Form des Denkens, die dem Verständnis durchaus einige anfängliche Schwierigkeiten bereitet, dann aber auch einen tiefen Einblick in die Art und Weise gewährt, wie man in der frühgriechischen Antike an die Lösung der Probleme heranging, darunter auch der Fragen nach Gesundheit, Krankheit und Heilung".

De hecho, el estudioso alemán alude a un pasaje de Diógenes Laercio que contiene una definición pitagórica de salud y enfermedad, a saber: "Salud es el mantenimiento de la forma, y enfermedad la corrupción de ésta"[1110]. Si tenemos presente la función del número en cuanto regulador, conformador y ordenador, entenderemos que la preservación del número, que conlleva buena disposición controlada, estabilidad y simetría, signifique también lo contrario del desorden psicofísico. A título de ejemplo podemos observar la definición médica que de "cáncer" ofrece la Real Academia Española como "enfermedad neoplásica con transformación de las células, que proliferan de manera anormal e incontrolada"[1111].

Conviene atender a las dos últimas palabras de la definición, y con ello queremos poner de manifiesto la nota de lo que se encuentra fuera de norma o medida, como le ocurre a lo deforme. En este sentido podemos afirmar que, obviamente, el desequilibrio o disfunción equivale al hecho de hallarse fuera de, o contravenir, la legaliformidad biológica y natural. Esa dimensión ordenadora tiene, precisamente, el número pitagórico en términos médicos[1112]. Resulta clave destacar en este punto el valor de aquello que se compadece bien, que se condice, que es simpático, análogo o no dispar o antipático o discordante ya en Pitágoras y luego en Epicuro, según lo elucidamos en diversos subpartados de la sección posterior que trata sobre la analogía y la correlación, en una sección del apartado cuarto, inserto en el presente bloque temático.

La importancia de la salud en el sistema filosófico pitagórico se puede inferir ya de un solo pasaje, a saber: "(...) '¿qué es lo más sabio de lo que está entre nosotros? = la medicina'; '¿qué es lo más bello? = la armonía'; '¿qué es lo más valioso? = la sabiduría'; '¿qué es lo más bueno? = la felicidad' (...)"[1113].

Tras confirmar que lo más sabio es la medicina, es preciso indicar que en la doctrina pitagórica la mesura o medida atañe al bienestar psicofísico o salud, al bien moral e incluso a la belleza proporcionada que de ambos se deriva. Por eso anota Jámblico sobre Pitágoras: "A continuación, dio un consejo divino sobre la mejor forma de vida y la contrapuso resueltamente como antítesis de la peor; y sobre el alma, sus potencias y sus pasiones, desveló claramente cómo son y, lo más hermoso de todo, demostró que los dioses no son causantes de las desdichas, y que las enfermedades y cuantos padecimientos afectan al cuerpo son el resultado del desenfreno"[1114]. Como bien señala Schumacher, la salud equivale al dominio lo más perfecto posible de lo material en el individuo mediante el número, del mismo modo que la enfermedad

---

1110 DIÓGENES LAERCIO, *Vidas de los filósofos ilustres*, VIII, 35, en GARCÍA GUAL, *op. cit.*, p. 430 [ὑγίειαν τὴν τοῦ εἴδους διαμονήν, νόσον τὴν τούτου φθοράν].

1111 REAL ACADEMIA ESPAÑOLA, *op. cit.*, 22ª edición, *s. u.* "cáncer".

1112 SCHUMACHER, *Anfänge*, *op. cit.*, p. 41.

1113 PITÁGORAS DE SAMOS, frag. 346 (DK 58 C 4) Jámblico (s. III-IV d. C.), *Vida de Pitágoras*, XVIII, 81–82], en EGGERS LAN, JULIÀ, *op. cit.*, p. 224.

1114 JÁMBLICO, *Vida pitagórica*, 32, 218, en RAMOS JURADO Enrique Ángel y PERIAGO LORENTE, Miguel (eds., trads.), *Obras: Sobre los misterios egipcios, Vida pitagórica, Protréptico*, Madrid, Gredos, 2009, p. 140.

no es más que un desorden. De ahí surge la tesis de que los hombres pueden influir conscientemente en su estado clínico, por así decirlo[1115] y de que el equilibrio moderado en el beber, en el comer, así como la combinación conveniente de actividad y reposo, conduzca la harmonía sin dolencia.

Sobre este punto, y dada la importancia de la intervención humana en la conquista, conservación o recuperación de dicho equilibrio, puede comprenderse el peso de la dietética en el régimen de vida pitagórico, que incluía, entre otras cosas, una alimentación sin derramamiento de sangre, vegetariana[1116], así como, por ejemplo, la abstención de consumir habas, por diversos motivos[1117]; igualmente, plantea prescripciones alimentarias saludables de manera que ni la hartura ni la flatulencia nublen o perturben el entendimiento o hagan incurrir en injusticia, o vulneración de lo rector, como hacen los que consumen sesos y el corazón de otros animales[1118]. Schumacher[1119] aporta, de hecho, una paso platónico en el que se menciona el "modo de vida pitagórico" (Πυθαγόρειον τρόπον [...] τοῦ βίου)[1120]. Por otra parte y todavía en relación con los cuidados corporales, Pitágoras se pronuncia también a favor de la moderación en el sexo[1121]. Así mismo, biógrafos o doxógrafos nos transmiten algunos paralelismos sugerentes entre su filosofía y la medicina[1122], además de una

1115 *cf.* SCHUMACHER, *Anfänge*, *op. cit.*, pp. 42–43.

1116 DIÓGENES LAERCIO, *Vidas de los filósofos ilustres*, VIII, 13, en GARCÍA GUAL, *op. cit.*, p. 422: "Porque él vetaba incluso el matar animales, no ya sólo el comer seres animados que tienen en común con nosotros el privilegio de un alma. (...)".

1117 *cf.* PITÁGORAS, fragmento 327 (ARISTÓTELES, fr. 194, Rose = Diógenes Laercio, VIII; 19), en EGGERS LAN, JULIÀ, *op. cit.*, p. 215; fragmento 330 (ARISTÓTELES, fr. 195 = Diógenes Laercio, VIII, 34), p. 215.

1118 JÁMBLICO, *Vida pitagórica*, 24, 106–108, en RAMOS, PERIAGO, *op. cit.*, pp. 85–86.

1119 SCHUMACHER, *Antike Medizin*, *op. cit.*, p. 57.

1120 PLATÓN, *República*, X, 600 B, en EGGERS LAN, Conrado (ed., trad.), *Diálogos IV: República*, Madrid, Gredos, 1986, p. 465: "tal como Pitágoras fue amado excepcionalmente por esto, al punto que sus sucesores aún hoy denominan 'pitagórico' un modo de vida por el cual resultan distintos de los demás hombres".

1121 *cf.* DIÓGENES LAERCIO, *Vidas de los filósofos ilustres*, VIII, 9, en GARCÍA GUAL, *op. cit.*, p. 420.

1122 JÁMBLICO, *Vida pitagórica*, 18, 88, en RAMOS, PERIAGO, *op. cit.*, p. 75: "Procedente de Samos, en Jonia, en la tiranía de Polícrates, llegó Pitágoras, cuando Italia estaba en su apogeo, y se hicieron amigos suyos los gobernantes de las ciudades. Entre éstos [gobernantes de las ciudades italianas que se hicieron amigos suyos], con los de mayor edad, que no disponían de tiempo libre por ocuparse en los asuntos políticos, dado que le era difícil relacionarse con ellos por medio de las ciencias y sus demostraciones, mantenía conversaciones sencillas, considerando que era igualmente útil saber qué era necesario hacer aunque no se conociera el motivo, del mismo modo que los que están bajo el cuidado de los médicos, por no oír las causas de cada cosa que tienen que hacer, no dejan de conseguir su salud".

vida de moderación proverbial[1123] y el elogio de la temperancia[1124] como cualidad, trasunto moral de la armonía numérica[1125], todo lo cual ponía, según reporta Diógenes Laercio, en práctica[1126].

Debemos demorarnos ahora en la importancia explícitamente terapéutica que Pitágoras y sus seguidores dieron a la música, en consonancia con sus teorías psicofísica dualista y astronómica. Escribe Jámblico:

> "Consideraba también que la música contribuía de manera determinante a la salud, si se usaba de un modo conveniente. En efecto, solía servirse concienzudamente de tal purificación, porque también hablaba de curación a través de la música. Y en la estación primaveral interpretaba una melodía de este tipo. En efecto, en el centro sentaba a uno que tocaba la lira y, en círculo, se sentaban los que podían interpretar la melodía, y tañendo aquél la lira de ese modo se entonaban algunos peanes, con los que parecían alegrarse, y seguir en un tono melódico y rítmico. Pero también, en otros momentos, utilizaban la música como terapia. Determinados cantos tenían como objetivo la curación de las pasiones del alma, los desánimos y las duras pesadumbres (que los había concebido precisamente Pitágoras como de una gran ayuda) y, a su vez, otros para los arrebatos de cólera, la ira y todas las alteraciones del alma de este tipo; y también para los apetitos inventó otra clase de melodía. Igualmente, se practicaba la danza. (...) Empleaba también expresiones de Homero y Hesíodo, seleccionadas para la corrección del alma. (...) [T]oda la escuela pitagórica realizaba el llamado arreglo, la composición armónica y la ejecución de determinadas melodías apropiadas, que llevaban útilmente las disposiciones del alma a sus afectos contrarios: porque, cuando se iban a dormir, purificaban el pensamiento de los alborotos y estruendos diarios con determinadas melodías y cantos específicos, y por esto se procuraban sueños tranquilos de corta duración y agradable ensoñación. A su vez, cuando se levantaban del lecho, se libraban de la pereza y de la somnolencia por medio de cantos peculiares, pero hubo también ocasiones en que ello tenía lugar con música sin palabras. Y <hay> modos

1123 *cf.* JÁMBLICO, *Vida pitagórica*, 3, 13, en RAMOS, PERIAGO, *op. cit.*, p. 33.

1124 DIÓGENES LAERCIO, *Vidas de los filósofos ilustres*, VIII, 18–19, en GARCÍA GUAL, *op. cit.*, pp. 423–424: "Lemas suyos son los siguientes: 'No atizar el fuego con un cuchillo. No pasar por encima de una balanza. (...) Con eso de 'no atizar el fuego con el cuchillo' quería decir que no hay que agitar la furia y el exaltado rencor de los poderosos. Lo de 'no pasar por encima de la balanza' es lo mismo que 'no pasar por encima de lo equitativo y justo'".

1125 JÁMBLICO, *Vida pitagórica*, 8, 41, en RAMOS, PERIAGO, *op. cit.*, p. 47: "la templanza, asegurando que la edad de los muchachos representaba una prueba de la naturaleza, por ser la época en que poseen los deseos más intensos. Después, indujo a reflexionar [dignamente], porque al niño, a la muchacha, a la mujer y a los ancianos conviene aspirar únicamente a esta virtud, y en especial a los jóvenes. Y manifestaba incluso que era la única que compendiaba los bienes del cuerpo y del alma, porque preservaba la salud y el deseo por las más valiosas ocupaciones".

1126 *cf.* DIÓGENES LAERCIO, *Vidas de los filósofos ilustres*, VIII, 19–20, en GARCÍA GUAL, *op. cit.*, p. 424.

de curar dolencias y enfermedades, según dicen, mediante auténticos ensalmos, y es probable que de ahí haya llegado a hacerse notorio este nombre, el de ensalmo. Pues bien, de este modo tan beneficioso estableció Pitágoras la corrección de la conducta y vida humanas por medio de la música"[1127].

Aparecen aquí, muy tempranamente, ejemplos de musicoterapia como herramienta de psicoterapia, ya sea por audición o por producción de música, en modo instrumental o a través de cantos; igualmente puede decirse que existe una terapia mediante el baile.

Es obligado consignar aún otro breve pasaje en el que se opta por un germen de logoterapia autónoma a través del diálogo interior, de la reflexión, es decir, una especie de autoanálisis o psicoanálisis reflexivo: "Se cuenta que recomendaba a sus discípulos que se preguntaran al regresar a sus casas esto: ¿Dónde me he equivocado? ¿Qué hice? ¿Qué deber dejé incumplido?"[1128]. De hecho, el biógrafo y discípulo de Pitágoras abunda en esta cuestión cuando subraya la importancia de la memoria y su ejercicio como algo vinculado al conocimiento[1129].

También merece ser remarcada la dimensión de ejercicio espiritual e incluso físico, de ascesis en sentido literal, que impregna toda la filosofía pitagórica y su relación con el cuerpo y el alma, tal como apunta Porfirio en su biografía:

"Pues para todos, bien se tratara de grupos numerosos o reducidos, tenía esta aguda sentencia: hay que desterrar la enfermedad de nuestro cuerpo con todo nuestro ingenio y hay que cercenarla con el fuego, con el hierro y con toda clase de medios, pero, igualmente también, la ignorancia del espíritu, el derroche gastronómico, la rivalidad ciudadana, la discordia casera y la falta de moderación en todo"[1130].

Es necesario recordar aquí las siguientes palabras de Jámblico sobre el aprecio pitagórico por las artes curativas:

"Dicen que los pitagóricos, entre las ciencias, honraban especialmente la música, la medicina y la mántica. (...) De la medicina particularmente aceptaban la especialidad de la dietética y en esto solían ser muy rigurosos. En primer lugar, intentaban averiguar los indicadores de un equilibrio en la bebida, la alimentación y el descanso; en segundo lugar, sobre la preparación de los alimentos, casi fueron los primeros que se dedicaron a practicarla y a regularla. De las cataplasmas hacían los pitagóricos un uso mucho más frecuente que sus predecesores; en cuanto a las medicinas, las estimaban en menos. De ellas usaban especialmente las que estaban indicadas contra las úlceras. Y lo que menos aceptaban de todo era la cirugía y la cauterización. Empleaban también

1127 JÁMBLICO, *Vida pitagórica*, 25, 110–114, en RAMOS, PERIAGO, *op. cit.*, pp. 87–89.
1128 DIÓGENES LAERCIO, *Vidas de los filósofos ilustres*, VIII, 22, en GARCÍA GUAL, *op. cit.*, pp. 425.
1129 *cf.* JÁMBLICO, *Vida pitagórica*, 29, 164, en RAMOS, PERIAGO, *op. cit.*, pp. 115–116.
1130 PORFIRIO, *Vida de Pitágoras*, 22, en PERIAGO LORENTE, Miguel (ed., trad.), *Vida de Pitágoras; Argonáuticas órficas; Himnos órficos*, Madrid, Gredos, 1987, p. 37.

encantamientos contra algunas enfermedades. Consideraban igualmente que la música contribuía en gran medida a la salud, si se empleaba de un modo adecuado. Usaban también una selección de versos de Homero y Hesíodo para enderezar el alma"[1131].

Justamente esa relación entre música, medicina y mántica nos encamina hacia el concepto de ἰατρόμαντις, que tiempo ha exploró Rohde[1132], al igual que el español Luis Gil, quien se interesa por el ἰατρόμαντις y las prácticas mágico-medicinales en un libro excelente, pero con escasa difusión, *Therapeia: la medicina popular en el mundo clásico.*

La medicina practicada por los pitagóricos trasciende, para bien y para mal, lo empírico-técnico y tiene una dimensión mágica, ligada a los θεῖοι ἄνδρες u hombres divinos, dotados como videntes y sanadores, en la línea de Orfeo[1133], igual que puede observarse en textos incluidos por Bernabé Pajares en su *Ieros Logos*[1134]. Importa destacar, empero, el uso de la terapia sonora, al que ya hemos aludido; esta meloterapia pitagórica entona peanes al modo de cantos salutíferos, ya que éstos "serían de índole orgiástica y muy parecidos a los cantos y danzas de los chamanes

---

1131 JÁMBLICO, *Vida pitagórica*, 29, 164–165, en RAMOS, PERIAGO, *op. cit.*, p. 115.

1132 ROHDE, *Psique*, *op. cit.*, pp. 166, 170–171: "La religión griega no conocía, al principio, esa mántica del entusiasmo de que hemos hablado más arriba y que, exaltando las facultades del alma humana hasta la esfera de lo divino, la lleva al conocimiento de las cosas ocultas" (...) "La misión del adivino no se limitaba a prever y pronosticar el porvenir (...) Y no cabe duda de que provenía de aquella época de los profetas la costumbre posterior de contar entre las incumbencias de los 'videntes' el ayudar en la curación de las enfermedades, principalmente las del espíritu, el evitar males de todas clases mediante el empleo de extraños remedios y, sobre todo, el brindar consejo y ayuda en las 'purificaciones' de carácter religioso. Todas estas virtudes: el don del arte de la profecía, el de la purificación de gentes 'maculadas' y el de la curación de las enfermedades, procedían, al parecer, de la misma fuente".

1133 *cf.* GIL, *Therapeia*, *op. cit.*, pp. 76–77.

1134 *cf.* BERNABÉ PAJARES, Alberto, *Hieros logos: poesía órfica sobre los dioses, el alma y el más allá*, Madrid, Akal, 2003, p. 282, frag. 717, descenso a los infiernos, v. 107 y ss: "o de crueles enfermedades concibieron curaciones / y encontraron raíces para heridas de enfermos / o [curaron con el auxilio] del fuego o con el hierro"; p. 287, frag. 447, sobre Empédocles, en su faceta de pitagórico, (DK 31 B 112): "Amigos, que en la gran urbe a orillas del leonado Acragante / moráis, en lo más alto de la villa, ocupados en nobles acciones / -para los extranjeros, abrigo hospitalario, ignorantes de la maldad-, /salve. Yo, un dios inmortal entre vosotros, que no mortal / voy y vengo, entre todos honrado al parecer /, y ceñido con cintas y floridas coronas. / Por todos, cuando llego a las prósperas ciudades / -por hombres y mujeres- me veo reverenciado. Y me siguen / a millares, para tratar de averiguar dónde se halla la senda del provecho; / por consultar oráculos los unos; otros, contra los males / de toda condición tratan de oír una respuesta que los cure, / por largo tiempo ya se hallan transidos por acerbos dolores".

en los que palabra, música y movimientos corporales se conjugan con una finalidad religioso-medicinal"[1135].

No obstante, la música puede también tener una función sedante, estabilizadora. Así mismo, advierte Gil sobre la meloterapia pitagórica que "si por el carácter abstracto y sistemático de su andamiaje conceptual no puede considerarse propiamente 'medicina popular', por el apriorismo de sus supuestos y la justificación mítica de algunos de ellos tampoco puede ser tenida como medicina técnica o científica. (...) La meloterapia propiamente dicha constituye, en su vertiente psicológica, una rama de la *epanorthōsis psyches* ('corrección del alma') o de la *ēthopoiia* ('formación del carácter') por medio de la música"[1136]. La música tiene, en esta escuela, la función curativa o, mejor, purificadora, catártica, como apunta el estudioso madrileño en una interesante nota de Aristoxeno, según la cual los pitagóricos "realizaban la *katharsis* del cuerpo por medio de la medicina, y la del alma por medio de la música"[1137], si bien la secta de Pitágoras aplicó, parece, también la música para la curación de afecciones somáticas, con finalidad generalmente expulsatoria[1138].

Cabe añadir, señalado todo lo anterior, que los historiadores de la medicina han reparado igualmente, siquiera a título testimonial, en el papel, que, con respecto a lo terapéutico, tuvo no sólo la filosofía presocrática en general sino concretamente Pitágoras y su interés por la armonía, según escriben Douglas Guthrie[1139], Henry Sigerist[1140], Vivian Nutton[1141] o el estudioso James Garber[1142].

Entre quienes conjugaron medicina y filosofía, también debe ser mencionado Alcmeón de Crotona, que está vinculado con los pitagóricos, y que puede considerarse, según algunos estudiosos, como un médico que filosofa. Para el alemán Fraenkel, constituye un hito de la cientificización médica griega:

> "Encontramos aquí a la medicina griega en un nivel en el que se ha liberado de la magia. Menos fácil lo tuvo la incipiente ciencia de la historia para prescindir de la

---

1135 *cf.* GIL, *Therapeia, op. cit.*, pp. 284.
1136 GIL, *Therapeia, op. cit.*, pp. 296–297.
1137 GIL, *Therapeia, op. cit.*, p. 301. Remite a ARISTOXENO, *Anecdota graeca e codd. manuscriptis bibliothecae regiae Parisiensis*, vol. I, Oxionii (Oxford), e typographeo Academico, 1839, p. 172: Ἀριστόξενος, καθάρσει ἐχρῶντο τοῦ μὲν σώματος διὰ τῆς ἰατρικῆς, τῆς δὲ ψυχῆς διὰ τῆς μουσικῆς.
1138 *cf.* GIL, *Therapeia, op. cit.*, pp. 303–306.
1139 *cf.* GUTHRIE, Douglas, *A History of Medicine*, London, New York, T. Nelson and Sons, 1945, "The Philosopher-Physicians of Ancient Greece", pp. 48–50.
1140 *cf.* SIGERIST, Henry E., *A History of Medicine Vol. 2: Early Greek, Hindu, and Persian medicine*, New York, Oxford Univ. Press, 1961, "Pre-Socratic Philosophers and Early Medical Schools", pp. 84–115, sobre Pitágoras específicamente, pp. 96–102.
1141 *cf.* NUTTON, Vivian, *Ancient Medicine*, London, Routledge, 2004, "Before Hippocrates", pp. 44 y ss.
1142 *cf.* GARBER, James J., *Harmony in Healing: The Theoretical Basis of Ancient and Medieval Medicine*, New Brunswick (USA) – London (UK), Transaction Publishers, 2008, pp. 114–116.

tradición mítica y legendaria. Los griegos pudieron dejar de creer en las oscuras e incomprensibles fuerzas de las enfermedades demoníacas y de las curaciones milagrosas, pero no pudieron separarse fácilmente de la mitología, con la claridad de sus formas y significados. El médico se apoyaba en la naturaleza, pues cada día podía comprobar las hipótesis del día anterior, pero el historiador sólo podía enfrentarse con la tradición a partir de consideraciones fundamentales"[1143].

En cuanto se ha transmitido de su obra, Alcmeón apunta cuestiones relativas al cerebro y a la procreación[1144], parece haber practicado la vivisección y, especialmente, manifiesta la conciencia de que:

> "el mantenimiento de la salud se debe al equilibrio de las fuerzas: húmedo, seco, frío, caliente, amargo, dulce, etc.; y que, en cambio, el predominio de una sola de cada (pareja de fuerzas contrarias) es destructivo. Y la enfermedad sobreviene a causa del exceso de calor o frío, así como, en cuanto a la ocasión, de la abundancia o carencia de alimento; y en cuanto a la ubicación, en la sangre, en la médula o en el cerebro. También pueden sobrevenir por causas exógenas, como por ciertas aguas o regiones, o por esfuerzos o por tormentos o cosas similares a éstas. La salud, por el contrario, es una mezcla bien proporcionada de las cualidades"[1145].

Esta postura puede ligarse – creemos – con la noción de homeostasis e incluso con la importancia del equilibrio tanto pitagórica como epicúrea.

Tras habernos referido a Alcmeón y teniendo presente que también Empédocles pasa por ser un filósofo médico de tradición pitagórica, juzgamos oportuno dedicarnos, aunque con prudencia, a la faceta médica de Parménides de Elea, no sin antes mencionar que la tradición estudiosa ha observado entre éste y Pitágoras un cierta semejanza de motivos en cuanto a su viaje / descenso filosófico[1146].

La trabazón entre Pitágoras y Parménides nos incumbe por su dimensión médica, que también interesó a Philip Merlan, quien en su artículo "Neues Licht auf Parmenides" sostuvo, a raíz de las inscripciones descubiertas por Cesare Pugliese Caratelli, la inserción de Parménides en la continuidad de la escuela médica de Elea, lo que al propio tiempo lo conecta, por sus afanes terapéuticos, con Pitágoras[1147],

1143 FRAENKEL, *Poesía y filosofía, op. cit.*, p. 323.

1144 *cf.* ALCMEÓN DE CROTONA, frags. 406–425, en EGGERS LAN, JULIÀ, *op. cit.*, pp. 256–260.

1145 ALCMEÓN DE CROTONA, frag. 396 (DK 24 B 4), en EGGERS LAN, JULIÀ, *op. cit.*, pp. 251–252.

1146 *cf.* BURKERT Walter, "Das Proömium des Parmenides und die Katabasis des Pythagoras", en *Phronesis* n° 14:1, 1969, pp. 1–30; luego recogido de nuevo en BURKERT, Walter, SZLEZÁK Thomas Alexander (ed.), *Kleine Schriften VIII [8] Philosophica*, Göttingen, Vandenhoeck & Ruprecht, 2008, pp. 1–27.

1147 *cf.* MERLAN, Philip, "Neues Licht auf Parmenides" incialmente *en Archiv für Geschichte der Philosophie*, 48, 1966, pp. 267–276, reimpreso en MERLAN, Franziska (ed.), *Kleine philosophische Schriften*, Olms, Hildesheim / New York, 1976, pp. 8–17, por el que se cita.

de forma que su materialismo cobra un sesgo médico a cuya luz debe releerse su poema. En tiempos más recientes, Peter Kingsley ha ahondado en esa faceta médica de Parménides[1148]. Podemos señalar, antes de abundar en la dimensión terapéutica del filósofo, que éste, según se nos ha transmitido, parece haber abordado en su obra la distinción entre machos y hembras, así como a la fisiología de la procreación[1149].

No considerado por Luis Gil, Parménides sí constituye objeto de alguna atención para Schumacher. Destaca, primero, el hecho de que se interese por una incipiente psicología de la sensopercepción o, más llanamente, por lo relativo al proceso perceptivo e intelectual[1150]; su propuesta germinal implica las aportaciones de los diversos sentidos hasta culminar el acto racional de la comprensión pero que, al propio tiempo, se presta a incurrir en falsedad y errores.

Si bien no se ha preservado ningún fragmento propiamente médico de su autoría[1151], podemos postular un vínculo con la psicoterapia cognitiva y su afán por erradicar, entre los hombres, las apariencias engañosas, que, a su vez, están causadas por la asunción acrítica y superficial de datos sensibles. De este modo, el interés por seguir la "vía de la verdad", característico del filósofo y poeta, entronca sugestivamente con la tesis psicoterapéutica que acomuna a Aaron Beck y Albert Ellis, la cognitiva, por cuanto se persigue una corrección de interpretaciones erróneas e hiperemotivas de acontecimientos, situaciones o hechos, las cuales causan malestar psicológico y no pueden imputarse a los acaecimientos en sí mismos. Por ello no resulta desatinado pensar, creemos, que se establece un corte radical, con efecto curativo desde un punto de vista epistémico, entre ἀλήθεια y δόξα.

Ahora es necesario recordar que Kingsley, en un libro original y de amplio respiro, pretende recuperar la sabiduría griega en su prístina pureza, que asume la conciencia integradora y natural de la propia muerte en la vida[1152]. El filósofo británico

1148 *cf.* KINGSLEY, *op. cit.*, pp. 201.

1149 PARMÉNIDES DE ELEA, fragmentos 1015–1024, en EGGERS LAN, JULIÀ, *op. cit.*, pp. 464–466.

1150 *cf.* PARMÉNIDES DE ELEA, fragmentos 1025–1042, en EGGERS LAN, JULIÀ, *op. cit.*, pp. 467–473.

1151 SCHUMACHER, *Antike Medizin*, *op. cit.*, p. 99: "Eigentlich Medizinisches ist von ihm nicht überliefert".

1152 KINGSLEY, *op. cit.*, pp. 14–15; 17–18: "Podría decirse que este proceso de despertar es profundamente sanador si no fuera porque hemos llegado a una idea de salud tremendamente superficial. Para la mayoría de nosotros, la curación es lo que hace que nos sintamos cómodos y lo que alivia el dolor. Es lo que mitiga, lo que nos protege. Y, sin embargo, con frecuencia aquello de lo que queremos ser sanados es lo mismo que nos curará si podemos soportar la incomodidad y el dolor. Queremos curarnos de la enfermedad, pero, precisamente, a través de la enfermedad crecemos y nos sanamos de nuestra apatía autocomplaciente. Tememos la pérdida y, sin embargo, precisamente a través de lo que perdemos somos capaces de averiguar que no pueden quitarnos nada. Huimos corriendo de la tristeza y la depresión, pero, si dejamos de ignorar la tristeza, veremos que habla con la voz de nuestro anhelo más profundo; y si seguimos prestándole atención un poco recoge, en una parte de su libro, el hallazgo arqueológico al que ya hemos hecho referencia previamente y que inserta, de acuerdo el autor, al filósofo de Elea en una escuela médica y sostiene que Parménides fue médico en el sentido en el que lo podía ser un presocrático, fue un "iatromantis", alguien capaz de sanar o curar a sus iguales, de librarles del dolor y la enfermedad e, incluso, del paralizador miedo a la muerte, del *horror uacui*. Al estilo de los hombres divinos, los sabios, como Orfeo o Pitágoras, Parménides jalona una línea que parte de Apolo Oulios[1153] (este último vocablo es una advocación médica del dios[1154]) y que persigue una vida sabia, saludable, que aspira a un conocimiento que no es erudición meramente teórica[1155].

En opinión de Kingsley, Parménides alude a la enfermedad en el sentido de incubación[1156], esto es, como la acción y efecto de estar postrado discreta y aisladamente, la cual en ocasiones eligen los filósofos para acceder a otro nivel de existencia y así

---

más, encontraremos que nos enseña la manera de alcanzar lo que deseamos. (...) La verdad es sencilla, de una hermosa sencillez: si queremos crecer, convertirnos en verdaderos hombres y mujeres, tenemos que enfrentarnos a la muerte antes de morir" [...] "(...) [N]o tenemos que mirar hacia fuera, no es necesario que nos volvamos hacia una cultura distinta del mundo en que vivimos. Todo lo que necesitamos está dentro de nosotros, en lo más hondo de nuestras raíces, esperando que alguien llegue hasta allí. Y, sin embargo, hay que pagar un precio para entrar en contacto con esta tradición. Siempre hay que pagar un precio y, precisamente porque nadie ha querido pagarlo, las cosas están como están. El precio no ha cambiado: somos nosotros, nuestra voluntad de ser transformados. Sólo sirve eso, no puede ser menos. No podemos apartarnos y mirar. No podemos distanciarnos porque precisamente nosotros somos el ingrediente que falta. Sin nosotros, las palabras sólo son palabras. Y esta tradición no existió para edificar o entretener, ni siquiera para inspirar: existió para devolver los hombres a sus raíces. (...) A muchos nos preocupa la extinción de todas las especies que el mundo occidental está exterminando. Pero casi nadie se da cuenta de lo más extraordinario de todo: de la extinción de nuestro conocimiento de lo que somos".

1153 KINGSLEY, *op. cit.*, pp. 58–59: "No hace falta ir muy lejos para ver de qué trata. Las personas mencionadas en las inscripciones también reciben el nombre de 'sanador' con la palabra griega *iatros*. Pero Apolo mismo recibía el nombre de *iatros*: era uno de sus títulos favoritos. También en Roma, situada más al norte, se le conocía como 'Apolo el sanador', especialmente en el caso de Apolo Oulios. Si se buscara en los antiguos diccionarios griegos, bajo la entrada 'Oulios' se encontraría la explicación 'Apolo, en su condición de sanador'. Así pues, en su condición de sanadores, esos hombres hacían lo mismo que Apolo, que era su dios; y ellos eran sus representantes en la tierra".

1154 *cf.*, para la dimensión médica, VON WILAMOWITZ-MOELLENDORFF, Ulrich, *Der Glaube der Hellenen*, Berlin, Weidmann, 1931, vol. II, pp. 33–35, sobre la función curativa de Apolo, no tanto de dolencias físicas cuanto de dolencias psicológicas, e incluso sana los males que aquejan a ciudades o regímenes políticos.

1155 KINGSLEY, *op. cit.*, 2010, pp. 33–37.

1156 *cf.* VON WILAMOWITZ-MOELLENDORFF, *Glaube, op. cit.*, vol. I, pp. 221, 695–696; para una visión actualizadora hacia la psicoterapia, *cf.* MEIER, Carl Alfred, *Der* recibir conocimiento trascendente, de donde le vienen al *iatromantis* sus poderes de curación[1157], por ese morar transitorio en un ámbito no accesible, de forma semejante al descenso (la catábasis) pitagórico[1158], a lo que, según el Sócrates *loquens* de la *Apología* platónica, ocurre con el alma a la muerte del cuerpo[1159].

Justamente ese tránsito trascendente tiene una faceta de viaje filosófico hasta una fuente e implica también un regreso para administrar sanadoramente el saber adquirido[1160].

La voluntad de dominar la naturaleza y, especialmente, sus consecuencias corporales o psíquicas en lo humano pone en juego la figura del médico-filósofo con una dimensión noble y mágica[1161], que cura desde el conocimiento de lo divino trascendente[1162], como una suerte de chamán, capaz de ordenar el equilibrio de quien trata.

También Empédocles, al que ya hemos aludido, es considerado no sólo filósofo, sino también obrador de milagros y médico, lo cual, según hemos indicado, no es atípico en la Grecia de entonces, por cuanto taumaturgia y terapia van de la mano.

Traum als Medizin: antike Inkubation und moderne Psychotherapie, Zürich, Daimon, 1985.

1157 KINGSLEY, *op. cit.*, pp. 96–97.

1158 KINGSLEY, *op. cit.*, pp. 97–98.

1159 *cf.* PLATÓN, *Apología de Sócrates*, 40b - 41e, en LLEDÓ ÍÑIGO, *op. cit.*, pp. 184–185: "Es probable que esto que me ha sucedido sea un bien, pero no es posible que lo comprendamos rectamente los que creemos que la muerte es un mal. (...) La muerte es una de estas dos cosas: o bien el que está muerto no es nada ni tiene sensación de nada, o bien, según se dice, la muerte es precisamente una transformación, un cambio de morada para el alma de este lugar de aquí a otro lugar. Si es una ausencia de sensación y un sueño, como cuando se duerme sin soñar, la muerte sería una ganancia maravillosa. Pues, si alguien, tomando la noche en la que ha dormido de tal manera que no ha visto nada en sueños y comparando con esta noche las demás noches y días de su vida, tuviera que reflexionar y decir cuántos días y noches ha vivido en su vida mejor y más agradablemente que esta noche, creo que no ya un hombre cualquiera, sino que incluso el Gran Rey encontraría fácilmente contables estas noches comparándolas con los otros días y noches. Si, en efecto, la muerte es algo así, digo que es una ganancia, pues la totalidad del tiempo no resulta ser más que una sola noche. Si, por otra parte, la muerte es como emigrar de aquí a otro lugar y es verdad, como se dice, que allí están todos los que han muerto, ¿qué bien habría mayor que éste, jueces?".

1160 KINGSLEY, *op. cit.*, pp. 99–100: "el relato del viaje mítico de Parménides lo relaciona con la incubación y con los expertos en ésta; (...) iatromantis".

1161 *cf.* VON WILAMOWITZ-MOELLENDORFF, *Glaube*, *op. cit.*, vol. II, p. 29.

1162 *cf.* KINGSLEY, *op. cit.*, p. 103: "Un *iatros* es un sanador; un *iatromantis* es un sanador de una clase muy especial: es un sanador que, al mismo tiempo, es profeta, un hombre que cura a través de la profecía. Pero eso no es decir mucho si no se entiende lo que quería decir entonces profecía. (...) Significaba dar voz a lo que no la tiene, actuar como portavoz de lo divino. Todo tenía que ver con ser capaz de ponerse en contacto -y después hablar- desde otro nivel de conciencia".

Desde φάρμακα para males hasta la posibilidad de la resurrección de un hombre[1163], con importancia en su discurso terapéutico, de la palabra sanadora, εὐηκέα βάξιν,[1164] tal es lo que se atribuye al de Agrigento en su calidad de médico. A ello se debe agregar, empero, su teoría de los cuatro elementos: agua, aire, tierra y fuego[1165], así como los conceptos de amistad y odio, φιλία y νεῖκος, que valen tanto como atracción y repulsión. Con una vocación que parece científico-médica, describe el filósofo el mecanismo de composición y evolución de los seres vivos, así como el proceso zoogónico[1166], el reproductivo y el de la respiración; se ocupa igualmente de los mecanismos interesados en la sensopercepción, de la visión y de la distinción entre placer y dolor[1167].

Por su parte, los atomistas Leucipo y Demócrito entroncan polémicamente con la escuela eleática y habrán de inspirar a Epicuro; su propuesta, de tipo materialista, con vocación de unificar radicalmente los principios de la pluralidad, da explicaciones sobre el origen de la vida, embriología, fisiología, sobre la respiración, la percepción, los sentidos, además de fenómenos perceptivos como el color o la temperatura[1168].

Al parecer hay cierta seguridad de que Demócrito fue médico[1169], si bien no hay fragmento conservado alguno con una dimensión médica *sensu stricto*, pese a su interés por la etiología en general. Sí es lícito citar uno que ilustra excelentemente

---

1163 *cf.* EMPÉDOCLES DE AGRIGENTO, frag. 247 (DK 31 B 111) Diógenes Laercio, VIII, 60–61, en CORDERO, *op. cit.*, pp. 141–142: "De cuantos remedios hay para los males y resguardo para la vejez / te informarás, porque para ti sólo realizaré yo todo esto. / Apaciguarás la furia de los infatigables vientos, que sobre la tierra / se agitan y destruyen con sus soplos los campos cultivados. / Y aún, si quieres, dirigirás sus soplos en sentido favorable; / y colocarás después de la lluvia sombría una sequía oportuna / para los hombres, y después de la sequía estival dispondrás las corrientes que nutren a los árboles y que irrigan el éter, / y retornarás del Hades el vigor de un hombre muerto".

1164 *cf.* EMPÉDOCLES DE AGRIGENTO, fragmento 248 (DK 31 B 112) Diógenes Laercio, VIII, 60–61, en CORDERO, *op. cit.*, p. 142: "... Y me siguen a miles preguntándome dónde está el camino que lleva al beneficio, / los unos requiriendo vaticinios, los otros, para las enfermedades / más diversas buscan escuchar una palabra curativa, / pues desde hace tiempo están atravesados por arduos dolores]".

1165 *cf.* EMPÉDOCLES DE AGRIGENTO, fragmento 313 (DK 31 B 112) Aecio, I, 3, 20, en CORDERO, *op. cit.*, pp. 175–176: "Escucha, primero, las cuatro raíces de todas las cosas: / Zeus brillante, Hera dadora de vida, Aidoneo / y Nestis, que con sus lágrimas hace brotar la fuente mortal".

1166 *cf.* EMPÉDOCLES DE AGRIGENTO, frag. 328 y ss., en CORDERO, *op. cit.*, p. 185 y ss.

1167 *cf.* EMPÉDOCLES DE AGRIGENTO, frag. 410 y ss., en CORDERO, *op. cit.*, p. 221 y ss.

1168 *cf.* LEUCIPO Y DEMÓCRITO, frags. 478–522, 575–645, 648–677, en PORATTI, *op. cit.*, pp. 257–272, 295–331, 334–344.

1169 *cf.* SCHUMACHER, *Antike Medizin*, *op. cit.*, p. 144, n. 6.

la trabazón antigua entre filosofía y medicina, cuyos caminos ora corren paralelos, ora se entrecruzan, ora son el mismo[1170]:

> "La medicina cura las enfermedades del cuerpo, mientras que la sabiduría libera al alma de pasiones"[1171].

Demócrito compuso de hecho libros relativos al régimen de vida, una dieta (δίαιτα), que no sólo se refiere, en griego, al consumo alimentario; el *modus uiuendi* que prescribe tiene un tono terapéutico o médico[1172], atañe a las costumbres psicofísicas y se dirige a los mortales, en cuyas manos se halla el mantenimiento armónico de cuerpo y mente, habida cuenta de que "los hombres piden salud a los dioses con sus plegarias, sin darse cuenta de que el poder sobre ella lo tienen en sí mismos: como por intemperancia actúan contra ella, se vuelven traidores a su propia salud, a causa de las pasiones"[1173].

Podemos sostener, de acuerdo con esto, que Demócrito no sólo proponía reglas de alimentación o cuidado corporal, sino, muy especialmente, una especie de psicoterapia, cuya finalidad es la εὐθυμία o εὐεστώ, o sea, el buen ánimo y el bienestar, que se relaciona con un alma serena y equilibrada[1174], sin miedo a los dioses ni a los padecimientos, con la conciencia de que gusto y disgusto, aunados a la moderación[1175] en el comer, en el beber y en el sexo, constituyen el criterio de lo conveniente

1170 *cf.* el revelador título de BRUNSCHN, Wolfram (coord.), *Antike Medizin im Schnittpunkt von Geistes- und Naturwissenschaften: Internationale Fachtagung aus Anlass des 100-jährigen Bestehens des Akademievorhabens "Corpus Medicorum Graecorum/ Latinorum"*, Berlin, Walter de Gruyter, 2009.

1171 [LEUCIPO Y] DEMÓCRITO, frag. 862, (DK 68 B 31) Clemente de Alejandría, *Paedagogus*, I, 6, en PORATTI, *op. cit.*, p. 391.

1172 *cf.* GERABEK, Werner E., *et al.*, *Enzyklopädie Medizingeschichte*, Berlin, De Gruyter, 2005, *s. u.* "Democritus", p. 292, entrada de KRAMER, Andreas.

1173 [LEUCIPO Y] DEMÓCRITO, frag. 691, (DK 68 B 234) Estobeo, *Florilegium*, III, 18, 30, en PORATTI, *op. cit*, p. 351.

1174 *cf.* [LEUCIPO Y] DEMÓCRITO, frags. 1011 y 1028 (DK 68 B 174 y DK 68 B 191), en PORATTI, *op. cit.*, pp. 405 y 408: "Quien está con buen ánimo, sintiéndose llevado a cumplir acciones justas y correctas, se regocija noche y día y se siente fuerte y sin preocupaciones; pero quien no tiene en cuenta la justicia y no hace lo que se debe hacer, se da cuenta de que todo esto, cuando lo recuerda, es desagradable, y teme y se atormenta a sí mismo. [...] El buen ánimo surge para los hombres mediante la moderación del deleite y la armonía de la vida. Todo lo excesivo o lo defectuoso suele variar y produce una gran perturbación en el alma, y aquellas almas que son agitadas por grandes desarreglos no se encuentran bien ni están bien animadas".

1175 *cf.* [LEUCIPO Y] DEMÓCRITO, frag. 1072 (DK 68 B 235) Estobeo, *Florilegium*, III, 18, 25, en PORATTI, *op. cit.*, pp. 405 y 413: "Todos los que se dedican a los placeres del vientre, extralimitándose en la comida, en la bebida, y en asuntos sexuales, reciben un placer breve y poco duradero, que no se extiende más allá del tiempo de comer o de beber, y que produce muchos dolores. Este tipo de deseo está siempre e inconveniente[1176], cuyos correlatos psicofísicos son salud y enfermedad[1177]. A parte de una dieta, y una psicoterapia, también se alude, para Demócrito, a la musicoterapia, tal como reporta Aulo Gelio[1178] y consigna Schumacher[1179].

En lo tocante a los méritos de Demócrito, coetáneo de Sócrates e Hipócrates, Nestle destaca cómo el proceso de racionalización de la filosofía gracias al materialismo atomista transcurre en paralelo con el emerger de una *science* médica de raigambre hipocrática. Según se ha transmitido en Celso[1180] y reporta Laurant Ayache[1181], algunos antiguos atribuyeron a Demócrito el hecho de haber sido el maestro de Hipócrates, el primero en separar propiamente la medicina de la filosofía como saber total e independiente.

Así, el estudioso francés ha puesto de manifiesto que, en la polémica epistolar pseudoautógrafa entre Demócrito e Hipócrates, es el filósofo el que evidencia que Abdera está enferma y que él, en contra de cuanto sostiene el hipocratismo, está sano; ello constituye una refutación de la medicina como saber autónomo y total, capaz de hacer apreciaciones éticas o de otro tipo, que conduzcan al pleno restablecimiento y bienestar de los hombres; la querella escrita concluye tras haber reconocido el Hipócrates ficticio la superioridad de la filosofía a la hora de hacer sabios y sanos a los humanos y haber concedido el falso Demócrito un reconocimiento al valor de la medicina como hermana de la filosofía[1182]. Existe, pues, un vínculo tradicional entre Demócrito e

---

presente, y cuando se produjo lo que él deseaba, el placer huye rápidamente, y nada valioso queda, salvo un breve deleite".

1176 *cf.* [LEUCIPO Y] DEMÓCRITO, frags. 734–735 (DK 68 A 1 y DK 68 B 4), en PORATTI, *op. cit.*, p. 368: "el fin (supremo) es el buen ánimo, que no se identifica con el placer, como suponían algunos que entendieron mal, sino que es el estado en que el alma está serena y equilibrada, porque no la perturba ningún temor, ni el miedo a los dioses, ni ninguna otra afección. También lo llama 'bienestar' y le otorga muchos otros nombres. [...] Dice Demócrito en su escrito sobre el fin de la vida que éste es el buen ánimo, al que llaman también 'bienestar'. Y agrega a menudo: 'Deleite y sinsabor son, en efecto, la medida de lo ventajoso y de lo perjudicial'".

1177 *cf.* LESCHHORN (KOCOT), Ilona-Eva, *Der Gesundheits- und Krankheitsbegriff in der griechischen Antike von Homer bis Demokrit*, Aachen, Techn. Hochschule, Diss., 1985.

1178 *cf.* GELIO, AULO, *Noches áticas*, IV, 13, 3, en MARCOS CASQUERO Manuel-Antonio y DOMÍNGUEZ GARCÍA Avelino, León, Universidad de León, 2006, p. 223.

1179 *cf.* SCHUMACHER, *Antike Medizin*, *op. cit.*, p. 153, n. 5.

1180 *cf.* CELSVS Aulus Cornelius, *De medicina*, prol. I, 8, en MARX, Friedrich (ed.), *Cornelii Celsi quae supersunt*, *Corpus Medicorum Latinorum*, vol. 1, Lipsiae, Berolini, B. G. Teubner, 1915, p. 18.

1181 *cf.* AYACHE Laurent, "Le cas de Démocrite: du diagnostic médical à l'évaluation philosophique" en WITTERN, Renate y PELLEGRIN, Pierre (eds.), *Hippokratische Medizin und antike Philosophie*, Zürich / New-York, 1996, pp. 63–75.

1182 *cf.* HIPÓCRATES, *Carta a DAMÁGETO (XVII)* y DEMÓCRITO, *Carta a HIPÓCRATES, Sobre la naturaleza del hombre (XXIII)*, en LITTRÉ, Émile (ed., trad.), *Oeuvres complètes 9: Prorrhétique, livre II. Du Coeur. De l'Aliment. De la Vision. De la Nature des os. Du Médecin. De la Bienséance. Préceptes. Des Crises. Des Jours critiques.*

Hipócrates que, en efecto, el filólogo clásico suizo Stückelberger se dedicó a estudiar, documentando, entre otras cosas, la huella democrítea en el *corpus Hippocraticum*[1183].

Debemos dejar constancia aquí de que, para nuestro recorrido filosófico-médico, prescindimos de investigar el antedicho *Corpus Hippocraticum*, porque en este caso nos hallamos ante un investigador griego que funda, con ciertos conocimientos filosóficos, la medicina *científica* y no tanto ante un filósofo que aspira a curar al individuo en su integridad.

Acto seguido nos dedicamos a mencionar siquiera, y por lo que respecta a sus relaciones con la ἰατρικὴ τέχνη, algunos de los socráticos menores[1184] y otros filósofos cuya obra se ha conservado más pobremente.

Si tomamos en cuenta la información proporcionada por Platón a la hora de apuntar la concepción socrática sobre la salud, podemos considerar, en primer lugar, la importancia de la reflexión, del autoanálisis, en cuya virtud "una vida sin examen no tiene objeto vivirla para el hombre [ὁ δὲ ἀνεξέταστος βίος οὐ βιωτὸς ἀνθρώπῳ]"[1185].

Lettres, décrets et harangues, sección Lettres, Amsterdam, A. M. Hakkert, 1961, pp. 380–381 y pp. 393–395: "J' ai vu le très-sage Démocrite, seul capable de rendre sages les hommes. Voilà ce que j'ai à t'annoncer au sujet de Démocrite, avec une pleine satisfaction [Δημόκριτον γὰρ εἶδον, ἄνδρα σοφώτατον, σωφρονίζειν ἀνθρώπους μοῦνον δυνατώτατον. Ταῦτ' ἔχω σοι περὶ Δημοκρίτεω, Δαμάγητε, φράζειν γηθοσύνως πάνυ]"; "Tous les hommes doivent connaître l'art de la médecine, ô Hippocrate, et surtout ceux qui ont acquis de l'instruction et qui sont versés dans les doctrines; car c'est une chose à la fois belle et profitable à la vie. Je pense que la connaissance de la philosophie est sœur de la médecine et vit sous le même toit; en effet, la philosophie délivre l'âme des passions, et la médecine enlève au corps les maladies. L'esprit croit, tant qu'est présente la santé, à laquelle il est bien que veille un homme sage; mais, quand la constitution corporelle souffre, l'esprit n'a plus même de souci pour le soin de la vertu; car la maladie actuelle obscurcit l'âme terriblement par la sympathie qui s'exerce sur l'intelligence [Χρὴ πάντας ἀνθρώπους ἰητρικὴν τέχνην ἐπίστασθαι, ὦ Ἱππόκρατες, καλὸν γὰρ ἅμα καὶ ξυμφέρον ἐς τὸν βίον, τουτέων δὲ μάλιστα τοὺς παιδείας καὶ λόγων ἴδριας γεγενημένους. Ἱστορίην σοφίης γὰρ δοκέω ἰητρικῆς ἀδελφὴν καὶ ξύνοικον· σοφίη μὲν γὰρ ψυχὴν ἀναρύεται παθέων, ἰητρικὴ δὲ νούσους σωμάτων ἀφαιρέεται. Αὔξεται δὲ νόος παρεούσης ὑγείης, ἣν καλὸν προνοέειν τοὺς ἐσθλὰ φρονέοντας· ἕξεως δὲ σωματικῆς ἀλγεούσης, οὐδὲ προθυμίην ἄγει νόος ἐς μελέτην ἀρετῆς· νοῦσος γὰρ παρεοῦσα δεινῶς ψυχὴν ἀμαυροῖ, φρόνησιν ἐς συμπαθείην ἄγουσα]".

1183 *cf.* STÜCKELBERGER, Alfred, *Vestigia Democritea: die Rezeption der Lehre von den Atomen in der antiken Naturwissenschaft und Medizin*, Basel, Reinhardt, 1984, especialmente pp. 47–88.

1184 Debemos ser conscientes de la proximidad entre los llamados presocráticos y Sócrates mismo; *cf.* NUTTON, *op. cit.*, p. 44: "The early participants in these debates are often called the pre-Socratic philosophers, a somewhat misleading name, since many were the contemporaries of Socrates (469–399) and few were philosophers in the modern sense of the word".

1185 PLATÓN, *Apología*, 38a 5–6, 36c2 - 36d1; 41e2–42a2, en LLEDÓ ÍÑIGO, *op. cit.*, p. 180.

Ese estudio reflexivo es lo que se conoce como ἐπιμέλεια ἑαυτοῦ o *cura sui*, una suerte de cuidado y curación de sí mismo, que interesó harto a Michel Foucault[1186], quien cita a Apuleyo[1187] y Séneca el Joven[1188]. Tal autocuidado integral acabará especializándose, por lo que toca a Sócrates, en cultivo del alma, esto es, en una forma de psicoterapia, habida cuenta del intelectualismo moral socrático y del interés por ocuparse de uno mismo, que se pone de manifiesto en la *Apología*[1189], donde se alude a la preocupación fundamental por la virtud, al cultivo o cuidado de sí mismo. Ese interés tiene, incluso, consecuencias beneficiosas también para el

---

1186 *cf.* FOUCAULT, Michel, SEGOVIA, Tomás (trad.), *Historia de la sexualidad. 3: La inquietud de sí (sic;* luego *"cuidado")*, México, Siglo XXI, 1987 [ed. orig. *Histoire de la sexualité. 3. Le souci de soi*, Paris, Gallimard, 1984], p. 31 y ss., donde nos proporciona tres espléndidas citas sobre la relación entre medicina y filosofía que remiten, cada una a su modo, al lazo entre cuidado del cuerpo y del alma.

1187 *cf.* APULEYO, *Del dios de Sócrates*, xxi, 167–168 (se cita por Foucault, p. 31): "Los hombres tienen todos el deseo de llevar la mejor vida, saben todos que no hay otro órgano de la vida sino el alma...; sin embargo no la cultivan (*animum suum non colunt*). Y no obstante quien quiera tener una vista penetrante debe cuidar los ojos que sirven para ver; si se quiere ser ágil en la carrera, hay que cuidar los pies que sirven para la carrera... Lo mismo sucede con todas las partes del cuerpo de las que cada uno debe cuidar según sus preferencias. Eso todos los hombres lo ven claramente y sin dificultad; de modo que no me canso de preguntar con un asombro legítimo por qué no perfeccionan también su alma con la ayuda de la razón (*cur non etiam animum suum ratione excolant*)".

1188 *cf.* SÉNECA, *Epístola moral a Lucilio*, 66, 46, en ROCA MELIÁ, Ismael (ed., trad.), *Epístolas morales a Lucilio, I, Libros I-IX, Epístolas 1–80*, Madrid, Gredos, 1986, p. 380: "Del mismo modo que el cielo sereno no admite ya una claridad mayor cuando está acrisolado con un brillo purísimo, así el hombre que cuida de su cuerpo y de su alma, y que con ambos forja su propio bien, goza de un estado perfecto y alcanza la culminación de sus anhelos cuando su alma está libre de inquietud y su cuerpo de dolor. Si le llegan del exterior algunos halagos, éstos no acrecen el sumo bien, sino que, por así decirlo, lo aderezan y recrean; pues el bien consumado de la naturaleza humana se satisface con la paz del cuerpo y del alma".

1189 *cf.* PLATÓN, *Apología*, 31b1–31c1, en LLEDÓ ÍÑIGO, *op. cit.*, pp. 170, 178, 186: "en efecto, no parece humano que yo tenga descuidados todos mis asuntos y que, durante tantos años, soporte que mis bienes familiares estén en abandono, y, en cambio, esté siempre ocupándome de lo vuestro, acercándome a cada uno privadamente, como un padre o un hermano mayor, intentando convencerle de que se preocupe por la virtud. Y si de esto obtuviera provecho o cobrara un salario al haceros estas recomendaciones, tendría alguna justificación"; "No iba donde no fuera de utilidad para vosotros o para mí, sino que me dirigía a hacer el mayor bien a cada uno en particular, según yo digo; iba allí, intentando convencer a cada uno de vosotros de que no se preocupara de ninguna de sus cosas antes de preocuparse de ser él mismo lo mejor y lo más sensato posible, ni que tampoco se preocupara de los asuntos de la ciudad antes que de la ciudad misma y de las demás cosas según esta misma idea".

cuerpo político en el *Fedón*[1190], donde se presenta la filosofía como muerte del cuerpo y giro hacia el alma[1191].

También Jenofonte puede ofrecer algunos datos sobre la concepción socrática de la salud, junto a la relación entre el cuerpo y el alma, en mutuo influjo. Destaca el historiador y militar heleno, como elementos del régimen de vida socrático, la abstinencia[1192], la moderación, la fortaleza y el autocuidado[1193], hasta el punto de que

1190 *cf.* PLATÓN, *Fedón,* 115b1 - 115c1, en GARCÍA GUAL, *op. cit.*, pp. 136–137: "[Critón:] Bien, Sócrates, ¿qué nos encargas a éstos o a mí acerca de tus hijos o de cualquier otro asunto, que nosotros podamos hacer a tu agrado y que haremos muy a gusto? —Lo que continuamente os digo —dijo él—, nada nuevo. Que cuidándoos de vosotros mismos haréis lo que hagáis a mi agrado y al de los míos y de vosotros mismos, aunque ahora no lo reconozcáis. Pero si os descuidáis de vosotros mismos, y no queréis vivir tras las huellas, por así decir, de lo que ahora hemos conversado y lo que hemos dicho en el tiempo pasado, por más que ahora hicierais muchas y vehementes promesas, nada más lograréis".

1191 *cf.* PLATÓN, *Fedón,* 64 a 4 – 64e6, en GARCÍA GUAL, *op. cit.*, pp. 39–41: "Porque corren el riesgo cuantos rectamente se dedican a la filosofía de que les pase inadvertido a los demás que ellos no se cuidan de ninguna otra cosa, sino de morir y de estar muertos. Así que, si eso es verdad, sin duda resultaría absurdo empeñarse durante toda la vida en nada más que eso (...) les pasa inadvertido en qué sentido andan moribundos y en qué sentido son dignos de muerte y de qué tipo de muerte quienes son verdaderamente filósofos. (...) ¿Acaso es otra cosa que la separación del alma del cuerpo? ¿Y el estar muerto es esto: que el cuerpo esté solo en sí mismo, separado del alma, y el alma se quede sola en sí misma separada de cuerpo? ¿Acaso la muerte no es otra cosa sino esto? (...) ¿Te parece a ti que es propio de un filósofo andar dedicado a los que llaman placeres, tales como los propios de comidas y de bebidas? – En absoluto, Sócrates —dijo Simmias. – ¿Qué de los placeres del sexo? – En ningún modo. – ¿Y qué hay respecto de los demás cuidados del cuerpo? ¿Te parece que tal persona los considera importantes? (...) A mí me parece que los desprecia —dijo—, por lo menos el que es de verdad filósofo. – Por lo tanto, ¿no te parece que, por entero —dijo—, la ocupación de tal individuo no se centra en el cuerpo, sino que, en cuanto puede, está apartada de éste, y, en cambio, está vuelto hacia el alma?".

1192 *cf.* JENOFONTE, *Recuerdos de Sócrates,* I, 3, 14, en, ZARAGOZA, Juan (ed., trad.), *Recuerdos de Sócrates, Económico, Banquete, Apología de Sócrates,* Madrid, Gredos, 2006, p. 45: "Así pues, en lo referente a los placeres carnales pensaba que quienes no se sienten seguros frente a ellos debían entregarse en circunstancias en que, sin necesitarlo en absoluto el cuerpo, el alma no los aceptaría, o, necesitándolo el cuerpo, no le plantearían problemas. En cuanto a él, estaba evidentemente tan bien preparado que se abstenía con más facilidad de los jóvenes más bellos y atractivos que los demás de los más feos y desgraciados. Tal era su disposición respecto a la comida, la bebida y los placeres del amor, y creía que disfrutaba de manera no menos suficiente que quienes se toman muchos trabajos por ello, y que él iba a tener menos preocupaciones".

1193 *cf.* JENOFONTE, *Recuerdos de Sócrates,* I, 2, 2 y 2, 4, en ZARAGOZA, *op. cit.*, pp. 25 y 26, respectivamente: "También me parece sorprendente que algunos se dejaran la conservación de la propia salud no estaba en mejores manos que las de quien se examinaba a sí mismo y se conocía[1194]. Algo más adelante, sin embargo, nos demoraremos en las propuestas terapéuticas de Platón, así como en el papel de lo médico dentro de su obra filosófica.

Por su parte, Antifonte de Atenas (o Ramnunte), orador y filósofo, parece haberse interesado por la terapia anímica, por la psicología, según reporta Guthrie[1195] y muestran algunos fragmentos de su obra que se han conservado. Destaca la preeminencia de la mente como gobernante del cuerpo[1196], parece haber practicado la logoterapia y psicoterapia en el sentido concreto de "curación a través de la palabra"[1197],

---

convencer de que Sócrates corrompía a los jóvenes, un hombre que, además de lo que ya se ha dicho, era en primer lugar el más austero del mundo para los placeres del amor y de la comida, y en segundo lugar durísimo frente al frío y el calor y todas las fatigas; por último, estaba educado de tal manera para tener pocas necesidades que con una pequeñísima fortuna tenía suficiente para vivir con mucha comodidad. ¿Cómo entonces una persona así habría podido hacer impíos a otros o delincuentes, glotones o lujuriosos, o blandos frente a las fatigas? Más bien apartó a muchos de estos vicios haciéndoles desear la virtud (ἀρετῆς ποιήσας ἐπιθυμεῖν) e infundiéndoles la esperanza de que cuidándose de sí mismos (ἑαυτῶν ἐπιμελῶνται) llegarían a ser hombres de bien"; Por lo demás, nunca descuidó su cuerpo, y reprochaba su descuido a los que se abandonaban. Así, desaprobaba el comer en demasía para hacer un trabajo excesivo, pero aceptaba trabajar proporcionalmente a lo que el espíritu admite de buen grado, pues decía que este régimen es suficientemente sano y no estorba el cuidado del alma (τὴν τῆς ψυχῆς ἐπιμέλειαν).

1194 *cf.* JENOFONTE, *Recuerdos de Sócrates*, IV, 7, 9, en ZARAGOZA, *op. cit.*, p. 196: "Insistía mucho a sus seguidores en el cuidado de la salud (ὑγιείας ἐπιμελεῖσθαι), haciéndoles aprender de los entendidos cuanto era posible, prestando cada uno atención a sí mismo durante toda su vida sobre qué alimento, qué bebida, qué clase de trabajo le convenía, y qué uso debía hacer de ello para conservarse sano".

1195 *cf.* GUTHRIE, W. K. C., RODRÍGUEZ, Joaquín (trad.), *Historia de la filosofía griega III: siglo V. Ilustración*, Madrid, Gredos, 1991 [ed. orig. *A History Of Greek Philosophy. Volume III. The fifth century Enlightenment*, Cambridge, Cambridge University Press, 1969], pp. 281 y ss.

1196 *cf.* ANTIFONTE, frag. 2 (Galeno, *Comentario al tratado de Hipócrates "De los deberes del médico"*), en MELERO BELLIDO, A. (ed., trad.), *Sofistas. Testimonios y fragmentos*, Madrid, Gredos, 1996, p. 346: "en todos los seres humanos el pensamiento gobierna al cuerpo, tanto en lo que a la salud se refiere, como a la enfermedad e igualmente en todo lo demás".

1197 *cf.* ANTIFONTE, *Escritos*, 6 ([Plutarco], *Vida de los diez oradores* 1, 833c), en MELERO BELLIDO, *op. cit.*, p. 342: "(...) Mientras estaba aún ocupado con la poesía, compuso *un Arte contra la aflicción*, del mismo modo que para los enfermos existe el cuidado de los médicos. En Corinto dispuso, junto al ágora, unas habitaciones y anunció mediante un cartel en la puerta que podía curar, por medio de la palabra, a los afligidos y, preguntándoles las causas de sus males, llevaba consuelo a los enfermos. (...) [F]ue sumamente persuasivo y que mereció el sobrenombre de Néstor, porque podía convencer sobre cualquier asunto del que hablase, anunció convencido de que el hombre debe aspirar, pese a lo miserable de su existencia, a una vida feliz, que, según él, Sócrates no era capaz de ofrecer[1198]. Sin propugnar un hedonismo sensualista desaforado, propone combinar placer, no dolor y utilidad[1199], tal como señala con buen tino Bignone:

> "Il filosofo che scrive queste parole ha certo una morale edonistica, ma nel senso moderato di Democrito e di Epicuro; perché loda la resistenza alla dedizione all'immediato piacere. Infatti sappiamo che Antifonte si proclamava artefice di calma, e l'arte sua era l'arte di evitare il dolore, ἀλυπία: come il fine morale per Democrito è la calma dello spirito e la serenità, per Epicuro l' ἀπονία e ἀταραξία"[1200].

Entre las escuelas socráticas menores debemos mencionar la cínica, la cual, al igual que Sócrates, entiende la filosofía como una especie de autocuidado (conversación

---

conferencias contra el dolor, convencido de que no se podría mencionar una aflicción tan grave que no pudiera él sacarla de la mente".

1198 *cf.* ANTIFONTE, *Escritos*, 3, ([Jenofonte], *Recuerdos de Sócrates* I 6, 1 ss.), en MELERO BELLIDO, *op. cit.*, p. 338: "Vale la pena no dejar de lado las discusiones que mantuvo [Sócrates] con el sofista Antifonte. Así, en una ocasión, Antifonte, con la intención de sustraerle sus discípulos, se aproximó a Sócrates, en presencia de ellos, y dijo lo que sigue: 'Yo creía, Sócrates, que sería obligado que quienes se dedican a la filosofía se volvieran más felices. Tú, en cambio, me parece que has obtenido de la filosofía el efecto contrario. Vives, por ejemplo, de un modo tal que ni siquiera un esclavo soportaría vivir en tal régimen, bajo la sujeción de su amo. Comes los alimentos y bebes las bebidas más vulgares y vistes un manto no sólo humilde, sino además siempre el mismo en invierno y verano y vas siempre descalzo y sin túnica. No cobras, por otro lado, dinero, que es algo que alegra a quien lo adquiere y hace que quienes lo poseen vivan una vida más libre y agradable. Por tanto, si, al igual que los maestros de las demás profesiones hacen a sus discípulos imitadores de ellos mismos, también tú vas a crear en tus alumnos la misma disposición, considérate maestro de infelicidad'".

1199 ANTIFONTE, 44 frag a, col. IV (100–131 H.), en MELERO BELLIDO, *op. cit.*, p. 361: "lo útil que la naturaleza fija es, en cambio, libre. En consecuencia, lo que produce dolor, en justa razón, no es más conveniente a la naturaleza que lo que produce placer. Por tanto, lo que produce dolor no puede resultar más útil que lo que aporta placer. Porque lo verdaderamente útil no debe producir daño, sino resultar provechoso".

1200 BIGNONE, Ettore, *Antifonte oratore e Antifonte sofista*, Urbino, Argalia Editore, 1974, p. 75.

con uno mismo)[1201] o terapia para el cuerpo y la mente[1202], de modo que se busca la propia sanación y la de los semejantes[1203].

Así se nos ha trasmitido de Antístenes, discípulo y amigo de Sócrates. Este cínico considera que la prudencia es una especie fundamento inexpugnable para el sabio[1204] y opta, en términos de salud psicofísica, por la supresión del placer o abstinencia[1205]; establece, en algunos de los testimonios conservados, una analogía funcional entre filosofía y medicina[1206].

Por su parte, el cínico Diógenes de Sínope, también conocido como el "perro celeste (οὐράνιός κύων)", propone un régimen de vida acorde con la naturaleza y las necesidades que ésta impone[1207], ya que considera que lo natural no es vergonzoso; opta por la sencillez de vida, por un *modus uiuendi* conforme con la naturaleza donde quepa el ejercicio físico y también el mental, que se completan mutuamente en la consecución de una vida gozosa, con salud psicofísica[1208]. También se interesa

---

1201 *cf.* ANTÍSTENES, 2 (Diógenes Laercio, *Vidas de los filósofos ilustres*, VI, 6), en ACOSTA MÉNDEZ, Eduardo (ed., trad.), *Filósofos cínicos y cirenaicos: antología comentada*, Barcelona, Círculo de Lectores, 1997, p. 50: "Preguntado sobre qué ventaja había obtenido de la filosofía, Antístenes contestó: 'el poder tratar conmigo mismo' [ἑαυτῷ ὁμιλεῖν]".

1202 *cf.* ANTÍSTENES, 7 ([Estobeo], *Antología [Florilegium]*, II, XXXI, 68, en ACOSTA MÉNDEZ, *op. cit.*, p. 51: "Es preciso que quienes quieren llegar a ser hombres de bien ejerciten su cuerpo con el ejercicio y su alma con los razonamientos [(...) σῶμα γυμνασίοις ἀσκεῖν, τὴν δὲ ψυχὴν <λόγοις>].

1203 *cf.* VON WILAMOWITZ-MOELLENDORFF, *Glaube*, *op. cit.*, vol. II, p. 275.

1204 *cf.* ANTÍSTENES, 42 y 43, en ACOSTA MÉNDEZ, *op. cit.*, p. 52.

1205 *cf.* ANTÍSTENES, 61 (Diógenes Laercio, *Vidas de los filósofos ilustres*, VI, 3), en ACOSTA MÉNDEZ, *op. cit.*, p. 61: "[Antístenes] decía continuamente: 'Quisiera antes enloquecer que sentir placer'".

1206 *cf.* ANTÍSTENES, 100 y 101 (Diógenes Laercio, *Vidas de los filósofos ilustres*, VI, 4 y VI, 6) en ACOSTA MÉNDEZ, *op. cit.*, p. 70: "Preguntado [Antístenes] por qué razón corregía de manera tan ruda a sus discípulos, dijo: 'También los médicos se comportan así con los enfermos'. [...] Censurado [Antístenes] en una ocasión por juntarse con gente de mala vida, replicó: 'También los médicos están con los enfermos y no por ello tienen fiebre'".

1207 *cf.* DIÓGENES [DE SÍNOPE], 33 y 34, en ACOSTA MÉNDEZ, *op. cit.*, pp. 103–104, sobre el hecho de masturbarse en público.

1208 *cf.* DIÓGENES [DE SÍNOPE], 78 (Diógenes Laercio, *Vidas de los filósofos ilustres*, VI, 70–71), en ACOSTA MÉNDEZ, *op. cit.*, pp. 117: "Diógenes decía que hay dos clases de ascesis, la del alma y la del cuerpo (Διττὴν δ' ἔλεγε εἶναι τὴν ἄσκησιν, τὴν μὲν ψυχικήν, τὴν δὲ σωματικήν). Esta última es aquella en la cual, por medio del esfuerzo físico (ἐν γυμνασίᾳ), se generan pensamientos que proporcionan la facilidad de movimientos con vistas a la realización de la virtud (πρὸς τὰ τῆς ἀρετῆς ἔργα). Decía también que las dos partes de esta ascesis son incompletas la una sin la otra (εἶναι δ' ἀτελῆ τὴν ἑτέραν χωρὶς τῆς ἑτέρας), porque la buena condición física y la fuerza (εὐεξίας καὶ ἰσχύος) son igualmente convenientes, tanto para la salud del alma, como para la del cuerpo (περὶ τὴν ψυχὴν καὶ περὶ el cínico por la salud mental al estimar que felicidad y serenidad van aparejadas[1209]. Según se ha transmitido, Diógenes considera que, para el que sufre, tener un amigo es como un medicamento de salvación (φαρμάκον σωτηρίας)[1210]. Igualmente, debemos señalar que en su concepción del bienestar humano se opone, en línea con su naturalismo desinhibido, a la represión y prefiere la libertad de pensamiento y expresión: "Se le preguntó a Diógenes qué cosa era la más bella entre los hombres, y contestó: 'La libertad de palabra (παρρηςία)'"[1211]. Con criterio cientifíco-médico se le atribuyen todavía algunas observaciones sobre la muerte y los dioses:

> "Preguntado si la muerte es un mal, [Diógenes] dijo: 'Como puede ser un mal, si cuando está presente ya no sentimos?'"; [...] "[A Diógenes] le movía a irritarse el hecho de que se ofrecieran sacrificios a los dioses para pedir salud y en el mismo sacrificio se celebraran banquetes con daño para la salud. (...) "Diógenes decía: 'Los hombres piden a los dioses salud, pero la mayoría hace todo lo que es contrario a la salud'"[1212].

Todavía entre las llamadas escuelas socráticas menores, es preciso mencionar a los cirenaicos por su propuesta de vida ligada al hedonismo, de manera que su filosofía

---

τὸ σῶμα). (...) Decía que nada absolutamente se consigue en la vida sin ascesis (Οὐδέν γε μὴν ἔλεγε τὸ παράπαν ἐν τῷ βίῳ χωρὶς ἀσκήσεως κατορθοῦσθαι) y que ésta puede superarlo todo. Es preciso, pues, elegir, en lugar de inútiles esfuerzos, los que son conformes a la naturaleza para el logro de una vida feliz (πόνων τοὺς κατὰ φύσιν ἑλομένους ζῆν εὐδαιμόνως): los hombres son desdichados por su propia necedad. Incluso el mismo desprecio del placer, cuando se ha practicado, es algo muy agradable, y así como los acostumbrados a vivir en el placer pasan mal de su grado a la situación contraria, así también los que se han ejercitado en lo contrario desprecian con mayor agrado los placeres mismos".

1209 *cf.* DIÓGENES [DE SÍNOPE], 81–83, en ACOSTA MÉNDEZ, *op. cit.*, p. 117: "La verdadera felicidad radica en que la mente y el alma pasen su existencia en una serenidad y gozo constantes (Εὐδαιμονίαν δὲ ταύτην εἶναι φαμὲν ἀληθινὴν τὸ τὴν διάνοιαν καὶ τὴν ψυχὴν ἀεὶ ἐν ἡσυχίᾳ καὶ ἱλαρότητι διατρίβειν); (...) la única felicidad consiste en experimentar una dicha verdadera y no sentir jamás pesar, cualquiera que sea el lugar o la circunstancia en que uno se encuentre (εὐδαιμονία γὰρ μία ἐστὶ τὸ εὐφραίνεσθαι ἀληθινῶς καὶ μηδέποτε λυπεῖσθαι, ἐν ὁποίῳ δ' ἂν τόπῳ ἢ καιρῷ ᾖ τις); (...) Diógenes solía decir que el verdadero placer radica en el estado por el que el alma se halla serena y dichosa (ἡδονὴν ἀληθινὴν εἶναι τὸ τὴν ψυχὴν ἐν ἡσυχίᾳ καὶ ἱλαρότητι ἔχειν)".

1210 *cf.* DIÓGENES [DE SÍNOPE], 130, (BOISSONADE, J. Fr., ANEKΔOTA *Anecdota Graeca e codicibus regiis, vol. I*, Paris, Excusum in Regio Typographeo, 1829, p. 125, ll. 3–4), en ACOSTA MÉNDEZ, *op. cit.*, p. 127: "No existe para ningún hombre doliente un fármaco de salvación como un buen amigo (οὐκ ἔστίν οὐδενί ἀνδρί καταπονουμένῳ φαρμάκον σωτηρίας, ὡς χηρηστὸς φίλος)".

1211 *cf.* DIÓGENES [DE SÍNOPE], 163 (Diógenes Laercio, *Vidas de los filósofos ilustres*, VI, 69), en ACOSTA MÉNDEZ, *op. cit.*, p. 133.

1212 DIÓGENES [DE SÍNOPE], 179, 186, 187 (Diógenes Laercio, *Vidas de los filósofos ilustres*, VI, 69), en ACOSTA MÉNDEZ, *op. cit.*, pp. 137 y 139.

entrelaza *éticamente* plenitud vital, salud psicofísica, placer y felicidad. Esta filosofía ha de entroncar, parcialmente, por su parte, con la Epicuro[1213]. El fundador de esa escuela, nacido en Cirene y algo mayor que Platón, fue Aristipo, al que alude el materialista Lange cuando afirma:

> "Ninguna historia mejor que la de los helenos prueba que, según una ley natural del desenvolvimiento humano, el bien y lo bello no son fijos y durables; no por eso hay derecho a hablar de: 'el heno a la mañana verde, seco a la tarde', porque es ley de la eflorescencia misma el que las flores se marchiten y las plantas se desequen, y, en este concepto, Aristipo estaba a la altura de su época al enseñar que no se es dichoso más que en el momento del placer"[1214].

Con todo, esta querencia por el placer y la salud es, empero, antigua y universal, pues también en la Antigua Grecia fue objeto de divinización y poetización Ὑγίεια, trasunto divino y antropomórfico de ὑγίεια, la salud[1215].

En lo tocante su relación estudiosa con la naturaleza, debemos matizar, empero, que los cirenaicos rechazan de plano toda investigación matemática y física, adentrándose únicamente en la ética[1216]. No obstante y tomándolos *lato sensu*, resulta clave destacar, en lo concerniente a su propuesta de cuidado del alma o psicoterapia, la importancia del placer como criterio absoluto de decisión afirmativa y de felicidad (y, al contrario, del dolor como criterio de rechazo).

Sin embargo, quizás lo más reseñable de este planteamiento hedonista se halla en que no se aspira a una supresión de los goces, sino a su gestión, es decir, a su dominio no represivo y disfrute presente, natural y no angustiado[1217]. Su concepción

---

1213 *cf.* WINDELBAND, Wilhelm, ROVIRA ARMENGOL, José (trad.), *Historia de la filosofía antigua*, Buenos Aires, Nova, 1930 [ed. orig. *Geschichte der antiken Philosophie*, München, C. H. Beck, 1912], p. 351.

1214 LANGE, Friedrich Albert, COLORADO, Vicente (trad.), *Historia del materialismo*, Madrid, D. Jorro, 1903, p. 76.

1215 *cf.* "Salud, la más augusta de los bienaventurados, / ¡ojalá contigo viviera el resto de mi vida, / y compartieras benévola conmigo la morada! / Pues todo el encanto del dinero, de los hijos, / o del mando real que iguala a los hombres con los dioses, / o de los deseos a los que damos caza / con las redes secretas de Afrodita, / y de cualquier otro goce o descanso de fatigas, / enviado por los dioses, que se muestre a la vista de los hombres, / contigo, Salud bienaventurada, florece todo ello / y brilla en charla con las Gracias. / Sin ti nadie es feliz". Se trata de un peán, himno a Ὑγίεια, tomado de GIL, *Therapeia*, *op. cit.*, pp. 45–46; texto griego de ARIPHRON, "Himno a Ὑγίεια, *Salus*", fragmentum I, en PAGE, D. L., *Poetae melici Graeci*, Oxford, Clarendon Press, 1967, p. 422, 813, *cf.* también KEYSSNER, K., "*Die Hygieiahymnen des Ariphron und des Likymnios*", en *Philologische Wochenschrift*, nº 53, año 1933, colum. 1289–1296.

1216 *cf.* ARISTIPO DE CIRENE, 102–110, en ACOSTA MÉNDEZ, *op. cit.*, pp. 250–253.

1217 *cf.* ARISTIPO DE CIRENE, 69, 74, 157, en ACOSTA MÉNDEZ, *op. cit.*, pp. 238, 240, 274: "A uno que le reprochaba convivir con una hetera, [Aristipo] le preguntó: '¿Hay acaso alguna diferencia entre ocupar una casa en la que ya otros muchos de la filosofía es partidaria radical de un natural hedonismo dinámico, sensorial o corpóreo, así como contraria al dolor, antiálgica[1218]. De igual modo, tiene sentido práctico, aplicado[1219], una dimensión antifóbica[1220] y contempla el equilibrio necesario entre σῶμα y ψυχή[1221].

Debemos ahora detenernos en las propuestas médico-filosóficas del gran discípulo de Sócrates, Platón, conocedor también de las doctrinas de Hipócrates y que, según Galeno, "emuló a Hipócrates, si es que alguien lo ha emulado, y que tomó la mayoría de las doctrinas de él"[1222].

Así, Platón, desde la teleología matematizada y un dualismo ontológico-epistemológico que busca lo βέβαιον para fundar una comunidad política armoniosa y justa, también distingue, para sus planteamientos terapéuticos, entre cuerpo y alma, entre los que debe reinar una harmonía, pese a su naturaleza cualitativamente tan diversa[1223].

Schumacher, pionero, estudió el papel de lo médico-natural en el Aristocles[1224]. Apunta, por ejemplo, la importancia de los cuatro elementos en la constitución de todo cuerpo y, más concretamente, todo ser vivo[1225], así como la importancia

---

han habitado, y el ocupar una en la que no habitó nadie?'. (...) 'Entonces -dijo [Aristipo]- tampoco hay ninguna diferencia entre convivir con una mujer de la que muchos han gozado y convivir con una de la que no ha gozado nadie'; [...] Vence el placer no el que se abstiene de él, sino el que de él goza sin dejarse arrastrar, como goza de un barco y de un caballo; no el que se sirve de ellos, sino el que los conduce donde quiere".

1218 *cf.* ARISTIPO DE CIRENE, 47, 112–128, en ACOSTA MÉNDEZ, *op. cit.*, p. 232, 254–263.

1219 *cf.* ARISTIPO DE CIRENE, 87 (Diógenes Laercio, *Vidas de los filósofos ilustres*, II, 71) en ACOSTA MÉNDEZ, *op. cit.*, pp. 243: "Como alguien se vanagloriara de su erudición, [Aristipo] le dijo: 'Así como los que comen muchísimo no están más sanos que los que llevan a su boca lo necesario, así tampoco sobresalen los que leen mucho, sino los que hacen útiles lecturas'".

1220 *cf.* ARISTIPO DE CIRENE, 80 (*Gnomologio vaticano* 743, n. 36), en ACOSTA MÉNDEZ, *op. cit.*, p. 242: "Se le preguntó a Aristipo qué provecho había sacado de la filosofía, y contestó: 'El poder tratar sin temor con quienes me encuentro'".

1221 *cf.* ARISTIPO DE CIRENE, 92 (*Gnomologio vaticano* 743, n. 34), en ACOSTA MÉNDEZ, *op. cit.*, p. 244: "[Aristipo] dijo: 'Igual que nuestros cuerpos crecen si están bien alimentados y se robustecen si se ejercitan en la gimnasia, así también el alma, si recibe atenciones, se engrandece y se hace mejor si se fortalece'".

1222 GALENO, *Del uso de las partes*, I, 8, en LÓPEZ SALVÁ, Mercedes (ed., trad.), Madrid, Gredos, 2010, p. 98 [ζηλωτὴς ὢν Ἱπποκράτους ὁ Πλάτων, εἴπερ τις καὶ ἄλλος, καὶ τὰ μέγιστα τῶν δογμάτων παρ' ἐκείνου λαβών], citada tomada de VEGETTI, Mario, *La medicina in Platone*, Venezia, Cardo, 1995, p. VII.

1223 *cf.* LAÍN ENTRALGO, *El cuerpo humano*, *op. cit.*, pp. 105–116.

1224 *cf.* SCHUMACHER, *Antike Medizin*, *op. cit.*, pp. 212–242.

1225 *cf.* PLATÓN, *Filebo*, 29 a-b en DURÁN LÓPEZ, LISI, *op. cit.*, p. 54: "Sócrates: Vemos que los elementos que constituyen la naturaleza de los cuerpos de todos los seres de un equilibrio dinámico y constante (homeostático) entre todos esos formantes, de modo que se preserve la vida y la salud o, en caso contrario, surja la enfermedad, que es un desajuste[1226]. El propio Schumacher nos ofrece otra cita, cuya referencia nos hemos permitido corregir, sobre la correlación que se establece, por una parte, entre movimiento y apariencia de ser o devenir y, por otra, entre perecer o no ser y reposo o tranquilidad[1227]. Platón ofrece su propia teoría terapéutica, si bien existen puntos de coincidencia o convergencia con el *Corpus Hippocraticum*, que no nos corresponde estudiar aquí[1228]. En todo caso, según el filósofo, todos los seres vivos tienen una relación de parecido con el conjunto harmónico que es el cosmos; existe una relación de analogía, de conformidad con la misma legaliformidad, de manera que lo microscópico se refleja en lo macroscópico y a la inversa, según se aprecia en algunos pasajes del *Timeo*[1229]

---

vivos, el fuego, el agua y el aire y también la tierra, como dicen los que padecen una tempestad, entran también en su composición".

1226 *cf.* PLATÓN, *Timeo*, 82a-b, en DURÁN LÓPEZ, LISI, *op. cit.*, p. 246: "Dado que los elementos de los que se compone el cuerpo son cuatro, tierra, aire, agua y fuego, su exceso o carencia contra la naturaleza y el cambio de la región propia a una ajena producen guerras internas y enfermedades y, además, como los tipos de fuego y de los elementos restantes son más de uno, también el hecho de que cada uno reciba lo que no le es conveniente y todas las causas semejantes. (...) Pues solo aquello, afirmamos, que es igual a una sustancia desde todo punto de vista, añadido o sacado en la correcta relación y de la misma manera, permitirá que esta siga siendo idéntica a sí misma y permanezca sana e íntegra. Lo que eventualmente infrinja alguno de estos principios, ya sea que salga o entre del exterior, ocasionará mutaciones múltiples y, por tanto, enfermedades y corrupciones infinitas".

1227 *cf.* PLATÓN, *Teeteto*, 153a, en SANTA CRUZ, *op. cit.*, 1988, p. 196: "aquello que tiene la apariencia de ser y el devenir son producidos por el movimiento (κίνησις), y el no ser y el perecer por el reposo (ἡσυχία). Efectivamente, el calor y el fuego, que engendran y gobiernan las demás cosas son engendradas a su vez por la traslación y por la fricción".

1228 *cf.* POSCHENRIEDER, Franz, *Die platonischen Dialoge in ihrem Verhältnisse zu den hippokratischen Schriften*, Landshut, Thomann, 1882 y, especialmente, DILLER, Hans, "Hippokratische Medizin und Attische Philosophie", en *Hermes. Zeitschrift für klassische Philologie*, n° 80, vol. 4, pp. 385–409, reimpreso en DILLER, Hans (aut.), BAADER, Gerhard y GRENSEMANN, Hermann (eds.), *Kleine Schriften zur antiken Medizin*, Berlin, New York, De Gruyter, 1973, pp. 46–70.

1229 *cf.* PLATÓN, *Timeo*, 33b, 40a, 44d, en DURÁN LÓPEZ, LISI, *op. cit.*, pp. 176, 186 y 193, respectivamente: "lo conformó como un todo perfecto constituido de la totalidad de todos los componentes, que no envejece ni enferma. Le dio una figura conveniente y adecuada. La figura apropiada para el ser vivo que ha de tener en sí a todos los seres vivos debería ser la que incluye todas las figuras"; [...] "[p]ensó, pues, que este mundo debía tener en sí especies de una cualidad tal y en tanta cantidad como el intelecto ve que hay en el ser viviente ideal. Hay, ciertamente, cuatro: una es el género celeste de los dioses, otra, el alado y de los animales que surcan el aire; la tercera es el género acuático y la cuarta corresponde al que marcha sobre y uno del *Fedro*[1230]. Es, por lo demás, digno de mención el hecho de que la correlación analógica y armónica se da también entre el individuo y la sociedad[1231].

Así, el movimiento es lo mejor para cuerpo y el alma[1232] y ésta constituye, de hecho, el principio de esa movilidad[1233]; rige, por su superioridad ontológica[1234],

---

los pies y a los animales terrestres"; [...] "Para imitar la figura del universo circular, ataron las dos revoluciones divinas a un cuerpo esférico, al que en la actualidad llamarnos cabeza, el más divino y el que gobierna todo lo que hay en nosotros. Los dioses reunieron todas las partes del cuerpo y se las entregaron para que se sirviera de él porque habían decidido que debía poseer todos los movimientos que iba a haber. Se lo dieron como ágil vehículo para que, al rodar sobre tierra que tuviera variadas elevaciones y depresiones, no careciera de medios para superar las unas y salir de las otras. Por eso, el cuerpo recibió una extensión y, cuando dios concibió su modo de traslación, le nacieron cuatro miembros extensibles y flexibles con cuya ayuda y sostén llegó a ser capaz de marchar por todas partes con la morada de lo más divino y sagrado encima de nosotros. Así, y por estas razones, les nacieron a todos piernas y manos".

1230 *cf.* PLATÓN, *Fedro*, 270b, en GARCÍA GUAL, *op. cit.*, p. 394: "Sócrates: ¿Crees que es posible comprender adecuadamente la naturaleza del alma si se la desgaja de la naturaleza en su totalidad? Fedro: Si hay que creer a Hipócrates el de los Asclepíadas ni siquiera la del cuerpo sin este método. Sóc.: Y mucha razón tiene, compañero".

1231 *cf.* PLATÓN, *República*, V, 462c-d, en EGGERS LAN, *op. cit.*, p. 265: "¿Y no será éste el que posea mayor similitud con el hombre individual? Por ejemplo, cuando uno de nosotros se golpea un dedo, toda la comunidad del cuerpo se vuelve hacia el alma en busca de la organización unitaria de lo que manda en ella, y toda ella siente y sufre a un tiempo, aunque sea una parte la que padece, y es así como decimos que 'al hombre le duele el dedo'. Y el mismo argumento cabe respecto a cualquier otra parte del hombre, en cuanto al dolor por la parte que padece y el placer por el alivio de su dolor. -El mismo, en efecto – repuso Glaucón –. En cuanto a lo que preguntas, el Estado mejor organizado políticamente es el más similar a tal hombre".

1232 *cf.* PLATÓN, *Teeteto*, 153a, en SANTA CRUZ, *op. cit.*, p. 197: "Sócrates: ¿No es el movimiento, entonces, lo que constituye el bien para el alma y para el cuerpo, mientras que lo otro es lo contrario? Teeteto: Así parece".

1233 PLATÓN, *Leyes*, X, 896b en LISI, *IX, Leyes, op. cit.*, p. 209: "el alma es el más antiguo de todos los seres y que ha sido principio de movimiento (ψυχὴ τῶν πάντων πρεσβυτάτη, γενομένη γε ἀρχὴ κινήσεως)".

1234 *cf.* PLATÓN, *República*, IV, 441e-442a y, IX, 591b-d, en EGGERS LAN, *op. cit.*, pp. 237 y 454–455: "al raciocinio corresponde mandar, por ser sabio y tener a su cuidado el alma entera, y a la fogosidad le corresponde ser servidor y aliado de aquél. (...) una combinación de música y gimnasia [es] lo que las hará concordar, poniendo a una en tensión y alimentándola con palabras y enseñanzas bellas, y, en cambio, relajando y apaciguando la otra, aquietándola por medio de la armonía y del ritmo (...)"; [...] "(...) el alma íntegra, restablecida en su mejor naturaleza, alcanza una condición más valiosa —al adquirir la moderación y la justicia junto con la sabiduría—, que el cuerpo que obtiene fuerza y belleza junto con salud, tanto cuanto más valiosa es el alma que el cuerpo. (...) El hombre provisto de inteligencia, por ende, vivirá intensificando todos sus esfuerzos hacia ese fin, el cuerpo y debe armonizar solidariamente con él[1235] para el mantenimiento o la recuperación de la salud[1236], que llama ὑγίεια o εὐεξία[1237] (lo propio del *bene habitus* y antónimo del *male habitus*[1238]). No obstante, también ella puede sufrir desequilibrios o desórdenes[1239].

En todo caso, debido a la preeminencia del alma, un cometido esencial de la filosofía es el terapéutico, por lo que el filósofo es un médico del alma (περὶ τὴν

---

estimando, en primer lugar, los estudios que logren que su alma sea de tal índole, y despreciando lo demás. (...) Después, en cuanto a la condición y alimento del cuerpo, no los confiará al placer bestial e irracional ni vivirá vuelto hacia allí, ni siquiera asignara mayor valor al ser fuerte, sano o bello, a menos que a partir de estas cosas llegue a moderarse; antes bien, siempre aparecerá afinando la armonía del cuerpo en vista al acorde del alma".

1235 *cf.* PLATÓN, *Timeo*, 86d, en DURÁN LÓPEZ, LISI, *op. cit.*, p. 254: "para la salud y la enfermedad, para la virtud y el vicio, ninguna proporción o desproporción es mayor que la del alma respecto del cuerpo".

1236 *cf.* PLATÓN, *Cármides*, 156e-157a, en LLEDÓ ÍÑIGO, *op. cit.*, pp. 332–333, basándose en la divinidad tracia Zalmoxis, "No ha de intentarse la curación de unos ojos sin la cabeza y la cabeza, sin el resto del cuerpo; así como tampoco del cuerpo, sin el alma. Ésta sería la causa de que se le escapasen muchas enfermedades a los médicos griegos: se despreocupaban del conjunto, cuando es esto lo que más cuidados requiere, y si ese conjunto no iba bien, era imposible que lo fueran sus partes. Pues es del alma de donde arrancan todos los males y los bienes para el cuerpo y para todo el hombre; como le pasa a la cabeza con los ojos. Así pues, es el alma lo primero que hay que cuidar al máximo, si es que se quiere tener bien a la cabeza y a todo el cuerpo. El alma se trata, mi bendito amigo, con ciertos ensalmos y estos ensalmos son los buenos discursos, y de tales buenos discursos, nace en ella la sensatez".

1237 PLATÓN, *Gorgias*, 406a, l. 3, en CALONGE *et al.*, *op. cit.*, p. 48: "estado saludable", dato tomado de MOES, Mark. *Plato's Dialogue Form and the Care of the Soul*, New York, Peter Lang, 2000, p. 33.

1238 *cf.* fr. *malade*, cat. *malalt*.

1239 PLATÓN, *Timeo*, 44a-c, en DURÁN LÓPEZ, LISI, *op. cit.*, p. 192: "Cuando algunas sensaciones provenientes del exterior asaltan las revoluciones del alma y las arrastran junto con toda la cavidad del alma, entonces, aunque dominadas, parecen dominar. Por todos estos fenómenos, tanto ahora como al comienzo, cuando el alma es atada al cuerpo mortal, en un primer momento se vuelve irracional. Pero cuando la afluencia de crecimiento y alimentación es menor y, al pasar el tiempo, las revoluciones, tranquilizadas, retoman y restablecen su camino, las órbitas, que se han corregido y reinsertado en el curso que recorre cada uno de los círculos y anuncian correctamente lo igual y lo diferente, hacen que se vuelva prudente el que ha llegado a poseerlas. En caso de que se reciba, además, una correcta formación educativa, se llegará a ser completamente sano, puesto que se habrá evitado la enfermedad más grave. Pero cuando uno se descuida y lleva una forma de vida coja, como un no iniciado e insensato, retorna al Hades".

ψυχὴν αὖ ἰατρικὸς) y fomentar la actividad señera de la racionalidad, así como la harmonía entre individuo y cosmos, dirigido a la purificación de todo lo corpóreo[1240].

La tarea principal, importa repetirlo, consiste en cuidar el alma y curarla[1241], puesto que ella debe ser objeto de las mayores atenciones[1242]. De esta forma, el ocuparse de sí mismo, es decir, practicar el cuidado del alma, περὶ ψυχῆς θεραπείαν[1243], o la ocupación de sí mismo ἐπιμέλεια ἑαυτοῦ, o sea, el conocerse, como reza la norma délfica,

---

1240 *cf.* PLATÓN, *Fedón*, 67c-d, en GARCÍA GUAL, *op. cit.*, pp. 46–47: "¿(...) no viene a ser una purificación eso, que desde antiguo se dice en la sentencia 'el separar al máximo el alma del cuerpo' y el acostumbrarse ella a recogerse y concentrarse en sí misma fuera del cuerpo, y a habitar en lo posible tanto en el tiempo presente como en el futuro, sola en sí misma, liberada del cuerpo como de unas cadenas?".

1241 *cf.* PLATÓN, *Hipias Menor*, 373a, en LLEDÓ ÍÑIGO, *op. cit.*, pp. 389: "Así pues, hazme esta gracia y no rehúses curar mi alma (ἰάσασθαι τὴν ψυχήν μου), pues me harás un bien mucho mayor librándome el alma de la ignorancia (μεῖζόν με ἀγαθὸν ἐργάσῃ ἀμαθίας παύσας τὴν ψυχὴν) que el cuerpo de una enfermedad"; PLATÓN, *Gorgias*, 505a-b, en CALONGE *et al.*, *op. cit.*, p. 114: "Sócrates: ¿Y no es cierto que los médicos, ordinariamente, permiten a un hombre sano satisfacer sus deseos, por ejemplo, comer o beber cuanto quiera, si tiene hambre o sed, pero al enfermo no le permiten casi nunca saciarse de lo que desea? Estás tú también de acuerdo en esto? Calicles: Sí; Sóc.: ¿No sucede lo mismo respecto al alma, amigo? Mientras esté enferma, por ser insensata, inmoderada, injusta e impía, es necesario privarla de sus deseos e impedirla que haga otras cosas que aquellas por las que pueda mejorarse".

1242 *cf.* PLATÓN, *Protágoras*, 313a-e, en LLEDÓ ÍÑIGO, *op. cit.*, pp. 511–513: "¿Pues qué? ¿Sabes a qué clase de peligro vas a exponer tu alma? Desde luego si tuvieras que confiar tu cuerpo a alguien, arriesgándote a que se hiciera útil o nocivo, examinarías muchas veces si debías confiarlo o no, y convocarías, para aconsejarte, a tus amigos y parientes, meditándolo durante días enteros. En cambio, lo que estimas en mucho más que el cuerpo, el alma, y de lo que depende el que seas feliz o desgraciado en tu vida, haciéndote tú mismo útil o malvado, respecto de eso, no has tratado con tu padre ni con tu hermano ni con ningún otro de tus camaradas (...) -Ahora bien, Hipócrates, ¿el sofista viene a ser un traficante o un tendero de las mercancías de que se nutre el alma? A mí, al menos, me parece que es algo así. -¿Y de qué se alimenta el alma, Sócrates? -Desde luego de enseñanzas, dije yo. De modo que, amigo, cuidemos de que no nos engañe el sofista con sus elogios de lo que vende, como el traficante y el tendero con respecto al alimento del cuerpo. Pues tampoco ellos saben, de las mercancías que traen ellos mismos, lo que es bueno o nocivo para el cuerpo, pero las alaban al venderlas; (...) Así, también, los que introducen sus enseñanzas por las ciudades para venderlas al por mayor o al por menor a quien lo desee, elogian todo lo que venden; y seguramente algunos también desconocerán, de lo que venden, lo que es bueno o nocivo para el alma. Y del mismo modo, también, los que las compran, a no ser que por casualidad se encuentre por allí un médico del alma (ἐὰν μή τις τύχῃ περὶ τὴν ψυχὴν αὖ ἰατρικὸς ὤν)".

1243 *cf.* PLATÓN, *Laques*, 185d-e, en LLEDÓ ÍÑIGO, *op. cit.*, p. 461: "un técnico en el cuidado del alma (περὶ ψυχῆς θεραπείαν), que, asimismo, sea capaz de cuidar bien de ella y que haya tenido buenos maestros de eso (...) la enseñanza con vistas al alma de los muchachos".

constituye la más noble tarea humana, según queda también registrado en el diálogo platónico considerado dudoso *Alcibíades I o sobre la naturaleza del hombre*[1244].

Platón sostiene que esta tarea alcanza a la educación de la juventud ciudadana, y por ello deben implantarse algunas disciplinas que se ocupen de su salud psicosomática.

1244 PLATÓN, *Alcibíades I*, 120d, 124a-b, 128a, 128d-e, 132c, en ZARAGOZA Juan y GÓMEZ CARDÓ, Pilar (eds., trads.), *Diálogos VII: Dudosos, Apócrifos, Cartas*, Madrid, Gredos, 1992, pp. 55, 61, 69, 71, 79: "Sócrates: ¿Y crees que si te preocuparas de ti mismo (ἐπιμεληθεὶς σαυτοῦ) te perjudicaría? Alcibíades: De ningún modo, sino que creo que me beneficiaría muchísimo; [...] En vista de ello, mi querido amigo, hazme caso a mí y a la máxima de Delfos 'conócete a ti mismo (γνῶθι σαυτόν)', ya que tus rivales son éstos y no los que tú crees, rivales a los que no podríamos superar por otro medio que con la aplicación y el saber. Porque si tú careces de estas dos cosas, también te verás privado de llegar a ser famoso entre los griegos y los bárbaros, lo que, si no me equivoco, estás ansiando más que ninguna otra cosa en el mundo. Alc.: ¿Pero qué es a lo que hay que aplicarse, Sócrates (Τίνα οὖν χρὴ τὴν ἐπιμέλειαν)? ¿Puedes explicármelo? Porque parece que estás diciendo la verdad como nunca; [...] Sóc.: Veamos: ¿qué es preocuparse de sí mismo (ya que a menudo sin darnos cuenta no nos preocupamos de nosotros mismos, aunque creamos hacerlo) y cuándo lo lleva a cabo el hombre? ¿Acaso cuando cuida sus intereses se preocupa de sí mismo?; [...] Sóc.: Por consiguiente, cuando te preocupas de tus cosas, no te estás preocupando de ti mismo. Alc.: De ningún modo. Sóc.: Porque al parecer no es el mismo arte con el que cuidamos de nosotros mismos y de nuestras propias cosas. Alc.: No lo parece. Sóc.: Veamos, ¿con qué arte podríamos cuidar de nosotros mismos? ({ΣΩ.} Φέρε δή, ποίᾳ ποτ' ἂν ἡμῶν αὐτῶν ἐπιμεληθείημεν;); Alc.: No sabría decirlo. Sóc.: Pero al menos en un punto estamos de acuerdo: en que no sería con el arte con el que pudiéramos mejorar cualquiera de nuestras cosas, sino con el que nos hiciera mejores a nosotros mismos (οὐχ ᾗ ἂν τῶν ἡμετέρων καὶ ὁτιοῦν βέλτιον ποιοῖμεν, ἀλλ' ᾗ ἡμᾶς αὐτούς); [...] hay que cuidarse del alma y fijarnos en ella (ψυχῆς ἐπιμελητέον καὶ εἰς τοῦτο βλεπτέον)".

De entre ellas cabe citar, en cuanto al cuerpo, la gimnasia, la música[1245] y la medicina[1246]; por su parte, la política, al cuidado del alma, si bien, como se acaba de indicar, el fin último es la salud psíquica[1247] y en esto la filosofía tiene un papel preponderante[1248],

---

1245 PLATÓN, *República*, III, 400d-402a, 402c, 404b, 412c, en EGGERS LAN, *op. cit.*, pp. 179 y 180: "Ahora bien, Glaucón, la educación musical es de suma importancia a causa de que el ritmo y la armonía son lo que más penetra en el interior del alma y la afecta más vigorosamente, trayendo consigo la gracia, y crea gracia si la persona está debidamente educada, no si no lo está. Además, aquel que ha sido educado musicalmente como se debe es el que percibirá más agudamente las deficiencias y la falta de belleza, tanto en las obras de arte como en las naturales, ante las que su repugnancia estará justificada; alabará las cosas hermosas, regocijándose con ellas y, acogiéndolas en su alma, se nutrirá de ellas hasta convertirse en un hombre de bien. Por el contrario, reprobará las cosas feas -también justificadamente- y las odiará ya desde joven, antes de ser capaz de alcanzar la razón de las cosas; pero, al llegar a la razón, aquel que se haya educado del modo descrito le dará la bienvenida, reconociéndola como algo familiar; [...] Ahora bien, después de la música los jóvenes deben ser educados por medio de la gimnasia. (...) Pienso en una gimnasia simple y adecuada especialmente en lo que concierne a la guerra; [...] Creo incluso poder decir que algún dios ha concedido a los seres humanos estas dos artes, la de la música y la de la gimnasia, con miras a estas dos cosas: la fogosidad y el ansia de saber. Por lo tanto, no con miras al cuerpo y al alma, excepto en forma accesoria, sino de modo que ambas alcancen un ajuste armonioso entre sí, después de ponerse en tensión adecuadamente y adecuadamente relajarse, hasta llegar al punto más conveniente".

1246 PLATÓN, *Gorgias*, 464b, 517e-518a, en CALONGE *et al.*, *op. cit.*, pp. 49 y 132: "Digo que, puesto que son dos los objetos, hay dos artes, que corresponden una al cuerpo y otra al alma; llamo política a la que se refiere al alma, pero no puedo definir con un solo nombre la que se refiere al cuerpo, y aunque el cuidado del cuerpo es uno, lo divido en dos partes: la gimnasia y la medicina; en la política, corresponden la legislación a la gimnasia, y la justicia a la medicina; [...] existen la gimnasia y la medicina, que son las que, en realidad, cuidan del cuerpo y a las que corresponde dirigir todas estas artes y utilizar sus productos, porque saben qué alimentos o bebidas son buenos o malos para el buen estado del cuerpo, mientras que aquéllas otras lo ignoran. Por esta razón decimos que todas las otras artes son serviles, subalternas e innobles respecto al cuidado del cuerpo, y que la gimnasia y la medicina son, en justicia, las dueñas de ellas".

1247 *cf.* PLATÓN, *República*, III, 410c, en EGGERS LAN, *op. cit.*, pp. 189: "los que han instituido la educación por medio de la música y de la gimnasia no lo han hecho, como algunos creen, para cuidar por medio de esta al cuerpo y por medio de aquella al alma. (...) Es probable que haya instituido ambas formas de educación para cuidar al alma".

1248 *cf.* PLATÓN, *República*, VII, 521c, en EGGERS LAN, *op. cit.*, p. 384: "Pero esto, me parece, no es como un voleo de concha, sino un volverse del alma desde un día nocturno hasta uno verdadero; o sea, de un camino de ascenso hacia lo que es, camino al que correctamente llamamos 'filosofía'(ἀλλὰ ψυχῆς περιαγωγὴ ἐκ νυκτερινῆς τινος ἡμέρας εἰς ἀληθινήν, τοῦ ὄντος οὖσαν ἐπάνοδον, ἣν δὴ φιλοσοφίαν ἀληθῆ φήσομεν εἶναι.)".

por cuanto cura de la ignorancia[1249] y, en paralelo con la medicina, se erige como una psicoterapia a través de discursos[1250].

Podemos afirmar que, desde su concepción filosófica, Platón tiene incluso una política de salud pública, de planificación matrimonial, reproductiva y familiar que asume un tinte totalitario, puesto que se usan comparaciones con el oficio del tejedor o la ganadería, así como con un paralelismo entre enfermedad e injusticia[1251].

1249 *cf.* PLATÓN, *República*, VII, 515c, ll. 4–5, en EGGERS LAN, *op. cit.*, p. 339: "curación de su ignorancia (ἴασιν (...) τῆς ἀφροσύνης)".

1250 *cf.* PLATÓN, *Fedro*, 270b-c, en GARCÍA GUAL, *op. cit.*, p. 393: "en cierto sentido, tiene las mismas características la medicina que la retórica. (...) En ambas conviene precisar la naturaleza, en un caso la del cuerpo, en otro la del alma, si es que pretendes, no solo por la rutina y la experiencia sino por arte, dar al uno la medicación y el alimento que le trae salud y le hace fuerte, al otro palabras y prácticas de conducta, que acabarán transmitiéndole la convicción y la excelencia que quieras"; *cf.* también las apócrifas PLATÓN, *Definiciones*, 414b, ll. 7–9, en ZARAGOZA, GÓMEZ CARDÓ, *op. cit.*, 1992, p. 255: FILOSOFÍA "Deseo de conocer los seres eternos; aptitud para contemplar la verdad, y cómo es verdadera; cuidado del alma acompañado de recto juicio (ἐπιμέλεια ψυχῆς μετὰ λόγου ὀρθοῦ)".

1251 PLATÓN, *Político*, 311b-c, *Leyes*, V, 735b-736a, VI, 775d-e, X, 906a-c, en SANTA CRUZ, *op. cit.*, pp. 616–617; LISI, Francisco (ed., trad.), *Diálogos VIII: Leyes (Libros I-VI)*, Madrid, Gredos, 1999, pp. 409–410, 481 y LISI, *IX*, *Leyes*, *op. cit.*, p. 230, respectivamente: "Extranjero: Éste es -digámoslo- el fin del tejido de la actividad política: la combinación en una trama bien armada del carácter de los hombres valientes con el de los sensatos, cuando el arte real los haya reunido por la concordia y el amor en una vida común y haya confeccionado el más magnífico y excelso de todos los tejidos, y, abrazando a todos los hombres de la ciudad, tanto esclavos como libres, los contenga en esa red y, en la medida en que le está dado a una ciudad llegar a ser feliz, la gobierne y dirija, sin omitir nada que sirva a tal propósito"; [...] "Cuando un pastor, un boyero, un criador de caballos o de otros animales semejantes recibe una manada, nunca intentará hacerse cargo de su cuidado si no hace antes la depuración apropiada para cada grupo. Después de seleccionar y separar los sanos y los que no lo son, los de raza pura y los mestizos, mandará unos a otras manadas, mientras que cuidará los otros, pensando que es vano e inútil esforzarse por un cuerpo y por almas a las que corrompieron su índole y mala crianza, que van a destruir por añadidura los caracteres impolutos y los cuerpos sanos en cada una de las reses si no se hace una limpieza a fondo de lo que hay. Lo de los otros animales es un asunto de menor seriedad y sólo a guisa de ejemplo merece que el argumento haga una comparación, pero investigar los asuntos humanos y decir lo adecuado a cada uno en el caso de la purificación y del resto del tratamiento es para el legislador un asunto de la mayor seriedad" [...] "La injusticia y la insolencia con locura nos destruyen, mientras que nos salvan la justicia y la templanza con inteligencia, que anida en las fuerzas animadas de los dioses. Pero también podría verse claramente que un poco de tales cosas reside aquí en nosotros. Sin embargo, es claro que ciertas almas de naturaleza bestial, que habitan en la tierra y que se encuentran en posesión de algo de lo que se han apoderado injustamente, cuando se abalanzan sobre las almas de los perros guardianes o de los pastores o de los señores encumbrados en lo más

Aristocles define en diversos lugares la medicina o arte médica: es el saber de la salud[1252], que ofrece remedios o fármacos, bebidas y alimentos al cuerpo, de manera que se fomente y preserve el predominio de algunas partes conforme a la naturaleza[1253]. Ese objetivo se consigue, de acuerdo con lo indicado, mediante prescripciones dietéticas[1254], purificaciones, fumigaciones y baños[1255], entre otras cosas; el propio Platón ofrece en el *Timeo*[1256] algunas disquisiciones sobre nosología somática y psíquica, a más de la correspondiente terapia, en tono puramente fisiológico de corte hipocrático[1257].

En todo caso, es fuerza indicar que el quehacer de la filosofía enraíza en un cuidado atento y amoroso[1258] por sí mismo y por los demás, de manera que se curen, es decir, que conserven o recuperen, especialmente, la salud del alma, y del cuerpo, habida cuenta de que "es el bien la medicina contra el mal, y el mal la enfermedad; pero, no habiendo enfermedad, tampoco hay necesidad de medicina"[1259]. Podemos

---

alto, las convencen con las lisonjas de sus discursos y por el efecto de ciertas rogativas que actúan a manera de encantamientos de que, como relatan los cuentos de los malvados, pueden cometer excesos sin sufrir ninguna atrocidad a manos de los hombres. Frente a eso, sostenemos, supongo, que el error que estamos mencionando ahora, el exceso, es lo que se denomina enfermedad en los cuerpos de carne, y en las estaciones de los años y en los años plaga, mientras que en las ciudades y sistemas políticos, eso mismo, cambiado de nombre, se llama injusticia".

1252 *cf.* PLATÓN, *Cármides*, 165c, l. 8, en LLEDÓ ÍÑIGO, *op. cit.*, p. 242: "¿Y no es la medicina, le dije, un saber de la salud? (Οὐκοῦν καὶ ἰατρική, ἔφην, ἐπιστήμη ἐστὶν τοῦ ὑγιεινοῦ;)".

1253 PLATÓN, *República*, IV, 444d, en EGGERS LAN, *op. cit.*, p. 242: "producir la salud equivale a instaurar el predominio de algunas partes del cuerpo sobre otras que son sometidas, conforme a la naturaleza; en cambio, la enfermedad surge cuando el predominio de unas y el sometimiento de otras es contrario a la naturaleza".

1254 *cf.* PLATÓN, *República*, I, 32c, en EGGERS LAN, *op. cit.*, p. 65: "La medicina da remedios, alimentos y bebidas a los cuerpos"; *Ion*, 531e, en LLEDÓ ÍNIÑGO, *op. cit.*, p. 252: "El médico sabe distinguir cuáles son los alimentos sanos. La enfermedad es, a buen seguro, un mal; sin embargo, la medicina es algo útil y bueno"; *cf.* PLATÓN, *Lisis*, 207a-b, en LLEDÓ ÍÑIGO, *op. cit.*, pp. 303–304: "el cuerpo, por la enfermedad, dependerá de la medicina y la amará en cierto sentido".

1255 *cf.* PLATÓN, *Crátilo*, 405a-b, en CALONGE *et al.*, *op. cit.*, p. 402: "(...) En primer lugar, la purificación y las abluciones tanto en lo que toca a la medicina como a la mántica, así como las fumigaciones con drogas medicinales o mánticas, y, finalmente, los baños y aspersiones en tales circunstancias, todas ellas tendrían una sola virtud: dejar al hombre puro tanto de cuerpo como de alma".

1256 *cf.* PLATÓN, *Timeo*, 81e-90d, en DURÁN LÓPEZ, LISI, *op. cit.*, pp. 246–259.

1257 *cf.* SCHUMACHER, *Antike Medizin*, *op. cit.*, p. 225: "Die Ansichten Platons über Verdauung, Atmung, Gesundheit, Krankheit usw. bedürfen hier nur kurzer Erwähnung, da sie meist nur die allgemein-medizinischen Ansichten seiner Zeit wiedergeben".

1258 *cf.* SCHUMACHER, *Antike Medizin*, *op. cit.*, p. 231: "Therapie bedeutet bei Platon bezeichnenderweise jede Art von liebevoller Pflege".

1259 PLATÓN, *Lisis*, 220d, en LLEDÓ ÍÑIGO, *op. cit.*, p. 311.

entonces considerar que por curar plenamente, el filósofo es médico y el médico, para serlo en verdad, ha de ser filósofo[1260], dado que aunque la medicina es:

> "bensì autónoma dalla sapienza generale, che viene alla fine configurandosi come sapienza del bene e del male; ma ciò ne segna il limite istituzionale, la carenza di fondo. Abbandonata dalla sapienza del bene e del male, la medicina, come le altre technai, continuerà a sussistere e a dispensare salute, ma non potrà agire 'bene e utilmente'"[1261].

Aquí alude Vegetti, el autor de la cita precedente, a un pasaje clave del *Cármides* sobre el particular:

> "no es el vivir con conocimiento lo que hace obrar bien y ser feliz, ni todos los otros saberes juntos, sino sólo esa peculiar ciencia del bien y del mal. Puesto que si te pones a separar, Critias, este saber de todos los otros saberes, ¿va la medicina a hacernos menos sanos en algo (...)?"[1262].

En esa terapia total el sanador-filósofo ha de interesarse no sólo por los cuatro elementos materiales del cuerpo sino también por la ψυχή, fruto también del cosmos[1263], y ser capaz de encaminar persuasivamente a su paciente[1264].

1260 *cf.* SCHUMACHER, *Antike Medizin, op. cit.*, p. 237: "Deswegen muß die Medizin als wirkliche Kunst das Wissen um das Höchste erstreben, m[it]. A[nderen]. W[orten]. der echte Arzt muß Philosoph sein".

1261 VEGETTI, *op. cit.*, p. 43.

1262 PLATÓN, *Cármides*, 174b12–174c5, en LLEDÓ ÍÑIGO, *op. cit.*, p. 365.

1263 *cf.* PLATÓN, *Filebo*, 29e-30b, en DURÁN LÓPEZ, LISI, *op. cit.*, pp. 55–56: "Sócrates: ¿Entonces de ese cuerpo el nuestro lo recibe todo, o es del nuestro del que aquél se alimenta, ha tomado y tiene todo lo que decíamos hace un momento? (...) ¿No vamos a afirmar que nuestro cuerpo tiene un alma? (...) ¿De dónde la ha tomado, querido Protarco, si no se diera el caso de que el cuerpo del universo es animado y tiene las mismas cosas que éste y aún más hermosas en todos los sentidos? (...) No pensamos, sin duda, Protarco, en cuanto a aquellos cuatro géneros, límite, ilimitado, común y el género de la causa que está en todo como cuarto, que este, que es el que en nuestros cuerpos produce el alma e infunde el ejercicio corporal y la medicina que lo cuida cuando desfallece y que en otros seres, con las designaciones de todas las ramas del saber, compone y restaura otros aspectos, que, sin embargo, aunque en el conjunto del cielo están presentes los mismos elementos, en mayor medida, y además hermosos y puros, en ellos no hubiera conseguido producir la naturaleza más hermosa y estimable".

1264 PLATÓN, *Leyes*, IV, 720d-e, en LISI, *VIII: Leyes*, *op. cit.*, p. 383: "el médico libre trata y vigila por lo general las enfermedades de los libres, estudiándolas desde su surgimiento y de acuerdo con su naturaleza. Mientras comparte el tratamiento con el enfermo y sus seres queridos, aprende algo de los pacientes y también, en la medida de lo posible, lo instruye. No prescribe nada sin haberlo convencido antes por algún medio y, sólo entonces, cuando lo ha tranquilizado por medio de la persuasión lleva a cabo el restablecimiento de su salud".

Como testimonio que confirma esta afirmación podemos aducir un pasaje transmitido por Diógenes Laercio en que se equipara la filosofía platónica, en el plano psíquico, con la medicina en el plano físico:

> "¿Y cómo, de no haber dado Febo el ser a Platón en Grecia, habría socorrido con sus escritos las almas de los humanos? Pues así como su hijo Asclepio es el médico del cuerpo, así Platón es el médico del alma inmortal"[1265].

El fundador de la Academia hace una propuesta filosófico-terapéutica integral, que considera superior a la medicina[1266], en la que no obstante predomina el alma, relacionada con la médula y sita en la cabeza[1267]. Sin embargo, su terapia incluye también el cuidado del cuerpo (la alimentación, el movimiento, la gimnasia, la música) y procura esencialmente la salud de la ψυχή gracias igualmente a la música pero sobre todo a la filosofía, en búsqueda de una harmonía proporcionada con el cosmos[1268], llevando una vida conforme a la razón, de autocuidado, siendo sabedor cada

---

1265 PLATÓN (*Antología Palatina*, VII, 108), en DIÓGENES LAERCIO, III, 45, en GARCÍA GUAL, *op. cit.*, p. 172 [καὶ γὰρ ὁ τοῦδε γεγὼς Ἀσκληπιός ἐστιν ἰητὴρ σώματος, ὡς ψυχῆς ἀθανάτοιο Πλάτων].

1266 *cf.* LEVIN, Susan B., *Plato's rivalry with medicine: a struggle and its dissolution*, Oxford / New York, Oxford University Press, 2014.

1267 LONGRIGG, *op. cit.*, p. 131: "Part of the marrow is then moulded by the Demiurge into a spherical shape to contain the divine seed, i.e. the semen (see 91b) and is called by him the 'brain' *(enkephalon)* to signify that the vessel containing it would be the head, i.e. that it would be 'in the head' *(en kephalo)*. Other parts of the marrow are divided into elongated shapes to be enclosed in the vertebrae of the spine and other bones. The marrow is clearly regarded as the most important of all the tissues, whose functions are explained by reference to it". Longrigg remite a PLATÓN, *Timeo*, 73c-d, en DURÁN LÓPEZ, LISI, *op. cit.*, p. 235: "Después implantó y ató las partes del alma a ella. En la distribución que hizo al principio, dividió la medula misma directamente en tantas y tales figuras cuantas y cuales especies de alma iba a poseer. Hizo totalmente circular a la que como un campo fértil iba a albergar la simiente divina y llamó a esta parte de la médula cerebro, porque el recipiente alrededor de ella sería la cabeza de todo ser viviente una vez terminado. Dividió, además, la parte que iba a retener el resto mortal del alma en figuras que eran al mismo tiempo esféricas y oblongadas, y llamo al conjunto médula".

1268 PLATÓN, *Timeo*, 88a-e, en DURÁN LÓPEZ, LISI, *op. cit.*, pp. 255–256: "lo mismo debemos pensar acerca del complejo que llamamos animal, que, cuando en él el alma, por ser mejor que el cuerpo, es demasiado osada, convulsiona todo en el interior y lo llena de enfermedades y, cuando se embarca intensamente en algún aprendizaje o investigación, lo desgasta y, también, cuando enseña o lucha con palabras en público o en privado a través de las disputas y las ansias de victoria que se originan, lo enciende y agita, produciendo flujos con los que engaña a la mayoría de los así llamados médicos y hace acusar a lo que es inocente. Y cuando, a su vez, un cuerpo grande y altivo nace con una inteligencia pequeña y débil, dado que por naturaleza los deseos de los hombres son de dos tipos, por el cuerpo, de alimentación y, por lo más divino que hay en nosotros, de conocimiento, los uno "de qué manera alguien viviría más de acuerdo con la razón, mientras cuide y sea cuidado por sí mismo. (...) Por ello hay que cuidar que las diferentes clases de alma tengan movimientos proporcionales entre sí"[1269]. Esa aplicación de la filosofía como medicina y catártico conduce, siempre según Platón, a la asimilación con la divinidad, ya que:

> "[p]ara el que se aplica al aprendizaje y a los pensamientos verdaderos y ejercita especialmente este aspecto en él, es de toda necesidad, creo yo, que piense lo inmortal y lo divino y, si realmente entra en contacto con la verdad, que lo logre, en tanto es posible a la naturaleza humana participar de la inmortalidad. Puesto que cuida siempre de su parte divina y tiene en buen orden al dios que habita en él, es necesario que sea sobremanera feliz. Ciertamente, para todos hay un único cuidado del conjunto: atribuir a cada parte los alimentos y movimientos que les son propios. Los pensamientos y revoluciones del universo son movimientos afines a lo divino en nosotros. Adecuándose a ellos para corregir por medio del aprendizaje de la armonía y de las revoluciones del universo circuitos de la cabeza destruidos al nacer, cada uno debe asemejar lo que piensa [parte superior del alma] a lo pensado [el cosmos] de acuerdo con la naturaleza originaria y, una vez asemejado, alcanzar la meta vital que los dioses propusieron a los hombres como la mejor para el presente y el futuro"[1270].

En su línea de argumentación, el no entregarse a los placeres, groseros (glotonería, embriaguez, satiriasis o ninfomanía, por ejemplo), y la búsqueda del bien auténtico, la virtud (ἀρετή), han de contribuir a la consecución de esa salud, ligada a la

movimientos del elemento más fuerte, al imponerse y hacer prosperar su parte, hacen el alma estólida, con dificultades de aprendizaje y olvidadiza, de modo tal que ocasionan la enfermedad más grave, la ignorancia. Para ambos desequilibrios hay un método de salvación: no mover el alma sin el cuerpo ni el cuerpo sin el alma, para que ambos, contrarrestándose, lleguen a ser equilibrados y sanos. El matemático o el que realiza alguna otra práctica intelectual intensa debe también ejecutar movimientos corporales, por medio de la gimnasia, y, por otra parte, el que cultiva adecuadamente su cuerpo debe dedicar los movimientos correspondientes al alma a través de la música y toda la filosofía, si ha de ser llamado con justicia y corrección bello y bueno simultáneamente. Así debe cuidar el cuerpo, el alma y sus partes, imitando al universo. (...) siempre que alguien imita lo que antes denominamos aya y nodriza del universo -es decir, con movimientos continuos, procura que el cuerpo se encuentre lo menos posible en situación de reposo; por medio de vibraciones de todas sus partes lo guarda de manera natural de los movimientos interiores y exteriores y, con una agitación mesurada de los fenómenos corporales errantes, ordena los elementos según su afinidad, de acuerdo con el discurso anterior acerca del universo, no permitirá que lo enemigo colocado junto a lo enemigo provoque guerras y enfermedades somáticas, sino que hará que lo afín, colocado junto a lo afín, produzca salud".

1269 PLATÓN, *Timeo*, 89d, 90a en DURÁN LÓPEZ, LISI, *op. cit.*, pp. 257–258.

1270 PLATÓN, *Timeo*, 90b-d, en DURÁN LÓPEZ, LISI, *op. cit.*, pp. 258–259.

prudencia, moderación o autocontrol (σωφροσύνη) y la justicia[1271], bienes verdaderamente placenteros, puros y surgidos del (auto)conocimiento y de la práctica, aun selecta, de la filosofía[1272].

De acuerdo con Platón, el filósofo-terapeuta, amante de la sabiduría[1273], aspira a la posesión del bien tanto para sí cuanto para los demás, colocándoles en "un estado y disposición del alma capaces de proporcionar una vida feliz a todos los hombres"[1274]; el médico de almas que es Platón ha de procurar, según revela curativamente Diotima[1275], la "procreación en la belleza, tanto según el cuerpo como según el alma"[1276], al contrario de la medicina no filosófica, la cual, como sostiene el interviniente Erixímaco, se dedica como τέχνη al cuidado del cuerpo exclusivamente[1277].

Esta terapia integral, holística, que ocupándose del alma fortalecerá también el cuerpo, ha de conseguir – suponemos – que, a quien a ella se someta cuidándose, le ocurra como a Sócrates tras el celebrado *Banquete*, quien,

> "tras haberlos dormido, se levantó y se fue. Aristodemo, como solía, le siguió. Cuando Sócrates llegó al Liceo se lavó, pasó el resto del día como de costumbre y, habiéndolo pasado así, al atardecer se fue a casa a descansar"[1278].

1271 PLATÓN, *Gorgias*, 491d-e, 507d, en CALONGE, *et al.*, *op. cit.*, pp. 92, 117: "ser moderado y dueño de sí mismo y dominar las pasiones y deseos que le surjan"; "establezco esto así y afirmo que es verdad; y si es verdad, el que quiera ser feliz debe buscar y practicar, según parece, la moderación y huir del libertinaje con toda la diligencia que pueda, y debe procurar, sobre todo, no tener necesidad de ser castigado".

1272 *cf.* PLATÓN, *Filebo*, 31d, 52b, 58b-d, en DURÁN LÓPEZ, LISI, *op. cit.*, pp. 59, 96, 107–108: "Hay que decir, pues, que al ajustarse de nuevo la armonía y volver a su propia naturaleza aparece el placer"; [...] "esos placeres de los conocimientos no implican mezcla con dolores y que de ningún modo corresponden a la mayoría de los hombres, sino a un número exiguo"; [...] "una técnica (...) aunque fuera pequeña y nos fuera de escaso provecho apunta a lo preciso, lo exacto y lo más verdadero; (...) ella es verosímilmente la que posee en grado máximo la pureza de intelecto y prudencia o si tenemos que buscar alguna otra que la supere".

1273 PLATÓN, *Banquete*, 204b, l. 3, en GARCÍA GUAL, *op. cit.*, p. 250.

1274 PLATÓN, *Filebo*, 11b, en DURÁN LÓPEZ, LISI, *op. cit.*, p. 22.

1275 *cf.* MOES, *op. cit.*, p. 99, la función de su discurso sería la de antídoto frente a los otros, errados.

1276 PLATÓN, *Banquete*, 206b, en GARCÍA GUAL, *op. cit.*, p. 254.

1277 *cf.* PLATÓN, *Banquete*, 186c, en GARCÍA GUAL, *op. cit.*, p. 216: "es hermoso y necesario favorecer en los cuerpos mismos a los elementos buenos y sanos de cada cuerpo, y éste es el objeto de lo que llamamos medicina, mientras que, por el contrario, es vergonzoso secundar los elementos malos y enfermos, y no hay que ser indulgente en esto, si se pretende ser un verdadero profesional. Pues la medicina es, para decirlo en una palabra, el conocimiento de las operaciones amorosas que hay en el cuerpo en cuanto a repleción y vacuidad".

1278 PLATÓN, *Banquete*, 223d, en GARCÍA GUAL, *op. cit.*, p. 287.

Consideramos importante anotar esta dimensión médica y amorosa de la filosofía platónica, conformes con algunas observaciones de Rosen[1279], así como el hecho de que también la forma discursiva y dialógica que elige parece tener una función curativa, sanadora, guiada por el terapeuta, asesor o consejero filosófico, en este caso Platón, que Laín Entralgo considera el "inventor de una psicoterapia verbal rigurosamente técnica"[1280]. Moes escribe que precisamente la intervención filosófica con fin curativo incluye "the achievement of a certain state of dynamic equilibrium in the soul, a state irreducible to any set of correct doctrines or beliefs and comparable to a self-sustaining flame or to the healthy state of a growing organism"[1281]. En concordancia con lo antedicho afirma Platón que:

> "el consejero de un hombre enfermo lo primero que tiene que hacer, si el enfermo sigue un régimen perjudicial para su salud, es hacerle cambiar su género de vida; si el enfermo está dispuesto a obedecerle, debe darle nuevas prescripciones, y, si se niega, yo consideraría hombre de bien y un buen médico a quien no se prestase a nuevas consultas, mientras que si persistiese, por el contrario, lo consideraría tan carente de hombría como de ciencia. Lo mismo ocurre con la ciudad, tanto si tiene uno como si tiene muchos jefes"[1282].

Una vez concluido el estudio de los entrelazamientos entre filosofía y medicina en Platón, se impone ya la tarea de explorar, más brevemente, esos mismos vínculos en Aristóteles. Es necesario, con todo, realizar una precisión: el enfoque de esta investigación se centra en la aplicación curativa o terapéutica del llamado "amor al saber"; en el caso del Estagirita se observa una gran importancia de la medicina

1279 *cf.* ROSEN, Stanley, *Plato's Symposium*, New Haven, Yale University Press, 1968, pp. XX, XXIV-XXV, 201: "Plato practices a medicinal rhetoric or psychiatry in the literal sense of the word. His dialogues are both pedagogic and medical works, designed to lead the young toward philosophy and to mitigate the disease of ignorance or thoughtlessness. (...) medicinal rhetoric is employed by the friends of the Ideas for the sake of preserving and restoring health, and not for the sake of gaining political power. It is a principle of common sense as well as of science that the physician must vary his procedures and prescriptions depending upon the nature of the patient and his ailment; [...] The interpreter must remember that he himself is being tested and cured by the medicinal rhetoric of Plato's dialectic. [...] Philosophy is like a doctor who knows which salves or drugs to apply to the various afflictions from which man suffers. Man can never be whole, well, or wise without a vision of the unity which expresses itself as diversity. But as a result of that expression of diversity, he can never entirely obtain such a vision, and certainly not by a repudiation of diversity. The ultimate purpose of the dialogues is to present man's complex fate in terms of philosophy's inference from its own incompleteness".

1280 LAÍN ENTRALGO, Pedro, *La curación por la palabra en la antigüedad clásica*, Madrid, Revista de occidente, 1958, p. 179.

1281 MOES, *op. cit.*, p. 47.

1282 PLATÓN, *Carta VII*, 330c-d, en ZARAGOZA, GÓMEZ CARDÓ, *op. cit.*, p. 496.

y la biología empíricas en su campo de intereses[1283] e incluso transmite teorías o concepciones médicas[1284] pero no parece existir con explicitud una dimensión sanadora de la φιλοσοφία.

En lo que respecta a sus tesis filosófico-antropológicas cabe señalar que reelabora las doctrinas platónicas y maneja otra serie de conceptos (hilemorfismo; potencia, acto; dualismo antropológico sin vida *postmortem*) que le permiten resolver, de modo personal, diversos problemas que considera insolutos en Platón. Debemos advertir que, por cuanto hemos alcanzado a investigar, no existe un estudio en que se ofrezca una visión general sobre la trabazón aristotélica entre filosofía y medicina, sino, más bien, sobre aspectos concretos[1285]. A ello se agrega la mención frecuente de la medicina como ejemplo analógico, tal como muestra Fiedler[1286], en términos generales, y anticipa Werner Jaeger para la *Ética a Nicómaco*[1287]

De camino a Epicuro, nuestro propósito consiste aquí, entonces, en presentar algunas muestras de sus intereses médico-biológicos; en segundo lugar, resulta pertinente ofrecer siquiera de modo tentativo una reconstrucción del concepto aristotélico de medicina a partir de algunos pasajes dispersos al respecto en su obra, por más que tal empeño puede producir una definición demasiado evidente, sin demasiadas peculiaridades aristotélicas. Por último, es necesario explorar las imbricaciones entre filosofía y terapia, tal como se ha hecho precedentemente.

Aristóteles se interesa por la física, es decir, por el estudio de las leyes y elementos de lo natural, y todo aquello que la atañe, como la historia natural o la biología, especialmente la humana. A estos respectos se pregunta descriptivamente, en *Acerca*

1283 CALVO MARTÍNEZ, Tomás, *Aristóteles y el aristotelismo*, Torrejón de Ardoz, Akal, 1996, p. 6: "Nacido en el año 384 a.C., Aristóteles era hijo de Nicómaco, amigo y médico de Amintas, rey de la aún poco importante Macedonia. Es de suponer, aunque carecemos de datos expresos al respecto, que Nicómaco llevaría consigo a su hijo Aristóteles a Pella, a la corte de Macedonia donde éste pasaría parte de su infancia y de su primera juventud. (...) El oficio de su padre, médico, debió influir en alguna medida en los intereses intelectuales de Aristóteles, en su constante inclinación a la observación de la naturaleza, en su atención a los procesos biológicos, en su afán por conocer y clasificar más y más especies vegetales y animales. Todo esto pudo aprenderlo de su padre que, por lo demás, moriría muy pronto".

1284 *cf.* ALTHOFF, Jochen, "Aristoteles als Medizindoxograph", en EIJK, Ph. J. van der (coord.), *Ancient histories of medicine: essays in medical doxography and historiography in classical antiquity*, Lieden, Brill, 1999, pp. 57–94.

1285 *cf.* EIJK, Ph. J. van der, *Medicine and Philosophy*, *op. cit.*, pp. 139–206, donde se abordan cuestiones específicas como el estudio de la melancolía o atrabilis, consideraciones sobre teoría y empirismo en su tratamiento del sueño, la ensoñación y los sueños premonitorios, entre otras cosas.

1286 *cf.* FIEDLER, Wilfried, *Analogiemodelle bei Aristoteles: Untersuchungen zu den Vergleichen zwischen den einzelnen Wissenschaften und Künsten*, Amsterdam, B. R. Grüner, 1978, pp. 168–229.

1287 JAEGER, Werner, "Medizin als methodisches Vorbild in der Ethik des Aristoteles", en *Zeitschrift für Philosophische Forschung*, n° 13, vol. 4, 1959, pp. 513–530.

de la sensación y lo sensible, por la sensación y lo sensible, es decir, sobre los sentidos (vista, oído, olfato, gusto, tacto), la percepción del color, las ilusiones sensoriales o sobre la existencia de frecuencias sonoras inaudibles[1288]; en otra obrita explora la importancia de la memoria y el recuerdo, su relación con el tiempo y con la imaginación, entre otras cosas[1289]; también realiza un ulterior estudio sobre los estados de vigilia y sueño, propios de vivientes, su carácter mutuamente complementario y su afectación a cuerpo y alma, o sus causas físicas[1290]; todavía en esta línea aborda el análisis de los ensueños[1291]; profundiza además en el asunto de la longevidad o la brevedad de la vida[1292] (en función de las diversas especies), o, por fin, en el hecho mismo de la juventud, la vejez, la vida, la muerte y la respiración[1293].

El empeño empírico del Estagirita, sazonado con teleología y procedimiento metódico, se manifiesta de nuevo en el conjunto de opúsculos recogidos en *Investigación sobre los animales*, donde aparecen nuevamente la zoología, la taxonomía (mamíferos, aves, peces, insectos), así como cuestiones relativas a biología humana, biología del desarrollo, ontogenia, reproducción y nacimiento (ovíparos, vivíparos, uníparos, multíparos, etc.), fisionomía y fisiología, entre las pueden mencionarse, a título de ejemplo: clases de animales, su gregarismo o individualismo, una descripción de la anatomía animal, con observaciones funcionales, además de explicaciones sobre fisiología sexual general y humana (testículos, útero, pubertad, menstruación, esperma)[1294], gestación, fertilidad, obstetricia; también se dedica a ofrecer aclaramientos sobre los órganos internos, la dentición o el pelaje; más adelante trata sobre hematología, cardiología, histología, flebología, dermatología, siempre desde un punto de vista descriptivo y sin hacer distinción específica entre seres humanos y resto de animales. Así, diserta sobre ornitología, ictiología, entomología o sobre la producción de leche como propia de los animales mamíferos. De acuerdo con su

---

1288 *cf.* ARISTÓTELES, *Acerca de la sensación y lo sensible*, 436a y ss., en LA CROCE, *op. cit.*, p. 183 y ss.

1289 *cf.* ARISTÓTELES, *Acerca de la memoria y de la reminiscencia*, 449b y ss., en LA CROCE, *op. cit.*, p. 233 y ss.

1290 *cf.* ARISTÓTELES, *Acerca del sueño y la vigilia*, 453b y ss., en LA CROCE, *op. cit.*, p. 267 y ss.

1291 *cf.* ARISTÓTELES, *Acerca de los ensueños*, 458b y ss., en LA CROCE, *op. cit.*, p. 277 y ss.

1292 *cf.* ARISTÓTELES, *Acerca de la longevidad y de la brevedad de la vida*, 464b y ss., en LA CROCE, *op. cit.*, p. 305 y ss.

1293 *cf.* ARISTÓTELES, *Acerca de la juventud y de la vejez, de la vida y de la muerte, y de la respiración*, 467b y ss., en LA CROCE, *op. cit.*, p. 317 y ss.

1294 La reproducción será objeto de atención privilegiada en ARISTÓTELES, SÁNCHEZ, Ester (ed., trad.), *Reproducción de los animales*, Madrid, Gredos, 1994, p. 59 y ss., 715a y ss., donde se tratan la distinción entre macho y hembra, los órganos genitales, el acto sexual, el semen, la menstruación, la fecundación, la embriogénesis, la esterilidad, la imposibilidad de la partenogénesis, así como la reproducción ovípara, la incubación, la teratogénesis, la superfetación, la herencia de caracteres y estado o propensiones a ellos (calvicie, canicie, etc.).

filosofía, sostiene la existencia de diversidad de partes entre los animales y alude a una suerte de psicobiología; por otra parte, analiza el influjo que los climas tienen sobre los animales o hace, en fin, observaciones sobre nosología veterinaria diversa[1295].

En otra de sus obras eminentemente biológicas, pone en juego sus conceptos (materia, forma, finalidad, necesidad, etc.) para preguntarse sobre el principio vital, e inquiere todavía sobre hematología, nutrición, así como diversos órganos y funciones tanto en el hombre como en el resto de los animales, como por ejemplo el sistema circulatorio, el pulmonar; refiere también aspectos de hepatología, nefrología, urología, estomatología y gastroenterología comparada, zoología marina y de los reptiles, entre otros asuntos de su interés[1296]. Igualmente, dedica otro tratado a la marcha y movimiento de los animales, es decir, a sus mecanismos de locomoción autónoma[1297], reflexionando, entre otros, sobre los movimientos voluntarios y los involuntarios, sobre lo que llama "alma motriz". Basten, pues, estos señalamientos para dar testimonio de la voluntad empírica e investigadora de lo natural vivo de la que hace gala el de Estagira.

Sin embargo, debemos precisar que su ahínco no tiene, por cuanto hemos leído, un fundamento curativo o terapéutico, como si se tratase del observador que explica hechos biológicos sin interferir en ellos.

Con todo, es de justicia sostener, con Laín Entralgo, que Aristóteles ofrece, en su empresa:

> "una teoría de la vida orgánica y una morfología, una embriología y una fisiología generales y comparadas", y lo hace "recurriendo a las ideas centrales de su pensamiento metafísico: acto y potencia, materia y forma, doctrina de la causación y teoría del movimiento"[1298].

Por otra parte, a la hora de tratar de formular una definición aristotélica de la medicina, la salud y sus aspectos aledaños se impone recorrer pasajes dispersos a lo largo de su obra y, especialmente algunos de sus *Problemas*[1299].

Dado que Aristóteles procede siempre con método y consistencia, hemos de tener presente que la medicina, entendida como relativa a los seres humanos, incumbe a los vivientes, a su cuerpo y a su alma. Sabemos, empero, que, indisociablemente ligados, alma y cuerpo guardan una relación análoga a la de forma y materia, habida cuenta de que la ψυχή es "el alma es, en efecto, como el principio de los animales",

---

1295 ARISTÓTELES, *Investigación sobre los animales,* 486a5 y ss., en GARCÍA GUAL, Carlos, (intr.); PALLÍ BONET, Julio (ed., trad.), Madrid, Gredos, 1992, p. 39 y ss.

1296 ARISTÓTELES, *Partes de los animales,* 639a, en JIMÉNEZ SÁNCHEZ-ESCARICHE, Elvira, ALONSO MIGUEL, Almudena, (eds., trads.), *Partes de los animales, Marcha de los animales, Movimiento de los animales,* Madrid, Gredos, 2000, p. 51.

1297 ARISTÓTELES, *Marcha de los animales,* 704a y *Movimiento de los animales,* 698a, en JIMÉNEZ, *op. cit.*, p. 265 y ss., p. 303 y ss., respectivamente.

1298 LAÍN ENTRALGO, Pedro, *El cuerpo humano, op. cit.*, 1987, pp. 117 y 119.

1299 *cf.* ARISTÓTELES, *Problemas,* en SÁNCHEZ MILLÁN, Ester (ed., trad.), Madrid, Gredos, 2004.

"la entelequia primera [acto primero] de un cuerpo natural que en potencia tiene vida"[1300], esto es, la vitalidad originaria del cuerpo y parece estar ubicada en la cabeza[1301], siendo "causa y principio del cuerpo viviente"[1302] y sus potencias varían en función del ser vivo al que vivifiquen, siendo así que algunos vivientes tienen potencias vegetativas, otros sensomotoras y otros, por último, añaden todavía la capacidad discursiva[1303], que vale tanto como decir racionalidad y capacidad de intelección, lo cual es humano. El cuerpo, como el alma indisolublemente a él ligada,

---

1300 ARISTÓTELES, *Acerca del alma*, I, cap. 1, 402a, l. 6 y II, cap. 2, 412b, ll. 5 y 6, en CALVO, Tomás, *op. cit.*, pp. 131 y 168 [ἔστι γὰρ οἷον ἀρχὴ τῶν ζῴων (...) εἴη ἂν ἐντελέχεια ἡ πρώτη σώματος φυσικοῦ ὀργανικοῦ].

1301 ARISTÓTELES, *Acerca del alma*, II, cap. 4, 416a, ll. 3–4, en CALVO, Tomás, *op. cit.*, p. 181: "No interpreta acertadamente el 'arriba' y el 'abajo', ya que el arriba y el abajo no son lo mismo ni para cada uno de los seres ni para el universo como conjunto; antes al contrario, lo que es la cabeza para los animales eso son las raíces para las plantas".

1302 ARISTÓTELES, *Acerca del alma*, II, cap. 4, 415b, l. 8, en CALVO, Tomás, *op. cit.*, p. 180 [ἔστι δὲ ἡ ψυχὴ τοῦ ζῶντος σώματος αἰτία καὶ ἀρχή].

1303 *cf.* ARISTÓTELES, *Acerca del alma*, II, cap. 3, 414a, l. 30 - 414b, l. 20, en CALVO, Tomás, *op. cit.*, pp. 175–176: "En cuanto a las antedichas potencias del alma, en ciertos vivientes se dan todas —como decíamos— mientras que en otros se dan algunas y en algunos, en fin, una sola. Y llamábamos potencias a las facultades nutritiva, sensitiva, desiderativa, motora y discursiva. En las plantas se da solamente la facultad nutritiva, mientras que en el resto de los vivientes se da no sólo ésta, sino también la sensitiva. Por otra parte, al darse la sensitiva se da también en ellos la desiderativa. En efecto: el apetito, los impulsos y la voluntad son tres clases de deseo; ahora bien, todos los animales poseen una al menos de las sensaciones, el tacto, y en el sujeto en que se da la sensación se dan también el placer y el dolor —lo placentero y lo doloroso—, luego si se dan estos procesos, se da también el apetito, ya que éste no es sino el deseo de lo placentero. De otro lado, los animales poseen la sensación del alimento, ya que la sensación del alimento no es sino el tacto: todos los animales, en efecto, se alimentan de lo seco y de lo húmedo, de lo caliente y de lo frío y el tacto es precisamente el sentido que percibe todo esto. Las otras cualidades las percibe el tacto sólo accidentalmente: y es que en nada contribuyen a la alimentación ni el sonido ni el color ni el olor. El sabor, sin embargo, constituye una de las cualidades táctiles. El hambre y la sed son apetitos: el hambre, de lo seco y caliente; la sed, de lo frío y húmedo; el sabor, en fin, es algo así como el regusto de estas cualidades. Más adelante se dilucidará todo esto. Baste por ahora con decir que aquellos vivientes que poseen tacto poseen también deseo. Por lo que se refiere a si poseen además imaginación, no está claro y más adelante se analizará. Por lo demás, hay animales a los que además de estas facultades les corresponde también la del movimiento local; a otros, en fin, les corresponde además la facultad discursiva y el intelecto: tal es el caso de los hombres y de cualquier otro ser semejante o más excelso, suponiendo que lo haya".

es objeto también de su investigación naturalista-filosófica y se halla inscrito entre los elementos o "cuerpos simples"[1304] y sometido a cambio cíclico[1305].

Preocupado por la especificidad de lo vivo que alienta, lo animal, y por la interacción psicosomática en la sensación y la intelección, así como por temas de tipo biológico-médico, Aristóteles alude a ellos en los ya mencionados *Problemas* y lo hace con buen conocimiento de las tesis hipocráticas[1306]. Así, plantea el Estagirita una pregunta y trata de resolverla con los recursos de un naturalista; entre ellas nombra el carácter perjudicial de los excesos, el influjo de los cambios climáticos y de tiempo en las enfermedades, asuntos dietéticos[1307]; otros hechos cercanos también son objeto de su interés: el sudor[1308], la ingesta de vino y la embriaguez[1309], la sexología (el placer sexual, pubertad, coito, fatiga postcoital)[1310], consideraciones ortoposturales o de ortopedia[1311], el frío, los hematomas o el proceso de cicatrización, los buenos y malos olores (es decir, a una suerte de nosología fundada en los olores y también una suerte de aromaterapia), climatoterapia, así como asuntos de musicoterapia[1312] y medicina dietética (tratamiento de las hortalizas, alimentos farináceos, fruta)[1313], hidroterapia marina o fluvial[1314], explicaciones sobre la melancolía[1315], la

1304 *cf.* ARISTÓTELES, *Física*, II; 192b, ll. 10–11, en CALVO, José Luis, *op. cit.*, p. 34.

1305 ARISTÓTELES, *Acerca de la generación y la corrupción*, II, 331b, ll. 1–3, en LA CROCE, *op. cit.*, p. 52: "la generación de los cuerpos simples ha de ser cíclica".

1306 *cf.*, una de las primeras iniciativas al respecto, en el siglo XIX, POSCHENRIEDER, Franz, *Die naturwissenschaftlichen Schriften des Aristoteles in ihrem Verhältnis zu den Büchern der hippokratischen Sammlung*, Programm der Königl. Studienanstalt Bamberg, Bamberg, 1887.

1307 *cf.* ARISTÓTELES, *Problemas*, sección I, relativos a la medicina, 859a, en SÁNCHEZ MILLÁN, *op. cit.*, p. 43 y ss.

1308 *cf.* ARISTÓTELES, *Problemas*, sección II, relativos al sudor, 866b, l. 9 y ss., en SÁNCHEZ MILLÁN, *op. cit.*, p. 66 y ss.

1309 *cf.* ARISTÓTELES, *Problemas*, sección III, relativos a la ingesta de vino y a la embriaguez, 871a y ss., en SÁNCHEZ MILLÁN, *op. cit.*, p. 82 y ss.

1310 *cf.* ARISTÓTELES, *Problemas*, sección IV, relativos a los placeres sexuales, 876a, l. 30 y ss., en SÁNCHEZ MILLÁN, *op. cit.*, p. 101 y ss.

1311 *cf.* ARISTÓTELES, *Problemas*, sección VI, problemas que se derivan de las posiciones y posturas, 885b, l. 13 y ss., en SÁNCHEZ MILLÁN, *op. cit.*, p. 134 y ss.

1312 *cf.* ARISTÓTELES, *Problemas*, sección XIX, relativos a la música (ἁρμονία), 917b, l. 18 y ss., en SÁNCHEZ MILLÁN, *op. cit.*, p. 255 y ss.

1313 *cf.* ARISTÓTELES, *Problemas*, secciones XX, XXI, XXII, 923a, l. 37 y ss., en SÁNCHEZ MILLÁN, *op. cit.*, p. 279 y ss.

1314 *cf.* ARISTÓTELES, *Problemas*, secciones XXIII y XXIV, 931a, l. 34 y ss., en SÁNCHEZ MILLÁN, *op. cit.*, p. 307 y ss.

1315 *cf.* ARISTÓTELES, *Problemas*, sección XXX, relativos a la prudencia, la inteligencia y la sabiduría, 953a, l. 9 y ss., en SÁNCHEZ MILLÁN, *op. cit.*, p. 382 y ss.

salud ocular[1316], auditiva[1317], nasal[1318], entre otros aspectos, cuya exposición se halla en la misma obra que aquí hemos referido.

A la vista de los datos acopiados y tras haber buscado en ellos una concepción de lo médico-terapéutico en Aristóteles, podemos afirmar que, respecto a una misma entidad, salud y enfermedad son mutuamente contrarios, complementarios[1319] y por naturaleza excluyentes sin término medio[1320], se agrupan con aquello que no es ni más duradero y ni más estable (y que puede ser afectado por un gran cambio, como una enfermedad), lo cual el Estagirita llama 'estados' (ἕξις). Salud y enfermedad son, en cambio, algo fácilmente mudable y susceptible de cambio y toman, por lo tanto, como disposiciones (διάθεσις)[1321]. Por su parte, el arte médico, como tal, imita también la naturaleza, ya que "es propio de la misma ciencia el conocer la forma y la materia hasta cierto punto (como lo es del médico conocer la salud y la bilis y la flema, en las que reside la salud)"[1322].

El fin último de la medicina está enderezado, según Aristóteles, a la curación del cuerpo todo, que se concreta en la curación de cada una de las partes[1323], el restablecimiento o la conservación de la salud, que es un bien corporal, a través de ciertos medios, como "el adelgazamiento o la purga, los medicamentos o los instrumentos quirúrgicos"[1324], así como las carreras u otros ejercicios gimnástico. Siendo la salud, que tanto se genera por arte (por el arte médica) como espontáneamente[1325], el fin de la medicina[1326], ésta última "no tiene límites en restablecer la salud y cada una

1316 *cf.* ARISTÓTELES, *Problemas*, sección XXXI, 957a, l. 5 y ss., en SÁNCHEZ MILLÁN, *op. cit.*, p. 399 y ss.

1317 *cf.* ARISTÓTELES, *Problemas*, sección XXXII, 960a, l. 35 y ss., en SÁNCHEZ MILLÁN, *op. cit.*, p. 410 y ss.

1318 *cf.* ARISTÓTELES, *Problemas*, sección XXXIII, 961b, l. 8 y ss., en SÁNCHEZ MILLÁN, *op. cit.*, p. 415 y ss.

1319 ARISTÓTELES, *Categorías*, 6a, ll. 2–3, en CANDEL, *op. cit.*, p. 46: "en ningún caso está [la entidad] a la vez enferma y sana, [ἀλλ' οὔτι γε ἅμα νοσεῖ καὶ ὑγιαίνει (οὐσία)]".

1320 ARISTÓTELES, *Categorías*, 12a, ll.4–5, en CANDEL, *op. cit.*, p. 65: "la enfermedad y la salud surgen por naturaleza en el cuerpo del animal, y es necesario que una u otra se dé en el cuerpo del animal, bien la enfermedad, bien la salud [νόσος καὶ ὑγίεια ἐν σώματι ζῴου πέφυκε γίγνεσθαι, καὶ ἀναγκαῖόν γε θάτερον ὑπάρχειν τῷ τοῦ ζῴου]".

1321 ARISTÓTELES, *Categorías*, 8b, ll. 35–36, en CANDEL, *op. cit.*, p. 55 [νόσος καὶ ὑγίεια].

1322 ARISTÓTELES, *Física*, II; 194a, l. 23, en CALVO, José Luis, *op. cit.*, p. 40.

1323 ARISTÓTELES, *Física*, V; 224a, ll. 25–26, en CALVO, José Luis, *op. cit.*, p. 140.

1324 ARISTÓTELES, *Física*, II; 194b, l. 36 y ss., 1, en CALVO, José Luis, *op. cit.*, p. 43 [οἷον τῆς ὑγιείας ἡ ἰσχνασία ἢ ἡ κάθαρσις ἢ τὰ φάρμακα ἢ τὰ ὄργανα].

1325 ARISTÓTELES, *Metafísica*, VII, cap. 9, 1034a, ll. 9–10, en CALVO, Tomás, *op. cit.*, p. 307: "ciertas cosas – como la salud – se generan por arte y espontáneamente (τέχνῃ καὶ ἀπὸ ταὐτομάτου, οἷον ὑγίεια)".

1326 ARISTÓTELES, *Ética nicomáquea*, I, cap. 1, 1094a, l. 8, en LLEDÓ, PALLÍ, *op. cit.*, p. 129.

de las artes es ilimitada en su fin (pues quieren realizar éste al máximo), pero no es ilimitada en lo pertinente a tal fin (pues el fin es un límite para todas)"[1327]. Sólo el médico, que trabaja a cambio de paga, conoce específicamente los asuntos de la salud corporal y debe rendir cuentas ante sus iguales[1328] y por ellos es orientado[1329].

En relación con la terapia, podemos afirmar todavía que Aristóteles, en su interés por construir una comunidad ciudadana justa, hace apreciaciones sobre la educación de la juventud, las cuales prescriben la gramática, la gimnasia y la música e incluso el ocio[1330], con lo cual persigue un objetivo político que sólo metafóricamente podemos considerar de salud pública o comunitaria[1331], cosa sostenible *de facto* cuando el de Estagira alude a la salud reproductiva e incluye en este caso tanto las prescripciones de los filósofos de la naturaleza como las de los médicos[1332].

En asuntos de estética y teoría de la literatura también pone el Estagirita en juego el vocabulario médico, por cuanto remite a la purificación anímica, la purgación de los afectos (τὴν τῶν τοιούτων παθημάτων κάθαρσιν) que ocurren al espectador en la presentación de tragedias[1333], tal como subraya García Bacca:

> "Aristóteles, hijo de médico y aficionado a cuestiones naturales, transportó de la medicina el término de purificación, y por una metáfora lo aplicó a cuestiones de estética pura. (...) En efecto: la purificación o purgación, en cuanto operación medicinal, consiste

---

1327 ARISTÓTELES, *Política*, I, 1257b, l. 25 y ss., en GARCÍA VALDÉS, Manuela (ed., trad.), Madrid, Gredos, 1988, p. 71.

1328 *cf.* ARISTÓTELES, *Política*, III, 1282a, ll. 1–5, en GARCÍA VALDÉS, *op. cit.*, p. 182.

1329 *cf.* ARISTÓTELES, *Política*, III, 1287a, ll. 31–41, en GARCÍA VALDÉS, *op. cit.*, p. 208.

1330 *cf.* ARISTÓTELES, *Política*, VIII, 1337b, l. 30 y ss., en GARCÍA VALDÉS, *op. cit.*, pp. 457–458: "la misma naturaleza busca no sólo el trabajar correctamente, sino también el poder servirse noblemente del ocio, ya que, por repetirlo una vez más, éste es el principio de todas las cosas. En efecto, si ambos son necesarios, pero el ocio es preferible al trabajo y a su fin, hemos de investigar a qué debemos dedicar nuestro ocio. No, ciertamente, a jugar, porque entonces el juego sería necesariamente para nosotros el fin de la vida. Pero si esto es imposible, y más bien hay que practicar los juegos en medio de los trabajos (pues el trabajo fatigoso necesita del descanso, y el juego es para descansar, mientras que el trabajo va acompañado de fatiga y esfuerzo), por eso hay que introducir juegos vigilando el momento oportuno de su uso, con la intención de aplicarlos como una medicina, ya que el movimiento anímico que producen es un relajamiento, y mediante este placer se produce el descanso.".

1331 *cf.* ARISTÓTELES, *Política*, VIII, 1337a y ss., en GARCÍA VALDÉS, *op. cit.*, p. 455 y ss.

1332 *cf.* ARISTÓTELES, *Política*, VII, 1335a, l. 39 – 1335b, l. 2, en GARCÍA VALDÉS, *op. cit.*, p. 446: "También los esposos mismos deben examinar respecto a la procreación las enseñanzas de los médicos y las de los físicos. Los médicos, en efecto, dan las indicaciones adecuadas sobre los momentos apropiados de los cuerpos, y los físicos sobre los vientos, prefiriendo los vientos del Norte a los del Sur".

1333 *cf.*ARISTÓTELES, *Poética*, 6, 1449b, ll. 28–29, en GARCÍA YEBRA, Valentín, (ed., trad.), *Poética de Aristóteles = Aristotelous peri poietikes = Aristotelis ars poética*, ed. trilingüe, Madrid, Gredos, 1974, p. 145.

en aligerar el cuerpo de humores pesados, de cosas indigestas, volviendo al organismo, mediante ella, a ese funcionamiento normal en que nada se nota, en que uno se siente ligero, sutil, ágil"[1334].

En todo caso, sostenemos que para el Estagirita el afán médico y el filosófico no son convergentes y que no existe una terapia filosófica para el individuo, pese a su interés ético-político por la felicidad como finalidad de la vida humana, o sea "una cierta actividad del alma de acuerdo con la virtud"[1335], mezclada con rectitud y moderación, vinculada necesariamente con las excelencias éticas e intelectuales, acordes con seres dotados de racionalidad[1336].

El hecho de no aunar la sanación y el amor al saber radica en su propia concepción de la filosofía como "una ciencia que estudia [contempla] lo que es, en tanto que algo que es, y los atributos que, por sí mismo, le pertenecen [ἐπιστήμη τις ἣ θεωρεῖ τὸ ὂν ᾗ ὂν καὶ τὰ τούτῳ ὑπάρχοντα καθ' αὑτό]"[1337], "ciencia de los principios"[1338] y "se ocupa de lo que es, en tanto que algo que es"[1339]. Una concepción semejante fue atacada por Isócrates[1340] y parece ser refutada en él cuando apunta el Estagirita en el *Protréptico* que:

"Además, hay ciertamente unas ciencias que producen todas las cosas beneficiosas para la vida y otras que se sirven de ellas, unas que actúan como auxiliares y otras que

1334 ARISTÓTELES, GARCÍA BACCA, David (ed., trad.), *Poética*, México, UNAM, 1946, p. L.

1335 ARISTÓTELES, *Ética nicomáquea*, I, cap. 9, 1099b, l. 27, en LLEDÓ, PALLÍ, *op. cit.*, p. 147.

1336 *cf.* ARISTÓTELES, *Política*, VII, 1332b, l. 3 y ss., en GARCÍA VALDÉS, *op. cit.*, p. 435: "Los demás animales viven principalmente guiados por la naturaleza; algunos, en pequeña medida, también por los hábitos; pero el hombre además es guiado por la razón; él solo posee razón, de modo que es necesario que estos tres factores se armonicen uno con el otro. Muchas veces, efectivamente, los hombres actúan mediante la razón en contra de los hábitos y de la naturaleza, si están convencidos de que es mejor actuar de otra manera".

1337 ARISTÓTELES, *Metafísica*, IV, cap. 1, 1003a, l. 21–22, en CALVO, Tomás, *op. cit.*, p. 161.

1338 ARISTÓTELES, *Metafísica*, XI, cap. 1, 1059a, l. 18, en CALVO, Tomás, *op. cit.*, p. 432 [ἡ σοφία περὶ ἀρχὰς ἐπιστήμη τίς].

1339 ARISTÓTELES, *Metafísica*, XI, cap. 3, 1060b, ll. 31–32, en CALVO, Tomás, *op. cit.*, p. 433 [ἐστὶν ἡ τοῦ φιλοσόφου ἐπιστήμη τοῦ ὄντος ᾗ ὄν].

1340 ISÓCRATES, *Sobre el cambio de fortunas (Antidosis)*, 266, en GUZMÁN HERMIDA, Juan Manuel (ed., trad.), *Discursos, vol. II*, Madrid, Gredos, 1980, p. 370: "Creo que no hay que llamar filosofía a una actividad que en la actualidad no ayuda a hablar ni a obrar (μήτε πρὸς τὸ λέγειν μήτε πρὸς τὸ πράττειν), sino que llamo ejercicio del espíritu y preparación a la filosofía a este entretenimiento, más propio de hombres que lo que los muchachos hacen en las escuelas, pero muy parecido"; referencia tomada de VALLEJO CAMPOS, Álvaro, (ed., trad.) introducción a ARISTÓTELES, *Fragmentos*, Madrid, Gredos, 1998, p. 130.

prescriben, y en éstas, al estar dotadas de más autoridad, reside aquello que constituye propiamente el bien. En consecuencia, si por estar en posesión de la rectitud de juzgar, emplear la razón y contemplar el bien en su totalidad, la filosofía es la única que puede utilizar y ordenar todo en concordancia con la naturaleza, hay que filosofar de todas las formas posibles, ya que sólo la filosofía comprende en sí misma el recto juicio y la sabiduría que da órdenes sin error. [...] Ciertamente, es preciso que quien vaya a examinar estas cuestiones no pase por alto que todos los bienes y todas las cosas provechosas para la vida humana radican en el uso y la acción, pero no en el mero conocimiento. Efectivamente, no sanamos por conocer lo que produce la salud sino por aplicarlo a los cuerpos (...) tampoco vivimos bien por conocer determinadas cosas sino por obrar bien. Pues esto es verdaderamente la felicidad. Por consiguiente, corresponde que la filosofía, si es realmente provechosa, consista en realizar acciones buenas o útiles para este tipo de acciones"[1341].

En algunas menciones de una obra aristotélica perdida llamada *Sobre la filosofía*, el de Estagira patentiza todavía el influjo platónico y el interés por el autoconocimiento, que bien pueden casar con una concepción curativa de la filosofía, al menos en términos psíquicos:

"De las inscripciones existentes en Delfos, 'conócete a ti mismo' se consideraba la más divina y fue precisamente ésta la que originó en Sócrates la perplejidad y esta forma de investigar, como ha dicho Aristóteles en sus obras platónicas"[1342].

Paradójicamente, aunque a nuestro juicio no pueda observarse con propiedad una aplicación de la filosofía como medicina o terapia psicofísica integral en Aristóteles, el filósofo sí constata la imbricación de ambas disciplinas cuando escribe, en el inicio y el final de sus *Tratados breves de historia natural* estas reflexiones:

"es tarea del naturalista (φυσικοῦ) examinar los primeros principios de la salud y de la enfermedad, pues ni la salud ni la enfermedad pueden darse en seres privados de vida. Por ello puede decirse de la mayoría de los que se dedican al estudio de la naturaleza y de los que, entre los médicos, se ocupan de su saber de un modo más científico (τῶν ἰατρῶν οἱ φιλοσοφωτέρως τὴν τέχνην μετιόντες), que los primeros acaban por ocuparse de la medicina y que los otros basan sus principios en el estudio de la naturaleza"[1343]

"En cuanto a la salud y la enfermedad, no es sólo competencia del médico, sino también del naturalista (ἰατροῦ ἀλλὰ καὶ τοῦ φυσικοῦ) hablar sobre sus causas hasta un cierto punto. En qué forma difieren y en qué forma consideran diferentes problemas, es cosa que no debe escapársenos, dado que los hechos prueban que sus actividades son, hasta

1341 ARISTÓTELES, *Protréptico*, (B9) y (B52), en VALLEJO CAMPOS, *op. cit.*, pp. 144–145 y 146–147, respectivamente.
1342 ARISTÓTELES, *Sobre la filosofía*, frag. I (Plutarco, *Moralia XII: Tratados antiepicúreos: Contra Colotes*, 1118C), en VALLEJO CAMPOS, *op. cit.*, p. 265.
1343 ARISTÓTELES, *Acerca de la sensación y lo sensible*, 436a, l. 17 y ss., en LA CROCE, *op. cit.*, p. 184.

un cierto punto, afines: los médicos que son competentes y minuciosos (τῶν τε γὰρ ἰατρῶν ὅσοι κομψοὶ καὶ περίεργοι) tienen algo que decir acerca de la ciencia natural y les parece bien tomar sus principios de ella; por su parte, los naturalistas más agudos (τῶν περὶ φύσεως πραγματευθέντων οἱ χαριέστατοι) terminan casi en los principios de la medicina"[1344].

3.2. La filosofía de Epicuro como terapia

Después de haber presentado este cañamazo de datos a propósito de la trabazón entre filosofía y medicina o terapia, cuya continuidad pretendemos haber puesto de manifiesto, corresponde proseguir propiamente con la exposición sobre la dimensión terapéutica integral que posee la filosofía de Epicuro, inserta en el mundo helenístico, donde reina un afán ético-práctico.

De igual modo, cabe señalar que también la medicina parece gozar de mayor reconocimiento en ese entonces, debido a la mayor importancia que se otorga a la vida humana y a la salud[1345], cosa que la convierte en un alto saber, como se indica en el tratado hipocrático *Sobre la decencia*, en lo que parece una aproximación a la filosofía desde la medicina: "hay que conducir la sabiduría a la medicina y la medicina a la sabiduría. Pues el médico filósofo es semejante a un dios (Ἰητρὸς γὰρ φιλόσοφος ἰσόθεος), ya que no hay mucha diferencia entre ambas cosas"[1346].

Si bien Galeno no era partidario del filósofo samio[1347], algunos tratados del *corpus Hippocraticum*, como el nombrado, en cambio, parecen mostrar indicios de influjo filosófico epicúreo, lo cual dejamos anotado para constatar, igualmente, la total ausencia del pensador, siquiera tangencialmente en obras como la coordinada por Renate Wittern sobre medicina hipocrática y filosofía[1348]. El hecho es que sí existe una ligazón entre medicina y filosofía ya que, según indica Lindberg, los autores hipocráticos:

1344 *cf.* ARISTÓTELES, *Acerca de la juventud y de la vejez, de la vida y de la muerte, y de la respiración*, 467b y ss., en LA CROCE, *op. cit.*, p. 363.

1345 *cf.* SCHNEIDER, Carl, *Kulturgeschichte Des Hellenismus: 2*, München, Beck, 1969, p. 399: "Die höhere Wertung des menschlichen Lebens und der Gesundheit waren die Hauptursache dafür, daß die Medizin im Hellenismus zu einem der wichtigsten Kulturfaktoren wurde".

1346 HIPÓCRATES, *Sobre la decencia*, 5, 3 y ss. en LÓPEZ FÉREZ, Juan Antonio, y GARCÍA NOVO, Elsa (eds, trads.), *Tratados Hipocráticos: II: Sobre los aires, aguas y lugares; Sobre los humores; Sobre los flatos; Predicciones I; Predicciones II; Prenociones de Cos*, Madrid, Gredos, 2008, p. 202.

1347 *cf.* FREDE, Michael, "On Galen's epistemology", en FREDE, Michael, *Essays*, *op. cit.*, pp. 279–298, concretamente p. 284.

1348 *cf.* WITTERN, Renate (ed., coord.), *Hippokratische Medizin und antike Philosophie: Verhandlungen des VIII. Internationalen Hippokrates-Kolloquiums in Kloster Banz/Staffelstein vom 23. bis 28. September*, 1993, 2 vols., Hildesheim, Olms-Weidmann, 1996.

> "[s]e dedicaban a lo que nosotros generalmente llamaríamos 'filosofía natural', ya como pensadores originales, filósofos que se dedicaban a las cuestiones fundamentales sobre la enfermedad y la curación, o como médicos profesionales que se inspiraban en la tradición filosófica. Estaban en la intersección entre el arte curativo y la empresa filosófica"[1349].

Con todo, aquí es Epicuro el objeto privilegiado de nuestra investigación; el de Samos subraya en varios lugares a lo largo de su obra la vocación sanadora o terapéutica de la filosofía, que aspira a curar psique y carne[1350], so pena de caer, de lo contrario, en la vacuidad; sin embargo, puede afirmarse que esa dimensión es mayoritariamente obviada entre los estudiosos y no figura en la historiografía médico-científica que hemos mencionado, tal como ocurre en la obra *Greek Science of the Hellenistic Era A Sourcebook*[1351]. Esto sucede, creemos, porque algunos autores, entre ellos Paul Keyser, sostienen que existe una diferencia neta, también en la Grecia Antigua, entre ciencia y filosofía, cosa que nos parece errada[1352], según hemos indicado más arriba.

1349 LINDBERG, David, *Los inicios de la ciencia occidental: la tradición científica europea en el contexto filosófico, religioso e institucional: desde el 600 a. C. hasta 1450*, Barcelona, Paidós, 2002, p. 156.

1350 EPICURO, *Sentencias vaticanas* 54–55, 64–65, en VARA, *op. cit.*, pp. 103 y 104: "No hay que aparentar que buscamos la verdad sino buscarla realmente, pues no necesitamos ya parecer que tenemos buena salud sino tenerla realmente; debemos curar nuestras desgracias mediante una buena disposición de ánimo hacia los bienes perdidos, y comprendiendo que no nos es dado hacer que no se cumpla lo que ya ha tenido lugar"; "[e]l aplauso de los demás debe acompañamos movidos por los solos impulsos de éstos, pero nosotros debemos ser médicos de nosotros mismos"; "[e]s estúpido pedir a los dioses las cosas que uno no es capaz de procurarse a sí mismo"; EPICURO, *Fragmentos cuyo lugar se ignora*, 54, "Vano es el discurso de aquel filósofo por quien no es curada ninguna afección del ser humano. Pues justamente como no asiste a la medicina ninguna utilidad si no busca eliminar las enfermedades de los cuerpos, igualmente tampoco de la filosofía si no busca expulsar la afección del alma", en VARA, *op. cit.*, p. 117, tomado de USENER, *Epicurea, op. cit.*, p. 169, sección "*Incertae sedis fragmenta opinionumque testimonia, Prolegomena philosophiae: de sapientia et sapiente*", frag. 221, PORPHYRIVS, *ad Marcellam*, 31, en NAUCK, *op. cit.*, p. 209, 23.

1351 IRBY-MASSIE, Georgia y KEYSER, Paul, *Greek Science of the Hellenistic Era: A Sourcebook*, London, Routledge, 2002.

1352 KEYSER, Paul e IRBY-MASSIE, Georgia, *The Encyclopedia of Ancient Natural Scientists: The Greek Tradition and Its Many Heirs*, Milton Park, Abingdon, Oxon, Routledge, 2008, p. 1: "Natural science is a conceptual territory which cannot be precisely distinguished from other intellectual activities, and which resembles but is distinct from magic, philosophy, technology, and theology. Science borders on philosophy (we exclude metaphysics, ethics, and epistemology), lies near technology (we exclude writers who only record technological achievements, such as lists of manmade wonders or non-medical cookbooks), has affinity with magic

Otros estudiosos de la naturaleza y las ciencias sí lo mencionan[1353] o se ocupan de él y sus tesis, como hace Sambursky[1354] o lo tratan en contexto incluso médico, como Karl-Heinz Leven[1355], Solmsen[1356] Gerabeck[1357] o el ya nombrado Lindberg, quien escribe que"[l]a filosofía natural de Epicuro tomaba prestados muchos elementos del atomismo antiguo (...) [p]ero Epicuro y sus seguidores no se limitaron a propagar el sistema filosófico de los atomistas antiguos. También tuvieron que adaptar la filosofía atomista de modo que pudiera tener funciones éticas"[1358]. Por otra parte, la obra sobre historia general de las ciencias coordinada por René Taton hace igualmente referencia a la importancia de las doctrinas atomistas epicúreas en la fundación de la escuela médica metódica, que, según parece, realizó en época romana, y contra los hipocráticos, Temisón de Laodicea[1359], considerado un discípulo de Asclepiades de Prusa o Bitinia[1360].

(we exclude theurgy and all incantations, but we include astrology and alchemy), and touches on theology (we exclude divine cosmogonies and the theology of the soul). We prefer to err on the side of inclusion, so that readers working in or near the area of ancient science will be able to consult the work with profit, and thus we include writers and works whose topics lie on our margins, so long as it seems likely that they wrote on relevant topics".

1353 KEYSER, *Encyclopedia, op. cit., s. u.* "Epicurus (Epikouros)", pp. 287–289.

1354 *cf.* SAMBURSKY, *op. cit.*, pp. 133–136, 150–156.

1355 *cf.* LEVEN, Karl-Heinz, *Antike Medizin: ein Lexikon*, München, Beck, 2005, *s. u.* "Epikur".

1356 SOLMSEN, Friedrich, "Griechische Philosophie und die Entdeckung der Nerven", en SOLMSEN, Friedrich, *Kleine Schriften*, Band 1, Hildesheim, Olms, 1968 [Collectanea IV], pp. 536–582, se cita por FLASHAR, Hellmut (ed.), *Antike Medizin*, Darmstadt, WBG, 1971, pp. 202–279, concretamente p. 253.

1357 GERABEK, Werner E., *et al.*, *Enzyklopädie Medizingeschichte*, Berlin, De Gruyter, 2005, *s. u.* "Epicurus", p. 359, entrada de VON MANZ, Hans Georg.

1358 LINDBERG, *op. cit.*, pp. 114–115.

1359 *cf.* TATON, René (coord.), ARNALDEZ, Roger, SACRISTÁN, Manuel (trad.), *Historia general de las ciencias, vol. I. La Ciencia antigua y medieval: de los orígenes a 1450*, Barcelona, Destino, 1971 [ed. orig. *Histoire generale des sciences. T. 1 Des origines à 1450*, Paris, P.U.F., 1957], p. 426: "El desprecio por la ciencia teórica y por la tradición hipocrática caracteriza también a la tercera Escuela creada en la época helenística y romana: la Escuela metódica. Fundada en la segunda mitad del siglo I antes de Jesucristo por Temisón de Laodicea, tuvo como precursor al propio maestro de Temisón, al cual concierne el mérito de haber hecho triunfar la medicina griega en Roma a mediados del siglo I: Asclepíades de Prusa, que es la Brusa de hoy (Bitinia). Adepto del atomismo epicúreo, muy de moda en la sociedad romana, explicaba las enfermedades como desarreglos en la disposición de los átomos de que está constituido el cuerpo, y pretendía restablecer su orden menos con remedios que por una higiene apropiada, sobre todo hidroterapia y gimnasia; esta terapéutica era muy del agrado de su clientela"; ALSINA CLOTA, José, *Los orígenes helénicos de la medicina occidental*, Madrid, Guadarrama, 1982, pp. 77–78.

1360 SCHNEIDER, *Kulturgeschichte, op. cit.*, p. 415–416.

En nuestra opinión, la concreción epicúrea de la aspiración a la σοφία constituye una medicina total y tiene, por lo tanto, una finalidad, y un fundamento inicial de carácter no meramente contemplativo o teórico; es un hacer, un obrar, algo dinámico y vital, no abstruso, sino aplicado; es, constitutivamente, una práctica, o, mejor, una praxis.

Al concebir activamente la filosofía, Epicuro está polemizando, si implícita o explícitamente aquí no nos corresponde tratarlo, con Aristóteles y su invitación a la filosofía o *Protréptico*, obra juvenil y conservada fragmentariamente[1361]. No propugna, igualmente, una educación enciclopédica o cultura general (παιδεία)[1362] como prerrequisito para el ejercicio filosófico pleno, antes bien las rechaza[1363]. Eduardo Acosta sostiene, en referencia al inicio de la epicúrea *Epístola a Meneceo*, que:

> "el *Protréptico* de Epicuro plantea, a modo de introducción, con tono fuertemente moralizador y pragmático, dos cuestiones vinculadas al '*philosophein*': La actividad filosófica es necesaria para la salud del alma y la felicidad y todos deben filosofar. (...) Lo que en Epicuro se entiende esencialmente por *philosophein* está trazado, en efecto, en la perspectiva de una particular *boetheía* del individuo: su objetivo deberá concretarse ante todo en posibilitar al máximo los factores que, de acuerdo con la necesidad natural (el afán epicúreo por la rehabilitación del concepto *physis* desempeña aquí un importante papel), puedan resultarle *opheleíoi*. Por ello, la utilización por Epicuro de la imagen de la *therapeia tes psyches* (una de las más socorridas de la antigüedad filosófica en planteamientos de moral) recubre el propósito de integrar en los senderos de la reflexión filosófica los principios de un 'activismo' moralizador susceptible de instaurar un cuidado perfeccionador de las tendencias de la naturaleza humana: tanto

---

1361 *cf.* BIGNONE, *L'Aristotele perduto*, vols. I y II, *op. cit.*, especialmente los artículos dedicados al *De filosofía* y al *Protréptico.*

1362 ACOSTA MÉNDEZ, Eduardo, *Estudios sobre la moral de Epicuro y el Aristóteles esotérico*, Madrid, Fundación Juan March, 1977, pp. 17–18: "Epicuro, (...) que no creía en el filosofar supeditado a la paideía ni condicionado por la experiencia como sustento ineludible de la praxis moral, que, por otra parte, identificaba el placer con la felicidad, concibiéndolo como un bien independiente del tiempo, proclamaría, en abierta polémica con los puntos de vista mencionados: que cualquier edad es apta para filosofar; que la única finalidad del filosofar es la búsqueda y el goce del placer; que el placer es siempre el mismo, tanto para el joven como para el viejo; que, por consiguiente, todos, jóvenes y viejos, pueden alcanzar la felicidad, sin dejar de practicar en todo momento las máximas de la recta filosofía".

1363 EPICURO, *Sentencia vaticana* 45, Restos de cartas C (a particulares), *A Pitocles*, en VARA, *op. cit.*, pp. 102 y 113: "La ciencia de la Naturaleza no hace hombres forjadores de jactancia ni de palabrería ni ostentadores de esa cultura propugnada por el vulgo, sino activos, satisfechos consigo mismos y muy orgullosos de los bienes de la persona y no de los que nos procuran las cosas"; "Huye, bendito, de todo tipo de cultura al iniciar la singladura en tu bajel".

la medicina como la filosofía no pueden estar condicionadas en su concepción por los límites de la actividad especulativa"[1364].

El interés por la filosofía terapéutica, introspectiva pero dialogante, aplicada y activa, vinculada con la propia salud (ὑγίεια) y salvación (σωτηρία), términos ambos que interesan a Epicuro, prosigue, acentuándola y sin solución de continuidad, una tradición ya muy presente en la filosofía griega antigua, y junto al desdibujarse de las πόλεις ante la pujanza imperial de raíz tracia, en que cada ser humano deviene realidad individual en una globalidad masiva y, por eso, carente de señas identitarias o de pertenencia plenamente reconocibles para todos sus iguales, en que hay cosmopolitas, tal como señala Marrou[1365] y menciona Festugière[1366]; Isnardi ha subrayado el peso de estas asunciones sobre el menor influjo del declive en las ciudades autónomas helenas[1367]. Creemos que García Gual da en el clavo cuando señala que, bajo el peso imperial tracio, el de Samos se debió de topar en Atenas

1364 ACOSTA MÉNDEZ, *Estudios*, *op. cit.*, pp. 11–13.

1365 MARROU, Henri-Irénée, *Historia de la educación en la Antigüedad*, Buenos Aires, Eudeba, 1965, pp. 116–117: "la ciudad no es más que la patria chica; ha dejado de ser la categoría fundamental, la norma suprema del pensamiento y de la cultura. (...) el Estado carece de ascendiente necesario para imponer al hombre una doctrina fundamental, la que da un sentido al mundo y a la vida. Antes que súbdito lágido o seléucida, el sabio helenístico se piensa y se proclama *kosmopolites*, "ciudadano del mundo" y este término (por lo menos hasta el apogeo del Imperio) supone una negación, una superación de la ciudad, mucho más que la afirmación positiva de una unidad concreta de la Humanidad, cuya existencia es todavía inconcebible".

1366 FESTUGIÈRE, A. J., *Epicuro y sus dioses*, *op. cit.*, p. 6: "Cuando se quebró el marco de la ciudad, que durante tres siglos por lo menos había ofrecido al hombre griego el medio para su despliegue, tal ruptura no podía sino producir una crisis tremenda. Las conquistas de Alejandro, más tarde las guerras de los diadocos, revolucionaron el mundo. Las pequeñas ciudades griegas, perdido, con su autonomía, el derecho de decidir de la guerra y la paz, no pueden ya sustentar pensamiento alguno de grandeza. En la Atenas de los siglos V y IV, todo ciudadano era, en cierto sentido, príncipe: por mucho que Aristófanes se burle, era realmente el viejo Demos quien gobernaba el imperio ateniense. Pero, a partir de Casandro y sobre todo de Antígono II, Grecia no tiene sino un amo. El que quiera desempeñar algún papel ha de entrar al servicio de ese amo o bien, abandonando la patria, adular a los monarcas de Egipto o de Siria. ¿Cómo adaptarse a esta nueva situación? ¿Qué actitud asumir si, por lo menos, se quiere vivir honestamente y conforme a principios? ¿Hay que retraerse o actuar? Y en este último caso, ¿según qué reglas? Tal el problema que habrán de resolver las diversas escuelas de la sabiduría helenística".

1367 ISNARDI, "Il 'carattere pratico' e il pensiero di Epicuro" en, *op. cit.*, pp. 43–79, especialmente, pp. 43–50; p. 46: "Non è male dunque chiederci se non ci serviamo talvolta di un modello troppo ambiguamente *weltgeschichtlich* per giudicare la filosofia del primo ellenismo, e per spiegarci quell'atteggiamento singolare che la caratterizza, e che consiste in un indubbio radicalizzarsi dell'avversione alla vita política e all'impegno politico attivo per esaltare i valori della tranquillità dell'anima e della con "un mundo enfermo sin rumbo ni finalidad en que los hombres se atormentan unos a otros. Para Epicuro la Filosofía será ante todo la búsqueda de un remedio contra la confusión de su época"[1368].

En lo concerniente a la obra y labor concretas de la filosofía epicúrea, es digno de reseñar el comentario de Isnardi, que la considera eminentemente sistemática, entendiendo con ello "no práctica":

> "Se (...) prendiamo in esame la filosofia di Epicuro (o, diversamente e analogamente, quella della Stoa antica) sotto il suo aspetto teoretico interno, ci si rivela in forma non diversa, a un esame intrinseco, l'impossibilità di caratterizzare tali filosofie come incentrate unilateralmente sul momento pratico. La filosofia di Epicuro, come, su questo punto non diversamente, quella stoica, è una filosofia a carattere sistematico. Essa asume come punto di partenza la tripartizione della ricerca filosófica in fisica, canonica (gli stoici parlano apertamente di logica) ed etica. [...]"[1369].

En este último punto creemos que yerra Isnardi y concordamos más con Hadot y con cuanto señala en esta larga pero relevante cita que el francés jalona de citas de Epicuro:

> "Beaucoup d'historiens modernes de la philosophie partent en effet du postulat que Platon et les autres philosophes antiques voulaient, de la même manière que les philosophes modernes, construire des systèmes. (...) On pourrait dire que l'écrit antique a toujours, plus ou moins, une dimension orale. A plus forte raison, l'écrit philosophique antique a-t-il un étroit rapport avec l'oralité. Il est toujours lié d'une manière ou d'une autre à des pratiques orales, soit que, comme chez Platon, ou dans beaucoup d'autres dialogues de l'Antiquité, il cherche à donner l'illusion au lecteur de participer à un événement oral, soit que, d'une manière générale, il soit destiné à une lecture publique. (...) Lié d'une manière ou d'une autre à l'événement de l'enseignement oral, donc s'adressant avant tout à un groupe qui écoute le maître ou discute avec lui, l'écrit philosophique antique demande donc pour être compris, non seulement qu'on en analyse la structure, mais qu'on le situe dans la *praxis* vivante dont il émane et dans laquelle il se réinsère. Autrement dit, à l'arrière-plan de l'écrit philosophique antique, il y a la vie

impermeabilità alle passioni; e se non siamo portati a troppo facilmente sovrapporre una impostazione storiografica nostra a una problematica del tutto diversa".

1368 GARCÍA GUAL, Carlos, "Epicuro, el liberador", en *Estudios clásicos*, tomo 14, nº 61, 1970, pp. 379–408 y, concretamente, pp. 390–391.

1369 ISNARDI, "Il 'carattere pratico' e il pensiero di Epicuro", en *op. cit.*, pp. 43–79, concretamente p. 63; también p. 77: "Torniamo dunque, per altra via, a moderare la tesi del 'carattere pratico' della filosofia ellenistica, e a rifiutare l'affermazione che con essa si verifichi una svolta radicale rispetto alla precedente speculazione filosofica. Forti di un loro solido bagaglio teoretico, epicurei e stoici proseguono, in forma diversa, con originalità ma insieme con sostanziale continuità pur nelle polemiche e rotture apparenti o parziali, la tematica del pensiero antico quale è stata elaborata e impostata fra V e soprattutto IV secolo".

d'une école, c'est-à-dire la communauté de disciples à laquelle le philosophe s'adresse en priorité, et grâce à laquelle le souvenir de ses paroles sera conservé; et il y a un philosophe qui parle, non pas avant tout pour échafauder un édifice de concepts, mais pour former ce groupe de disciples, soit à l'aide de discussions avec eux, soit par un cours magistral. (...) Mais il faut aller plus loin et se demander si la tâche du philosophe consiste avant tout à construire un système conceptuel. En fait, nous venons de l'entrevoir, cet enseignement oral n'est pas destiné directement et exclusivement à communiquer un savoir encyclopédique, sous la forme d'un système de propositions et de concepts qui refléterait plus ou moins bien le système du monde (...) Nous voyons apparaître ici la notion d'exercice, même s'il ne s'agit que d'un exercice intellectuel. Mais il nous faut aller encore plus loin. On pourrait concevoir en effet cet exercice intellectuel comme purement formel, en somme comme un exercice de discours totalement séparé de la vie. (...) [D]ans leurs principes, dans leurs choix fondamentaux, toutes les écoles philosophiques de l'Antiquité ont refusé de considérer l'activité philosophique comme purement intellectuelle, comme purement théorique et formelle; ils la considéraient comme un choix, qui engageait toute la vie et toute l'âme. L'exercice de la philosophie n'était donc pas seulement intellectuel, mais pouvait être aussi spirituel. Le philosophe ne forme pas seulement alors à un savoir parler, à un savoir discuter, mais à un savoir vivre au sens le plus fort et le plus noble du terme. C'est à un art de vivre, à un mode de vie qu'il convie ses disciples. (...) Quelles sont donc les conséquences de cette conception de la philosophie comme exercice spirituel sur la forme du discours philosophique? (...) On voit donc que, d'une manière générale, le discours théorique et systématique est destiné, dans cette perspective, à produire un effet sur l'âme de l'auditeur ou du lecteur. (...) A ces exercices spirituels du maître répondent les exercices spirituels du disciple. Les philosophes en effet, que ce soit Epicure ou Epictète, exhortent leurs disciples à méditer les dogmes qu'ils leur ont exposés"[1370].

Como práctica curativa y activa que implica al maestro y a sus discípulos, la filosofía de Epicuro aspira al mantenimiento o restablecimiento de la salud, entendemos que de ambos cuerpos, el burdo y el sutil.

De esta forma, la θεραπεία y el θεραπεύω son, esencialmente, el hecho de cuidar, atender y dar sostén al que ha perdido su firmeza y (se) encuentra mal o desvalido, de manera que éste, o alguna parte de su todo psicofísico, es objeto de (pre)ocupación, dedicación, atención y tratamiento, con el fin de recuperar y mantener su bien evitando mayor mal, para lo que se consagra actividad mental y física, que se aplica en esa dirección, con cura, hasta conseguir la total desaparición de la enfermedad o sanación.

1370 HADOT, Pierre, "La philosophie antique: une éthique ou une pratique?" aparecido inicialmente en BRISSON, Luc, y DEMONT Paul (eds.), *Problèmes de la morale antique*, Amiens, Faculté des lettres, Université de Picardie-Jules Verne, 1993, pp. 7–37 y tomados de HADOT, Pierre (au.), PAVIE, Xavier (pref.), HOFFMANN, Philippe, (biogr.), *Discours et mode de vie philosophique*, Paris, les Belles Lettres, 2014, pp. 155–176, y concretamente pp. 155; 157–159; 161–162.

En efecto, el hallazgo y consecución de la felicidad son, por sí mismos, el reencuentro con la salud perdida, que es más importante y fundante que la admiración atónita platónico-aristotélica.

En definitiva, Epicuro postula una *philosophia medicans*, que remedie o alivie los males humanos. A este respecto podemos citar cuanto sobre la naturaleza de la filosofía epicúrea transmite Sexto Empírico, recogido por Usener[1371]:

> "[los dogmáticos] prometen transmitir, en efecto, un cierto arte de vivir (τέχνην τινὰ περὶ τὸν βίον), y por ese motivo decía Epicuro que 'la filosofía es una actividad que, mediante argumentos y razonamientos, nos procura la vida feliz'"[1372].

La faceta específica de psicoterapia de la filosofía propuesta por el de Samos la puso de manifiesto García Gual hace ya años cuando señaló que "[e]n Epicuro la Filosofía es definida de modo característico como medicina o farmacopea del alma, y ese cuidado médico es el oficio del filósofo, que se transforma así en un psiquíatra o psicoanalizador de una sociedad perturbada por el temor y la servidumbre"[1373]. Con todo, pese a que el cuidado del alma y el mutuo influjo con respecto al cuerpo es una constante en parte de la filosofía griega y especialmente en Epicuro, es triste reseñar que algunas obras sobre la cuestión prácticamente no nombran al de Samos[1374].

En nuestra opinión, el propósito científico de la filosofía epicúrea y su interés por el bienestar psicosomático de sus iguales, explican la vocación médica, que tanto procura establecer las normas físicas a las que está sujeto todo lo real, cuanto las normas de comportamiento conducentes a la vida feliz. Por eso el epicureísmo pone su física como fundamento de su ética-terapéutica-práctica/praxis, tal como indica Von Fritz:

> "la teoria atomistica venne adottata nella sua forma democritea soprattutto da Epicuro e dagli epicurei, presso i quali tuttavia la fisica costruitavi sopra non serviva piú a risolvere problema pratici né alla ricerca teoretica, bensí a placare lo spirito umano e a superare – o magari a eliminare del tutto – la paura dell'ignoto e di ciò che è incerto"[1375].

1371 USENER, *Epicurea*, *op. cit.*, p. 169, sección "*Incertae sedis fragmenta opinionumque testimonia, Prolegomena philosophiae: de sapientia et sapiente*", frag. 219.

1372 SEXTO EMPÍRICO, *Contra los éticos = Contra los dogmáticos V = Adversus mathematicos XI*, 168, en MARCOS MONTIEL, *op. cit.*, p. 693 [Ἐπίκουρος μὲν ἔλεγε τὴν φιλοσοφίαν ἐνέργειαν εἶναι λόγοις καὶ διαλογισμοῖς τὸν εὐδαίμονα βίον περιποιοῦσαν].

1373 GARCÍA GUAL, Carlos, "Epicuro, hoy", *Cuadernos de la Fundación Pastor*, nº 29, 1982, pp. 121–152 y concretamente p. 146.

1374 *cf.* CHRISTODOULOU, G. N., *Psychosomatic Medicine: Past and Future*, New York, Plenum Press, 1987, p. 30, con una mera mención.

1375 VON FRITZ, *Scienza*, *op. cit.*, p. 102.

Podríamos decir que, desde su vocación curativa, el epicureísmo funda un utilitarismo o finalismo ético eudaimonista antiguo pero con cierta vigencia[1376], basado en el uso estratégico-instrumental de la razón a partir de los datos perceptivos. Esta ambición teleológica se la impone el hombre a sí mismo y no procede de ningún otro elemento o ente físico o metafísico.

El objetivo de toda la filosofía epicúrea y especial de su función terapéutica consiste en ayudarse a uno mismo y ayudar a los demás a alcanzar ese estado de bienestar equilibrado con respecto a la mente y el cuerpo, o a los niveles somáticos sutil y burdo; esto es tanto como decir que consiste en curar y curarse de sí mismo y de los demás en o hasta la plena felicidad. Tal estado es lo que se conoce como εὐδαιμονία o, con Sócrates, como el buen vivir (εὖ ζῆν)[1377]. Epicuro coincide plenamente con esta postura al acompañar, en diversos lugares de su obra, el vivir (ζῆν) de los adverbios μακαρίως (bienaventuradamente), καλῶς (bellamente), ἡδέως (dulcemente), φρονίμως (sensata o prudentemente) y δικαίως (justamente), con lo que implica una suerte de sinonimia virtual.

La felicidad epicúrea no es, como en el caso de Aristóteles, la búsqueda y logro de una actualización plena de las potencias de la naturaleza humana, tanto en el

---

1376 *cf.* MILL, John Stuart, *El Utilitarismo*, Buenos Aires, Aguilar, 1974, pp. 28–29: "(...) la misma clase de personas, y a menudo las mismísimas personas, denuncian la teoría como impracticablemente austera, cuando la palabra utilidad precede a la palabra placer, y como demasiado voluptuosamente practicable cuando la palabra placer precede a la palabra utilidad. Los que conocen algo del asunto, tienen conciencia de que todo escritor que, desde Epicuro a Bentham, haya sostenido la teoría de la utilidad, ha entendido por ésta no algo que hubiera que contraponer al placer, sino el placer mismo, juntamente con la ausencia de dolor; y que en vez de oponer lo útil a lo agradable o a lo decorativo, han declarado siempre que lo útil significa estas cosas, entre otras. (...) Cuando se les ha atacado así, los epicúreos han contestado siempre que los que presentan a la naturaleza humana bajo un aspecto degradante no son ellos, sino sus acusadores, puesto que la acusación supone que los seres humanos no son capaces de otros placeres que los del cerdo. (...) Los seres humanos tienen facultades más elevadas que los apetitos animales y, una vez se han hecho conscientes de ellas, no consideran como felicidad nada que no incluya su satisfacción"; *cf.* también GUYAU, Jean-Marie, *La Morale d'Épicure et ses rapports avec les doctrines contemporaines*, Paris, Librairie Germer Bailliere, 1878, p. 270: "Cette foule de penseurs utilitaires qui, chez les Anglais, s'est succédé avec de rares interruptions depuis Hobbes jusqu'à Stuart Mill et Bain, semble en France être apparue simultanément à une seule époque de notre histoire".

1377 PLATÓN, *Critón*, 48a 4–9, en LLEDÓ ÍÑIGO, *op. cit.*, p. 201: "no hay que considerar lo más importante el vivir, sino el vivir bien. (...) vivir bien, vivir honradamente y vivir justamente son el mismo concepto [καὶ τόνδε δὲ αὖ σκόπει εἰ ἔτι μένει ἡμῖν ἢ οὔ, ὅτι οὐ τὸ ζῆν περὶ πλείστου ποιητέον ἀλλὰ τὸ εὖ ζῆν. (...) Τὸ δὲ εὖ καὶ καλῶς καὶ δικαίως ὅτι ταὐτόν ἐστιν]".

nivel de la virtud ético-práctica, cuanto en el nivel teórico o contemplativo, ligadas a a lo intramental y a la divinidad que se piensa a sí misma[1378].

En cambio, según Hadot, el de Samos considera que

> "la felicidad no reside en el bien moral, en el ejercicio del pensamiento ni en la acción, sino en el placer. El sufrimiento de los hombres procede del hecho de que éstos temen cosas que no son dignas de temerse y que desean cosas no necesariamente deseables y de naturaleza huidiza. Su existencia se consume de este modo en la inquietud a causa de temores injustificados y de deseos insatisfechos. Por eso la ética epicúrea querrá liberarlos de tales temores demostrándoles que no hay motivo para temer a los dioses, puesto que no tienen el menor efecto sobre la marcha del mundo y se mantienen en su esfera de perfecta serenidad. En cuanto a la muerte, al suponer la disolución absoluta, no forma parte de la vida. Uno puede liberarse de la insaciabilidad del deseo diferenciando entre deseos naturales y necesarios, como comer y beber, deseos naturales y no necesarios, como los placeres amorosos, y deseos que no son ni naturales ni necesarios. La satisfacción de los primeros, tanto como la renuncia a los últimos y eventualmente a los segundos, bastará para alcanzar un estado de serenidad"[1379].

Al margen de la divinidad, existe en la filosofía epicúrea, viva, vivida, también una asunción serena, objetiva y rigurosa de la muerte, excluyente y límite de nuestra propia existencia; ese reconocimiento contribuye a la conquista de la paz de espíritu, que va aparejado con un distanciamiento de los reclamos y urgencias inmediatas, azarosas o sociales[1380].

1378 *cf.* CROISSANT, Jeanne, "Le bonheur: évolution de la signification d'une idée", en CROISSANT, Jeanne, *Études de philosophie ancienne*, Bruxelles, Ousia, 1986, pp. 195–229, concretamente pp. 197, 203–204.

1379 HADOT, Pierre, "¿Qué era la felicidad para los filósofos antiguos?", en EPICURO, GARCÍA GUAL, Carlos (aut. trad.), HADOT, Pierre, LLEDÓ IÑIGO, Emilio, *Filosofía para la felicidad*, Madrid, Errata Naturae, 2013, pp. 46–65, cita de pp. 57–58; traducción del artículo HADOT, Pierre, "Les modèles de bonheur proposés par les philosophes antiques" aparecido inicialmente en *La Vie spirituelle*, t. 72, 1992, pp. 33–43 y reimpresos en HADOT, PAVIE, *op. cit.*, pp. 91–105.

1380 CROISSANT, Jeanne, "Le bonheur", *op. cit.*, en CROISSANT, *op. cit.*, 195–229, concretamente pp. 197, 204–205: "Les philosophes qui proposeront une sagesse plus vécue, et pour cela prendront en considération la mort, ne démentiront pas cette attitude. Epicure trouve réponse au problème dans le matérialisme. La mort n'est rien pour nous: elle ne nous intéresse ni morts, puisque nous ne serons plus, ni vivants. Le départ ut conviva satur traduit la version épicurienne de la sérénité grecque devant la mort. (...) Cette présence de la mort dans la méditation épicurienne et stoïcienne témoigne du changement de climat qui d'Aristote à l'époque hellénistique imprègne la réflexion sur le bonheur. Sans doute est-ce toujours un bonheur normatif qui nous est proposé puisque c'est le bonheur du sage. Mais un fort déplacement d'accent s'opère vers le bonheur comme état de l'âme. Le bonheur est d'abord défini comme sérénité et le fruit de la sagesse doit être d'abord de nous délivrer de tous les troubles de l'âme. Mais le prix de la sérénité est grand:

Como bien advierte el filósofo francés Hadot:

"Esta forma de moral puede parecer, de entrada, altamente materialista. Pero, tras un examen más atento, demuestra una enorme delicadeza espiritual (...) ya que los dioses no se ocupan de los asuntos humanos, el sabio no los invocará para obtener determinados beneficios, aunque encontrará la felicidad contemplando su serenidad, añadiéndose a su alegría. Para Epicuro, el amor a los dioses es amor a su belleza y su perfección. (...) El sabio encontrará, pues, la felicidad adoptando a los dioses como modelos para vivir en una perfecta serenidad y en una perfecta pureza espiritual, disciplinando sus deseos, examinando su conciencia, aceptando ser corregido fraternalmente por una comunidad unida en el vínculo de una intensa amistad. La felicidad epicúrea es, tal vez, como la de los dioses, el puro placer de la existencia"[1381].

La felicidad epicúrea consiste, sucintamente, en evitar o aminorar el dolor, que es un mal y que deriva de una necesidad legítima insatisfecha, mientras se busca el placer, que es un bien y que implica justamente colmar aquello que necesitamos y no más, de tal modo que se desarrolla una sapiencia o sabiduría del hedonismo, esencialmente vinculada con la naturaleza, que es norma suprema (por ello debe también ser conocida) y nunca exige en demasía[1382].

Se impone ahora estudiar el expediente que propone Epicuro para subsanar ese estado que media entre el temor y el deseo, con el fin de alcanzar la felicidad plena para el individuo.

3.2.1. La cuadrimedicina o tetrafármaco

Así, la terapia que propone el epicureísmo consiste en un medicamento filosófico, el cual permita llevar una *bona beataque uita*, una vida buena que es, al propio tiempo, buena vida. Se trata del τετραφάρμακος o medicina cuádruple. Como preparación propiamente médica existía esta fórmula, según escribe Filón de Alejandría y reporta Isnardi[1383], si bien aquí nos incumbe el que recoge y enuncia Filodemo de Gádara a partir de las cuatro primeras *Máximas Capitales* de Epicuro:

(...) placer le bonheur dans une prise de distance par rapport aux sollicitations de l'immédiat, aux hasards de l'existence, aux compétitions sans vergogne et aux douteuses valeurs de la vie sociale".

1381 HADOT, Pierre, "¿Qué era la felicidad para los filósofos antiguos?", en EPICURO, GARCÍA GUAL, HADOT, LLEDÓ IÑIGO, *op. cit.*, pp. 46–65, cita de pp. 58–60.

1382 *cf.* CROISSANT, Jeanne, "Le bonheur", *op. cit.*, en CROISSANT, *op.cit.*, 195–229, concretamente pp. 197, 205–206, 209.

1383 FILÓN DE ALEJANDRÍA, *De confusione linguarum*, 184, II, p. 264, Wendland = *SVF* II, 472, en ISNARDI, PARENTE Margherita (ed., trad.), *Stoici Antichi*, Torino UTET, 1989, p. 852: "in medicina quando si produce il tetrafarmaco: lo formano, credo mischiati insieme, cera, sego, pece, resina; ma quando sono mischiati è poi impossibile risolverli negli elementi originari: ciascuno di essi si è dissolto, e la

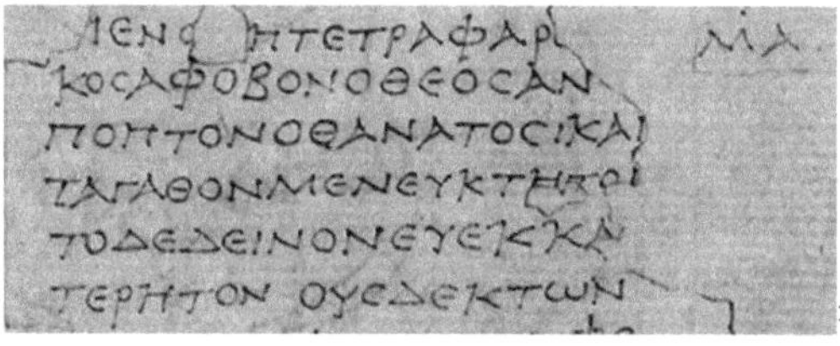 [1384]

De este modo, el propósito sanador y vitalista de la ética epicúrea, que está inextricablemente arraigado en la fisiología, es, pues, curativo y se inicia con la consideración de lo divino, habida cuenta de lo que señalan tanto el de Samos[1385] como el de Gádara: “Ἄφοβον ὁ θεός”[1386]. “El dios no es de temer”, he aquí el primer ingrediente del medicamento epicúreo, esa terapia individual y grupal, tal como apunta también Diógenes de Enoanda[1387].

El segundo ingrediente atañe a la muerte: “ἀνύποπτον ὁ θάνατος”, esto es, “la muerte no es de recelar (no hay que mirarla con recelo)”; así se afronta no sólo la inmortalidad divina sino la incontestable finitud de los hombres, que ha de tomarse como un *factum*.

El tercer ingrediente remite a lo bueno, y reza “τἀγαθὸν μὲν εὔκτητον”, o sea, “el bien es de buen conseguir”, con lo que se hace alusión al placer, entendido epicúreamente.

El cuarto y último ingrediente alude a lo malo, al dolor, y prescribe: “τὸ δὲ δεινὸν εὐεκκαρτέρητον”, es decir, “el mal es de buen soportar”.

---

distruzione di essi ha dato luogo alla formazione di un'altra realtà con proprietà del tutto peculiari”.

1384 PHILODEMVS, *Herculaneum Papyrus*, 1005, 4.9–14, procedente de la digitalización en línea ofrecida al público por la *Bodleian Library* de Oxford, un apógrafo del MS Gr. class. c. 2 0454, copiado en 1803, consultado el 30 de octubre de 2014 y disponible en: http://163.1.169.40/gsdl/collect/PHerc/index/assoc/HASHa4f0/01cac3c2.dir/herc.v002.0454.a.01.hires.jpg.

1385 *cf.* EPICURO, *Máxima Capital* I, en VARA, *op. cit.*, p. 93: “El ser dichoso e inmortal ni tiene preocupaciones él mismo ni las causa a otro, de modo que no está sujeto ni a enfado ni a agradecimiento. Pues tales sentimientos residen todos ellos en un ser débil”.

1386 HUTCHINSON, D. S., *The Epicurus Reader: Selected Writings and Testimonia.* Cambridge, Hackett, 1994, “Introduction”, p. vi., PHILODEMVS, *Herculaneum Papyrus*, 1005, 4.9–14.

1387 *cf.* DIÓGENES DE ENOANDA, *Inscripción Epicúrea*, Física, fr. 2, en GARCÍA GUAL, *Enoanda, op. cit.*, p. 30; *cf.* SMITH, *op. cit.*, p. 367 (trad.): “Digo, por un lado, que el vano temor a la muerte y a los dioses os angustia a la mayoría de vosotros, y, por otro, que lo que produce la alegría de verdad duradera no son ni los teatros ni los espectáculos, ni los baños ni los perfumes ni los ungüentos que dejamos del todo para las masas vulgares, sino el estudio de la naturaleza...”.

En lo que toca a la divinidad, ya nos hemos ocupado de ella con algún detalle; en cambio, habremos de tratar la relación con la muerte, el placer y el dolor, aunque ahora corresponde aclarar qué recursos o procedimientos terapéuticos epicúreos propician que los mortales alcancen una vida sin miedo de los dioses, sin recelo de la muerte, deseo de bienes inasequibles o temor de males, entre amigos, sin angustia ante el tiempo futuro, con tranquilidad de espíritu, semejante a la de un dios.

4.0. La terapia del λόγος: Λόγος: la relación; λογισμός: el juicio; ἀναλογία: la correlación o lo ἀνὰ τὸν αὐτὸν λόγον; συμπάθεια: la correspondencia entre ψυχή, el cuerpo burdo y los objetos externos; la correlación con lo divino; nota final.

Entre el conjunto de terapias o cuidados del hombre, el epicureísmo, que está cercano en sus objetivos y procederes a la medicina *sensu stricto*[1388], incluye la logoterapia. Esta terapia puede entenderse, empero, en varios sentidos. En todo caso, debemos recordar aquí la ya mencionada importancia del λόγος en toda la filosofía helenística, el cual equivale a racionalidad humana, divina e incluso natural, entendida ésta última como legaliformidad o normatividad de lo real. Así pues, el conocimiento y asunción de esa *ratio* se inserta en la filosofía epicúrea, que es ἐνέργειαν (...) λόγοις καὶ διαλογισμοῖς τὸν εὐδαίμονα βίον περιποιοῦσαν, o sea, "actividad que, mediante argumentos y razonamientos, nos procura la vida feliz"[1389], lo cual posee, como es obvio, una clara función terapéutica-curativa.

Atendiendo a esta definición, la filosofía de Epicuro investiga y elucida – importa insistir – el λόγος y del λογισμός; por ello hemos de preguntarnos cuál es la dimensión de éste primero.

Para empezar, podemos distinguir un λόγος de la φύσις, con una dimensión ontológico-física, que ha de vincularse con la epistémico-ética. De hecho, en la propuesta epicúrea, todos los elementos se hallan coaligados, desde el átomo hasta los dioses, debido quizás a la voluntad de sentido y orientación vital, que necesita explicar(se) la realidad[1390].

1388 *cf.* GIOVACCHINI, Julie, *L'empirisme d'Épicure*, Paris, Classiques Garnier, 2012, p. 203: "Le rapprochement entre épicurisme et doctrines médicales révèle dans ces deux ensembles une posture philosophique commune, construite sur une théorie originale de la causalité physique, développée à partir d'un traitement renouvelé de la notion de 'principe'".

1389 SEXTO EMPÍRICO, *Contra los éticos = Contra los dogmáticos V = Adversus mathematicos XI*, 168, en MARCOS MONTIEL, *op. cit.*, p. 693.

1390 MONDOLFO, Rodolfo, *La comprensión del sujeto humano en la cultura antigua*, Buenos Aires, EUDEBA, 1968, p. 91: "las exigencias ideales humanas fundamentan así la necesidad de la existencia divina; la teología epicúrea puede considerarse, por lo tanto, como un documento y una manifestación más de una tendencia muy difundida entre los griegos, dirigida a someter la realidad a las exigencias del espíritu que la piensa y la afirma como existente".

4.1. El λόγος como relación

Si bien poco después analizaremos el alcance de λογισμός y su étimo como capacidad racional o sus efectos, es importante presentar aquí el λόγος en su dimensión ontológico-física, que ha de vincularse con la cognitiva y la moral-práctica. Ciertamente, el término no menudea en la obra conservada de Epicuro, ni se lo pretendemos atribuir plenamente, mas su voluntad explicativa al servicio de lo humano lo pone implícitamente en juego. Con todo, debemos recordar con Bailey el valor de θεωρία como "not a word which denotes the result of a process of reasoning, it is the mental equivalent of the αἰσθητός and αἴσθησις of sensation"[1391], esto es, contenido mental, y que λόγος denota, por sí mismo, la capacidad racional, tal como señala, respecto a los dioses, Philippson, quien dice "Vernunft"[1392].

Así, la propuesta epicúrea reductiva de los constituyentes de lo real incluye únicamente al todo, a los átomos y al vacío, ultimidades absolutas. En otras palabras, Epicuro prosigue o rediseña el empeño físico atomista y resuelve lo múltiple, todo lo otro plural (*alium/alia*), en el uno y el otro inseparable (*unus / alter*), a saber, la determinación completa y plural del átomo frente a la indeterminación del vacío que, con su unicidad inacabable, la complementa.

La tensión griega entre lo uno y lo múltiple indeterminado, inconcreto, la soluciona el de Samos estipulando que el marco resolutivo último, común a todo otro elemento, es la díada antedicha, recogida en el todo[1393]. Con ello afronta también la cuestión del λόγος de lo real, entendiéndose aquí como tal los elementos inmarcesibles que están antes, después y más allá del tiempo. También Heráclito buscaba a oyentes 'τοῦ δὲ λόγου τοῦδ' ἐόντος ἀεὶ'[1394], del *logos* que es siempre, es decir, una ley universal, fundante, un principio general sin excepciones, con carácter normativo y regulador.

Tomado en esa acepción, es decir, como fundamento ontológico y condición de inteligibilidad y recursividad, regla o ley del todo, cabe entenderlo, conceptualmente, como proporción o, mejor, relación[1395]. Esta acepción alude, de suyo, a la propiedad, es decir, a la cualidad esencial compartida entre como mínimo dos elementos, que determinan un conjunto; lo que ocurre al aproximar λόγος, totalidad existente y relación consiste en que no es posible definir un universo porque el universo es, de suyo, infinito, al menos según Epicuro. La relación como aquello que recoge sin subsumir y disemina sin escindir, que muestra un trazado o una interrelación, una interconexión, entre lo real, puede adscribirse ya a Jenófanes, que, según Solana Dueso, muestra:

1391 BAILEY, *Greek atomists, op. cit.*, p. 592.

1392 *cf.* PHILIPPSON, "Zur epikureischen Götterlehre", *op. cit.*, pp. 90–130.

1393 *cf.* Platón, Uno-Díada indefinida.

1394 DIELS, KRANZ, *Erster, op. cit.*, HERÁCLITO, pp. 150–151: fr. 1 Sexto, *adv. math.*, vii, 132.

1395 Sobre la importancia de la relación que incluso toca lo divino, *cf.* PLATÓN, *Banquete*, 203a 1–3, en GARCÍA GUAL, *op. cit.*, p. 257: "La divinidad no tiene contacto con el hombre, sino que es a través de este demon como se produce todo contacto y diálogo entre dioses y hombres".

> "un relativismo gnoseológico, pero no de tipo subjetivo. (...) Jenófanes no afirma que las cualidades sensibles sean relativas al sujeto o que cada percipiente las entienda a su modo. Se afirma, por el contrario, un relativismo conforme al cual las cualidades de los objetos no se perciben dependiendo exclusivamente del objeto aislado, sino del conjunto de relaciones en que dicho objeto se arropa y de la experiencia humana sobre las mismas. (...) No se persigue, por tanto, descalificar la percepción, sino describir su modo de actuar"[1396].

Con el fin de enriquecer el peso de la relación es obligado traer aquí a colación la categoría aristotélica homónima (πρός τι); ésta corresponde, en el decir y en el ser, al predicado (lo que se dice de y no se dice por sí, al contrario que el sujeto), a lo atribuido como que se dice de otro en el que está, de forma que aquí se imbrican ontología, lógica y teoría del lenguaje aristotélicas. Esta relación categorial estriba, según el Estagirita, en que:

> "Se dicen *respecto a algo* todas aquellas cosas tales que, lo que son exactamente ellas mismas, se dice que lo son *de* otras cosas o *respecto a* otra cosa de cualquier otra manera (...) también la contrariedad se da en lo *respecto a algo*(...) todo lo *respecto a algo* se dice respecto a un recíproco"[1397].

A propósito de la relación es lícito atender ahora a una propuesta muy posterior, la de Karl Robert Eduard von Hartmann. El berlinés propugna que la relación se erige como la protocategoría del pensamiento por excelencia (*Urkategorie*), que implica o enlaza dos elementos pero que, al mismo tiempo, los trasciende como mera suma sin producir una tercera cosa objetivada, de tal modo que, gracias al intelecto, todo ente es pleno de relación, relativo, es 'ser en relación o relacionado', incluso el ser supremo de lo absoluto[1398].

En este marco que alude a la categoría operativa primigenia puede citarse la obra lógica de Charles Serrus y su insistencia en el valor de la "relación" como constituyente de las proposiciones en cuanto establecimiento de vínculos entre dos términos o dos ideas cuyos campos son un antecedente o predominio y un postdominio[1399]. Igualmente, podemos mencionar a título ilustrativo la importancia lógica y matemática de la relación, como se desprende de su tratamiento en los fundacionales *Principia mathematica* de Russell y Whitehead; la relación se hace presente en la

---

1396 SOLANA DUESO, J., "En el principio fue la relación", CRUZ, Manuel *et al.*, *Historia, lenguaje, sociedad. Homenaje a Emilio Lledó*, Barcelona, Crítica, 1989, pp. 25–39; especialmente p. 27.

1397 ARISTÓTELES, *Categorías*, 6a35–8b24, en CANDEL, *op. cit.*, pp. 47–55.

1398 HARTMANN, Eduard Von y KERN, Fritz, *Kategorienlehre*, Leipzig, Felix Meiner, 1923, pp. 1–2, 7 y 16.

1399 *cf.* SERRUS, Charles, *Traité de logique*, Paris, Aubier-Montaigne, 1945, p. 145, 150, 200; varios capítulos sobre la relación.

lógica de clases o familias de conjuntos, en las propiedades binarias de los pares ordenados, o incluso en el cálculo lógico-matemático de clases y relaciones, etc[1400].

Si retomamos a Aristóteles y a von Hartmann podemos observar que, si bien discrepan sobre la importancia de la categoría 'relación', ambos sostienen que pertenece al nivel judicativo-reflexivo.

Sin embargo, aquí, con las explicaciones que de λόγος se acaban de ofrecer, queremos subrayar que, al menos para Epicuro y otros pensadores griegos, la relación está también en lo real como inteligibilidad y como legaliformidad universal (*Gesetzmässigkeit*, conformidad con una ley general); es decir, que no pertenece sólo al pensamiento, tal como indica Ferrater Mora:

> "El examen de la relación como objeto ideal no agota todos los problemas que plantea la cuestión de las relaciones en la ontología, pues la relación se da en todas las esferas de los objetos o, cuando menos, tanto en la esfera de los objetos ideales como en la de los objetos reales"[1401].

Aquí se juega, creemos, del mismo modo, la cuestión de la unidad (o unidad de varios principios *the one / the ones*) y multiplicidad dispersa (*the many*). A partir de ello, podemos afirmar que el λόγος de la φυσιολογία designa, en una acepción principal, la continuidad o concatenación de lo real, es decir, la existencia de una relación, proximidad e identidad relativa globalizada como la que tienen el todo y sus partes o viceversa, o sea, un encadenamiento de lo que hay y los que hay.

Esta noción es la que se maneja ya entre los presocráticos, cuyos principios pueden remitir sugestivamente a la conservación de la energía y la materia. Algo semejante formula Aristóteles al indicar que "la naturaleza pasa gradualmente de los seres inanimados a los dotados de vida, de suerte que esta continuidad impide percibir la frontera que los separa y que se sepa a cuál de los dos grupos pertenece la forma intermedia"[1402]. En esa línea y, para comprender esa continuidad regulada, podemos recurrir a Leibniz, quien alude al adagio *natura non facit saltus*[1403] cuando escribe:

> "il est également déraisonnable de rejeter les unes [les perceptions insensibles] et les autres [corpuscules], sous prétexte qu'elles sont hors de la portée de nos sens. Rien ne se fait tout d'un coup, et c'est une de mes grandes maximes et des plus vérifiées, que la nature ne fait jamais de sauts. J'appelais cela la loi de la continuité (...) [e]lle porte qu'on passe toujours du petit au grand, et à rebours, par le médiocre, dans les degrés comme dans les parties; et que jamais un mouvement ne naît immédiatement du repos, ni ne

---

1400 WHITEHEAD, Alfred North, RUSSELL Bertrand, *Principia Mathematica*, Cambridge, The University Press, 1963, 2ª ed, p. 187 y ss.

1401 FERRATER MORA, José, *Diccionario de Filosofía, vol. II: L-Z*, Buenos Aires, Sudamericana, 1965, *s. u.* "relación", p. 553.

1402 ARISTÓTELES, *Investigación sobre los animales*, lib. VIII, 588b, en GARCÍA GUAL, PALLÍ, *op. cit.*, p. 412.

1403 *cf.* LOVEJOY, Arthur O., *The Great Chain of Being; A Study of the History of an Idea*, New York, Harper & Row, 1960.

s'y réduit que par un mouvement plus petit, comme on n'achève jamais de parcourir aucune ligne ou longueur avant que d'avoir achevé une ligne plus petite"[1404].

En este marco y entendido el λόγος como protorrelación y fundamento de relaciones con repercusiones en lo real y lo conceptual, no se precisa pirueta alguna para comprender que los átomos se relacionan con el vacío y que a su vez todo compuesto se relaciona con ambos, siendo ellos elementos rectores o principios supremos que regulan dinámicamente el flujo de los acontecimientos, los cuales se suceden, empero, de conformidad con los dos primeros, es decir, según una proporcionalidad, κατὰ τὸν λόγον τόνδε. Todo cuanto sucede es correlativo a los *duo prima*, átomos y vacío, esto es, guarda relación con ellos, como razón cósmica, armonía universal, ley o discurso de todas las cosas, constituyendo una especie de *coincidentia oppositorum* que, sin identidad, trasciende la guerra de los opuestos al ser principio de orden, aun azaroso, subyacente.

El hecho de proponer para λόγος la traducción de 'relación' quiere dar buena cuenta de la propiedad que conecta y hace corresponder algo con algo, que lo une, lo enlaza, lo junta circunstancial o definitivamente.

A más de propiedad, λόγος ha de ser también acción y efecto de relacionar o acomunar, habida cuenta de que, como señala, con otros intereses, Spinoza, "[l]as cosas que no tienen nada en común una con otra, tampoco pueden entenderse una por otra, esto es, el concepto de una de ellas no implica el concepto de la otra"[1405]. La comunidad y la comunión, la primera en cuanto cualidad y la segunda como acción y efecto, respectivamente, caracterizan a la relación. Todo esto puede vincularse, sugestivamente, con la consideración platónica donde, en un contexto particular, Aristocles señala el hecho de que "en cierta manera se parece una cosa a otra (...) y así las demás cosas que parecen ser más contrarias entre sí. Y las que hace poco decíamos tener distinta facultad y que no eran una como la otra. Así que con este procedimiento puedes probar, si quisieras, que todas son semejantes entre sí"[1406].

Por su parte, Aristóteles puso lo común en "lo que es", que se dice de muchos modos[1407]; en cambio, Epicuro, de modo también ontológico pero desde una física con una ambición descriptivo-analógica, quiso salvar o eludir, por improductivo, el problema de fundar lo común en lo lógico-lingüístico.

En otro ámbito, debemos consignar que la afinidad y unión, el λόγος o relación, busca κόσμος, orden o sentido y evita por su propia constitución cualquier problema

1404 LEIBNIZ, Gottfried Wilhelm, *Nouveaux essais sur l'entendement humain*, en *Oeuvres philosophiques latines & françoises de feu Mr. de Leibnitz*, Amsterdam / Leipzig, Schreuder, 1765, p. 11.

1405 SPINOZA, *Ética*, axioma V, en DOMÍNGUEZ, *op. cit.*, p. 40.

1406 PLATÓN, *Protágoras*, 331d-e, en LLEDÓ ÍÑIGO, *op. cit.*, p. 540.

1407 *cf.* ARISTÓTELES, *Metafísica*, VI, cap. 2, 1003a, 2, 1004b 20, en CALVO, Tomás, *op. cit.*, pp. 162 y 168, respectivamente: "La expresión 'algo que es' se dice en muchos sentidos" [Τὸ δὲ ὂν λέγεται μὲν πολλαχῶς]; "'lo que es' constituye lo común a todas las cosas".

de incomunicación, incomunicabilidad, inconmensurabilidad, incomparabilidad o intraducibilidad, de forma que, al menos en Grecia, sí hay vínculo, estado, cualidad, acción y efecto de ir/venir o llevar de x^1 a x^n; existe, para gran parte de la filosofía, una atadura plena de sentido entre el pensamiento-palabra y otro, entre éste y la realidad o entre diversas realidades; la relación, aun siendo relativa y correlativa, es absoluta como fundante aun plural, y por absoluta o universal es no relativista. Ello hace impertinente el problema de la indeterminación lingüística[1408] o de la falta de una unidad común que posibilite la comparación de teorías o valores[1409]. En un sentido más griego, λόγος afecta también a los inconmensurables, la ἀσυμμετρία o lo *ἀσύμμετρον*, en el sentido de que no es posible expresar un número unitario o unidad entera repetida resultantes de otras dos comparadas, tal como ocurre, al margen del número dos, con la diagonal y el lado de un cuadrado o la hipotenusa y el cateto de un triángulo rectángulo isósceles, de forma que no contenga infinitas cifras decimales no periódicas.

Esto, según señalan importantes pensadores griegos (Platón, Aristóteles, Euclides)[1410], causa el problema de lo ἄλογον, es decir, 'lo no racionalmente expresable'. De esta forma, se observa cómo la vinculación entre geometría y aritmética y la

1408 *cf.* QUINE, Willard Van Orman, *Palabra y Objeto*, Labor, Barcelona 1968 [ed. orig. *Word and Object*, Cambridge, M.I.T. Press, 1960], p. 39 y ss., sobre 'gavagai' y conejo.

1409 *cf.* KUHN, Thomas S., "Commensurability, Comparability, Communicability", en PHILOSOPHY OF SCIENCE ASSOCIATION (PSA), *Proceedings of the Biennial Meeting of the Philosophy of Science Association, volume Two: Symposia and Invited Papers*, Dordrecht *et al.*, Reidel *et al.*, 1982, pp. 669–688.

1410 *cf.* PLATÓN, *Teeteto* 147d, en SANTA CRUZ, *op. cit.*, p. 184: "Con respecto a las potencias, Teodoro nos hizo un dibujo para demostrarnos que las de tres y las de cinco pies no son conmensurables en longitud (οὐ σύμμετροι τῇ ποδιαίᾳ) con las de uno, y las fue eligiendo así, una a una, hasta la de diecisiete pies"; *cf.* PLATÓN, *Menón*, 82b-85b, en CALONGE, *op. cit*, p. 303 y ss., al dialogar con el esclavo sobre superficies para probar la reminiscencia; ARISTÓTELES, *Analíticos primeros*, lib. I, cap. 23, 41a, en CANDEL, *op. cit.*, p. 174: "Pues todos los razonamientos que concluyen a través de lo imposible prueban lo falso, pero la proposición del principio la demuestran, por hipótesis, cuando se desprende algo falso al suponer la contradicción; como, por ejemplo, que la diagonal es inconmensurable se prueba porque lo impar se hace igual a lo par al suponer que sea conmensurable. Así, pues, que lo par se hace igual a lo impar se prueba por razonamiento; en cambio, que la diagonal es inconmensurable se demuestra por hipótesis, ya que en virtud de la contradicción se desprende una falsedad. En efecto, en eso consistía el razonar a través de lo imposible, en mostrar que se da algo imposible en virtud de la hipótesis establecida al principio"; EUCLIDES, *libro X*, definición 4, en PUERTAS CASTAÑOS, María Luisa (ed., trad.), *Elementos: libros X-XIII*, Madrid, Gredos, 1996, p. 10: "Llámese entonces racionalmente expresable la recta determinada; y las conmensurables con ella, bien en longitud y en cuadrado, bien sólo en cuadrado, racionalmente expresables y las inconmensurables con ella llámense no racionalmente expresables".

proporción es problemática[1411]. Tal cosa se debe al hecho de que el irracional aritmético es un número caracterizado por su infinitud tras el decimal, no repetitiva, continua e ininterrumpible. El irracional aritmético se distingue opositivamente de la buena delimitación de los números enteros discontinuos, característicamente griegos, que son, como dice Spengler, "el sentido más hondo del número antiguo, la medida opuesta a lo inmenso"[1412].

Por lo tanto, esa medida significa un corte, un límite, una forma, una determinación terminante frente a lo infinito, que es justamente aquello que no sólo no puede ser comedido o conmensurado, o ea, puesto en relación con otro, sino que queda por sí mismo, en razón de su inmensidad específica.

La razón griega fracasa, entonces, en saber dar la relación finita de una secuencia infinita, de forma que el problema es, en este caso, lo infinito, la infinitud. Sin embargo, de acuerdo con María Luisa Puertas, traductora de Euclides, los inconmensurables son no racionalmente expresables con un sentido "más restringido que 'irracional'"[1413]. De hecho, la cuestión de la 'irracionalidad' numérica fue resuelta, al producirse la estipulación, atribuida a diversos matemáticos, de una nueva noción especializada de λόγος numérico que remitía a la relación matemática o proporción matemática común a dos irracionales[1414], de tal modo que, de conformidad con la formulación de Eudoxo tomada por Euclides: "Se dice que guardan razón entre sí las magnitudes que, al multiplicarse, pueden exceder una a otra"[1415].

1411 *cf.* TANNERY, Paul, *La géométrie grecque*, Sceaux, Jacques Gabay, 1998; reproducción facsímil de la edición de París, Gauthier-Villars, 1887, p. 98: "Mais, à l'origine, on fondait la corrélation entre la Géométrie et l'Arithmétique sur la proportion géométrique dans l'hypothèse de la commensurabilité de toutes les grandeurs, hypothèse certainement aussi naturelle qu'elle est fausse, et qui, à l'époque où Platon écrivait les *Lois*, était encore très répandue. La découverte de l'incommensurabilité par Pythagore dut donc causer, en Géométrie, un véritable scandale logique, et, pour y échapper, on dut tendre à restreindre autant que possible l'emploi du principe similitude, en attendant qu'on fût arrivé à l'établir sur une théorie de la proportionnalité indépendante de l'hypothèse de la commensurabilité".

1412 SPENGLER, Oswald, García Morente, Manuel (trad.), *La decadencia de Occidente: bosquejo de una morfología de la historia universal*, vol. 1, Madrid, Espasa-Calpe, 1947 [ed. orig. *Der Untergang des Abendlandes: Umrisse einer Morphologie der Weltgeschichte*, Wien und Leipzig, W. Braumüller, 1918], p. 106.

1413 PUERTAS, María, en EUCLIDES, *Elementos, X-XIII, op. cit.*, p. 10, nota 2: "sólo carecen de razón expresable las rectas que resultan inconmensurables tanto en longitud como en cuadrado con una recta designada implícitamente por lo regular - como referencia o parámetro de 'expresabilidad racional'".

1414 VON FRITZ, Kurt, "Die Entdeckung der Inkommensurabilität durch Hippasos von Metapont", en *Grundprobleme der Geschichte der antiken Wissenschaft*, Berlin, Degruyter, 1971, pp. 132–197, especialmente, pp. 171–172.

1415 EUCLIDES, *Elementos*, libro V, definición 4, en PUERTAS CASTAÑOS, María Luisa (ed., trad.), *Elementos: libros V-IX*, Madrid, Gredos, 1994, p. 10.

Otro punto interesante de este problema matemático, de razones, se ofrece en si la prueba de la inconmensurabilidad es directa o indirecta (*reductio ad absurdum*) y si la imposibilidad fáctica de hallar números para ciertas operaciones numéricas (como la raíz cuadrada de 2) conduce de suyo a la afirmación teórica y por lo tanto de ambición normativa o universal sobre la inconmensurabilidad lineal[1416]. Por otra parte, cabe señalar que, al decir de Kline[1417], los babilonios y los egipcios se conformaron con aproximaciones y no hicieron de la cuestión un problema capital. Lo que nos interesa destacar con esta alusión a los inconmensurables griegos consiste, por una parte, en el hecho de que incluso para los helenos es posible hallar una relación o proporción, un vínculo inteligible; por otra, radica en el desinterés patente, afirmamos, que Epicuro muestra por preguntas cuya resolución considera el samio abstrusa, ensimismada o poco útil para la vida y la felicidad. Lo que busca el filósofo del Jardín es la trabazón entre (ontología) física, conocimiento y existencia feliz. Así, tomando lo dicho sobre el vínculo en términos físicos, podemos sostener, en línea epicúrea, que todo compuesto está ligado necesariamente a los átomos y el vacío; del mismo modo, y sin subrayar un vínculo tan estrecho, puede sostenerse que en términos generales la Razón griega encuentra u ofrece vecindad o proximidad en algún sentido[1418], y entiende lo común como aquello que no es privativo, sino general en cuanto perteneciente a varios, incluso a todos; esa afinidad es, de hecho, la relación o unión. Precisamente por ello, Parménides establece como λόγος de la φύσις, como su ἀρχή, τὸ ἐὸν, “lo que es”, que, a más de su nota existencial, tiene la nota de cópula, que, en cualquiera de sus sentidos, el ligamento, atadura o yunta intimísimo, que afecta a personas o, en términos gramaticales (y aristotélicos), al sujeto y al predicado.

De acuerdo con lo antedicho, aunando física y lógica bivalente (que afecta tanto al pensamiento cuanto al lenguaje), el de Elea es capaz de establecer el principio de identidad que pone a un lado y otro de la relación lo mismo, “ἐ = ἐ”, el principio de (no) contradicción “¬(ἐ ∧ ¬ἐ)” y el de tercio excluso “ἐ v ¬ἐ”, donde ἐ, en lugar de ser una letra proposicional vacía, afecta, no trivialmente, a todo “lo que

1416 *cf.* GRAELL, Ferran, *En quina accepció els grecs desmostraren la incommensurabilitat?*, Barcelona, Quaderns de filosofia, n. 4, 1999, p. 40 y ss.

1417 KLINE, Morris, *El pensamiento matemático de la Antigüedad a nuestros días, I*, Madrid, Alianza, 1994 [ed. orig. *Mathematical Thought from ancient to modern times, vol. 1*, Oxford, Oxford Univ. Press, 1972], p. 59: “En la matemática moderna las razones inconmensurables se expresan por medio de números irracionales, pero los pitagóricos nunca habrían aceptado tales números. Los babilonios trabajaron, de hecho, con tales números mediante aproximaciones, aunque probablemente no sabían que tales aproximaciones sexagesimales fraccionarias nunca podían ser exactas, así como tampoco los egipcios llegaron a reconocer el carácter distinto de los irracionales”.

1418 *cf.* PLATZECK, Erhard-Wolfram, *La evolución de la lógica griega en el aspecto especial de la analogía: [desde la época de los presocráticos hasta Aristóteles]*, Barcelona, CSIC, 1954. Sin entrar a enjuiciar su mérito y fortuna, se toman de este libro algunas sugerentes ideas.

es". La apuesta parmenídea tiene con respecto a λόγος, que aquí se entiende como relación, diversas dimensiones, que presentamos en esquema:

- la primera es la ontológica en cuanto tesis antinihilista (contra el *aliquid uel omne ex nihilo uel in nihilum*);
- una segunda es de tipo físico, que defiende la materialidad y lo no azaroso;
- una tercera posee carácter lógico, el cual pone de manifiesto la inteligibilidad de lo real, la posibilidad de sentido y, en consecuencia, el papel de la inteligencia humana, de la racionalidad, en esa ordenación práctica o meramente teórica;
- una cuarta, de tipo lingüístico, que apela a la vinculación indisoluble entre las dos díadas siguientes:
  - una compete al pensamiento como racionalidad humana interior y al lenguaje como su exteriorización;
  - la otra, a las cosas mismas, al mundo como tema necesario lógicamente, y a las palabras-pensamientos como explicitación o presentación no meramente imaginativa que hace verdaderamente presente lo dicho, de manera que hay plenitud de mensaje al haber plenitud en la realidad invocada.

Respecto a las consecuencias ontológico-físicas debemos recordar que las propuestas griegas como las de Heráclito y Parménides se enclavan en la naturaleza y buscan lo uno de múltiple o bien lo múltiple de lo uno. Lo buscan incluso aun cuando ese uno, o esos *unos*, en otras palabras, esos primeros principios, sean plurales limitados en el sentido de coprincipios diádicos, triádicos, etc., es decir, desde el monismo y/o desde el pluralismo. En consecuencia, los griegos parten no *ex nihilo* sino *ex omni certo* o, restringidamente, *ex aliquo certo*.

De aquí se deduce, entonces, la afirmación de lo real por lo que respecta un *primum* o unos *prima* ontológicos. Lo fundante es, en cierto sentido, lo real, no lo irreal o no-real. A partir de lo real se busca la correlación o concatenación de las cosas, esto es, el *ordo rerum*: el conjunto de relaciones o los sucesivos engarzamientos que se complementan, es decir, alcanzan una totalidad correlativa, o, por decirlo con un término más platónico, el entretejimiento o contexto (συμπλοκή) de todo lo real.

La asunción afirmativa de 'lo que hay' o, por mejor decir, su aceptación constatada es, en Epicuro, un punto esencial de su teoría ontológica-física que se justifica en la autoevidencia. De esta forma evita el sabio samio, por decisión filosófica, la pregunta por la nada absoluta o la vacuidad acomplementaria inelemental como alternativa concebible a "lo que es", esa totalidad que concilia átomos y vacío. Epicuro pretiere, pues, intencionalmente una lectura o formulación inmovilizadora, pesimista y contraintuitiva de la pregunta parmenídea, que luego recogerán Platón, Aristóteles, Schopenhauer o Heidegger, la de "¿Por qué hay ente y no más bien nada?"[1419].

1419 HEIDEGGER, Martin, *¿Qué es metafísica?* en ZUBIRI, Xavier (trad.), *¿Qué es metafísica?, Ser, verdad y fundamento: ensayos*, Buenos Aires, Siglo Veinte, 1974 [ed. orig. *Was ist Metaphysik?*, Bonn, Fiedrich Cohen, 1929], p. 56.

Al prescindir de tal concepción para el segundo miembro, la nada (que no es el vacío), el cual, valga la metáfora, equivaldría al silencio sin pausa entre sonidos, sin pausa *per se* y sin sonido, el de Samos conjura dos peligros: el primero remite a un paralizante y antivital regreso al infinito[1420], y, al propio tiempo, evita también el segundo riesgo, el de elaborar una metafísica autoteleológica, que, como después diría Kant, se pierda en vicios de subsunción[1421].

De hecho, Epicuro no concibe la nada, que resulta inconcebible e inefable como indica Parménides, sino que considera tanto a los átomos cuanto al vacío como "lo que es", es decir, lo que existe o hay, de tal forma que los primeros son 'lo que hay' atómico, completo, pétreo y ***absolute determinatum***, mientras el vacío es lo que hay como ***absolute indeterminatum*** y, al propio tiempo, polaridad complementaria de los anteriores, con lo que entran en oposición delimitativa y distintiva como *prima elementa determinata*, es decir, átomos. En síntesis, los átomos, realidades determinadas, son delimitados complementariamente por el vacío, en una dinámica de mutua distinción. Con todo, debemos recordar que la búsqueda de la correspondencia o correlación que realiza Epicuro no es un fin en sí mismo sino que está al servicio del

---

1420 ARISTÓTELES, *Analíticos segundos*, I, cap. 3, 72b 18–22, en CANDEL, *op. cit.*, p. 320: "Pero nosotros decimos que no toda ciencia es demostrativa, sino que la de las cosas inmediatas es indemostrable (y es evidente que esto es necesario: pues, si necesariamente hay que conocer las cosas anteriores y aquellas de las que <parte> la demostración, en algún momento se ha de saber las cosas inmediatas, y éstas necesariamente serán indemostrables)"; en sentido complementario también ARISTÓTELES, *Metafísica*, VI, cap. 4, 1027b, en CALVO Tomás, *op. cit.*, pp. 174–175: "Acabamos de aceptar que es imposible ser y no ser a la vez y, basándonos en ello, hemos mostrado que se trata del más firme de todos los principios. Algunos, por ignorancia, piden que este principio sea demostrado. Es, en efecto, ignorancia el desconocer de qué cosas es preciso y de qué cosas no es preciso buscar una demostración. Y es que, en suma, es imposible que haya demostración de todas las cosas (se caería, desde luego, en un proceso al infinito y, por tanto, no habría así demostración), y si no es preciso buscar demostración de ciertas cosas, tales individuos no serían capaces de decir qué principio es el que postulan que se considere [más evidente que éste]"; SEXTO EMPÍRICO, *Esbozos pirrónicos*, I, 164–169, en GALLEGO CAO Antonio y MUÑOZ DIEGO, Teresa (eds., trads.), Madrid, Gredos, 1993, pp. 102–103: "El de 'a partir de la recurrencia ***ad infinitum***' es aquel en el que decimos que lo que se presenta como garantía de la cuestión propuesta necesita de una nueva garantía; y esto, de otra; y así hasta el infinito; de forma que, como no sabemos a partir dónde comenzar la argumentación, se sigue la suspensión del juicio".

1421 Justamente esa falta en el proceder ***subsumptorio***, también llamado uso trascendental-dialéctico, raciocinante (***vernünftelnd***), de por sí hipotético y no experiencial, de las ideas de la razón con una pretensión ostensiva, constitutiva (productora de conocimiento real de los objetos), lleva, respectivamente, a los paralogismos (sobre el yo), las antinomias (sobre el mundo) y el ideal (sobre la existencia de Dios) de la razón pura.

hombre, tiene su vista puesta en lo humano, en la ética práctica o, mejor, la praxis y, fundamentalmente, en la felicidad.

Sin perder nunca de vista ese objetivo, Epicuro también busca lo *communissimum*, que a todo y todos pone en relación, lo que compele a todo y a todos; en la física remite, con su ontología materialista, a los átomos y el vacío, y aquí se detiene su proceder reductivo.

El de Samos no apela a una Razón universal providente estoica, ni se refiere al ser monádico, con lo que no cae en el fundacionalismo aporético del unitarismo parmenídeo inmovilista, del mismo modo que soslaya "lo que no es" en el sentido de las pluralísimas apariencias móviles, sin fundamento.

Por otra parte, en el plano lógico-lingüístico, la relación, que puede entenderse como lo común a lo(s) uno(s) y lo(s) otro(s), se ofrece en las palabras con remisión, con plenitud de sentido y, a su vez, en el razonamiento o juicio, en el λογισμός y la ἀναλογία, mientras el λόγος de la ética lo constituyen, a su vez, placer y dolor, respectivamente.

Retomando, aún, la propuesta parmenídea y atendiendo a su dimensión lógica y lingüística, queremos plantear, a modo de tentativa y sugerencia, incluso la negación desde la relación en el sentido de que se da una unión entre la nada (o el vacío) y un algo concreto, de tal modo que ese vínculo restringe o elimina lo planteado. En cualquier caso, desde un punto de vista lógico y ontológico, no parece desatinado decir que el algo precede a su negación. La negación unida a otro elemento significa, entonces, privación de un rasgo o anulación, exclusión del rasgo antedicho e incluso del elemento mismo.

Ahondando en este argumento, lo que es inaceptable tanto para Parménides cuanto para Epicuro consiste en aunar la totalidad del ser con la nada. Así, no nos referimos aquí a un posterior cero matemático que resulte mero equilibrio entre positivo y negativo, sino a una cópula que aúna algo y que lo destruye, como una suerte de cero aniquilador, de nada. Precisamente para evitar relacionar lo irrelacionable, Epicuro subraya siempre que el vacío no es 'el no ser' o 'la nada', sino que la totalidad de lo real está configurada no sólo por átomos sino también por vacío. En todo caso, si se acepta esta acepción de la negación en cuanto cópula, la relación sería el elemento reductivo de todo el sistema lógico bivalente. En sentido semejante, es posible pensar, así, toda operación lógica como un acto relativo o correlativo[1422], especialmente si cada uno de sus miembros incluye dos o más variables, por más que está noción de relación se refiere a la lógica *lato sensu*, sin considerar los tipos (reflexiva, simétrica, transitiva...).

1422 *cf.* GRANELL, Manuel, *Lógica*, Madrid, Revista de Occidente, 1949, pp. 218–219.

4.2. El λόγος como racionalidad individual: autoconciencia, reflexividad y conciencia moral

Por otra parte, conviene recordar que el *λόγος* en cuanto relación tiene matices lingüísticos que remiten al sentido de juicio y al valor de referir plenamente, así como al de relato discursivo o, además, al acto de correlacionar las letras, de ordenarlas ya sea oralmente (al hablar o silabear) o visualmente, lo que conduce a la conformación de frases con sentido, es decir, a que posean sujeto y predicado, tema y rema, etc.

Por otra parte, y todavía con respecto a la dimensión lógica del λόγος, queremos dejar constancia de un riesgo que acompaña a la voluntad absolutizadora o totalitaria de la nuda razón o lógica, a saber, el hecho de que se produzca en la operación misma intelectual, – que es, por humana, limitada –, un análisis, que en sentido literal significa desligamiento, una separación o descomposición.

El análisis, pensado de modo radical, conlleva una desmembración de lo íntegro, un despedazamiento con el fin de entender, hasta el punto de que el hombre cree comprender absolutamente la autolegislación natural universal[1423]. Por ello es preferible, creemos, referirse a la inteligibilidad de lo natural, pues, esto responsabiliza al sujeto de aplicar la inteligencia para sistematizar o revelar una estructura de sentido, una relación, una correspondencia, basada en la permanencia de lo mismo como lo mismo, es decir, en el principio de identidad. Justamente la lógica humana trata de separar, de desdoblar esquizoidemente una realidad única o no, con lo que se produce un corte conceptual de lo unitario que a partir de ese momento se percibe, de algún modo, como separado, al igual que ocurre al establecer una igualación entre *a* y *a* en 'a = a'. Ese poner en relación es puramente humano como corte; se basa en la propiedad reflexiva, esto es, en relacionarse con uno mismo por uno mismo separándose de los otros o de lo otro, que suele ser lo *Vorgefundenes,* hasta el punto de que se genera la identidad y la identificación de la alteridad entendida en y desde uno mismo.

El λόγος humano en el sentido recién mencionado, que pone en juego y relaciona identidad, alteridad y reflexividad, tiene que ver con la racionalidad en tanto que conciencia reflexiva, es decir, con el hecho de saberse, o tener una relación mental consigo mismo como objeto mental diferenciado, cosa que parece ser característica y exclusiva de seres humanos, superior a la mera conciencia primaria o sensorio-perceptiva[1424].

Como tal significa experimentar no sólo el mundo sino a uno mismo como contenido mental, generando una noción de interioridad. La autoconciencia (*Selbstbewusstsein*)

1423 *cf.* CASSIRER, Ernst, ÍMAZ, Eugenio (trad.), *Filosofía de la ilustración*, Madrid, FCE, 1993 [ed. orig. *Die Philosophie der Aufklarung*. Tübingen, Mohr / Siebeck, 1932], p. 55: "La fuerza de la razón es la única que nos abre la entrada al infinito; la que nos lo asegura y nos enseña a ponerle medida y límite, no limitándolo en su ámbito, pero sí conociendo su ley, que todo lo abarca y penetra".

1424 *cf.* ÁLVAREZ MUNÁRRIZ, L. y COUCEIRO DOMÍNGUEZ, Enrique, (coords.), *La conciencia humana: perspectiva cultural*, Rubí, Barcelona, Anthropos, 2005, p. 97.

consiste, pues, en la reflexividad de la propia conciencia, cosa que genera una metacognición muy próxima a la noción de unidad yoica o *self* en el sentido de unidad permanente y cohesionadora del flujo de pensamientos y experiencias[1425].

Esa conciencia es representativa por lo que respecta al mundo y, en cambio, es reflexiva en lo que atañe a sí misma. Ella tiene que ver con la relación y con la racionalidad humana en el sentido de que tiene la peculiaridad sustancial de curvarse sobre sí misma, autorrelacionarse, entrar en relación consigo misma, por lo que esa actitud se le llamó *conversio* o, mejor, *reditio in seipsum*; semeja, se diría, una especie de círculo que, por sí, se va cerrando infinitamente, una suerte de circularidad dinámica y metafóricamente asintótica por abierta, es decir, como un trazado de una línea curva cuyo principio se acerca indefinidamente a su fin, también curvo, sin llegar "nunca" a coincidir o converger. Así, la reflexión como actividad y atributo humanos sería, en este sentido, el dar vueltas sobre sí o sobre algo, una regularidad pensante en forma de círculo que nunca se cierra por sí, sino que es cerrado por la muerte y queda cerrado tras ella, al menos en términos biológicos y epicúreos.

Esa relación está establecida no sólo con el mundo en la inmediatez animal, sino desde el saber para el sapiente en un desdoblamiento que trasciende lo presente. En esa faceta, conecta con la cuestión específica del λόγος como racionalidad e inicio de la filosofía. De hecho, la relación lingüístico-cogitativa-epistémica en la que el pensante se toma como objeto de su pensar e incluso observa su pensar mismo podemos testimoniarla ya en Heráclito[1426] y en la máxima griega, γνῶθι σαυτόν / *nosce te ipsum*, mencionada por Platón[1427] y Pausanias[1428], entre otros.

1425 ÁLVAREZ, COUCEIRO, *op cit.*, p. 98 y ss.

1426 HERÁCLITO, frags. 669 (22 DK B 101) [Plutarco, *Adv. Colot.* 1118c] y 845 (DK 22 B 116) [Estobeo *Flor.* III, 5, 6], en EGGERS LAN, JULIÀ, *op. cit.*, pp. 374 y 397, respectivamente: "Heráclito, como si hubiera cumplido con algo magno y sagrado, dice: me investigué a mí mismo; [...] Todos los hombres participan del conocerse a sí mismos y del ser sabios".

1427 PLATÓN, *Filebo*, 108cd, en DURÁN LÓPEZ, LISI, *op. cit.*, pp. 89–90: "Sócrates: Ciertamente es un mal la ignorancia, y también lo que llamamos estado de estupidez (...) es el accidente opuesto al precepto recogido por la inscripción de Delfos. Protarco: ¿Aludes al 'Conócete a ti mismo'?".

1428 PAUSANIAS, *Descripción de Grecia*, X, 24, 1, en HERRERO INGELMO, María Cruz, *Descripción de Grecia. Libros VII-X Libros*, Madrid, Gredos, 1994, pp. 416–417: "En el pronao de Delfos están escritas máximas útiles para la vida de los hombres. Han sido escritas por hombres que los griegos dicen que fueron sabios. Estos eran, de Jonia, Tales de Mileto y Biante de Priene; de los eolios de Lesbos, Pitaco de Mitilene; de los dorios de Asia, Cleobulo de Lindo; Solón de Atenas y Cilón de Esparta. El séptimo que Platón, hijo de Aristón, pone en la lista en lugar de Periandro, hijo de Cípselo, es Misón de Quenas. Quenas es una aldea en el monte Ete. Pues bien, cuando llegaron a Delfos, estos hombres ofrendaron a Apolo las celebradas máximas 'Conócete a ti mismo' y el 'Nada en exceso'. Éstos escribieron allí las máximas que he dicho".

Al plantear la reflexividad como autorreferencialidad o autorrelación en el seno del λόγος, debe tenerse presente que se da con un pliegue o repliegue, habida cuenta de que no otra cosa significa la reflexión sino un regreso sobre sí. En ocurre en tanto en cuanto un todo converja o se combe sobre sí mismo por iniciativa propia o de otro, a tal punto que ese volver sobre sí, retorcerse o curvarse alude al recogimiento, a un cierta reclusión mental e íntima, constitutiva o electiva.

En este marco queremos aducir la siguiente observación atinada, aunque prolija, que al respecto escribió Schopenhauer:

> "Con excepción del hombre, ningún ser se asombra de su propia existencia, sino que para todos esta se entiende por sí misma, hasta tal punto que ni la notan. En la tranquila mirada de los animales habla todavía la sabiduría de la naturaleza; porque en ellos la voluntad y el intelecto no se han separado aún lo suficiente como para que al encontrarse juntos puedan asombrarse uno de otro. Así, todo el fenómeno pende aquí firmemente del tronco de la naturaleza del que ha brotado y es partícipe de la inconsciente omnisapiencia de la gran Madre. – Solo después la esencia íntima de la naturaleza (la voluntad de vivir en su objetivación) ha ascendido vigorosa y alegremente a través de los dos reinos de los seres inconscientes y luego por la larga y amplia serie de los animales, llegando finalmente con la aparición de la razón, en el hombre, a la reflexión: entonces se asombra de sus propias obras y se pregunta qué es ella misma. Mas su asombro es tanto más grave por cuanto que aquí, por vez primera, se enfrenta conscientemente *a la muerte* y, junto a la finitud de toda existencia, le acosa también en mayor medida la vanidad de todo esfuerzo. Con esta reflexión y este asombro nace la *necesidad de una metafísica*, propia solo del hombre: por eso es un *animal metaphysicum*"[1429].

Así, asumiendo con reservas la tesis de Schopenhauer, cabe postular que el descubrimiento de la identidad, de la propia finitud, de la diferencia en tanto que no-yo y del yo-soy-yo aboca, por asombro y deseo de saber, a la filosofía, como indican Platón[1430] y Aristóteles[1431], respectivamente.

1429 SCHOPENHAUER, Arthur, LÓPEZ DE SANTA MARÍA, Pilar (trad.), *El mundo como voluntad y representación. II Complementos al primer volumen*, Madrid, Trotta, 2009 [ed. orig. *Die Welt als Wille und Vorstellung 2*, Leipzig, Brockhaus, 1844], capítulo XVII: Sobre la necesidad metafísica del hombre, pp. 198–199.

1430 PLATÓN, *Teeteto*, 155d, en SANTA CRUZ, *op. cit.*, p. 202: "eso que llamamos la admiración es muy característico del filósofo. Éste y no otro, efectivamente, es el origen de la filosofía".

1431 ARISTÓTELES, *Metafísica*, I, cap. 1, 980a20-28 y I, cap. 2, 982b11-18, en CALVO, Tomás, *op. cit.*, pp. 70 y 75–76, respectivamente: "Todos los hombres por naturaleza desean saber. Señal de ello es el amor a las sensaciones. Éstas, en efecto, son amadas por sí mismas, incluso al margen de su utilidad y más que todas las demás, las sensaciones visuales. (...) [L]os hombres —ahora y desde el principio— comenzaron a filosofar al quedarse maravillados ante algo, maravillándose en un primer momento ante lo que comúnmente causa extrañeza y después, al progresar poco a poco, sintiéndose perplejos también ante cosas de mayor importancia, por ejemplo,

4.2.1. Reflexividad, circularidad, perfección e identidad

Recuperando lo dicho sobre la reflexión y la circularidad deseamos subrayar que la autorreferencia como hecho del pensamiento y del lenguaje significa que el ser humano pensante-hablante se arquee sobre sí, es decir, forme una curva sobre sí mismo, o sea, un trazado o una tensión intencional que constantemente se aparta de la dirección recta, opuesta si se toma al hombre como punto de partida, y ello sin solución de continuidad, es decir, sin formar ángulos, hasta que se produce un regreso o cierre sobre sí, de tal modo que, como se ha indicado, se construye en ese vaivén un círculo.

El círculo se caracteriza, según se indicó al hablar de Parménides, por tener infinitos radios y todos ellos iguales[1432]; así, la combinación de infinitud y regularidad sin aristas sirve a Platón para definir, esta vez como cuerpo, la forma apropiada del mundo, incluyente de la totalidad, equidistante en todo extremo del mismo centro, en la figura más perfecta y similar a sí misma, ya que, según él, lo semejante es más bello que lo desemejante[1433]; todavía en el *Timeo* abunda Platón aún más en las características, esta vez, del movimiento circular:

> "le proporcionó el movimiento propio de su cuerpo, el más cercano al intelecto y a la inteligencia de los siete [arriba, abajo, adelante, atrás, derecha, izquierda, rectilíneo, circular]. Por tanto, lo guió de manera uniforme alrededor del mismo punto y le imprimió un movimiento giratorio circular (...) Creó así un mundo, circular que gira en círculo, único, solo y aislado que por su virtud puede convivir consigo mismo y no necesita de ningún otro, que se conoce y ama suficientemente a sí mismo. Por todo esto, lo engendró como un dios feliz"[1434].

El propio Platón señala que la circularidad, como regreso continuo a un mismo punto tomando otro como eje de rotación, acomuna al pensamiento y al cielo o cosmos, lo cual conviene dejar anotado en la siguiente cita:

---

ante las peculiaridades de la Luna, y las del Sol y los astros, y ante el origen del Todo. Ahora bien, el que se siente perplejo y maravillado reconoce que no sabe (de ahí que el amante del mito sea, a su modo, 'amante de la sabiduría', pues el mito se compone de maravillas). Así pues, si filosofaron por huir de la ignorancia, es obvio que perseguían el saber por afán de conocimiento y no por utilidad alguna".

1432 MOYÁ, Ambrosio, *Principios de aritmética y geometría: geometría*, Madrid, Gómez Fuentenebro, 1862, p. 14, ya citado.

1433 PLATÓN, *Timeo*, 33a-b, en DURÁN LÓPEZ, LISI, *op. cit.*, p. 176: "Por esta causa y con este razonamiento, lo conformó como un todo perfecto constituido de la totalidad de todos los componentes, que no envejece ni enferma. Le dio una figura conveniente y adecuada. La figura apropiada para el ser vivo que ha de tener en sí a todos los seres vivos debería ser la que incluye todas las figuras. Por tanto, lo construyó esférico, con la misma distancia del centro a los extremos en todas partes, circular, la más perfecta y semejante a sí misma de todas las figuras, porque consideró muchísimo más bello lo semejante que lo disímil".

1434 PLATÓN, *Timeo*, 34b, en DURÁN LÓPEZ, LISI, *op. cit.*, p. 177.

> "todo el decurso de la marcha del cielo y de todos los seres que se encuentran en él tiene una naturaleza semejante al movimiento, la revolución y los razonamientos de la inteligencia (λογισμοῖς) y avanza de forma afín, es evidente que debemos sostener que el alma óptima se ocupa de todo el universo y que aquélla lo conduce por un decurso de esas características. [...] Si dijéramos, quizás, que, semejantes a los movimientos de las esferas torneadas, el intelecto (νοῦν) y el movimiento que se realiza en un lugar se mueven ambos según lo mismo, de la misma manera, en lo mismo, alrededor de lo mismo, en la misma dirección, en una proporción (ἕνα λόγον) y un plan uniformes, nunca nos revelaríamos como malos artesanos de bellas imágenes con la palabras"[1435].

La perfección del cosmos se liga, en Platón, con su esfericidad y circularidad, las cuales – como puede verse – el filósofo relaciona con la actividad intelectual o el razonamiento, tanto en el *Timeo* como en el libro X de las *Leyes*. De acuerdo con esto propugna Cornford que "the rotation of the world with all its contents, from axis to circumference, symbolises that reason penetrates and governs the entire universe"[1436].

Por su parte, Aristóteles, también hace referencia explícita al movimiento circular en la *Física*, *Acerca del cielo* y la *Metafísica*. Así, en la primera obra se refiere a la moción en círculo como movimiento uniforme, el más fácil de conocer[1437], uno, que se mueve de un punto al mismo punto debido al mismo impulso, en torno a un centro[1438], infinito, continuo o sin fin, único y sin contrariedad[1439]; se trata igualmente

1435 PLATÓN, *Leyes, libro X* (código penal II), 897c y 898 a-b, en LISI, *IX Leyes*, *op. cit.*, p. 212 y p. 214.

1436 CORNFORD, Francis, *Plato's Cosmology: The Timaeus of Plato*, Indianapolis, Indiana, Hackett Pub. Co, 1997, p. 57.

1437 *cf.* ARISTÓTELES, *Física*, IV, cap. 14, 223b19 – a20, en CALVO, José Luis, *op. cit.*, p. 137: "el movimiento circular uniforme es la medida por excelencia puesto que el número de éste es el más fácil de conocer. (Ni el cambio cualitativo ni el aumento ni la generación son uniformes, pero la traslación sí)".

1438 *cf.* ARISTÓTELES, *Física*, VIII, cap. 8; 264b9 – 19, en CALVO, José Luis, *op. cit.*, pp. 267–268: "el movimiento circular será uno y continuo, pues de ello no resulta ningún imposible: en efecto, lo que se mueve desde A se moverá simultáneamente hacia A en virtud del mismo impulso, (pues hacia lo que llegará, hacia ello se está moviendo), pero no se moverá simultáneamente con movimientos contrarios ni contradictorios. Pues no todo movimiento hacia este punto es contrario u opuesto al movimiento desde este mismo; antes bien, 'contrario' es el que se da en la línea recta (pues ésta tiene puntos contrarios con relación al espacio, por ejemplo los del diámetro); 'opuesto' es el que se da en una misma longitud. Por consiguiente, nada impide que algo se mueva continuamente sin que medie ninguna interrupción. Y es que circular es el movimiento desde un mismo punto hacia un mismo punto".

1439 *cf.* ARISTÓTELES, *Física*, VIII, cap. 8; 261b 27–262a 2, en CALVO, José Luis, *op. cit.*, p. 260: "Continuemos ahora diciendo que es posible que exista un movimiento infinito, que sea uno y continuo, y que éste es el circular. En efecto, todo lo que se traslada se mueve o en círculo o en línea recta, o con un movimiento mixto, de manera que si uno de éstos no es continuo, tampoco puede serlo el que se compone de un tipo de traslación o movimiento local primario, simple, y, según el Estagirita, perfecto[1440], propio de "otra entidad corporal aparte de las formaciones de acá, más divina y anterior a todas ellas"[1441], ingenerable, incorruptible, incapaz de aumentar o de alteración[1442], eterna, incaducable, indestructible e impasible[1443], cosa que Aristóteles identifica con dios. De conformidad con esta tesis, sostiene el filósofo de Estagira en la *Metafísica* que:

> "existe algo que se mueve eternamente con movimiento incesante, y éste es circular. (...) Conque el primer cielo será eterno. Hay también, por tanto, algo que mueve (...) sin estar en movimiento y que es eterno, entidad y acto"[1444], dedicado a "la cosa más excelsa, se piensa a sí mismo y su pensamiento es pensamiento de pensamiento" (ἔστιν ἡ νόησις νοήσεως νόησις)[1445], puesto que "el entendimiento se capta a sí mismo captando lo inteligible"[1446].

Hemos querido incluir estas citas platónicas y aristotélicas para mostrar la concatenación conceptual entre la circularidad dinámica o estática, el razonamiento (o la inteligencia), el regreso a uno mismo o la reflexividad, y su equivalencia espacial, geométrica y cosmológica, así como las notas o implicaciones de autosemejanza, perfección y estabilidad, hasta la divinidad. Creemos, por ello, apropiado insistir en el repliegue mental que es pensamiento de pensamiento, como atributo también humano si bien desde la finitud; en ese repliegue, lo que de hecho es *simplex* (sin pliegues) como

---

de ambos. Pero es manifiesto que lo que se traslada en una línea recta y finita no lo hace continuamente porque retorna; y lo que retorna por la recta se mueve con movimientos contrarios, ya que, con respecto al lugar, el movimiento hacia arriba es contrario al movimiento hacia abajo y el movimiento hacia adelante al hacia atrás y el hacia la izquierda al hacia la derecha, pues éstas son contrariedades de lugar. Ya ha quedado antes definido cuál es el movimiento único y continuo, a saber, el de una sola cosa en un único tiempo y en un aspecto carente de diferencias con respecto a la especie".

1440 *cf.* ARISTÓTELES, *Acerca del cielo*, lib. I, 269a 19 y ss. en CANDEL, *op. cit.*, p. 47: "Pero además la traslación de ese tipo ha de ser necesariamente primaria. Pues lo perfecto es anterior por naturaleza a lo imperfecto, y el círculo está entre las cosas perfectas, mientras que no lo está ninguna línea recta; en efecto, ni lo está la indefinida (pues tendría en ese caso un límite y un final), ni ninguna de las limitadas (pues algo queda fuera de todas ellas: en efecto, es posible alargarlas indefinidamente)".

1441 ARISTÓTELES, *Acerca del cielo*, I, 269a 30 y ss., en CANDEL, *op. cit.*, p. 48.

1442 *cf.* ARISTÓTELES, *Acerca del cielo*, I, 270a 11 y ss., en CANDEL, *op. cit.*, p. 51.

1443 *cf.* ARISTÓTELES, *Acerca del cielo*, I, 270b 1 y ss., en CANDEL, *op. cit.*, p. 52.

1444 *cf.* ARISTÓTELES, *Metafísica*, XII, cap. 7, 1072a 20 y ss., en CALVO, Tomás, *op. cit.*, p. 486.

1445 ARISTÓTELES, *Metafísica*, XII, cap. 9, 1074b 34–35, en CALVO, Tomás, *op. cit.*, p. 496.

1446 ARISTÓTELES, *Metafísica*, XII, cap. 7, 1072b 20 y ss., en CALVO, Tomás, *op. cit.*, p. 488.

ser vivo se relaciona mentalmente consigo mismo, deviniendo doble (*duplex* / δίπλαξ), se desdobla o se despliega pero al mismo tiempo se reúne consigo mismo, se junta consigo mismo siendo ya uno, se enrolla o retuerce sobre sí, se entreteje o enlaza, se sabe yo, ser autoconsciente y capaz de reconocerse e identificarse[1447].

A partir de Heráclito por lo que compete a la filosofía, la reflexividad, la racionalidad y la identidad personal como continuidad de pensamiento y palabra van aparejados no sólo a λόγος, sino también a ψυχή. Nos conformaremos aquí con señalar que la psique epicúrea es mortal, material o corpórea y pura dispersión atómica tras la muerte, con lo que no existe ni un alma universal (λόγος ἁπλοῦς) ni preservación *postmortem* del yo ni premio o castigo a ello asociado, aunque en virtud de la diversidad de mundos puede ocurrir que se conforme un yo idéntico a otro ya disperso o existente en otro. Richard Sorabji[1448] ofrece un sucinto y preciso recorrido sobre esta cuestión que lleva desde el alma hasta el yo. Por su parte, Edward J. Jeremiah aúna filología, lingüística y filosofía para detectar la aparición de la reflexividad en el pensamiento y lenguaje griego; muy interesantemente destaca entre los presocráticos a Heráclito y su fragmento DK 22 B 115, que según Eggers Lan y Juliá se vierte como "Propio del alma es un fundamento que se acrecienta a sí mismo" [ψυχῆς ἐστι λόγος ἑαυτὸν αὔξων][1449].

En opinión de Jeremiah hay un acrecentamiento intelectual, un crecimiento deliberado y autodeterminado como el cuidado socrático del alma y, más significativo, he aquí la primera atribución de actividad reflexiva al alma[1450], tal como señala también Robb[1451], aducido por Jeremiah, que subraya la autoexploración del cosmos interior – un repliegue, por lo tanto. En ese repliegue caben, como se ha de ver en otro capítulo, el examen de conciencia[1452], el diálogo interior y otras herramientas o hábitos de terapia psicológica propiamente epicúreos, como lo es también el ejercicio

1447 Existe una relación entre flecto, *flechten*, plico, πλέκω, πλοκή, que procede una raíz con el significado de doblar, curvar o entrelazar.

1448 *cf.* SORABJI, Richard, "Soul and self in ancient philosophy", en CRABBE, M. James C. (ed.), *From Soul to Self*, London, Routledge, 1999, pp. 8–32.

1449 *cf.* HERÁCLITO, frags. 698 (22 DK B 101) Plutarco, *Adv. Colot.* 1118c, y 845 (DK 22 B 116) Estobeo, *Flor.* I, 180, en EGGERS LAN, JULIÀ, *op. cit.*, p. 374.

1450 *cf.* JEREMIAH, Edward, *The Emergence of Reflexivity in Greek Language and Thought: From Homer to Plato and Beyond*, Leiden, Boston, Brill, 2012, p. 84.

1451 ROBB, Kevin, "Psyche and Logos in the Fragments of Heraclitus", en *The Monist*, nº 69, vol. 3, 1986, pp. 315–351.

1452 EPICURO, *Carta a Meneceo*, 132 y 135, en VARA, *op. cit.*, pp. 91 y 92: "132. Pues ni las bebidas ni las juergas continuas ni tampoco los placeres de adolescentes y mujeres ni los del pescado y demás manjares que presenta una mesa suntuosa es lo que origina una vida gozosa sino un sobrio razonamiento que, por un lado, investiga los motivos de toda elección y rechazo y, por otro, descarta las suposiciones, por culpa de las cuales se apodera de las almas una confusión de muy vastas proporciones. [...] 135: practica día y noche estas enseñanzas y las afines a éstas contigo mismo y con el que sea igual que tú, y jamás, ni en la vida real ni en los sueños, estarás preocupado, sino que vivirás como un dios entre los hombres".

comunitario de la franqueza y del diálogo con el próximo, que es prójimo, es decir, no sólo vecino o contiguo en sentido físico, sino también amigo o cercano en un sentido emocional y, también, semejante (πληςίον, τῶν πλησίον[1453]).

Carlo Diano alude sagazamente al repliegue del autoconocimiento en Epicuro, concretamente con respecto a un fragmento de su *Sobre la naturaleza*[1454], el cual ya hemos aducido antes.

Un ulterior desarrollo de la autoconciencia resulta en la conciencia moral (*moral conscience, sittliches Bewusstsein*). Ésta halla su anclaje en la distinción con criterio entre bien y mal – cosa que en Epicuro conecta con placer y dolor, respectivamente –. Como tal, corresponde al repliegue o reflexión en sentido literal, interna, pero universal al margen de la norma por la que rija; en ese repliegue se enjuician, en su bondad o maldad, pensamientos, palabras y obras propias. Históricamente, la conciencia moral ya se detecta en la edad antigua[1455] y posee, constitutivamente, ora una función disuasoria hacia las faltas, ora ejemplar por lo que hace a las buenas obras.

Ya Demócrito[1456] pone en valor ese saberse y consaber o ser consabidor[1457] culposo, en el sentido de saber consigo moralmente, y lo relaciona con la vergüenza ante sí mismo por los malos pensamientos, palabras y obras[1458]. Aquí aparece, pues, un sentimiento de agitación y malestar, de pérdida de la propia valía y dignidad, a causa de esas maldades.

1453 *cf.* EPICURO, *Carta a Heródoto*, 77, *Sentencias vaticanas* 61, 67, 70, entre otros lugares, en VARA, *op. cit.*, pp. 69, 103 y 104.

1454 DIANO, Carlo, "Le problème du libre arbitre", en DIANO, *op. cit.*, pp. 339–340, inicialmente publicado en ASSOCIATION GUILLAUME BUDÉ, *Actes*, *op. cit.*, pp. 337–42.

1455 MONDOLFO, *Sujeto humano*, *op. cit.*, "La noción del pecado y la conciencia moral en la ética antigua: el problema del carácter objetivista de la ética antigua", pp. 241–245.

1456 *cf.* JEREMIAH, *The Emergence of Reflexivity*, *op. cit.*, p. 100 y ss.

1457 TERREROS Y PANDO, Esteban. *Diccionario Castellano con las voces de ciencias y artes y sus correspondientes en las tres lenguas Francesca, Latina é Italiana, Tomo 1*, Madrid, Ibarra, Hijos y Co, 1786, *s. u.* "consaber", tener con otros alguna noticia. (...) CONSABIDO, part. pas; CONSABIDOR, el que sabe con otros alguna cosa, que se ha hecho o ha de hacer. Consaber, consabiduría y conciencia, *cf.* UNAMUNO, Miguel de, "Consabiduría y contontería" (originalmente en *Los lunes de El imparcial*, 10-2-1924), luego recogido en GARCÍA BLANCO, Manuel (ed.), *Obras completas, Tomo VI: La raza y la lengua, colección de escritos no recogidos en sus libros*, Madrid, Afrodisio Aguado, 1958, "En torno a la lengua española (1888–1936), pp. 646–649.

1458 *cf.* [LEUCIPO Y] DEMÓCRITO, frag. 1101 (DK 68 B 264), Estobeo, *Flor.* IV, 5, 46, en PORATTI, *op. cit.*, p. 417: "Nadie debe avergonzarse más ante los hombres que ante sí mismo, ni obrar mal ni cuando nadie lo ve ni cuando lo ven los demás. Hay que avergonzarse ante todo ante sí mismo y establecer esta ley en el alma, de modo de no hacer nada impropio".

La conciencia moral arraiga en la perturbación derivada tanto de la consciencia responsable cuanto del temor al castigo, según reportan Cicerón[1459] y Séneca[1460], éste último aludiendo a Epicuro, y también señala Sorabji[1461].

A este respecto, Demócrito nos indica que existe una emoción muy relacionada con la vergüenza y que tiene también una gran importancia para la conciencia moral: "Arrepentirse de las malas acciones es la salvación de la vida [μεταμέλεια (el arrepentimiento) ἐπ' αἰσχροῖσιν ἔργμασι βίου σωτηρίη]"[1462]. Esa importancia del arrepentimiento al margen de premio o castigos futuros, fruto de la reflexión racional, propiciará actividades como el examen de conciencia o la confesión[1463], que son una vía de purificación o pacificación y cuyo inicio parece encontrarse en la tradición órfico-pitagórica[1464].

También Epicuro relaciona reflexión moral y tranquilidad, según nos ha trasmitido Séneca: *initium est salutis notitia peccati*[1465]. Así mismo, el filósofo de Samos introduce ya en la física un principio de indeterminación, el *clinamen*, de modo que libertad y moralidad no meramente interior se condigan. Creemos que Epicuro conecta aquí conocimiento de la naturaleza y sus leyes o relaciones, con autoconocimiento y, finalmente, con conocimiento moral interiorizado, que lo constituye como individuo[1466].

1459 *cf.* CICERÓN, *Del supremo bien y del supremo mal*, II, 16, 53, en HERRERO, *op. cit.*, p. 129: "que el remordimiento atormenta a los malvados y, asimismo, el temor al castigo, que o los alcanza o les hace estar en continuo temor de ser alcanzados por él algún día".

1460 *cf.* SÉNECA, *Epístola moral a Lucilio*, 97, 15–16, en ROCA MELIÁ, Ismael (ed., trad.), *Epístolas morales a Lucilio, II, Libros X-XX y XXII, Epístolas* 81–125, Madrid, Gredos, 1989, p. 225: "Disentimos de Epicuro cuando dice que nada hay justo por naturaleza y que los crímenes han de evitarse porque no puede evitarse el temor que ocasionan: estamos de acuerdo con él en que las malas acciones sufren las torturas de la conciencia, la cual está sometida a multitud de tormentos y a una constante inquietud que la agobia y azota, sin que pueda confiar en los garantes de su seguridad. Esto mismo, Epicuro, constituye el argumento de que, por ley de la naturaleza, aborrecemos el delito que a todos, aun en medio de la seguridad, les infunde temor".

1461 *cf.* SORABJI, Richard, *Moral Conscience through the Ages: Fifth Century BCE to the Present*, Chicago, The University of Chicago Press, 2014, pp. 23–24.

1462 *cf.* [LEUCIPO Y] DEMÓCRITO, frag. 758 (68 B 43), en PORATTI, *op. cit.*, p. 375.

1463 *cf.* MONDOLFO, Rodolfo, *La conciencia moral, de Homero a Demócrito y Epicuro*, Buenos Aires, EUDEBA, 1962, pp. 65–72.

1464 *cf.* MONDOLFO, *Sujeto humano, op. cit.*, "La noción del pecado y la conciencia moral en la ética antigua: "La conciencia moral y la ley interior en la ética de los filósofos antiguos: orfismo y pitagorismo: el examen de conciencia"", pp. 286–290.

1465 USENER, *Epicurea, op. cit.*, p. 318, frag. 522, (SENECA *epist.* 28, 9).

1466 *cf.* WUNDT, Max, *Geschichte der griechischen Ethik, 2er Band*, Leipzig, Engelmann, 1911, p. 266: "Epikur, in dessen Ethik wir das rein innerliche Sein der Persönlichkeit, ein Leben in subjektiven Stimmungen und Bildern der Phantasie, zuerst

El ser consabidor moral se expresa en griego συνειδώς – si bien tiene también una nota de complicidad, y en el latín de Lucrecio se refleja, tal como nos indica Sorabji, como *mens sibi conscia*[1467]. La *conscientia* latina corresponde, pues, a la helena συνείδησις, que Epicuro[1468] no usa, aunque sí la forma participal de perfecto, propia del verbo σύνοιδα.

4.3. El λόγος como racionalidad plural: reciprocidad y projimidad[1469]

El repliegue que ocurre en el autoconocimiento y en la moralidad, esto es, en la reflexividad, tiene una dimensión expansiva en el despliegue que acontece en lo que aquí queremos llamar mutualidad o, por mejor decir, reciprocidad, en el sentido de correspondencia, igualdad en la relación u obligación de uno a otro – y viceversa –, mutua obligación; dicha correspondencia se da entre personas, cosas, acciones o sentimientos e implica algún tipo de simultaneidad y el intercambio alternante de papeles como agente y paciente de la dinámica. Así las cosas, tras el proceso de reflexión o introspección, se produce una observación hacia el convecino, que deriva en reconocimiento, es decir, la toma de conciencia respecto a otro ser humano que es distinguido como él mismo sin ser la identidad de que se parte, y que, al mismo tiempo, es admitido o inserto, con legitimidad propia, como un igual en el orden de lo humano.

El salto que se produce desde la observación y el reconocimiento culmina, finalmente, en el respeto (*respectus* < *respicio, cf. al. Rücksicht*), es decir, la atención, dicho de otro modo, la aplicación de los sentidos, especialmente de la vista, en el otro y en su interés; respeto también significa el miramiento, esto es, la mesura de quien mira alrededor cuando obra, para considerar con circunspección, con cuidado y amabilidad al otro y el entorno. Un buen conocimiento de la física y de uno mismo conduce, de suyo, al reconocimiento desde el *ego* hasta el *alter*, o más ampliamente, del *alius*, - al *alter ego* o *alius ego*, deberíamos decir – o sea: desde el yo se sabe que otro u otros no soy yo pero también son un yo o, más concretamente, son como yo. La relación circunscrita a uno mismo que es la reflexividad deviene un círculo más amplio que incluye a los iguales. Eso iguales están cercanos, son convecinos y próximos, pero se convierten en prójimo, en términos de reciprocidad, cosa que no es más que la pluralización de la autoconciencia.

---

eine Rolle spielen fanden, hatte damit das neue Persönlichkeitsbewußtsein wohl schon in den Kreis seiner ethischen Betrachtungen gezogen, eine allgemeine Deutung hatte er ihm nicht gegeben".

1467 LVCRETIVS, BAILEY, *op. cit.*, III, 1018.

1468 *cf.* ZUCKER, Friedrich, *Syneidesis - Conscientia: ein Versuch zur Geschichte des sittlichen Bewusztseins im griechischen und im griechisch-römischen Altertum*, Jena, G. Fischer, 1928, p. 20.

1469 *cf.* LAÍN ENTRALGO, Pedro, *Teoría y realidad del otro, 2,* Madrid, Revista de Occidente, 1961. Usamos el término acuñado por el estudioso español.

La observación, reconocimiento y respeto de uno sobre otro evita, pues, toda deshumanización, o sea, la acción y efecto, en forma de suceso puntual o continuado, consistente en que una persona, un grupo o un organismo nacional o internacional considera a otra persona, grupo o colectividad más amplia, integrada también por seres humanos, de modo negativo y con la creencia de que no merece el respeto y el trato que generalmente se da a los seres humanos[1470]. Es, por lo tanto, un modo de considerar no humano o inhumano a un humano, que puede alcanzar la mera animalización, la mecanización-cosificación o la *enemificación*, en virtud de diversos criterios aducidos. La animalización como modalidad de la deshumanización significa la atribución de incultura, amoralidad, infantilismo, irracionalidad y cualidades que se asocian con la vida sensitiva de las *bestias*; la mecanización-cosificación se caracteriza por establecer una ecuación entre una persona y una máquina, de modo que aquélla carezca de individualidad, emotividad y deseos; la *enemificación* consiste en deshumanizar a una persona al considerarla un enemigo, de manera que represente, encarne, la inmoralidad, la maldad, el provecho sobre los débiles, la falta de legitimidad, así como la violencia gratuita, de tal forma que cualquier acción contra la antedicha persona resulte justificada.

El significado de la reciprocidad[1471], tomado desde la autoconciencia individual, sería, pues, su ampliación como a guisa de círculo que se abre creando un círculo mayor o, al menos, una serie de intersecciones, en una especie de abrazo o convivencia gozosa, que funda la comunidad social-amical[1472], con una dimensión basada en la solidaridad y en la ayuda mutua[1473]. En ese sentido, la inclusión del otro como

---

1470 *cf.* BARON, R.A. y RICHARDSON, D.R., *Human Aggression*, New York, Plenum Publishing Corporation, 1994, pp. 234–235.

1471 *cf.* RICOEUR, Paul, "Devenir capable, être reconnu", en *Esprit*, nº 7, julio de 2005, pp. 125–129: "c'est la réciprocité, la mutualité, qui seules permettent de parler de reconnaissance au sens fort".

1472 EPICURO, *Sentencias Vaticanas* 56–57, en VARA, *op. cit.*, p. 103: "El sabio sufre, pero no más cuando es atormentado él mismo que cuando ve que el atormentado es su amigo... (Pues si el sabio no se comporta así) toda la vida del amigo rodará por los suelos y caerá en abatimiento por desconfianza en todos".

1473 *cf.* KONSTAN, David, "Reciprocity and Friendship", en GILL, Christopher *et al.* (eds.), *Reciprocity in Ancient Greece*, New-York, Oxford University Press, 1998, pp. 279–302: "Friendship is a relationship that is presumed to involve reciprocity. As an elective association, friendship seems to be predicated on the voluntary exchange of benefits, underwritten by feelings that are understood to be mutual. (...) The emphasis on equality between friends is above all characteristic of the Athenian democracy, although comradeship obtains between equals in the archaic age (for instance, Odysseus and Menelaos in Homer's Odyssey) and equality continues to be a value in discussions of friendship in the Hellenistic and Roman periods. (...) The emphasis on equality and reciprocal help in the classical period, I suggest, depends not so much on informal economic exchange among smallholder citizens as on the requirements of the democratic ideology, which projected an image of equal citizens bound by mutual loyalties".

igual hace compatible el autocuidado y el cuidado del otro, es decir, el egoísmo y el altruismo, por cuanto el hombre que entiende su naturaleza se sabe consigo pero también con los demás, entre y con los que se halla[1474].

De nuevo, nos encontramos aquí con la relación no exclusiva de uno consigo mismo o con el entorno cosificado y silente, de tal modo que integra o da cabida a sus iguales, aquellos con los que puede intercambiar palabras y correlacionarse. La comunidad requiere – como se ha dicho – la projimidad, la reciprocidad, es decir, proporcionalidad, mutua obligación y, especialmente, relación, que subyace en todo ello; en el seno del grupo que se sabe y se siente común emerge el diálogo en el que la identidad y la alteridad quedan recogidas de dos modos: el primer modo se refiere, *lato sensu*, a la presencia de una identidad activa (un yo pensante y sintiente) frente a una alteridad pasiva, esto es, cualquier contenido perceptual e intelectivo cuya asunción o captación implique desciframiento; el segundo modo constituye la raíz misma del diálogo, cuyo prerrequisito estriba en un reconocimiento mutuo de dos entidades pensantes y sintientes diferenciadas y capaces de lenguaje (dos identidades contrapuestas en forma de yo y tú; que se otorgan una a otra un idéntico estatuto ontológico, pese su diferencia óntica, legitimidad, competencia (verbal y racional).

En este punto es quizás sugerente acudir a la etimología y recordar (aun teniendo presente que las palabras significan lo que significan y no lo que significaron) que el preverbio (preposición) διά, integrado en el compuesto διάλογος, puede traducirse como "a través de, entre, *por entre*" con equivalentes latinos "*per*" e "*inter*". Ahondando en este punto, Frisk[1475] explica que denota "en dos partes, separado y a través"; Hofmann[1476] ofrece el significado "a través de dos partes separadas"; Boisacq[1477] apunta que, como elemento adnominal, "indica un movimiento de penetración a través de algo, sentido que ha borrado el de separación". Todos ellos conectan la preposición antedicha con δύο y, en este caso, parecen más atinadas las

1474 *cf.* GILL, Christopher, "Altruism or Reciprocity in Greek Ethical Philosophy?", en GILL, *Reciprocity, op. cit.*, pp. 303–328, concretamente, pp. 303 y 323: "the happiness-centered character of Greek ethical thought is not inherently egoistic, and is compatible with the valuation of altruism. [...] The first question is how Epicurus reconciles the pursuit of the overall goal in life (pleasure, understood as freedom from pain and distress) with the readiness to 'take risks for the sake of friendship' and, if need be, to 'die for a friend'. The issue is sharpened by Epicurus' insistence that the virtues are instrumental means to achieve the overall goal, and that you should 'refer each of your actions on every occasion to nature's end' (that is, pleasure). (...) Epicurus' own view seems to have been this. Friendship serves Epicurean objectives both because it is (negatively) a guarantee of security from danger and anxiety and (positively) a source of 'joy' and thus intrinsically desirable".

1475 FRISK, *Griechisches, op. cit., s. u.* διά.

1476 HOFMANN J. B., *Etymologisches Wörterbuch des Griechischen*, Darmstadt, W. B. G., 1971, *s. u.* διά.

1477 BOISACQ, ÉMILE *Dictionnaire étymologique de la langue grècque*, Heidelberg, Winter, 1950, *s. u.* διά.

apreciaciones de Hofmann y Frisk, quienes especifican mejor el modo del "a través" y del "entre" en cuanto penetración separadora o separación penetradora en dos partes, tal como ya había indicado Curtius[1478].

Esta evolución semántica, relacionada con el dos, parece quedar confirmada por los paralelos de otras lenguas; así, en inglés existen dos términos para referirnos a "entre" *among* (entre más de dos) y *between* (entre dos); éste último importa aquí: está relacionado con *twin*, que significa "gemelo, doble". El alemán *zwischen*, por su parte, según informa Kluge[1479], tiene como étimo *zwei* (dos); significa concretamente "entre dos", frente a *unter* "entre más de dos".

Por todo ello, puede sostenerse que, indisolublemente ligado a la noción de comunidad, el *diálogo*, o *interlocución*, es la palabra pensada que fluye, se abre paso a través de al menos dos emisores y receptores que se afectan mutuamente, en cuyo flujo se genera conocimiento o se produce un intento de ilustración o elucidación sobre lo ignorado o confuso – basado en la interacción (el vaivén de afirmación y refutación), en la confrontación (ora constructiva, ora combativa) y en la mancomunidad. En este sentido, y como principio implícito pero esencial de cualquier interacción comunicativa dialógica o conversacional estándar, debemos mencionar aquí lo que Paul Grice, lingüista especializado en pragmática, denomina "principio de cooperación", esto es, la presuposición de una contribución discursiva racional, pertinente e informativamente enriquecedora[1480].

La noción de reciprocidad nos conduce de suyo a la de projimidad, que ya hemos empleado en diversas ocasiones. Ésta última no es más que variación de la proximidad, como cercanía inmediata, para recoger la nota de prójimo, esto es, la relación de vecindad solidaria que se da entre los seres humanos, hasta el punto de que se trata de una relación interpersonal de amor a cualquier hombre[1481], en la línea de la filantropía, como amor al género humano.

Dicho esto, queremos agregar que la comunidad de λόγος propicia un mutuo intercambio, es decir, una interrelación de carácter lingüístico-racional, atómico y emocional, de forma que actúa como nutrición psicológica a más de terapia anímica, donde entra la corrección recíproca basada en la franqueza (libertad de palabra, παρρησία[1482]), la cohesión social y, en definitiva, el buen vivir.

1478 *cf.* CURTIUS, GEORG, *Grundzüge der Griechischen Etymologie*, Leipzig, Verlag Teubner, 1879, p. 239.

1479 KLUGE, FRIEDRICH; *Etymologisches Wörterbuch der deutschen Sprache* [CD – ROM], Berlin, Gruyter, 2002, *s. u.*

1480 *cf.* GRICE, Herbert, "Lógica y conversación", en VALDÉS VILLANUEVA, L. (comp.), *La búsqueda del significado*, Madrid, Tecnos, 1999, pp. 524–543, concretamente p. 528, traducción de GRICE, Herbert Paul, "Logic and conversation"en COLE, P. y MORGAN, J. L. (eds.). *Syntaxis and Semantics*. vol. 3: *Speech Acts*. New York, Academic Press, 1975, pp. 41–58, p. 45.

1481 *cf.* LAÍN ENTRALGO, Pedro, *Teoría, 2, op. cit.*, p. 312.

1482 *cf.* FILODEMO, KONSTAN, David *et al.* (eds., trads.), *On frank criticism* (Περὶ παρρηςίας), Atlanta, Scholars Press, 1998.

Esa vida feliz epicúrea significa, además, colaboración amical, convivencia con compartición de pensamientos y palabras, como en Aristóteles[1483], a más de asimilación o incremento de la semejanza unitaria, tanto entre los hombres como entre los dioses, hasta el punto de que la sociedad divina o humana se torna una unidad de vida, sólida pero dinámica como un átomo. Todo esto, sin embargo, es objeto de ampliación en el subapartado 5.2.10.

Debemos matizar, empero, que la reciprocidad, comunitaria, que es correlación proporcional entre seres humanos, no supone equipolencia[1484] en los decires en el sentido escéptico o sofístico, esto es, como λόγοις ἰσοσθένειαν[1485], conducente al relativismo o la suspensión del juicio; sí existe, en cambio, una igualdad entre los miembros de la comunidad, que les permite hablar libremente pero de conformidad con criterio y juicio. Es justamente ahí donde se patentiza la reciprocidad como pluralización del juicio y de la reflexividad individuales.

Conviene recordar, aún sobre la reciprocidad, que la aceptación del otro como uno o uno más, en pie de igualdad, ha sido estudiada por Claude Lévi-Strauss, quien observó la importancia, en términos sociales y económicos, de la ley de reciprocidad en los intercambios, no meramente económicos, sino con valor añadido, con carga simbólica[1486]. La reciprocidad, al reconocer al otro como humano y consciente, como participante en el diálogo y en el juicio, evita el solipsismo, por cuanto concede y asume que el otro existe y lo respeta. En este punto, deseamos aportar el testimonio de Schopenhauer que, desde una perspectiva muy distinta, menciona la cuestión:

> "En consecuencia, el doble conocimiento [como voluntad y representación] que poseemos del ser y actuar de nuestro propio cuerpo, conocimiento que se ofrece de dos formas completamente heterogéneas y que aquí ha llegado a hacerse claro, lo emplearemos en adelante como una clave de la esencia de todo fenómeno de la naturaleza; y todos los objetos que no se ofrecen a la conciencia como nuestro propio cuerpo de esas dos maneras sino solamente como representación, los juzgaremos en analogía con aquel cuerpo; y supondremos que, así como por una parte aquellos son representación como

---

1483 *cf.* ARISTÓTELES, *Ética nicomáquea*, IX, cap. IX, 1170b 4 y ss., en LLEDÓ, PALLÍ BONET, *op. cit.*, pp. 372–373: "entonces así como la propia existencia es apetecible para cada uno, así lo será también la existencia del amigo, o poco más o menos. Pero el ser es deseable, porque uno es consciente de su propio bien, y tal conciencia es agradable por sí misma; luego debe también tener conciencia de que su amigo existe, y esto puede producirse en la convivencia (συζῆν) y en la comunicación de palabras y de pensamientos (κοινωνεῖν λόγων καὶ διανοίας·), porque así podría definirse la convivencia humana (τὸ συζῆν ἐπὶ τῶν ἀνθρώπων)".

1484 *cf.* FERRATER MORA, José, *Diccionario de filosofía, vol. I: A-K*, Buenos Aires, Sudamericana, 1965, 4ª ed., *s. u.* "equipolencia".

1485 SEXTO EMPÍRICO, *Esbozos pirrónicos*, I, 8, l. 5, en GALLEGO, MUÑOZ, *op. cit.*, p. 54: "la equivalencia entre (...) proposiciones contrapuestas".

1486 *cf.* LÉVI-STRAUSS, Claude, *Las estructuras elementales del parentesco*, Barcelona, Paidós, 1998 [ed. orig. *Les Structures élémentaires de la parenté*, Paris, Mouton, 1949], "El principio de reciprocidad", pp. 91–108.

él, y en ello semejantes a él, también por otra parte, si dejamos al margen su existencia como representación del sujeto, lo que queda ha de ser en su esencia íntima lo mismo que en nosotros llamamos *voluntad*"[1487].

Si, parafraseando estas palabras, las aproximamos a Epicuro, podemos sostener que se da, pues, un salto cualitativo que va desde el conocimiento como fenómeno y ente de razón hasta la atribución a los otros de racionalidad y voluntad autónomas; ahí la reciprocidad tiende a la proximidad de Lévinas, es decir, a una relación dinámica que modifica a sus participantes y que va más allá de lo cognitivo-epistémico para alcanzar la vivencia de la intimidad y la amistad[1488], donde cabe la responsabilidad, porque hay correlación, coimplicación[1489], amor mutuo del otro por ser quien es y búsqueda de su bien[1490]. En este contexto, debemos recordar que la proporcionalidad,

---

1487 SCHOPENHAUER, Arthur, LÓPEZ DE SANTA MARÍA, Pilar (trad.), *El mundo como voluntad y representación I*, Madrid, Trotta, 2009 [ed. orig. *Die Welt als Wille und Vorstellung vier Bücher, nebst einem Anhange, der die Kritik der Kantischen Philosophie enthält*, Leipzig, Brockhaus, 1819], capítulo XIX, p. 157.

1488 *cf.* LÉVINAS, Emmanuel. *De otro modo que ser, o más allá de la esencia*, Salamanca, Sígueme, 2003 [ed. orig. *Autrement qu'être ou au-delà de l'essence*, La Haye, Nijhoff, 1974], pp. 142–143: "La proximidad es el sujeto que se acerca y que, por consiguiente, constituye una relación en la cual yo participo como término, pero en la cual soy más o menos que un término. (...) Yo soy un término irreductible a la relación y, sin embargo, en una recurrencia que me vacía de toda consistencia. (...) La humanidad, a la cual se refiere la proximidad en sentido propio, debe, pues, concebirse de entrada como conciencia, es decir, como la identidad de un yo dotado de saberes o —lo que viene a ser lo mismo— de poderes. La proximidad no se resuelve en la conciencia que un ser adquiere de otro ser al que estimaría próximo en tanto que éste se encontraría a su vista o a su alcance y en tanto que le sería posible captarlo, tenerlo o entretenerse con él en la reciprocidad del apretón de manos, de la caricia, de la lucha, de la colaboración, del comercio o de la conversación. En este caso la conciencia, en tanto que conciencia de un posible, en tanto que poder y libertad, habría perdido ya la proximidad propiamente dicha, substraída y tematizada, del mismo modo que habría reprimido ya en sí misma una subjetividad más antigua que el saber o el poder. La proximidad no está ya en el saber en el cual se muestran las relaciones con el prójimo, sino donde ellas se muestran (...)".

1489 *cf.* LÉVINAS, *De otro modo que ser*, *op. cit.*, p. 214: "La no-indiferencia en que estoy respecto al otro, en tanto que el otro es otro y prójimo, está más allá de todo compromiso, en el sentido voluntario del término, porque se prolonga en mi porte de ente hasta llegar a la substitución; al mismo tiempo, está más acá del compromiso porque, precisamente al liberar en esta pasividad extrema un sujeto indeclinable y único, la responsabilidad en tanto que significación de la no-indiferencia es de sentido único, del Yo al otro. Soy único en el decir de la responsabilidad que es exposición a una obligación en la cual nadie puede reemplazarme. La paz con el otro es, ante todo, asunto mío. La no-indiferencia, el decir, la responsabilidad, el acercamiento es la liberación del único responsable, de mí".

1490 *cf.* ARISTÓTELES, *Ética nicomáquea*, VIII, cap. III, 1156a-b, en LLEDÓ, PALLÍ BONET, *op. cit.*, pp. 327–328.

que es otro modo de formular la mutua correspondencia, la vincula Ricoeur a otros valores cuando señala:

> "Por la reciprocidad, la amistad linda con la justicia; el viejo adagio 'amistad-igualdad'designa exactamente la zona de intersección: ya que cada uno de los dos amigos da al otro tanto como recibe. La amistad no es, sin embargo, la justicia, en la medida en que ésta rige las instituciones, y aquélla, las relaciones interpersonales. Por esta razón, la justicia abarca a numerosos ciudadanos, mientras que la amistad sólo admite un número pequeño de miembros"[1491].

Con esta cita deseamos matizar que el altruismo, la projimidad, la mutualidad y reciprocidad emergen con respecto a todas las alteridades con las que colinda o contacta el individuo en virtud misma de su racionalidad pero que se intensifican en la amistad debido a una mayor afinidad entre los implicados; ésta permite incluso aplicar el cauterio curativo de palabras o actos aparentemente dañosos u ofensivos pero que en último término han de ayudar al igual con quien existe la relación.

Razón, respeto, reflejo, espejo, identidad, alteridad, proximidad y projimidad están indisolublemente ligados con la conciencia de sí y la moral y tienen importancia en la obra de Epicuro. Del conocimiento de las relaciones naturales, transitamos hacia el autoconocimiento, al miramiento moral hacia sí y a los otros, entre los que se produce un juego de espejos perceptivo y judicativo con el próximo que deviene prójimo y amigo. Ocurre, entonces, que el uno (el individuo) tiene en el otro un igual en quien nos miramos y que se mira en nosotros. Como ha señalado excelentemente Vernant:

> "(...) la existencia de cada individuo [está] expuesta de manera invariable a la mirada del otro. Es en el ojo de quien se tiene enfrente, en el espejo que éste supone, donde uno se construye la imagen de sí mismo. No puede existir, entonces, ninguna conciencia de identidad sin este otro en el que nos reflejamos y que se opone a nosotros, haciéndonos frente. El sí mismo y el otro, la identidad y la alteridad, van de la mano, constituyéndose recíprocamente. [...] Mirarse en él [en el espejo] supone proyectar el propio rostro frente a uno mismo, situarse cara a cara, desdoblarse en una figura susceptible de ser observada como se haría si se tratase de otro individuo, aun sabiendo que se trata de uno mismo. No existe otra forma de contemplarse uno mismo en la singularidad de su propia fisonomía que tal enfrentamiento con el espejo, donde uno se ve en el hecho de verse, donde uno se mira mirándose"[1492].

1491 RICOEUR, Paul, NEIRA CALVO, Agustín (trad.), *Sí mismo como otro.* México, Siglo XXI, 2006 [ed. orig. *Soi-même comme un autre*, Paris, Seuil, 1990], p. 190.

1492 VERNANT, Jean-Pierre, *El individuo, la muerte y el amor en la antigua Grecia*, Barcelona, Paidós, 2001 [ed. orig. *L'individu, la mort, l'amour. Soi-même el l'autre en Grèce ancienne*, Paris, NRF, Gallimard, 1989], "Introducción", p. 10 y "El espejo de Medusa", p. 114. Debemos estas estas referencias a la lectura del texto inédito "Epicuro: un hombre feliz", presentado por la Dra. Méndez Lloret, quien generosamente nos lo ofreció, cosa que agradecemos sinceramente.

Tras todo lo indicado sobre el giro hacia uno mismo y hacia los demás deseamos propugnar y repetir que el λόγος como relación en lo real se concreta en lo humano por esa capacidad de enlazar e incluso de generar la reflexividad de la conciencia. Así las cosas, nos parece lícito sostener que la racionalidad, sinónimo moderno de razón, la podemos definir funcionalmente como la cualidad, exclusivamente humana, y que conlleva acciones y efectos, de discurrir, esto es, de reflexionar, pensar y hablar sobre alguien o algo con progresión informativa, linealidad, con capacidad de comprender y hacerse comprender.

Así entendida y al menos a partir del surgimiento de la filosofía en Grecia, especialmente con Heráclito, la razón está ligada al lenguaje, pues, como es bien sabido, 'λόγος'[1493] se traduce, en cuanto a lo que aquí interesa, por 'palabra, lenguaje, expresión, pensamiento, concepto, discurso, habla, verbo'; también significa 'declaración, palabras' y, en progresiva especialización, 'discurso, cuenta, consideración, explicación, razonamiento, y palabra' en oposición a ἔργον (realidad), con el valor último de 'razón en cuanto capacidad intelectual humana suprema'.

Su valor sería, entonces, el de decir inteligible o palabra razonadora y, en última instancia, el de facultad intelectual humana específica y distintiva frente al resto de seres, así como todas sus producciones o actos, como un argumento, razonamiento, expresión verbal, noción o concepto[1494]. Si atendemos a la iluminadora descripción que del término hace Guthrie[1495], podemos incluir en el λόγος todo lo dicho de palabra o por escrito, esto es, un discurso, una fábula, una narración, una explicación, una conversación, una mención, una noticia; también, lo opuesto a las acciones o hechos, que luego remitirá a un tratado, un acuerdo, una orden; muy especialmente "la noción de tomar en consideración, sopesando los pros y los contras, se presentaba por lo general como si uno mantuviera una conversación consigo mismo"[1496], lo que lo aproxima al monólogo interno del pensar; así mismo, el sentido de causa, razón o argumento; entendido como fundamento y objeto de inteligibilidad remite a principio general, ley, normal, legaliformidad; conceptuado como sujeto o portador de inteligencia e inteligible para otros, designa la facultad de la razón, la racionalidad, la capacidad argumentativa. Nos importa sobremanera consignar, con el estudioso londinense, que:

> "palabra y pensamiento van al unísono, y que nociones que los griegos expresaban mediante una palabra idéntica estaban más estrechamente relacionadas en sus mentes de lo que lo están en las de personas que carecen de una palabra de la misma extensión. Al leer griego es difícil y, en ocasiones, equivocado trazar una línea neta y firme

1493 FRISK, *Griechisches, op. cit.;* HOFMANN, *Griechischen, op. cit.*; BOISACQ, *Dictionnaire, op. cit., s. u.* λέγω.
1494 *cf.* GOBRY, Ivan. *Le vocabulaire grec de la philosophie,* Paris, Ellipses, 2000, pp. 80–81, *s. u.* λόγος.
1495 *cf.* GUTHRIE, *Hª, I, op. cit.*, pp. 397–400.
1496 GUTHRIE, *Hª, I, op. cit.*, p. 397.

entre dichas nociones. Tampoco es siempre fácil conocer exactamente la intención que persiguió el escritor"[1497].

Desde el punto de vista etimológico, el término λόγος', nombre sustantivo deverbal, procede de λέγω cuyo significado primario parece ser, según Boisacq y otros etimólogos, el de "tomar o coger uno por uno, juntar, recoger, recolectar, escoger", es decir, una actividad física, de ordenación y recolección, que puede remitirse bien a los despojos, a la madera; posteriormente y con claridad después de Hesíodo, surge el valor semántico de "enumerar, contar (lo recogido), decir y hablar"[1498].

El sentido de 'reunir' es paralelo al que Ernout-Meillet[1499] postulan para *lego*, a saber, primero, denota juntar, recoger, seleccionar (*spolia, conchas, nuces, flores, uuas, uinum, oleam, mala, poma fructum ancoras, ossa lego*), luego recoger con los oídos, escuchar espiando o por casualidad (*cf.* el inglés *overhear*); luego, recoger o juntar con la vista, y finalmente "reunir las letras con los ojos" o "recoger lo escrito" o, en sentido técnico "enumerar en voz alta -leyendo-". En esta línea de investigación filológico-lingüística se insertan, también, algunas apreciaciones que Ferrater Mora hace en su *Diccionario de filosofía* bajo la voz *logos*:

> "(...) se ha indicado que el sentido primario de λέγειν es "recoger" o "reunir": se "recogen" o "unen" las palabras como se hace al leer (*legere, lesen*) y se obtiene entonces la "razón", la "significación", "el discurso", "lo dicho". Heidegger ha propuesto que el significado primario de λέγειν es "poner", "extender ante"; de ahí "presentar después de haber recogido [y de haberse recogido]'. El λόγος sería entonces el resultado de que consistiría esencialmente en una "cosecha", la cual sería, a su vez, resultado de una 'selección'"[1500].

Por su parte, el nexo entre humanidad y racionalidad viene ya de antiguo como atestigua la designación griega usual atribuida a Aristóteles "ζῷον λόγον ἔχον", cuya formulación real es "λόγον δὲ μόνον ἄνθρωπος ἔχει τῶν ζῴων"[1501] o "ἄνθρωπος δὲ καὶ λόγῳ: μόνος γὰρ ἔχει λόγον"[1502].

El equivalente de ese término y concepto griego corresponde al latín *ratio*, un nombre sustantivo abstracto de acción y efecto que procede del verbo latino *reor*, que, en sentido estricto, significa 'calcular', 'contar' y, más ampliamente, 'pensar', 'estimar', 'juzgar' o determinar para sí a partir de fundamentos sensatos, esto es, a partir de cuenta, cálculo y conclusión. El sentido de la *ratio*[1503] radica, entonces, en

---

1497 GUTHRIE, *H^a, I, op. cit.*, p. 400.
1498 *cf.* HOROVITZ, Thekla, *Vom Logos zur Analogie: die Geschichte eines mathematischen Terminus*, Zürich, H. Rohr, 1978, p. 40 y ss.
1499 ERNOUT, A., MEILLET, A., *op. cit., s. u.* "*lego*".
1500 FERRATER MORA, *Diccionario, L-Z, op. cit., s. u.* λόγος.
1501 ARISTÓTELES, *Politica*, 1253A 9–10, en ROSS, W. D. (ed.), Oxford, Clarendon Press, 1978.
1502 ARISTÓTELES, *ibidem*, 1332b., en ROSS, *op. cit.*
1503 FONTANIER, Jean-Michel, *Le vocabulaire latin de la philosophie de Cicéron à Heidegger*, Paris, Ellipses, 2005, *s. u.* "ratio".

la acción y efecto de sopesar, de tantear, de contar y tomar en cuenta o computar, lo que de por sí conduce a creer, pensar, considerar o juzgar. Por su significado inicial la razón implica la acción, efecto y operación mental de poner, intencionadamente, en cierto orden, relacionar, aunando o separando, concatenar causalmente elementos, discerniendo sus encadenamientos, de tal modo que uno da o rinde explicación, valoración y justificación ante sí o ante los demás de alguna acción, persona, cosa, pensamiento[1504]. Si lo entendemos así y tenemos presente además su origen, resulta natural la evolución de la *ratio* desde la cuenta (matemática), facultad o modo de calcular, hasta llegar a cálculo, juicio, método, doctrina, razón determinante[1505]. Como tales, tanto λόγος cuanto *ratio* remiten al principio de inteligibilidad para quien posee capacidad de inteligencia, cosa que únicamente compete al hombre, así como otros numerosos matices fruto de su profundidad y polisemia.

Recuperando el aspecto que aquí nos interesa deseamos subrayar, con Guthrie, la importancia y dificultad conceptual de λόγος:

> "*Lógos* no puede traducirse satisfactoriamente con una sola palabra castellana. Enfrentados a una serie de fenómenos, [los helenos] sintieron la urgente necesidad de trascenderlos y dar una explicación de su existencia, en la forma y modo particular en que existían. Un *lógos* completo es una descripción que, al mismo tiempo, explica. Junto a forma o estructura, razón o proporción, *lógos* puede significar, según su contexto, explicación, definición y aclaración —nociones estas típicamente griegas, y todas tan estrechamente relacionadas en la mente griega que pareció natural expresarlas con una misma palabra"[1506].

De modo semejante se pronuncia la coordinadora de un diccionario de intraducibles filosóficos que pone de manifiesto la riqueza de matices y especificidad terminológica griega de λόγος, cuya nota de racionalidad aquí nos incumbe. Afirma Barbara Cassin:

> "L'histoire de la philosophie grecque peut être décrite comme une série de réinterprétations du sens de logos, sur fonds d'une polysémie toujours active. On passe d'une doctrine ou d'une systématique à une autre par une stratégie de refocalisation: des Présocratiques et des Sophistes à Platon, de Platon à Aristote, d'Aristote aux Stoïciens, etc., la polysémie de logos est à chaque fois réorganisée autour d'un sens matriciel différent"[1507].

En la misma obra se listan los significados de discurso, lenguaje, habla, palabra, racionalidad, razón, inteligencia, fundamento, principio, motivos, proporción, cálculo, relación, discurso, tesis, razonamiento, argumento, explicación, enunciado,

---

1504 MOLINER, María, *Diccionario de uso del español*, vol. 1 A-G, Madrid, Gredos, 1966, *s. u.* "cuenta" y "contar".

1505 ERNOUT, A., MEILLET, A., *op. cit.*, *s. u.* "*reor*".

1506 GUTHRIE, *H*ª, *I*, *op. cit.*p. 48.

1507 CASSIN, Barbara (dir.), *Vocabulaire européen des philosophies: dictionnaire des intraduisibles*, Paris, Le Robert / Seuil, 2004, *s. u.* "Lógos".

proposición, frase, definición, cuenta y cuento, y se remarcan, por ejemplo, los vínculos entre número y narración también en alemán (*Zahl / Erzählung*).

En conclusión y antes de abordar la noción de λογισμός, se impone señalar que todas estas disquisiciones sobre el λόγος pretenden dar cuenta exhaustivamente del calado conceptual que tal noción alberga y hacer explícita su presencia en la obra de Epicuro.

4.4. El λογισμός y la analogía en Epicuro: juicio y correlación

4.4.1. El λογισμός como juicio

En lo tocante a su presencia textual, cabe señalar lexicométricamente que en la obra conservada de Epicuro λογισμός aparece un total de 13 ocasiones; si a éstas se agregan formas con prefijaciones varias, como ἀνα̣λογίσμα, ἀνα̣λογισμός, διαλογίσμα (2 veces), διαλογισμός (4 veces), ἐπιλογισμός (9 veces), συλλογισμὸς, el total asciende a unas 33 apariciones[1508].

El término λογισμός y sus compuestos sustantivos deverbales están vinculados etimológicamente con el sustantivo λόγος y el verbo λέγω, de donde derivan, indirectamente, (λογίζομαι)[1509] gracias al sufijo sustantivador masculino y agudo –(ι) σμός[1510]. Su valor consiste en formar sustantivos abstractos de acción, estado, condición o doctrina, tal como se aprecia en su equivalente castellano 'ismo'. En alemán y en latín tienen una función parecida los sufijos –*ung* y –, *atio*, como bien se aprecia en *ratio* y *ratiocinatio*. Si acudimos a las obras lexicográficas grecolatinas de Hederich[1511] y Scapula[1512] en busca de sus equivalencias latinas, veremos que se vierte con varios sentidos: cuenta, cálculo, contabilización, razonamiento; silogismo, reflexión,

---

1508 *cf.* USENER, Hermann (a.), GIGANTE, Marcello y SCHMID, Wolfgang (eds.), *Glossarium Epicureum*, Roma, Edizioni dell'Ateneo & Bizzarri, 1977. Aquí pueden consultarse las voces interesadas.

1509 Significa: contar, calcular, enumerar, considerar, considerar, concluir o inferir; *cf.* HEDERICH, Benjamin (comp.), *Novum lexicon*, *op. cit.*, tomus prior sectio altera, *s. u.* λογίζομαι: "*rationem ineo seu subduco, computo, supputo; 2) collatis utrinque rationibus certi aliquid concludo; 3) mecum reputo, cum reputo, considero, perpendo, considero, censeo, arbitror, existimo, opinor, aestimo; 4) imputo, expensum fero, tribuo*". Con pocas modificaciones en la entrada desde 1766.

1510 STRATTON, Alfred William, *History of Greek Noun-Formation. I. Stems with -M-*, Chicago: University of Chicago Press, 1899, p. 198 y ss, especialmente, 209.

1511 HEDERICH, *Novum lexicon*, *op. cit.*, tomus prior sectio altera, *s. u.* λογισμός: "*supputatio, computatio, ratio- cinium; (2) ratiocinatio, reputatio, cogitatio; (3) consilium, deliberatio; (4) ipsa ratio ac mens, facultas intelligendi et iudicandi. (5) Syllogismus*".

1512 SCAPULA, *Lexicon*, *op. cit.*, *s. u.* λογισμός: "*supputatio, computatio, ratiocinium. Item ratiocinatio, reputatio, cogitatio. Exponitur etiam consilium, item deliberatio, quia βουλεύεσθαι et λογίζεσθαι idem esse tradit Aristot. Eth. 6. Accipitur etiam pro ipsa ratione aut mente*".

consideración, consejo, parecer ponderado o sopesado; razón o mente. Aquí cabe también el fruto del pasar cuentas con lo real, con uno mismo o con los demás, de forma que produzca una suerte de sentencia o resolución de cara a la acción.

Así, podemos sostener que λογισμός sería, en analogía con la razón, la capacidad, la acción y el efecto de razonar, es decir, propiamente, el razonamiento, en el sentido de relacionar, calcular, sopesar, ponderar, reflexionar y encadenar argumentos. Otro aspecto del 'razonamiento' como cálculo reflexivo de medios, vías y acciones factibles y posibles se ofrece en la siguiente cita de Aristóteles, hallada gracias al lexicógrafo Scapula: "deliberar y razonar son lo mismo"[1513] [τὸ γὰρ βουλεύεσθαι καὶ λογίζεσθαι ταὐτόν].

En este sentido, quizás la traducción más exacta en castellano del uso que le da Epicuro sería 'juicio', habida cuenta de que recoge su polisemia en el sentido de facultad mental que guía para obrar, distinguiendo el bien del mal, lo verdadero y lo falso, apreciando cualidades, teniendo criterio, prudencia, cordura y acierto; igualmente, remite a opinión, juicio o parecer y, como concreción de esto, designa la operación mental de carácter lógico-lingüístico consistente en comparar o unir dos ideas para conocer y determinar sus relaciones, de tal modo que una se afirme o se niegue de la otra y viceversa.

En esta última acepción cabe recordar que caen bajo el mismo vocablo los sentidos que pueden entenderse tanto como la forma oracional con sentido pleno y expresable en múltiples lenguas cuanto como su contenido propositivo o lógico-semántico. 'Juicio' recoge, pues, un valor semejante al de razón, el acto de razonar y el efecto o fruto de ese acto, no sólo respecto a su forma lingüística sino también a la forma lógico-judicativa. Igualmente, por su matiz valorativo se aproxima no sólo a lo racional sino también a lo estimativo-calculador-prudencial, es decir, lo que modernamente se caracteriza como lo estratégico-instrumental, y que bien puede equiparse con lo 'razonable'. Con respecto a la corrección y oportunidad de la traducción en cuanto a λογισμός debemos señalar que José Vara es consistente al optar por "razonamiento" de forma sistemática; no así, por desgracia, Carlos García Gual y el difunto Eduardo Acosta Méndez, quienes, al traducir el término en su por lo demás excelente *Ética de Epicuro, la génesis de una moral utilitaria*[1514], optan unas veces por "cálculo prudente", "juicio", "reflexión", "razonamiento", "cálculo" e incluso en el caso del fragmento Usener 485 (= Arrighetti 238)[1515] de Porfirio escogen "sabiduría".

Sobre la historia filosófica del término debemos indicar que Platón lo emplea como numeración, razón o proporción de recuento, enumeración, número, contabilización; igualmente, en el sentido de "razonamiento"[1516], reflexión, consideración,

---

1513 ARISTÓTELES, *Ética nicomáquea*, VI, cap. I, 1139a12, en LLEDÓ, PALLÍ BONET, *op. cit.*, p. 270.

1514 GARCÍA GUAL, ACOSTA MÉNDEZ, *op. cit.*, pp. 99 (*Carta a Meneceo*, 132), p. 109 (*Máximas Capitales* XVI, XIX y XX), p. 138 (*Acerca del sabio*, 2a), p. 149 (*Fragmentos y testimonios escogidos*).

1515 PORPHYRIVS, *ad Marcellam*, 29, ll. 4–5, en NAUCK, *op. cit.*, p. 293.

1516 PLATÓN, *Fedón*, 79a 3, en GARCÍA GUAL, *op. cit.*, p. 69.

noción, conclusión y razón en general[1517]. En cuanto a Aristóteles, puede decirse que no lo usa apenas en comparación con 'συλλογισμός', silogismo, en el sentido especializado de razonamientos concatenados o, por mejor decir, forma lógica que relaciona una premisa mayor, una premisa menor y una conclusión cuya validez depende de su formación y cuya verdad deriva del contenido propositivo. Con todo, Aristóteles también usa λογισμός como "razonamiento" o "capacidad de cálculo racional", "cálculo racional"[1518], en *Acerca del alma*; también se traduce como "facultad de razonar", "razón"[1519], "cálculo" o "raciocinio"[1520].

Sobre el sentido de λογισμός en Epicuro deseamos subrayar aún, con Catherine Atherton[1521], que el filósofo aúna pensamiento y lenguaje, como ocurre con la propia noción de λόγος, que existe una prioridad lógica y psicológica del primero sobre el segundo, que es, si emitido, público y natural. De esta forma, en un remotísimo pasado se produjeron actos de fonación que expresaban o respondían a emociones o datos sensibles hasta un momento en el que se emitieron, gracias a motivos fisiológicos y psicológicos, vocalizaciones plenas que ligaban objetos y nombres, dotadas, por tanto, de sentido pleno, que superaban los gestos o los balbuceos. En este marco, el λογισμός aporta una dimensión volitiva-convencional al vínculo natural precedente por cuanto amplía el repertorio de nombres y posibilita la creación o imposición bautismal de otros nuevos para otras realidades.

4.4.2. La ἀναλογία como la correlación o lo ἀνὰ τὸν αὐτὸν λόγον

Además del juicio o λογισμός nos interesa considerar el papel de la analogía en el pensamiento de Epicuro, pues pone en juego no sólo el razonamiento sino también la relación misma, el λόγος. Para ello estimamos oportuno, primero, presentar lo ἀνάλογον.

Este término griego es el fruto de un proceso lexicogenésico que substantiva una secuencia de preposición y substantivo, tal como ocurre en latín con *securus* (*se / sine*

1517 *cf.* AST, Friedrich, *Lexicon Platonicum sive vocum Platonicarum index*, Bonn, R. Habelt, 1956, vol 2, *s. u.* λογισμός. Aquí se hallan recogidas todas las fuentes platónicas para el término, así como su equivalencia latina, que recogemos aquí tal como aparece: "*computatio, computandi uel numerandi ratio, numerus; ratiocinatio, reputatio, cogitatio, consideratio, notio, conclusio*".

1518 ARISTÓTELES, *Acerca del alma*, I, cap. 5, 409b16, II, cap. 3, 415a8-9, III, cap. 10, 433a12, III, cap. 11, 434a8, en CALVO, Tomás, *op. cit.*, pp. 159, 178, 246 y 249, respectivamente.

1519 ARISTÓTELES, *Ética eudemia*, II, cap. I, 1219b40, 1220ba1, en LLEDÓ, PALLÍ BONET, *op. cit.*, pp. 434 y 435, respectivamente.

1520 ARISTÓTELES, *Ética nicomáquea*, III, cap. 9, 1117a21, III; cap. 12, 1119b10, en LLEDÓ, PALLÍ BONET, *op. cit.*, pp. 202 y 208.

1521 ATHERTON, Catherine, "Epicurean philosophy of language", en WARREN, *Companion*, *op. cit.*, pp. 197–215.

+ *cura*) o con las palabras castellanas 'sobrecama', 'contraluz', 'entrepierna'. Esta observación convalida, entonces, expresiones relativamente comunes en la lengua griega como κατὰ τὸν αὐτὸν λόγον, ἀνὰ τὸν αὐτὸν λόγον – que usa Platón, por ejemplo –, ἀνὰ λόγον. Conscientes ya de la carga semántica de λόγος, es preciso recordar que ἀνὰ tiene una acepción distributiva, que se vierte como "cada, por, según"[1522]; este sentido, que incumbe especialmente al uso con acusativo – escaso en griego ático –, remite a la repartición y extensión o despliegue en una colectividad o comunidad, no preserva el valor primigenio de "hacia arriba"; en sus usos posthoméricos, especialmente en los siglos V y IV, mantiene ese sentido de abarcamiento o incumbencia centrífuga[1523]. Creemos también digno de mención el paralelismo entre ἀνὰ μέρος ('según su parte' con el sentido de pacto mutuo, en la línea del *suum cuique tribuere*) y ἀνὰ λόγον, donde la preposición tiene ya el valor distributivo más frecuente, como una conformidad que rige y reparte por igual.

En síntesis y a tenor de lo afirmado, análogo es lo que ocurre o se concibe según la misma relación, de conformidad con la misma razón, de una manera más restringida e implicante que la mera *relatio*. En consonancia con esto, proponemos entender analogía como correlación, palabra latinomedieval ya consignada por Du Cange[1524], y traducir ἀνάλογον como correlativo, donde se aúnan *cum* (*cor*) y *relatio*.

La correlación, siendo lo mismo que la analogía, describe o manifiesta la relación entre dos o más características, acontecimientos, estados o funciones cuyo vínculo no ha de ser necesariamente causal sino casual. No obstante, en términos griegos, la identidad parcial que se deriva de la semejanza o proporcionalidad sí impone, creemos, una trabazón constitutiva, fundante.

En términos estadísticos actuales, la proporcionalidad como relación funcional lineal, esto es, que produce un valor constante, así como la consistencia de dicha relación entre dos variables estadísticas, se llama también correlación, aunque no implica relación causal[1525].

Tomando la correlación o analogía en su sentido original podemos afirmar que es – repitámoslo – el establecimiento o evidenciación de una relación de semejanza, de algún tipo de comunidad estructural, y constituye el procedimiento racional epicúreo por excelencia; el proceso judicativo, el λογισμός, conduce de suyo a la inferencia analógica, al razonar ἀναλόγως, análogamente, "por un procedimiento equivalente"[1526]. La inferencia analógica consiste, así, en evaluar racionalmente, poniéndolos en relación, un conjunto de proposiciones para alcanzar otra final llamada

---

1522 RODRÍGUEZ ADRADOS, *DGE*, *op. cit.*, vol. 2, *s. u.* ἀνὰ.

1523 *cf.* HOROVITZ, *op. cit.*, p. 122 y ss.

1524 DU CANGE, *Glossarium*, *op. cit.*, t. 2, col. 580c, *s. u.* "*correlatio*": "*Mutua relatio, Ital. Correlazione, Gall. Correspondance* (...)".

1525 *cf.* CLAPHAM, Christopher, SA, Mª Luisa de (trad.), *Diccionario de matemáticas*, Madrid, Oxford University Press, Editorial Complutense, 1998 [ed. orig. *The Concise Dictionary of Mathematics*, New York, Oxford University Press, 1996], *s. u.* "correlación".

1526 EPICURO, *Carta a Heródoto*, 40, en VARA, *op. cit.*, p. 51.

conclusión y formar, con un propósito heurístico, justificativo o programático, una opinión acerca de la verdad, falsedad o probabilidad de algo, a partir de la comparación, semejanza o identidad parcial, especialmente estructural, entre dos objetos, propiedades, relaciones o sistemas formados por éstos, de los cuales uno resulta familiar o ya conocido, con lo que se establece una proximidad entre un particular inicial y otro particular meta[1527].

Sobre la trabazón entre λόγος, λογισμός y ἀναλογία podemos traer a colación, a más de la progresión conceptual realizada hasta ahora, las reflexiones de Bruno Snell, quien ya señaló con respecto a la Antigua Grecia que "ni siquiera el pensamiento 'abstracto' se libra de las metáforas y se apoya en las muletas de la analogía"[1528], dado que, según el autor, la mente primitiva usa generalidades intuitivas para destacar lo particular mediante metáforas y comparaciones.

Si tenemos en cuenta que metáfora y comparación implican correlación o disposición ordenada, podemos considerar que ese pensamiento primitivo se sirve de una lógica, centrada en lo concreto, cuya función consiste en elaborar conjuntos estructurados, no con otros conjuntos estructurados, sino utilizando residuos y restos de acontecimientos, sobras y trozos, testimonios fósiles de la historia de un individuo o de una sociedad[1529].

En este punto queremos incluir unas interesantes palabras al respecto de Octavio Paz:

> "la analogía concibe el mundo como ritmo: todo se corresponde porque todo ritma y rima. La analogía no es sólo sintaxis cósmica: también es prosodia. Si el universo es un texto o tejido de signos, la rotación de esos signos está regida por el ritmo. El mundo es un poema; a su vez, el poema es un mundo de ritmos y símbolos. Correspondencia y analogía no son sino nombres del ritmo universal. (...) la analogía es el reino de la palabra como ese puente verbal que, sin suprimirlas, reconcilia las diferencias y las oposiciones"[1530].

Por otra parte, podemos señalar que, nuevamente al decir de Snell, en el ámbito del pensamiento griego, el cual aúna filosofía y ciencia, indistintas entonces, se da un paralelismo con las comparaciones o metáforas homéricas que revelan un sentido

1527 *cf.* BARTHA, Paul, "Analogy and Analogical Reasoning", en ZALTA, Edward N. (ed.), *The Stanford Encyclopedia of Philosophy* (Fall 2013 Edition), consultado el 20 de marzo de 2014 y disponible en la página URL = <http://plato.stanford.edu/archives/fall2013/entries/reasoning-analogy/>.

1528 SNELL, *op. cit.*, "Comparación, metáfora, analogía. Del pensamiento mítico al pensamiento lógico", p. 334.

1529 *cf.* LÉVI-STRAUSS, Claude, GONZÁLEZ, Francisco (trad.), *El pensamiento salvaje*, Fondo de Cultura Económica, México, 1972 [ed. orig. *La pensée sauvage*, Paris, Plon, 1962], Capítulo primero: "La ciencia de lo concreto" y segundo: "La lógica de las clasificaciones totémicas".

1530 *cf.* PAZ, Octavio, *Los hijos del limo. Del romanticismo a la vanguardia*, Barcelona, Seix Barral, 1974, p. 94 y ss.

oculto, no perceptible. Así Empédocles, por ejemplo, "mantiene todavía el carácter visual de la explicación ilustrando el elemento oculto e impenetrable a partir de objetos que el hombre ha fabricado o a partir de actividades que él mismo realiza, del mismo modo que nosotros explicamos, por ejemplo, la función del ojo comparándolo con un aparato fotográfico"[1531]. Existe un trasfondo previo de estructuras relacionales correspondientes biunívocas, proporciones; así, a juicio del alemán:

> "A partir de este esquema se desarrolla el severo método de la deducción analógica, cuando la matemática toma la fórmula 'es igual' de estas comparaciones en sentido exacto y preciso, basando estas proporciones no en adjetivos de valor (bello, sabio) ni en adjetivos que expresen percepciones opuestas, sino en adjetivos de cantidad o magnitud. (...) La teoría de la proporción ha sido desarrollada en las matemáticas sobre todo por los pitagóricos. Platón la utiliza para deducciones analógicas también fuera del campo matemático, pero entonces surge la pregunta de si este método conserva su fuerza demostrativa cuando se extiende a otros objetos, pues si la comparación debe demostrar algo, la fórmula 'es igual' ha de entenderse en un sentido estricto"[1532].

Por su parte, Lloyd, deudor, entre otros de Snell, estudia en su obra *Polaridad y analogía*[1533], originalmente publicada en 1966, esos dos modos argumentativos y métodos explicativos propios del pensamiento griego antiguo y, si bien él sólo alcanza hasta Aristóteles, podemos decir que el segundo permanece todavía vigente en la época de Epicuro, como muestra el filósofo de Samos. Lloyd aborda primero los opuestos o contrarios, los pares polares, aunque – debemos señalarlo – también las díadas opositivas se resuelven en una correlación mutua compensatoria, un equilibrio que lo mismo compete a lo cosmológico, a lo físico y a lo fisiológico; de ese equilibrio dinámico surgen y huyen, a él tienden y en él se disuelven cíclicamente. En nuestra opinión, los opuestos salvan con sentido la pluralidad dinámica repetida, conquistando una unidad nocional de permanencia en el ámbito al que afectan. Incluso ante la distinción entre contrariedad (noción según la cual la falsedad de una implica lógicamente la verdad de la otra) y contradicción (como incompatibilidad en cuya virtud la falsedad de una no implica la verdad de la otra) entre dos proposiciones, cabe pensar que se da algún tipo de relación o vínculo, al ser, de algún modo, lo mismo o poseer una conexión desapercibida. Con buen criterio, Lloyd toma la analogía:

> "en su sentido más amplio para significar no sólo la analogía proporcional *(a : b : : c : d)* sino cualquier forma de razonamiento en la que un objeto o un sistema de objetos sea equiparado o asimilado a otro (uno de los dos casos concretos, entre los que se aprecia o se sugiere la existencia de una similitud, es por regla general desconocido o

---

1531 SNELL, *op. cit.*, "Comparación", *sec. cit.*, p. 361.

1532 SNELL, *op. cit.*, "Comparación", *sec. cit.*, pp. 366–367.

1533 LLOYD, G. E. R., VEGA, Luis (trad.), *Polaridad y analogía: dos tipos de argumentación en los albores del pensamiento griego*, Madrid, Taurus, 1987 [ed. orig. *Polarity and Analogy; Two Types of Argumentation in Early Greek Thought*, Cambridge [Eng], University Press, 1966].

no enteramente conocido, mientras que el otro es, o se supone, mejor conocido). (...) Lo que llamo analogía es ciertamente una modalidad extremadamente general de razonamiento, común bajo alguna de sus formas a todos los pueblos en todos los tiempos"[1534].

En su opinión, la analogía, en busca de la semejanza, cumple, al igual que la ciencia-*science sensu stricto*, la función de proporcionar explicaciones y controlar-predecir la realidad, al igual que lo hace la magia, sólo que con una eficacia muchísimo mayor en el caso de la aquélla[1535]. Así mismo, el proceso de razonamiento que parte y opera desde la verdad de un particular hasta la verdad de otro particular semejante al primero es, de suyo, un modo de inferir a partir de lo empírico. El propio estudioso galés hace referencia a varios pasajes de Aristóteles en los *Tópicos* y en los *Analíticos primeros*, que aluden a la similitud y a la ejemplificación (παράδειγμα), que están cercanas a la analogía[1536]. Así, señala el Estagirita en *Tópicos*:

"De otro lado, hay que considerar por mutua comparación las diferencias dentro de los mismos géneros, (...) y de un género a otro que no estén demasiado alejados, (...) pues en los géneros demasiado distantes las diferencias son perfectamente evidentes. Hay que mirar la semejanza en cosas de géneros distintos: como lo uno es a una cosa, así lo otro es a otra cosa (...) y como lo uno está en una cosa, así lo otro está en otra; (...) ahora bien, es preciso ejercitarse en las cosas más alejadas, pues así podremos más fácilmente captar lo semejante en las demás cosas. Pero también hay que mirar las cosas que están en el mismo género, y ver si se da en todas ellas lo mismo, (...) pues, en cuanto se da en ellas lo mismo, en la misma medida son semejantes" [...] "[l]a consideración de lo semejante es útil para los argumentos por comprobación, para los razonamientos a partir de una hipótesis y para dar las definiciones. Para los argumentos por comprobación porque juzgamos oportuno comprobar lo universal mediante la comprobación por casos singulares sobre la base de las semejanzas: pues no es fácil comprobar sin percibir las semejanzas. Para los razonamientos a partir de una hipótesis, porque es cosa admitida que, tal como ocurre con una de las semejanzas, así también ocurre con las restantes"[1537].

Aquí destaca, pues, la comparación, que es relación en busca de igualdades parciales, esto es, semejanzas. Igualmente, en *Analíticos primeros* sostiene el filósofo griego sobre el razonamiento por ejemplificación:

"Hay ejemplo cuando se demuestra que el extremo < superior> se da en el medio a través de lo semejante al tercer < término>. Pero es preciso que sea conocido que el medio se da en el tercero y el primero en lo semejante (...). Del mismo modo también

1534 LLOYD, *Polaridad, op. cit.*, pp. 168–169.
1535 *cf.* LLOYD, *Polaridad, op. cit.*, p. 171.
1536 *cf.* LLOYD, *Polaridad, op. cit.*, p. 377.
1537 ARISTÓTELES, *Tópicos*, I, cap. 17, 108a 1–18, I, cap. 18, 108b 7–14, en CANDEL, *op. cit.*, pp. 118 y 119, respectivamente; ambos fragmentos están separados por un corchete con puntos suspensivos.

si la certeza de la relación del medio con el extremo < superior> naciera a través de varios casos semejantes. (...) Es manifiesto, pues, que el ejemplo no es, ni como una parte respecto al todo, ni como un todo respecto a la parte, sino como una parte respecto a otra parte, cuando ambos casos están subordinados a lo mismo, y uno de los dos es conocido"[1538].

Lloyd, por último, subraya, en definitiva, la presencia continua de la analogía, derivada del sentido común, desde los inicios del pensamiento especulativo griego y su valía como frecuente y afortunado recurso para expresar concepciones filosófico-científicas sobre el cosmos y los fenómenos naturales, cosa que conecta con lo antedicho sobre la pretensión de continuidad entre lo visible y lo invisible, que preside toda la filosofía griega.

Podemos citar, por prurito de exhaustividad, a otro estudio alemán, menor, que aporta alguna información sobre la analogía en una línea parecida a la que aquí se defiende. Es el trabajo doctoral inédito de Thomas Brandt, titulado *Ana ton auton logon: zur Entwicklung des Gebrauchs der Analogie in der griechischen Philosophie*[1539]. Brandt, tras pasar por la comparación espontánea y la metáfora como formas primeras de la analogía y del desarrollo intelectual, y tras presentar el mito como un constructo explicativo basado en la analogía, menciona la cercanía entre la parábola[1540]/ alegoría (*Gleichnis*) y la proporción en los primeros testimonios del pensamiento griego, debido al sentido comparativo y aclaratorio que, por vía simbólica o alusiva, tienen. Así pues, explican un estado de cosas a través de otro que es explícitamente enunciado. Aduce el autor alemán, por ejemplo, un pasaje homérico en que los hombres en compacta formación resisten con tesón los lances de la batalla, por lo que son comparados con una roca[1541]:

1538 ARISTÓTELES, *Analíticos primeros*, II, cap. 24, 68b 38 – 69a 13, en CANDEL, *op. cit.*, pp. 289–290.

1539 BRANDT, Thomas, *Ana ton auton logon: zur Entwicklung des Gebrauchs der Analogie in der griechischen Philosophie*, Marburg, [*s. n.*], 1977.

1540 MARCHESE, Angelo y FORRADELLAS, Joaquín, *Diccionario de retórica, crítica y terminología literaria*, Barcelona, Ariel, 2013 [ed. orig. *Dizionario di retorica e di stilistica: arte e artificio nell'uso delle parole retorica, stilistica, metrica, teoria della letteratura*, Milano, Mondadori, 1978], *s. uu.* "parábola" y "alegoría", respectivamente: "La parábola es una forma narrativa que tiene una doble isotopía semántica: la primera, superficial, es un relato; la segunda, profunda, es la transcodificación alegórica del relato (con significado moral, religioso, filosófico, etc.). [La alegoría] [e]s una figura retórica mediante la cual un término (denotación) se refiere a un significado oculto y más profundo (connotación). (...) [L]a alegoría es un 'metalogismo', o sea, una operación lingüística que actúa sobre el contenido lógico mediante la supresión total del significado básico que ha de ser referido a un nivel distinto de sentido o isotopía".

1541 *cf.* BRANDT, *Analogie*, *op. cit.*, p. 24.

"Héctor deseaba romper las filas de los combatientes y probaba por donde veía mayor turba y mejores armas; mas aunque ponía gran empeño no pudo conseguirlo, porque los dánaos, dispuestos en columna cerrada, hicieron frente al enemigo. Cual un peñasco escarpado y grande, que en la ribera del espumoso mar resiste el ímpetu de los sonoros vientos y de las ingentes olas que allí se rompen; así los dánaos aguardaban a pie firme a los teucros y no huían"[1542].

Por eso, aproxima el investigador la comparación, la metáfora, la alegoría e incluso el mito y la analogía en el sentido de que todas ellas se basan en el establecimiento de una relación de semejanza o una semejanza de relaciones[1543]. Brandt aborda también el valor de la analogía en Parménides, en Heráclito y Empédocles, así como en Sócrates, Platón y Aristóteles, lo cual, en función del filósofo interesado y sus tesis, o bien ha de tratarse más abajo o bien será obviado. No obstante, resulta interesante su planteamiento, con el que coincidimos de pleno, sobre la analogía como relación de relaciones y como principio de estructura del mundo.

Ahora, dejando al margen las matizables notas de Snell y las de Lloyd, queremos abundar más en la ἀναλογία. Considerarla significa, como hemos indicado, desentrañar el modo de pensamiento y justificación, de conocimiento, en definitiva, propio de Epicuro. El término griego se tradujo en latín como *comparatio* (comparación) o *proportio*, proporción, es decir, lo que está *pro portione*, o sea, conforme a las partes de cada uno; en otras palabras, se trata de la cualidad en cuya virtud una cosa posee la misma razón matemática (aritmética o geométrica) o una disposición conforme y correspondiente o bien con sus partes o bien con otras cosas. Según el *DGE* denota "proporción, paralelismo, reflexión o razonamiento"[1544]. Dicho razonamiento, que es unitivo, copulativo o vinculante *ex definitione*, implica o manifiesta la existencia de una relación debida a un parecido cuyo fundamento último es la existencia en seres o cosas de características, estructuras, comportamientos o cualquier otro atributo que los acomuna y acerca.

Por decirlo de algún modo, la analogía sería una correspondencia al menos biunívoca, es decir, que implica necesariamente dos elementos coimplicados, en una suerte de relación bicondicional. De este modo se alude a una correlación, o sea, una relación o conexión de dos términos entre dos sistemas u órdenes de lo real o conceptual.

Señala Ralf Stammberger[1545] que el primer uso de analogía en griego se retrotrae al pitagórico Arquitas de Tarento, quien usa el vocablo griego alternativamente con μέση (χορδή) [tono medio][1546], con el valor de razones, relaciones o proporciones aritméticas, geométricas y tonales. De hecho, el estudioso austríaco Theodor

1542 HOMERO, *Ilíada*, XV, 615–621, en SEGALÁ, *op. cit.*, p. 172.
1543 *cf.* BRANDT, *Analogie, op. cit.*, p. 28.
1544 RODRÍGUEZ ADRADOS, *DGE, op. cit.*, vol. 2, *s. u.* ἀναλογία.
1545 STAMMBERGER, Ralf M. W., *On Analogy: An Essay Historical and Systematic*, Frankfurt am Main, P. Lang, 1995, p. 11.
1546 ARQUITAS DE TARENTO, DK 47 B 2 12, en DIELS, KRANZ, *Erster, op. cit.*, p. 436: "τᾶι ἀναλογίαι".

Gomperz menciona ya en época decimonónica cómo Pitágoras y sus discípulos establecieron proporciones, esto es, relaciones matemáticas, a partir del uso del monocordio, tras observar la dependencia entre la altura del sonido y la vibración de la cuerda. Queremos citar en este punto al erudito de Brno, que arroja buena luz sobre lo que aquí se defiende:

> "Inmenso fue el asombro del investigador, erudito a la vez en matemática y música, cuando este sencillo experimento le reveló de golpe el reino maravilloso de una ley, en un terreno impenetrable hasta entonces para la comprensión científica. Sin estar en condiciones de determinar las vibraciones que produce cada sonido, podía medir las fuentes materiales del sonido, la cuerda en vibración; y aun algo hasta entonces completamente inalcanzable, indeterminado y por decirlo así, espectral, se había sometido a reglas y leyes e incorporado a la esfera de las magnitudes tridimensionales. Fue ésta una de las contingencias más afortunadas que conoce la historia de la ciencia. (...) Los intervalos de los sonidos —cuarta, quinta, octava, etc.— que hasta entonces sólo el fino y adiestrado oído del músico podía distinguir con acierto, pero que no podía ni comunicar a otros ni reducirlos a causas accesibles a la inteligencia, se hallaban ahora referidos a relaciones numéricas, claras y precisas. Estaba planteado el fundamento de la mecánica de los sonidos, y ahora, ¿qué otra mecánica podría parecer inaccesible? (...) Ahora se abría al ojo asombrado de Pitágoras y sus discípulos la promisora perspectiva de la regularidad universal de la vida de la naturaleza, sujeta a relaciones numéricas. (...) La analogía entre números y relaciones dimensionales condujo a denominar propiedades de los primeros con expresiones que en realidad sólo corresponden a las últimas. (...) ¿No podía considerarse el paralelismo de las dos series de fenómenos como una identidad? ¿No podía aparecer la misma formación en el espacio como esencialmente idéntica al número que indica la cantidad de las unidades espaciales contenidas en ella? ¿No era necesario, o al menos posible, que se considerase al número como un principio o, como diríamos hoy, una 'raíz' de la superficie, luego del volumen?"[1547].

Sobre esta cuestión queremos señalar que, por cuanto nos consta, el húngaro Árpád Szabó fue de los primeros estudiosos contemporáneos en analizar lo análogo, la razón y la proporcionalidad en relación con la matemática griega. Así, en su artículo *Die frühgriechische Proportionenlehre im Spiegel ihrer Terminologie*[1548] observa que la doctrina de la proporción constituye la piedra angular de la matemática antigua. Atribuida a Pitágoras, el estudioso se ocupa del origen del término y su valor, a saber, de proporción o correlación matemática, antes que lingüística o gramatical. El significado de semejanza, correspondencia, adecuación, despliegue de una regla en casos parecidos, o familiaridad, conecta – creemos – con la noción de λόγος

1547 GOMPERZ, Theodor, *op. cit.*, pp. 144–147.

1548 SZABÓ, Árpád, "Die frühgriechische Proportionenlehre im Spiegel ihrer Terminologie", en *Archive for History of Exact Sciences*, vol. 2, nº 3, 1964, pp. 197–270; también, en el mismo sentido, SZABÒ, Árpád, *The Beginnings of Greek Mathematics*, Dordrecht (Holanda) / Budapest, Reidel / Akadémiai Kaidó, 1978, pp. 144–169.

en cuanto relación, que defendemos. No obstante, a decir de Szabó, analogía es un término matemático, no cotidiano, que expresa la relación entre dos números o tamaños, la proporción numérica; de hecho, según el húngaro, "en tiempos preeuclídeos el λόγος matemático era un concepto mucho más abarcador"[1549]. Igualmente se aborda la ligazón entre las expresiones ya mencionadas ἀνὰ τὸν αὐτὸν λόγον y ἀνὰ λόγον hasta alcanzar, por elipsis, 'análogo' y subraya, además, el valor de medio harmónico que éste denota, como ya se ha señalado también en referencia a Arquitas. Por lo demás se trata la analogía en sentido gramatical, la cual se expresa hoy con el nombre de "morfología". El húngaro trae a colación, en su interés por el valor matemático del concepto, varios pasajes de Euclides sobre el mínimo necesario para establecer la proporción[1550].

En discordancia con él[1551], creemos apropiado sostener que ἀνὰ τὸν αὐτὸν λόγον significa sustancialmente lo mismo que κατὰ τὸν αὐτὸν λόγον, mucho más abundante que el anterior, o que εἰς τὸν αὐτὸν λόγον – usado por Heráclito y Platón, por ejemplo –, al igual que en castellano puede decirse "conforme a, según, por o con la misma relación", sin que por ello varíe apenas el significado.

Al calor del primer estudio sobre la proporción, apareció en el ámbito germanófono otra obra de investigación que se ocupa nuevamente de esta cuestión, desde perspectiva distinta. En *Vom Logos zur Analogie: die Geschichte eines mathematischen Terminus*, Thekla Horovitz [luego Slan] trató el origen y el significado del concepto griego de proporción, privilegiando el aspecto matemático y lingüístico. Así, la investigadora suiza señala que la unión griega entre aritmética y geometría hace de la proporción, es decir, de la relación entre magnitudes, masas y formas, un punto clave[1552] y, propiamente, la progresión o proporción geométrica, no la aritmética. De forma muy interesante Horovitz observa que:

> "mientras nosotros usamos proporción de manera principalmente cuantitativa, relacionada con valores y magnitudes estables y determinadas, la analogía se emplea también en relación con procesos, mecanismos, funciones, transformaciones y cambios. Como constructos conceptuales, los dos fenómenos están, sin embargo, vinculados: tanto la analogía cuanto la proporción sirven para dar información sobre cómo se comportan ciertas cosas entre sí, comparadas desde determinados puntos de vista, o sobre hasta qué punto se corresponden, sólo que el ámbito de valores comparativos de la analogía resulta más amplio frente al de la proporción, dado que también los puntos de comparación pueden representar procesos, funciones y similares, por lo cual la analogía

---

1549 SZABÓ, "Proportionenlehre", en *op. cit.*, pp. 197–220, concretamente p. 202.

1550 EUCLIDES, *Elementos*, libro V, definiciones 8 y 9, en PUERTAS, *Elementos: libros V-IX, op. cit.*, pp. 13–14: "Una proporción entre tres términos es la menor posible. Definición 9. Cuando tres magnitudes son proporcionales, se dice que la primera guarda con la tercera una razón duplicada de la que guarda con la segunda".

1551 SZABÒ, *Mathematics, op. cit.*, p. 152 y ss.

1552 HOROVITZ, *op. cit.*, p. 15.

cobró su significado como método heurístico en la investigación de la naturaleza, por la llamada 'inferencia analógica'"[1553].

Por otra parte, la autora menciona también fenómenos no matemáticos ligados a la analogía, como la comparación poética, empleada por Homero. Resulta interesante, así mismo, la consignación de progresiones matemáticas conservadas en las tablillas micénicas donde aparecen operaciones de cálculo, financiero o de rendición de cuentas[1554]. A más de esto, se observa que la noción de "proporción" cuenta en griego ya de antiguo con diversas alternativas expresivas, más o menos sinónimas.

En otro orden de cosas, debemos recordar que Platón también hace mención de la analogía (proporción) para referirse a relaciones binarias entre magnitudes o números, de modo que se da el mismo efecto de adición, reducción, etc. en ambas, conforme la misma medida o parte con respecto a sí mismo y a los restantes. Dice elogiosamente Platón:

> "no es posible unir bien dos elementos aislados sin un tercero, ya que es necesario un vínculo en medio que los una. El vínculo más bello es aquel que puede lograr que el mismo y los elementos por él vinculados alcancen el mayor grado posible de unidad. La proporción es la que por naturaleza realiza esto de la manera más perfecta. En efecto, cuando de tres números cualesquiera, sean enteros o cuadrados, el término medio es tal que la relación que tiene el primer extremo con él, la tiene él con el segundo, y, a la inversa, la que tiene el segundo extremo con el término medio, la tiene éste con el primero; entonces, puesto que el medio se ha convertido en principio y fin, y el principio y fin, en medio, sucederá necesariamente que así todos son lo mismo y, al convertirse en idénticos unos a otros, todos serán uno"[1555].

Todavía en el *Timeo*, obra de gran importancia cosmológica, menciona Aristocles lo análogo:

> "Así, el dios colocó agua y aire en el medio del fuego y la tierra y los puso, en la medida de lo posible, en la misma relación proporcional mutua (ἀνὰ τὸν αὐτὸν λόγον) – la relación que tenía el fuego con el aire, la tenía el aire con el agua y la que tenía el aire con el agua, la tenía el agua con la tierra –, después ató y compuso el universo visible y tangible"[1556].

Otro ejemplo inscrito en la misma línea se presenta cuando el filósofo griego señala sobre el mundo: "[c]omo concuerda por medio de la proporción, alcanzó la amistad, de manera que, después de esta unión, llegó a ser indisoluble para otro que no fuera el que lo había atado"[1557]. Aparece en el mismo diálogo la cuestión de la semejanza y la correlación de imagen y modelo, su analogía:

1553 HOROVITZ, *op. cit.*, p. 18; traducción propia.
1554 HOROVITZ, *op. cit.*, p. 27 y ss.
1555 PLATÓN, *Timeo*, 31b-c, en DURÁN LÓPEZ, LISI, *op. cit.*, pp. 174–175.
1556 PLATÓN, *Timeo*, 32b 3–8, en DURÁN LÓPEZ, LISI, *op. cit.*, p. 175.
1557 PLATÓN, *Timeo*, 32c 1–4, en DURÁN LÓPEZ, LISI, *op. cit.*, pp. 175–176.

"Por ello, engendrado de esta manera, fue fabricado según lo que se capta por el razonamiento y la inteligencia y es inmutable. Si esto es así, es de total necesidad que este mundo sea una imagen de algo. Por cierto, lo más importante es comenzar de acuerdo con la naturaleza del tema. Entonces, acerca de la imagen y de su modelo hay que hacer la siguiente distinción en la convicción de que los discursos están emparentados con aquellas cosas que explican: los concernientes al orden estable, firme y evidente con la ayuda de la inteligencia, son estables e infalibles – no deben carecer de nada de cuanto conviene que posean los discursos irrefutables e invulnerables –; los que se refieren a lo que ha sido asemejado a lo inmutable, dado que es una imagen, han de ser verosímiles y proporcionales a los infalibles. Lo que el ser es a la generación, es la verdad a la creencia"[1558].

A más de esto, en otros lugares la nombra o la usa directamente Platón. Veamos, pues, algunos ejemplos. En el *Fedón* escribe: "las plantas crecen proporcionadamente (ἀνὰ λόγον): árboles, flores y frutos. Y, a la par, los montes presentan sus rocas también con igual proporción (ἀνὰ τὸν αὐτὸν λόγον)"[1559]. De igual modo, en la *República* anota al referirse al símil de la línea: "Toma ahora una línea dividida en dos partes desiguales; divide nuevamente cada sección según la misma proporción (ἀνὰ τὸν αὐτὸν λόγον)"[1560]. De hecho, en esta obra existen otras ocurrencias del término e incluso usos del concepto: "las cosas sanas producen la salud y las malsanas la enfermedad. (...) De manera análoga, el obrar justamente produce la justicia, mientras el actuar injustamente engendra la injusticia"[1561]; "[e]ntonces ya podéis decir qué entendía yo por el vástago del Bien, al que el Bien ha engendrado análogo a sí mismo (ἀνάλογον ἑαυτῷ). De este modo, lo que en el ámbito inteligible es el Bien respecto de la inteligencia y de lo que se intelige, esto es el sol en el ámbito visible respecto de la vista y de lo que se ve"[1562].

En otro lugar se emplea nuevamente la correlación o analogía como método de acceso y explicitación de lo real/verdadero:

"Entendiste perfectamente. Y ahora aplica a las cuatro secciones estas cuatro afecciones que se generan en el alma; inteligencia, a la suprema; pensamiento discursivo, a la segunda; a la tercera asigna la creencia y a la cuarta la conjetura; y ordénalas proporcionadamente (τάξον αὐτὰ ἀνὰ λόγον), considerando que cuanto más participen de la verdad tanto más participan (μετέχειν) de la claridad"[1563].

Bien se echa de ver aquí la aplicación de la analogía que Platón ejecuta, cosa que Cornford observa en alusión a la doctrina platónica en general:

1558 PLATÓN, *Timeo*, 29a-c, en DURÁN LÓPEZ, LISI, *op. cit.*, p. 172.
1559 PLATÓN, *Fedón*, 110d 4–6, en GARCÍA GUAL, *op. cit.*, p. 129.
1560 PLATÓN, *República*, 509d 6–8, en EGGERS LAN, *op. cit.*, p. 335.
1561 PLATÓN, *República*, 444c en EGGERS LAN, *op. cit.*, p. 241.
1562 PLATÓN, *República*, 508b-c, en EGGERS LAN, *op. cit.*, p. 333.
1563 PLATÓN, *República*, 511d 6 – 511e 4, en EGGERS LAN, *op. cit.*, p. 337.

> "The *Republic* had dwelt on the structural analogy between the state and the individual soul. Now Plato intends to base his conception of human life, both for the individual and for society, on the inexpugnable foundation of the order of the universe. The parallel of macrocosm and microcosm runs through the whole discourse. True morality is not a product of human evolution, still less the arbitrary enactment of human wills. It is an order and harmony of the soul; and the soul itself is a counterpart, in miniature, of the soul of the world, which has an everlasting order and harmony of its own, instituted by reason. This order was revealed to every soul before its birth; and it is revealed now in the visible architecture of the heavens. That human morality is so based on the cosmic order had been implied, here or there, in earlier works; but the *Timaeus* will add something more like a demonstration, although in mythical form"[1564].

Vecina a la correlación, o al menos ligada a ella, se encuentra la participación. Juzgamos por lo tanto apropiado señalar aquí las afinidades entre μέθεξις (lat. *participatio*) y αναλογία. En primer lugar debemos recordar que en el *Fedón* explicita el maestro de Aristóteles la doctrina de la participación y causación de la multitud plural (los muchos), cambiante y visible, a partir de un grupo más reducido de entes puros, permanentes o idénticos a sí mismos pero no sensibles, sino captables por el razonamiento de la inteligencia, las ideas[1565]. También en el diálogo *Parménides* aproxima Platón la participación de la forma de Semejanza y su contraria sobre lo Desemejante, idénticas a sí mismas, y cuya combinación explica la identidad de cada ser y la disimilitud, al propio tiempo, tanto respecto a sí mismo como respecto

---

1564 CORNFORD, *Plato's Cosmology*, *op. cit.*, p. 6.

1565 PLATÓN, *Fedón*, 79d -80a, en GARCÍA GUAL, *op. cit.*, pp. 70–71: "lo puro, lo siempre existente e inmortal, que se mantiene idéntico, y, como si fuera de su misma especie se reúne con ello, en tanto que se halla consigo misma y que le es posible, y se ve libre del extravío en relación con las cosas que se mantienen idénticas y con el mismo aspecto, mientras que está en contacto con éstas. (...) - ¿Qué pasa con la multitud de cosas bellas, como por ejemplo personas o caballos o vestidos o cualquier otro género de cosas semejantes, o de cosas iguales, o de todas aquellas que son homónimas con las de antes? ¿Acaso se mantienen idénticas, o, todo lo contrario a aquéllas, ni son iguales a sí mismas, ni unas a otras nunca ni, en una palabra, de ningún modo son idénticas? -Así son, a su vez -dijo Cebes-, estas cosas: jamás se presentan de igual modo. -¿No es cierto que éstas puedes tocarlas y verlas y captarlas con los demás sentidos, mientras que a las que se mantienen idénticas no es posible captarlas jamás con ningún otro medio, sino con el razonamiento de la inteligencia, ya que tales entidades son invisibles y no son objetos de la mirada? -Por completo dices verdad -contestó. -Admitiremos entonces, ¿quieres? -dijo-, dos clases de seres, la una visible, la otra invisible. -Admitámoslo también -contestó. -¿Y la invisible se mantiene siempre idéntica, en tanto que la visible jamás se mantiene en la misma forma? -También esto -dijo- lo admitiremos. -Vamos adelante. ¿Hay una parte de nosotros -dijo él- que es el cuerpo, y otra el alma? -Ciertamente -contestó. -¿A cuál, entonces, de las dos clases afirmamos que es más afín y familiar el cuerpo? -Para cualquiera resulta evidente esto: a la de lo visible".

a lo restante[1566], de tal modo que se articula el juego entre lo uno y lo múltiple. De esta guisa, el alma, – en virtud de su composición como suma de lo mismo, lo otro y el ser, ejecutada por dios, según nos explica Platón – comprende así lo divisible y lo indivisible, de tal modo que observa cómo se aúna o correlaciona lo universal y los objetos particulares, lo inmutable con lo del devenir, dando por último lugar al conocimiento o bien opinativo o bien científico[1567].

Esta concepción de la analogía como tener parte, iniciada por la correlación de semejanzas y desemejanzas será explotada, por lo demás, en todo el pensamiento escolástico posterior.

En otro orden de cosas deseamos apuntar aquí, para anudar más logos y analogía en Platón, el hecho de que la διαλεκτική τέχνη, la dialéctica platónica, es un método que, según Aristocles, se dedica a cancelar los supuestos (las hipótesis) hasta el inicio mismo, siendo la primera ciencia, que se ocupa de la esencia que capta la inteligencia. Es preciso señalar, primero, que, en el seno de esta definición, el filósofo alude

1566 PLATÓN, *Parménides*, 129a-d, en SANTA CRUZ, *op. cit.*, pp. 38–40: "Sócrates: ¿No crees que hay una Forma en sí y por sí de semejanza, y, a su vez, otra contraria a ésta, lo que es lo desemejante? ¿Y de ellas, que son dos, tomamos parte tanto yo como tú y las demás cosas a las que llamamos múltiples? ¿Y las cosas que toman parte de la semejanza son semejantes por el hecho de tomar parte y en la medida misma en que toman parte, mientras que las que toman parte de la desemejanza son desemejantes, y las que toman parte de ambas son tanto semejantes como desemejantes? (...) Pero si se muestra que las cosas que participan de ambas, tanto de la semejanza como de la desemejanza, reciben ambas afecciones, eso, Zenón –al menos según yo creo-, no parece absurdo, así como tampoco sé si muestra que el conjunto de todas las cosas es uno, por participar de lo uno, y que precisamente esas mismas cosas son, a su vez, múltiples, por participar de la multiplicidad. Pero si pudiera mostrarse que lo que es lo uno, precisamente eso mismo es múltiple, y que, a su vez, lo múltiple es efectivamente uno, ¡eso sí que resultaría sorprendente! (...)".

1567 PLATÓN, *Timeo*, 37 a-c, en DURÁN LÓPEZ, LISI, *op. cit.*, p. 181: "Puesto que el dios la compuso de estos tres elementos -la naturaleza de lo mismo, la de lo otro y el ser-, la dividió proporcionalmente (ἀνὰ λόγον) y después la unió, cuando [el alma] al girar sobre sí misma toma contacto con algo que posee una esencia divisible o cuando lo hace con algo que la tiene indivisible, dice, moviéndose en su totalidad, a qué es eventualmente idéntico, de qué difiere o de qué es relativo y, más precisamente, cómo y de qué manera y cuándo sucede que un objeto particular es relativo a o afectado por otro objeto del mundo del devenir o del de los entes eternos e inmutables. Cuando en el ámbito de lo sensible tiene lugar el razonamiento verdadero y no contradictorio sobre lo que es diverso o lo que es idéntico, que se traslada sin sonido ni voz a través de lo que se mueve a sí mismo, y cuando el círculo de lo otro, en una marcha sin desviaciones, lo anuncia a toda su alma, entonces se originan opiniones y creencias sólidas y verdaderas, pero cuando el razonamiento es acerca de lo inteligible y el círculo de lo mismo con un movimiento suave anuncia su contenido, resultan, necesariamente, el conocimiento noético y la ciencia. Si alguna vez alguien dijere que aquello en que ambos surgen es algo que no sea el alma, dirá cualquier cosa, menos la verdad".

también a la correlación, proporcionalidad o analogía[1568]. Sobre dialéctica y analogía podemos advertir la presencia de lo perteneciente al λόγος y a διαλέγω / διαλέγομαι. Si tenemos en cuenta que el primer término significa esencialmente – creemos – relación, proporción o concatenación con sentido, debemos ahora elucidar el valor de la preposición / prefijo διά integrado en διαλεκτική: διά puede traducirse como "a través de, entre, *por entre (dos)*". En su sentido general, dialéctico remite puramente a lo conversacional, a lo dialógico o a la interlocución; entendida filosóficamente, podemos verterla al castellano como técnica interrelativa, es decir, basada en la interrelación que todo lo penetra, como ocurre con la contextura complejidad de las ideas o συμπλοκή platónica.

Si prestamos ahora atención a Aristóteles podemos constatar que también él menciona y define la analogía (proporción) como:

> "una propiedad no meramente de números, con unidades abstractas, sino del número en general. La proporción es una igualdad de razones y requiere, por lo menos, cuatro términos. Claramente, la proporción discreta requiere cuatro términos; pero también la continua, porque se sirve de uno de ellos como de dos y lo menciona dos veces: por ejemplo, A es a B como B es a C. El término B se menciona dos veces, de ahí que si B se pone dos veces, los términos de la proporción son cuatro"[1569].

También en la *Metafísica* hace referencia el de Estagira a la analogía, cuando indica que ciertas cosas son uno por analogía cuando "guardan entre sí la misma

---

1568 PLATÓN, *República*, 533d-535a, en EGGERS LAN, *op. cit.*, pp. 366–367: "Por consiguiente, el método dialéctico es el único que marcha, cancelando los supuestos, hasta el principio mismo, a fin de consolidarse allí. Y dicho método empuja poco a poco al ojo del alma, cuando está sumergido realmente en el fango de la ignorancia, y lo eleva a las alturas, utilizando como asistentes y auxiliares para esta conversión a las artes que hemos descrito. A éstas muchas veces las hemos llamado 'ciencias', por costumbre, pero habría que darles un nombre más claro que el de 'opinión' pero más oscuro que el de 'ciencia'. En lo dicho anteriormente lo hemos diferenciado como 'pensamiento discursivo', pero no es cosa de disputar acerca del nombre en materias tales como las que se presentan a examen. - No, en efecto. - Entonces estaremos satisfechos, como antes, con llamar a la primera parte 'ciencia', a la segunda 'pensamiento discursivo', a la tercera 'creencia' y a la cuarta 'conjetura', y estas dos últimas en conjunto 'opinión', mientras que a las dos primeras en conjunto 'inteligencia', la opinión referida al devenir y la inteligencia a la esencia. Y lo que es la esencia respecto del devenir lo es la inteligencia respecto de la opinión; y lo que es la ciencia respecto de la creencia lo es el pensamiento discursivo respecto a la conjetura. En cuanto a la proporción entre sí (ἀναλογίαν) y a la división en dos de cada uno de los ámbitos correspondientes, o sea, lo opinable y lo inteligible, dejémoslo, Glaucón, para que no tengamos que vérnoslas con discursos mucho más largos que los pronunciados anteriormente".

1569 ARISTÓTELES, *Ética nicomáquea*, V, cap. 3, 1131a29-1131b, en LLEDÓ, PALLÍ BONET, *op. cit.*, pp. 246 [τὸ γὰρ ἀνάλογον οὐ μόνον ἐστὶ μοναδικοῦ ἀριθμοῦ ἴδιον, ἀλλ᾽ὅλως ἀριθμοῦ (...)].

proporción que guardan entre sí otras dos"[1570]. Igualmente, deseamos consignar las apariciones de esta correlación en la obra del Estagirita. Así, en la *Física* señala: "el cuerpo A se moverá a través de D con tanta mayor velocidad cuanto más sutil e incorpóreo es el aire que el agua. Así pues, admitamos que una velocidad guarda con la otra la misma proporción (ἐχέτω δὴ τὸν αὐτὸν λόγον) que separa al aire con relación al agua; por consiguiente, si es doblemente sutil, atravesará en doble tiempo B que D, y el tiempo C será doble que el tiempo E"[1571]. Del mismo modo aparece este concepto y su definición en su *Poética*:

> "Entiendo por analogía (τὸ δὲ ἀνάλογον λέγω / *Proportionem dico*) el hecho de que el segundo término sea al primero como (ὁμοίως ἔχῃ / *similiter se habeat*) el cuarto al tercero; entonces podrá usarse el cuarto en vez del segundo o el segundo en vez del cuarto; y a veces se añade aquello a lo que se refiere el termino sustituido"[1572].

4.4.3. La vigencia de la analogía

Antes de ocuparnos, propiamente y separadamente, del jucio, la analogía y sus repercusiones en Epicuro, creemos necesario seguir trazando un recorrido histórico sobre la correlación o correlatividad donde, prescindiendo de su fortuna como un instrumento entendido *more theologico-scholastico* – que domina esta cuestión desde el tomismo al neotomismo –, haremos referencia en orden cronológico a ciertos pensadores o científicos pertenecientes a época más reciente que estudian, validan o usan la analogía. De este modo esperamos evidenciar el poder racional de la analogía y su pervivencia.

Así, Kant menciona junto a la inducción la analogía en su *Lógica* como modo inferencial o judicativo, esto es, de razonar:

> "La facultad de juzgar, progresando de lo particular a lo universal para extraer de la experiencia juicios universales, por ende no a priori (empíricamente), infiere o bien a partir de muchas cosas todas las de una especie; o bien a partir de muchas determinaciones y propiedades en las que concuerdan las cosas de una misma especie las restantes en la medida en que pertenecen al mismo principio. El primer modo de inferencia se denomina inferencia por inducción, el segundo inferencia según la analogía. (...) La analogía infiere de la semejanza particular de dos cosas la semejanza total según el principio de la especificación: cosas de un género, de las que se conocen muchos elementos coincidentes, coinciden también en lo restante que conocemos en algunas cosas de este género, pero que no percibimos en otras. (...) Toda inferencia de la razón debe proporcionar necesidad. Inducción y analogía, por tanto, no son inferencias, sino

1570 *cf.* ARISTÓTELES, *Metafísica*, V, cap. 6, 1016 b 30, en CALVO, Tomás, *op. cit.*, p. 222.
1571 ARISTÓTELES, *Física*, IV, cap. 8; 215b 5–10, en CALVO, José Luis, *op. cit.*, p. 113.
1572 ARISTÓTELES, *Poética*, XXI, 1457b 16–20, en GARCÍA YEBRA, *op. cit.*, p. 205.

sólo presunciones lógicas o bien inferencias empíricas. Por inducción se obtienen en efecto proposiciones generales, pero no universales"[1573].

Más tarde, el científico James Clerk Maxwell[1574] subrayó el valor de la analogía como ilustración científica metódica para captar un concepto o ley científica en virtud de una comunidad de forma matemática entre dos ideas, formas o ámbitos científicos.

En esa línea se pronuncia también el filósofo y científico Ernst Mach en su artículo "Über das Prinzip der Vergleichung in der Physik", donde menciona la comparación, que en alemán guarda en sí algo de igualación, como mecanismo que permite la comunicación de nuevos datos sensibles o experiencias, debido a su semejanza con otros y a la correspondencia de algunas de sus características. Así, "la comparación, al permitir la comunicación, es el más poderoso principio vital interno de la ciencia". Igualmente sostiene que

> "acostumbramos a llamar analogía a una relación de sistemas conceptuales en la cual se tiene clara consciencia tanto de la desemejanza de dos conceptos homólogos cualesquiera cuanto de la correspondencia en las relaciones lógicas de dos esferas conceptuales homólogas. Ésta es un medio efectivo para dominar con una visión unitaria dos ámbitos fácticos heterogéneos"[1575].

De hecho, según Mach, semejanza o analogía son identidad parcial en el sentido de que algunas propiedades o rasgos de objetos similares se corresponden. Así, según él, "va de suyo la observación de que dos objetos cuya semejanza destaca a

1573 KANT, Immanuel, *Lógica*, sección tercera: de las inferencias, III: inferencias de la facultad de juzgar, párrafo 84, en VÁZQUEZ LOBEIRAS, María Jesús (trad.) JÄSCHE, Gottlob Benjamin (ed.), *Lógica, un manual de lecciones, acompañada de una selección de Reflexiones del legado de Kant*, Tres Cantos (Madrid), Akal, 2000, p. 170.

1574 *cf.* MAXWELL, James Clerk, "Discurso ante la sección de matemáticas y física de la asociación británica para el progreso de la ciencia (1870)", en SÁNCHEZ RON, José Manuel (ed., trad.), *Escritos científicos*, Madrid, CSIC, 1997, p. 20: "una ilustración verdaderamente científica es un método que permite a la mente captar algún concepto o ley en una rama de la ciencia, colocando ante ella un concepto o una ley de una rama distinta de la ciencia, y dirigiendo a la mente para que se apodere de esa forma matemática que es común a las correspondientes ideas de las dos ciencias, dejando fuera de consideración por el momento la diferencia de naturaleza física entre los fenómenos reales. La corrección de semejante ilustración depende de si los dos sistemas de ideas que se comparan son realmente análogos en forma, o si, en otras palabras, las correspondientes cantidades físicas pertenecen realmente a la misma clase matemática. Cuando se satisface esta condición, la ilustración no sólo es conveniente para enseñar la ciencia de manera agradable y fácil, sino que el reconocimiento de la analogía formal entre los dos sistemas de ideas lleva a un conocimiento de ambas más profundo del que se hubiese obtenido estudiando cada sistema por separado".

1575 MACH, Ernst, "*Über das Prinzip der Vergleichung in der Physik*", en *Populär-wissenschaftliche vorlesungen*, Leipzig, J.A. Barth, 1896, pp. 254 y 265; traducción propia.

la percepción sensible de modo inmediato pueden presentar analogía o igualdad de relaciones entre propiedades de entrambos que a menudo son inobservadas"[1576]. Al hacer referencia a la analogía como acción y efecto de correlacionar, pone de manifiesto el filósofo austríaco que esa "proporción" o "razón" se reveló por primera vez en el ámbito de la matemática a causa de la claridad de ese saber y de la función heurística, simplificadora y aclaratoria que aquélla tiene.

Del mismo modo, el filósofo Harald Høffding caracteriza como categoría de la psicología humana la comparación en el sentido de disponer dos objetos en el mismo espacio (físico o mental) de consideración atenta, de tal modo que emerja la semejanza o diferencia en cuanto a una cualidad o propiedad de entrambos[1577].

El mantener juntos dos elementos para considerarlos alternativamente, y hallar lo que los acerca o aleja, está ligado, así mismo, con la asociación y ello equivale, pensamos, a la relación. El danés formula en este contexto la igualdad, distinta de la identidad, entre dos vivencias u objetos, pese a la disparidad de tiempos y lugares, como su semejanza completa de cobertura o abarcamiento psicológicos (*Deckungsähnlickeit*), cosa que sería el grado supremo de asociación por semejanza[1578]; por su parte, la analogía es, según él, la semejanza no total o de cobertura ni la cualitativa, es decir, la que afecta a propiedades o partes, sino "el parecido en las relaciones"[1579]. Este medio de categorización, de conceptualización, resulta el más externo e inicial para reunir dos objetos bajo el mismo concepto y deviene fundamental, al identificar una relación cualitativa, según el filósofo[1580]. El motivo por el cual se hace mención de este autor, aparte de la evidenciación de cierta vigencia de la analogía, radica principalmente en su recorrido filosófico. Se inicia éste en una preocupación por la totalidad como concepto psicológico y epistemológico común a todo pensamiento por necesidad de formación de una globalidad cada vez más compleja a partir de la multiplicidad, partes o fragmentos, más sencilla y patente, hasta alcanzar el concepto límite de totalidad absoluta, que se considera dotada de estructura, continuidad y semejanza estructural. Según el filósofo danés existe, como contrapuesto a la totalidad, la relación que conjuga, cual gozne, lo unitario y lo múltiple, pues no en vano ésta, como categoría mental, "consiste en

1576 MACH, Ernst, " Die Ähnlickeit und die Analogie als Leitmotiv der Forschung", en *Erkenntnis und Irrtum. Skizzen zur Psychologie der Forschung*, Leipzig, J. A. Barth, 1917, pp. 220–221.

1577 *cf.* HØFFDING, Harald, *Der menschliche Gedanke, seine Formen und seine Aufgaben*, Leipzig, Reisland, 1911, pp. 68–69.

1578 *cf.* HØFFDING, Harald, "Über Wiedererkennen, Association und psychische Aktivität", en AVENARIUS *et al.* (ed.), *Vierteljahrsschrift für wissenschaftliche Philosophie*, n° 14, Leipzig, Fues's Verlag, 1890, pp. 27–54, especialmente p. 50.

1579 HØFFDING, *Gedanke*, *op. cit.*, p. 70.

1580 *cf.* HØFFDING, *Gedanke*, *op. cit.*, pp. 198–201.

un rapprochement, en une activité qui se réfère à autre chose, (...) aiguillon pour le travail de la pensée"[1581].

Desde la tensión entre totalidad y relación llega Høffding en su *Der Begriff der Analogie* hasta "la semejanza de relaciones entre dos objetos (...) que no se basa en propiedades específicas o partes de esos objetos, sino en una relación mutua entre esas propiedades o partes. (...) La analogía es, por lo tanto, una clase especial de semejanza"[1582]. Subraya el danés además la diferencia, de la que aquí prescindimos, entre analogía cuantitativa y analogía cualitativa, junto a otras pertenecientes a su aparato conceptual. Lo más interesante radica, empero, en el modo en que destaca la importancia de lo analógico en el conocimiento humano; ello es así hasta tal punto que, de acuerdo con un pasaje del *Timeo* de Platón[1583], escribe: "la analogía resulta el último expediente cuando no puede mostrarse ningún grado mayor de semejanza"[1584]. En el ámbito de la analogía se hallan, además, el paralelismo (lo que corre siempre parejo con lo otro) y la simetría, por ejemplo las series numéricas. Por último, sobre la proximidad entre analogía e identidad absoluta (lógica) sostiene el danés:

> "Es de notar, por último, que allí donde pueden formarse series absolutas de identidad nos topamos con la analogía como requisito. El ideal eleático fue reducir todo a identidad. Si ello pudiera lograrse, todos los fenómenos (apariciones) fundamentales podrían representarse en la serie A = B = C =D. Pero toda identidad absoluta entre dos objetos reales requiere un determinado punto de vista desde el cual aquellos pueden ser considerados idénticos y, por tanto, mutuamente substituidos. Desde el punto de vista que es alegado por la ley que rige para un grupo de objetos, éstos pueden ser considerados idénticos, aunque pueden tener muchas otras propiedades que aquellas para las que rige la ley"[1585].

Incluso Wittgenstein, según la interpretación de Peter Kunzmann, recurre a la analogía, y, por más que la tilda al inicio de confundente, causante de malentendidos debidos a analogías entre formas expresivas de ciertos dominios de nuestro

1581 HØFFDING, Harald, COUSSANGE, Jacques de (trad.), *La relativité philosophique: totalité et relation*, Paris, F. Alcan, 1924, p. 180.

1582 HØFFDING, Harald, *Der Begriff der Analogie*, Darmstadt, WBG, 1967 (original de 1924), p. 1.

1583 PLATÓN, *Timeo*, 52a 8 - 52b 2, en DURÁN LÓPEZ, LISI, *op. cit.*, p. 204. "Además, hay un tercer género eterno, el del espacio, que no admite destrucción, que proporciona una sede a todo lo que posee, un origen, captable por un razonamiento bastardo sin la ayuda de la percepción sensible, creíble con dificultad". Consignamos la parte del texto griego que más nos interesa, en edición de Burnet: "τρίτον δὲ αὖ γένος ὂν τὸ τῆς χώρας ἀεί, φθορὰν οὐ προσδεχόμενον, ἕδραν δὲ παρέχον ὅσα ἔχει γένεσιν πᾶσιν, αὐτὸ δὲ μετ' ἀναισθησίας ἁπτὸν λογισμῷ τινι νόθῳ, μόγις πιστόν".

1584 HØFFDING, *Analogie*, *op. cit.*, p. 30.

1585 HØFFDING, *Analogie*, *op. cit.*, p. 48; traducción propia.

lenguaje[1586], finalmente emplea símiles y analogías como por ejemplo la referencia continua a lo visual-imaginativo (*Bild*) o la acuñación de conceptos como "parecidos de familia", "juegos de lenguaje", así como la relación entre isomorfismo y analogía en el *Tractatus*[1587].

En los años sesenta del siglo XX, Max Black exploró la relación entre la metáfora y la analogía, al ser la primera considerada una figura del pensamiento y de la expresión en la que un término se transfiere en su uso a otro diferente de él pero análogo que es adecuadamente aplicable al segundo, en virtud de alguna semejanza implícita o explícita. Ello ofrece, por lo tanto, un significado comparativo figurado o no literal, pero válido, en virtud de una semejanza subyacente. Sin embargo, el filósofo americano apostilla la debilidad, el carácter meramente probable y la ineficacia de este mecanismo con respecto a la comparación formal, especialmente en las ciencias estrictas[1588]. Sin embargo, los científicos usan modelos descriptivos (o explicativos) que relacionan con su original en virtud de la analogía o del isomorfismo; de esta forma, el modelo a escala comparte con su original no tanto un conjunto de características, una proporcionalidad idéntica de magnitudes, cuanto la misma estructura o patrón de relaciones; así, la identidad estructural es aplicable a todo contenido, de forma que se pueden construir innumerables modelos análogos a escala; más allá de eso, el uso de modelos teóricos, descritos pero no construidos, conlleva la existencia de un campo de investigación inicial en el que se han establecido ciertos hechos o regularidades; junto a éste, existe la necesidad de explicar ciertos hechos, entenderlos o ampliar nuestro conocimiento, de forma que descripciones no problemáticas de ciertos elementos (objetos, materiales, relaciones) se aplican a un segundo ámbito de investigación y se producen ciertas reglas de correlación y correspondencia de las afirmaciones pertenecientes a uno y otro ámbitos, con lo que se produce, de nuevo, una identidad de estructuras[1589].

También la filósofa de la ciencia Mary Hesse se interesó por la analogía en el ámbito de la ciencia, pues escribió el libro *Models and Analogies in Science.* En él señala que la teoría científica debe dar explicación de los datos experimentales o empíricos y, por lo tanto, la teoría debe entenderse en términos de modelo o analogía con los acontecimientos u objetos descritos, de forma que exista una correlación dinámica entre ambos, como rasgo esencial de la teoría misma, lo cual posibilita incluso carácter predictivo. Al margen de la distinción entre analogía negativa, positiva y

1586 WITTGENSTEIN, *Investigaciones, op. cit.*, párrafo 90, p. 113: "Nuestro examen es por ello de índole gramatical. Y éste arroja luz sobre nuestro problema quitando de en medio malentendidos. Malentendidos que conciernen al uso de las palabras; provocados, entre otras cosas, por ciertas analogías entre las formas de expresión en determinados dominios de nuestro lenguaje".

1587 *cf.* KUNZMANN, Peter, *Dimensionen von Analogie: Wittgensteins Neuentdeckung eines klassischen Prinzips*, Düsseldorf y Bonn, Parerga, 1998, pp. 122–190.

1588 BLACK, Max, "Metaphor", en *Models and Metaphors: Studies in Language and Philosophy*, Ithaca, N.Y., Cornell University Press, 1962, p. 37.

1589 *cf.* BLACK, "Models and Archetypes", en *Models, op. cit.*, p. 223; pp. 230–231.

neutra, existe, según la autora, una correlación entre los fenómenos y la teoría; así mismo, la analogía también la entiende como una relación de identidad entre una propiedad de uno de los análogos y la correspondiente, de la cual se derivan las mismas consecuencias causales en los sistemas respectivos; por otra parte, la filósofa analiza los problemas de la lógica de lo analógico, que suele considerarse sólo razonable pero no realmente lógicamente racional debido a su carácter no deductivo sino inductivo, a su naturaleza probable, si bien los modelos teóricos analógicos tienen una naturaleza altamente predictiva, en su opinión[1590].

En esta misma tradición y en fechas todavía más próximas ya ha sido señalado por parte de los estudiosos del ámbito de las ciencias cognitivas que el:

> "analogical reasoning involves the transfer of relational information from a domain that already exists in memory (usually referred to as the *source* or *base* domain) to the domain to be explained (referred to as the *target* domain). (...) Analogical mapping involves setting up correspondences between properties in the two domains and transferring a relational structure that embodies some of the relations between these properties"[1591].

En esta misma tendencia Dedre Gentner ofrece una definición de la analogía como modelo estructural y mapeo (*mapping*[1592]) que también se halla presente en la ciencia-*science*:

> "as a neutral term for any non-literal similarity comparison, including metaphors, similes and models. (...) The models used in science belong to a large class of analogies that can be characterised as structure-mappings between complex systems. Typically, the target system to be understood is new or abstract, and the base system in terms of which the target is described is familiar and perhaps visualisable. In these analogies, the objects of the known domain are mapped on to the objects of the domain of inquiry, allowing the predicates of the first domain to be applied in the other domain. Further, among the base predicates, it is primarily the relations among the nodes of the base domain that are applied in the target domain. Thus, a structure-mapping analogy asserts that identical operations and relationships hold among non-identical objects"[1593].

La propia Gentner ha insistido también en la importancia que en la cognición tiene la analogía como patrón relacional que busca recurrencias, similitudes y elementos

---

1590 HESSE, Mary Brenda, *Models and Analogies in Science*, London, New York, 1963, pp. 1, 4, 30, 103, 129.

1591 VOSNIADOU, Stella y ORTONY, Andrew (eds.), *Similarity and Analogical Reasoning*, Cambridge, Cambridge University Press, 1989, pp. 6 y 9.

1592 MISH, F. (ed.), *Merriam-Webster's Collegiate Dictionary -Eleventh Ed.*, Springfield, MA, Merriam-Webster, Incorporated, 2003, *s. u.* "map, to": "to assign (as a set or element) in a mathematical or exact correspondence <map picture elements to video memory>".

1593 GENTNER, Dedre, "Are scientific analogies metaphors?" pp. 108–109, en MIALL, David S., *Metaphor, Problems and Perspectives*, Brighton, Sussex, Harvester Press, 1982, pp. 106–132.

comunes, de forma que se obtenga una representación simbólica o mapeo explicativo de la estructura del todo y sus partes, cosa que ofrece orientación[1594]. En la misma obra se explica que el "mapeo analógico" es el proceso que plantea alineaciones estructurales entre dos situaciones dadas y establece inferencias. Esas situaciones representadas afectan, a su vez, a objetos, propiedades o relaciones, que se vinculan en correspondencia biunívoca[1595].

A modo de ilustración y con referencia al mapeo analógico que evidencia correlaciones o correspondencias perfectas entre esferas o ámbitos distintos, queremos referirnos al interés de Epicuro por los resúmenes en cuanto pautas de orientación con lo principal, que se corresponde *in nuce* con lo expuesto en tratados más prolijos. Epicuro se pronuncia sobre el valor de los resúmenes o las síntesis como guía abreviada que sin embargo recoge los hitos del itinerario filosófico y cuyo desarrollo o práctica casa con el cuerpo doctrinal todo:

> "para los que no sean capaces de dar cuenta pormenorizada de cada una de las cuestiones tratadas por mí en los escritos relativos a la Naturaleza ni tampoco de comprender mis libros más voluminosos unidos a ellas preparé como cosa suficiente para ellos un resumen del total de mi obra de investigación, con objeto de que retuvieran en su mente mis conclusiones, y además las más generales, para que sean capaces de ayudarse a sí mismos en las cuestiones principales a lo largo de los diversos momentos de su vida. (...) [E]s menester que recuerden de manera suficiente, en el examen que lleven a cabo de la totalidad absoluta, los caracteres básicos y fundamentales de la totalidad absoluta de mi obra de investigación"[1596].

De hecho, el recuerdo, es decir, la retención mental de esos primeros principios que explican lo real o se correlacionan con ello, actúa como brújula o como imagen cartográfica que contribuye a alcanzar un estado de beatitud. Así lo afirma Epicuro:

> "La imperturbabilidad consiste en estar libre de todas esas inquietudes y en tener en la mente el recuerdo permanente de los principios generales y fundamentales. (...) Estas son, querido Heródoto, las doctrinas capitales explicativas de la naturaleza del universo, las que te han sido resumidas de manera tal que estas razones (han sido recogidas, en mi opinión, con cuidada precisión) pudieran ser capaces, aunque uno no llegue a todo el conjunto de precisiones pormenorizadas, de que este uno consiga una fortaleza incomparable en relación con las demás personas"[1597].

Para concluir con las referencias a la actualidad de la analogía podemos mencionar a Douglas Hofstadter, físico, informático y profesor de ciencias cognitivas, que en

---

1594 GENTNER, Dedre *et alii*, *The Analogical Mind: Perspectives from Cognitive Science*, Cambridge, MA, The MIT Press, 2001, pp. 1–16.

1595 *cf.* GENTNER, Dedre *et alii*, "*Methaphor is like analogy*", en GENTNER, *Analogical Mind*, *op. cit.*, pp. 200–201.

1596 EPICURO, *Carta a Heródoto*, 35, en VARA, *op. cit.*, p. 49.

1597 EPICURO, *Carta a Heródoto*, 82–83, en VARA, *op. cit.*, pp. 71–72.

fecha más reciente ha escrito, junto con Emmanuel Sander, un libro con el elocuente título *Analogy as the Fuel and Fire of Thinking*, en el que se propone que la analogía es el mecanismo mental que permite la categorización, es decir, la creación de estructuras mentales más o menos estables pero evolutivas que contienen información accesible de modo organizado. Según él, la categoría unifica la pluralidad de fenómenos de un modo tal que beneficia a la criatura en cuya mente aquélla reside. La esencia de la analogía consiste – afirma – en el hecho de que asigna en correspondencia exacta una estructura mental a otra. De hecho, la analogía es, en su opinión, el núcleo, la esencia del pensamiento[1598].

En nuestra opinión, la relación y la correlación no constituyen procesos meramente intramentales y epistemológicos, sino que afloran o pertenecen, también, a la estructura de lo real, por así decirlo.

4.5. La correlación entre lo visible y lo invisible

Hechas todas las consideraciones pertinentes sobre la analogía, su uso y fortuna y teniendo además presente que lo análogo es aquello que se produce según relación no sólo en la mente de quien la piensa sino también, al menos en Grecia, en lo real-natural mismo, debemos ocuparnos ya de todas estas cuestiones en Epicuro.

En su sistema filosófico, el juicio – como traduciremos λογισμός en adelante – enraíza en la certeza y veracidad de las sensaciones, esto es, de las percepciones sensoriales. De acuerdo con esto escribe Lucrecio: "¿Qué puede haber más seguro para nosotros que justamente los sentidos a la hora de distinguir lo verdadero de lo falso?" [*quid nobis certius ipsis / sensibus esse potest, qui vera ac falsa notemus?*][1599] A partir de los datos ofrecidos por los sentidos, de las sensaciones, se produce una relación o analogía, una concatenación que permite ampliar el conocimiento y establecer, de esta forma, κριτήρια, normas o medios judicatorios o de discernimiento. El fundamento, pues, de esa capacidad o procedimiento judicativo-ponderativo, que pone en relación, que concatena letras, sonidos, palabras y objetos, objetos y objetos, contenidos mentales y objetos, se halla en los sentidos[1600], que, a su vez, refieren a lo real; por ello poetizó Lucrecio que lo que vence al miedo son los datos sensoriales y el juicio o razonamiento (*naturae species ratioque*)[1601].

En este sentido ya señala Epicuro que "existen, por un lado, los cuerpos (σώματα) lo atestigua en todos los aspectos la propia sensación (αἴσθησις), criterio por referencia al cual es forzoso deducir, mediante el razonamiento (τῷ λογισμῷ), lo incierto (τὸ ἄδηλον)"[1602]. Igualmente, existe una identidad estructural o una correlación, una

1598 HOFSTADTER, Douglas R., y SANDER, Emmanuel, *Surfaces and Essences: Analogy as the Fuel and Fire of Thinking*, New York, Basic Books, 2013, pp. 14–16, 50.

1599 LUCRECIO, *Sobre la naturaleza de las cosas*, I, vv. 699–700, en SOCAS, *op. cit.*, p. 152.

1600 Este empirismo sensorial se convierte en empirismo racional en el caso de la percepción de la existencia divina.

1601 LVCRETIVS, BAILEY, *op. cit.*, II, v. 61.

1602 EPICURO, *Carta a Heródoto*, 39, 10–11, en VARA, *op. cit.*, p. 51.

proporcionalidad, es decir, αναλογία, entre la realidad visible que es observada y estudiada, y la invisible, que es considerada e investigada desde el juicio o razonamiento. La analogía constituye, entonces, no sólo un elemento presente en lo real sino un utillaje metódico a la hora de entenderlo, como apunta Asmis[1603] y explica más extensamente Giovacchini[1604], desde el punto de vista del empirismo y la ciencia entendida modernamente.

No en vano, Epicuro señala que "uno, perfectamente consecuente con los fenómenos visibles, toma éstos como indicios de los invisibles"[1605]; que "estas unidades mínimas y simples [de los átomos] procuran, según la deducción racional (ταύτῃ τῇ ἀναλογίᾳ) aplicada a los objetos invisibles, la unidad básica de medida a los cuerpos visibles mayores y menores"[1606]; y que "de la misma proporción (ταύτῃ τῇ ἀναλογίᾳ) que el mínimo sensible hay que pensar que se ha servido también el mínimo que se oculta en el átomo"[1607].

También subraya el filósofo de Samos "la analogía (τὴν ἀναλογίαν) que hay en las cosas invisibles con las visibles (τὰ φαινόμεν[α ἐ]ν τοῖς ἀοράτοις) [y] la concordancia (συμφωνίαν) que asiste a las percepciones sensoriales (αἰσθήσεσιν) con las cosas invisibles (ἀόρατα)"[1608]. En este contexto, se entiende, entonces, que existe

---

1603 ASMIS, Elizabeth, *Epicurus' Scientific Method*, Ithaca, N.Y., Cornell University Press, 1984, p. 177: "This compound, together with the forms ἀναλογία and ἀνάλογος is used in the sense of calculating similarities, whether they are similarities among the phenomena or similarities between the phenomena and things that are unobserved. Again, Epicurus does not provide any technical elaboration of this notion; but one example, in which he argues that the size of the atoms must be inferred by analogy with the size of perceptible bodies, shows that analogy is an important means of extending knowledge from what is perceived to what cannot be perceived".

1604 GIOVACCHINI, *Empirisme*, *op. cit.*, pp. 90, 93–94: "L'enjeu d'une méthodologie empiriste est de donner des règles au nécessaire saut du visible à l'invisible que l'on doit effectuer si l'on veut pouvoir travailler à partir de concepts qui ne soient pas de simple reproductions de l'évidence. Ce passage, effectué par l'analogie, n'est légitime que dans la mesure où il ne contrevient pas aux règles sous-entendues par le choix de la sensation comme fondement et pierre de touche du savoir. [...] Le raisonnement par analogie, lorsqu'il devient critériologique et non plus seulement support d'une constitution de concept, pose donc un problème essentiel (...): faut-il tabler sur une simple similitude entre les réalités que l'analogie rapproche, ou sur une véritable identité. (...) Cependant l'analogie rend de grands services en ce que, permettant d'accéder à l'invisible par le biais du visible, elle peut fournir le moyen d'expliquer certains phénomènes en les faisant procéder d'autres phénomènes qui ont avec eux des relations d'identité".

1605 EPICURO, *Carta a Pitocles*, 104, en VARA, *op. cit.*, p. 81.

1606 EPICURO, *Carta a Heródoto*, 59, en VARA, *op. cit.*, p. 61.

1607 EPICURO, *Carta a Heródoto*, 58, en VARA, *op. cit.*, p. 60.

1608 EPICURO, *Restos de cartas*, Fragmento de cartas cuyos destinatarios se ignora, fragmento 49, equivalente a ARRIGHETTI, *op. cit.*, *Incertae sedis fragmenta*, frag. 137, 10, p. 481, *cf.* USENER, *Epicurea*, *op. cit.*, pp. 163–164, fr. 212, *cf.* DIANO, Carlo, una relación entre todo lo real, una continuidad o encadenamiento, sobre la que podemos remitir a lo señalado más arriba, en cuya virtud, como señala Anaxágoras, "las apariencias son la visión de lo invisible"[1609], ratificado por Demócrito, para quien el criterio de aprehensión de lo invisible son las apariencias[1610], tal como consigna, para ambos casos, Sexto Empírico[1611].

La tarea, producto y capacidad del juicio consiste, entre otras cosas, en establecer, realizar o manifestar esa correlatividad o correlación entre visible e invisible, la puesta en relación (ἀναλογιστέον[1612]) entre, al menos, esos dos elementos. Sintetizando esta analogía estructural y epistemológica, podría decirse, sin matiz cristiano, que Epicuro procede *per nota / uisibilia / sensibilia ad ignota / inuisibilia / insensibilia*, con la salvedad de que, como señala DeWitt sobre Epicuro:

> "Even in the scant sixty eight pages of text surviving from his writings there is no paucity of admirable definitions, distinctions, and classifications. He does not parade them, it is readily admitted, but by his casual use it may be seen that he divided phenomena into such classes as δῆλα – ἄδηλα, φανερὰ – ἀφανῆ, ὁρατά– ἀόρατα. The invisible world of atoms and void belongs in the first and third classes. Heavenly phenomena are ἀφανῆ, because though visible, they are beyond the range of clear and dependable vision. The use of these terms should alone suffice to show that in his thinking not all sensations were regarded as true"[1613].

Se impone, en este punto y antes de seguir desarrollando las consecuencias de la analogía física, formular una importante aclaración. La apuesta epicúrea por lo sensible para alcanzar lo insensible denota una toma de posición en el problema de lo uno y lo múltiple, así como entre racionalismo y empirismo, o, por último, entre idealismo y realismo, si bien todo ello sucede con matices y *Graeco more*. En relación con los antedichos problemas apunta Sambursky:

> "La ciencia de la Antigua Grecia muestra en todas las etapas de su desarrollo el intento, continuamente recurrente, de resolver la antítesis entre la unidad del cosmos y la pluralidad de sus fenómenos. ¿Es real dicha antítesis? ¿o es quizá tan sólo una ilusión producto de la imperfección de nuestros sentidos?; y si así fuera, ¿cómo sucede eso? La pluralidad de los fenómenos ¿es sólo aparente y de hecho el cosmos es una única e

---

Lettere di Epicuro e dei suoi nuovamente o per la prima volta edite, Firenze, Sansoni, 1946, (MCMXLVI) PHILOD. Πραγματεῖαι, col. XXIX, X, p. 15.

1609 ANAXÁGORAS DE CLEZOMENE, frag. 835, en CORDERO, *op. cit.*, p. 396.

1610 *cf.* [LEUCIPO Y] DEMÓCRITO, frag. 667 (DK 68 A 111) Sexto Empírico, *Adv. math.* VII 140, en PORATTI, *op. cit.*, p. 339.

1611 SEXTO EMPÍRICO, *Contra los lógicos I = Contra los dogmáticos I = Adversus mathematicos VII*, 140, en MARCOS MONTIEL, *op. cit.*, pp. 117–118.

1612 EPICVRVS, *Epistula ad Herodotum*, 72, en ARRIGHETTI, *op. cit.*, p. 65.

1613 DEWITT, Norman, "Epicurus: all Sensations are True", en *Transactions and Proceedings of the American Philological Association*, nº 74, 1943, pp. 19–32, concretamente p. 23.

inmutable unidad que no admite movimiento alguno? o ¿es esa unidad la imaginaria y de hecho la realidad no es más que la suma total de mutaciones y cambios sin fin? Las respuestas dadas a estas cuestiones por los primeros filósofos griegos van de un extremo a otro"[1614].

Por otra parte, y como hemos indicado recurrentemente, Epicuro opta por una ontología física, esto es, por un reductivismo físico con fines éticos, el cual consiste en una axiomatización fundante o una fundamentación axiomatizada. Como fundacionalismo no inmovilizador, puede calificarse, como Pascal, de dogmatismo: "Nous avons une impuissance à prouver, invincible à tout le Dogmatisme. Nous avons une idée de la vérité, invincible à tout le Pyrrhonisme" [...] "La nature confond les Pyrrhoniens, et la raison confond les Dogmatistes"[1615]. Así, Epicuro pone sus propios fundamentos ontológicos mucho antes de que Hans Albert pusiera de manifiesto el problema de la fundamentación entre el empirismo y el racionalismo, así como el hecho de que una fundamentación global, absolutizadora, incurría en el trilema de Münchausen y, más concretamente, en la detención del proceso o en una *petitio principii*, que vulnera el principio de razón suficiente[1616].

La confianza en la capacidad humana de relación, en la relación de relaciones que ordena lo real, así como en los juicios que evidencian correlaciones, permitieron a los antiguos helenos realizar progresos científicos que, a ojos actuales, resultan sorprendentes. Esa confianza en la capacidad de aunar sensación y razonamiento la pone de manifiesto Sambursky cuando subraya el poderío de la ciencia griega y cómo correlaciona, también causalmente, lo visible y lo invisible:

"es interesante preguntarse hasta qué punto los griegos, en una época en la que la experimentación sistemática es prácticamente desconocida, en que los métodos empleados consistían básicamente en la observación y la suposición especulativa y en la que los principios e inferencias científicas al uso eran escasas y en su mayor parte de naturaleza general, lograron un éxito. No se trata aquí de comparar las dos teorías en términos de logros científicos absolutos, pues tal comparación carecería de sentido sin duda, además de ser inadecuada. El objetivo fundamental de la comparación es, por el contrario, estimar la validez de un método tal como se manifiesta en su lógica interna y en la medida en que consiguió desarrollar por entero sus premisas en una época en que la evidencia científica era cualitativa en lo fundamental. Pues hemos de tener presente que los antiguos griegos apenas conocieron la experimentación y la deducción matemática como medios de aplicar a la realidad la intuición científica; para ellos, la analogía y el modelo eran los únicos lazos tendidos entre invisible y lo visible"[1617].

1614 SAMBURSKY, *op. cit.*, p. 130.

1615 PASCAL, Blaise, BOUTROUX, Pierre *et alii* (eds.), *Oeuvres de Blaise Pascal. XIII: Pensées (II)*, Paris, Hachette, 1921, Section VI, 395 y VII 434, pp. 302 y 346–347, respectivamente.

1616 *cf.* ALBERT, *Traktat*, *op. cit.*, pp. 15 y 21.

1617 SAMBURSKY, *op. cit.*, p. 131.

Un modo de expresar más tensamente el interés por el conocimiento lo ofrece Rodríguez Alfageme: "fue en el período que precedió a Platón cuando filósofos y científicos debatieron por vez primera los méritos respectivos de la 'razón' y de la 'sensación' como fuentes del conocimiento"[1618]. En una línea como la de Sambursky, Von Fritz, subraya la necesidad de un conocimiento universal, la confianza en el razonamiento y el interés por la observación más que por la predicción[1619].

Estas anotaciones pretenden evidenciar, sin enjuiciarlo, el reductivismo físico ontológico de Epicuro, cuyo principio prelógico se halla en la aceptación de los sentidos y de lo sensible. Por eso y dado que al conformar un sistema es necesario tomar partido por uno o varios principios, consideramos improcedente la crítica de Wolfgang Detel[1620], quien con precisión pone de manifiesto las inconsistencias y lo irreconciliable de sensación y razonamiento. Sin embargo, debemos subrayar que como todo fundacionalismo, el de Epicuro debe ser entendido *ad intra* y no *ad extra* para dar cuenta de lo real.

Por otra parte, en relación con lo experimental podemos traer de nuevo a colación al antedicho Sambursky, que se pronuncia muy atinadamente sobre la voluntad universalizadora, la confianza en la capacidad de relación, así como sobre el escaso valor de la experimentación en Grecia, cosa que difiere notablemente de la reproducción fenoménica actual, de modo matematizable y *caeteris paribus*[1621].

La vocación de aunar y fundamentar lo invisible por lo visible, es decir, la confianza en los sentidos como fuente informativa para los razonamientos, en función de un todo sin solución de continuidad, permite adscribir a Epicuro a lo que podríamos llamar empirismo. Según De Lacy, Epicuro abandona el modelo racionalista de corte matemático y da preferencia a lo sensible en contraposición a los estoicos. Se centra, entonces, en la observación de ciertas señales que adoptan un patrón repetido en comparación con la vivencia pasada, de forma que la investigación consiste en observar semejanzas y diferencias en el marco de la experiencia, hasta poder inferir secuencias basadas en similitudes y uniformidades, con un sentido práctico, útil[1622].

A partir de lo perceptible halla o descifra lo imperceptible, que, aun siéndolo, no se halla más allá de lo natural, no es metafísico, transnatural o sobrenatural, pero debe ser captado por inferencia analógica. Teniendo en cuenta la noción de utilidad o pragmatismo, el sabio samio presupone la efectividad de las capacidades sensoriales y también la necesidad de usar el sentido común del hombre corriente antes que

1618 RODRÍGUEZ ALFAGEME, Ignacio. *Literatura científica griega*, Madrid, Síntesis, 2004, p. 226.

1619 *cf.* VON FRITZ, *Scienza*, *op. cit.*, pp. 5, 7 y 44, respectivamente.

1620 DETEL, Wolfgang, "Αἴσθησις und Λογισμός. Zwei Probleme der epikureischen Methodologie", en *Archiv für Geschichte der Philosophie*, vol. 57, 1975, pp. 21–35.

1621 *cf.* SAMBURSKY, *op. cit.*, p. 16.

1622 *cf.* DE LACY, Phillip y DE LACY, Estelle Allen, *Philodemus: On methods of inference; a study in ancient empiricism*, Philadelphia, Pa, American philological Association, 1941, pp. 120–157, especialmente pp. 120–124; 140–144.

abstractos y abstrusos encadenamientos causales sin remisión, intramentales[1623], puesto que [Epicuro y sus partidarios] "[d]esdeñan la dialéctica como superflua (παρέλκουσαν), pues estiman que basta con que los físicos procedan de acuerdo con los nombres (φθόγγους) aplicados a las cosas"[1624].

Debemos tener en cuenta, por otra parte, que Epicuro funda su teoría epistemológica de sensopercepción en el juego de movimientos físicos de átomos entre átomos y vacío, del que se deriva lógicamente la materialidad de lo real y su capacidad para afectar al hombre, que – como todo lo restante – es cuerpo. La percepción, la sensación y la progresiva abstracción a partir de ésta constituyen la piedra angular de su sistema físico. Por su parte, los sentidos tienen, como sucederá mucho más tarde con el empirista inglés John Locke, un papel en cuya virtud se dejan hacer (*afficio, ad+facio*), son afectados, pasivos o receptivos[1625]. Así lo atestigua el doxógrafo Diogenes Laercio, al consignar la teoría epicúrea al respecto:

> "Toda sensación –afirma [Epicuro]- es irracional (αἴσθησις ἄλογός ἐστι) e incapaz de memoria. Pues ni se mueve por sí misma ni, movida por otro, es capaz de añadir o quitar nada. Tampoco hay nada que pueda refutarlas. Porque ni la sensación de cierta clase refuta otra de la misma clase por su fuerza equivalente, ni la sensación de una clase diferente la de una clase diferente, puesto que no emiten juicio sobre los mismos objetos; ni tampoco la razón, puesto que todo razonamiento es enunciado a partir de las sensaciones; ni un sentido a otro, pues prestamos atención a todos. Y la existencia de percepciones efectivas garantiza la verdad de las sensaciones; pues tan efectivamente existe el hecho de que nosotros vemos y oímos como el hecho de que sentimos dolores. Por lo tanto también es preciso que nuestras inferencias sobre las cosas trascendentes procedan del ámbito de los fenómenos. Y desde luego todas las nociones tienen su origen en las sensaciones y se forman por coincidencia y analogía y semejanza y composición, colaborando en algo también el razonamiento"[1626].

De hecho, podemos anotar que la perquisición epicúrea de la naturaleza no distingue, al contrario que hoy, entre procedimientos de encontrar y procedimientos de justificar, sino que en la observación afloraban simultáneamente tanto el descubrimiento cuanto su justificación, con base correlativa o analógica[1627], fundada en

---

1623 *cf.* BAILEY, *Greek atomists, op. cit.*, pp. 233–244. Ofrece interesantes reflexiones a partir de las que se orienta la argumentación sucesiva.

1624 DIÓGENES LAERCIO, *Vidas de los filósofos ilustres*, X, 31, en GARCÍA GUAL, *op. cit.*, p. 524.

1625 *cf.* LOCKE, John, O'GORMAN, Edmundo (trad.), *Ensayo sobre el entendimiento humano*, México, Fondo de Cultura Económica, 2005 [ed. orig. *An Essay concerning Human Understanding*, London, Ward, 1689], Libro I: párrafos 3 y 9; Libro II: Capítulo II; pp. 83–84, 87 y 97, respectivamente.

1626 DIÓGENES LAERCIO, *Vidas de los filósofos ilustres*, X, 32, en GARCÍA GUAL, *op. cit.*, p. 524.

1627 POPPER, Karl, *La lógica de la investigación científica*, Madrid, Tecnos, 1990 [ed. orig. ingl. *The Logic of Scientific Discovery*, London, Hutchinson, 1959], p. 293:

la explicitación del encadenamiento entre sensación y razonamiento. Es legítimo sostener, pues, que la sensación constituye el material del razonamiento y de las inferencias analógicas, si bien no es preciso el concurso de la racionalidad humana en su generación; sin embargo, si atendemos a la propuesta epicúrea, que da razón de lo real, sí existe una continuidad o relación en todo lo físico.

La sensación procede, pues, debemos repetirlo, de lo real, material, corpóreo, que existe; ella, mediante su articulación con el juicio y por la analogía, es fundamento de verdad, cosa que también señala Cornford en su, por lo demás, severísimo y en nuestra opinión errado dictamen sobre Epicuro[1628], sobre la inconsistencia de que parece adolecer la combinación entre materialismo sensorial y capacidad mental proyectiva que, según su parecer, realiza el filósofo de Samos[1629].

Sensación, juicio y analogía se abrazan en Epicuro, se completan necesariamente. En este sentido queremos citar las lexicográficas palabras de Balaudé sobre el juicio y la analogía en Epicuro:

> "Analogismos désigne un raisonnement qui rapproche des réalités présentant des ressemblances proches ou lointaines, ou encore des réalités observables ('évidentes'), et d'autres qui ne le sont pas. Sullogismos nomme un raisonnement non pas syllogistique (...) mais un raisonnement qui rassemble et synthétise. Ces trois spécifications du raisonnement communiquent entre elles et s'appellent mutuellement. L'analogie représente une forme de raisonnement très répandue, consistant en un rapprochement (sens

"[s]i distinguimos, como hace Reichenbach, entre un 'procedimiento de encontrar' y un 'procedimiento de justificar' (una hipótesis), entonces hemos de decir que no es posible reconstruir racionalmente el primero"; REICHENBACH, Hans, *Experience and Prediction: An Analysis of the Foundations and the Structure of Knowledge*, Chicago, Ill., The University of Chicago Press, 1938, pp. 6–7 y 382: "(...) the thinker's way of finding this theorem and his way of presenting it before a public may illustrate the difference in question. I shall introduce the terms context of discovery and context of justification to mark this distinction. Then we have to say that epistemology is only occupied in constructing the context of justification. [...] the distinction between the context of discovery and the context of justification. We emphasized that epistemology cannot be concerned with the first but only with the latter; we showed that the analysis of science is not directed toward actual thinking processes but toward the rational reconstruction of knowledge".

1628 CORNFORD, Francis, GUARDIOLA, Rafael y GIMÉNEZ, Francisco (trads.), *Principium sapientiae: los orígenes del pensamiento filosófico griego*, Madrid, Visor, 1987 [ed. orig. "*Principium sapientiae*". *The Origins of Greek Philosophical Thought*, Cambridge, Cambridge University Press, 1952], p. 28: "El conocimiento tiene que reducirse de alguna manera a la sensación, y la sensación al tacto, pues lo real es el cuerpo y el cuerpo es esencialmente lo tangible. De ahí llegamos a la doctrina según la cual todos los objetos de la percepción sensible son reales y todas las percepciones que tenemos de ellos, verdaderas e infalibles, puesto que Epicuro pensaba que si se pusiera en cuestión una sola percepción no habría razón para confiar en ninguna y el conocimiento daría paso al escepticismo total".

1629 CORNFORD, *Principium*, *op. cit.*, pp. 38–48, entre otras.

du préverbe *ana-*) des similitudes perçues en diverses occasions, qui permet d'accéder à des généralités et de distinguer des identités et des différences. (...) Il n' y a rien de plus rigoureux ni de plus fondé que l'analogie au sens épicurien, puisqu'elle désigne peut-être l'opération la plus centrale du logos. Et non seulement, sans l'opération analogique, nous n'aurions aucune idée générale, mais en outre il serait impossible de parvenir à une connaissance des principes, qui sont « inévidents », c'est-à-dire non sensibles"[1630].

Por otra parte, y antes de ofrecer algunas explicaciones ulteriores sobre la analogía como acto intelectual humano y como método epistemológico principalísimo en Epicuro, deseamos dejar constancia de que el sentido del λογισμός lo recoge en latín Lucrecio con *uera ratio*[1631], que significa razonamiento correcto, justo, exacto, veraz, que vincula realmente y tiene por lo tanto consistencia físico-ontológica-epistemológica y valor probatorio, de tal modo que merece ser aprendida de memoria.

La *ratio* lucreciana recoge, de suyo, tanto el sentido de λόγος como ley de lo natural o relación de relaciones cuanto el de λογισμός en las diversas acepciones de juicio, dotado de fuerza explicativa, justificadora o capaz de rendir cuentas sobre los fenómenos y de lo que no aparece[1632].

Previamente hemos aludido a Anaxágoras y su ὄψις ἀδήλων τὰ φαινόμενα, a la analogía como dimensión ontológico-epistémica de la continuidad que se desarrolla en el todo. Según puso de manifiesto Regenbogen[1633], en su artículo sobre los métodos de investigación antiguos en las ciencias naturales, la analogía constituye un elemento no ornamental ni meramente orientativo sino una parte importante del proceder demostrativo, especialmente en la medicina hipocrática. De acuerdo con esto dice el estudioso alemán:

"el prodecimiento consiste, expresado de manera general y esquemática, en que un proceso supuesto e imperceptible *a*, que se halla desarrollado apodícticamente, es comparado con un segundo proceso perceptible *b*, – entretanto aparecen un segundo y tercer procesos b^1 y b^2 –, con el objetivo manifiesto de demostrar, a través de ello, la corrección de la suposición (o hipótesis) en cuanto al proceso imperceptible *a*"[1634].

Ésta es, entonces, la descripción de la inferencia analógica aplicada al mundo natural. En la misma dirección se expresa nuevamente cuando escribe: "con ayuda de lo visible es posible tener vistas al ámbito de lo no visible, de lo accesible a los órganos

1630 BALAUDÉ, *Vocabulaire, op. cit., s. uu.* "raisonnement (logismos, λογισμός)", "raisonnement par analogie (analogismos, ἀναλογισμός)", pp. 54–55.

1631 LVCRETIVS, BAILEY, *op. cit.*, I, v. 51, v. 498, 513, 623, 637, 880; I, 82, 176, 229, 645, 1023; III, 523; IV, 446; V, 23, 406, 1117; VI, 767, 853.

1632 CASSIN, *Vocabulaire, op. cit., s. u.* "Lógos", pp. 733–734.

1633 REGENBOGEN, Otto, "Eine Forschungsmethode antiker Naturwissenschaft", originalmente publicado en 1930 y reimpreso en REGENBOGEN, Otto, DIRLMEIER, Franz (ed.), *Kleine Schriften*, München, C. H. Beck, 1961, pp. 141–194.

1634 REGENBOGEN, "Forschungsmethode", en REGENBOGEN, DIRLMEIER, *op. cit.*, p. 153; traducción propia.

sensoriales, es decir, a base de una inferencia analógica. El método se presenta como un método de plasticidad o comprensibilidad y para nosotros Empédocles es el primero en quien vemos su aplicación con plena efectividad"[1635], habida cuenta de que el filósofo presocrático establece una analogía o relación de semejanza estructural entre una hoguera o fuego y la potencia visiva humana[1636], así como el fenómeno de la audición y el órgano del oído se asimilan a un resonar interno de una campana[1637]. Al poco de la aportación erudita de Regenbogen, Hans Diller abundó en la cuestión mediante un artículo homónimo de la cita anaxagórica, algunos de cuyos elementos nos interesa espigar[1638].

Aduce el alemán un interesante uso de proporcionalidad en términos naturales en Aristóteles, procedente de los *Meteorológicos*: "es necesario que la misma razón que guarda una (cantidad de) agua, por pequeña que sea, respecto del aire que se genera a partir de ella guarde la totalidad del aire respecto a la totalidad del agua"[1639]. Esto muestra, como indica Diller, que hay una proporción, correlatividad o correlación entre la parte y el todo; por otra parte, el autor sostiene que estas analogías tienen en común el hecho de que algo imperceptible se explica a partir de los fenómenos, es decir, los perceptibles o sensibles. Sin embargo, de acuerdo con su opinión, los fenómenos no son paralelos sino que esa comparación es un signo para comprender un proceso cuyas causas invisibles tienen efectos visibles. Diller propugna, a su vez, que el método investigador antedicho no es meramente analógico sino semiótico, tal

1635 REGENBOGEN, "Forschungsmethode", en REGENBOGEN, DIRLMEIER, *op. cit.*, p. 158.

1636 EMPÉDOCLES DE AGRIGENTO, frag. 426 (DK B 21 84), Aristóteles, *Acerca de la sensación y lo sensible*, 2, 437b-438a, en CORDERO, *op. cit.*, p. 396: "Empédocles parece a veces creer que vemos por una luz que parte [del ojo], tal como se dijo antes. Dice, a propósito, lo siguiente: 'Como cuando alguien que proyecta salir se arma de una antorcha / durante la noche invernal, llama de ardiente fuego, / colocando linternas que protegen de toda clase de vientos; / éstas dispersan el soplo de los vientos agitados, pero la luz salta hacia fuera en tanto que es más sutil / y brilla a lo largo del umbral de la casa con indomables rasgos. / Así entonces el antiguo fuego, encerrado en membranas / y en finos velos, se recluyó en la redonda pupila, / velos éstos que estaban perforados por milagrosos pasajes. / Ellos preservaban el agua profunda que fluye en torno de la pupila, / pero dejaban pasar el fuego, en tanto que es más sutil".

1637 EMPÉDOCLES DE AGRIGENTO, frag. 431 (DK 31 B 99) Teofrasto, *Acerca de las sensaciones*, 9, en CORDERO, *op. cit.*, p. 231: "La audición se produce por los ruidos externos: es así que cuando (el aire) es movido por el sonido resuena dentro. De tal modo, el oído sería como una campana que produce los mismos ruidos [que resuenan afuera]".

1638 DILLER, Hans, "Οψις ἀδηλων τα φαινόμενα", en *Hermes*, n° 67, 1932, pp. 14–42.

1639 *cf.* ARISTÓTELES, *Meteorológicos*, I, 340a 11 y ss. en CANDEL, *op. cit.*, p. 251.

como es concebido en el *corpus Hippocraticum*, donde los médicos empiristas combinan αἴσθησις (sensación o percepción) y λογισμός (reflexión o razonamiento)[1640].

Sobre la cuestión de la semiótica podemos aducir algunos ejemplos de Epicuro en los que el hecho de señalar o indicar queda claro, quizás en la línea ya avanzada por Heráclito[1641] o Parménides[1642]. Así, señala Epicuro, hay que "disponer de unos criterios con los que hemos de interpretar (σημειωσόμεθα) no sólo lo presumible sino también lo incierto. Luego, una vez que hayamos tomado cumplida cuenta de estos principios, es menester, entonces ya, que con ayuda de ellos reflexionemos acerca de las cuestiones inciertas"[1643]; del mismo modo, afirma, es necesario "ser capaces de observar, para utilizarlos como punto de referencia, los fenómenos de experiencia diaria que se deben tomar como indicios de los fenómenos celestes"[1644]; lo apropiado se da, según el de Samos, "si uno, perfectamente consecuente con los fenómenos visibles, toma éstos como indicios de los invisibles"[1645].

Es importante subrayar, con todo, que, como bien han señalado Cornford y Detel[1646], existe un problema de fundamentación, de axiomatismo irreductible en el sistema epicúreo, basado en la sensación, imponente pero en ocasiones falible o falaz. Sobre esta cuestión y su ligazón con la analogía insiste Furley, trayendo a colación a Bailey. Bailey propugna que

> "[t]hought-or reasoning-about the ultimate realities of the world is conducted by the comparison and combination of 'clear' concepts, each stage in the process being a new concept recognized as self-evident. The concepts are grasped by 'an act of apprehension on the part of the mind' (ἐπιβολή διανοίας) exactly similar to that by which the senses apprehend the 'clear vision' of the near objects, or the mind the subtle images which penetrate to it"[1647].

1640 GARCÍA GUAL, Carlos, (introd., trad.), *Tratados Hipocráticos I: Juramento, Ley, Sobre la ciencia médica, Sobre la medicina antigua, Sobre el médico, Sobre la decencia, Aforismos, Preceptos, El pronóstico, Sobre la dieta en las enfermedades agudas, Sobre la enfermedad sagrada*, Madrid, Gredos, 1983, "Introducción general" pp. 40–55.

1641 *cf.* HERÁCLITO, frag. 687 (22 DK B 92) Plutarco, *Oráculos Píticos*, 404d-e, en EGGERS LAN, JULIÀ, *op. cit.*, p. 370: "El Señor, cuyo oráculo está en Delfos, no dice ni oculta, sino indica por medio de signos [ὁ ἄναξ, οὗ τὸ μαντεῖόν ἐστι τὸ ἐν Δελφοῖς, οὔτε λέγει οὔτε κρύπτει ἀλλὰ σημαίνει]".

1642 PARMÉNIDES, frag. 1050, (DK 28 B 8) vv. 1–4, en EGGERS LAN, JULIÀ, *op. cit.*, p. 479: "Y sobre este camino hay signos abundantes [τὰ τοῦ κυρίως ὄντος σημεῖα]".

1643 EPICURO, *Carta a Heródoto*, 38, en VARA, *op. cit.*, p. 51.

1644 EPICURO, *Carta a Pitocles*, 97, en VARA, *op. cit.*, p. 78 [εἴς τε τὸ ἀδιανόητον φερομένους καὶ τὰ φαινόμενα ἃ δεῖ σημεῖα ἀποδέχεσθαι μὴ δυναμένους συνθεωρεῖν].

1645 EPICURO, *Carta a Pitocles*, 104, en VARA, *op. cit.*, p. 81 [ἐάν τις καλῶς τοῖς φαινομένοις ἀκολουθῶν περὶ τῶν ἀφανῶν σημειῶται].

1646 *uid. supra*, en el capítulo, con referencias a Cornford y Detel.

1647 BAILEY, *Greek atomists*, *op. cit.*, p. 265.

A partir de ahí se puede presentar una suerte de conocimiento intuitivo infalible, que accede a las verdades fundamentales, axiomáticas, del epicureísmo sin que haya intervención alguna del elemento sensorial. Sin embargo, Furley, tras aducir textos y argumentos, insiste en el principio epistemológico e investigador de Epicuro, que nosotros deseamos formular así: *per uisibilia ad inuisibilia, per sensibilia ad insensibilia*; escribe el estudioso británico:

> "Epicurus did not claim to have some kind of direct insight which led to clear and distinct ideas about the structure of the world. He tried to present arguments for his basic propositions, based on the evidence of sense-perception. Admittedly, his arguments were extremely simple minded, for the most part. But I do not see any fundamental inconsistency in his position. In particular, he is not liable to the charge laid against him by Cornford, that he dogmatically ruled out multiple explanations in his atomic theory, while accepting them in his meteorology. His method was to set up a pair of contradictories—either there is void or there is not, either matter is infinitely divisible or it is not—and then to present an argument for rejecting one of them"[1648].

Por último, es de justicia citar una buena síntesis de la unión entre analogía, empirismo, sensación y juicio como razonamiento y cordura es la que ofrece el estudioso francés Morel, quien enuncia:

> "La saisie intellectuelle des principes et la connaissance rationnelle des causes sont toujours tributaires du témoignage des sens. Ainsi, dans la *Lettre à Hérodote*, dont la progressivité semble exclure toute connaissance théorique antérieurement acquise et qui entend partir d'évidences premières, le recours à l'expérience sensible est imposé d'emblée: 'il faut en outre s'assurer de toutes choses en s'en remettant aux sensations'. La sensation remplit une fonction quasi-axiomatique, constituant un principe inconditionné et indémontrable, et ainsi une base ferme sans laquelle aucune construction théorique ne saurait être fondée"[1649].

4.6. La συμπάθεια o la correspondencia sensitiva entre la ψυχή o cuerpo sutil, el cuerpo burdo y los objetos externos

En la división precedente hemos abordado con cierta atención la correlación entre lo visible y lo invisible según la filosofía epicúrea; tal vínculo es, por una parte, intrínseco al universo de conformidad con sus formantes pero también resulta, por otra parte, percibido, y ello sucede, creemos, en virtud de la συμπάθεια.

1648 FURLEY, David, "Knowledge of atoms and void in Epicureanism", en ANTON, John Peter, KUSTAS, George L. y PREUS, Anthony (eds.), *Essays in Ancient Greek Philosophy*, New York, State University of New York Press, 1971, pp. 607—619, concretamente, pp. 619–620.

1649 MOREL, *Épicure, op. cit.*, p. 113.

Si bien se nos ha transmitido el cultismo español 'simpatía', el término griego lo podemos verter en castellano como coafección (o coafectación)[1650], pasión conjunta, sensibilidad mutua[1651], o interacción automática, en el sentido de que se da, sin voluntariedad explícita, una relación de afección mutua entre el cuerpo sutil, el cuerpo burdo y los restantes objetos más o menos burdos del universo.

Nos parece errada, empero, la opción de Verde, comentarista de la *Epístola a Heródoto*, quien se limita a entender que συμπάθεια es mera correspondencia o conformidad, sin poner en juego la sensibilidad[1652]. La sensibilidad implicada en esa mediación entre visibile e invisible es precisamente la humana, que tiende un puente entre los dos ámbitos[1653].

El fundamento de la percepción, como pasión sensorial o impresión, que conlleva una adecuación o equivalencia, más o menos imperfecta según su accesibilidad y proximidad, entre lo intramental y lo extramental, se basa justamente en esa interacción automática. Tal como hemos dejado asentado previamente, esa relación simpática no tiene óbice conceptual por cuanto se produce entre corporalidades más o menos burdas, cosa posibilitada especialmente por la extrema sutilidad del ἀκατονόμαστον[1654], por su comunión con el cuerpo y por la de éste con los objetos exteriores más o menos burdos.

1650 *cf.* EPICURO, BALAUDÉ, Jean-François (ed., trad.), *Lettres, maximes, sentences*, Paris, Le Livre de poche, 1994, p. 158.

1651 *cf.* VON STADEN, Heinrich, "Body, Soul, and Nerves: Epicurus", en WRIGHT, POTTER, *op. cit.*, pp. 79–116, y más concretamente pp. 80–86, p. 85: "the chain of reciprocally enabling characteristics, capacities, and activities of soul and body".

1652 *cf.* VERDE, *Erodoto*, *op. cit.*, pp. 143.

1653 JÜRSS, Fritz, *Die epikureische Erkenntnistheorie*, Berlin, Akademie Verlag, 1991, p. 12: "Da bei Epikur der Mensch im Zentrum seiner Überlegungen steht, gewinnt für ihn der Relationskomplex Individuum-Umwelt besondere Bedeutung. Dieser Komplex umfasst praktische und theoretische Relationen, von denen hier die kognitive Beziehung interessiert. Sie hängt an der Frage, wie der Mensch als Atomkomposition 'informiert' werden kann, welche Voraussetzungen ihm seine Pathibilitat verleihen, die zugleich die Sympathie oder Gleichartigkeit des Eindrucks mit dem Objekt der äußeren Wirklichkeit gewährleistet. Epikur formuliert: 'wenn einer nur recht ins Auge fasst, wie man die evidenten Eindrücke, wie man die Kommunikationsbeziehungen (*Sympatheias*) von den äußeren Objekten zu uns herüberleitet'".

1654 KING, R. A. H., *Common to body and soul: philosophical approaches to explaining living behaviour in Greco-Roman antiquity*, Berlin, De Gruyter, 2006, pp. 9–10: "For Epicureans and Stoics, body and soul, mind and emotion are not contrasted in value – rather they are states of a single entity in a world conceived of in the same way. This holism is part of a larger conception of human nature: psychologically too, humans are viewed holistically and not as combinations of mind or reason and emotions or desires"; "For the Epicureans *sympatheia* is due to a fifth element in the soul, and is especially involved in sensation. *Sympatheia* does not mean that the soul undergoes something caused by the body, but rather that body and soul

Es bien cierto, no obstante, que el término συμπάθεια tiene mayor presencia y tradición en la secta estoica, cosa que expone sucinta pero exactamente Peters[1655], al igual que Probst y Kranz[1656]. No obstante, estos dos últimos estudiosos germanos reportan la coincidencia de las partes entre sí en el todo sin acción directa en tanto que "simpatía". Sin embargo, ésta no sólo es consenso, sino que implica cosensación y consentimiento. Cicerón lo vierte, por ejemplo, con respecto a la naturaleza (*natura,-ae*), en términos de *coniunctio, concentus, consensus*[1657], *convenientia, continuatio, continuata cognatio*, que incluye la convención de las cosas y su concierto[1658], cosa que en Epicuro tiene repercusiones físicas, las cuales alcanzan también a su epistemología.

No en vano, el término aparece en cinco ocasiones en la *Epístola a Heródoto* y es preciso demorarnos en las cinco instancias con el fin de ganar solidez y claridad en nuestra explicación. Los pasos en cuestión, que debemos citar completos, son:

> "Pues si analiza uno cómo retraer, desde las realidades objetivas hasta nosotros, la fuerza de las cosas que operan en nuestro interior (con lo que analizamos también cómo retraer las afinidades sensoriales [τὰς συμπαθείας ἀπὸ τῶν ἔξωθεν πρὸς ἡμᾶς] entre ellas y nosotros), ninguno de los procesos de esta nuestra explicación se contradice con el testimonio de nuestras sensaciones de los mismos"[1659];
>
> [...]
>
> "luego, la imagen que irrumpe en nosotros produce, en razón de ese su movimiento veloz, la impresión de un todo único y continuo, y el conjunto de emociones que emanan del objeto base (τὴν συμπάθειαν ἀπὸ τοῦ ὑποκειμένου σῳζόντων) las conserva en sí misma en proporción al correspondiente impacto procedente del mismo objeto base (κατὰ τὸν ἐκεῖθεν σύμμετρον ἐπερεισμὸν), impacto que depende de la configuración profunda de los átomos en el interior del cuerpo sólido"[1660];
>
> [...]

are affected by the same things in similar ways, at the same time. Nonetheless, the body can affect soul and vice versa, and the possibility of the affection of only one of them is especially preserved by the distinction between mind and soul; the mind can be unwell while the body is thriving and vice versa".

1655 *cf.* PETERS, F. E., *Greek Philosophical Terms; A Historical Lexicon*, New York, New York University Press, 1967, *s. u.* "*sympátheia*".

1656 *cf.* RITTER, *op. cit.*, vol. X, pp. 751–756, *s. u.* "Sympathie", primera parte, a cargo de Peter Probst y Margarita Kranz.

1657 KENNEY, LVCRETIVS, *op. cit.*, p. 96.

1658 *cf.* CICERO, *De Divinatione*, II, 14, 34; II, 60, 124, II, 69, 142, en MUELLER C. F. W. (ed.), *De divinatione libri duo, libri de fato quae mansuerunt*, Leipzig, Teubner, 1890, pp. 208, 241 247; *De Natura Deorum*, II, sec. 19, en PEASE, Arthur Stanley (ed., com.), *M. Tulli Ciceronis De Natura Deorum libri III, vol. II, 2/3*, Cambridge, Mass., Harvard Univ. Press, 1958, p. 596.

1659 EPICURO, *Carta a Heródoto*, 48, en VARA, *op. cit.*, p. 55.

1660 EPICURO, *Carta a Heródoto*, 50, en VARA, *op. cit.*, p. 56.

"[y] la corriente esa se difunde en partículas provistas de elementos iguales al todo original, conservando la cosa esa de las partículas algún tipo de comunión de sensaciones de forma solidaria entre sí a la vez que también su propia unicidad (ἅμα τινὰ διασῴζοντας συμπάθειαν πρὸς ἀλλήλους καὶ ἑνότητα ἰδιότροπον) específica, que remonta hasta el objeto emisor y que reproduce en nosotros al fin la sensación propia del objeto emisor de una manera bastante completa, y, si de una manera tan fiel no, haciéndonos claro sólo la parte exterior"[1661];

[...]

"Pues sin hacer remontar al objeto emisor algún tipo de comunión de sensaciones que de él emanan no se daría al fin en nosotros esa sensación similar a la original (ἄνευ γὰρ ἀναφερομένης τινὸς ἐκεῖθεν συμπαθείας οὐκ ἂν γένοιτο ἡ τοιαύτη ἐπαίσθησις)"[1662];

[...]

"Es el alma la parte que, en razón de sus partículas finísimas, ha experimentado enorme diferenciación incluso de esos mismos elementos a los que se parece, y, por razón de esta su especial finura, comparte también más los mismos sentimientos con el resto del cuerpo agregado a ella (συμπαθὲς διὰ τοῦτο μᾶλλον καὶ τῷ λοιπῷ ἀθροίσματι)"[1663];

[...]

"una vez que el alma se ha separado del cuerpo, éste no tiene la facultad de la sensación, pues tampoco antes había poseído dentro de sí mismo por derecho propio esa facultad de la sensación, sino que únicamente la facilitaba a ese otro ser, que había convivido junto con él, el alma, la que, a causa de su facultad de sensación, completada al máximo en torno a sí gracias al movimiento que le asiste, tras hacer efectiva inmediatamente a favor de sí misma la propiedad sensitiva la transmitía, justamente como dije, también al cuerpo, en razón del mutuo contacto y de la comunidad de sentimientos que hay entre cuerpo y alma (ἑαυτῷ ἀπεδίδου κατὰ τὴν ὁμούρησιν καὶ συμπάθειαν καὶ ἐκείνῳ)"[1664].

En el primer pasaje ya se aprecia que existe una correlación resonante entre las capacidades sensitivas humanas y las realidades externas, la cual es preciso mantener metódicamente y sin solución de continuidad, de manera que realmente se preserve la afinidad entre ambas instancias, mediada por las imágenes.

Éstas últimas conservan, dice Conche, "un accord cinétique"[1665] proporcional con los objetos emisivos. Aquí relaciona Epicuro los ámbitos ontológico y epistemológico. Debemos matizar, empero, que Epicuro, con un realismo que es científico por su rigor y sistematicidad abstractiva, entiende que siempre puede ocurrir una mediación o constitución de impresiones no plenamente correspondientes, debidas,

1661 EPICURO, *Carta a Heródoto*, 52, en VARA, *op. cit.*, p. 57.
1662 EPICURO, *Carta a Heródoto*, 53, en VARA, *op. cit.*, p. 57.
1663 EPICURO, *Carta a Heródoto*, 63, en VARA, *op. cit.*, pp. 63.
1664 EPICURO, *Carta a Heródoto*, 64, en VARA, *op. cit.*, p. 63.
1665 CONCHE, *Épicure*, *op. cit.*, p. 136, n. 9.

por lo común, a una aplicación deficiente de nuestra inteligencia, a razonamientos imperfectos, ilusiones hedonistas[1666] y, en ocasiones, por la combinación azarosa y confusa de emisiones peliculares de varios objetos emanantes más o menos sutiles.

En esta línea argumentativa se expresa también el francés Balaudé cuando analiza el vínculo entre el pensamiento, los simulacros y la cosensación[1667].

La relación correspondiente que nos ocupa debe atribuirse a los simulacros, como hace Jean Bollack[1668]; de esta forma adquiere una carácter reflexivo o bidireccional y conserva, como consensibilidad, su dimensión informativa-sensorial intrasubjetiva, intersubjetiva y relacionada con los objetos, los cuales, en una suerte de diálogo, también se están *consintiendo.*

Quizás una manera de preservar toda la carga semántica propiamente epicúrea del concepto sería la de correspondencia sensitiva, activa o pasiva, en el sentido de que, aun tratándose de un hecho en el que se produce afección con correlación más o menos perfecta, es activa en cuanto que algo impacta sensorialmente y pasiva en cuanto que algo es impactado sensorialmente.

La cosensación designa, pues, una relación entre la realidad otra externa y las facultades sensitivas y cognitivas humanas[1669], si bien propugnamos que el de Samos no está en disposición de resolver, desde las antedichas capacidades, qué sea la verdad sobre todo cuanto existe en términos dogmáticos.

1666 *cf.* SCOTT, Dominic, "Epicurean Illusions", en *Classical Quarterly*, nº 39, vol. 02, 1989, pp. 360–374, concretamente p. 360: "One of its fundamental assumptions is that men are the victims of a certain grand illusion and, as long as they remain so, can never aspire to a happy life. This is the illusion that pleasures can be increased in intensity without limit".

1667 *cf.* EPICURO, BALAUDÉ, *Lettres*, *op. cit.*, pp. 80–81.

1668 BOLLACK, Jean, *op. cit.*, pp. 99, 196, sobre el párrafo 50 de la *Carta a Heródoto*: "La 'sympathie' est du côté de l'objet; elle relie, au plus loin, l'image au corps qu'elle reproduit; la 'symétrie' est du côté de l'organe récepteur qui capte, les grandeurs étant adaptées à ses pores dès l'émission"; sobre el párrafo 53 de la misma epístola, p. 202: "la liaison qui forme l'unité orientée du champ acoustique, jusqu'à la source émettrice, et permet à la sensation de s'accorder à la réalité de l'objet et de rester, à distance, en communication"; p. 266: "sympathie (sympatheia): Lien d'affinité qui unit le sujet et l'objet de la perception".

1669 JÜRSS, *Erkenntnistheorie, op. cit.*, p 41: "Die Sympathie besagt nun, daß das eine Objekt das Pathos, also die Verfassung oder Befindlichkeit des anderen mitempfindet und sich dabei im Prozeß des Mitempfindens in seinem eigenen Pathos verändert. Der Ausdruck Pathos ist nicht leicht zu fassen und stellt in gewisser Weise die Einheit des Gegensätzlichen dar, weil er die Bewegung und Veränderung in ihrer Zuständigkeit und Befindlichkeit umfaßt. Auf jeden Fall ist Pathos ein über den gnoseologischen Bereich weit hinausreichendes Phänomen, das auch den einfach strukturierten anorganischen Körpern zukommt, die entstehen, vergehen und sich verändern. Erst unter den Bedingungen höherorganisierter materieller Strukturen erscheint Pathos auch als Aisthesis, bei den niederen Lebewesen als haptisches Pathos, dann auch als akustisches und optisches".

El samio asume, por su parte, en un sentido pragmático, realista y vital, la tesis de que todo conocimiento es, en primer lugar, sensación, así como que toda sensación es impresión de naturaleza material o corpórea resonante, que impacta en receptor capaz de asumirla, por su propia constitución en términos sutileza o densidad. Podríamos decir que Epicuro no abusa de la racionalidad humana en el aspecto de sobrepasarla absolutizándola, lo que la llevaría a argumentar y postular desde el vacío, sin fundamento empírico-sensorial, algo contra lo que precisamente nuestro filósofo lucha, tanto como combate el escepticismo relativista.

Los partidarios escépticos, con su investigación sin final, aun tentativo, rechazan cualquier criterio, incluso transitorio, debido a su antidogmatismo y filantropía terapéutica[1670]. Epicuro, en cambio, se opone a la suspensión del juicio y a la ausencia efectiva de toda regla o norma judicativa[1671], que los escépticos justifican por la falibilidad total de los sentidos.

Junto a las prenociones (προλήψεις) y a los sentimientos (πάθη)[1672], Epicuro postula, con los matices pertinentes, la importancia fundamental de las sensaciones (αἰσθήσεις) como κριτήριον τῆς ἀληθείας[1673], que deben ser ora excluidas ora aceptadas, a partir de la evidencia, la opinabilidad y el razonamiento (inferencial para lo inaccesible), con miras a la Naturaleza[1674], con el fin último de alcanzar, como aspirarán también estoicismo y escepticismo, la tranquilidad de ánimo.

1670 SEXTO EMPÍRICO, *Esbozos pirrónicos*, III, 280–281, en GALLEGO, MUÑOZ, *op. cit.*, p. 333: "El escéptico, por ser un amante de la Humanidad, quiere curar en lo posible la arrogancia y el atrevimiento de los dogmáticos, sirviéndose de la Razón. Así pues, del mismo modo que los que curan las enfermedades corporales poseen remedios de distinta intensidad y aplican los más enérgicos de ellos a los pacientes graves y otros más suaves a los menos graves: así también el escéptico plantea argumentos de distinta fuerza y se vale de los fuertes y capaces de destruir con contundencia la enfermedad de la arrogancia dogmática en aquellos que están gravemente atacados de arrogancia, y de otros más suaves en los individuos que esa enfermedad de la arrogancia la tienen leve y fácilmente curable y que puede ser destruida con formas de persuasión más suaves".

1671 *cf.* ISNARDI, "I democritei e l'antiscetticismo di Epicuro" en, *op. cit.*, pp. 149–169; sobre la cuestión y sus conexiones con una interpretación escéptica de Demócrito.

1672 DIÓGENES LAERCIO, *Vidas de los filósofos ilustres*, X, 31, en GARCÍA GUAL, *op. cit.*, p. 524: "Desde luego en el *Canon* Epicuro afirma que los criterios de la verdad son las sensaciones, las prolepsis y las afecciones".

1673 *cf.* STRIKER, Gisela, "κριτήριον τῆς ἀληθείας", en *Essays on Hellenistic epistemology and ethics*, Cambridge [Engl], Cambridge University Press, 1996, pp. 22–76 y específicamente pp. 29–50, reimpresión del mismo artículo publicado en *Nachrichten der Akademie der Wissenschaften zu Göttingen, I. Phil.-hist. Klasse*, 2, 1974, pp. 48–110.

1674 EPICURO, *Máximas Capitales* XXIII-XV, en VARA, *op. cit.*, pp. 95–96: "XXIII. Si eres contrario a todo tipo de sensaciones no tendrás ni sabrás tampoco a qué criterio acudir para saber y explicar aquéllas que de entre ellas afirmes que son falsas. 147. XXIV. Si descartas a la ligera cualquier sensación y no distingues entre

Es, pues, la sensación la norma de discernimiento, y no la duda[1675]; aquella se erige como el fundamento *de facto* y *de iure* de su sistema, junto con los principios físicos, y en ella se asienta la certeza que permite vivir dichosamente. Isnardi ofrece, por su parte, una interesante categorización de los diversos tipos de sensaciones que van de lo que contrastable, opinable, evidente y concebible/representable[1676].

Creemos que en este contexto Epicuro confía tanto en la sensación cuanto en la racionalidad o razonamiento pero se esfuerza por no desbordarlos, porque haya continuidad confirmativa entre "fuerza de las cosas" (ἐναργείας) y "testimonio sensorial" (ταῖς αἰσθήσεσιν), si bien no se excluye la falibilidad.

Como es sabido, el problema de las sensaciones, generales o particulares[1677], resulta una cuestión espinosísima. Muchos lo han estudiado.

DeWitt[1678], entre otros, se interesa, restringiéndolo, por el alcance del aserto epicúreo sobre la verdad de las sensaciones, por lo que alude a la progresión entre αἴσθησις, ἐπαίσθησις, así como a los mecanismos de confirmación (ἐπιμαρτύρησις) y no confirmación (ἀντιμαρτύρησις) de lo sentido. A su vez, Striker prefiere referirse a "sense impressions", y propone, con buenos argumentos, que la ἀλήθεια de las

---

una opinión que está pendiente de confirmación y la que está ya confirmada por el criterio de la sensación, los sentimientos y cualquier enfoque esclarecedor de la inteligencia, echarás a perder por tu estúpida opinión también las restantes sensaciones, con lo que descartarás la totalidad de los criterios. Pero si garantizas absolutamente todo lo que en el terreno de las intuiciones opinables está pendiente o no está pendiente de confirmación, no pasarás por alto la mentira, porque habrás cuidado de someter toda duda a toda clase de aclaración de lo que es acertado o no es acertado. 148. XXV. Si no explicas, además, en cada momento, cada uno de tus actos por referencia al fin que les impuso la Naturaleza sino que antes de eso recurres a cualquier otro criterio cuando tratas de rehuir o conseguir algo, no serán tus actos consecuentes con tus razonamientos".

1675 GIGANTE, Marcello, *Scetticismo*, *op. cit.*, pp. 32–33; 118–138.

1676 *cf.* ISNARDI, "I democritei", en *op. cit.*, pp. 149–169, concretamente pp. 152–153: "a. c'è una sensazione che attende conferma o smentita (προσμένον): è la sensazione immediata dell'empiria; b. c'è un atto consistente nell'opinare (δοξαζόμενον) in cui, sappiamo, si annida la possibilità dell'errore; c. c'e una sensazione di evidenza immediata (παρὸν, altrove ἐνάργημα) in cui la realtà si fa immediatamente presente alla mente, in forma irrefutabile; d. c'e un successivo atto di intuizione della mente a base rappresentativa, che arguisce quella realtà che non e inmediatamente (φανταστικὴ ἐπιβολὴ τῆς διανοίας)"; *cf.* también DEWITT, "Sensations", en *op. cit.*, pp. 19–32, concretamente pp. 23–25.

1677 EPICURO, *Carta a Heródoto*, 82, en VARA, *op. cit.*, p. 71: "De donde resulta que hay que prestar atención a todos los elementos de juicio, tanto a los que nos asisten permanentemente como a las sensaciones percibidas en un momento determinado, a las sensaciones comunes a todos en problemas comunes a todos, y a los particulares en problemas particulares, y hay que prestar atención también a todo tipo de evidencias presentes en cada uno de los elementos de juicio".

1678 DEWITT, "Sensations", en *op. cit.*, pp. 19–32.

sensaciones se funde no tanto en su estatuto veritativo (ya que ahí cabe el error) sino en el hecho de que son reales y, trasladadas al plano propositivo, son verdaderas al exponerlo nudamente[1679]. Everson también aborda el problema y discrepa de la identificación entre ἀληθές y lo real-existente, habida cuenta de que también las prenociones y los sentimientos son verdaderos; así mismo propone, en lo que llama su "argumento epistemológico", que "[o]nly if the evidential value of each perception is taken to be absolute and unchallengeable will it be the case that *whatever* the strength of evidence of any conflicting perceptions, the truth of that perception must still be maintained"[1680], si bien es muy consciente de las limitaciones que éste presenta, por lo que, finalmente, vincula la validez sensorial con la captación de emisiones peliculares, es decir, con la noción misma de correlación cosensible.

De acuerdo con lo que estamos defendiendo a lo largo de estos capítulos, existe una continuidad entre objetos externos, cuerpo burdo y psique, de modo parecido

1679 STRIKER, Gisela, "Epicurus on the Truth of Sense Impressions", en *Archiv für Geschichte der Philosophie*, nº 59, vol. 2, 1977, pp. 125–142, reimpreso en *Essays*, *op. cit.*, pp. 77–91, de donde se ha tomado, p. 79, p. 82: "It seems clear that in these places Epicurus wants to say that the φαντάσματα or αἰσθητά are 'true' because they do exist. It seems clear also that this was supposed to be an argument in defence of the senses. What is not so clear is how much this argument was supposed to prove. In other words, the question is whether Epicurus wants to say that 'true' in this case means no more than 'existing,' or whether he wants to argue that reality, i.e. existence, implies truth in a propositional sense. In the first case, one would have to ask why Epicurus should have chosen to use the obviously misleading term 'true'; in the second case, his argument would clearly be fallacious: from the fact that I really perceive something it does not follow that I perceive that thing correctly. According to the 'reality' interpretation, Epicurus was simply pointing out that visions are as real as other impressions; hence the fact that they mislead us into false judgements cannot be used to show that αἴσθησις is not always 'true'. (...) Still using the first interpretation, this should mean that people tend to identify the process of being affected through the senses - or the impression received through the senses - with the judgment formed about the impression. The falsity of the second does not affect the reality of the first; [...] (pp. 90–91) 'All propositions expressing no more nor less than the content of a given sense impression are true.' If this interpretation of Epicurus' dictum is correct, Epicurus can perhaps be seen as the first in a long tradition of empiricist philosophers who tried to analyse sense perception in the hope of finding an infallible foundation for knowledge".

1680 EVERSON, Stephen, "Epicurus on the truth of the senses", en EVERSON, Stephen (ed.), *Epistemology*, Cambridge [Engl], Cambridge University Press, 1990, pp. 161–183, cita en cuerpo de texto p. 173; *uid.* p. 167: "What is clear is that Epicurus does not introduce mental objects of awareness: the facts on which feelings and sensations 'give us a perch' are facts about the world and not about our mental lives"; p. 169: "The claim that all perceptions are true is clearly an epistemological one: it is concerned to secure man's epistemic relation to the world"; *cf.* también pp. 173–174 y 183.

a al modo en que se alinean la sensación y la percepción (ἐπαίσθησις), con lo que ganan contenidos mentales veraces y correspondientes. La ἐπαίσθησις sería la sensación ya – muy velozmente procesada, integrada y confirmada - de segundo orden[1681], en posible analogía lingüística con el alemán *Kentnnis y Erkenntnis* e incluso con los verbos latinos *sentio* y *persentio.*

Dado que las sensaciones son verdaderas en cuanto que son impresiones meramente captadas, de modo irracional o crudo (*raw*), si no hay daño funcional en los órganos implicados, cabe referirse ahora al problema de las dimensiones del sol.

Este ejemplo señero nos permite constatar que Epicuro se hace cargo del margen de error o falibilidad senso-intelectivo y no obliga a trascender nuestras capacidades. La elección no es casual habida cuenta de que suele ser considerado un desliz acientífico de la escuela que nos ocupa[1682]. Dice el de Samos:

> "El tamaño del sol, de la luna y de las demás estrellas, en lo que a nosotros afecta (κατὰ μὲν τὸ πρὸς ἡμᾶς), es tal como se muestra (φαίνεται), pero en lo que afecta al hecho en sí es mayor o menor que el tamaño visible o un poco más pequeño o igual. Pues también los fuegos terrestres si se miran a distancia se observa, según la sensación que de este fenómeno recibimos, que se ajustan a esta explicación"[1683].

Al decir que el sol es del tamaño que se muestra no está cometiendo Epicuro ninguna equivocación grave, sino apelando a la prudencia racional, al límite humano, al realismo por lo que hace a las capacidades intelectuales humanas y rechazando, con risueña agudeza, la omnipotencia de la razón sin fundamento sensorial y la teología astral platónico-aristotélica. Deslinda explícitamente, de hecho, nuestro dominio intelectivo-cognoscitivo, lo que está a nuestro alcance (κατὰ μὲν τὸ πρὸς ἡμᾶς),), y otro ámbito, coincidente o no con el anterior, que corresponde a la realidad misma (τὸ καθ' αὐτὸ).

1681 *cf.* CAVALLI, Riccardo, "Il processo di ἐπαίσθησις presso gli Epicurei", en *Würzbuger Jahrbücher für die Altertumswissenschaft*, vol. 36, 2012, pp. 157–168, concretamente pp. 157 y 159.

1682 *cf.* LÉVY, Carlos, "The New Academy and its Rivals", en GILL, Mary Louise y PELLEGRIN, Pierre (eds.), *A Companion to Ancient Philosophy*, Malden, Massachusetts, Blackwell Pub, 2006, pp. 448–464, concretamente p. 453: "The Epicurean theory of knowledge, the canonic, gave occasion for fewer criticisms, probably because the Academics were too absorbed in refuting Stoic ideas in this area. In a general way, it may be said that this canon was assimilated to an absurd confidence in sensation. The example constantly given is that of the sun. Epicurus, convinced of the truthfulness of sensations, asserted in effect that the size of the sun is the size our eyes perceive it to be. This was constantly used by their adversaries in the Academy as the proof that Epicureanism was unable to understand anything at all about science".

1683 EPICURO, *Carta a Pitocles*, 91, en VARA, *op. cit.*, p. 91.

De ahí nace lo que se considera un error de bulto en la filosofía epicúrea y es, en cambio, una apreciación realista-sensualista restrictiva[1684]. DeWitt da en el clavo al precisar los términos generales que, consideramos, apoyan nuestra interpretación: "[h]eavenly phenomena are ἀφανῆ because though visible, they are beyond the range of clear and dependable vision"[1685]. Justamente la asunción de la falibilidad humana general y especial ante distancias sensorialmente insalvables es lo que puede haber llevado a Epicuro a postular πλεοναχὴν κατηγορίαν[1686] para lo celeste; junto a esto, supone un rechazo de las teorizaciones dogmáticas y unívocas con las que conformar lo visible para salvar los fenómenos, anteponiendo la consecución de la felicidad[1687], de forma que la multiplicidad explicativa no es defecto o estado transitorio[1688].

Ante problemas irresolutos, o insolubles, la ciencia concebida modernamente opera también por la vía de las múltiples explicaciones para un mismo hecho[1689], y Epicuro aspira a preservar, también en este procedimiento explicativo, la unidad de la totalidad natural que investiga, en la que se subsumen los sentidos humanos.

De regreso a la συμπάθεια, podemos afirmar que se basa en el hecho de que el objeto en cuestión produce un conjunto de impresiones sensoriales o comunión de sensaciones en el cuerpo burdo y sutil del perceptor a causa de una cierta correspondencia simétrica con el objeto dimanante mismo, del que surge un flujo de imágenes.

De acuerdo con su doctrina, el filósofo samio implica que no hay conocimiento sin sensación y que no hay sensación sin materialidad que contacte, incluso en el caso de la ψυχή humana y los dioses, con otra materialidad más o menos sutil o rarefacta, pues de otro modo habría impresión *ex nihilo*, si se nos permite la expresión. La cosensibilidad se produce, por otra parte, no sólo entre los objetos del mundo y el hombre en términos sensoriales más o menos burdos y sutiles, sino en el seno mismo de un ser humano, entre su cuerpo burdo y su cuerpo sutil o psique.

1684 Debemos esta idea a las enriquecedoras conversaciones con la Dra. Mª Isabel Méndez Lloret.

1685 DEWITT, "Sensations", en *op. cit.*, pp. 19–32, concretamente p. 23.

1686 *cf.* EPICURO, *Carta a Pitocles*, 86, en VARA, *op. cit.*, p. 74: "Vía de acceso que no les va a los cuerpos celestes, sino que concretamente éstos tienen varias tanto causas de su origen como explicaciones de su sustancia acordes con las sensaciones".

1687 *cf.* ASMIS, *Scientific Method*, *op. cit.*, p. 24 y ss., p. 321 y ss.

1688 *cf.* JÜRSS, "Erklärungspluralismus", en *op. cit.*, pp. 235–251, concretamente p. 240: "In Epikurs Physiologie hingegen hat der Erklärungspluralismus eine andere Funktion. Er gilt nur für einen spezifischen Objektbereich und ist dort keine zeitweilige Phase der Unentscheidbarkeit auf dem Wege zu der betreffenden Problemlösung, sondern die bleibende, für das Wohlbefinden der Seele zwingend erforderliche Erkenntnishaltung".

1689 *cf.* JÜRSS, "Erklärungspluralismus", en *op. cit.*, pp. 235–251, concretamente p. 235: "Erklärungspluralismus generell ist eine normale Erscheinung in der Geschichte der Erforschung der Wirklichkeit und gehört damit zum Bereich der Wissenschaft und ihrer Entwicklung. Wissenschaft als ein stets bewegtes System zeigt an ihrer Grenze zum Unbekannten eine Menge offener Probleme, die sich beim je aktuellen Erkenntnisstand eben der Erklärung durch eine '*una et vera causa*' entziehen".

En relación con esto último y sobre un pasaje del parrafo 64 en la *Epístola a Heródoto*, escribe Bignone, observaciones de tradición textual al margen, que:

> "Infatti il corpo dà all'anima le condizioni necessarie al sentire, cioè la possibilità di non disperdersi e di vibrare nei moti suoi proprii; in questi moti poi si produce nell'anima il fenomeno sensitivo, di cui l'anima fa partecipe il corpo per mezzo del contatto e della simpatia o consentimento di queste due parti dell'intero organismo"[1690].

En el mismo sentido se pronuncia DeWitt, cuya interpretación al respecto merece ser citada por entero, pese a su extensión:

> "Inseparably associated with the relationship of soul and body as the contained and the container is the phenomenon of cosensitivity. So volatile is the soul by nature that only within the envelope of the body is it capable of existing and playing its part. This fact bestows upon the body a certain priority of causation over the soul, paradoxical as this may seem. It is the more paradoxical because, according to Epicurus, the soul and the body come into existence simultaneously. He insists, however, upon so having it, that the body in the first instance bestows sensitivity upon the soul, whereupon it acquires a share in sensitivity for itself. Nevertheless, it never acquires all the capacities of the soul; its active capacities are limited to touch, taste, smell, hearing, and vision, while the soul possesses also memory, intelligence, and reason. In addition to its active capacities the body also shares passively in the feelings of the soul, as is indicated by the phenomena of blushing, blanching, perspiring, chilling, and trembling. The psychology of Epicurus is thus psychosomatic. In promulgating this doctrine of cosensitivity Epicurus invoked a new and specialized meaning for the word sympatheia, just as Lucretius did for consensus. If pressed to its full extension the idea involves three elements: first, participation in sensation by body and soul, second, simultaneousness of participation, and third, mutual causation in the experience. These phenomena have their origin in the fact that body and soul are coterminous and coextensive, being contained within the same limits, as a fluid in a vessel, and intimately connected throughout the whole area at depth. So intimate is this interconnection presumed to be that it afforded ground for denial that the soul entered the body at birth. Its origin must have been simultaneous with conception and, as Lucretius aptly expresses it, while still reposing in the mother's womb 'they learn the mutual contacts of the vital impulse' [Lucretius, *De rerum natura*, II, vv. 152–160.]"[1691].

Según se puede apreciar, la cosensibilidad toma parte en todo momento sensitivo o intelectivo, que incumbe a los dos niveles materiales que constituyen lo humano, y, en los testimonios que hemos aducido, a la visión (según anotan Bailey[1692] y después

1690 BIGNONE, Ettore, *Epicuro: opere, frammenti, testimonianze sulla sua vita*, Bari, Laterza & Figli, 1920, p. 198.

1691 DEWITT, *Epicurus*, *op. cit*, pp. 200–201.

1692 *cf.* BAILEY, *Greek atomists*, *op. cit.*, p. 418: "the movement of sensation in the eye causes a movement to pass along the chain of soul-atoms to the mind, and so by

DeWitt[1693]), así como a la audición, tal como se entiende a partir del párrafo 52, extraído de la *Epístola a Heródoto*, cosa que subraya Francesco Verde[1694].

Debido a los límites y restricciones que, por su viabilidad o factibilidad, se imponen en este empeño investigador, debemos excluir aquí las interesantísimas cuestiones relativas a la canónica, como las προλήψις o prenociones, conceptos evidentes formados por repetición en la visión clara (ἐνάργημα) de la misma cosa o el mismo tipo de cosas.

Para concluir este apartado que, asentado en la relación y la correlación, aspira a (de)mostrar el profundísimo grado de imbricación de la realidad toda, incluso en lo que incumbe al sujeto y su percepción/intelección, es necesario subrayar nuevamente la vocación epicúrea de investigar lo físico, haciendo *ciencia*, como mínimo en el sentido de saber estricto, desde el empirismo, ante una naturaleza grandiosa y magnánima[1695].

Pese a su fama ancilar, subsidiaria, la física epicúrea procura ser absolutamente rigurosa y, como indica Wasserstein[1696], se centra en la naturaleza tanto como

---

sympathetic movement (συμπάθεια) there is reproduced in the mind the image of sense-perception".

1693 *cf.* DEWITT, *Epicurus*, *op. cit.*, p. 205.

1694 *cf.* VERDE, *Erodoto*, pp. 140–141, comentario al párrafo 52.

1695 *cf.* BIGNONE, Ettore, *Epicuro: opere*, *op. cit*, pp. 38–39: "I mezzi teoretici onde si serve [Epicuro] a rinnovare le linee del sistema del suo predecessore [Demócrito] saranno fallaci; ma il bisogno spirituale a cui corrispondono, è ben reale negli spiriti del suo tempo. La Natura non è più, per Epicuro, solamente la Φύςις; ionica, cieca legge di nascita e morte perenne, ma trova rispondenze simpatiche per l'anima umana a cui porge prodiga i suoi beni, purché essa sappia apprezzarli: 'Sia grazia alla divina Natura, dirà egli, che il necesario fece agevole, il disagevole non necesario [*cf.* USENER, *Epicurea*, p. 300, fr. 469]' e Lucrezio (II, 625 sgg.) la rappresenterà sotto il simbolo della Magna Mater, la Gran Madre Idea (...). Dalla Natura stessa nasce quel bisogno di solidarietà umana, e quella fiducia di affetti, per cui, dirà Epicuro: 'L'affetto, (φιλία) tutta intorno trascorre la terra, ad ognuno lanciando l'appello perchè si desti all'encomio della felicità [EPICURO, *Sentencia vaticana* 52]'".

1696 WASSERSTEIN, Abraham, "Epicurean Science", en *Hermes: Zeitschrift für Klassische Philologie*, vol. 106, nº 3, 1978, pp. 484–494, concretamente p. 484: "On the face of it, Epicureanism relies as much on natural science as any other ancient philosophical doctrine. Its whole ethical system is based on arguments taken from scientific discussion, and scientific doctrine is used in order to establish what the Epicurean wants to establish, namely that attitude of mind which will liberate men from the prejudices and fears which stand in the way of their happiness. Yet it is this very reliance on science, the use of science for the highest ends, that is also responsible for, and illustrates, that contradictory attitude to science which characterises Epicureanism. Epicurean preoccupation with science is not disinterested. Epicurus does not pursue truth for its own sake. What he seeks is the truth that shall make us free. But his attitude to truth is very different from that which is reported by the evangelist. It is not all truth, or truth as such, or even just any truth, that makes us free. All truth we cannot have, and some truths may be irrelevant. Indeed, in reading the Epicurean remains we are made to feel that what makes us free is not truth so much as the dissipation of error; and not of all cualquier otra doctrina filosófica griega. Su ciencia, empero, y quizás de ahí el reproche, no es teórica, de raigambre contemplativa y pura, sino que sirve a propósitos que considera más elevados; quizás como ocurre con el afán de saber humano que no busca saber por saber sino por la satisfacción hedonista de la curiosidad. Como indican García Gual y Acosta Méndez:

> "Entre esos dos polos, idealismo y escepticismo, intenta Epicuro, de modo más radical que Aristóteles y Demócrito, tender el puente entre el sujeto cognoscente y la realidad objeto del conocer. El empirismo empieza con la desconfianza en el conocimiento; pero, a diferencia del escepticismo, pretende no concluir en ella, sino utilizarla sólo como un punto de partida para la toma de contacto posible con la realidad"[1697].

Epicuro satisface, con su sistema filosófico, la necesidad social, que él pulsa, de una orientación vital; por ello el samio se entrega a la perquisición de lo real a partir de informaciones sensopercepetivas[1698] contrastada por la racionalidad, que integran un conjunto ordenado, coherente y cerrado, el cual sirve a la praxis más elevada, que es la filosofía, es decir, el mantenimiento de una vida fundadamente tranquila, indolora y feliz[1699]. La felicidad implica, a su vez, la asunción de ciertas verdades que son la reelaboración intelectual de la información derivada de los sentidos, los cuales

---

error, but only of that which stands in the way of ἀταραξία. This attitude leads to selectivity and arbitrariness in the treatment of scientific problems".

1697 GARCÍA GUAL, COSTA MÉNDEZ, *op. cit.*, pp. 25–26.

1698 GIOVACCHINI, *Empirisme, op. cit.*, p. 138: "La position épicurienne est très claire en elle-même: l'éthique et le noétique procèdent d'une évidence de même nature. De même que nous ne pouvons-nous empêcher de fuir la douleur et de rechercher le plaisir, de même nous ne pouvons pas ne pas nous fier aux sensations. Le critère est ainsi ramené à sa fonction essentielle, qui est de rendre possible la vie heureuse en éliminant l'angoisse de la mort et des dieux; du fait qu'il découle d'impressions physiques de plaisir et de douleur, le critère est assuré par son lien avec la nature, dans ce qu'elle a de plus évident et de plus puissant; ce qui tend à montrer que, contrairement à ce que l'on pourrait penser, ce n'est pas le critère qui dévoile la nature, mais bien la nature qui assume et qui donne son contenu et sa force au critère; un critère n'a aucun sens dans un environnement dans lequel il n'y a pas une urgence vitale, pratique, à choisir entre le vrai et le faux, c'est à dire entre ce qui est à chercher et ce qui est à fuir".

1699 *cf.* JÜRSS Fritz, "Epikur und das Problem des Begriffes (Prolepse)", en *Philologus: Zeitschrift für antike Literatur und ihre Rezeption*, nº 121, vol. 1, enero de 1977, pp. 211–225, concretamente p. 211: "Philosophie ist vor allem eine Antwort auf das gesellschaftliche Bedürfnis nach theoretischer Lebenshilfe. Deshalb hat er seinen Landsleuten kein von Problembewußtsein und fruchtbaren Fragestellungen bestimmtes Philosophieren empfohlen, sondern ein in allem Grundsätzlichen aus definitiven Lösungen aufgebautes System angeboten. So schuf er eine Lehre von zeitgemäß großartiger innerer Kohärenz und Geschlossenheit".

si no son defectuosos[1700] y están bien aguzados, ofrecen datos fidedignos, en virtud de la concatenación entre todos los ámbitos de lo real, entre lo visible e invisible.

Para Epicuro, la ciencia está al servicio de la vida humana, de la vida filosófica, y ello no constituye un demérito; es bien cierto que su *corpus* doctrinal, incluidos los 37 libros de su Περὶ φύσεως, se integra en una filosofía concebida como un refugio medicinal contra la ansiedad[1701], pero ello refuerza su rigor y prurito racional, contra la superstición y concepciones anímicas y cósmicas etéreas.

La ciencia es, para él, necesaria en tanto en cuanto permita alcanzar paz mental, pero no sacrifica en su tarea un ápice de su capacidad intelectual[1702], en la que se

1700 *cf.* HARRY, Brigid, "Epicurus: Some Problems in Physics and Perception", en *Greece & Rome*, second series, vol. 17, nº 1, Apr., 1970, pp. 58–63, concretamente p. 58: "The philosophy of Epicurus is one which was designed for living in a world where truth is attainable through, and only through, the right use of the senses, which are a reliable source of information in that they faithfully relay to the mind all impressions which reach them: all perception is true, but if the impression reaches the sense organ 'damaged', or an incorrect interpretation is put on it by the mind, error can occur".

1701 LLOYD, G. E. R., *Greek Science after Aristotle*, New York, Norton, 1973, p. 2: "(...) the Hellenistic age was no more peaceful than earlier periods, and an anxiety about the uncertainties of human life is a prominent feature of the main philosophies of the time. Both Epicureanism and Stoicism have been described as refugee philosophies, and with good reason. Whereas positive conceptions of happiness are central to the moral philosophies of Plato and Aristotle, both Epicureans and Stoics attached great importance to a negative aim, the attainment of freedom from anxiety and fear. Both Hellenistic philosophies taught that happiness is independent of external factors. The wise man is unaffected by whatever apparent evil happens to him; he is happy even on the rack. Tranquillity of mind is the objective, and every activity, including (...) the investigation of nature, is subordinated to it".

1702 LLOYD, *Greek Science, op. cit.*, pp. 21–22: "Both Epicureans and Stoics divided philosophy into three parts, ethics, physics and logic, and both subordinated physics and logic to ethics. Both schools insisted that the chief aim of philosophy is to secure happiness, and that for a man to be happy he must be free from anxiety and fear. Since he will continue to be troubled by irrational fears so long as he is ignorant of the causes of natural phenomena, it follows that he must study physics as well as moral philosophy. (...) But although natural science is used to counter false religious beliefs, there is no need to study physics beyond the point where one has reached some explanation for phenomena that might be thought to be due to supernatural intervention or that might otherwise give rise to irrational fears. Epicurus' investigations of certain physical problems are, however, carried a good deal further than one might expect in view of the reasons for which they were undertaken".

acepta con soberanía lo sensual, la experiencia y sus datos, que luego es abstractivamente discriminada[1703], en una combinación complementaria[1704].

De acuerdo con lo antedicho, y a contracorriente de descalificaciones mítico-poéticas de Cornford, Asmis estudió el método científico epicúreo, o su canónica, el cual Jürss sintetiza axiomáticamente[1705]. La labor científica epicúrea atañe, en efecto, a la importancia de la correlación entre lo dicho y lo percibido, de manera que no haya fonaciones o frases hueras, vacías, entre los conceptos de partida o asunciones en el empeño científico; alcanza igualmente a la correlación, que permite la inferencia entre lo visible y lo invisible, lo conocido y lo ignoto, una vez ya se han producido las primeras observaciones, que es el modo empírico del mundo antiguo.

La investigadora estadounidense trata también la imposición epistémica que supone la percepción sensorial en cuanto distinta de la opinión, así como los correlatos de verdad, falsedad y evidencia[1706], entre otras muchas cuestiones. Más interesante, si cabe, que este análisis resulta la obra Giovacchini, quien asume que:

> "L'épicurisme est une médecine de l'âme. Cette expression nous renvoie à des exégèses bien connues de l'épicurisme et de sa fin première, son Souverain Bien, son telos. Car la définition thérapeutique de la philosophie épicurienne est revendiquée dès sa naissance, et par la suite assumée par tous les successeurs d'Épicure à la tête du Jardin. Cette présence du modèle médical dans l'épicurisme peut être abordée de deux façons. La première consiste à n'envisager cette insertion qu'en fonction de ses conséquences sur le plan éthique. La seconde cherche à évaluer l'impact de cette insertion sur le plan de l'épistémologie. La première de ces deux voies a été jusqu'à présent la plus généralement suivie. On a fait usage de la médecine comme clef herméneutique pour répondre à des questions portant sur la définition épicurienne de la vertu, du plaisir,

---

1703 *cf.* JÜRSS, *Erkenntnistheorie, op. cit.*, p. 113: "Alles Wissen - und daraus resultiert der unbezweifelbare Empirismus Epikurs – gründet sich in letzter Instanz auf Empfindung bzw. Wahrnehmung, die durch die unbestreitbare Faktizität ihres Eindrucks eben schlechthin wirklich, wahr und evident ist. Aber bloße Wahrnehmung ist noch kein Wissen, kann gar nicht gewußt werden, weil sie alogisch, unaussagbar ist. Erst mit der Zuordnung des sensorischen Datums zu einem Begriff, also mit der Erhebung auf die Ebene des Verstandes, wird Erkenntnis gestiftet. Nicht das Pathos des visuellen Eindrucks erkennt die Dinge, wie Lukrez in voller Übereinstimmung mit seinem Lehrer betont, sondern die *ratio animi*".

1704 *cf.* JÜRSS, "Erklärungspluralismus", en *op. cit.*, pp. 235–251, concretamente pp. 235–236: " denn wie Epikur einen dezidierten Sensualismus predigt, der aber häufig durch einen ausgiebig praktizierten rationalen Kalkül ergänzt wird".

1705 *cf.* JÜRSS, "Erklärungspluralismus", en *op. cit.*, pp. 235–251, concretamente p. 236: "A. Die Wahrnehmung bezeugt (ἡ αἴσθησις μαρτυρεῖ) 1. daß es Körper gibt; 2. daß sie sich bewegen; B. Der logische Kalkül folgert (ὁ λογισμὸς τεκμαίρεται) aus 1., daß die Körper notwendig aus Atomen bestehen, weil sonst eine *divisio ad infinitum* sie ins Nichts auflösen würde; aus 2., daß es Leeres gibt als notwendige Bedingung für das Dasein und für die Bewegung der Körper".

1706 ASMIS, *Scientific Method, op. cit.*, p. 24 y ss., p. 61 y ss., p. 83 y ss., p. 141 y ss.

du bonheur et des moyens de l'obtenir. L'application à l'éthique épicurienne du modelé médical apporte ainsi à sa compréhension, dans la mesure où elle permet de donner un contenu dense sur le plan conceptuel à certains termes récurrents autrement difficiles à interpréter philosophiquement – c'est le cas par exemple du terme de 'guérison'"[1707].

Su opción interpretativa consiste en relacionar, por lo que hace al empirismo epicúreo, la filosofía y la medicina experimental-metódica antigua[1708], y en ella subraya el uso epicúreo de la analogía como método empirista de adquisición de información, al igual que la importancia del ἐπιλογισμός[1709], que entre epicúreos como Filodemo (*De ira*) "est très explicitement associé à des raisonnements par analogie"[1710].

Este tipo de razonamiento está, además, presente en la práctica médica, y por ello la autora los compara[1711]. La estudiosa francesa pone de manifiesto el vínculo que, en Epicuro y contra las tesis de la medicina empírica, existe entre ἐπιλογισμός y analogía, es decir, ἀναλογισμός. Se impone, pues, consignar lo que apunta Giovacchini:

"Si l'épilogisme empirique semble se mordre la queue, c'est parce qu'il refuse d'assumer son assise théorique. Si l'expérience peut fournir matière à l'épilogisme, celui-ci fait aussi usage de la raison pour parvenir à trouver et à critiquer; il faut à un moment ou à un autre sortir de l'expérience pour parvenir à la constituer - et c'est bien là le problème de tout empirisme, que nous retrouvons ici inchangé. (...) [L]es épicuriens ne partagent assurément pas ce refus radical de la rationalité que l'on trouve chez les

1707 GIOVACCHINI, *Empirisme*, *op. cit.*, p. 10.

1708 GIOVACCHINI, *Empirisme*, *op. cit.*, p. 11: "la philosophie épicurienne a largement puisé dans la pensée médicale grecque; les apports et les influences de l'une à l'autre sont tout à fait assumés, rationnels, et convergent vers une conception commune de la nature empiriste du savoir".

1709 *cf.* ASMIS, *Scientific Method*, *op. cit.*, p. 178 y ss.: "an analysis of what is observed".

1710 GIOVACCHINI, *Empirisme*, *op. cit.*, p. 140.

1711 GIOVACCHINI, *Empirisme*, *op. cit.*, p. 144: "L'épilogisme médical infère de l'évident à l 'évident, tandis que l'analogisme infère de l'évident au non-évident, et transgresse ainsi un interdit fondamental de l'empirisme, en faisant un saut entre deux ordres de choses différents. L'épilogisme est là pour remplacer en quelque sorte l'arrière-fond théorique qui justifie l'analogisme, et que les Empiriques refusent d'intégrer à l'art médical" [...] "l'épilogisme consiste en une inférence de l'évident a l'évident; il respecte un interdit méthodologique fort qui refuse de faire porter la réflexion sur les choses cachées par nature. Cet interdit peut être assimilé à l'interdit méthodologique de l'analogie, qui, elle, infère de l'évident au non-évident. L'epilogisme s'oppose en cela à l'indication, qui suppose l'usage d'un raisonnement théorique et non de la simple expérience; l'expérience elle-même consiste en la connaissance issue des sensations. Les outils fondamentaux de l'épilogisme sont l'observation et la mémoire. L'observation joue à deux niveaux: c'est par l'observation que l'on acquiert des connaissances; et c'est le fait qu'il y ait ou non observabilité en droit qui rend praticable l'epilogisme – aucune connaissance préalable, aucune observation présente ou passée ne pourra nous renseigner sur ce qui se passe sur Saturne".

Empiriques. Cela s'exprime surtout par la position de la méthodologie épicurienne par rapport à l'analogie dont on a vu que, non seulement Épicure ne la refuse pas mais qu'elle est au contraire, en tant que fondement à la fois de la constitution conceptuelle et de la prolepse, une procédure essentielle à l'épicurisme"[1712].

Más allá de la física, la canónica y el empirismo más o menos modernamente científico, el corolario de la coafección en los términos humanos y divinos más bien éticos y sociales nos lo brinda Conche cuando anota:

"Que faut-il entendre par cette *sympatheia*? Il y a 'sympathie' entre des êtres humains lorsqu'il y a un certain accord entre les mouvements de leurs âmes. De même, les mouvements des atomes des *typoi* demeurent accordés aux mouvements des atomes du corps solide, ou plutôt ce sont les mêmes, de sorte que les répliques ne conservent pas seulement la forme et la couleur des objets, mais leur individualité cinétique"[1713].

4.7. La correlación con lo divino

En una línea que concilia justamente la relación, la correlación, el razonamiento, el consentimiento y la simpatía, es preciso referirse a la continuidad postulada por los epicúreos entre lo visible y lo invisible, tal como la aborda también Cicerón al referirse a la constitución de la divinidad en su *Sobre la naturaleza de los dioses*:

"Epicuro – capaz no sólo de ver con su espíritu los fenómenos ocultos y profundamente escondidos, sino casi de tocarlos con la mano incluso – es, en efecto, quien nos enseña que la condición natural de los dioses es tal que, para empezar, no puede discernirse mediante la sensación, sino mediante la mente"[1714].

Por su parte, el estudioso noruego Knut Kleve observa al respecto que este pasaje tiene paralelos lucrecianos[1715], a saber:

"No debes creer asimismo eso de que los dioses tengan su santa casa en alguna parte del mundo; porque la naturaleza de los dioses, sutil y muy alejada de nuestros sentidos, a duras penas con la inteligencia del alma se advierte; como ella escapa a toques y palpamientos de manos, nada realmente palpable debe ser que nos toque, pues no puede tocar lo que a su vez no puede tocarse; también por tanto las moradas de ellos deben ser diferentes de las nuestras y de materia sutil"[1716].

1712 GIOVACCHINI, *Empirisme, op. cit.*, pp. 153–154; *cf.* también p. 156, donde ofrece un ejemplo de la combinación de ambos.

1713 CONCHE, *Épicure, op. cit.*, p. 140.

1714 CICERÓN, *Sobre la naturaleza de los dioses*, I, 19, 49, en ESCOBAR, *op. cit.*, p. 110.

1715 *cf.* KLEVE, Knut, "Zur epikureischen Terminologie", en *Symbolae Osloenses: Norwegian Journal of Greek and Latin Studies*, nº 38, vol. 1, 1963, pp. 24–31.

1716 LUCRECIO, *Sobre la naturaleza de las cosas*, V vv. 148 y ss, en SOCAS, *op. cit.*, p. 344.

Cuanto se ha señalado a propósito de Epicuro puede sostenerse también en el caso de Lucrecio, cuyo empleo de la analogía inferencial ha sido objeto de varios análisis, como los de Garani[1717], especialmente interesado en el influjo de Empédocles, o los de Schiesaro[1718], quien subraya el uso de analogías sincrónicas y diacrónicas en las explicaciones físicas y antropológicas del poeta, o, por último, los de Schrijvers, que analiza los procesos inferenciales que Lucrecio realiza en su "mirada a lo invisible"[1719].

La progresión desde lo más sencillamente perceptible hasta lo más abstracto sin que se produzca una solución de continuidad guarda relación, por último, con el estudio de la naturaleza como acto de orientación primera, desde la curiosidad humana, en cuya virtud se manifiesta un interés por lo circundante a partir del cual construirá Epicuro una sistema físico no teleológico, no providente ni dualista, del que también participarán, sin trascenderlo, las divinidades que no tendrán papel rector o directivo alguno, aunque sí inteligente para sí y para su bienestar.

En este sentido, pues, existe una conexión entre el hombre de Epicuro y sus dioses, que son, más que severísimos jueces con los que congraciarse, modelos de vida feliz, apacible y estable, como lo es en su interno dinamismo el todo, compuesto por la díada irreductible de átomos y vacío. Entendido de este modo, el interés por la naturaleza y la meteorología, así como por sus regularidades, no tiene ánimo de infundir temor, sino de aportar imperturbabilidad y procurar la ordenación y disposición autónoma, circular, reflexiva, que es divina.

Esta concepción epicúrea no resulta, de aceptarse, en nada alejada de las observaciones platónicas sobre la asimilación con lo divino. Platón considera tal divinización de manera monista y centrada en lo celestial, la consigue por medio de la aritmética, la música, la gimnasia y la astronomía. Esto se detecta especialmente en el *Timeo*[1720].

1717 GARANI, Myrto, *Empedocles Redivivus: Poetry and Analogy in Lucretius*, London, Routledge, 2012, pp. 18–28.

1718 SCHIESARO, Alessandro, *Simulacrum et imago: gli argomenti analogici nel "De rerum natura"* Pisa, Giardini, 1990.

1719 SCHRIJVERS, P. H., "Le regard sur l'invisible", en *Lucrèce et les sciences de la vie*, suplemento 186 de *Mnemosyne: Bibliotheca Classica Batava*, Leiden, Brill, 1999, pp. 183–213.

1720 PLATÓN, *Timeo*, 47 a-c, 90 b-d, en DURÁN LÓPEZ, LISI, *op. cit.*, pp. 196–197, 258–259: "En realidad, la visión del día, la noche, los meses, los períodos anuales, los equinoccios y los giros astrales no sólo dan lugar al número, sino que éstos nos dieron también la noción de tiempo y la investigación de la naturaleza del universo, de lo que nos procuramos la filosofía. Al género humano nunca llegó ni llegará un don divino mejor que éste. Por tal afirmo que éste es el mayor bien de los ojos. Y de lo restante que proveen, de menor valor, aquello que alguien no amante de la sabiduría lamentaría en vano si hubiera perdido la vista, ¿qué podríamos ensalzar? Por nuestra parte, digamos que la visión fue producida con la siguiente finalidad: dios descubrió la mirada y nos hizo un presente con ella para que la observación de las revoluciones de la inteligencia en el cielo nos permitiera aplicarlas a las de nuestro entendimiento, que les son afines, como pueden serlo las convulsionadas

Igualmente, también pasajes del *Teeteto*[1721] y la *República*[1722] recogen el interés por lo divino, por la armonía, el temple y la estabilidad, y vinculan lo divino con lo humano. Tras haber puesto de manifiesto la relación entre razón, razonamiento y juicio, sensibilidad, perceptible e imperceptible en Epicuro, así como cuestiones sustanciales como la analogía, el sentido autoimplicado de la reflexión o la correspondencia y armonía entre el cuerpo sutil y los objetos, queremos abordar seguidamente el papel de lo divino en el sistema epicúreo.

Los dioses, sin violencia alguna, pues hay una transmisión de sensaciones y sentimientos gracias a la familiaridad (συμφυλία) y a la amistad (φιλία), fundamental para los dioses[1723], si bien se valen por sí mismo para procurarse el placer más completo y perfecto[1724]. No obstante, tiene un valor clave, para dioses y hombres, la

a las imperturbables, y ordenáramos nuestras revoluciones errantes por medio del aprendizaje profundo de aquéllas, de la participación en la corrección natural de su aritmética y de la imitación de las revoluciones completamente estables del dios;" [...] "Para el que se aplica al aprendizaje y a los pensamientos verdaderos y ejercita especialmente este aspecto en él, es de toda necesidad, creo yo, que piense lo inmortal y lo divino y, si realmente entra en contacto con la verdad, que lo logre, en tanto es posible a la naturaleza humana participar de la, inmortalidad. Puesto que cuida siempre de su parte divina, y tiene en buen orden, al dios que habita en él, es necesario que sea sobremanera feliz. Ciertamente, para todos hay un único cuidado del conjunto: atribuir a cada parte los alimentos y movimientos que les son propios. Los pensamientos y revoluciones del universo son movimientos afines a lo divino en nosotros. Adecuándose a ellos para corregir por medio del aprendizaje de la armonía y de las revoluciones del universo los circuitos de la cabeza destruidos al nacer, cada uno debe asemejar lo que piensa a lo pensado de acuerdo con la naturaleza originaria y, una vez asemejado, alcanzar la meta vital que los dioses propusieron a los hombres como la mejor para el presente y el futuro".

1721 PLATÓN, *Teeteto*, 176a5-b7, en SANTA CRUZ, *op. cit.*, p. 244: "es menester huir de él [el mundo de acá] hacia allá con la mayor celeridad, y hacerse uno tan semejante a la divinidad como sea posible".

1722 PLATÓN, *República*, 411e-412a, en EGGERS LAN, *op. cit.*, 2000, pp. 191–192: "Creo incluso poder decir que algún dios ha concedido a los seres humanos estas dos artes, la de la música y la de la gimnasia, con miras a estas dos cosas: la fogosidad y el ansia de saber. Por lo tanto, no con miras al cuerpo y al alma, excepto en forma accesoria, sino de modo que ambas alcancen un ajuste armonioso (ἂν ἀλλήλοιν συναρμοσθῆτον) entre sí, después de ponerse en tensión adecuadamente y adecuadamente relajarse, hasta llegar al punto más conveniente. (...) En tal caso, aquel que combine la gimnasia con la música más bellamente y la aplique al alma con mayor sentido de la proporción será el que digamos con justicia que es el músico más perfecto y más armonioso, con mucha más razón que el que combina entre sí las cuerdas".

1723 *cf.* FILODEMO DE GÁDARA, DIELS, *Götter*, *op. cit.*, p. 14, col. 1, ll. 4–8.

1724 *cf.* FILODEMO DE GÁDARA, DIELS, *Götter*, *op. cit.*, p. 17, frag. 87 ll. 5–6: "ἅπαντες γὰρ καὶ αὐτάρκως ἑαυτοῖς παρασκευστικοὶ τῆς τελιοτάτης ἡδονῆς εἰσιν".

comunidad de vida con el sentido de συνήθεια y de εὐκοινωνησία, la buena compañía[1725] que redunda en un sentido de íntima copertenencia[1726].

4.8. Nota final sobre la correlación

Para concluir este apartado, deseamos sugerir una estructura funcional que, tras elaborar el capítulo, se nos ha hecho presente y que tiene que ver con la trabazón total del sistema epicúreo.

De acuerdo con esto, en el nivel jerárquicamente superior, aunque sin racionalidad, lo permanente absoluto queda recogido por la totalidad conglobante que es τὸ πᾶν, compuesto por ley, e incluye dos clases de elementos (la pluralidad atómica y la vacuidad) en un nivel premundial, de forma que los átomos y el vacío son, *sensu stricto*, universales y eternos.

A su vez, en el plano intermundial, los dioses constituyen, por su carácter compuesto, lo permanente relativo, puesto que son sólo interminables, al no sufrir menoscabo material, en virtud de su estabilidad racional, habida cuenta de su carácter permanente constitutivamente plural (plural por compuesto y porque incluye a varios entes autónomos).

Por su parte, en un nivel inferior, el intramundial, el sabio con su actitud ataráctica supone una señal (σῆμα) de la permanencia, de la estabilidad ante los golpes externos en el cuerpo burdo, ya sean dolencias físicas, ataques u otros padecimientos, así como ante los golpes internos o aquellos que recibe el cuerpo sutil (ψυχή) que tiene que ver con la inestabilidad o los movimientos anímicos o emociones alteradas.

Según lo propuesto, como τὸ πᾶν es a lo eterno, los dioses son a lo permanente en los intermundos; como el sabio es a lo permanente emocional, lo es el común (los muchos) a lo impermanente psíquico. El sabio es como un átomo estable e indestructible y sereno, de ahí su ataraxia y su no reactividad ante los golpes externos o internos, o bien su buena gestión, proactiva, de sus movimientos anímicos.

1725 *cf.* FILODEMO DE GÁDARA, DIELS, Hermann (ed.), *Philodemos. Über die Götter. III Buch, II: Erläuterung des Textes*, Berlin, Verlag der Königl. Akademie der Wissenschaften, in Kommission bei Georg Reimer, 1917, p. 9: "Die Gemeinschaft der Güter ist ein Hauptsatz der epikureischen wie der stoischen Freundschaftslehre, wenn auch die Güter selbst verschieden bewertet werden".

1726 *cf.* FILODEMO DE GÁDARA, DIELS, *Götter*, *op. cit.*, p. 17, col. 2 l. 2 y ss. El propio Diels señala, en FILODEMO DE GÁDARA, DIELS, *Götter*, *Erläuterung*, *op. cit.*, p. 9: "'Mitteilsamkeit' die Beschaffung von Gütern versteht, die mit diensteifriger Zuneigung an den teilnehmenden Freund und anderseits mit dessen dankbarer Erkenntlichkeit sich vollzieht".

5.0. La psicoterapia epicúrea[1727]: autocuidado y atención al prójimo

En el apartado anterior, nos hemos ocupado del λόγος[1728] y nociones colindantes en el sistema epicúreo. Lledó resume magistralmente el papel que corresponde a esa entidad conceptual, lingüística y factitiva en la Grecia de Epicuro y por ese merecimiento estimamos justo insertar una larga cita suya como pórtico de este apartado:

> "Después, con los sofistas y Sócrates, la historia nos ha entregado, en su discurso, un horizonte en el que se dibujan nuevas actitudes. Aquella cultura de los ojos y la palabra tenía que revisar sus vinculaciones con las cosas y los condicionamientos que el lenguaje había situado en nuestra forma de conocer, en el entramado de nuestra personalidad. La palabra no era sólo (...) la creadora de la solidaridad y de la comunicación. La palabra es efectivamente el vínculo formal que atenaza o aproxima a los hombres; pero también es la manifestación de ese microcosmos fabricado en los recovecos de su intimidad. Al hablar con los otros, dejamos irradiar verdaderamente lo que somos o, mejor, lo que hemos llegado a ser. La monotonía de los cuerpos, la repetida forma que ciñe nuestra naturaleza y que habla, sobre todo, de la homogeneidad de los hombres, de su semejanza esencial, de su casi idéntica estructura, explota y se amplía en la multiforme variedad de lo que hablamos, en las distintas manifestaciones de ese diverso mundo que llevamos dentro, que arrastramos con nosotros mismos y que es lo que verdaderamente nos constituye, lo que nos hace, lo que nos sustenta. Esa lengua real, ese pequeño trozo húmedo de nuestro cuerpo, similar al de todos los hombres, articula un aire fonético, modula en nuestro entorno unos sonidos, que no sólo se aproximan a lo que pensamos, a lo que sentimos, sino que también dicen lo que somos. Coagulado

---

1727 Precisamos, por rigor intelecto-moral, que, pese a una relativa semejanza en cuanto al tema, este trabajo es absolutamente independiente de FUSARO, Diego, *La farmacia di Epicuro. La filosofia come terapia dell'anima*, Padova, Il Prato, 2006, el cual, pese a sus méritos divulgativos y actualizadores, no hemos considerado en nuestra investigación.

1728 *cf.* GRANGER, Gilles-Gaston, RIVAROLA, Nannina (trad.), *La Razón*, Buenos Aires, EUDEBA, 1959 [ed. orig. *La raison*, Paris, PUF, 1958], pp. 7–8: "La idea de razón está ligada, en el habla grecolatina, a dos raíces esenciales: *lego, logos* en griego, cuyo sentido original es: reunir, ligar; *reor, ratio* en latín, cuyo sentido original es: calcular, contar. Sin penetrar demasiado en los arcanos, con frecuencia engañosos, de la etimología, nos está permitido limitarnos al simple esquema de las siguientes filiaciones semánticas; idea de *unir: hablar —> pensar:* idea de *calcular —> medir;* Tres rasgos parecen caracterizar la tradición más firme y representativa del pensamiento helénico, asimilada posteriormente por nuestra civilización occidental. 1° La razón, función del pensamiento correcto, se opone al conocimiento imperfecto e ilusorio. (...) 3° Para los antiguos, por último, la razón no es solamente una función de conocimiento, sino que igualmente se aplica en la práctica como sabiduría y prudencia".

el discurso en el centro de nuestro ser humano, los sofistas pretendieron irrumpir en ese ser, para mostrar la diversidad de las 'conciencias' y también los engaños en los que descansaban. Cuando el lenguaje quedaba reposado en nuestra mente, provocaba en ella extrañas determinaciones. Éramos lo que hablábamos, y ese ser del lenguaje modificaba nuestras actitudes, condicionaba nuestras opciones, limitaba o expandía nuestra posibilidad de convivencia y de felicidad. Pero este hablar tenía necesariamente que ser revisado, para que no constituyera en nuestro corazón un Yo cerrado, una cápsula de prejuicios y oscuridades, un temeroso territorio de crispación y de agresividad. Al hacer que el logos se convirtiese en diálogo, entraba en la mente una luz nueva que, levantada sobre el plano de nuestro discurso, lo iluminaba y le daba un relieve distinto en el que se alzaba un criterio, una nueva fábrica sobre una mirada más libre, más penetrante, más creadora. Al poner en movimiento el apelmazado territorio de nuestra intimidad, al diluirlo entre las perspectivas de otros lenguajes, de otros hombres que pretendiesen invadir el oscuro dominio de nuestra mente para desplazarlo hacia otros mundos, estábamos encauzando y creando nuestra libertad. Ser libre es, primariamente, una actitud teórica, una posibilidad de la inteligencia que, por supuesto, se desarrolla siempre en condiciones concretas y reales. La libertad se irradia desde los vericuetos de nuestro lenguaje interior que permite organizamos de forma nueva y, en función de ella, de experimentar otra vez el mundo y, en él, a nuestro prójimo. Una aportación de la sofística consistió precisamente en haber descubierto que el lenguaje, el reconocimiento crítico de los conceptos heredados, no era sólo una especie de terapéutica teórica, sino que constituía el instrumento fundamental de nuestra libertad y, por consiguiente, la primera condición de nuestra organización como hombres. Ser humano es saber que las palabras no tienen sentido sino en el contraste y en la plena publicidad y liberación que permite el encuentro con los otros: el diálogo"[1729].

Esa racionalidad griega, relativa al λόγος, tiene – deseamos recalcarlo – no sólo una faceta contemplativa-abstracta e intramental, sino su igualmente importante aplicación, que Jolibert pone de relieve excelentemente:

"il faut insister sur le fait que ce sont les différents sens du Logos (...). Raison mathématicienne, 'calcul', enchaînement logique permettant d'assembler les idées en système démonstratif (...); faculté de 'penser' qui passe par le langage et repose sur la combinaison plus ou moins adroite des propositions entre elles pour Gorgias; mais aussi 'mesure', capacité d'assigner une finalité à l'action pratique, c'est le 'logos' qui doit fournir les normes de la morale et de la politique, c'est en lui qu'est la voie éducative par excellence. Dans tous ces cas, (...), que l'on parte de l'idée de relier, de parler ou de calculer, le point d'aboutissement reste la capacité de comprendre, à la fois comme pouvoir de liaison, aptitude à découvrir des rapports au sein de représentations que le langage a permis d'abstraire, et comme pouvoir pratique de choisir des fins à sa vie, des règles de conduite pour l'existence concrète. La double fonction de la raison est

1729 LLEDÓ, Emilio, *El epicureísmo: una sabiduría del cuerpo, del gozo y de la amistad*, Barcelona, Montesinos, 1986, pp. 32–35.

d'emblée posée par les Grecs. Fonction théorique de recherche, d'analyse à des fins de connaissance, fonction pratique, morale et politique, à des fins d'action"[1730].

En Epicuro, no obstante, se aprecia especialmente esa imbricación o complementariedad necesaria entre las proposiciones físicas y la praxis moral, que implica racionalidad calculadora-comparativa[1731].

Así, la respuesta a la pregunta *¿cómo curar el alma y cuidarla epicúreamente?* constituye el objeto estricto de este apartado, si bien ya se ha podido constatar que todos los elementos del programa filosófico de Epicuro están enderezados a ese fin. La filosofía cura porque es, según Giovvachini, "une thérapie d'urgence"[1732], que se despliega en el cuadrifármaco, la cuádruple medicina o ἡ τετραφάρμακος. Esta idea es expresada con gran vigor por Voelke, cuando escribe:

> "Dans l'épicurisme, la transposition philosophique du modèle médical n'est donc pas une simple illustration; c'est plus profondément une appropriation par la philosophie d'un modèle qui lui est nécessaire pour exprimer son intention fondamentale, mais qu'elle ne peut reprendre à son compte qu'en le transformant intérieurement"[1733].

También Voula Tsouna destaca entre los epicúreos el objetivo curativo y, además, pone de relieve los vicios (κακία / κακίαι[1734]) y las emociones o pasiones como

1730 JOLIBERT, Bernard, *Raison et éducation: l'idée de raison dans l'histoire de la pensée éducative*, Paris, Klincksieck, 1987, pp. 17–18, referencia obtenida a partir de LUCAS, David, "La philosophie antique comme soin de l'âme", en *Le Portique* [en línea], 4-2007 | Soin et education (II), puesto en línea el 14 de junio de 2007, consultado el 09 novembre 2015, URL: http://leportique.revues.org/948, nota 3.

1731 συμμέτρησις, *cf.* EPICURO, *Carta a Meneceo*, 130, en VARA, *op. cit.*, p. 90: "procede considerar todas estas cuestiones por comparación y examen de sus ventajas e inconvenientes (τῇ μέντοι συμμετρήσει καὶ συμφερόντων καὶ ἀσυμφόρων βλέψει). Pues en determinadas ocasiones hacemos un uso malo del bien, y otras por el contrario un uso bueno del mal".

1732 GIOVACCHINI, Julie, *Épicure*, Paris, Belles Lettres, 2008, p. 55; p. 56: "Le 'médicament' à administrer, qui va pouvoir prendre en charge la totalité de ce processus de guérison, est désigné très explicitement dans la doctrine d'Épicure. Il a pour nom tétrapharmakos, quadruple remède, et se décline effectivement en quatre propositions".

1733 VOELKE, André-Jean, "Opinions vides et troubles de l'âme: la médication épicurienne", en VOELKE, André-Jean, *La philosophie comme thérapie de l'âme: études de philosophie hellénistique*, Fribourg, Suisse, Editions universitaires, 1993, pp. 59–72, concretamente p. 72.

1734 *cf.* PLUTARCO, *De si está bien dicho lo de 'vive ocultamente'*, 1087 D-F, en MARTOS MONTIEL, *op. cit.*, pp. 157–159. "Si tienes virtudes, no dejes de usarlas; si tienes vicios, no te quedes sin cura (ἔχεις, μὴ γένῃ ἄχρηστος, εἴτε κακίαν, μὴ μείνῃς ἀθεράπευτος)". No la hemos detectado en las obras de Epicuro. Plutarco está polemizando con la doctrina del samio, como es obvio: *cf.* ROSKAM, Geert, *A commentary on Plutarch's De latenter vivendo*, Leuven, Leuven University Press, 2007, pp. 105 y 175: "(...) ἄχρηστος and ἀθεράπευτος should be given to the causantes de la infelicidad humana[1735]. A su vez, Wolfgang Schmid, en su celebérrimo artículo de 1961 sobre Epicuro [y el cristinanismo] en la *Reallexikon für Antike und Christentum (s. u.* Epikur, vol. V, 681–819), apunta que.

> "Al centro della vita comunitaria epicurea si trovano i concetti di 'terapia' (θεραπεία) ed 'esercizio' (ἄσκησις), quest'ultimo inteso nel suo significato originario di 'pratica di esercizi spirituali'. È naturale che per Epicuro tutte le istruzioni e norme particolari relative alla 'terapia dell'anima' siano strettamente connesse con il fatto che egli metta su uno stesso piano e identifichi la 'salute'con l'ideale di vita filosófico"[1736].

La sanación psíquica abarca tanto el tratamiento reparador que sobre su propio cuerpo sutil aplica un ser humano (*Selbstsorge*), cuanto el que se brinda al prójimo, a los demás. En este sentido tiene una dimensión médica y, por ello, práctica, aplicada, centrada en la orientación ética por y para la vida humana[1737], para una existencia

---

followers of Epicurus. (...) a fundamental dichotomy: κακῶς βιώσας is resumed in κακίαν (ἔχεις), whereas the central idea of the rhetorical triptych γνῶσθητι, σωφρονίσθητι, μετανόησον is recapitulated in the concise formula μὴ μείνῃς ἀθεράπευτος" [...] "κακία → θεραπεία → ἀρετή This quite evident scheme was no doubt common property among all the philosophical schools of Plutarch's day (including Epicureanism) and reflects their prime concern with the domain of ethics, which had the concrete, practical purpose of curing all vices through a well-developed therapeutic method of *Seelenheilung*". Por otra parte, Epicuro, partidario del λάθε βιώσας (USENER, *Epicurea, op. cit.*, p. 326, frag. 551), del pasar desapercibido en relación con la política, sostiene, en sentido propio, que [EPICURO, *Sentencia vaticana* 70, en VARA, *op. cit.*, p. 104]: "Dios quiera que no hagas nada en la vida que te dé miedo si llega a descubrirlo el prójimo [Μηδέν σοι ἐν βίῳ πραχθείη ὃ φόβον παρέξει σοι εἰ γνωσθήσεται τῷ πλησίον]".

1735 *cf.* TSOUNA, Voula, "14 Epicurean therapeutic strategies", en WARREN, *Companion, op. cit.*, pp. 249–265, concretamente p. 249: "Like other Hellenistic philosophers, the Epicureans assume that the principal goal of philosophy is to secure one's happiness, and that that result can be achieved only by removing the principal causes of human suffering, namely the vices (*kakiai*) and certain emotions or passions (*pathe*). Considered in the light of a normative conception of nature and psychic health, these are diseases of the soul that philosophy must cure and thus restore the soul to its healthy natural state, much as medicine treats the ailments of the body aiming to restore its unimpeded functioning. Therapy consists in purging from the soul the elements of moral disease, in putting into the soul the right elements, and often in both. However, from the practical perspective, the important aspect of the therapy is purgatory: the removal of features that cause disturbance and unhappiness rather than the replenishment of whatever knowledge we lack".

1736 SCHMID, Wolfgang, RONCA, Italo (trad.), *Epicuro e l'epicureismo cristiano*, Brescia, Paideia, 1984 [ed. orig. artículo 'Epikur', en *Reallexikon fur Antike und Christmtum*, vol V, pp. 681–819, Stuttgart, Hiersemann, 1961], p. 91.

1737 *cf.* HORN, Christoph, *Antike Lebenskunst: Glück und Moral von Sokrates bis zu den Neuplatonikern*, München, Beck, 1998, p. 15.

dichosa[1738], de modo similar a lo que Frankl llama "ärztliche Seelsorge", esto es, psicoterapia[1739] (o cura psíquica) médica[1740]. La función psicoterapéutica epicúrea ha sido comparada incluso con la budista, con la que se han hallado analogías o similitudes[1741], que, más informalmente, también encuentra Onfray en relación con Diógenes de Enoanda[1742].

Específicamente sobre la filosofía de Epicuro señala Foucault: "la filosofía debía considerarse como ejercicio permanente del cuidado de uno mismo"[1743]. Foucault mismo remite a un interesante pasaje epicúreo de Séneca sobre el autocuidado y la psicoterapia:

> "La doctrina de Epicuro señala dos bienes que componen la suprema beatitud: el cuerpo libre de dolor y el alma sin perturbación. Tales bienes no se incrementan, si están colmados: ¿cómo crecerá, en verdad, lo que alcanza la plenitud? El cuerpo carece de dolor: ¿qué puede añadirse a esta ausencia de dolor? El alma está en consonancia consigo

---

1738 SHARPLES, Robert W., "Philosophy for life", en BUGH, Glenn Richard (ed.), *The Cambridge Companion to the Hellenistic World*, Cambridge, Cambridge University Press, 2006, pp. 223–240, concretamente pp. 224–225: "(...) the individual's concern is with living the best life for himself or herself, that is, achieving happiness, *eudaimonia* (which need not, it should be emphasised, imply disregarding the interests of others), and that the fundamental moral question is how this is to be achieved. The starting point of Hellenistic ethics is not therefore how we can determine which ways of acting towards other people are right and which wrong; the emphasis is rather on what sort of life I should aspire to for myself".

1739 *cf.* LUCAS, "La philosophie antique comme soin de l'âme", en *op. cit.* en línea.

1740 *cf.* FRANKL, Viktor E., *Ärztliche Seelsorge: Grundlagen der Logotherapie und Existenzanalyse; mit den 'Zehn Thesen über die Person'*, München, Deutschen Taschenbuch Verlag, 2009.

1741 *cf.* GOWANS, CHRISTOPHER W., "Medical Analogies in Buddhist and Hellenistic Thought: Tranquillity and Anger", en CARLISLE, Clare y GANERI, Jonardon, *Philosophy As Therapeia*, Cambridge, Cambridge University Press, 2010, pp. 11–33, concretamente pp. 11 y 20–21: "Medical analogies are commonly invoked in both Indian Buddhist dharma and Hellenistic philosophy. In the Pali Canon, nirvana (or, in Pali, *nibbana)* is depicted as a form of health, and the Buddha is portrayed as a doctor who helps us attain it. (...) The best-known Hellenistic formulation of a medical analogy is attributed to Epicurus...".

1742 ONFRAY, Michel, GALMARINI Marco Aurelio (trad.), *Las sabidurías de la antigüedad: contrahistoria de la filosofía, I*, Barcelona, Editorial Anagrama, 2007 [ed. orig. *Contre-histoire de la philosophie. 1, Les Sagesses antiques*, Paris, Grasset, 2006], pp. 288–289: "¡Un budismo griego! El extremo del muro habla del fin de la filosofía al mismo tiempo que de la conclusión de la existencia. Diógenes de Enoanda, viejo, fatigado, rico, enfermo, pero sabio gracias a la doctrina de Epicuro, padece de dolores de estómago y verifica el buen fundamento de la práctica filosófica: el epicureísmo como terapia del alma y del cuerpo, la sabiduría soteriológica, la salvación por el pensamiento desdoblado en una práctica filosófica de la vida. (...)".

1743 FOUCAULT, *Sexualidad, op. cit.*, pp. 49–50.

y goza de paz: ¿qué puede añadirse a semejante tranquilidad? Del mismo modo que el cielo sereno no admite ya una claridad mayor cuando está acrisolado con un brillo purísimo, así el hombre que cuida de su cuerpo y de su alma, y que con ambos forja su propio bien, goza de un estado perfecto y alcanza la culminación de sus anhelos cuando su alma está libre de inquietud y su cuerpo de dolor. Si le llegan del exterior algunos halagos, éstos no acrecen el sumo bien, sino que, por así decirlo, lo aderezan y recrean; pues el bien consumado de la naturaleza humana se satisface con la paz del cuerpo y del alma"[1744].

El cuidado integral de uno mismo puede calificarse, como ya hemos anotado previamente, como un *ars uiuendi, ars uitae*[1745], según nos informa Cicerón, o, como escribe Plutarco, una τέχνη περὶ βίον[1746] o, parafraseando a la estudiosa Kimmich[1747], una técnica de organización de la vida, una *regula uitae*, una regla de vida[1748]. Ese cuidado que no sólo es estoico[1749] o peculiar del socratismo, se presenta, en el caso epicúreo, como una técnica o arte que ofrece los "στοιχεῖα τοῦ καλῶς ζῆν, los elementos básicos de una vida hermosa"[1750].

Por lo que respecta al vínculo necesario e inseparable entre discurso sobre la vida, modo de vida, o modo de ser, se pronuncia también la estudiosa gala Giovacchini:

> "l'épicurisme offre le précieux trésor d'une philosophie efficace (...) [con] le souci de proposer une pensée facile à saisir, et d'un usage réel. Les sagesses antiques sont souvent considérées comme des 'genres de vie'; elles n'ont pas d'abord pour vocation de livrer des systèmes théoriques exhaustifs, mais de régler l'existence des hommes. Elles sont des méthodes du bien-vivre"[1751].

1744 SÉNECA, *Epístola moral a Lucilio*, 66, 45–46, en ROCA MELIÁ, *Lucilio I, op. cit.*, p. 380–381.

1745 CICERO, *De Finibus Bonorum et Malorum*, I, sec. 42, 13, (*ars uiuendi*), V, sec. 18, 12 (*artem uitae*), en SCHICHE, Th. (ed.), Leipzig, Teubner, 1915 (1966), pp. 19 y 164, respectivamente.

1746 PLVTARCHVS, *Quaestiones convivales*, 613B, lin. 5., en HUBERT, Curt, (ed.), *Plutarchi moralia*, vol. 4. Leipzig, Teubner, 1938 (1971), p. 3.

1747 *cf.* KIMMICH, Dorothee, *Epikureische Aufklärungen: philosophische und poetische Konzepte der Selbstsorge*, Darmstadt, Wissenschaftliche Buchgesellschaft, 1993, p. XV.

1748 HADOT, Pierre, PALACIO, Javier (trad.), *Ejercicios espirituales y filosofía antigua*, Madrid, Siruela, 2006 [ed. orig. *Exercices spirituels et philosophie antique*, Paris, Albin Michel, 2002], p. 28: "Conviene que uno mismo se formule la regla vital de la manera más dinámica y concreta, debiéndose 'poner ante los ojos' unos acontecimientos vitales contemplados a la luz de esa regla fundamental. En esto consiste el ejercicio de memorización (mneme) y de meditación (melete) de la regla vital".

1749 *cf. contra*, como concepto puramente estoico, y a propósito de τέχνη περὶ βίον, FUHRMANN, François, editor de PLUTARCO, *Oeuvres morales. Propos de table. Tome IX, Primière partie* Paris, Belles Lettres, 1972, p. 149, n. 1.

1750 EPICURO, *Carta a Meneceo*, 123, en VARA, *op. cit.*, p. 87.

1751 GIOVACCHINI, *Épicure, op. cit.*, p. 18.

Este hecho lo expresa magistralmente Hadot, quien escribe, en una larga cita que, no obstante, merece la pena consignar:

> "Ante todo, por lo menos desde Sócrates, la opción por un modo de vida no se localiza al final del proceso de la actividad filosófica, como una especie de apéndice accesorio, sino por el contrario, en su origen, en una compleja interacción entre la reacción crítica a otras actitudes existenciales, la visión global de cierta manera de vivir y de ver el mundo, y la decisión voluntaria misma; y esta opción determina, pues, hasta cierto punto la doctrina misma y el modo de enseñanza de esta doctrina. E1 discurso filosófico se origina por tanto en una elección de vida y en una opción existencial, y no a la inversa. En segundo lugar, esta decisión y esta elección jamás se hacen en la soledad: nunca hay ni filosofía ni filósofos fuera de un grupo, de una comunidad, en una palabra, de una 'escuela' filosófica y, precisamente, esta última corresponde entonces ante todo a la elección de cierta manera de vivir, a cierta elección de vida, a cierta opción existencial, que exige del individuo un cambio total de vida, una conversión de todo el ser y, por último, cierto deseo de ser y de vivir de cierto modo. Esta opción existencial implica a su vez una visión del mundo, y la tarea del discurso filosófico será revelar y justificar racionalmente tanto esta opción existencial como esta representación del mundo. El discurso filosófico teórico nace, pues, de esta inicial opción existencial y conduce de nuevo a ella en la medida en que, por su fuerza lógica y persuasiva, por la acción que pretende ejercer sobre el interlocutor, incita a maestros y discípulos a vivir realmente de conformidad con su elección inicial, o bien es de alguna manera la aplicación de un cierto ideal de vida"[1752].

Además de un cuidado integral que conforma un modo de vida, el conjunto de recursos terapéuticos que propone Epicuro cae en el ámbito de la psicagogía[1753], es decir, el arte o técnica de dirigir, conducir y educar la psique o cuerpo sutil humano, con vistas a su bienestar.

Ya hemos subrayado anteriormente la importancia de la racionalidad vuelta sobre sí misma, o conciencia; ésta resulta, al propio tiempo, agente en el proceso terapéutico y paciente a la hora de expurgar o extirpar contenidos mentales nocivos o paralizantes.

De hecho, según nos transmite Diógenes de Enoanda – cosa que hemos averiguado leyendo a Mondolfo[1754] – "Lo fundamental en la felicidad es nuestra disposición

---

1752 HADOT, Pierre, *¿Qué es la filosofía antigua?*, México, Fondo de Cultura Económica, 1998, p. 13.

1753 *cf.* RABBOW, Paul, *Seelenführung: Methodik der Exerzitien in der Antike*, München, Kösel, 1954, pp. 16–17: "In dieser Praxis der Seelenleitung wird die Lehre jener antiken Philosophien zu tiefgreifendem Leben, Wollen, Tun; und was in ihrer Lehre das tiefste Lebenswollen war, wird in dieser Praxis deutlich bestimmter Ausdruck. (...) Es wird die erste - jetzt anzugreifende - Aufgabe sein, jenes System der antiken Seelenleitung und Seelenheilung oder - wie ich es nenne – *der Psychagogik* – (...) aus seiner Verdeckung und Zerstreuung wiederzuentdecken und zu möglichst voller Erscheinung zu bringen".

1754 MONDOLFO, *Sujeto, op. cit.*, p. 311 y n. 37.

de ánimo, de la que somos dueños [τὸ κεφάλαιον τῆς εὐδαιμονίας ἡ διάθεσις, ἧς ἡμεῖς κύριοι]"[1755].

Ciertamente Diógenes de Enoanda dista cronológicamente de Epicuro; con todo, se impone en este punto aquilatar el concepto de διάθεσις. Ésta remite a la constitución o constitución anímica, es decir, al modo en que esta se halla ordenada, de manera que, al contrario de lo que ocurre con la colocación atómica, la disposición psíquica es interna e inherente al sabio; a éste podemos considerarlo como una suerte de átomo sintiente pero imperturbable a los vaivenes y torbellinos de la vida, el cuerpo burdo, las cosas o el prójimo. El ser dueño de sí mismo significa, entonces, estar en posesión del modo actitudinal particular, autogobernarse o, dicho de otro modo, ser autónomo. En este sentido, el autocuidado psíquico puede concebirse como un proceso médico iterativo que, no obstante, es incremental por cuanto alcanza cada vez mayor salud[1756] y apoderamiento de sí mismo, así como mayor paz mental, habida cuenta de que, según Epicuro, nunca es pronto ni tarde para la filosofía, es decir, para la dicha de un vivir ἀταράχως.

En Epicuro la llave de la salud psicofísica está, así pues, en el dominio de la filosofía y en el individuo[1757] específico, en su consciencia y conciencia[1758], que luego se pone en relación con la alteridad específica y plural en cuanto prójimo, de manera

1755 DIÓGENES DE ENOANDA, *Inscripción Epicúrea*, Máximas, fr. 112, en GARCÍA GUAL, *Enoanda*, *op. cit.*, p. 73; *cf.* SMITH, *op. cit.*, pp. 294–295, 409; *cf.* también, BIGNONE, *Epicuro*, *op. cit.*, p. 189, texto 109: "L'essenziale per la felicità è la nostra condizione intima di cui siamo padroni noi. Grave cosa è la milizia e soggetta al comando altrui: vita di oratore è piena di inquietudine e trepidazione se ci riesca di persuader la turba. Perchè dunque ambiremo ansiosamente ciò che è in arbitrio altrui?".

1756 *cf.* CICERÓN, *Disputaciones tusculanas*, III, 4, 9, en MEDINA, *op. cit.*, p. 267: "En realidad nuestros antepasados pensaban que la salud de las almas consistía en un estado de tranquilidad y equilibrio (...) [*sanitatem enim animorum positam in tranquillitate quadam constantiaque* (...)]".

1757 *cf.* WUNDT, *op. cit.*, pp. 265–266: "Das Problem der Individualität steht seit dem Ausgang des fünften Jahrhunderts im Mittelpunkte des Interesses. So einseitig es zunächst von seiner ethischen Seite her aufgefaßt wurde und sich in der Frage nach dem praktischen Verhältnis des Einzelnen zur Gesamtheit erschöpfte, je mehr die gesamte Struktur des realen Lebens durch den Individualismus bestimmt wurde, umso mehr mußte es nach einer theoretischen Deutung verlangen. (...) Dagegen zeigte Epikur auch darin die relative Armut seines Denkens, daß er, obwohl seine Ethik so ganz dem Rechte des Individuums galt, den Begriff der Individualität den Grundlehren seines Systems nicht einzuschmelzen verstand".

1758 BIGNONE, Ettore, "L'originalità della concezione etica epicurea nella storia della vita e della cultura classica", cap. XII, en *Aristotele*, vol. II, *op. cit.*, pp. 219–238, concretamente, p. 221: "Tutta la filosofia che segue ad Aristotele è rivolta verso la vita intima; essa va ricercando l'uomo bene addentro e lo ammonisce di ritrarsi in sé stesso, nella sicura fortezza della sua ragione, per riguardare di lí il mondo come una scena non estranea, ma da cui egli può sempre ritrarsi quando la ragione lo comandi".

que, ya sea por su voluntad racional-lingüística cuanto por su aspiración a difundirse como palabra sanadora, supera el egoísmo[1759].

El ser humano concreto es consciente, gracias a su racionalidad, de cuanto existe y de todos los procesos físicos que lo envuelven, en él se desarrollan o el mismo desencadena. Así mismo, parece tener, por ende, la capacidad y obligación de saber lo que ocurre en su interioridad para enjuiciarlo y eliminarlo, cauterizarlo, etc.

1759 *cf.* HADOT, Pierre, CARLIER, Jeannie y DAVIDSON Arnold I., *La filosofía como forma de vida conversaciones con Jeannie Carlier y Arnold I. Davidson*, Barcelona, Alpha Decay, 2009 [ed. orig. *La philosophie comme manière de vivre: entretiens avec Jeannie Carlier et Arnold I. Davidson*, Paris, Albin Michel, 2001], p. 163–165: "Seguro que hay permanentemente un peligro de egoísmo en los esfuerzos que uno hace por perfeccionarse a sí mismo, sobre todo desde la perspectiva antigua, donde se intenta alcanzar la ataraxia, es decir, la paz del alma; a menudo se desligan de la actividad política (...). Preocuparse de uno mismo puede parecer egocéntrico. Pero, (...) cuando estudiamos también cómo funcionaba la vida en la escuela epicúrea, nos damos cuenta de que la práctica espiritual (que, como acabo de decir, busca establecer la paz en el alma) no es egoísta por varias razones. En primer lugar, los ejercicios espirituales están destinados a deshacerse del egoísmo, egoísmo provocado, primero y ante todo, por la atracción de los placeres o por la preocupación del cuerpo. (...) Ya hemos hablado de ello en otro lugar, a propósito del diálogo como ejercicio espiritual: consiste justamente en reconocer los derechos del otro en la discusión y, sobre todo, en reconocer una norma superior al nivel de la cual el yo ha de elevarse para poder simplemente dialogar —una norma superior que es la razón-. En el fondo, es simple: a partir del momento en que intentamos someternos a la razón, estamos casi necesariamente obligados a renunciar al egoísmo. He aquí, pues, un primer argumento. Del segundo argumento (...) hay que reconocer que los filósofos antiguos se preocuparon intensamente por los demás. (...) la preocupación por uno mismo no es en modo alguno una preocupación por el propio bienestar, en el sentido moderno del término, sino que la preocupación por uno mismo consiste en tomar conciencia de lo que se es realmente, es decir, en definitiva, de nuestra identidad con la razón, [así como con los átomos, el vacío y los compuestos, incluso los más excelsos – apostillamos a Hadot] (...) Por otra parte -y aquí volvemos al epicureísmo-, podemos decir que las filosofías en la Antigüedad buscan extenderse, tienen un aspecto misionero, podríamos decir, aunque sea a pequeña escala; y los epicúreos, que de hecho parecen replegarse en sí mismos, tienen un gran sentido de la amistad, que, para ellos, es un placer: desean la amistad porque es un placer puro. Y tienen el deseo, sobre todo, de expandir su doctrina. Un ejemplo magnífico y extraordinario es el de Diógenes de Enoanda. Había hecho grabar, sobre los muros de su ciudad, unas inscripciones inmensas que eran textos epicúreos, destinados a convertir a sus conciudadanos a la doctrina epicúrea. En Turquía se han encontrado algunas de estas inscripciones".

En otras palabras, no se plantea únicamente un afán contemplativo[1760] *per se*, ensimismado, sino que existe una voluntad práctica, activa, que además tiene una función benéfica, altruista, desde el punto de vista moral, en el sentido de devolver el bien a uno mismo y devolverlo a los demás, restableciendo la salud mental. Es oportuno citar aquí unas palabras de Nussbaum que se condicen perfectamente con lo antedicho:

> "La idea de una filosofía práctica y compasiva —es decir, una filosofía al servicio de los seres humanos, destinada a satisfacer sus necesidades más profundas, hacer frente a sus perplejidades más urgentes y llevarlos de la infelicidad a un cierto estado de florecimiento— es una idea que hace de la ética helenística un objeto de estudio cautivador para un filósofo que se pregunta qué tiene que ver la filosofía con el mundo real. (...) Todas las escuelas filosóficas helenísticas (...) concibieron la filosofía como un medio para afrontar las dificultades más penosas de la vida humana. Veían al filósofo como un médico compasivo cuyas artes podían curar muchos y abundantes tipos de sufrimiento humano. Practicaban la filosofía (...) como un arte comprometido cuyo fin era luchar contra la desdicha humana. Centraban, por tanto, su atención en cuestiones de importancia cotidiana y urgente para el ser humano: el temor a la muerte, el amor y la sexualidad, la cólera y la agresión"[1761].

De hecho, Cicerón nos aclara, con un pasaje pronunciado por Torcuato, cuál es el sentido, sanador, de la filosofía, especialmente la epicúrea, ante el dolor y la desdicha, que quiere extirpar del hombre:

> "Los que ponen el supremo bien sólo en la virtud y, fascinados por el brillo de este nombre, no comprenden lo que la naturaleza reclama, se verán libres de un error grandísimo, si se deciden a escuchar a Epicuro. (...) [L]a sabiduría, que se debe considerar como el arte de vivir, no sería buscada si no produjera ningún provecho; ahora bien, se busca porque es como la maestra en el arte de perseguir y conquistar el placer. (...). Pues, siendo el desconocimiento del bien y del mal lo que más aflige la vida de los hombres, que por esta ignorancia se ven privados, muchas veces, de los mayores placeres y atormentados en el alma por muy crueles dolores, debemos acudir a la sabiduría para que, suprimiendo los temores y las pasiones y destruyendo toda especie de falsas creencias, nos sirva de segurísimo guía hacia el placer. La sabiduría es, en efecto,

1760 *cf.* KIMMICH, *op. cit.*, p. XVI: "Epikureische Vernünftigkeit ist also nicht rationalistisches Verfügungswissen und auch nicht instrumentelle, auf Herrschaft zielende Vernunft (...)".

1761 NUSSBAUM, Martha Craven, CANDEL, Miguel (trad.), *La terapia del deseo: teoría y práctica en la ética helenística*, Barcelona, Paidós, 2003 [ed. orig. *The Therapy of Desire: Theory and Practice in Hellenistic Ethics*, Princeton, N.J., Princeton University Press, 1994], pp. 21–22.

la única que expulsa del ánimo la tristeza y no nos deja sucumbir al miedo; bajo su magisterio podemos vivir tranquilos, extinguido el ardor de todas las pasiones. (...)"[1762].

Sobre la dimensión aplicada y terapéutica de la filosofía escribe también Cicerón unas palabras que bien puede prohijar Epicuro:

"en ocasiones embargaba mi alma una sensación de miedo y dolor al pensar que un día dejaría de ver esta luz del día y perdería todas las ventajas de la vida. - De una inquietud de esta naturaleza, créeme, me he liberado hasta el punto de pensar que no hay nada que me preocupe menos. –No hay nada de extraño en ello; en realidad éste es el efecto que produce la filosofía: cura las almas, hace desaparecer las preocupaciones, libera de los deseos, disipa los temores"[1763].

5.1. La actividad[1764] filosófica curativa: su diagnóstico

Desde el punto de vista metodológico, creemos que Nussbaum acierta de pleno al presentar la dimensión terapéutica de la filosofía helenística como sigue:

1762 CICERÓN, *Del supremo bien y del supremo mal*, I, 13, 42–44, en HERRERO LLORENTE, *op. cit.*, pp. 76–77.

1763 CICERÓN, *Disputaciones tusculanas*, II, 4, 11; III, 1, 1; 2, 4-3, 5, en MEDINA, *op. cit.*, pp. 212, 261, 264, 265: "no se ha sentido en igual medida la necesidad de una medicina del alma antes de su descubrimiento, ni se ha cultivado en la misma medida una vez conocida, ni ha recibido el reconocimiento y la aprobación de muchas personas, sino que más bien les ha resultado a muchos sospechosa y odiosa. ¿Quizá la razón de ello es que el malestar y el dolor del cuerpo lo juzgamos con el alma, mientras que la enfermedad del alma no la sentimos con el cuerpo? De aquí resulta que el alma emite un juicio sobre sí misma precisamente cuando se halla enferma la facultad con la que ella juzga; [...] ¿Y qué me dices de quienes se dejan arrastrar por el deseo de dinero y el afán de placeres, cuyas almas están tan perturbadas que se hallan a un paso de la locura, que es lo que les sucede a todos los que carecen de sabiduría? ¿No se les debe aplicar ninguna cura? ¿Es que las enfermedades del alma dañan menos que las del cuerpo, o es que los cuerpos se pueden curar, mientras que no hay medicina alguna para las almas? Pero en realidad las enfermedades del alma son más perniciosas y más numerosas que las del cuerpo; [...] Existe ciertamente una medicina del alma, la filosofía, cuya ayuda no hay que buscarla, como en las enfermedades del cuerpo, fuera de nosotros, y debemos esforzamos con todos nuestros recursos y fuerzas para ser capaces de curarnos a nosotros mismos".

1764 *cf.* HADOT, *Forma de vida*, *op. cit.*, pp. 138–139, 146–147, 167: "Lo que he dicho de una manera general en mis libros sobre los ejercicios espirituales podría dar la impresión, aunque haya intentado evitarlo, de que los ejercicios espirituales son algo que se añade a la teoría filosófica, al discurso filosófico; sería una práctica, que solamente complementaría la teoría y el discurso abstracto. De hecho, toda la filosofía es ejercicio, tanto el discurso de enseñanza como el discurso interior que orienta nuestra acción. Evidentemente, los ejercicios se realizan preferiblemente por y en el discurso interior [;] (...) cambian la disposición del individuo; [...] En

"1. Un diagnóstico provisional de la enfermedad, de los factores, especialmente las creencias socialmente inducidas, que más contribuyen a impedir la buena vida de la gente. 2. Una norma provisional de salud: una concepción (habitualmente general y en cierto modo abierta) de lo que es una vida humana floreciente y completa. 3. Una concepción del método y los procedimientos filosóficos adecuados: todo lo que supere el tipo de examen descrito en esta concepción puede inicialmente convertirse en la norma descrita en el párrafo 2"[1765].

Epicuro realiza, pues, un diagnóstico filosófico, así como un pronóstico a partir de los síntomas, que presenta el hombre común; de esta guisa, según Giovacchini:

"Épicure réconcilie ainsi dans sa doctrine deux approches historiquement rivales de la maladie: l'approche dite théorique ou philosophique, qui peut disserter longuement sur la nature de l'homme et de sa maladie, mais qui ne s'aventure pas dans l'acte thérapeutique lui-même, et l'approche qui prendra le nom d' 'empirique' a la période hellénistique, mais qui s'exprime déjà à l'Âge classique, et qui met en avant l'impératif de guérison et la nécessité du geste, considérant que le soin est indépendant du savoir réflexif sur le mal et sur ses raisons. On trouve ainsi chez les philosophes du Jardin, aussi bien des considérations sur l'origine du mal qui frappe l'humanité que des injonctions à soigner réellement, sans se cantonner à l'étape tout intellectuelle du diagnostic"[1766].

El sabio samio, práctico y curativo, escribe, ya desde el inicio de la *Carta a Meneceo*, su especial protréptico:

"Ni por ser joven demore uno interesarse por la verdad ni por empezar a envejecer deje de interesarse por la verdad. Pues no hay nadie que no haya alcanzado ni a quien se le haya pasado el momento para la salud del alma (τὸ κατὰ ψυχὴν ὑγιαῖνον)"[1767].

el fondo, se podría hablar de la filosofía como de una elipse, que tiene dos polos: un polo de discurso y un polo de acción, exterior pero también interior, ya que la filosofía en oposición al discurso filosófico es también un esfuerzo por ponerse en determinadas disposiciones interiores. En la Antigüedad, estos dos polos aparecen claramente en dos fenómenos sociales diferentes: el discurso filosófico corresponde a la enseñanza dispensada en la escuela; la vida filosófica, a la comunidad de vida institucional que reúne a maestro y discípulo y que implica un determinado género de vida, una dirección espiritual, exámenes de conciencia, ejercicios de meditación, y que corresponde también a la buena manera de vivir como ciudadano en su ciudad. Por una parte, ya lo he dicho, la filosofía como vida está inspirada por un discurso de enseñanza filosófica (...) Los dos polos de la filosofía son indispensables, pero es muy importante distinguirlos".

1765 NUSSBAUM, *Terapia*, *op. cit.*, p. 52.

1766 GIOVACCHINI, *Épicure*, *op. cit.*, pp. 52–53.

1767 EPICURO, *Carta a Meneceo*, 122, en VARA, *op. cit.*, p. 87.

Podemos inferir de esa invitación a la filosofía que, en general, los hombres se encuentran psíquicamente enfermos, por lo cual necesitan un fármaco[1768], una droga medicinal, un medicamento. El bálsamo para restablecer el bienestar mental es la filosofía, la cual deviene, en tanto que actividad, instrumento diagnóstico y prescripción terapéutica. El diagnóstico epicúreo es, resumidamente, que el hombre se duele, está enfermo, el ser humano sufre[1769], aunque sólo una minoría selecta está dispuesta, como siempre, a participar activamente en el ímprobo empeño de la (auto)curación[1770].

Por eso la función médica de la filosofía radica, justamente, en liberar a los hombres del sufrimiento[1771], de ahí surge la necesidad curativa de "no sufrir en el cuerpo ni estar perturbados en el alma (τὸ μήτε ἀλγεῖν κατὰ σῶμα μήτε ταράττεσθαι κατὰ ψυχήν)"[1772]. Los epicúreos constatan, pues, un *factum*, una realidad evidente: el hombre está aquejado de *angustia*, *Angst*, el atenazamiento, que podemos

---

1768 En griego φάρμακον remite, sin distinción, a cualquier droga o preparado mineral, vegetal o animal con efecto bien salutífero, bien mortífero; en catalán, de modo parecido pero en dirección contraria, *medicina* – denotada positivamente, se desplegó en esta primera y en *metzina*, veneno o tósigo.

1769 *cf.* GIOVACCHINI, *Épicure*, *op. cit.*, pp. 47–51, en general sobre la enfermedad del hombre y, más concretamente p. 50, sobre la poetización lucreciana de la peste ateniense previa al nacimiento de Epicuro y que le pudo inducir a la filosofía *medicans*.

1770 EPICURO, ISNARDI PARENTE, Margherita (ed., trad.), *Opere*, Torino, UTET, 1974, "Introduzione", pp. 62–63: "L'ideale di Epicuro è per pochi capaci di attuarlo; è un ideale di vita arduo e difficile; richiede un superiore distacco dalle cose e dalle circostanze, un superiore ripudio del volgo e delle sue passioni. Aristocratismo, beninteso, che trascende il piano politico-sociale; i molti, i πολλοί, il 'volgo' di cui parla Epicuro, non è altro — uso ormai consolidato da una lunga tradizione nel pensiero antico — che lo stuolo degli incapaci di attingere la vera filosofia, qualunque sia poi la sua caratterizzazione esteriore nell'ambito della società. Ma si tratta pur sempre di aristocrazia dello spirito (...) si accentua il radicalismo aristocratico nei riguardi dell'uomo comune; e l'indifferenza verso tutto ciò ch'è esteriore, legato a circostanze effimere, conferisce profondamente all'isolamento del sapiente dal resto della comune società".

1771 *cf.* NUSSBAUM, *Terapia*, *op. cit.*, p. 35: "la motivación fundamental para filosofar es la perentoriedad de aliviar el sufrimiento humano y que el objeto de la filosofía es el florecimiento humano, εὐδαιμονία (eudaimonía); nota 5: *Eudaimonia* suele traducirse por 'felicidad': pero dicha traducción es engañosa, pues olvida el aspecto de *actividad* y el de plenitud de la vida, que está presente (tal como sostiene convincentemente Aristóteles) en el uso ordinario del termino griego, a la vez que sugiere erróneamente que se trata de un estado o sentimiento de satisfacción. Uno puede *arguir* que *eudaimonia* es un estado o un sentimiento; y veremos ejemplos de que es así. Pero ese significado no está en absoluto contenido en el término mismo y, de hecho, parece que el término, en su uso general, connota el hecho de estar activo: parece contrario a la intuición sostener que un estado no activo pueda ser equivalente a *eudaimonia* (...)".

1772 EPICURO, *Carta a Meneceo*, 131, en VARA, *op. cit.*, p. 91.

describir como una afectación obstructiva sentida en la garganta y que, a causa del estrechamiento, conlleva el ahogo, si bien tiene un fundamento psico-emotivo o psicosomático, más que puramente biofisiológico[1773]. En síntesis, la filosofía epicúrea constata que el hombre sufre.

De acuerdo con Epicuro, el mal que aqueja a los seres humanos es, por su parte, el deseo, ἐπιθυμία. Con respecto a lo deseado, observamos que, en primer lugar, en lo tocante al cuerpo sutil, aparece el deseo de no ser juzgado o castigado, en vida o postmortem, por los dioses, es decir, el *timor Dei uel Deorum*, que habría de representar el dolor máximo y eventualmente eterno; en términos griegos se trata de la δεισιδαιμονία, esto es, de la piedad basada en el miedo reverencial ante el *mysterium tremendum*, lo que los epicúreos tachan de pura superstición[1774]; en segundo lugar, surge el deseo de seguir vivos, o sea, no morir, que conlleva la postulación de pervivencias de materias inmateriales o substancias insubstanciales; en tercer lugar, el deseo que va en pos de lo placentero para el cuerpo sutil o el burdo; y el deseo negativo en relación con el sufrimiento, el deseo de no sufrir o enfermar en las mismas instancias.

Todo esto acontece, no por casualidad, tal como ya atisbábamos previamente, en un momento histórico delicado, cosa que indican Lledó[1775], pues, se desdibuja el

1773 *cf.* HADOT, Pierre, y CUCURELLA, María (trad.), *No te olvides de vivir: Goethe y la tradición de los ejercicios espirituales*, Madrid, Siruela, 2010 [ed. orig. *N'oublie pas de vivre: Goethe et la tradition des exercices spirituels*, Paris, A. Michel, 2008], p. 30: "El epicureísmo es ante todo una terapia de la angustia. Los hombres están aterrorizados porque creen que los dioses se ocupan de los hombres y les reservan castigos después de la muerte. Los hombres están turbados por el temor de la muerte, son devorados por las preocupaciones y las penas que los deseos insatisfechos engendran. (...) La práctica del epicureísmo liberará a los hombres de estos múltiples tormentos. Los dioses mismos viven en una perfecta tranquilidad (...) no amenazan a los hombres. El alma no sobrevive al cuerpo, y la muerte no es un acontecimiento de la vida; no es, pues, nada para el hombre. Los deseos no nos turban más que cuando son artificiales e inútiles: hay que rechazar los deseos que no son ni naturales ni necesarios, satisfacer prudentemente los deseos naturales, pero no necesarios, satisfacer ante todo los deseos que son indispensables para sobrevivir a la existencia. En cuanto a la inquietud moral, será totalmente apaciguada, si no dudamos en reconocer que el hombre, como todo ser viviente, siempre está guiado por el placer".

1774 KOETS, Peter John, Δεισιδαιμονία [*Deisidaimonia*]*: A Contribution to the Knowledge of the Religious Terminolgy in Greek*, Purmerend, J. Muusses, 1929, p. 44.

1775 LLEDÓ, *Epicureísmo*, *op. cit.*, p. 25: "Efectivamente, las conquistas de Filipo y de Alejandro transformarán el suelo de Grecia y, con ello, el ámbito de referencias del individuo hacia su comunidad. La batalla de Queronea, en el año 338, con el triunfo de Filipo de Macedonia sobre la coalición griega, alentada por Demóstenes, supone una fecha capital en esta transformación. Este cambio, en el que la *polis* pierde su autarquía y empieza a sentirse como provincia de un gran imperio, de un vasto e inalcanzable territorio, implica al mismo tiempo el nacimiento de una sentimiento de pertenencia ciudadana y hay graves conflictos por el poder metapolítico, imperial.

Isnardi[1776] abunda sobre la misma tesis, que propugna García Gual:

> "Para Epicuro la Filosofía será ante todo la búsqueda de un remedio contra la confusión de su época"[1777].

Inserto en su circunstancias sociopolíticas, el samio aspira a ofrecer una respuesta sólida y profunda, habida cuenta de que es un

> "testigo sensible de una época crítica y turbulenta, en la que los ideales democráticos de cooperación ciudadana y progreso colectivo subsistieron como vacua retórica, mientras se extendían el escepticismo y la desesperación ante las alternativas del poder arrebatado por caudillos violentos. Si ante la indiferencia de la naturaleza el hombre puede sentir un desgarrado sentimiento de soledad, la sociedad establecida no le compensa sino con vanas opiniones y quiméricos anhelos que le hacen convivir en un agitado marco de esperanzas y angustias y entre rivalidades constantes y superfluas. La insistencia en la búsqueda de la seguridad frente a los demás, la aspháleia, es algo sintomático de esa vivencia de un tiempo de inestabilidad y confusión. [...] El reconocimiento de la relatividad histórica de los valores, y entre ellos de la justicia, no lleva al epicúreo a la rebeldía o al inmoralismo, a la manera de los cínicos. El epicúreo vive en la ciudad y cumple formalmente sus deberes ciudadanos, aunque rechaza la ocupación política y se retira al Jardín, porque la amistad es algo mucho más libre y más auténticamente gratificador que el cumplimiento formal de la normativa legal. La justicia deja un vacío que la amistad puede llenar"[1778].

---

nueva mentalidad. La *polis* no era sólo un espacio dentro del que transcurría la vida de una comunidad. *Polis* significa, sobre todo, un espacio ideal, una retícula teórica que engarza los comportamientos individuales en una armonía, en un ensamblaje colectivo que permite la proyección exterior del individuo hacia objetivos comunes".

1776 EPICURO, ISNARDI, *Opere*, *op. cit.*,"Introduzione", p. 50: "Gli anni dell'Ellenismo nascente sono anni tempestosi e turbinosi, di rapida ascesa di monarchi improvvisati e altrettanto rapido cadere delle loro fortune, di instabilità e insicurezza continua di dominio sui paesi ad essi soggetti; sì che la politica appare all'uomo di pensiero sotto una luce di particolare tempestosità e precarietà, la vita politica una situazione di estrema illusorietà e incertezza, il tendere al successo politico una fonte di infiniti e procellosi affanni. Se nell'ideale di vita del filosofo, quindi, si accentua la nota della liberazione dalle passioni, e in particolare dalle passioni di natura politica, questa sembra esserne la ragione più immediata offerta dalle circostanze storiche, molto più che una pretesa coscienza critica del venir meno della vitalità della città".

1777 GARCÍA GUAL, "Liberador", en *op. cit.*, pp. 379–408 y concretamente, p. 391.

1778 GARCÍA GUAL, *Epicuro*, *op. cit.*, pp. 199 y 208.

5.2. La actividad filosófica curativa: sus modos

El meollo de la psicoterapia epicúrea se halla en sus μελέται o *exercitationes*, esto es, sus prácticas, técnicas o cuidados salutíferos para al cuerpo sutil, que pueden ser psíquicos o físicos, lo que vincula conceptualmente esta escuela filosófica con ἄσκησις, si bien este término tiene tintes religiosos de renuncia abstinente. Según señala Hadot:

> "podría hablarse de ejercicios del pensamiento, ya que en tales prácticas el pensamiento es entendido, en cierto modo, como materia que intenta modificarse a sí misma. Pero la palabra 'pensamiento' no expresa de manera suficientemente clara que la imaginación y la sensibilidad participan de forma importante en tales ejercicios. Por la misma razón, no nos satisface la denominación 'ejercicios intelectuales', por más que los aspectos intelectuales (definición, división, razonamiento, lectura, estudio, amplificación retórica) jueguen papeles relevantes. 'Ejercicios éticos' podría ser una expresión sin duda a considerar puesto que, como veremos, los ejercicios en cuestión colaboran poderosamente en la terapéutica de las pasiones, incidiendo en la conducta vital"[1779].

Se impone, pues, analizar sus diversas clases presentes en Epicuro recalcando, una vez más, que se fundan en el lenguaje y la racionalidad, en el λόγος y el διάλογος, que no es dialéctica platónica; sobre éste último señala Hadot:

> "en la Antigüedad el diálogo era una de las formas más fundamentales de la enseñanza. Digamos, simplificando, que podía adoptar formas bastante diversas. Podía adoptar las de un ejercicio de argumentación con reglas codificadas. Estaba a la vez destinado a formar el espíritu y a preparar al discípulo para las justas oratorias de la ciudad o el tribunal. (...) En la Antigüedad, la filosofía es, pues, esencialmente diálogo, se trata más de una relación viva entre personas que de una relación abstracta con ideas"[1780].

1779 HADOT, *Ejercicios*, *op. cit.*, p. 24; *cf.* p. 52: "La verdadera filosofía es pues, en la Antigüedad, práctica de ejercicios espirituales. Las teorías filosóficas o bien están puestas al servicio de la ejercitación espiritual, como sería el caso del estoicismo y del epicureísmo".

1780 HADOT, *Forma de vida*, *op. cit.*, pp. 92–93; HADOT, *Ejercicios*, *op. cit.*, p. 35: "El diálogo socrático se nos aparece, pues, como un ejercicio espiritual practicado en común y que invita al ejercicio espiritual interior, es decir, al examen de consciencia, a dirigir la atención sobre uno mismo, en pocas palabras, a ese célebre 'conócete a ti mismo'. Aunque el sentido original de tal fórmula resulte difícil de discernir, no es menos cierto que invita a esa relación con uno mismo que constituye el fundamento de todo ejercicio espiritual. Conocerse a uno mismo supone reconocerse como no-sabio (es decir, no como *sophos*, sino como *philo-sophos*, en camino hacia la sabiduría), o bien reconocerse en su ser esencial (es decir, separar lo que no nos constituye de lo que sí nos constituye), o bien reconocerse en cuanto a su verdadero estado moral (es decir, examinando nuestra consciencia)".

La palabra que nace de la razón y da razones es justamente un elemento clave en este marco y constituye, en buena medida, la herramienta curativa. Así, los términos que Goldschmidt aplica a Platón, son también muy propios para referirse al empeño epicúreo, en cierto sentido:

> "Si le dialogue, par sa composition, se distingue du manuel, il en diffère avant tout par son but. Le manuel du type courant se propose de transmettre une somme de connaissances, d'instruire le lecteur; le dialogue se fixe un sujet d'étude, non 'par intérêt pour le problème donné, mais pour rendre plus dialecticien sur tous les sujets', ou encore, pour rendre 'plus inventif'. Le dialogue veut former plutôt qu'informer"[1781].

No obstante, esa racionalidad autónoma o en vaivén requiere, al menos en la filosofía epicúrea – y en toda aquella que se precia de serlo verdaderamente – la plenitud de sentido, no las palabras hueras (κενοὺς φθόγγους)[1782], que generan opiniones vacuas en el sentido de "un discours vide: c'est un discours qui ne conduit à aucune saisie mentale d'un objet d'être donné dans l'expérience interne ou externe"[1783].

Ello recuerda al siguiente pasaje de Cicerón sobre los falsos filósofos, sofistas u oradores: "[p]unzan, como con aguijones, con breves y agudas preguntas; pero, incluso los que asienten a ellas, nada cambian en su interior y se marchan lo mismo que habían venido; y es que asuntos quizá verdaderos, y ciertamente serios, no se tratan como deben, sino de manera un tanto mezquina"[1784]; igualmente, hace pensar en el afán epicúreo contra la dialéctica envanecida, verborreica y charlatanesca, que pretende fomentar la impostura[1785]. En ese mismo tono señala Voelke:

> "Au nombre des opinions vides figurent non seulement les croyances communément répandues parmi les hommes, mais aussi diverses doctrines défendues par les philosophes, et tout particulièrement leur présomption (*oiêsis*), c'est-à-dire la haute opinion

1781 GOLDSCHMIDT, Victor, *Les Dialogues de Platon; structure et méthode dialectique*, Paris, PUF, 1963, pp. 2–3, información conocida gracias a HADOT, *Ejercicios, op. cit.*, p. 307.

1782 *cf.* EPICURO, *Carta a Heródoto*, 37, en VARA, *op. cit.*, p. 50: "Pues bien, querido Heródoto, antes de nada es menester dar por comprendidos los significados inherentes a los significantes, con objeto de disponer de los medios para concretar las cuestiones que son tenidas como conclusiones finales o están sometidas a investigación o son de difícil solución, lo que se logra aplicando aquellos significados a estas cuestiones, y para que así no nos quede cuestión alguna sin concretar al llevar nuestras demostraciones al infinito o, en otro caso, manejemos significantes vacíos de significado".

1783 VOELKE, "Intérêt de la raison et actualité des textes philosophiques anciens", en VOELKE, *Thérapie de l'âme, op. cit.*, pp. 13–34, concretamente p. 26.

1784 CICERÓN, *Del supremo bien y del supremo mal*, VI, 3, 7, en HERRERO LLORENTE, *op. cit.*, p. 231; referencia hallada gracias a NUSSBAUM, *Terapia, op. cit.*, p. 36.

1785 *cf.* GIOVACCHINI, *Épicure, op. cit.*, p. 193 y ss.

qu'ils se font d'eux-mêmes. (...) De ces opinions vides procèdent des désirs qualifiés eux aussi de vides [κεναὶ ἐπιθυμίαι]"[1786].

5.2.1. La comprensión de la φύσις

Como se habrá observado, a lo largo de esta investigación nos hemos dedicado a estudiar morosamente las tesis físicas epicúreas, elogiadas incluso por el mismo Kant[1787], así como otras propuestas sobre asuntos aledaños. No lo consideramos ocioso, ni atribuimos al estudio de la naturaleza una posición ancilar, secundaria[1788]. La física funda, en sentido literal, como esfuerzo de fundamentación, todo el sistema epicúreo y tiene, también, una función terapéutica, de modo que el círculo se cierra. La *fisiología* como conocimiento conduce a la praxis-ética de la serenidad mental y el bienestar corporal, igual que el equilibrio de los cuerpos burdo y sutil redunda en beneficio de la φύσις toda.

El conocimiento de la naturaleza, la física, subsume inclusivamente, como hemos puesto de manifiesto, la astronomía y la meteorología[1789] y toda ella contribuye a eliminar el τάραχος.

Este último término, cuyo igual femenino es ταραχή, es, un deverbal procedente del verbo ταράσσω, con el que comparten rasgos semánticos, que denotan agitación, removimiento o conmoción, lo que, en general, evoca una alteración psicofísica[1790]

1786 VOELKE, "Santé de l'âme et bonheur de la raison", en VOELKE, *Thérapie de l'âme*, *op. cit.*, pp. 35–57, concretamente p. 46.

1787 KANT, *Lógica*, IV, Bosquejo breve de una historia de la filosofía, en VÁZQUEZ LOBEIRAS, *op. cit.*, p. 96: "La escuela epicúrea jamás ha podido alcanzar la fama de la estoica. Dígase lo que se diga de los epicúreos es cierto al menos que demostraron la mayor mesura en el placer y que fueron los mejores filósofos de la naturaleza entre todos los pensadores de Grecia. Observamos aquí todavía que las escuelas griegas más ilustres tenían nombres particulares. (...) la escuela de Epicuro, huerto, porque Epicuro enseñaba en el jardín [KANT, Immanuel, HARTENSTEIN Gustav, *Immanuel Kant's sämmtliche Werke in chronologischer Reihenfolge*, Leipzig, Leopold Voss, 1867, vol. VIII, part. I, p. 30]".

1788 *cf.* HORNE R. A., "Atomism in ancient medical history", en *Medical History* nº 7, 1963, pp. 317–29, concretamente, pp. 322–323: "Epicureanism became one of the principal philosophies of the Roman world. It was primarily an ethical system, nevertheless to lay claim to being a complete philosophy it needed an explanatory basis for the physical world, and for this purpose Epicurus selected the Atomism of Democritus, albeit with an important reservation".

1789 *cf.* EPICURO, *Carta a Heródoto*, 77, en VARA, *op. cit.*, 1995, p. 68: "es menester guardar hacia esos cuerpos todo tipo de veneración ateniéndose a todas las denominaciones que tocan a tales conceptos, a menos que nos asistan razones emanadas de los propios cuerpos que contradigan la veneración. Pues si no actuamos así, la propia contradicción ocasionará en el alma la más grande turbación". (τὸν μέγιστον τάραχον).

1790 Aquí usamos la terminología actual pero notamos que Epicuro no distingue, a efectos constitutivos, entre el cuerpo burdo y el cuerpo sutil (ψυχή).

violenta con respecto al estado corporal y curso mental preexistentes, considerados normales y tranquilos, justo aquello que aspira a restablecer y mantener la ἀταραξία, la imperturbabilidad.

En efecto, la función de la ciencia de la naturaleza (φυσιολογίας ἔργον) radica justamente en "dar cumplida cuenta de la causa que explica las cuestiones decisivas" y de que la felicidad (τὸ μακάριον) está en conocer precisamente (ἀκρίβειαν) "la problemática concerniente a los cuerpos celestes [περὶ μετεώρων ... ἐνταῦθαι] (...) y qué naturalezas son ésas que se observan a simple vista correspondientes a los cuerpos celestes situados ahí en el espacio sideral y las correspondientes también a todos los seres afines a ésos"[1791]. Epicuro aprecia el hecho de conocer todas las explicaciones posibles y coherentes a propósito de los fenómenos meteorológicos y astronómicos; existe, con todo, un segundo aspecto que, en consonancia con sus observaciones precedentes, subraya con ahínco, a saber, el considerar que:

> "la más grande turbación (τάραχος ὁ κυριώτατος) en las almas de los hombres se origina, primero, al creer que estos cuerpos celestes sean felices e inmortales y que experimenten, a la vez, voliciones, acciones y objetivos contrarios a este estado, segundo, al esperar o recelar, dando crédito a los mitos, algún castigo eterno, o porque se teme aquella insensibilidad que comporta el morir, como si ella tuviese algo que ver con nosotros o incluso, tercero, en el hecho de que esto se debe no a razones propias, sino a alguna moción irracional (ἀλόγῳ γέ τινι), de modo que, por no limitar este terrible mal, se siente una turbación igual o más intensa (τὴν ἴσην ἢ καὶ ἐπιτεταμένην ταραχὴν) que quien en esta cuestión sigue vanas opiniones"[1792].

De acuerdo con esto, el de Samos conecta φυσιολογία y ἀταραξία[1793] cuando afirma que ésta última:

> "consiste en liberarse de todos estos temores[1794] y hacer memoria constante de todos los principios más importantes. Por tanto, hemos de atenernos en todo a lo presente, tanto a las sensaciones (αἰσθήσεσι,) – comunes o particulares según se trate de hechos comunes o particulares – como a toda evidencia inmediata de acuerdo con cada uno de los criterios. Pues si nos ajustamos a esta doctrina podremos dar razón completa del origen de la turbación y del miedo (φόβος), y nos podremos liberar, con la investigación de las causas de los fenómenos celestes (μετεώρων) y de todos aquellos hechos que a menudo se nos presentan, de cuanto produce el miedo extremo en el resto de la gente"[1795].

1791 *cf.* EPICURO, *Carta a Heródoto*, 78, en VARA, *op. cit.*, p. 69.

1792 EPICURO, *Carta a Pitocles*, 81, en PIQUÉ ANGORDANS, *op. cit.*, p. 101.

1793 *cf.* EPICURO, *Carta a Heródoto*, 37, en VARA, *op. cit.*, p. 50: "la investigación de la Naturaleza (ἐνέργημα ἐν φυσιολογίᾳ) (...) infunde más que ninguna de estas operaciones tranquilidad a la vida (τοιούτῳ μάλιστα ἐγγαληνίζον τῷ βίῳ ποιήσασθαι)".

1794 Esos miedos están ligados al desconocimiento o divinización de los μετέωρα.

1795 EPICURO, *Carta a Pitocles*, 82, en PIQUÉ ANGORDANS, *op. cit.*, pp. 101–102.

En definitiva, el discurso que trata sobre la naturaleza y su conocimiento posee en la obra epicúrea una función capital, ya que pone los cimientos de todo el sistema y justifica su *ars vivendi*; igualmente, es un instrumento que resuelve, por aplicación de principios generales, no sólo problemas particulares sino la comprensión de todo el engranaje; por último, pero no por ello menos importante – al contrario –, se erige como un fármaco, una medicina, un elemento que contribuye a la prevención o curación de los hombres, por cuanto les ofrece, primero, una ἀπόλυσις, una liberación del miedo, y, segundo, salud en forma de fortaleza incomparable (ἀσύμβλητον ἁδρότητα), ayuda (βοηθήσει) y ecuanimidad sosegada (γαληνισμὸν)[1796].

En relación con esto último, con ese encabalgamiento necesario entre la fisiología y el arte de vivir, la búsqueda de la sabiduría y la felicidad, deseamos poner de relieve, como anticipo a un tratamiento más extenso *infra*, que Epicuro, como los estoicos, valora la correlación o consonancia (συμφωνία)·entre los hombres o, mejor, los sabios, y la naturaleza toda. Por ello hace uso Epicuro de κατὰ φύςιν, equivalente griego del latino y tan estoico *secundum naturam* (*uiuere*)[1797]. Usa el samio la fórmula cuando escribe:

> "Es un bien conforme a la Naturaleza poner todo interés por conseguir seguridad frente a las personas por los medios que uno sea capaz de procurarse ese objetivo"[1798].

Por su parte, incluso el estoico Lucio Anneo Séneca preserva el giro epicúreo en la siguiente sentencia que al de Samos se atribuye: "Tal es también esta frase de Epicuro: 'si vives conforme a la naturaleza, nunca serás pobre; si, conforme a la opinión, nunca serás rico'"[1799]. Podemos citar todavía una *Sentencia Vaticana* que alude a la naturaleza, la XXI, cuyo texto griego dice: "οὐ βιαστέον τὴν φύσιν ἀλλὰ πειστέον· πείσομεν δὲ τὰς ἀναγκαίας ἐπιθυμίας ἐκπληροῦντες, τάς τε φυσικὰς ἂν μὴ βλάπτωσι, τὰς δὲ βλαβερὰς πικρῶς ἐλέγχοντες"[1800]. Insertamos la cita griega en el cuerpo del trabajo porque, si bien suscita cierta divergencia filológica y de crítica textual, deseamos demostrar la convergencia o unidad plena en el sentido filosófico. El disenso radica en la interpretación de πειστέον y en el carácter erróneo o no de πείσομεν. El primero es un adjetivo verbal de obligación derivado de πείθω, que en

1796 *cf.* EPICURO, *Carta a Pitocles*, 83, en PIQUÉ ANGORDANS, *op. cit.*, p. 102.

1797 CICERÓN, *Del supremo bien y del supremo mal*, II, 12, sec. 34, ll. 8–10, en HERRERO LLORENTE, *op. cit.*, p 118, entre otros lugares: "Así nació la teoría de la antigua Academia y de los peripatéticos, que sostenían que el supremo bien es vivir conforme a la naturaleza".

1798 EPICURO, *Máxima Capital* VI, en VARA, *op. cit.*, p. 93.

1799 SENECA, *Epístola moral a Lucilio*, XVI, sec. 7, ll. 5–7, en ROCA MELIÁ, *Lucilio, I, op. cit.*, p. 162, no recogido por ARRIGHETTI pero sí en USENER, *Epicurea, op. cit.*, p. 161, frag. 201 "*ab Epicuro dictum est: 'si ad naturam vives, numquam eris pauper; si ad opiniones, numquam eris dives'*".

1800 EPICURO, *Gnomologium Vaticanum Epicureum*, frag. XXI, l. 1, en ARRIGHETTI, *op. cit.*, p. 145 y notas al mismo en p. 558, con referencias a Carlo DIANO, y Ettore BIGNONE.

voz activa significa "convencer, persuadir" y en medio-pasiva "ser convencido, obedecer". De modo que la traducción puede ser "No hay que violentar a la naturaleza, hay que obedecerla / hay que persuadirla...". En función de la traducción escogida para πειστέον, algunos editores y traductores, entre ellos Arrighetti, conservan la lectura del manuscrito "πείσομεν"[1801] (primera personal plural del futuro indicativo activo de πείθω), mientras otros, como Bailey[1802] y Bignone[1803] corrigen "πεισόμεθα" (primera persona plural del futuro indicativo medio de πείθω). De esta forma la continuación se puede traducir como: "la persuadiremos / obedeceremos al satisfacer los deseos necesarios así como los naturales, siempre que no perjudiquen, y al despreciar, en cambio, los perjudiciales". Con autoridad, Diano, rectificando la corrección de Bailey, escribe: "'Non violentare la natura, ma obbedirvi; v'obbediremo saziando i desideri necessari ecc.' Bignone, e così anche il Nestle e il Bailey che nel testo corregge πείσομεν in πεισόμεθα. E perché? La natura non va forzata, sibbene persuasa, e la persuaderemo ecc. O non dice nulla ἐλέγχοντες?"[1804]. Estas anotaciones, quizás prolijas, ponen de manifiesto minucias textuales y filológicas; con todo, podemos señalar que, filosóficamente, no es posible forzar a la naturaleza tal como la concibe Epicuro, por cuanto ella funda y regula cualquier otro aspecto intramundial; así, incluso los intermundos le pertenecen, en la formación total que es el universo.

La naturaleza obliga; de hecho, sólo cabe, entonces, la obediencia, el dejarse persuadir por ella, con el fin de hacer, dentro de unos límites, lo que es conforme a nuestro deseo o, similarmente, inducirla suavemente a hacer lo que nos conviene sin ser dañoso. En la obediencia a la naturaleza subyace, sin embargo, el reconocimiento de una entidad más compleja y totalizante, con la que hay que convivir sin violentarla; por ello, en nuestra opinión, los hombres deben asumir y dominar las principios de la fisiología, dado que han de obedecerla, puesto que han de vivir no *contra naturam* o *adversus naturam*, sino de acuerdo con ella, κατὰ φύςιν. No en vano, la consonancia con la naturaleza constituye un prerrequisito para la felicidad ecuánime de Epicuro, como hemos reiterado y según indica Bailey:

> "[Epicurus] was primarily an ethical teacher, his first object was to secure for man's life pleasure, which he interpreted to be freedom from disturbance (ἀταραξία), for this

1801 En el *Codex Vaticanus Graecus 1950*, cuyo texto epicúreo fue descubierto y difundido por WOKTE, Karl y editado por USENER, Hermann, "*Epikurische Spruchsammlung*", en *Wiener Studien. Zeitschrift für Classiche Philologie*, año 10, cuaderno 2, 1888, pp. 175–201, y concretamente p. 193, luego incluido en USENER, H., *Kleine Schriften I*, Leipzig, Berlin 1912, pp. 297–325.

1802 BAILEY, *Epicurus*, *op. cit.*, p. 109.

1803 BIGNONE, *Epicuro*, *op. cit.*, p. 152.

1804 DIANO, Carlo, "Note epicuree I", en DIANO, *op. cit.*, pp. 1–22, sección tercera, concretamente pp. 21–22, inicialmente publicado en *Studi Italiani di Filologia Classica*, Nuova Serie, vol. XII, fasc. I, 1935, pp. 61–86.

purpose it was essential that a man should have an exact comprehension with regard to his mode of life, and with regard to the fundamental nature of the universe"[1805].

A su vez, la comprensión auténtica[1806] de lo infinito redunda, desde la honestidad intelectual[1807], en la asunción plácida de lo finito y en la inscripción vivida del individuo en ello, con un sentido de pertenencia igualitaria.

Respecto al reproche, de corte platonista-aristotelista, de una filosofía interesada, que mancha los conceptos con intereses que no son la pura esencia, podemos decir que la filosofía epicúrea se halla entre el hombre y la inmensidad natural y en este estar entre encuentra su *interesse*, del mismo modo que, retornando en cierto sentido a la raíz socrática, el filósofo epicúreo conoce para vivir más sabiamente, plena y felizmente, en vez de vivir para conocer o conocer por conocer. Creemos que Boyancé tiene razón cuando escribe que la vida ociosa, el *otium* filosófico epicúreo, no es *uita contemplatiua*, θεωρητικός βίος·[1808].

1805 BAILEY, *Greek atomists*, *op. cit.*, p. 369.

1806 EPICURO, *Sentencia Vaticana* 45, en VARA, *op. cit.*, p. 102: "La ciencia de la Naturaleza no hace hombres forjadores de jactancia ni de palabrería ni ostentadores de esa cultura propugnada por el vulgo, sino activos, satisfechos consigo mismos y muy orgullosos de los bienes de la persona y no de los que nos procuran las cosas".

1807 EPICURO, *Sentencia Vaticana* 29, en VARA, *op. cit.*, p. 101: "Sí, al menos yo preferiría practicar la sinceridad en mis investigaciones y así vaticinar lo que conviene a todas las personas, aun en el caso de que nadie vaya a comprenderlas, más que conformarme con las opiniones vulgares y así granjearme el elogio que fluye a raudales de la corriente del vulgo".

1808 *cf.* BOYANCÉ, Pierre, "Les epicuriens et la contemplation", en UNTERSTEINER, Mario, (coord.), *Epicurea: in memoriam Hectoris Bignone, miscellanea philologica*, Genova, Istituto di Filologia Classica, 1959, pp. 89–99, concretamente, pp. 93–94, 98–99: "Il n'y a pas certes à douter que pour Épicure, la connaissance de la physique ne soit la condition indispensable du bonheur. Mais dès lors on ne devrait être que plus étonné de ne pas rencontrer de textes formels sur la valeur de la vie contemplative. La seule explication est qu'il convient de dissocier 'vie contemplative' et 'connaissance épicurienne de la physique'. Celle-ci ne remplit point le rôle qu'elle joue dans d'autres systèmes et qui lui permet de se définir alors comme l'objet ou l'un des objets de la vie contemplative. Rien n'est moins désintéressé que le savoir épicurien. Il suffit de se souvenir dans quelle piètre estime sont tenues toutes les disciplines qui forment l' ἐγκύκλιος παιδεία et notamment les mathématiques. Si la physique fait exception et fait partie intégrante de la philosophie, du moins sa fonction est-elle essentiellement négative. Il ne s'agit pas d'apporter à l'âme un savoir qui serait par lui même un bien substantiel, mais d'écarter les obstacles qui s'opposent à la réalisation de celui-ci. On oublie aujourd'hui vraiment un peu trop que le souverain bien de l'éthique épicurienne demeure le plaisir. (…) Si la physique a malgré tout un prix unique, c'est, on le sait, qu'elle seule peut écarter les obstacles – crainte des dieux, crainte de la mort – qui, selon Épicure, empêchent d'atteindre à l'ataraxie. Son rôle est donc à la fois indispensable et négatif et c'est pourquoi il n'y a pas de vie contemplative épicurienne. (…) Épicure y oppose, par les expressions qu'il

La filosofía epicúrea, y específicamente la física, se pone, en otras palabras, al servicio de la vida buena y buena vida, para su consecución o recuperación, a partir del cambio, del dinamismo[1809]. Por ello puede comprenderse su afirmación: "Si no nos molestaran nada las sospechas que albergamos de los cuerpos celestes y de la muerte, por miedo a que ello sea algo que tenga que ver con nosotros en alguna ocasión, y tampoco el miedo a no conocer los límites impuestos a los sufrimientos y a los deseos, no necesitaríamos más del estudio de la Naturaleza"[1810]. DeWitt acierta cuando relaciona la *natura magistra* y el agradecimiento o gratitud:

> "The duty of gratitude to Nature is on record in these words: 'Gratitude is due to blessed Nature because she has made life's necessities easy of acquisition and those things

---

adopte (ἐνταῦθα πεπτωκένα), sa conception de la félicité due à la physique céleste à une autre conception. Il admet donc lui aussi une telle conception; mais ce qu'il indique, c'est qu'elle vient de la reconnaissance des lois par lesquelles l'univers est arraché à l'arbitraire de puissances divines. Et non pas de la contemplation de ces puissances divines. Sa pensée ne se comprend que comme l'antithèse ou la correction d'une pensée antérieure: et c'est celle de la théologie astrale. (...) La sérénité de l'ataraxie ne résulte pas de la satisfaction d'un besoin de connaissance, mais du rejet de représentations propres à troubler et le bonheur du plaisir pur vient du fond de nous mêmes et non de l'être qui nous le communiquerait".

1809 HADOT, *Ejercicios*, *op. cit.*, p. 32: "La contemplación del mundo físico, la representación del infinito, elemento capital de la física epicúrea, provocan una transformación total en la manera de percibir las cosas (el universo clausurado se dilata hasta el infinito) y un placer espiritual de primer orden: 'las murallas del mundo se abren y se desploman, contemplo en el vacío del universo el nacimiento de las cosas... Ante semejante espectáculo, un divino goce y un estremecimiento sagrado se apoderan de mí, considerando estos grandes objetos que tu poder (es decir, el de Epicuro) hizo patentes al descorrer el velo con que la naturaleza los cubría' (LUCRECIO, *Sobre la naturaleza de las cosas*, III, vv. 23–30)".

1810 EPICURO, *Máxima Capital* XI, en VARA, *op. cit.*, p. 94; *cf.* también, *Carta a Heródoto*, 78, 79, pp. 69–70: "también es menester convencerse de que es función de la ciencia de la naturaleza dar cumplida cuenta de la causa que explica las cuestiones decisivas, y de que la felicidad se fundamenta en el conocimiento de la problemática concerniente a los cuerpos celestes, bueno, en eso y en conocer qué naturalezas son ésas que se observan a simple vista correspondientes a los cuerpos celestes situados ahí en el espacio sideral y las correspondientes también a todos los seres afines a ésos, todo ello con vistas a alcanzar la precisión que lleva a la felicidad. (...) es menester admitir que los conocimientos basados en la descripción del declive, ascensión, eclipses y todos los fenómenos de los cuerpos celestes afines a éstos no contribuyen ya nada a la felicidad que proporciona el conocimiento, sino que los que conocen esos pormenores pero ignoran cuál es su naturaleza y cuáles sus causas fundamentales tienen exactamente igual miedo que si no tuvieran ese suplementario conocimiento pormenorizado, y quizás más miedo, lo que ocurre cuando el asombro procedente de ese conocimiento adicional no es capaz de dar con la solución y el arreglo de la incógnita de las cuestiones fundamentales [τὴν περὶ τῶν κυριωτάτων οἰκονομίαν]".

that are difficult of acquisition unnecessary [USENER, *Epicurea, op. cit.*, p. 300, frag. 469][1811]'. The true basis of the debt to Nature, however, is to be found in her function as a teacher. She is not to Epicurus, as she was to Aristotle, merely the creative force in the universe. She was also the aggregate of animate experience and especially of human experience. It is Nature that reveals the Canon of truth and bestows upon man the means of contact between his soul and the material world, Sensations, Anticipations, Feelings. (...) In a magnificent passage toward the end of the third book the poet steps aside and yields the pulpit to her so that in her own person she may lash self-pitying old men for their ingratitude. If we take Nature in this Epicurean sense as a benevolent teacher, then gratitude is an imperative of Nature. It is owed to her by man and she in turn enjoins it upon man"[1812].

DeWitt remite al siguiente paso lucreciano, que no podemos menos de incluir, ya que aúna la nota del (mal)agradecimiento, el conocimiento natural y la vivencia consciente de la muerte:

> "En fin, si Naturaleza de pronto echara a hablar y se pusiera a reñirnos a alguno de nosotros de esta manera: '¿Qué accidente tan grave te ocurre, mortal, para dejarte llevar tan desconsideradamente por penoso duelo? ¿Cómo es que lloras y te lamentas de la muerte? Porque tal como gratis se te dio la vida anterior ya pasada, y no es que todos sus bienes, como puestos en cántaro cascado, se te hayan escurrido o sin compensarte se perdieran, ¿por qué tú, como comensal de la vida satisfecho, no te retiras y con serenidad vas entrando, necio, en ese sueño tranquilo? (...)'"[1813]

La vivencia y comprensión epicúreas de la naturaleza permite decir a Hadot que:

> "la misma física se convierte en un ejercicio espiritual que puede, observemos, situarse en tres niveles. En primer lugar la física puede constituir una actividad contemplativa que encuentra su fin en sí misma procurando al alma, al liberarla de las cotidianas preocupaciones, gozo y serenidad. Tal es el espíritu de la física aristotélica: 'La naturaleza reserva a quien estudia sus producciones maravillosos motivos de goce, siempre que uno sea capaz de remontarse a las causas y ser un verdadero filósofo'[1814]. En virtud de tal contemplación de la naturaleza el epicúreo Lucrecio, como vimos antes, percibía

1811 EPICURO, *Cuestiones de ética*, 67, en VARA, *op. cit.*, p. 118: "Gracias sean dadas a la bienaventurada Naturaleza porque hizo las cosas necesarias asequibles, y las inasequibles no necesarias [Χάρις τῇ μακαρίᾳ Φύσει, ὅτι τὰ ἀναγκαῖα ἐποίησεν εὐπόριστα, τὰ δὲ δυσπόριστα οὐκ ἀναγκαῖα; *cf.* USENER, *Epicurea*, p. 300, fr. 469]".

1812 DEWITT, *Epicurus, op. cit.*, p. 324.

1813 LUCRECIO, *La naturaleza*, III, vv. 931–939, en SOCAS, *op. cit.*, pp. 267–268.

1814 ARISTÓTELES, *Partes de los animales*, libro I, 645a 7–10, en JIMÉNEZ SÁNCHEZ-ESCARICHE, *op. cit.*, p. 73: "E, incluso en los seres sin atractivo para los sentidos, a lo largo de la investigación científica, la naturaleza que los ha creado ofrece placeres extraordinarios a quienes son capaces de conocer las causas y sean filósofos natos".

'una divina voluptuosidad'[1815] [...] Pero este ejercicio espiritual propio de la física puede también adoptar forma de 'vuelo' imaginario, que ayude a entender los asuntos humanos como cosas sin apenas importancia. (...) Cabe reconocer un tercer grado de este ejercicio espiritual en la visión de la totalidad, en la elevación del pensamiento al nivel del pensamiento universal"[1816].

Tal como hemos indicado en un capítulo precedente, es preciso conocer la naturaleza, dedicarse a la física, por cuanto lo más sanador se halla, justamente, en el vivir *secundum naturam*, κατὰ φύςιν, que pide poco y da mucho[1817]. A este respecto escribe con tino Rodis Lewis:

"Il faut donc d'abord apprendre ce qu'est l'homme, comment il s'insère dans l'univers, pourquoi il se perturbe en vain (...) La science contemporaine la plus avancée, celle d'Eudoxe de Cnide et de Callipe de Cyzique, régularisait jusqu'au cours des planètes par une combinatoire mathématique de sphères idéales. Or Épicure la repousse totalement. Car elle accorde aux astres une âme, ou moteur spirituel, qui assure la parfaite régularité de leur mouvement en divinisant l'astre lui-même. A ce dogmatisme perturbateur, Épicure oppose donc la pluralité d'hypothèses, que la prudence conduit à proposer sur le même plan, sans choisir entre elles. Mais il faut et il suffit qu'elles soient toutes de nature physique, et non théologique. Tel est le contexte d'une attitude parfois réduite à un pragmatisme indiffèrent a la vérité, pourvu que la sérénité soit sauvegardée"[1818].

La naturaleza tiene una función normativa, de la que es imposible escapar, posee unas regularidades no exceptuables, esto es, a las que ninguna realidad material compuesta puede sustraerse, lo que incluye también a los dioses.

El desequilibrio que Epicuro combate hace presa, pues, en el individuo que, desligado ya de su ciudad y en un mundo abrumador[1819], no asume su mortalidad

1815 *cf.* LUCRECIO, *Sobre la naturaleza de las cosas*, III, vv. 23–30, en SOCAS, *op. cit.*, p. 230: "todo además lo suministra la naturaleza y no hay cosa que en la ocasión menoscabe la paz del alma, sino que, al contrario, por ningún sitio aparecen los ámbitos del Aqueronte ni la tierra impide que se divise a los pies todo lo que debajo en el vacío se hace; allí entre estas cosas de mí se apoderó una suerte de divino deleite y estremecimiento, al ver que así con tu empuje tan clara y manifiestamente queda la naturaleza por todos lados destapada".

1816 HADOT, *Ejercicios*, *op. cit.*, pp. 43–45.

1817 *cf.* KROSCHEL, Simone, "*Wenig verlangt die Natur*": *naturgemäss leben, Einfachheit und Askese im antiken Denken*, Frankfurt am Main, Lang, 2008, 119–131.

1818 RODIS-LEWIS, Geneviève, *Épicure et son école*, Paris, Gallimard, 1975, pp. 56–57.

1819 BIGNONE, "Originalità", cap. XII, en *Aristotele*, vol. II, *op. cit.*, p. 233–235: "Non più, come nell'antico ideale greco, la persona umana si estendeva sino a porsi in armonia con la vita cittadina e politica, foggiando sul proprio carattere l'impronta larga e comprensiva della città e, pur tra il fluttuare continuo ed impetuoso della vita politica greca, ed anzi per mezzo dei suoi continui rivolgimenti, tendeva alle eredità ideali della tradizione e della stirpe, come ad una forma personale più vasta che al proprio essere si armonizzasse, non a modo del tutto alla parte, ma come y la proyecta en lo ultraterreno, igual que, en lo subrepticio, es temerosamente consciente de su finitud individual o postula inteligencias regentes que administren lo azaroso[1820].

integrazione di uno spirito libero e intelligente che si vegga espresso fedelmente in un'opera vasta di cui egli è volontario creatore. Con Epicuro invece questa bella ed ardua unità dell'ideale antico si veniva sciogliendo. La vita socievole per lui è un patto necessario ed utile, ma affatto esterno, che risponde a bisogni di sicurezza; ma la vita ideale del saggio epicureo, non diversamente da quella dei primi cristiani, s'appunta ad una società più ristretta ed intima, quasi un ricetto in mezzo al mondo, un sodalizio volontario di spiriti che si restringono fra loro, come in un ritiro, contro ciò che può offendere la tranquillità dell'anima. Cosí si spiega la fortuna e l'estendersi dell'epicureismo in un'età che veniva rimutandosi profondamente, ed in cui l'antico cedeva al moderno. La saggezza antica proclamava: 'la città è l'educatrice dell'uomo'; e questa parola animosa bene si conveniva al cittadino greco che immaginava la sua città come un essere personale e intelligente, che rappresenti in forma più larga e più perfetta tutto l'uomo. Ma alla formazione di nuovi Stati, quali il Macedone e il Romano, in cui il cittadino si perde come in un mondo troppo vasto e i cui fini trascendono di troppo la sua breve vita, più umano giungeva ammonimento di Epicuro: 'l'uno all'altro siamo un abbastanza vasto teatro' (fr. 208). E l'insegna epicurea: 'Vivi ignorato' (ΛΑΘΕ ΒΙΟCΑC) accoglie sotto di sé tutta una turba di spiriti meditativi nell'ultimo scorcio dell'antichità. Dinanzi alla cultura che veniva segnando profonde differenze tra le varie classi della società, e sminuendosi quella freschezza e agilità di spirito che poneva facilmente il greco in armonia con il mondo esterno, doveva piacere il consigliarsi con Epicuro: 'il saggio allora debe ritrarsi in se stesso quando deve frammischiarsi alla folla' (fr. 209)".

1820 NUSSBAUM, *Terapia*, *op. cit.*, pp. 54 y 56: "Las normas se desprenden de una concepción de la 'naturaleza' porque dicha concepción, para empezar, es abiertamente normativa. (...) No obstante, la apelación a la naturaleza suele sugerir intuitivamente la idea de una ausencia, una deformación o unos obstáculos que impiden algo; está, por tanto, muy estrechamente relacionada con una noción normativa de salud. Exactamente igual que la salud, una vez hecha realidad, es el sistema que se realiza a sí mismo como actividad floreciente sin enfermedad ni impedimento, así también el pleno florecimiento de nuestra naturaleza moral y social puede imaginarse como una actividad plena que expresa nuestras capacidades más importantes, sin impedimentos que actúen como barreras frente a esa autorrealización. Es ese el sentido en que la naturaleza puede oponerse, también en las concepciones antiguas, a la cultura: pues muchas culturas son fuente de impedimentos al florecimiento humano. Así, los filósofos helenísticos preguntarán con frecuencia por la naturaleza, en el sentido normativo —es decir, por una norma de florecimiento humano completo—, observando en parte cómo son las cosas antes de que la cultura lleve a la gente a deformarlas. [...] Deberíamos señalar aquí, no obstante, que las escuelas difieren en cuanto al grado de fundamentación que desean dar a su concepción normativa de la naturaleza en una visión globalmente teleológica del mundo. Los epicúreos y los escépticos repudian enérgicamente

5.2.2. El monólogo de interiorización meditativa

En efecto, el hecho mismo de meditar a la luz de esos principios físicos, no sólo con propósito de revisión en cuanto a la coherencia de pensamientos, palabras, acciones u omisiones, es un ejercicio propiamente epicúreo que actúa como mecanismo memorístico[1821] y, más propiamente, como coadyuvante balsámico para la asunción de las verdades doctrinales[1822]. Tiene la misma función doble de aquietamiento, enfoque meditativo (o anclaje) e integración plena de los principios filosóficos[1823]

---

cualquier proyecto semejante, derivando sus normas naturales de la consideración de cómo operan las criaturas vivientes en un universo indiferente".

1821 *cf.* ERLER, Michael, "*Philologia medicans.* La lettura delle opere di Epicuro nella sua scuola", en GIANNANTONI, GIGANTE, *op. cit.*, vol 2., pp. 513–526.

1822 *cf.* RABBOW, *Seelenführung*, *op. cit.*, pp. 112: "Neben der großen Meditation, den Übungen des Rückzugs und der guten Gedanken formt die antike Psychagogik ihre Menschen durch sehr zahlreiche, unablässig wiederholte Akte einfacher Beherzigung der sittlichen Grundwahrheiten und seelischen Hilfen. (...) Die 'Beherzigungen' sind ihrer Natur nach methodische Akte ethischer, nicht gnostischer Art: gerichtet nicht auf gedächtnismäßige Vergegenwärtigung und Einprägung der Heilswahrheiten [*salutaria*], sondern auf ihre lebensmäßige Eineignung und Durchdringung in tieferen Schichten der Seele; kurze Blicke auf die Hilfen des sittlichen Lebens zum 'Innewerden' ihrer Kraft und Bedeutung, Erweckungsakte fördersamer Gefühle".

1823 *cf.* HADOT, *Ejercicios*, *op. cit.*, pp. 218–219: "Para ejercitarse en la meditación se ponían a disposición de los principiantes ciertas sentencias o resúmenes de los dogmas fundamentales de la escuela. Las *Cartas* de Epicuro que nos ha transmitido Diógenes Laercio están destinadas a este fin. Para asegurarse de que estos dogmas resultan de la máxima eficacia espiritual era necesario presentarlos como fórmulas breves y sorprendentes, como las *Sentencias selectas* de Epicuro, que bajo una forma rigurosamente sistemática, como la *Carta a Heródoto* del mismo autor, facilitaba al discípulo aprehender por medio de algo similar a la intuición lo esencial de la doctrina, teniéndolo así más cómodamente 'a mano'. Así, cualquier coherencia sistemática era sacrificada en beneficio de la eficacia espiritual. Los dogmas y principios metodológicos de las escuelas no admitían discusión. En esta época el filosofar pasaba por la elección de una escuela, por convertirse a su modo de vida y por aceptar sus dogmas"; *op. cit.*, p. 271: "No se trata pues, como piensa Foucault (págs. 11–13) [discrepa de FOUCAULT, *Sexualidad, op. cit.*], de que gracias a escribir o releer pensamientos inconexos el individuo se forje una identidad espiritual. En primer lugar, como hemos visto, tales pensamientos no tienen nada de inconexos, sino que han sido elegidos por su coherencia. En segundo lugar y en especial, no se trata de forjarse una identidad espiritual por medio de la escritura, sino de liberarse de la propia individualidad para elevarse a la universalidad. Resulta por lo tanto inexacto hablar de una 'escritura del yo'; no sólo no escribe uno mismo, sino que la escritura no constituye su yo: al igual que el resto de ejercicios espirituales, sirve para hacer cambiar el yo de nivel, universalizándolo. Lo milagroso de tal ejercicio, practicado en soledad, es que permite acceder a la universalidad de la razón en el tiempo y en el espacio".

que posee, por ejemplo, un mantra[1824]. La psicología de la meditación puede arrojar alguna luz sobre el alcance terapéutico que este tipo de soliloquio muestra: está ligado a la plena conciencia, atención total al tiempo y lugar presentes[1825], de modo que pueden resolverse con mayor presteza y verdad las situaciones cotidianas más o menos dilemáticas y graves[1826].

En todo caso, no queremos aquí usar el término de meditación entendida como θεωρία o saber contemplativo de lo que es en cuanto es. Se trata, por el contrario, de un ejercicio mental de concentración serena[1827], o sea, de atención privilegiada y ensimismada, o plenamente consciente, con respecto a un objeto mental concreto, hasta el punto de asumir abstractivamente, de darse cuenta de la verdad objetiva que poseen. El hecho de analizar repetidamente las doctrinas tiene una dimensión memorística pero también reflexiva o racional, ya que, según Howley, en la interiorización meditativa, que no es de tipo religioso,

> "the mind works in its ordinary human fashion; we have 'discourse of reason', and if need be, we can set out this discourse in words (...) There is a mental movement,

---

1824 *cf.* BROWN, Jason Walter, *Neuropsychological foundations of conscious experience*, Bruxelles, Les éditions Chromatika 2010, p. 334: "concentrating the mind on one object, or repeating a word or phrase, such as a mantra".

1825 *cf.* PRIETO ZAMORA, José María, "Psicología de la meditación: una vieja andadura contemporánea", en *Guía del Psicólogo*, 264, Noviembre, 2006, p. 5–7.

1826 *cf.* HADOT, *Ejercicios*, *op. cit.*, pp. 28, 116: "Esta misma vigilancia del espíritu permite aplicar la regla fundamental a las situaciones concretas de la existencia (...). En esta atención al instante presente reside de algún modo el secreto de los ejercicios espirituales. (...) La atención (...) permite dar respuesta inmediata tanto a los acontecimientos como a las cuestiones planteadas repentinamente. Para ello es necesario que los principios fundamentales estén siempre 'a mano'; [...] Un momento importante dentro de la actividad filosófica lo constituye, por lo tanto, la práctica de la meditación: 'Meditar día y noche', como puede leerse en la *Carta de Epicuro a Meneceo.* Con esta meditación lo que se pretende es 'tener a mano', es decir, presentes, los dogmas fundamentales de la escuela a fin de que su poderoso efecto psicológico pueda ejercerse sobre el alma. Esta meditación puede también adoptar forma de ejercicio escrito, que habrá de constituir un verdadero diálogo con uno mismo".

1827 *cf.* NARANJO, Claudio, *Entre meditación y psicoterapia*, Santiago de Chile, Dolmen, 2002, p. 12; *cf.* también pp. 34, 40, 46, 125: "'meditacion concentrativa', (...) el meditador disciplina su mente focalizandola en un objeto elegido; así, durante siglos se ha cultivado la concentración plena como una aproximación a la trascendencia y, en cambio, muchos de los que han sido tocados por una experiencia de trascendencia con el tiempo han evolucionado hacia una integración entre la conciencia trascendental y lo ordinario del aquí y ahora; [...] [a]sí que podemos decir que la concentración plena —el darse cuenta— es un antídoto para esa inconciencia activa; al recuperar el darse cuenta y cultivar el contacto con la experiencia inmediata se contrarresta la inercia psicológica del ego; [...] [r]esulta obvio que en el campo de la meditación son prácticas espirituales prominentes tanto el aprender a soltar como a desarrollar una calma disciplinada y concentrada sobre un objeto único".

directed and controlled of course, but a movement. (...) In meditation, attention costs an effort; we must force our minds to follow the points, and not to wander off in all directions. We must force our other faculties to keep in step"[1828].

La meditación puede equipararse, a su vez, con la reflexión en el sentido de que ésta, que ya hemos tratado abundantemente, supone un doblarse o curvarse de la inteligencia y la sensibilidad sobre el sujeto mismo, de manera que ésta deviene "Rückzug, Zurückgezogenheit"[1829] o retiro. Como señala Rabbow en su estudio pionero:

"El retiro meditativo es una actualización e interiorización de pensamientos de apoyo, con los que uno se retira de la vida del mundo a la esfera moral para la renovación de la vida interior, si bien no hay diferencia alguna con respecto a si este ejercicio se ejecuta bajo la presión inmediata de una ocupación cotidiana urgente y en el transcurso de ésta, o bien en horas tranquilas y ociosas"[1830].

Al parecer esa concentración meditativa tiene efectos mesurables científicamente en cuanto a la actividad cerebral[1831]. Cuando nos referimos a esta μελέτη designamos principalmente una técnica de análisis absorto y al propio tiempo el estado mismo que con ella se alcanza. Esta práctica persigue aclarar y apaciguar la mente de quien la lleva a cabo, concretamente a la luz de los principios físicos que la fundan, de modo que abandone el temor y el desasosiego, devolviéndolo a su equilibrio interior[1832]. Si bien Goleman omite, quizás por ignorancia, los antecedentes helenos en

---

1828 HOWLEY, John F. Whittington, *Psychology and Mystical Experience.* London, Kegan Paul, Trench, Trubner & Co, 1920, pp. 19–20.

1829 *cf.* RABBOW, *Seelenführung, op. cit.*, pp. 91–92, traducción propia; *cf.* también p. 99: "Die Retraite ist die konzentrierte, exemplarische Selbstdarstellung des - dualen - Seinsgefühls, mit dem der Mensch Epikurs, der Mensch der Stoa, der christliche Mensch in der 'Welt' stehen: eingebunden in ihr Lebensgefleht, und doch – bei allem Durhsittlichen, Durchchristen dieses Lebens - stetig über es hinaus -, aus ihm hinauslangend in die Wahrheit und Freiheit einer höheren Welt. Doch quillt das gleiche Grundgefühl hier aus verschiedenen Tiefen. Dem Menschen Epikurs ist die Einflechtung in die Affären der Welt ein notwendiges Übel".

1830 *cf.* RABBOW, *Seelenführung, op. cit.*, p. 100; traducción propia.

1831 *cf.* KRAFT, Ulrich, ". Regelmäßiges Meditieren verändert das Gehirn — und damit auch, wie jemand denkt und fühlt", en *Gehirn und Geist*, n° 10, 2005, pp. 12–17 y, más concretamente, p. 16.

1832 *cf.* KIRAN KUMAR, S. K., *Psychology of Meditation: A Contextual Approach*, New Delhi, Concept Pub. Co, 2002, pp. 12, 20–21: "Self-regulation strategy primarily refers to the ways and means of controlling and directing the activity of a system by itself, which are built-in. At physiological level, self-regulation through meditation reduces the activity of the sympathetic nervous system that is crucial in causing stress and tension. It increases the dominance of the para sympathetic nervous system activity, which enhances relaxation; [...] Psychological centering devices, according to meditative traditions, serve to focus the person's attention on some single point, which helps to reinstate a sense of inner balance. It is a lo tocante a la meditación[1833], sí se impone abundar todavía en los efectos científicos del monólogo meditativo, a partir de la obra que coordinó West[1834]. Pekala define la concentración meditativa como

> "the process of turning consciousness upon itself to develop attentional control of the processes and contents of consciousness. Given that the focus in meditation involves training the mind to become attuned to specific processes or contents of consciousness, the subjective effects associated with meditation assume primary importance"[1835].

Delmonte, otro estudioso de los efectos psicológicos de la meditación, anota que, probablemente, "[t]he regular practice of meditation appears to facilitate a reduction in anxiety for subjects with high or average levels of anxiety. However, there appears to be a 'ceiling effect' at the higher practice frequencies"[1836].

Dejando aparte este aspecto, es digno de mención que esta modalidad terapéutica sea también común a la secta[1837] helenística considerada acérrima adversaria de Epicuro – cuando ambas persiguen objetivos similares. Apunta sobre esto Pierre Hadot:

> "Resulta esencial para el estoicismo (como por otra parte también para el epicureísmo) inculcar a sus adeptos algunos principios fundamentales, extremadamente sencillos y claros, formulables en pocas palabras justamente a fin de que se pueda recurrir a ellos con facilidad, resultando aplicables con la seguridad y constancia de un movimiento reflejo"[1838].

La reflexión, que ya es reconcentración, meditativa pone en juego, no es ocioso repetirlo, la racionalidad, cuyos datos son empíricos, además de las tesis o principios que estudia. Los propios axiomas, cribados por el razonamiento, son también curativos, por cuanto para la captación de la verdad y la liberación de la superstición o del temor infundado, que van de la mano, es la razón la que debe

> "prendre en compte les principes fondamentaux et l'ordonnance générale de la nature, qu'il s'agisse de la nature du monde, de celle des dieux ou de celle de l'âme, en les rattachant aux critères évidents posés par la canonique. Dans l'opération cognitive

---

process acting like a psychological gyroscope to stabilize the mind and body and neutralize forces which pulls attention away from the 'centre' of the self".

1833 *cf.* GOLEMAN, Daniel, *Los caminos de la meditación*, Barcelona, Kairos, 1997 [ed. orig. *The Varieties of the Meditative Experience*, New York, E.P. Dutton, 1977].

1834 WEST, Michael A (ed.), *The Psychology of Meditation*, Oxford, Clarendon Press, 1987.

1835 PEKALA, R. "The Phenomenology of Meditation", en WEST, *op. cit.*, pp. 59–81, más concretamente, p. 59.

1836 DELMONTE, Michael, "Personality and meditation", en WEST, *op. cit.*, pp. 118–135, más concretamente p. 126.

1837 En el sentido de doctrina, en este caso filosófica, asumida por un conjunto de personas que, formando un cuerpo aparte, la siguen; del latín *secta (sequor)*; en griego "αἵρεσις".

1838 HADOT, *Ejercicios*, *op. cit.*, p. 27.

présidant à la purification de l'âme, la critique du faux implique donc la recherche et la perception du vrai"[1839].

El mismo Voelke, a quien acabamos de citar, nos regala un pasaje de Filodemo sobre el razonamiento, los *principia* físicos y la expurgación psíquica: "es necesario, pues, expurgar los deseos (ἐπιθυμίας δὴ ἐκαθᾶραι), en relación con lo cual no toca a exposiciones, ni a pautas, ni a directrices surgidas de ideas políticas o costumbres llevarlo a cabo, sino al razonamiento justificativo-conclusivo (ἐγλογισμὸς[1840]) que comienza partiendo de la primera certeza clara y manifiesta (τῆς πρώτης ἐναργείας)"[1841].

Los axiomas científicos que, gracias a la racionalidad abstractiva, alcanzan Epicuro y sus partidarios constituyen la piedra angular, pues, de una vida tranquila, capaz de integrarse sabrosa pero también humildemente en la totalidad infinita. Así lo dice Hadot:

> "Para los filósofos antiguos, la mirada desde lo alto es un ejercicio de la imaginación por medio del cual nos representamos que vemos las cosas desde un punto de vista elevado que se alcanza elevándose de la tierra, a menudo gracias a un vuelo del espíritu a través del cosmos. [...] Para los epicúreos se trata por tanto de la voluptuosidad de sumergirse en el infinito, en lo que no tiene límite. (...) Se podría decir que esta mirada desde lo alto, entre los platónicos, los epicúreos y los estoicos, es una especie de práctica, de ejercicio de la física, en la medida en que, con ayuda de los conocimientos físicos, el individuo se sitúa a sí mismo como parte del Todo del mundo o del infinito de los mundos. Esta visión procura al filósofo la alegría y la paz del alma. Epicuro afirma que no tendríamos necesidad de estudiar la naturaleza si no estuviéramos turbados por el temor de los dioses y de la muerte"[1842].

Ya señala el propio Epicuro que

> "lo que origina la vida gozosa (τὸν ἡδὺν γεννᾷ βίον) es "un sobrio razonamiento (νήφων λογισμὸς) que, por un lado, investiga los motivos de toda elección y rechazo (πάσης αἱρέσεως καὶ φυγῆς) y, por otro, descarta las suposiciones, por culpa de las cuales se apodera de las almas una confusión de muy vastas proporciones. El principio para

1839 VOELKE, "Santé de l'âme", *op. cit.*, en VOELKE, *Thérapie de l'âme, op. cit.*, pp. 35–57, concretamente pp. 51–52.

1840 ἐγλογισμὸς está formado por el importante sustantivo epicúreo λογισμός y por el prefijo ἐκ, que en papiros e inscripciones se convierte en ἐγ ante κ, χ y ξ, de modo que con esta forma, constituye, que sepamos, un ἁπάξ λεγόμενον.

1841 PHILODEMVS GADARENSIS, SUDHAUS, Siegfried (ed.), *Philodemi volumina rhetorica*, vol. II, Lipsiae (Leipzig), Teubner, 1896, p. 34, XXXVIII, ll. 7–15; la traducción es propia; *cf.* la inglesa: FILODEMO DE GÁDARA, HUBBELL, H. M. (ed., trad.), *The Rhetorica of Philodemus*, New Haven, Connecticut Academy of Arts and Sciences, 1920, II, 33, col. XXXVII, p. 326: "Moreover it is necessary to purify the desires; this cannot be accomplished by statement and patterns or guidance by political principles and laws, but by reasoning about wholes starting from the first clear evidence".

1842 HADOT, *Goethe, op. cit.*, pp. 56 y 59.

lograr todo esto y el bien más grande es la sensatez ((...) ἀρχὴ καὶ τὸ μέγιστον ἀγαθὸν φρόνησις.). Por lo cual, bien más preciado que el mismo amor a la verdad resulta la sensatez, de la que se derivan todas las demás virtudes, porque enseña que no es posible vivir gozosamente sin hacerlo sensata y hermosamente (ἡδέως ζῆν ἄνευ τοῦ φρονίμως καὶ καλῶς καὶ δικαίως) y de forma justa ni tampoco sensata y hermosamente y de forma justa sin hacerlo gozosamente. Pues las virtudes están unidas por principio al hecho de vivir gozosamente, y el hecho de vivir gozosamente es inseparable de ellas (συμπεφύκασι γὰρ αἱ ἀρεταὶ τῷ ζῆν ἡδέως καὶ τὸ ζῆν ἡδέως τούτων ἐστὶν ἀχώριστον)"[1843].

Los ejemplos significativos que debemos consignar sobre el empleo del monólogo interior en cuanto meditación memorizadora son, en Epicuro, los siguientes, procedentes todos ellos de la *Carta a Meneceo*:

> "Así pues, practica (μελέτα) día y noche estas enseñanzas y las afines a éstas contigo mismo y con el que sea igual que tú, y jamás, ni en la vida real ni en los sueños, estarás preocupado, sino que vivirás como un dios entre los hombres. Pues no se parece nada a un ser que tiene una vida mortal el hombre que vive en medio de bienes inmortales"[1844]. De modo semejante, pero más en relación con sus preceptos físicos, señala el samio: "[a]sí, pues, es menester practicar (μελετᾶν οὖν χρὴ) la ciencia que trae la felicidad (τὰ ποιοῦντα τὴν εὐδαιμονίαν) si es que, presente ésta, tenemos todo, mientras, si está ausente, hacemos todo por tenerla"[1845]; "Los consejos que continuamente he venido dándote en mis cartas, practícalos y cúmplelos (ταῦτα καὶ πρᾶττε καὶ μελέτα), interpretando que ésos son los elementos básicos de una vida hermosa (στοιχεῖα τοῦ καλῶς ζῆν)"[1846].
>
> "Ahora, Pítocles, recuerda toda esta doctrina, pues con ella escaparás en gran medida de explicaciones fantasmagóricas y podrás comprender las cuestiones afines a éstas. Pero sobre todo dedícate al estudio de los principios, de la inmensidad y de las cuestiones afines a éstas, y también de los criterios de interpretación y de los sentimientos y de aquella finalidad con vistas a la cual obtenemos estas deducciones. Pues estos elementos básicos, si se analizan con toda precisión, harán que analicemos fácilmente las causas relativas a las cuestiones parciales. En cambio, los que [no[1847]] se encariñen lo máximo posible con los procedimientos señalados ni podrán analizar bien estas mismas cuestiones parciales ni lograrán alcanzar el objetivo en razón del cual es menester analizar estos hechos parciales"[1848].

Una última faceta que es digna de mención con respecto a la mezcla de interiorización y meditación radica en la extensión de los principios u obras en las que

1843 EPICURO, *Carta a Meneceo*, 132, en VARA, *op. cit.*, p. 91.
1844 EPICURO, *Carta a Meneceo*, 135, en VARA, *op. cit.*, p. 92.
1845 EPICURO, *Carta a Meneceo*, 122, en VARA, *op. cit.*, p. 87.
1846 EPICURO, *Carta a Meneceo*, 123, en VARA, *op. cit.*, p. 87.
1847 Debo agradecer al Dr. Miguel Ángel Granada el haber reparado en la omisión del "no" que comete el traductor, José Vara, dado que el texto griego reza: "μὴ καταγαπήσαντες". Gracias al Prof., pues, la suplimos.
1848 EPICURO, *Carta a Pitocles*, 116, en VARA, *op. cit.*, p. 86.

concentrarse. Epicuro mismo es consciente de que sus cartas sirven como epítome o breviario esencial de una producción filosófica que, como se sabe, fue monumental para su época, si bien los avatares de la leyenda negra inquisitorial la condenaron a la cuasidesaparición. Si se nos permite, podemos decir que estas obritas actúan como prontuarios o – aquí esbozamos una sonrisa – como vademécum farmacológico de la psique.

Respecto a esa especie de mapas comprimidos para errar con brújula, señala al inicio de su *Carta a Heródoto* el samio:

> "para los que no sean capaces de dar cuenta pormenorizada de cada una de las cuestiones tratadas por mí en los escritos relativos a la Naturaleza ni tampoco de comprender mis libros más voluminosos unidos a ellas preparé como cosa suficiente para ellos un resumen del total de mi obra de investigación, con objeto de que retuvieran en su mente mis conclusiones, y además las más generales, para que sean capaces de ayudarse a sí mismos en las cuestiones principales a lo largo de los diversos momentos de su vida, ayuda que guarda correlación con el grado de intensidad con el que aborden el estudio teórico de la Naturaleza. E incluso también los impuestos en esta temática es menester que recuerden de manera suficiente, en el examen que lleven a cabo de la totalidad absoluta, los caracteres básicos y fundamentales de la totalidad absoluta de mi obra de investigación. Pues tenemos una necesidad suma del enfoque global, y, en cambio, del parcial no tanto"[1849].

El cierre redondo en el que convergen física, meditación, memorización, psicoterapia y felicidad imperturbable lo brinda Epicuro al final de su *Carta a Heródoto*, que no deja de ser la primera alocución literaria y mediata en un diálogo entre maestro y discípulo. Escribe el samio:

> "La imperturbabilidad consiste en estar libre de todas esas inquietudes y en tener en la mente el recuerdo permanente de los principios generales y fundamentales. De donde resulta que hay que prestar atención a todos los elementos de juicio, tanto a los que nos asisten permanentemente como a las sensaciones percibidas en un momento determinado, a las sensaciones comunes a todos en problemas comunes a todos, y a los particulares en problemas particulares, y hay que prestar atención también a todo tipo de evidencias presentes en cada uno de los elementos de juicio. Pues si prestamos atención a todos esos elementos de juicio daremos cuenta cumplida y acertada de las causas a partir de las que se originó la turbación y el miedo, y, al dar cumplida cuenta de las causas relativas a los cuerpos celestes y a los demás eventos cotidianos, nos libraremos de todas las cosas que aterran en grado extremo a los demás que no siguen estas reglas. Estas son, querido Heródoto, las doctrinas capitales explicativas de la naturaleza del universo, las que te han sido resumidas de manera tal que estas razones (han sido recogidas, en mi opinión, con cuidada precisión) pudieran ser capaces, aunque uno no llegue a todo el conjunto de precisiones pormenorizadas, de que este uno consiga una

1849 EPICURO, *Carta a Heródoto*, 35, en VARA, *op. cit.*, p. 49.

fortaleza incomparable en relación con las demás personas. En efecto, dará por sí solo explicaciones claras a muchas cuestiones particulares si las somete al riguroso análisis fijado por esos principios generales, y eso mismo, fijado en la memoria, será una ayuda continua. Pues estas enseñanzas son de tal calibre que incluso los que estudian en un momento dado problemas particulares consiguen, si se deciden a resolverlos al dictado de interpretaciones como las señaladas, infinidad de éxitos en la comprensión de la naturaleza universal. Y en relación a las cuestiones que se resisten a estas soluciones por no ser llevados a sus últimas consecuencias los referidos principios generales o por ser sometidas a examen sin utilizar vocablos efectúan en un instante el curso completo de las reglas generales que llevan al sosiego"[1850].

También la *Carta a Pitocles* incluye consideraciones semejantes, que no nos sustraernos a incluir, dado que justifican documentalmente cuanto aquí venimos sosteniendo:

> "Me trajo Cleón una carta tuya, en la cual continuamente muestras un afecto hacia mí igual a mi interés por ti, y das pruebas, no sin convencer, de recordar las ideas que conducen a una vida feliz, y me pides que te remita una idea, breve y fácil de recordar, relativa a los fenómenos celestes, para recordarla fácilmente. Pues dices que mis escritos plasmados en otros libros son duros de recordar, aunque, como aseguras, los manejas continuamente. Recibí con gusto tu petición y por ella me sentí embargado de gratas esperanzas. De acuerdo con estos mis sentimientos, una vez que ya escribí todas las demás obras, daré cumplimiento a esas ideas, justo las cuales estimaste que habían de ser útiles también a otras muchas personas, y en especial a los que últimamente gustan de la genuina ciencia de la naturaleza y a los que están enredados en ocupaciones demasiado intensas de la vida diaria. Cáptalas muy bien y, guardándolas en la memoria, estrújalas fuertemente junto con las demás que remití a Heródoto en el *Compendio Pequeño*"[1851].

Epicuro, en calidad de psiquiatra, psicoterapeuta o filósofo más avanzado en el camino hacia la sabiduría, trata de curar a sus iguales[1852] en la presencia y en la comunidad. De todos modos, inaugura prácticamente, la psicología remota o a distancia. Esto lo señaló Rabbow[1853] y lo expresa con brillantez Schmid:

1850 EPICURO, *Carta a Heródoto*, 82–83, en VARA, *op. cit.*, pp. 71–72.

1851 EPICURO, *Carta a Pitocles*, 84, en VARA, *op. cit.*, p. 73.

1852 *cf.* HADOT, *Ejercicios*, *op. cit.*, p. 214: "Los filósofos, pues, son gente extravagante y extraña. Extraños son, en efecto, esos epicúreos que llevan una vida frugal practicando en su círculo filosófico la igualdad absoluta entre hombres y mujeres, e incluso entre mujeres casadas y cortesanas".

1853 RABBOW, *Seelenführung*, *op. cit.*, p. 270:"Der Reichtum der Einzelseelsorge, der von Epikur in seiner Gemeinde geübt wurde und die intimere menschliche Gefühlswärme, ja die [freilich mit Selbstironie vermischte] exaltierte Empfindsamkeit der hier herrschenden Atmosphäre - gegenüber der Stoa - charakterisiert, ist bis auf einzelne Bruchstücke verloren: hier finden wir die briefliche Seelsorge, eine Eigentümlichkeit der epikureischen Schule".

"Al versante opposto della 'direzione spirituale' attuata nel contatto personale diretto si trova quella praticata per via epistolare ed attestata da diversi frammenti. (...) Ciò che resta del suo epistolario è comunque sufficiente a mostrarci un Epicuro che non esita a penetrare nell'intimo dei suoi destinatari, preoccupandosi di consigliarli ed ammonirli nei disagi e nelle difficoltà interiori"[1854].

5.2.3. El diálogo terapéutico: la confesión

Como hemos señalado, el coloquio o interlocución presupone respeto y racionalidad emisora y receptora; al producirse la confesión entre una instancia que actúa como correctora y otra que obra como reveladora, Horn señala que el diálogo, que tiene un tono edificante, debe adaptarse al estadio evolutivo del discípulo[1855].

Así, el caso que nos ocupa tiene una cariz especial por cuanto se trata de una conversación entre un modelo ideal[1856], el maestro, que actúa como juez y "director

---

1854 SCHMID, *Epicuro, op. cit.*, p. 96.

1855 *cf.* HORN, *Lebenskunst, op. cit.*, p. 35.

1856 HADOT, *Ejercicios, op. cit.*, pp. 215–218: "Cada una de estas escuelas elaborará por tanto su propia representación racional de este estado de perfección que debería caracterizar al sabio, esforzándose por elaborar su retrato. Es cierto que este ideal trascendente será considerado casi inalcanzable: según algunas de estas escuelas, jamás ha existido un solo sabio; según otras, sólo ha habido quizá uno o dos, como Epicuro, ese dios entre los hombres; según otras, también, el hombre únicamente puede alcanzar ese estado durante fulgurantes y singulares instantes. (...) en todas las escuelas serán practicados algunos ejercicios dirigidos a asegurar un progreso espiritual hacia el estado ideal de la sabiduría, unos ejercicios de la razón que serán, en lo referente al alma, similares al entrenamiento del atleta o a las prácticas de una terapia médica. En general consisten sobre todo en el control de uno mismo y en la meditación. El control de uno mismo supone fundamentalmente concentrar sobre sí la atención: (...) renuncia a los deseos superfluos en el del epicureísmo. Implica siempre un esfuerzo de voluntad, y por tanto fe en la libertad moral, en la posibilidad de mejora, pero también una aguda consciencia moral afinada por la práctica del examen de consciencia y de la guía espiritual, y por último unos ejercicios prácticos que Plutarco, en concreto, ha descrito con destacable precisión: dominio de la cólera, de la curiosidad, de las palabras y del anhelo de riquezas, debiendo comenzar uno por ejercitarse con las cosas más sencillas para ir poco a poco afirmando y consolidando el hábito. Sobre todo, el 'ejercicio' de la razón supone 'meditación': por lo demás, etimológicamente ambas palabras son sinónimas. A diferencia de la meditación en el Extremo Oriente, de tipo budista, la meditación filosófica grecolatina no está ligada a ninguna postura corporal concreta pues constituye un ejercicio puramente racional, imaginativo o intuitivo. Las formas pueden ser en extremo variadas. Implican en primer lugar la memorización y asimilación de los dogmas fundamentales y de las reglas vitales de cada escuela. Gracias a este ejercicio, la visión del mundo de aquel que intenta realizar su progreso espiritual quedará por completo transformada. En especial la meditación filosófica de los dogmas esenciales de la física, como por ejemplo esa contemplación epicúrea de la espiritual", y el discípulo, quien declara sus faltas y errores al anterior, en pos de la purificación mental, de forma que se procede a una comunicación mínimamente pública de los males morales en los que uno ha incurrido, con lo que ya existe una condena íntima, a la que ha de suceder el rechazo arrepentido y propósito de enmienda, según anota Mondolfo[1857].

El italo-argentino alude al importante tratado de Filodemo de Gádara: Περὶ παρρησίας, sobre las bondades de la libertad de decirlo todo, la honestidad o franqueza (crítica), que fomentan la reforma moral. Con todo, la libertad de palabra o παρρησία vale tanto para los íntimos cuanto para la humanidad toda, entendida como prójimo[1858], por cuanto a todos es común la desazón anímica y el miedo a la muerte.

Sin embargo, debemos precisar que, en términos históricos, tal como indica Konstan, citando a Momigliano, "[w]ith the rise of the Hellenistic kingdoms and the dependency of Athens upon foreign powers, there was a shift in the political discourse of free speech and, correspondingly, the focus of treatises on friendship underwent a palpable change; 'Παρρησία as a private virtue replaced παρρησία as a political right.'[1859] As a private virtue, παρρησία denoted that personal candor which was prized between true friends, as opposed to the political liberty to declare openly one's opinions in the civic space or assembly"[1860], de un modo análogo a lo que sucede en la Roma imperial de Tácito, cuando corría a la par *eloquentia ac libertas;* en el mundo de Epicuro parece restar ya solamente la *libertas dicendi* privada.

Por lo que respecta a la confesión, importa señalar que ya en 1911 Siegfried Sudhaus, estudioso de Filodemo, presenta a Epicuro como confesor, a partir de un fragmento, recogido por Usener[1861], de una carta a Apolónides enviada por Epicuro.

---

génesis de los mundos en el vacío infinito, (...) puede inspirar un ejercicio imaginativo en el que las cosas humanas revelan su escasa importancia en comparación con la inconmensurabilidad del espacio y el tiempo. Tales dogmas, tales reglas vitales, será necesario tenerlas siempre 'a mano' a fin de poder conducirse filosóficamente en cualquier circunstancia de la vida. Será preciso por lo demás imaginarse por adelantado estas circunstancias para estar preparado ante posibles eventualidades. Para todas estas escuelas, por razones diversas, la filosofía consistirá especialmente en una forma de meditación sobre la muerte y de concentración sobre el momento presente, para gozar de él o vivirlo con plena consciencia".

1857 MONDOLFO, *Sujeto, op. cit.*, p. 313.

1858 FILODEMO DE GÁDARA, KONSTAN, David (ed., trad.), *On frank criticism*, Atlanta, Ga: Scholars Press, 2007, Introducción, p. 7.

1859 MOMIGLIANO, Arnaldo, "Freedom of Speech in Antiquity", en WIENER Philip P. (ed.), *Dictionary of the History of Ideas*, vol. 2, New York, Charles Scribner's Sons, 1973, p. 258 y ss., concretamente p. 60.

1860 FILODEMO DE GÁDARA, KONSTAN, *op. cit.*, Introducción, p. 3–4.

1861 USENER, *Epicurea, op. cit.*, p. 138, *Epistulae Epicuri*, 118, 10, Πρὸς Ἀπολλωνίδην, procedente de ROSINI, Carlo Maria (ed.); PHILODEMVS GADARENSIS, *Herculanensium voluminum quae supersunt, collectio prima, Tomi V, pars altera*, Neapoli, Ex Regia Typographia, 1843, *schol. Zenon. de libertate dicendi*, frag. 73, p. 145, con

En un contexto de corrección moral o admonición a alguien de cierta disposición, se dice que "por ello Epicuro hizo algunas reprensiones contra Apolónides, haciéndole acusaciones de tal modo que, si era por ventura veraz, <...> reconocerlas como propias", con lo que "*aitque Epicurum Apollonidem suauiter reprendisse*"[1862].

Esto lo liga el estudioso alemán con el fragmento 49 en la edición de Olivieri, que David Konstan traduce así:

> "Heraclides is [praised] because, deeming the censures for the things that would be revealed to be less [important] than their benefit, he disclosed to Epicurus his errors (ἐμήνυσεν Ἐπικούρωι τὰς ἁμαρτίας). Polyaenus too was such a man, who indeed, when A[polloni]des was remiss, [would go] to Epicurus"[1863].

La suave reprensión de Epicuro actúa como resorte que desencadena la asunción de responsabilidades en Apolónides, mientras que en el caso de Heráclides, ese proceso es interno y autónomo, conciencial. Como bien indica Sudhaus, los débiles buscan, con el reconocimiento y la confesión, apoyo espiritual y rectificación; de esta forma surge, en términos precristianos y a guisa de delación fraternal, la autoinculpación o inculpación del igual en un marco amical[1864].

Por su parte, Rabbow constata la importancia de la conversación entre filósofo y discípulo para la reconvención de aquél y reforma de éste[1865], si bien, como indica Mondolfo:

---

edición contemporánea a Sudhaus, de OLIVIERI, Alexander (ed.), *Philodemi Peri parresias libellus*, Leipzig, Teubner, 1914, pp. 34–35, frag. 73.

1862 PHILODEMVS GADARENSIS, ROSINI, *op. cit.*, *schol. Zenon. de libertate dicendi*, frag. 73, p. 146, n. 1.

1863 FILODEMO DE GÁDARA, KONSTAN, *op. cit.*, fr. 49, pp. 60–61.

1864 SUDHAUS, Siegfried, "Epikur als Beichtvater", en *Archiv für Religionswissenschaft*, nº 14, 1911, pp. 647–648: "Der starke Trieb der Schwachen, zu bekennen und zu beichten, um so von der Autorität geistige Hilfe und 'Aufrichtung' zu empfangen, tritt uns in vorchristlicher Zeit, soviel mir bekannt ist, nirgends deutlicher entgegen. Man möchte glauben, daß Epikur solche Äußerungen in seinem Kreise nicht ungern sah und begünstigte. Denn daß sich zwischen Beichtvater und Beichtenden starke Fäden knüpfen, konnte seinem nach dieser Richtung aufmerksamen Geiste nicht verborgen bleiben. Wer einmal die Freundschaftsbeziehungen im alten κῆπος und das Verhältnis des Meisters zu den Seinen zu schildern unternimmt – es ist eine lockende Aufgabe –, darf auch diesen Zug nicht übersehen, die 'fraterna delatio', um mit Ignaz von Loyola zu sprechen, die uns in jener Umgebung so seltsam anmutet".

1865 *cf.* RABBOW, *Seelenführung*, *op. cit.*, p. 268 y ss.; *cf.* pp. 268 y 278, respectivamente: "Diese persönliche Seelsorge des Philosophen und Seelenarztes wird oft erwähnt und noch öfter – als etwas ganz Selbstverständliches – nicht erwähnt. Er war bei Nöten und Verfehlungen der Jünger mit seinem heilenden Wort, dessen typische Formen eine Skala von überführendem Zurechtweisen (...), mahnendem und tadelndem Ans-Herz-legen (...) und heftiger Scheltrede (...) bildeten, zu jeder Zeit für den Jünger zu sprechen [nicht nur nach den Vorträgen]; man soll dem

> "Lo que caracteriza a esta última y representa un desarrollo ulterior con respecto a sus antecedentes, es la reciprocidad de la acción entre maestro y discípulos, por la que el maestro mismo, en su función de ideal de perfección, cumple en sí un desarrollo progresivo y constante (de ideal dinámico antes que estático) por la conciencia misma del deber que tiene frente a sus discípulos"[1866].

El propio Rabbow nos regala una interesante cita de Plutarco sobre el valor terapéutico de este diálogo:

> "Pues, quizá, no es 'mejor ocultar la ignorancia', como dice Heráclito, sino hacerla pública y curarla, y si algún arranque de cólera o un ataque de superstición o alguna diferencia tensa con los familiares o algún deseo enloquecido de amor, que mueve las cuerdas inmóviles del entendimiento, perturban la mente, no se debe huir hacia otros discursos para escapar del reproche, sino que sobre esos mismos problemas se debe escuchar a los oradores en las discusiones y después de las discusiones, acercándose en privado a ellos y haciéndoles más preguntas. Pero no hagamos lo contrario, como la mayoría, que disfruta con los filósofos y los admira cuando hablan de otros temas, pero si el filósofo, después de dejar a los demás, les habla a ellos con franqueza en privado sobre asuntos que les interesan y se los recuerda, se molestan y lo consideran indiscreto. Pues, con razón, se cree que es preciso oír a los filósofos en las escuelas, como en los teatros las tragedias, pues consideran que fuera de las escuelas los filósofos no se diferencian en nada de ellos mismos, habiendo sentido eso, con razón, frente a los sofistas (pues después de levantarse de su asiento y dejar sus libros y sus notas elementales, en las cuestiones verdaderas de la vida se muestran insignificantes y a un nivel más bajo que la mayoría), pero, en cambio, frente a los filósofos de verdad no está bien que sientan eso, sin reconocer que la seriedad, la broma, el gesto, la sonrisa, su mal humor y, sobre todo, la conversación, mantenida con cada uno en privado, produce un fruto provechoso a los que acostumbran a permanecer escuchando con paciencia y atención"[1867].

Algo más tarde, el ilustre Wolfgang Schmid prosigue los estudios sobre el arrepentimiento y la confesión en Filodemo de Gádara y estudia la noción de συντριβή,

Seelenführer (καθηγούμενος) unverhohlen eigene Verfehlungen und überhaupt Mangel anzeigen und seine tadelnde Zurechtweisung empfangen, ihm, dem einzigen Führer rechten Worts und Werks, dem Retter, dem man sich zur Heilung übergeben hat, dem allerbesten Freunde, daß er mit uns leide, wie er sich mit uns freut über das Gute; es werden zwei vorbildliche Jünger gerühmt, das sie dem Epikur ihre Verfehlungen anzuzeigen pflegten unter Hintansetzung des zu erwartenden Tadels. Auch die *gegenseitige* Beichte der Junger untereinander wird als Problem erörtert".

1866 MONDOLFO, *Conciencia*, *op. cit.*, p. 48.

1867 PLUTARCO, *Sobre cómo se debe escuchar*, 12, 43D-44A, en MORALES OTAL, Concepción y GARCÍA LÓPEZ, José (traductor del tratado) (eds., trads.), *Obras morales y de costumbres (Moralia), I*, pp. 181–182.

que según anotó previamente Carlo Diano[1868], equivale en este contexto a contrición, *contritio cordis*, esto es, el molimiento general e interno o descorazonamiento propio de quien reconoce la falta o acto injusto que ha cometido y se arrepiente de ellos. El arrepentimiento confesante es un proceso que no tiene que ver con una soteriología religiosa, cuyo significado, al contrario, no podía permanecer oculto a Epicuro, ese psiquiatra [o médico de almas], que entendía muy bien las necesidades del corazón humano[1869].

Schmid abunda todavía en el asunto de la confesión al señalar que esta "'terapia' fa passare il discepolo che si apre al maestro spirituale attraverso tutte le umiliazioni dell'autocritica"[1870], hasta alcanzar la corrección plena o διόρθωσις, el enderezamiento.

Al decir de Mondolfo, la intervención del maestro confesor[1871] se considera, en el círculo epicúreo, como la actuación de un modelo de conducta que propicia la sanación moral y que se tiene presente, de modo ideal, en el seno mismo de la interiorización y de la autocrítica: "El maestro, pues, se halla representado por la conciencia misma del discípulo que lo contempla como inspirador y modelo ideal, y se esfuerza por juzgar según este lo haría: el *otro* se ha ensimismado en el *yo*"[1872]. Así nos lo transmite Séneca al escribir: "Dice: 'Realiza todos tus actos como si Epicuro te observase'. Aprovecha, sin duda, imponerse un guardián y tener a quien dirijas la mirada, a quien juzgues que está presente en tus pensamientos"[1873].

1868 EPICURO, DIANO, *Lettere*, *op. cit.*, pp. 27–28, notas a la carta de Metodoro a Timócrates, col. XVIII, pp. 27–28: "non può valere che *contritio cordis*, e che, stando ai lessici, viene in tale accezione a costituire l'unico esempio, che si conosca prima della Bibbia dei Settanta"; referencia hallada gracias a SCHMID, Wolfgang, "'Contritio' und 'ultima linea rerum' in neuen epikureischen Texten", en *Rheinisches Museum für Philologie*, nº 100, 1957, pp. 301–314(-327).

1869 *cf.* SCHMID, "'Contritio", *op. cit.*, en *op. cit.*, pp. 301–314(-327), concretamente p. 308.

1870 SCHMID, *Epicuro*, *op. cit.*, p. 93.

1871 BIGNONE, *Aristotele perduto*, *op. cit.*, vol. I, pp. 123 y 130 "per questo seguire, pur di lontano, e confortare e dirigere e ammonire con lettere gli amici e gli assenti, Epicuro è il vero iniziatore di quel compito di direttore spirituale delle coscienze che ebbe poi tanta fortuna nell'impero romano"; "Epicuro non parla a giovani esercitati nella palestra, quali erano i begli adolescenti di Platone e di Isocrate, ma si rivolge, come Aristotele, a dei meditativi; né massimamente considera il giovane nella familia e nello Stato, in quel fervore di vita pubblica che era la ragione di essere dell'educazione attica degli stessi isocratei: ma mira alla formazione spirituale dell'individuo, del saggio, (...) quale uno specialista, ed è veramente un asceta dell'arte della felicità".

1872 MONDOLFO, *Sujeto*, *op. cit.*, p. 313; *cf.* MONDOLFO, *Conciencia*, *op. cit.*, p. 47: "Avergonzarse de sí mismo significa no tener necesidad de observadores exteriores que juzguen nuestra conducta, porque en nuestra conciencia misma se ha formado un espectador y juez interior (...)".

1873 SÉNECA, *Epístola moral a Lucilio*, 25, 5, en ROCA MELIÁ, *Lucilio I*, *op. cit.*, p. 206; *cf.* USENER, *Epicurea*, *op. cit.*, p. 1163, *Epistulae*, 211 [*'Sic fac' inquit 'omnia tamquam spectet Epicurus'*].

La confesión hace, para el sabio, innecesaria la faceta coercitiva o disuasoria de la ley, ya que, como señala Mondolfo, "el sabio, que personifica el tipo ideal de la conducta en Epicuro, tiene en sí una más alta exigencia interior"[1874], puesto que "[a]unque no le asista nadie, quien ha logrado el fin asignado a la raza humana es igualmente bueno"[1875]. En otro lugar apostilla Mondolfo que:

> "Quien no sabe elevarse por encima de los intereses (raíz de la justicia) necesita de la ley que hiera, cuando se la viole, con su sanción, como de un freno indispensable para contrarrestar el impulso egoísta y transgresor; pero el sabio, que se eleva en las regiones de la espiritualidad desinteresada y benéfica, puede necesitar de la ley sólo para su protección contra las ofensas del prójimo, mas no para refrenamiento de una capacidad ofensiva que, justamente en su calidad de sabio, está lejos de tener"[1876].

Sobre la importancia de la confesión como herramienta psicoterapéutica, como emético sanador, se pronuncia también Gigante y subraya su importancia a la hora de alcanzar la salvación en forma de paz de espíritu, especialmente entre los jóvenes, contraria a su inmadurez e inquietud[1877], de tal modo que incluso se adquiere un mejor control sobre emociones destructivas como la ira, según indica Filodemo de Gádara en su obra sobre esta materia[1878].

Konstan también anota, en la edición por él dirigida, la faceta terapéutica o de dirección espiritual / psicagógica en la que se requiere la vida comunitaria, la participación activa y la implicación abierta en cuanto a las propias faltas, más allá de la pedagogía aparente, para el progreso moral de todos los miembros, lo que conlleva la corrección moral autónoma, heterónoma entre alumnos, por parte del sabio hacia el alumno, entre sabios, así como un ambiente amical, incluso entre personas de distante clase y poder[1879].

De hecho, Konstan enuncia una interesante tesis sobre la importancia de la medicina en Filodemo que puede adscribirse también a Epicuro, habida cuenta de que

1874 MONDOLFO, *Conciencia, op. cit.*, p. 46.

1875 EPICURO, VARA, *op. cit.*, 'Cuestiones de ética', 83, p. 120; *cf.* USENER, *Epicurea, op. cit.*, p. 322, fr. 533.

1876 MONDOLFO, *Conciencia, op. cit.*, pp. 45–46.

1877 GIGANTE Marcello, "*Philosophia medicans* in Filodemo", en *Cronache Ercolanesi*, nº 5, 1975, pp. 53–61 y más concretamente p. 56: "alla loro terapia per consentire ai giovani la guarigione e la salvezza, vale a dire il raggiungimento della serenità dell'anima. Sostanzialmente il filosofo educatore epicureo chiede anche alla medicina un modo di realizzare la benevolenza, εὔνοια verso i giovani, un'utile manifestazione della sua volontà di soccorrere tempestivamente e di salvare dall'inquietudine, dall'insofferenza o dalle colpe l'anima giovanile, facilmente esposta alle insidie della immaturità o tenacemente chiusa in una sorta di caparbia alienazione".

1878 *cf.* FILODEMO DE GÁDARA, INDELLI, Giovanni (ed., trad.), *L'ira*, Napoli, Bibliopolis, 1988.

1879 FILODEMO DE GÁDARA, KONSTAN, *op. cit.*, Introduction, pp. 8, 11, 24.

aquél vive, como epicúreo, en estricta observancia de las prescripciones que hizo el de Samos[1880]:

> "Although the application of the language of disease and cure to the philosophical enterprise was widespread in antiquity, the conception of philosophy as a medical art assumed in Epicurean thought a foundational significance. (...) not only through the frequent direct comparisons of philosophical activity to the healing arts but also through the striking and repeated use of medical terms as more or less technical designations for the process of instruction (...). The medical analogy arises in the comparison of moral instructors to doctors, in references to diseases and medicines or to medical treatment and operations, and in references to sick people who are either incurable, undiagnosed, or unbeatable. (...) references to symptoms of sickness, to people being saved, and to the restoration of well-being. (...) In regard to medical imagery, (...) two forms, namely, medicinal and surgical, that is, cures by means of drugs or the scalpel (...). Pharmacy is of a mixed character in that it involves both agreeable and bitter medicines. Besides purgatives, such drugs as wormwood and hellebore are invoked. These medicines, like the surgical method itself, suggest the sharpness which is a necessary aspect of frank speech. The medical model, then, in suggesting the mixed nature of exhortation, gives evidence of the need for good judgment on the part of Epicurean spiritual directors and underscores the legitimate use of harshness in moral exhortation, especially in the case of recalcitrant students. (...) The comparison with physicians underlines the conjectural or approximate nature of moral instruction, both in the evaluation of the students' dilemmas and in the application of frankness in the treatment itself, and clearly indicates the need to adapt treatment to particular cases and the possibility that even a mature person may fail in the care of others"[1881].

Al hilo de estas afirmaciones cabe también postular que el diálogo de confesión, en que el filósofo y sus palabras guían y curan, actúa como un purgante psíquico, al modo de un emético, que estimula el vómito o la expulsión de aquello que es perjudicial o dañino, al igual que un enema[1882], con lo que acontece una catarsis, un lavado o purificación. Un aspecto más riguroso y, en apariencia, ingrato lo reportan

1880 FILODEMO DE GÁDARA, KONSTAN, *op. cit.*, p. 57, fr. 45: "we shall obey Epicurus, according to whom we have chosen to live [Ἐπικόυρωι, καθ' ὃν ζῆν ἡ<ι>ρήεθα, πειθαρχήσομεν]".

1881 FILODEMO DE GÁDARA, KONSTAN, *op. cit.*, Introduction, pp. 20–23.

1882 FILODEMO DE GÁDARA, KONSTAN, *op. cit.*, p. 71, fr. 64: "For although a doctor in the case of the same disease had accomplished nothing through a clyster, he would again purge {the patient}".

también Gigante[1883] y Voelke[1884] al considerar que la conversación confesional sirve para cortar, amputar, extirpar y cauterizar cuanto enferma y (se) pudre.

5.2.4. El monólogo interior en cuanto examen de conciencia

En este caso, nos hallamos ante lo que podemos llamar análisis o examen de conciencia, (*examen conscientiae, Selbstprüfung*), es decir, una ejercitación mental, ejercicio espiritual, *exercitatio animi* o μελέτη, el cual tiene un sesgo de psicología cognitiva *avant la lettre*, dado que la racionalidad es la herramienta que coteja contenidos mentales y su correspondencia con los principios axiomáticos de la física, de tal modo que deben de quedar automáticamente excluidas las creencias infundadas, la ansiedad, el miedo o cualquier otra turbación mental[1885].

Según afirma Mondolfo a propósito del examen de conciencia como actividad espiritual, "el problema ético tiene así su centro en la condición íntima del espíritu dueño de sí mismo; y la exigencia que nos obliga a alcanzar tal situación determina la gran tarea educativa mediante la cual debe formarse la conciencia moral. La exigencia interior de un ideal de perfección, que constituye para Epicuro el fundamento espiritual de la religión"[1886], toma la forma del "espectador y juez desinteresado, que puede también personificarse en algún ser real, pero hecho hipotéticamente interior a nosotros mismos y, lo que no importa menos, idealizado, es decir, convertido por nuestro propio pensamiento en modelo ideal (*vir bonus*), que preferimos por encima de todo, justamente porque responde a las exigencias más íntimas y profundas de nuestro espíritu. La creación de un modelo ideal es una exigencia vivamente sentida por Epicuro: la exigencia sobre la cual funda, precisamente, también la verdadera religión que él entiende como un desinteresado obsequio y culto hacia un ideal

---

1883 *cf.* GIGANTE Marcello, "*Philosophia medicans*", en *op. cit.*, pp. 53–61 y más concretamente p. 57: "La terapia rappresentata in Filodemo è duplice: è medica o chirurgica. Essa attua la norma ippocratica: 'L'arte del medico consiste nell'estromettere l'elemento che arreca dolore, nel risanare l'uomo togliendo quello per cui soffre e possiamo sintetizzarla nella formula euripidea τομαὶ ἢ φάρμακα" [EURIPIDIS FRAGMENTA, 406, en NAUCK A. (ed.), *Tragicorum Graecorum fragmenta*, Leipzig, Teubner, 1889, p. 484, ll. 5–6].

1884 *cf.* VOELKE, "Santé de l'âme", *op. cit.*, en VOELKE, *Thérapie de l'âme, op. cit.*, pp. 35–57, concretamente p. 50: "Selon le traité *Sur le franc-parler*, le médecin qui administre une purge (*kenôma*) en se fondant sur certains symptômes plausibles devient le 'modèle du sage éducateur' qui exerce son franc-parler pour obtenir la purification des jeunes gens confiés à ses soins. Dans un autre passage du même ouvrage, c'est l'intervention du chirurgien pratiquant une résection (*diairesis*) à l'aide d'un scalpel qui tient lieu de modèle pour l'action de l'éducateur. (...)".

1885 *cf.* RISO, Walter, *Terapia cognitiva fundamentos teóricos y conceptualización del caso clínico*, Barcelona, Paidós, 2009, p. 25: "La terapia cognitiva (...) propone que todas las perturbaciones psicológicas tienen en común una distorsión del pensamiento, que influye en el estado de ánimo y conducta de los pacientes".

1886 MONDOLFO, *Sujeto humano, op. cit.*, p. 312.

de perfección. En su afirmación de que la existencia de los Dioses es lógicamente necesaria '*quia necesse sit praestantem esse aliquam naturam, qua nihil sit melius* [Cicerón, *De nat. deor.* II, 17]' no está acaso expresada solamente esa necesidad objetiva que algunos otros han visto ya como una anticipación de la prueba ontológica de san Anselmo (según la cual la perfección absoluta, superior a toda otra posible, incluye en sí necesariamente también la existencia real): sino que hay también una necesidad subjetiva, o sea la necesidad del hombre de pensar un ideal absoluto de perfección insuperable"[1887].

Desde el punto de vista aplicado y vivencial, el filósofo es, al menos en Grecia, aquel que encarna el ideal o se aproxima lo máximamente posible a él e igualmente practica los valores y tesis que predica, hasta el punto de que su pensar configura su alma, como indica Séneca:

> "Una parte de la virtud se funda en la doctrina, la otra en el ejercicio: es necesario que aprendas y que corrobores con la acción cuanto has aprendido. Si esto es así, no sólo aprovechan los dogmas de la sabiduría, sino también sus preceptos, que, con carácter de edicto, reprimen y expulsan nuestras pasiones. 'La filosofía -arguye Aristón- consta de dos partes: el saber y el hábito del alma; en efecto quien ha aprendido y se ha enterado de lo que debe hacer y evitar no es todavía sabio, a menos que su alma se haya transformado en aquello que ha aprendido. Esa tercera parte preceptiva resulta de una y otra, del saber y del hábito del alma; es, por lo tanto, inútil para la consecución de la virtud para la cual son suficientes las dos primeras'"[1888]

Pese a todo, tal concepción nos resulta quizás harto distante en razón del corte establecido en la modernidad entre contemplación abstractiva y vida perfecta, o sea, erudición y sabiduría[1889].

Ilsetraut Hadot describe muy bien la integración de doctrina filosófica y hábito curativo:

> "Was die Seelenleitung betrifft, so haben wir in diesem ständigen Memorieren und inneren Bereitstellen philosophischer Grunddogmen ihr hellenistisches und kaiserzeitliches Kernstück vor uns. Wie schon oben erwähnt, handelt es sich hierbei ja nicht um bloße Operationen des Intellekts, die ihr Ziel im Denkakt selbst erreichen und erfüllen, sondern erstrebt wird ganz eindeutig eine bestimmte sittliche Haltung, die Fähigkeit zur Bewältigung aller Lebenssituationen, d.h. also die Transformation philosophischer Lehren in einen ethischen Habitus"[1890].

1887 MONDOLFO, *Conciencia, op. cit.*, pp. 50–51.

1888 SÉNECA, *Epístola moral a Lucilio*, 94, 47–48, en ROCA MELIÁ, *Lucilio II, op. cit.*, p. 179.

1889 *cf.* SCHOPENHAUER, *Mundo, I, op. cit.*, sec. 68, p. 445, sobre el santo y el filósofo; en el primero importa el obrar; en el segundo, el pensar.

1890 HADOT, Ilsetraut, *Seneca und die griechisch-römische Tradition der Seelenleitung*, Berlin, de Gruyter, 1969, pp. 59–60.

Por su parte, la filosofía posee una cualidad psíquicamente transformadora y curativa en esa suerte de soliloquios o monólogos analíticos que aquí mencionamos. La base de este monólogo interior del pensar moral radica, nos importa subrayarlo, en la racionalidad examinadora, puesto que, como señala el propio Epicuro:

> "considera que es mejor errar por atenerse a la razón que acertar por no atenerse a la razón [κρεῖττον εἶναι νομίζει εὐλογίστως ἀτυχεῖν ἢ ἀλογίστως εὐτυχεῖν] (pues en los hechos humanos es mejor que yerre el juicio que ha sido bien examinado (τὸ καλῶς κριθὲν) antes que resulte correcto el examinado mal por culpa de éste)"[1891].

Esto concuerda con lo que hemos señalado previamente sobre el emerger de la conciencia moral, el saber de haber errado[1892] que nos transmite Séneca el Joven: *initium est salutis notitia peccati*[1893], lo que casa también con el arrepentimiento en términos de Demócrito, al que ya mencionamos: "[a]rrepentirse de las malas acciones es la salvación de la vida [μεταμέλεια (el arrepentimiento) ἐπ' αἰσχροῖσιν ἔργμασι βίου σωτηρίη]"[1894]; el sabio aspira, pues, tras examinarse, a la paz mental, a la salvación (σωτηρία) por sí mismo, habida cuenta de que "[e]l justo no está sometido a turbación, en cambio el injusto rebosa de grandísima turbación"[1895].

Schmid[1896] nos pone sobre la pista de un pasaje senecano que recoge muy bien la esencia de la noción de falta incluso cuando se produce de manera intuitiva, sin la mediación de un proceso autoanalítico profundo:

> "Disentimos de Epicuro cuando dice que nada hay justo por naturaleza y que los crímenes han de evitarse porque no puede evitarse el temor que ocasionan: estamos de acuerdo con él en que las malas acciones sufren las torturas de la conciencia, la cual está sometida a multitud de tormentos y a una constante inquietud que la agobia y azota, sin que pueda confiar en los garantes de su seguridad"[1897].

1891 EPICURO, *Carta a Meneceo*, 134, en VARA, *op. cit.*, p. 92.

1892 *cf.* RABBOW, *Seelenführung*, *op. cit.*, p. 180 y ss., si bien no se menciona a Epicuro.

1893 USENER, *Epicurea*, *op. cit.*, p. 318, frag. 522, (SENECA epist. 28, 9); SÉNECA, ROCA MELIÁ, *Lucilio I*, *op. cit.*, p. 216: "'El principio de la salud es la conciencia de la culpa'. Esto lo dijo Epicuro, a mi modo de ver, admirablemente; porque quien ignora su falta, no quiere ser corregido; es preciso que descubras tu falta antes de enmendarte".

1894 [LEUCIPO Y] DEMÓCRITO, frag. 758 (68 B 43) en PORATTI, *op. cit.*, p. 375.

1895 EPICURO, *Máxima Capital* XVII, *Sentencias vaticanas* 25, 67, en VARA, *op. cit.*, p. 95 (Ὁ δίκαιος ἀταρακτότατος, ὁ δ' ἄδικος πλείστης ταραχῆς γέμων).

1896 SCHMID, "'Contritio'", *op. cit.*, en *op. cit.*, pp. 301–314(-327), concretamente p. 309.

1897 SÉNECA, *Epístola moral a Lucilio*, 97, 15, en ROCA MELIÁ, *Lucilio II*, p. 225.

5.2.5. El ejercicio imaginativo[1898]: la distracción como evitación del mal intrusivo y la consideración de la muerte como apreciación de la vida

La noción de ejercicio imaginativo desea recoger dos dimensiones diversas pero ligadas en la misma praxis psicoterapéutica epicúrea, a saber: el control mental, es decir, el autodominio de la propia mente en relación con los pensamientos intrusivos o invasivos de carácter negativo, disfuncional o contrario al bienestar y la vida plena.

La autonomía humana que propugna Epicuro consiste, como es sabido, en que el individuo sea más dueño o apoderado de sí mismo y libre frente a los embates externos y, creemos, también internos. Ello se despliega en la consciencia, conciencia y libertad de elegir en qué debemos concentrar la fuerza de nuestro pensamiento, no en tanto que rechazo de lo real o desatención a lo presente. La vía de apropiación, en vez de alienación, radica también en la gestión u ocupación emocional, no en la supresión de los sentimientos; esto es, Epicuro propone que alcancemos la plenitud anímica no por la *apatía* en cuanto ausencia emotiva – inducida o no –, sino por el manejo no paralizador o atemorizado, tranquilo, de lo que sentimos, con lo que tanto placer como dolor tienen, como pasiones o emociones, un papel reconocible y vital[1899].

Rabbow ya indicó que una forma específicamente epicúrea de la meditación libre es la distracción (*Ablenkung*) o *auocatio*, esto es, no insistir en lo malo y centrarse de manera incesante y metódica, en cambio, en lo placentero o no desagradable (*reuocatio*) con el fin de superar las circunstancias dolorosas como la enfermedad, el dolor y la cercanía de la muerte pero también para alcanzar el máximo gozo psíquico. Ello implica los bienes del pasado ante un presente turbado e incluye también la remembranza de la amistad. Según el germano, Epicuro prefiere la inatención a lo doloroso para no despertar, con ese esfuerzo de enfoque mental, la emoción o pasión ligada a ese pensamiento[1900].

Creemos que es necesario incluir dos pasajes clave de Cicerón; el primero procede de las *Tusculanas* y en él se discute la noción de la *auocatio* y la de *revocatio*; el segundo pertenece a *Del supremo bien y del supremo mal* y trata sobre la preponderancia de lo dichoso en el sabio y ambos nos los brinda Ilsetraut Hadot[1901]:

> "(...) Él [Epicuro] piensa que todo aquel que considere que se halla en medio de males debe caer necesariamente en la aflicción, ya se trate de males previstos y esperados con anterioridad, ya se trate de males inveterados. Según él, los males no disminuyen por hacerse viejos, ni se aligeran por haberlos previsto, y es una necedad pensar en

---

1898 *cf.* HADOT, Ilsetraut, *Seneca, op. cit.*, p. 62.

1899 *cf.* BUDDENSIEK Friedemann, "Stoa und Epikur: Affekte als Defekte oder als Weltbezug?", en LANDWEER, Hilge y RENZ, Ursula, *Klassische Emotionstheorien: von Platon bis Wittgenstein*, Berlin, New York, De Gruyter, 2008, pp. 70–93, concretamente p. 86.

1900 *cf.* RABBOW, *Seelenführung, op. cit.*, pp. 145, 281 y ss., 318.

1901 *cf.* HADOT, Ilsetraut, *Seneca, op. cit.*, pp. 62–63.

un mal que puede venir o que quizá no se presente nunca; bastante odioso es todo mal cuando se ha presentado; mas quien siempre está pensando que le puede acontecer algo adverso, hace de ese pensamiento un mal perpetuo, pero, en el caso de que ni siquiera suceda, se echa encima sin motivo una infelicidad involuntaria, de manera que siempre se está torturando, o por sufrir el mal, o por pensar en él. Epicuro hace consistir el alivio de la aflicción en dos actitudes, en el apartar del pensamiento las penas y en el volverse a la contemplación de los placeres. Él piensa de hecho que el alma es capaz de obedecer a la razón y seguirla por donde ella la guíe. Ahora bien, la razón impide que nos fijemos en las penas, nos aleja de los pensamientos dolorosos y embota nuestra agudeza para la contemplación de las penas; cuando la razón ha tocado a retirada ante ellas, nos impulsa e incita por el contrario a observar y degustar con toda nuestra mente una variedad de placeres, con lo que él piensa que la vida del sabio alcanza su plenitud, no sólo con el recuerdo de los placeres pasados, sino también con la esperanza de los que deben seguir"[1902].

[...]

"He aquí cómo presenta Epicuro al sabio siempre dichoso: es moderado en sus deseos; desprecia la muerte; sobre los dioses inmortales tiene, sin ningún temor, conceptos verdaderos; no vacila, si le parece mejor, en abandonar la vida. Equipado así, disfruta siempre del placer. Pues no hay ningún momento en que no tenga más placeres que dolores. Y es lógico, pues recuerda con gusto el pasado y goza del presente de tal manera que se da cuenta de su plenitud y su calidad, y no está pendiente del futuro, sino que lo espera mientras goza del presente; se mantiene lo más lejos posible de los vicios que acabo de enumerar y, al comparar su vida con la de los ignorantes, experimenta un gran placer[1903]. Si algún dolor le sobreviene, nunca es tan fuerte que no tenga el sabio más motivos de alegría que de angustia. Muy bien dijo Epicuro que la fortuna influye poco en la vida del sabio, pues éste resuelve las cosas más importantes y difíciles con

---

1902 CICERÓN, *Disputaciones tusculanas*, III, 15, 32–33, 10, en MEDINA, *op. cit.*, pp. 287–288.

1903 *cf.* LUCRECIO, *Sobre la naturaleza de las cosas*, II vv. 7–21, en SOCAS, *op. cit.*, pp. 175–176 "pero nada más grato que ocupar los serenos templos eminentes, bien abastecidos con la enseñanza de los sabios, desde donde puedas mirar a los otros de abajo cómo van de acá para allá buscando un camino a su vida sin rumbo, cómo compiten en talento y se enfrentan por renombre, esforzándose noche y día, entre altos favores, en llegar a encumbrarse con las mayores riquezas y ganar el poder. ¡Ay pobres almas de los hombres, ay corazones cerrados! ¡En qué tinieblas la vida y en qué grandes peligros pasa este tiempo sea el que sea! ¡No ver que por su parte la naturaleza no ladra otra cosa sino que, así que el dolor apartado del cuerpo se aleje de la mente, aquella, libre de pena y cuidado, disfrute de una sensación de alegría! De modo que respecto a la naturaleza del cuerpo vemos que de verdad se requieren pocas cosas, cualesquiera de ellas que elimine el dolor". Agradecemos al Dr. Granada Martínez habernos señalado la oportunidad de este paso lucreciano en relación con el pasaje de Cicerón.

su propio juicio y reflexión, y que no podría obtenerse de una vida infinita mayor placer que el que recibimos de esta que sabemos finita. Por lo que a vuestra dialéctica se refiere, no pensó que tuviera eficacia alguna ni para vivir mejor ni para razonar con más destreza. Dio gran importancia a la física. Con esta ciencia se puede apreciar el valor de las palabras, la naturaleza del discurso y la relación de consecuencia o contradicción; por otra parte, con el pleno conocimiento de la naturaleza disminuye en nosotros la superstición, nos liberamos del miedo a la muerte, no nos dejamos turbar por la ignorancia, de la que, muchas veces, proceden horribles temores; en fin, seremos incluso más morales cuando hayamos aprendido qué exige la naturaleza"[1904].

El estudio preciso de estos dos pasajes puede arrojar buena luz con respecto al ejercicio epicúro de la distracción. El dolor y la aflicción son, para Epicuro, males, y existen como un *factum* humano, ocurren, aun previstos. La concesión de tiempo y energía mental al recuerdo de un infortunio o la expectativa de un revés es considerada como un infelicidad culposa; por eso Epicuro recomienda la distracción y el sabio, con sus discípulos, puede entregarse al recuerdo de gustos y la *ignoración*[1905] de disgustos, habida cuenta de que quien está de camino a la sabiduría lleva bien sus deseos, no teme y tiene una vida harto placentera.

Estas reflexiones que aluden a la *auocatio/reuocatio* emocional y psíquica guardan relación con el fenómeno psicológico llamado en castellano o español "rumiación" o, mejor, rumio o rumiadura, que se refiere a una preocupación o interés obsesivo sobre un único[1906] asunto que se presenta constantemente en la mente durante un período extenso de tiempo y que es un síntoma común del trastorno obsesivo-compulsivo (TOC)[1907]. En este sentido cabe apostillar que: "[l]as obsesiones son pensamientos intrusivos que aumentan los niveles de ansiedad y las compulsiones son actos mentales o conductas que neutralizan las obsesiones y reducen la ansiedad"[1908].

Eso nos da muy plausiblemente una muestra de la actualidad clásica epicúrea, en la que aceptación sensorial y consciencia racional convergen. Así, la distracción actúa, según la terapia psicológica cognitiva hodierna – racional-emotiva –, como

1904 CICERÓN, *Del supremo bien y del supremo mal*, I, 19, 62–63, en HERRERO LLORENTE, *op. cit.*, pp. 86–87.

1905 Queremos subrayar aquí la noción de acción y efecto de ignorar, propia de la desinencia '-ción', pensando en *ignoratio* e *ignorantia.*

1906 *cf.* KAPLAN, Harold I., *et al.*, *Comprehensive Glossary of Psychiatry and Psychology*, Baltimore, Williams & Wilkins, 1991, *s. u.* "Rumination".

1907 *cf.* CORSINI, Raymond J., *The Dictionary of Psychology*, New York N.Y., Brunner/Routledge, 2002, *s. u.* "Rumination".

1908 STEIN, Dan J. y LOCHNER, Christine, "Trastornos del espectro obsesivo-compulsivo abordaje multidimensional", en STEIN, Dan J. (ed.), *Clínicas Psiquiátricas de Norteamérica 2006. Volumen 29 nº 2: Trastornos del espectro obsesivo-compulsivo*, Elsevier Masson (Elsevier Doyma), Barcelona, 2007, p. 344.

técnica terapéutica que persigue la "detención del pensamiento"[1909] obsesivo no funcional o disfuncional[1910] y, según indica el especialista Oblitas Guadalupe, sirve para

> "tratar los pensamientos obsesivos y fóbicos. Además, es especialmente útil para controlar una serie de pensamientos repetitivos y extraños que no se adaptan a la realidad, improductivos y que, generalmente, producen ansiedad. Pueden tomar la forma de una duda referida a uno mismo (...) Pueden tomar también la forma de miedo (...). Los pensamientos fóbicos también son generadores de ansiedad y preocupan al individuo afectado. Esta técnica de detención permite que el paciente se concentre en los pensamientos no deseados y, después de un corto periodo, detenga y vacíe su mente"[1911].

Por lo que se refiere a la premeditación de males no podemos hablar propiamente de ello en Epicuro, ya que se trata de un ejercicio o práctica típicamente estoicos, que los carga de severidad y lobreguez[1912].

No obstante, el filósofo samio sí que considera, con anticipación, un mal determinante para el hombre que no se resuelve sino que se disuelve mediante sus reflexiones, a saber: la muerte. Por ello prescribe Epicuro:

> "Acostúmbrate a pensar que la muerte no tiene nada que ver con nosotros, porque todo bien y todo mal radica en la sensación, y la muerte es la privación de sensación. De ahí que la idea correcta de que la muerte no tiene nada que ver con nosotros hace gozosa la mortalidad de la vida, no porque añada un tiempo infinito sino porque quita las ansias de inmortalidad"[1913].

Con respecto al sabio sostiene el de Samos que:

> "no hay nada temible en el hecho de vivir para quien ha comprendido auténticamente que no acontece nada temible en el hecho de no vivir. De modo que es estúpido quien asegura que teme la muerte no porque hará sufrir con su presencia, sino porque hace sufrir con su inminencia. Pues lo que con su presencia no molesta sin razón alguna hace sufrir cuando se espera. Así pues, el mal que más pone los pelos de punta, la muerte, no va nada con nosotros, justamente porque cuando existimos nosotros la muerte no está presente, y cuando la muerte está presente entonces nosotros no existimos. Por tanto, la muerte no tiene nada que ver ni con los vivos ni con los muertos, justamente porque con aquellos no tiene nada que ver y éstos ya no existen. Por otro lado, el común de las

1909 *cf.* SARASON, Irwin G., *et al.*, *Psicología anormal: el problema de la conducta inadaptada*, México, Prentice Hall Hispanoamericana, 1996, p. 264.
1910 *cf.* RUIZ FERNÁNDEZ, María Ángeles *et al.*, *Manual de técnicas de intervención cognitivo conductuales.* Bilbao, Desclée, 2012, p. 567 y ss.
1911 OBLITAS GUADALUPE, Luis A., *Psicología de la salud y calidad de vida*, México, Thomson Learning, 2006, p. 147; *sic.*
1912 *cf.* RABBOW, *Seelenführung*, *op. cit.*, pp. 168–169.
1913 EPICURO, *Carta a Meneceo*, 124, en VARA, *op. cit.*, p. 88.

gentes unas veces huye de la muerte por considerarla la más grande de las calamidades y otras veces la añora como solución a las calamidades de la vida"[1914].

En otro orden de cosas, deseamos matizar que en la filosofía epicúrea existe la atención, la ocupación sin preocupación y la lucidez libre, también en esta ejercitación. Por ello debemos señalar que la cita ofrecida por Ilsetraut Hadot[1915] y recogida también por Pierre Hadot[1916], de Ravaisson[1917] no responde con justicia a la esencia de la propuesta epicúrea, al referirse a ella como la filosofía de pereza, la vida regalada, la atonía o la indolencia, a diferencia, siempre según Ravaisson y parte de la tradición estudiosa, del estoicismo.

La actitud epicúrea es de plena presencia, con plenas conciencia, inteligencia y sensación. No hay en esa vivencia una preocupación por el ser de lo que fue ni por el ser de lo que será, no hay reacción ante la expectativa ni ante la remembranza amarga, no hay, por así decirlo, tensión o retorcimiento existenciales y, si lo hay, se pretende, mediante la filosofía, su eliminación. La filosofía epicúrea no es, por lo tanto, la del relajo, la distensión y la relajación de costumbres que es lo que perversamente sugiere el estudioso francés decimonónico.

Hay atención sin tribulación o tensión, como es propio de quien está donde está, lo siente, lo sabe y lo vive. Así, desde una afirmación radical y agradecida, agraciada, de la vida, breve, frente a la muerte inmensa, goza el epicúreo lo presente real, sigue el *carpe diem*, y lo agota, consciente de que concluirá porque cada instante es un 'sí es no es' pasajero[1918]. Se considera epicúreamente la muerte para intensificar la

1914 EPICURO, *Carta a Meneceo*, 125, en VARA, *op. cit.*, p. 88.

1915 HADOT, Ilsetraut, *Seneca*, *op. cit.*, p. 62, n. 126.

1916 HADOT, *Ejercicios*, *op. cit.*, p. 27, nota 35 (p. 332); *cf.* también, *op. cit.*, p. 57: "Entre otras, las [experiencias] del estoicismo y el epicureísmo parecen concordar con dos polos opuestos, aunque inseparables, de nuestra existencia interior, como son la tensión y la relajación, el deber y la serenidad, la consciencia moral y el simple goce por el hecho de existir".

1917 RAVAISSON, Félix, *Essai sur la metaphysique d'Aristote*, tom. 2, Paris, Impr. Royale, 1846, Live I, cap. II, part. IV, pp. 115–118: "L'Épicurisme refuse de s'élever avec la métaphysique à l'expérience supérieure de l'intelligence pure. En même temps, il essaie, avec le secours de la philosophie même qu'il repousse, de s'affranchir, encore mieux qu'elle n'a su le faire, des entraves des sens. (...) Mais c'est pour s'arrêter dans une vaine négation appuyée sur une fiction insoutenable; c'est pour s'arrêter dans le repos de l'absolue inertie, édifiée sur le hasard. D'une conception diamétralement opposée à cette-là sortait, dans le même temps, le Stoïcisme. Un des premiers Stoïciens, contemporain d'Épicure, Cléanthe, enveloppe dans un blâme commun, avec ceux qui prennent le gain ou la vaine gloire pour le but de leur vie, ceux qui le placent dans le relâchement (ἄνεσις) et les plaisirs du corps. La première de ces deux expressions est à elle seule la formule complète de la philosophie d'Épicure. Relâchement, atonie, inertie, c'est tout l'Épicurisme. Au contraire, le Stoïcisme se résume tout entier dans l'idée de la tension (τόνος ἐπιτάσις)".

1918 HADOT, *Forma de vida*, *op. cit.*, p. 161: "Según Séneca, Epicuro decía 'piensa en la muerte' pero tampoco era para prepararse para la muerte sino, por el contrario, vida, habida cuenta de que, como señala el samio: "El que exhorta al joven a que viva bien y al viejo a que termine bien es necio no sólo por lo apetitoso de la vida sino también porque el entrenamiento para vivir bien y para morir bien es el mismo"[1919].

5.2.6. El ejercicio corporal como autodominio

Nos corresponde ahora señalar una dimensión terapéutica epicúrea todavía más corpórea, si se nos permite la expresión, pues en Epicuro todo es material: el ejercicio físico. Horn precisa con perspicacia que la noción de ascesis, el término griego para ejercicio, es contemplada hoy a través del filtro espiritualista cristiano, en su acepción de mortificación de la carne y renuncia a impulsos; en cambio, el ejercicio, tanto físico como espiritual, en la filosofía antigua no significa necesariamente rechazo de lo sensorial o apartamiento de la capacidad para sentir placer, sino, más bien y según el caso, un modo de conseguir una vida más sencilla y materialmente pobre, de manera que se aprecien o disfruten más y mejor los pocos bienes realmente necesarios[1920] y, por ende, más placenteros[1921].

---

exactamente como entre los estoicos, para tomar conciencia del valor del instante presente. Es el famoso *carpe diem* de Horacio: toma el hoy, sin pensar en mañana. Además, el pensamiento de la muerte, desde la perspectiva epicúrea, apuntaba a hacernos comprender en profundidad la ausencia de toda relación entre la muerte y el ser vivo que somos: 'la muerte no es nada para nosotros', decían los epicúreos, no tiene ninguna relación con nosotros, no hay ningún pasaje del ser a la nada. Lo que es, es, y eso es todo"; *op. cit.*, pp. 41–42: "Para los epicúreos la idea de la muerte es consciencia de la finitud de la existencia, y ello concede un precio infinito a cada instante; cada momento de la vida aparece cargado de valor inconmensurable"; HADOT, *Ejercicios, op. cit.*, p. 231: "Esta tópica histórica consistirá en especial en una tópica sobre esos temas de meditación a los que nos hemos referido antes y que han gobernado y gobiernan todavía nuestro pensamiento occidental. Platón, por ejemplo, definió la filosofía a manera de ejercitación para la muerte, entendida ésta como separación del alma y del cuerpo. En Epicuro este ejercicio adopta una forma nueva; con él se convierte en consciencia de la finitud de la existencia, lo que concede un valor infinito a cada instante: 'Actúa como si cada día fuera el último para ti; de esta manera te mostrarás agradecido por cada nueva hora de más'".

1919 EPICURO, *Carta a Meneceo*, 126, en VARA, *op. cit.*, pp. 89.

1920 *cf.* HORN, *Lebenskunst, op. cit.*, pp. 32–33.

1921 *cf.* FOUCAULT, *Sexualidad, op. cit.*, p. 67: "En la tradición de Epicuro [con respecto a los ejercicios de abstinencia], se trataba de mostrar cómo, en esa satisfacción de las necesidades más elementales, se podría encontrar un placer más pleno, más puro, más estable que en las voluptuosidades sacadas de todo lo que es superfluo y la prueba servía para señalar el umbral a partir del cual la privación podía hacer sufrir. Epicuro, cuyo régimen sin embargo era de una extrema sobriedad, no tomaba ciertos días más que una ración disminuida para ver cuánto quedaba amputado de su placer".

Por otra parte, del mismo modo que son inefectivos los preceptos sin transformación mental, también son baldíos los ejercicios espirituales sin ejercicios físicos, según la cita que de Diógenes Laercio nos brinda el propio Horn[1922], la cual se refiere a Antístenes:

> "Decía que hay un doble entrenamiento: el espiritual y el corporal. En éste, por medio del ejercicio constante, se crean imágenes que contribuyen a la ágil disposición en favor de las acciones virtuosas. Pero que era incompleto el uno sin el otro, porque la buena disposición y el vigor eran ambos muy convenientes, tanto para el espíritu como para el cuerpo"[1923].

Así mismo, según nos ha transmitido Séneca el Joven, sobre el ejercicio físico ascético:

> "Epicuro, el gran maestro del placer, escogía determinados días, en los cuales escasamente saciaba su hambre, para comprobar si le faltaba algo del placer pleno y consumado, si era grande la deficiencia, o si valía la pena compensarla con gran esfuerzo. Así, por lo menos, lo afirma en las epístolas que dirigió a Polieno en el arcontado de Carino. Y por cierto, se gloría de alimentarse con menos de un as; Metrodoro, en cambio, que aún no había progresado tanto, con un as entero"[1924].

En relación con esto mismo deben ser citadas también sus afirmaciones con respecto a ciertos placeres totalmente corpóreos, que implican una grandísima morigeración y parquedad en las necesidades, que pueden resolverse con pan y agua[1925]:

> "El pan y el agua procuran la más alta satisfacción cuando uno que está necesitado de estos elementos los logra. Así, pues, el habituarse a un género de vida sencillo y no suntuoso es un buen medio para rebosar de salud, y hace que el hombre no se arredre ante los obligados contactos con la vida, y nos dispone mejor hacia lo suntuoso cuando después de una falta prolongada nos acercamos a ello, y nos hace intrépidos ante el azar. Así pues, cuando afirmamos que el gozo es el fin primordial, no nos referimos al gozo de los viciosos y al que se basa en el placer, como creen algunos que desconocen o que no comparten nuestros mismos puntos de vista o que nos interpretan mal (...); Pues ni las bebidas ni las juergas continuas ni tampoco los placeres de adolescentes

---

1922 *cf.* HORN, *Lebenskunst, op. cit.* p. 33.

1923 DIÓGENES LAERCIO, *Vidas de los filósofos ilustres*, VI, 70, en GARCÍA GUAL, *op. cit.*, p. 311.

1924 SÉNECA, *Epístola moral a Lucilio*, 18, 9, en ROCA MELIÁ, *Lucilio I, op. cit.*, p. 170.

1925 *cf.* USENER, *Epicurea, op. cit.*, p. 156, frags. 181–182: αὐτός τέ φησιν ἐν ταῖς ἐπιστολαῖς, ὕδατι μόνον ἀρκεῖσθαι καὶ ἄρτῳ λιτῷ. καί, "πέμψον μοι τυροῦ," φησί (fg. 182 Us.), "κυθριδίου, ἵν' ὅταν βούλωμαι πολυτελεύσασθαι δύνωμαι [DIÓGENES LAERCIO, *Vidas de los filósofos ilustres*, X, 70, en GARCÍA GUAL, *op. cit.*, p. 515: "Él mismo afirma en sus cartas que se contentaba sólo con agua y un pan sencillo. Así dice: 'Envíame una tarrina de queso, para que pueda, cuando me apetezca, darme un festín']".

y mujeres ni los del pescado y demás manjares que presenta una mesa suntuosa es lo que origina una vida gozosa sino un sobrio razonamiento"[1926].

Sobre el placer gastronómico sostiene también el samio: "[l]o insaciable no es la panza, como el vulgo afirma, sino la falsa creencia de que la panza necesita hartura infinita"[1927], al igual que reprueba los excesos sexuales[1928] o critica la avaricia del dinero[1929].

Pensamos, según lo señalado, que el ejercicio físico, lo ascético *stricto sensu*, pretende la consecución de una vida más sencilla y auténtica, depurando los usos y costumbres alimentarios, sociales o de otra clase que, pese a haberse convertido en rutina aparentemente necesaria, no lo son, motivo por lo que asume el samio incluso la escasez de recursos: "'cosa honesta –dice – es la pobreza llevada con alegría'. Mas no es pobreza aquella que es alegre; no es pobre el que tiene poco, sino el que ambiciona más"[1930].

El propio Séneca nos ofrece algunas referencias a tesis epicúreas sobre la riqueza[1931], que se considera accidental o accesoria, siendo preferible la

---

1926 EPICURO, *Carta a Meneceo*, 131–132, en VARA, *op. cit.*, pp. 91–92.

1927 EPICURO, *Sentencia Vaticana* 59, en VARA, *op. cit.*, p. 103.

1928 *cf.* EPICURO, *Sentencia Vaticana* 51, en VARA, *op. cit.*, p. 103: "Acabo de enterarme de que tus excitaciones carnales se hallan demasiado propensas a las relaciones sexuales. Tú siempre y cuando no quebrantes las leyes ni trastornes la solidez de las buenas costumbres ni molestes al prójimo ni destroces tu cuerpo ni malgastes tus fuerzas, haz uso como gustes de tus preferencias. Pero la verdad es que es imposible no ser cogido al menos por uno de estos inconvenientes, el que sea. Pues las cosas de Venus jamás favorecen, y por contentos nos podemos dar si no perjudican".

1929 *cf.* EPICURO, *Sentencia Vaticana* 43, en VARA, *op. cit.*, p. 102: "El amor al dinero, si éste es adquirido por medios ilegítimos, es impío, y, si adquirido por procedimientos legítimos, detestable, pues es cosa fea ser sórdido avaro aun tratándose de dinero que le pertenece a uno en justicia".

1930 SÉNECA, *Epístola moral a Lucilio*, 2, 6, en ROCA MELIÁ, *Lucilio I*, *op. cit.*, p. 99; *cf.* USENER, *Epicurea*, *op. cit.*, p. 303, frag. 475: "*hodiernum hoc est quod apud Epicurum nanctus sum: (...) honesta inquit res...paupertas. illa uero non est paupertas, si laeta est. non qui parum habet sed qui plus cupit pauper est*".

1931 SÉNECA, *Epístola moral a Lucilio*, 4, 10, ROCA MELIÁ, *Lucilio I*, *op. cit.*, p. 106: "Mas, para poner término a esta epístola, acoge la máxima que me plugo en el día de hoy; también ésta ha sido tomada de vergeles ajenos: 'Grande riqueza supone la pobreza conforme a la ley de la naturaleza'. Mas ¿conoces bien qué límites nos señala esta ley de la naturaleza?: no tener hambre, no tener sed, no sentir frío. Para saciar el hambre y la sed no es preciso instalarse en moradas opulentas, ni soportar un ceño severo y hasta una insolente cortesía, no es necesario surcar los mares ni seguir a los ejércitos. Fácil de adquirir y apropiado es lo que reclama la naturaleza"; *cf.* USENER, *Epicurea*, *op. cit.*, p. 303, frag. 477, traducción de EPICURO, *Sentencias vaticanas* 33, en VARA, *op. cit.*, p. 101: "El grito del cuerpo es éste: no tener hambre, no tener sed, no tener frío. Pues quien consiga eso y confíe que lo obtendrá competiría incluso con Zeus en cuestión de felicidad"; *cf.* también pobreza[1932]; lo que concuerda con las afirmaciones de Epicuro que se nos han conservado de primera mano[1933], de las que sólo citamos alguna, junto a otra transmitida por Lucrecio[1934].

Una segunda pero muy importante función del ejercicio físico debe de consistir en la habituación, la familiarización tentativa con el dolor y con la asunción práctica de los principios epicúreos al respecto, en cuya virtud éste es fácil de soportar, (τὸ δὲ δεινὸν εὐεκκαρτέρητον)[1935], según reza la formulación del tetrafármaco.

USENER, *Epicurea, op. cit.*, p. 303, frag. 477, PORPHYRIVS, *ad Marcellam*, 28, ll. 16–19, en NAUCK, *op. cit.*, p. 292: "por eso dicen los filósofos que nada es tan necesario como el saber bien lo no necesario, que la riqueza mayor es la ataraxia y consideran augusto no tener necesidad de nada", traducción propia.

1932 SÉNECA, *Epístola moral a Lucilio*, 16, 7–8, en ROCA MELIÁ, *Lucilio I, op. cit.*, p. 162: "Tal es también esta frase de Epicuro: 'si vives conforme a la naturaleza, nunca serás pobre; si, conforme a la opinión, nunca serás rico'. La naturaleza ambiciona poco, la opinión no tiene medida"; *cf.* USENER, *Epicurea, op. cit.*, p. 161, frag. 201, SÉNECA, *Epístola moral a Lucilio*, 8, 11, p. 166: "Tomaré el préstamo a Epicuro: 'Para muchos haber adquirido riquezas no constituye el fin de la miseria, sino un cambio en ella'"; *cf.* USENER, *Epicurea, op. cit.*, p. 304, frag. 479, PORPHYRIVS, *ad Marcellam*, 28, ll. 15–16, en NAUCK, *op. cit.*, 2ª ed., p. 292: "Muchos, al hacerse ricos por casualidad, no hallan el alivio de sus males sino un cambio a males mayores", traducción propia.

1933 EPICURO, *Máxima Capital* XV, *Sentencias vaticanas* 25, 67, en VARA, *op. cit.*, pp. 95 100, 104, 105: "La riqueza exigida por la Naturaleza es limitada y fácil de procurar, pero la exigida por presunciones alocadas se dispara hasta el infinito; [l]a pobreza, medida según el rasero del fin asignado a nuestro ser, es una riqueza enorme, y una riqueza no limitada es una pobreza enorme; Una vida libre no puede conseguir muchas riquezas, porque eso no es fácil de hacer sin dar cabida al servilismo de la turba o de los poderosos, sino que las logra todas mediante una continua liberalidad. Pero si por casualidad consigue muchas riquezas, incluso ésas llegaría a distribuirlas sin dificultad alguna para hacerse con la benevolencia del prójimo; No disipa la inquietud del alma ni origina alegría que merezca tal calificativo ni la más grande riqueza que exista ni la estima ni el respeto del vulgo ni ningún otro honor que se deba a razones insignificantes".

1934 LUCRECIO, *Sobre la naturaleza de las cosas*, V, vv. 1117–1119, en SOCAS, *op. cit.*, p. 381: "si uno maneja su vida con razón y verdad, las riquezas mayores son para el hombre el vivir tranquilo con poco, pues de lo poco, bien se sabe, nunca falta"; *cf.* USENER, *Epicurea, op. cit.*, p. 303, frag. 477.

1935 PHILODEMVS, *Herculaneum Papyrus*, 1005, 4.9–14, procedente de la digitalización en línea ofrecida al público por la *Bodleian Library* de Oxford, un apógrafo del MS Gr. class. c. 2 0454, copiado en 1803, consultado el 30 de octubre de 2014 y disponible en: http://163.1.169.40/gsdl/collect/PHerc/index/assoc/HASHa4f0/01cac3c2.dir/herc.v002.0454.a.01.hires.jpg; *cf.* FILODEMO de GÁDARA, OBBINK, *On Piety, op. cit.*, p. 536.

Igualmente, contribuye a la interiorización de que el mal o lo penoso resultan fácilmente subsanables con lo verdaderamente necesario[1936], es decir, con aquello que nos procura la φύσις buenamente, que debemos conocer y experimentar para nuestra felicidad, habida cuenta de que "[l]a Naturaleza es débil para el mal, no para el bien. Pues se conserva por el gozo y se desvanece por el dolor"[1937]. La experiencia práctica del dolor en modo heurístico y preparatorio puede servir – creemos – como confirmación sensorial de que el dolor si es intenso ha de ser breve y si es crónico ha de ser llevadero[1938]. El propio Epicuro escribe: "[i]ncluso al que le haya afectado a su cuerpo algún dolor a la postre le viene bien para ponerse en guardia frente a riesgos semejantes"[1939].

5.2.7. La risoterapia: modelos rientes y lenguaje

5.2.7.1. Dioses risueños

Debemos consignar otro modo curativo que expresa excelentemente la relación entre conciencia intrapersonal y su exteriorización interpersonal de una manera que combina el cuerpo sutil y el cuerpo burdo y la presencia del otro humano. Se trata de la risa. Kimmich alude, por ejemplo, al risueño autoconocimiento epicúreo[1940]. Sostenemos aquí que la carcajada tiene una faceta de expresión o vía de felicidad, que se halla presente en Epicuro, con una dimensión festiva y de retroalimentación feliz, propia de los sabios y de los dioses.

Para comprender mejor la función de la risa en el Jardín debemos, primero, explorar los vínculos entre ésta, los dioses homéricos y los hombres.

Al retrotraernos hasta la risa divina, en Homero, podemos recordar con ocasión de la trampa que prepara Hefesto contra su infiel esposa, Afrodita, y el seductor Ares. El dios herrero, a sabiendas de un posible engaño marital que ha de ocurrir en su

---

1936 EPICURO, *Máxima capital* XXI, en VARA, *op. cit.*, p. 95: "Quien conoce los límites impuestos a la vida sabe que es fácil de procurar lo que elimina el dolor producido por falta de algo y lo que hace perfecta la vida. De modo que no necesita en absoluto tareas que entrañan competencias".

1937 EPICURO, *Sentencia Vaticana* 37, en VARA, *op. cit.*, p. 101.

1938 EPICURO, *Máxima capital* IV, en VARA, *op. cit.*, p. 93: "El dolor no se prolonga indefinidamente en la carne, sino que el dolor extremo dura poquísimo tiempo, y el que sólo consigue superar el gozo que embarga a la carne no acompaña a éste durante muchos días. Y las enfermedades de larga duración tienen una mayor dosis de gozo que del mismo dolor"; EPICURO, *Sentencia Vaticana* 4, en VARA, *op. cit.*, p. 99.

1939 EPICURO, *Sentencia Vaticana* 73, en VARA, *op. cit.*, p. 104; *cf.* USENER, *Epicurea*, *op. cit.*, p. 291, frag. 446, remite a CICERÓN, *Disputaciones tusculanas*, II, 19, 44, en MEDINA, *op. cit.*, pp. 241–242: "'No te preocupes del dolor', dice [Epicuro]. ¿Quién dice esto? ¿La misma persona que dice que el dolor es el mayor mal? Esto es poco coherente. Oigámosle. 'Si el dolor es extremo', dice, 'tiene que ser breve'".

1940 *cf.* KIMMICH, *op. cit.*, pp. 119–120, subapartado "Die lachende Selbsterkenntnis der Epikureer".

ausencia, urde una suerte de red que aprisiona a ambos cuando se disponen ya en la cama a iniciar la relación adúltera. A modo de humillación y lección, Hefesto llama a los otros dioses y, cuando acuden, estalla una carcajada, una risotada inextinguible. Dice el griego: ἄσβεστος δ' ἄρ' ἐνῶρτο γέλως μακάρεσσι θεοῖσι [una risa inextinguible se alzó entre los bienaventurados númenes[1941]]. Al respecto transmite Ovidio: "rieron los dioses y durante mucho tiempo ésta fue la anécdota más comentada de todo el cielo"[1942]. Procedamos, entonces, a estudiar el ἄσβεστος γέλως sobrehumano. Aunque existen varias menciones de la risa en la obra homérica ha de bastar aquí la antedicha. En primer lugar, importa decir que la risa no nace de un demérito sino de una técnica, de una habilidad o de un arte, el de Hefesto, si bien en ocasiones lo risible también se asocia al error o a la situación embarazosa que no acaba con mal; así mismo, la risa está asociada a un contexto divino, comunitario y feliz; ha de notarse especialmente que estos rasgos hacen de la risa algo digno de imitación, modélico[1943].

Otro momento en el que surge, con idéntica formulación griega, la carcajada que no se apaga se da cuando, tras mediar la agria discusión entre Zeus, favorable a Aquiles y a los dánaos, y Hera, que no lo es, Hefesto ejerce, cojo como está, de atareado copero. Dice la Ilíada:

> "Hefesto:— Funesto e insoportable será lo que ocurra, si vosotros disputáis así por los mortales y promovéis alborotos entre los dioses; ni siquiera en el banquete se hallará placer alguno, porque prevalece lo peor. Yo aconsejo a mi madre, aunque ya ella tiene juicio, que obsequie al padre querido, para que éste no vuelva a reñirla y a turbarnos el festín. Pues si el Olímpico fulminador quiere echarnos del asiento... nos aventaja mucho en poder. Pero halágale con palabras cariñosas y pronto el Olímpico nos será propicio. De este modo habló, y tomando una copa doble, ofrecióla a su madre (...) Así dijo. Sonríose Hera, la diosa de los níveos brazos; y sonriente aún, tomó la copa doble que su hijo le presentaba. Hefesto se puso a escanciar dulce néctar para las otras deidades, sacándolo de la cratera; y una risa inextinguible se alzó entre los bienaventurados dioses al ver con qué afán les servía en el palacio"[1944].

Con Friedländer[1945], podemos subrayar el hiato insalvable entre dioses y hombres y cuán indigno o inapropiado resulta para las divinidades ocuparse de minucias

---

1941 HOMERO, *Odisea*, VIII, 326, en SEGALÁ, *op. cit.*, p. 356.

1942 OVIDIO, *Metamorphoses*, IV, vv. 188–189, en FERNÁNDEZ CORTE, José Carlos y CANTÓ LLORCA, Josefa (eds., trads.), *Metamorfosis. Libros I-V*, Madrid, Gredos, 2008, p. 371.

1943 *cf.* MARTÍNEZ-FRESNEDA y BARRERA, M. E., "Inextinguible como el asbesto", en RODRÍGUEZ ADRADOS, Francisco *et al.* (eds.), *Tēs filiēs tade dōra: miscelánea léxica en memoria de Conchita Serrano*, Madrid, CSIC, Instituto de Filología, 1999, pp. 143–149.

1944 HOMERO, *Ilíada*, I, vv. 573–601, en SEGALÁ, *op. cit.*, pp. 12–13.

1945 FRIEDLÄNDER, Paul, "Lachende Götter", en *Die Antike*, nº 10, 1934, pp. 209–226, reeditado en *Studien zur antiken Literatur und Kunst*, Berlin, Walter de Gruyter, 1969, pp. 3–18, especialmente p. 9.

humanas, naderías en las que, sí, se juega el destino de pueblos y héroes, pero las cuales no deben por su carácter inferior, subalterno, ni tan siquiera impedir tener la fiesta en paz o amargar la comida, en la que hay broma, música instrumental y canto; en el festín comparece, con la risa, la alegría saludable y profunda de ser, la plenitud, la paz[1946], lo más espontáneo y libre; no, como señala algún estudioso, lo despiadado, cruel, envidioso o frívolo[1947].

Con todo lo señalado, pretendemos destacar el carácter autónomo y absorto de los dioses homéricos, los cuales, al igual que ocurre con los epicúreos, no se curan, en absoluto o apenas, de las cuitas mortales, sino que viven por y para sí. Junto a esto, debemos insistir en el carácter significativo, no anecdótico ni ornamental, de la risa divina en Homero, que se inscribe en los poemas no desde la impiedad sino más bien desde el permiso que tiene la audiencia para reírse de los dioses que, capaces de autocrítica, ya se han reído de sí mismos. De este modo, y siguiendo una pista de Collobert[1948] y Friedländer[1949], queremos consignar aquí que la risa olímpica es el fruto de una desproporción, un distanciamiento cómico entre lo que es y lo que debería ser, lo esperable; ese desajuste rompe, con bien y sin miseria, el horizonte de expectativas del riente, que no se burla con malicia del objeto risible, motivo por el que no hay desunión y sigue reinando la armonía.

En la risa divina enraíza también lo vivo, lo propio de la vida y de la viveza, el humor y el juego que da cuenta, tal como señala Schelling[1950], de una tensión esencial entre ilimitación y limitación, la cual, no obstante, no tiene consecuencias funestas; en este íntimo contacto, propio de la risa, entre los dos polos, manifiestan los dioses homéricos su forma, su contorno, su humanidad, sus límites, como puede observarse con el inmortal cazador cazado por un cojo divino o el mortal Diomedes que hiere a Venus.

Otra faceta de la risa divina, ligada también con la felicidad, se encuentra justamente con el hecho de que, no siendo histérica o nerviosa, está libre de culpa y, consecuentemente, de temor. A este respecto, queremos citar aquí las palabras de Von Humboldt, en parte aludido por Friedländer: "el auténtico espíritu griego desconoce en el Olimpo toda imputación moral; los dioses son en él meros símbolos de las fuerzas naturales en su obrar espontáneo; son hijos de la infinitud y están

1946 *cf.*, en otra línea, KLAUS, Heinrich, "Theorie des Lachens", en KAMPER, Dietmar y WULF, Christoph. *Lachen, Gelächter, Lächeln: Reflexionen in 3 Spiegeln*, Frankfurt am Main, Syndicat, 1986, pp. 17–38.

1947 *cf.* KUSCHEL, Karl-Josef. *Lachen: Gottes und der Menschen Kunst*, Tübingen, Attempto, 1998, pp. 23–30.

1948 COLLOBERT, Catherine, "*Héphaïstos, l'artisan du rire* inextinguible des dieux", en DESCLOS Marie-Laurence (ed.), *Le rire des Grecs. Anthropologie du rire en Grèce ancienne*, Grenoble, Millon, 2000, pp. 133–141.

1949 FRIEDLÄNDER, Paul, "Lachende Götter", en *op. cit.*, especialmente p. 9.

1950 SCHELLING, Friedrich, *Philosophie der Kunst*, en *Sämtliche Werke*, *Abt. 1*, *Bd. 5*, Stuttgart y Augsburg, Cotta'fcher Verlag, 1859 pp. 392–394; citado por FRIEDLÄNDER, Paul, "Lachende Götter", en *op. cit.*

por encima de la triste seriedad del conocimiento del bien y del mal, del que surge la culpa. Desde buen principio, puesto que especialmente los filósofos criticaban celosamente la inmoralidad de los dioses (pues a los poetas les traía sin cuidado), como primero hizo Sócrates y luego Platón, desapareció del espíritu griego la inocencia y, poco después, recibieron tanto el arte cuanto la poesía un golpe mortal, al ser cuestionadas su seriedad y su veracidad"[1951].

En lo que respecta a la culpa de los dioses homéricos y de los dioses epicúreos, no existe en ellos ni un dejar de hacer, una omisión, ni un hacer, una acción, libres por definición, que les despierten un sentimiento de responsabilidad, cargo u obligación por originar la omisión o acción antedichas hechos funestos, y para asumir sus consecuencias erradas o negativas. En el mismo sentido, no tienen que borrar, compensar o expiar culpas legales mediante castigos, penas o multas. Los dioses, con su risa, en virtud de su eternidad y de su naturaleza sobrehumana, no deben rendir cuentas más que a sí mismos, no conocen la culpa legal ni el remordimiento de conciencia, como inquietud o pesar interno debidos a una mala acción previa cometida por ellos. En consonancia con ello, podemos aceptar que ambas culpas se ligan al temor o al miedo[1952].

1951 VON HUMBOLDT, Wilhelm, "*Latium und Hellas oder Betrachtungen über das classische Alterthum*", en *Werke in fünf Bänden, Band 2,* Darmstadt, WBG, 1963, p. 42, traducción propia.

1952 Éste puede definirse como una emoción, o disposición mental, desagradable y angustiosa, generalmente acompañada de consecuencias físicas, surgida o bien de la espera tensa de un mal o un daño, o bien de la percepción de un peligro inminente, ya sean éstos reales o imaginarios, los cuales se desea evitar o rehuir. En lo legal, existe miedo a la punición reparativa impuesta por un juez; en lo moral, remordimiento o culpa en cuanto miedo interiorizado que se convierte en castigo interno, autoinfligido y anticipatorio de las penas externas, esperables o no, pero indeseadas. De aceptarse el vínculo entre culpa y miedo, podemos tomar algunos rasgos de la formulación anterior y observar cómo la inminencia o espera tensa (expectación) abocan, en última instancia, al tiempo venidero. Plausiblemente, el temor lo despiertan, en términos de espacio, lo copresente pero contrapuesto, aquello que se nos opone, pero, muy especialmente, en términos temporales, el futuro no querido, lo que no es y ha de ser, lo ha de seguir en la concatenación de instantes, acontecimientos, causas y efectos. Así, lo inminente es lo que amenaza con suceder, lo que está por ocurrir prontamente y como un mal, al igual que la expectación alude a la espera, es decir, al hecho de permanecer inactivo a que algo suceda. En esta línea argumentativa, el subjuntivo de los *uerba timendi* ya nos sitúa en potencialidades, esto es, en posibilidades, en futuros, en los que cabe incluso la repetición de lo pasado. En sentido afectivo contrario, y también en relación con el tiempo venidero, nos interesa mencionar aquí la esperanza y el deseo, que remiten a la posibilidad futura y por ello no verificada, de que suceda lo querido o de que no suceda lo no querido. Aquí, de nuevo, puede ponerse de manifiesto la relación entre el subjuntivo y los *uerba sperandi* o *desiderandi.* Con el mismo cariz afectivo, pero en sentido cronológico contrario, señalamos la añoranza, la

En cambio, el dios homérico ríe sin temor ni deseo del futuro ni añoranza del pasado, pues esto no se halla en su naturaleza. Precisamente esto pone de manifiesto Epicuro para sus dioses y para el hombre mismo. Entender la divinidad desde la culpa y el miedo sería, para Epicuro esta vez, un gran error, pues este filósofo no se inscribe en la tradición crística adusta o bíblica, como apunta Grotjahn[1953] de que "*initium sapientiae timor Domini*"[1954] ni en su relectura unamuniana, según la cual "*initium sapientiae timor mortis*"[1955], habida cuenta de que las dos podrían enlazarse en la de los jueces tremebundos, atacada, ya de antiguo, por el sofista Critias[1956].

---

literaria pero tradicional saudade, la morriña o la nostalgia que remiten al echar de menos, esto es, al sentimiento, mezclado, de tristeza deseosa y recuerdo idealizado debidos a la ausencia o falta de alguien o de algo, entendido como necesario, pero perdido o inasequible. Se echa de menos, pues, lo no presente en el espacio pero, especialmente, lo no está ya en el tiempo presente ni lo estará en el futuro; también se añora, ficticiamente, lo irreal de pasado, lo que habría pasado, si se hubieran dado tales y tales circunstancias, lo que pudo haber sido y no fue.

1953 *cf.* GROTJAHN, Martin. *Beyond Laughter*, New York, Blakiston Div., McGraw-Hill, 1957, p. 26: "There are a few examples in the Old Testament which may strike the reader of Holy Writ as humorous".

1954 BIBLIA, Salm. 111, 10; Job 28, 28; Eclo. 1, 20; Prov. 1, 8; 9, 10; 15, 33, Eclo. 1, 14, con la variante "*timor Domini principium sapientiae*", Prov. 1, 7 *passim*, en COLUNGA, A., TURRADO L. (eds.), *Biblia Sacra iuxta Vulgatam Clementinam*, ed. BAC, Madrid, 1977[5].

1955 *cf.* UNAMUNO, Miguel de, *Del sentimiento trágico de la vida*, en *Del sentimiento trágico de la vida, La agonía del cristianismo*, Madrid, Akal, 1983, p. 157: "*Initium sapientiae timor Domini*, se dijo queriendo acaso decir *timor mortis*, o tal vez *timor vitae*, que es lo mismo. Siempre resulta que el principio de la sabiduría es el temor"; UNAMUNO, Miguel de, *Diario íntimo (1897)*, en GONZÁLEZ LÓPEZ, Etelvino (ed.), Salamanca, Ediciones USAL, 2013, p. 91y p. 137: "*summum nec optes nec timeas diem [Epigrama* X, 47 de Valerio Marcial, con un programa de vida epicúreo]. Al último día ni lo desees, ni lo temas. Este verso de Marcial me ha parecido mucho tiempo la crema de la sabiduría. Y lo es, de la sabiduría del demonio, pagana. 'No temer a la muerte es tratar con ligereza al que hizo de ella un castigo. No desearla es una indiferencia para con aquel a quien no podemos llegar, sino por esa puerta', escribe el P. Faber. Teme y desea tu último día. 'El temor de la muerte que es apetecible, el que es casi indispensable a la santidad, es más bien el temor de Dios que el temor de la muerte; es el temor de Dios, como enclavado en una circunstancia particular, y adherido a una especie de rito en que el Señor se manifiesta a la vez en su temor y en su misericordia'. P. Faber [*Conferencias espirituales*, p. 163 y ss., luego Unamuno leerá a Enrique Susón y su *Diálogo de la eterna sabiduría*, cap. XXI]".

1956 *cf.* CRITIAS, *Sísifo*, drama satírico, vv. 1–43, en MELERO BELLIDO, *op. cit.*, fr. 25, pp. 431–433.

5.2.7.2. *Risa y lenguaje*

Queremos destacar, así mismo, otra faceta de la risa que no sólo hace aflorar los sentimientos de un corazón gozoso y sin miedo, libre, sino que tiene un aspecto con repercusiones discursivas, lingüísticas, más allá de lo gestual.

Así, esta función puede observarse, también, a los dioses homéricos pero afecta sobremanera a los hombres, en especial, a los ligados con la filosofía. No se trata en este contexto, como tampoco en el anterior, de un acto o efecto banal, superficial, irreflexivo o impensado, sino que deriva de la comprensión y tiene una función comunicativa y significativa, a saber: el ser una refutación implícita a la vacuidad de los postulados o las acciones de la contraparte, singular o plural, como marchamo filosófico y detención del debate por cuanto no existe la posibilidad de continuarlo por causa del oponente, de forma que, sin palabras, sin el concurso de la lógica, se produce una refutación.

En esta tradición se inscribe, para empezar, Demócrito el riente al que, aun pudiendo tener su risa una dimensión más simbólica que histórica, se le atribuye, apunta Cordero[1957], como modo de subrayar la futilidad de cuanto interesa a la masa, lo que le ha de valer la consideración de loco, de enfermo mental, pese a estar totalmente cuerdo, capaz de responder al médico que lo interroga:

> "'Tú crees que mi risa obedece a dos razones: los bienes y los males; yo, en realidad, río de una sola cosa, de la locura humana, carente de acciones justas, infantil en todo lo que se propone, doliente, sin motivo alguno, cuando encara tareas insensatas, que pretenden llegar hasta los confines de la tierra, a los abismos sin fin, a la búsqueda de oro y de plata [...]. ¿Cómo, entonces, al ver tantas almas indignas y miserables, puede uno no burlarse de semejante desorden?'"[1958].

También Epicuro muestra la importancia de la risa en la *Sentencia Vaticana* 41, cuando aúna el ejercicio filosófico y el reír:

> "Digo que debemos reír a la vez que buscar la verdad, cuidar de nuestro patrimonio y sacar fruto a las demás propiedades y no cesar bajo ninguna circunstancia de emitir los juicios dictados por la verdadera filosofía"[1959].

Además, en coincidencia con Demócrito, también el samio desconsidera al vulgo, a los muchos (πολλοί, *multi, turba*)[1960].

1957 CORDERO, Néstor Luis, "El enigma de la risa de Demócrito", en GONZÁLEZ DE TOBIA, Ana María (ed.), *Los griegos: otros y nosotros*, La Plata, Ediciones Al Margen, 2001, pp. 9–21.

1958 HIPPOCRATE (atribuido), *Lettre 17, Hippocrate à Damagète*, en LITTRÉ, Émile (ed., trad.), *Oeuvres complètes, Tome 9*, Paris, J.-B. Baillière, 1839, pp. 357–362; traducción tomada de CORDERO, "El enigma de la risa de Demócrito", en GONZÁLEZ DE TOBIA, *op. cit.*, p. 13.

1959 EPICURO, *Sentencia vaticana* 41, en VARA, *op. cit.*, p. 102.

1960 EPICURVS, *Epistularum fragmenta*, 123:7, en ARRIGHETTI, *op. cit.*, pp. 474–475.

Todavía en el marco epicúreo cabe mencionar al geómetra Boeto[1961], que, participante en un debate, ríe tras una intervención de su opositor, el poeta estoico Sarapión, en el *Diálogo sobre los oráculos de la Pitia*, de Plutarco. Méndez Lloret[1962] puso de manfiesto que la dimensión lingüística de esa carcajada, abierta, iba más allá de lo cómico y burlesco. De hecho, recoge sintéticamente, pero de conformidad con su escuela, una postura contraria, se pronuncia filosóficamente, desde la libertad y la propia conciencia, desde el razonamiento; critica, antidogmáticamente, con un gesto preñado de sentido, la artificiosidad huera de los discursos retóricos u oraculares, que no son sustantivos o enjundiosos, sino vacíos, y que no pueden servir, por tanto, para regir los actos de los hombres. Anota Méndez Lloret al respecto:

> "La risa es utilizada como purga en cuanto invita a la subversión de los valores o alteración de las costumbres: al tiempo que desenmascara y destruye, presenta una alternativa. Efectivamente, utilizada como contraargumento, procede a la reducción al absurdo de la tesis opuesta; la imposibilidad de rebatirla mediante razonamientos se indica por la simple emisión de voz que supone la risa"[1963].

Para ahondar en la faceta comunicativa, retórica y discursiva del reír podemos aludir a su naturaleza filosófica, con la figura señera del burlón, bromista e irónico Sócrates. Precisamente el punto intermedio entre lo cómico y lo serio es lo que puede alimentar a uno y a los otros, dándole una dimensión reflexiva, con una descalificación o desconsideración del argumento opuesto que tiene una naturaleza vívida y menos solemne pero igualmente efectiva, siendo un contrapunto de humor a la severidad de las materias y de las situaciones[1964].

En todo caso, y a partir de lo antedicho debe rechazarse la tesis platónica de que "cuando alguien se abandona a una risa violenta, esto provoca a su vez una reacción violenta (...) [y] es inaceptable que se presente a hombres de valía dominados por la risa, y mucho menos si se trata de dioses"[1965]. No hay en la risa, ni en la de los dioses homéricos ni en la de los epicúreos, dioses u hombres, algo nocivo o perjudicial, que

1961 PLUTARCO, *Oráculos Píticos*, 9, 398D, en PORDOMINGO PARDO, Francisca y FERNÁNDEZ DELGADO, J. A.M, *Obras morales y de costumbres (Moralia) VI*, Madrid, Gredos, 1994, p. 301.

1962 MÉNDEZ LLORET, Isabel, "Problemas relacionados con la adivinación: *De Pyth. Orac. 10*", en JUFRESA, Montserrat *et al.* (ed.), *Plutarc a la seva època: paideia i societat: Actas del VIII Simposio Internacional de la Sociedad Española de Plutarquistas: Barcelona, 6–8 noviembre de 2003*, Barcelona, Sociedad Española de Plutarquistas, 2005, pp. 373–378.

1963 MÉNDEZ LLORET, Isabel, "Adivinación", *op. cit.*, en JUFRESA, *op. cit.*, pp. 373–378; p. 377.

1964 BRANHAM, Robert Bracht, *Unruly Eloquence: Lucian and the Comedy of Traditions*, Cambridge, Mass, Harvard University Press, 1989, "The rhetoric of laughter", pp. 46–52.

1965 PLATÓN, *República*, III, 389a en EGGERS LAN, *op. cit.*, p. 153.

perjudique al riente como risible, tampoco exceso o voluntad bufonesca[1966] o hiriente, ya que, como suele decirse parafraseando a Cicerón: *miseria risum non mouet*[1967].

Dicho esto, la risa divina, debidamente moderada y definida en lo humano, que es límite por definición, es sana, buena por sí y para los otros, y manifiesta o propicia felicidad y desdramatización, de donde adquiere su papel curativo.

La noción de πέρας, hito, valladar, obliga, de por sí, a que la risa de los humanos, para no incurrir *superbia*, en desmesura, en ὕβρις, deba extinguirse, no sea ἄσβεστος[1968]. Debemos aceptar, sí, esta restricción por cuanto lo humano no puede despreciar vana y arriesgadamente el orden divino e inmortal ni colocarse *motu proprio* en ese plano o por encima de él. De ahí surge, pues la razón de que lo que se acaba tenga también una risa acabable, esto es, mortal, no sobrehumana. Como medida contra una risa desmedida, podemos señalar el *memento mori* a los imperadores y al hombre en general, ese imperativo de futuro convertido en tópico literario: "recuerda que no eres mortal, que morirás, que no eres un dios"; así se toma conciencia de que como hombre no tiene ni el poder ni la estatura, ni la exención de la muerte ni el miedo de consecuencias propio de lo divino[1969]. En contraposición con esta medida, Epicuro enuncia primero la insoslayabilidad de la muerte y su naturaleza de condición de posibilidad de lo humano entendido como no divino. A partir de ahí surge su propuesta ética, y con ella su modelo físico y teológico, que buscará, justamente, una asimilación desde lo humano hacia lo divino en un sentido muy preciso: curar al hombre no de la muerte, que debe ser asumida, sino del temor a la muerte y de aspiraciones de ultratumba, hacerlo consciente de la incompatibilidad radical de ambos estados, si bien la muerte es un no estado o un estar sin ser.

De esta forma, un hombre sin miedo a la muerte ni a nada, un hombre sin añoranza, sin deseo del futuro en sentido anhelante, libre del "hambre de eternidad y sed de infinitud"[1970], centrado en vivir el presente con felicidad y sin acritud ni malicia, incólume ante la turbación, será, en el sentido olímpico, inicial, un dios entre hombres o un hombre entre los dioses, esos modelos que no se interesan por él; por eso mismo, podrá reír, aunque extingible, divinamente, inserto así en la tradición de aquellos que, siendo hombres y filósofos, reían siempre, como Demócrito, sobre quien se dice que siempre se reía de todo, con una risa continua que agitaba su pecho ante el apego de los hombres por lo fútil[1971].

1966 *cf.* ARISTÓTELES, *Ética nicomáquea*, IV, 128a 4 y ss., en LLEDÓ, PALLÍ BONET, *op. cit.*, p. 234.

1967 *cf.* CICERÓN, *Sobre el orador*, III, 58:237, en ISO, Javier (ed., trad.), Madrid, Gredos, 2002, p. 310: "ni una maldad señera y doblada de delito ni por otro lado una señera desgracia provoca la risa cuando se la airea: el público quiere que a los malvados se les hiera con una violencia mayor que la del ridículo; y no quiere que se haga mofa de los desgraciados".

1968 Es, aun aplicado a los dioses, hiperbólico y metafórico.

1969 *cf.* GRIFFIN, Jasper, *Homer on Life and Death*, Oxford, Clarendon Press, 1980, p. 168.

1970 *cf.* UNAMUNO, Miguel de, *Del sentimiento trágico de la vida*, en *op. cit.*, p. 22.

1971 *cf.* LEUCIPO Y DEMÓCRITO, frags. 247–250, en PORATTI, *op. cit.*, p. 167.

5.2.8. La apropiación racional del cuerpo y la sensibilización de la razón: autogestión emocional y contento integral

Al margen de las interpretaciones torcidas que la satisfacción epicúrea del cuerpo burdo y el estómago[1972] han suscitado en una tradición harto injuriante, debemos poner de manifiesto que la búsqueda de la felicidad o contento epicúreos significa, también, asumir impresiones / sensaciones (αἰσθήσεις) y ocuparse de los sentimientos (πάθη)[1973], especialmente los nocivos o disfuncionales, cosa que interesará, por ejemplo, a Filodemo de Gádara o a Lucrecio[1974]. La propia Nussbaum menciona el asunto de la terapia emocional:

> "La filosofía entendida con criterios médicos se ocupa tanto de creencias como de emociones o pasiones. Una de las razones por las que parece surgir la tensión antes descrita es que se le pide a la filosofía no simplemente que se ocupe de las inferencias no válidas y las falsas premisas, sino que luche también contra sus miedos y ansiedades irracionales, sus excesos amorosos y sus paralizadores accesos de cólera. Al ocuparse de esos elementos 'irracionales' de la persona, al modificarlos o incluso eliminarlos, puede parecer que la filosofía deba dejar de razonar y argumentar para volverse hacia formas de manipulación causal que tienen poco que ver con la argumentación. (...) Por un lado, pues, los filósofos helenísticos desarrollan una concepción de las emociones que les permite tratar éstas como objeto de discusión filosófica, juntamente con las creencias y los juicios del discípulo. Esta concepción, así como los argumentos (tanto generales como concretos) que la apoyan, tienen una enorme fuerza y están sin duda entre las más importantes contribuciones al conocimiento filosófico hechas por estas escuelas. Por otro lado, su novedoso reconocimiento de la profundidad y compleja interioridad de la personalidad – no sólo de la emoción sino también de la creencia, tal como ambas se sitúan en la vida del discípulo – quiere decir que las educadas y epidérmicas discusiones de la dialéctica no pueden bastar para tratar las emociones u otras creencias. El origen de la insistencia helenística en técnicas como la memorización, la 'confesión' y el autoexamen cotidiano se halla en la nueva complejidad de esta psicología: no se trata de un problema endémico de la emoción como tal, sino de un problema acerca de la estructura cognoscitiva de la persona entera. No hay ningún elemento del yo que sea refractario al discurso racional, pero los argumentos deben

---

1972 *cf.* EPICURO, *Cuestiones de ética*, 59, en VARA, *op. cit.*, p. 118: "Principio y fin de todo bien es el placer del vientre. Pues todo lo cabal y todo lo desmedido tienen su referencia en éste (*cf.* USENER, *Epicurea*, *op. cit.*, p. 278, frag. 409)"; *cf.* EPICURO, *Sentencia Vaticana* 59, en VARA, *op. cit.*, p. 103: "Lo insaciable no es la panza, como el vulgo afuma, sino la falsa creencia de que la panza necesita hartura infinita".

1973 DIÓGENES LAERCIO, *Vidas de los filósofos ilustres*, X, 31, en GARCÍA GUAL, *op. cit.*, p. 524: "Epicuro afirma que los criterios de la verdad son las sensaciones, las prolepsis y las afecciones, pero los epicúreos añaden las proyecciones representativas del pensamiento".

1974 NUSSBAUM, *Terapia*, *op. cit.*, cap. 7 "'Con Palabras, No Con Armas': Lucrecio acerca de la cólera y la agresión", pp. 304–349.

penetrar muy a fondo para poder, tal como dice Epicuro, 'hacerse poderosos' en el alma [ἀσύμβλητον ἁδρότητα, fortaleza incomparable]"[1975].

Hemos elegido el término "apropiación" por la αὐτάρκεια, que es apoderamiento de sí mismo e independencia personal, autosuficencia. La vocación terapéutica consiste, pues, en adueñarse natural y serenamente del cuerpo, en comprender y practicar que (la mayor parte de) lo razonable del cuerpo sutil procede del cuerpo burdo, de sus impresiones, y viceversa. En ese trance, el λόγος y el λογισμός deben regular u ocuparse, más o menos rectoramente, de lo que pide el cuerpo; del mismo modo, las facultades racionales del hombre han de verse influidas, incluso constitutivamente, por el cuerpo, con lo que las sensaciones y sentimientos se adueñan, con sensatez, de la razón.

Contra esto se erige la línea de quienes lo malentienden y critican esa colaboración entre ambos cuerpos con el fin de no sufrir, tal como sucede con Plutarco, quien, por boca de Teón, critica a la doctrina de Epicuro por su entrega a lo carnal: al placer del vientre[1976], que considera viscoso, pútrido, con sus agujeros, paso o "poros"[1977].

1975 NUSSBAUM, *Terapia, op. cit.*, cap. 6, "Argumentos terapéuticos", pp. 62–62, p. 65.

1976 PLUTARCO, *Imposibilidad, op. cit.*, 1087 D-F, en MARTOS MONTIEL, *op. cit.*, pp. 157–159: "Creen los epicúreos que el bien se encuentra en el vientre y en todos los demás poros de la carne, cuando a través de ellos penetra el placer y no el dolor, y que todas las invenciones bellas y sabias han nacido por el placer del vientre y la buena esperanza de obtenerlo, como ha afirmado el sabio Metrodoro. Muestran, pues, con ello, mi querido amigo, que toman como fundamento del bien algo viscoso y pútrido, algo no estable, sino agujereado por esos poros a través de los cuales se agregan placeres tanto como dolores, o, mejor dicho, que recibe placer en pocas partes, pero dolor en todas. Porque, ¿cuánto placer hay en las articulaciones o en los tendones, en los pies o en las manos, donde se alojan enfermedades terribles y crueles como la gota, el reúma, úlceras, tumores y gangrenas? Si presentas al cuerpo los olores y sabores más agradables, encontrarás que la parte que en él experimenta 'un movimiento suave y agradable' es extremadamente pequeña, en tanto que el resto con frecuencia siente disgusto y desagrado. Pero ninguna zona del cuerpo es inmune al fuego, al hierro, a un mordisco o a los latigazos, ni insensible al dolor, sino que el calor y el frío penetran en todas, al igual que la fiebre, mientras que los placeres, como brisas que acarician una tras otra la superficie del cuerpo, se disipan".

1977 PLUTARCO, *Imposibilidad, op. cit.*, 1087D-F, en MARTOS MONTIEL, *op. cit.*, pp. 157, nota 26: "La identificación del vientre con los 'poros de la carne' requiere una explicación. La palabra griega poros, cuyo sentido originario es 'paso, pasaje' (de un río, por ejemplo), asume, entre otros, un valor médico-biológico, y en este sentido viene usada por Plutarco en bastantes lugares (...) para referirse no sólo a nuestros 'poros', es decir, los diminutos orificios de la epidermis (...) sino también a otros 'canales' o 'conductos' del cuerpo humano (...) incluidos 'los poros de los sentidos'. (...) Un uso similar a este último es el que tiene la palabra póros en la terminología epicúrea, donde se refiere a cualquier punto del cuerpo humano en tanto que transmisor de las sensaciones y percepciones experimentadas a partir de su interacción con los átomos (que serán distintas según los átomos encuentren un 'paso' (poros) más o menos adecuado".

A la hora de entender la perspectiva médica, filosófica, práctica (nos resistimos a escribir sencillamente 'ética') de conducir o guiar las pasiones y cuáles sean sus cualidades o repercusiones, podemos centrarnos en el amor[1978] pero, dada la importancia de la ira, la estudiaremos en este lugar, dejando a un lado el temor a la muerte, que se trata en el subapartado sobre ἀναλγησία titulado "Tanatología", el 5.3.1.1.

A propósito de la ira, debemos recurrir a Filodemo de Gádara, epicúreo dos siglos posterior al de Samos. En su tratado *Sobre la ira*[1979] se ocupa el filósofo de prevenirla, describir sus consecuencias y de curarla, en lo posible, habida cuenta de que es una emoción impropia de la divinidad[1980]. El editor moderno de la obra, Indelli[1981], escribe:

> "[u]na delle opere più interessanti di questo gruppo, dedicata ad un argomento di carattere, per cosi dire, etico-psicologico, è il libro *Sull'ira*, che mi sembra particolarmente emblematico della situazione nella quale venivano a trovarsi gli esponenti del Giardino. Si tratta di un'opera originale, tipicamente epicurea, che, pur rivolgendosi in generale a tutti, (...) probabilmente tendeva soprattutto alla formazione dei giovani studenti della Scuola, sottolineando come l'ira sia un ostacolo sul cammino verso il progresso nella filosofia e costituisca causa di isolamento dello studente dall'ambiente della scuola e, in genere, dalla società; ma proprio perché ha per tema una passione specifica considerata da tutti i filosofi e i moralisti antichi tra le peggiori che possano colpire l'uomo"[1982].

En ese tratado se aborda, pues, la gestión de una emoción tóxica[1983], la ira (ὀργή), la cual, según anotó Gigante, impide progresar filosóficamente a quienes se encuentran airados, ya que no aceptan las críticas de sus compañeros y son incapaces de comunicación[1984], como bien dice el de Gádara[1985].

La opción de Filodemo puede ser considerada como una terapia cognitiva, según indica Indelli, el de Gádara:

1978 NUSSBAUM, *Terapia*, *op. cit.*, cap. 5, "Más allá de la obsesión y la aversión: la terapia del amor según Lucrecio", pp. 185–245.

1979 DELATTRE, Daniel, "Le Sage épicurien face à la colère et à l'ivresse: une lecture renouvelée du *De ira* de Philodème", en *Cronache Ercolanesi*, nº 39, 2009, pp. 71–88.

1980 EPICURO, *Máxima Capital* I, en VARA, *op. cit.*, p. 93: "El ser dichoso e inmortal ni tiene preocupaciones él mismo ni las causa a otro, de modo que no está sujeto ni a enfado ni a agradecimiento (οὔτε ὀργαῖς οὔτε χάρισι). Pues tales sentimientos residen todos ellos en un ser débil".

1981 Ampliaciones en DELATTRE, "Le Sage", en *op. cit.*, pp. 71–88.

1982 FILODEMO DE GÁDARA, INDELLI, *L'ira*, *op. cit.*, pp. 19–20.

1983 *cf.* HADOT, *Ejercicios*, *op. cit.*, p. 29: "Estas máximas y sentencias deberán tenerse, pues, siempre a mano. Deberán ser fórmulas o argumentos de carácter persuasivo (*epilogismoi*) a los que uno podrá recurrir frente a cualquier suceso a fin de controlar sus impulsos de temor, cólera o tristeza".

1984 GIGANTE, "*Philosophia medicans*", en *op. cit.*, pp. 53–61 y más concretamente p. 56.

1985 FILODEMO DE GÁDARA, *L'ira*, frag. 1, en INDELLI, *op. cit.*, p. 117: "Necessariamente (gli adirati) non riescono a progredire, perché non sopportano né maestri né compagni di scuola, qualora li rimproverino e li correggano, come le ulcere maligne non sopportano le somministrazioni dei farmaci lenitivi".

"rileva la necessità che i mali connessi con l'ira siano resi noti a chi ne è preda come le malattie di cui soffrono sono fatte conoscere dai medici ai malati affinché si facciano curare. E questo un altro aspetto interessante dello scritto *Sull'ira*, il ribadire la stretta connessione tra medicina e insegnamento etico (...) Tesi di fondo è che l'ira, come πάθος in sé, va rimossa, perché è causa di turbamento dell'equilibrio psichico dell'uomo; invece l'ira come stato d'animo provocato, per fondati motivi, da cause esterne è accettabile, perché è connaturata all'indole umana. La prima specie, chiamata θυμός, che di solito si presenta sotto forma di furore irrazionale, spingendo a gesti inconsulti e facendo provare piacere nella vendetta, arreca danno non solo agli altri, ma anche a chi ne è preda; dalla seconda, l'οργή, caratterizzata da breve durata e moderata intensità, può essere preso anche il sapiente, dal momento che si tratta di un'*ira naturale* (cosí viene definita) che sarebbe addirittura un male non provare. Fondamentale nel discorso filodemeo è la διάθεσις: se è παμπόνηρος, il sentimento che può nascere è la κενή οργή, da considerare un male; se, invece, è σπουδαία, ci troviamo in presenza dell'ira naturale, che non è un male, ma un bene. Filodemo distingue l'ira dall'irascibilità, cioè il πάθος vero e proprio dall'inclinazione a caderne preda"[1986].

La terapia epicúrea frente a la ira vacua o vana, ya que la natural es incluso necesaria para el sabio[1987], consiste, entonces, en concienciar, poner ante los ojos[1988] de quien la padece que ella es un mal psicofísico[1989], que perturba no sólo el bienestar sino que se debe a, y al propio tiempo fomenta, una alteración de las capacides intelectivas[1990]. Así, las consecuencias y síntomas de esa emoción tóxica afectan, también,

1986 FILODEMO DE GÁDARA, INDELLI, *L'ira*, *op. cit.*, pp. 22–24.

1987 ASMIS, Elizabeth, "The necessity of anger in Philodemus' *On Anger*", en FISH, SANDERS, *op. cit.*, pp. 152–182.

1988 TSOUNA, Voula, "*Philodemus, Seneca and Plutarch on anger*", en FISH, SANDERS, *op. cit.*, pp. 183–210 y concretamente p. 190: "Confronting the patient with the consequences of anger plays an important role in the Epicurean treatment of the emotion, and, hence, in Philodemus' diatribe against it. The relevant therapeutic technique in this regard is often described as 'setting-before-the-eyes' vividly depicting the associated sufferings and dangers"; *cf.* "τιθέναι προ όμμάτων" en FILODEMO DE GÁDARA, *L'ira*, col. II, en INDELLI, *op. cit.*, p. 63.

1989 FILODEMO DE GÁDARA, *L'ira*, frag. 1, en INDELLI, *op. cit.*, p. 53 (p. 111): "senza vendicarsi l'ira è dolore (τή]ν όργή[ν λέγουσιν εἶ|ν]αι λύπην·): soffrono coloro che si adirano per ogni cosa, quando non hanno la forza di conseguire la vendetta. Beato dunque chi comprese che ciò addolora il fisico e lo spirito (λυπεί σω[μα και ψυχήν)".

1990 FILODEMO DE GÁDARA, *L'ira*, frag. 4, en INDELLI, *op. cit.*, p. 113: "gli iracondi non sono capaci di considerare bene le affezioni, noi, pur essendo in grado di dimostrare la loro incapacità anche per gli effetti che ne derivano, che riterremo sintomi fisici (dell'ira), tuttavia, dal momento che è necessario, bisogna che, avendo mostrato i falsi ragionamenti a coloro che sono portati all'ira, in tal modo valutiamo l'autentica essenza del male".

al cuerpo burdo[1991], ya que este movimiento anímico es mordiente[1992]. La función de la filosofía estriba, ante esto, en poner a la vista lo nocivo de la emoción, que lo es hasta el punto que provoca la locura, según reporta Séneca[1993].

5.2.9. La presencia: incardinación temporal y espacial en lo presente[1994]

Al margen de qué sea el tiempo, el cual Epicuro considera una contingecia de contingencias[1995], sabemos que los términos helenos por él empleados para mencionarlo son: χρόνος, con el valor de momento, duración determinada, unidad de medida temporal, mínimo cronológico y límite; así mismo, αἰών, que vale por tiempo infinito del movimiento atómico y de la muerte[1996].

En todo caso, podemos diferenciar, por una parte, el tiempo cronológico, ligado a la física, a los procesos naturales, frente, por otra, al tiempo humano, esto es, el tiempo vivido, que se hace cargo de la subjetividad de la experiencia. El tiempo de lo humano como experiencia está inserto, como requisito, en el tiempo cronológico natural, dada su naturaleza mortal o, mejor, moribunda.

No obstante, Epicuro se dirige a lo subjetivo-vivido en ese valladar físico, y por ello empuja a la presencia y la comparecencia del hombre ante sí mismo, centrado en lo que no ha sido ni será, sino que está siendo[1997]. No en vano escribe el samio:

1991 FILODEMO DE GÁDARA, *L'ira*, frag. 4, en INDELLI, *op. cit.*, p. 113: "Ora, invece, diremo che i sintomi dell'ira sono assolutamente uguali, anche se alcuni, eccessivamente disprezzati, si adirino con tutti, e che i sintomi dell'affezione sono comuni a tutti, non avendo precauzioni né giovani né vecchi ... proprio come se (l'ira) fosse costituita di escandescenza, gonfiore, irritazione, sdegno, forte desiderio di vendicarsi, se sarà possibile, e tormentosa angoscia, come mostrano le parole di quelli che promettono ora di cingersi degli intestini di chi ha causato loro dolore, ora di 'farne a pezzi le carni crude'".

1992 FILODEMO DE GÁDARA, *L'ira*, frag. 4, en INDELLI, *op. cit.*, p. 115: "(il furore) rende peggiori, mordendo in modo tale che quelli che ne sono preda arrivino a parole anche insensate; (rende) alla fine anche inclini a gettare pietre".

1993 SÉNECA, *Epístola moral a Lucilio*, 18, 14, en ROCA MELIÁ, *Lucilio I*, *op. cit.* p. 171: "Te remitiré a Epicuro, él será quien te pagará la cuenta: 'La ira excesiva engendra la locura (*inmodica ira gignit insaniam*)'".

1994 *cf.* USENER, *Epicurea*, *op. cit.*, *Ethica Epicuri, De uitae rationibus*, pp. 305–312, frags. 485–503.

1995 EPICURO, *Carta a Heródoto*, 72–73, en VARA, *op. cit.*, pp. 66–67.

1996 LUCIANI, Sabine, *L'éclair immobile dans la plaine, philosophie et poétique du temps chez Lucrèce*, Louvain, Editions Peeters, 2000, pp. 14–15.

1997 *cf.* JUFRESA, Montserrat, "Il tempo e il sapiente epicureo", en GIANNANTONI, GIGANTE, *op. cit.*, vol. 1, pp. 287–298, y concretamente p. 290: "[l]a pratica della filosofia epicurea si instaura in un 'presente continuo' fatto di singoli istanti di pienezza, che hanno in se stessi il massimo valore. La sophia non nasce dall'esperienza, né la felicità dalla successione fortunata degli eventi di una vita fino alla sua

"Nacemos una sola vez y dos no nos es dado nacer y es preciso que la eternidad no nos acompañe ya. Pero tú, que no eres dueño del día de mañana, retrasas tu felicidad y, mientras tanto, la vida se va perdiendo lentamente por ese retraso, y todos y cada uno de nosotros, aunque por nuestras ocupaciones no tengamos tiempo para ello, morimos"[1998].

El arraigo humano y vital en el presente como modo terapéutico, común a epicureísmo y estoicismo, se vincula con la liberación, con el abandono del temor, el dolor o la añoranza por el pasado, así como la angustia o la expectativa por lo venidero[1999], según sostiene el samio[2000].

Del mismo modo, tiene que ver con el instante que, en virtud de la experiencia cualitativa que en él se desarrolla, se hace eterno y, por lo tanto, divino. A este respecto, Hadot nos regala una preciosa referencia implícita a Hofmann:

"weil das Leben eben selbst bereits Wonne ist und alle Lust und alles Glück in sich selber trägt. Die Existenz mußte erst als barer Zufall begriffen werden, um ganz und ohne Rest als einziges Wunder erlebt werden zu können. Die Einmaligkeit des Daseins mußte erst in ihrer Unerbittlichkeit erfaßt sein, um in der ganzen Unersetzlichkeit und Einzigkeit ihres Wertes gefeiert werden zu können. Weit davon entfernt, daß die religiösen Kategorien dieses Proömiums nur Staffage wären, sind sie vielmehr die einzige Form, in der das inbrünstige Erleben des Daseins rein als solchen sich aussprechen kann. Das Epikureische Lebensgefühl wird durch einen ganz elementaren Empfindungsakt zur Dankbarkeit gegen das Leben"[2001].

---

conclusione, come aveva detto Solone e come ancora aveva sostenuto Aristotele. Per Epicuro sapienza e felicità si danno la mano e nascono dal saper cogliere il frutto di ogni momento d'accordo con i principi della scienza della natura".

1998 EPICURO, *Sentencia vaticana* 14, en VARA, *op. cit.*, p. 99.

1999 *cf.* HADOT, *Goethe*, *op. cit.*, p. 30: "A pesar de la profunda diferencia existente entre las doctrinas epicúrea y estoica, se puede descubrir una gran analogía en la experiencia del presente que subyace a estas dos doctrinas. Puede definirse de la manera siguiente: epicureísmo y estoicismo privilegian el presente en detrimento del pasado y, sobre todo, del futuro; plantean que la felicidad debe encontrarse tan sólo en el presente, que un instante de felicidad equivale a una eternidad de felicidad, y que la felicidad puede y debe ser buscada inmediatamente, enseguida, en el acto. Epicureísmo y estoicismo invitan a situar el instante presente en la perspectiva del cosmos y a reconocer un valor infinito al más mínimo momento de existencia".

2000 EPICURO, *Sentencia vaticana* 35, en VARA, *op. cit.*, p. 101: "No debemos perder los bienes presentes por el deseo de los ausentes, sino que debemos darnos cuenta de que éstos que tenemos ahora estaban también entre los solicitados".

2001 CASSIRER, Ernst, HOFFMANN, Ernst, "Die Geschichte der antiken Philosophie", en DESSOIR, Max (coord.), *Geschichte der Philosophie*, Wiesbaden, Fourier, 1981, reimpr., pp. 7–252, sobre la filosofía helenística (Hoffmann), pp. 198–236, sobre Epicuro, pp. 216–225, p. 223; referencia obtenida de HADOT, *Ejercicios*, *op. cit.*, p. 262, n. 724 y p. 373.

Se alzan agradecimiento[2002], placer y contento frente al azar de la vida, de la existencia, que en su unicidad excepcional tiene un valor intransferible e insustituible que ha de ser celebrado como una maravilla, como un milagro delicioso.

Justamente gracias a su voluntad, dictada por la razón y la sensación, de apreciar y saborear atentamenta cada instante de vida, considera Epicuro que

> "es mucho peor incluso el que asegura 'hermosa cosa es no haber nacido y, de haber nacido, franquear lo antes posible las puertas del Hades'"[2003].

La proclamación horaciana del *carpe diem* es un acicate para vivir la vida con autenticidad y desde la sensatez, al igual que ocurre con el veto al suicidio, por racionalmente incoherente. De acuerdo con Epicuro, no debe existir ni expectación ni temor ante la finitud. Como Séneca nos reporta, es ridículo desear la muerte por tedio de la vida, igual que apresurarse hacia la conclusión por miedo a ésta misma última[2004].

Epicuro toma postura también de manera muy explícita contra quien tiene una mala consideración del hecho de vivir:

> "Pues si dice esto convencido ¿cómo no se va de la vida? Ya que esa solución está a disposición suya, si es que era cosa firmemente decidida por él, y si lo dice por hacerse el gracioso resulta un estúpido para quienes no se lo admiten. Debemos recordar que el futuro

---

2002 EPICURO, *Sentencias Vaticanas* 48, 75, en VARA, *op. cit.*, pp. 102, 104: "Debemos hacer la jornada siguiente mejor que la anterior, mientras estamos de camino, y, una vez que lleguemos al final, estar contentos igual que antes"; [...] "Desagradecida para con los bienes pasados es la voz que dice: 'Espera a ver el final de tu vida todavía larga'".

2003 EPICURO, *Carta a Meneceo*, 126, en VARA, *op. cit.*, pp. 89.

2004 SÉNECA, *Epístola moral a Lucilio*, 22, 13–15; 24, 22–23, en ROCA MELIÁ, *Lucilio I*, *op. cit.*, pp. 190–191, 202–203: "De Epicuro, pues todavía recurro a alforjas ajenas: 'Todos salen de la vida igual que si acabasen de entrar en ella'. Fíjate en la persona que quieras, en un adolescente, en un viejo, en uno de mediana edad; los encontrarás por igual temerosos de la muerte, por igual desconocedores de la vida. Nadie tiene nada logrado, porque aplazamos nuestras cosas para el futuro. Ningún aspecto de la citada frase me complace tanto como el de reprochar a los viejos su infantilismo. 'Todos', dice, 'salen de la vida del mismo modo que nacieron'. Es un error: morimos peores de como nacemos. Es ésta culpa nuestra, no de la naturaleza. Ella tiene razón al quejarse de nuestra conducta y decirnos: '¿Qué significa esto? Os engendré sin pasiones, sin temores, sin superstición, sin perfidia y sin los restantes vicios. Salid como habéis entrado'"; [...] "Epicuro reprende no menos a quienes desean la muerte que a quienes la temen, diciendo: 'Es ridículo que te apresures a la muerte por hastío de la vida, siendo así que ha sido tu clase de vida la que ha determinado tu carrera hacia la muerte'. Asimismo dice en otro pasaje: '¿Qué hay tan ridículo como suspirar por la muerte, cuando te has hecho angustiosa la vida por miedo a la muerte?'. Puedes añadir a estas frases aquella otra del mismo género: es tan grande la imprudencia de los hombres, o mejor, su locura, que algunos se ven arrastrados a la muerte por el temor a morir"; presentes en USENER, *Epicurea*, *op. cit.*, pp. 309–310, frags. 495–498.

ni es nuestro totalmente ni totalmente no nuestro, para que ni lo aguardemos como que inexorablemente llegará ni desesperemos de él como que inexorablemente no llegará"[2005].

Justamente el presente, el tiempo y espacio, es lo que está a nuestra mano, a nuestra disposición, lo que *praeest*, τὸ παρόν, lo que en parte es y en parte no es ἡμέτερον o παρ' ἡμᾶς[2006]. Así, en opinión del samio, desde el *hic et nunc* podemos satisfacernos autónomamente, hasta tal punto que "[e]s estúpido pedir a los dioses las cosas que uno no es capaz de procurarse a sí mismo"[2007]; por lo mismo dice Epicuro a su interlocutor y discípulo Meneceo: "vivirás como un dios entre los hombres. Pues no se parece nada a un ser que tiene una vida mortal el hombre que vive en medio de bienes inmortales"[2008].

Así mismo, la carne demandaría, siempre insatisfecha, un tiempo sin límite, ilusorio, turbado, para su placer y algunos de sus deseos, cuando, según Epicuro, nada aporta la eternidad o la duración ilimitada a la intensidad del placer, cosa que se averigua gracias al pensamiento reflexivo, el cual sí nos brinda el colmo del gozo, por ser la cogitación capaz de alcanzar la vida perfecta, afóbica, sin falta ni sobra[2009]. Todo momento de vida es, para el sabio epicúreo, y debe serlo para su discípulo, el instante preciso de la hora más feliz. Por todo lo aducido anota Luciani que "Épicure a découvert l'instant éternel du plaisir, qui grâce au souvenir permet d'annuler le flux temporel et de maintenir un bonheur permanent et complet"[2010].

En el libro-entrevista de Hadot, el filósofo francés da mucha actualidad a esta actitud terapéutica, que tiene, además, una dimensión moral, cuando responde:

"Vivir como si viviéramos nuestro último día, nuestra última hora. Una actitud así exige una total conversión de la atención. No proyectarse más en el porvenir, sino considerar en

2005 EPICURO, *Carta a Meneceo*, 127, en VARA, *op. cit.*, p. 89.

2006 EPICURO, *Carta a Meneceo*, 133, en VARA, *op. cit.*, p. 91.

2007 EPICURO, *Sentencia Vaticana* 65, en VARA, *op. cit.*, p. 104.

2008 EPICURO, *Carta a Meneceo*, 135, en VARA, *op. cit.*, p. 92.

2009 *cf.* EPICURO, *Máximas capitales*, XVIII-XXI, en VARA, *op. cit.*, p. 91: "XVIII. El gozo que hay en la carne no crece indefinidamente una vez que es suprimido el dolor nacido de la falta de algo, sino que únicamente adquiere matices particulares. En cambio el colmo de gozo del pensamiento lo origina el análisis de todas estas cuestiones y de las afines a éstas, que son las que procuran al pensamiento los mayores temores. XIX. Si uno considera por un acto de reflexión el punto más alto que puede alcanzar el gozo, resulta que el tiempo infinito conlleva igual gozo que el limitado. XX. La carne requiere límites ilimitados para su gozo, y sólo un tiempo ilimitado se los procura. En cambio el pensamiento, al tomar conciencia del fin a que está destinada la carne y del límite que le ha sido impuesto, nos procura la vida perfecta, y ya no necesitamos nada más un tiempo ilimitado, sino que el pensamiento ni rehúye el gozo ni cuando las cuitas preparan el fin de la vida termina como si le faltara algo para una vida maravillosa. XXI. Quien conoce los límites impuestos a la vida sabe que es fácil de procurar lo que elimina el dolor producido por falta de algo y lo que hace perfecta la vida".

2010 LUCIANI, *Éclair*, *op. cit.*, p. 180.

sí misma y por sí misma la acción que hacemos, no mirar más el mundo como el simple marco de nuestra acción, sino mirarlo en sí mismo y por sí mismo. Esta actitud tiene a la vez un valor existencial y un valor ético. Permite en primer lugar tomar conciencia del valor infinito del momento presente, del valor infinito de los momentos de hoy, pero también del valor infinito de los momentos de mañana que acogeremos con gratitud como una suerte inesperada. Pero permite también tomar conciencia de la seriedad de cada momento de la vida. Hacer lo que hacemos habitualmente, pero no como habitualmente lo hacemos sino, por el contrario, como si lo hiciéramos por primera vez, descubriendo todo lo que esta acción implica para que este bien hecha. (...) Hay que precisar en primer lugar que esta concentración en el presente implica una doble liberación: del peso del pasado y del temor por el porvenir. (...) El presente es el único momento en que podemos actuar. La concentración en el presente es, así, una exigencia de la acción. El presente no es aquí un instante matemático e infinitesimal sino, por ejemplo, la duración en la que ejercemos la acción, la duración de la frase que pronunciamos, del movimiento que ejecutamos, o de la melodía que escuchamos. [...] [Sobre el instante o momento presente] Es la riqueza que le damos, la que debemos darle, gracias a una transformación de nuestra relación con el tiempo. (...) No vivimos, tenemos la esperanza de vivir, esperamos vivir. Estoicos y epicúreos nos invitan entonces a efectuar una conversión total de nuestra relación con el tiempo. Vivir en el único momento en que vivimos, es decir, en el presente; no vivir en el futuro, sino al contrario, como si no hubiera futuro, como si no tuviéramos más que este día, este momento para vivir, y vivirlo así lo mejor posible, como si —lo decíamos hace un momento— fuera el último día, el último momento de nuestra vida, en nuestra relación con nosotros mismos y con aquellos que nos rodean. No se trata aquí de falsa tragedia, lo cual sería ridículo, sino de un medio de descubrir todo lo que podemos poseer en el instante. En primer lugar podemos realizar en él la acción bien hecha, hecha para sí misma, con atención y conciencia; podemos decirnos: me aplico en concentrarme en la acción que realizo en este momento, la hago lo mejor posible. Podemos también decirnos: ahí estoy, aquí, vivo, y esto basta, es decir, que podemos tomar conciencia del valor de la existencia, gozar del placer de existir"[2011].

Consideramos, de hecho, que el estudioso parisino es quien más y mejor ha abundado en esta faceta del epicureísmo, que transforma la relación humana con lo temporal, haciéndola más auténtica, vital y apreciativa[2012].

2011 HADOT, *Forma de vida*, *op. cit.*, pp. 239–240; 244–245.

2012 HADOT, *Goethe*, *op. cit.*, pp. 31–33: "La sabiduría epicúrea propone así, en efecto, una transformación radical de la actitud humana con respecto al tiempo, transformación que debe ser efectiva en cada instante de la vida. Hay que saber gozar del placer presente sin dejarse desviar de este placer, evitando pensar en el pasado, si es desagradable, o en el porvenir, en la medida en que provoque en nosotros esperanzas o temores desordenados. Sólo el pensamiento de lo agradable, del placer, pasado o futuro, es admitido en el momento presente, sobre todo cuando se trata de compensar un dolor presente. Esta transformación supone una concepción determinada del placer, según la cual la cualidad del placer no depende ni de la cantidad de los deseos que satisface ni de la duración durante la cual se realiza. La cualidad

Así mismo, es importante reseñar, con Rodis Lewis[2013], que Epicuro está influido por el hedonista Aristipo, cuya teoría recoge Ateneo:

---

del placer no depende de la cantidad de deseos que satisface. El mejor placer y el más intenso es aquel que está menos mezclado de inquietud y que asegura la paz del alma con mayor seguridad. (...) El espíritu feliz no mira hacia el futuro. Podemos ser felices enseguida si limitamos razonablemente nuestros deseos. No solamente podemos, sino que debemos. Sí, la felicidad debe ser encontrada inmediatamente, enseguida, en el presente. En lugar de reflexionar sobre el conjunto de la vida, de calcular las esperanzas y las incertidumbres, hay que captar la felicidad en el instante presente. Hay una urgencia (...) [El] *carpe diem* de Horacio no es en modo alguno, como a menudo se lo ha representado, un consejo de vividor, es por el contrario una invitación a la conversión, es decir, una toma de conciencia de la vanidad de los deseos superfluos y sin límite, una toma de conciencia también de la inminencia de la muerte, de la unicidad de la vida, de la unicidad del instante. Desde esta perspectiva, cada instante aparece como un don maravilloso que llena de gratitud a quien lo recibe Gratitud, maravillamiento... Ya habíamos encontrado estos sentimientos entre los epicúreos a propósito de la milagrosa coincidencia entre las necesidades del ser vivo y las facilidades que le procura la Naturaleza. El secreto de la alegría epicúrea, de la serenidad epicúrea, consiste en vivir cada instante como si fuera el último, pero también como si fuera el primero. Experimentamos el mismo agradecido maravillamiento al recibir el instante como si fuera inesperado o acogiéndolo como si fuera completamente nuevo (...) El secreto del gozo, de la serenidad epicúrea, es finalmente la experiencia del placer infinito que da la conciencia de existir, aunque solo sea un instante. Para mostrar en efecto que un solo instante de existencia basta para proporcionar este placer infinito, los epicúreos se ejercitaban en decirse cada día: he tenido todo el placer que podía esperar. (...) [E]s precisamente este ejercicio de toma de conciencia de la finitud de la vida lo que revela el valor infinito del placer de existir en el instante. Desde la perspectiva de la muerte, el hecho de existir, aunque sólo sea un instante, reviste bruscamente un valor infinito y procura un placer de una intensidad infinita. No podemos decir sin turbación 'mi vida se ha acabado' más que si hemos adquirido conciencia del hecho de que ya lo hemos tenido todo en ese instante de existencia".

2013 *cf.* RODIS-LEWIS, *Épicure*, *op. cit.*, p. 271, 273, 275: "Épicure joue du passé et de l'avenir, pour transformer le présent, ou plutôt l'insaisissable instant d'Aristippe, en présence vécue en plénitude, sans pour autant s'évader d'une temporalité qui caractérise toutes nos pensées. (...) Pour Épicure, notre âme mesure un phénomène, qui cependant lui est antérieur, cette antériorité n'apparaissant qu'avec la conscience d'une succession. Le temps n'est donc pas purement subjectif. Il permet d'ordonner le rapport respectif des choses, coexistantes ou successives, ce qui affecte chacune d'elles d'une durée plus ou moins longue, calculée d'après la succession sans rupture des jours et des nuits, laquelle sert également de repère a la durée de ce qui demeure en repos. Mais cette détermination commode ne présuppose aucun cadre en soi, ni aucune liaison entre les faits dont nous découvrons qu'ils se sont suivis. Le temps ne s'impose pas à nous; nous le posons en fonction de ce que nous vivons. (...) Cet appel à jouir de la vie présente, sans la laisser se perdre dans l'attente, rapproche apparemment Épicure et Aristippe".

> "Y todas las escuelas filosóficas disputaron acerca de la elección de una vida placentera; y la llamada escuela cirenaica tuvo su inicio en Aristipo socrático, el cual, aceptando que la sensación de placer es el fin, dijo también que en ella radica la felicidad. Y afirmaba, sin diferencia apreciable con los disolutos, que tal sensación es instantánea, no dando ningún valor ni a la memoria de los bienes pasados ni a la esperanza de los bienes futuros, sino que juzgó que el bien sólo se da en el momento presente, no estimando en nada ni el haber gozado ni el poder gozar, porque una cosa ya no existe y la otra tampoco y es incierta. De igual modo los disolutos viven sólo el presente creyendo que actúan bien"[2014].

Epicuro nos invita, pues, considerándonos seres humanos inteligentes[2015], a dominar, a ser dueños del tiempo presente desde el raciocinio y desde la sensación e incluso desde el recuerdo del pasado placentero, cuando lo circundante es demasiado agresivo[2016]. Todavía sobre este asunto vale la pena aludir a las palabras de DeWitt:

> "The matrix of meanings constructed by him [Epicurus] had its core in the doctrine that each human life should be thoroughly planned with a view to achieving happiness. To this end a definite attitude or diathesis must be chosen with respect to the past, the present, and the future. Toward the past man should be grateful, in the present patient and cautious, toward the future hopeful. Gratitude for the past and hope for the future stand in a reciprocal relation, as Cicero makes plain, quoting Epicurus: 'He thinks the life of the wise man to overflow with the memories of pleasures past and the hope of pleasures to come'. This is an essential part of the new matrix of meanings, though the core of it is total control of experience, including selective memories of the past, patience and caution in the present, and preparedness for the future"[2017].

Se equivoca el canadiense, creemos, al remitir el agradecimiento solo al pasado y al hablar de esperanza sobre el futuro; el sabio epicúreo está anclado en el presente y en él agradece lo pasado, lo presente y lo venidero, para lo cual está preparado. En la

2014 ARISTIPO, 114, en ACOSTA MÉNDEZ, *Cínicos y cirenaicos, op. cit.*, p. 257, [ATENEO, *Banquete de los sofistas*, 544a-b (IV A 174)].

2015 PLUTARCO, *Sobre la paz del alma*, 474C, 16, en AGUILAR, Rosa María (ed., trad.), *Obras morales y de costumbres: (Moralia). VII*, Madrid, Gredos, 1995, p. 144: "El hombre inteligente suplica obtener lo mejor, pero espera también lo contrario y se sirve de ambos, evitando lo excesivo. Pues no sólo 'el que pide menos al mañana', como dice Epicuro, 'avanzará con mayor alegría al encuentro del mañana', sino que también riqueza y fama, poder y magistraturas hacen gozar más a quienes menos temen sus contrarios", *cf.* USENER, *Epicurea, op. cit.*, p. 307, frag. 490.

2016 GARCÍA GUAL, ACOSTA MÉNDEZ, *op. cit.*, p. 76: "Este sobreponerse al dolor físico mediante un factor espiritual, la memoria como capacidad de recordar los momentos felices y de superar el presente mediante esa presentación de un feliz pasado, subraya la autarquía del espíritu humano frente a su circunstancia física inmediata".

2017 DEWITT, *Epicurus, op. cit.*, pp. 315–316.

obra ya mencionada de Luciani hallamos, por otra parte, una importante referencia sobre este presente fugaz pero cualitativamente vibrante, intenso[2018]. Dice Mondolfo:

> "Epicuro [llega] a la conclusión de la infinitud del instante; quien tomaba su punto de partida de su batalla simultánea contra el temor a la muerte y contra el deseo de la inmortalidad, y entendía la felicidad hedonista y no místicamente. Pero eliminada toda referencia a otra vida eterna e incorpórea, él quiere mostrar sin embargo que el sabio puede vivir como un Dios y emular de felicidad con Él, porque la mortalidad de su ser queda anulada en todo momento de su vida por la inmortalidad de los bienes de que él puede gozar. (...) ¿Cómo? Mostrando que la infinitud, que el necio busca en la duración temporal, el sabio sabe hallarla en el instante. Y esto en doble sentido. Por una parte, en cuanto la contemplación de eternas verdades nos eleva en cualquier momento a una condición de inmortalidad (...) y por otra, porque además de la inmortalidad (infinitud temporal) el sabio puede encontrar en el instante la infinita plenitud de la beatitud. Y es característica, a propósito de esta segunda tesis, la duplicidad de la posición teorética de Epicuro: característica porque sintetiza en sí típicamente la duplicidad de posición del genio helénico, que siente y afirma al mismo tiempo la exigencia del límite y la de la infinitud, como elementos de perfección. Contra Platón y los platónicos, que combatiendo al hedonismo sostenían la tesis de la permanente falta de plenitud del placer, que es siempre imperfecto (*ateles*) porque siempre es susceptible del más y del menos y pertenece por esto a la especie de lo ilimitado (*apeiron*) o indefinido (*aoriston*) y nunca a aquella de lo completo *(teleion)*, Epicuro sostiene que el placer es *ilimitado* solo en cuanto es devenir, o sea lucha contra el dolor; pero que encuentra su límite *(hóros)* en la supresión de todo el dolor. Límite significa aquí completud y perfección. Pero, en otro sentido, este *límite*, que consiste en la eliminación de todo contraste, significa aniquilamiento de toda detracción o limitación a la pureza y plenitud del placer. (...) He aquí, la perfección plena para un espíritu helénico como el de Epicuro: el límite, que excluye la infinitud negativa (privación o defecto), y se traduce en infinitud positiva (plenitud absoluta, que no puede ser superada). Y esta plenitud absoluta, esta infinitud positiva que el necio anhela en vano en la ilimitada prolongación de la duración, el sabio la encuentra, en cambio, y la goza en el instante, que para Epicuro (como es sabido) es el átomo de tiempo, la unidad puntual que ya no puede ser dividida. (...) He aquí al instante declarado, en lo tocante al problema eudemónico, igual a toda mayor duración; auna la duración infinita (...). La razón (...), por consiguiente, no tiene ya deseo alguno de tiempo infinito; puesto que encuentra en el instante mismo la misma infinitud que en la eterna duración. La pura inmediatez del estado de conciencia, cual se aprehende en la sensación (la carne), no conoce aquellas limitaciones y distinciones de medida que sólo más tarde la reflexión le sobrepone (,) atento a la conciencia pura e inmediata"[2019].

Sobre la presencia temporal y espacial, así como sobre la presencia del prójimo y el sentido de comunidad, entre otros aspectos, cabe citar aquí las palabras de Diano:

2018 *cf.* LUCIANI, *Éclair*, *op. cit.*, p. 233, n. 177.
2019 MONDOLFO, *Infinito*, *op. cit.*, pp. 525–528.

"El hombre puede realizar su condición en este mundo y, así, vivir mortal entre bienes inmortales, dentro de los límites impuestos por las necesidades que conlleva la propia existencia, y reduciendo al mínimo el ámbito al que afecta el evento. Porque, si el dolor golpea a las puertas de la carne, uno puede retirarse, como último refugio, a las trincheras del alma, donde se encuentra las imágenes que la memoria conserva de los bienes que antes se ha gozado. Para la vida de cada día y contra las sorpresas del azar creará su intermundo extramuros, en un jardín, lejos del ajetreo de la multitud. Allí dará cita a un pequeño grupo de amigos que compartan sus gustos e ideas, bellos o feos, nobles o plebeyos, pero griegos, pues la sensatez únicamente está al alcance de los griegos. Pocos, y resueltos a establecer un pacto; pues la amistad, como todo consorcio humano, nace de un pacto y encuentra su fundamento en lo útil. No obstante, va más allá del pacto, es bella también por sí misma, pues el placer ama la compañía: los ojos se reflejan en los ojos, las manos se encuentran con las manos: 'También tú existes, ¡también tú!' Y florece la gracia, la χάρις. ¿Y la muerte? Cuando llegue, llegará. Ahora no existe, existo yo y, puesto que existo, disfruto: *¡Carpe diem!* – *Carpe diem*, pero tras ese día tal vez ella permanezca aquí, mientras que tú ya no estarás. – Tras ese día. Pero un día es una vida: un día, un instante y la eternidad son lo mismo"[2020].

5.2.10. La comunión filosófica: familiaridad, comunidad, y comunicación en un lugar y un tiempo[2021]

Una ulterior faceta de la terapia la hallamos en la comunión filosófica, que se despliega en todos los sentidos del ser partícipe y copartícipe en vida, del ser con, emotivo e ideológico, y del estar con, espacial y temporal. Todo ello crea una relación de intercambio de ideas, cordialidad, mutua emulación, corrección y estímulo, así como un sentido de pertenencia colectiva e identidad, que se mantiene vigente desde la vida de Epicuro y durante la sucesión de escolarcas posteriores[2022].

De hecho, es más justo definir el Κῆπος epicúreo como una comunidad de vida, con tintes quasi-religiosos y reverenciales[2023], en la línea de la shanga budista o de

2020 DIANO, Carlo, RENDUELES César (trad.), *Forma y evento*, Madrid, Visor, 2000, pp. 65–66, trad. de *Forma ed evento*, Venecia, Neri Pozza, 1967.

2021 Aunque notablemente enriquecido y autónomo, este apartado se ha beneficiado harto de refrerencias bibliográficas no conocidas que ofrece ANTOLÍN SÁNCHEZ, Javier, *El epicureísmo en el cristianismo primitivo*. Valladolid, Universidad de Valladolid, Secretariado de Publicaciones e Intercambio editorial, 2003, pp. 19–35.

2022 CLAY, Diskin, *Paradosis and Survival: Three Chapters in the History of Epicurean Philosophy*, Ann Arbor, University of Michigan Press, 1998, pp. 60, 62: "the practice of emulation, imitation, and commemoration (...) characterized the first generation of the Epicurean community in Athens. (...) The Epicurean community was entered through an exclusive community of feeling (...)".

2023 SCHMID, *Epicuro, op. cit.*, p. 91.

las comunidades monásticas, en las que (idealmente) se practica cuanto se predica, bajo la égida de alguna autoridad moral a la que se imita[2024].

Al hilo de esto cabe citar las claras palabras de Long sobre el particular:

> "The essential message of Epicurean ethics, and indeed of Epicurus' entire philosophy, was encapsulated in the 'fourfold remedy' (tetrapharmakos): 'God presents no fears, death no worries. And while good is readily attainable, bad is readily endurable.'[1] Incorporating, as it does, the first four of Epicurus' *Key doctrines (Kuriai doxai),* the fourfold remedy is a panacea for unhappiness. (...) The effectiveness of his 'fourfold remedy' requires more than the Garden as its external conditions. It needs a neighbouring environment which will tolerate the Epicurean community (if that is what we have in the Garden), and provide it with any basic materials absent from the Garden that its members require in order to 'live as happily as Zeus' (Sent. Vat. 33 = LS 33.1)"[2025].

5.2.10.1. El Κῆπος, Hortus, *Jardín*

La comunidad de vida se organiza en un sitio[2026], un espacio humanizado, esto es, el Jardín o Huerto, que puede ser asimilado, entonces, a una casa de enfermos y médicos del alma, *medicorum et aegrotorum refugium*, en el que resguardarse, con discreción, de los afanes mundanos y políticos, entre otros[2027].

2024 CLAY, *Paradosis, op. cit.*, p. 66: "The memorial literature of the first generation of the Epicurean community is perhaps the clearest expression of a tendency to offer an individual life as a model (or δειγμα) of the philosophical life".

2025 LONG, "Pleasure and social utility: the virtues of being Epicurean", en *From Epicurus, op. cit.*, pp. 178–210, concretamente pp. 178 y 180.

2026 *cf.* REAL ACADEMIA ESPAÑOLA, *op. cit.*, 22ª edición, *s. u.* "sitio", cuarta acepción: "Casa campestre o hacienda de recreo de un personaje.".

2027 ROSKAM, Geert, *Live Unnoticed* Λάθε βιώσας *(Lathe Biōsas): On the Vicissitudes of an Epicurean Doctrine.* Leiden [etc.], Brill, 2007, pp. 34–35: "Epicurus' advice λάθε βιώσας should be understood against the background of three general components in his ethical thinking. These three components, which are prominent in his extant works, can easily be connected to one another and find their ultimate motivation in the final end, that is, pleasure. a) First of all, Epicurus wishes to cure the soul of his followers from all irrational fears and vain desires. His philosophy is basically *Seelenheilung* (SV 54 and 64) and his arguments are therapeutic. As a consequence, his students are not only expected to listen attentively and try to understand his philosophy on an intellectual level; they also have to appropriate his ideas by uninterrupted training and meditation, and even learn them by heart. (...) This therapeutic framework within which Epicurus' philosophy is developed also provides the context in which the maxim λάθε βιώσας should be understood. Indeed, the maxim should not be regarded as a merely theoretical tenet, but rather as an advice that contributes to the therapy of the soul and that has important consequences for the life of those who follow it"; (...) "this therapeutic context does not merely determine the scope and meaning of the maxim, but even the way in which it is formulated. b) One of the most famous aspects of Epicurus' ethical thinking is his

En efecto, ya hemos aludido a la importancia de la praxis en la filosofía epicúrea en cuanto que es mostración concreta de una *bene beateque uiuendi ratio*. Esta aplicación tiene, según sostenemos, una vocación curativa o terapéutica y, por eso, sobre el espacio, la comunidad y comunión filosófica epicúreos puede decirse, con DeWitt, que

> "[t]he school of Epicurus was anything but peripatetic; it was rather a clinic, with the patient doing the demonstrating, fully aware of the power of suffering to elicit loyalty and sympathy. Ill-health was deliberately and skillfully capitalized"[2028].

Por otra parte, es obligado señalar una información que Séneca nos brinda sobre el tono convivencial-amical epicúreo y que hemos hallado gracias a Clay[2029], quien también incluye una interesante referencia a DeWitt[2030], el cual subraya la vida en común como requisito de la *uita philosophica*:

> "'Comunícame', dices, 'también a mí ese medio que has experimentado ser tan eficaz'. En cuanto a mí, deseo comunicarte a ti todo; precisamente me complazco en aprender algo a fin de enseñártelo; ni doctrina alguna me deleitaría, por más excelente y saludable que fuese, si tuviera que conocerla solamente yo. Si la sabiduría se me otorgase

---

distinction between three kinds of desires: natural and necessary, natural though not necessary, and neither natural nor necessary (...). The Epicurean sage will especially set himself to satisfying the first kind of desires, which are limited and easily fulfilled, and will completely neglect the third, unlimited kind, which are only attractive on the basis of vain opinions (...). Most people, on the other hand, erroneously pursue exactly these empty and unlimited desires, and as a consequence never cease to look ahead, meanwhile postponing their pleasure (SV 14 and 30). This distinction between desires, and the concept of limitation that is connected with it, is of paramount importance for the interpretation of the maxim λάθε βιώσας, as it is on this basis that Epicurus formulated his advice. Indeed, those who disregard the maxim and strive for fame, try to satisfy an unlimited desire that is neither natural nor necessary, and will thus depend on the future, whereas those who pursue an 'unnoticed life' remain within the limits of nature and are able to enjoy the present. This may well be the core of Epicurus' argument concerning the maxim. c) No less famous than the trichotomy of desires is Epicurus' principle of rational calculus (συμμέτρησις; *Epist. ad Men.* 130). (...). Every choice (αἵρεσις) and aversion (φυγή) should be evaluated by the pleasure it gives (129), but this evaluation requires comparative reasoning. (...) This principle of rational calculus is important for the maxim λάθε βιώσας, first because it offers what we may take to be one of its presuppositions. Epicurus' advice is not based on personal taste but on rational arguments. Nor should it be followed on the basis of unreasoned preferences, for the man who acts without comparative judgement (ἀνεπιλόγιστος) does not fare better than the one who pursues unlimited desires (SV 63; *cf.* also SV 11)".

2028 DEWITT, Norman, "Epicurean Contubernium", en *Transactions and Proceedings of the American Philological Association*, nº 67, 1936, pp. 55–63; concretamente, p. 57.

2029 CLAY, *Paradosis*, *op. cit.*, p. 64.

2030 DEWITT, "Contubernium", en *op. cit.*, pp. 55–63; equivalente a la συνδιαγωγή, evoca la convivencia bajo el mismo techo, acompañada de compañerismo amical.

bajo esta condición, de mantenerla oculta y no divulgarla, la rechazaría: sin compañía no es grata la posesión de bien alguno. En consecuencia, te enviaré mis propios libros, y para que no gastes mucho tiempo buscando por doquier lo que te ha de ser útil, pondré anotaciones para que inmediatamente descubras los puntos que yo apruebo y admiro. Sin embargo, la viva voz y la convivencia te serán más útiles que la palabra escrita; es preciso que vengas a mi presencia: primero, porque los hombres se fían más de la vista que del oído; luego, porque el camino es largo a través de los preceptos, breve y eficaz a través de los ejemplos. (...) a Metrodoro, Hermarco y Polieno no les hizo hombres prestigiosos la escuela, sino la intimidad con Epicuro"[2031].

La comunidad de vida filosófica demanda, empero, esfuerzos *de facto* en el *uiuere*, esto es, requiere disponer de una casa, de un terreno, de lo cual se ocupa Epicuro, quien ya fundó a los 32 años su primera escuela en Mitilene y Lámpsaco, con una vida de 5 años[2032]. Habiéndose trasladado a Atenas sobre el 306 a. C., Epicuro fundó su Κῆπος, entre Atenas y el Pireo, probablemente en el demo de Mélita, si bien esto es una cuestión disputada[2033]. Al parecer el costo de la operación fue de 80 minas[2034], inversión pequeña para la adquisición de la casa y terreno, teniendo en cuenta, como indica DeWitt[2035], que

"el orador Gorgias, que aventajaba en gran manera a todos sus contemporáneos por su elocuencia. Fue el primero en inventar técnicas retóricas y superó de tal modo a

2031 SÉNECA, *Epístola moral a Lucilio*, 6, 4–6, en ROCA MELIÁ, *Lucilio I*, *op. cit.*, p. 111–112 [*(...) Metrodorum et Hermarchum et Polyaenum magnos viros non schola Epicuri sed contubernium fecit*].

2032 DIÓGENES LAERCIO, *Vidas de los filósofos ilustres*, X, 14–15, en GARCÍA GUAL, *op. cit.*, p. 516–517.

2033 *cf.* CLAY, Diskin, "The Athenian Garden", en WARREN, *Companion*, *op. cit.*, pp. 9–28, concretamente p. 9, n. 3, *cf.* tmb. CAPASSO, Mario, "Who Lived in the Villa of the Papyri at Herculaneum—A Settled Question?", en ZARMAKOUPI, Mantha, *The Villa of the Papyri at Herculaneum: Archaeology, Reception, and Digital Reconstruction*, Berlin, De Gruyter, 2010, pp. 89–114, concretamente p. 110, quien nos ofrece interesantes referencias a Cicerón sobre el particular: CICERÓN, *Carta a Gayo Memio*, 63 (XIII, 1) en BELTRÁN CEBOLLADA, José Antonio (ed., trad.), *Cartas III: cartas a los familiares (Cartas 1–173)*, Madrid, Gredos, 2008, pp. 305–306: "Así las cosas, cuando este Patrón me escribió a Roma a fin de que intentara congraciarte con él y para solicitar que le cedieses no sé qué famosas ruinas de Epicuro, (...) estoy convencido de que conoces los argumentos de Patrón y la naturaleza de su causa. Afirma que tiene que mirar por su dignidad, su deber como jefe de escuela, el derecho testamentario, el prestigio del nombre de Epicuro, el juramento de Fedro, la sede, la casa y los vestigios de grandes hombres".

2034 DIÓGENES LAERCIO, *Vidas de los filósofos ilustres*, X, 12, en GARCÍA GUAL, *op. cit.*, p. 515; 80 minas serían el equivalente de 13 talentos y pico, 8000 dracmas o 48000 óbolos.

2035 DEWITT, "Contubernium", en *op. cit.*, pp. 55–63; p. 56, n. 5.

los otros en el arte de los sofistas que llegó a recibir de sus discípulos una retribución de cien minas"[2036].

[2037]

2036 DIODORO SÍCULO, *Biblioteca histórica*, XII, 53, 2, en TORRES ESBARRANCH, Juan José (ed., trad.), *Biblioteca histórica: Libros IX-XII*, Madrid, Gredos, 2006, p. 443.

2037 LONG, A. A., y SEDLEY D. N., *The Hellenistic Philosophers. Vol. 1. Translations of the principal sources with philosophical commentary*, Cambridge, Cambridge University Press, 1987, p. 4, ilustración de Candace H. Smith. Probable ubicación y distancias de las diversas escuelas filosóficas en la Atenas helenística, según Long / Sedley.

Según Reale, la ubicación, así como el tipo de edificación, que incluye terreno cultivable, es ya toda una declaración filosófica, contra Platón y Aristóteles, lejos de la política, retirada del ajetreo del ágora ciudadana y a favor de un activo *otium* filosófico[2038]. También Onfray reflexiona interesantemente al respecto vinculando lo periférico filosófico y la ubicación del Jardín[2039].

Consideramos, por nuestra parte, que el enfrentamiento con Platón y Aristóteles tiene que ver con que en el epicureísmo no hay una intención política, estatalista, ni hay una frustración de partida en la participación política; no se aspira a fundar una ciudad, primero, y para ello se sistematiza todo un aparato teórico sobre lo real, su funcionamiento, etc. Sucede, empero, que el epicureísmo no es religión política, es religación de quien se sabe humano con quien se reconoce también como tal desde el mutuo reconocimiento; esto entronca con la humanidad, la intersubjetividad, prodigalidad y la projimidad, basada en la horizontalidad, para el autoconocimiento y mejora, o sea, la liberación gozosa en el *hic et nunc*.

Como bien indica Lledó a este respecto en una síntesis preciosa:

> "El Jardín no era un lugar de investigación, como el Liceo, ni una escuela de preparación en la política o en una planificación para construir, en la intimidad, una micrópolis organizada según la disciplina platónica, como la Academia. El Jardín, fue, al parecer, un espacio ceñido por otros vínculos. Por supuesto que aquí se llevó a cabo una importante obra intelectual. (...) Este rechazo a las experiencias teóricas de sus predecesores, compaginaba perfectamente con sus planteamientos filosóficos fundamentales. (...) El sustento de todos los empeños intelectuales era un cuerpo humano, sometido al dolor y a la muerte; pero, al mismo tiempo, henchido de posibilidades, de misterios de organización y sensibilidad. Sumido en plena naturaleza el cuerpo era también en sí mismo naturaleza. Como el aire y el espacio que le circunda, este cuerpo mortal podía gozar también de momentos perfectos, de floraciones constantes, de infinitas y variadas alegrías. (...) En los entresijos de la piel, en el callado territorio de la propia

---

2038 REALE, Giovanni, ANTISERI Dario, ANDRÉS IGLESIAS, Juan (trad.), *Historia del pensamiento filosófico y científico: tomo primero: Antigüedad y Edad Media*, Barcelona, Herder, 1995 [ed. orig. *Il pensiero occidentale dalle origini ad oggi: Corso di filosofia per i licei classici e scientifici. 1 Antichità e medioevo*, Brescia, Ed. la Scuola, 1985.], p. 213: "El lugar que eligió Epicuro para su escuela expresa la revolucionaria novedad de su pensamiento: no se trataba de un gimnasio, símbolo de la Grecia clásica, sino de un edificio con un jardín —un huerto, más bien— en las afueras de Atenas. El jardín estaba alejado del tumulto de la vida pública ciudadana y cercano al silencio de la campiña, aquel silencio y aquella campiña que no les decían nada a los filósofos clásicos, pero que se convierten en algo muy importante para la nueva sensibilidad helenística. De aquí proviene el nombre de Jardín (en griego, *Kepos*) con que fue denominada la escuela, y las expresiones 'los del Jardín' o 'los filósofos del Jardín' se transformaron es sinónimas de seguidores de Epicuro o epicúreos".

2039 *cf.* ONFRAY, *op. cit.*, pp. 175–176.

estructura corporal, yacía el fundamento ineludible, la armonía inequívoca, la serenidad más limpia para poder descubrir la hermandad con la naturaleza y con el mundo"[2040].

Importa apostillar, empero, que también la Academia platónica y el Liceo aristotélico fueron comunidades de vida filosófica[2041], si bien su interés por la teoría y por el poder ciudadano, así como su propósito educativo-propedéutico a este fin, las diferencian radicalmente del Jardín.

5.2.10.2. La familiaridad, la comunidad, y la comunicación

En ese marco espacial se convive, se filosofa prácticamente, se observa, desde lo campestre[2042], la naturaleza, se convive desde el amor fraterno, la generosidad y la harmonía y se celebran, entre otras cosas, banquetes amicales en conmemoración del fundador[2043], el día 20 de cada mes. Como indica Isnardi Parente:

> "Il sapiente vive in una sua società ch'è anch'essa fondata sull'utilità reciproca, afferma Epicuro contro la concezione platonico-aristotelica dell'amicizia perfetta contrapposta a quella utilitaristica e volgare; ma su un'utilità di natura superiore. Egli non ammette che vi possa esser un fatto positivo di ordine sociale che prescinda dall'utile, che non scaturisca dalla matrice dell'utilità; il gruppo dei filosofi raccolti nella comunità della scuola, ove si dedica insieme allo studio della natura, si gode di serenità imperturbata, si medita sulla gioia trascorsa per continuamente riviverla nel ricordo rasserenante, obbedisce alle stesse leggi cui obbedisce la società nella sua formazione e nella sua essenza; ma i sapienti sanno comprendere il valore e la portata dell'utile assai più a fondo che non gli uomini comuni, sanno andarne alle radici e interpretarlo razionalmente. [...] il corpo dei filosofi riuniti nella scuola è un modello di comunità, è una società riuscita,

---

2040 LLEDÓ, *Epicureísmo*, *op. cit.*, pp. 29–31.

2041 *cf.* DEWITT, *Epicurus*, *op. cit.*, pp. 92–93: "The school of Epicurus resembled those of Plato and Aristotle insofar as it was associated with two physical properties, a house for residence and a place for lectures. (...) It is well, however, to be on guard against the glamor that haunts the Academy, the Lyceum, and the Garden. It was on the premises where the philosophers and their students lived, worked, and slept that the real schools were located. It was there that the confidential instruction was imparted. It was there that the true fellowship prevailed. It was there that the slaves were housed without whose assistance the operation of publishing could not be carried on. As for the house of Epicurus in particular, this was virtually a publishing concern, because the leading members were all engaged in compiling and distributing textbooks for their disciples at home and abroad. It follows that many slaves were employed in the labor of copying manuscripts".

2042 DIÓGENES LAERCIO, *Vidas de los filósofos ilustres*, X, 120, en GARCÍA GUAL, *op. cit.*, p. 559: "Amará la campiña (φιλαγρήσειν)"; información debida a LLEDÓ, *Epicureísmo*, *op. cit.*, p. 29.

2043 DIÓGENES LAERCIO, *Vidas de los filósofos ilustres*, X, 18, en GARCÍA GUAL, *op. cit.*, p. 518: "la reunión que tiene lugar los días veinte de cada mes de los que filosofan con nosotros, en la fecha dedicada a mi memoria y la de Metrodoro".

perché fondata sulla chiara conoscenza della natura delle cose e unita dai vincoli di quella vera e costante amicizia ch'è possibile solo in quell'ambito ristretto. (...) La scuola di Epicuro contesta la società con la creazione contrapposta di una piccola società di eletti che trova in se la sua completezza di rapporti (...) Esso è una associazione fondata su puri rapporti sociali e non politici, né destinati in qualche modo, come la φιλία platonica, a prolungarsi in rapporti politici, nel legame di amicizia fra possibili capi di uno stato; e offre alla società il modello di quello che i rapporti umani dovrebbero essere, di concordia, di mutuo aiuto e sostegno, di imperturbata serenità"[2044].

La importancia de la familiaridad e intimidad comunicativa, cuyo valor terapéutico señalaremos, se funda en los testimonios epicúreos en torno a la familia léxica de οἶκος, el hogar: οἰκεῖος[2045], lo de casa, lo familiar, lo afín; οἰκειότης[2046], la familiaridad o intimidad; οἰκείωμα[2047], el patrimonio familiar, la hacienda, las propiedades, todo lo cual liga con οἰκία, el hogar, la casa en tanto que unión orgánica de personas familiarmente relacionadas, puesto de relieve por Festugière[2048] y Clay[2049], lo cual aparece en Filodemo, quien distingue entre los de casa (τοὺς κατὰ τὴν οἰκίαν) y los de fuera (οἱ ἔξωθεν), hallándose todos invitados a celebrar un banquete conmemorativo, en el que todos caben, menos los angustiados y los rijosos[2050].

2044 EPICURO, ISNARDI, *Opere*, *op. cit.*, "Introduzione", pp. 54–55.

2045 EPICURO, *Carta a Meneceo*, 129, en VARA, *op. cit.*, p. 90: "todo gozo es cosa buena, por ser de una naturaleza afín a la nuestra [πᾶσα οὖν ἡδονὴ διὰ τὸ φύσιν ἔχειν οἰκείαν ἀγαθόν]".

2046 EPICURO, *Máxima Capital* XL, en VARA, *op. cit.*, p. 98: "Todos los que consiguen la posibilidad de procurarse la máxima seguridad del prójimo, ésos no sólo viven entre sí con el mayor gozo, dado que disponen de la garantía más solvente de seguridad, sino que, a pesar de haber conseguido unos con otros la más plena intimidad (πληρεστάτην οἰκειότητα), no lamentan, como si se tratara de cosa digna de compasión, el final anticipado del muerto".

2047 EPICURO, *Sentencia Vaticana* 41, en VARA, *op. cit.*, p. 102: "[d]igo que debemos reír a la vez que buscar la verdad [filosofar], cuidar de nuestro patrimonio (οἰκονομεῖν) y sacar fruto a las demás propiedades (λοιποῖς οἰκειώμασι) y no cesar bajo ninguna circunstancia de emitir los juicios dictados por la verdadera filosofía".

2048 FESTUGIÈRE, *Epicuro y sus dioses*, *op. cit.*, p. 22, n. 18.

2049 CLAY, *Paradosis*, *op. cit.*, pp. 70 72: "in their annual sacrifices and common meals in honor of the members of Epicurus' family, the Epicurean community in Athens became a family itself, and even referred to itself as a family. In this new principle of social organization, we glimpse Epicurus' true intentions. Death is nothing to the philosopher, but the Epicurean dead were something to the living because they bound them together into a philosophical family [n. 51 y 52] (...) Philodemus' *On Epicurus* (PHerc. 1232) makes it clear that the group celebrating the festivals of the Epicurean year included the members of the Epicurean 'family' (...) as well as outsiders (...) joined citizens and aliens in the communion of Epicurean philosophy".

2050 PHILODEMVS GADARENSIS, *De Epicuro* (Περὶ Ἐπικούρου) PHerc. 1232, fr. 8, col. I 7—10, en VOGLIANO Achille (ed.), *Epicuri et Epicureorum scripta in Herculanensibus papyris seruata*, Berolini (Berlin), apud Weidmannos (Weidmann), 1928, liber I, texto

Queremos apuntar, no obstante, con respecto al banquete o festín, el convivir del 'combeber' (συμπόσιον o *conuiuium*), que constituye una forma de socialización, por lo tanto, de integración de la pluralidad de los individuos, hora de trabar amistades, una ocasión de alimentarse y de beber en compañía; igualmente, un momento de divertimento y chanza; por último, un marco en cuyo transcurso o posterioridad se abren las razones, se departe, se charla en un clima relajado de retroalimentación intelectual mutua, con razonamientos o discursos.

Por ello señala Plutarco en sus *Quaestiones convivales*, que "olvidar por completo lo que acontezca con el vino es no sólo enfrentarse al reconocido dicho de que la mesa hace amigos, sino también tener en contra como testigos a los más afamados filósofos: Platón, Jenofonte, Aristóteles, Espeusipo, Epicuro"[2051]. El banquete, también propio de los dioses, conjuga, entonces, inmortalidad por vía de la alimentación, congregación familiar, placer, razonamiento y felicidad[2052], todo lo cual se expresa especialmente por la risa, un acto y efecto tan humano como divino, que no ha recibido, en nuestra opinión, la atención merecida a su categoría filosófica, tras las *damnationes memoriae* de filosofías más adustas o rigoristas[2053].

El progreso hacia la curación *per philosopiam*, que también se da al banquetear (lo cual no es una mera comilona), impregna todo el proyecto de la convivencia epicúrea. Desde un punto de vista cultural sólo heleno[2054] matizadamente

en p. 70 y notas en p. 126, que citamos por su belleza, a propósito del la col. I: "*Ad diem festum Epicureorum haec rettulerim. Verba Epicuri ab illius doctrinae sectatore paene integra referuntur. Vellem equidem ipsam Epicuri vocem exaudire, sed obstat 1. 2. Columnam hanc reginam columnarum in papyris Herculanensibus adservatarum appellaverim; hic vere afflatu divino spirantia verba, hic vere aurea dicta perpetua semper dignissima vita!*"; *cf.* TEPEDINO GUERRA A., "L'opera filodemea Su Epicuro (PHerc. 1232, 1289 b)", en *Cronache Ercolanesi*, n° 24, 1994, pp. 5–53.

2051 PLUTARCO, *Charlas de sobremesa (Quaestiones conviviales)*, 612E, en MARTÍN GARCÍA Francisco (ed., trad.), *Obras morales y de costumbres: (Moralia). IV*, Madrid, Gredos, 1987, p. 47; citado por SMITH, Dennis Edwin, *From Symposium to Eucharist: The Banquet in the Early Christian World*, Minneapolis, Fortress Press, 2003, p. 47. [Citamos del inglés, aunque hay traducción española que no hemos podido consultar: SMITH, Dennis E., MOLINER Albert (trad.), *Del simposio a la eucaristía: el banquete en el mundo cristiano antiguo*, Estella (Navarra), Verbo Divino, 2009].

2052 *cf.* SMITH, Dennis, *Symposium*, *op. cit.*, pp. 47–62.

2053 No se encuentra, por ejemplo, en GILHUS, Ingvild Sælid, *Laughing Gods, Weeping Virgins: Laughter in the History of Religion*, London, Routledge, 1997.

2054 EPICURO, ISNARDI, *Opere*, *op. cit.*,"Introduzione", p. 61: "si deve anche dire che Epicuro si dimostra chiuso ad ogni cosmopolitismo, ferreamente convinto che solo i greci sono capaci di filosofare".

igualitario, según algunos[2055], o más revolucionario según otros[2056], en la cohabitación de hombres, mujeres, jóvenes, viejos, libres y esclavos – incluso prostitutas de alcurnia (heteras)[2057] – se aprende en cuanto que se vive, no se aprende en cuanto que se recibe, pasivamente, una educación enciclopédica, se memorizan hueramente leyes o se consagra un tiempo específico para la instrucción.

La comunidad de vida epicúrea es comunidad de aprendizaje continuo y mutuo, no (sólo) conceptual-teórico, habida cuenta de que, como indica Hadot: "[p]odría decirse que lo que diferencia la filosofía antigua de la filosofía moderna es que en aquélla no son sólo Crisipo o Epicuro los considerados filósofos, por haber desarrollado

2055 RODRÍGUEZ DONIS, Marcelino, El *materialismo* de *Epicuro y Lucrecio*, Sevilla, Publicaciones de la Universidad de Sevilla, 1989, p. 67:"Epicuro no luchó por la igualdad social, rechazó el esquema de Platón, de quien se burlaba llamándole 'áureo', pero sigue fiel al esquema clásico de la sociedad esclavista griega. Aunque es benévolo con los esclavos, como dice Diógenes Laercio, no encontramos la menor crítica a la esclavitud. Si es cierto, como nos dice la misma fuente, que se ocupó de la igualdad ('La razón por la que Epicuro se abstuvo de la vida pública fue su excepcional preocupación por la igualdad' [Diógenes Laercio, X, 10]), no parece haber pensado que también a los esclavos había que tratarlos como a iguales. En este sentido, el epicureísmo no puede ser considerado como un sistema revolucionario. El interés del marxismo por esta doctrina es comprensible, pero ha caído en el intento de confundir los hechos con el deseo. Como muy bien dice Goldschmidt, 'es apenas necesario añadir que ni Lucrecio ni Epicuro tuvieron la idea de una revolucion social y que si se quiere establecer paralelos doctrinales y políticos divergentes se corre el riesgo de falsear el valor y la verdad de la comparacion' [GOLDSCHMIDT, Victor, *La doctrine d'Épicure et le droit*, Paris, J. Vrin, 1977, p. 303]". *cf.* DIÓGENES LAERCIO, *Vidas de los filósofos ilustres*, X, 117, en GARCÍA GUAL, *op. cit.*, p. 558: "No está, sin embargo, al alcance de cualquier disposición corporal ni de cualquier raza (ἔθνει) llegar a ser sabio)".

2056 FARRINGTON, Benjamin, CANO VÁZQUEZ, José (trad.), *La rebelión de Epicuro*, Barcelona, Ediciones de Cultura Popular, 1968 [ed. orig. *The Faith of Epicurus*, [London], Wiedenfeld & Nicholson, 1967], *passim*, *cf.*, por ejemplo, p. 148: "Epicuro, apostol de la igualdad, intentó una solucion volviendo a una forma extrema de la vida simple". *cf.* también LONG, "Pleasure and social utility", en *From Epicurus*, *op. cit.*, pp. 178–210, concretamente p. 179.

2057 DIÓGENES LAERCIO, *Vidas de los filósofos ilustres*, X, 4, 5–6, 7, en GARCÍA GUAL, *op. cit.*, pp. 512–514: "[Cuentan que] convivía con la hetera Leontio"; "En sus cartas a Leontio, se expresa así: '¡Por el soberano Peán, mi querida Leontilla, qué tumultuoso alborozo suscitó entre nosotros la lectura de tu carta!'. Y a Temista, la esposa de Leonteo, le dice: 'Soy capaz, si no venís vosotros a verme, de impulsarme en mi silla de tres ruedas hacia donde quiera que vosotros y Temista me convoquéis'. (...) se dirige a Temista como adorándola. Y además escribió a otras varias heteras, sobre todo a Leontio, de la que se enamoró Metrodoro"; "convivían con él y con Metrodoro esa [Leontio] y otras heteras, como Mammario, Hedia, Erotio y Nicidio".

alguna forma de discurso filosófico, sino cualquiera que viva según los preceptos de Crisipo o Epicuro"[2058]; esto mismo nos lo atestigua también Séneca Joven:

> "[r]edúcete a una situación humilde de la que no puedas decaer. El impuesto de esta epístola, que te pagaré al instante, contribuirá a que realices este propósito con más ánimo. Aunque me mires con malos ojos, también ahora Epicuro pagará con gusto en mi lugar: 'Créeme, tu discurso lo hará más impresionante un jergón y los harapos, pues no sólo pronunciarás verdades, sino que las demostrarás' [USENER, *Epicurea, op. cit.*, p. 162, frag. 343]"[2059].

Desde el punto de vista espacial y temporal hay, pues, coexistencia, convivencia (*conuiuium*), cohabitación sin solución de continuidad y, por lo mismo, comida entre compañeros que se alimentan (*comedo*, σύνἐσθίω) y beben en compañía (συμπίνω συμπόσιον), de modo celebrativo, fundado en la amistad y en la semejanza atómica, de pensamiento, palabra y acción, en unos términos que anticipan las comunidades cristianas[2060] y constituyen una cofradía cultual[2061] / filosófica griega, un θίασος[2062], con la salvedad de que los bienes o hacienda del grupo permanecieron ligados no a la cofradía, sino a Epicuro, que por ello los legó[2063].

El lugar y el tiempo de encuentro vital epicúreo, que desborda lo docente-discente, se hace cargo de que, como indican García Gual y Acosta, "[t]ambién la compañía causa placer, y el instinto gregario del animal humano se satisface en la reunión social"[2064]. Long sintetiza muy bien la naturaleza comunitaria del Jardín al sostener

---

2058 HADOT, *Ejercicios, op. cit.*, p. 245.

2059 SÉNECA, *Epístola moral a Lucilio*, 20, 8–9, en ROCA MELIÁ, *Lucilio I, op. cit.*, p. 179. Debemos la cita a DEWITT, "Contubernium", en *op. cit.*, pp. 55–63; p. 57.

2060 *cf.* SMITH, Dennis, *Symposium, op. cit.*, pp. 47 y ss., especialmente, 58 y ss., si bien nos parece una visión muy decantada. *cf.* ANTOLÍN SÁNCHEZ, *op. cit.*, pp. 282–306.

2061 *cf.* VON WILAMOWITZ-MOELLENDORFF, Ulrich, "Excurs 2: die rechtliche stellung der philosophenschulen", en *Antigonos von Karystos*, publicado en *Philologische Untersuchungen*, 4. Hft., Berlin, Weidmann, 1881, pp. 264–291, concretamente p. 275: "[d]ass ein κοινὸν ohne κοινά nicht gedacht werden kann, bedarf nicht des beweises für jeden einzelnen fall; in den meisten steht es vollkommen fest. Die vereinigung selbst, die verpflichtung, der jeder teilhaber sich unterwirft, erscheint nicht in anderer gestalt, sondern nur von anderer seite angesehen religiös". Debemos la cita a CLAY, *Paradosis, op. cit.*, p. 72. No nos corresponde abordar aquí con detalle las muy diversas muestras de reverencia, culto y ceremonial propias de la comunidad epicúrea.

2062 SCHMID, *Epicuro, op. cit.*, p. 101 y ss.

2063 VON WILAMOWITZ-MOELLENDORFF, "Excurs 2" *op. cit.*, en *Antigonos, op. cit.*, publicado en *op. cit.*, pp. 264–291, concretamente p. 289.

2064 GARCÍA GUAL, ACOSTA MÉNDEZ, *op. cit.*, p. 78; *cf.* pp. 79–80: "En este punto la philía de los filósofos helenísticos —de los epicúreos, y también de los estoicos, que insistían en la simpatía del cosmos y en especial de la fraternidad universal, por ser todos los hombres hijos de un único Dios— ha sido un prenuncio de la ágape que "Epicureans were philosophers who completely opted out of city life, founded 'alternative' communities, and had the material wherewithal to live utterly self-sufficient lives, with their spiritual welfare safely secured by the master's teaching"[2065].

Burckhardt y luego Clay[2066] nos ofrece una interesante pista con la que comprender esta comunidad de *uita philosophica:* el συμφιλοσοφεῖν[2067]. De Epicuro se suele elogiar la dulzura, generosidad y filantropía, hasta el punto de que legó testamentariamente sus bienes a quienes con él filosofaban[2068]. De hecho incluso sus

---

o amor cristiano. Frente al aprecio por este sentimiento, el amor pasional o eros es condenado por Epicuro como causa de desórdenes, falsas ilusiones y sufrimientos. Ese amor pasión es un afecto irracional y maniático frente a la amistad, 'cuya adquisición es con mucho el mayor aliciente que ofrece la sabiduría (sophía) para la felicidad de la vida entera' (M. C. XXVII). Puede pensarse que la adquisición de amigos tiene una finalidad egoísta. Pero frente a ese egoísmo, que encaja en la autarquía del sabio feliz, hay un auténtico énfasis en el valor de la amistad. Los epicúreos ejemplificaron en la práctica este principio. Epicuro dice que el sabio 'estará dispuesto incluso a morir por un amigo' (D. L. 121 b). Esta disposición al sacrificio por los amigos puede ser un riesgo contra la imperturbabilidad de ánimo, inconsecuencia doctrinal que paradójicamente nos acerca más al filósofo".

2065 LONG, "Pleasure and social utility", en *From Epicurus, op. cit.*, pp. 178–210, concretamente pp. 178 y 180.

2066 *cf.* CLAY, Diskin, "Garden", en WARREN, *Companion, op. cit.*, pp. 9–28, concretamente p. 12: "His Life also contains some brief mention of Epicurus' students or, better, 'fellowphilosophers' (*sumphilosophountes*)".

2067 *cf.* BURCKHARDT Jacob, BURCKHARDT Leonhard *et al.* (eds.), *Werke, Band 21: Griechische Culturgeschichte. Die Kunst. Die Poesie. Zur Philosophie und Wissenschaft*, München / Basel, Schwabe / C. H. Beck, 2002, p. 383.

2068 DIÓGENES LAERCIO, *Vidas de los filósofos ilustres*, X, 12; 16–17, en GARCÍA GUAL, *op. cit.*, pp. 515, 516–517: "Y su agradecimiento hacia sus padres (ἥ τε πρὸς τοὺς γονέας εὐχαριστία), su generosidad (εὐποιία) con sus hermanos, su dulzura para con sus siervos, como se puede ver por sus disposiciones testamentarias y por el hecho de que éstos filosofaban en su compañía (αὐτοὶ συνεφιλοσόφουν αὐτῷ), como fue el caso del famoso Mys, al que ya hemos aludido. Y, en general, su amor humanitario hacia todo el mundo (ἡ πρὸς πάντας αὐτοῦ φιλανθρωπία). Porque, desde luego, su piedad hacia los dioses y su amor a la patria son algo indecible. En efecto, por exceso de honestidad, se abstuvo de la política"; [...] "[p]or la presente lego todos mis bienes personales a Aminómaco, (...) a Timócrates (...) con la condición de que dejen el Jardín y todas sus dependencias a disposición de Hermarco (ἐφ' ᾧ τε τὸν μὲν κῆπον καὶ τὰ προσόντα), (...) y a los que filosofan en su compañía (τοῖς συμφιλοσοφοῦσιν αὐτῷ καὶ), y a los que Hermarco pueda dejar como sus sucesores en filosofía, para que vivan de acuerdo con la filosofía. Y para siempre lo lego a los que filosofen según nuestros principios, para que conserven (...) la vida comunitaria en el Jardín (συνδιασώσωσιν τὴν ἐν τῷ κήπῳ διατριβὴν) (...). Respecto a la casa en Mélita, que Aminómaco y Timócrates se la cedan a Hermarco y a los que filosofan con él (μετ' αὐτοῦ φιλοσοφοῦσιν), para que la habiten, mientras Hermarco viva".

hermanos buscaron a su lado la sabiduría[2069], de forma que todos los del Jardín se entregaban a "aquellas nocturnas sesiones filosóficas y aquella tertulia de iniciados (τὰς νυκτερινὰς ἐκείνας φιλοσοφίας καὶ τὴν μυστικὴν ἐκείνην συνδιαγωγήν)"[2070]. Más que aprender por aprender, el encuentro sirve para aprender a vivir mejor, para curarse, cosa que también requiere, según propuso DeWitt[2071], una estructura u organización de la didáctica terapéutica, muy probablemente no tan rígida[2072], e, igualmente, una sistematización o programa de tratamientos, según sostenemos aquí, o enseñanza filosófica, que, en opinión de Ilsetraut Hadot, pasa por un nivel memorístico de los fundamentos, una profundización intradoctrinal y, finalmente, por un acrecentamiento más autónomo de los propios conocimientos y discusión con otras escuelas[2073], lo cual es compatible y simultáneo con los diversos modos curativos aquí descritos.

La comunidad epicúrea se presenta, entonces, como un modo de ser en el que se da un reparto o distribución equitativa de los deberes, las responsabilidades o las cargas para todos los miembros, en todos los planos de la vida, no sólo el filosófico. Igualmente, esto implica el hacer partícipe o participar de los propios pensamientos

---

2069 *cf.* DIÓGENES LAERCIO, *Vidas de los filósofos ilustres*, X, 3, en GARCÍA GUAL, *op. cit.*, p. 503: "Con él se dedicaron a filosofar (Συνεφιλοσόφουν δ' αὐτῷ) sus tres hermanos, Neocíes, Queredemo y Aristobulo, a los que él incitó a ello".

2070 DIÓGENES LAERCIO, *Vidas de los filósofos ilustres*, X, 6, en GARCÍA GUAL, *op. cit.*, p. 513.

2071 DEWITT, Norman, "Organization and Procedure in Epicurean Groups", en *Classical Philology*, vol., 31 1936, pp. 205–211, basándose en PHerc 182, *De ira*, concretamente p. 211: "This, then, was the organization of the Epicurean brotherhood: σοφός, φιλόσοφοι, φιλόλογοι, καθηγηταί, συνηθεῖς κατασκευζόμενοι. These differed from one another only in the varying degrees of their advancement toward wisdom, and none attained so near to perfection as to be immune from error. Each looked to those above him as his leaders, and all looked beyond their immediate leaders to Epicurus as their model. All were commanded to cultivate a feeling of gratitude toward him for having discovered the true way of life and to their fellow-adherents for assisting them to follow it. All aimed to habituate themselves to receive admonition kindly and to administer it frankly and gently. All were to be animated by good will, and everyone was urged to become an apostle, never ceasing to proclaim the doctrines of the true philosophy. Lastly, the leaders were genuine psychiatrists, engaged in purifying men of their faults just as the physician purified their bodies of disease".

2072 GIGANTE, Marcello, "Philodème. Sur la liberté de parole", en ASSOCIATION GUILLAUME BUDÉ, *Actes*, *op. cit.*, pp. 196–217, concretamente p. 215: "a fait allusion à un tel climat de l'éducation épicurienne, il est toutefois tombé dans la grave erreur de tracer un schéma organisateur de la 'confrérie' épicurienne absolument dénué de tout fondement sérieux".

2073 HADOT, Ilsetraut, "Épicure et l'enseignement philosophique hellénistique et romain", en ASSOCIATION GUILLAUME BUDÉ, *Actes*, *op. cit.*, pp. 347–353. Debemos la referencia a LLEDÓ, *Epicureísmo*, *op. cit.*, pp. 125–126, n. 18.

sanadores, preocupaciones o cavilaciones al otro, plural y, además, semejante, afín. Es por ello por lo que el Jardín deviene privilegiadamente un espacio de *communicatio*, de διάλογος o *interlocutio*, en el que los pensamientos, las palabras y las acciones de la alteridad, que se nos asemeja, funcionan como un espejo altruista, con lo que la propia conciencia sale de su repliegue y se despliega hacia el otro, abriéndose el círculo de la socialización entre pares. Los compañeros filosóficos, al comunicar sus palabras, compartidas, se curan mutuamente, aplicando la logoterapia, se nutren con ellas y con sus sonidos no agresivos, dulces, redondos[2074], (esto, según anotamos, valía también para el vino, no agrio o acre) no punzantes. De la misma manera, los del Jardín se alimentan recíprocamente con las imágenes, de suerte que se da una dietética filosófica, no sólo oral-verbal (en la que se debe prestar atención a lo que se ingiere y lo que se expulsa) sino también visual[2075].

Para acabar y para establecer un vínculo con el último modo terapéutico, quizás el más fundamental, la φιλία, debemos tener presente que el συμφιλοσοφεῖν implica el αὐτόθι καταβιῶναι, el pasar la vida allí[2076], en el Jardín; la *co(n)*existencia es reunión, συμφυλία, un término ya usado por Epicuro[2077] respecto a los átomos y que Filodemo relaciona con los dioses y la amistad.

Más que familiaridad, se trata en este caso de la pertenencia vinculante a un mismo linaje o clan, que posee la fortaleza de los lazos de sangre, en lo que podemos llamar parentesco de hermandad, que no se debe, por lo que respecta a los dioses, a la acucia forzada de necesidades externas, sino que busca la transmisión de sentimientos por la interlocución mutua, configura la amistad, (φιλία), fundamental para las divinidades[2078].

Entre los dioses, la reunión con el otro en cuanto parentela amical no surge de la necesidad – ya que los seres divinos son máximamente autónomos o autosuficientes –, sino desde el afecto como φιλία; los dioses no se necesitan y si se necesitan es porque se aman, no se aman porque se necesiten. Entre los hombres comunes no rigen exactamente esas mismas leyes, sí entre los aspirantes a sabios, ya que, aun máximamente autónomos, necesitan de los otros y por ello viven en

---

2074 *cf.* CONCHE, *Lettres*, *op. cit.*, p. 143, notas a la sección 42 de la *Carta a Heródoto*, ya citada.

2075 Debo esta idea a las conversaciones con la Dra. Méndez Lloret, a quien expreso aquí mi agradecimiento.

2076 DIÓGENES LAERCIO, *Vidas de los filósofos ilustres*, X, 110, en GARCÍA GUAL, *op. cit.*, p. 515: "Y aunque en aquellos momentos atravesaba Grecia por circunstancias muy penosas, persistió en habitar en ella, haciendo sólo dos o tres viajes hacia las tierras de Jonia para visitar a sus amigos. Por cierto que éstos acudían de todas partes a él, y convivían con él en el Jardín (...)".

2077 EPICURO, *Carta a Pitocles*, 115, en VARA, *op. cit.*, p. 85: "confluencia de átomos determinantes del fuego, lo que ocurre por haberse juntado (συμφυλίας γενομένης) un material adecuado para producir ese fuego".

2078 *cf.* FILODEMO DE GÁDARA, DIELS, *Götter*, *Text*, *op. cit.*, p. 14, col. 1, ll. 4–8; FILODEMO DE GÁDARA, DIELS, *Götter*, *Erläuterung*, *op. cit.*, pp. 4–5.

comunidad fraterna, que provoca esa integración del otro en uno, por vía atómica, con lo que acontece una συμφυλία material que se origina y desemboca en el συμφιλεῖν[2079], ese amarse mutuamente propio de la reunión entre afines, con sentimiento de copertenencia e integración íntimas. Del convivir, se pasa al ser y estar con, de y en los otros, en un encuentro más profundo, global y duradero que el coito.

Como bien señala Diels para los dioses y que consideramos valedero también para los seres humanos, en especial los miembros del Jardín:

> "Da das Lustgefühl nicht allein auf dem eignen Innern beruhen kann, sondern der Anregung von außen durch die Sinnesorgane bedarf, so ist schon hierdurch bei Menschen wie bei Göttern die Abhängigkeit von der Außenwelt gegeben. Wer sich also abschließt von ihr, kann nie die Fülle der Eudämonie erreichen. Aber ebenso sehr ist die wähl- und ziellose Hingabe an die Güter der Außenwelt schädlich"[2080].

El mundo exterior es, tal como lo interpretamos aquí, el mundo de la comunidad, de los afines, la conquista del altuismo y la amistad.

La comunidad, la comunicación y la convivencia, además de la familiaridad y el parentensco, convergen a la perfección en el último modo curativo de la filosofía epicúrea: la φιλία, a la que hemos reservado la sección siguiente. Para engarzar, pues, con lo que sigue estimamos oportuno incluir dos citas de DeWitt y Wilamowtiz-Moellendorf, donde comunidad y amistad se aúnan.

> "The effective principle in the organization is, of course, love, φιλία, which Roman writers narrowed materially by rendering it *amicitia*. The leader is to be regarded as the best of all friends (...). Friendship expresses itself in the form of mutual concern for the good of one another, good will, and gratitude. Everyone is to be imbued with a feeling of responsibility (κηδεμονία [cuidado, solicitud]) for the good of all"[2081].

[...]

> "Man feiert mit recht an den Epikureern den cultus der freundschaft aber Epikuros kommt darin nur einem in seiner zeit besonders stark empfundenen gefühle entgegen, treu und glauben ist so wenig in der weit, verwandtsckaftsbande halten nicht mehr, weil die familie selbst machtlos geworden ist and ihre religiöse weihe nicht mehr so stark wirkt, da schliessen sich die menschen auf gleichem boden des denkens und empfindens zusammen, und die religion wird auch hier von der Philosophie abgelöst,

2079 PLUTARCO, *Cómo distinguir a un adulador de un amigo*, 53C, en MORALES OTAL, GARCÍA LÓPEZ, (traductor del tratado), *op. cit.*, pp. 212–213: "el verdadero amigo no es un imitador de todo ni está dispuesto a alabarlo todo, sino solo lo mejor, '*Pues no nació para odiar sino para amar* [οὐ γὰρ συνέχθειν ἀλλὰ συμφιλεῖν ἔφυ]', según Sófocles (adaptado de *Antigona*, v. 523)".

2080 FILODEMO DE GÁDARA, DIELS, *Götter, Erläuterung*, *op. cit.*, p. 5.

2081 DEWITT, "Organization", en *op. cit.*, pp. 205–211, sobre en PHerc 182, *De ira*, concretamente pp. 206–207.

der alte sokratische Eros aber ist dahin, die empfindsamkeit und rührseligkeit, in der auch Epikuros so stark ist, spielt denn auch mit"[2082].

5.2.11. La terapia de la amistad

Es bien sabido que para Epicuro la φιλία, *amicitia*, constituye la piedra angular de su sistema, el culmen para quienes aspiran a una vida propia del sabio, plena de gozo, libre de males corporales o angustias psíquicas. Por ello, estimamos, puede ser tenida por el último y más perfecto modo curativo epicúreo, puesto que entronca con la franqueza auténtica, con la afinidad fraterna, con la experiencia de vida comunitaria y, por último, con el afecto o el amor dado y recibido entre iguales. Según escribe el de Samos:

> "De todos los medios de los que se arma la sabiduría para alcanzar la dicha en la vida el más importante con mucho es el tesoro de la amistad"[2083].

El lazo que vincula la amistad tanto con la terapia cuanto con la filosofía ha sido bien observado por DeWitt, quien propugna que el médico-filósofo debe ser impelido en su obrar por la φιλανθρωπία, esto es por la φιλία hacia todos los iguales humanos, que recorre el mundo, independientemente de quiénes sean los congéneres, hombres o mujeres, y qué mal les aqueje, si bien este sentimiento humanitario no es propiamente la amistad[2084]. Si, como hemos sostenido más arriba, el Jardín se alza a

---

2082 VON WILAMOWITZ-MOELLENDORFF, "III: Antigonos der Biograph", en *Antigonos, op. cit.*, publicado en *op. cit.*, pp. 27–168, concretamente, pp. 92–93, n. 9. [conserva minúsculas iniciales en substantivo y ces etimológicas].

2083 EPICURO, *Máxima Capital* XXVII, en VARA, *op. cit.*, p. 96 [πολὺ μέγιστόν ἐστιν ἡ τῆς φιλίας κτῆσις].

2084 DEWITT, *Epicurus, op. cit.*, pp. 101–102: "Just as the analogy between philosophy and the art of healing placed founder and disciple in the relation of parent and child, it evoked also a doctrine of friendship or brotherly love. The love of mankind, *philanthropia*, must actuate the healer of souls no less than the healer of physical maladies. Moreover, this affection could not be reserved to males in the manner of the Platonic love, of which the founder of the Academy wrote so feelingly, nor to aristocrats, as in the creed of Pythagoras. It embraces mankind, as declared in the dictum of Epicurus: 'Love goes dancing round and round the inhabited earth, veritably shouting to us all to awake to the blessedness of the happy life [*Sentencia Vaticana* 52]'. For this kind of love the Greek word is *philia*, and when this is rendered by the Latin *amicitia* there is a regrettable narrowing of meaning. In dealing with Epicurean doctrine, therefore, the Latin tradition is inadequate and the scope of love or friendliness must be extended to include humanity, just as in Christianity. Nevertheless, in this field also there is a certain division and a certain gradation. The love of mankind is one thing, and the perfection of love among close friends is quite another".

guisa de cobijo espacial[2085], los amigos y las amigas son el amparo humano, racional y sintiente, en el que tomar refugio[2086]. Está claro, así mismo, que la vida política[2087], las ansias enfermizas de poder[2088] – deseos no naturales ni necesarios – y la convicción demagógica en el plano legislativo o judicial, mediante logomaquias retóricas y palabras hueras[2089], no interesan a Epicuro, que las rechaza, para la mayoría de aspirantes a la sabiduría, por vulgares e ignorantes, como un riesgo para el sabio[2090].

La comunidad amical es, precisamente, el entorno social afectivo-amoroso en el que el sabio halla incolumidad, ἀσφάλεια, seguridad personal e intelectual inexpugnable, en especial frente a los desmanes de la vida política. Esa protección

2085 GIOVACCHINI, *Épicure*, *op. cit.*, p. 42: "le Jardin est présenté comme un refuge, une thébaïde au sein de laquelle il est possible de suivre la voie de la nature, rectifier son jugement, soigner son âme et, par là, atteindre le bonheur".

2086 *cf.* REINSMITH, William, *A harmony within: five who took refuge. A study in creative withdrawal*, Indiana, Xlibris, 2007, pp. 19–42.

2087 DIÓGENES LAERCIO, *Vidas de los filósofos ilustres*, X, 119, en GARCÍA GUAL, *op. cit.*, p. 558: "No hará política, según el primer libro de *Acerca de las formas de vida*. No se hará tirano ni pasará por cínico, según el segundo libro de *Acerca de las formas de vida*".

2088 MÉNDEZ LLORET, Isabel, "La doctrina política y jurídica de Epicuro", en *Res publica*, n° 11–12, 2003, pp. 143–172, concretamente p. 145: "sí es radicalmente nuevo lo que él [Epicuro] señala como enfermedad de la que el alma debería curarse o cuidarse: la política entendida como lucha por el poder con todos los elementos que la constituyen. Consejos como 'hemos de liberarnos de la cárcel de los intereses que nos rodean y de la política' (*G.V.* 585), y '¡huye, afortunado, a velas desplegadas de toda forma de cultura' (D. L. X, 6; fr. Us. 163), no son máximas programáticas de modelos antisociales, sino advertencias contra los riesgos del *krátos* (el otro elemento que junto con la sociabilidad configura la política), a instancias del cual se conforma la figura del político y la estructura social. Esa reducción de la política a poder que se ejerce coercitivamente sobre los ciudadanos y que constituye la mejor y más efectiva apología de la tiranía del sabio (ejemplificada en la 'ciudad ideal' de Platón) es contra lo que se revuelve Epicuro desde sus fundamentos: el *conocimiento*. El poder es una enfermedad además contagiosa (D.L X, 6; fr. Us. 163 ya citado y G.V. 80); por eso, para evitar riesgos innecesarios, lo aconsejable es el retiro: *Lathe biósas* (fr. Us. 551), 'vive oculto' (...)".

2089 DEMONT, Paul, *La cité grecque archaïque et classique et l'idéal de tranquillité*, Paris, Les Belles Lettres, 1990, pp. 388–392.

2090 GARCÍA GUAL, ACOSTA MÉNDEZ, *op. cit.*, p. 78: "La sociedad es una de las causas mayores de placer, indudablemente; pero la inestabilidad de la relación entre una y otro impone someterse a una serie de reglas objetivas harto complicadas. (...) Para explicarnos por qué Epicuro no se ha planteado este problema [de la represión del placer en sociedad] podemos tal vez pensar que no esperaba modificar la sociedad y que su filosofía se dirigía a unos pocos quienes, apartados, observan (como en Lucrecio II, 1–4) las tempestades del mar desde su abrigo en tierra".

del sabio, que ha optado por el retiro, el apartamiento[2091] del furor por el mando, se la brindan leyes útiles y justas, razonables. Las leyes, humanas,[2092] en síntesis, se muestran como un pacto de no agresión integrado por normas de garantía mutua. Esta concepción entronca, entonces, con el contractualismo que busca la utilidad de todos los implicados, en una normatividad que deviene objetiva por acuerdo intersubjetivo[2093] y da lugar a una sociedad formada por individualidades atómicas que se coligan[2094].

2091 EPICURO, *Máxima Capital* XIV, en VARA, *op. cit.*, p. 94: "La solución más sencilla para lograr la seguridad frente a los hombres, que hasta cierto punto depende de una capacidad eliminatoria, es la seguridad que proporciona la tranquilidad y aislamiento del mundo (ἐκχωρήσεως)".

2092 *cf.* GOLDSCHMIDT, *Droit*, *op. cit.*

2093 ALBERTI, Antonina, "The Epicurean theory of law and justice", en LAKS, André y SCHOFIELD, Malcolm (eds.), *Justice and Generosity: Studies in Hellenistic Social and Political Philosophy: Proceedings of the Sixth Symposium Hellenisticum*, Cambridge, Cambridge University Press, 1995, pp. 161–190, y concretamente pp. 180–181: "The claim that Epicurean justice is not conventional would seem to be contradicted by the fact that it always originates from a contract, a collective decision to hold to a certain reciprocal mode of conduct, whose aim is always that of not harming each other (RS 32). It is only as a consequence of this decision, this mutual accord, that an action becomes just or unjust. And that might seem to imply that the action's justness or unjustness does not belong to it objectively, but derives its origin and its value from convention. (...) But actually the contract, for Epicureanism, does something more than invent, and artificially attribute to certain actions, a value which they do not naturally possess. It gives rise to a character, of justness or unjustness, which, even if it cannot be said to belong intrinsically to the action as such, nevertheless because of the contract becomes a real property of the action, so that the action can thereafter be called really or objectively just or unjust".

2094 MÜLLER, Reimar, *Die Epikureische Gesellschaftstheorie*, Berlin, Akademie-Verlag, 1972, pp. 12–13, 29–30: "Die 'atomistische' Gesellschaftslehre, die vom vereinzelten Individuum ausgeht und im freiwilligen Zusammenschluß der Individuen im 'Vertrag' die Grundlage der gesellschaftlichen und staatlichen Ordnung sieht, ist, gemessen an den Erkenntnissen des historischen Materialismus, eine ahistorische, idealistische Konstruktion. (...) Die Entstehung des Staates erscheint bei ihnen [einigen Sophisten und Epikur], entkleidet aller mystifizierenden Verhüllungen, als Produkt schöpferischen menschlichen Handelns. (...) Mit dieser aufklärerischen Position traten die Epikureer in einen tiefen Gegensatz zu dem Versuch Platons, die Autorität des Staates wiederum auf eine verbindliche Staatsreligion zu begründen, vor allem aber zur politischen Realität im Rom der späten Republik und des Prinzipats"; [...] "Daß bereits im 5. Jh., zu einer Zeit also, als die Krise der Polis erst in ihren Anfängen sichtbar wurde, eine derartige Auffassung von der Gesellschaft sich herausbilden konnte, ist überaus bezeichnend. (...) Die Theorie, die bei Epikur deutliche Merkmale der Auflösung spiegelt, reflektiert also einen Widerspruch, der im Grundcharakter der Sklavenhalterdemokratie des 5. Jh. von

El sabio, como todos los seres humanos de la época helenística, es, no obstante, consciente de su posición atómica, autosuficiente, dotada de libertad irreductible e invulnerabilidad. Pese a ello, no se encuentra solo, sino que su espejo y reflejo, sus contrapartes, se ofrecen en la amistad, que, según indica Giovacchini:

> "joue un rôle fondamental dans l'économie du système épicurien. C'est la notion d'amitié qui vient fonder philosophiquement la pratique concrète de la vie communautaire et qui lui donne sens. (...) [L]'éloignement du monde n'est pas la solitude. Le salut épicurien est une affaire de groupe - et c'est même par le groupe et par son influence positive qu'il sera possible de faire fructifier la philosophie et de l'exercer réellement. C'est pour cette raison, parce qu'elle est une condition de possibilité de la vie véritablement philosophique, que l'amitié acquiert cette importance dans la pensée d'Épicure. Par amitié, les épicuriens désignent la relation de sympathie et d'entraide qui unit entre eux les membres de la communauté (...)"[2095].

Además de un sentir comunitario, Epicuro avecina la amistad al máximo placer, necesario y curador, así como a la sabiduría compartida; no en vano ella, es, en cuanto medio y objeto[2096], el culmen de la vida feliz, incita a gratitud por el vínculo y hacia aquellos que están mutuamente enlazados por él, incluso cuando están lejos o no están definitivamente, habida cuenta de que "[d]ulce es el recuerdo del amigo muerto"[2097].

A la hora de tratar la progresión amical, el epicureísmo es, no obstante, pragmático, realista[2098], descriptivo, si se nos permiten las expresiones:

---

vornherein angelegt war, ohne daß diese Theoretiker in der Lage gewesen wären, alle Konsequenzen zu erkennen".

2095 GIOVACCHINI, *Épicure*, *op. cit.*, p. 42.

2096 FESTUGIÈRE, *Epicuro y sus dioses*, *op. cit.*, pp. 25, 28: "Puede compararse esta amistad platónica al fervor que, en una clase escolar, anima al maestro y a los alumnos cuando igualmente cautivados por la belleza del saber o, mejor aún, a la emulación que reina en un noviciado bajo la dirección de un santo monje. En cambio, la amistad epicúrea es un fin en sí. No es solamente un intermedio hacia la sabiduría; es la sabiduría misma. (...) La sabiduría es vida espiritual. Y el ejercicio de la sabiduría es la práctica de esta vida. Pero Epicuro es demasiado griego para pensar que la curación del alma pueda obtenerse en soledad. Hace falta un médico; es preciso sentir en torno el calor de la amistad; es necesario, pues, que se constituya esa sociedad ideal de un maestro con sus discípulos". *cf.* EPICURO, *Sentencia Vaticana* 23, en VARA, *op. cit.*, p. 100: "Toda amistad es por sí misma deseable, pero recibe su razón de ser de la necesidad de ayuda".

2097 EPICURO, *Fragmento de cartas cuyos destinatarios se ignora*, 50, en VARA, *op. cit.*, p. 115, *cf.* USENER, *Epicurea*, *op. cit.*, p. 164, fr. 213.

2098 *cf.* MÜLLER, *Gesellschaftstheorie*, *op. cit.*, p. 116: "Grundlage der Theorie der Freundschaft ist ein Prinzip, das in voller Übereinstimmung mit dem Grundsatz der gesamten epikureischen Sozialphilosophie steht: Alle gesellschaftlichen Verbindungen haben nach ihrer historischen Genese (gewissermaßen phylogenetisch)

"La amistad se origina por las necesidades y tratos. Es preciso con todo que se haya iniciado así, como sembramos el campo; pero se confirma plenamente en la comunidad de los colmados de placeres"[2099].

De hecho, como bien matiza Giovacchini, no se trata de un provecho o conveniencia mutuos en términos ramplones o groseros, consiste más bien en un ahondamiento y autenticación de la comunidad de vida filosófica que la hace todavía más acabada, que propicia la curación o alivio de quienes padecen pesares:

"Le plus grand bien qu'apporte l'amitié n'est en effet pas matériel, mais intellectuel - et l'utilité si choquante de l'amitié prend une couleur bien différente si l'on se soucie de ce détail. La communauté d'amis est le lieu par excellence où s'effectue l'acte philosophique, où s'apprend et se comprend la doctrine, où s'éduquent les âmes"[2100].

El amigo es, a efectos prácticos, quien nos sana o, al propio tiempo, quien también se halla enfermo y desea, mediante la filosofía, ayudarse y ayudarnos, o vicevesa. Respecto a ese prójimo filosófico o alteridad en busca de la sabiduría y de la beatitud, apunta Annas que "instead of rejecting other-concern, or bringing it in merely via commonsense beliefs, Epicurus both insists on the reality of other-concern and presents it enthusiastically as promoted by his theory"[2101]. Contra el lugar común del egoísmo epicúreo, se alzan las máximas: "[e]l sabio sufre, pero no más cuando es atormentado él mismo que cuando ve que el atormentado es su amigo... (Pues si el sabio no se comporta así) toda la vida del amigo rodará por los suelos y caerá en abatimiento por desconfianza en todos"[2102] o "[el sabio] no abandonará a ningún amigo"[2103]; "[p]or un amigo llegará a morir, si es preciso (ὑπὲρ φίλου ποτὲ τεθνήξεσθαι)"[2104]; "La contemplación del prójimo es lo más hermoso siempre que los familiares en primer grado muestren concordia (ὁμονοούσης), que es lo que procura un apoyo importante a aquel resultado"[2105] y "[e]l hombre auténtico se preocupa sobre todo de la sabiduría y de la amistad: de las cuales cosas una es un bien inmortal y la otra mortal"[2106].

und im einzelnen Fall der individuellen Realisierung (ontogenetisch) die einzige Aufgabe, dem gegenseitigen Nutzen der jeweiligen Individuen zu dienen".

2099 DIÓGENES LAERCIO, *Vidas de los filósofos ilustres*, X, 120b, en GARCÍA GUAL, *op. cit.*, p. 559.

2100 GIOVACCHINI, *Épicure*, *op. cit.*, pp. 44–45.

2101 ANNAS, Julia, *The Morality of Happiness*, New York, Oxford University Press, 1993, p. 236.

2102 EPICURO, *Sentencias Vaticanas* 56–57, en VARA, *op. cit.*, p. 103.

2103 DIÓGENES LAERCIO, *Vidas de los filósofos ilustres*, X, 120, en GARCÍA GUAL, *op. cit.*, p. 559.

2104 DIÓGENES LAERCIO, *Vidas de los filósofos ilustres*, X, 120b, en GARCÍA GUAL, *op. cit.*, p. 559.

2105 EPICURO, *Sentencia Vaticana*, 61, en VARA, *op. cit.*, p. 103.

2106 EPICURO, *Sentencia Vaticana* 78, en VARA, *op. cit.*, 105.

A propósito del interés por el otro en forma de projimidad y amistad se ha pronunciado una parte de la tradición estudiosa. Podemos mencionar, con respecto a la máxima 78, la interesante glosa de Bollack:

> "Le terme de *philosophia* est décomposé en ses éléments, dont l'ordre est en même temps inversé, étant donné que la sagesse s'emploie à créer l'amitié (voir la maxime 27). Il n'en reste pas moins que les deux termes forment une unité indissoluble, et ce n'est qu'à cette condition que les éléments constitutifs peuvent être définis. Les deux aspects que revêt l'unité sagesse et amitié ne peuvent plus être dissociés, se déterminant l'un l'autre. Le fait que l'amitié est soumise à la pensée en fait un bien intelligible, mais le fait que la pensée se fixe dans l'amitié et dans la figure humaine en fait un bien immortel, par l'accomplissement et par la nature des images projetées"[2107].

Así mismo, DeWitt considera que el de Samos se consagra al "hedonismo altruista"[2108]. Debemos precisar aquí que, al considerar al otro uno de los nuestros, ocurre un

---

2107 BOLLACK, Jean, *La pensée du plaisir. Épicure: textes moraux, commentaires*, Paris, Éditions de Minuit, 1975, pp. 556–557.

2108 DEWITT, *Epicurus*, *op. cit.*, pp. 7, 30–31: "Epicureanism was the first missionary philosophy. The mistake is to look upon Epicurus as an effeminate and a moral invalid; by disposition he was combative and by natural gifts a leader, organizer, and campaigner. Epicureanism was the first world philosophy, being acceptable to both Greek and barbarian. The mistake is to think of Epicurus as an egoistic hedonist, ruled solely by self-interest. He was an altruistic hedonist"; [...] "As a design for living Epicureanism is patently suggestive of modern hominism or humanism or pragmatism. It was centered in man and not in the state or in theology. The breadth of its humanity is well expressed by one of its later devotees, who wrote 'that the whole earth is just one country, the native land of all, and the whole world is just one household.' The most potent single sentiment in the development of modern social theory is Epicurean as well as Menandrian: *Homo sum; humani nihil a me alienum puto.* (...) In the light of this manifesto it is astonishing to find Epicurus coldly classified in modern times as an 'egoistic hedonist.' This mistaken judgment can be traced to the total honesty of Epicurus. It was because of this honesty that he did not shrink from choosing the suspected name of pleasure as the designation of the goal of life. Because of this same forthright honesty he dared to base friendship upon advantage. He knew that human motives are mixed and he possessed the courage to face the fact. This outspokenness laid him open to the charge of basing conduct upon expediency or self-interest, even though he declared 'that, if need be, a friend will die for a friend.' Consequently, when in the nineteenth century a distinction was made between egoistic and universalistic hedonism, the pleasure of tagging him as an egoistic hedonist was too tempting to be resisted. This imputation can be disproved by the doctrines, but recourse to them is superfluous. A point of logic will serve the same purpose. When a philosopher chooses the role of missionary and launches a campaign 'to awake the world to the blessedness of the happy life,' he may still be a hedonist, but he ceases to be egoistic. If correctly described, he must be seen as an altruistic hedonist. This is not a contradiction in terms, but a higher hedonism".

efecto de espejo y reflejo, una preocupación o cuidado del otro,[2109] y, en ese sentido, incluyendo o no el sacrificio de uno mismo (hasta la muerte si es preciso), se puede entender ese hedonismo filántropo, desde la libertad y autonomía personales propios del sabio.

Es la φιλία, afecto fraterno y amical por el otro, así pues, la que funda "la prima società degli amici, nella quale, fuori d'ogni presupposto sociale e sacrale, il nome di amico valesse a designare un rapporto etico e un comportamento liberamente scelto da uomini che si riconoscessero pari sulla base del loro essere individuale e della comune condizione umana, sorse al principio del III secolo avanti la nostra era, in Atene, e fu opera di un filosofo, Epicuro"[2110], según escribe Diano, quien también subraya la importancia de la socialización inteligente, concreta, que busca una felicidad sabia y amante[2111]. El (aspirante a) sabio amigo deviene para otro (aspirante a) sabio amigo un dechado de felicidad, un ejemplo en el que espejarse,

---

2109 ANNAS, *Happiness, op. cit.*, p. 246: "Thus to characterize ancient debates in terms of egoism and altruism is to risk confusion and anachronism. I have preferred to use the terms 'self-concern' and 'other-concern'. I hope these have the advantages of sounding comparatively untheoretical, as they are intended to do. All ancient theories assume, as a matter of common sense, that all agents have both sorts of concern. The disputes and problems arise over their relative status and importance".

2110 DIANO, Carlo, "La filosofia del piacere e la società degli amici", publicado incialmente en *Boll. del Lions Club di Padova*, 1962, también como "Épicure: la philosophie du plaisir et la société des amis", en *Études philosophiques*, 22, 1967, pp. 173–184 y reeditado en *Saggezza e poetiche degli antichi*, Venezia, Neri Pozza, 1968, pp. 271–288, de donde se toma, y concretamente p. 271. Conocemos esta referencia gracias a LLEDÓ, *Epicureísmo, op. cit.*, p. 125, n. 18.

2111 DIANO, Carlo, "La filosofia del piacere e la società degli amici", en *Saggezza, op. cit.*, pp. 271–288, concretamente p. 287: "Perché le dottrine sono una cosa e gli uomini sono un'altra, e se si vuole agire su di loro, bisogna prenderli ad uno ad uno. (...) Giacché gli amici possono essere anche molti, ma il discorso è sempre tra me e te, se deve venire da un cuore e giungere a un cuore. E questo il primo a capirlo, ed è il tratto più grande del suo genio, fu Epicuro. Queste cose le dico non alla folla, ma a te — scriveva in una sua lettera. — Ognuno di noi è uditorio abbastanza grande per l'altro. Ed anche qui l'appuntarsi sull'individuale, che, dalla prima proposizione all'ultima, è il principio ispiratore e segreto della sua filosofia e della sua vita, e quindi sull'uomo in ciò che sopra ogni altro essere lo fa tale, e che è nella capacità di sentire e ritrovare in se stesso anche l'altro. E per la prima volta la filosofia si fa pratica in una socialità che nessuna organizzazione aveva mai potuto dare, perchè è la socialità dell'uno e dei molti nella relazione sempre rinnovata dell'io e del tu. Come ogni cosa greca e nascendo dalla filosofia, questa socialità è dominata dall'intelligenza, ma ha il suo cemento nell'amore. Uomo d'animo bennato conforma ogni sua attività alla saggezza e all'amicizia, scrive in una sua massima Epicuro. E già abbiamo visto quale è la legge che unisce l'una all'altra: Scegliersi una persona virtuosa ed amarla".

con agradecimiento[2112], para aprender a gozar de la existencia, a alcanzar la plena libertad y autonomía, cosa que subraya excelentemente el estudioso francés Fraisse:

> "Épicure, qui considère le plaisir comme personnel, soit amené, lui aussi, à s'affranchir de cette clôture de l'individu sur lui-même. Sans doute le matérialisme épicurien exclut-il toute conception d'une conscience commune de l'existence, mais il autorise à penser qu'il y a une modification de la conscience personnelle de soi sous l'effet du regard que l'ami porte sur moi. (...) Elle aide le sage, sous le regard du sage, à jouir de sa propre existence. Elle l'y aide parce qu'elle l'aide, sans doute, comme nous le voyons dans le cas d'Épicure lui-même, dans cette dissociation entre tourments du corps et paix de l'esprit qui est la clef de la vie heureuse. C'est elle qui, dans le plaisir même, contribue à un supplément de jouissance, qui ne peut consister que dans l'évocation des souffrances ou des craintes dominées. C'est enfin elle qui donne ce plaisir unique de la discussion philosophique, plaisir où, à la différence de tous les autres, n'est contenue aucune douleur, et où l'homme, maître de ses opinions, se borne au domaine que ne viennent pas troubler les désirs corporels"[2113].

La herramienta última al servicio de la filosofía, o sea, de la felicidad y del placer, constituye, entonces, un ahondamiento de la comunidad de vida epicúrea[2114]. Así, si se lleva a la práctica, se experimenta personalmente la vida filosófica en grado máximo, de forma que, tal como anota sagazmente Lledó:

> "La soledad del sabio necesita ser continuamente contrastada. El átomo humano, el individuo, precisa de un especial *clinamen*, de una tendencia que le libere de los mecanismos de su esencial soledad, y también de su soledad social. De esa soledad que le empuja a buscar nuevas formas de amistad, nuevas posibilidades de encuentro, cuando la 'amistad política', el empeño en encontrar ideales colectivos, ha desaparecido con el creciente anacronismo de la *polis*. Estos átomos humanos que se unen bajo el impulso

---

2112 DEWITT, Norman, 'The Epicurean Doctrine of Gratitude', en *American Journal of Philology*, n° 58, 1937, pp. 310–328, especialmente p. 324 y ss.

2113 FRAISSE, Jean-Claude, *Philia: la notion d'amitié dans la philosophie*, Paris, Vrin, 1974, pp. 303–304; *cf.* p. 313: "Épicure refuse en fait toute confusion entre l'amitié et l'amour, entendu sous son aspect passionnel (...) de même que chez Aristote, le partage d'une activité la rend plus agréable et en facilite l'exercice, de même, chez Épicure, la présence d'un ami contribue à rendre notre jouissance plus pure et plus intemporelle".

2114 *cf.* MÜLLER, *Gesellschaftstheorie*, pp. 123 y p. 114: "Die Freundschaft ist die Lebensgemeinschaft der Weisen und ihrer Schüler, die sich geistig im Gedankenaustausch und in gemeinsamer philosophischer Meditation vollzieht (...). Sie ist aber mehr als das: Sie ist die Verbundenheit derer, die die höchste Stufe der Lust, die Ataraxie, das vollkommene Gleichgewicht der Seele gewonnen haben und dieses Glück im gegenseitigen Austausch genießen" [...] "[t]atsächlich hat Epikur alles getan, um sein Ideal in der Praxis zu verwirklichen. Die Grundregeln des Lebens in der epikureischen Schule stehen in verschiedener Hinsicht in Gegensatz zu der Umwelt, innerhalb deren dieses 'soziale Experiment' vollzogen wurde".

de la amistad intentan constituir una estructura política sin *polis*, partiendo de otros elementos distintos de esa utilidad armonizadora que distribuía cargas y papeles en las utopías soñadas y descritas por Platón"[2115].

En todo caso, podemos postular, en la línea con lo antedicho, que, si la plenitud vital se halla en el sabio, en sus palabras, en sus pensamientos, en sus acciones, – pues en él no hay lugar para la vacuidad –, entonces la filosofía epicúrea es, por lo que hace a la alteridad, al otro humano, una mezcla de individualismo egoísta como punto de partida, en la línea de la *charitas bene ordinata qui incipit a semetipso* pero tiene, como punto final, una vocación, aunque selecta, universal, con la restricción de que ese lazo mutuo entre sabio es tan extenso como pueda serlo la comunidad amical y ecuménica de sabios.

No obstante, si el sabio sólo se atuviese a sí mismo y pasase una vida de aislamiento y ostracismo, entonces no cabría la filantropía, ni la comunidad, ni el genuino interés epicúreo por el otro como punto de llegada y asiento de la verdadera felicidad, compartida, que se muestran en el recuerdo e incluso en el sacrificio de la propia vida por el amigo, que no surge de una pasión desordenada[2116], sino de una comunidad espacial, una afinidad intelectual y mutuo perfeccionamiento en el placer y la virtud, de forma que uno elige entregar la vida por el igual, con el que crea un vínculo emocional sólido.

Del mismo modo, si cada ser humano no cultiva debidamente la filosofía, si no se libera del dolor, si no asume la configuración del todo así como la propia transitoriedad, no está en condiciones de aproximarse a otros individuos – otras totalidades humanas insecables –, de forma que sea capaz de elegir esa desviación aproximante que construye la socialización, ya sea mediante palabras plenas, acciones plenas o presencia acompañante. Así se teje la comunidad amical epicúrea, creemos. Ya que el *clinamen* humano – si se nos permite seguir empleando la metáfora de Lledó – es elegido, es reflexionado, es prudente y tiende a la felicidad, no al mero azar. Esto significa que el sabio escoge a quién ofrecer su amistad y con quién cultivarla, de manera que crea un cuerpo social más o menos amplio.

Sobre cuestiones emparentadas con la amistad, la socialización y la solidaridad, afirma Aristóteles que:

"es evidente que la ciudad es por naturaleza y es anterior al individuo; porque si cada uno por separado no se basta a sí mismo, se encontrará de manera semejante a las demás partes en relación con el todo. Y el que no puede vivir en comunidad, o no necesita nada por su propia suficiencia, no es miembro de la ciudad, sino una bestia o un dios"[2117].

2115 LLEDÓ, *Epicureísmo, op. cit.*, p. 128,

2116 *cf.* PLUTARCO, *Erótico*, 767C, en VALVERDE SÁNCHEZ Mariano (ed., trad.), *et al.*, *Obras morales y de costumbres (Moralia) X*, Madrid, Gredos, 2003, p. 108: "por haber oído muchas veces a hombres displicentes e insensibles al amor (ἀνεράστων)".

2117 ARISTÓTELES, *Política*, I, 14, en GARCÍA VALDÉS, *op. cit.*, p. 52.

Pues bien, – si no erramos en esto –, Epicuro es, como sabio realizado y no sencillamente aspirante a la sabiduría, una suerte de dios u hombre divino que ha decidido, pudiendo prescindir de los demás, estar presente para los demás, gracias a los cuales ha podido, en cierta medida, liberarse del dolor, alcanzando la plena estabilidad psicofísica. Este movimiento, eminentemente filantrópico, altruista o generoso, pone de manifiesto la riqueza de la amistad epicúrea, que escapa la interpretación dicotómica entre egoísmo / altruismo. Como bien indica Cicerón, la amistad epicúrea implica placer, virtud y felicidad acrecentados, pero también seguridad, apoyo, ausencia de frustración y confianza en la ayuda amical[2118]:

> "Dicen [los epicúreos] que, a semejanza de las virtudes de que hablé anteriormente, tampoco la amistad puede separarse del placer. Pues, estando la soledad y una vida sin amigos llena de asechanzas y temores, la razón misma aconseja procurarse amistades, con las cuales se fortalece el ánimo, y no puede apartarse de la esperanza de conseguir placeres. Y, así como los odios, las envidias y los desprecios son contrarios a los placeres, así las amistades no sólo los favorecen con absoluta seguridad, sino que también los producen, tanto para los amigos como para sí mismas; y no sólo gozan con los placeres presentes, sino que las alienta también la esperanza del tiempo próximo y futuro. Y porque no puede en modo alguno mantenerse firme y duradera la alegría de la vida sin la amistad, ni tampoco conservarse la amistad misma si no amamos a los amigos como a nosotros mismos, por eso se produce este grado de afecto en la amistad y la amistad está unida con el placer. Pues nos alegramos con la alegría de los amigos como con la nuestra y, asimismo, sufrimos con sus penas. En consecuencia, el sabio tendrá la misma disposición de ánimo para con el amigo que para consigo mismo, y los mismos trabajos que se impondría por conseguir su propio placer se los impondrá por conseguir el placer del amigo. Y lo que hemos dicho de las virtudes, que siempre van unidas a los placeres, eso mismo ha de decirse de la amistad"[2119].

En consecuencia, pensamos que, trascendiendo una autoestima independiente, autónoma y sabia inicial, Epicuro abre su afecto amical a todos, con una intención universalista, que incluye no sólo a las más diversas personas al margen de su condición, sino también a la naturaleza toda para evitar la alienación o la enajenación, es decir, estar en lo otro o el otro sin estar en sí, la heteronomía, el no ser dueño de uno mismo, cuyo contrario no sería el ensimismamiento sino, por lo que hace a Epicuro, el apoderamiento de uno mismo, desde la simplicidad y la sensatez, según apunta Fraisse[2120].

2118 *cf.* RIST, John, "Epicurus on Friendship", en *Classical Philology*, vol. 75, nº 2, abr. de 1980), pp. 121–129, concretamente p. 124.

2119 *cf.* CICERÓN, *Del supremo bien y del supremo mal*, I, 20, 66–68, en HERRERO LLORENTE, *op. cit.*, pp. 89–90.

2120 FRAISSE, *Philia*, *op. cit.*, p. 315–316: "Qu'enseigne, en effet, la sagesse épicurienne ? Que la félicité la plus pure est à la portée de tous, et que l'homme a beaucoup moins à se diviniser qu'à s'apercevoir qu'il n'en a pas besoin. Nous avons vu, en effet, que l'amitié était un bien immortel, parce qu'elle permet, mieux sans doute que la sagesse réduite à elle-même, l'affranchissement du temps, et remplit notre vie

A diferencia de O'Keefe[2121], quien fusiona el hedonismo ético y el egoísmo psicológico en la amistad epicúrea, Mitsis sostiene que el placer personal de la amistad epicúrea y, de hecho, toda presencia del otro en el propio placer como objetivo regocijante y supremo de la vida humana, implica un reconocimiento del otro por sí mismo, más que un uso del otro como medio[2122], precisamente al hilo del pasaje ciceroniano anteriormente citado. Apunta el estadounidense, en una conciliación entre egoísmo y altruismo:

> "If my happiness is composed of various activities desired for themselves, I might value friendship as an intrinsic element or ingredient of my happiness. My friends' interests, therefore, can be treated as part of a way of life that I value for its own sake. (...) [B]y confusing pleasure and its sources Epicurus can treat happiness as if it consists of various parts and therefore allow noninstrumental concern for another's sake. [...]

de joie jusqu'à la mort, par delà la mort de l'ami lui-même. Cette félicité n'est pas, comme celle qui nous permet, selon Aristote, la même immortalisation, liée à une activité qui est le fait d'une élite, mais elle est accessible à tous. On sait qu'Épicure ouvrait la *philia* à l'humanité entière, et notamment aux femmes, voire aux esclaves. L'essentiel était sa capacité de lutte contre toute aliénation, et, dans la mesure où une culture, une science d'apparence trop supérieure aux besoins ordinaires de l'homme sont elles mêmes une source d'aliénation possible, elle trouvait aussi bien son objet dans la confirmation de plaisirs que leur simplicité suffit à rendre absolus. C'est en cela que l'amitié épicurienne peut, avant même d'en venir à une assise philosophique, avoir cette valeur initiatrice (...) l'amitié épicurienne nous dit que ce meilleur se confond avec la totalité de ce que la nature nous donne, et que le seul effort à faire est un effort pour rester soi, grâce aux autres. En ce sens, il est clair que le débat sur l'utilitarisme de cette amitié est un faux débat: non seulement l'idée d'utilité doit être entendue au sens que nous avons donné, celui de la bienfaisance mutuelle, mais comme nous le faisions remarquer dès l'abord, il s'agit beaucoup moins d'un commencement temporel que d'un retour constant à ce qui entretient l'amitié. Les attentions réciproques relatives à la pratique de la vie sont à chaque instant associées à une activité philosophique qui n'a d'autre objet que d'en montrer tout le prix alors qu'aucun dieu ne prête attention aux hommes, et qui est elle-même le plus précieux des bienfaits réciproques lorsqu'elle s'exerce en commun".

2121 *cf.* O'KEEFE, Tim, "Epicurean Friendship Altruistic?", en *Apeiron*, n° 34, vol. 4, 2001, pp. 269–305.

2122 *cf.* MITSIS, Phillip, *Epicurus' Ethical Theory: The Pleasures of Invulnerability*, Cornell University Press, 1988, pp. 98–99: "Epicurus' ethical theory is commonly taken to be narrowly egoistic, and many of his maxims on friendship reveal a correspondingly prudent and careful attention to self-interest. His emphasis on the security and utility afforded by friends, his continual effort to link friendship and pleasure, his description of friendship as a means to relieve anxiety- all give strong indications of a somewhat timid, but nonetheless inflexible egoism. Clearly, if personal pleasure is the ultimate goal of the Epicurean's actions, his hedonic calculations can include others only as a means to his own selfish gratification. Altruistic friendship requires, at the very least, an interest in others for their own sake".

Even if Epicurus denies that friendship makes one vulnerable in this sense, he must admit that without friends a sage's happiness will be somehow incomplete. Epicurus does not think that a sage's happiness can be augmented or diminished, and he carefully avoids distinguishing gradations in the happiness of sages (...). The strength of his claim, however, successfully undermines any justification for forming friendships. Instrumental appeals for developing friendships lose their force if the sage's happiness is completely invulnerable. If friendship is necessary for happiness, happiness can no longer be entirely *par' hemas,* nor can we always avoid the frustration of our desires. Epicurus, then, must either modify his account of eudaimonia and rational agency or weaken his commitment to friendship. By doing neither he is forced into an inconsistency. He defends the pursuit of *aponia* and *ataraxia* based on his model of happiness as the satisfaction of desire. But in trying to add friendship as an additional requirement for happiness, he undermines this defense. Accordingly, Epicurus needs an independent evaluative criterion for justifying the possible frustration and loss of rational control involved in friendship. He must appeal, moreover, to sources of value in activities that are independent of their ability easily to satisfy desire. This need for an independent criterion explains, perhaps, why Epicurus is led to call friendship *di' heauten hairete*"[2123].

La posibilidad de perder la autonomía, la ecuanimidad o la invulnerabilidad psíquica epicúrea a la que alude Mitsis en cuanto inconsistencia sistémica, fue rechazada por O'Connor. Éste estima que, al tener la amistad por una actividad o excelencia relativamente azarosa, el epicúreo puede escasear en ella, así como verse afecto por el dolor derivado de la ruptura del vínculo[2124], por traición o muerte, todo lo cual debe ser considerado desde la reflexión y la conciencia de cuanto se halla a nuestro alcance, no desde el apasionamiento[2125].

Ello no es óbice para disfrutar de la amistad, puesto que es el culmen de la vida feliz, de la existencia no dolorosa, del mismo modo que el condicionante de la muerte no es obstáculo para llevar una vida gozosa. Así mismo, la dimensión filantrópica, preocupada por los otros, de la φιλία epicúrea puede observarse también en la voluntad de extenderla lo más posible, con benevolencia, con amor desinteresado.

Igualmente, la vocación terapéutica del Jardín incumbe a todos los seres humanos, tal como hemos indicado, capaces de asumir el precio y la grandeza de la

---

2123 MITSIS, *Invulnerability, op. cit.*, pp. 115, 124–125,

2124 O'CONNOR, David, "The Invulnerable Pleasures of Epicurean Friendship", en *Greek, Roman, and Byzantine Studies*, nº 30, 1989, pp. 165–186, concretamente pp. 173–174.

2125 NUSSBAUM, *Terapia, op. cit.*, p. 29: "ambivalencia mayor de lo que en principio parece en relación con las emociones y los apegos que les sirven de base. La importancia dada por Epicuro a la invulnerabilidad queda matizada enseguida por el papel central que atribuye a la amistad. En Lucrecio, los compromisos con el mundo alcanzan mayor extensión, incluyendo, al parecer, no sólo la amistad sino también el amor conyugal, paternal y patrio. Esto conduce a una posición compleja, con la que tienen que ver el amor, el miedo e incluso la cólera".

filosofía como camino hacia la felicidad. Por otra parte, la importancia del λόγος y el diálogo en una escuela que aspira a la curación psíquica por la palabra, por el discurso, nos sitúa directamente frente al otro que es otro sin dejar de ser uno (sí) mismo, en el sentido de poseer identidad propia pero también en el de ser un igual, un próximo, un prójimo, alguien digno de ser tratado con altruismo.

En verdad, podemos aducir algunos pasos epicúreos que vinculan la convocación universal a la felicidad, el placer y la amistad: "[l]a amistad recorre el mundo entero proclamando a todos nosotros que despertemos ya a la felicidad"[2126]; "los propios epicúreos dicen que hacer el bien es más placentero que recibirlo"[2127], conectado con "Epicuro, aunque sitúa el bien en la más profunda tranquilidad, como en un puerto de aguas serenas y silenciosas, dice que es no sólo más bello, sino también más placentero hacer el bien que recibirlo"[2128].

A partir de todos ellos puede colegirse que placer, amistad y plena felicidad quedan hermanados, cosa que ha precisado muy bien Annas:

> "So if, as Epicurus holds, pleasure is our complete final end, and we also need real friendships, then we are forced to his conclusion. We need, in our lives, real friendships, which may sometimes involve caring about others as much as about ourselves. What gives this its point in our lives is ultimately pleasure. But this does not lead to selfishness, or to viewing friendship instrumentally; for pleasure as our final end has been expanded to include the pleasure from genuine otherconcern"[2129].

Por su parte, también la profesora Rodis-Lewis se ha pronunciado contra la visión egoísta de la amistad epicúrea y subraya el hecho de compartir, el gozo conjunto y mutuo, la reducción de las penas[2130].

Epicuro no se dirige a la amistad desde la carencia, la dependencia, la escasez o la necesidad emocional. El acercamiento al otro se propone acrecentar el placer incluyendo la querencia del otro para sí y para el otro. Amicalmente, Epicuro necesita del otro porque le quiere, no lo quiere porque lo necesite. Ambos se acompañan y mejoran en un camino hacia la felicidad, en una culminación placentera que implica, incluso, el sacrificio por la contraparte. Según hemos apuntado, sí hay un primer

2126 EPICURO, *Sentencia Vaticana* 52, en VARA, *op. cit.*, p. 103.

2127 PLUTARCO, *Imposibilidad*, *op. cit.*, 1097A, en MARTOS MONTIEL, *op. cit.*, pp. 202–203 y n. 168; *cf.* USENER, *Epicurea*, *op. cit.*, p. 325, fr. 544.

2128 PLUTARCO, *Sobre la necesidad de que el filósofo converse con los gobernantes*, 778C, en VALVERDE SÁNCHEZ MARIANO (ed., trad.), RODRÍGUEZ SOMOLINGOS, Helena, trad. del tratado, *op. cit.*, p. 177; *cf.* USENER, Epic*urea*, *op. cit.*, p. 325, fr. 544.

2129 ANNAS, *Happiness*, *op. cit.*, p. 240.

2130 RODIS-LEWIS, *Épicure*, *op. cit.*, pp. 363 y 367: "Pour Epicure, l'amitié est partage de la félicité, et cette louange mutuelle l'accroit et la renforce. (...) Le partage des plaisirs appelle aussi celui des peines: l'épicurisme repousse l'égoïsme, restreint à ce qui suffit à l'individu, pour lui épargner le maximum de soucis. Il ne faut certes pas prodiguer l'amitié, dit Epicure, c'est-à-dire la gaspiller en l'offrant au premier venu, sans engagement profond".

momento en que el epicúreo busca su placer en la felicidad privativa pero, luego, reconoce en la alteridad a un igual que o bien no ha alcanzado la liberación del dolor, o bien está en proceso de alcanzarla y, así, lo estima por su valor intrínseco, en tanto que prójimo humano. Importa no olvidar, empero, el peso de la propia responsabilidad en la propia felicidad y moralidad de la vida, en cuya virtud cada uno es, hasta donde marcan los límites de la naturaleza o el azar, quien da cuentas de cuanto hace con su vida. Sobre esta cuestión se impone citar las reflexiones de Julia Annas:

> "This idea, that my final end or goal essentially involves my own activity, and is not a good that others could just as well get for me, is important for our understanding of the ancient theories. (...) Thus my final good could not be a good thing, but neither could it just be a good state of affairs. These are ruled out right from the start by the fact that they have no essential connection to my activity; somebody else could get and present me with a good thing or state of affairs, but this would be irrelevant to my final good, which it must be up to me to get. (...) The only ancient candidates for such a theory are forms of hedonism. (...) This is because Epicurus takes the eudaimonist framework of ancient ethics seriously. [...] Self-sufficiency itself remains as a concern in ethics, and it is frequently important"[2131].

Partiendo de la libertad atómica y autosuficiente, "[e]l imperturbable no resulta molesto ni para sí ni para otro"[2132] y brinda el regalo mutuo de la amistad filosófica, que se origina en el egoísmo de alguien consciente de su valor auténtico – aunque relativo en lo natural, absoluto en lo sensitivo-intelectivo-vivencial – pero se despliega y culmina en la compañía y trabazón riente, feliz, curativa, según ocurre con los dioses. Lejos de observar en esta dinámica toques de esquizofrenia[2133], se da una conciliación o complementariedad de ambas facetas, sin evasión solipsista y con vocación comunitaria de (auto)transformación[2134]. Lo que quizás nos resulta incómodo

---

2131 ANNAS, *Happiness, op. cit.*, pp. 37 y 42.

2132 EPICURO, *Sentencia Vaticana* 79, en VARA, *op. cit.*, p. 105.

2133 *cf.* SHERMAN, Nancy, *Making a Necessity of Virtue: Aristotle and Kant on Virtue*, Cambridge, Cambridge University Press, 1997, p. 7: "on the whole, ancient eudaimonistic ethics can escape the kind of schizophrenia she thinks characterterizes Epicurus's position".

2134 HADOT, *Ejercicio, op. cit.*, pp. 248–249: "(...) esa idea según la cual la filosofía antigua no constituiría sino una forma de evasión, de repliegue sobre uno mismo, ya estemos hablando de los platónicos y su mundo de las Ideas, de los epicúreos y su desprecio de la política o de los estoicos y su sumisión al Destino. En realidad esta manera de ver las cosas es falsa por partida doble. En primer lugar, en un primer nivel, la filosofía antigua tiene siempre algo de práctica colectiva, ya se trate de comunidades pitagóricas, del amor platónico, de la amistad epicúrea o de la guía espiritual estoica. La filosofía antigua implica un esfuerzo conjunto y supone un apoyo, una ayuda espiritual, una búsqueda en comunidad. (...) Este intento de vivir al servicio de la comunidad humana, este intento de actuar en conformidad con la o sorprendente con respecto a la propuesta epicúrea es la afirmación desacomplejada de la suficiencia, de la difusión amical y racional, bondadosa y benéfica, de quien acude a otros sin que nada le falte, sino para dar, para acrecentarse en la belleza, la sensatez, el placer y la felicidad, y para acrecer también a los amigos.

La amistad es, entonces, el último y más efectivo remedio contra la infelicidad, adorno último de la vida gozosa, fundada en un mutualismo altruista que nace de la libertad, la elección, la autonomía y la afinidad, en el que interviene no el azar sino la sensibilidad y la sensatez de los interlocutores, con el objeto de "organiser et d'enseigner la vie philosophique"[2135].

El propósito de Epicuro consiste, al fin y al cabo, en educar para el apoderamiento personal o libertad placiente; su educar equivale, empero, a filosofar y filosofar significa "pratiquer la philosophie, c'est gagner et conserver la santé de l'âme"[2136].

De hecho, su enseñanza es más una enseñanza de conciencia, de autogestión emocional y de curación psíquica, donde cobra sentido la propuesta de Gabaude sobre la importancia que tiene, entre los amigos del Jardín, la práctica curativa de la dinámica de grupo, en cuanto modo de sugestión, autogestión e intersugestión para obtener felicidad y equilibrio psicofísico[2137], en cuanto propiciación de un estado personal y comunitario receptivo a tales cosas, es decir, capaz de organizar y difundir una existencia de εὐδαιμονία, ἀλυπία y ἡδονή, habida cuenta de que – de acuerdo con lo señalado en varias ocasiones – para Epicuro:

> "no es posible vivir gozosamente sin hacerlo sensata y hermosamente y de forma justa ni tampoco sensata y hermosamente y de forma justa sin hacerlo gozosamente. Pues las virtudes están unidas por principio al hecho de vivir gozosamente, y el hecho de vivir gozosamente es inseparable de ellas"[2138].

---

justicia, resulta un elemento esencial de toda vida filosófica. Dicho de otro modo, la vida filosófica comporta normalmente el compromiso con la comunidad. (...) Y es cierto que existe un equilibrio casi imposible de alcanzar entre la paz interior que solo procura la sabiduría y esas pasiones que no pueden dejar de llevarnos por el camino de la injusticia, del sufrimiento y de las miserias humanas. Pero precisamente la sabiduría consiste en tal equilibrio, puesto que la paz interior parece indispensable si se pretende actuar con eficacia. En esto consiste la lección de la filosofía antigua: invitar al hombre a transformarse a sí mismo. La filosofía implica conversión, transformación del modo de ser y de vivir, búsqueda de la sabiduría. No estamos ante una tarea fácil".

2135 *cf.* GOLDSCHMIDT, *Épicure et le droit*, *op cit.*, p. 241.

2136 GABAUDE, Jean-Marc, "Originalité de l'éducation selon l'épicurisme", en *Διοτίμα - Diotima*, nº 11, 1983, pp. 53–66, p. 56; sobre el significado de educar, p. 55: " habituer les hommes à bien choisir et à moduler leurs conduites, ce qui requiert, posés par la philosophie, références; critères et échelle de valeurs".

2137 *cf.* GABAUDE, "Originalité", en *op. cit.*, pp. 53–66, p. 58.

2138 EPICURO, *Carta a Meneceo*, 132, en VARA, *op. cit.*, p. 91.

5.3. La actividad filosófica curativa: sus objetivos últimos

La finalidad del epicureísmo es, como hemos señalado en numerosas ocasiones, la salud y salvación psíquica, esto es, la felicidad y el bienestar mental a través de la tranquilidad o estabilidad interna, lo que entronca con el ideal de vida y perfección psicofísica llamado καλοκἀγαθία, que combina en el ser humano la excelencia corporal, la belleza (καλός), con la bondad moral (ἀγαθός) como cumbre integral, según nos indica Marrou, si bien en Epicuro ese objetivo sólo se materializa en lo espiritual porque, en opinión descalificadora del francés,"Epicuro era enfermizo"[2139].

La filosofía epicúrea persigue, así, un modo de vida filosófica centrado en la felicidad[2140], ejercitada y consciente. En efecto, para Epicuro la ejercitación filosófica, que incluye la meditación y el autogobierno personal son ya, por sí mismos, fuentes de gozo, de un amor a la sabiduría que, no obstante, no abandona la vida corriente[2141].

2139 MARROU, *op. cit.*, p. 53: "Pero es preciso advertir que si tal ideal llegó a realizarse en la práctica, ello no pudo acaecer sino en un instante fugitivo de equilibrio inestable entre dos tendencias que evolucionaban en sentido contrario, una de las cuales no podía avanzar sin provocar el retroceso de la otra, que predominaba anteriormente. Llegará el día en que la educación griega habrá de ser esencialmente, como la nuestra, una cultura espiritual: ello ocurrirá bajo la influencia de hombres como Sócrates, que era feo, o de Epicuro, que era enfermizo".

2140 HADOT, *Ejercicios, op. cit.*, p. 260: "Para la Antigüedad la filosofía consistía, pues, en un modo de vida que exige del filósofo una transformación absoluta de consciencia y su constante compromiso personal. (...) lo característico de la filosofía es transformarlo todo en filosofía, es decir, racionalizar e interiorizar cuanto tiene a su alrededor"; *cf.* HADOT, *Forma de vida, op. cit.*, pp. 151–153: "Un modo de vida: La forma de vida filosófica es, simplemente, el comportamiento del filósofo en la vida cotidiana (...) sobre todo una actitud moral. (...) En cuanto a los epicúreos, he hecho alusión a ellos hace un momento, su forma de vida consistía ante todo en cierta ascesis de los deseos destinada a mantener la tranquilidad de alma más perfecta. Había que limitar los propios deseos para ser feliz".

2141 CONCHE, *Épicure, op. cit.*, p. 42 [pasaje redescubierto en Conche gracias a LUCAS,"La philosophie antique comme soin de l'âme", en *op. cit.*, nota 1]: "Et certes, la 'philosophie' dont il s'agit ici, et qui apporte une espèce de jubilation dès le premier contact avec elle, n'est pas n'importe quelle philosophie, mais la 'droite philosophie', orthè philosophia (S.V. 41). C'est à elle que songe Epicure, disant: 'Il faut rire et ensemble philosopher et gouverner sa maison...'. Il n'y a pas un moment pour vivre et un moment pour philosopher, mais la vie ordinaire est toute traversée de philosophie et de méditation épicuriennes. Pourtant une question se pose: d'où vient la différence entre la philosophie et les autres occupations? Pourquoi la philosophie réjouit-elle dès le commencement de son exercice ? La réponse épicurienne est très nette: dans toutes les autres activités, nous sommes des malades, mais, par la philosophie, nous guérissons. La joie profonde de philosopher est la joie du passage de la maladie à la santé. Nous étions, chez Platon, des prisonniers; nous sommes des malades quittant pour toujours l'état de maladie (puisque la sagesse est une disposition irréversible: *cf.* D.L., X, 117 ["(...) el que ha

La filosofía se equipara, en este contexto, a la salud psíquica, a la curación, es decir, equivale a ayudarse a uno mismo y ayudar a los demás a alcanzar ese estado de bienestar equilibrado con respecto a la mente y el cuerpo (ψυχή / σῶμα - σάρξ) o, en otros términos, a los niveles somáticos sutil y burdo.

Tal estado es lo que se conoce como εὐδαιμονία o, con Sócrates, como el buen vivir (εὖ ζῆν)[2142]. Epicuro coincide plenamente con esta postura al acompañar el vivir (ζῆν) de los adverbios μακαρίως (bienaventuradamente), καλῶς (bellamente), ἡδέως (dulcemente), φρονίμως (sensata o prudentemente) y δικαίως (justamente), con lo que implica una suerte de sinonimia virtual. La felicidad epicúrea no es, como sí lo es la aristotélica, la consecución de la realización perfecta en cuanto a las potencias humanas, tanto en el nivel de la virtud ético-práctica, cuanto en el nivel teórico o contemplativo, ni tampoco opta por un apartamiento gubernativo platónico[2143], tampoco, en fin, se entrega a sentimientos disruptivos como el amor pasional o la ira ni se disipa en los vicios más burdos.

Podemos sostener, de acuerdo con Croissant[2144], que la felicidad epicúrea consiste en (saber) hallar el placer – siendo el primero no sufrir – que, a su vez, se basta con colmar cuanto nos es verdaderamente necesario, todo lo cual nos conduce a un estado de bienestar reposado y calmo, satisfecho y pacífico. Al aludir a las necesidades humanas, estamos implicando, lógicamente, los límites y los imponderables de cuanto nos circunda.

De esta forma, lo necesario no designa tan solo aquello cuya carencia supone la pérdida de la vida o la salud, sino también los límites mismos de lo real y su inexorabilidad, a la que es imposible sustraerse. Ese es el campo de juego de la felicidad, de lo indoloro, del placer y de la vida. La filosofía de Epicuro es esto esencialmente:

---

llegado a ser sabio una vez no admitirá ya más la disposición de ánimo contraria, ni la fingirá a gusto"{DIÓGENES LAERCIO, *Vidas de los filósofos ilustres*, X, 117, en GARCÍA GUAL, *op. cit.*, p. 557}])".

2142 PLATÓN, *Critón*, 48a 4–9, en LLEDÓ ÍÑIGO, *op. cit.*, p. 201: "no hay que considerar lo más importante el vivir, sino el vivir bien. (...) vivir bien, vivir honradamente y vivir justamente son el mismo concepto".

2143 ROHDE, *Psique*, *op. cit.*, p. 253: "La vida terrenal, tal y como es, será siempre un mundo extraño e inhóspito para el verdadero filósofo, quien se sentirá, a su vez, como un elemento extraño sobre la tierra, como un ignorante de todos los negocios del mundo, despreciado como un necio por la muchedumbre de los hombres, tan duchos en estos negocios terrenales. El filósofo, cuando de verdad lo es, tiene que cuidarse de algo más importante que todo eso, de la salud de su alma; no vivirá para la colectividad, sino para sí mismo y su misión. No considerará los afanes humanos ni el tráfago del mundo dignos de ser tomados en serio; verá en el estado una institución irremediablemente corrompida, basada en la quimera, los apetitos y la injusticia. Solo él sería, en rigor, el verdadero estadista, el hombre capaz de guiar a los ciudadanos hacia su salvación, no como un servidor de sus apetitos, sino como el médico que ayuda a los enfermos a curarse".

2144 *cf.* CROISSANT, "Le bonheur", en CROISSANT, *op. cit.*, pp. 195–229, concretamente pp. 205–206.

una propuesta para la "búsqueda de felicidad, una terapia para los oprimidos"[2145], entendiendo la felicidad, en primera instancia, como el placer que supone la ausencia de dolor, ἀπονία, ἀναλγησία o ἀλυπία, por lo que respecta a la mente o a otras partes corpóreas más burdas. Al equiparar placer, virtud y felicidad, Epicuro está contestando propuestas de vida como la aristotélica. A este respecto importa mencionar las precisiones de Eduardo Acosta cuando confronta la exhortación a la filosofía de Epicuro y las tesis aristotélicas: el de Samos no pide, como requisitos para acceder a la filosofía, esto es, a la felicidad, una vida madura o una edad determinada, la ausencia de males o pesares o un tiempo muy extenso para conquistarla[2146].

Ya hemos insistido más en que ἀλγηδών / λύπη, por una parte, y ἡδονή, por otra, articulan la respuesta práctica (irracional-sensitiva / prudencial-ética) en pos de la felicidad epicúrea. Bien, antes de tratar esas cuestiones y de su dimensión como objetivo curativo, es preciso esclarecer, a modo de cierre circular, que los objetivos prácticos de tipo ético convergen en la naturaleza del individuo, en cuanto constitución psicofísica, y en su naturalidad perteneciente a la φύσις cual un compuesto perecedero más. Como bien escribe Méndez Lloret:

> "La actividad filosófica como ejercicio de control y conquista de la naturaleza en el individuo se encamina al verdadero fin: 'En nuestras restantes ocupaciones, una vez cumplidas, recogemos el fruto con no pequeña dificultad. En la filosofía, por el contrario, el placer coincide con el conocer. Pues no se goza después de haber aprendido, sino que gozar y aprender se dan conjuntamente' (G. V. 27)"[2147].

La asunción de la propia responsabilidad sobre uno mismo y sobre su felicidad entronca con la noción de deseo y, especialmente, con las necesidades y su reino por excelencia, la Naturaleza, de forma que la física puede tomar como prefacio a la práctica moral, mas también como su postfacio[2148], cosa que apunta Fallot. En lo

2145 GUISÁN, Esperanza, *Manifiesto hedonista*, Barcelona, Anthropos, 1990, p. 57.

2146 *cf.* ACOSTA MÉNDEZ, Eduardo, "En torno al Protréptico de la Carta de Meneceo a Epicuro", en *Helmantica. Revista de Filología Clásica y Hebrea*, n° 31, 1980, pp. 110–114.

2147 MÉNDEZ LLORET, "Doctrina", en *op. cit.*, pp. 143–172, concretamente p. 157.

2148 FALLOT, Jean, MARIETTI SOLMI, Anna (trad.), *Il piacere e la morte nella filosofia di Epicuro*, Torino, Einaudi, 1977 [ed. orig. franc. *Le plaisir et la mort dans la philosophie d'Épicure*, Paris, R. Julliard, 1951], p. 3: "È certo che la morale può essere considerata come la conclusione della fisica; può anche essere la sua introduzione"; *cf.* p. 106: "Epicuro rimane fedele alla tradizione greca: affronta direttamente il problema della causa e della sensazione, riserva ad esso tutta la sua importanza. La scienza risolve il timore dei fenomeni celesti e della morte: l'uomo non deve identificarsi col suo futuro (rifiuto del tempo). (...) La filosofia di Epicuro è dunque in primo luogo una filosofia della scienza o della conoscenza. Affronta direttamente i problemi tradizionali dei fisici, la causa dell'universo, la sua unità, la sua totalità, che cosa in esso resiste alla distruzione (il vuoto e il nucleo dell'atomo). Poi i problemi della sensazione: la ricerca del limite del piacere (puro precisamente perché costante, e senza mescolanza con ciò che gli è estraneo) non è distinta dall'ascesi concerniente a la relación entre práctica vital y naturaleza o descripción de la misma, física y ética, subrayamos que no existe divorcio alguno entre ambas dimensiones, sino que son mutuamente necesarias y complementarias[2149]; por este motivo observa Annas, sobre el naturalismo ético o la ética naturalista como rasgo de las filosofías helenísticas y, en particular, del Jardín:

> "We should cultivate the virtues only because they enable us to achieve true pleasure, according to the Epicureans, because that is in accordance with human nature. Though they disagree about what it is that human nature requires for its fulfilment, they agree that it is human nature that we should look to, if we are to determine the proper place of virtue in our lives"[2150].

Lo natural también es, para lo humano y el resto, aquello que es (de un modo) y no puede no ser (de ese mismo modo), así, según afirma Croissant en una larga pero enjundiosa cita, Epicuro sabe coaligar placer – natural en el hombre –, necesidad y límite físico:

> "Si forte est l'influence de certaines positions fondamentales dans la pensée grecque – parce qu'elles traduisent ce qui fait l'unité d'un moment de l'esprit à travers les oppositions où il se diffracte – que nous voyons le couple pythagoricien du πέρας et de l'ἄπειρον, de la limite et de l'illimité, trouver chez Épicure une application nouvelle dans la méditation sur les voies du désir. La nature nous enseigne une borne du désir qui est la voie du bonheur. A s'engager dans des désirs qui outrepassent les besoins naturels, l'homme prend la voie fatale de l'infinitude, qui est celle de l'inquiétude, parce que toute satisfaction est grosse d'un au-delà que l'imagination ressent comme

morale, che è permessa dalla filosofia, e che ci procura quelli che ho chiamato i tre rifugi, con un termine buddista che in questo caso mi pare opportuno: la scienza, l'amicizia, la saggezza".

2149 MÜLLER, Reimar, *Die epikureische Ethik*, Berlin, Akademie, 1991, p. 9: "Schon lange bevor die Ethik zu einem selbständigen Ressort der griechischen Philosophie wurde, das der Bewältigung des praktischen Lebens und der Anleitung für das Handeln der Menschen diente, gewährte diese in ihrer Ganzheit als Vermittlerin einer Weltanschauung auch ein bestimmtes Maß an Lebensorientierung. Die Rede von der frühen griechischen 'Naturphilosophie' ist etwas irreführend, sofern für diese frühen Philosophen die Betrachtung des Kosmos mit dem Ziel erfolgte (wie in der mythischen Weltbetrachtung, deren Funktion sie unter anderen Prämissen und mit neuen Mitteln übernahm), die Stellung des Menschen im Kosmos zu bestimmen und ihm dadurch Orientierung und Halt in der Bewältigung seines Lebens zu geben. Kosmische und gesellschaftliche Realität standen von vornherein in einem Verhältnis wechselseitiger Spiegelung, da die frühen Philosophen (unbewußt oder bewußt) bestimmte Elemente und Strukturen der gesellschaftlichen Sphäre in den Kosmos projizierten und umgekehrt aus dem Kosmos Regeln für die Gesellschaft ableiteten. Die Einordnung des Menschen in den Kosmos ist aber auch durch ein evolutionäres Weltbild gegeben".

2150 ANNAS, *Happiness*, *op. cit.*, p. 136.

un manque. Un type d'attitude se fait jour ici: non seulement un choix, qui fera école, en ce qui concerne le bonheur, car le bonheur épicurien est le modèle de tous les bonheurs-repos, qui s'obtiennent par la restriction, mais une position doctrinale qui justifie ce choix et dont il importe de la mettre au clair et de dégager les présupposés. La référence aux besoins élémentaires comme à cela seul qui est naturel dans l'homme met en fait en question la possibilité de définir l'homme par l'idée de nature. Si la nature est invoquée comme une norme qu'il faut rejoindre, c'est qu'effectivement l'homme déborde la nature. Le message de salut qui nous conseille de nourrir les seuls désirs naturels et nécessaires, de prendre nos distances à l'égard de tout le non-nécessaire dont peuvent se gonfler les désirs naturels, et d'écarter résolument tout désir qui n'est ni naturel ni nécessaire, entraîne d'abord des réalités psychologiques qui ne sont pas soumises à un ordre naturel"[2151].

Es ahora momento, una vez reexaminados los vínculos, redondos, entre física y práctica, de estudiar el dolor en las doctrinas del Κῆπος.

5.3.1. La ἀναλγησία: carencia de dolor

Consideramos legítimo bautizar así este objetivo, no menor, de la filosofía y terapia epicúreas: el dolor puede ser físico como dolencia aguda o crónica en lo burdo o como angustia, miedo y malestar, en lo sutil. Así, Rodis-Lewis se refiere a una "thérapeutique des craintes"[2152], que incluye, especialmente, el temor al dolor y a la muerte, así como a lo divino, que nosotros no tratamos aquí. La *summa uoluptas*, que es *summum bonum*, radica en saber, y vivir, que, según Epicuro, "[e]l límite máximo de la intensidad del gozo es la supresión de todo dolor. Y en donde haya gozo no hay, durante el tiempo que esté, dolor ni sufrimiento ni ambas cosas a la vez"[2153] y que, si bien el hombre padece dolencias en el cuerpo burdo, debidas, entre otras cosas, a veces a la estrechez de sus canales[2154], "[e]l dolor no se prolonga indefinidamente en la carne, sino que el dolor extremo dura poquísimo tiempo, y el que sólo consigue superar el gozo que embarga a la carne no acompaña a éste durante muchos días. Y las enfermedades de larga duración tienen una mayor dosis de gozo que del mismo dolor"[2155].

El mal puede materializarse, en lo humano, como enfermedad, esto es, falta de salud, o como aflicción psíquica y las doctrinas de Epicuro se marcan como objetivo salutífero comprender que estos *bona negativa*, cuya importancia se mide por el mal que nos quitan, son el fundamento de una vida dichosa, dado que:

2151 CROISSANT, "Le bonheur", en CROISSANT, *op. cit.*, pp. 195–229, concretamente pp. 207–208.
2152 RODIS-LEWIS, *Épicure*, *op. cit.*, p. 118 y ss.
2153 EPICURO, *Máxima Capital* III, en VARA, *op. cit.*, p. 93.
2154 RODIS-LEWIS, *Épicure*, *op. cit.*, p. 133.
2155 EPICURO, *Máxima Capital* IV, en VARA, *op. cit.*, p. 93.

"toda elección y repulsa [está condicionada] a la salud del cuerpo (τὴν τοῦ σώματος ὑγίειαν) y a la imperturbabilidad del alma (τὴν τῆς ψυχῆς ἀταραξίαν), ya que éste es el fin de una vida dichosa. Pues todo lo que hacemos lo hacemos por esto, para no sentir dolor ni temor (μήτε ἀλγῶμεν μήτε ταρβῶμεν). Y una vez que este objetivo se cumple en nosotros, se disipa todo tormento del alma, al no tener la persona que ir en busca de algo que le falta ni buscar otra cosa con la que se completará el bien del alma y el del cuerpo. Pues tenemos necesidad de gozo sólo en el momento en que sentimos dolor por no estar con nosotros el gozo, pero cuando no sintamos dolor ya no estamos necesitados de gozo"[2156].

Epicuro señala también la ἀοχλησία o ausencia de desórdenes (ὄχλος) de tipo más bien físico, que los latinos traducen como *indolentia*, asociada despectivamente con la indolencia en cuanto cualidad de quien no se afecta, es perezoso o insensible. En sentido estricto, los *bona negatiua* que hemos mencionado serían *uoluptates negatiuae*, esto es, *in stabilitate* o καταστηματικαί (...) ἡδοναί, tal como nos reporta Diógenes Laercio: "La falta de perturbación y la ausencia de pesar (ἀπονία) son placeres en reposo, y el regocijo y la alegría se perciben como en movimiento por su actividad"[2157]. Diversos autores nos transmiten testimonios que confirman lo antedicho. Así, Cicerón nos informa también, con Torquato, de que

"estimamos como placer supremo el que se experimenta cuando se ha suprimido todo dolor. En efecto, cuando quedamos libres de dolor, la misma liberación y carencia de toda molestia nos causa gozo. Si, pues, todo lo que nos hace gozar es placer, del mismo modo que es dolor todo lo que nos lastima, con razón se llama placer a la carencia de todo dolor. De igual manera que cuando con la comida y la bebida se ha eliminado el hambre y la sed, la sola privación de la molestia trae como consecuencia el placer, así, en cualquier circunstancia, la remoción del dolor hace que le suceda el placer. En consecuencia, no quiso admitir Epicuro la existencia de un estado medio entre el dolor y el placer; pues aquello mismo que algunos consideran estado intermedio, la carencia de todo dolor, es para él no sólo placer, sino incluso el supremo placer"[2158].

En la misma línea Séneca escribe: "[l]a doctrina de Epicuro señala dos bienes que componen la suprema beatitud: el cuerpo libre de dolor y el alma sin perturbación"[2159].

Debemos apostillar que si bien somos conscientes de que la analgesia cae, propiamente, en el ámbito de los placeres, hemos estimado oportuno tratarla en el ámbito de la supresión entendida positivamente, para luego ocuparnos de placeres positivos o en presencia.

2156 EPICURO, *Carta a Meneceo*, 128, en VARA, *op. cit.*, p. 89.
2157 DIÓGENES LAERCIO, *Vidas de los filósofos ilustres*, X, 136, en GARCÍA GUAL, *op. cit.*, p. 556.
2158 CICERÓN, *Del supremo bien y del supremo mal*, I, 11, 37–38, en HERRERO LLORENTE, *op. cit.*, p. 73.
2159 SÉNECA, *Epístola moral a Lucilio*, 66, 45, en ROCA MELIÁ, *Lucilio I*, *op. cit.*, p. 380.

5.3.1.1. Tanatología: curación de la muerte

Para el de Samos la aceptación de la muerte como límite extra-vital constituye un conocimiento correcto (γνῶσις ὀρθή) que debe asumirse[2160] y que incluso hace más placentera la vida humana, desenraizando el deseo de inmortalidad[2161]. No obstante, Warren (se) pregunta: "Why should this new conception of our inevitable and painless demise make life more enjoyable? Epicurus does not make clear here just how this connection is to be made"[2162].

Creemos que precisamente gracias a la razón y a los modos terapéuticos ya descritos es posible vencer los miedos cervales y atávicos, tanto el que se refiere a los dioses cuanto el que se refiere a la muerte. Ésta última, como indica Rodis-Lewis, "joint le maximum de certitude et d'incertitude: inéluctable pour le fait, nous ignorons son moment et ses circonstances. L'anticipation incontrôlée fonde l'appréhension, et nourrit l'affabulation"[2163]. Ante este hecho radical pero cierto, Epicuro procura evitar la tenebrosidad de la *meditatio mortis* o del σῶμα / σῆμα platónico, que ahogan la felicidad del presente y reniegan del cuerpo y de las sensaciones, las cuales aquél sólo puede recibir cuando está en vida, dado que, según Epicuro:

> "La muerte no tiene nada que ver con nosotros. Pues el ser, una vez disuelto, es insensible, y la condición insensible no tiene nada que ver con nosotros"[2164].

Antes de mencionar, someramente, algunas cuestiones relativas al θάνατος, es obligado advertir, con Puliga, que el objetivo de la tanatología indolora se cumple desde la fisiología, desde la naturaleza[2165]; también importa poner de manifiesto

2160 EPICURO, *Carta a Meneceo*, 124, en VARA, *op. cit.*, p. 88: "la idea correcta de que la muerte no tiene nada que ver con nosotros hace gozosa la mortalidad de la vida, no porque añada un tiempo infinito sino porque quita las ansias de inmortalidad".

2161 *cf.* PREUSS, Peter, *Epicurean Ethics: Katastematic Hedonism*, Lewiston, E. Mellen Press, 1994, pp. 56 y ss.: "To a person consumed by the desire for immortality and pained by the thought of his mortality he doesn't hold out hope by trying to make the case for immortality, as did Plato, but, realizing that such a person needs more than rational persuasion, he offers therapeutic philosophy".

2162 WARREN, James, *Facing Death: Epicurus and His Critics*, Oxford, Clarendon Press, 2004, p. 111.

2163 RODIS-LEWIS, *Épicure*, *op. cit.*, p. 120.

2164 EPICURO, *Máxima Capital* II, en VARA, *op. cit.*, p. 93.

2165 PULIGA, Donatella, "ΧΡΟΝΟΣ e ΘΆΝΑΤΟΣ in Epicuro", en *Elenchos. Rivista di studi sul pensiero antico*, nº IV, 1983, fasc. 2, pp. 235–260, y concretamente pp. 238–239: "Ma la concreta eliminazione del φόβος discende dallo studio della natura, dalla φυσιολογία (...) Il richiamo alla φύσις si connette strettamente con l'esortazione a scacciare la paura della morte: entrambi questi punti del sistema mirano a rifondare una serenità perduta, sia a livello speculativo che a livello pragmatico, da chi si è abbandonato alle seduzioni del pessimismo (in alcuni casi, anche Aristotele) rinunciando perciò a volersi reintegrare armonicamente nel ritmo dell'esistenza, che necessita di almeno un dato incrollabile".

que se excluye de los planteamientos epicúreos la inducción de la propia muerte, el suicidio[2166], dado que no es posible introducir muerte allí donde ya hay vida plena. En este sentido, acierta sobremanera Fallot al señalar que la conciencia de la muerte o su asunción tiene como contrapartida la afirmación radical de la vida, mientras vivimos:

> "Quanto ha dovuto capire la morte, Epicuro, per amare tanto la vita! Il vero senso epicureo della morte è forse questo, che essa pone ogni piacere di essere come trascendente all'occasione particolare, alla sensazione particolare, al rapporto con l'oggetto; come un limite, come un piacere puro. A partire dal pensiero della morte, e non soltanto dalla soglia della sensazione, si ritrova il piacere puro di Epicuro, quel piacere che, abolendo il tempo (come rapporto e relazione), abolisce ogni presenza della morte. Il cerchio è chiuso"[2167].

Mitsis también ha selañado que la doctrina tanatológica epicúrea no pretende ser una triquiñuela intelectual ni una afirmación contraintuitiva, sino la asunción intelectual y emocional de la finitud para una vivencia plena de la existencia humana, en pos de la felicidad[2168].

Abordemos ya, pues, la cuestión. Aceptado que todo mal y todo bien se hallan en la sensación y que la muerte es στέρησις αἰσθήσεως (pérdida o privación de sensación), "el mal que más pone los pelos de punta, la muerte, no va nada con nosotros, justamente porque cuando existimos nosotros la muerte no está presente, y cuando la muerte está presente entonces nosotros no existimos. Por tanto, la muerte no tiene nada que ver ni con los vivos ni con los muertos, justamente porque con aquellos no tiene nada que ver y éstos ya no existen"[2169]. El corolario de todo esto es, pues, que: "μηδὲν πρὸς ἡμᾶς εἶναι τὸν θάνατον"[2170] o que, como poetiza Lucrecio: "*Nil igitur mors est ad nos neque pertinet hilum*"[2171].·

En este sentido, estimamos que, leídas desde Grecia y desde sí mismas, las tesis epicúreas salen indemnes de críticas como las de Nagel, que parecen de tradición más dualista (platónico-judeo-cristiana), a propósito de la privación o pérdida de algo, percibida como dolorosa, por alguien y ligada a la progresión del tiempo pero

---

2166 ENGLERT, Walter, "Stoics and Epicureans on the Nature of Suicide", en CLEARY, J., WIANS, W. (eds.), *Proceedings of the Boston Area Colloquium in Ancient Philosophy* nº 10, 1994, pp. 67–98, especialmente p. 86 y ss.

2167 FALLOT, *Piacere, op. cit.*, p. 79.

2168 *cf.* MITSIS, Phillip, "When Death Is There, We Are Not: Epicurus on Pleasure and Death", en BRADLEY, Ben *et alii* (eds.), *The Oxford Handbook of the Philosophy of Death. New York*, Oxford, Oxford University Press, 2012, pp. 200–217, concretamente pp. 204–205.

2169 EPICURO, *Carta a Meneceo*, 125, en VARA, *op. cit.*, p. 88.

2170 EPICURO, *Carta a Meneceo*, 124, en VARA, *op. cit.*, p. 88.

2171 LVCRETIVS BAILEY, *op. cit.*, III, 830 [SOCAS, *op. cit.*, p. 263: "Así pues la muerte no es nada ni nada tiene que ver con nosotros"].

dañosa toda la vida[2172]. En su excelente libro sobre la cuestión, Warren sintetiza las preguntas (y respuestas) epicúreas sobre la mortalidad:

> "1. Is being dead bad for the deceased? / 2. Is it bad for someone that he or she is going to die? / 3. Is it bad for someone if he or she dies sooner rather than later? / 4. Is it bad for someone to undergo the process of passing from being alive to being dead? [...] 1*. The fear of being dead. / 2*. The fear that one will die, that one's life is going to end. / 3*. The fear of premature death. 4*. The fear of the process of dying"[2173].

Epicuro afronta resolutivamente esos reparos al indicar lo antedicho: antes de la muerte o tras ella, donde la hay, no hay sensibilidad (ἀναισθησία) ni se preserva sujeto psíquico independiente alguno capaz de perder bienes o sufrir suplicios *post-mortem*; si no hay sensación, no hay sensación dolorosa, puesto que no hay sintiente; ahí arraiga la invulnerabilidad del vivo ante la muerte[2174], que incluso permite afirmar que la muerte no es mala para los seres humanos en cuanto no la podemos experimentar[2175]; pasamos de la persona al cadáver, por así decirlo:

> "si acaso nos esperan desdichas y dolores, debe también en ese tiempo de entonces estar aquel al que le podría ocurrir algo malo; puesto que la muerte evita tal cosa e impide que esté aquel al que podrían juntársele tales inconvenientes, podemos dar por sentado que nada hay que temer en la muerte, que no puede llegar a ser desgraciado quien no está ya"[2176].

En segundo lugar, resulta insensato temer algo que no sucede ahora y que es común a todo ser vivo e incluso a todo compuesto atómico, esto es, la muerte y la

---

2172 *cf.* NAGEL, Thomas, "Death", en *Noûs*, vol. 4, nº 1, feb., 1970, pp. 73–80, concretamente p. 80: "If there is no limit to the amount of life that it would be good to have, then it may be that a bad end is in store for us all".

2173 WARREN, *Death*, *op. cit.*, pp. 3–4.

2174 *cf.* FURLEY, David, "Nothing to Us?", en SCHOFIELD, M. y STRIKER, Gisela (eds.), *The Norms of Nature: studies in Hellenistic ethics*, Cambridge / Paris, Cambridge University Press / Éditions de la Maison des Sciences de l'Homme, 1986, pp. 75–91, p. 76: "I. Nothing is good or bad for a man except what stimulates his feelings (of pleasure or pain). II. The dead feel nothing. III. Hence nothing is good or bad for one who is dead. IV. Hence his state of being dead is not (good or) bad for one who is dead. V. But if a thing is not bad when it is present, there is no rational ground, at any previous time, for fear of its future presence. VI. Hence no living person has any rational ground for fear of his future state of being dead".

2175 ROSENBAUM, Stephen, "How to Be Dead and Not Care: A Defense of Epicurus", en *American Philosophical Quarterly*, vol. 23, nº 2, abril, 1986, pp. 217–225, p. 218: "(A) A state of affairs is bad for person P only if P can experience it at some time. Therefore, (B) P's being dead is bad for P only if it is a state of affairs that P can experience at some time. (C) P can experience a state of affairs at some time only if it begins before P's death. How to Be Dead and Not Care (D) P's being dead is not a state of affairs that begins before P's death".

2176 LUCRECIO, *Sobre la naturaleza de las cosas*, III vv. 861 y ss. en SOCAS, *op. cit.*, p. 265.

descomposición. Del mismo modo, al cadáver tampoco se le han "quitado juntas tantas satisfacciones de la vida"[2177], pues no existe a quién sustraer, no existe privación en sentido estricto.

En vez de la angustiosa hambre de eternidad[2178], o de la obediencia a la superstición y a la autoridad religiosas por ese motivo, o, todavía, de la actividad frenética para no considerarla o, por último, del daño a los demás para morirse menos, "[d]er Mensch soll sich als radikal begrenzt und sterblich anerkennen, um sich in dieser Anerkenntnis von Todesfurcht zu befreien"[2179], como bien indica Schadel. No hay mal, pues, en lo que no ha de perjudicarnos en el presente y ha de ser cuando nosotros ya no seamos. Es irracional, entonces, temer la muerte; como lo es el deseo, antinatural e innecesario, de vivir eternamente, lo que, si cabe, muestra una mayor irracionalidad y desconocimiento de la φυσιολογία.

Igualmente, Lucrecio presenta otro argumento terapéutico-consolatorio contra el *timor mortis*, a saber, el paréntesis milagroso de existencia que debemos gozar concluye, ciertamente, pero también principia, es decir, la existencia no está ya en nosotros a la muerte pero tampoco está antes del nacimiento. Si no nos preocupamos por la inexistencia *prae-uitam* tampoco debe angustiarnos la inexistencia *post-mortem* y además no nos angustia, al reflexionar sobre ella en vida, el estado de aniquilación prenatal[2180]. Escribe Lucrecio:

> "Mira igualmente lo poco que nos importa la antigüedad pretérita del tiempo eterno, antes de nacer nosotros; la naturaleza así nos pone delante una imagen de ese tiempo que tras la muerte nuestra al cabo llegará: ¿acaso algo espantoso en él se revela?, ¿acaso parece siniestro en algún modo?, ¿no se presenta como más tranquilizador que ningún sueño?"[2181].

De sus versos captamos el hecho de que el pasado previo al momento de esta vida actúa como espejo (*speculum*) del futuro posterior a la vida[2182]. Sin duda, esta proposición ha sido objeto de críticas[2183], ligadas con la noción de identidad y la linealidad progresiva del tiempo y de la línea de causación.

2177 LUCRECIO, *Sobre la naturaleza de las cosas*, III vv. 893 y ss. en SOCAS, *op. cit.*, p. 266.

2178 NUSSBAUM, *Terapia*, *op. cit.*, p. 251 y ss.: "Pero los epicúreos presentan el miedo a la muerte (y la correspondiente aspiración a una prolongación indefinida de la vida) como poseedor de un violento poder de turbación"; *cf.* pp. 253 y ss.

2179 SCHADEL, Helene, *Thanatos: Studien zu den Todesvorstellungen der antiken Philosophie und Medizin*, Pattensen, Wellm, 1975, p. 64.

2180 WARREN, *Death*, *op. cit.*, p. 57 y ss.

2181 LUCRECIO, *Sobre la naturaleza de las cosas*, III vv. 972–977, en SOCAS, *op. cit.*, p. 269.

2182 *cf.* SALEM, Jean, *La mort n'est rien pour nous: Lucrèce et l'éthique*, Paris, Vrin, 1990, p. 120 y ss.

2183 WARREN, *Death*, *op. cit.*, p. 77 y ss.: "A. The time of birth is a necessary condition of personal identity, whereas the time of death is merely contingent (i. e. I could not have been born earlier than I was, but could die later than I will). B. Within a lifetime our attitudes to past and future experiences are inevitably asymmetrical".

La cuestión del temor a una muerte prematura o importuna ha sido tratada con agudeza por Striker, quien entiende que una vida completa implica una muerte natural en el sentido de que no ocurra en tiempo demasiado temprano como para haber alcanzado una vida redonda o filosóficamente plena, completa[2184]. Es interesante la precisión de Warren en el sentido de que la muerte resulta dolorosa para quien continúa teniendo el deseo de seguir viviendo y no en caso contrario, si bien concede que:

> "Premature death is not to be feared if and only if one has attained ataraxia. So at any point until ataraxia is reached it is reasonable to fear premature death. But if it is reasonable to fear premature death, this is sufficient to make it impossible for anyone not yet in ataraxia to attain ataraxia. This seems to me to be a very difficult problem for the Epicureans to overcome. The sources of the problem are quite clear. First, the Epicurean identification of mental anxieties and fears as a kind of pain leads them to conclude that the state of complete pleasure must be a state which admits no residual anxieties. Second, the Epicureans seem to have attempted to answer the potentially devastating criticism that they do not address the fear of premature death by telling us that a complete life, one whose value cannot be diminished if its duration is curtailed, is one which has attained this state of complete pleasure"[2185].

Sanders restringe, leyendo el *De morte* de Filodemo de Gádara, la importancia del tiempo para un epicúreo, y su temor a una muerte prematura en dos sentidos, respecto al tiempo necesario para alcanzar la felicidad completa de la ataraxia y el tiempo requerido para gozar de ella[2186].

2184 STRIKER, Gisela, "Commentary on Mitsis", en GURTLER, G., WIANS, W. (eds.), *Proceedings* of the *Boston Area Colloquium in Ancient Philosophy* 4, 1988, pp. 323–30, concretamente pp. 325 y 328: "Duration (of life) is not really the issue. What we are rightly concerned about when we are afraid of dying is completeness as opposed to incompleteness, and that is only incidentally a matter of sheer length of time. [...] I am inclined to think that all the Epicurean arguments were meant to show is that we should not ruin our lives by worrying about being mortal".

2185 WARREN, *Death, op. cit.*, p. 118: "[o]f course, we might agree that the person who has no desire at all to go on living, whatever their age, is not harmed by dying, but these would be very exceptional cases and Epicurus for one would presumably not want to base his claim that premature death is not to be feared on the premise that one should not want to go on living"; p. 157, para la cita inserta en el texto.

2186 SANDERS, Kirk R., "Philodemus and the fear of premature death", en FISH, SANDERS, *op. cit.*, pp. 211–234, concretamente p. 221–222: "One attractive alternative would be to define a death as premature if and only if it precedes the living of a complete life, while cashing out the notion of a complete life in terms of the attainment or satisfaction of some objective criterion, or set of criteria, other than simple duration". *cf.* también p. 228: "Philodemus recognizes as reasonable the desire to live at least long enough to attain the goal of ataraxia. Indeed, such a desire surely qualifies as both natural and necessary within the Epicurean classificatory schema, since the person who has not yet achieved this goal requires the added time to secure his own happiness. Death at too early an age can prevent one from developing

En lo tocante al proceso de morir y al dolor que le es inherente, se impone distinguir entre el proceso de morir y el hecho de la muerte como objeto de temor; no obstante, aquí se imponen, como señala Warren[2187], las observaciones analgésicas de Epicuro: "Todo dolor es fácil de despreciar, pues el que causa una molestia intensa es de corta duración, y el que dura mucho en el cuerpo causa una molestia muy suave"[2188].

La tanatología epicúrea posee, como podemos observar, objetivos terapéuticos o curativos[2189] que conciernen especialmente a la vivencia psíquica de las emociones, como bien ha subrayado Aronoff[2190]; tales objetivos incumben, además, al rechazo de criterios de extensión temporal o 'curriculares' para considerar la plenitud de vida y muerte oportuna no por dilatación diacrónica, sino a partir de la intensidad y la calidad de los placeres, ya que, como escribe Epicuro, el placer resulta idéntico en un tiempo finito o infinito[2191]. De esta forma, la analgesia frente a la muerte,

---

even the limited capacities necessary for achieving happiness and, hence, from even the possibility of living a complete life. It is therefore also perfectly rational, admits Philodemus, to regard at least some who die young as 'unfortunate'".

2187 WARREN, *Death*, *op. cit.*, pp. 12 y 14: "The fear of pain, which the Epicureans recognize as a legitimate concern since pain is indeed bad on their account, can also be used by them to explain and attempt to clarify one of the fears of death, namely: the fear of the process of dying. In so far as the process of passing from being alive to being death is painful, it is appropriate to fear it. But, importantly, it ought to be clear that it is the pain of this process which qualifies it as an appropriate object of fear, not the fact that the process will result in death. *Qua* painful event, therefore, dying is something to be concerned about"; [...] "Notoriously in such discussions, the Epicureans often offer a weak argument in an attempt to show that dying is not to be feared. Any intense pain, they try to reassure us, will be short-lived. Any prolonged pain is not so intense as to be distressing. (...) *[dolor], levis es si ferre possum; brevis es si ferre non possum.* (...) Seneca *Ep. Mor.* 24. 14".

2188 EPICURO, *Sentencia Vaticana* 4, VARA, *op. cit.*, p. 99.

2189 CARRICK, Paul, *Medical Ethics in the Ancient World.* Washington, D.C., Georgetown University Press, 2001, pp. 62–65.

2190 ARONOFF, Peter, *Lucretius and the Fears of Death*, tesis doctoral, Cornell University, 1997, p. 16: "the Epicurean view of emotions is roughly this. A person forms various views of the world, and these views result in varied emotional states and tendencies. For example, my views on death may lead me either to desire it or to fear it - fear it, if I take it to be an impending evil, but desire it if I take it to be a great benefit. The resultant emotions possess intrinsic characters that are pleasant or painful – they feel a certain way and affect us, just by our having them. Moreover, emotions and emotional dispositions lead to various actions and patterns of action".

2191 EPICURO, *Máximas Capitales* XIX-XXI, en VARA, *op. cit.*, 1995, p. 95: "Si uno considera por un acto de reflexión el punto más alto que puede alcanzar el gozo, resulta que el tiempo infinito conlleva igual gozo que el limitado; [l]a carne requiere límites ilimitados para su gozo, y sólo un tiempo ilimitado se los procura. En cambio el pensamiento, al tomar conciencia del fin a que está destinada la carne y del límite que le ha sido impuesto, nos procura la vida perfecta, y ya no necesitamos nada más un tiempo ilimitado, sino que el pensamiento ni rehúye el gozo ni cuando las cuitas aunque no sea propiamente un placer positivo – recordemos que no existe ningún intermedio o *tertium quid* entre placer y dolor – se inscribe entre los gozos más altos, por ausencia de dolor[2192].

Desde nuestro punto de vista, para hacerse cargo de la propuesta tanatológica epicúrea, es preciso aceptar que la interrupción de la vida no es un mal para aquel que está en vida, incluso aunque no lleve a cabo ciertos planes, proyectos o esperanzas, cuya realización defiende Furley como prerrequisito[2193]; Rosenbaum cita brillantemente un pasaje clave de Epicuro en apoyo de su postura:

> "Epicurus himself recommended courses of action, plans for life, which were future-regarding, involving goals which could easily be thwarted by death. One who prudently accepted a long sequence of pains for the sake of acquiring great pleasure in the future

---

preparan el fin de la vida termina como si le faltara algo para una vida maravillosa"; "[q]uien conoce los límites impuestos a la vida sabe que es fácil de procurar lo que elimina el dolor producido por falta de algo y lo que hace perfecta la vida. De modo que no necesita en absoluto tareas que entrañan competencias".

2192 WARREN, *Death*, *op. cit.*, pp. 113–114: "The sole criterion for determining the value of a life, therefore, is the pleasantness of that life. Duration *per se* certainly plays no part in any such determination. (...) the peculiar Epicurean view that the highest pleasure is the absence of pain may be used to bolster an argument to show that given this brand of hedonism a greater duration, indeed a greater number of pleasures, is not necessarily preferable to a shorter duration. To be sure, the argumentation is not always clear, but they nevertheless can be agreed to produce a contrast between a rational understanding of pleasure which recognizes the 'limits' of pleasure and therefore somehow leads to a complete life or the best life, and the irrational tendency of the flesh which is to disregard any limits and ask constantly for more and more pleasure".

2193 FURLEY, David, "Nothing to Us?", en SCHOFIELD, STRIKER, *op. cit.*, pp. 75–91, concretamente pp. 89–91: "We might perhaps do better by considering how desires are conditional on continuing life, and developing that idea more fully. (...) The formation of plans, formulation of hopes and desires, depend for their meaning on the possibility of fulfilment. We know what fulfilment is. If there were a world in which desires were never fulfilled, it is difficult to see what a desire could be. (...) It seems to me that the essential element in a rational fear of death is the fear that our desires and intentions are unreal, in the sense that they have no possibility of fulfilment. (...) To eliminate fear of death it would be necessary to be in a state in which future possibilities were of no concern. This is indeed the state of one who follows to the letter Epicurus' advice to confine one's desires to the bare essentials for avoiding present pain. If Epicurus' case that death is nothing to us is to be persuasive, one must accept the hedonist premiss of Epicurean morality in its fullest strength. I think the best argument against Epicurus is that the human mind has desires and intentions that go beyond those limits, not contingently but necessarily, and that he himself, in recognising the strength of pleasures of the mind, including anticipatory pleasures, found it impossible to maintain his position strictly enough to support his argument".

is essentially adopting a desire, a goal, and a plan that could be defeated by death. One might die, miss the future pleasure, and be stuck with having had only the long sequence of pains, thus being defeated in one's plans. This suggests that even though Epicurus regarded one's death as not bad for one, he felt he could consistently adopt a prudent plan of life, relying upon the expectation of a continued existence in the future. That he could consistently do this is due to the belief that one's death is not bad for one, even if it prevents one from achieving one's important, fulfilling goals and desires"[2194].

El pasaje que cita Rosenbaum[2195] remite al párrafo 126 de la *Epístola a Meneceo*:

"Pero el sabio ni rehúsa vivir ni teme no vivir, pues ni le ofende el vivir ni se imagina que es un mal el no vivir. Y de la misma manera que de la comida no prefiere en absoluto la más abundante sino la más agradable, así también disfruta del tiempo no del más largo sino del más agradable. El que exhorta al joven a que viva bien y al viejo a que termine bien es necio no sólo por lo apetitoso de la vida sino también porque el entrenamiento para vivir bien y para morir bien es el mismo. Pero es mucho peor incluso el que asegura 'hermosa cosa es no haber nacido y, de haber nacido, franquear lo antes posible las puertas del Hades'"[2196].

La restricción radical del placer como analgesia y la prudencial gestión de los deseos naturales y necesarios se perciben soberanamente cuando el de Samos afirma que

"tenemos necesidad de gozo sólo en el momento en que sentimos dolor por no estar con nosotros el gozo, pero cuando no sintamos dolor ya no estamos necesitados de gozo. Por esta razón afirmamos que el gozo es el principio y el fin de una vida dichosa. Pues hemos comprendido que ése es el bien primero y congénito a nosotros, y condicionados por él emprendemos toda elección y repulsa y en él terminamos, al tiempo que calculamos todo bien por medio del sentimiento como si fuera una regla. Y en razón de que ése es el bien primero y connatural a nosotros, por eso mismo tampoco aceptamos cualquier gozo sino que hay veces que renunciamos a muchos gozos cuando de éstos se derivan para nosotros más dolores que gozos, y hay veces que consideramos muchos dolores mejores que los gozos, concretamente cuando, tras haber soportado durante mucho tiempo los dolores, nos sigue un gozo mayor"[2197].

A este respecto es atinada la observación de García Gual, la cual también puede aplicarse a la muerte, cuando nuestro compatriota sostiene que

2194 ROSENBAUM, Stephen, "Epicurus and annihilation", en *Philosophical Quarterly*, vol. 39, nº 154, enero, 1989, pp. 81–90.
2195 ROSENBAUM, Stephen, "Epicurus and annihilation", en *op. cit.*, pp. 81–90, pp. 83, n. 13.
2196 EPICURO, *Carta a Meneceo*, 126, en VARA, *op. cit.*, p. 88.
2197 EPICURO, *Carta a Meneceo*, 128–129, en VARA, *op. cit.*, pp. 89–90.

"[e]sta alegre moderación del Jardín, un hedonismo que por su limitación resulta casi una ascética, armoniza bien con las antiguas máximas apolíneas que recomiendan la mesura y la conciencia de los límites humanos"[2198].

Por lo que se refiere al tiempo, la felicidad y la muerte, coincidimos con Rider, quien, en su solvente presentación de esta cuestión, subraya que la felicidad epicúrea corresponde a un modelo de "Time-Independent Completeness"[2199], por lo que la (mayor o menor) extensión temporal y su cesación no menoscaban la plenitud de vida; no se trata de acumulación de objetivos o bienes materiales ligada o no a un tiempo determinado. Sobre esto, de gran importancia para entender y experimentar la vida, Puliga arroja gran luz y merece ser citado *in extenso*:

"il tempo può essere considerato τῶν ὄντων nel momento in cui lo si concepisce come un fatto di coscienza, un dato dell'esperienza, impossibile a postularsi prescindendo dal riferimento alla sfera del soggetto. In questo senso il tempo appartiene senz'altro all'essere, perché è presupposto dall' αἴσθησις; ed è l' αἴσθησις almeno in un primo stadio, a fornire la prova dell'esistenza di ogni realtà. Ma nel momento in cui la mente umana tenti di inscrivere il tempo nel novero delle realtà assolute, sciolte dal vitale legame di necessità col soggetto che le percepisce e lo pensa come qualcosa di esistente *per se*, non più circoscritto ἐμ φύσει, nell'ambito della natura, esso diventa realtà inesistente: in questo senso scivola nell'ambito τῶν μὴ ὄντων. (...) Anche il φόβος della morte nasce infatti dalla considerazione del rapporto tra il soggetto, limitato, finito, stretto dai πέρατα dell'esistenza e il χρόνος che, nell'opinione degli stolti, ha il fondamentale attributo dell'infinità. La morte si configura come l 'interruzione di tale rapporto, come inizio del tempo che ci è negato, ed è proprio questa cesura a creare turbamento. (...) Se il θάνατος, infatti, segnasse soltanto la fine di un soggetto esistente, le sue implicazioni sarebbero assai limitate; ma ciò che l' uomo rifiuta istintivamente e profondamente non è tanto (o non soltanto) il fatto di "finire", in senso assoluto, quanto quello dì finire "mentre qualcosa resta", mentre continua la vita del mondo, la vita del tempo. E questo implica per il soggetto, naturalmente, la dolorosa presa di coscienza del carattere di non-necessità del proprio io, del fatto che il ritmo dell'esistenza non solo prevede o tollera questa separazione dalla vita dell'universo, ma addirittura si nutre di questo *discidium*. (...) Epicuro ha voluto dimostrare che il tempo è una categoria psicologica che non ha senso fuori di noi, oltre la nostra vita: esso, nasce *in noi* (...), viene da noi connesso agli eventi, ma non sì identifica con gli eventi né continua dopo di loro"[2200].

2198 GARCÍA GUAL, *Epicuro*, *op. cit.*, pp. 52–53.

2199 RIDER, Benjamin A., "Epicurus on the Fear of Death and the Relative Value of Lives", en *Apeiron*, vol. 47, nº 4, 2014, pp. 461–484, concretamente p. 7: "A life is happy and good in virtue of a time-independent quality of *how* that life is being lived; no particular amount of time is necessary. (This is, of course, Epicurus' model)".

2200 PULIGA, Donatella, "ΧΡΟΝΟΣ e ΘΆΝᾸΤΟΣ", en *op. cit.*, pp. 235–260, y concretamente pp. 251–254.

Otro elemento digno de mención entre los objetivos propios de la terapia analgésica epicúrea, en este caso la tanatológica que nos ocupa, tiene que ver con la *consolatio*[2201] para los vivos, en el sentido del *carpe diem* y como una suerte de *memento uiuere*. En esta línea Protopapadakis acierta, a nuestro juicio, cuando indica que, pese a la profunda racionalidad del sistema epicúreo, las eventuales carencias o inconsistencias lógicas de su trato sobre la muerte no le interesan tanto como incorporar la muerte al debate racional[2202], un acercamiento a la muerte que sea una naturalización de la misma, esto es, una desacralización, lo cual implica alejarse de la δεισιδαιμονία y de lo fideísta, para romper un tabú, obrar una desmitificación, consolar y curar en lo posible a los humanos y apaciguarlos emocionalmente, liberándolos a través de la racionalidad sensualista, como apuntan Mitsis[2203], Segal[2204], así como Warren[2205], quien escribió un libro excelente sobre la cuestión.

2201 Agradezco a la Dra. Isabel Méndez sus sugerencias e informaciones a este respecto.

2202 PROTOPAPADAKIS, Evangelos, "Death is Nothing to Us: A Critical Analysis of the Epicurean Views concerning the Dread of Death", en MARICKI GADZANSKI, Ksenija (ed.), *Antiquity and Modern World: Interpretations of Antiquity*, Belgrade, The Serbian Society for Ancient Studies, 2014, pp. 316–323, concretamente pp. 322–323: "one would do no justice to Epicurus if he failed to mention that his main pursuit seems to have been not primarily to articulate a theoretically flawless and consistent philosophy, but something else. (...) I believe that one is not far from Epicurus' actual disposition if he assumes that he engaged into debates as such only in order to alleviate humans of some of their most deeply rooted and timely fears. As a conclusion, it seems to me that Epicurus was earnest when he spoke of philosophy as a consolation in life for humans: in my view his primary purpose has been exactly this one".

2203 MITSIS, "Pleasure and Death", en BRADLEY, *op. cit.*, 200–217, concretamente, p. 213:"The Epicureans are thorough rationalists and believe that once someone comes to understand the truth of a proposition such as 'death does no harm,' one's emotional states will follow suit and one's fear of death will disappear. As a consequence, one's rational arguments and knowledge are not the prisoners of one's occurrent emotional states".

2204 SEGAL, Charles, *Lucretius on Death and Anxiety: Poetry and Philosophy in De Rerum Natura*. Princeton, N.J., Princeton University Press, 1990, pp. 9–11: "For all of his own passion and appreciation of the irrational, Lucretius fully shares Epicurus's belief in the power of reason to explore the dark places of man's nature and nature's irrationality. In human life he identifies 'a certain hidden force', *vis abdita quaedam*, that, like religious superstition, 'crushes human affairs and mocks man's pretensions to power and authority' (5.1233–35)"; [...] "[i]n following in the footsteps of his master and alleviating human suffering by bringing reason where unreason was, he is also following the humane tradition of θεραπεία, the healing of souls in Greek philosophy. But as a poet he is also keenly aware of how deep-seated is the irrational in us all; and he possesses a unique power of imagination and visual representation in exposing that irrationality"; [...] "Epicurus posits an intimate relation between the sufferings of the body and of the mind that follows from the continuum of the physical processes, extending from the visible to the invisible".

2205 WARREN, *Death*, *op. cit.*, pp. 221–222: "For their part, the Epicureans remain convinced of the power of rational argument and persuasion to remove the debilitating

A modo de conclusión, podemos aportar un pasaje de Filodemo, citado y traducido por Sanders, que puede evidenciar la ausencia constitutiva de temor a la muerte y el disfrute de lo que Mitsis considera una vida placentera epicúrea: "an ongoing state of consciousness that is invulnerable to outside interference, in the sense that it cannot be harmed by factors outside of an agent's control"[2206].

Escribe Filodemo de Gádara:

> "But a sensible person, once he has learned that it is possible to acquire everything sufficient for a happy life, from that point on walks about as one already laid out for his burial and enjoys each single day as if it were an eternity. When it is taken from him, he neither <considers the things being taken from him> surprising nor goes along with them as if he were thereby missing out on some aspect of the best possible life. But if he extends his life, he accepts any added time, as he reasonably should, as though having happened on an unexpected piece of good fortune and gives thanks accordingly to the way things are"[2207].

Así, el sabio realizado, Epicuro, ejemplifica una vida donde se goza, con agradecimiento, de existir pero no se teme morir, donde el deseo natural y necesario preside las acciones y los proyectos, donde prima lo cualitativo sobre lo cuantitativo, el presente atemporal sobre lo narrativo temporal, lo intensivo sobre lo extensivo o sumativo, o, por así decir, la conciencia de que no tenemos la vida, sino que estamos en ella y que no debemos temer la aniquilación ni sentir *horror uacui*, lo que convierte a quien así piensa y vive en un inmortal entre mortales, invulnerable, encarnación de la αὐτάρκεια y la ἀσφάλεια, autónomo, libre de cuidados y de apegos[2208], lleno de *sufficientia* y *securitas*, libre de esperanzas y temores.

---

fear of death. This assumption is a consequence of their general intellectualist stance on the emotions, which they tend to analyse as based in value judgements. Value judgements are at least necessary conditions of emotions such as fear, longing, anger, and so on. So the various fears of death are caused by various judgements of the form: 'it is bad that X', where X can be 'I will die', 'I might die earlier than later', and so on. (...) the overwhelming conviction is that argument and rational persuasion are the appropriate, indeed the only, tools for the important job of healing our opinions and setting us on the path towards the good life".

2206 MITSIS, "Pleasure and Death", en BRADLEY, *op. cit.*, pp. 200–217, concretamente p. 215.

2207 FILODEMO DE GÁDARA, *De morte*, col. 38, 14–25, citado y traducido por SANDERS, "Premature death", *op. cit.*, en FISH, SANDERS, *op. cit.*, pp. 211–234, concretamente p. 225.

2208 Antonio Colinas ha sido que, sepamos, uno de los pocos españoles que ha visto la relación entre el desapego o no apego y las tesis epicúreas; *cf.* COLINAS, Antonio, Reseña de Epicuro, Vara, José (ed., trad.), *Obras completas*, Madrid, Cátedra, 1995, en *ABC literario*, 22-09-1995, p. 19: "'Cuando afirmamos que el gozo es el fin primordial, no nos referimos al gozo de los viciosos y al que se basa en el placer (...) sino al no sufrir en el cuerpo ni estar perturbados en el alma'. Aquí asoma de nuevo la doctrina del no apego".

5.3.2. Ἐπιθυμητικά, técnica del deseo natural y necesario

Hemos abordado previamente algunos placeres negativos en cuanto no dolencia por lo que hace al cuerpo burdo y al sutil. Resulta apropiado, ahora, aproximarse al saber calculador, práctico[2209] y artesanal por lo que respecta a la gestión y satisfacción de la ἐπιθυμία.

Tal cosa hemos optado por bautizarla como ἐπιθυμητικά, esto es, la técnica del deseo, cuyo fundamento se ubica en la φρόνησις[2210], la sensatez o prudencia, que abarca los juicios, las palabras y los actos, en forma de plenitud reflexiva o, por mejor decir, como ausencia de vacuidad opinativa o κενοδοξία[2211]. Precisamente esta virtud placentera[2212] e instrumental, la prudencia, puesta al servicio de la felicidad (como todas las virtudes[2213]), emplea, al propio tiempo, el juicio analógico o razón calculadora (λογισμός)[2214], que ayuda a discriminar[2215] y que "por un lado, investiga

---

2209 *cf.* PREUSS, *Katastematic*, *op. cit.*, p. 60: "The subsumption of theoretical philosophy under practical philosophy makes theoretical philosophy itself instrumental in our pursuit of the good life. There are people who see in this a perversion of philosophy. It is true that Epicurean philosophy means to be instrumentally valuable in producing the good life for those who understand it and can put it into practice. But it does not follow from this that it has only instrumental value, like a pill or drug which is not itself pleasant but has a desirable effect, nor is it true that Epicurus thought of philosophy in this way. In fact he expressly denies that the value of philosophy is merely instrumental and insists that it is intrinsically valuable"; *cf.* PESCE, Domenico, *Introduzione a Epicuro*, Roma: Laterza, 1981, p. 85: "La completa subordinazione della ricerca teoretica ai fini della vita pratica (...) La scienza della natura dunque ha valore soltanto in quanto serve a eliminare le paure infondate e a insegnarci quale sia la regola intrinseca che governa il sentire (il 'pàthos') nel suo duplice polo del dolore e del piacere".

2210 EPICURO, *Carta a Meneceo*, 132, en VARA, *op. cit.*, p. 90: "El principio para lograr todo esto y el bien más grande es la sensatez. Por lo cual, bien más preciado que el mismo amor a la verdad resulta la sensatez (φρόνησις), de la que se derivan todas las demás virtudes, porque enseña que no es posible vivir gozosamente sin hacerlo sensata y hermosamente y de forma justa ni tampoco sensata y hermosamente y de forma justa sin hacerlo gozosamente"; *cf.* STECKEL, *Einheit*, *op. cit.*, p. 89, n. 11.

2211 *cf.* EPICURO, *Máxima Capital* XXX, en VARA, *op. cit.*, p. 96: "la necia estupidez del hombre".

2212 *cf.* CICERÓN, *Disputaciones tusculanas*, I, 39, 94, en MEDINA, *op. cit.*, pp. 181–182: "Es indudable que para el hombre no hay nada más placentero que la sabiduría [*nihil enim est profecto homini prudentia dulcius*]".

2213 *cf.* DIÓGENES LAERCIO, *Vidas de los filósofos ilustres*, X, 138, en GARCÍA GUAL, *op. cit.*, p. 566:"Por el placer también elegimos las virtudes, no por sí mismas, como (buscamos) la medicina por la salud".

2214 EPICURO, *Carta a Heródoto*, 76, en VARA, *op. cit.*, p. 68: "tras elegir por un acto de cálculo racional (τῷ λογισμῷ ἑλομένους)".

2215 EPICURO, *Carta a Meneceo*, 129, en VARA, *op. cit.*, pp. 89–90: "condicionados por él emprendemos toda elección y repulsa y en él terminamos, al tiempo que los motivos de toda elección[2216] y rechazo (πάσης αἱρέσεως καὶ φυγῆς) y, por otro, descarta las suposiciones, por culpa de las cuales se apodera de las almas una confusión de muy vastas proporciones"[2217]; todo esto, mediante un sobrio razonamiento (νήφων λογισμὸς), origina una vida gozosa[2218].

5.3.2.1. Los deseos, su gestión y su (in)satisfacción

Respecto a la ténica o *ars bene recteque desiderandi*, esto es, el modo natural, racional e inocuo de priorizar o regular los deseos, hemos de consignar cuanto, de Epicuro, se nos ha preservado al respecto:

> "Debemos damos cuenta, por un acto de reflexión (ἀναλογιστέον), de que los deseos (ἐπιθυμιῶν) unos son naturales (φυσικαί), y otros vanos (κεναί), y que los naturales unos necesarios (ἀναγκαῖαι) y otros naturales sin más (φυσικαὶ μόνον). Y de los necesarios unos son necesarios para la felicidad (πρὸς εὐδαιμονίαν), otros para el bienestar del cuerpo (πρὸς τὴν τοῦ σώματος ἀοχλησίαν), y otros para la propia vida (πρὸς αὐτὸ τὸ ζῆν)"[2219]; "De los deseos, unos son naturales y necesarios y otros naturales y no necesarios, y otros ni naturales ni necesarios sino que resultan de una opinión sin sentido"[2220]; "A la Naturaleza no se la debe forzar sino hacerle caso [o persuadirla (πειστέον)], y le haremos caso (πείσομεν) si colmamos (ἐκπληροῦντες) los deseos necesarios y los naturales siempre que no perjudiquen (μὴ βλάπτωσι) y si despreciamos con toda crudeza (πικρῶς) los perjudiciales (βλαβερὰς)"[2221].

---

calculamos todo bien por medio del sentimiento como si fuera una regla [ὡς κανόνι τῷ πάθει πᾶν ἀγαθὸν κρίνοντες]".

2216 *cf.* PASQUALI, Antonio, *La moral de Epicuro*, Caracas, Monte Ávila, 1970, p. 45: "[e]l instinto de aceptación y rechazo (...) sugiere en efecto la analogía con algún mecanismo homeostático de la vida sensitiva y afectiva – destinado a la conservación de un 'estado placentero'–, el cual ejercería su regulación en un doble sentido. En primer término, como una simple y verdadera función mecánica naturalmente programada con un margen mínimo de elección y por eso de error (sí al placer, no al dolor). En segundo término, como un servomecanismo que los cibernéticos llamarían de 'realimentación positiva', porque en lugar de mantener la función del sí dentro de márgenes discretos que no deben superar ciertos límites, obligan el aparato por ellos regulado a un perenne ejercicio de máximo rendimiento (en nuestro caso: mantener la φύσις humana prerreflexiva en un máximo esfuerzo constante de búsqueda del placer y rechazo del dolor). El instinto hedonista, como tal instinto, funcionaría pues según las leyes del *sí* y del *no*, y de una búsqueda constante por un estado placentero máximo".

2217 EPICURO, *Carta a Meneceo*, 129, en VARA, *op. cit.*, p. 91.

2218 *cf.* EPICURO, *Carta a Meneceo*, 132, en VARA, *op. cit.*, p. 90.

2219 EPICURO, *Carta a Meneceo*, 127, en VARA, *op. cit.*, p. 89.

2220 EPICURO, *Máxima Capital* XXIX, en VARA, *op. cit.*, p. 96.

2221 EPICURO, *Sentencia vaticana* 21, en VARA, *op. cit.*, p. 100.

Si esquematizamos estas palabras, obtenemos la siguiente clasificación, entre los que podemos considerar deseos naturales (y por lo tanto [relativamente] sanos) y deseos vanos o enfermizos[2222]:

1. Deseos naturales (son *desideria naturae* más que *cupiditates*[2223])
    a. Deseos naturales necesarios
        i. Deseos naturales necesarios para la felicidad
        ii. Deseos naturales necesarios para el bienestar corporal
        iii. Deseos naturales necesarios para la vida misma
    b. Deseos naturales no necesarios
2. Deseos vanos

Con el fin de ahondar aclaratoriamente en estas divisiones, podemos aducir todavía un escolio que Vara no consigna, al contrario que Piqué Angordans[2224] y Jufresa[2225], y que aquí citamos en la versión de García Gual:

> "Naturales y necesarios considera Epicuro a los que eliminan el dolor, como beber cuando se tiene sed. Naturales, pero no necesarios los que sólo diversifican el placer (τὰς ποικιλλούσας μόνον τὴν ἡδονήν), pero no eliminan el sentimiento de dolor, como la comida refinada. Ni naturales ni necesarios (considera), por ejemplo, las coronas y la erección de estatuas honoríficas"[2226].

2222 *cf.* NUSSBAUM, *Terapia*, *op. cit.*, p. 143: "la naturaleza se considera como una noción normativa, no opuesta al artificio, sino a lo hinchado, excesivo, aquello que podria impedir el sano funcionamiento".
2223 CICERÓN, *Del supremo bien y del supremo mal*, II, 9, 27, en HERRERO LLORENTE, *op. cit.*, p. 114: "inclinaciones naturales" y "pasión", respectivamente; debemos la observación a RODIS-LEWIS, *Épicure*, *op. cit.*, p. 173.
2224 EPICURO, *Máxima Capital* XXIX, en PIQUÉ ANGORDANS, *op. cit.*, p. 140.
2225 EPICURO, *Máxima Capital* XXIX, en JUFRESA, *Obras*, p. 72, escolio entre corchetes.
2226 DIÓGENES LAERCIO, *Vidas de los filósofos ilustres*, X, 149, escolio a *Máxima Capital* 29, en GARCÍA GUAL, *op. cit.*, p. 570.

También Cicerón nos aporta algunos pasajes interesantes sobre el asunto, tanto en *Del supremo bien y del supremo mal*[2227], cuanto en las *Disputaciones Tusculanas*[2228].

2227 CICERÓN, *Del supremo bien y del supremo mal*, I, 13, 45; II, 28, 90, en HERRERO LLORENTE, *op. cit.*, p. 77 y 155–156: "¿Qué hay, en efecto, más útil o más apropiado para vivir felizmente que aquella división de los deseos que estableció Epicuro? En la primera categoría incluyó los deseos naturales y necesarios; en la segunda, los naturales pero no necesarios, y en la tercera, los no naturales ni necesarios. Lo característico de tales deseos es que los necesarios se satisfacen sin mucha fatiga ni mucho gasto; tampoco los naturales exigen mucho, porque la naturaleza misma tiene dispuestas y limitadas las riquezas con las que se conforma; en cambio, para los deseos vanos es imposible hallar limite ni medida"; [...] "[a]l sabio lo enriquece la naturaleza misma, cuyas riquezas, como enseñó Epicuro, son fáciles de adquirir.' Todo esto está bien dicho, y yo no trato de refutarlo; pero son afirmaciones que se contradicen entre sí. Afirma, en efecto, que con un frugalísimo alimento, es decir, con comida y bebida de muy poco precio no se consigue un placer menor que con los manjares más rebuscados para los banquetes. Si dijera que para vivir felizmente no tiene ninguna importancia la calidad del alimento, estaría de acuerdo con él; incluso lo alabaría; pues diría la verdad, y eso mismo le oigo a Sócrates, que no concede al placer ninguna importancia cuando dice que el condimento (*condimentum*) de la comida es el hambre, y el de la bebida, la sed. (...) Dijo que las riquezas naturales son fáciles de adquirir porque la naturaleza se contenta con poco. Cierto, si no hicierais tan gran aprecio de los placeres. 'No se recibe —dice— menor placer de las cosas más baratas que de las más costosas.' Esto indica no sólo falta de juicio, sino también de paladar. Pues los que desprecian el placer en sí pueden decir que no prefieren el esturión a la anchoa; pero quien pone el supremo bien en el placer, debe juzgarlo todo por los sentidos, no por la razón, y debe decir que las cosas mejores son las más sabrosas. Pero admitamos que así sea, que consigue los mayores placeres no sólo con poco, sino, por mí, con nada, si puede".

2228 CICERÓN, *Disputaciones tusculanas*, V, 33–34, 93–97, en MEDINA, *op. cit.*, pp. 442–444: "Tú sabes, creo, cómo Epicuro ha dividido los deseos, quizá no con demasiada exactitud, pero sí de un modo útil; los hay, unos que son naturales y necesarios, otros naturales y no necesarios y otros ni naturales ni necesarios; los necesarios pueden satisfacerse casi con nada, porque las riquezas de la naturaleza están a nuestra disposición; en cuanto a la segunda clase de deseos, él piensa que no es difícil ni procurársela ni privarse de ella; respecto de los terceros, dado que son completamente vanos y no atañen, no digo ya a la necesidad, sino ni siquiera a la naturaleza, él piensa que deben rechazarse por completo. Sobre este punto los epicúreos tienen muchas discusiones y tienden a minimizar la importancia, tomados de uno en uno, de aquellas clases de placeres que en bloque no rechazan, sino cuya abundancia buscan. De hecho dicen que también los placeres obscenos, de los cuales hablan profusamente, son fáciles de satisfacer, comunes y accesibles a todos, y ellos piensan que, si la naturaleza los reclama, no hay que fijarse en el nacimiento, o en la posición social, o en el rango, sino en la belleza, en la edad o el aspecto, y que no es difícil abstenerse de ellos, si lo exigen la salud, el deber o la reputación y que, en general, esta clase de placeres es deseable, en el caso de que no perjudique, pero que nunca beneficia. Todo lo que él enseña sobre el placer se

Un aspecto importante por lo que hace la división conservada en la *Epístola a Meneceo* radica en cómo prosigue:

> "tenemos necesidad de gozo (ἡδονῆς χρείαν) sólo en el momento en que sentimos dolor por no estar con nosotros el gozo, pero cuando no sintamos dolor ya no estamos necesitados de gozo"[2229].

A la vista de estos testimonios, se impone un análisis integrador. En primer lugar importa señalar, parafraseando a Fallot, que el placer crea y mantiene la unidad orgánica de los seres, mientras que el dolor, vinculado a la necesidad natural, la destruye[2230]. En vista de que "[e]n efecto, la gente es infeliz o por miedo o por apetencia infinita y vana, Si la gente refrena esos impulsos está en disposición de conseguir para sí el bendito raciocinio"[2231]. Si excluimos previamente el miedo, que ya hemos tratado como elemento doloroso, podemos abordar la otra fuente de infelicidad humana, la ἐπιθυμία.

Así, uno de los importantes objetivos epicúreos que podríamos resumir es la naturalización[2232] y racionalización del deseo. Esto representa que la voluntad de satisfacción en busca de la analgesia cárnica o psíquica regrese, tras la *demonización* platónica, a la naturaleza per se y se entienda también como una realidad natural, atómica, que surge de legítimas necesidades. Al propio tiempo, la racionalización de lo desiderativo implica la eliminación de lo huero e infundado, que se proyecta insensatamente, así como el establecimiento de un límite en virtud de la capacidad

---

reduce a lo siguiente: él piensa que siempre hay que desear y buscar el placer por el hecho de ser placer y que, por la misma razón, por el hecho de ser dolor, siempre hay que evitar el dolor; por ello el sabio deberá mantener una posición equilibrada que le permita evitar el placer, si le ha de causar un dolor mayor, y aceptar el dolor, si le ha de procurar un placer mayor; además, todas las sensaciones placenteras, aunque se juzgan por los sentidos corporales, se remiten, no obstante, al alma. Por ese motivo el cuerpo goza todo el tiempo que siente que el placer está presente, mientras que el alma no sólo percibe junto con el cuerpo el placer presente, sino que prevé el que está por venir y no deja que se diluya una vez pasado. Por ello en el sabio los placeres siempre serán continuos y se entretejerán entre sí, puesto que la expectativa de los placeres que se esperan se une al recuerdo de los que se han experimentado ya. Reflexiones similares a estas se aplican también a la alimentación y se vitupera la magnificencia y la suntuosidad de los banquetes, porque la naturaleza se contenta con una elaboración modesta. ¿Quién no ve en realidad que lo que condimenta todo esto son las necesidades?".

2229 EPICURO, *Carta a Meneceo*, 128, en VARA, *op. cit.*, p. 89.

2230 *cf.* FALLOT, *Piacere*, *op. cit.*, p. 22.

2231 EPICURO, *Cuestiones de ética*, 74, en VARA, *op. cit.*, p. 119; *cf.* USENER, *Epicurea*, *op. cit.*, p. 305, fr. 485, i. e., PORPHYRIVS, *ad Marcellam*, 29, ll. 4–5, en NAUCK, *op. cit.*, p. 293.

2232 *cf.* DOMÍNGUEZ, Ramón, *Compendio del diccionario nacional de la lengua española, vol. 2, F-Z*, Madrid, Establecimiento Tipografico de F. de P. Mellado, 1852, *s. u.* "naturalizar": "hacer natural".

intelectiva humana para medir o delimitar las consecuencias de cada una de las elecciones y rechazos[2233].

De este modo, el límite del deseo ha de consistir, restrictivamente, en la satisfacción de una necesidad que, natural y racionalmente, nos mantiene en un estado de dolor o postración. Justamente en ese punto radica también el límite supremo del placer. A la hora de escoger qué deseos satisfacer, importa, pues, sobremanera la moderación reflexiva o, por mejor decir, una pausada desaceleración decisoria, más morigerada, que luego nos haga capaces de degustar la vida y sus placeres en el tiempo que nos es dado, sabiendo excluir, reducir y restringir todo lo vano. De esta forma, ocurre una desautomatización analítica, natural y sabia, de los deseos y las necesidades, cosa que supone la acción y efecto intencionales de erradicar o minimizar todo movimiento o proceso psicofísico mayor de tipo mecánico, indeliberado o heterónomo, o sea, hacer al ser humano más dueño de sí mismo, capaz de satisfacerse, placientemente, en los deseos imprescindibles, con lo que deviene invulnerable, ἀσφαλής.

Entre los deseos naturales y necesarios para la vida misma podemos incluir la ingesta de alimentos y líquidos[2234], así como el cobijo[2235], al igual que sostiene Platón[2236]; entendemos que para el bienestar corporal son deseos naturales y necesarios el no padecer enfermedades mayores, como sí ocurrió a Epicuro; por último, como deseo natural y necesario principalísimo eudaimónico estimamos la paz de ánimo, aparejada con la conciencia de indolencia psicofísica, puesto que, según reporta Plutarco:

> "'lo que produce un júbilo insuperable', dice, 'es el contraste con un gran mal que se ha evitado; y ésta es la naturaleza del bien, si uno sabe captarlo correctamente y luego mantenerse firme en ello, y no pasear parloteando vanamente sobre el bien'"[2237].

2233 *cf.* WARREN, James, "Epicurus and the Pleasures of the Future", en SEDLEY, David N. (ed.), *Oxford Studies in Ancient Philosophy*, vol. XXI, New York, Oxford University Press, 2001, pp. 135–179 y más concretamente pp. 143–144: "in order to perform the correct 'calculation' the ideal Epicurean agent will have to have a clear and comprehensive understanding of the various causal relationships between objects of pursuit and avoidance and subsequent effects (...) an awareness of such 'rules of consequence' is an important part of the pattern of practical decision-making".

2234 LUCRECIO, *Sobre la naturaleza de las cosas*, IV, v. 1094 y ss. en SOCAS, *op. cit.*, p. 324: "comida y bebida se absorben dentro en las carnes, y como pueden allí colocarse en lugares ciertos, tan fácilmente se sacia el deseo de pan y de agua".

2235 *cf.* EPICURO, *Sentencia vaticana* 33, en VARA, *op. cit.*, p. 101.

2236 PLATÓN, *República*, II, 369b-d, en EGGERS LAN, *op. cit.*, p. 122: "La construirán, por lo visto, nuestras necesidades. –¿Cómo no? –Pues bien, la primera y mayor de ellas es la provisión de alimentos para mantener existencia y vida. –Naturalmente. –La segunda, la habitación; y la tercera, el vestido y cosas similares".

2237 PLUTARCO, *Imposibilidad*, *op. cit.*, 1091A, en MARTOS MONTIEL, *op. cit.*, p. 175; *cf.* USENER, *Epicurea*, *op. cit.*, p. 283, frags. 423 y ss.

En sentido epicúreamente estricto, bastan pan (μᾶζα) y agua (ὕδωρ)[2238], alimentos frugales (λιτοὶ χυλοὶ)[2239] que alejan el dolor de la indigencia (ἔνδειαν)[2240], cosa en la que coincide con Epicteto:

> "En lo que atañe al cuerpo, toma sólo lo de estricta necesidad, ya se trate de alimentos, bebida, vestido, habitación o servidumbre. Y lo que lleve a ostentación o a molicie exclúyelo absolutamente"[2241].

Con el señalamiento de la naturalización desiderativa pretendemos insistir en la nueva dignificación de la naturaleza, material, atómica, viva, que es generosa[2242], después del rechazo anticárnico platónico y religioso precedente, al igual que subrayamos el lanzamiento de un aviso contra su opuesto, el envanecimiento del querer como ilimitación irresponsable y trascendentalizante; por esta acción epicúrea los

---

2238 *cf.* ATENEO, *Banquete de los eruditos*, XII, 511F-512A, en RODRÍGUEZ-NORIEGA GUILLÉN, Lucía (ed., trad.), Madrid, Gredos, 2014, pp. 221–222: "'(...) eso tan repetido por los epicúreos de que "De los deseos, unos son naturales, pero no necesarios, y otros, ni naturales ni necesarios", escribiendo así: "— Pues bien, ¿acaso el deseo de comer tanto el propio pan como el companaje, ciñéndose a los límites de salud y bienestar, no sería algo necesario? ¿El deseo de pan, al menos, no es necesario por dos motivos: porque es beneficioso y porque puede poner fin a nuestra vida?— Sí. — Y el companaje, ¿no lo es quizá si aporta algún provecho al bienestar? —Por supuesto que sí. —¿Y qué, entonces? ¿El deseo de comidas fuera de esos límites, o distintas a las mencionadas, que muchos son capaces de superar si lo refrenan desde jóvenes, y que es perjudicial tanto para el cuerpo como para el alma, tanto para la sabiduría como de cara al vivir con moderación, no lo llamaríamos con razón 'no necesario'? — Sí, no podría ser más correcto"'.

2239 *cf.* EPICURO, *Sentencia vaticana* 59, en VARA, *op. cit.*, p. 103: "Lo insaciable no es la panza, como el vulgo afirma, sino la falsa creencia de que la panza necesita hartura infinita".

2240 EPICURO, *Carta a Meneceo*, 130–131, en VARA, *op. cit.*, p. 90.

2241 EPICTETO, *Enquiridión*, XXXIII, 7, en GARCÍA DE LA MORA, José María (ed., trad.), edición bilingüe, Barcelona, Anthropos, 1991, p. 75.

2242 *cf.* EPICURO, *Máxima Capital* XV, XXI en VARA, *op. cit.*, 1995, p. 95: "La riqueza exigida por la Naturaleza es limitada y fácil de procurar, pero la exigida por presunciones alocadas se dispara hasta el infinito"; "Quien conoce los límites impuestos a la vida (πέρατα τοῦ βίου) sabe que es fácil de procurar lo que elimina el dolor producido por falta de algo y lo que hace perfecta la vida. De modo que no necesita en absoluto tareas que entrañan competencias"; EPICURO, *Cuestiones de ética*, 77, en VARA, *op. cit.*, p. 119: "([l]a Naturaleza) nos enseña a tener en bastante poca estima los dones de la fortuna, y a darnos cuenta de que somos desafortunados en los momentos de fortuna, y, a su vez, a no hacernos a la idea de que está entre lo importante el ser afortunado, y a recibir sin exaltación los bienes de la fortuna, y, a su vez, a hacer frente a los que parecen ser males emanados de ella. Porque todo bien y todo mal del vulgo es cosa de un día, mientras que la sabiduría en modo alguno comulga con la fortuna"; *cf.* USENER, *Epicurea*, *op. cit.*, p. 306–307, fr. 485, i. e., PORPHYRIVS *ad Marcellam*, 30, l. 18 y ss, en NAUCK, *op. cit.*, p. 293.

deseos vuelven a arraigar en lo tangible, terráqueo, en lo que está a nuestro alcance, nunca a desmano o trasmano.

Precisamente la διάνοια es la capacidad humana que ha de comprender racionalmente y asumir prácticamente[2243] los límites naturales y necesarios, de modo, que, con madura sapiencia, "[n]i culpemos a la carne de ser culpable de grandes males ni atribuyamos la responsabilidad de nuestros disgustos a las circunstancias"[2244], libres de la necesidad[2245]. La racionalización del deseo conlleva, como aclara el propio Epicuro, que no "nos referimos al gozo de los viciosos y al que se basa en el placer, como creen algunos que desconocen o que no comparten nuestros mismos puntos de vista o que nos interpretan mal, (...) ni las bebidas ni las juergas continuas ni tampoco los placeres de adolescentes y mujeres ni los del pescado y demás manjares que presenta una mesa suntuosa"[2246], con lo que muestra una nueva coincidencia con Epitecto[2247].

Corresponde ahora analizar los deseos naturales y no necesarios (sexual, estético, gustativo, auditivo). Observamos que no son más que una *uariatio*, *condimentum* o ποικιλία, pues no presuponen dolor que calmar previamente, según señala Diano[2248], ni su insatisfacción resulta dolorosa[2249]. Son, sin embargo, naturales, porque nos los

---

2243 LUCRECIO, *Sobre la naturaleza de las cosas*, V, vv. 117–119 y ss. en SOCAS, *op. cit.*, p. 381: "Si uno maneja su vida con razón y verdad, las riquezas mayores son para el hombre el vivir tranquilo con poco, pues de lo poco, bien se sabe, nunca falta".

2244 EPICURO, *Cuestiones de ética*, 63, en VARA, *op. cit.*, p. 118, *cf.* USENER, *Epicurea*, *op. cit.*, p. 291, fr. 445: PORPHYRIVS, *ad Marcellam*, 29, l. 21 y ss, en NAUCK, *op. cit.*, p. 292.

2245 SÉNECA, *Epístola moral a Lucilio*, 9, sec. 10, en ROCA MELIÁ, Lucilio, *I*, *op. cit.*, p. 140: "Es un mal vivir en necesidad, pero no hay ninguna necesidad de vivir en necesidad"; *cf.* USENER, *Epicurea*, *op. cit.*, p. 306, fr. 487.

2246 EPICURO, *Carta a Meneceo*, 130–131, en VARA, *op. cit.*, pp. 90–91.

2247 *cf.* EPICTETO, *Enquiridión*, XXXIII, 6, en GARCÍA DE LA MORA, *op. cit.*, p. 75: "Rehúye los convites de los de fuera y no filósofos; pero si alguna vez se hace oportuno (asistir a ellos), refuércese tu atención para que en ningún momento incurras en vulgaridad".

2248 DIANO, Carlo, "Note epicuree I" y "La psicologia d' Epicuro e la teoria delle passioni", en *op. cit.*, pp. 44–45 y 209: "essi non presuppongono dolore nella carne; tutti questi piaceri non presuppongono nessun dolore. Né l'occhio si duole di non vedere le belle forme, né il naso di non percepire soavi profumi, né l'orecchio di non udir canti e suoni, né il palato di non gustare dolci sapori, né si duole la pelle ove non sia titillata, almeno per Epicuro, che escludeva la venere dalle cose necessarie"; "i desideri della seconda e terza specie, non presupponendo dolore nella carne, sono esclusivamente propri dell'anima, e la δόξα alla quale son dovuti è vana, κενή, sempre per quelli della terza specie, e, ove abbiano un certo grado d'intensità, anche per quelli della seconda".

2249 *cf.* EPICURO, BALAUDÉ, *op. cit.*, p. 117: "correspondent à des fonctions naturelles, ils peuvent être satisfaits, sans que leur non-satisfaction ait une incidence véritable sur les fonctions auxquelles ils s'appliquent (boire sans soif; manger une langouste plutôt que du pain). On doit supposer d'ailleurs qu'un désir naturel mais non nécessaire puisse devenir vide par excès et dérèglement".

demanda nuestra naturaleza en consonancia con la φύσις toda y lo son por un sagaz motivo que Conche aduce, porque, como deseo, buscan un

> "rétablissement d'un équilibre, d'une harmonie (...,) sont donc en accord profond avec l'exigence même, la visée de la nature, qui tend non à la perpétuation du déséquilibre, mais à la réalisation de l'équilibre et de l'accord"[2250].

La clave sobre esta clase de deseos nos la ofrece el propio Epicuro:

> "Todos los deseos que, aunque no sean satisfechos, no terminan después en dolor (μὴ ἐπ' ἀλγοῦν ἐπανάγουσιν), no son necesarios sino que llevan en sí, si se trata de un objetivo difícil de procurar (δυσπορίστων) o si estos deseos aparentan ser generadores de daño (βλάβης ἀπεργαστικαὶ), un estímulo fácil de anular"[2251].

Si bien esta máxima puede aplicarse especialmente a los deseos ni naturales ni necesarios, vanos, podemos observar que no causa dolor el hecho de suprimir aquellos que Epicuro llama "naturales y no necesarios"[2252].

La dificultad con respecto a los deseos naturales y no necesarios estriba en que puedan envanecerse, es decir, converstirse, en deseos ya no sólo no naturales sino también no necesarios, que no obstante, causen gran dolor anímico por inadvertencia riesgosa[2253], como puede ocurrir con la pasión erótica, con lo que nos hallamos ante un desajuste o desorden psicofísico, que causa infelicidad[2254].

2250 CONCHE, *Épicure, op. cit.*, p. 67.

2251 EPICURO, *Máxima Capital* XXVI, en VARA, *op. cit.*, p. 96.

2252 ATENEO, *El banquete de los eruditos*, XII, 546ef [ATHENAEVS NAVCRATITES, KAIBEL, G. (ed.), *Dipnosophistarum; libri XV, III: Libri XI-XV. Indices*, Stuttgart, Teubner, 1982 (1890), p. 413], en PIQUÉ ANGORDANS, *op. cit.*, p. 54; *cf.* también RODRÍGUEZ-NORIEGA GUILLÉN, *op. cit.*, p. 327: "Y para no hablar de sus agitaciones y sus deseos refinados, que precisamente menciona a menudo Epicuro, o de los cosquilleos y las punzadas de los que trata en su *Sobre el fin*, recordaré lo siguiente. Afirma, en efecto [Epicuro (...)]: 'Pues yo al menos no puedo concebir el bien si suprimo los placeres del gusto, o si suprimo los de las relaciones sexuales, o si suprimo los de los espectáculos musicales, o si suprimo también los deliciosos movimientos realizados con el cuerpo, que se perciben por la vista"; *cf.* USENER, *Epicurea, op. cit.*, p. 120, frag. 67.

2253 *cf.* GIOVACCHINI, *Épicure, op. cit.*, pp. 73–74:"Les désirs naturels mais non nécessaires sont déjà d' un maniement plus délicat. En eux-mêmes, ils ne font pas courir de danger direct mais possèdent une potentialité non négligeable de dérèglement. Ils sont dictés par la nature mais, à l'exemple du désir sexuel, sont sans frein naturel. Leur caractère non nécessaire les rend susceptibles d'être pervertis par l'opinion fausse. Dans la mesure où celui qui s'y abandonne se tient à distance des représentations vides, il peut en user avec modération; mais ils sont tout-à-fait contre-indiqués pour l'esprit faible sensible aux chimères et aux fables".

2254 *cf.* NUSSBAUM, *Terapia, op. cit.*, p. 152: "A veces la falsa creencia infecta el deseo de un modo más sutil no cambiando la vision de su objeto, sino enseñando a la criatura a estar intensamente ansiosa acerca de un objetivo que no es en sí mismo

Por último, son deseos vanos aquellos ni naturales ni necesarios, que nacen de no comprender los límites de la naturaleza ni de fundamento empírico cognitivo alguno, o sea, de opiniones vanas, son ilimitados y, como apunta Giannantoni, "ne presuppongono dolore del corpo ne, soddisfatti, valgono a dargli alcun piacere"[2255].

Están vinculados con el deseo de inmortalidad humana[2256], a causa de un temor cerval y, para los epicúreos, infundado a la muerte, el cual puede proyectarse en la vida de la fama, el deseo de poder o el deseo de riquezas. La filosofía epicúrea les presta especial atención terapéutica[2257], para poner de relieve cuanto en ellos hay de enfermo y con un fin último: su extirpación[2258] y cauterización racional[2259] de modo que la psique humana ni repare en ellos[2260], aunque Epicuro es capaz de reconocer

---

característico de la criatura no corrompida. Epicuro encuentra esta clase de corrupción especialmente en el ámbito de los deseos 'naturales' pero 'no necesarios', es decir, aquellos que están presentes en la criatura no corrompida, pero cuyo objeto no es necesario para una vida permanente o sin sufrimiento".

2255 GIANNANTONI, Gabriele, "Il piacere cinetico nell'etica epicurea", en *Elenchos. Rivista di studi sul pensiero antico*, V, 1984, fasc. 1, pp. 25–44, concretamente p. 40.

2256 *cf.* NUSSBAUM, *Terapia, op. cit.*, p. 151–152: "El deseo de inmortalidad – y todos los demás complejos afanes humanos pueden interpretarse como nacidos de diversas maneras de ese deseo – deriva de una falsa creencia acerca de los dioses, el alma y la supervivencia personal. En definitiva los deseos sanos son también los que con seguridad resultan fáciles de satisfacer; gran parte de nuestro sufrimiento y toda nuestra ansiedad proceden de maneras corruptas de pensar".

2257 *cf.* PREUSS, *Katastematic, op. cit.*, p. 62: "(...) desires are the important target of Epicurean therapeutic philosophy".

2258 *cf.* GIOVACCHINI, *Épicure, op. cit.*, p. 74: "Ils sont la seule cause du malheur de l'humanité, et toute la machine de guerre de l'éthique épicurienne est dirigée contre eux".

2259 NUSSBAUM, *Terapia, op. cit.*, p. 154: "Como quiera que la falsa creencia es una dolencia que a todos nos aflige de una manera u otra, este arte será necesario para la buena vida de cada uno de nosotros. Dado que la eliminación de la falsa creencia mediante el razonamiento es absolutamente eficaz para eliminar el deseo perturbador, un arte que trate eficazmente las creencias será también suficiente para asegurar la vida feliz".

2260 *cf.* BROCHARD, Victor, "La théorie du plaisir d'après Épicure", en *Études de philosophie ancienne et de philosophie moderne*, Paris, Félix Alcan, 1912, pp. 252–293, p. 284: "C'est parce qu'il est le maître de ses croyances que le sage peut, comme le veut Epicure, arracher de son âme tous les désirs qui sont naturels sans être nécessaires, ou qui ne sont ni naturels ni nécessaires".

(y tratar de sanar) el modo en que esa vacuidad, esta vez ética, amenaza la plenitud gozosa de la vida humana[2261], instalada en la ubérrima naturaleza[2262].

El objetivo terapéutico epicúreo respecto al deseo consiste, así pues, en que no pueda decirse de quien filosofa que su "(...) alma se hincha con los tiempos buenos y se encoge con la adversidad"[2263] o, en otras palabras, que no sea inestablemente oscilante.

Pese al abierto rechazo de los deseos vanos, nocivos, Epicuro acepta, de modo no dogmático, que si tales deseos y placeres conducen a la analgesia psicofísica, no hay en ellos reproche alguno[2264], lo que incluye la fama, el poder e

---

2261 *cf.* RODIS-LEWIS, *Épicure, op. cit.*, p. 211: "Tout l'épicurisme se joue avec le couple du plein et du vide, de la physique à l'éthique, en passant par la canonique. La réalité se construit à partir de la plénitude sans fissure des atomes indestructibles; le vide n'est que la condition de cette constitution. La vérité est la pleine adhésion à l'être, dont la cristallisation apparaît, dans la prolepse, en des mots qui ne sont pas vides. Les opinions qui s'y superposent sans fondement sont fausses, ou vides, comme est vide le désir qui ne répond pas à un besoin de la nature, vide sa projection dans l'infini de la durée, et son négatif en creux, la crainte de la mort. L'enfer, c'est le néant, donc le vide: il ne saurait affecter celui qui n'est plus rien. Mais il s'insinue dans les failles de notre vie, pour en faire éclater le vide, et nous nous précipitons dans ce gouffre qui se creuse toujours plus profond devant nous. Pour dissiper ces fantômes qui nous tourmentent en vain, il suffit de restituer la plénitude de l'être. Telle est la vérité du plaisir".

2262 *cf.* EPICURO, "Cuestiones de ética", 85 (Plutarco, *Sobre cómo el joven debe escuchar la poesía*, 37A), en VARA, *op. cit.*, p. 120: "El estado de felicidad y bienaventuranza no lo alcanzan ni la multitud de riquezas ni la majestuosidad de las profesiones ni jefatura ni poder alguno, sino la alegría y suavidad de sentimientos y la disposición del alma que define los propios bienes de la Naturaleza"; *cf.* USENER, *Epicurea, op. cit.*, p. 325, fr. 458.

2263 *cf.* EPICURO, *Cuestiones de ética* 76, en VARA, *op. cit.* 1995, p. 119; *cf.* USENER, *Epicurea*, op. cit p. 656, 488: ARSENIVS PAROEMIOGR., Apophthegmata, Centuria 8, section 71b.

2264 *cf.* EPICURO, *Máxima Capital* X, en VARA, *op. cit.*, p. 94: "Si las causas responsables de los gozos que embargan a los viciosos dieran al traste con los temores de su pensamiento (τοὺς φόβους τῆς διανοίας) a los cuerpos celestes, la muerte y los sufrimientos, y, además, les enseñaran el límite impuesto a los deseos y a los sufrimientos (τὸ πέρας τῶν ἐπιθυμιῶν <καὶ τῶν ἀλγηδόνων>), no tendríamos nunca nada que reprocharles, porque rebosarían de gozo por todas partes y por ninguna tendrían dolor ni pena (οὔτε τὸ ἀλγοῦν οὔτε τὸ λυπούμενον), que es justamente el mal (τὸ κακόν)".

incluso la política[2265], como nos reporta Plutarco[2266] y los estudiosos Annas[2267] y Hadot[2268].

Esta aceptación de asuntos no filosóficos se halla también en Diógenes de Enoanda[2269], al igual que en Filodemo de Gádara, en cuyas obras se observa la compatibilidad de una vida ciudadana[2270] más vinculada con la riqueza y adminstración patrimonial[2271].

Para concluir este apartado sobre la importancia de lo que hemos dado en llamar ἐπιθυμητικά, debemos traer a colación unas palabras de Rist que son enjundiosas y exactas:

> "What the wise man has to decide, therefore, is which pleasure can be safely gratified and indeed must be gratified if a degree of happiness is to be attained"; [...] "It is there-

---

2265 *cf.* EPICURO, *Máxima Capital* VII, en VARA, *op. cit.*, p. 94: "Algunos han deseado hacerse famosos e ilustres pensando que así se granjearían la seguridad frente a los hombres. De modo que si la vida de tales individuos es segura lograron el bien congénito a la propia Naturaleza, pero si no es segura no disponen de aquel bien por el que contendieron desde siempre de acuerdo con la relación íntima de este esfuerzo con la Naturaleza".

2266 *cf.* PLUTARCO, *Sobre la paz del alma*, 465F-466A, en AGUILAR, *op. cit.*, p. 119: "Por esto ni aun Epicuro cree que los hombres ambiciosos de honores y gloria deban permanecer en calma, sino servirse de su naturaleza en la política y en la actividad pública, en el pensamiento de que estén más naturalmente predispuestos a trastornarse y dañarse por la inactividad si no alcanzan aquello a lo que aspiran".

2267 *cf.* ANNAS, *Happiness*, *op. cit.*, p. 338: "Of course it may well be that some forms of activity are more likely to lead to this desirable result than others; and Epicurus himself lived a specific kind of life in the 'Garden', which obviously stood as an Epicurean ideal form of life. But some Epicureans lived perfectly ordinary lives, and we even find Epicurus on occasion allowing that Epicureans could live a life of political and military activity, if that formed for them the best way of achieving a condition where they were not made unhappy by nagging 'troubles'".

2268 HADOT, *Ejercicios*, *op. cit.*, p. 248: "los filósofos, incluso finalmente los epicúreos, no renunciarían nunca a ejercer su influencia sobre la ciudad, a intentar transformar la sociedad, a servir a unos ciudadanos que a menudo les colmarían de elogios, tal como atestiguan algunas inscripciones".

2269 DIÓGENES DE ENOANDA, SMITH, *op. cit.*, p. 37: "[a]lthough as an orthodox Epicurean he does not recommend wealth or political power, it may be assumed that he was both wealthy and politically influential. That he was wealthy is indicated by his ability to afford his enormous inscription and to take up residence in Rhodes in the winter. As for politics, it is true that he says (...) that he is not engaging in it, but the fact that he was able to set up his inscription in a public place suggests that he possessed political influence within Oinoanda".

2270 *cf.* ONFRAY, *op. cit.*, p. 242 y ss.: "Antes de intervenir en el terreno político prescriptivo, Filodemo realiza una crítica en toda regla de la política".

2271 *cf.* FILODEMO DE GÁDARA, TSOUNA-MCKIRAHAN, Voula (ed., trad.), *On property management*, Atlanta, Society of Biblical Literature, 2012.

fore the aim of the wise man so to control his desires that he demands only katastematic pleasures of both mind and body. If he is able to secure a state in which he is free from pain and has a reasonable expectation that he will continue to enjoy such freedom, he is in a state of perfect happiness. The realization that because of man's mortality such happiness itself is limited in that sensation and hence all pleasure ends at death is not disturbing. Indeed so far from being disturbing it is a source of satisfaction. After death we can be completely confident that there is nothing to fear"[2272].

5.3.3. Φιληδονία: amor al placer

Corresponde, ya en este último tramo, regresar al placer epicúreo y ahondar en él, deliniando más precisamente sus facetas (también como analgesia) y sus respectivas clases. En todo caso, entendemos que un importante y vigente[2273] objetivo terapéutico[2274]

2272 RIST, *Epicurus, op. cit.*, pp. 117 y 119.

2273 *cf.* GORDON, Dane R., "The philosophy of Epicurus: is it an option for today?", en GORDON, Dane R. y SUITS, David, *Epicurus: his continuing influence and contemporary relevance*, Rochester, New York, RIT Cary Graphic Arts Press, 2003, pp. 5–15.

2274 *cf.* PREUSS, *Katastematic, op. cit.*, pp. 57–59: "The idea that philosophy is not entirely a theoretical enterprise but has a practical component is, of course, not new with Epicurus. Nor is it a new Epicurean idea that this practical component is more than good advice based on experience, but is therapeutic philosophy aiming at a healing transformation of the soul. Epicurus did not invent therapeutic philosophy. (...) What is new with Epicurus, however, is the idea that all philosophy is in principle therapeutic. Because of this subsumption of theoretical philosophy under practical philosophy, and the formulation of practical philosophy in terms of the guiding metaphor of medical therapy, Epicurus, then as now, incurred the ire of those who felt that this tainted the purity without which theoretical philosophy deteriorates into something less than rational. But this is a misunderstanding. If we are going to do justice to Epicurus, therefore, we must be clear about the idea of Epicurean therapeutic philosophy. The first thing to understand is that therapeutic philosophy remains philosophy at all times and throughout, that is, it is rational discourse which aims at understanding based on evidence and argument, and which reflects on the first principles of that activity. (...) [A] second thing to understand is that therapeutic philosophy does not make understanding a goal to be aimed at for its own sake, but for the sake of living well. Because therapeutic philosophy is practical it must relate to practice in such a way that what has been theoretically understood can be put into practice. Any truth that is theoretically pure in the sense of being in principle indifferent to practice, if there is such a thing, is thought by Epicurus to be fit only for pompous academic posturing, and he will have none of that in philosophy"; *cf.* KONSTAN, David, "Epicurean Happiness: A Pig's Life?", en *Journal of Ancient Philosophy*, n° 6, vol. 1, 2012, pp. 1–22, concretamente p. 20: "Epicurus' philosophy, moreover, is a kind of therapy, and is addressed principally to individuals, in the hope of correcting their mistaken ideas and thereby curing them of their personal, even if unacknowledged, disquiet".

de la propuesta epicúrea[2275] radica en el amor al placer[2276], un vocablo que hallamos en Demócrito[2277], traducido como "ebriedad" pero que, en nuestra opinión, presenta excelentemente esa dimensión de hedonismo eudemonista[2278] no egoísta[2279] que es

2275 *cf.* MITSIS, Phillip, "Epicurus: freedom, death, and hedonism", en CRISP, Roger (ed.), *The Oxford Handbook of the History of Ethics*, Oxford, Oxford University Press, pp. 73–92, concretamente p. 73: "[t]he Epicureans, like their ancient Stoic counterparts, believed that philosophy needs to be rigorously systematic and that their ethical claims not only depend on the truth of their epistemological, physical, and metaphysical doctrines, but that these, in turn, depend on the truth of their ethical arguments".

2276 *cf.* FONFARA, Dirk, "Epikurs hedonistische Ethik als Erste Philosophie", en DÜSING E. y K., KLEIN, H.-D. (eds.), *Geist und Sittlichkeit. Ethik-Modelle von Platon bis Levinas (= Geist und Seele Bd. 7)*, Würzburg, Königshausen & Neumann, 2009, pp. 69–89, concretamente pp. 71, 73, 76: "Epikurs grundsätzlich psychotherapeutischem Philosophieverständnis [está considerada] die Ethik als Erste Philosophie"; "Dieses psychotherapeutische Philosophieverständnis prägt auch Epikurs Einteilung der Wissenschaften: Die Kanonik bildet das 'Organon', da sie die Mittel erörtert, um den Wahrheitswert einer Aussage festzustellen (...)"; "Am Ende des *Herodot-Briefes* (DL X 77–83) vollzieht sich allmählich der Übergang von der Naturforschung zur Ethik, der wahren Philosophie Epikurs, auf welche die beiden Disziplinen Kanonik und Physik in ihrer psychotherapeutischen Funktion propädeutisch vorbereitet haben".

2277 DEMÓCRITO, 68 B 159, en DIELS, KRANZ, *Zweiter, op. cit.*, p. 176.

2278 Gracias a STECKEL, Horst, *Epikurs Prinzip der Einheit von Schmerzlosigkeit und Lust*, Göttingen, Tesis doctoral, 1960, pp. 44–45, n. 6 sabemos que Heinze acuña el término, en HEINZE, Max, "Der Eudämonismus in der griechischen Philosophie: Erste Abhandlung: Vorsokratiker, Demokrit, Sokrates", en *Abhandlungen der philologisch-historische Classe der Sächsische Gesellschaft der Wissenschaften zu Leipzig*, VII, 1883, pp. 645–757, concretamente 646: "'Die unmittelbare Naturgemäßheit der Lust'. An das Wort 'Eudamonie' habe ich mich nicht sclavisch halten können, sondern ich fasse überhaupt die ethische Richtung ins Auge, welche in dem Wohle des Individuums den einzigen Zweck des Wollens und Handelns sieht, indem ich die Bezeichnung 'Eudämonismus' nicht gelten lassen kann für die Aufstellung des Allgemeinwohls als ethischen Princips". Discrepamos de Heinze, pues creemos que Epicuro es capaz de conciliar el eudemonismo individualista y el altruista.

2279 PREUSS, *Katastematic, op. cit.*, p. 11: "Epicureanism is sometimes labelled 'egotistic hedonism' in textbooks. (...) True, the Epicurean individual is not an instrument but an end in himself, and must appear in ethics, and in particular in his own ethical life, as an end. But to treat myself as the ultimate end of my ethical life does not somehow imply or require me to treat others as instruments or means to my individual ends. Whether I do so or not is a separate matter and, initially at least, a matter of prudence. The basis of citizenship in a political organization is nothing more nor less than the prudential agreement not to harm other members of this organization, and the agreement is reciprocated so that it holds between all members of the group as a social contract. This much holds between people who may be utter strangers. But we find that there are other people who are more than strangers, who are acquaintances, esencial para Epicuro: la φιληδονία, cuya raíz se halla en la naturaleza viviente misma y que condiciona, cuando menos, el deseo y, más exactamente, la técnica de aprender a desear más allá de lo irracional y distinguir qué debe desearse y de qué modo, desde un punto de vista filosófico, sabio.

5.3.3.1. Dos contrarios átomicos mutuamente excluyentes: dolor como triste constatación inicial frente a placer como alivio pleno y optimista

Una vez estudiados los deseos en el modelo epicúreo, debemos asumir, primero, lo que hemos señalado repetidamente a lo largo de este trabajo, a saber, que el punto de partida epicúreo radica en la constatación del dolor[2280], de que el hombre sufre en sus carnes y en su mente, y muere. En cierto sentido, esta asunción es dramática, por eso Séneca el Joven sostiene que

> "Ciertamente yo soy de la opinión (...) de que Epicuro dictó unas normas respetables, justas y, si las tratas más de cerca, tristes; pues reduce el placer a algo exiguo y endeble, y la ley que nosotros establecemos para la virtud, él la establece para el placer. Le ordena obedecer a la naturaleza; ahora bien, es poco para el desenfreno lo que para la naturaleza es suficiente"[2281].

A ojos de Séneca hay, pues, un punto triste en las doctrinas de Epicuro, que también detecta el ya mencionado García Gual[2282], junto a

family, friends. The relation of friendship is a natural bond which may grow between people beyond any agreement or contract. It may begin in relations of prudence, but develops into a good thing worth cultivating for its own sake and, at its best, the love between friends may grow so strong as not to make it unthinkable for an Epicurean to give his life for a friend".

2280 *cf.* TREZZA, *Epicuro, op. cit.*, pp. 101–102: "[p]er la scuola epicurea la vita è tutta in tutti, ed il dolore, di per sé stesso, non genera l' ideale umano ma lo abbrevia deformandone i santi aspetti. (...) Il dolore c'è nella vita e nessuna onnipotenza può torlo via giacché si genera dalla vita; ma tu dèi dominarlo e convertire in forza feconda l'ostacolo stesso".

2281 SÉNECA, *Sobre la vida feliz*, VII, 13, 1–2, en MARINÉ ISIDRO, Juan (ed., trad.), *Diálogos: Sobre la providencia; Sobre la firmeza del sabio; Sobre la ira; Sobre la vida feliz; Sobre el ocio; Sobre la tranquilidad del espíritu; Sobre la brevedad de la vida*, Madrid, Gredos, 2008, p. 281–282; *cf.* USENER, *Epicurea, op. cit.*, p. 298, fr. 460.

2282 *cf.* GARCÍA GUAL, *Epicuro, op. cit.*, pp. 52–53, 186 y 189: "Esta alegre moderación del Jardín, un hedonismo que por su limitación resulta casi una ascética, armoniza bien con las antiguas máximas apolíneas que recomiendan la mesura y la conciencia de los límites humanos. Gozar al máximo de lo dado, ya que la Naturaleza nos ha dejado siempre al alcance la posibilidad de una felicidad terrena sencilla, y contrarrestar los embates de la Fortuna inconstante con la fuerza del espíritu, con el recuerdo y la imaginación, son consejos que Epicuro ha dado no sólo en su teoría, sino también a través de su ejemplo personal. [...] El hedonismo de

Acosta[2283], al igual que Cicerón[2284]. No obstante, no hay espacio para la melancolía, la pasividad o la inacción.

Asumidos los dolientes límites[2285] en los que se despliega el juego humano, la vida y su disfrute se convierten en santo y seña del epicureísmo, que se transforma en una filosofía optimista, agradecida con la Φύσις, que busca la plenitud[2286]. El punto de engarce de la natural finitud humana con el razonamiento que le sigue consiste, precisamente, en que ese dolor es palpable, manifiesto, y, gracias a su procedimiento,

---

Epicuro está a la defensiva. No se persigue el placer desenfrenado y frenético, sino el placer que surge de la eliminación del dolor, la serenidad de ánimo y la dicha suave. Se trata de un hedonismo domesticado, razonado y razonable, de una cordura que, apuntando al placer como objetivo último, se encamina hacia la eudaimonía por una senda ascética y calculada. (...) Ese cuidado médico del alma, que es para Epicuro la filosofía, ayuda a extirpar las vanas opiniones, los deseos superfluos, que suelen encubrir lo fácil de la felicidad terrestre. El hedonismo se conforma aquí en una frugal ascética de la voluntad, en una renuncia a todo lo irracional o arriesgado. En relación a los límites naturales y a las circunstancias hay que evaluar la pobreza y la riqueza, sin hacer caso de las opiniones de los más, perturbados por el prestigio mundano de lo accesorio".

2283 GARCÍA GUAL, ACOSTA MÉNDEZ, *op. cit.*, p. 73: "una ética de resistencia al dolor, de buscar una felicidad natural que se encuentra amenazada por la ambición, el temor y otras vanidades".

2284 CICERÓN, *Del supremo bien y del supremo mal*, I, 11, 37, en HERRERO LLORENTE, *op. cit.*, p. 72: "voy a exponer en qué consiste el placer y cuál es su naturaleza, para disipar todos los errores de los ignorantes y para que se comprenda cuán seria, cuán moderada y cuán austera es esa doctrina considerada como voluptuosa, afeminada y sensual".

2285 *cf.* JASPERS, Karl,"Epikur", en REIFENBERG, B., STAIGER, E. (eds.), *Weltbewohner und Weimaraner. Ernst Beutler zugedacht*, Zürich/Stuttgart, Artemis, 1960, pp. 111–133, p. 119: "Wenn aber der Schmerz da ist, ist die Lust des Daseins zu retten durch das Verhalten zum Schmerz. Wenn er in seiner Faktizität nicht geleugnet werden kann, kann er dank unserer Freiheit doch gleichsam außen bleiben. Noch immer ist die Ruhe der Seele möglich und die reine Lust der Erinnerung an das früher erfahrene Schöne. Unter allen Umständen ist das Leben besser als der Selbstmord. Denn Leben als solches, recht vollzogen, schließt immer noch die Lust in sich. Es bleibt die großartige Paradoxie: Der körperliche Schmerz, dessen Ausbleiben doch zunächst als notwendig zur Seelenruhe galt, wird dann durch die philosophische Haltung für überwindbar erklärt. Wertschätzung und Geringschätzung des Leiblichen vertragen sich in dieser Philosophie".

2286 *cf.* CASSIRER, HOFFMANN, en DESSOIR, *op. cit.*, pp. 7–252, sobre la filosofía helenística (HOFFMANN), pp. 198–236, concretamente p. 225: "an der Epikureischen Lebensfeier ist nicht bedeutsam und wertvoll, was an ihr Theorie ist, sondern was als dankbare Gesinnung für das Atmendürfen im Lichte, als Ehrfurcht vor dem heiligen Mysterium des Geborenseins, als unbeugsame Treue gegen das Leben, von Epikur aus der Tiefe der Menschenbrust ans Tageslicht gefördert ist".

se observa primero en lo burdo, lo cárnico (σάρξ) y en lo sutil (ψυχή), si bien es fácilmente suprimible.

En segundo lugar, es obligado asumir los principios físicos que presiden y jalonan toda la propuesta filosófica epicúrea, sin solución de continuidad y pasando desde lo visible a lo invisible, de lo cárnico a lo psíquico humano. El mundo y todos sus compuestos son atómicos, corpóreos, dotados todos de motilidad intrínseca, aun inaparente. En la experiencia del placer, ya sea éste móvil o estable, esa pulsación inherente se conserva[2287]. En último término, los sentimientos de placer y dolor han de derivar de sensaciones, esto es, de impactos atómicos más o menos agradables, según señala David Glidden[2288]. Resulta pertinente a este respecto recordar que átomos y compuestos pueden tener disposiciones y conformaciones diversas más o menos punzantes o redondeadas, según ocurre con los sonidos, cosa que también incumbe a la naturaleza toda[2289], que incluye los cuerpos burdo y sutil[2290] en el hombre, motivo por el que Cicerón puede recoger, en la alusión a Epicuro, la tesis de que

---

2287 RIST, *Epicurus*, *op. cit.*, p. 102: "Now it is obvious that for Epicurus, as an atomist, all pleasure must involve the movement of atoms, for atoms are constantly in motion. Thus even katastematic pleasure could not easily be defined as 'pleasure in rest' (ἐν ηρεμία) in the Aristotelian manner. What Epicurus needed was a word which would describe not the rest of atoms during the experience of pleasure, but their steady, harmonious and orderly motion. The phrase 'light and gentle movement' used by Plutarch perhaps describes katastematic pleasure"; obtenemos la fuente leyendo a PURINTON, Jeffrey S., "Epicurus on the Telos", en *Phronesis*, n° 38, vol. 3, 1993, pp. 281–320, concretamente p. 304, n. 40.

2288 GLIDDEN, David, "Epicurus and the *Pleasure Principle*", en DEPEW, David (ed.), *The Greeks and the Good Life*, Indianapolis, Hackett, 1980, pp. 177–197 y más concretamente, pp. 184, 187–188: "Epicurus is well aware of the empty pleasures with which we can deceive ourselves. And his confidence in our ability to detect the feelings, or pathē, of pleasure and pain (...) [descansa] on the material identity of these pathe with atomic motions in our bodies, understanding these psychophysical experiences (...) in mechanical terms"; "The Epicureans identified both pleasure and pain with atomic events in the body, more specifically as categories of noticeable atomic collisions among the soul-and non-soul atoms which compose the bodies of all animals, including man".

2289 TREZZA, *Epicuro*, *op. cit.*, p. 125: "(...) la vita, per la scuola epicurea, non è che una forma del moto, ed il moto la virtualità ideale che l'atomo possede eternamente in sé stesso, e che ascendendo a gruppi meccanici più vasti vi genera il senso scarcerandolo dalle arcane profondità del moto che lo contiene dentro di sé, altrimenti non potrebbe rivelarlo giammai. L' unità dell' atomo epicureo si distende per tutte le vie della vita cosmica; tra la materia e lo spirito non v'è quell'intervallo impervio che li divide eternamente come due specie stabili fabbricate in climi diversi, ma sì all' uno che all' altra è radice l' atomo stesso. Anche lo spirito, per la scuola epicurea, è un gruppo d'atomi più alto che la materia; pure ambedue sono simboli continuamente trasmutabili delle attività radicate nell' atomo stesso".

2290 *cf.* BROCHARD, "Plaisir", en *op. cit.*, pp. 252–293, p. 281: "D'abord l' âme dont il s'agit est toute corporelle, composée seulement d'atomes plus subtils et plus

> "la fuente de todos los bienes está en el cuerpo, que ésta es la norma, ésta la regla, ésta la prescripción de la naturaleza; que, el que se haya apartado de ella, nunca tendrá qué seguir en la vida"[2291].

En este sentido, todo placer y dolor tienen una naturaleza material o corpórea[2292], atómica, así como su fuente emisora, más o menos burda, al igual que la instancia receptora, más o menos paciente, también material, según nos transmite Lucrecio[2293] y también Cicerón, incluso para las divinidades epicúreas:

> "¿Cómo es entonces su vida [la de los dioses]? Respondes: 'Sobreabundancia de bienes, con ninguna injerencia de males'. ¿De qué clase de bienes, en última instancia? Imagino que de placeres..., de los placeres que afectan al cuerpo, desde luego, porque no habéis reconocido la existencia de placer espiritual alguno, ningún placer que no salga del cuerpo o que no revierta en él"[2294].

mobiles. Si elle est capable de pensée, par suite de conscience, de mémoire et de prévision, ces fonctions se réduisent en dernière analyse à des mouvements extrêmement rapides. (...) La fonction de l'entendement s'applique uniquement aux données sensibles, sans en changer la nature; elle se borne, par la mémoire et la prévision, à les soustraire en quelque sorte à la fuite du temps, à les prolonger, à les immobiliser. (...) En ce sens on peut dire que tous les plaisirs, même ceux de l'âme, restent toujours corporels".

2291 CICERÓN, *Cuestiones académicas = Academica*, II, 140, en PIMENTEL, *op. cit.*, p. 92; *cf.* la anotación de Reid, en CICERÓN, REID James Smith (ed.), *Academica: The Text Revised and Explained*, London, Macmillan, 1885, II, 140, p. 342, n. 3: "a hit at Epicurus"; *cf.* también CICERÓN, *Cuestiones académicas = Academica*, II, 142, en PIMENTEL, *op. cit.*, p. 92: "Epicuro quien puso todo criterio en los sentidos y en las nociones de las cosas y en el placer".

2292 La importancia de lo carnal en el sentido de atómico, material, restringe o matiza las afirmaciones de NATORP, Paul, *Die Ethika des Demokritos*, Marburg, N.G. Elwert, 1893, p. 133.

2293 LUCRECIO, *Sobre la naturaleza de las cosas*, II, vv. 963–966, en SOCAS, *op. cit.*, p. 215: "(...) el dolor se da donde los cuerpos de materia, soliviantados por una suerte de fuerza a través de visceras y miembros, vibran dentro de sus propios asientos, y cuando regresan a su sitio, se produce el suave deleite".

2294 *cf.* CICERÓN, *Sobre la naturaleza de los dioses*, I, 40, 111, en ESCOBAR, *op. cit.*, p. 152.

5.3.3.2. *Placer: sentimiento instintivo y connatural, evidente*[2295], *lo propio y primero como principio y como finalidad*

Al margen de lo poético[2296], el punto de partida para este objetivo terapéutico de gran transcendencia ética se encuentra en un fundacionalismo intuitivo, instintivo y empírico que parece preteórico, éticamente axiomático[2297]. Se toma como axioma lo enunciado por Diógenes Laercio en dos lugares distintos: "[d]icen que hay dos afecciones, el placer y el dolor, que se presentan a todo ser vivo, y el uno es connatural[2298] y el otro extraño. Por uno y otro decidimos nuestras elecciones y rechazos" y "(...) aporta como prueba de que el fin natural es el placer que los animales apenas nacen están contentos con él y rechazan el dolor, de manera espontánea y sin razonamiento (φυσικῶς καὶ χωρὶς λόγου). Por experiencia natural, pues, evitamos el dolor"[2299].

2295 *cf.* CICERÓN, *Del supremo bien y del supremo mal*, I, 9, 30, HERRERO LLORENTE, *op. cit.*, pp. 68: "afirma Epicuro, no hay necesidad de razonamiento ni de discusión para comprender por qué debe buscarse el placer y rechazarse el dolor".

2296 *cf.* SIMÓNIDES DE CEOS: "Pues, sin el placer, ¿qué vida humana / es deseable, o qué clase de poder? /Sin él, hasta la existencia de los dioses / no nos parecería envidiable", en GARCÍA GUAL, Carlos (trad.), *Antología de la poesía lírica griega, siglos VII-IV a. C.*, Madrid, Alianza Editorial, 2001 (primera ed. 1980), Simónides de Ceos, poema 14, p. 101.

2297 JASPERS, "Epikur", en REIFENBERG, STAIGER, *op. cit.*, pp. 111–133, p. 112: "Die Lust ist grundlos. Sie ist das reine Bewußtsein des Daseins als solchen. Sie ist an sich immer da, aber verdeckt und gestört. Daher ist sie nicht zu bewirken, sondern nur zu befreien und wiederherzustellen. Lust ist daher negativ bestimmt: Freiheit von Unlust, Schmerzlosigkeit".

2298 *cf.* EPICURO, *Carta a Meneceo*, 128–129, en VARA, *op. cit.*, pp. 89–90: "El gozo es el principio y el fin de una vida dichosa. Pues hemos comprendido que ése es el bien primero y congénito a nosotros, (ἀγαθὸν πρῶτον καὶ συγγενικὸν) (...) en razón de que ése es el bien primero y connatural a nosotros (πρῶτον ἀγαθὸν τοῦτο καὶ σύμφυτον)".

2299 DIÓGENES LAERCIO, *Vidas de los filósofos ilustres*, X, 34, 136, en GARCÍA GUAL, *op. cit.*, p. 525 y 565; *cf.* USENER, *Epicurea, op. cit.*, 260; *cf.* DIÓGENES LAERCIO, II, 86–87, pp. 86–87:"Los que se mantuvieron fieles a la doctrina de Aristipo y son llamados Cirenaicos sostienen las tesis siguientes: toman como básicos dos estados de ánimo (páthe), placer y dolor, de los que el uno, el placer, consiste en un movimiento suave, y el otro, el dolor, en un movimiento áspero. Que no difiere un placer de otro, ni ninguno es más placentero que otro. Y lo uno (el placer) es agradable a todos los seres vivos, y lo otro (el dolor) es objeto de rechazo. No obstante, el placer del cuerpo, que es justamente el fin, según dice también Panecio en su obra *Sobre las escuelas filosóficas*, no es el placer estable, el originado en la remoción de los dolores y que se presenta en la ausencia de perturbación (τὴν καταστηματικὴν ἡδονὴν τὴν ἐπ' ἀναιρέσει ἀλγηδόνων καὶ οἷον ἀοχλησίαν), que Epicuro admite y que afirma que es el fin".

Al igual que él, también Eusebio de Cesarea[2300] y Cicerón[2301] se expresan en términos semejantes, el mismo tono de Máximo de Tiro[2302].

El propio Lucrecio poetiza, a su vez, el sentir manifiesto en la filosofía del Jardín cuando escribe:

> "¡Ay pobres almas de los hombres, ay corazones cerrados! / ¡En qué tinieblas la vida y en qué grandes peligros pasa este / tiempo sea el que sea! ¡No ver que por su parte la naturaleza / no ladra otra cosa sino que, así que el dolor apartado del / cuerpo se aleje de la mente, aquella, libre de pena y cuidado, / disfrute de una sensación de alegría! De modo que respecto / a la naturaleza del cuerpo vemos que de verdad se requieren / pocas cosas, cualesquiera de ellas que elimine el dolor"[2303].

2300 EVSEBIVS PAMPHILI CAESARIENSIS, *Praeparatio euangelica*, XIV, 21, 768d, en GIFFORD, E. H. (ed., trad.), *Eusebii Pamphili Evangelicae praeparationis libri XV*, t. III, pars posterior (3, 2), Oxford, Typogr. Acad., 1903, p. 829: "[Aristocles] Since knowledge is of two kinds, the one of things external, and the other of what we can choose or avoid, some say that as the principle and criterion of choosing and avoiding we have pleasure and pain: at least the Epicureans now still say something of this kind: it is necessary therefore to consider these points also.

2301 CICERÓN, *Del supremo bien y del supremo mal*, I, 9, 30, en HERRERO LLORENTE, *op. cit.*, p. 68: "todo ser viviente, tan pronto como nace, busca el placer y se complace en él como en el supremo bien; pero detesta el dolor como supremo mal y, en cuanto le es posible, lo aparta de sí. Y esto lo hace cuando aún no ha sufrido corrupción alguna, impulsado por la naturaleza misma, que es insobornable e íntegra en sus juicios. Por lo tanto, afirma Epicuro, no hay necesidad de razonamiento ni de discusión para comprender por qué debe buscarse el placer y rechazarse el dolor. Piensa que esto se percibe por los sentidos, como el hecho de que el fuego calienta, la nieve es blanca y la miel es dulce, todo lo cual no hace falta demostrarlo con sutiles razonamientos, porque basta simplemente con advertirlo".

2302 MAXIMVS TYRIVS, XXXII (III, Combes-Dounous), II, a-f, en HOBEIN, Hermann (ed.), *Philosophumena*, Lipsiae, Teubner, 1910, pp. 368–369, trad. francesa en COMBES-DOUNOUS, *Jean Jacques, Dissertations de Maxime de Tyr, philosophe Platonicien*, Paris, Bossange, Masson et Besson, 1802, vol. I, pp. 20–21: "Où est l'homme assez ennemi de lui-même pour écarter spontanément la seule des choses humaines, qui a pour lui de si puissants attraits ? (...) Le goût qu'elle inspire, est l'ouvrage même de la nature. Ce goût naît et commence avec la vie. Il est comme une sentinelle placée autour de l'être vivant pour le conserver. Ôtez la volupté, vous ôtez l'existence à l'être qui vient de la recevoir. Car ce n'est qu'à la longue que l'homme, à l'aide du jeu insensible et réciproque des sensations et de l'expérience, développe eu lui-même la science, la raison et l'intelligence (cette faculté à laquelle on attache tant d'intérêt) et qu'il augmente leur intensité. Tandis que du moment où il vient au monde, il apprend de la nature et de lui-même tout ce qu'il doit savoir de la volupté. Autant il est l'ami de la volupté, autant il est l'ennemi de la douleur. La volupté tend à le conserver; et la douleur tend à le détruire"; referencia obtenida de STECKEL, *Einheit*, *op. cit.*, p. 20.

2303 LUCRECIO, *Sobre la naturaleza de las cosas*, II vv. 14–21, en SOCAS, *op. cit.*, p. 176.

Por su parte, Steckel[2304] nos señala un interesante pasaje de Alejandro de Afrodisias en su *Mantissa*:

> "Así como hay algo que es objeto de apetencia y algo capaz de apetecer, y así como hay también un objeto último de apetencia, es decir, la felicidad (ἔσχατόν τι ὀρεκτόν, ὡς ἡ εὐδαιμονία), y el último es último de uno primero (τὸ δὲ ἔσχατον πρώτου τινός ἐστιν ἔσχατον), habrá alguna cosa que es también primer objeto de apetencia. Porque también en una cosa que es continua y en la cual hay un último punto, es necesario que en ella haya también un principio a partir del cual se genera un proceso que va a través de los intermedios hacia el fin y lo último (τὴν ἀρχήν, ἀφ' ἧς ἡ πρόοδος διὰ τῶν μεταξὺ ἐπὶ τὸ τέλος καὶ τὸ ἔσχατον γίνεται); de modo que, si hay un objeto último de apetencia, de éste habrá un principio que llaman también 'primera cosa apropiada [τὸ πρῶτον οἰκεῖον]'. (...) a los seguidores de Epicuro les parecía que la primera cosa apropiada era en términos absolutos el placer, pero dicen que con el avanzar de la edad este placer está sujeto a distinciones"[2305].

Todos estos testimonios corresponden a variaciones de lo que Brunschwig llamó *cradle argument* o argumento de la cuna, cosa, a ojos actuales, que tiene un punto de falacia naturalista en la que bien natural y bien moral se identifican[2306].

La ubicación del placer (especialmente como analgésico) como lo primero propio, el propio primo o lo que nos es más propio, casa perfectamente con las tesis epicúreas reportadas previamente sobre lo constitutivo y congénito del placer, si bien agrega un elemento clave, el vínculo entre ἀρχή y τέλος, lo cual se nos ha preservado incluso en la obra de Epicuro:

> "tenemos necesidad de gozo sólo en el momento en que sentimos dolor por no estar con nosotros el gozo, pero cuando no sintamos dolor ya no estamos necesitados de gozo. Por esta razón afirmamos que el gozo es el principio y el fin de una vida dichosa (τὴν ἡδονὴν ἀρχὴν καὶ τέλος λέγομεν εἶναι τοῦ μακαρίως ζῆν)"[2307].

2304 *cf.* STECKEL, *Einheit*, *op. cit.*, p. 19: " Die unmittelbare Naturgemäßheit der Lust".

2305 ALEJANDRO DE AFRODISIAS, *Acerca del alma II (Mantissa)*, XVII, en GARCÍA VALVERDE, José Manuel (ed., trad.), Saarbrücken, Editorial Académica Española, 2012, pp. 74–75, texto griego tomado de de la edición de BRUNS, Ivo (ed.), *Alexandri Aphrodisiensis Praeter commentaria scripta minora*, Berolini, G. Reimer, 1887, p. 150.

2306 BRUNSCHWIG, Jacques, "The Cradle Argument in Epicureanism and Stoicism", en SCHOFIELD, STRIKER, *op. cit.*, pp. 113–144, p. 122: "In one sense, as we see, there is no 'cradle argument' in Epicureanism; the identification of pleasure with the sovereign good is founded not on any observation of the new-born child, but on adult feelings. Yet, in another sense, cradles do provide an 'argument'; thanks to them, the adult is justified in accepting the force of his feelings. This position sets up a delicate balance between a summons to intuition and a return to reasoning".

2307 EPICURO, *Carta a Meneceo*, 128, en VARA, *op. cit.*, p. 89.

La posición nuclear de principio y fin, temporales y jerárquicos, resulta complementaria para Epicuro y puede quedar ilustrada por Aristóteles: "los principios de la acción son el propósito de esta acción"[2308].

Hemos señalado más arriba que placer y dolor son sentimientos o afecciones[2309], πάθη, y entendemos que, como criterios de verdad y de elección o rechazo[2310], son distintos de la mera sensación (αἰσθήσεις)[2311], que a su vez se basa en la ἐμπειρία, experiencia. Así, a partir de las sensaciones, que están ligadas a la experiencia sensorial y son elaboradas racionalmente[2312], se genera percepción en cuanto contenido mental consciente y susceptible de una valoración refutativa o aprobatoria, que fomenta la propia vida o la perjudica. Así, por ejemplo analógico, las personas con insensibilidad congénita al dolor, un desorden genético, se enfrentan al hecho de ser aparentemente operativos en la primera fase de recolección informativa pero no serlo a la hora de evaluar, siquiera espontáneamente, la bondad o maldad de una elección, acción, entorno, etc., en términos afectivo-subjetivos, esto es, de gusto o disgusto.

2308 ARISTÓTELES, *Ética a Nicómaco*, VI, sec. 15, 1140b 16, en LLEDÓ, PALLÍ BONET, *op. cit.*, p. 274.

2309 PREUSS, *Katastematic*, *op. cit.*, p. 110: "Pleasure and pain, then, are two primitive conscious acts, equiprimordial with sensation and evaluative in nature".

2310 *cf.* UEBERWEG, Friedrich (fundador), FLASHAR, Hellmut (ed.), ERLER, Michael, *Grundriß der Geschichte der Philosophie [Abt. 1] Die Philosophie der Antike Bd. 4 Die hellenistische Philosophie 2 [Abt. 1]*, Basel, Schwabe, 1994, p. 154:. "Indem Epikur also absolute Freiheit von Schmerz oder Unlust mit oberster Lust gleichsetzt, gewinnt er ein 'lustimmanentes' Kriterium".

2311 DIÓGENES LAERCIO, *Vidas de los filósofos ilustres*, X, 31, en GARCÍA GUAL, *op. cit.*, p. 524: "Epicuro afirma que los criterios de la verdad son las sensaciones, las prolepsis y las afecciones, pero los epicúreos añaden las proyecciones representativas del pensamiento". *cf.* EPICURO, *Carta a Heródoto*, 38, en VARA, *op. cit.*, p. 50: "es menester comprobar toda cuestión por su referencia a las *sensaciones* y concretamente a los enfoques que acompañan a las cuestiones, producidos bien por la reflexión o bien por cualquier criterio que sea, entonces es menester comprobar también toda cuestión por su referencia a los *sentimientos* que se originen en esa operación".

2312 *cf.*, matizando y *contra*, KONSTAN, David, "Epicurean 'Passions' and the Good Life", en REIS, Burkhard y HAFFMANS, Stella (eds.), *The Virtuous Life in Greek Ethics*, Cambridge, UK, Cambridge University Press, 2006, pp. 194–205, concretamente, p. 200: "The *pathe*, then, are a function of the *psuche* or *anima*, and are not rational in the sense that they do not involve the logical element or mind. The *pathe* of pleasure and pain function automatically, and do not depend on logos; (...) We thus avoid pain (*algedon*) by our own pathe (*autopathos*). The twin emotions of fear and joy, on the other hand, belong specifically to the *consilium* or *logikon*, and they are distinct in category from the *pathe*".

5.3.3.3. Placer: filosófico, sensato y calculado

Según hemos anotado más arriba, la psicoterapia epicúrea coadyuva a la hora de deliberar y escoger finalmente un placer o evitar un displacer[2313], incluso aunque ello implique la asunción de un mal que, en sentido finalista, es menor[2314], puesto que en ello interviene la comparación, así como la acción y efecto de conmensurar, esto es, la συμμέτρησις[2315], también participan los ya mencionados ἀναλογισμός, ἐπιλογισμός[2316] y διάνοια[2317]. Esta faceta calculadora trasciende lo meramente cárnico y animal, instintivo, aun haciéndose cargo de ello y de la naturaleza atómica, pero matiza, enriquece y amplía lo más burdo, regulándolo y haciéndolo más humano, contribuyendo a placeres cualitativamente más profundos y estables, calmos y asentados, hasta el punto de que Warren usa la expresión "pleasures of reason"[2318], el "placer de la sobria razón", como dijo Mondolfo[2319]. Podemos sostener, entonces, que, asumiendo el placer y la indolencia como reflejos propios de la animalidad χωρὶς λόγου, ocurre en los seres humanos una modulación de necesidades y deseos que pone en juego la sensatez o φρόνησις, de forma que traspasamos lo sencillamente cárnico burdo.

2313 CICERÓN, *Disputaciones tusculanas*, V, 33, 95, en MEDINA, *op. cit.*, pp. 443–444, pasaje ya citado.

2314 EPICURO, *Carta a Meneceo*, 128–129, en VARA, *op. cit.*, pp. 89–90, pasaje ya citado.

2315 EPICURO, *Carta a Meneceo*, 130, en VARA, *op. cit.*, p. 90: "procede considerar todas estas cuestiones por comparación y examen de sus ventajas e inconvenientes. Pues en determinadas ocasiones hacemos un uso malo del bien, y otras por el contrario un uso bueno del mal".

2316 *cf.* ZACHER, Klaus-Dieter, *Plutarchs Kritik an der Lustlehre Epikurs: ein Kommentar zu Non posse suaviter vivi secundum Epicurum, Kap. 1–8*, Königstein/Ts, Hain, 1982, pp. 145–146: "Obwohl die Wahrnehmung jede Lust für gut hält, dürfen wir uns dennoch nicht jeder blindlings hingeben, sondern wir müssen lernen, das auf weitere Sicht Lustvolle zu erkennen. Manchmal ist es sogar besser, Schmerzen zu wählen, um eine größere Lust zu gewinnen. Dieses wertende Abwägen wird mit der Wendung επιλογισμός τού τέλους bezeichnet. Wegweisend ist dabei die Erfahrung, so daß die vorgenommenen 'rechnerischen' Operationen empirischen Charakter tragen".

2317 *cf.* PASQUALI, *Epicuro, op. cit.*, p. 48: "La mente, razón o espíritu del hombre (διάνοια) impone un orden y límites equilibrados (πέρας) en la positividad desenfrenada de la ἡδονή instintiva inferior".

2318 WARREN, James, *The Pleasures of Reason in Plato, Aristotle, and the Hellenistic Hedonists*, New York, Cambridge University Press, 2014.

2319 MONDOLFO, *Conciencia, op. cit.*, p. 36.

La importancia del cálculo prudencial o del raciocinio ético[2320] (práctico) y empírico estriba en el hecho humano de saber elegir, con prudencia[2321], o sea, en aquilatar ponderadamente, sopesar las consecuencias favorables o desfavorables de los actos y de los deseos[2322], con lo que se opta por un consecuencialismo instrumental, el cual está en último término fundado en conocer y poner en práctica[2323] "el límite impuesto a los deseos y a los sufrimientos (τὸ πέρας τῶν ἐπιθυμιῶν <καὶ τῶν ἀλγηδόνων>)"[2324], habida cuenta de que, según reporta Séneca el Joven, conviene saber "cuáles de ellos (los placeres) están dentro del deseo natural, cuáles se lanzan a fondo y son inacabables y tanto más insaciables cuanto más se intentan saciar"[2325].

2320 STROZIER, Robert, *Epicurus and Hellenistic Philosophy*. Lanham, MD, University Press of America, 1985, "Ethical reasoning in Epicurus", part II, cap. IV, pp. 85–99, p. 86: "As a criterion, then, feeling determines choice and action on the most fundamental level because it indicates good or evil – just as sensations indicate external nature. Because of Epicurus' focus on consciousness, both sensation and feeling are primary internal occurrences which open the acces of consciousness to external things. For example, certain perceptions identify smell or odors, and the consequent emotional response to the cognition identifies the odor as pleasant or unpleasant, appropriate to man or not, even good or evil. But feeling, or more specifically, pleasure, is also the end or intention of man. Again, in accordance with Epicurus' focus on consciousness, the end is a particular state of that consciousness which Epicurus identifies as pleasurable – although there has always been a great deal of debate about the logical accuracy of the position. But to achieve this state requires ethical reasoning developing from basic processes of feeling. The basis of reasoning about pleasure is experience. When we speak of cognitive reasoning, we must assume a number of sensations as logically prior to the act of reasoning".

2321 *cf.* CONCHE, *Épicure*, *op. cit.*, pp. 74–75.

2322 *cf.* EPICURO, *Sentencia vaticana* 71, en VARA, *op. cit.*, p. 104: "Ante cualquier deseo debemos formularnos la siguiente cuestión: ¿qué me sucederá (τί μοι γενήσεται ἂν) si se cumple el objeto de mi deseo, y qué si no se cumple?".

2323 *cf.* PORPHYRIVS, *ad Marcellam*, 29, ll. 4–5, en NAUCK, *op. cit.*, p. 293: "Pues alguien es infeliz o bien por el miedo o bien por el deseo ilimitado y vano. En cambio, alguien que los refrene, es capaz de alcanzar para sí un juicio bienaventurado"; *cf.* USENER, *Epicurea*, *op. cit.*, pp. 305–306, fr. 485.

2324 EPICURO, *Máxima Capital* X, en VARA, *op. cit.*, p. 94.

2325 SÉNECA, *Sobre la vida feliz*, VII, 13, 4, en MARINÉ, *op. cit.*, p. 283.

En este marco, deviene fundamental e inexcusable para quien desee ser feliz el conocimiento y estudio, placenteros[2326], de lo natural, la φυσιολογία[2327], con dos fines prácticos: conocer que es frontera infranqueable pero también medio integrador[2328], gozable y generoso[2329], por un lado y, por otro, capacitar en la administración, guía y dosificación y combinación harmónica de uno mismo, sus necesidades, deseos y placeres, esto es, lograr la autosuficiencia[2330], el enseñoramiento de sí, la

---

2326 *cf.* WARREN, *Reason, op. cit.*, pp. 79–82; pp. 80–81: "[u]sefulness for removing pain and anxiety of learning about and understanding the nature of the world is the principal contribution that these intellectual pursuits can make to the production of pleasure. But there are also indications that Epicurus envisaged a more direct relationship between knowledge of the nature of things and pleasure. (...) The Epicureans clearly feel some pressure to recognise a value for knowledge that is not merely contingent on its producing some later pleasure while still holding firm to their hedonist axiology. (...) It is still the case that the value of knowledge lies in its being pleasant, of course, but its pleasantness is not merely a product of its usefulness"; *cf.* EPICURO, *Sentencias vaticana* 27, en VARA, *op. cit.*, pp. 100 y 102, respectivamente: "En las demás tareas de la vida sólo después de terminadas les llega el fruto, pero en la búsqueda de la verdad corren a la par el deleite y la comprensión, pues no viene el gozo después del aprendizaje sino que se da el aprendizaje a la vez que el gozo".

2327 *cf.* EPICURO, *Máxima Capital* XII, en VARA, *op. cit.*, 1995, p. 94: "No es dado que el hombre anule su temor a los seres esenciales si no sabe cuál es la Naturaleza del universo y lo único que hace es tener vagas nociones de lo explicado por los mitos. De modo que sin la ciencia de la Naturaleza no es dado obtener placeres puros".

2328 TREZZA, *Epicuro, op. cit.*, pp. 101 y 108, n. 1 de 107: "L'edenica epicurea non è altro che la restaurazione di quel senso serenamente efficace che si concorda alle cose e crea nella coscienza il diletto sacro di chi si fa uno con la natura, riproducendo in sé stesso la divina libertà delle sue leggi eterne. L' edenica è, pui essa, se vuolsi, una grande catharsi, non al di là della natura attraverso i cicli dolenti dell'espiazione orfica ma nel seno della natura stessa; non fuori ma dentro agli organi divenuti il tempio dello spirito conscio di sé"; "L' edenica rivela lo stato etico dell' uomo giunto ornai all' intuizione serena delle leggi cosmiche riprodotte nel suo cervello e diventate abiti sani e facili della coscienza. Da questa rassegnazione austera della parte al tutto scaturisce la gioia profonda del sentirsi uno con sé stesso e con le cose".

2329 SÉNECA, *Epístola moral a Lucilio*, 78, sec. 7, en ROCA MELIÁ, *Lucilio, I, op. cit.*, p. 468: "Volvamos ahora a aquello que constituye el mal característico de la enfermedad: el de provocar graves dolores, por más que los intervalos de calma los hagan llevaderos. En efecto, la intensidad máxima del dolor determina su fin; nadie puede sentir grandes dolores y por largo tiempo. Sumamente afectuosa para con nosotros, la naturaleza (*amantissima nostri natura*) nos modeló de tal suerte que el dolor fuera soportable, o breve"; *cf.* USENER, *Epicurea, op. cit.*, pp. 291–292, frag. 446, y p. 300, fr. 469, recogido en EPICURO, "Cuestiones de ética", 67, en VARA, *op. cit.*, p. 118: "Gracias sean dadas a la bienaventurada Naturaleza porque hizo las cosas necesarias asequibles, y las inasequibles no necesarias".

2330 EPICURO, *Carta a Meneceo*, 130, en VARA, *op. cit.*, p. 90: "consideramos el propio contento de las personas un gran bien (τὴν αὐτάρκειαν δὲ ἀγαθὸν μέγα νομίζομεν), ἐγκράτεια[2331], la αὐτάρκεια como libertad y descondicionamiento plenos[2332]. Ello significa, en definitiva, volverse autónomo en lo que respecta a la carne y la psique, dado que la primera "requiere límites ilimitados para su gozo, y sólo un tiempo ilimitado se los procura. En cambio la segunda, la psique, con el pensamiento (διάνοια), al tomar conciencia (λαβοῦσα τὸν ἐπιλογισμὸν) del fin a que está destinada la carne y del límite que le ha sido impuesto (τέλους καὶ πέρατος), nos procura la vida perfecta (τὸν παντελῆ βίον)"[2333]. Por todo ello subraya Diano la importancia de la prudencia, en su papel delimitador, en la gestión de la tríada realidad, necesidad y deseo[2334].

5.3.3.4. *Placeres atómicos: calmos* (catastemáticos) *y movidos* (cinéticos), *cárnicos y psíquicos*

En el capítulo precedente hemos aludido a la analgesia como bien negativo o sumo placer, caracterizado por ser estable y distinto de los placeres móviles. Esto se retrotrae conceptualmente a la división entre καταστηματικαί ἡδοναί frente a κατὰ κίνησιν ἡδοναί[2335], que consideramos auténticamente epicúrea, contra Nikolsky[2336],

---

no para conformamos exclusivamente con poco, sino con objeto de que, si no tenemos mucho, nos conformemos con poco, auténticamente convencidos de que sacan de la suntuosidad el gozo mayor quienes tienen menos necesidad de él, y de que todo lo natural es fácil de procurar y lo superfluo difícil de procurar. Y los gustos sencillos producen igual satisfacción que un tren de vida suntuoso, siempre y cuando sea eliminado absolutamente todo lo que hace sufrir por falta de aquello".

2331 Debemos el término a BROCHARD, "Plaisir", en *op. cit.*, pp. 252–293, p. 259.

2332 *cf.* sobre semejanzas con el cinismo en este sentido, *cf.* GIGANTE, Marcello, *Cinismo e epicureismo*, Napoli, Bibliopolis, 1992, especialmente pp. 47–53; *contra*, SCHOTTLAENDER, Rudolf, "Kynisiert Epikur?", en *Hermes. Zeitschrift für klassische Philologie*, n° 82, 1954, vol. 4, pp. 444–450, especialmente p. 448.

2333 EPICURO, *Máxima Capital* XX, en VARA, *op. cit.*, p. 95.

2334 DIANO, "Note epicuree I", en *op. cit.*, p. 47: "Per questo io dico che vita di piacere non è possibile senza il freno e la regola della φρόνησις; la quale prevedendo di ogni atto le possibili conseguenze e tutti riportando all'aponia e all'atarassia, può i piaceri misurare e valutare di sul confronto coi dolori, e quali accogliere, quali respingere; e non solo questo, ma, quando sia necessario, anche il dolore affronterà, se da esso consegua maggior copia di piacere".

2335 DIÓGENES LAERCIO, *Vidas de los filósofos ilustres*, X, 136, en GARCÍA GUAL, *op. cit.*, p. 556: "La falta de perturbación y la ausencia de pesar son placeres en reposo, y el regocijo y la alegría se perciben como en movimiento por su actividad".

2336 NIKOLSKY, Boris, "Epicurus On Pleasure", en *Phronesis* n° 46, vol. 4, 2001, pp. 440–465, concretamente pp. 441 y 461: "According to the traditional point of view, Epicurus referred to as kinetic those pleasures which accompany the process of satisfying one's desires and regarded as static pleasure the state experienced when the desires are satisfied. This interpretation is based on still another piece of evidence from Cicero, where he considers the pleasure from satisfying one's thirst as an example of kinetic pleasure, contrasting it with the static pleasure from satisfied thirst. Evidently, this example implies that in this case Cicero means by motion a por ejemplo. Con todo, la distinción entre ambos, a más de su naturaleza, relativa al cuerpo burdo o al cuerpo sutil, se presenta como un asunto espinoso, que ha sido tratado por Diano[2337], Merlan[2338], Rist[2339], Long y Sedley[2340], Purinton[2341] y Wolfsdorf[2342], entre otros.

De ellos espigamos, pues, para tratar de obtener algún esclarecimiento al respecto, sin ahondar en eruditas pesquisas textuales que, aun importantes, aquí no nos competen. En todo caso, juzgamos esencial presentar unas reflexiones preliminares con respecto a los planteamientos epicúreos, asumiendo su consistencia y tratando de preservar, en lo posible, una lectura *ex ipso Epicuro*[2343], conscientes, empero, de su carácter *quasi disperatus.*

Corresponde ahora estudiar la carga semántica de καταστηματικαί ἡδοναί y κατὰ κίνησιν ἡδοναί. Etimológicamente, ἡδονή está emparentada con ἡδύς y con el latín *suauis*[2344], lo dulce. Por su parte, καταστηματικαί deriva de κατάστημα, que expresa el resultado y efecto, en forma de sustantivo deverbal, que produce καθίστημι, esto es, el asentamiento o establecimiento de algo, o sea, su condición, – y manteniendo la línea etimológica –, su asiento o reposo (poso, sedimento, estado), es decir, la estabilidad o permanencia de algo.

Es interesante notar que lo catastemático denota en griego, además de lo estable y por su mismo valor primigenio, lo sedado, calmo y calmante, y no sólo lo relativo a un estado o asiento. Creemos, por ello, que los placeres καταστηματικαί serían los calmantes, estabilizantes o sedantes o tranquilizantes, cosa que los conectaría con el

change in the state of the organism; [...] In my view, all the facts examined above testify that the Epicurean concept of pleasure differs from the way it is represented in Cicero and Diogenes Laertius. Epicurus is far from seeing pleasure in a neutral state - a state in which both pain and usual, positive kind of pleasure are absent".

2337 DIANO, "Note epicuree I", en *op. cit.*, pp. 37 y ss., originalmente publicado en *Studi Italiani di Filologia Classica*, vol. XII, 1935, fasc. 1, pp. 61–86.

2338 MERLAN, Philip, "'Ηδονή in Epicurus and Aristotle", en *Studies in Epicurus and Aristotle*, Wiesbaden, O. Harrassowitz, 1960, pp. 1–37.

2339 RIST, *Epicurus*, *op. cit.*, pp. 170–172.

2340 LONG, SEDLEY *Hellenistic Philosophers. vol. 1*, *op. cit.*, p. 122 y ss.

2341 PURINTON, "Epicurus on the Telos", en *op. cit.*, pp. 281–320.

2342 WOLFSDORF, David, "Epicurus on Εὐφροσύνη and Ἐνέργεια (DL 10.136)", en *Apeiron*, n° 42, vol. 3, 2009, pp. 221–258.

2343 *cf.* BROCHARD, "Plaisir", en *op. cit.*, pp. 252–293, concretamente p. 257: "[q]uelle méthode employer pour retrouver la pensée perdue d'Épicure? Il semble bien qu'il n'y en ait qu'une seule: essayer de comprendre la doctrine du philosophe en la replaçant en quelque sorte dans son milieu historique, en la rapprochant des théories qui l'ont précédée et préparée, en se rendant compte des problèmes qui préoccupaient la pensée grecque au moment où Épicure a conçu son système, et des solutions qu'on leur avait données".

2344 *cf.* BEEKES, R. S. P., *Etymological Dictionary of Greek*, Leiden, Brill, 2010, vol. I, p. 515, *s. u.* ἡδύς.

lucreciano *aequo animo* y la ecuanimidad, o sea, el equilibrio psíquico y moral que semeja la llanura del mar, *aequor*, sobre lo que discurrimos más adelante.

Por su parte, los placeres κατὰ κίνησιν lo son literalmente "según movimiento", que tanto puede ser del cuerpo burdo como del sutil[2345], lo que también cuadra con la nota de "emoción"[2346]. En este sentido, podemos considerar, heurísticamente, la sinonimia con κινητικαί, más intuitiva que documentada, que ha de significar excitante, estimulante, emocionante o que causa *motus animi*, movimientos de ánimo, emociones. A su vez, κινέω también contiene la nota de emocionar, alterar, mover anímicamente, remover o agitar, según se observa en κεκινημένος, emotivo. Así, nos enfrentamos, tentativamente, a una discriminación entre placeres calmantes o estabilizantes[2347], de equilibrio o de calma, por un lado, y a placeres excitantes, estimulantes, de estímulo, por otro. Creemos que esta revisión da mejor cuenta semántica de la díada que articula la ἡδονή epicúrea.

Menos ligado al tiempo episódico e ilimitado, pues lo finito y lo infinito cronológico dan el mismo rédito gozoso[2348], es placer catastemático o estable todo aquel que se dirige a la finalidad de apagar un dolor del cuerpo burdo o un pesar del cuerpo

---

2345 EPICURO, *Carta a Heródoto*, 64, en VARA, *op. cit.*, p. 64: "su facultad de sensación, completada al máximo en torno a sí gracias al movimiento que le asiste (κατὰ τὴν κίνησιν)".

2346 *cf.* EPICTETO, FLAVIO ARRIANO, lib. II, XX, 19, en ORTIZ GARCÍA, Paloma, (ed., trad.), *Disertaciones*, Madrid, Gredos, 1993, p. 232: "tampoco es posible que el hombre haga desaparecer por completo su comportamiento humano (τὰς κινήσεις τὰς ἀνθρωπικὰς: sentimientos o afectos humanos)".

2347 En honor a la verdad, señalamos que llegamos a esta conclusión por su nuestra cuenta y riesgo, antes de leer la excelente traducción que, también en este fragmento, ofrece Vara; *cf.* EPICURO, *Fragmentos precedides del titulo de la obra a la que pertenecen: Sobre lo que se debe aceptar y evitar*, I en VARA, *op. cit.*, p. 107: "En efecto, la imperturbabilidad y la despreocupación son gozos sedantes, pero la alegría y la satisfacción se ve que entran en actividad con ocasión de trances emocionales"; el ya mencionado DIÓGENES LAERCIO, *Vidas de los filósofos ilustres*, X, 136, [("Y Epicuro difiere de los cirenaicos en cuanto al placer. Pues ellos no admiten el placer en reposo {catastemático}, sino sólo en el movimiento, mientras que él los acepta ambos, del alma y del cuerpo")] incluido en USENER, *Epicurea*, *op. cit.*, p. 91, frag. 1.

2348 EPICURO, *Máxima Capital* XIX, en VARA, *op. cit.*, p. 95: "Si uno considera por un acto de reflexión el punto más alto que puede alcanzar el gozo, resulta que el tiempo infinito conlleva igual gozo que el limitado"; *cf.* ACOSTA MÉNDEZ, *Estudios*, *op. cit.*, pp. 38–64, especialmente pp. 46–47: "la mente, al tiempo que toma conciencia del bien de la carne y de su justo límite, esto es, al tiempo que calcula como límite de la grandeza del placer la ausencia de dolor, determina también los límites de la duración del placer en su perfección en el instante, contrarrestando todo el cúmulo de desordenados deseos, provenientes de las tendencias irracionales de la carne y encaminados a engrandecer el placer o a prolongarlo en una temporalidad infinita, y logrando así una vida perfecta dentro de sus propios límites sin el añadido de la inmortalidad"; *cf.* también *cf.* PREUSS, *Katastematic*, *op. cit.*, pp. 102–105.

sutil, y es cinético todo aquel que supone un aditamento o variación, temporales y limitados, con respecto a la dolencia.

Queremos proponer, de hecho, un modo de comprender esa distinción de placeres y, por ello, debemos anotar el campo semántico de καθίστημι y κατάστημα, que recoge la nota de estado, estabilidad y de aquello que se sustenta o permanece en equilibrio. Así, los primeros serían placeres estabilizantes, equilibrantes o de sustentación, mientras los segundos serían placeres desequilibrantes.

En nuestra opinión, esa duplicidad de placeres remite tanto al cuerpo burdo como al sutil, a la carne y la psique, según reporta Cicerón[2349], con lo que seguimos a García Gual y Acosta[2350], entre otros[2351] y discrepamos, por ejemplo, de Merlan[2352] a este respecto.

De hecho, Epicuro mismo alude – pensamos – a esta diferencia cualitativa, por lo que hace a la intensidad o calidad, localización y extensión temporal, cuando señala que

> "si todo placer pudiera reconcentrarse respecto al lugar y al tiempo y poseyera todo el organismo o las partes principales de nuestra naturaleza, no se podría diferenciar unos placeres de otros"[2353].

2349 CICERÓN, *Del supremo bien y del supremo mal*, I, 12, 40, en HERRERO LLORENTE, *op. cit.*, pp. 74: "Que el placer es el bien supremo puede comprenderse muy fácilmente por lo que sigue: supongamos que un hombre disfruta de grandes, numerosos y continuos placeres, tanto en el alma como en el cuerpo, sin que ningun dolor le amargue ni le amague. ¿Se puede nombrar, acaso, estado mejor o más deseable que éste?".

2350 GARCÍA GUAL, ACOSTA MÉNDEZ, *op. cit.*, p. 210: "Epicuro y su discípulo Metrodoro admitían dos tipos de placer, el catastemático o en reposo y el cinético o en movimiento, y ambos tanto para el alma como para el cuerpo".

2351 *cf.* GOSLING, J. y TAYLOR, C., *The Greeks on Pleasure*, Oxford, Clarendon Press, 1982, pp. 345–414, p. 348 y ss., especialmente; MANOLIDIS, Georgios, "Epikurs Stellungnahme zur Aristotelischen Hedone-Diskussion in der *Nikomachischen Ethik*", en *Zeitschrift für Philosophische Forschung*, 1991, n° 45, vol. 4, pp. 530–544, concretamente p. 540; PURINTON, Jeffrey S., "Epicurus on the Telos", en *op. cit.*, pp. 281–320, concretamente pp. 292–294, si bien discrepamos en partes de su interpretación; PREUSS, *Katastematic*, *op. cit.*, p. 121 y ss.; WOLFSDORF, David, *Pleasure in Ancient Greek Philosophy*, Cambridge, [England], Cambridge University Press, 2013, "Epicurus and the Cyrenaics on katastematic and kinetic pleasures", pp. 151–181, especialmente, p. 158.

2352 MERLAN, "Ἡδονή", en *op. cit.*, pp. 1–39, especialmente 4–5.

2353 *cf.* EPICVRVS, *Ratae Sententia*, *ΚΥΡΙΑΙ ΔΟΞΑΙ*, IX, en ARRIGHETTI, *op. cit.*, p. 122, aceptamos la restitución de DIANO, Carlo, (ed.), *Ethica Epicuri*, Florentiae, in aedibus Sansonianis, 1946, p. 120, señalada por Arrighetti; *cf.*, sobre καταπυκνόω, PIQUÉ ANGORDANS, *op. cit.*, pp. 135–136, n. 191; *cf.* RIST, *Epicurus*, *op. cit.*, pp. 114–115; *cf.* también PASSOW, Franz *et al.*, *Handwörterbuch der griechischen Sprache, Ersten Bandes [1], zweite Abteilung [2], Epsilon-Kappa*, Darmstadt, Wissenschaftliche Buchgesellschaft, 2004, p. 1643, *s. u.*, donde menciona el paso de

Nuestra ordenación de placeres, teniendo en cuenta esas dos clasificaciones (carne / mente, calmante / excitante), presupone, en términos cronológicos, la satisfacción de las necesidades y deseos ligadas al cuerpo, lo cual se identifica con el placer catastemático cárnico, después del placer cinético cárnico, luego, el placer catastemático psíquico, que, una vez logrado, experimenta, como aditamento posterior de mera variedad, el placer cinético psíquico, que posee, empero, la entidad fundamental de la tercera.

A este respecto, cabe recordar que, como indica Epicuro[2354], contra los cirenaicos, reporta incluso Lactancio[2355] y subraya, entre los estudiosos, Long, los placeres psíquicos son, ontológicamente, superiores a los cárnicos[2356], a lo que nosotros agregamos que lo estabilizante es también ontológicamente superior a lo excitante.

Así, el placer estimulante cárnico o psíquico se basa, atómicamente[2357], en una activación o movilización sensorial o emotiva originada en una fuente externa,

---

Epicuro y traduce el verbo, en sentido metafórico, como "vermehren, vollkommen machen".

2354 DIÓGENES LAERCIO, *Vidas de los filósofos ilustres*, X, 137, en GARCÍA GUAL, *op. cit.*, p. 565: "[é]l [Epicuro] dice que los del [dolores] alma (ψυχικάς) son peores, pues la carne sólo sufre tormento en el presente, pero el alma sufre por el presente, el pasado y el futuro. Y por esa misma razón son mayores también los placeres del alma (μείζονας ἡδονὰς εἶναι τῆς ψυχῆς)"; *cf.* USENER, *Epicurea*, *op. cit.*, p. 119, fr. 66.

2355 *cf.* LACTANTIVS, *Diuinae Institutiones*, 'liber tertius: De falsa sapientia philosophorum, c. VII: De philosophia ethica et summo bono', en MIGNE, J. P., Patrologia Latina, t. VI, *Lactantii opera omnia*, t. 1, Paris, Migne, 1844, p. 364: "*Epicurus summum bonum in voluptate animi esse censet; Aristippus in voluptate corporis*".

2356 *cf.* LONG, Anthony A., *Greek Models of Mind and Self*, Cambridge, Massachusetts *et al.*, Harvard Univ. Press, 2015, p. 123: "In Epicureanism and Stoicism, the soul is a particular type of physical structure within the flesh- and- blood body. Because the soul itself, according to these philosophers, is physical, it can animate the body by the physical properties of motion and contact. These later philosophers were not tempted by Plato's metaphysical dualism, but in their theories of value they strongly reveal his influence. All of them agreed that human nature should be analyzed in terms of a distinction between body and soul. They also agreed that the soul is essentially the most important and the most valuable aspect of human nature. For Aristotle the best human life is characterized by virtuous activity of soul. For Epicurus the pleasures of the soul are preferable to the pleasures of the body. In Stoicism, happiness is excellence of soul. One could write the history of Greek philosophy in terms of the superiority of soul to body. That is Plato's legacy".

2357 *cf.* GLIDDEN, "Epicurus", en DEPEW, *op. cit.*, pp. 177–197, concretamente p. 189: "Similarly, the much discussed distinction which the Epicureans draw between two generic categories of pleasure (katastematic pleasures and active pleasures, *cf.* D.L. X 136) does not distinguish two kinds of intentional states, as some have understood it, but rather two types of pleasureable atomic episodes. Active pleasures, such as the pleasures of bodily movement and sensory pleasures, involve the effects of external stimulation upon the atomic structures within one's body, so that the body responds agreeably to the external environment (...) The katastematic pleasures, on the other hand, are the pleasures we derive from ourselves alone, independiente[2358], y más ligada a la presencia[2359] de ésta y al tiempo[2360], si bien, como en el caso del placer catastemático, conlleva sólo un movimiento suave o sutil, mientras que el dolor es un movimiento áspero, abrupto o violento[2361].

Por su parte, el placer calmo o calmante recoge la estabilidad o equilibrio armónico y dinámico, tranquilo y propio de un organismo que funciona naturalmente bien[2362],

---

from the smooth functioning of the clusters of atoms which compose us"; *cf.* también PASQUALI, *Epicuro, op. cit.*, p. 41: "La felicidad-placer es un estado de bonanza que sólo interesa el conjunto de átomos corporales y de átomos anímicos (pneuma, calor y otros sutilísimos más aptos a recibir modificaciones)".

2358 *cf.* PREUSS, *Katastematic, op. cit.*, pp. 163 y 166: "The availability of the object of kinetic pleasure, however, depends upon something other than ourselves"; [...] "Katastematic pleasure also differs from kinetic pleasure in not having an object".

2359 *cf.* LONG, SEDLEY, *Hellenistic Philosophers. vol. 1, op. cit.*, 1987, 21: Epicurus, pleasure, p. 123: "Epicurus appears to have used 'kinetic' pleasure to designate all experience which consists in the active stimulacion of enjoyable bodily feelings or states of mind (...). As long as pain is absent we have static pleasure, but kinetic pleasure will last only as long as the activity giving rise co it. Hence, though necessarily good, it is incapable of challenging static pleasure as a long-term excellence which embraces the whole organism and removes all bodily and mental pain (...)".

2360 EPICURO, *Máxima Capital* XX, en VARA, *op. cit.*, p. 95; *cf.* ACOSTA MÉNDEZ, *Estudios, op. cit.*, pp. 38–64, especialmente p. 45: "la carne no admite límites al placer porque la carne no puede razonar y, aún siendo moderada su proclama (...) siempre existen los deseos que son ilimitados cuando no se apoyan en el mesurado cálculo del bien de la naturaleza, sino en la vana opinión".

2361 SUDA, SUIDAS, ADLER, Ada (ed.), *Suidae lexicon, Pars 2: D-H*, Lexicographi Graeci, Leipzig, Teubner, 1931, *s. u.*, Ἡδονὴ: "ἡ. <Ἡδονὴ> δέ ἐστι λεία κίνησις, πόνος δὲ τραχεῖα κίνησις".

2362 *cf.* BROCHARD, "Plaisir", en *op. cit.*, pp. 252–293, concretamente p. 270: "En dernière analyse, c'est réquilibre des différentes parties du corps vivant, cet équilibre qui constitue la santé, ὑγίεια (Diog., X, 131), terme aussi employé par les Épicuriens, qui est la condition immédiate du plaisir constitutif. Le plaisir se produit naturellement et de lui-même lorsque, par le jeu naturel des organes, l'équilibre physiologique est établi dans un être vivant"; *cf.* también RIST, *Epicurus, op. cit.*, pp. 171–172: "unless something in the mind, and in Epicurean terms that means some atoms of the mind, is already pacified, then no learning of any kind can take place. We know that in some sense the enjoyment of katastematic pleasure is our natural state. If we are so mentally disturbed that none of our mind atoms is moving regularly, Epicurus would think that we are incapable of learning; we have become totally unnatural. Thus when we learn, we have a pacified section of the mind, and on Diano's theory that section will experience the kinetic pleasures involved in learning. In the course of this learning, naturally enough, the pacified area will increase and we shall be able to enjoy a wider and wider range of mental pleasures"; *cf.* también GARCÍA GUAL, ACOSTA MÉNDEZ, *op. cit.*, p. 210: "[c]uando, en efecto, nuestro cuerpo experimenta alteraciones de sus átomos por causa de la enfermedad o pérdida considerable de los mismos provocada por las situaciones carenciales del hambre, frío o sed, entonces quedamos sumidos en el dolor. A ese en relación con lo átomico interior y lo exterior[2363], con lo que se halla en el bienestar por ausencia de dolor[2364] y por la expectativa de su continuidad[2365], en el plano psíquico (ἀταραξία[2366]) o cárnico (ἀπονία, semejante a la τοῦ σώματος ἀοχλησίαν). Los conceptos que caen bajo el hiperónimo de la estabilidad ya manifiestan, con su alfa privativa, su carácter negativo, de satisfacción por repleción o compensación[2367] del "grito del cuerpo: no tener hambre[2368], no tener sed, no tener frío"[2369], o sea, la conservación de la salud cárnica y psíquica, por vía de la nutrición, la hidratación y la termoregulación.

---

estado doloroso se opone el estado placentero que resulta de la perfecta armonía de átomos corporales que hace posible la salud y el equilibrio del organismo".

2363 *cf.* CONCHE, *Épicure, op. cit.*, p. 64: "le plaisir, qui est alors comme 'en repos', traduit l'état d'équilibre du corps, dans toutes ses parties et dans ses échanges avec l'extérieur".

2364 PLUTARCO, *Imposibilidad*, 1089D, en MARTOS MONTIEL, *op. cit.*, p. 168; *cf.* USENER, *Epicurea, op. cit.*, p. 121, fr. 68: "los epicúreos (...) se refugian en un estado de 'ausencia de dolor (ἀπονίαν)' y de 'estabilidad de la carne (εὐστάθειαν), como si la vida placentera consistiera en pensar que ese estado se va a alcanzar o ya ha sido alcanzado por algunos; porque, para quienes son capaces de reflexionar, el 'equilibrio estable de la carne (τὸ γὰρ εὐσταθὲς σαρκὸς κατάστημα)' y la 'confiada esperanza (πιστὸν ἔλπισμα)' de conservarlo conllevan, según ellos, el goce más alto y seguro (ἀκροτάτην χαρὰν καὶ βεβαιοτάτην)".

2365 *cf.* WARREN, "Future", en SEDLEY, *op. cit.*, pp. 135–79 y más concretamente p. 176: "an essential component of this godlike happiness is the combination of present well-being with the assurance of its continuation. Perhaps it would be more correct to say that an essential component of present well-being itself is the assurance that it will continue".

2366 *cf.* LONG, *Filosofía helenística, op. cit.*, p. 72: "Sostiene [Epicuro] que el mayor dolor es la turbación mental producida por falsas creencias acerca de la naturaleza de las cosas, acerca de los dioses, acerca del destino del alma. Todo placer que deje de eliminar el mayor dolor es proscrito como último objeto de elección por aplicación de la regla —la ausencia de dolor establece la magnitud del placer".

2367 *cf.* NIKOLSKY, "Epicurus On Pleasure", en *op. cit.*, pp. 440–465, concretamente pp. 445–446: "Characteristic of the whole of Greek philosophy was the idea of a relation between pleasure and the restoration or preservation of the natural state of the organism. (...) the Epicurean view of the physical nature of pleasure as a whole varies little from that of other philosophers: in Epicurus' opinion, pleasure is experienced when the atoms of a human body, acted upon by a certain force, find themselves in their proper places, i.e., when the organism attains its natural state under the effect of some influence. Epicurus, however, differed from his predecessors on one essential point. When speaking about pleasure as restoration, Plato and his followers meant by this only the process of restoration".

2368 EPICURO, "Cuestiones de ética", 59, en VARA, *op. cit.*, p. 118: "Principio y fin de todo bien es el placer del vientre. Pues todo lo cabal y todo lo desmedido tienen su referencia en éste"; *cf.* USENER, *Epicurea, op. cit.*, p. 278, frag. 409.

2369 EPICURO, *Sentencia vaticana* 33, en VARA, *op. cit.*, p. 101.

Este restablecimiento a una disposición y conformación de sano mantenimiento orgánico, psíquico y cárnico, ya había sido notado por Platón como generador de placer:

> "Sócrates— Digo, pues, que al deshacerse en nosotros los seres vivos la armonía, simultánea en el tiempo a la disolución de la naturaleza es la aparición de dolores. Protarco — Lo que dices es plenamente verosímil. Sóc. — Hay que decir, pues, que al ajustarse de nuevo la armonía y volver a su propia naturaleza aparece el placer, si es que hay que hablar de las cosas más importantes con pocas palabras y lo más deprisa posible. [...] Sóc. — Se ha dicho muchas veces que, al destruirse la naturaleza de cada uno por combinaciones y disoluciones, repleciones y evacuaciones o también aumentos y disminuciones, resulta que se producen penas, dolores, sufrimientos (λῦπαί τε καὶ ἀλγηδόνες καὶ ὀδύναι) y todo lo que tiene esa clase de nombres. Pro. — Sí, eso se ha dicho muchas veces. Sóc. — Mas cuando se restablece la naturaleza propia de cada cual, aceptamos nosotros ese restablecimiento (κατάστασιν) como placer"[2370].

Este placer calmante incluye, sostenemos, tanto el proceso como el estado, es decir, tanto la acción como el efecto placientes, según indican Nikolsky[2371] y Liebersohn[2372], en discrepancia con Wolfsdorf[2373], de modo que optamos por no distinguir entre placer excitante como el que satisface un deseo natural concreto y placer estable

2370 PLATÓN, *Filebo*, 31 d-e, 42 c-d, en DURÁN LÓPEZ, LISI, *op. cit.*, pp. 59 y 80, respectivamente.

2371 NIKOLSKY, "Epicurus On Pleasure", en *op. cit.*, pp. 440–465, concretamente p. 447, n. 25: "From my point of view, κατάστημα in Epicurus preserves its original semantics of a verbal noun with a perfect meaning, i.e., it denotes a state which is the result of an action and which is inseparably linked with that action".

2372 LIEBERSOHN Yosef Z., "Epicurus' 'Kinetic' and 'Katastematic' Pleasures. A Reappraisal", en *Elenchos. Rivista di studi sul pensiero antico*, XXXVI, 2015, fasc. 2, pp. 271–296, especialmente, p. 281 y n. 34; los mismos datos presentados sumariamente en "Kinetic And Katastematic Pleasures According To Epicurus?", *S[ociedad] I[bérica]F[ilosofía]G[riega] 2016, III Congresso Internacional De Filosofia Grega, Faculdade de Letras da Universidade de Lisboa, 20th, 21st and 22nd April 2016*, pp. 1184–186, especialmente, p. 1185: "a katastematic pleasure is identified not only with the state where the pain is removed but also with the whole process towards that state".

2373 WOLFSDORF, David, "Epicurus on the Telos of the Mind", disponible en http://astro.temple.edu/~dwolfsdo/Epicurus%20on%20the%20Mental%20Telos%20(6.10).pdf, consultado el 04 de junio de 2016, 9–10: "Morphologically the '-σις' ending on nominal roots typically serves to mean 'process' or 'activity,' while the '-μα' ending serves to mean 'product' or 'result.' Accordingly the '-μα' ending in 'κατάστημα' should convey the product or result of the process characterized by the idea of the root 'καθιστα-' (or 'κατα + ἱστα-'). Consequently if Epicurus deliberately employed 'κατάστημα' in contrast to 'κατάστασις' within the context of hedonic theorizing, it is reasonable to infer that his intention was to convey the product or result of the constituting process, that is, constitution *qua* product of that process".

como aquel estado en que el deseo o necesidad está ya satisfecha, cosa que disocian Long[2374] y Mitsis[2375], entre otros estudiosos.

En nuestra opinión, todo placer positivo requiere previamente la eliminación del dolor físico y, luego, del psíquico, esto es, que, como indican Diano[2376], Merlan[2377] y Rist[2378], el placer cinético sigue al catastemático y no ocurre lo contrario, como indica Giannantoni[2379]; así, las necesidades del cuerpo deben ser colmadas; más tarde, gracias a la φυσιολογία, a las propuestas psicoterapéuticas, a la reflexión analógica y al recuerdo de los bienes pasados, debe procurarse la curación anímica, tras la cual

---

2374 *cf.* LONG, *Filosofía helenística, op. cit.*, p. 74: "La distinción entre placeres 'cinéticos' y 'estáticos' se aplica tanto al cuerpo como a la mente (D.L., X, 136). En correspondencia con el placer 'cinético' de satisfacer un deseo de alimento, bebida y otros tales, la mente es capaz de experimentar 'gozo', digamos, al encontrarse con un amigo o resolver un problema de filosofía. Este placer, consistente en un movimiento, debe distinguirse del placer 'estático', de la 'tranquilidad mental', que corresponde al placer del cuerpo liberado del dolor. Dado que el placer es lo único que es bien en sí mismo, la prudencia, la justicia, la moderación y el coraje, las tradicionales cuatro 'virtudes morales' de la filosofía griega, pueden valorarse sólo si son constituyentes o medios de placer. Epicuro apoyó la segunda alternativa".

2375 *cf.* MITSIS, Phillip, *Epicurus' Ethical Theory: The Pleasures of Invulnerability*, Ithaca: Cornell University Press, 1988, p. 45: "Epicurus distinguishes two varieties of pleasure: the kinetic pleasures of motion (satisfying a desire) and the katastematic pleasures of stability (having a satisfied desire)".

2376 DIANO, "Note epicuree I", en *op. cit.*, pp. 45, 47 y 55: "Il piacere catastematico è ciò che segue alla detrazione del dolore; dolore non c'è che per fame, sete, freddo, morbo; esso dolore non può esser tolto da nessuna forma di piacere in moto, giacché le parti, dove avviene, non ammettono piacere in moto, o se lo ammettono, come è dei sensi, il dolore non è κατ'ἔνδειαν, ma solo per malattia, e durante una tale condizione piacere in moto non è possibile provarne. Il piacere cinetico non presuppone dolore, perché avviene in quelle parti dell'organismo che per la privazione di esso piacere non possono sentire nessun dolore. Il piacere catastematico è necessario; il piacere cinetico è accessorio"; (...) "per l'anima quanto pel corpo possiamo stabilire, come regola che non ammette eccezioni, che il piacere cinetico presuppone sempre, nell' area in cui si svolga il piacere catastematico"; (...) "il piacere è catastematico e cinetico. Il cinetico è ciò che secondo una distinzione di specie e non di tempo nei rispetti dell'intiero organismo, ma anche di tempo nella parte interessata, e cioè a dire in termini di fisica epicurea, sempre secondo una distinzione spaziale, segue come ποίκιλμα, *variatio, condimentum*, al piacere catastematico".

2377 MERLAN, "Ἡδονή", en *op. cit.*, pp. 1–39, especialmente pp. 11–13.

2378 RIST, *Epicurus, op. cit.*, pp. 106–110.

2379 GIANNANTONI, "Piacere cinetico", en *op. cit.*, pp. 25–44, por ejemplo, p. 38: "La posizione di Bignone può essere riassunta in questi termini: Epicuro ammette due generi di piacere, il piacere catastematico, che segue alla completa eliminazione del dolore, e il piacere cinetico. E poiché il piacere catastematico è il termine ultimo, non solo κατά είδος ma anche κατά χρόνον, il piacere cinetico non può che essere anteriore a quello catastematico".

no existe gusto superior, sino un estado de satisfacción plena. Luego, la *uarietas* o ποίκιλμα[2380] acontece tras la remoción del dolor y concierne a los placeres cinéticos o movientes, que, sin ser violentos, se consideran un adorno, algo que embellece por añadidura, como ocurriría con el regocijo y la alegría mentalmente o por lo que hace al cuerpo burdo, los placeres del saboreo, del sexo, del oído y de la vista, (según transmiten Ateneo, en una cita[2381] ya aducida, y Cicerón[2382]), aceptables siempre y cuando no hagan sufrir (a diferencia de los cirenaicos)[2383], pero, en el fondo, identificables con los deseos no necesarios aunque naturales.

2380 EPICURO, *Máxima Capital* XVIII, en VARA, *op. cit.*, p. 95: "el gozo que hay en la carne no crece indefinidamente una vez que es suprimido el dolor nacido de la falta de algo, sino que únicamente adquiere matices particulares (ποικίλλεται). En cambio el colmo de gozo del pensamiento lo origina el análisis de todas estas cuestiones y de las afines a éstas, que son las que procuran al pensamiento los mayores temores".

2381 ATENEO, *El banquete de los eruditos*, l. XII, 546ef [ATHENAEVS, KAIBEL, *op. cit.*, p. 413], en PIQUÉ ANGORDANS, *op. cit.*, p. 54; *cf.* también RODRÍGUEZ-NORIEGA GUILLÉN, *op. cit.*, p. 327; *cf.* USENER, *Epicurea*, *op. cit.*, p. 120, frag. 67.

2382 *cf.* CICERÓN, *Disputaciones tusculanas*, III, 19, 40–41, en MEDINA, *op. cit.*, pp. 292–293: "Pero si, como dice el mismo poeta, a uno 'se le vienen abajo al mismo tiempo el ánimo y los recursos', debe ir a buscar su medicina en aquellos filósofos antiguos serios, no en esos devotos del placer. ¿Qué es lo que entienden ellos en realidad por abundancia de bienes? Admitamos que el sumo bien es la ausencia de dolor —aunque no se llame placer a esto, pero ahora no es necesario tratar todas las cuestiones—: ¿se nos debe llevar allí para aliviar nuestro sufrimiento? Admitamos que el dolor es el mal supremo: ¿quién no se encuentra en esa situación dolorosa, si está libre de mal, disfruta por ello del sumo bien? ¿Por qué tergiversas la cuestión, Epicuro, en lugar de reconocer que el placer al que nos referimos nosotros es el mismo al que tú te sueles referir cuando te has restregado por completo la cara? ¿Son estas tus palabras o no? En el libro que contiene toda tu doctrina— desempeñaré ahora la función de traductor, para que nadie piense que me lo estoy inventando— dices lo siguiente: 'Por mi parte, yo no acierto a comprender qué sentido puede darse a ese famoso bien, si le quito los placeres que se experimentan mediante el gusto, si le quito los que se experimentan por medio de las experiencias sexuales, si le quito los que se perciben mediante la audición de los cantos, si le quito las impresiones placenteras procedentes de las formas bellas que se perciben con la vista, o todos los demás placeres que en todo ser humano se originan de cualquier sentido. No puede decirse en verdad que la alegría del espíritu es el único bien que puede reconocerse como tal. En realidad, tal y como yo la concibo, la alegría espiritual consiste en la esperanza de que todos los placeres que he citado antes permitan que la naturaleza, al entrar en posesión de los mismos, se halle privada de dolor'".

2383 CLEMENTE DE ALEJANDRÍA, *Stromata*, II, cap. 21, en USENER, *Epicurea*, *op. cit.*, p. 293, frag. 451, traducción tomada de WILSON, William (ed., trad.), *The Writings of Clement of Alexandria, vol. II: Stromata or The miscellanies*, books 2–8, Edinburgh, T. & T. Clark, 1867, p. 74: "These Cyrenaics reject Epicurus' definition of pleasure, that is the removal of pain, calling that the condition of a dead man; because we rejoice not only on account of pleasures, but companionships and

5.3.3.5. Calma divina

Como es sabido y reportan Preuss[2384] o Konstan[2385], la felicidad o εὐδαιμονία, sabia y profunda, constituye el principalísimo objetivo terapéutico epicúreo. Como tal, está íntimamente vinculada con la filosofía[2386]

---

distinctions; while Epicurus thinks that all joy of the soul arises from previous sensations of the flesh".

2384 *cf.* PREUSS, *Katastematic, op. cit.*, p. 7–8: "The basic Epicurean view is that the good life is a happy, fulfilled, good-to-be-alive affair, rather than a miserable, anxious, painful burden to carry from birth to death, even if as though on a mission from higher powers. Whatever else we do, the life of service and its virtues included, has no intrinsic value, but finds its justification, when it does, only as a means to the Epicurean ideal".

2385 *cf.* KONSTAN, "Happiness", en *op. cit.*, pp. 1–22, concretamente pp. 18 y 21: "The combination of the pleasure deriving from a body free from pain and that of a soul free from distress, accompanied, it may be, by pleasant thoughts and sensations, constitutes the highest form and final end of human happiness. With it, we are equal to the gods: duration adds nothing to it, and the subsidiary kinetic pleasures do no more than work variations on the fundamental felicity of well-being. It is not a 'neutral' state, as the opponents of Epicurus maintained, between pain and pleasure; it is the state in which all is working as it should, and the opposite of disrupted or distressed conditions of mind or body. It is not incompatible with a wide range of rational activities that differ from the simple pleasures, for example goal-oriented pursuits that enable us to procure the basic necessities of life or meet some other reasonable need or want; but such projects are not typically where pleasure is to be found; [...] Epicurus' conception of *eudaimonia* may nevertheless be useful to modern debates over happiness for the way it unites, in a materialist view of nature, physical and mental well-being, and understands happiness not as elation or even self-satisfaction, despite the focus on pleasure, but as the normal or healthy human condition. Once one has eliminated the pains and perturbations that afflict both body and mind, there is nothing left to strive for, though there is abundant joy, and this irrespective of duration".

2386 *cf.* STECKEL, *Einheit, op. cit.*, pp. 25, 45, n.7, aduce unos espléndidos pasajes de Diógenes de Enoanda donde evidencia la función psicoterapéutica epicúrea en la que convergen y se identifican el ser feliz y el filosofar: DIÓGENES DE ENOANDA, *Inscripción epicúrea*, Ética, frs. 29 y 32, en GARCÍA GUAL, *Enoanda, op. cit.*, pp. 46 y 48; *cf.* SMITH, *op. cit.*, pp. 193, 198–199, 380, 382: "Pero en nosotros no se origina en ninguna de esas ventajas mencionadas; no por eso practicamos esta tarea, sino con el fin de ser felices logrando el objetivo final al que nos destina nuestra naturaleza [οὐχ ἵνα οὖν τι τῶν εἰρημένων καὶ ἡμεῖν γένηται, πρὸς τὴν αὐτὴν ὡρμήσαμεν πρᾶξιν, ἀλλ' ὅπως εὐδαιμονήσωμεν]"; "la cuestión no es la de qué es eso que produce la felicidad; sino en qué consiste el ser feliz y a qué tiende como objetivo final nuestra naturaleza. En el placer, afirmo, ahora y siempre, para todos, griegos y bárbaros, proclamándolo en voz alta; ése es el objetivo final de la mejor manera de pasar la vida [το πρόβλημα οὐ τοῦτό ἐστιν, τί τῆς εὐδαιμονίας ποιητικόν, τί δὲ τὸ εὐδαιμονεῖν ἐστιν καὶ οὗ κατὰ τὸ ἔσχατον ἡ φύσις en su faceta aplicada[2387].

Epicúreamente, la εὐδαιμονία se cifra, empero, en el placer catastemático, esto es, el gozo calmo y calmante mental (relativo al cuerpo sutil), sano y salutífero[2388]. Además, por ser indoloro, no episódico y sí continuo[2389], tal estado puede llamarse, como observaremos después, "mar en plata o en leche". Se manifiesta en paz personal y seguridad, la capacidad de vivir *securus, sine cura,* lo que resulta distintivo de la ἀσφάλεια[2390]. Ésta se presenta como otro modo de formular τὸ τῆς φύσεως ἀγαθόν, el bien connatural, esto es, la incolumidad, indemnidad o la invulnerabilidad.

ἡμῶν ὀρέγεται, τὴν μὲν ἡδονὴν λέγω καὶ νῦν ἡδονὴν ἀεὶ ραπισ Ἕλληνεσι καὶ βαρβάροις μέγα ἐνβοῶν διαγωγῆς ὑπάρχειν τέλος]"; *cf.* UEBERWEG, FLASHAR, ERLER, *op. cit.*, p. 153: "Für Epikur ist das Ziel allen Handelns das gute Leben (εὖ ζῆν) oder die Eudaimonie. Von diesem Ziel her erfährt die Ethik, bei Epikur die höchste philosophische Disziplin, ihren Sinn (...)".

2387 *cf., contra,* ZELLER, *3, 2,* 1880, *op. cit.*, pp. 378 y 381: "Die wissenschaftliche Bedeutung und Entwicklungsfähigkeit des Epikureismus steht mit seiner weiten Verbreitung und seiner langen Dauer ausser allem Verhältniss. Keine andere Schule hat sich so wenig um eine tiefere Begründung ihrer Lehre bemüht, keine ist so unbedingt bei den Aussprüchen ihres Stifters stehen geblieben, wie die epikureische; [...] Der Mangel an wissenschaftlichem Sinn, welcher hierin zum Vorschein kommt, spricht sich auch in Epikur's Ansicht über die Aufgabe der Philosophie aus. Konnten wir schon bei den Stoikern eine Unterordnung des theoretischen Interesses unter das praktische bemerken, so geht diese bei Epikur zur völligen Geringschätzung aller wissenschaftlichen Bestrebungen als solcher fort. Der Zweck der Philosophie ist die Glückseligkeit des Menschen, und sie selbst ist nichts anderes, als die Thätigkeit, welche uns mittelst der Rede und des Denkens zur Glückseligkeit verhilft".

2388 *cf.* ANTOLÍN SÁNCHEZ, *op. cit.*, p. 40: "El mensaje de la filosofía epicúrea es una llamada a vivir la vida. La misión de Epicuro será, ante todo, terapéutica: sanar la enfermedad del alma – por las opiniones vacías o vanas – y enseñar a los hombres a vivir una vida placentera, a encontrar la felicidad en el simple hecho de vivir. La funcion de la filosofía consiste en buscar de manera razonable el placer, es decir, aspirar al único placer verdadero, el simple placer de existir, descubrir el verdadero gozo de vivir".

2389 *cf.* PREUSS, *Katastematic, op. cit.*, pp. 166, 251: "(...) continuous without intermission or repetition. (...) Continuous pleasures are not kinetic, which are intermittent in their nature, but katastematic. Katastematic pleasure differs from kinetic pleasure in being continuous rather than intermittent"; "With katastematic pleasure, because it is continuous pleasure, there isn't the post-enjoyment period there is with kinetic pleasure and, therefore, not a time after the pleasure which might be different in consequence of having enjoyed the pleasure. If there are any consequences of katastematic pleasure they would have to be contemporaneous".

2390 EPICURO, *Máxima Capital* VII, en VARA, *op. cit.*, p. 94: "si la vida de tales individuos es segura lograron el bien congénito a la propia Naturaleza"; *cf.* STECKEL, *Einheit, op. cit.*, p. 28.

Ese estado, de tipo atómico[2391], al igual que el alma misma, es capaz de trascender su propio punto de partida, el cuerpo burdo inseparable de la psique, para dotarse de contenidos y reflexiones aún más gozosos.

En este sentido, juegan un papel importante tanto los recuerdos (como mirada mental al pasado) y las esperanzas o anticipaciones (como mirada mental al futuro) fundadas[2392] en experiencias verificadas[2393], sin perder por ello un ápice de materialismo y rechazo de la superstición y sin negar la bondad, aun menor, de los placeres excitantes mentales o corporales o la pura necesidad del placer calmante cárnico. Por ello Mewaldt sostiene que ese placer superior tiene un fundamento interno, espiritual, en un sentimiento vital, en el yo existente y dotado de todo lo necesario, capaz de estabilizar el contento pasajero[2394]. Mondolfo, desde punto de vista semejante, apunta que nos hallamos ante:

2391 *cf.* LONG, *Filosofía helenística, op. cit.*, pp. 70–71: "El uso que Epicuro hace de la palabra placer para describir la condición de aquellos que gozan de salud física o mental no es, por tanto, puramente arbitrario. En términos físicos este placer es un concomitante del movimiento *apropiado* y de la colocación de los átomos en el interior del cuerpo. Si éstos son perturbados, sobreviene el dolor. En otras palabras, el dolor es ruptura de la constitución natural. Se experimenta placer cuando los átomos son restaurados en su posición apropiada en el cuerpo (Lucrec., II, 963–8). La idea de que el dolor es una perturbación del estado natural no fue invención de Epicuro. La hallamos en el *Filebo* de Platón (...) El placer 'estático' sigue a la completa satisfacción del deseo. El deseo surge de un sentido de necesidad; el dolor, de carecer de algo. A fin de eliminar este dolor, el deseo ha de ser satisfecho, y la satisfacción del deseo es placentera. El placer 'cinético' es, por tanto, o al menos así lo considero, una condición necesaria de un cierto placer 'estático', mas no es tomado por Epicuro como un equivalente al placer 'estático'. Pues si la liberación del dolor es el placer mayor, habríamos de satisfacer nuestros deseos, no buscando las sensaciones placenteras que acompañan al comer, al beber y demás, sino por causa del estado de bienestar que resulta cuando ha sido eliminado todo dolor debido al deseo".

2392 CICERÓN, *Disputaciones tusculanas*, V, 33, 95–96, en MEDINA, *op. cit.*, pp. 443–444, ya citado.

2393 *cf.* WARREN, "Future", en SEDLEY, *op. cit.*, pp. 135–79 y más concretamente p. 178: "in order to secure the possibility of anticipating and recollecting pleasures, the wise man must still go out and plan to experience those pleasures when they are presently available. Anticipation and recollection do not absolve the Epicurean from needing to plan ahead in order to secure present pleasures. On the contrary, only if he successfully arranges his life in order to experience pleasures as and when they are in fact available will he be able to recollect them later and anticipate them before they occur".

2394 MEWALDT, Johannes, *Die geistige Einheit Epikurs* [Vortrag, gehalten anläßlich der 3. Jahresversammlung der Königsberger Gelehrten Gesellschaft am 9. Januar 1927], Halle, Niemeyer, 1927, pp. 1–2, 4: "Eine andere geistige Form, aber wiederum von strenger Geschlossenheit, hat der Hellene geschaffen, dessen Gedanken in ihrer Einheit wir heute nachdenken und verlebendigen wollen: Epikur. (...) Welches ist nun jene strenge Einheit der Geistes-und Lebensform Epikurs? Von welchem "ese sosegado placer en reposo (...) que el sabio puede siempre renovar en sí mismo, en esa interioridad cuyo dominio ejerce por completo, substrayéndose de la servidumbre a las condiciones exteriores. Esto se obtiene con la discriminación de los deseos (que Epicuro recoge de Platón y de Aristóteles) y con la alegría espiritual del recuerdo de los bienes gozados, que el sabio sabe renovar también en medio de los dolores físicos y con la contemplación de las verdades inmortales que (como lo había ya dicho Aristóteles) hace al hombre semejante a un Dios, puesto que al vivir rodeado de bienes inmortales su vida deja ya de asemejarse a la de un mortal"[2395].

A este respecto tiene gran importancia lo psicológico, o cognitivo-conciencial[2396], para la εὐδαιμονία y la ἡδονή supremas, según han destacado

Punkte aus können wir sie erfassen? Die Geschlossenheit in der geistigen Form Epikurs ergibt sich aus dem ganz unmittelbaren Lebensgefühl, das ihn ganz erfüllt und um das all sein Philosophieren kreist. Es ist jene Stimmung, da wir in ruhiger Klarheit und innerster stiller Freudigkeit unser Dasein selbst als einen Genuß empfinden und als einen solchen Genuß auskosten. Ein solches Lebensgefühl ist für Epikur der Zweck und einzige Sinn des Daseins. Diese Glückseligkeit, diese εὐδαιμονία, ist der Brennpunkt, in den alle Strahlen seines Systems zusammenlaufen. Eudaimonie und Leben sind für ihn identisch. Aber während den allermeisten Menschen jener Zustand ruhevoller Heiterkeit nur in seltenen Stunden, vielleicht ungeahnt, zuteil wird, unternimmt es Epikur, ihn zu einem dauernden zu machen, indem er ihn den Zufälligkeiten entreißt und auf den festen Boden eines ganzen philosophischen Systems stellt. [...] Das Ich, um das Epikurs Denken kreist, trägt nun alle Gewähr in sich, die Glückseligkeit zu gewinnen: denn es ist einheitlich gebildet. Wie der ganze sichtbare Kosmos aus Atomen und Raum entstand, so besteht auch jedes Einzelding in ihm aus diesen beiden Urprinzipien".

2395 MONDOLFO, *Conciencia moral, op. cit*, p. 37.

2396 MITSIS, Phillip, "Epicurus", en CRISP, *op. cit.*, pp. 73–92, concretamente, p. 90: "[h]olding the right belief feels pleasurable. It is not just that the Epicurean maintains various cognitive attitudes to the world that cause pleasure, but that such attitudes themselves are united and justified by a particular sort of pleasurable feel. Of course, the Cyrenaics would find such pleasurable attitudinal states too far removed from the 'hot' affective bodily ones that they favour. But to the extent that there are katastematic mental states that are pleasurable, one possible way of understanding them is to view them as occurrent attitudinal states that are themselves pleasurable, or as Cicero writes, that we enjoy or take pleasure in. That is, such states are not just purely cognitive, but have a particular feel that makes them pleasurable to hold. Indeed, the Epicurean thinks that such katastematic states are so pleasurable that everything else that people value in life pales before them".

García Gual y Acosta[2397], Gosling y Taylor[2398], Hans Krämer[2399], Julia Annas[2400] o Preuss[2401]. No obstante, consideramos que esta visión debe quedar matizada por

---

2397 *cf.* GARCÍA GUAL, ACOSTA MÉNDEZ, *op. cit.*, p. 77: "El placer de Epicuro no es, sin embargo, más que subjetivo; su verdad no depende más que del sentimiento individual; es el placer de un filósofo que no pretende cambiar el orden social, sino que renuncia al ágora y se refugia en su jardín".

2398 *cf.* GOSLING, TAYLOR, *Greeks on Pleasure, op. cit.*, p. 404: "(...) pleasure is consciousness that one's psycho-physical structure is operating as it should, or (equivalently) in a way appropriate to it, while pain is consciousness that it is being forced to operate in a way alien to it. This view helps to explain the distinction between kinetic and katastematic pleasure and the prima facie puzzling doctrine that the highest pleasure (i.e. katastematic pleasure) is simply absence of pain. The organism may be said to be functioning appropriately under two sets of conditions, firstly when it is in a state of total equilibrium, every part functioning perfectly, and secondly when, that state of equilibrium having been lost (e.g. by nutritional deficiency, of which the consciousness is the distress of hunger), those parts of the organism whose function is to remedy the deficiency do their job properly. In the first place we have katastematic pleasure, in the second kinetic. It is now clear why the former should be valued above the latter, and perhaps less surprising that the highest form of pleasure should be identified with freedom from bodily pain and distress of mind (*Letter to Menoeceus*, DL X.131). If, as we have suggested, for 'pain and distress' we have to read 'consciousness of improper functioning', the doctrine that the highest pleasure is freedom from pain and distress becomes the doctrine that the highest pleasure is freedom from consciousness of improper functioning".

2399 *cf.* KRÄMER, Hans Joachim, "Epikur und die hedonistische Tradition", en *Glück und Lebenserfüllung. Heft Württembergischer Verein der Freunde des humanistischen Gymnasiums*, Verein für die Pflege humanistischen Bildungsgutes, Stuttgart, n° 3, 1980, pp. 65–109, especialmente pp. 65–67, sobre el hedonismo psicológico.

2400 *cf.* ANNAS, *Happiness, op. cit.*, p. 347: "So happiness is, on reflection, radically internalized. It depends on what one does—one cannot achieve Epicurean happiness by engaging in any old course of action—but happiness itself is not constituted by one's activities, but by what could be called one's attitude to or point of view on those activities. We should recall here that there were two levels of being an Epicurean: some lived in Garden communities like Epicurus, while others tried to lead a distinctively Epicurean life while engaged in standard personal and civic activities. This makes perfect sense if we stress the point that Epicurean happiness depends on attaining an inner attitude to one's activities, whatever they are. One is more likely to attain that attitude living in a supportive, non-competitive community; but some people are, by the conditions of their life, unable to make that commitment. Still, although their chances of attaining the right kind of pleasure are smaller, there is no reason in principle why they should be debarred from achieving it, or at least getting some way towards it".

2401 *cf.* PREUSS, *Katastematic, op. cit.*, pp. 113–114: "There is a further feature about the nature of pleasure and pain as primordial evaluative acts of consciousness which we must now consider. Consciousness is reflexive. I not only see something, but I am also aware that I see something; and I not only evaluate something, but am la materialidad atómica del placer, que, como indican Reimar Müller[2402] y Horst Steckel[2403], tiene un fundamento objetivo.

Con todo, la superioridad absoluta del placer calmante psíquico como indolencia y paz permite comprender la tesis epicúrea de que un sabio, aun torturado, es plenamente feliz, la cual se nos ha transmitido usualmente con la mención al broncíneo instrumento de tortura llamado toro de Falaris, tirano siciliano, e inventado por Perilo, quien lo sufrió fatalmente. Cicerón lo menciona varias veces en las *Tusculanas*[2404].

---

also aware that I evaluate something. Self-consciousness, like consciousness, is both cognitive and evaluative. That is why the awareness of pleasure, of the conscious act of positive evaluation, is itself pleasurable, why pleasure is not just the evaluation of something as good, but is itself something good. And similarly pain is not just the evaluation of something as bad, but is itself something bad. Because pleasure and pain are not only evaluations, but are themselves good and bad, they may themselves become the intended goal of our acts. Thus I may do something not so much because I naturally evaluate it as good in the first evaluative act of consciousness, but because of the reflexive evaluation of self-consciousness"; *cf.* PLUTARCO, *Imposibilidad*, 1091A, en MARTOS MONTIEL, *op. cit.*, p. 175: "lo que produce un júbilo insuperable", dice, "es el contraste con un gran mal que se ha evitado; y ésta es la naturaleza del bien, si uno sabe captarlo correctamente y luego mantenerse firme en ello, y no pasear parloteando vanamente sobre el bien"; *cf.* USENER, *Epicurea*, *op. cit.*, p. 283, frags. 423 y ss.

2402 MÜLLER, *Ethik*, *op. cit.*, p. 69:" Wichtig ist der materielle und damit objektive Charakter von Lust und Schmerz. Diese bezeichnen nicht nur eine Empfindung, die einen Zustand anzeigt, sondern auch diesen Zustand selbst als objektive Realität".

2403 *cf.* STECKEL, *Einheit*, *op. cit.*, pp. 79 y ss., 96 y ss.

2404 *cf.* CICERÓN, *Disputaciones tusculanas*, II, 7, 17, V, 10, 31, V, 26, 73–74, en MEDINA, *op. cit.*, pp. 218–219, 406 y 431–432: "¿Pero quién hay que pueda tener una certeza semejante? En cuanto a Epicuro, se expresa de una manera que a mí me da la impresión de que quiere provocar la risa. Hay un pasaje en el que afirma que, si se quema o tortura a un sabio —tú esperas quizá que diga: 'lo sufrirá, lo soportará, no sucumbirá'; eso sería un gran elogio, por Hércules, y digno del mismo Hércules por el que he jurado—, pero a Epicuro, hombre aspero y duro, esto no le es suficiente. Si estuviera dentro del toro de Falaris, el sabio dirá: '¡Qué gran placer, cuán indiferente me es este tormento!'. ¿Un gran placer, dices? ¿Es demasiado poco decir 'no amargo'? Ni siquiera quienes niegan que el dolor es un mal llegan a decir que para alguien es un placer ser torturado; dicen que es algo cruel, penoso, odioso y contrario a la naturaleza, pero desde luego no es un mal. Epicuro, que dice que el dolor es el único mal y el mayor de todos los males, opina que el sabio dirá que es placentero"; [...] "(...) Epicuro se eleva; también a él le parece, si los dioses lo quieren así, que el sabio es siempre feliz. Se deja seducir por la nobleza de esta idea, pero, si se escuchara a sí mismo, nunca diría eso. ¿Hay en realidad contradicción mayor que afirmar que el dolor es el mayor o único mal y creer al mismo tiempo que el sabio, en el momento en que esté atormentado por el dolor, dirá: '¡Qué agradable es esto!'. Por consiguiente, los filósofos no deben ser juzgados por sus afirmacions aisladas, sino por la continuidad y coherencia de su pensamiento"; [...]

Pese a que esta afirmación pueda resultar contradictoria o, al menos, paradójica, es perfectamente consistente con su doctrina, como bien indica García Gual:

> "'Confrontado el sabio a la necesidad sabe más dar que tomar para sí; tal es el tesoro de autosuficiencia que ha obtenido' (SV 44). El recuerdo de los momentos felices del pasado le sirve para contrarrestar los dolores agudos del presente. Epicuro llega al paradójico aserto de que 'incluso en la tortura el sabio será feliz' —afirmación que coincide con lo que aseguraban los estoicos, pero con distinta base. Epicuro no niega la realidad del dolor corporal, ni recomienda una pose heroica, ya que el sabio 'al ser torturado, grita y aúlla de dolor' (D.L. X, 118). Pero aunque su carne responda con vibrante queja al dolor físico, su inteligencia lo contrarresta con una evocación placentera"[2405].

"Pero tiene gracia que sea a Epicuro, que sólo lleva puesta la máscara de filósofo y que se ha dado a sí mismo este nombre, a quien le esté permitido afirmar – afirmación sin duda que, considerada en sí misma, cuenta con mi aprobación – que para el sabio no hay momento alguno, aunque sea quemado, torturado y mutilado, en que no pueda exclamar: ¡Qué gran nadería considero todo esto! Precisamente él que mide el mal por el dolor y el bien por el placer, que se mofa de nuestros conceptos de bien moral y bajeza moral, que dice que nosotros, seducidos por los conceptos, prodigamos sonidos vacíos de contenido y que nada nos afecta sino lo que se experimenta en el cuerpo como suave o áspero. ¿Es que a este hombre, cuyo juicio, como he dicho, no difiere mucho del de las bestias, se le va a permitir olvidarse de sí mismo y despreciar la fortuna, precisamente cuando él pone todo bien y todo mal en manos de la fortuna, y va a poder decir que él es feliz en medio de la tortura y los tormentos más extremos, aunque él ha establecido que el dolor no es sólo el mayor mal, sino el único mal? Pero es que tampoco se ha procurado él los remedios para soportar el dolor, como la firmeza del ánimo, la vergüenza que la bajeza moral produce, el ejercicio y el hábito en el soportar, los preceptos de la fortaleza, la dureza viril, sino que dice que para hallar la paz le basta con el recuerdo de los placeres pasados, como si uno que está sofocado, al no conseguir soportar fácilmente la violencia del calor, quisiera recordar que él, en una ocasión, en mi finca de Arpino había estado rodeado por cursos de agua fría. Yo no veo de qué modo los placeres pasados pueden calmar los males presentes"; *cf.* USENER, *Epicurea, op. cit.*, p. 338, frg. 601 y ss.

2405 GARCÍA GUAL, *Epicuro, op. cit.*, pp. 194–195.

De modo muy semejante se expresa al respecto Brochard[2406], que señala el placer intramental rememoratorio o anticipatorio[2407], que nosotros hemos tratado como modos terapéuticos. En cambio, Annas[2408] insiste en la plenitud más independiente de episodios concretos, dolorosos o placenteros, así como en la satisfacción de los deseos correctos, naturales y necesarios, en una vida propuesta como completitud.

2406 *cf.* BROCHARD, Victor, "Plaisir", en *op. cit.*, pp. 252–293, concretamente, pp. 283 y 284: " Elle [l'âme] devient maîtresse de sa destinée, et elle peut, grâce à cette puissance d'évocation ou par ce que nous appellerions aujourd'hui une auto-suggestion, mêler aux données actuelles de la vie sensible les réminiscences de la vie passée ou les anticipations d'une vie à venir. Ces souvenirs et ces espérances ont pour elle autant de réalité que les sensations provoquées par les choses extérieures. Tels sont les véritables plaisirs de l'âme. Comme on le voit, ils sont toujours de même nature que le plaisir précédemment défini, ils sont corporels par essence et par origine, ils ne sont des plaisirs de l'âme que la position qu'ils occupent dans le temps, et par l'acte de volonté qui les choisit et les actualise. Par la direction qu'elle donne à ses pensées, par le choix qu'elle fait de ses représentations, l'âme est donc véritablement l'ouvrière de sa propre félicité"; [...] "Le sage peut même aller plus loin. Les souvenirs évoqués par l'âme peuvent non seulement se mêler et se substituer aux données actuelles des sens, mais encore, s'ils entrent en conflit avec elles, l'adhésion que la volonté leur donne peut être assez forte pour vaincre et même annihiler les sensations présentes".

2407 *cf.* WARREN, "Future", en SEDLEY, *op. cit.*, pp. 135–79 y más concretamente pp. 176–177: "It may perhaps be thought that these two claims about the function of confidence in future goods may be in tension. On the one hand, the Epicureans are counselling us to look always to the greatest future pleasure and take care to have a long-term view in matters of decision-making. On the other hand, the techniques of recollection and anticipation seem to make it irrelevant just when these past and future objects of pleasure are located. The temporal dimension can easily be bridged by thought".

2408 *cf.* ANNAS, *Happiness, op. cit.*, p. 349: "It is only in the light of this radical internalization of happiness that we can understand Epicurus' thesis that the wise person will be happy even when tortured on the rack, although he will, if so tortured, scream and groan. Many have found this unjustified at best, paradoxical at worst. How can an ethical theory which tells us that our final end is pleasure, and which, moreover, has some pretensions to be empiricist, and to begin from and depend on common sense, possibly commit itself to so counter-intuitive a thesis? Not only is it odd for a hedonist to admit that one can be happy on the rack, it is even odder for a hedonist to admit that this can be accompanied by extreme pain, and by the normal reactions to pain. But Epicurus' response to this is obvious by now. The right kind of hedonist does not have her mind on particular episodes of pain and pleasure, but on achieving the state that results from fulfilling only the right kind of desires. This will involve rational thought and planning over one's life as a whole, perhaps at the expense of certain intense episodes. Thus the thesis that the wise person can be happy on the rack is just a logical extension of the point that sometimes, in our search for *ataraxia*, we pass over some pleasures and accept some pains".

Como fundamento de esta tesis, que no sólo es pensada sino también vivida, podemos aducir todavía el siguiente pasaje que protagoniza Epicuro mismo: "Cuando ya se estaba muriendo, escribe a Idomeneo esta carta:

> "Al tiempo que pasa este feliz y a la vez último día de mi vida te escribo estas líneas. Me siguen acompañando los dolores de la vejiga y del vientre, que no disminuyen el rigor extremo de sus embates. Pero contra todos ellos se despliega el gozo del alma, fundado en el recuerdo de las conversaciones que hemos tenido"[2409].

Es importante hacerse cargo del significado de la litiasis renal o cálculos que, según parece, condujeron a la muerte de Epicuro. No se trata de un ejercicio de paleomedicina sino de dejar constancia de los padecimientos físicos que esta dolencia lleva aparejados. Así, algunos síntomas asociados a esta patología son el dolor lumbar, la hematuria, las infecciones de orina, así como las infecciones de las vías urinarias y los cólicos nefríticos. Se produce, pues, una obstrucción de la salida de la orina del riñón, así como un dolor muy intenso. Todo ello puede derivar en nefritis, en oliguria, poliuria y, en último término, anuria, vinculadas con la insuficiencia renal aguda o fallo renal, el cual, en último término, cursa con hiponatremia (escasez de sodio), hipercalcemia, acidosis, pérdida del equilibrio ácido-base, anemia, hipertensión moderada, arritmias, náuseas, vómitos, malnutrición (proteinuria, etc.), gastritis, sangrado gastrointestinal, estomatitis, gingivitis, pancreatitis. Puede darse también el síndrome urémico, de pésimo pronóstico, con el que aparecen trastornos neurosiquiátricos como letargia, confusión, estupor, agitación, psicosis, síndrome de piernas inquietas y convulsiones.

Pese a todo, Epicuro se sabe y se siente calmo, gozoso y complacido, se halla en una estabilización psíquica en el placer pero lo hace de modo activo, en un aquietamiento bienaventurado.

En esa quietud epicúrea resuena Aristóteles, ya sea de modo directo o indirecto, como apunta Brochard[2410], que remite a Schiller[2411] para explicar la divina actividad de

---

2409 DIÓGENES LAERCIO, *Vidas y opiniones de los filósofos ilustres*, X, 22, en GARCÍA GUAL, *op. cit.*, pp. 519–520.

2410 BROCHARD, "Plaisir", en *op. cit.*, pp. 252–293, especialmente pp. 266–267.

2411 SCHILLER F. C. S., "Sur la conception de l'ἐνέργεια ἀκινησίας", en *Bibliothèque du Congrès International de Philosophie, vol. IV: Histoire de la Philosophie*, Paris, Librarie Armand Colin, 1902, pp. 189–209.

la inmovilidad formulada por el Estagirita[2412], anotada por el comentarista Gauthier[2413].

2412 ARISTÓTELES, *Ética nicomáquea*, VII, sec. 14, 1054b 16–28, en LLEDÓ, PALLÍ BONET, *op. cit.*, p. 320–321: "No hay nada que nos sea siempre agradable, porque nuestra naturaleza no es simple sino que en nosotros hay algo también diferente en virtud de lo cual somos perecederos; de suerte que si una parte de nuestra naturaleza hace algo, esto va contra la otra parte de nuestra naturaleza, y cuando hay un equilibrio, su actuación no nos parece ni dolorosa ni agradable. Si la naturaleza de alguien fuera simple, la misma actividad sería siempre la más agradable. Por eso, Dios se goza siempre en un solo placer y simple, pues no sólo existe una actividad del movimiento sino también de la inmovilidad y el placer reside más en la quietud que en el movimiento (οὐ γὰρ μόνον κινήσεώς ἐστιν ἐνέργεια ἀλλὰ καὶ ἀκινησίας, καὶ ἡδονὴ μᾶλλον ἐν ἠρεμίᾳ ἐστὶν ἢ ἐν κινήσει.)"; *cf.*, sobre la importancia de la estabilidad o ausencia de cambio, también en el plano mental, ARISTÓTELES, *Ética eudemia*, I, cap. 8, 1218a, II, cap. 4, 1222a, en LLEDÓ, PALLÍ BONET, *op. cit.*, pp. 426–427 y 442, respectivamente: "[para mostrar la naturaleza del bien] se debe partir de cosas que se admite que son buenas, por ejemplo, la salud, la fuerza, la moderación, para demostrar que la belleza se encuentra más en los seres que no cambian, porque todos estos bienes son orden y descanso; y si esto es así, las cosas inmutables son buenas en un grado mayor, ya que poseen con preferencia estas cualidades"; [...] "todos los hombres definen espontáneamente las virtudes como impasibilidad o serenidad (ἀπάθειαν καὶ ἠρεμίαν) respecto de los placeres y los dolores, y los vicios, por las relaciones contrarias".

2413 ARISTÓTELES [*Ética nicomáquea*, VII, sec. 14, 1054b 16–28], GAUTHIER René A., JOLIF, Jean Yves, *L'éthique à Nicomaque. Introduction, traduction et commentaire, t. 2, 2 part.*, Louvain, Publ. Univ. de Louvain, 1970, p. 815: "Aristote y exprime en une formule saisissante une des conceptions centrales de sa métaphysique. Déjà Platon avait souligné que, s'il est un écueil que doit éviter une philosophie de l'être, c'est de faire de l'Être une chose inerte: 'Au nom de Zeus! qu'est-ce à dire? Nous laisserons-nous facilement persuader que mouvement, vie, âme, pensée, ne sont pas authentiquement présents dans ce qui a l'absolue totalité d'existence; que cela ne vit même pas, ne pense pas non plus, mais que, au contraire, auguste et saint, il est en plant dans son immobilité?' (*Sophiste*, 248 e - 249 a; trad. Robin). C'est cet écueil qu'Aristote entend éviter en distinguant une double activité, l'activité transitive qui est mouvement et l'activité immanente qui est immobilité (*cf. Mét.*, Θ, 6, 1048 b 18–35, et 8, 1050 a 23 - b 2, avec le commentaire de J. Tricot). Mais l'immobilité de l'activité immanente n'est pas la cessation du mouvement, elle est bien plutôt le ramassement en un instant, ou mieux, hors du temps, de toute la réalité que le mouvement éparpille au cours du temps et ne possède à aucun moment tout entière; si donc elle est immobilité, ce n'est pas en niant le mouvement, mais bien plutôt en le portant à une intensité telle qu'il se concentre et se fixe en un point. C'est en ce sens que Dieu est activité. (...) 'et le plaisir consiste plus dans la stabilité que dans le mouvement'. C'est la réponse définitive d'Aristote à la théorie du plaisir-mouvement, inventée par Aristippe pour exalter le plaisir au nom de la vie qui est mouvement, et acceptée avec empressement par Platon et Speusippe pour combattre le plaisir au nom de l'Être qui est réalité stable. Le plaisir n'est pas mouvement, il est 'stabilité', ηρεμια; comme y insiste justement

Igualmente remiten Merlan[2414] y Long[2415], alusivamente, a este vínculo que Skemp[2416]

P. C. S. Schiller, art. cit., p. 196, n. 2, il faut éviter de traduire ηρεμία par 'repos', qui évoque pour nous l'idée d' 'inactivité', alors que la 'stabilité' du plaisir est la forme la plus haute d'activité; le mot signifie 'le maintien fixe et sans effort d'un équilibre parfait', plus encore, il signifie cette condensation hors du temps de toute la réalité du mouvement qu'est l'activité d'immobilité. Dire que le plaisir est stabilité, ce n'est donc pas dire qu'il est inertie, c'est dire au contraire qu'il est plus mouvement que le mouvement même puisqu'il est du mouvement concentré hors du temps et par là rendu capable d'éternité".

2414 MERLAN, " Müssige Götter", en *op. cit.*, pp. 485–498, concretamente p. 498: "Seine Götter haben Einfluß auf menschliche Angelegenheiten nur insoferne, als sich Menschen von ihnen richtige oder falsche Vorstellungen bilden können. Tun sie das letztere, so werden die Götter – Epikur sollte sagen: unsere Vorstellungen von den Göttern; er sagt es aber nicht – Quelle menschlichen Elends. Tun sie das erstere, so werden die Götter – Epikur sollte sagen: unsere Vorstellungen von den Göttern, er sagt es aber nicht – zur Quelle reinster Freude, die uns die Betrachtung ihrer Vollkommenheit verschafft. Wir verehren sie, weil sie sich nicht um uns kümmern. Sie sind nicht länger, wie die Götter des Aristoteles, Gegenstand des liebenden Verlangens; wohl aber sind sie Gegenstand bewundernder Betrachtung. Im wesentlichen sind aber die Götter des Aristoteles und Epikurs müßige Götter - oder wenn man so will, Götter im Ruhestand"; *cf.* también MERLAN, "Ἡδονή", en *op. cit.*, pp. 1–39, especialmente 21–24.

2415 LONG, *Filosofía helenística, op. cit.*, pp. 68–69: "Es sumamente probable que Epicuro estuviera familiarizado con ciertas ideas que expone Platón en el *Filebo*, y puede ser que también haya sido influido por algunas nociones aristotélicas, especialmente por la distinción entre placer 'en movimiento' y placer 'en reposo' (*E.N.*, 1154 b 28). La gran diferencia entre Platón y Aristóteles, por una parte, y Epicuro por la otra, gira en torno a la relación que establecen entre la felicidad y el placer. Los tres filósofos se han ocupado en sus éticas por especificar las condiciones necesarias de la felicidad, mas solamente Epicuro identifica a la felicidad con una vida colmada de placer. Ciertos placeres son buenos para Platón y Aristóteles, y contribuyen a la felicidad; otros son nocivos. Para Epicuro ningún placer, de por sí, puede ser sino un bien, dado que bien significa lo que es o causa placer. El principal constituyente de la felicidad para Platón y Aristóteles es la virtud, excelencia del 'alma', que se manifiesta ella misma en el ejercicio de aquellas actividades adecuadas a cada facultad de la personalidad y en la acción moral. (...) Mas, según Epicuro, la virtud es necesaria para la felicidad, no como ingrediente esencial, sino como medio para su logro. Esta es la diferencia más importante entre Epicuro y sus mayores predecesores".

2416 SKEMP Joseph Bright, "The activity of immobiliy", en AUBENQUE, Pierre (ed.), *Études sur la Métaphysique d'Aristote*, Paris, Vrin, 1979, pp. 229–246, concretamente p. 245: "in ethics, εὐδαιμονία is seen to have a quality of freedom from change as far as possible (*cf.* Epicurus's καταστηματική ἡδονή) either in contemplation, or in the ἀκινησία described in the passage which gave this paper its title (*EN* VII, 1154b27)".

también conecta, aunque más bien de modo sugestivo, con Epicuro, mientras Acosta[2417] y Méndez Lloret[2418] son más explícitos al respecto.

Una actividad y estado de tal cariz tiene unas significativas notas de redondez o completitud[2419] bien lograda, que, en nuestra opinión, se preservan incluso si se da un

---

2417 ACOSTA MÉNDEZ, *Estudios*, *op. cit.*, pp. 38–64, especialmente pp. 41–44.

2418 MÉNDEZ LLORET, Isabel, "La concepción aristotélica de la divinidad: el 'Perì philosophías' a 'Metafisica XII': teología cósmica y motores inmóviles", en *Daimon: Revista de Filosofía*, nº 6, 1993, pp. 23–40, concretamente pp. 34 y p. 39 (n. 47): "Este entendimiento que se intelige es un viviente, 'pues el acto del entendimiento es vida'(*Met.* XII 7, 1072 b 27), es enérgeia, acto puro. Por ser esta su sustancia goza de una vida nobilísima y eterna (*Met.* XII 7, 1072 b 27–29), que es la forma de vida más agradable y *placentera* que se pueda gozar, porque es autocontemplación (theoria) de lo que es más noble por sí, la intelección pura (Met. XII 7, 1072 b 24 y 16). Por eso Aristóteles predica de este acto puro la impasibilidad e inalterabilidad (*apathés kai analloíoton*) que lo convierten en modelo para nosotros y en premisa para el despliegue de la teología epicúrea [...] De todo lo dicho resulta evidente que la concepción epicúrea de la divinidad – aún en el desconocimiento por Epicuro y los epicúreos de los tratados aristotélicos, esto es, de Met. XII – podía derivarse de Aristóteles, como ha argumentado muy plausivamente Merlan ('Aristóteles und Epikurs müssige Götter', *Zeitschrift für Philosophische Forschung* XXI (1967), pp. 485–498), pues en el divulgadísimo *Perì philosophías* encontraban todos los materiales: divinidad plural, impasible, feliz, desvinculada del mundo de la periferia. Sólo necesitaban añadir la corporeidad y privarles del papel teleológico de motores para que la misma pluralidad de mundos se estableciera junto con el total ocio de los dioses en los *intermundia*".

2419 NUSSBAUM, Martha, "Review Essay: *Epicurus' Ethical Theory: The Pleasures of Invulnerability*", *Philosophy and Phenomenological Research*, vol. 51, nº 3, Sept. 1991, pp. 677–687, concretamente pp. 679–680: "if Epicurus aims to give people good lives by making them selfsufficient, he must establish that the life he gives them is not only selfsufficient, but also really good. As Mitsis shows, it is a deep part of Greek ethical belief that eudaimonia, the good life for a human being, must be *complete*—must, that is, include everything that has intrinsic worth, everything without which a reasonable person will judge the life to be impoverished, lacking in value. And this leads to a complex balancing act. It is one thing for Epicurus to argue that certain items that render life less selfsufficient are also unnecessary for completeness"; *cf.* también ANNAS, "Epicurus on pleasure and happiness", en YU, *op. cit.*, pp. 75–90, publicado inicialmente como artículo en *Philosophical Topics*, vol. 15 nº 2, pp. 5–21, citamos por el primero; pp. 76–77: "But in every major Hellenistic theory we find completeness as an explicit formal requirement for our final good. (...) This is, after all, not surprising; completeness is going to be the crucial notion, and especially for Epicurus. That we do aim at pleasure and that in so doing we are not aiming at anything further, is just common sense. But that pleasure is our final good is far from common sense; intuitively it is false. Could pleasure be our all-encompassing good, the good such that all our other aims are means to or parts of it?"; ANNAS, *Happiness*, *op. cit.*, p. 347: "Epicurus has taken great pains to preserve the idea that the happy life is complete; but he corte abrupto de la vida misma, dado que en los pasos conducentes a la consecución de un objetivo más o menos distante se estiman también como más placenteros que dolorosos. Desde la vida plena, hedonista pero prudente, Epicuro se muestra como un hombre divino, como un dios entre hombres[2420], como aquel que está libre del dolor físico y expedito del psíquico, sabio. Un hombre así "es uno consigo mismo (se reconoce como fin de sus acciones) porque en sus relaciones con el mundo no admite lo diferente sino sólo lo semejante"[2421]. Sin temor de los dioses y de la muerte, es capaz de gozar lo bueno y soportar lo malo alcanzando la culminación del placer catastemático mental o del cuerpo sutil que se cifra en la ἀταραξία o γαληνισμός.

has radically shifted the application of completeness. If we are happy by achieving a condition of ataraxia, then our happiness resides not in what we actually do or produce, but in our condition of being untroubled about it. There is this much to ancient criticisms that for Epicurus our final end is too passive; it is located not in what we actually do, but in how we feel about what we do". Annas remite a un interesante artículo de ROSENBAUM, Stephen E., "Epicurus on Pleasure and the Complete Life", en *The Monist: an international quarterly journal of general philosophical inquiry*, 73, 1990, vol. 1, pp. 21–41, concretamentente p. 37: "(...) the Epicurean view of the significance of projects for human life lies in the way they may or may not engage the natural capacities of the human, not in their completion. Completeness thus lies in a certain time-independent quality of one's activities, not in whether the activities produce specific (future) results. If one's natural capacities are engaged by the projects one adopts, and one pursues those projects without desires which can interrupt engagement in those projects, then one has katastematic pleasure. No passage of time is required to bring about such engagement. It is not that the completion of projects in the future is unimportant, but rather that being unimpededly engaged in the activity of completing them is the only essential aspect of their contribution to one's well-being".

2420 *cf.* EPICURO, *Carta a Meneceo*, 134, en VARA, *op. cit.*, p. 92: "practica día y noche estas enseñanzas y las afines a éstas contigo mismo y con el que sea igual que tú, y jamás, ni en la vida real ni en los sueños, estarás preocupado, sino que vivirás como un dios entre los hombres. Pues no se parece nada a un ser que tiene una vida mortal el hombre que vive en medio de bienes inmortales".

2421 MÉNDEZ LLORET, "Doctrina", en *op. cit.*, pp. 143–172, concretamente, p. 159.

5.3.4. Galene: mar en calma como objetivo final

En este lugar debemos referirnos a un término empleado por Demócrito[2422], quien sí produjo un corpus de doctrina moral[2423] y cuyo influjo sobre las doctrinas éticas epicúreas ya observó Natorp[2424] y destaca, en demasía, Warren[2425].

Es legítimo apostillar que el mismo vocablo lo reporta Eugenio de Cesarea como vinculado a Aristipo, en una postura que sí establece una tripartición entre dolor, ausencia de dolor y placer como estado positivo[2426].

2422 LEUCIPO Y DEMÓCRITO, frags. 704 y 504, en PORATTI, *op. cit.*, pp. 368, 267 y 370, citas de DK 68 A 1, Diógenes Laercio, IX, 45 y Eliano, *De Natura Animalium*, XII, 17 y DK 68 A 16, Cicerón, *De finibus*, V, 29, 87, respectivamente: "El fin (supremo) es el buen ánimo (εὐθυμίαν), que no se identifica con el placer (τῆι ἡδονῆι), como suponían algunos que entendieron mal, sino que es el estado en que el alma está serena (εὐσταθῶς) y equilibrada (γαληνῶς), porque no la perturba ningún temor (ταραττομένη), ni el miedo a los dioses (δεισιδαιμονίας), ni ninguna otra afección. También lo llama 'bienestar' (εὐεστὼ) y le otorga muchos otros nombres"; [...] "(...) viento septentrional, el embrión se hace más compacto, casi no se mueve ni está como agitado por las olas, sino en un mar calmo y reposado (ἄκλυστον καὶ ἐν γαλήνηι ὄν)"; [...] *cf.* "[p]or eso llama buen ánimo al sumo bien, y también a veces intrepidez (εὐθυμίαν *et saepe* ἀθαμβίαν)".

2423 *cf.* VLASTOS, G., "Ethics and physics in Democritus", en FURLEY David y ALLEN, Reginald, (eds.), *Studies in Presocratic Philosophy* (Volume 2: *Eleatics and Pluralists*), London, Routledge and Kegan Paul, 1975, pp. 381–408.

2424 NATORP, *Ethika*, *op. cit.*, p. 128 y ss., especialmente 132 y ss., p. 141: "eine uberraschend grosse Zahl von Uebereinstimmungen auch in Einzelheiten, die sowohl die Echtheit der Ueberlieferung der demokriteischen Ethik ausser Zweifel stellt als die starke Abhängigkeit des Epikuros von Demokritos auch in der Ethik beweist"; [...] "Die durchgängige Abhängigkeit des Epikuros, auch in der Ethik, von Demokritos dürfte erwiesen sein. Sie beweist sich fast deutlicher noch, wo er von ihm abweicht, als wo er mit ihm harmonirt. Die Uebereinstimmungen erstrecken sich immerhin zum Theil auf Sätze, die Epikuros nicht grade nur von Demokritos entlehnen konnte. Eben das vielmehr scheint mir vorzüglich beweisend, dass auch in der freisten Umbildung der Zusammenhang mit Demokritos stets erkennbar bleibt".

2425 *cf.* WARREN, James, *Epicurus and Democritean Ethics: An Archaeology of Ataraxia*, Cambridge (UK), Cambridge University Press, 2002.

2426 EVSEBIVS PAMPHILI CAESARIENSIS, *Praeparatio euangelica*, XIV, 21, 763d-764b, en GIFFORD, *op. cit.*, pp. 823–824: "And near akin to them would be the answers to be urged against those who follow Aristippus of Cyrene, in saying that only the feelings are conceptional (μόνα λέγοντας εἶναι τὰ πάθη καταληπτά). Now Aristippus was a companion of Socrates, and was the founder of the so-called Cyrenaic sect, from which Epicurus has taken occasion for his exposition of man's proper end. Aristippus was extremely luxurious in his mode of life, and fond of pleasure; he did not, however, openly discourse on the end, but virtually used to say that the substance of happiness lay in pleasures. For by always making pleasure the subject of his discourses he led those who attended him to suspect him of meaning that to live pleasantly was the end of man. (...) He quite plainly defined the end

El término en cuestión es γαλήνη. Con diversa forma pero idéntico valor, tiene en la obra conservada de Epicuro especial importancia tanto por su peso conceptual cuanto por su ubicación, al final de la *Carta a Heródoto.*

En efecto, γαλήνη aparece por primera vez en la *Odisea* de Homero[2427]; Pabón de Urbina la vierte como "sosiego" y Segalá, como "calma"[2428]; el significado general de esta voz griega remite, pues, a tranquilidad, quietud, paz o reposo, en especial referida al mar y al viento, es decir, a la placidez o bonanza, tal como consignan los lexicógrafos, añadiendo las notas de blancura reluciente. Así, Johann Scapula lo vierte al latín como "*tranquillitas maris*"[2429], siguiendo a Cicerón[2430], dado que *tranquillitas* y *tranquillus* (derivados de *quies*, reposo) tienen la misma carga semántica en latín.

Todo esto cabe relacionarlo con otra designación romana del mar en calma, a saber, *aequor*, derivado de *aequus* y emparentado con *aequitas* o equidad. *Aequor* equivale en su segunda acepción a la superficie horizontal, plana y bruñida del mar, a la llanura marina[2431], allanada al no ser movida por vendavales o tempestades.

---

to be the life of pleasure, ranking as pleasure that which lies in motion (ἡδονὴν ἐντάττων τὴν κατὰ κίνησιν). For he said that there are three states affecting our temperament: one, in which we feel pain, like a storm at sea; another (τῷ κατὰ θάλασσαν χειμῶνι), in which we feel pleasure, that may be likened to a gentle undulation (τῷ λείῳ κύματι), for pleasure is a gentle movement, comparable to a favourable breeze (λεῖαν κίνησιν τὴν ἡδονήν, οὐρίῳ παραβαλλομένην ἀνέμῳ); and the third is an intermediate state, in which we feel neither pain nor pleasure, which is similar to a calm (γαλήνῃ παραπλησίαν οὖσαν). So of these feelings only, he said, we have the sensation (τῶν παθῶν μόνων ἡμᾶς τὴν αἴσθησιν)".

2427 HOMERO, *Odisea*, canto V, v. 391; en FERNÁNDEZ-GALIANO, Manuel (intrd.), PABÓN, José Manuel, (trad.), Madrid, Gredos, 1993, p. 181.

2428 HOMERO, *Odisea*, V, v. 391, en SEGALÁ, *op. cit.*, p. 336.

2429 SCAPULA, *Lexicon, op. cit., s. u.*

2430 CICERÓN, *Disputaciones tusculanas*, V, 6, 16–17, en MEDINA, *op. cit.*, pp. 397–398: "son felices aquellos a los que ningún miedo atemoriza, ninguna aflicción consume, ningún deseo les excita, ninguna alegría fuerte y desbordante les reblandece en lánguidos placeres. Del mismo modo que la tranquilidad del mar se percibe cuando ni el más mínimo soplo de viento mueve su superficie, así también la condición quieta y sosegada del alma se percibe cuando no hay perturbación alguna que pueda agitarla. Si, además, existe un hombre que considera soportables la violencia de la fortuna y todos los avatares humanos que a cada uno le pueden acontecer, sin permitir que de ello le sobrevenga ni temor ni angustia y, si ese mismo hombre no siente deseo alguno ni se exalta por ningún placer vano del alma, ¿qué razón puede haber para que no sea feliz? Y, si estos son los efectos de la virtud, ¿por qué motivo la virtud por sí misma no va a hacemos felices?".

2431 LEWIS, Charlton T., SHORT, Charles, *A Latin Dictionary. Founded on Andrews' edition of Freund's Latin dictionary. revised, enlarged, and in great part rewritten*, Oxford. Clarendon Press. 1879, *s. u.:* "the even surface of the sea in its quiet state, the calm, smooth sea ('*aequor mare appellatum, quod aequatum, cum commotum vento non est*'," Varr. L. L. 7, § 23 Müll.: '*quid tam planum videtur quam mare? ex*

Por su parte, la relación latina entre lo llano o sin alteración externa saliente o entrante, *aequus*, se traslada también al terreno psicológico y valorativo mediante la sustantivación del adjetivo neutro, *aequum*, que significa equidad, esto es, tanto justicia retributiva con el prójimo cuanto, especialmente, igualdad de ánimo o, modernamente, estado de ánimo estable y equilibrado, no bipolar ni ciclotímico. Cuanto se ha escrito sobre *aequum* vale, también, para *aequitas*, que traslada el concepto de calma, temple habitual, natural, o, mejor, ecuanimidad, o sea, igualdad y constancia de ánimo, así como imparcialidad de juicio.

Lo antedicho a propósito de estos términos griegos y latinos constituye, pues, lo contrario, de la agitación, del vaivén, del bamboleo o la tempestad, ya sean atmosféricas o emocionales, externas o internas.

Por su parte, la refacción epicúrea consiste en γαληνισμός, masculino singular, el cual (al haberse preservado únicamente en el final de la *Carta a Heródoto* transmitida por Diógenes Laercio[2432] y en otra carta supuestamente dirigida a Teofrasto, atribuida a Aristóteles e integrada en el *Corpus Aristotelicum*[2433]) constituye casi un ἁπάξ λεγόμενον.

En el caso de este escrito pseudo-aristotélico, el diálogo misivo se establece para tratar de la injusticia u ofensa, y de cuán preferible es la espontánea o instintiva "*prompte illata iniuria*", "*subita*" πρόχειρος ἀδικία en comparación con la alevosa (ἡ τῆς πολυχρονίου λυσιτελεστέρα "*praemeditata*"); según el emisor, la primera conduce a la tranquilidad, (γαληνισμὸν "*tranquillitatem*"). Sobre esta carta ya señaló Adolf Stahr lo siguiente: "[d]unkler und unverständlicher als alle übrigen insgesammt ist dieser, an den Theophrast gerichtete, angebliche Brief des Aristoteles"[2434], si bien en el siglo XX volvió Marian Plezia a editarla[2435], con lo que tuvo ocasión de anotar, respecto al término: "γαληνισμός *Epicuri celebris vox est, cf. ep. 1, p. 32 Us.*"[2436].

Prescindiendo, pues, del sobrescrito testimonio, es necesario señalar que γαληνισμός el mismo valor de sosiego, tranquilidad, serenidad, al igual que otra

quo etiam aequor illud poëtae vocant', Cic. Ac. Fragm. ap. Non. 65, 2 (*cf.* πόντου πλάξ, Pind. P. 1, 24).

2432 EPICVRVS, *Epistula ad Herodotum*, 83, 13, en ARRIGHETTI, *op. cit.*, p. 73.

2433 ARISTOTELES, *Epistola V, Theophrasto* 6, en HERCHER R. ed., *Epistolographi Graeci*, Paris, Didot, 1873 (repr. Amsterdam, Hakkert, 1965), p. 174; *cf.* STANLEY, Thomas, OLEARIVS, Godofredus, *Historia philosophiae, vitas opiniones resqve gestas et dicta philosophorum sectae cvisvis complexa*, Lipsiae, apud Thomam Fritsch, 1711, Pars V, Aristoteles, p. 442.

2434 STAHR, Adolf, *Aristotelia [Leben, Schriften und Schüler des Aristoteles]*, zweiter Theil, Halle, Verlag des Buchhandlung des Waisenhauses, 1832, II, Die vorhandenen angeblichen Briefe des Aristoteles, IV, Brief an den Theophrastos, p. 219.

2435 ARISTOTELES, *Epistula* 6: *Ἀριστοτέλης Θεοφράστῳ*, en PLEZIA, Marian[us] [ed.], *Aristotelis epistularum fragmenta cum testamento, Auctorm Graecorum et Latinorum opuscula selecta*, Facs. 3, Warszwa, Państwowe Wydawnicíwo Naukowe, 1961, p. 48.

2436 PLEZIA, *op. cit.*, p. 137.

voz afín, también usada por el propio Epicuro, ἐγγαληνίζον[2437]. Como se ha indicado, es posible observar aquí una traslación desde lo marítimo-meteorológico hasta el ámbito psicofísico, con tintes terapéuticos, estabilizadores. Es de notar, además, el lugar significativo de la palabra en la carta, como último término de significado pleno, por lo que cabe otorgarle valor ideológico e intencionalidad. El paralelismo meteorológico se aprecia, además, en el empleo de χειμών (invierno, tempestad, tormenta); parafraseando a Epicuro, el filósofo debe:

> "condicionar toda elección y repulsa a la salud del cuerpo y a la imperturbabilidad del alma (τὴν τοῦ σώματος ὑγίειαν καὶ τὴν τῆς ψυχῆς ἀταραξίαν), ya que éste es el fin de una vida dichosa. Pues todo lo que hacemos lo hacemos por esto, para no sentir dolor ni temor. Y una vez que este objetivo se cumple en nosotros, se disipa todo tormento del alma (χειμών), al no tener la persona que ir en busca de algo que le falta ni buscar otra cosa con la que se completará el bien del alma y el del cuerpo"[2438].

Importa, tras estas consideraciones, ocuparse de la etimología de γαλήνη, que supone un contrapunto al principio de vida, móvil, afecto por emociones, dinámico o, hasta cierto punto, inestable, al modo de un mar encrespado que debe volverse bonancible.

Chantraine[2439] habla de la mar luminosa o soleada, y propone una relación con γελάω, reír, al igual que Frisk[2440] y Beekes[2441]. En cambio, el neogramático Curtius[2442] considera no improbable la vinculación con un étimo reconstruido de significado 'brillar, esplender', que incluso afecta a la voz helénica γάλα, leche. Su postura arranca de la investigación realizada por Hugo Weber[2443] que en una extensa investigación sostiene que tal afinidad genética era ya intuida y conocida por los antiguos, de tal modo que aúna las raíces de 'leche' y 'placidez, entendiendo que γαλήνη remite a la superficie marina lisa y brillante, todo lo cual se aproxima al blancor deslumbrante.

La relación entre la blancura plateada de la leche y del mar soleado y con escasísimo oleaje o calmo en paralelo con la del alma puede resultar sorprendente pero, precisamente en castellano, existe un tránsito metafórico que, quizás en virtud del color y de la quietud, lo conserva, así como sufre, igualmente, el paso de lo marítimo-atmosférico a lo psicológico. Esto casa, por una parte, con la noción de la paz y

---

2437 EPICVRVS, *Epistula ad Herodotum*, 37, 4, en ARRIGHETTI, *op. cit.*, p. 37.
2438 EPICURO, *Carta a Meneceo*, 128, en VARA, *op. cit.*, p. 89.
2439 CHANTRAINE, *op. cit.*, *s. u.*
2440 FRISK, *Etymologisches*, *op. cit.*, *s. u.*
2441 *cf.* BEEKES, *op. cit.*, vol. I, p. 515, *s. u.* γαλήνη.
2442 CURTIUS, *Grundzüge*, *op. cit.*, p. 174.
2443 WEBER, Hugo, *Etymologische Untersuchungen*, Halle, Weisenhaus, 1861, pp. 52–53.

seguridad (ἀσφάλεια) personal, que vincula justicia en cuanto valor[2444], y, por otra, la calma, como paz cívica[2445], sometida al acuerdo mutuamente vinculante[2446].

En este sentido es oportuno consignar cuanto atestigua, por lo que hace al concepto, la edición actual del diccionario de la Real Academia Española[2447], "mar en leche"[2448] significa "mar en bonanza, sosegado y sin agitación"; este uso Covarrubias[2449] lo atribuye al influjo del *Canzoniere* de Petrarca y, concretamente, al verso cuarto del su soneto CLXIV "nel suo letto il mar senz'onda giace".

Con todo, como el propio lexicógrafo reconoce, el uso propio es otro, a saber: "mar en leche".

Según las fuentes lexicográficas, el primer testimonio de "mar en leche" data de 1598 y se debe a Fray Alonso de Cabrera, si bien las escasas menciones alcanzan hasta el siglo XIX; la propia RAE señala, en el *Diccionario de Autoridades* y sin referirse a "mar en lecho": "'mar en leche'. El que está sosegado y benigno, sereno y sin alteración. *Mare tranquillum, placidum, quiescens.* M. AGRED. Tom 3. Introd. n. 1"[2450].

En la misma obra, pero bajo el lema 'leche' se apunta: "Estar la mar en leche. Phrase con que se significa la tranquilidad del mar, quando sus aguas no hacen movimiento alguno: y como en este caso se reconoce mas que en otros la

---

2444 EPICURO, *Máxima Capital* XVII, en VARA, *op. cit.*, p. 95: "El justo no está sometido a turbación, en cambio el injusto rebosa de grandísima turbación".

2445 SALEM, *Mort, op. cit.*, pp. 59–66.

2446 *cf.* EPICURO, ISNARDI, *Opere, op. cit.*, "Introduzione", p. 53: "Ciò ch'è da sottolineare è, per ora, come Epicuro, in base a questa concezione razionalistico-utilitaristica del vivere sociale, senta fortemente la relatività delle leggi, le leggi che sono strumenti pratici in vista dell'utilità, da adattarsi alle circostanze, ai καιροί: la giustizia delle leggi è valida in quanto si identifica con l'utilità che esse arrecano, viene meno col venir meno di questa utilità. Esse sono costruzioni strumentali, valide relativamente a una comunità nei suoi rapporti reciproci; per cui senza costrutto sarebbe voler fissare un giusto in sé, uguale per tutti e in tutte le circostanze: Epicuro si pone sotto questo aspetto sulla linea del pensiero politico sofistico, scopritore della relatività del giusto legale, di quella costruzione umana, rispondente a norme relative a un determinato ambito, ch'è la legge politica, la legge della città. Ma le somiglianze finiscono qui: in realtà nulla è più lontano da Epicuro del realismo politico spregiudicato della sofistica. Epicuro contesta la validità di queste forme politiche dal punto di vista di una sapienza superiore, riprendendo il motivo, non sofistico questo ma democriteo, secondo il quale queste costruzioni strumentali non sono fatte perché il sapiente le segua; sono fatte tutt'al più perché il sapiente ne sia esteriormente protetto, hanno nei suoi riguardi una funzione puramente negativa".

2447 REAL ACADEMIA ESPAÑOLA, *op. cit.*, 22ª ed., *s. u.*

2448 También incluye 'mar en lecho', creemos que éste se debe a una regularización analógica popular.

2449 COVARRUBIAS, Sebastián de, *Tesoro de la lengua castellana o española* (1611), Madrid, Turner, 1979, *s. u.*

2450 REAL ACADEMIA ESPAÑOLA, *Diccionario de Autoridades* (1726–1739), ed. facsímil, Madrid, Gredos, 1984, *s. u.*

transparencia y claridad de las aguas, tienen en sí una especie de candor, que pudo dár motivo à la phrase. Lat. *Mare lacteum esse.* Mend. Vid. de N. Señora, Copl. 381, Tempestad sangrienta mueve / airado Noto iduméo, / que en leche el mar, / ya en borrascas de sangre será bermejo".

Algo más tarde, en 1783, la propia RAE[2451] prescribe: "estar la *mar en leche,* f. con que se significa la tranquilidad del mar, quando sus aguas no hacen movimiento alguno. *Mare lacteum esse.* estar la *mar en leche,* f. met. Estar uno pacífico y sosegado". A su vez, un lexicón especializado, el *Diccionario Marítimo Español* recoge: "mar bonanza, en calma, en leche o de leche, mar como un plato, como un espejo, como una balsa de aceite etc., son todas expresiones que denotan la tranquilidad más o menos absoluta o perfecta del mar por efecto de la calma"[2452]. En la segunda acepción se aprecia ya el salto metonímico que interesaba subrayar.

También en una obra especializada, el *Ensayo de bibliografía marítima española* recoge el autor Agustín Palau Claveras[2453] usos del termino propios del siglo de Oro español y los explica: "para significar la bonanza: 'estar la mar en leche'era como hoy decir 'una balsa de aceite'. Lope dice '¿Qué aguardas, gran capitán, estando la mar en leche?' (*Entremés del Robo de Elena.*) Y la Venerable Sor María de Ágreda definía así este estado del mar 'Mar en leche, llena de serenidad muy tranquila'". Aquí es fuerza traer a colación uno de los últimos usos en lengua castellana de la antedicha locución, debido a Juan Montalvo: "el mar en leche que brilla cual espejo donde refleja la luz"[2454].

Con esta última aportación en relación el castellano se pretende únicamente poner de relieve el paralelismo casual pero revelador que acontece entre el griego antiguo y una lengua moderna.

En síntesis, es posible afirmar razonadamente el vínculo conceptual entre γαλήνη y *aequor,* su valor de mar plateado y calmo, la especialización psíquica respectiva de γαληνισμός y *aequitas,* así como, la raigambre filosófica democritea del término, la fortuna y deuda epicúrea, junto con el valor de tranquilidad plácida pero activa, libre de marejadas y grandes alteraciones, o de torbellinos y vórtices profundos, sin que importe si éstos se deben a razones, emociones, pensamientos, discursos, acciones, dietas u obligaciones. La tranquilidad divina semeja, entonces, una llanura marina, provista de blancura esplendente, láctea, sujeta a un suavísimo mecimiento, a un ligero vaivén de lo externo, mezclado con intensa actividad reflexiva y gozosa

2451 REAL ACADEMIA ESPAÑOLA, *Diccionario de la lengua castellana compuesto por la Real Academia Española, reducido a un tomo para su más fácil uso....,* ed. facsímil, Madrid, Joaquín Ibarra, 1783, *s. u.*

2452 O'SCALAN, Timoteo *et al. Diccionario Marítimo Español,* Madrid, Imprenta Real, 1831, *s. u.*

2453 PALAU CLAVERAS, Agustín, *Ensayo de bibliografía marítima española,* Barcelona, Casa Provincial de Caridad, 1943, p. LXXXIX.

2454 MONTALVO, Juan, *Siete tratados. Tomo segundo,* Besanzon, Imprenta de José Jacquin, 1882, p. 289.

en lo profundo, propia de quien se sabe dulcemente y divinamente acunado por la naturaleza.

[2455]

2455 Evocación del mar en leche, γαλήνη; fotografía marítima con perspectiva aéra tomada por el autor en un vuelo de Roma a Barcelona, a las 10:30 del 03 de noviembre de 2013.

IV. Recapitulación final

Es este un punto de cierre que hemos querido titular como recapitulación porque es la limitación cronológica, como plazo y finitud, la que nos lleva a interrumpir este empeño intelectual. Sería paradójico titular "conclusiones" en un trabajo procedente de una disciplina como la filosofía, heurística, revisable, inconclusa. Esta cualidad de la filosofía se hace extensiva como fecundidad clásica también a la obra epicúrea, conservada, escasísima. Es de notar, pues, su atractivo, capacidad de convocatoria e incitación, que nos sigue llamando. Ahora reparamos en que este empeño suscita, al menos, tantas preguntas como las que trata de responder, porque abre más de lo que cierra, puesto que la cerrazón es antifilosófica.

Al recapitular, que es reelaborar retrospectivamente, constatamos que, por lo que respecta a la proposición subyacente a la investigación y cuya verdad deseamos probar, el proceso de documentación y lectura ha resultado laborioso porque los trabajos eruditos sobre el particular se hallan dispersos en capítulos de obras, artículos u obras de más amplio respiro.

Igualmente, la organización propuesta, que adoptamos por juzgarla apropiada, colisiona, en parte, con la tradición doxográfica y kantiana, que divide toda la filosofía antigua, Epicuro incluido, entre física, lógica (canónica) y ética.

Por su parte, la mención de lo que hemos dado en llamar, con un barbarismo anglófilo, *reductivismo* abstractivo a la ahora de aislar y ordenar los axiomas de su teoría física, se debe a la voluntad de evitar la palabra 'reduccionismo', por su connotación simplista. En cambio, nuestro señalamiento del *reductivismo* epicúreo destaca la capacidad de reconducir intelectualmente la pluralidad de aconteceres propia del mundo observable a un conjunto limitado de elementos mínimos fundamentales de complejidad casi insondable, pero material.

En lo tocante a cuestiones fisiológicas, ha sido nuestra intención poner de manifiesto, en nuestra lectura, el materialismo del que hacen gala Parménides y Meliso, así como sus postulados antinihilistas generales y particulares, sobre generación y destrucción, cosa que ha exigido poner en juego elementos de lógica teórica y de lógica de lo real, por así decir. En este sentido no hemos dudado en acudir a otros filósofos más modernos o a cosmólogos actuales, si se ha estimado que su consulta y mención contribuían al esclarecimiento de una cuestión. Así, traemos a colación a Spinoza, por ejemplo, para atisbar una propuesta resolutiva, en la estela de Heinrich Gomperz, que concilia lo incorpóreo y lo material meliseos.

Por otra, el hecho de que la obra conservada de Epicuro presente como primer axioma el *nihil ex nihilo uel in nihilum* conlleva, justamente, aclarar con precisión las deudas que, con la mediación del atomismo democriteo-leucipeo, contrajo con el eleatismo meliseo, cuyo ente resultó luego pluralizado y móvil, pero se mantuvo pétreo e indestructible.

Así mismo, el estudio del universo permite separar esta unidad permanente y conglobatoria de la pluralidad de mundos, finitos, habida cuenta de que los dioses moran en los espacios intermundiales. Del mismo modo, se justifica, por su razonabilidad, la tesis del τὸ πᾶν infinito, en términos atómicos y de vacuidad espacial, en evitación de una muerte térmica o una gran deflagración.

Por otra parte, se ha resaltado la especificidad del atomismo epicúreo, puesto que, entre otras cosas, añade dos notas cualitativas a los átomos que resultan imprescindibles para comprender su cosmología, así como todo proceso de agregación y desagregación mayor o menor. Estas son el peso como posibilitante de la caída en un universo anisotrópico y el movimiento de declinación desviante espontánea e intrínseca, que, en nuestra opinión, se muestra como en correlato fisiológico e irracional de la libertad, voluntad y autonomía sensitivo-racionales del ser humano. De hecho, se han desplegado, tentativamente, las bases atómica y parenclítica de la voluntad y la libertad, que implican la emergencia, desde lo inerte, de la vida y la conciencia.

En cuanto a las antedichas dinámicas de generación y corrupción, se ha realzado su movimiento y azarosidad, pero también una conceptuación como compuestos químicos, sugerida por diversos estudiosos. Sobre esta cuestión, se propugna, ahondando en una reflexión de Long, que, en lugar de los criticados cuatro elementos concurrentes en todo compuesto ulterior, Epicuro propone unos cuerpos germinales que hemos llamado 'coacervados'; son más que átomos y cumplen, estableciendo límites, la misma función aglutinadora primera; el de Samos los presenta como συστροφαί o ἐπιτήδεια σπέρματα, concentraciones y semillas adecuadas, respectivamente.

Igualmente, hemos estudiado en su calidad de compuestos, los mundos, los fenómenos y los fenómenos atmosféricos; esto da ocasión da ocasión de corregir la presentación descalificadora de la epicúrea pluralidad de explicaciones, que conjuga asunción de las limitaciones en las capacidades perceptivas humanas y rechazo del monismo causalista que imponga una modelización intelectual a la naturaleza, cuando lo que debe hacer es explicarla mediante la experiencia y la razón, hasta donde le sea posible. El abordaje de lo meteorológico-astronómico brinda la oportunidad de constatar la profunda repugnancia que Epicuro siente por superstición ligada a la teología astral, por la divinización temerosa o expectante de rectores cuerpos celestes, de movimiento perfecto. A ello opone el empleo de razón que naturaliza para el hombre sucesos de suyo naturales, porque son fruto de la combinación entre átomos y vacío.

A su vez, se examinan tanto los procesos fitogenésicos y zoogenésicos como los antropogenésicos, en los que sobrepuja la ausencia de una *aurea catena* excelsa y descendente, compensada con un natural y azaroso encadenamiento de átomos y vacío, que compete a todos los seres vivos en la carne (σάρξ) o cuerpo burdo.

Por su parte, la ψυχή o mente humana – sobre cuya presencia en el resto de animales los epicúreos discrepan – es acreedora de una consideración diferenciada, dado que enriquece y multiplica la complejidad y se manifiesta preeminentemente en la racionalidad, capacidad de hablar, argumentar y celebrar contratos, entre otras cosas. Ello casa, naturalmente, con la naturaleza antropocéntrica de toda la filosofía helenística, y, entre ellas, de la epicúrea, si bien esto se complementa con el recobramiento de los desvelos presocráticos por la naturaleza.

En lo que respecta al alma, mortal y necesitada de complemento cárnico, hemos optado por llamarla "cuerpo sutil", debido a que sus elementos formantes destacan por su sutileza y redondez. Estos rasgos tienen grandes repercusiones en los procesos cognitivos y de interacción psicosárquica o psicosomática, como nos esforzamos en mostrar. Lo esencial de ello estriba en la naturaleza de este velocísimo material que comunica, bien desde lo más sutil hasta lo más burdo o viceversa, mediando entre interioridad y exterioridad, a la manera de un fluido eléctrico sin impedancia, si se nos permite la metáfora.

En otro orden de cosas, evidenciamos que lo más sutil de la psique humana, la sustancia innominada o ἀκατονόμαστον, ejerce, recogiendo una afortunada tesis de Lemke, como lo más divino de lo humano y lo más humano de lo divino, de forma que pervive la consistencia física del monumento teórico-práctico epicúreo. Esta misma coherencia posibilita, no obstante, el surgimiento de la conciencia, de la voluntad y el raciocinio por acrecentamiento de la complejidad, de forma que nos hallamos ante un proceso generativo *bottom up*, que parte de lo ínfimo y alcanza lo mayor o más complicado. De esta forma se rechaza, también en lo que atañe al alma humana, un modelo teo-teleológico providente y descensional.

Como ya hemos indicado, las divinidades epicúreas, plurales, pertenecen o se subsumen en la totalidad natural, no la desbordan sino que, generadas, la obedecen, si bien son los únicos compuestos libres de la muerte. Aquí propugnamos que deben presentarse como la justificación fisiológica de la posibilidad de vivir con beatitud, paz y plenitud. Al propio tiempo, se alzan como modelos de salud y salvación, de forma que cobran gran relieve para la ética práctica o terapia epicúrea. Ello ha exigido discurrir sobre los argumentos en pro de las existencia de dioses y haber subrayado su materialidad, de la que deriva la prenoción de lo divino presente en el alma humana, según Epicuro. No obstante, hemos creído pertinente destacar lo que nos parece la recuperación, por vía racional, de los tradicionales dioses olímpicos, con su vida gozosa, con esa especie de cuerpo y de sangre (ícor), así como degustadores de especiales alimentos, néctar y ambrosía. Asímismo, y con vistas ejemplares a la ética, hemos explicado en qué consistía el placer divino, así como aludido a su estabilidad, ligada a las nociones de identidad, regularidad, circularidad o redondez.

Tras estos laboriosos y largos preámbulos, nos hemos dedicado *in extenso* al objeto primordial de nuestro esfuerzo: la ética práctica o psicoterapia. No obstante, recalcamos que no los juzgamos impertinentes, sino imprescindibles para la cabal comprensión de la *philosophia medicans* epicúrea. Decimos ética práctica porque deseamos poner de manifiesto que la filosofía epicúrea o es puesta en práctica o no es filosofía, saber con sabor, experiencia vivida, sino huera palabrería sofística.

Con el fin de evidenciar que este concepto curativo o sanador de la filosofía no surge *ex nihilo* nos dedicamos a trazar la historia de las relaciones entre medicina y filosofía desde los presocráticos hasta Epicuro, demorándonos en quiénes cobran mayor importancia para el samio. En este sentido, nos es grato constatar la audacia de Kingsley, quien presenta ya a Parménides como sanador y advierte, admonitoriamente, que la filosofía de *hacerse* sabio se convirtió desde Platón en un *decir*, en un discurso del discurso filosófico. A esto y recuperando la tradición anterior, en especial la socrática, Epicuro se opone activa y constructivamente, prescribiendo una medicina cuádruple o τετραφάρμακον que nos ha preservado Filodemo: "la divinidad no es de temer, la muerte no es de recelar, el bien es de buen conseguir, el mal es de buen soportar". Si volteamos esta medicación filosófica, comprobamos que el temor o el amor a dios conllevan sufrimiento humano, al igual que la cenicienta finitud psicofísica, junto a los deseos u objetivos irrealizables, que nos angustian y nos proyectan hacia futuros soñados o pasados añorados, sin el poder regulatorio y equilibrante de la razón; del mismo modo, también el mal, lo doloroso, nos atenaza y mortifica el cuerpo y el alma, si no sabemos ocuparnos de él, estratégicamente. Recomponiendo el tetrafármaco, podemos sostener que, para Epicuro, los dioses son rientes, ociosos y pacíficos, independientes; la muerte, una naturalísima consecuencia y final necesario para un paréntesis milagroso y único, que se quiere en el presente; el placer, un instinto raciovital que, modulado prudentemente, se obtiene sin la menor penuria; el dolor, un hecho probado de la vida humana, que debe arrostrarse y erradicarse en lo posible si nace del cuerpo, y que, gracias a la filosofía, puede extirparse por completo de la mente, de manera que la enfermedad somática resulte llevadera e incluso enriquecedora.

Ya en el ámbito de lo terapéutico, estimamos necesario abordar una cuestión implícita u omitida en la filosofía epicúrea, a saber, la del λόγος, la cual ha demandado, sin embargo, actividad de desentrañamiento notable. En esto, no nos hemos dejado llevar por una voluntad de innovación gratuita. Así, el estudio de las nociones λογισμός y ἀναλογία nos ha permitido cerciorarnos de que el λόγος infunde no sólo gran parte de la filosofía helenística (en especial el estoicismo) sino que también en Epicuro se impone desbrozar los derivados hasta alcanzar al hiperónimo. De hecho, esta comprobación ha obligado a ordenar el capítulo desde el término y concepto que remite a la palabra razonadora y la legaliformidad natural, para alcanzar lo que nosotros hemos llamado juicio como razonamiento que coliga, al menos, dos elementos y sobre cuya carga veritativa podemos pronunciarnos, hasta alcanzar la analogía o lo ἀνὰ τὸν αὐτὸν λόγον.

De hecho, hemos considerado que la traducción más apta para este términos es la de relación, que colecciona u ordena en conjunto o bien las letras al leer y escribir, o bien los sonidos al hablar, o bien el conjunto de acontecimientos que, aun siendo azarosos, no escapan a la normatividad natural. Desde luego, es obvio que Epicuro no se interesa por la lógica en un sentido técnico-retórico, porque le parece logomaquia huera, pero sí le interesa la palabra y el discurso que sirve para dar(se) razón de lo natural, así como el que sirve para el diálogo en la comunicación, que es puesta en común de contenidos en lo social. Precisamente esa palabra razonadora es una herramienta clave para la curación mental, gracias a su plenitud de sentido, que remite a una realidad material y no hasta el infinito. De esta forma, la logoterapia, como útil terapéutico auxiliar, recoge no sólo la acepción relativa a la inteligibilidad de lo natural, tentativa y acorde con lo humano, sino también a la voluntad de comprender que caracteriza al humano, sólo en tanto en cuanto esto sirve para calmar las angustias psíquicas o los dolencias físicas humanas. Parafraseando a Epicuro, podemos afirmar que si el hombre procede a construir castillos en el aire ello será fuente de desdicha y que la hinchazón fantasmagórica no reparará nada. La importancia de la logoterapia estriba, además, en que racionaliza o desmitifica la φύσις, del mismo modo que naturaliza la razón. De hecho, la racionalidad humana surge, según se ha indicado, como propiedad emergida de la naturaleza como globalidad.

La importancia del λόγος atañe también a lo antropológico en el sentido de que la relación sensoperceptiva se repliega o flexiona sobre sí misma intensivamente, dando lugar a la autoconciencia como relación *ad intra* y se despliega extendiéndose en la relación *ad extra* con lo otro y los otros desde la proporción y hacia la socialización con el prójimo. Las notas antropocéntricas no son óbice, empero, para que el λόγος inunde la φύσις toda; así, desde lo visible se alcanza lo invisible y viceversa, esa legaliformidad se mantiene, al igual que la correlación, proporcional y harmónica entre las facetas del universo, inextricablemente unidas por la día formativa global: átomos y vacío; ambos permanecen y constituyen la naturaleza sin solución de continuidad (tal como hemos apuntado en varias veces), es decir, sin que haya interrupción o ruptura en esa serie complementaria. Este atributo nuclear de la naturaleza permite, de hecho, que el ser humano perciba y sienta el mundo, el medio ambiente, el entorno, porque establece con ellos una relación material analógica o proporcional, correlativa: la mente capta, por vía del cuerpo la resonancia o, más literalmente, coafección, con respecto la alteridad, humana, animal u objetual, singular o plural. De esta forma, la cosensación conduce hasta la verdad como correspondencia entre lo sentido-pensado y lo atómico, todo lo cual pone en juego, igualmente, las condiciones psico-epistémicas humanas, junto a las percepciones, las prenociones y los sentimientos, criterios o reglas veritativas.

En el cierre del tratamiento del λόγος nos hemos aventurado a hacer una aportación que está a medio camino de la consistencia argumental y la intuición por familiaridad temática: sugerimos que en nivel premundial, universal, átomos y vacío forman lo ingénito e inmortal, inmortal absoluto; en cambio, los dioses, ubicados en los espacios metacósmicos, constituyen por carácter de *composita*, generado pero inmortal, el símbolo (σῆμα) de lo permanente relativo psicofísico racional; el sabio, establecido en el nivel intramundial, señaliza lo permanente psíquico, tranquilo y feliz, con una actitud imperturbable la permanencia y estabilidad de un átomo, capaz de preservar su mente y aceptar su cuerpo.

Tras las precisiones sobre el afloramiento de lo lógico-terapéutico, hemos buscado el afianzamiento de la filosofía como cuidado de sí mismo y del prójimo, en lo tocante a la psique, que es cosa más precisa que la mera medicina. Tras la estela de Lledó, Acosta, García Gual, Hadot y Annas, que citamos por el valor de sus investigaciones para nuestro trabajo, repetimos la mención del autoexamen socrático, del cultivo espiritual y de la elección de qué pensamos y cómo pensamos a la hora de alcanzar y mantener el estado de felicidad invulnerable, fin último de la filosofía epicúrea, eudemonista por vía del hedonismo racional-prudencial antiálgico. Resurge aquí la vocación socrática de enseñar a pensar para vivir y no a pensar para pensar a secas. Lo podemos definir como *ars uitae*, τέχνη περὶ βίον o, más llanamente, sapiencia sensata y vital, frente al terrible diagnóstico del ser humano como *ecce homo*.

Epicuro nos propone, así pues, una serie de psicoterapias cuya aplicación puede devolver a ese *ecce homo*, en el *hic et nunc*, su salud y salvación, su invulnerabilidad libre, el apoderamiento[2456] de sí mismo, la autonomía e independencia personales.

Precisamente la tarea de identificar, denominar, definir y ordenar los modos curativos, aportando pasajes textuales antiguos, consideraciones de eruditos y reflexiones propias para ello, nos ha resultado la parte más bonita, aunque también la más ardua.

Entre las psicoterapias, sobre las que marcó un hito el trabajo de Rabbow, hemos distinguido aproximadamente una decena.

El conocimiento de lo natural, por ejemplo, no significa el cumplimiento formalista de un requisito de completitud sistémica, sino que él mismo contribuye a la feliz sanación, por la asunción raciovital de los límites, la posibilidad de abstraer causas, desmitificar y naturalizar los acontecimientos que parecen más aciagos, contextualizándolos, desdramatizándolos, devolviéndolos a su punto de inserción real. Esta modalidad curativa tiene tintes, pues, de psicología cognitiva y también consolatorios, apreciativos de la vida humana. En vez de ser arrojado a la vida por un divinidad severísima, el hombre se erige, optimista, como aquel que vive con arrojo mientras le es dado.

Por su parte, la técnica de interiorización memorística y meditativa posee los rasgos de una relajación intelectual, lo cual, al igual que la oración silente, actúa como bálsamo contra los pensamientos dolorosos y contribuye al aquietamiento.

Así mismo, la confesión conlleva un elemento dialógico, de reconocimiento ante sí y ante el otro, así como de reprensión, corrección y enmienda, de manera que nos acercamos a una sesión de terapia psicológica guiada.

En cambio, el examen de conciencia debe tomarse como una versión autónoma de lo anterior, por cuanto es el propio dolorido o enfermo quien debe percibir cuáles son sus faltas o males y cómo puede erradicarlos, haciéndose presentes, en modo conciencial, las máximas aprendidas y los consejos de maestros e iguales.

Análogamente, la distracción cumple un propósito curativo en lo mental porque, lejos de ser un entretenimiento de postergación, busca que quien sufre retome las riendas de sí mismo. La desviación de la mente hacia objetos agradables sirve, entonces, al noble propósito de interrumpir cadenas de pensamientos invasivos, obsesivos, compulsivos, en rumiación continua.

En el mismo sentido, el ejercicio corporal no incurre en vigorexia, sino que está enderezado a comprender el buen conformar del cuerpo por lo que respecta a la satisfacción de sus necesidades (como indica un precepto de la cuádruple medicina), así como a la obtención de mayor gozo y de una actitud más agradecida cuando se disfrutan bienes superiores a los más sencillos.

Un modalidad novedosa y, que sepamos, bastante inadvertida de curación pasa por la risoterapia, que entendemos como manifestación de naturalidad, relajo y buen

2456 Así vertimos, en castellano derecho, el *empowerment* inglés que suele traducirse como 'empoderamiento'.

humor, lo que nos acerca a la risa divina y constituye un mecanismo sorprendente e irónico contra la verbosidad alambicada, que recolocan al opositor de golpe en lo cotidiano natural.

También se cuenta entre las terapias la autogestión emocional, de manera que los sentimientos se integran racionalmente como parte del ser humano, no como una segunda y deleznable naturaleza tornadiza; ello obliga a ocuparse de pasiones como el amor o la ira. Igualmente, se propugna la plena aceptación del cuerpo y sus (verdaderas) necesidades, dignificándolo sin tener que elevarlo, naturalizándolo, devolviéndolo al discurso racional.

La terapia de la presencia puede parecer inopinada pero consiste, y no es poco, en devolver al enfermo al aquí y ahora, a tomar contacto con lo inmediato y circundante, para abandonar alienaciones en lo extemporáneo y utópico, poniéndole, de golpe, los pies en el suelo: ni otras vidas, ni otros lugares, ni otros tiempos, aquí y ahora es lo único que hay, según Epicuro, para la persona.

Una terapia más nos la brinda la comunidad, que es forma de socialización afable y propiciadora de la comunicación, del intercambio, de la generosidad en el dar y en el recibir que rompen con el aislamiento y la soledad, además de mostrar otros modos de pensar, hablar y obrar, que nos alimentan y en los que nos reflejamos, gracias a cuales pulimos aristas, como cantos en una bolsa.

Por último, un ahondamiento en la familiaridad e incluso un componente necesario para la filosofía se halla en la amistad, que es amor y sentimiento de identidad o gran afinidad con el otro y que no está imbuido por la pulsión erótica; el amigo es el espejo y reflejo por excelencia, el prójimo más próximo y la familia más elegida, aquel por el que, llegado el caso, se debe morir; el que nos acompaña porque quiere y viceversa, sin dependencia y con autonomía.

Como hemos tratado de demostrar en los lugares correspondientes el filósofo del Jardín dispone de un amplio repertorio psicológico con el que purgar, cauterizar y extirpar todo aquello que nos envenena.

No obstante, creemos que, para amarrar más redondamente este empeño investigador, es imprescindible el tratamiento de las objetivos últimos de la psicoterapia epicúrea. Nosotros hemos atinado a destacar tres aspectos principales, que no son más que matices en de una misma búsqueda la de la εὐδαιμονία, una felicidad que conjunta placer, virtud y sensatez.

La primera nota se refiere a la analgesia o *indolentia*, al placer entendido como ausencia de dolor por satisfacción de una natural y necesaria demanda del cuerpo o del alma; como tal, puede considerarse un bien negativo. En el seno de ese objetivo de lo indoloro se yergue una tanatología o explicación racional de la muerte que actúa como medicamento antifóbico frente al último trance. No hay dolor si no hay sensación y no hay sensación si no hay compuesto psicofísico sustentador de la unidad yoica, luego, la muerte no duele, pues no hay quien pueda dolerse, como no hay pérdida de lo vivido o de lo porvenir para quien nada pierde porque no existe. En vez de melancolía funesta, Epicuro nos recuerda los principios de la fisiología y nos empuja a gozar, sensatamente, el momento, sin pretender que se extienda infinitamente porque, al menos en términos atómicos, es imposible.

La segunda nota corresponde a la que hemos bautizado como ἐπιθυμητικά o arte de desear buena y derechamente; eso significa aspirar primordialmente a lo natural y necesario, puesto que lo que es natural y no necesario, además de lo que ni es natural ni necesario, se revelan rápidamente como fuente de sinsabores. El deseo epicúreo pasa por un uso de la razón al servicio de la vida, en el que se midan todas las posibilidades y consecuencias, se aquilaten con prudencia y estrategia las hipótesis y luego se escoja, tras la combinación de placer y dolor instintivos con la modulación inteligente humana, la más gozosa y menos dolorosa en vista del contexto.

La tercera y última nota compete al placer, a su definición y clases. Aquí hemos querido emplear elogiosamente el vocablo heleno de φιληδονία, amor al placer. Tras el nombre se halla la voluntad de rehabilitar el gozo epicúreo, reintegrándolo en un significado, sino verdadero, sí menos adulterado por la censura y persecución fideísta. Así, hemos alcanzado a comprender que el gusto epicúreo es un sentimiento de naturaleza instintiva, congénita y de base atómica. Como tal, rehúye el dolor y, principio y fin de la acción, recibe la guía de la racionalidad, que, con todo, está a su servicio. El placer se concreta en lo catastemático – que, de acuerdo con la tesis, hemos traducido como estabilizante o calmante – y lo cinético o excitante. El fin último es, según el sabio de Samos, la liberación del dolor, la consecución de un estado de calma y sosiego imperturbables e invulnerables, que conviertan al sabio en una especie de átomo alegre. Esto sucederá si, primero, se calman los dolores y de la mente y el cuerpo. Después, el placer excitante actúa como una mera variación o colorido y tiene, por tanto, menor enjundia para el filósofo. Hemos constatado que dicho estado de paz mental, que no anestesia y adormece, sino que mantiene al hombre despierto y activo, se parece en gran manera a la dicha divina.

Al estudiar el contento del sabio, hombre divino, reparamos en los términos γαλήνη y γαληνισμός, presentes en Epicuro. El *iter* investigador nos ha permitido averiguar que ambas son vocablos marítimos alusivos al mar bonancible y en clama, con escasísimo oleaje, que lo presenta como un superficie bruñida, plateada y esplendente, como una balsa de aceite, cosa que se dice, con respecto al mar, *aequor*. La metáfora de la calma marítima se ha preservado incluso en castellano como mar en leche, por su blancura cegadora, y ello nos ha invitado, para cerrar esta investigación, a incluir una fotografía propia que transmite justamente eso, la belleza esplendorosa de un mar tranquilo, apenas acunado por una suave brisa que no alcanza a conmoverlo en lo profundo.

Así es el sabio, un mar profundo, dinámico, lleno de vida, generoso, y, por ello, se presenta como mar en leche, dejándose mecer por los vaivenes de la fortuna, de los dolores y de lo externo, que no alcanzan a penetrar su alta hondura, acariciándole sin alterarlo.

Recapitulando en la recapitulación, anotamos por última vez que nuestro propósito estriba en demostrar que existe una importante faceta psicoterapéutica epicúrea, que se manifiesta multiformente, está ligada a la ética práctica, al tiempo que necesitada de la física para su sustentación. Este cuidado del alma busca calmar el dolor y así alcanzar la felicidad estable, pacífica y alegre, de tal forma que el sabio lleve, en el valladar humano que lo envuelve, una vida divina de gozos idénticos a los de los dioses.

Por último, deseamos confesar, como diminutos enanos a hombros de descomunales gigantes, nuestra admiración intelectual ante Epicuro, por la grandeza, profundidad, ternura y vigencia de sus propuestas y de su *ars beate recteque uiuendi ac moriendi.*

Queremos, en fin, expresar el sentimiento de cercanía que al inicio nos condujo hasta el filósofo de Samos y que, tras tratarlo, se ha acrecentado. Ese sentimiento se debe, en primer lugar, a su activo interés por el equilibrio y bienestar psíquicos; en segundo lugar, a su arrostramiento corajudo de los problemas de salud física, especialmente la renal.

V. Bibliografía[2457]

1. Fuentes, traducciones y comentarios[2458]

Presocráticos

- BERNABÉ PAJARES, Alberto (ed., trad.), *Fragmentos presocráticos de Tales a Demócrito*, Madrid, Alianza, 2010.
- CORDERO, Néstor Luis *et alii* (eds., trads.), *Los filósofos presocráticos II*, Madrid, Gredos, 1979.
- DIELS, Hermann, KRANZ, Walther, *Die Fragmente der Vorsokratiker. Erster Band*, Berlin, Wiedmann, 1952.
- DIELS, Hermann, KRANZ, Walther, *Die Fragmente der Vorsokratiker. Zweiter Band*, Berlin, Wiedmann, 1959.
- EGGERS LAN, Conrado y JULIÀ, Victoria E., (eds., trads.) *Los filósofos presocráticos I*, Madrid, Gredos, 1978.
- KIRK, Geoffrey Stephen, RAVEN, John Earle y SCHOFIELD, Malcolm, *Los filósofos presocráticos: historia crítica con selección de textos*, Madrid, Gredos, 1984, segunda ed. [ed. orig. *The Presocratic Philosophers: A Critical History with a Selection of Texts*, Cambridge, Cambridge University Press, 1983].
- KIRK, Geoffrey Stephen, RAVEN, John Earle, *The Presocratic Philosophers: A Critical History with a Selection of Texts*, Cambridge, Cambridge University Press, 1957.
- PORATTI, Armando *et alii* (eds., trads.), *Los filósofos presocráticos III*, Madrid, Gredos, 1986.

Platón

- BURNET, Joannes [John] (ed.), *Platonis opera:* tomus I. *Tetralogia I: Evthyphro. Apologia Socratis. Crito. Phaedo. Tetralogia II: Cratylvs. Theaetetvs. Sophista. Politievs*; t. II. *Tetralogia III: Parmenides. Philebvs. Symposivm. Phaedrvs. Tetralogia IV: Alcibiades I. Alcibiades II. Hipparchvs. Amatores*; t. III. *Tetralogia V: Theages. Charmides Laches. Lysis. Tetralogia VI: Evthydemvs. Protagoras. Gorgias. Meno.*

2457 Advertencias: (1) Se han omitido aquí obras manejadas pero de uso muy ocasional, no especialmente relevante para la temática. No obstante están debidamente citadas en los correspondientes pies de página. (2) Se ha adoptado el estilo de cita francés, semejante al *Turabian*; donde se estima pertinente, se anota el traductor y la primera edición original.

2458 Advertimos de que, incluso en las obras colectivas o de continuidad, tomamos como referencia el orden alfabético por editor o coordinador principal.

Tetralogia VII: Hippias maior. Hippias minor. Io. Menexenvs; t. IV. *Tetralogia VIII: Clitopho. Respvblica. Timaevs. Critias*; t. V. *Tetralogia IX: Minos. Leges. Epinomis. Epistvlae. Definitiones. Spuria*, Oxonii [Oxford, England], E typographeo Clarendoniano [Oxford University Press], 1899–1907.

- CALONGE RUIZ, Julio *et al.* (eds., trads.), *Diálogos II: Gorgias, Menéxeno, Eutidemo, Menón, Crátilo*, Madrid, Gredos, 1988.
- DURÁN LÓPEZ, María de los Ángeles y LISI, Francisco L. (eds., trads.), *Diálogos VI: Filebo, Timeo, Critias*, Madrid, Gredos, 1992.
- EGGERS LAN, Conrado (ed., trad.), *Diálogos IV: República*, Madrid, Gredos, 1986.
- GARCÍA GUAL, Carlos (coord.), *Diálogos III: Banquete, Fedón, Fedro*, Madrid, Gredos, 1988.
- LISI, Francisco (ed., trad.), *Diálogos VIII: Leyes (Libros I-VI)*, Madrid, Gredos, 1999.
- -, *Diálogos IX. Leyes (Libros VII-XII)*, Madrid, Gredos, 1999.
- LLEDÓ ÍÑIGO, Emilio *et al.* (eds., trads.), *Diálogos I: Apología, Critón, Eutifrón, Ion, Lisis, Cármides, Hipias Mayor, Hipias Menor, Laques, Protágoras*, Madrid, Gredos, 1982.
- SANTA CRUZ, Mª Isabel *et al.* (eds., trads.), *Diálogos V: Parménides, Teeteto, Sofista, Político*, Madrid, Gredos, 1998.
- ZARAGOZA Juan y GÓMEZ CARDÓ, Pilar (eds., trads.), *Diálogos VII: Dudosos, Apócrifos, Cartas*, Madrid, Gredos, 1992.

Aristóteles

- CALVO MARTÍNEZ, José Luis (ed., trad.), *Física*, Alma Mater, Madrid, CSIC, 1996.
- CALVO MARTÍNEZ, Tomás (ed., trad.), *Metafísica*, Madrid, Gredos, 2000.
- *Acerca del alma*, Madrid, Gredos, 2010.
- CANDEL, Miguel (ed., trad.), *Tratados de lógica = Órganon. II, Sobre la interpretación, Analíticos primeros, Analíticos segundos*, Madrid, Gredos, 1988.
- CANDEL, Miguel, (ed., trad.), *Acerca del cielo, Meteorológicos*, Madrid, Gredos, 1996.
- GARCÍA BACCA, David (ed., trad.), *Poética*, México, UNAM, 1946.
- GARCÍA GUAL, Carlos, (intr.); PALLÍ BONET, Julio (ed., trad.), *Investigación sobre los animales*, Madrid, Gredos, 1992.
- GARCÍA VALDÉS, Manuela (ed., trad.), *Política*, Madrid, Gredos, 1988.
- GARCÍA YEBRA, Valentín, (ed., trad.), *Poética de Aristóteles = Aristotelous peri poietikes = Aristotelis ars poética*, ed. trilingüe, Madrid, Gredos, 1974.
- GAUTHIER René A., JOLIF, Jean Yves, *L'éthique à Nicomaque. Introduction, traduction et commentaire, t. 2, 2 part.*, Louvain, Publ. Univ. de Louvain, 1970.

- HERCHER, R. (ed.), *Epistolographi Graeci*, Paris, Didot, 1873 (repr. Amsterdam, Hakkert, 1965).
- JIMÉNEZ SÁNCHEZ-ESCARICHE, Elvira, ALONSO MIGUEL, Almudena, (eds., trads.), *Partes de los animales, Marcha de los animales, Movimiento de los animales*, Madrid, Gredos, 2000.
- LA CROCE, Ernesto y BERNABÉ PAJARES, Alberto, (eds., trads.), *Acerca de la generación y la corrupción. Tratados breves de historia natural.* Madrid, Gredos, 1987.
- LLEDÓ ÍÑIGO, Emilio (pres.), PALLÍ BONET, Julio (trad.), *Ética nicomáquea. Ética eudemia*, Madrid, Gredos, 1985.
- PLEZIA, Marian[us] [ed.], *Aristotelis epistularum fragmenta cum testamento, Auctorm Graecorum et Latinorum opuscula selecta*, Facs. 3, Warszwa, Pańistwowe Wydawniciwo Naukowe, 1961.
- ROSS, W. D. (ed.), *Politica*, Oxford, Clarendon Press, 1978.
- (ed.), *Aristotle's metaphysics: a revised text with introduction and commentary* vol. II, Oxford, Clarendon Press, 1953.
- SÁNCHEZ MILLÁN, Ester (ed., trad.), *Poblemas*, en Madrid, Gredos, 2004.
- SÁNCHEZ, Ester (ed., trad.), *Reproducción de los animales*, Madrid, Gredos, 1994.
- SIMPLICIVS, DIELS Hermann (ed.), *In Aristotelis physicorum libros commentaria*, Berlin, Reimer, 1882, vol. 9.
- SIMPLICIVS, HEIBERG, J. L. (ed.), *In Aristotelis quattuor libros de caelo commentaria, Simplicii in Aristotelis de caelo commentaria [Commentaria in Aristotelem Graeca 7*, Berlin, Reimer, 1894.
- STAHR, Adolf, *Aristotelia [Leben, Schriften und Schüler des Aristoteles]*, zweiter Theil, Halle, Verlag der Buchhandlung des Waisenhauses, 1832, II.
- Thomas, OLEARIVS, Godofredus, *Historia philosophiae, vitas opiniones resque gestas et dicta philosophorum sectae cuisuis complexa*, Lipsiae, apud Thomam Fritsch, 1711.
- VALLEJO CAMPOS, Álvaro, (ed., trad.), *Fragmentos*, Madrid, Gredos, 1998.

Epicuro

- ARRIGHETTI, Graziano (ed., trad.), *Opere*, Torino, Einaudi, 1973.
- BAILEY, Cyril, *Epicurus: the extant remains*, Oxford, Clarendon, 1926.
- BALAUDÉ, Jean-François (ed., trad.), *Lettres, maximes, sentences*, Paris, Le Livre de poche, 1994.
- BIGNONE, Ettore, *Epicuro: opere, frammenti, testimonianze sulla sua vita*, Bari, Laterza & Figli, 1920.
- CONCHE, Marcel (ed., trad.), *Lettres et maximes*, Paris, Presses universitaires de France, 2002.

- DIANO, Carlo, (ed.), *Ethica Epicuri*, Florentiae, in aedibus Sansonianis, 1946.
-, *Lettere di Epicuro e dei suoi nuovamente o per la prima volta edite*, Firenze, Sansoni, 1946.
- DIÓGENES LAERCIO, ANGORDANS, Antoni (ed., trad.), *Libro X de las Vidas de los Filósofos Ilustres: Vida de Epicuro*, Barcelona, Edicions de la Universitat de Barcelona, 1981.
- HUTCHINSON, D. S., *The Epicurus Reader: Selected Writings and Testimonia*. Cambridge, Hackett, 1994.
- ISNARDI PARENTE, Margherita (ed., trad.), *Opere*, Torino, UTET, 1974.
- JUFRESA, Montserrat (ed., trad.), *Lletres*, Barcelona, Fundació Bernat Metge, 1975.
- *et al.* (ed., trad.), *Obras*, Madrid, Tecnos, 2008.
- KOCHALSKI, A. (ed., trad.), *Das Leben und die Lehre Epikurs*, Leipzig – Berlin, Teubner, 1914.
- USENER, Hermann (ed.), *Epicurea*, Leipzig, Tuebner, 1887.
- (ed.), REALE, Giovanni (pres.), RAMELLI, Ilaria (trad.), *Epicurea*, Milano, Bompiani, 2002.
- VARA, José (ed., trad.), *Obras completas*, Madrid, Cátedra, 1995.
- VON DER MUEHLL, Peter (ed.), *Epicuri Epistulae Tres et Ratae Sententiae a Laertio Diogene Servatae*, Leipizig, Teubner, 1922.
- WOKTE, Karl, USENER, Hermann, "*Epikurische Spruchsammlung*", en *Wiener Studien. Zeitschrift für Classiche Philologie*, año 10, cuaderno 2, 1888, pp. 175–201, luego incluido en USENER, H., *Kleine Schriften I*, Leipzig, Berlin 1912, pp. 297–325.

Cicerón, Marco Tulio

- BELTRÁN CEBOLLADA, José Antonio (ed., trad.), *Cartas III: cartas a los familiares (Cartas 1–173)*, Madrid, Gredos, 2008.
- ESCOBAR, Ángel (trad., ed.), *Sobre la adivinación, Sobre el destino, Timeo*, Madrid, Gredos, 1999.
- ESCOBAR, Ángel, (ed., trad.), *Sobre la naturaleza de los dioses*, Gredos, Madrid, 1999.
- HERRERO LLORENTE, Víctor José (ed., trad.), *Del supremo bien y del supremo mal*, Madrid, Gredos, 1987.
- ISO, Javier (ed., trad.), *Sobre el orador*, Madrid, Gredos Editorial, 2002.
- MEDINA GONZÁLEZ, Alberto (ed., trad.), *Disputaciones tusculanas*, Madrid, Gredos, 2006.
- MUELLER C. F. W. (ed.), *De divinatione libri duo, libri de fato quae mansuerunt*, Leipzig, Teubner 1890.
- PEASE, Arthur Stanley (ed., com.), *De Natura Deorum libri III, vol. II, 2/3*, Cambridge, Mass., Harvard Univ. Press, 1958.

- PIMENTEL ÁLVAREZ, Julio (ed., trad.), *Cuestiones académicas = Academica*, México, UNAM, 1990.
- PLASBERG, Otto (ed.), *Academicorum reliquiae cum Lucullo*, Sttutgart, Teubner, 1996 (1921).
- REID James Smith (ed.), *Academica: The Text Revised and Explained*, London, Macmillan, 1885, II.
- SCHICHE, Th. (ed.), *De Finibus Bonorum et Malorum*, Leipzig, Teubner, 1915 (1966).

Lucrecio

- ABATE MARCHENA [MARCHENA y RUIZ DE CUETO, José] (trad.), GARCÍA CALVO, Agustín (ed.), *De la naturaleza de las cosas*, Madrid, Orbis, 1985.
- BAILEY, Cyril (ed.), *De Rerum Natura Libri Sex, Edited with Prolegomena, Critical Apparatus, Translation and Commentary by*, Oxford, Clarendon Press, 1963, vol. 2.
- (ed.), *De rerum natura libri sex*, Oxford, Clarendon Press, 1898.
- GIUSSANI, Carlo (ed., trad.), *De rerum natura libri sex. Volume secondo: libro I e II*, Torino, G. Chiantore, 1896.
- KENNEY, E. J. (ed., com.), LVCRETIVS, *De Rerum natura, Book III*, Cambridge, England, Cambridge University Press, 1971.
- SOCAS, Francisco (ed., trad.), *La naturaleza*, Madrid, Gredos, 2003.
- VALENTÍ FIOL, Eduardo (ed.), CIRUELO, José-Ignacio (intr.), *De la naturaleza*, Barcelona, Bosch, serie Erasmo: textos bilingües, textos latinos, 1985.

Demetrio Lacón

- SANTORO, Mariacarolina, (ed., trad.), *Demetrio Lacone, La forma del dio: (PHerc. 1055); edizione, traduzione e commento*, Napoli, Bibliopolis, 2000.

Filodemo de Gádara

- DE LACY, Phillip y DE LACY, Estelle Allen, *Philodemus: On methods of inference; a study in ancient empiricism*, Philadelphia, Pa, American philological Association, 1941.
- DIELS, Hermann (ed.), *Philodemos. Über die Götter. III Buch, Griechischer Text*, Berlin, Verlag der Königl. Akademie der Wissenschaften, in Kommission bei Georg Reimer, 1916.
- (ed.), *Philodemos. Über die Götter. III Buch, II: Erläuterung des Textes*, Berlin, Verlag der Königl. Akademie der Wissenschaften, in Kommission bei Georg Reimer, 1917.
- HUBBELL, H. M. (ed., trad.), *The Rhetorica of Philodemus*, New Haven, Connecticut Academy of Arts and Sciences, 1920.

- INDELLI, Giovanni (ed., trad.), *L'ira*, Napoli, Bibliopolis, 1988.
- KONSTAN, David (ed., trad.), *On frank criticism*, Atlanta, Ga, Scholars Press, 2007.
- OBBINK, D. (ed., trad.), *On piety, part 1: critical text with commentary*, Oxford, Clarendon Press, 1996.
- OLIVIERI, Alexander (ed.), *Philodemi Peri parresias libellus*, Leipzig, Teubner, 1914.
- ROSINI, Carlo Maria (ed.); *Herculanensium voluminum quae supersunt, collectio prima, Tomi V, pars altera*, Neapoli, Ex Regia Typographia, 1843.
- SUDHAUS, Siegfried (ed.), *Philodemi volumina rhetorica*, vol. II, Lipsiae (Leipzig), Teubner, 1896.
- TSOUNA-MCKIRAHAN, Voula (ed., trad.), *On property management*, Atlanta, Society of Biblical Literature, 2012.
- VOGLIANO Achille (ed.), *Epicuri et Epicureorum scripta in Herculanensibus papyris seruata*, Berolini (Berlin), apud Weidmannos (Weidmann), 1928.

Séneca, Lucio Anneo

- MARINÉ ISIDRO, Juan (ed., trad.), *Diálogos: Sobre la providencia; Sobre la firmeza del sabio; Sobre la ira; Sobre la vida feliz; Sobre el ocio; Sobre la tranquilidad del espíritu; Sobre la brevedad de la vida*, Madrid, Gredos, 2008.
- ROCA MELIÁ, Ismael (ed., trad.), *Epístolas morales a Lucilio, I, Libros I-IX, Epístolas 1–80*, Madrid, Gredos, 1986.
- (ed., trad.), *Epístolas morales a Lucilio, II, Libros X-XX y XXII, Epístolas* 81–125, Madrid, Gredos, 1989.

Plutarco

- AGUILAR, Rosa María (ed., trad.), *Obras morales y de costumbres: (Moralia) VII*, Madrid, Gredos, 1995.
- FUHRMANN, François (ed., trad.), *Oeuvres morales. Propos de table. Tome IX, Primière partie* Paris, Belles Lettres, 1972.
- HUBERT, Curt, (ed.), *Plutarchi moralia*, vol. 4: *Quaestiones convivales*, Leipzig, Teubner, 1938 (1971).
- MARTÍN GARCÍA Francisco (ed., trad.), *Obras morales y de costumbres: (Moralia). IV: Charlas de sobremesa*, Madrid, Gredos, 1987.
- MARTOS MONTIEL, Juan Francisco (ed., trad.), *Obras morales y de costumbres (Moralia) XII: Tratados antiepicúreos: Contra Colotes, Sobre la imposibilidad de vivir placenteramente según Epicuro, De si está bien dicho lo de 'vive ocultamente'*, Madrid, Gredos, 2004.

- MORALES OTAL, Concepción, GARCÍA LÓPEZ, José, (eds., trads.), *Obras morales y de costumbres (Moralia), I.*
- (eds., trads.), *Sobre la inteligencia de los animales*, en *Obras morales y de costumbres (Moralia) IX*, Madrid, Gredos, 1985.
- PORDOMINGO PARDO, Francisca y FERNÁNDEZ DELGADO, J. A.M, *Obras morales y de costumbres (Moralia) VI*, Madrid, Gredos, 1994.
- VALVERDE SÁNCHEZ Mariano (ed., trad.), *et al.*, *Obras morales y de costumbres (Moralia) X*, Madrid, Gredos, 2003.

Diógenes de Enoanda

- CHILTON, C. W., *Diogenes of Oenoanda: The Fragments*, London, Published for the University of Hull by Oxford University Press, 1971.
- CLAY, Diskin, "The Philosophical Inscription of Diogenes of Oenoanda: New Discoveries 1969–1983", en HAASE, Wolfgang (coord.), *Aufstieg und Niedergang der Römischen Welt*, parte II: Principat, volumen 36: "Philosophie, Wissenchaften, Technik", tomo 4: "Philosophie: Epikureismus, Skeptizismus, Cynismus; Orphica: Doxographica", Berlin y New York 1990, pp. 2446–2559.
- GARCÍA GUAL, Carlos (ed., trad.), *El sabio camino hacia la felicidad: Diógenes de Enoanda y el gran mural epicúreo*, Barcelona, Ariel, 2016.
- SMITH, Martin Ferguson, (ed., trad.), *Diogenes of Oinoanda, the Epicurean Inscription*, Napoli, Bibliopolis, 1993.

Sexto Empírico

- GALLEGO CAO Antonio y MUÑOZ DIEGO, Teresa (eds., trads.), *Esbozos pirrónicos*, Madrid, Gredos, 1993.
- MARTOS MONTIEL, Juan Francisco, (trad., ed.), *Contra los dogmáticos*, Madrid, Gredos, 2012.

Diógenes Laercio

- GARCÍA GUAL, Carlos (ed., trad.), *Vidas de los filósofos ilustres*, Madrid, Alianza, 2007.

Porfirio, neoplatónico

- NAUCK, Augustus (ed.), *Porphyrii philosophi Platonici Opuscula selecta*, Leipzig, Teubner, 1886, 2ª ed.
- PERIAGO LORENTE, Miguel (ed., trad.), *Vida de Pitágoras; Argonáuticas órficas; Himnos órficos*, Madrid, Gredos, 1987.

Otras fuentes antiguas

- ACOSTA MÉNDEZ, Eduardo (ed., trad.), *Filósofos cínicos y cirenaicos: antología comentada*, Barcelona, Círculo de Lectores, 1997.
- ATENEO, RODRÍGUEZ-NORIEGA GUILLÉN, Lucía (ed., trad.), *Banquete de los eruditos*, Madrid, Gredos, 2014.
- ATHENAEVS NAVCRATITES, KAIBEL, G. (ed.), *Dipnosophistarum; libri XV, III: Libri XI-XV. Indices*, Stuttgart, Teubner, 1982 (1890).
- BERNABÉ PAJARES, Alberto, *Hieros logos: poesía órfica sobre los dioses, el alma y el más allá*, Madrid, Akal, 2003.
- BOISSONADE, J. Fr., ANEKΔOTA, *Anecdota Graeca e codicibus regiis, vol. I*, Paris, Excusum in Regio Typographeo, 1829.
- CLEMENTE DE ALEJANDRÍA, WILSON, William (ed., trad.), *The Writings of Clement of Alexandria, vol. II: Stromata or The miscellanies*, books 2–8, Edinburgh, T. & T. Clark, 1867.
- DIELS, Hermann, *Doxographi Graeci*, Berolini, Reimer, 1879.
- DIODORO SÍCULO, TORRES ESBARRANCH, Juan José (ed., trad.), *Biblioteca histórica: Libros IX-XII*, Madrid, Gredos, 2006.
- EPICTETO, GARCÍA DE LA MORA, José María (ed., trad.), *Enquiridión*, edición bilingüe, Barcelona, Anthropos, 1991.
- FLAVIO ARRIANO, ORTIZ GARCÍA, Paloma, (ed., trad.), *Disertaciones*, Madrid, Gredos, 1993.
- GELIO, AULO, MARCOS CASQUERO Manuel-Antonio y DOMÍNGUEZ GARCÍA Avelino (eds., trads.), *Noches áticas*, León, Universidad de León, 2006.
- HIPÓCRATES, LITTRÉ, Émile (ed., trad.), *Oeuvres complètes 9: Prorrhétique, livre II. Du Coeur. De l'Aliment. De la Vision. De la Nature des os. Du Médecin. De la Bienséance. Préceptes. Des Crises. Des Jours critiques. Lettres, décrets et harangues*, sección Lettres, Amsterdam, A. M. Hakkert, 1961.
- HOMERO, FERNÁNDEZ-GALIANO, Manuel (intrd.), PABÓN, José Manuel, (trad.), *Odisea*, Madrid, Gredos, 1993.
- -, SEGALÁ y ESTALELLA, Luis (ed. trad.), *Obras completas de Homero*, Barcelona, Montaner y Simón, 1927.
- ISÓCRATES, GUZMÁN HERMIDA, Juan Manuel (ed., trad.), *Discursos, vol. II*, Madrid, Gredos, 1980.
- JÁMBLICO, RAMOS JURADO Enrique Ángel y PERIAGO LORENTE, Miguel (eds., trads.), *Obras: Sobre los misterios egipcios, Vida pitagórica, Protréptico*, Madrid, Gredos, 2009.
- JENOFONTE, ZARAGOZA, Juan (ed., trad.), *Recuerdos de Sócrates, Económico, Banquete, Apología de Sócrates*, Madrid, Gredos, 2006.

- MELERO BELLIDO, A. (ed., trad.), *Sofistas. Testimonios y fragmentos*, Madrid, Gredos, 1996.
- OVIDIO, FERNÁNDEZ CORTE, José Carlos y CANTÓ LLORCA, Josefa (eds., trads), *Metamorfosis. Libros I-V*, Madrid, Gredos, 2008.
- PAUSANIAS, HERRERO INGELMO, María Cruz, *Descripción de Grecia. Libros VII-X Libros*, Madrid, Gredos, 1994.
- SUDA, SUIDAS, ADLER, Ada (ed.), *Suidae lexicon, Pars 1: A-G, Pars 2:D-H*, Lexicographi Graeci, Leipzig, Teubner, 1928–1931.

2. Estudios: monografías, artículos, capítulos de obras

Historia de la filosofía griega antigua

- DESSOIR, Max (coord.), CASSIRER, Ernst, HOFFMANN, Ernst, *Geschichte der Philosophie*, Wiesbaden, Fourier, 1981, reimpr., "Die Geschichte der antiken Philosophie", en pp. 7–252.
- FRAILE, Guillermo, *Historia de la Filosofía I, Grecia y Roma*, Madrid, BAC, 1997.
- GOMPERZ, Theodor, KRÖNER, Carlos Guillermo *et al.* (trads.), *Pensadores griegos: una historia de la filosofía de la antigüedad. Tomo I: De los comienzos a la época de las luces*, Barcelona, Herder, 2000 [ed. orig. *Griechische Denker. Eine Geschichte der antiken Philosophie*, Leipzig, Veit, 1893].
- GUTHRIE W. K. C., *The Greek Philosophers: From Thales to Aristotle*, New York, Routledge, 2013.
-, MEDINA GONZÁLEZ, Alberto (trad.), *Historia de la filosofía griega. I: La tradición presocráticas de Parménides a Demócrito*, Madrid, Gredos, 1984 [ed. orig. *A History Of Greek Philosophy. Volume II. The Presocratic Tradition From Parmenides To Democritus*, Cambridge, Cambridge University Press, 1965].
-, RODRÍGUEZ, Joaquín (trad.), *Historia de la filosofía griega III: siglo V. Ilustración*, Madrid, Gredos, 1991 [ed. orig. *A History Of Greek Philosophy. Volume III. The fifth century Enlightenment*, Cambridge, Cambridge University Press, 1969].
- HADOT, Pierre, *¿Qué es la filosofía antigua?*, México, Fondo de Cultura Económica, 1998.
- KROSCHEL, Simone, "*Wenig verlangt die Natur*": *naturgemäss leben, Einfachheit und Askese im antiken Denken*, Frankfurt am Main, Lang, 2008.
- LANGE, Friedrich Albert, COLORADO, Vicente (trad.), *Historia del materialismo*, Madrid, D. Jorro, 1903.
- MONDOLFO, Rodolfo y TRI, Segundo (trad.), *El pensamiento antiguo: historia de la filosofía greco-romana*, Buenos Aires, Editorial Losada, 1969.

- ONFRAY, Michel, GALMARINI Marco Aurelio (trad.), *Las sabidurías de la antigüedad: contrahistoria de la filosofía, I*, Barcelona, Editorial Anagrama, 2007 [ed. orig. *Contre-histoire de la philosophie. 1, Les Sagesses antiques*, Paris, Grasset, 2006].
- PRAECHTER, Karl (reed.), *Friedrich Ueberwegs Grundriß der Geschichte der Philosophie der Neuzeit, 1. Das Altertum*, 12., umgearbeitete und erweiterte Auflage, Leipzig, Mittler, 1926.
- REALE, Giovanni, ANTISERI Dario, ANDRÉS IGLESIAS, Juan (trad.), *Historia del pensamiento filosófico y científico: tomo primero: Antigüedad y Edad Media*, Barcelona, Herder, 1995 [ed. orig. *Il pensiero occidentale dalle origini ad oggi: Corso di filosofia per i licei classici e scientifici. 1 Antichità e medioevo*, Brescia, Ed. la Scuola, 1985].
- UEBERWEG, Friedrich (fundador), FLASHAR, Hellmut (ed.), ERLER, Michael, *Grundriß der Geschichte der Philosophie [Abt. 1] Die Philosophie der Antike Bd. 4 Die hellenistische Philosophie 2 [Abt. 1]*, Basel, Schwabe, 1994.
- WINDELBAND, Wilhelm, ROVIRA ARMENGOL, José (trad.), *Historia de la filosofía antigua*, Buenos Aires, Nova, 1930 [ed. orig. *Geschichte der antiken Philosophie*, München, C. H. Beck, 1912].
- ZELLER, Eduard, *Die Philosophie der Griechen in ihrer geschichtlichen Entwicklung*, 1876–1880, Leipzig, Fues's Verlag, 1880.

Historia de la filosofía helenística

- ALGRA, Keimpe, *et al.*, (ed.), *The Cambridge History of Hellenistic Philosophy*, Cambridge, Cambridge University Press, 2008.
- HICKS, Robert Drew, *Stoic and Epicurean*, New York, C. Scribner's Sons, 1910.
- LONG, A. A., y SEDLEY D. N., *The Hellenistic Philosophers. Vol. 1. Translations of the principal sources with philosophical commentary*, Cambridge, Cambridge University Press, 1987.
-, *The Hellenistic Philosophers. Vol. 2: Greek and Latin Texts with Notes and Bibliography*, Cambridge, Cambridge University Press, 1987.
- LONG, Anthony, JORDÁN DE URRIES, P[ablo]. (trad.), *La filosofía helenística. Estoicos, epicúreos, escépticos*, Madrid, Alianza, 1997 [ed. orig. *Hellenistic Philosophy: Stoics, Epicureans, Sceptics*. London, Duckworth, 1974].

Epicuro, el epicureísmo y Lucrecio

- ALGRA, K. A.; KOENEN, M. H. y SCHRIJVERS P. H. (eds.), *Lucretius and his Intellectual Background*, Koninklijke Nederlandse Akademie van Wetenschappen Verhandelingen, Afd. Letterkunde, Nieuwe Reeks, deel 172, 1997.

- ANTOLÍN SÁNCHEZ, Javier, *El epicureísmo en el cristianismo primitivo*, Valladolid, Universidad de Valladolid, Secretariado de Publicaciones e Intercambio editorial, 2003.
- BOYANCÉ, Pierre, *Lucrèce et l'épicurisme*, Paris, P.U.F., 1963.
- CLAY, Diskin, *Paradosis and Survival: Three Chapters in the History of Epicurean Philosophy*, Ann Arbor, University of Michigan Press, 1998.
- DEWITT, Norman, *Epicurus and His Philosophy*, Minneapolis, University of Minnesota Press, 1964.
- FARRINGTON, Benjamin, CANO VÁZQUEZ, José (trad.), *La rebelión de Epicuro*, Barcelona, Ediciones de Cultura Popular, 1968 [ed. orig. *The Faith of Epicurus*, [London], Wiedenfeld & Nicholson, 1967].
- FISH, Jeffrey, SANDERS, Kirk, R. (eds.), *Epicurus and the Epicurean tradition*, Cambridge, Cambridge University Press, 2011.
- GARCÍA GUAL, Carlos, *Epicuro*, Madrid, Alianza, 1988 (primera ed. 1981).
- GIOVACCHINI, Julie, *Épicure*, Paris, Belles Lettres, 2008.
- GORDON, Dane R. y SUITS, David, *Epicurus: his continuing influence and contemporary relevance*, Rochester, New York, RIT Cary Graphic Arts Press, 2003.
- JASPERS, Karl,"Epikur", en REIFENBERG, B., STAIGER, E. (eds.), Weltbewohner und Weimaraner. Ernst Beutler zugedacht, Zürich/Stuttgart, Artemis, 1960, pp. 111–133.
- LLEDÓ, Emilio, *El epicureísmo: una sabiduría del cuerpo, del gozo y de la amistad*, Barcelona, Montesinos, 1986.
- LONG, A. A., *From Epicurus to Epictetus Studies in Hellenistic and Roman Philosophy*, Oxford, Oxford University Press, 2006.
- LUCIANI, Sabine, *L'éclair immobile dans la plaine, philosophie et poétique du temps chez Lucrèce*, Louvain, Editions Peeters, 2000.
- MASSON, John, *Lucretius, Epicurean and Poet*, London, Murray, 1907.
- MOREL, Pierre-Marie, *Épicure, la nature et la raison*, Paris, J. Vrin, 2009.
- OTTO, Walter, F., LASSMANN, Erich (trad.), *Epicuro*, Madrid, Sexto Piso editorial, 2006, [traducción castellana de OTTO, Walter Friedrich, *Die Wirklichkeit der Götter: von der Unzerstörbarkeit griechischer Weltsicht*, Reinbeck bei Hamburg, Rowohlt, 1963, capítulo "Lust und Einsicht: Epikur"].
- PESCE, Domenico, *Introduzione a Epicuro*, Bari, Editori Laterza, 1981.
- -, *Saggio su Epicuro*, Roma, Laterza, 1974.
- RIST, John, *Epicurus: An Introduction*, Cambridge [England], Cambridge University Press, 1972.
- RODRÍGUEZ DONIS, Marcelino, El *materialismo* de *Epicuro* y Lucrecio, Sevilla, Publicaciones de la Universidad de Sevilla, 1989.

- SCHMID, Wolfgang, RONCA Italo (trad.), *Epicuro e l'epicureismo cristiano*, Brescia, Paideia, 1984 [ed. orig. artículo 'Epikur', en *Reallexikon fur Antike und Christmtum*, vol V, pp. 681–819, Stuttgart, Hiersemann, 1961].
- STROZIER, Robert, *Epicurus and Hellenistic Philosophy*. Lanham, MD, University Press of America, 1985.
- TAYLOR, A., *Epicurus*, London, Constable, 1911.
- TREZZA, G., *Epicuro e l'epicureismo*, Milano, U. Hoepli, 1883.
- WARREN, James, (ed.), *The Cambridge Companion to Epicureanism*, Cambridge, Cambridge University Press, 2009.

Actas y obras colectivas sobre Epicuro, Lucrecio y el epicureísmo

- GIGANTE, Marcello, ΣΥΖΉΤΗΣΙΣ [*Syzētēsis*], *studi sull'epicureismo greco e romano offerti a Marcello Gigante I*, Napoli, G. Macchiaroli, 1983.
- GIANNANTONI, Gabriele y GIGANTE, Marcello, *Epicureismo greco e romano: atti del congresso internazionale, Napoli, 19–26 maggio 1993*, 2 vols., *Elenchos*, XXV (1 y 2), Napoli, Bibliopolis, 1996.
- ASSOCIATION GUILLAUME BUDÉ, *Actes du VIIIè Congrès: Paris 5–10 avril 1968*, Paris, Les Belles Lettres, 1969.

Ciencia en el mundo antiguo y durante el helenismo

- IRBY-MASSIE, Georgia y KEYSER, Paul, *Greek Science of the Hellenistic Era: A Sourcebook*, London, Routledge, 2002.
- KEYSER, Paul T. e IRBY-MASSIE, Georgia L., *The Encyclopedia of Ancient Natural Scientists: The Greek Tradition and Its Many Heirs*, Milton Park, Abingdon, Oxon, Routledge, 2008.
- LINDBERG, David, *Los inicios de la ciencia occidental: la tradición científica europea en el contexto filosófico, religioso e institucional: desde el 600 a. C. hasta 1450*, Barcelona, Paidós, 2002.
- LLOYD, G. E. R., *Greek Science after Aristotle*, New York, Norton, 1973.
- SAMBURSKY, Samuel, SOLÍS SANTOS, Carlos (trad.), *El mundo físico de los griegos*, Madrid, Alianza, 1990 [ed. org. *The Physical World of the Greeks*, London, Routledge & Kegan Paul Ltd. 1956].
- TATON, René (coord.), ARNALDEZ, Roger, SACRISTÁN, Manuel (trad.), *Historia general de las ciencias, vol. I. La Ciencia antigua y medieval: de los orígenes a 1450*, Barcelona, Destino, 1971 [ed. orig. *Histoire generale des sciences. T. 1 Des origines à 1450*, Paris, P.U.F., 1957].

- VON FRITZ, Kurt, GUANI, Marco (trad.), *Le origini della scienza in Grecia*, Bologna, Il Mulino, 1988 [ed. org. "Der Ursprung der Wissenschaft bei den Griechen", texto principal de *Grundprobleme der Geschichte der antiken Wissenschaft*, de Gruyter, Berlin/New York, 1971].

Física epicúrea, *Epístola a Heródoto*

- BOLLACK, Jean *et al.*, *La lettre d'Épicure*, Paris, Les éditions de Minuit, 1971.
- GARCÍA CALVO, Agustín, "Para la interpretación de la carta a Herodoto de Epicuro", *Emerita: Revista de lingüística y filología clásica*, nº 40, vol. 1, 1972, pp. 69–140.
- GARCÍA RÚA, José Luis, *El sentido de la naturaleza en Epicuro: algunos aspectos del discurso físico epicúreo*, Granada, Comares, 1996.
- SALEM, Jean, *Commentaire de la lettre d'Épicure à Hérodote*, Bruxelles, ed. OUSIA, 1993.
- VERDE, Francesco (ed., trad., com.), *Epistola a Erodoto*, Roma, Carocci, 2010.

Átomo epicúreo, atomismo presocrático

- ALFIERI, Vittorio Enzo, *Atomos Idea: l'origine del concetto dell'atomo nel pensiero greco*, Firenze, Felice Le Monnier, 1953.
- ATANASIJEVIĆ Ksenija [ATANASSIÉVITCH, Xénia], *L'atomisme d'Épicure*, Paris, Presses universitaires de France, [1927].
- BAILEY, Cyril, *The Greek atomists and Epicurus*, Oxford, Clarendon Press, 1928.
- BENN, A. W., "The Origin of the Atomic Theory", en *Mind, New Series*, nº 20, vol. 79, 1911, julio, pp. 394–398.
- BRUNSCHWIG, Jacques, "L'argument d'Épicure sur l'immutabilité du tout", en *Permanence de la philosophie. Mélanges offerts à Joseph Moreau*, Neuchâtel, La Baconnière, 1977.
- CASSINI, Alejandro, "El concepto clásico de átomo", en *Theoria: Revista de teoría, historia y fundamentos de la ciencia*, nº 7 (1/2/3), 1992, pp. 663–686.
- CHALMERS, Alan, *The scientist's atom and the philosopher's stone: how science succeeded and philosophy failed to gain knowledge of atoms*, Heidelberg, Springer, 2009.
- GIUSSANI, Carlo (ed., trad.), LUCRECIO, "Atomia, Capo II, *partes minimae* (ai versi I, 599–634)", en *De rerum natura libri sex. Volume primo, Studi Lucreziani*, Torino, G. Chiantore, 1923, pp. 56–74.
- GOEDECKEMEYER, Albert, *Epikurs Verhältnis zu Demokrit in der Naturphilosophie*, Strassburg, J. L. Trübner, 1897.

- KAHN, Charles, "The Greek Verb 'To Be' and the Concept of Being", en *Essays on Being*, Oxford, Oxford University Press, 2009.
- MAU, Jürgen, "Studien zur erkenntnistheoretischen Grundlage der Atomlehre im Altertum", en *Wissenschaftliche Zeitschrift der Humboldt-Universität zu Berlin* (Gesellschafts- und sprachwissenschaftliche Reihe, 2, n° 3, 1952/53, pp. 1–20.
-, *Zum Problem des Infinitesimalen bei den antiken Atomisten*, Berlin, Akademie-Verlag, 1954.
- MELSEN, Andrew van, *From atomos to atom: the history of the concept atom*, Pittsburgh, Duquesne University Press, 1952.
- MERLAN, Philip, "Neues Licht auf Parmenides" incialmente *en Archiv für Geschichte der Philosophie*, 48, 1966, pp. 267–276, reimpreso en MERLAN, Franziska (ed.), *Kleine philosophische Schriften*, Olms, Hildesheim / New York, 1976.
- MOREL, Jean-Pierre, "Epicurean atomism", en WARREN, *Companion*, *op. cit.*, sección: "from atoms to worlds", pp. 65–83.
- O'BRIEN, Denis, *Theories of weight in the ancient world: four essays on Democritus, Plato, and Aristotle: a study in the development of ideas*, Paris / Leiden, Les Belles Lettres / Brill, 1984.
- PYLE, Andrew, *Atomism and its critics: from Democritus to Newton*, Bristol, Thoemmes Press, 1997.
- VERDE, Francesco, *Elachista: la dottrina dei minimi nell'epicureismo: with English summary*, Leuven, Leuven University Press, 2013.

Infinitud, cosmos, vacío y mundo(s) en Epicuro

- AVOTINS, Ivars, "On Some Epicurean and Lucretian Arguments for the Infinity of the Universe", en *The Classical Quarterly*, n° 33, vol. 2, 1983, pp. 421–427.
- BRIEGER, Adolf, "Epikurs Lehre vom Raum, vom Leeren und vom All und die Lucrezischen Beweise für die Unendlichkeit des Alles, des Raumes und des Stoffes", en *Philologus*, n° 60, 1901, pp. 510–540.
- CANDEL, Miguel, *El nacimiento de la eternidad. Apuntes de filosofía antigua*, Barcelona, Idea books, 2002.
- FURLEY, David, "Aristotle and the atomist on motion in a void", en *Cosmic Problems: Essays on Greek and Roman Philosophy of Nature*, Cambridge (NY), Cambridge University Press, 1989, pp. 77–102.
-, "Cosmology", 'II: the Epicureans', en ALGRA, *Hellenistic Philosophy*, *op. cit.*, pp. 418–451.
-, "The Greek theory of the infinite universe", en *Journal of the History of Ideas*, n° 42, vol. 4, 1981, octubre-diciembre, pp. 571–585; también en *Cosmic Problems*, *op. cit.*, pp. 1–13.
-, *The Greek Cosmologists*, Cambridge, Cambridge University Press, 1987.

-, “The Earth in Epicureanism and Contemporary Astronomy”, en GIANNANTONI, Gabriele y GIGANTE, Marcello, *Epicureismo greco e romano: atti del congresso internazionale, Napoli, 19–26 maggio 1993*, vol. I, *Elenchos*, XXV (1), Napoli, Bibliopolis, 1996, pp. 119–25.
- INWOOD, Brad, “The origin of Epicurus’ concept of void”, en *Classical Philology*, nº 76, 1981, pp. 273–85.
- JAMMER, Max, *Concepts of Space: The History of Theories of Space in Physics*, Cambridge, Harvard University Press, 1954.
- KONSTAN, David, “Problems in Epicurean Physics”, en *Isis*, vol. 70, nº 3, septiembre, 1979, pp. 394–418; reimpreso en ANTON, John y PREUS, Anthony (eds.), *Essays in Ancient Greek Philosophy*, vol. 2, Albany (New York), State University of New York Press, 1983, pp. 431–464.
- KOYRÉ, Alexandre, *Del mundo cerrado al universo abierto*, Madrid, Siglo XXI de España, 1999.
- MASSON, John, *The Atomic Theory of Lucretius Contrasted with Modern Doctrines of Atoms and Evolution*, London, G. Bell, 1884.
- MONDOLFO, Rodolfo, *El infinito en el pensamiento de la antigüedad clásica*, Buenos Aires, Eudeba, 1972.
- MOREL, Jean-Pierre “Corps et cosmologie dans la physique d’Épicure. Lettre à Hérodote, § 45”, en *Revue de Métaphysique et de Morale*, nº 1, 2003, pp. 33–49.
- ROCA MELIÁ, Ismael, “Términos lucrecianos para los conceptos de átomo y de los cuatro elementos”, en *Helmantica: Revista de filología clásica y hebrea*, nº 31, vol. 96, 1980, pp. 363–382.
- SCHMID, Wolfgang, *Epikurs Kritik der platonischen Elementenlehre*, “Klassisch-philologische Studien”, Hft. 9, Leipzig, Harrassowitz, 1936.
- SEDLEY, David, “Two conceptions of vacuum”, en *Phronesis*, nº 27, vol. 1, 1982, pp. 175–93.
- SOLMSEN, Friedrich, “Epicurus on the growth and decline of the cosmos”, en *American Journal of Philology*, nº 74, 1953, pp. 35–51.
-, “Epicurus on void, matter and genesis: some historical observations”, en *Phronesis*; nº 22, vol. 1, enero, 1977, pp. 263–281.
- SORABJI, Richard, *Matter, motion and space. Theories in Antiquity and their Sequel*, Ithaca, N.Y., Cornell University Press, 1988.
- TAUB, Lisa, “Cosmology and meteorology”, en WARREN, *Companion, op. cit.*, pp. 104–125.
- WARREN, James, “Ancient atomists on the plurality of worlds”, en *Classical Quarterly*, nº 54, vol. 02, 2004, pp. 354–365.
- WIGODSKY, Michael, “Homoiotetes, stoicheia and homoiomereiai in Epicurus”, en *Classical Quarterly*, nº 57, vol. 2, 2007, pp. 521–542.

Clinamen, voluntad y libertad

- BARRIO GUTIÉRREZ José, "El 'clinamen' epicúreo", en *Revista de Filosofía*, XX, nº 78–79, 1961, pp. 319–336.
- BIGNONE, Ettore, "La dottrina epicurea del clinamen", incialmente incluido en la revista *Atene e Roma*, XLII, 1940, pp. 159—198, tomado de la reimpresión en *L'Aristotele perduto e la formazione filosofica di Epicuro*, Firenze, "La Nuova Italia", 1973, vol. II, pp. 409–456.
- BOBZIEN, Susanne, "Did Epicurus discover the Free-Will Problem?", en SEDLEY, David N. (ed.), *Oxford Studies in Ancient Philosophy, XIX*, 2000, Winter, Oxford, Oxford University Press, 2000.
- BOLLACK, Mayotte, "*Momen mutatum* (La deviation et le plaisir, Lucrèce II, 184 — 293)", en BOLLACK, Jean y LAKS André (eds.), *Études sur l'epicurisme antique*, Lille, Université de Lille 3, 1976, pp. 163–189.
- BRIEGER, Adolf, *Die Urbewegung der Atome und die Weltentstehung bei Leucipp und Demokrit*, Halle a. S., Heynemann, 1884.
- DIANO, Carlo, "Le problème du libre arbitre dans le Περὶ φύσεως", en DIANO, Carlo, *Scritti Epicurei*, Firenze, Leo S. Olschki, 1974.
-, "Le problème du libre arbitre dans le Περὶ φύσεως", en DIANO, Carlo, *Scritti Epicurei*, *op. cit.*, pp. 339–340, inicialmente publicado en ASSOCIATION GUILLAUME BUDÉ, *op. cit.*, pp. 337–42.
- ENGLERT, Walter G., *Epicurus on the Swerve and Voluntary Action*, Atlanta, Georgia, Scholars Press, 1987.
- FOWLER, Don, "Lucretius on the Clinamen and 'free Will' (II 251–93)", en GIGANTE, *Syzētēsis*, *I*, *op. cit*, p. 329–352.
-, *Lucretius on Atomic Motion: A Commentary on De Rerum Natura Book Two, Lines 1–332.* Oxford, Oxford University Press, 2002.
- FURLEY, David, *Two Studies in the Greek Atomists: Study I, Indivisible Magnitudes; Study II, Aristotle and Epicurus on Voluntary Action*, Princeton, New Jersey, Princeton University Press, 1967.
- GIUSSANI, Carlo, "'CLINAMEN' e 'VOLUNTAS' (A Lucrezio II 216 sgg., 251 sgg.; IV 877 sgg.)", pp. 1–2, separata del artículo homónimo publicado en COMPARETTI, Domenico (dir.), *Rivista di Filologia e d'Istruzione Classica*, año XXIII, serie, vol. I, fasc. I, Ermano / Loescher, Torino / Roma, 1895, pp. 93–133, incluido también en GIUSSANI, *Studi Lucreziani*, *op. cit.* pp. 126–169.
- GOMPERZ, Theodor, "Neue Bruchstücke Epicur's insbesondere über die Willensfrage", en *Sitzungsberichte der philosophisch-historischen Klasse der Kaiserlichen Akademie der Wissenschaften*, 1876, nº 93, 1–2.
- HEISENBERG, Werner, *Física y filosofía*, Buenos Aires, La Isla, 1959.

- ISNARDI PARENTE, Margherita, "Stoici, Epicurei e il 'motus sine causa", en *Filosofia e scienza nel pensiero ellenistico*, Napoli, Morano, 1991, pp. 109–122.
- KLEVE, Knut "*Id facit* exiguum *clinamen*", en *Symbolae Osloenses*, 01/1980, 55, pp. 27–31.
- MARTÍNEZ LORCA, Andrés, "La teoría de la libertad y el problema del 'clinamen' en Epicuro", en *Átomos, hombres y dioses: estudios de filosofía griega*, Madrid, Tecnos, 1988, p. 153–172.
- MARX, Karl, *Diferencia de la filosofía de la naturaleza en Demócrito y en Epicuro*, Madrid, Ayuso, 1971.
- O'KEEFE, Tim, "Action and Responsibility", en WARREN, *Companion, op. cit.*, sección "Reason and responsability", pp. 155–157.
-, *Epicurus on Freedom*, Cambridge, Cambridge University Press, 2005.
- OYARZÚN ROBLES, Pablo y MOLINA CANTÓ Eduardo, "Sobre el 'clinamen'", en *Méthexis. Revista Internacional de Filosofía Antigua = International journal for ancient philosophy*, n° 18, 2005, pp. 67–87.
- PRIGOGINE, Ilya, STENGERS, Isabelle, *Order Out of Chaos: Man's New Dialogue with Nature*, Toronto, Bantam Books, 1984.
- PURINTON, Jeffrey, "Epicurus on 'Free Volition' and the Atomic Swerve", en *Phronesis*, n° 44, vol. 4, 1999, pp. 253–299.
- SAUNDERS, Trevor J., "Lucretius on free will", en *Symbolae Osloenses: Norwegian Journal of Greek and Latin Studies*, vol. LIX, 1984, pp. 37–59.
- SCHMIDT, Ernst A., *Clinamen. Eine Studie zum dynamischen Atomismus der Antike, mit einem Beitrag von Hans Günter Dosch: Spontaneität in der Atomphysik des 20. Jahrhunderts*, Schriften der Philosophisch-historischen Klasse der Heidelberger Akademie der Wissenschaften, n° 42, Heidelberg, Winter Verlag 2007.
- SEDLEY, David, "Epicurus' Refutation of Determinism", en GIGANTE, *Syzētēsis, I, op. cit.*, pp. 11–51.
- SERRES, Michel, *El nacimiento de la física en el texto de Lucrecio: caudales y turbulencias*, Valencia, Pre-Textos, 1994.

Generación de los primeros coacervados, la vida, los animales en Epicuro

- BRIEN, Paul, "La génération des êtres vivants dans la philosophie épicurienne", en *Revue de Synthèse, XIIe Congrès d'histoire des sciences. Colloques: textes des rapports*, Paris, Albin Michel, serie 3ª, tomo LXXXIX, 49–52, série générale, 1968, pp. 307–321, reimpreso en *Actes du XIIe Congrès d'histoire des sciences*, Paris, Blanchard, 1970, tomo I. A, pp. 307–321.
- LONG, Anthony A., "Chance and natural law in Epicureanism", en *Phronesis*, n° 22, vol. 1, 1977, pp. 63–88.

- LUISI, Pier Luigi, *La vida emergente: de los orígenes químicos a la biología sintética*, Barcelona, Tusquets, 2010.
- SCHRIJVERS, P. H., "La pensée de Lucrèce sur l'origine de la vie ('De rerum natura' V 780–820)", en *Mnemosyne*, 4ª serie, vol. 27, fasc. 3, 1974, pp. 245–261.
- VIZGUIN, Viktor, "Evolución de la idea de sustancia química en la antigüedad (II): el caso de Epicuro", *Llull: Revista de la Sociedad Española de Historia de las Ciencias y de las Técnicas*, nº 15, vol. 29, 1992, pp. 415–428.
- WASZINK, J. H., "La création des animaux dans Lucrèce", en *Revue Belge de Philologie et d'Histoire*, nº 42, vol. 1, 1964, pp. 48–56.

Antropología, psicología e identidad en Epicuro

- ANNAS, Julia, *Hellenistic Philosophy of Mind*, Berkeley, University of California Press, 1991.
- BAYNE, Tim *et al.* (eds.) *Oxford Companion to Consciousness*, Oxford, Oxford University Press, 2009.
- BIGNONE, Ettore, "L'Aristotele perduto e la 'Gerusalemme liberata'", en *L'Aristotele perduto e la formazione filosofica di Epicuro*, Firenze, "La Nuova Italia", 1973, vol. II, Apéndice, pp. 357–377.
- BRIEGER, Adolf, *Epikurs Lehre von der Seele*, Halle a. S., Druck v. E. Karras, 1893.
- DIANO, Carlo, "La psicologia d'Epicuro e la teoria delle passioni", en *Giornale Critico della Filosofia Italiana*, XX, II serie, vol VIII; fasc. II, pp. 105–145, primera parte de un artículo publicado en cinco partes. Disponible también en DIANO, *Scritti*, *op. cit.*, pp. 129–180.
- EVERSON, Stephen, "Epicurean psychology", en ALGRA, *Hellenistic Philosophy*, *op. cit.*, pp. 542–559.
- FREDE, Dorothea y REIS, Burkhard (eds.), *Body and soul in ancient philosophy*, Berlin, de Gruyter, 2009.
- GILL, Christopher, "7. Psychology", en WARREN, *Companion*, *op. cit.*, pp. 125–141.
-, *The Structured Self in Hellenistic and Roman Thought*, Oxford, Oxford University Press, 2006.
- GIUSSANI, Carlo, "Psicologia epicurea. Al libro III di Lucrezio, vv. 136–416", en GIUSSANI, *Studi lucreziani*, *op. cit.*, pp. 183–217.
- HIRZEL Rudolf, "Über Entelechie und Endelechie", en *Rheinisches Museum für Philologie*, Nueva Serie, XXXIX, 39, 1884, pp. 169–208.
- KERFERD, G. B., "Epicurus' doctrine of the soul", en *Phronesis*, nº 16, vol. 1, 1971, pp. 80–96.

- LONG, A., "Lucretius and the Epicurean self", publicado inicialmente en ALGRA, KOENEN, SCHRIJVERS, *op. cit.*, pp. 125–139, y citado por la reimpresión en LONG, *Epicurus*, *op. cit.*, pp. 202–220.
-, *Greek Models of Mind and Self*, Cambridge, Massachusetts *et al.*, Harvard Univ. Press, 2015.
- MASI, Francesca, "La nozione epicurea di apogegennemena [ἀπογεγεννημένα]", en *Cronache Ercolanesi*, vol. 35, 2005, pp. 27–51.
- MOREL, Jean Pierre, "L'âme et ses facultés", en *Épicure*, *op. cit.*, pp. 101–115.
- REICHENAUER, Georg, "Demokrits Seelenmodell und die Prinzipien der atomistischen Physik", en FREDE, REIS, *op. cit.*, pp. 131–142.
- REISACKER, Anton Joseph, *Epicuri de animorum natura doctrinam, a Lucretio discipulo tractatam*, Colonia Agripinnae (Köln), Bachem (Bach), 1855.
- ROHDE, Erwin, ROCES, Wenceslao (trad.), *Psique: la idea del alma y la inmortalidad entre los griegos*, México, Fondo de Cultura Económica, 1948 [ed. orig. *Psyche. Seelencult und Unsterblichkeitsglaube der Griechen*, Freiburg u. a., Mohr, 1894].
- SNELL, Bruno, FONTCUBERTA Joan (trad.), *El descubrimiento del espíritu: estudios sobre la génesis del pensamiento europeo en los griegos*, Barcelona, El Acantilado, 2008 [ed. orig. *Die Entdeckung des Geistes: Studien zur Entstehung des europäischen Denkens bei den Griechen*, Göttingen, Vandenhoeck und Ruprecht, 1975].
- VON STADEN, Heinrich, "Body, Soul, and Nerves: Epicurus, Herophilus, Erasistratus, the Stoics, and Galen", en WRIGHT, John P. y POTTER, Paul (eds.), *Psyche and Soma: Physicians and Metaphysicians on the Mind-Body Problem From Antiquity to Enlightenment*, Oxford, Clarendon Press, 2002, pp. 80–87.

Teología epicúrea

- ACOSTA MÉNDEZ, Eduardo, "Sobre algunos planteamientos ético-teológicos en Aristóteles y Epicuro", *Anuario de Filología*, Universidad de Barcelona, nº 7, 1981, pp. 9–48.
- ARMSTRONG, David *et al.*, (eds.), *Vergil, Philodemus, and the Augustans*, University of Texas Press, Austin, 2004.
- BOLLACK, Jean, REYES, Patricia (trad.), *La Grecia de nadie: las palabras dentro del mito*, México, D. F., Siglo Veintiuno Editores, 1999, p. 335 [ed. orig. *La Grèce de personne: les mots sous le mythe*, Paris, Éditions du Seuil, 1997].
- DODDS, Eric Robertson, ARAUJO, María (trad.), *Los griegos y lo irracional*, Madrid, Alianza, 1997 [ed. orig. *The Greeks and the irrational*, Berkeley, University of California Press, 1951].

- DROZDEK, Adam, "Epicurean gods", en *Classica et mediaevalia: revue danoise de philologie et d'histoire*, vol. 56, 2005, pp. 155–166.
- ESSLER, Holger, *Glückselig und unsterblich. Epikureische Theologie bei Cicero und Philodem, mit einer Edition von Pherc. 152/157, Kol. 8–10*, Basel, Schwabe, 2011.
- FESTUGIÈRE, A. J., SIGAL, León (trad.), *Epicuro y sus dioses*, Buenos Aires, EUDEBA, 1963 [ed. orig. *Épicure et ses dieux*, Paris, PUF, 1946].
- FREYMUTH, Günther, *Zur Lehre von den Götterbildern in der epikureischen Philosophie*, Berlin, Deutsche Akademie der Wissenschaften zu Berlin, Institut für hellenistisch-römische Philosophie, 1953.
- GIUSSANI, "Gli Dei di Epicuro e la isonomia", en *Studi lucreziani, op. cit.*, pp. 228–266.
- KLEVE, Knut, "Epicurean Theology and Herculaneum Papyri", en *Cronache Ercolanesi*, nº. 33, vol. 1, 2003, pp. 249–266.
-, *Gnosis theon: die Lehre von der natürlichen Gotteserkenntnis in der epikureischen Theologie: Ausgangspunkt der Studie, Cicero, De natura deorum I*, Osloae, in aedibus universitetsforlaget, 1963.
- KONSTAN, David, "Epicurus on the gods", capítulo IV, en FISH, SANDERS, *op. cit.*, pp. 53–71.
- LACHELIER, J., "*Les dieux d'Épicure d'après* le De Natura Deorum de Cicéron", en *Revue de philologie, de littérature et d'histoire anciennes*, vol. 1, No. 3, 1877, pp. 264–266.
- LEMKE, Dietrich, *Die Theologie Epikurs. Versuch einer Rekonstruktion*, München, Beck, 1973.
- MALAMOUD, Charles y VERNANT Jean Pierre (dirs.), *Corps des dieux*, Paris, Gallimard, 2003.
- MANSFELD, Jaap, "Aspects of Epicurean theology", en *Mnemosyne*, nº 46, fasc. 2, 1993, pp. 172–210.
- MÉNDEZ LLORET, Isabel, "La teología epicúrea: la concepción de la divinidad y su incidencia en la vida humana", en *Pensamiento*, nº 53, vol. 205, 1997, pp. 33–52.
- MERLAN, Philip, "Aristoteles und Epikurs Müssige Götter", en *Zeitschrift für Philosophische Forschung*, nº 21, vol. 4, 1967, pp. 485–498.
- MOREAU, Joseph, "Épicure et la physique des dieux", en *Revue des Études anciennes*, LXX, (1968), pp. 286–294; posteriormente en MOREAU, Joseph, *Stoïcisme. Épicurisme. Tradition hellénique*, Paris, J. Vrin, 1979, 129–138.
- OBBINK, Dirk, "'All Gods are true' in Epicurus", en FREDE, Dorothea y LAKS, André (eds.), *Traditions of theology: studies in Hellenistic theology, its background and aftermath* (Philosophia antiqua, vol. 89), Leiden: Brill 2002, pp. 183–222.
- OTTO, Walter, PÒRTULAS, Jaume (prol.), BERGE Rodolfo y MURGUÍA ZURIARRAIN Adolfo (trads.), *Los dioses de Grecia*, Madrid, Siruela, 2003.

- PFLIGERSDORFFER, Georg, "Cicero über Epikurs Lehre vom Wesen der Götter (*nat. deor.* 1,49)", en *Wiener Studien*, vol. 70, 1957, pp. 235–253.
- PHILIPPSON, Robert, "Zur epikureischen Götterlehre", en *Hermes. Zeitschrift für klassiche Philologie*, nº 51, 1916, pp. 568–608, reimpreso en PHILIPPSON, Robert, SCHMID, Wolfgang, CLASSEN, Carl Joachim, (eds.), *Studien zu Epikur und den Epikureern*, Hildesheim, Olms, 1983, pp. 90–131.
- SCHMID, Wolfgang, "Götter und Menschen in der Theologie Epikurs", en *Rheinisches Museum für Philologie*, nº 94, 1951, pp. 97–156.
- SCHOEMANN, Georg Friedrich, *De Epicuri theologia*, Gryphiswaldiae [Greifswald], Kunike, 1864, incluido en SCHOEMANN, Georg Friedrich, *Opuscula academica, volumen IV: miscelanea*, Berolini, apud Weidmannos, 1872, pp. 336–359.
- SCOTT, Walter,"The physical constitution of the Epicurean gods", en *Journal of Philology*, nº 12, 1883, pp. 212–47.
- SHAKHNOVICH, Marianna, "Theological paradox in Epicurus", en GORDON, SUITS, *op. cit.*, pp. 157–165.
- WIFSTRAND SCHIEBE, Marianne, "Sind die epikureischen Götter 'thought-constructs'?", en *Mnemosyne*, nº 56, 2003, pp. 703–727.
- WIGODSKY, Michael, "Emotions and immortality in Philodemus *On the gods 3* and the *Aeneid*", en ARMSTRONG, *op. cit.*, pp. 211–228.

Λογος, relación, analogía, juicio y correlación ontológica y cognitiva entre visible e invisible

- ANNAS, Julia, "La natura nell'etica epicurea", en GIANNANTONI, GIGANTE, *op. cit.*, *I*, pp. 299–311.
- ASMIS, Elizabeth, *Epicurus' Scientific Method*, Ithaca, N.Y., Cornell University Press, 1984.
- BARTHA, Paul, "Analogy and Analogical Reasoning", en ZALTA, Edward N. (ed.), *The Stanford Encyclopedia of Philosophy* (Fall 2013 Edition), consultado el 20 de marzo de 2014 y disponible en la página URL = <http://plato.stanford.edu/archives/fall2013/entries/reasoning-analogy/>.
- BERRYMAN, Sylvia, *The Mechanical Hypothesis in Ancient Greek Natural Philosophy*, Cambridge, Cambridge University Press, 2009.
- BRANDT, Thomas, *Ana ton auton logon: zur Entwicklung des Gebrauchs der Analogie in der griechischen Philosophie*, Marburg, [*s.n.*], 1977.
- CAVALLI, Riccardo, "Il processo di ἐπαίσθησις presso gli Epicurei", en *Würzbuger Jahrbücher für die Altertumswissenschaft*, vol. 36, 2012, pp. 157–168.

- DETEL, Wolfgang, "Aἴσθησις und Λογισμός. Zwei Probleme der epikureischen Methodologie", en *Archiv für Geschichte der Philosophie*, vol. 57, 1975, pp. 21–35.
- DEWITT, Norman, "Epicurus: all Sensations are True", en *Transactions and Proceedings of the American Philological Association*, nº 74, 1943, pp. 19–32.
- DILLER, Hans, "Οψις ἀδηλων τα φαινόμενα", en *Hermes*, nº 67, 1932, pp. 14–42.
- EVERSON, Stephen, "Epicurus on the truth of the senses", en EVERSON, Stephen (ed.), *Epistemology*, Cambridge [England], Cambridge University Press, 1990, pp. 161–183.
- FURLEY, David, "Knowledge of atoms and void in Epicureanism", en ANTON, John Peter, KUSTAS, George L. y PREUS, Anthony (eds.), *Essays in Ancient Greek Philosophy*, New York, State University of New York Press, 1971, pp. 607—619.
- GARANI, Myrto, *Empedocles Redivivus: Poetry and Analogy in Lucretius*, London, Routledge, 2012.
- GENTNER, Dedre *et alii*, *The Analogical Mind: Perspectives from Cognitive Science*, Cambridge, MA, The MIT Press, 2001.
- GIANNANTONI, Gabriele, "Epicuro e l'ateismo antico", en GIANNANTONI, GIGANTE, *I*, *op. cit.*, pp. 21–63.
- GIOVACCHINI, Julie, *L'empirisme d'Épicure*, Paris, Classiques Garnier, 2012.
- GRANELL, Manuel, *Lógica*, Madrid, Revista de Occidente, 1949.
- HARRY, Brigid, "Epicurus: Some Problems in Physics and Perception", en *Greece & Rome*, Second Series, vol. 17, nº 1, Apr., 1970, pp. 58–63.
- HARTMANN, Eduard Von y KERN, Fritz. *Kategorienlehre*, Leipzig, Felix Meiner, 1923.
- HØFFDING, Harald, COUSSANGE, Jacques de (trad.), *La relativité philosophique totalité et relation*, Paris, F. Alcan, 1924.
- HØFFDING, Harald, *Der Begriff der Analogie*, Darmstadt, WBG, 1967 (original de 1924).
- HOFSTADTER, Douglas R., y SANDER, Emmanuel, *Surfaces and Essences: Analogy as the Fuel and Fire of Thinking*, New York, Basic Books, 2013.
- HOROVITZ (SLAN), Thekla, *Vom Logos zur Analogie: die Geschichte eines mathematischen Terminus*, Zürich, H. Rohr, 1978.
- JÜRSS Fritz, "Epikur und das Problem des Begriffes (Prolepse)", en *Philologus: Zeitschrift für antike Literatur und ihre Rezeption*, nº 121, vol. 1, enero de 1977, pp. 211–225.
-, "Wissenschaft und Erklärungspluralismus im Epikureismus", en *Philologus. Zeitschrift für antike Literatur und ihre Rezeption*, nº 138, vol. 2, 1994, pp. 235–251.
-, *Die epikureische Erkenntnistheorie*, Berlin, Akademie Verlag, 1991.
- KING, R. A. H., *Common to body and soul: philosophical approaches to explaining living behaviour in Greco-Roman antiquity*, Berlin, De Gruyter, 2006.

- KLEVE, Knut, "Zur epikureischen Terminologie", en *Symbolae Osloenses: Norwegian Journal of Greek and Latin Studies*, nº 38, vol. 1, 1963, pp. 24–31.
- LLOYD, G. E. R., VEGA, Luis (trad.), *Polaridad y analogía: dos tipos de argumentación en los albores del pensamiento griego*, Madrid, Taurus, 1987 [ed. orig. *Polarity and Analogy; Two Types of Argumentation in Early Greek Thought*, Cambridge [Eng], University Press, 1966].
- LOVEJOY, Arthur O., *The Great Chain of Being; A Study of the History of an Idea*, New York, Harper & Row, 1960.
- MACH, Ernst, "Über das Prinzip der Vergleichung in der Physik", en *Populär-wissenschaftliche vorlesungen*, Leipzig, J.A. Barth, 1896.
-, "Die Ähnlickeit und die Analogie als Leitmotiv der Forschung", en *Erkenntnis und Irrtum. Skizzen zur Psychologie der Forschung*, Leipzig, J. A. Barth, 1917.
- PLATZECK, Erhard-Wolfram, *La evolución de la lógica griega en el aspecto especial de la analogía: [desde la época de los presocráticos hasta Aristóteles]*, Barcelona, CSIC, 1954.
- REESOR, Margaret E., "Anaxagoras and Epicurus,", en ANTON, John P. y PREUS, Anthony (eds.), *Essays in Ancient Greek Philosophy, II*, Albany, State University of New York, 1983, pp. 93–106.
- REGENBOGEN, Otto, "Eine Forschungsmethode antiker Naturwissenschaft", originalmente publicado en 1930 y reeimpreso en REGENBOGEN, Otto, DIRLMEIER, Franz (ed.), *Kleine Schriften*, München, C. H. Beck, 1961, pp. 141–194.
- SCHIESARO, Alessandro, *Simulacrum et imago: gli argomenti analogici nel "De rerum natura"* Pisa, Giardini, 1990.
- SCHRIJVERS, P. H., "Le regard sur l'invisible", en *Lucrèce et les sciences de la vie*, suplemento 186 de *Mnemosyne: Bibliotheca Classica Batava*, Leiden, Brill, 1999, pp. 183–213.
- SCOTT, Dominic, "Epicurean Illusions", en *Classical Quarterly*, nº 39, vol. 02, 1989, pp. 360–374.
- SEDLEY, David, "Epicurus and the Mathematicians of Cyzicus", en *Cronache Ercolanesi*, nº 6, 1976, pp. 23–54.
- SERRUS, Charles, *Traité de logique*, Paris, Aubier-Montaigne, 1945.
- SOLANA DUESO, J., "En el principio fue la relación", CRUZ, Manuel *et al.*, *Historia, lenguaje, sociedad. Homenaje a Emilio Lledó*, Barcelona, Crítica, 1989, pp. 25–39.
- STAMMBERGER, Ralf M. W., *On Analogy: An Essay Historical and Systematic*, Frankfurt am Main, P. Lang, 1995.
- STRIKER, Gisela, "Epicurus on the Truth of Sense Impressions", en *Archiv für Geschichte der Philosophie*, nº 59, vol. 2, 1977, pp. 125–142, reimpreso en *Essays*, *op. cit.*, pp. 77–91.

-, "κριτήριον τῆς ἀληθείας", en *Essays on Hellenistic epistemology and ethics*, Cambridge [England], Cambridge University Press, 1996, pp. 22–76, reimpresión del mismo artículo publicado en *Nachrichten der Akademie der Wissenschaften zu Göttingen, I. Phil.-hist. Klasse*, 2, 1974, pp. 48–110.
- SZABÓ, Árpád, "Die frühgriechische Proportionenlehre im Spiegel ihrer Terminologie", en *Archive for History of Exact Sciences*, vol. 2, n° 3, 1964, pp. 197–270.
-, *The Beginnings of Greek Mathematics*, Dordrecht (Holanda) / Budapest, Reidel / Akadémiai Kaidó, 1978.
- TEPEDINO, A. y TORRACA, L., "Etica e Astronomia nella polemica epicurea contro i Ciziceni", en GIANNANTONI, GIGANTE, *op. cit.*, I, pp. 127–154.
- VOSNIADOU, Stella y ORTONY, Andrew (eds.), *Similarity and Analogical Reasoning*, Cambridge, Cambridge University Press, 1989.
- WASSERSTEIN, Abraham, "Epicurean Science", en *Hermes: Zeitschrift für Klassische Philologie*, vol. 106, n° 3, 1978, pp. 484–494.

La relación reflexiva como conciencia

- ÁLVAREZ MUNÁRRIZ, L. y COUCEIRO DOMÍNGUEZ, Enrique, (coords.), *La conciencia humana: perspectiva cultural*, Rubí, Barcelona, Anthropos, 2005.
- JEREMIAH, Edward, *The Emergence of Reflexivity in Greek Language and Thought: From Homer to Plato and Beyond*, Leiden, Boston, Brill, 2012.
- MONDOLFO, Rodolfo, *La comprensión del sujeto humano en la cultura antigua*, Buenos Aires, EUDEBA, 1968.
-, *La conciencia moral, de Homero a Demócrito y Epicuro*, Buenos Aires, EUDEBA, 1962.
- ROBB, Kevin, "Psyche and Logos in the Fragments of Heraclitus", en *The Monist*, n° 69, vol. 3, 1986, pp. 315–351.
- SORABJI, Richard, "Soul and self in ancient philosophy", en CRABBE, M. James C. (ed.), *From Soul to Self*, London, Routledge, 1999, pp. 8–32.
-, *Moral Conscience through the Ages: Fifth Century BCE to the Present*, Chicago, The University of Chicago Press, 2014.
- VERNANT, Jean-Pierre, *El individuo, la muerte y el amor en la antigua Grecia*, Barcelona, Paidós, 2001 [ed. orig. *L'individu, la mort, l'amour. Soi-même el l'autre en Grèce ancienne*, Paris, NRF, Gallimard, 1989].
- ZUCKER, Friedrich, *Syneidesis - Conscientia: ein Versuch zur Geschichte des sittlichen Bewusztseins im griechischen und im griechisch-römischen Altertum*, Jena, G. Fischer, 1928.

La relación recíproca como projimidad

- GILL, Christopher *et al.* (eds.), *Reciprocity in Ancient Greece*, New-York, Oxford University Press, 1998.
-, "Altruism or Reciprocity in Greek Ethical Philosophy?", en GILL, *Reciprocity, op. cit.*, pp. 303–328.
- KONSTAN, David, "Reciprocity and Friendship", en GILL, *Reciprocity, op. cit.*, pp. 279–302.
- LAÍN ENTRALGO, Pedro, *Teoría y realidad del otro, 2,* Madrid, Revista de Occidente, 1961.

Filosofía antigua y medicina

- ALSINA CLOTA, José, *Los orígenes helénicos de la medicina occidental,* Madrid, Guadarrama, 1982.
- ALTHOFF, Jochen, "Aristoteles als Medizindoxograph", en EIJK, Ph. J. van der (coord.), *Ancient histories of medicine: essays in medical doxography and historiography in classical antiquity,* Lieden, Brill, 1999, pp. 57–94.
- AYACHE Laurent, "Le cas de Démocrite: du diagnostic médical à l'évaluation philosophique"en WITTERN, Renate y PELLEGRIN, Pierre (eds.), *Hippokratische Medizin und antike Philosophie,* Zürich-New-York, 1996, pp. 63–75.
- BRUNSCHN, Wolfram (coord.), *Antike Medizin im Schnittpunkt von Geistes- und Naturwissenschaften Internationale Fachtagung aus Anlass des 100-jährigen Bestehens des Akademievorhabens "Corpus Medicorum Graecorum/Latinorum",* Berlin, Walter de Gruyter, 2009.
- CHRISTODOULOU, G. N., *Psychosomatic Medicine: Past and Future,* New York, Plenum Press, 1987.
- DILLER, Hans, "Hippokratische Medizin und Attische Philosophie", en *Hermes. Zeitschrift für klassische Philologie,* nº 80, vol. 4, pp. 385–409, reimpreso en DILLER, Hans (aut.), BAADER, Gerhard y GRENSEMANN, Hermann (eds.), *Kleine Schriften zur antiken Medizin,* Berlin, New York, De Gruyter, 1973, pp. 46–70.
- EDELSTEIN, Ludwig, TEMKIN, Owsei (ed.), *Ancient Medicine: Selected Papers of Ludwig Edelstein,* Baltimore, Johns Hopkins Press, 1967.
-, "The relation of Ancient Philosophy to Medicine", en EDELSTEIN, *op. cit.*, pp. 349–366.
- EIJK, Ph. J. van der (coord.), *Ancient histories of medicine: essays in medical doxography and historiography in classical antiquity,* Lieden, Brill, 1999.
- EIJK, Ph. J. van der, *Medicine and Philosophy in Classical Antiquity, Doctors and Philosophers on Nature, Soul, Health and Disease,* Cambridge, UK, Cambridge University Press, 2005.

- FRAENKEL, Hermann, SÁNCHEZ, Ricardo (trad.), *Poesía y filosofía de la Grecia arcaica: una historia de la épica, la lírica y la prosa griegas hasta la mitad del siglo quinto*, col. Balsa de la Medusa, nº 63, Madrid, A. Machado Libros, 2004 [ed. orig. *Dichtung und Philosophie des frühen Griechentums; eine Geschichte der griechischen Epik, Lyrik und Prosa bis zur Mitte des fünften Jahrhunderts*, München, Beck'sche Verlagsbuchhandlung, 1962].
- FLASHAR, Hellmut (ed.), *Antike Medizin*, Darmstadt, WBG, 1971.
- FOUCAULT, Michel, SEGOVIA, Tomás (trad.), *Historia de la sexualidad. 3: La inquietud de sí (sic;* luego *"cuidado")*, México, Siglo XXI, 1987 [ed. orig. *Histoire de la sexualité. 3. Le souci de soi*, Paris, Gallimard, 1984].
- FREDE, Michael, *Essays in Ancient Philosophy*, Minneapolis, University of Minnesota Press, 1987.
- GARBER, James J., *Harmony in Healing: The Theoretical Basis of Ancient and Medieval Medicine*, New Brunswick (USA) - London (UK), Transaction Publishers, 2008.
- GERABEK, Werner E., *et al.*, *Enzyklopädie Medizingeschichte*, Berlin, De Gruyter, 2005.
- GIL FERNÁNDEZ, Luis, *Therapeia: la medicina popular en el mundo clásico*, Madrid, Triacastela, 2004.
- GUTHRIE, Douglas, *A History of Medicine*, London, New York, T. Nelson and Sons, 1945.
- JAEGER, Werner, "Medizin als methodisches Vorbild in der Ethik des Aristoteles", en *Zeitschrift für Philosophische Forschung*, nº 13, vol. 4, 1959, pp. 513–530.
- KINGSLEY, Peter, FRANCÍ, Carmen (trad.), *En los oscuros lugares del saber*, Gerona, Atlanta, 2010 [ed. orig. *In the dark places of wisdom*, Inverness, California, Golden Sufi Center, 1999].
- KRUG, Antje, *Heilkunst und Heilkult: Medizin in der Antike*, München, C.H. Beck, 1985.
- LAÍN ENTRALGO, Pedro, *La curación por la palabra en la antigüedad clásica*, Madrid, Revista de occidente, 1958.
- LESCHHORN (KOCOT), Ilona-Eva, *Der Gesundheits- und Krankheitsbegriff in der griechischen Antike von Homer bis Demokrit*, Aachen, Techn. Hochschule, Diss., 1985.
- LEVEN, Karl-Heinz, *Antike Medizin: ein Lexikon*, München, Beck, 2005.
- LEVIN, Susan B. *Plato's rivalry with medicine: a struggle and its dissolution*, Oxford / New York, Oxford University Press, 2014.
- LONGRIGG, James, *Greek Rational Medicine: Philosophy and Medicine from Alcmaeon to the Alexandrians*, London / New York, Routledge, 2013.
- MEIER, Carl Alfred, *Der Traum als Medizin: antike Inkubation und moderne Psychotherapie*, Zürich, Daimon, 1985.

- NUTTON, Vivian, *Ancient Medicine*, London, Routledge, 2004.
- PHILLIPS, E. D., *Greek Medicine*, London, Thames and Hudson, 1973.
- SCHUMACHER, Joseph, *Antike Medizin; die naturphilosophischen Grundlagen der Medizin in der griechischen Antike*, Berlin, De Gruyter, 1963, 2ª edición mejorada (primera de 1940).
-, *Die Anfänge abendländischer Medizin in der griechischen Antike*, Stuttgart, Kohlhammer, 1965.
- SIGERIST, Henry E., *A History of Medicine Vol. 2: Early Greek, Hindu, and Persian medicine*, New York, Oxford Univ. Press, 1961.
- STÜCKELBERGER, Alfred, *Vestigia Democritea: die Rezeption der Lehre von den Atomen in der antiken Naturwissenschaft und Medizin*, Basel, Reinhardt, 1984.
- VEGETTI, Mario, *La medicina in Platone*, Venezia, Cardo, 1995.
- VON WILAMOWITZ-MOELLENDORFF, Ulrich, *Der Glaube der Hellenen*, Berlin, Weidmann, 1931, 2 vols.

La ética epícurea

- ACOSTA MÉNDEZ, Eduardo, *Estudios sobre la moral de Epicuro y el Aristóteles esotérico*, Madrid, Fundación Juan March, 1977.
- CARRICK, Paul, *Medical Ethics in the Ancient World*. Washington, D.C., Georgetown University Press, 2001.
- GARCÍA GUAL, Carlos, y ACOSTA MÉNDEZ, Eduardo, *Ética de Epicuro, la génesis de una moral utilitaria*, Barcelona, Barral Editores, 1974.
- GUISÁN, Esperanza, *Manifiesto hedonista*, Barcelona, Anthropos, 1990.
- GUYAU, Jean-Marie, *La Morale d'Épicure et ses rapports avec les doctrines contemporaines*, Paris, Librairie Germer Bailliere, 1878.
- MÜLLER, Reimar, *Die epikureische Ethik*, Berlin, Akademie, 1991.
- PASQUALI, Antonio, *La moral de Epicuro*, Caracas, Monte Ávila, 1970.
- PREUSS, Peter, *Epicurean Ethics: Katastematic Hedonism*, Lewiston, E. Mellen Press, 1994.
- WUNDT, Max, *Geschichte der griechischen Ethik, 2er Band*, Leipzig, Engelmann, 1911.

La importancia de la ética práctica: psicoterapia y cuidado de sí epicuréos

- ACOSTA MÉNDEZ, Eduardo, "En torno al Protréptico de la Carta de Meneceo a Epicuro", en *Helmantica. Revista de Filología Clásica y Hebrea*, nº 31, 1980, pp. 110–114.

- BIGNONE, Ettore, "L'originalità della concezione etica epicurea nella storia della vita e della cultura classica", cap. XII, en *Aristotele*, vol. II, *op. cit.*, pp. 219–238.
- BOYANCÉ, Pierre, "La religion astrale de Platon à Cicéron", en *Revue des Études Grecques*, tomo 65, fasciculo 306–308, juillet / décembre, 1952, pp. 312–350.
-, *Le culte des muses chez les philosophes grecs: études d'histoire et de psychologie religieuses*, Paris, E. de Boccard, 1936.
- BUDDENSIEK Friedemann, "Stoa und Epikur: Affekte als Defekte oder als Weltbezug?", en LANDWEER, Hilge y RENZ, Ursula, *Klassische Emotionstheorien: von Platon bis Wittgenstein*, Berlin, New York, De Gruyter, 2008, pp. 70–93.
- CORDERO, Néstor Luis, "El enigma de la risa de Demócrito", en GONZÁLEZ DE TOBIA, Ana María (ed.), *Los griegos: otros y nosotros*, La Plata, Ediciones Al Margen, 2001, pp. 9–21.
- DELATTRE, Daniel, "Le Sage épicurien face à la colère et à l'ivresse: une lecture renouvelée du *De ira* de Philodème", en *Cronache Ercolanesi*, nº 39, 2009, pp. 71–88.
- DEWITT, Norman, 'The Epicurean Doctrine of Gratitude', en *American Journal of Philology*, nº 58, 1937, pp. 310–328.
- ERLER, Michael, "*Philologia medicans.* La lettura delle opere di Epicuro nella sua scuola", en GIANNANTONI, GIGANTE, *op. cit.*, vol 2., pp. 513–526.
- FUSARO, Diego, *La farmacia di Epicuro. La filosofia come terapia dell'anima*, Padova, Il Prato, 2006.
- GABAUDE, Jean-Marc, "Originalité de l'éducation selon l'épicurisme", en *Διοτίμα - Diotima*, nº 11, 1983, pp. 53–66.
- GARCÍA GUAL, Carlos, "Epicuro, el liberador", en *Estudios clásicos*, tomo 14, nº 61, 1970, pp. 379–408.
- GIGANTE Marcello, "*Philosophia medicans* in Filodemo", en *Cronache Ercolanesi* nº 5, 1975, pp. 53–61.
-, "Philodème. Sur la liberté de parole", en ASSOCIATION GUILLAUME BUDÉ, *op. cit.*, pp. 196–217.
- GOLDSCHMIDT, Victor, *Les Dialogues de Platon; structure et méthode dialectique*, Paris, Presses universitaires de France, 1963.
- GOWANS, CHRISTOPHER W., "Medical Analogies in Buddhist and Hellenistic Thought: Tranquillity and Anger", en CARLISLE, Clare y GANERI, Jonardon, *Philosophy As Therapeia*, Cambridge, Cambridge University Press, 2010, pp. 11–33.
- GRANGER, Gilles-Gaston, RIVAROLA, Nannina (trad.), *La Razón*, Buenos Aires, EUDEBA, 1959 [ed. orig. *La raison*, Paris, PUF, 1958].
- HADOT, Ilsetraut, "Épicure et l'enseignement philosophique hellénistique et romain", en ASSOCIATION GUILLAUME BUDÉ, *op. cit.*, pp. 347–353.

-, *Seneca und die griechisch-römische Tradition der Seelenleitung*, Berlin, de Gruyter, 1969.
- HADOT, Pierre (au.), PAVIE, Xavier (pref.), HOFFMANN, Philippe, (biogr.), *Discours et mode de vie philosophique*, Paris, les Belles Lettres, 2014.
-, "La philosophie antique: une éthique ou une pratique?" aparecido inicialmente en BRISSON, Luc, y DEMONT Paul (eds.), *Problèmes de la morale antique*, Amiens, Faculté des lettres, Université de Picardie-Jules Verne, 1993, pp. 7–37 y tomados de HADOT, PAVIE, HOFFMANN, *op. cit.*, pp. 155–176.
-, CARLIER, Jeannie y DAVIDSON Arnold I., *La filosofía como forma de vida conversaciones con Jeannie Carlier y Arnold I. Davidson*, Barcelona, Alpha Decay, 2009 [ed. orig. *La philosophie comme manière de vivre: entretiens avec Jeannie Carlier et Arnold I. Davidson*, Paris, Albin Michel, 2001].
-, PALACIO, Javier (trad.), *Ejercicios espirituales y filosofía antigua*, Madrid, Siruela, 2006 [ed. orig. *Exercices spirituels et philosophie antique*, Paris, Albin Michel, 2002].
-, CUCURELLA, María, *No te olvides de vivir: Goethe y la tradición de los ejercicios espirituales*, Madrid, Siruela, 2010 [ed. orig. *N'oublie pas de vivre: Goethe et la tradition des exercices spirituels*, Paris, A. Michel, 2008].
- HORN, Christoph, *Antike Lebenskunst: Glück und Moral von Sokrates bis zu den Neuplatonikern*, München, Beck, 1998.
- HORNE R. A., "Atomism in ancient medical history", en *Medical History* n° 7, 1963, pp. 317–29.
- ISNARDI, "Il 'carattere pratico' e il pensiero di Epicuro", en, op. cit., pp. 43–79.
- JOLIBERT, Bernard, *Raison et éducation: l'idée de raison dans l'histoire de la pensée éducative*, Paris, Klincksieck, 1987.
- JUFRESA, Montserrat, "Il tempo e il sapiente epicureo", en GIANNANTONI, GIGANTE, *op. cit.*, vol. 1, pp. 287–298.
- KIMMICH, Dorothee, *Epikureische Aufklärungen: philosophische und poetische Konzepte der Selbstsorge*, Darmstadt, Wissenschaftliche Buchgesellschaft, 1993.
- KOETS, Peter John, Δεισϊδαιμονία [*Deisidaimonia*]: *A Contribution to the Knowledge of the Religious Terminolgy in Greek*, Purmerend, J. Muusses, 1929.
- KONSTAN, David, "Epicurean 'Passions' and the Good Life", en REIS, Burkhard y HAFFMANS, Stella (eds.), *The Virtuous Life in Greek Ethics*, Cambridge, UK, Cambridge University Press, 2006, pp. 194–205.
- LONG, "Pleasure and social utility: the virtues of being Epicurean", en *From Epicurus*, *op. cit.*, pp. 178–210.
- LUCAS, David, "La philosophie antique comme soin de l'âme", en *Le Portique* [en línea], 4–2007 | Soin et education (II), puesto en línea el 14 de junio de 2007, consultado el 09 novembre 2015, URL: http://leportique.revues.org/948.

- MÉNDEZ LLORET, Isabel, "Problemas relacionados con la adivinación: *De Pyth. Orac. 10*", en JUFRESA, Montserrat *et al.* (ed.), *Plutarc a la seva època: paideia i societat: Actas del VIII Simposio Internacional de la Sociedad Española de Plutarquistas: Barcelona, 6–8 noviembre de 2003*, Barcelona, Sociedad Española de Plutarquistas, 2005, pp. 373–378.
- MOMIGLIANO, Arnaldo, "Freedom of Speech in Antiquity", en WIENER Philip P. (ed.), *Dictionary of the History of Ideas*, vol. 2, New York, Charles Scribner's Sons, 1973.
- NUSSBAUM, Martha Craven, CANDEL, Miguel (trad.), *La terapia del deseo: teoría y práctica en la ética helenística*, Barcelona, Paidós, 2003 [ed. orig. *The Therapy of Desire: Theory and Practice in Hellenistic Ethics*, Princeton, N.J., Princeton University Press, 1994].
- RABBOW, Paul, *Seelenführung: Methodik der Exerzitien in der Antike*, München, Kösel, 1954.
- ROSKAM, Geert, *A commentary on Plutarch's De latenter vivendo*, Leuven, Leuven University Press, 2007.
- SCHMID, Wolfgang, "'Contritio' und 'ultima linea rerum' in neuen epikureischen Texten", en *Rheinisches Museum für Philologie*, nº 100, 1957, pp. 301–314(-327).
- SHARPLES, Robert W., "Philosophy for life", en BUGH, Glenn Richard (ed.), *The Cambridge Companion to the Hellenistic World*, Cambridge, Cambridge University Press, 2006, pp. 223–240.
- SOLMSEN, Friedrich, "Griechische Philosophie und die Entdeckung der Nerven", en SOLMSEN, Friedrich, *Kleine Schriften*, Band 1, Hildesheim, Olms, 1968 [Collectanea IV], pp. 536–582, se cita por FLASHAR, *Medizin, op. cit.*, pp. 202–279.
- SUDHAUS, Siegfried, "Epikur als Beichtvater", en *Archiv für Religionswissenschaft*, nº 14, 1911, pp. 647–648.
- TSOUNA, Voula, "14 Epicurean therapeutic strategies", en WARREN, *Companion, op. cit.*, pp. 249–265.
-, "*Philodemus, Seneca and Plutarch on anger*", *en* FISH, SANDERS, *op. cit.*, pp. 183–210.
- VOELKE, "Intérêt de la raison et actualité des textes philosophiques anciens", en VOELKE, *La philosophie comme thérapie de l'âme: études de philosophie hellénistique*, Fribourg, Suisse, Editions universitaires, 1993, pp. 13–34.
-, "Santé de l'âme et bonheur de la raison", en VOELKE, *Thérapie de l'âme, op. cit.*, pp. 35–57.
-, André-Jean, "Opinions vides et troubles de l'âme: la médication épicurienne", en VOELKE, *Thérapie, op. cit.*, pp. 59–72.

La teoría sociopolítica epicúrea

- ALBERTI, Antonina, "The Epicurean theory of law and justice", en LAKS, André y SCHOFIELD, Malcolm (eds.), *Justice and Generosity: Studies in Hellenistic Social and Political Philosophy: Proceedings of the Sixth Symposium Hellenisticum*, Cambridge, Cambridge University Press, 1995.
- DEMONT, Paul, *La cité grecque archaïque et classique et l'idéal de tranquillité*, Paris, Les Belles Lettres, 1990.
- GOLDSCHMIDT, Victor, *La doctrine d'Épicure et le droit*, Paris, J. Vrin, 1977.
- MÉNDEZ LLORET, Isabel, "La doctrina política y jurídica de Epicuro", en *Res publica*, nº 11–12, 2003, pp. 143–172.
- MÜLLER, Reimar, *Die Epikureische Gesellschaftstheorie*, Berlin, Akademie-Verlag, 1972.

La comunidad epicúrea

- BURCKHARDT Jacob, BURCKHARDT Leonhard *et al.* (eds.), *Werke, Band 21: Griechische Culturgeschichte. Die Kunst. Die Poesie. Zur Philosophie und Wissenschaft*, München / Basel, Schwabe / C. H. Beck, 2002.
- CAPASSO, Mario, "Who Lived in the Villa of the Papyri at Herculaneum—A Settled Question?", en ZARMAKOUPI, Mantha, *The Villa of the Papyri at Herculaneum: Archaeology, Reception, and Digital Reconstruction*, Berlin, De Gruyter, 2010, pp. 89–114.
- CLAY, Diskin, "The Athenian Garden", en WARREN, *Companion, op. cit.*, pp. 9–28.
- DEWITT, Norman, "Epicurean Contubernium", en *Transactions and Proceedings of the American Philological Association*, nº 67, 1936, pp. 55–63.
-, "Organization and Procedure in Epicurean Groups", en *Classical Philology*, vol., 31 1936, pp. 205–211.
- ROSKAM, Geert, *Live Unnoticed* Λάθε βιώσας *(Lathe Biōsas): On the Vicissitudes of an Epicurean Doctrine*, Leiden [etc.], Brill, 2007.
- SMITH, Dennis Edwin, *From Symposium to Eucharist: The Banquet in the Early Christian World*, Minneapolis, Fortress Press, 2003.
- VON WILAMOWITZ-MOELLENDORFF, Ulrich, *Antigonos von Karystos*, publicado en *Philologische Untersuchungen*, 4. Hft., Berlin, Weidmann, 1881.

La amistad epicúrea

- DIANO, Carlo "La filosofia del piacere e la società degli amici", publicado incialmente en *Boll. del Lions Club di Padova*, 1962, también como "Épicure: la philosophie du plaisir et la société des amis", en *Études philosphiques*, 22, 1967,

pp. 173–184 y reeditado en *Saggezza e poetiche degli antichi*, Venezia, Neri Pozza, 1968, pp. 271–288.
- FRAISSE, Jean-Claude, *Philia: la notion d'amitié dans la philosophie*, Paris, Vrin, 1974, pp. 303–304.
- O'CONNOR, David, "The Invulnerable Pleasures of Epicurean Friendship", en *Greek, Roman, and Byzantine Studies*, nº 30, 1989, pp. 165–86.
- O'KEEFE, Tim, "Epicurean Friendship Altruistic?", en *Apeiron*, nº 34, vol. 4, 2001 pp. 269–305.
- RIST, John, "Epicurus on Friendship", en *Classical Philology*, vol. 75, nº 2, abr. de 1980), pp. 121–129.

La felicidad epicúrea

- ANNAS, Julia, "Epicurus on pleasure and happiness", en YU, Jiyuan, y GRACIA Jorge J. E. (eds.), *Rationality and Happiness: From the Ancients to the Early Medievals*, Rochester, N.Y., Woodbridge, University of Rochester Press, 2003, pp. 75–90, publicado inicialmente como artículo en *Philosophical Topics*, vol. 15 nº 2, pp. 5–21.
-, *The Morality of Happiness*, New York, Oxford University Press, 1993.
- CROISSANT, Jeanne, "Le bonheur : évolution de la signification d'une idée", en CROISSANT, Jeanne, *Études de philosophie ancienne*, Bruxelles, Ousia, 1986, pp. 195–229.
- EPICURO, GARCÍA GUAL, Carlos, HADOT, Pierre, LLEDÓ IÑIGO, Emilio, *Filosofía para la felicidad*, Madrid, Errata Naturae, 2013.
- HADOT, Pierre, "¿Qué era la felicidad para los filósofos antiguos?", en EPICURO, GARCÍA GUAL, Carlos (aut., trad.), HADOT, Pierre, LLEDÓ IÑIGO, Emilio, *Filosofía para la felicidad*, Madrid, Errata Naturae, 2013, pp. 46–65, traducción del artículo HADOT, Pierre, "Les modèles de bonheur proposés par les philosophes antiques" aparecido inicialmente en *La Vie spirituelle*, t. 72, 1992, pp. 33–43 y reimpresos en HADOT, PAVIE, *op. cit.*, pp. 91–105.
- KONSTAN, David, "Epicurean Happiness: A Pig's Life?", en *Journal of Ancient Philosophy*, nº 6, vol. 1, 2012, pp. 1–22.
- REINSMITH, William, *A harmony within: five who took refuge. a study in creative withdrawal*, Indiana, Xlibris, 2007, pp. 19–42.

La tanatología epicúrea

- ARONOFF, Peter, *Lucretius and the Fears of Death*, tesis doctoral, Cornell University, 1997.

- ENGLERT, Walter, "Stoics and Epicureans on the Nature of Suicide", en CLEARY, J., WIANS, W. (eds.), *Proceedings of the Boston Area Colloquium in Ancient Philosophy*, nº 10, 1994, pp. 67–98.
- FALLOT, Jean, MARIETTI SOLMI, Anna (trad.), *Il piacere e la morte nella filosofia di Epicuro*, Torino, Einaudi, 1977 [ed. orig. franc. *Le plaisir et la mort dans la philosophie d'Épicure*, Paris, R. Julliard, 1951].
- FURLEY, David, "Nothing to Us?", en SCHOFIELD, M. y STRIKER, Gisela (eds.), *The Norms of Nature: studies in Hellenistic ethics*, Cambridge / Paris, Cambridge University Press / Éditions de la Maison des Sciences de l'Homme, 1986, pp. 75–91.
- MITSIS, Phillip, "When Death Is There, We Are Not: Epicurus on Pleasure and Death", en BRADLEY, Ben *et alii* (eds.), *The Oxford Handbook of the Philosophy of Death. New York*, Oxford, Oxford University Press, 2012, pp. 200–217.
- NAGEL, Thomas, "Death", en *Noûs*, vol. 4, nº 1, feb., 1970, pp. 73–80.
- PROTOPAPADAKIS, Evangelos, "Death is Nothing to Us: A Critical Analysis of the Epicurean Views concerning the Dread of Death", en MARICKI GADZANSKI, Ksenija (ed.), *Antiquity and Modern World: Interpretations of Antiquity*, Belgrade, The Serbian Society for Ancient Studies, 2014, pp. 316–323.
- PULIGA, Donatella, "ΧΡΟΝΟΣ e ΘΆΝᾸΤΟΣ in Epicuro", en *Elenchos. Rivista di studi sul pensiero antico*, nº IV, 1983, fasc. 2, pp. 235–260.
- RIDER, Benjamin A., "Epicurus on the Fear of Death and the Relative Value of Lives", en *Apeiron*, vol. 47, nº 4, 2014, pp. 461–484.
- ROSENBAUM, Stephen, "Epicurus and annihilation", en *Philosophical Quarterly*, vol. 39, nº 154, enero, 1989, pp. 81–90.
-, "How to Be Dead and Not Care: A Defense of Epicurus", en *American Philosophical Quarterly*, vol. 23, nº 2, abril, 1986, pp. 217–225.
- SALEM, Jean, *La mort n'est rien pour nous: Lucrèce et l'éthique*, Paris, Vrin, 1990.
- SANDERS, Kirk R., "Philodemus and the fear of premature death", en FISH, SANDERS, *op. cit.*, pp. 211–234.
- SCHADEL, Helene, *Thanatos: Studien zu den Todesvorstellungen der antiken Philosophie und Medizin*, Pattensen, Wellm, 1975.
- SEGAL, Charles, *Lucretius on Death and Anxiety: Poetry and Philosophy in De Rerum Natura*. Princeton, N.J., Princeton University Press, 1990.
- WARREN, James, *Facing Death: Epicurus and His Critics*, Oxford, Clarendon Press, 2004.

La teoría del placer o ἡδονικά epicúrea

- BOLLACK, Jean, *La pensée du plaisir. Épicure: textes moraux, commentaires*, Paris, Éditions de Minuit, 1975.

- BROCHARD, Victor, "La théorie du plaisir d'après Épicure", en *Études de philosophie ancienne et de philosophie moderne*, Paris, Félix Alcan, 1912, pp. 252–293.
- DIANO, Carlo, "Note epicuree I", en DIANO, *op. cit.*, pp. 1–22, inicialmente publicado en *Studi Italiani di Filologia Classica*, Nuova Serie, vol. XII, fasc. I, 1935, pp. 61–86.
- FONFARA, Dirk, " Epikurs hedonistische Ethik als Erste Philosophie ", en DÜSING E. y K., KLEIN, H.-D. (eds.), *Geist und Sittlichkeit. Ethik-Modelle von Platon bis Levinas (= Geist und Seele Bd. 7)*, Würzburg, Königshausen & Neumann, 2009, pp. 69–89.
- GIANNANTONI, Gabriele, "Il piacere cinetico nell'etica epicurea", en *Elenchos. Rivista di studi sul pensiero antico*, V, 1984, fasc. 1, pp. 25–44.
- GIGANTE, Marcello, *Cinismo e epicureismo*, Napoli, Bibliopolis, 1992.
- GLIDDEN, David, "Epicurus and the *Pleasure Principle*", en DEPEW, David (ed.), *The Greeks and the Good Life*, Indianapolis, Hackett, 1980, pp. 177–197.
- GOSLING, J. y TAYLOR, C., *The Greeks on Pleasure*, Oxford, Clarendon Press, 1982.
- HEINZE, Max, "Der Eudämonismus in der griechischen Philosophie: Erste Abhandlung: Vorsokratiker, Demokrit, Sokrates", en *Abhandlungen der philologisch-historische Classe der Sächsische Gesellschaft der Wissenschaften zu Leipzig*, VII, 1883, pp. 645–757.
- KRÄMER, Hans Joachim, "Epikur und die hedonistische Tradition", *en Glück und Lebenserfüllung. Heft Württembergischer Verein der Freunde des humanistischen Gymnasiums*, Verein für die Pflege humanistischen Bildungsgutes, Stuttgart, n° 3, 1980, pp. 65–109.
- LIEBERSOHN Yosef Z., "Epicurus' 'Kinetic' and 'Katastematic' Pleasures. A Reappraisal", en *Elenchos. Rivista di studi sul pensiero antico*, XXXVI, 2015, fasc. 2, pp. 271–296; los mismos datos presentados sumariamente en "Kinetic And Katastematic Pleasures According To Epicurus?", *S[ociedad]I[bérica]F[ilosofía] G[riega] 2016, III Congresso Internacional De Filosofia Grega, Faculdade de Letras da Universidade de Lisboa, 20th, 21st and 22nd April 2016*, pp. 1184–186.
- MANOLIDIS, Georgios "Epikurs Stellungnahme zur Aristotelischen Hedone-Diskussion in der *Nikomachischen Ethik*", en *Zeitschrift für Philosophische Forschung*, 1991, n° 45, vol. 4, pp. 530–544.
- MÉNDEZ LLORET, Isabel, "La concepción aristotélica de la divinidad: el 'Perì philosophías' a 'Metafisica XII': teología cósmica y motores inmóviles", en *Daimon: Revista de Filosofía*, n° 6, 1993, pp. 23–40.
- MERLAN, Philip, ",Hδονή in Epicurus and Aristotle", en *Studies in Epicurus and Aristotle*, Wiesbaden, O. Harrassowitz, 1960, pp. 1–37.

- MEWALDT, Johannes, *Die geistige Einheit Epikurs* [Vortrag, gehalten anläßlich der 3. Jahresversammlung der Königsberger Gelehrten Gesellschaft am 9. Januar 1927], Halle, Niemeyer, 1927.
- MITSIS, Phillip "Epicurus: freedom, death, and hedonism", en CRISP, Roger (ed.), *The Oxford Handbook of the History of Ethics*, Oxford, Oxford University Press, pp. 73–92.
- MITSIS, Phillip, *Epicurus' Ethical Theory: The Pleasures of Invulnerability*, Cornell University Press, 1988.
- NATORP, Paul, *Die Ethika des Demokritos*, Marburg, N.G. Elwert, 1893.
- NIKOLSKY, Boris, "Epicurus On Pleasure", en *Phronesis* nº 46, vol. 4, 2001, pp. 440–465.
- NUSSBAUM, Martha, "Review Essay: *Epicurus' Ethical Theory: The Pleasures of Invulnerability*", *Philosophy and Phenomenological Research*, vol. 51, nº 3, Sept. 1991, pp. 677–687.
- PURINTON, Jeffrey S., "Epicurus on the Telos", en *Phronesis*, nº 38, vol. 3, 1993, pp. 281–320.
- RAVAISSON, Félix, *Essai sur la metaphysique d'Aristote*, tom. 2, Paris, Impr. Royale, 1846.
- ROSENBAUM, Stephen E., "Epicurus on Pleasure and the Complete Life", en *The Monist: an international quarterly journal of general philosophical inquiry*, 73, 1990, vol. 1, pp. 21–41.
- SCHILLER F. C. S., "Sur la conception de l'ἐνέργεια ἀκινησίας", en *Bibliothèque du Congrès International de Philosophie, vol. IV: Histoire de la Philosophie*, Paris, Librarie Armand Colin, 1902, pp. 189–209.
- SCHOTTLAENDER, Rudolf, "Kynisiert Epikur?", en *Hermes. Zeitschrift für klassische Philologie*, nº 82, 1954, vol. 4, pp. 444–450.
- SKEMP Joseph Bright, "The activity of immobiliy", en AUBENQUE, Pierre (ed.), *Études sur la Métaphysique d'Aristote*, Paris, Vrin, 1979, pp. 229–246.
- STECKEL, Horst, *Epikurs Prinzip der Einheit von Schmerzlosigkeit und Lust*, Göttingen, Tesis doctoral, 1960.
- STRIKER, Gisela, "Commentary on Mitsis", en GURTLER, G., WIANS, W. (eds.), *Proceedings* of the *Boston Area Colloquium in Ancient Philosophy* 4, 1988, pp. 323–30.
- WARREN, James, *Epicurus and Democritean Ethics: An Archaeology of Ataraxia*, Cambridge (UK), Cambridge University Press, 2002.
-, "Epicurus and the Pleasures of the Future", en SEDLEY, David N. (ed.), *Oxford Studies in Ancient Philosophy*, vol. XXI, New York, Oxford University Press, 2001, pp. 135–79.
-, *The Pleasures of Reason in Plato, Aristotle, and the Hellenistic Hedonists*, New York, Cambridge University Press, 2014.

- WOLFSDORF, David "Epicurus on the Telos of the Mind", disponible en http://astro.temple.edu/~dwolfsdo/Epicurus%20on%20the%20Mental%20Telos%20(6.10).pdf.
-, "Epicurus on Εὐφροσύνη and Ἐνέργεια (DL 10.136)", en *Apeiron* nº 42, vol. 3, 2009, pp. 221–258.
-, *Pleasure in Ancient Greek Philosophy*, Cambridge, [England], Cambridge University Press, 2013.
- ZACHER, Klaus-Dieter, *Plutarchs Kritik an der Lustlehre Epikurs: ein Kommentar zu Non posse suaviter vivi secundum Epicurum, Kap. 1–8*, Königstein/Ts, Hain, 1982.

Monografías, artículos y capítulos diversos sobre Epicuro

- BIGNONE, Ettore, "Epicuro e il 'De philosophia,' I', La Rinascita, II, 1939, nº 6, pp. 182–204, tomado de la reimpresión en *L'Aristotele perduto, op. cit.*, vol. II, pp. 1–53.
- BOYANCÉ, Pierre, "Les epicuriens et la contemplation", en UNTERSTEINER, Mario, (coord.), *Epicurea: in memoriam Hectoris Bignone, miscellanea philologica*, Genova, Istituto di Filologia Classica, 1959, pp. 89–99.
- BRUNSCHWIG, Jacques "The Cradle Argument in Epicureanism and Stoicism", en SCHOFIELD, STRIKER, *op. cit.*, pp. 113–144.
- CALVO MARTÍNEZ, Tomás, *Aristóteles y el aristotelismo*, Torrejón de Ardoz, Akal, 1996.
- COLINAS, Antonio, Reseña de Epicuro, Vara, José (ed., trad.), *Obras completas*, Madrid, Cátedra, 1995, en *ABC literario*, 22-09-1995, p. 19.
- GARCÍA GUAL, Carlos, "Epicuro, hoy", *Cuadernos de la Fundación Pastor*, nº 29, 1982, pp. 121–152.
- GIGANTE, Marcello. *Scetticismo e epicureismo: per l'avviamento di un discorso storiografico*, Napoli, Bibliopolis, 1981.

Monografías, artículos y artículos varios

- GORDON, Dane R., "The philosophy of Epicurus: is it an option for today?", en GORDON, SUITS, *op. cit.*, pp. 5–15.
- CORNFORD, Francis, *Plato's Cosmology: The Timaeus of Plato*, Indianapolis, Indiana, Hackett Pub. Co, 1997.
- DIANO, Carlo, RENDUELES César (trad.), *Forma y evento*, Madrid, Visor, 2000, trad. de *Forma ed evento*, Venecia, Neri Pozza, 1967.

- FIEDLER, Wilfried, *Analogiemodelle Bei Aristoteles: Untersuchungen Zu Den Vergleichen Zwischen Den Einzelnen Wissenschaften Und Künsten*, Amsterdam, B. R. Grüner, 1978.
- GADAMER, Hans Georg, AGUD, Ana, AGAPITO, Rafael de (trads.), *Verdad y método I*, Salamanca, Sígueme, 1977 [ed. orig. *Wahrheit und Methode. Grundzüge einer philosophischen Hermeneutik*, Tübingen, Mohr, 1960].
- GARCÍA GUAL, Carlos, (introd., trad.), *Tratados Hipocráticos I: Juramento, Ley, Sobre la ciencia médica, Sobre la medicina antigua, Sobre el médico, Sobre la decencia, Aforismos, Preceptos, El pronóstico, Sobre la dieta en las enfermedades agudas, Sobre la enfermedad sagrada*, Madrid, Gredos, 1983.
- ISNARDI PARENTE, Margherita (ed., trad.), *Stoici Antichi*, Torino UTET, 1989.
- JAEGER, Werner, GAOS, José (trad.), *Aristóteles: bases para la historia de su desarrollo intelectual*, México, D.F., Fondo de Cultura Económica, 1946 [ed. orig. *Aristoteles. Grundlegung einer Geschichte seiner Entwicklung*, Berlin, Weidmann, 1923].
-, GAOS, José (trad.), *La teología de los primeros filósofos griegos*, México, Fondo de Cultura Económica, 2003 [ed. orig. *Die Theologie der frühen griechischen Denker*, Stuttgart, Kohlhammer, 1953].
- LÉVY, Carlos, "The New Academy and its Rivals", en GILL, Mary Louise y PELLEGRIN, Pierre (eds.), *A Companion to Ancient Philosophy*, Malden, Massachusetts, Blackwell Pub, 2006, pp. 448–464.
- POSCHENRIEDER, Franz, *Die naturwissenschaftlichen Schriften des Aristoteles in ihrem Verhältnis zu den Büchern der hippokratischen Sammlung*, Programm der Königl. Studienanstalt Bamberg, Bamberg, 1887.
- ROSEN, Stanley, *Plato's Symposium*, New Haven, Yale University Press, 1968.
- RUCK, Carl, STAPLES, Danny, *The World of Classical Myth, Gods and Goddesses, Heroines and Heroes.* Durham, NC: Carolina Academic Press, 1994.
- VLASTOS, G., "Ethics and physics in Democritus", en FURLEY David y ALLEN, Reginald, (eds.), *Studies in Presocratic Philosophy* (Volume 2: *Eleatics and Pluralists*), London, Routledge and Kegan Paul, 1975, pp. 381–408.

3. Diccionarios, glosarios y léxicos específicos

Griego clásico

Bilingües

- HEDERICH, Benjamin (comp.), *Novum lexicon manuale graeco-latinum et latino-graecum* (...), Lipsiae, impensis J. F. Gleditsch, 1825.
- LIDDELL Henry George, SCOTT Robert et al., *A Greek-English lexicon*, Oxford, Clarendon Press, New York, Oxford University Press, 1996.

- PAPE, Wilhelm, (ed.), *Handwörterbuch der griechischen Sprache*, Braunschweig, F. Vieweg, 1842.
- RODRÍGUEZ ADRADOS, Fransciso (dir.), *Diccionario Griego-Español*, III: ἀποκοιτέω – βασιλεύς, Madrid, CSIC, 1991.
- SCAPULA, Johann, *Lexicon Graeco-Latinum*, Oxford, Typographeo Clarendoniano, 1820.

Etimológicos

- BEEKES, R. S. P., *Etymological Dictionary of Greek*, Leiden, Brill, 2010, vol. I.
- BOISACQ, ÉMILE *Dictionnaire étymologique de la langue grècque*, Heidelberg, Winter, 1950.
- CHANTRAINE, Pierre, *Dictionnaire etymologique de la langue greque. Historie des mots*, París, Klincksieck, 1967.
- CURTIUS, GEORG, *Grundzüge der Griechischen Etymologie*, Leipzig, Verlag Teubner, 1879.
- FRISK Hjalmar, *Griechisches Etymologisches Wörterbuch*, Carl Winter, Heidelberg, 1954–1972.
- HOFMANN J. B., *Etymologisches Wörterbuch des Griechischen*, Darmstadt, W. B. G., 1971.

Latín

Bilingües

- DU CANGE, Charles du Fresne *et al.*, *Glossarium mediae et infimae latinitatis*, éd. augm., Niort, L. Favre, 1883–1887.
- LEWIS, Charlton T., SHORT, Charles, *A Latin Dictionary. Founded on Andrews' edition of Freund's Latin dictionary. revised, enlarged, and in great part rewritten*, Oxford. Clarendon Press. 1879.

Etimológicos

- ERNOUT, A., y MEILLET, A, *Dictionnaire étymologique de la langue latine. Histoire des mots*, Paris, Klincksieck, 1967.
- WALDE, A. y HOFMANN, J. B., *Lateinisches Etymologisches Wörterbuch*, Heilderberg, Carl Winter, 1982.

Castellano

- COVARRUBIAS, Sebastián de, *Tesoro de la lengua castellana o española* (1611), Madrid, Turner, 1979.

- DOMÍNGUEZ, Ramón, *Compendio del diccionario nacional de la lengua española, vol. 2, F-Z,* Madrid, Establecimiento Tipografico de F. de P. Mellado, 1852.
- MOLINER, María, *Diccionario de uso del español,* vol. 1, A-G, Madrid, Gredos, 1966.
- O'SCALAN, Timoteo *et al. Diccionario Marítimo Español,* Madrid, Imprenta Real, 1831.
- REAL ACADEMIA ESPAÑOLA, *Diccionario de Autoridades* (1726–1739), ed. facsímil, Madrid, Gredos, 1984.
- REAL ACADEMIA ESPAÑOLA, *Diccionario de la lengua castellana compuesto por la Real Academia Española, reducido a un tomo para su más fácil uso....,* ed. facsímil, Madrid, Joaquín Ibarra, 1783.
- REAL ACADEMIA ESPAÑOLA, *Diccionario de la lengua española,* Madrid, Espasa-Calpe, 2001, 22ª ed.

Filosóficos

- CASSIN, Barbara (dir.), *Vocabulaire européen des philosophies: dictionnaire des intraduisibles,* Paris, Le Robert / Seuil, 2004.
- FERRATER MORA, José, *Diccionario de Filosofía, vol. I: A-K, vol. II: L-Z,* Buenos Aires, Sudamericana, 1965, 4ª ed.
- FONTANIER, Jean-Michel, *Le vocabulaire latin de la philosophie de Cicéron à Heidegger,* Paris, Ellipses, 2005.
- GOBRY, Ivan. *Le vocabulaire grec de la philosophie,* Paris, Ellipses, 2000.
- PETERS, F. E., *Greek Philosophical Terms; A Historical Lexicon,* New York, New York University Press, 1967.
- RITTER, Joachim *et al.* (eds.), *Historisches Wörterbuch der Philosophie,* Basel, Schwabe, 1971.

sobre Epicuro

- BALAUDÉ, Jean François, *Le vocabulaire d'Épicure,* Paris, Ellipses, 2002.
- USENER, Hermann (a.), GIGANTE, Marcello y SCHMID, Wolfgang (eds.), *Glossarium Epicureum,* Roma, Edizioni dell'Ateneo & Bizzarri, 1977.

Diversos

- AST, Friedrich, *Lexicon Platonicum sive vocum Platonicarum index,* Bonn, R. Habelt, 1956, 2 vols.

- CLAPHAM, Christopher, SA, Mª Luisa de (trad.), *Diccionario de matemáticas*, Madrid, Oxford University Press, Editorial Complutense, 1998 [ed. orig. *The Concise Dictionary of Mathematics*, New York, Oxford University Press, 1996].
- KLUGE, FRIEDRICH; *Etymologisches Wörterbuch der deutschen Sprache* [CD – ROM], Berlin, Gruyter, 2002.
- MARCHESE, Angelo y FORRADELLAS, Joaquín, *Diccionario de retórica, crítica y terminología literaria*, Barcelona, Ariel, 2013 [ed. orig. *Dizionario di retorica e di stilistica: arte e artificio nell'uso delle parole retorica, stilistica, metrica, teoria della letteratura*, Milano, Mondadori, 1978].
- MISH, F. (ed.), *Merriam-Webster's Collegiate Dictionary -Eleventh Ed.*, Springfield, MA, Merriam-Webster, Incorporated, 2003.
- SMITH, William (ed.), *A Dictionary of Greek and Roman Antiquities*, London, Printed for Taylor and Walton, 1842.

-, *A Dictionary of Greek and Roman Biography and Mythology*, New York, AMS Press, 1967.

VI. Índices alfabéticos

1. Conceptos

B

C

E

F

G

H

I

J

N

O

P

S

T

U

V

2. Términos griegos notables[1]

A, α

B, β

Γ, γ

[1] Cada vocablo remite, en sentido amplio, a su familia léxica; cuando es preciso, se ofrece más especificación.

---

[2] ser en neutro singular; en plural, referido a los seres, entes o a las cosas que son; precedido por negación μή, significa el no-ser, identificado con la nada.

3. Principales autoridades antiguas[3]

[3] Se omite, obviamente, al propio Epicuro de Samos.

4. Principales estudiosos citados